KB208347

An Introduction to the Theology of John Calvin

깔뱅신학 입문

최 윤 배 지음

An Introduction to the Theology of John Calvin

깔뱅신학 입문

一최윤배 지음一

장로회신학대학교출판부

깔뱅신학 입문

초판 1쇄발행 | 2012년 3월 30일
초판 5쇄발행 | 2021년 10월 8일

지은이 최윤배
펴낸이 김운용
펴낸곳 장로회신학대학교 출판부

등록 제1979-2호
주소 04965 서울시 광진구 광장로5길 25-1 (광장동)
전화 02-450-0795
팩스 02-450-0797
이메일 ptpress@puts.ac.kr
홈페이지 http://www.puts.ac.kr

값 42,000원
ISBN 978-89-7369-287-3 93230

An Introduction to to the Theology of John Calvin

by Prof. Dr. Yoon Bae Choi
Published by Un Yong Kim
Presbyterian University and Theological Seminary Press
25-1, Gwangjang-Ro(ST) 5-Gil(RD), Gwangjin-Gu, Seoul, 04965,
The Republic of Korea
Tel. 82-2-450-0795 Fax. 82-2-450-0797 Email. ptpress@puts.ac.kr
http://www.puts.ac.kr

- 잘못된 책은 바꿔 드립니다.
- 이 책은 저작권법의 보호를 받는 저작물이므로 무단 전재와 복제를 금합니다.

헌 정 의 글

이 책을 부족한 사람을 목회자로 입문하게 하시고, 네덜란드 유학을 위해 기도와 물질로 전적으로 후원하신 사랑하는 김태수 목사님 내외분과 승복교회와, 부족한 사람을 깔뱅신학에 입문하게 하신 은사님이신 존경하는 이수영 박사님 내외분과, 새문안교회 강신명 석좌교수로 후원해주신 새문안교회에 바칩니다.

본서는 제17회 문서선교의 날(2012년 10월 19일)에 "2012년 올해의 저자상"을 수상하고, 2012년 한국기독교출판문화상 국내신학부문 "최우수상"(2013년 2월 21일)을 수상한 저서입니다.

머 리 말

먼저 본서의 출판을 가능케 하신 성 삼위일체 하나님께 영광과 찬송과 감사를 돌려드립니다. 졸저 『깔뱅신학 입문』의 뒤쪽의 참고문헌을 일별하더라도 독자는 깔뱅에 대한 연구는 깔뱅 사후(死後) 500년간 꾸준히 진행되어왔음을 짐작할 수 있을 것이다. 필자가 보기에, 깔뱅신학의 탁월한 입문서로서 방델(François Wendel)의 『칼빈』(김재성 역), 니젤(Wilhelm Niesel)의 『칼빈의 신학』(이종성 역), 그리고 최근의 판 어뜨 스뻬이꺼르(Willem van 't Spijker)의 『칼빈의 생애와 신학』(박태현 역) 등이 있고, 국내 깔뱅전문가로서 이양호의 『칼빈: 생애와 사상』과 박경수의 『교회의 신학자 칼빈』과 안인섭의 『칼빈과 어거스틴』 등이 있다. 홍수를 이루고 있는 것처럼 보이는 수많은 깔뱅 연구목록을 보면서 독자는 "왜 또 『깔뱅신학 입문』(An Introduction to the Theology of John Calvin)이라는 작품이 출판되어야 하는가?"라고 반문할지 모른다.

필자는 두 가지 동기와 목적에서 본서를 출판하게 되었다. 다시 말하면 본서를 통해서 지금도 신앙과 신학을 위하여 유용한 깔뱅의 사상을 확산시키되, 깔뱅에 대한 왜곡되지 않은 올바른 지식을 전달하는 것이다. 필자는 장로교회에서 신앙생활을 했지만, 목회자의 사명을 받고 1984년에 신학대학원에 입학하여 은사님이신 이수영 박사님으로부터 수업시간에 처음으로 깔뱅을 접하게 되었다. 말하자면, 장로교회에서 줄곧 평신도로서 신앙생활을 했지만, 신학대학원 수업시간에 비로소 처음으로 깔뱅의 사상을 접하게 된 것이다. 2009년 깔뱅탄생 500주년을 맞이하면서 언론 매체나 교회 행사와 학술대회 등을 통하여 깔뱅에 대한 관심이 증가했던 것은 사실이다.

그러나 종교개혁 전통에 뿌리를 두고 있다고 자부하는 한국교회나, 깔뱅전

통에 서 있다고 자처는 한국장로교회의 목회와 선교현장 및 신학연구 분야에
서 과연 종교개혁 정신과 실천 그리고 깔뱅의 정신과 실천이 깊이 스며들어 있
는 지에 대해 필자는 "예"라고 확신 있게 대답할 수가 없는 것이 참으로 안타
깝다. 왜냐하면 깔뱅신학이 개혁교회 전통에 서 있는 신학대학교에서도 필수
과목으로 가르쳐지는 경우가 드물기 때문에 개혁신학 전통에 서 있는 목회자
조차도 깔뱅에 대해 배울 수 있는 기회가 원칙적으로 제한되어 있고, 이런 목
회자들로부터 목양되는 개혁교회 일반 그리스도인들에게는 깔뱅은 먼 나라의
사람으로 들릴 수 있다. 좀 극단적인 표현을 빌린다면, "붕어빵에는 붕어가 없
다."는 말이 여기에도 적용될 수 있을지 모르겠다.

첫째로, 본서를 통해서 깔뱅은 21세기에도 우리의 신앙의 삶과 진리와 신학
연구를 위해 현실 적합성과 큰 유용성이 있다는 사실이 밝혀지기를 기대한다.
국내외에서 소개된 일부 깔뱅연구서들은 깔뱅에 대한 왜곡된 정보를 제공해
주는 경우가 종종 발생한다. 어떤 사람들은 깔뱅을 흠과 점이 전혀 없는 신앙
영웅으로 간주하는가 하면, 어떤 사람들은 세르베투스(Servetus) 사건을 예로
들면서 깔뱅을 냉정하고도 엄격한 사람으로 일방적으로 폄하하고 매도하기도
한다. 필자라고 예외일 수 없으나, 가능한 한 깔뱅을 객관적으로 보려고 노력
함으로써 본서의 둘째 목적인 깔뱅을 보다 공정하고도 올바르게 이해시키는
데 가교 역할을 하고자 한다.

본서는 제1부와 제2부로 구성되어 있다. 제1부는 16세기 종교개혁 배경과
깔뱅의 다른 대표적인 종교개혁자들에 대한 관계가 취급되었다. 제2부에서 깔
뱅의 생애와 깔뱅신학 연구방법론이 간략하게 다루어지고, 깔뱅 신학과 사상
에서 중요한 19개 주제들(삼위일체 하나님, 예수 그리스도, 성령, 구원, 교회,
예배, 직제, 국가, 종말, 문화, 경건/영성, 기도, 경제, 가정, 자유, 선교, 기독교
교리 실천, 디아코니아)을 선택하여 취급되었다.

본서의 출판을 위해 하나님의 귀한 도구로 사용되신 수많은 분들과 기관들

중에 대표적으로 몇 분들과 몇 기관들을 소개해 드립니다. 지금까지 그리스도인의 신앙의 본질과 삶의 모범과, 교회와 목회의 본질과 모범을 보여주시고, 이끌어 주실 뿐만 아니라, 네덜란드의 6년 반의 유학시절에 기도와 유학비 전체를 후원해주신 승복교회와 사랑하는 김태수 목사님 내외분께 깊이 감사드립니다. 그리고 신학, 특히 깔뱅신학에 입문하게 하시고, 신학과 신학자의 본질과 사명이 무엇인지를 강의실과 일상적인 삶 속에서 몸소 본을 보여주시면서 가르쳐주신 존경하는 은사님이신 이수영 박사님 내외분과, 장로회신학대학교에서 2002년부터 강신명석좌교수로서 가르칠 수 있도록 부족한 사람을 후원해주시는 새문안교회에 진심으로 감사드립니다.

본서를 출판해주신 존경하는 본교 장영일 총장님과 출판부에 큰 감사를 드립니다. 참고문헌을 다듬는 수고를 마다하지 않은 명석 학우와 정성훈 전도사님과 성시영 전도사님과 김연수 목사님께 감사드립니다. 깔뱅은 그의 『기독교강요』 최종판(1559)을 "하나님을 찬양하라!(LAUS DEO)"라는 글로 마치고 있습니다. "오직 하나님께만 영광!"(Soli Deo gloria)

2011년 11월 24일

광나루 선지동산 장로회신학대학교
마포삼열기념관 5022호에서

향목(香木) 최 윤 배

차 례

■ 제7장 깔뱅의 교회론

제1부

깔뱅과 16세기 종교개혁

제1장 종교개혁자들

I. 루터, 츠빙글리, 부처, 깔뱅

1. 16세기 종교개혁의 주된 동기는 '윤리' 문제가 아니라, '종교' 문제였다

오는 2017년에는 마르틴 루터(Martin Luther, 1483.11.10-1546. 2.18)가 1517년 10월 31일에 종교개혁을 시작한지 500주년이 되는 해였다. 루터의 종교개혁과 관련하여 우리는 두 가지 질문으로부터 시작하고자 한다. 루터의 종교개혁은 단순한 정치적, 경제적, 사회적 사건에 불과한가? 아니면 종교적 사건이었는가? 루터의 종교개혁은 중세의 연장선에 불과한가? 아니면 중세에 대한 코페르니쿠스(Copernicus, 1473-1543)적 전환점을 이루었는가?

최근에 한국천주교회가 펴낸 평신도용 전도책자에는 루터교회를 소개하면서 루터의 종교개혁을 종교적 사건이 아니라, 교회적, 경제적, 사회적 사건으로 규정하고 있다. "루터교회 - 독일인 루터(1483-1546)는 천주교회의 신부였다. 교회에 대한 개혁주의자로서 정통교리에 대한 해석의 차이를 주장했다. 1517년에 교황권을 거부하고, 교회에서 파문된 후 미사, 성체, 성직자와 수도사의 독신생활을 반대했다. 드디어 1530년 독립된 교파를 이루었다. 루터는 대사(大赦) 논쟁을 계기로 하여 당시에 교회적 경제적 사회적 질서에 대한 불만을 모두 표현하며 종교개혁을 이끌어 갔다. 그러므로, 종교개혁은 순수한 종교적인 사건은 아니다."[1]

상당 부분의 교회사나 교리사 책은 루터의 종교개혁이 종교적 사건일 뿐만 아니라, 다양한 동기와 원인을 동반하고 있다고 말한다. 그러나 최근의 신·구교 종교개혁 전문가들은 일반적으로 루터의 종교개혁의 주된 동기와 원인은 종교 문제이며, 교리 문제이며, 진리 문제이며, 영적인 문제로 규정한다. 이 말은 두 가지 의미를 내포한다. 첫째, 종교 문제에 집중하지 않고 주로 사회, 경제 문제에 집중한 과격파 농민운동 등과는 달리 루터의 종교개혁의 주된 동기와 목적은 종교문제에 집중되었다. 둘째, 16세기 중세 로마가톨릭교회 진영에서도 루터보다 먼저 종교개혁의 필요성을 인정하는 기류들이 있었고, 종교개혁이 먼저 시도되었다. 하지만, 로마가톨릭교회는 종교개혁을 '종교'의 틀 속에서가 아니라, '윤리'(도덕)의 틀 속에서 이해하고 개혁을 시도했다. 이와는 정반대로 루터의 종교개혁은 종교문제, 교리문제, 진리문제, 영적인 문제로부터 시작되었다.

루터를 비롯한 16세기 종교개혁자들의 종교개혁의 주된 동기는 종교적 동기라고 주장한 스토페르(Richard Stauffer)는 종교개혁을 올바르게 보았다. "비록 종교개혁의 연대가 16세기라 하더라도 기독교 문화권에서 교회개혁의 필요성을 감지했던 것은 전기 중세 말부터이다. … 그러나 이 기대는 잔인하게 짓밟혔다. 왜냐하면 라트란 5차 공의회(1517)가 공포한 일련의 결정사항들이 기독교계의 소망에 따르지 못했기 때문이다. 이리하여 교회갱신의 주도권 장악을 위한 교황청에게 제공된 기회가 지나가 버리고 말았다."[2]

최근에는 심지어 로마가톨릭교회 신학자 이브 꽁가르(Y. Congar)조차도 교회개혁과 관련하여 종교개혁자들은 '종교' 문제에 주된 관심을 가진 반면, 중세 로마가톨릭교회는 '윤리' 문제에 주된 관심을 가졌다고 올바르게 지적했다. 중세 로마가톨릭교회의 개혁들은 교리, 성례, 계급조직 등의 교회 구조적

---

1) 천주교가두선교단 (편), 『천주교를 알려드립니다』(서울 : 천주교 서울대교구 역삼동성당, 1999), p. 53.
2) Richard Stauffer, *La Réforme(1517-1564)*, 박건택 역, 『종교개혁』(서울 : 기독교문서선교회, 1994), p. 5.

질서가 아니라, 교회의 생활 질서에서 이루어졌다. 이러한 사실은 일반적으로 악습들을 개혁하는 데로 개혁을 제한시켰다. 중세의 로마가톨릭교회가 개혁한 것은 미풍양속이지 교리가 아니었다. 그런데 신자들의 정신적 요구들에 부응하기 위하여 갱신이 필요했다. 루터, 츠빙글리, 그리고 깔뱅 같은 인물들이 전적으로 전념했던 분야가 바로 이곳이었다. 비록 중세교회의 윤리 문제가 매우 심각했을지라도, 종교개혁자들의 개혁 동기는 윤리적 오류가 아니라, 교리와 진리의 오류에 집중되어 있다. 종교개혁자 파렐(Guillaume Farel, 1489-1565)이 로마가톨릭교회의 사제들을 비난한 것은 그들이 잘못 살아가는 것에 대해서가 아니라, 그들이 잘못 믿고 있는 것에 대해서였다.[3]

쿠르트 알란트(K. Aland)는 루터의 종교개혁을 중세의 연장선 상에서 이해하지 않고, 중세와의 불연속성 속에서 파악하여 루터의 종교개혁을 코페르니쿠스적 전환점이라고 부른다. "확실히 루터의 사상에서 많은 중세적 요소들을 추적할 수 있다. 그러나 그의 활동과 첫째로 그의 활동의 영향들을 볼 때, 루터의 종교개혁과 함께 근대의 시작을 명백히 찾아볼 수 있다. '코페르니쿠스의 전환점'(Kopernikanische Wende)은 1517년 10월 31일 항의문을 붙임으로써 시작되었다. … 오늘날 루터를 하나의 괴물로서 또는 기껏해야 시대에 뒤진 사람으로 여기는 사상의 학파들조차도 그의 상속자들이다. 루터와 종교개혁이 없었다면, 우리의 현대 사상계는 오늘날과 같은 발전을 이루지 못했을 것이다."[4]

종교개혁 500주년기념대회를 거행했던 한국교회는 16세기 종교개혁의 주된 동기는 사회적, 정치적, 경제적 문제나 윤리적 문제가 아니라, 교리와 믿음 등을 비롯한 전라의 문제이며, 참 종교의 문제임을 다시 한 번 더 확인하고, 확신해야한다. 한국교회 안팎에서 교회개혁의 필요성이 어느 때 보다 더 절실히

---

3) R. Stauffer, *La Réforme(1517-1564)*, 박건택 역, 『종교개혁』, p. 6.
4) Kurt Aland, *Die Reformatoren: Luther · Melanchthon · Zwingli · Calvin* (Gütersloh: Gütersloher Verlagshaus Gerd Mohn, 1980²), p. 47.

요구되고 있고, 그 필요성을 모두가 공감하고 있지만, 우리가 보기에 이 보다 더 심각한 것은 오늘날 한국교회의 근본 문제에 대한 오진과 잘못된 처방이 내려지고 있다는 사실이다. 비록 한국교회가 윤리적으로 위험 수위에 도달했을지라도, 한국교회는 윤리 문제에서부터 해결의 실마리를 찾을 것이 아니라, 우리가 믿는 믿음의 내용, 우리가 교회와 신학교에서 가르치는 교리와 신학의 내용, 우리가 선포하는 설교의 내용, 우리가 선교하는 선교의 내용이 하나님의 말씀인 성경과 얼마나 일치하고 있는지를 점검해야할 것이다. 왜냐하면, 중세 로마가톨릭교회의 개혁은 우리가 잘못 행하는 문제를 교회의 최고의 위기로 진단했지만, 이와는 정반대로 종교개혁자들은 우리가 잘못 믿는 문제를 교회의 최고의 적으로 간주했기 때문이다. 그러므로 루터의 종교개혁은 중세교회의 연장선이 아니라, 코페르니쿠스적 전환점이었다. 성경의 진리에 일치하는 믿음으로부터 성경의 진리에 일치하는 행위(선행)가 나온다. "이와 같이 좋은 나무마다 아름다운 열매를 맺고 못된 나무가 나쁜 열매를 맺나니, 좋은 나무가 나쁜 열매를 맺을 수 없고 못된 나무가 아름다운 열매를 맺을 수 없느니라." (마7:17-18)

2. 종교개혁 운동의 세 가지 형태

우리는 앞에서 루터의 종교개혁은 중세에 대한 코페르니쿠스적 전환이며, 그의 종교개혁의 주된 동기는 '윤리' 문제가 아니라, '종교' 문제임을 밝히고, 한국교회가 당면하고 있는 과제, 특히 윤리 문제를 해결하기 위해서 '윤리적' 관점에서가 아니라, '종교적' 관점에서 출발해야 한다고 역설했다. 이제 종교개혁의 세 가지 형태, 즉 루터를 중심한 비텐베르크와 츠빙글리를 중심한 취리히와 부처와 깔뱅을 중심한 스트라스부르와 제네바에 대해서 살펴보기로 하자.

16세기 종교개혁 운동은 일반적으로 루터를 출발점으로(1517) 유럽 여러 곳에서 확산되어 일어났던 종교 운동으로 이해된다. 더 구체적으로 말하면, 루터와 그의 제자 멜란히톤(P. Melanchthon) 등에 의해 비텐베르크(Wittenberg) 중심으로 일어난 종교개혁 운동, 츠빙글리(H. Zwingli)와 그의 제자 불링거(H. Bullinger) 등에 의해서 취리히(Zürich) 중심으로 일어난 종교개혁 운동, 파렐(G. Farel)과 깔뱅(J. Calvin) 등에 의해서 제네바(Genève) 중심으로 일어난 종교개혁 운동, 마르틴 부처(M. Bucer; Butzer)와 카피토(W. Capito) 등을 중심으로 스트라스부르(Strasbourg)에서 일어난 종교개혁 운동 등이 16세기 유럽의 종교개혁 운동의 심장부를 형성했다. 비록 동유럽에 속하는 체코나 헝가리 등과 영국과 스코틀랜드를 중심한 종교개혁 운동과 스칸디나비아 반도를 중심한 종교개혁 운동, 남부 유럽의 종교개혁 운동(이탈리아 및 프랑스) 등도 언급되어야겠지만, 우리의 논의의 목적을 위해 이 지역들을 제외시키더라도 큰 무리가 없다고 생각된다. 왜냐하면, 동유럽이나 기타 지역의 종교개혁 운동은 위에 언급된 유럽의 몇몇 지역들과 깊은 연관을 맺고, 직접적으로 또는 간접적으로 그 영향을 받았기 때문이다.

루터 등의 사상을 발전시키고 보존하려는 신학 및 교회 주류를 '루터주의', '루터파', '루터교회' 전통이라고 명명할 수 있고, 이것은 오늘날 대부분의 독일과 스칸디나비아 반도의 대부분의 국가들 중에서 찾아볼 수 있다. 츠빙글리 등의 사상은 오늘날의 바젤, 베른, 취리히 등 스위스의 중동부 지역에서 발견된다. 이 전통은 종교개혁 당시 이미 영국이나 스코틀랜드에 '계약신학'(federal theology)의 형태로 영향을 미치고 있었다. 또한 스트라스부르와 제네바 중심으로 일어난 종교개혁 운동도 있었다. 츠빙글리, 부처, 깔뱅의 전통은 오늘날 스코틀랜드, 캐나다, 미국, 호주, 네덜란드, 헝가리, 특히 우리나라 등에서 '개혁교회'(the Reformed Churches) 또는 '장로교회'(the Presbyterian Churches) 형태로 존속하고 있다. 종교개혁 제1세대인 마르틴 부처는 1518년 종교개혁 제1세대인 루터를 통해서 종교개혁자가 된다. 이후 초기에는 종교개혁 제1세대인 츠빙글리의 영향 하에 있다가, 1536년에 루터와 함께 『비텐베르크 일치신조』(Wittenberger Konkordie, 1536)에 합의함으로써, 그 뒤부터 루터의 영향을 많이 받게 된다. 부처의 사상은 스트라스부르(1538-1541)에서 동역했던 종교개혁 제2세대인 깔뱅에게 전달되었다. 깔뱅의 유산은 그의 유명한 두 제자들, 즉 종교개혁 제3세대로서 테오도르 베자(Theodore Beza)에 의해 유럽대륙에서는 '개혁교회'의 형태로 계승되고, 종교개혁 제3세대 녹스(John Knox)에 의해 영국의 스코틀랜드를 비롯하여 미국, 호주, 캐나다, 우리나라 등에서는 '장로교회'의 형태로 계승되었다.

1) 루터를 중심한 비텐베르크: 구원론 중심

우리는 중세 로마가톨릭교회가 변질시켰던 은혜의 복음의 본질을 재발견하고 회복시켰던 루터에게 종교개혁의 왕관을 돌려줌으로써 우리의 논의를 시작한다. 만약 지금도 그가 우리 곁에 살아있다면, 이 왕관을 받아서 자신이 쓰는 대신에 자신을 종교개혁의 도구로 사용하신 예수 그리스도께 기꺼이 바칠 것이라 생각된다. 왜냐하면, 그가 재발견한 복음은 하나님의 구원(속)의 은혜(총)와 예수 그리스도에 기초를 두고 있는 '이신칭의'(= '믿음으로 의로와짐')라는 성경 말씀이기 때문이다. 루터의 종교개혁의 최대의 관심은 기독론과 신앙론에 기초를 둔 성경적 구원론이다. 이것은 로마가톨릭교회와 같이 낙관적 자연신학에 근거를 두고 있는 공로 사상에 정면으로 반대되는 것이다. 루터에 의하면, 우리는 로마가톨릭교회와 같이 인간의 공로나 기타 자연지식을 통해서 구속주 예수 그리스도에게 도달할 수 있는 것이 아니라, 하나님의 말씀인 성경에 기록된 대로 하나님의 은혜와 성령의 선물인 믿음을 통해서만 구속주 예수 그리스도를 알 수 있고, 만날 수 있다. 그러므로 루터전통 속에 있는 신학과 교회는 '이신칭의' 교리에 관한 기록을 많이 담고 있는 로마서나 갈라디아서 등을 더욱 애독한다.

루터가 직면하고 있는 가장 시급하면서도 중요한 문제는 교회를 조직하거나, 성장시킨다거나, 사회나 국가에 대한 개혁이 아니라, 로마가톨릭교회에 의해서 위조된 일반은총에 근거한 구원론 대신에, 특별은총과 기독론에 뿌리를 두고 있는 성경적 구원론을 재건하고, 이 복음의 말씀을 설교하고, 전파하고, 변증하는 것이었다. 그러므로 루터가 직면했던 그 당시의 역사적 상황을 염두에 둘 때, 우리는 그를 보다 더 잘 이해할 수 있을 것이다. 그러나 지금까지 루터에 대한 편파적 이해가 가끔 있었다. 가령, 루터는 그의 두 왕국 사상으로 인해 종교와 정치를 지나치게 분리하여 사회개혁에 대한 의지가 부족했다든지, 영혼(개인) 구원에 지나치게 관심한 나머지, 교회 조직에 무관심했다는 식의 그에 대한 비판들이다. 그러나 우리가 정직하게 그의 초기 작품부터 말기 작품까지를 분석해보면, 그의 사상적·신학적 발전에도 불구하고, 우리는 그의 작품 속에 끊임없이 흐르고 있는 '이신칭의'라는 복음 사상을 발견하게 된다. 로마가톨릭교회에 의해서 변조된 자연신학에 기초한 구원론을 비판하고, 태어날 때부터 죄인인 우리가 성령의 선물인 믿음으로 '전가된 의'로서 예수 그리스도를 영접하는 성경적 구원론을 성경에서 재발견한 루터를 모든 개신교(기독교)와 신학은 항상 기억해야할 것이다.

위의 논의로부터 볼 때, 로마가톨릭교회와, 루터로부터 시작된 개신교회 사이에 존재하는 결정적 차이가 무엇이냐는 질문에 대한 대답을 구원론이라고 보는 것이 타당할 것이다.[5] 필자는 현재 한국교회의 위기 가운데 하나가 교회와 신학이 갖고 있는 비성경적 구원론이라고 생각한다. 신학이 구속주 예수 그리스도의 유일성을 절대화하는 것을 포기하고, 상대화하며, 교회와 그리스도인이 구원의 확신(확실성)과 감격을 상실하는 것이 미래의 한국교회를 어둡게

---

5) 이수영, 『개혁신학과 경건』(서울 : 장로회신학대학교출판부, 2006), p. 118.

만들 것이다. 한국교회와 신학이 사는 길은 전적으로 성경 말씀에 기초하고, 하나님의 전적인 구속은혜에 뿌리를 두고, 성령의 은사인 믿음을 통해서 얻는 루터가 재발견한 '이신칭의' 복음을 희석시키거나, 퇴색시키거나, 가감하는 대 과오를 범하지 않고, 이것을 100 % 그대로 순전히 믿고, 지키기 위해서 순교자적인 일사각오를 하는 것이다. "복음에는 하나님의 의가 나타나서 믿음으로 믿음에 이르게 하나니 기록된 바 오직 의인은 믿음으로 말미암아 살리라 함과 같으니라."(롬1:17)

2) 츠빙글리를 중심한 취리히: 국가론 중심

이제 취리히 중심으로 활동한 츠빙글리[Huldreich(= Ulrich) Zwingli, 1484.1.1.-1531.12.9]의 국가론 중심의 종교개혁을 살펴보도록 하자. 츠빙글리 당시 스위스는 오늘날 복지 선진 영세중립국가인 아름답고 살기 좋은 스위스와는 거리가 멀었다. 츠빙글리가 처했던 스위스의 상황은 일제강점기에 만주 등 국내·외에서 잃어버린 조국을 되찾기 위해서 용감하게 독립투쟁을 전개했던 한국교회의 상황을 방불케 했다. 일제강점기에 유관순 등은 그리스도인인 동시에 애국자요, 독립투사인 동시에 그리스도인이었다. 이와 똑같은 원리가 츠빙글리에게도 적용될 수 있는데, 츠빙글리는 '훌륭한 시민만이 훌륭한 그리스도인'이 될 수 있다고 생각했다. 북쪽으로는 독일, 서쪽으로는 프랑스, 남쪽과 동쪽에는 친 로마가톨릭교회 제국들(이탈리아, 오스트리아 등)의 틈바구니 속에서, 험악한 알프스 산지에 흩어져 있는 목장 촌락들(Cantons)을 통합해서 오늘날의 영세중립국 '스위스'라는 독립국가의 기초를 형성하는 것이 츠빙글리에게는 절대절명의 과제였다. 그는 조국이 위기 가운데 있을 때, 그당시 사회적·종교적 상식을 깨뜨리고, 종교 지도자로서 전쟁에 참가했다가 1531년 10월 11일 카펠(Kappel) 전투에서 순국 또는 순교했다. 적군의 사형

집행인은 츠빙글리의 사지를 찢어 불에 태웠다. 그의 전사 문제를 둘러싸고 오늘날뿐만 아니라, 특히 그 당시에도 많은 비판이 제기되었다. 어떻게 감히 성직자가 사람을 죽이는 전투에 참전할 수 있을까? 국토가 분단되고, 비기독교 문화에 젖은 우리로서는 종교 지도자의 참전이 당연한 일이지만, 츠빙글리 당시에는 성직자가 무장 전투에 참여하는 것은 거의 금기(禁忌)에 속했다. 종교 지도자로서 참전한 츠빙글리의 행동은 안정된 국가(정부, 사회) 없이는 교회의 생존과 효과적인 복음 전파가 힘들다는 그의 '국가교회', '민족교회' 사상과 깊은 관계가 있다. 여기에 대한 좋은 예로 우리는 종교와 정치가 일치된 구약 이스라엘의 신정(神政)정치를 생각할 수 있다. 물론 '국가교회'나 '민족교회' 개념 속에 신학적 문제가 없는 것은 아니지만, 그럼에도 불구하고 츠빙글리가 처한 당시의 역사적인 상황을 고려함으로써, 우리가 그를 보다 공정하게 평가할 수 있을 것이다.

츠빙글리는 청년시절에 로마의 용병으로 전쟁에 참가했던 중, 자기와 같은 조국의 꽃다운 젊은이들이 작은 군료를 받으면서 비참하게 죽어 가는 모습을 처절하게 목도한 후, 그 당시 사회에서 당연지사로 여겨졌던 용병제도를 비판하게 되었다. 마치 우리의 젊은이들이 베트남 전쟁에 참전함으로써, 그 반대급부로 우리나라가 큰 경제적인 이득을 보았듯이, 그 당시 알프스 산지의 대부분의 젊은이들이 주변 국가들의 용병으로 종사하였고, 그들을 통해서 획득된 군료가 알프스 산지 목장 공동체의 중요한 재정 수입원이 되었다. 츠빙글리의 사회와 국가에 대한 적극적인 정치윤리 사상은 오늘날의 기독교 사회주의 사상이나 변증신학 전통을 통해서 취리히 중심으로 계속 영향을 미치고 있다.

츠빙글리의 국가에 대한 기독교적 애국심과 사회에 대한 기독교적 봉사정신, 그의 공공신학 즉 그의 하나님의 창조와 섭리 의식은 고국의 상황을 통한 그의 공동체적 경험뿐만 아니라, 질병에 대한 그의 개인적 신앙체험에서도 비롯되었다. 그는 1519년 5월에 당시 유럽 일대를 휩쓸던 페스트에 걸려서 투병

생활 후 12월에 『역병찬송가』(Pestlied)를 저술하였다. 이 역병찬송가 속에서 우리는 "당신이 원하는 대로 하소서. 나는 아무 것도 부족하지 않습니다. 회복되건 파괴(멸)되건 간에 나는 아무 것도 부족하지 않습니다."라는 구절을 발견하는데, 여기서 츠빙글리의 창조주 하나님, 섭리주 하나님의 절대주권을 전적으로 인정하는 강한 섭리사상이 발견된다. 다시 말하면, 츠빙글리의 경우, 하나님은 그리스도인과 교회의 주님일 뿐만 아니라, 모든 이방인들과 만물을 다스리시며, 스위스의 장래와 그의 질병까지 관여하시는 창조주 하나님과 섭리주 하나님이라는 신앙고백이 츠빙글리의 사상 속에서 돋보인다는 것이다. 그러므로 그는 특히 하나님의 창조와 섭리사상이 담겨진 마태복음 6장을 선호했다.

2017년에 종교개혁 500주년을 기념한 한국교회는 종교개혁 박해자들에 의해 사지가 찢겨 불에 태워져 순교(국)한 종교개혁자 츠빙글리로부터 교회의 이웃에 대한 사랑, 교회의 사회에 대한 책임, 교회의 국가에 대한 애국, 교회의 창조 세계에 대한 돌봄을 배워야할 것이다. "훌륭한 시민(국민)만이 훌륭한 그리스도인이 될 수 있다." "이는 하나님이 그 해를 악인과 선인에게 비취게 하시며 비를 의로운 자와 불의한 자에게 내리우심이니라."(마5:45)

3) 부처와 깔뱅을 중심한 스트라스부르와 제네바: 교회론 중심

큰 정치 세력인 칼 5세(Karl V)의 통치 속에 살면서도 은혜론과 기독론에 기초를 둔 구원론으로 표현할 수 있는 '이신칭의' 복음에 깊은 관심을 가지고, 사회의 개혁이나 교회 조직에 소극적인 태도를 보였던 루터와, 조국과 민족의 운명을 짊어지고 조국 스위스의 독립을 위해서 "훌륭한 시민만이 훌륭한 그리스도인이 될 수 있다."는 신념 하에 조국을 위해서 전장에서 작렬하게 순국(교)한 츠빙글리와는 다른 측면들이 부처와 깔뱅에게서 발견된다.

부처와 깔뱅이 활동하던 곳은 루터가 활동하던 곳과 같이 큰 국가가 아니었고, 츠빙글리가 활동하던 곳과 같이 산간 지역에 흩어진 목장촌락들로 구성된

연맹 공동체도 아닌 자유 도시국가인 스트라스부르와 제네바였다. 루터와 츠빙글리는 일생 동안 조국에서 일했지만, 부처와 깔뱅은 조국을 떠나 망명생활을 했다. 부처는 영국 캠브리지 대학 명예 교수로서 만년을 보냈고, 깔뱅은 그의 활동 말기에 비로소 제네바의 시민권을 획득했다. 지리적, 문화적, 정치적으로 볼 때 부처와 깔뱅이 살던 두 도시는 비텐베르크와 취리히의 중간에 위치하고 있었다. 이를 보면서 부처와 깔뱅을 루터파와 츠빙글리파의 합작품이라는 단순한 결론을 내리는 사람들이 있다. 종교개혁 당시도 루터와 그의 지지자들은 스트라스부르와 제네바 신학자들을 츠빙글리파의 지지자들이라고 비판하고, 츠빙글리파는 이들을 루터파의 지지자들이라고 비판하여, 스트라스부르와 제네바 신학자들은 루터파와 츠빙글리파 쌍방으로부터 논쟁 시 비난받기 일쑤였다. 이 같은 사실은 성찬론 논쟁에서 더욱 두드러지게 나타났다. 그러나 우리는 부처와 깔뱅신학을 루터파와 츠빙글리파의 단순한 합작품이 아닌, 두 전통의 창조적 수용 발전이라고 보아야 한다. 이 두 전통의 창조적 수용 발전이 자유 도시국가와 조화를 이루어 스트라스부르와 제네바에서 종교개혁의 꽃을 피웠다고 봐야 한다는 것이다.

이제 세 가지 종교개혁 모델의 특징들을 몇 가지 예를 통해서 비교해보도록 하자. 물론 이런 시도가 종교개혁 운동의 세 모델의 특징들을 단순화시킬 위험을 갖는 것이 사실이다. 루터의 경우 성찬론에서 기독론에 강조점을 두어, 그리스도의 두 본성의 각각의 고유한 독립성 보다는 일치성에 관심을 두어 그리스도의 인간성의 편재성을 주장한 나머지 소위 '공재설'을 취하고 있다. 츠빙글리의 경우 포도즙과 빵의 실제적 효과보다는 단지 그리스도의 피와 살을 회상하거나, 기념하는 차원에서 그의 주장은 '상징설'이나 '기념설'에 가깝다고 할 수 있다. 그러나 부처와 깔뱅은 성찬의 근거와 내용이 생명의 양식이신 예수 그리스도라는 루터의 기독론적 성찬론을 그대로 수용하면서도, 루터와는 달리 그리스도의 두 본성의 각각의 고유성과 독립성을 강조하여, 예수 그리스도의 '육체'는 시간과 공간의 제한을 받기 때문에 부활·승천하신 이후 하나님의 보좌 우편에만 계신다고 주장하여 루터에 의한 '육체적'(physical) 편재성을 비판했다. 하나님의 보좌 우편에 계신 그리스도께서는 그의 영 보혜사를 통해서 성찬에 임재하시므로, 교회와 그리스도인이 그리스도의 피와 살을 먹고 마실 수 있게 된다는 것이다.(영적 임재설; 성령론적 임재설) 루터가 성찬식에서 그리스도의 임재 방법을 기독론적 차원에서 생각하여, 그리스도의 '육체적' 임재에 집착하였다면, 부처와 깔뱅은 이를 성령론적으로 생각하였다. 츠빙글리가 성령의 매개적 성격을 간과하였다면, 부처와 깔뱅은 성령의 매개적 활동을 잘 이해했다고 볼 수 있다. 이런 점에서 모든 종교개혁자들이 '성령의 신학자'로 불리어지지만, 부처와 깔뱅의 경우 더욱 그러하다고 말할 수 있겠다.

루터의 경우 '이신칭의' 교리의 강조로 로마서나 갈라디아서의 선호도가 높지만, 부처와 깔뱅의 교회론과 목회신학에 대한 관심으로 에베소서가 그들의 사랑을 받고있다. 종교개혁자들 중에서 최초의 목회신학인 『올바른 목회학』(*Von der* waren *Seelsorge*, 1538)을 저술한 이가 깔뱅의 영적 아버지였던 부처라는 사실이 우연의 일치가 아니었던 것이다.[6]

종교개혁 운동의 세 가지 모델의 특징의 차이점은 교회와 국가 관계 문제에서 더욱 뚜렷해진다. 루터의 경우 교회와 국가는 각각 고유한 독립성이 유지되고 있는 반면, 상호 밀접한 관계의 약화가 우려되고, 츠빙글리의 경우 국가와 교회가 거의 동일시되어서 각각의 고유성 특히 교회의 국가로부터의 독립성이 우려되고 있다. 그러나 부처와 깔뱅의 경우 교회와 국가는 각각 고유한 기능과 영역을 유지하면서도, 하나님의 말씀에 따라서 한 하나님을 섬기기 위해서 상호 협력·비판 관계에 있다. 즉, 국가는 섭리론의 차원에서 사회 안녕복지와 잘못된 이단을 처벌할 의무를 띠고 있는 반면, 교회는 선택론의 차원에서 하나님의 나라로서 영적인 일에 관여하고 있다. 부처와 깔뱅에게는 교회의 치

---

6) 최윤배, 『잊혀진 종교개혁자 마르틴 부처』(서울 : 대한기독교서회, 2012); M. Bucer (최윤배 역), 『참된 목회학』(용인: 킹덤북스, 2014).

리가 교회론과 성화론과 관련하여 강조되고 있다. 일반적으로 말한다면, 루터에게는 구원론이, 츠빙글리에게는 국가론이, 부처와 깔뱅에게는 교회론이 강조점을 얻고 있다는 것이다.

한국교회는 루터의 구원론의 강조의 유산을 통해서 구원의 감격을 회복해야 하고, 츠빙글리의 국가론에 대한 강조의 유산을 통해서 국가와 사회와 창조세계에 대한 그리스도인의 애국심과 책임성을 회복해야 하고, 부처와 깔뱅의 교회론에 대한 강조의 유산을 통해서 주님의 피로 산 바 된 그리스도의 교회(행 20:28)에 대한 사랑을 회복해야 한다. 한국교회는 상호분열로 인하여 구원의 감격을 상실하여 내적으로 병들어 있고, 외적으로는 국가와 사회에 대한 책임 부족으로 국가와 사회로부터 따가운 눈총을 받고 있다. 우리는 한국교회의 이같은 내적·외적 질병에 대한 백신의 원료를, 위에서 언급한 종교개혁 운동의 세 가지 모델의 유산으로부터 추출해낼 수 있을 것이다. "교회 안에서와 그리스도 예수 안에서 영광이 대대로 영원 무궁하기를 원하노라. 아멘."(엡3:21)

3. 종교개혁 운동의 다양성 속에서의 통일성

'윤리'를 주요 이슈로 삼았던 중세 로마가톨릭교회의 종교개혁과는 정반대로 루터를 시발점으로 일어난 종교개혁은 '종교'를 주요문제로 제기했다는 주장으로부터 우리는 이 글을 시작했다. 그리고 다소 무리가 있지만, 우리는 종교개혁의 세 가지 모델, 즉 루터와 멜란히톤을 중심한 비텐베르크, 츠빙글리와 불링거가 중심된 취리히, 부처와 깔뱅이 중심된 스트라스부르와 제네바에 대해서 언급한 다음, 구원론 중심의 비텐베르크와 국가론 중심의 취리히와 교회론 중심의 스트라스부르와 제네바에 대해서 언급했다.

이제 마지막으로 종교개혁운동 속에 나타난 '다양성 속에서의 통일(일치)성'에 대해서 언급하고자 한다. 종교개혁이 지역에 따라 그리고 인물에 따라 다양한 형태 속에서 발전했음에도 불구하고, 종교개혁이 본질적인 측면에서 일치성 내지 통일성을 지니고 있었다는 사실은 우리로 하여금 놀라움을 금치 못하게 한다.

종교개혁의 다양한 형태에도 불구하고, 왜 우리는 '종교개혁들'(the Reformations)이라고 '복수'로 칭하지 않고, '종교개혁'(the Reformation)이라고 '단수'로 칭하는가? 우리가 종교개혁을 단수로 명명하는 이유는 종교개혁은 '와해된 중세 세계의 요청'에 대해 다양한 강조점을 유지하면서도, 통일되고 일관된 근본적인 동일한 메시지로 답변했기 때문이다. 모든 종교개혁자들이 공유하고 있는 본질적인 메시지는 '오직 은혜'(*sola gratia*), '오직 그리스도'(*solus Christus*), '오직 믿음'(*sola fide*), '오직 성경'(*sola scriptura*)이다.[7] 한 번 이상 종교개혁자들을 상호 분리시켰던 다양성에도 불구하고, 그들은 위와 같은 본질적 문제에 대해서는 항상 동일한 결정을 내렸다. 하나님을 무서운 심판주로만 여김으로써 불안과 번민과 공포에 질린 영혼이 구속주 그리스도를 의뢰하고, 은혜의 전능성을 통해서 용서와 위로를 받게 되는데, 이것이 바로 '오직 은혜'와 '오직 그리스도'이다. 죄인이 '의롭다 함을 얻는 것'은 인간적인 어떤 선서나 규정이나 윤리(선행, 공로)에 의하지 않고, 성령의 은사인 믿음에 의해서만 얻어지는 하나님의 전적인 선물인데, 이것이 바로 '오직 믿음'이다. 교회를 교황이나 사제(신부)가 아니라, '신자들의 모임'으로 여기고, 성경을 설교의 생생한 말씀을 통한 끊임없이 현실화되는 하나님의 결정적인 계시로 여기는 태도가 있는데, 이것이 바로 '오직 성경'이다.[8]

우리는 종교개혁자들에 대한 두 가지 오해를 풀어 그들에 대한 부정적인 이미지를 벗겨내고자 한다. 하나는 위에서 언급된 종교개혁자들의 근본 사상에 대한 기본명제들에 붙은 '오직'이란 단어에 대한 의미의 문제이고, 다른 하나

---

7) 박성규, "개혁된 교회와 개혁되어야할 교회의 변증법적 관계 연구," 「칼빈연구」 제9집(2012), p. 96: "이것들(배타적 불변사들, 필자 주)을 종교개혁의 주요 특징인 동시에 척도로 보고 있다."
8) 이수영, 「개혁신학과 경건」, pp. 331-342.

는 성찬론은 물론 다른 문제들을 중심으로 종교개혁자들의 상호분열에 대한 부정적인 인상이다. 사실과 진실과 관계없이 종교개혁자들을 무조건 편애하는 것도 문제이듯이, 무조건적으로 그들을 경멸하는 태도도 문제이다. 그러나 교회사 속에서 이 같은 일이 종종 발생했고, 지금도 발생하고 있다.

종교개혁자들이 사용한 '오직 성경'은 '전통'이라는 말에 대해서, '오직 믿음'이라는 말은 '선행'이라는 말에 대해서 배타적으로 사용된 것이 결코 아니다. 이따금씩, 종교개혁자들이 교회의 바른 전통을 무시했다든지, 성경적 '선행'을 무시했다는 식의 비판은 하나의 오해에 불과하다. 종교개혁자들은 성경의 권위보다도 더 우위에 있는 잘못된 교회의 전통을 문제시하고, 인간의 자력구원의 수단으로 이해된 잘못된 비성경적 선행을 문제시한 것이지, 성경과 일치하는 교회의 전통이나, 참 믿음의 당연한 열매로서 참 선행을 무시한 것이 결코 아니었다. 오히려, 종교개혁자들은 교회의 전통이 성경과 일치하는 한, 그것을 더욱 중요하게 여겼다. 여기에 대한 좋은 예로 깔뱅은 '어머니로서의 교회'를 고수했고, 고대교회의 에큐메니칼 신조들을 너무나도 강조했다. 종교개혁 운동 초기에 종교개혁 제1세대인 루터나 부처가 로마가톨릭교회와 논쟁할 때에, 루터나 부처는 교회의 전통에 해당되는 교부 문헌들을 종종 인용했다. 이것을 지켜본 종교개혁 제2세대, 특히 깔뱅은 선배 종교개혁자들을 잘 이해할 수가 없었다. 왜냐하면, 그들이 성경과 함께 교회의 전통인 교부들의 문헌들도 그들의 논쟁의 자료로 인용했기 때문이다. 나중에 깔뱅이 이것을 이해하게 되었지만, 그의 선배 종교개혁자들이 교부들의 문헌을 자주 인용한 것은 교회의 전통에 해당되는 교부들의 문헌이 성경보다 높은 권위를 가진다는 말이 아니라, 성경은 물론 올바른 교회의 전통조차도, 로마가톨릭교회를 지지하는 것이 아니라, 종교개혁자 자신들을 지지하고 있다는 사실을 보여 주기 위함이었다. 그러므로, 종교개혁자들은 성경의 권위 하에 있고, 성경과 일치하는 교회의 전통을 항상 존중했고, 참 믿음으로부터 나오는 참 선행을 강조하고, 장려했다. 이 같은 선행을 루터는 구원론적 윤리로 이해했고, 멜란히톤, 부처, 깔뱅은 '율법의 제 3사용'과 관련해서 기독교 윤리로 이해했다.[9] 종교개혁자들은 펠라기우스주의나 반펠라기우스주의에 빠지지 않고서도 믿음의 열매로서 선행을 성공적으로 강조할 수 있었다.

성찬론을 중심으로 종교개혁자들이 서로 불일치하였다는 사실 하나만을 근거로 많은 사람들이 종교개혁자들의 교회일치 정신의 빈약함을 기정 사실화하면서, 습관적으로 그것을 되뇌고 있다. 필자도 1529년 마르부르크의 종교대화(Das Marburger Religionsgespraech 1529)에서 벌어진 사건을 안타깝게 생각한다. 그 때 루터는 츠빙글리에게 "나는 당신의 주님도, 재판관도 아닐 뿐만 아니라, 당신의 선생님도 아닙니다. 당신의 영과 우리의 영은 일치하지 않습니다."라고 말했다. 그러나 이 불행한 사건 속에서도 종교개혁자들은 성찬론을 제외하고는 모든 면에서 완전히 일치했다. 그 후 루터와 부처는 『비텐베르크 일치신조』(1536)에 서로가 합의했고, 깔뱅과 불링거는 『취리히 협약』(1549, consensus Tigurinus)에서 상호 합의했고, 거의 모든 종교개혁 교회와 후손들은 『하이델베르크 요리문답』(1562/3)을 공통적으로 사용하고 있다.[10] 가령 우리의 부모님이 어쩌다가 한 두 번 다투시는 것을 우리가 목격한 뒤에 우리가 만나는 모든 사람에게 우리 부모님들은 눈만 마주치면 부부 싸움을 하신다고 말한다면, 그것은 사실에도 맞지 않을 뿐만 아니라, 자식으로서 우리는 부모님께 큰 불효를 하는 것이다. 이 같은 예가 바로 종교개혁자들의 후손인 우리 교회와 우리들에게 지금까지 일어났다는 것은 참으로 부끄럽고도 통탄할 만한 일이다.

개혁교회 전통 속에 서 있는 한국장로교회는 루터의 여러 약점에도 불구하고, 로마가톨릭교회의 낙관적 자연신학 사상에 근거한 마리아론, 면죄부 등을 거부하고, 하나님의 은혜론과 기독론에 기초한 구원론, 즉 '이신칭의' 복음을

---

9) 이형기, 『종교개혁신학사상』 (서울 : 장로회신학대학교출판부, 1997), pp. 46-47.
10) 최윤배 공저, 『개혁교회의 신앙고백』 (서울 : 한국장로교출판사, 2007), pp. 199-218.

불변의 유산으로 간직할 수 있고, 말씀, 말씀, 말씀을 향한 루터의 열정을 배울 수 있어야겠다. 하나님의 저주로 전사했다는 비판을 들었던 츠빙글리에게서 우리는 민족과 국가의 고난을 용감하게 짊어진 '민족교회'와 '국가교회'의 용기를 본받아야 되겠다. 그나마 연중행사에 그치는 성찬식을 부처와 깔뱅의 교훈에 따라 '영적 임재설'(이것을 필자는 '성령론적 임재설'이라고 명명하기를 원한다.)을 따르지 않고, '상징설' 또는 '기념설'을 따르는 일부 한국장로교회는 자신의 신앙 뿌리에 대한 무지를 반성해야겠다. 가장 풍성한 경건(pietas)의 보고(寶庫)인 시편으로 만들어진 『시편 찬송가』를 부르고 있는 고유한 개혁교회 전통과는 반대로,11) 한국장로교회에서는 아직도 대부분의 부흥성가로 구성된 찬송가만이 사용되고 있다. 믿음으로 칭의되어 구원된 그리스도인의 삶의 열매로 선행이 따르기 마련이다. 성화의 삶이 없는 그리스도인에 대한 교회의 치리가 우리 그리스도인들에게 유명무실해진 것은 복음의 능력을 상실한 교회가 기독교 윤리의 부재를 낳는다는 사실을 여실히 증명해 주는 것 같다.

우리는 다양한 종교개혁 운동 형태를 성령의 은사와 활동의 다양성으로 간주하기 때문에 전통 상호간의 우열을 저울질할 때 신중을 기해야 할 것이다. 그럼에도 불구하고, 필자는 개혁파 종교개혁신학이 가장 균형 잡힌 성경적 신학 전통이라고 생각한다. 우리 기독교는 우리의 형편에 적절한 종교개혁 운동 모델을 도입 적용하면서도, 루터가 재발견한 은혜론과 기독론과 신앙론에 기초한 성경적 구원론, 즉 '이신칭의' 복음을 약화시키거나 놓쳐서는 절대로 안되겠다. "이는 그리스도 예수 안에서 우리에게 자비하심으로써 그 은혜의 풍성함을 오는 여러 세대에 나타내려 하심이라. 너희가 그 은혜를 인하여 구원을 얻었나니 이것이 너희에게서 난 것이 아니요 하나님의 선물이라. 행위에서 난 것이 아니니 이는 누구든지 자랑치 못하게 함이니라."(엡2:7-9)

---

11) 최윤배 · 임창복 편역, 『시편찬송가』(서울 : 한국기독교교육교역연구원, 2010); 시편찬송가편찬위원회 편, 『깔뱅의 시편찬송가』(서울 : 시편찬송가편집의원회, 2009).

II. 깔뱅과 동역자들

깔뱅의 동역자들에 대하여 언급하기 전, 먼저 깔뱅에 대한 일부 부정적인 시각에 대한 오해 또는 무지를 풀고자 한다. 삼위일체론 또는 기독론 이단자로서 화형당한 세르베투스(Servetus)의 처형문제로 깔뱅 자신은 물론 개혁교회에 대한 부정적인 시각이 존재해왔다. 깔뱅에 대하여 부정적인 시각을 가진 사람들은 깔뱅을 눈물 한 방울도 없는 냉정한 사람으로 비판한다. 그러나 따뜻한 마음을 가졌던 깔뱅과 건강한 상식을 가졌던 개혁교회를 향한 부정적인 시각은 16세기 당시의 역사적 정황에 대한 인식부족으로부터 말미암은 것이다.

삼위일체론이나 기독론 이단자들이 화형을 당하는 것은 16세기 종교적 보편 관행이었고, 기독교 모든 교파들(중세 로마가톨릭교회, 루터파, 개혁파, 재세례파 등)이 다른 교파들의 그리스도인들을 처형했는데, 상대적으로 중세 로마가톨릭교회가 다른 교파들의 사람들을 가장 많이 처형했고, 개혁파가 가장 적게 처형했다. 또한 세르베투스를 처형할 수 있는 권한은 깔뱅이 아닌 제네바 시정부에 있었는데, 제네바는 세르베투스 처형 전에 교회들과 시정부에 여론조사 과정을 거쳤다. 여론조사편지를 받은 교회들과 시정부들은 만장일치로 이단자 세르베투스를 화형에 처해달라는 내용으로 회신했다.

깔뱅은 옥중에 있는 세르베투스를 방문하여 혹시라도 그의 잘못된 교리를 취소하고 살 길을 얻도록 목회상담적 차원에서 호소했지만, 세르베투스는 깔뱅을 모욕하면서 거부했다. 깔뱅은 제네바 시정부에 찾아가서, 만약 세르베투스를 처형해야할 경우, 고통스런 화형대신 참수형을 선택해 줄 것을 호소했지만, 제네바 시정부는 그의 요청을 거절했다.

개혁파보다도 더 많은 사람들을 처형한 어느 기독교 교파들도 자기들의 선배들의 잘못을 역사적으로 회개하지 않았다. 그러나 세르베투스가 1553년 제네바 시정부에 의하여 화형당한 지 약 450년 후인 1907년, 깔뱅의 정신을 따르는 사람들과 학자들이 합심하여 제네바에 세르베투스 처형에 대한 회개의 비석을 세웠다. 위의 사실들로부터 우리는 깔뱅과 제네바 시정부와 깔뱅의 후손들이 완전히 무흠한 자들은 아니었지만, 역사적 상황 속에서 합리적 절차를 밟고, 책임적 행동을 하려고 노력했다고 평가할 수 있을 것이다.

깔뱅의 동역자들이 수없이 많기 때문에 깔뱅과 가장 밀접한 관계에 있던 동역자들을 세 가지 범주로 나누어 살펴보고자 한다. 여기서 언급되지 않는 깔뱅의 동역자들은 츠빙글리(Zwingli)의 후계자였던 불링거(Bullinger) 외에도 제네바시 내외 종교개혁자들과 정치지도자들이 수 없이 많다. 깔뱅은 한 번도 만나지 못했던 루터(Luther)나 짧은 생애를 마감한 츠빙글리도 존경했다.

1. '삼발이'(le Trepied)

깔뱅 초기에 동고동락한 동역자로서 깔뱅을 포함하여 소위 "삼발이"(le Trepied) 또는 "삼총사"로 불리는 파렐(Farel)과 비레(Viret)가 있다. 여행목적지에 이르는 지름길이 전쟁으로 차단되어, 깔뱅이 우회로 제네바의 한 숙소에 머물게 되었다. 『기독교 강요』초판(1536)을 통해 깔뱅이 누군지 잘 알고 있던 파렐이 깔뱅의 숙소를 방문하여 제네바 종교개혁 운동에 동참해 달라고 요청했다. 처음에 깔뱅은 여러가지 핑계로 거절하다가 파렐의 요나 선지자의 예를 사용한 협박조의 설득으로 그의 요청을 수락한 것은 너무나도 유명하다. 파렐은 깔뱅 뿐만 아니라, 스위스 출신인 비레도 제네바에 초청하여 함께 동역하였다. 그러다가 세 종교개혁자들은 주로 성찬의식 문제로 제네바 시정부와의 갈등 끝에 1538년에 추방당하였다. 그 후 파렐은 주로 뉴사텔에서, 비레는 로잔에서 각각 목회하였으나, '삼발이' 종교개혁자들은 직접 만나거나 서신교환을 통해서 항상 교제했다. 삼발이 종교개혁자들의 활동에 대하여 깔뱅의 제자인 베자는 "(제네바, 필자주) 사람들도 이 고귀한 세 사람이 함께 협조하는 것을 보고 매우 기뻐했고, 그들의 설교를 듣기 위해 즐거운 마음으로 나왔다. … (그러나 깔뱅에게 악의를 품고 있는, 필자주) 사람들은 세 명의 하나님의 사람이 유지하고 있는 하모니의 관계를 조롱하여, 이 세 명의 하나님의 종들을 '삼발이'(le Trepied)에 비유했다."라고 말했다. 55세로 깔뱅의 임종이 가까울 때, 95세의 파렐은 뉘사텔에서 깔뱅을 문병하러 제네바에 왔다가 다시 뉘사텔에 돌아가자마자 깔뱅의 임종소식을 듣고, 그의 친구 파브르에게 "아! 내가 깔뱅보다 먼저 죽을 수는 없었단 말인가! 그는 얼마나 아름다운 생애를 완주했던가! 하나님이시여, 하나님께서 우리에게 주신 은혜를 따라 우리의 생애도 깔뱅처럼 영향을 미치게 하옵시기를 기도드리나이다!"라고 편지했다. 삼발이 동역자들은 교회와 하나님을 위하여 똑같이 칭찬을 듣고, 똑같이 핍박과 조롱을 받으면서 항상 동고동락했다.

2. 부처

깔뱅은 1532년에 부처(Bucer)에게 보낸 편지에서 부처를 "스트라스부르의 감독"으로 불렀다. 깔뱅이 파렐과 비레와 함께 제네바에서 추방당했을 때, 부처는 스트라스부르로 깔뱅을 1538년에 초청하였고, 깔뱅이 1541년에 제네바에 초청되기까지 약 3년간 깔뱅과 동역하였다. 깔뱅이 처음에 부처의 초청을 거절했을 때, 부처는 파렐이 깔뱅에게 사용했던 선지자 요나의 실례를 통한 협박조의 초청방법으로 깔뱅을 설복시켰다. 깔뱅은 스트라스부르의 프랑스 이민교회를 담당하는 동시에, 스트라스부르대학에서 강의했다. 부처는 깔뱅의 초기부터 신학적으로 가장 많이 상호 영향을 주고받은 동역자였다. 깔뱅보다 18세 연상인 부처는 초기에는 깔뱅에게 영향을 끼쳤지만, 말기에는 반대로 깔뱅으로부터 영향을 받았다. 스트라스부르 시절 깔뱅은 부처가 가졌던 교회의 4중직(목사, 교사, 장로, 집사)이나 권징 개념을 배웠고, 반대로 부처는 말년에 영국망명시절에 에베소서를 강의할 때, 깔뱅의『에베소서주석』을 잘 활용했다고 깔뱅에게 큰 감사를 표했다.

깔뱅은 영국에서 부처의 임종소식을 듣고 블링거에게 보낸 편지에서 "부처의 죽음은 하나님의 교회를 위해서 얼마나 큰 손실인지를 우리가 진작 알아야만 했다. … 나는 고아가 된 심정으로 부처가 지금도 우리에게 가져다 줄 수 있는 유익이 더욱 분명해짐을 알게 된다."고 고백했고, 비레에게 보낸 편지에서 "부처의 죽음에 대한 나의 슬픔은 나의 염려와 불안을 계속 더 커지게 만들었다. 교회가 부처의 죽음을 통해서 당해야만 하는 타격이 얼마나 큰 것인지 생각할 때마다 나의 가슴이 무너진다."라고 고백했다.

3. 베자와 녹스

깔뱅의 제자인 동시에 동역자는 프랑스 출신의 베자(Beza)와 스코틀랜드 출신의 녹스(Knox)이다. 베자는 깔뱅의 사상을 이어받아 "제네바 아카데미"(1559)를 운영하여 유럽 대륙에 개혁교회와 신학을 발전시켰고, 녹스도 깔뱅의 사상을 이어받아 영국에서 장로교회를 발전시켰다. 1556년 제네바를 방문했던 녹스는 깔뱅이 이룩한 업적을 "여기에 사도시대 이후 가장 완전한 그리스도의 학교가 있다. 나는 여기보다 도덕과 신앙이 향상된 곳을 보지 못했다."라고 감탄했고, 베자는 깔뱅의 임종에 대한 각계각층의 반응을 "해가 지는 그 날 지상에서 하나님의 교회를 인도하던 큰 별이 하늘로 돌아가고 말았다. … 그날 밤과 그 다음 날 제네바 시 전체는 슬픔에 휩싸였다. 백성은 하나님의 선지자를, 불쌍한 양떼들은 그의 신실한 목자의 떠남을, 학교는 그의 참된 교사와 스승의 여읨을, 모든 사람들은 참된 아버지와 하나님의 위로자의 여읨을 애도했다."라고 회고했다.

 결론적으로, 종교개혁운동을 '삼발이'로서 시작한 깔뱅은 종교개혁 제1세대인 파렐, 루터, 부처, 츠빙글리의 영향을 직접적으로 또는 간접적으로 받았고, 자신과 거의 동년배인 비레, 블링거, 멜란히톤과 함께 종교개혁 제2세대로 활약하였고, 그의 사상은 종교개혁 제3세대인 베자와 녹스에게 잘 계승되었다고 할 수 있다.

제2장 깔뱅과 부처의 상호관계

I. 깔뱅과 부처의 상호관계[1]

1. 부처의 간추린 생애

우리나라에 아직 마르틴 부처(Martin Bucer = Butzer, 1491-1551)에 대한 연구가 전무하다고 해도 과언은 아니다.[2] 따라서, 그와 깔뱅(Jean Calvin, 1509-1564)의 신학적 · 역사적 상호관계에 대한 연구의 상황은 불모지와 같아서 이에 대해 부언할 필요가 없다.

우리는 본고에서 위의 두 개혁파 종교개혁자들을 상호 비교함으로써, 이 두 종교개혁자들에 대한 기초연구와 종교개혁 연구는 물론 개혁신학 발전에 기여하고자 한다. 이를 위해서 우리는 그들의 생애, 특히 부처의 생애를[3] 시작

---

1) "마르틴 부처와 장 깔뱅의 상호관계," 「서울장신논단」제9집(2001), pp. 96-116에 게재된 글.

2) 최윤배, 『잊혀진 종교개혁자 마르틴 부처』(서울 : 대한기독교서회, 2012).

3) G. Anrich, *Martin Bucer*, Straßburg 1914; J. W. Baum, *Capito und Butzer*, Nieuwkoop/B. de Graaf 1860; H. Bornkamm, "Martin Bucer: Der dritte deutsche Reformator," in: idem, *Das Jahrhundert der Reformation: Gestalten und Kräfte*, Göttingen 1961, S. 88–112; H. Eells, *Martin Bucer*, New Haven 1931; K. Exalto, *Een pastorale gemeente*, Apeldoorn 1986; M. van Campen, *Martin Bucer: een vergeten reformator 1491–1551*, s'-Gravenhage 1991; M. Greschat, *Martin Bucer: Ein Reformator und seine Zeit 1491–1551*, München 1990; H. Joisten, *Der Grenzgänger: Martin Bucer: Ein europäischer Reformator*, Stuttgart 1991; W. Köhler, *Dogmengeschichte* II, Zürich 1951; M. de Kroon e.a., *Bucer und seine Zeit*, Wiesbaden 1976; A. Lang, *Der Evangelienkommentar Martin Butzers und die Grundzüge seiner Theologie*, Leipzig 1900(Aalen 1972); A. Lienhard, *Martin Butzer*, Straßburg 1914; H.J. Selderhuis, *Huwelijk en echtscheiding bij Martin Bucer*, Leiden 1994; W.P. Stephens, *The Holy Spirit in the Theology of Martin Bucer*, Cambridge 1970; W. van 't Spijker, *De ambten bij Martin Bucer*, Amsterdam 1970(= J. Vriend e.a. trans., *The Ecclesiastical Offices in the Thought of Martin Bucer*, Leiden/New York/Köln 1996); H. Strohl e.a., *Martin Bucer 1491–1551*, Lichtweg 1951; F. Wendel, *Martin Bucer: Esquisse de sa vie et de sa pensée publiée à l'occasion du 4e février 1551*, Strasbourg 1932; G.H. Williams, *The Radical Reformation*, Philadelphia 1952.

으로 연대기에 따라 서신서 등 역사적, 신학적 자료들을 참고하여 분석하면서 그들의 상호관계에 대해서 논할 것이다.

토마스 아퀴나스,[4] 에라스무스,[5] 루터,[6] 츠빙글리,[7] 재세례파와 열광주의 운동들,[8] 쾌락·자유주의파,[9] 기타 당대의 다른 사상과 종교[10] 등은 부처에게 부정적으로 또는 긍정적으로 중요한 의미를 지니고 있다. 이 모든 것에도 불구하고 부처는 "말씀의 신학자, 성령의 신학자, 교회의 신학자"로서 자신의 독특한 신학적 입장을 견지했다.[11]

부처는 1491년 11월 11일에 알자스 지방의 쉴레트쉬타트(Schlettstadt)에서 태어났다. 부처는 이 곳에 있는 고전 라틴어 학교에 다니면서, '현대경건 운동'과 '인문주의'의 영향을 받았다. 그는 15세 때 쉴레트쉬타트에 있는 도미니칸 수도원에 들어갔다. 여기서 그는 토마스 아퀴나스를 철저히 연구했다. 1515년 말경에 그는 하이델베르크에 있는 수도원으로 옮겨갔다. 여기서 그는 그가 이미 어릴 때부터 관심을 갖고 배웠던 '인문주의'에 다시 관심을 기울였

4) L. Leijssen, *Martin Bucer en Thomas van Aquino: De invloed van Thomas op het denkpatroon van Bucer in de commentaar op de Romeinenbrief(1536)*, Leuven 1978; idem, "Martin Bucer und Thomas von Aquin," in: *Ephemerides Theologicae Lovanienses* 55, Leuven 1979, S. 266-296.

5) F. Früger, *Bucer und Erasmus: Eine Untersuchung zum Einfluss des Erasmus auf die Theologie Martin Bucers*, Wiesbaden 1970; N. Peremans, *Érasme et Bucer d'après leur correspondance*, Paris 1970.

6) A. Wiedeburg, *Calvins Verhalten zu Luther, Melanchthon und dem Luthertum*(Diss.), Tübingen 1961.

7) H. J. Selderhuis, "Bucer en Zwingli," in: F. van der Pol(red.), *Bucer en de kerk*, Kampen 1991, pp. 55-56.

8) Cf. W. Balke, *Calvijn en de doperse radikalen*, Amsterdam 1970, pp. 1-5; J. N. Bakhuizen van den Brink e.a., *Handboek der kerkgeschiedenis 3: Reformatie en contra-reformatie*, Leeuwarden 1980, pp. 97-108; M. Greschat(Hrg.), *Die Refortmationszeit* I, Stuttgart 1981; R.M. Jones, *Spiritual Reformers in the 16th & 17th Centuries*, London 1914; C. van der Valk, *Bucer en de dopersen tot het jaar 1532*(D.S.), Gouda 1976; G.H. Williams(red.), *Spiritual and Anabaptist Writers*(= LCC XXV), London 1957; idem, *The Radical Reformation*, Philadelphia 1952.

9) M. Lienhard, *Croyants et sceptiques au XVIe siècle: Le dossier des 'Epicuriens'*, Strasbourg 1978; G. Livet e.a. (red.), *Strasbourg au coeur religieux du XVe siècle*, Strasbourg 1977.

10) A. Hyma, *The Christian Renaissance: A History of the "Devotio Moderna"*, Grand Rapids 1924, pp. 40, 340, 349.

11) W. van 't Spijker, "De kerk bij Bucer: het rijk van Christus," in: idem(red.), *De kerk: wezen, weg en werk van de kerk naar reformatorische opvatting*, Kampen 1990, pp. 127ff.

다. 1518년 4월 하이델베르크에서 루터가 신학논쟁을 하고 있을 때, 부처는 그를 만나 종교개혁자가 되었다.

마침내 부처는 1521년에 자신이 처음 수도원에 들어갈 때 맹세했던 수도원 서약을 교황이 해제해 줄 것을 요청했다. 그 해 4월 교황은 부처가 행한 수도원 서약을 해제해 주었다. 부처는 1522년 여름에 수녀였던 엘리사벳 질베라이전(Silbereisen)과 결혼한 뒤, 그 해 겨울 내내 바이센부르크(Weissen-burg)에서 복음을 설교했다.

부처가 1523년 5월 중순 스트라스부르에 왔을 때, 이 도시에서는 이미 종교개혁의 불길이 번지고 있었다. 그 해에 그는 그의 최초의 작품,『사람은 자기 자신을 위해서 살 것이 아니라, 다른 사람들을 위해서 살아야 한다. 우리는 어떻게 거기에 도달할 수 있을까』(1523)를 출판했다.[12) 부처는 유명한 대부분의 국제 종교대회에 참석하는 것은 물론 울름(Ulm), 쾰른(Köln), 특히 헤센(Hessen) 지방 등에 초청되어 종교개혁의 프로그램들을 제공하고, 조언했지만, 그는 특별히 교회에 대한 사랑을 가지고 1549년까지 내내 스트라스부르에서 사역했다. 「임시안」 정치적인 상황이 로마가톨릭 교회 진영으로 유리하게 전개되어*(Augsburger Interim, 1548)* 스트라스부르에 다시 미사가 회복되어, 더 이상 종교개혁 운동이 불가능하게 되자 부처는 복음 때문에 새로운 정치상황과의 타협을 거부하고, 영국으로 망명하게 된다. 그는 1549년 4월 6일에 출발하여 4월 25일에 영국 런던에 도착하여 어린 왕 에드워드 6세를 가르칠 뿐만 아니라, 왕립대학명예 교수로서 캠브리지 대학에서 가르치면서『그리스도 왕국론』을 써서 영국의 종교개혁 운동을 도왔다.[13) 이후 그는 조국으로 돌아오지 못하고 마침내 영국에서 1551년 2월 28일에 임종했다.

---

12) *Das ym selbs*(1523), in: *Martin Bucers Deutsche Schriften* (= *BDS*) I, Gütersloh 1960, 44~67; 황대우 편저, 『삶, 나 아닌 남을 위하여 : 마르틴 부처의 기독교 윤리』(서울 : SFC, 2007).
13) 최윤배 공역, 『멜란히톤과 부처』(서울 : 두란노아카데미, 2011).

프랑스인 깔뱅이 타국 스위스 제네바의 공동묘지에 묻혔듯이, 부처도 타국 영국에서 묻혔다. 부처의 시체는 무덤 속에서도 편히 쉬지 못하고 수난을 당했다. 로마가톨릭교회의 신봉자였던 악명 높은 '피 묻은 메리 여왕'은 종교개혁 운동 옹호자들을 처형할 때, 부처가 생전에 종교개혁자였다는 이유만으로 그의 무덤을 파헤쳐 그의 유해를 광장에서 불태워버림으로써 부처는 두 번 죽음을 당했다. 그 후 영국에서 종교개혁 신앙이 꽃을 다시 피울 때, 엘리사베드 여왕이 부처의 유해가 태워진 광장의 흙을 파서 부처의 무덤을 원래 위치인 영국 캠브리지 대(大) 성(聖) 마리아교회(Church of St Mary the Great)에 복원시킬 뿐만 아니라, 손상당한 그의 명예도 회복시켜 주었다.[14]

2. 상호 친근성과 상호 영향

엘스(H. Eells)는 부처가 1537년 개최된 종교대회 이전에 깔뱅을 직접적으로 만나지 못했으며, 따라서 그 이전에는 깔뱅에게 영향을 끼치지 않았다고 주장한다.[15] 아우후스테인(C. Augustijn)은 깔뱅이 스트라스부르에 머무는 동안에도 (1538-1541) 부처와의 인격적 상호 영향은 있어도, 신학적 상호 영향은 없었다고 주장한다.[16] 이와는 반대로 비데부르크(A. Wiedeburg)는 정당하게도 부처와 깔뱅의 왕래 서신을 근거로 두 사람이 1537년 이전에도 이미 서로에 대한 가치를 인정하고, 서로 서로를 존경했다는 사실을 보여주었다.[17]

---

14) 최윤배, 『잊혀진 종교개혁자 마르틴 부처』(서울: 대한기독교서회, 2012), pp. 49-50.

15) H. Eells, "Martin Bucer and the Conversion of John Calvin," in: PTR(1924), pp. 402-419.

16) C. Augustijn, "Calvin in Strasbourg," in: W.H. Neuser(Hrg.), Calvinus Sacrae Scripturae Professor: Calvin as Confessor of Holy Scripture, Grand Rapids 1994, p. 177.

17) A. Wiedeburg, "Die Freundschaft zwischen Butzer und Calvin nach ihren Briefen," in: Historisches Jahrbuch 83(1964), S. 69-83; idem, Calvins Verhalten zu Luther, Melanchthon und dem Luthertum(Diss.), Tübingen 1961, S. 75-88, cf. J. Ficker, e.a., Handschriftenproben des 16. Jahrhunderts nach Straβburger Originalen(Tafel 26), Straβburg 1904; W. Pauck, The Heritage of the Reformation, Glencoe/Bosten 1950, pp. 85-99; W. van't Spijker, "Bucer und Calvin," in: C.

부처는 깔뱅에게 1537년 이전은 물론이고, 이미 1536년에도 인격적으로 뿐만 아니라, 신학적으로도 강력한 영향을 끼친 것 같다. 1536년 이전에 부처와 깔뱅이 서로 개인적으로 만났는지에 대해서는 우리가 역사적으로 확정지을 수가 없지만, 1536년 이전에 이미 부처가 깔뱅에게 영향을 끼친 것은 명백하다. 랑(A. Lang)은 부처의 『복음서 주석』(1527-1536)과 깔뱅의 초판 『기독교 강요』(1536)를 상호 비교한 결과 이 두 작품 속에 상호 비슷한 평행 구절들을 수없이 발견했다.[18] 가녹치(A. Ganoczy)도 부처의 『복음서 주석』(1527-1536)과 깔뱅의 초판 『기독교 강요』(1536)를 상호 비교한 결과, 이 두 작품 속에서 상호 유사성을 발견했는데, 이 유사성이 있음을 부처의 깔뱅에 대한 영향으로 단정지었다.[19] 특별히 부처의 『로마서 주석』(1536)과 깔뱅의 초판 『기독교 강요』(1536)를 상호 비교해보면, 깔뱅이 부처의 신학과 사상을 많이 채택하고 있음이 발견된다.[20]

깔뱅의 신학과 교회적 실천에 대한 부처의 영향은 깔뱅의 작품 도처에 명백하게 나타난다. 예를 들면, 예정론,[21] 성령론,[22] 교회론,[23] 예전의식,[24] 치

Krieger e.a.(red.), *Martin Bucer and Sixteenth Century Europe: Acts du colloque de Strasbourg(28-31 août 1991)* I, Leiden/New York/Köln 1993, S. 461-470.

18) A. Lang, "Die Quellen der Institutio von 1536," in: *EvTh* 3(1936), S. 100-112; idem, Der Evangelienkommentar, passim.

19) A. Ganoczy, *Le jeune Calvin, genèse et évolution de sa vocation reformatrice*, Wiesbaden 1966, pp. 166ff, cf. F. L. Battles, *Analysis of the Institutes of the Christian Religion of John Calvin*, Grand Rapids 1980, pp. 13f; J. Courvoisier, "Bucer et l'oeuvre de Calvin," in: *RThPh* 21(1933), pp. 66-77; idem, "Bucer et Calvin," in: *Calvin à Strasbourg 1538-1541*, Strasbourg 1938, pp. 37-66; W. van 't Spijker, "The Influence of Bucer on Calvin as becomes evident from the Institutes," in: *John Calvin's Institutes. His Opus Magnum*, Potchefstroom 1986, pp. 106-132.

20) W. van 't Spijker, "Straatsburg," in: W. Balke e.a.(red.), *Luther en het gereformeerd protestantisme*, 's-Gravenhage 1982, p. 88.

21) J. W. van den Bosch, *De Ontwikkeling van Bucer's Praedestinatiegedachten vóór het optreden van Calvijn*, Harderwijk 1922; E. Doumergue, *Jean Calvin: Les hommes et les choses de son temps* IV, Lausanne 1910, p. 407, 각주 3, 4; C. van Sliedregt, *Calvijns opvolger Theodorus Beza: zijn verkiezingsleer en zijn belijdenis van de drieënige God*, Leiden 1996, p. 307, 각주 38; W. van 't Spijker, "Prädestination bei Bucer und Calvin. Ihre gegenseitige Beeinflussung und Abhängigkeit," in: W.H. Neuser(Hrg.), *Calvinus Theologus*, Neukirchen 1976, S. 85-111.

리,25) 교회일치(연합) 운동,26) 경제윤리27) 등이다.

이제 우리는 부처와 깔뱅의 상호 관계 발전을 연대기적으로 세 시대 즉, 1538년 이전 시기, 스트라스부르 시기(1538-1541), 1541년 이후 시기로 나누어 살펴보기로 한다.

1) 1538년 이전 시기

깔뱅이 부처를 '스트라스부르의 감독'이라고 부르면서 부처에게 보낸 첫 번째 편지가 있는데, 이 편지에는 날짜가 기록되어 있지 않아 그 날짜를 정확히 알 수 없지만, 일반적으로 1532년 9월 4일로 추론된다.28) 1536년 말 경에 부

---

22) W. van 't Spijker, "Die Lehre vom Heiligen Geist bei Bucer und Calvin," in: W.H. Neuser(Hrg.), *Calvinus Servus Christi*, Budapest 1988, S. 73-106.

23) G. Anrich, "Straßburg und die Calvinistische Kirchenverfassung," in: *Reden bei der Rektoratsübergabe am 3. Mai 1928*, Tübingen 1928, S. 12-31; J. Courvoisier, *La notion d'église chez Bucer dans son développement historique*, Paris 1933; G. Hammann, *Entre la secte et la cité: Le Project d'Eglise du Réformateur Martin Bucer (1491-1551)*, Genève 1984; K. McDonnell, *John Calvin, the Church, and the Eucharist*, Princeton 1967; H. Strohl, "La notion d'Eglise chez Bucer dans son développement historique. Etude critique," in: *RHPhR* 13(1933), pp. 242-249.

24) G. J. van de Poll, *Martin Bucer's liturgical ideas*, Assen 1954; T. Brienen, *De liturgie bij Johannes Calvijn*, Kampen 1987, p. 84.

25) J. Courvisier, "Bucer et l'oeuvre de Calvin," in: *RThPh* 21(1933), pp. 66-77; idem, "Bucer et Calvin," in: *Calvin à Strasbourg 1538-1541*, Strasbourg 1938, pp. 37-66; idem, "Le sens de la discipline ecclésiastique dans le développement historique," in: *Hommage à Karl Barth*, Neuchâtel/Paris 1946; W.G. de Vries, *Kerk, tucht bij Calvijn*, Capelle a/d IJssel 1990, p. 67.

26) F. W. Kantzenbach, *Das Ringen um die Einheit der Kirche im Jahrhundert der Reformation*, Stuttgart 1957; idem, *Evangelium und Dogma: Die Bewältigung des theologischen Problems der Dogmengeschichte im Protestantismus*, Stuttgart 1959, S. 39-45; G.W. Locher, *Calvin: Anwalt Ökumene*, Zollikon 1960; W. Nijenhuis, *Calvinus oecumenicus: Calvin en de eenheid der kerk in het licht van zijn briefwisseling*, 's-Gravenhage 1959.

27) G. Klingenburg, *Das Verhältnis Calvins zu Butzer untersucht auf Grund der wirtschaftsethischen Bedeutung beider Reformatoren*, Bonn 1912.

28) *Ioannis Calvini Opera quae supersunt omnia(= CO)* 10b, 22-24 [= A.-L. Herminjard. op. cit., III, pp. 204-208, (*Correspondance des Réformateurs dans les pays de langue française, Recueillie et publiée avec d'autres letters relatives á la Réforme et des notes historiques et biographiques* I-IX, Paris 1866-1897)]. 4. Sept. 1532(: CO; E. Doumergue; J. Rott, *Correspondance de Martin Bucer: Liste alphabétique des correspondants*, Strasbourg 1977, usw.), 또는 1534(: A.-L. Herminjard; W.

처는 깔뱅에게 첫 번째 편지를 썼다.29) 이 편지에 의하면, 깔뱅은 부처를 신뢰하고 있으며, 깔뱅과 마찬가지로 부처도 '그리스도에 관한 교리의 전체적인 봉사'를 위해서 서로가 기꺼이 만나기를 원했다.30)

1538년 1월 12일 부처에게 보낸 편지에서 깔뱅은 부처가 공헌한 종교개혁자들 사이의 중계자 역할과 부처의 『시편 주석』(1529)을 높이 평가하고 있다. 이 편지 끝에서 깔뱅은 부처에게 다음과 같은 인사말로 필을 놓는다. "나에 의해 사랑을 받는 아주 올곧은 나의 형제여! 주님께서 당신을 보호하시며, 주님께서 당신 속에 있는 그 분의 은사들을 성장시키시기를 원합니다." 그러나 이 편지에는 위와 같은 부처에 대한 깔뱅의 긍정적인 평가와 함께 그에 대한 비판도 함께 나타난다. 가령, 깔뱅에 의하면, 부처가 중재노력에 집착한 나머지 너무 성급히 소정의 결론에 도달하려 한다든지, 부처가 교부들의 권위에 너무 의존하고 있다는 점 등이다.31) 아이러니칼하게도 초기에 부처의 교회일치적 노력을 비판하고, 부처의 교부문헌에 대한 인용을 비판했던 깔뱅은 부처가 했던 것처럼 그의 후기로 갈수록 더욱 교회일치적 사역에 힘을 기울이고,32) 교부들의 문헌, 특히 아우구스티누스의 작품을 많이 인용하게 된다.33) 1539년 5월 19일 세베데(A. Zébédée)에게 보낸 그의 편지에서 깔뱅은 부처를 다음과 같이 옹호하고, 변호한다. "교회일치 운동에 대해서 반대하는 자들이 특별히 부

Balke, *Calvijn en de doperse radikalen*, p. 32 ; A. Ganoczy, *Le jeune Calvin : Genèse et évolution de sa vocation Réformatrice*, pp. 78f, 등).

29) CO 10b, 66–68 (= A.-L. Herminjard, op. cit. IV, pp. 117–119).

30) CO 10b, 67(= A.-L. Herminjard, op. cit. IV, p. 118) : "Libenter itaque veniemus quo tu voles, ut in Domino summa cum observantia veritatis Christi, et tui, de tota administratione doctrinae Christi conferamus".

31) CO 10b, 137–144 (= A.-L. Herminjard, op. cit. IV, pp. 339ff).

32) G. W. Locher, op. cit. ; W. Nijenhuis, op. cit. ; 박경수, 『교회의 신학자 칼뱅』(서울 : 대한기독교서회, 2009).

33) L. Smits, *Saint Augustin dans l'oeuvre de Jean Calvin* I–II, Assen 1957f, passim ; A. Zillenbiller, *Die Einheit der katholischen Kirche : Calvins Cyprianrezeption in seinen ekklesiologischen Schriften*, Mainz 1993, S. 82ss.

처에 대해 많은 비방들을 퍼뜨린다는 소문이 나돌고 있다는 사실을 나는 알고 있습니다. 그러나 당신은 자세하게 조사해 보아야 합니다. 그럴 경우 모든 것이 근거 없는 모함일 것입니다. 만약 우리가 그와 같이 특별한 은사들을 받아서 그와 같이 유명한 활동들을 통해서 하나님께 봉사한 사람을 무시한다면, 지금까지 아무 것도 성취하지 못한 사람들에게는 무슨 일이든지 일어나야만 되지 않겠습니까?"[34]

2) 스트라스부르 시기(1538-1541)

깔뱅은 1536년부터 제네바(Genève)에서 사역을 하다가 제네바 시의회와 성찬 문제로 1538년 4월 23일에 파렐(G. Farel)과 함께 그 곳에서 쫓겨 난 후, 그 해 1538년 9월 5일에 스트라스부르에 초청되었다.[35] 스트라스부르에서 목회자로서 활동할 수 있도록 초청한 사람들 중에 대표적인 사람이 부처였다. 깔뱅은 처음에는 스트라스부르의 초청을 거절하다가 마침내 부처의 끈질긴 요구에 응하게 된다. 부처는 깔뱅이 처음 제네바에 갈 때에 파렐의 초청을 통한 하나님의 부르심을 거절한 것을 그에게 상기시키면서, 지금은 깔뱅으로 하여금 스트라스부르의 초청을 하나님의 부르심으로 받아들이게 했다. 이런 과정을 깔뱅은 나중에 그의 『시편 주석』(1557) 서문에서 회고한다. "파렐이 했던 것처럼 일종의 협박을 통해서 마르틴 부처는 나를 다시 새로운 임지로 초청했다. 그가 나에게 구사했던 요나의 예는 나를 완전히 굴복시켰고, 다시 나는 교사의 직분을 맡게 되었다."[36] 깔뱅은 스트라스부르에서 영적으로 그리고

34) CO 10b, 344-347(= A.-L. Herminjard, op. cit. V, pp. 315-319).
35) D. Nauta, "Calvijn en zijn gemeente," in: J. van Genderen e.a.(red.), *Zicht op Calvijn*, Amsterdam 1965, pp. 103-141.
36) CO 31, 28: "Atque hoc vocationis vinculo solutus et liber, statueram privatus quiescere, dum praestantissimus Christi minister Martin Bucerus me iterum simili qua usus fuerat Farellus, obsecratione ad novam stationem retraxit. Ionae itaque exemplo quod proposuerat territus, in docendi munere perrexi."

인격적으로 훌륭한 사람들인 부처, 카피토(Wolfgang Capito), 헤디오(Caspar Hedio), 젤(Mattias Zell) 등을 동역자들로 만났다. 부처는 이들 중에서도 거의 제일인자였다. 우리가 이미 앞에서 언급했다시피 부처의 영향력과 교회적 활동이 스트라스부르 밖에까지 미쳤던 것이다. 부처의 동료들은 독일어를 사용하는 교회에서 사역하는 반면, 깔뱅은 프랑스 이민(피난민) 교회의 목회자가 되었다. 이 프랑스 이민교회에서는 1538년 11월 이래로 성찬식이 집례되었다. 그 후 깔뱅은 학교 김나지움(Gymnasium)에서도 가르치게 되었고, 1539년 2월 1일에 공식적으로 이 김나지움의 신학교수로 임명된다. 깔뱅은 부처와 아주 가까이 동역하게 되었고, 아주 절친한 관계 속에서 그의 발자취를 따랐다. 이 두 사람들은 점점 더 내적으로 친근한 영적 친구가 되었고, 일생동안 친구로 남았다.[37]

재판 『기독교 강요』(1539) 속에는 초판 『기독교 강요』(1536) 속에 나타난 근본 사상이 본질적으로 그대로 보전되었지만, 재판은 초판과 비교해볼 때, 전적으로 다른 작품이 되었다. 깔뱅이 이 시기에 부처와의 많은 교제를 통해서 그의 재판 속에 부처의 영향이 더욱 두드러지게 나타난다. 또한 그의 재판 『기독교 강요』보다 1년 먼저 출판된 부처의 『올바른 목회학』(Von der waren Seelsorge, 1538)의 영향도 여기에서 발견된다.[38]

깔뱅은 그의 『로마서 주석』(1540)을 그리네우스(S. Grynaeus)에게 헌정하기 위해 이 책의 서문을 1539년 10월 18일에 썼다. 그는 여기서 『로마서 주석』을 이미 출판한 많은 신학자들을 열거하면서, 그 중에 부처에 대해서도 언급한다. 여기서 깔뱅은 부처를 최고의 주석가로 손꼽고 있다. 부처의 경우 그의 위대한 학식으로나 그의 모든 일에 대한 풍부한 지식으로나 그의 통찰력으로나 그의 방대한 독서의 분량으로나 또 다른 그의 다양한 덕으로 보나 당대의

---

37) W. F. Dankbaar, *Calvijn: zijn weg en werk*, Nijkerk 1982³ , p. 57.
38) *BDS* VII, Gütersloh 1964, 90–241.

어떤 사람들도 그와 비교될 수 없으며, 부처는 모든 사람들보다도 탁월하기에 우리는 부처를 칭찬할 수밖에 없다고 깔뱅은 말한다. 깔뱅에 의하면, 자신의 기억이 미치는 한, 성서해석에서 그렇게도 자세하고 예리하게 주석을 한 사람은 부처 외에는 없다.[39] 그러나 깔뱅은 부처의 언어 기술 방법(문체)에 대해서 비판한다. 부처의 글은 말이 너무 많아서 바쁜 사람들이 읽기가 힘들고, 너무나도 심오해서 지적 능력이 부족하고 주의력이 없는 독자들이 쉽사리 이해할 수가 없다. 멜란히톤의 경우는 특별한 것이 없지만, 부처의 경우는 특이하여 짧은 시간 안에 부처의 글은 읽혀질 수가 없었던 것이다.[40]

깔뱅은 1540년 3월 12일 불링거(H. Bullinger)에게 보낸 편지에서 부처에게 실망할 이유는 조금도 없으며, 오히려 그 대신 그리스도의 종들 상호 간에 갖는 교제를 갖도록 노력해야 한다고 말했다.[41]

1538년부터 1541년 사이에 종교간의 대화의 모임들이 하게나우(Hagenau, 1540), 보름스(Worms, 1540-1541), 레겐스부르크(Regensburg, 1541) 등에서 열렸는데, 부처는 그 때마다 깔뱅을 대동했다. 1539년 3월 부처의 요구로 깔뱅은 독일 지역 종교개혁 진영 대표자들과 로마가톨릭교회 진영 대표자들이 함께 참석한 프랑크푸르트(Frankfurt) 종교 대회에도 참석했다. 이 두 진영 대표자들이 하게나우에서도 함께 모여 대화를 했지만, 대화는 실패로 끝났다.[42] 깔뱅은 결혼에 대해서 생각했고, 그의 동료들 중에 특히 부처는 그로 하여금 결혼을 하도록 독려했다. 1540년 8월에 깔뱅은 재세례파 쟝 스또르되르의 미망인 벨기에 롸이꺼(Luik) 출신 이델레뜨 뷔런과 결혼했다. 1540년에

---

39) CO 10b, 403f.

40) CO 10b, 404.

41) CO 11, 29(= A.-L, Herminjard, op. cit. VI, p. 197): "Pro Bucero respondebo, non esse causam, cur nulla in re debeat vobis esse suspectus ... Tantum ostendite eam vos nobiscum expetere communicationem quae servi Christi inter se esse debet."

42) Cf. C. Augustijn, De godsdienstgesprekken tussen rooms-katholieken en protestanten van 1538 tot 1541, Haarlem 1967.

접어들자 제네바 시는 깔뱅을 그 곳으로 오도록 계속 강권적으로 독촉했다.[43]
깔뱅은 이 요청을 계속 거부하다가 특히 부처의 권유로 제네바로 가기로 결심
했다. 그는 1541년 9월 4일에 스트라스부르를 떠나서 9월 13일에 제네바에
도착했다. 깔뱅은 스트라스부르에서 체류한 이래로 더욱 더 독립적으로 발전
해 나갔으며,[44] 스트라스부르 역시 깔뱅의 후기까지 그에게 즐거운 곳으로 기
억되었다.

3) 1541년 이후 시기

불링거가 부처를 비방할 때, 깔뱅은 부처를 나무랄 수 없다고 하며 도리어
불링거에게 부처를 변호하고, 옹호했다. "우리가 부처와 나누고 있는 교제에
대해서 사람들이 우리를 나무라고 있다는 사실을 나도 알아차렸습니다. 그러
나 나는 내가 사랑하는 불링거 당신에게 부탁하는 바, 내가 이전에 제시한 우
리의 신앙고백서에 부처도 서명했는데, 우리가 부처와 거리를 둘 경우 어떻게
그것이 정당하겠습니까? 나는 지금 다른 사람들이 가지고 있지 않지만, 부처
가 가지고 있는 희귀하고 많은 덕들을 칭찬하고자 하는 것이 아닙니다. 나는
단지 다음의 사실을 말하고자 합니다. 나는 하나님의 교회를 부당하게 하고 싶
지 않습니다. 그럴 경우 나는 아직 나에게 개인적으로 부처가 공헌한 봉사와
헌신들에 대해서 조금도 말하지 않겠습니다."[45] 1549년 12월 7일 불링거에
게 보낸 그의 편지에서 깔뱅은 부처를 우리 시대에 '그리스도의 가장 탁월한
종들 중의 한 분'으로 존경했다.[46]

---

43) CO 11, 100.
44) J. Pannier, *Calvin à Strasbourg*, Strasbourg/Paris 1925, p. 55.
45) 불링거에게 (1548), in: CO 12, 729f.
46) 불링거에게(1549년 12월 7일), in: CO 13, 489: "Bucerus postremis litteris quas ad me scripsit
conquerebatur se ab Hoppero traduci, quasi ubiquitatem corporis Christi asserat. A quo delirio quam
procul absit, ego optimus sum testis. Si quando ad hominem scribes, admonebis ut Bucerum unum
fuisse hoc saeculo ex primariis Christi servi cogitet, praeclare de ecclesia meritum, multos labores

부처가 깔뱅에게 영향을 끼쳤을 뿐만 아니라, 깔뱅도 부처에게 영향을 미쳤다. 스트라스부르 시기에 깔뱅은 부처가 가지고 있는 교회론에 대한 아이디어를 프랑스 이민교회에다가 적용시켰다. 또한, 부처는 그의 말년 영국에서 『에베소서 강의』를 준비할 때, 깔뱅의 주석작업이 자신에게 많은 도움을 주었다고 그에게 감사했다.[47]

깔뱅은 1551년 4월 23일 불링거에게 보낸 편지에서 그 해 2월 28일에 임종한 부처의 죽음에 대해서 언급했다. 부처의 임종 소식이 제네바에 도착하자, 깔뱅은 아연실색했다. "부처의 임종은 하나님의 교회를 위해서 얼마나 큰 손실인지를 우리가 진작 알아야만 했다는 사실을 나는 바라지 않았어야만 했는데… 이미 부처 생존 당시에 나는 그의 안에서 빛나는 탁월한 은사들을 아주 높게 평가했다. 나는 고아가 된 심정으로 그가 지금도 여전히 우리에게 가져다 줄 수 있는 유익이 더욱 분명해짐을 알게 된다."[48]

1551년 5월 10일 비레(Viret)에게 보낸 편지에서 깔뱅은 부처의 죽음에 대해 다음과 같이 언급했다. "부처의 죽음에 대한 나의 슬픔은 나의 염려와 불안을 계속 더 커지게 만들었습니다. 교회가 부처의 죽음을 통해서 당해야만 하는 타격이 얼마나 큰 것인지를 내가 생각할 때마다 나의 가슴이 부서집니다."[49] 부처 사후 깔뱅이 그의 『복음서 주석』(1555)을 쓸 때, 그는 부처의 주석 작품을 감사하게 사용했다고 말했다. 깔뱅은 이 같은 주석 방법을 자신의 공로로 돌리지 않았다. 깔뱅은 정직하게 자신이 사용한 주석 방법은 다른 사람들의 발자취를 따라감으로써 얻어진 결과라고 말했다. 그에 의하면, 부처는 거룩한 정신의 소유자이며, 하나님의 교회의 탁월한 교사(doctor)이며, 성서 주석 분야에서 다른 사람들과

sustinuisse, et nunc Christi esse exsulem, ne senem extrema iam aetate inhumaniter fatiget."
47) Martin Bucer, Eph. (1551 ; ed. 1562), 60f; T. F. Torrance, Kingdom and Church: A Study in the Theology of the Reformation, Edinburgh/London 1956, p. 73.
48) CO 14, 106.
49) 비레에게(1551년 5월 10일), in: CO 14, 121f.

비교해 볼 때 놀랄만한 업적을 남긴 사람이다. 깔뱅은 부처를 뒤따랐다. 부처가 성서주석 작업에서 자신을 앞서간 교부들을 통해 도움을 받았듯이, 부처는 그의 열정을 통해서 깔뱅에게 적지 않은 빛을 비쳐주었다. 깔뱅은 "내가 부처와 견해의 차이를 가지고 있을 때도(이 차이가 내 스스로 자유롭게 처한 상황에서 비롯된 것도 있고, 때로는 이것이 필요해서 비롯된 경우도 있다), 만약 지금 부처가 여전히 살아 있다면, 이 문제에 있어서 어려움을 함께 할 마지막 사람일 것이다."라고 말한다.50) 『시편 주석』(1557) 서문에서 깔뱅은 부처의 성서주석에 있어서 그의 해박한 지식과 용이 주도성과 신뢰성을 칭찬했다.51)

부처와 깔뱅 사이의 상호 신뢰는 상호 영향에 대한 기초가 되었다. 그러나 18년이라는 나이 차이를 고려해 볼 때, 깔뱅이 부처로부터 더 많은 영향을 받았다는 사실이 확실하다.52) 깔뱅과 부처 사이의 친근성은 특별히 그들 사이에 존재하는 성령론의 일치에서 비롯된 것 같다. 깔뱅은 루터가 그의 신학에서 자신을 오직 그리스도 안에 있는 구원과 연합시켰던 충동들, 다시 말하면, 전가된 의 개념을 비텐베르크의 종교개혁자 루터로부터 받아들였다. 그러나 깔뱅은 그리스도 안에 있는 구원의 효과(적용), 즉 효과적인 의 개념을 스트라스부르의 종교개혁자이며, 그의 안내자인 부처로부터 받아들였다. 다시 말하면, 완전한 기독론적 출발점이 깔뱅을 루터와 하나가 되게 만들고, 완전한 성령론적 배경이 깔뱅신학의 특징을 형성한다는 것이다. 결국, 깔뱅신학은 기독론적이며, 성령론적이며, 삼위일체론적이다. 부처와 깔뱅은 그들 신학의 중심(심장)을 형성했던 성령론에서 일치를 이루었다. 부처는 깔뱅의 영적 아버지로 불려진다. 만약 깔뱅이 참으로 '성령의 신학자'로 불려진다면, 부처 역시 '성령의

---

50) CO 45, 4, cf. *Bucers Evangelium*(1527; 1530; 1536), *Joh.*(1528; 1530; 1536).

51) CO 31, 13: "Et prusquam enarrationem aggrederer fratrum meorum rogatu, dixeram quod verum erat, me ideo supersedere, quod fidelissimus Ecclesiae doctor Martinus Bucerus summa, quam in hoc opere praestitit, eruditione, diligentia, et fide, id saltem consequutus erat, ne tantus esset operae meae usus."

52) W. van 't Spijker, "De invloed van Bucer op Calvijn blijkens de Institutie," in: C. Augustijn e.a.(red.), *Geest, Woord en Kerk*, Kampen 1991, p. 95.

신학자'로 불려져야 한다. 깔뱅은 이것을 부처로부터 배웠던 것이다. 깔뱅과 부처의 차이점은 신학의 내용에 있지 않고, 신학의 방법에 있다. 부처의 신학 방법은 역동적인 반면, 깔뱅의 신학방법 속에는 명료한 간결성에 대한 노력의 흔적이 엿보인다.

3. 결론

부처와 깔뱅의 상호 접촉에 대해서 우리는 세 시기, 즉 1538년 이전 시기, 스트라스부르 시기(1538-1541), 그리고 1541년 이후 시기로 나누어서 기술했다. 깔뱅의 초판 『기독교 강요』(1536) 속에 부처의 깔뱅에 대한 영향이 분명하게 나타났다. 특히 부처가 스트라스부르에 체류하는 동안(1538-1541) 부처와의 상호 관계가 더욱 밀접하게 발전되었다. 후기로 갈수록 특히, 부처가 영국에 망명하여 말년을 보내는 동안(1549-1551) 깔뱅이 부처에게 더 많은 영향을 끼쳤다.

상호 영향은 두 가지 관점에서 두드러지게 나타난다. 하나는 인격적으로 상호에 대한 존경심과 친밀감이고, 다른 하나는 신학적으로 특별히 성령론에서 나타나는 일치성이다. 다만 그들의 차이점은 신학의 본질에서가 아니라, 신학의 방법론에서 나타난다. 부처의 방법은 깔뱅의 방법보다 더 역동적이고, 깔뱅의 방법은 부처의 방법보다 더 조직적이고, 더 체계적이다.

4. 참고문헌

Anrich, G. *Martin Bucer*, Straßburg 1914.
Idem, "Straßburg und die Calvinistische Kirchenverfassung." in: *Reden bei der Rektoratsübergabe am 3. Mai 1928*, Tübingen 1928, S. 12-31

Augustijn, C. "Calvin in Strasbourg." in: W. H. Neuser(Hrg.), *Calvinus Sacrae Scripturae Professor: Calvin as Confessor of Holy Scripture*, Grand Rapids 1994.

Idem. *De godsdienstgesprekken tussen rooms-katholieken en protestanten van 1538 tot 1541*. Haarlem 1967.

Balke, W. *Calvijn en de doperse radikalen*, Amsterdam 1970.

Bakhuizen van den Brink, J.N. e.a. *Handboek der kerkgeschiedenis 3: Reformatie en contra-reformatie*, Leeuwarden 1980.

Battles, F. L. *Analysis of the Institutes of the Christian Religion of John Calvin*, Grand Rapids 1980.

Baum, J. W. *Capito und Butzer*, Nieuwkoop/B. de Graaf 1860.

Bornkamm, H. "Martin Bucer: Der dritte deutsche Reformator," in: idem, *Das Jahrhundert der Reformation: Gestalten und Kräfte*, Göttingen 1961, S. 88-112.

van den Bosch, J. W. *De Ontwikkeling van Bucer's Praedestinatiegedachten vóór het optreden van Calvijn*, Harderwijk 1922.

Brienen, T. *De liturgie bij Johannes Calvijn*, Kampen 1987.

Bucer, M. *Das ym selbs*(1523), in: *Martin Bucers Deutsche Schriften* (= *BDS*) I, Gütersloh 1960, 44-67.

Idem. *BDS* VII, Gütersloh 1964, S. 90-241.

Idem. Martin Bucer, *Eph.* (1551; ed. 1562).

Idem. CO 45, 4, cf. *Bucers Evangelium*(1527; 1530; 1536).

Idem. *Joh.*(1528; 1530; 1536).

Calvin, J. *Ioannis Calvini Opera quae supersunt omnia(= CO)* .

Courvoisier, J. "Bucer et l'oeuvre de Calvin," in: *RThPh* 21(1933), pp.66-77.

Idem. "Bucer et Calvin." in: *Calvin à Strasbourg 1538-1541*, Strasbourg 1938, pp. 37-66.

Idem. *La notion d'église chez Bucer dans son développement historique*, Paris 1933.

idem. "Le sens de la discipline ecclésiastique dans le développement historique," in: *Hommage à Karl Barth*, Neuchâtel/Paris 1946.

Dankbaar, W. F. *Calvijn: zijn weg en werk*, Nijkerk 1982³.

Doumergue, E. *Jean Calvin: Les hommes et les choses de son temps* IV, Lausanne 1910.

Eells, H. *Martin Bucer*, New Haven 1931.

Idem. "Martin Bucer and the Conversion of John Calvin." in: *PTR*(1924), pp. 402-419.

Exalto, K. *Een pastorale gemeente*, Apeldoorn 1986.

van Campen, M. *Martin Bucer: een vergeten reformator 1491-1551*, s'-Gravenhage 1991.

Ficker, F. e.a. *Handschriftenproben des 16. Jahrhunderts nach Straßburger Originalen* (Tafel 26), Straßburg 1904.

Früger, F. *Bucer und Erasmus: Eine Untersuchung zum Einfluss des Erasmus auf die Theologie Martin Bucers*, Wiesbaden 1970.

Ganoczy, A. *Le jeune Calvin, genèse et évolution de sa vocation reformatrice*, Wiesbaden 1966.

Greschat, M. *Martin Bucer: Ein Reformator und seine Zeit 1491-1551*, München 1990.

Idem. (Hrg.) *Die Refortmationszeit* I, Stuttgart 1981.

Hammann, G. *Entre la secte et la cité: Le Project d'Eglise du Réformateur Martin Bucer (1491-1551)*, Genève 1984.

Herminjard, A.-L. *Correspondance des Réformateurs dans les pays de langue française, Recueillie et publiée avec d'autres letters relatives á la Réforme et des notes historiques et biographiques* I-IX, Paris 1866-1897.

Hyma, A. *The Christian Renaissance: A History of the "Devotio Moderna"*, Grand Rapids 1924.

Joisten, H. *Der Grenzgänger: Martin Bucer: Ein europäischer Reformator*, Stuttgart 1991.

Jones, R. M. *Spiritual Reformers in the 16th & 17th Centuries*, London 1914.

Kantzenbach, F. W. *Das Ringen um die Einheit der Kirche im Jahrhundert der Reformation*, Stuttgart 1957.

Idem. *Evangelium und Dogma: Die Bewältigung des theologischen Problems der Dogmengeschichte im Protestantismus*, Stuttgart 1959.

Klingenburg, G. *Das Verhältnis Calvins zu Butzer untersucht auf Grund der wirtschaftsethischen Bedeutung beider Reformatoren*, Bonn 1912.

Köhler, W. *Dogmengeschichte* II, Zürich 1951.

de Kroon, M. e.a. *Bucer und seine Zeit*, Wiesbaden 1976.

Lang, A. *Der Evangelienkommentar Martin Butzers und die Grundzüge seiner Theologie*, Leipzig 1900(Aalen 1972).

Idem. "Die Quellen der Institutio von 1536." in: *EvTh* 3(1936), S. 100-112.

Leijssen, L. Martin Bucer en Thomas van Aquino: De invloed van Thomas op het denkpatroon van Bucer in de commentaar op de Romeinenbrief(1536), Leuven 1978.

Idem. "Martin Bucer und Thomas von Aquin." in: *Ephemerides Theologicae Lovanienses* 55, Leuven 1979, S. 266-296.

Lienhard, A. *Martin Butzer*, Straßburg 1914.

Lienhard, M. *Croyants et sceptiques au XVIe siècle: Le dossier des 'Epicuriens'*, Strasbourg 1978; G. Livet e.a. (red.), *Strasbourg au coeur religieux du XVe siècle*, Strasbourg 1977.

Locher, G. W. *Calvin: Anwalt Ökumene*, Zollikon 1960.

McDonnell, K. *John Calvin, the Church, and the Eucharist*, Princeton 1967.

Nauta, D. "Calvijn en zijn gemeente." in: J. van Genderen e.a.(red.), *Zicht op Calvijn*, Amsterdam 1965, pp. 103-141.

Nijenhuis, W. *Calvinus oecumenicus: Calvin en de eenheid der kerk in het licht van zijn briefwisseling*, 's-Gravenhage 1959.

Pannier, J. *Calvin à Strasbourg*, Strasbourg/Paris 1925.

Pauck, W. *The Heritage of the Reformation*, Glencoe/Bosten 1950.

Peremans, N. *Érasme et Bucer d'après leur correspondance*, Paris 1970.

van de Poll, G. J. *Martin Bucer's liturgical ideas*, Assen 1954.

Rott, R. *Correspondance de Martin Bucer: Liste alphabétique des correspondants*, Strasbourg 1977.

Selderhuis, H. J. *Huwelijk en echtscheiding bij Martin Bucer*, Leiden 1994.

Idem. "Bucer en Zwingli." in: F. van der Pol(red.), *Bucer en de kerk*, Kampen 1991, pp. 55-56.

van Sliedregt, C. *Calvijns opvolger Theodorus Beza: zijn verkiezingsleer en zijn belijdenis van de drieënige God*, Leiden 1996.

Smits, L. *Saint Augustin dans l'oeuvre de Jean Calvin* I-II, Assen 1957f.

Stephens, W. P. *The Holy Spirit in the Theology of Martin Bucer*, Cambridge 1970.

van 't Spijker, W. *De ambten bij Martin Bucer*, Amsterdam 1970(= J.Vriend e.a. trans., *The Ecclesiastical Offices in the Thought of Martin Bucer*, Leiden/New York/Köln 1996).

Idem. "De kerk bij Bucer: het rijk van Christus." in: idem(red.), *De kerk: wezen, weg en werk van de kerk naar reformatorische opvatting*, Kampen 1990.

Idem. "Bucer und Calvin." in: C. Krieger e.a.(red.), *Martin Bucer and Sixteenth Century Europe: Acts du colloque de Strasbourg(28-31 août 1991)* I, Leiden/New York/Köln 1993, S. 461-470.

Idem. "The Influence of Bucer on Calvin as becomes evident from the Institutes." in: *John Calvin's Institutes. His Opus Magnum*, Potchefstroom 1986, pp. 106-132.

Idem. "Straatsburg," in: W. Balke e.a.(red.), *Luther en het gereformeerd protestantisme*, 's-Gravenhage 1982.

Idem. "Prädestination bei Bucer und Calvin. Ihre gegenseitige Beeinflussung und Abhängigkeit," in: W.H. Neuser(Hrg.), *Calvinus Theologus*, Neukirchen 1976, S. 85-111.

Idem. "Die Lehre vom Heiligen Geist bei Bucer und Calvin," in: W. H. Neuser(Hrg.), *Calvinus Servus Christi*, Budapest 1988, S. 73-106.

Idem. "De invloed van Bucer op Calvijn blijkens de Institutie," in: C. Augustijn e.a.(red.), *Geest, Woord en Kerk*, Kampen 1991.

Strohl, H. e.a. *Martin Bucer 1491-1551*, Lichtweg 1951.

Idem. "La notion d'Eglise chez Bucer dans son développement historique. Etude critique." in: *RHPhR* 13(1933), pp. 242-249.

Torrance, T. F. *Kingdom and Church: A Study in the Theology of the Reformation*, Edinburgh/London 1956.

van der Valk, C. *Bucer en de dopersen tot het jaar 1532*(D.S.), Gouda 1976.

de Vries, W. G. K*erk, tucht bij Calvijn*, Capelle a/d IJssel 1990.

Wendel, F. *Martin Bucer: Esquisse d e sa vie et de sa pensée publiée à l'occasion du 4e février 1551*, Strasbourg 1932.

Wiedeburg, A. *Calvins Verhalten zu Luther, Melanchthon und dem Luthertum*(Diss.), Tübingen 1961.

Idem. "Die Freundschaft zwischen Butzer und Calvin nach ihren Briefen." in: *Historisches Jahrbuch* 83(1964), S. 69-83.

Williams, G. H. *The Radical Reformation*, Philadelphia 1952.

Idem. (red.) *Spiritual and Anabaptist Writers*(= LCC XXV), London 1957.

Zillenbiller, A. *Die Einheit der katholischen Kirche: Calvins Cyprianrezeption in seinen ekklesiologischen Schriften*, Mainz 1993.

II. 깔뱅과 부처에게서 성령과
그리스도의 삼중직[53]

1. 서론

　본 소고에서는 두 종교개혁자들, 특별히 루터파 개혁자들과 차이를 보여주고 있는 개혁파 종교개혁자들인 마르틴 부처(Martin Bucer = Butzer, 1491-1551)와 깔뱅(Jean Calvin, 1509-1564)의 성령론을 그리스도의 삼중직의 관점에서 살펴보고자 한다. 우리는 이 주제와 관련된 두 종교개혁자들의 논쟁서들을 피하고, 주로 조직신학적 작품이나 주석서들의 일차자료를 중심으로 살펴보고자 한다. 그 이유는 본 글이 역사신학적인 방법보다는 조직신학적 방법에 강조점을 두기 위함이다.

　우리는 보통 조직신학에서 그리스도의 삼중직을 기독론이나 교회론의 직분(제)론에서 만나지만, 여기서 우리는 성령론의 관점에서 그리스도의 삼중직을 살펴보기로 한다.

2. 부처

　우리는 부처의 『복음서 주석』과[54] 『시편 주석』에서[55] 기름부음 받은 자로

---

53) 「서울장신논단」제7집(1999), pp. 128-146에 게재된 글.
54) Ev.는 Bucer의 복음서 주석을, r은 오른쪽 페이지를, v는 왼쪽 페이지를, Joh.는 요한복음서 주석을 나타낸다. Ev. I (1527), r° − 10 v°; Ev. II (1527), 45 v°, 106 r° − 108 r°, 126 r°, 143 v° − 144 r°, 269 r° − 269 v°; Joh. (1528), 52 r°, 56 r° − 56 v°, 81 v° − 84 r°, 136 v°, 144 r°, 229 r° − 234 r°.
55) Ps.는 Bucer의 시편 주석을 나타낸다. Ps. (1529; ed., 1554), 2:, 56:, 110:.

서의 그리스도에 대한 언급을 찾아 볼 수 있다. 여기서 부처는 구약에 나타난 그리스도의 모형론을 언급하고 있다. 그에게서 이 모형론은 신약과 마찬가지로 구약의 그리스도 안에 나타난 구원의 통일성을 표현하는 수단이 된다. 그리스도의 사역은 이미 구약의 모형 속에 그림자로 나타난다. 구약 전체는 그리스도를 지향한다. 이 모형론은 성격상 일차적으로 인식론적이지 않고, 존재론적이다.[56]

그리스도와 그리스도인의 기름부음과 관련하여 그리스도의 삼중직에 대한 부처의 사상이 이미 그의 『복음서 주석』(1527) 속에 나타난다.[57] 그의 『요한복음서 주석』(1528) 속에서도 동일한 사상이 나타나고 있다. 그리스도는 모든 만물을 창조하신 말씀이며, 두 번째 아담이다.[58] 하나님께서 사람들에게 특별한 축복을 주시기 위해서 사용하신 모든 사람들이 그리스도의 모형이다.[59]

부처에게 있어서 기독론과 성령론은 그리스도의 삼중직과 상호 연결되어 있다. 성령을 통해서 그리스도 자신은 예언자, 제사장, 그리고 왕으로 기름부음을 받는다.[60] 구약의 예언자들, 제사장들, 그리고 왕들은 그들의 사역을 시작하기 전에 기름부음을 받았다. 그리스도는 만왕의 왕이요, 대제사장이며, 가장 위대한 예언자다. 왜냐하면, 그는 외적인 수단을 통해서 통치하실 뿐만 아니라, 성령을 통해서도 통치하시기 때문이다.[61] 부처에게 있어서 예언자는 하나님에 의해 사랑받는 사람이며, 하나님은 예언자와 함께 말씀하신다.[62] 예언의 은사는 성령의 영감과 감동을 통해서 하나님의 뜻을 알게 하고, 교회의 구원을 선포하는 능력이다.[63] 부처는 1540년 10월 2일 신학 논쟁에서 예언

---

56) J. Müller, *Martin Bucers Hermeneutik*, Gütersloh 1965, S. 219.
57) Ev. I (1527), 9 r° – 10 v°, 83 r°.
58) Joh. (1528), 78 v°.
59) Joh. (1528), 81 v°.
60) Ev. I (1527), 10 v°.
61) Joh. (1528), 56 r°.
62) Ev. II (1527), 106 r°.
63) Ev. II (1527), 108 ro.

자들은 하나님의 비밀을 선포하고 미래를 설교하는 성령의 인도함을 받은 하나님의 사람들이라고 주장했다. 그런데, 부처에 의하면, 신약의 교회에 예언자는 더 이상 존재하지 않고, 다만 교사(doctor)만이 있다. "예언자의 질서가 없는 것이 하나님의 교회를 위해서 유익하다."는 명제가 부처에 의해 정당하게 수용된 것은 특이한 사실이다. 부처는 예언자들로서 교회 공동체에서는 교사를, 국가(시민) 공동체에서는 행정관료와 고문들에 대해 말했다. 이들은 이스라엘의 예언자들이 하나님의 백성들을 위해서 행했던 기능을 대신한다. 부처는 공개적으로 예언자로 자처하는 모든 사람들을 거짓 예언자로 간주했다. 의심의 여지없이 그 당시 스트라스부르에서 교회와 정부의 권위를 부정하고 성서이외의 새로운 계시를 위한 예언의 은사를 옹호했던 재세례파들과 열광주의자들의 행동은 부처로 하여금 예언에 대한 부정적인 인상을 갖게 했다. 그리스도 안에서 예언이 성취되었다. 부처에게는 예언의 은사가 열광주의자들의 관점에서 더 이상 필요하지 않다. 왜냐하면, 부처는 예언자직을 그리스도의 제사장직 속에 포함시켰기 때문이다. 예언자직은 그리스도의 제사장직을 통해서 수행된다. 구약에서 예언자직은 제사장직에 속했다. 왜냐하면, 구약에서는 제사장이 거룩한 말씀(교리, 율법)을 해석했기 때문이다.[64] 구약의 제사장직과 의식법의 규정들은 그리스도로부터 이해되어져야 한다. 구약의 수많은 희생 제물들은 유일한 그리스도의 제물을, 구약의 많은 제사장들은 대제사장을, 그리고 손으로 만들어진 법궤는 천상적인 것을 지향한다.[65]

부처에게서 제사장직은 그리스도의 왕직에 포함된다. 그리스도의 직분의 모형으로서 제사장직과 왕직의 하나됨을 부처는 구약의 다윗과 멜기세덱에서 찾는데, 특히 이것이 그의 작품 『복음서 주석』과 (1527)[66] 『시편 주석』(1529)[67]

---

64) Ps. (1529; ed., 1554), 402.
65) Joh. (1528), 84 r°.
66) Ev. Ⅱ (1527), 143 v° – 144 r°, 269 r° –269 v°.
67) Ps. (1529; ed., 1554), 402.

속에서 잘 나타나고 있다. 복음은 그리스도를 다윗보다 더 위대한 분으로, 즉 영적인 왕, 구속자, 영혼의 구원자로 우리에게 알려준다.[68] 구약의 멜기세덱에게서 그림자로 존재하던 것이 그리스도 안에서 완전히 실현되었다.[69] 왕으로서의 그리스도는 제사장이시며, 중보자이시다.[70] 경건하고 열심 있는 다윗이 수행한 그의 공적인 직분과 왕권 때문만이 아니라, 그가 특이한 열심을 갖고 회복시키고, 증진시키고, 위엄 있게 만든 종교 의식(儀式) 때문에 다윗은 제사장이다.[71] 부처는 멜기세덱에 관해 언급하고 있는 히브리서 저자를 상기시킨다. 그리스도를 예표하는 멜기세덱은 그리스도 안에서 성취된 모든 것을 깨닫게 한다. 왜냐하면, 그는 자신을 믿는 모든 자를 의롭게 하시기 때문이다. 멜기세덱의 제사장직은 계속된다. 그 이유는 그것이 외적인 의식과 관계되기 때문이 아니라, 그것은 왕직과 동시에 제사장직과 관계되기 때문이다.[72]

후기 깔뱅에게서 그리스도의 삼중직은 그리스도의 구원 사역에 대한 조직적인 취급과 관련되어 체계화 되어 있다.[73] 깔뱅과는 달리 부처는 그리스도의 삼중직을 계속적으로 발전시키지 않았다. 부처의 관심은 그리스도의 삼중직이 아니라, 그리스도의 이중직에 있다.[74] 여기서는 그리스도의 왕직이 강조점을 얻고 있다. 그러나 우리는 부처가 다른 두 직분, 즉 예언자직과 제사장직을 희생시켜서 왕직을 강조했다고 말할 수는 없다. 왜냐하면, 부처에게서 왕직은 그것의 근거와 내용을 다른 두 직분(제사장직과 예언자직)으로부터 빌려 오기 때문이다. 그리고 그리스도의 겸비보다 그리스도의 고양(승귀)에 더 큰 강조점이 주어져 있다. 그리스도의 화해는 그의 완전한 왕적인 영화의 완성을 위해

---

68) Ev. Ⅱ (1527), 269 r°.
69) Ev. Ⅱ (1527), 269 v°.
70) Ev. Ⅱ (1527), 143 v° – 144 r°
71) Ps. (1529; ed., 1554), 402.
72) Ps. (1529; ed., 1554), 402.
73) OS는 Joannis Calvini Opera Selecta(ed. P. Brunner)를 나타낸다. OS Ⅲ 437–447(= Inst. 1559, Ⅱ xii).
74) Ev. Ⅱ (1527), 144 r°; Ps. (1529; ed., 1554), 402.

서 필수 불가결하다. 그리스도의 희생이 그의 왕직을 위한 기초와 근거가 된다. 그러므로, 우리는 부처에게서 그리스도의 왕직이 그리스도의 희생의 완전한 적용과 성취라고 봐야 한다. 그리스도의 이중직에서도 왕직이 강조점을 얻고 있다는 사실은 『그리스도 왕국론』(De Regno Christi, 1550)의 저자인 부처에게 놀랄만한 일이 아니다. 그러나 그리스도의 왕직은 제사장직과 동일하다. 왜냐하면, 그리스도의 제사장직은 하나님 없는 자들의 칭의와 성도들의 중보 속에 있기 때문이다.[75] 우리는 부처에게 있어서 그리스도의 왕직은 그리스도의 제사장직의 수행이라고 말할 수 있다. 그리스도의 왕직은 수행되고 있는 제사장직이다. 즉, 제사장직과 왕직은 동전의 앞면과 뒷면 같은 관계 속에 있다. 그리스도의 제사장직은 그의 왕직이 끝날 때 비로소 끝난다.[76] 왜냐하면, 중보자직에 끝이 올 때 비로소 그리스도의 왕직에 끝이 오기 때문이다. 부처는 성령이 그리스도의 왕권을 수행하는 구속 역사의 틀 속에서 그리스도의 삼중직을 받아들였다. 왕으로서의 그리스도가 수행하는 것을 그는 그의 영을 통해서 수행한다. 그리스도의 왕직은 성령의 왕직과 일치한다.[77] 성령을 통해서 그리스도는 선택된 자들을 완성에 이르게 한다. 그리스도의 영화는 성령을 통해서 드러난다.[78] 요한복음의 보혜사에 관한 구절에 대한 그의 주석 속에 이같은 사실이 명확하게 나타나 있다. 고양(승귀)된 왕으로서의 그리스도는 그의 영을 통해서 그의 지체들과 교회와 함께 하신다.[79]

---

75) Ev. Ⅱ (1527), 144 r°.
76) Ev. Ⅱ (1527), 143 v°.
77) Joh. (1528), 231 r°.
78) Joh. (1528), 232 r°.
79) Joh. (1528), 229 r° – 234 r°.

3. 깔뱅

깔뱅에게서 성령과 그리스도가 함께 속하듯이 성령의 사역과 그리스도의 사역도 함께 속한다. 깔뱅은 성령의 사역과 그리스도의 사역을 따로 분리시키지 않고, 상호 구별하는 동시에, 상호 연관시킨다. 구원의 성취와 구원의 적용과 관련해서 우리는 깔뱅의 『기독교강요』(1559)로부터 다음의 구절을 인용할수 있다. "요약하면, 그리스도께서 우리를 자신에게 효과적으로 연결시키는 띠가 성령이다."80) 깔뱅은 그의 『요한복음서 주석』(1553)에서 다음과 같이 말하고 있다. "그리스도의 고유한 사역은 인간을 죽음으로부터 구원하고, 의와 생명을 주기 위해서 세상을 화목시킴으로써 하나님의 진노를 진정시키는데 있다. 성령의 고유한 사역은 우리로 하여금 그리스도 자신 뿐만 아니라, 그의 축복에 참여시키는 데 있다."81) 이와 관련해서 깔뱅의 성령론은 적용된 기독론이다.82) 성령은 화목의 수행자이며,83) 중생의 수행자로84) 특징지워진다. 정당하게도 크루쉐(W. Krusche)는 다음과 같이 말하고 있다. "성령의 고유성은 자기 자신의 현재성에 있는 것이 아니라, 그리스도의 현재화에 있다. '성령이 그리스도와 그리스도에 의해서 성취된 구원을 현재화한다.'는 문장은 깔뱅에게서는 다음을 뜻한다. 그리스도는 영을 통해서 자기 자신과 그의 구원을 현재화시킨다. 우리는 깔뱅의 기독론이 성령론적으로 강하게 강조되어 있다고 말해야한다. 다시 말하면, 깔뱅의 성령론이 강한 기독론적 강조점을 갖고있다는 것이다."85) 그럼에도 불구하고, 크루쉐는 부당하게도 깔뱅에게서 그리스도와 성령의 두 인격의 고유성이 항상 충분히 잘 고려되지 않고 있다고 주

---

80) OS IV 2 (= Inst. 1559, III i 1).

81) CR은 Corpus Reformatorum을 나타낸다. CR 47, 329 (= Comm. Joh. 14:16).

82) W. van 't Spijker, *Teksten uit de Institutie van Johannes Calvijn*, Delft 1987, p. 99.

83) CR 55, 111 (= Comm. Hebr. 9:14).

84) S. van der Linde, *De leer van den heiligen Geest bij Calvijn*, Wageningen 1943, p. 84.

85) W. Krusche, *Das Wirken des Heiligen Geistes nach Calvin*, Göttingen 1957, S. 151.

장하고 있다.86) 그러나 이같은 견해로부터 우리는 깔뱅에게서 기독론의 영성
주의화에 관해서 말할 수 없는 한편, 기독론적 특징이 성령론을 후경으로 퇴각
시킬 수 없다고 말해야 한다. 우리는 판 데어 린드(S. van der Linde)와 함께
다음과 같이 말할 수 있다. "깔뱅은 '제 3 조항'(성령론)을 '제 2 조항'(기독
론)에 받아들여서 성령론이 기독론을 억제하도록 하지 않았다. 오히려, 그런
경향으로 향하는 열광주의적인 기독론을 거절했다. 깔뱅은 도처에서 그가 열
광주의적이지 않고, 영적(= 성령론적)이라는 사실을 보여 주었다."87) 깔뱅은
그의 종교개혁 당시의 열광주의자들을 거부했다.88) 열광주의자들은 성령과
그리스도를 서로 구별시키지 않고 동일시했다.

성령의 사역과 그리스도의 사역의 관계는 구원 서정(ordo salutis), 그리스
도와의 교제 등의 다양한 주제와 결부시켜서 논의할 수 있다. 우리는 여기서
그리스도의 삼중직과 성령을 상호 관련시켜 볼 수 있겠다. "예수 그리스도가
단번에 우리를 위해서 이룩하신 것을 그의 영은 우리에게 그것을 계속적으로
작용하게 한다."89)

그의 초기에 깔뱅은 단지 그리스도의 이중직에 대해서만 언급했다. 그러나
그의 후기 특별히 그의 『기독교 강요』 최종판(1559)에서 그는 그리스도의 삼
중직에 대해 조직적으로 언급했다. 깔뱅의 『기독교 강요』의 여러 개정판들과
『제네바 교리문답』 속에 그의 그리스도의 삼중직에 대한 관점의 발전이 그리
스도의 구원 사역의 연관 하에 나타나 있다. 깔뱅은 그의 『기독교 강요』 초판
(1536)에서는 단지 그리스도의 이중직, 즉 제사장직과 왕직을 그리스도인의
제사장직과 왕직과 관련하여 언급했다.90) 여기서 이미 깔뱅은 그리스도를 우

---

86) W. Krusche, op. cit., S. 151.
87) S. van der Linde, op. cit., p. 97.
88) CR 7, 176f; CR 50, 46f.
89) W. Krusche, op. cit., S. 152.
90) CR 1, 69(= OS I, 82).

리의 교사로서는 언급하지만, 이 교사직을 우리가 메시아적 또는 성령론적 삼중직으로 볼 수는 없다.[91] 1537년의 『교리 문답』에서도 역시 그리스도의 이중직에 대해서만 언급하고 있다.[92] 비로소 그의 『기독교 강요』 제2판(1539) 속에 깔뱅은 그리스도의 예언자직을 첨가시켰다.[93] 1542년의 그의 『요리문답』 속에서도 그리스도의 삼중직에 관한 깔뱅의 관점이 나타나고 있다.[94] 그리고, 그의 『기독교 강요』 최종판에서 그리스도의 삼중직에 대해서 깔뱅은 무려 한 장(章)이나 할애하고 있다. 여기서 그리스도의 예언자직과 제사장직에 대한 희생없이 메시아의 왕직이 강조점을 얻고 있다.[95]

그리스도의 삼중직과 관련하여, 꾸어봐지어(J. Courvoisier)는 정당하게도 깔뱅에 대한 부처의 영향을 주장한다.[96] 꾸어봐지어와 함께 우리도 깔뱅이 부처에게 받은 영향과 더불어 본질적인 일치까지도 말할 수 있다.[97] 깔뱅이 그리스도의 삼중직에 대한 부처의 사상을 받아들인 것은 의미가 있다. 그러나 우리는 부처에게서는 후기 깔뱅에서와 같이 그리스도의 삼중직이 큰 역할을 했다고 말할 수 없다. 부처는 그리스도의 구원 사역과 관련된 그리스도의 삼중직을 깔뱅처럼 하나의 도식으로 사용하지 않았다. 후기 깔뱅은 그리스도의 구원 사역의 조직적 기술을 위해서 그리스도의 삼중직을 체계화했다. 부처는 역사적 정황 때문에 예언자직을 점점 더 약화시켰던 반면에, 깔뱅은 예언자직을 점점 더 강조했다. 그럼에도 불구하고, 두 종교개혁자들 모두에게 그리스도의 예언자직이 가장 약했다고 볼 수 있다. 부처에게 예언이 필요 없는 이유는 제사장직에 예언자 직무가 포함되었기 때문이다. 그에게서 그리스도의 왕직은 활

91) CR 1, 99 (= OS I, 115); CR 1, 207 (= OS I, 236).
92) CR 32, 53 (= OS I, 397); CR 5, 338.
93) CR 1, 513f.
94) CR 6, 19, 21.
95) OS III 471-483 (= Inst. 1559, II xv 1-6).
96) M. J. Courvoisier, "Les catéchismes de Genève et de Strasbourg: Etude sur le développement de la pensée de Calvin," in: BSHPF 84 (1935), pp. 105-123.
97) J.-D. Benoît (편집), Jean Calvin: Institution de la Religion Chrestienne II, Paris 1957, p. 267.

동 속에 있는 제사장직이다. 그리스도의 예언자직은 깔뱅에게서는 일반적으로 그리스도의 겸비와 우리의 칭의와 관련되고, 그리스도의 왕직은 그리스도의 승귀와 우리의 성화와 관련된다. 그리스도의 제사장직은 그리스도의 두 상태(겸비와 승귀) 모두에 해당된다.[98] 부처와 마찬가지로 깔뱅에게서 가장 크게 강조되는 것은 그리스도의 왕직이며, 이를 지향하는 이는 아론이 아니라, 멜기세덱이다.[99] 왕으로서의 그리스도는 성령을 통해서 그의 제사장직을 유지한다. 부처와 깔뱅에게서 다같이 그리스도의 왕직이 가장 큰 강조점을 얻고 있으며, 그리스도의 삼중직이 성령론의 관점에서 이해되고 있다.

4. 결론

우리는 그리스도의 총체적 사역, 즉 그리스도의 삼중직이 부처와 깔뱅에게서 성령론적으로 이해되고 있다고 결론 내릴 수 있다. 두 종교개혁자들에게 이 사상에 대한 발전과 변화가 있었다. 부처에게서는 그리스도의 예언자직에 대한 점진적인 약화가 발견되고, 깔뱅에게서는 그 반대이다. 그럼에도 불구하고, 두 종교개혁자들에게 예언자직에 대한 강조가 가장 약하고, 왕직에 대한 강조가 가장 높다고 할 수 있다. 이것은 두 종교개혁자들이 그리스도의 예언자직을 경시했다는 뜻이 아니다. 왜냐하면, 예언자직과 제사장직은 왕직의 기초와 근거가 되며, 그 반대로 왕직은 예언자직과 제사장직의 결과이기 때문이다. 부활·승천하셔서, 하나님의 보좌 우편에 계시는 그리스도가 자신이 지상 생애에서 이룩하신 말씀 사역(예언자)과 구속 사역(제사장)을 그가 보내시는 보혜사 성령을 통해서 효력적으로 계속하심으로써, 왕의 직무를 지금도 수행하고 있다는 것이다. 그러므로, 교회가 이 직무를 사도적으로 수행한다는 것은 교회가

---

98) W. Krusche, op. cit., S. 156s.
99) CR 23, 641-682.

그리스도와 성령의 주체가 된다는 것이 아니라, 직무의 내용은 그리스도 자신이며, 직무를 가능케 하는 자는 그리스도의 영이라는 뜻이다.

그런데, 불행하게도 교회사 속에서 교회와 교회의 직무가 그리스도와 그의 영을 무시하거나 배제하고, 교회 자체가 그리스도와 성령의 주체로 행동하는 잘못이 발견된다. 로마가톨릭교회에서는 그리스도와 그의 영을 대신하여 성직자들(신부, 추기경, 교황 등)이 그리스도의 제사장으로서 일하고 있다. 일부 개혁교회 전통에서는 목사는 예언자직을, 장로는 왕직을, 집사는 제사장직을 수행한다. 부처와 깔뱅에게서 중요한 것은 그리스도께서 자신의 유일한 삼중직 자체를 교회의 직무와 동일시하지 않았다는 사실이다. 교회의 직무의 이름으로 그리스도와 그의 영을 무시한 로마가톨릭교회와 일부 개혁교회와는 정반대로, 종교개혁 당시 재세례파 등을 비롯한 열광주의자들은 그리스도와 성령의 이름으로, 만인제사장직의 이름으로 교회의 직무를 무시했다. 열광주의자들과 일부 회중적 평신도 중심주의적 교회는 왕이신 그리스도 자신이 만인제사장직 뿐만 아니라, 교회의 직무(목사, 장로, 교사, 집사)도 역시 그의 영의 도구로 사용하셔서 그리스도의 삼중직을 교회의 시대에 효과적이게 한다는 사실을 기억해야 한다. 세례에서 만인제사장직을 이해하는 루터와는 달리, 개혁파 종교개혁자들인 부처와 깔뱅은 만인제사장직을 기독론과 결부된 성령론의 관점에서 이해한다. 즉, 성령은 성도로 하여금 그리스도를 주로 고백하게 하고, 성도 속에 항상 내주 한다. 그러므로, 그리스도의 교회와 성도는 성령의 은사를 통해서 자신의 직무와 사명을 교회와 세상에서 수행함으로써, 그리스도만을 예언자로 선포하고, 그리스도만을 대제사장으로 모시고 그리고 그리스도만을 왕 중의 왕으로 영화롭게 해야 한다.

5. 참고문헌

1. 1차 자료

   1) Martini Buceri opera latina:
      De regno Christi libri duo 1550, ed. F. Wendel, Paris 1955.
      Enarratio in Ev. Iohannis, pub. I. Backus, Leiden 1988.
   2) Enarrationum in evangelia Mat., Mar., & Luc., libri duo.
   3) S. Psalmorum libri quinque.
   4) Corpus reformatorum, ed. G. Baum, etc.
   5) Joannis Calvini opera selecta, ed. P. Barth.
   6) Jean Calvin: Institution de la Religion Chrestienne II, Paris 1957 (ed. J.-D. Benoît)

2. 2차 자료

   1) Courvoisier, M. J. "Les catéchismes de Genève et de Strasbourg: Etude sur le développement de sa pensée de Calvin." in: BSHPF 84 (1935), pp. 105-123.
   2) Krusche, W. Das Wirken des Heiligen Geistes nach Calvin, Göttingen 1957.
   3) van der Linde, S. De leer van den heiligen Geest bij Calvijn, Wageningen 1943.
   4) Müller, J. Martin Bucers Hermeneutik, Gütersloh 1965.
   5) van 't Spijker, W. Teksten uit de Institutie van Johannes Calvijn, Delft 1987.

제2부

깔뱅신학

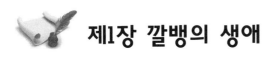

제1장 깔뱅의 생애

I. 왜 21세기에도 깔뱅인가?

최근에 깔뱅이 국내외적으로 크게 주목받는 이유들 중에 하나는 2009년도
가 바로 그의 탄생 500주년을 맞이하는 해였기 때문이다. 그러나 깔뱅은 500
주년을 맞이하는 2009년뿐만 아니라, 16세기 당대에는 물론 서양사와 세계
기독교회사에서 줄곧 위대한 인물로 평가되어 왔던 인물이다.

첫째, 깔뱅은 프랑스의 한 평범한 사람이 아니라, 전(全) 유럽의 유명한 지
성인들과 사상가들 중에서도 매우 탁월한 사상가와 지성인에 속했다. 깔뱅은
마르쉬대학을 거쳐 몽때규대학에서 공부하였고, 오를레앙대학을 거쳐 부르쥬
대학에서 법학사가 되었다. 그가 다닌 몽때규대학은 로마가톨릭교회의 정통
주의 요새로서 수준 높은 학문훈련과 엄격한 신앙훈련으로 유명한 대학이었
다. 서양사를 전공하지 않은 사람들에게도 이름이 익숙한 네덜란드의 인문주
의자 에라스무스(D. Erasmus)나 로마가톨릭교회의 "예수회"를 창시한 이그
나티우스 로욜라(Loyola)도 이 대학에 다녔다. 기숙사 식당에서 썩은 달걀을
먹으면서 혹독한 훈련을 받았던 학생들은 엄격하고도 무섭기로 소문난 이 대
학의 똥뻬뜨(P. Tempéte) 총장에게 "무서운 폭풍"이라는 별명을 붙였다. 이
같이 열악한 환경과 엄격한 학문적·종교적 훈련을 깔뱅은 충분히 견딜 수 있었
다. 이 당시의 지성인들은 인문주의에 정통했다. 깔뱅은 1532년 23세의 젊은
나이에 『세네카의 관용론』을 출판할 정도로 당대의 탁월한 사상가요, 지성인
에 속했다.

둘째, 깔뱅은 프랑스인들 중에 프랑스인이었다. 16세기 당시 우리나라의 대부분의 전문서적이 한문으로 출판되었듯이, 유럽에서도 대부분의 책은 자국어로 출판되지 않고, 라틴어로 출판되었다. 그러나 16세기 당시 유럽인들 중에 라틴어를 읽을 수 있는 사람은 별로 많지 않았다. 프랑스 고국 동포들의 이같은 고충을 알고 있는 깔뱅은 스트라스부르에서 1539년에 라틴어로 출판된 『기독교 강요』를 1541년에 제네바에서 외국인 생활을 하면서 프랑스어로 번역 출판하였다. 이 책은 지금도 프랑스 어문학사(語文學史)에서도 매우 중요한 자료에 속한다. 왜냐하면 이 책은 프랑스어로 출판된 오래된 희귀본들 중에 하나이며, 여기에 사용된 깔뱅의 프랑스어 문체가 그 진가를 발하기 때문이다. 그는 스트라스부르와 제네바에서 곧 바로 시민권을 획득할 수 있었음에도 불구하고, 이국 땅 제네바에서 별세하기 불과 몇 년 전에 시민권을 받았다. 그는 프랑스의 애국자들 중 애국자였다.

셋째, 깔뱅은 유럽 전체를 위한 교회일치적 신학자였다. 종교개혁자로서 깔뱅은 개혁교회의 원조로 간주될 뿐만 아니라, 모든 개신교에 신학적으로 지대한 영향을 끼쳤다. 깔뱅은 초기에 그의 선배들인 종교개혁자 루터나 마르틴 부처(Martin Bucer)나 파렐이나 츠빙글리로부터 영향을 받았으나, 후기로 갈수록 성경과 다른 문헌에 대한 방대한 연구를 통해 자신의 탁월하고도 독창적인 신학과 사상을 발전시켰다. 그의 신학과 사상은 16세기 당대는 물론이고 기독교회사 속에서 그가 주로 머물렀던 제네바나 그가 속한 개혁교회 교파 안에서만 머물렀던 것이 아니다. 깔뱅의 영향을 받은 프랑스 사람들은 자신들을 "위그노"로, 네덜란드 사람들은 "바다의 거지"로, 영국 사람들은 "개혁교도"로, 스코틀랜드 사람들은 "청교도"라는 별명을 붙였다. 심지어 감리교회의 창시자인 웨슬리도 스코틀랜드의 청교도인 존 오웬(John Owen)의 사상의 영향을 받았는데, 존 오웬이야말로 깔뱅의 직제자인 존 녹스를 통해서 깔뱅의 영향을 받았던 인물이었다.

유럽 전역에서 몰려온 유학생들은 "제네바 아카데미"에서 교육받아 고국에 돌아가 깔뱅의 신학과 사상을 계승하고 발전시켰다. 깔뱅은 전 유럽을 향하여 통나무를 제네바로 보내주면 화살을 만들어서 다시 돌려보낼 것이라는 제네바 교육의 유럽 전체의 위상과 사명을 천명했을 정도였다.

깔뱅의 제자인 동시에 동역자는 프랑스 출신의 베자(Beza)와 스코틀랜드 출신의 녹스(Knox)였다. 베자는 깔뱅의 사상을 이어받아 "제네바 아카데미"를 운영하여 유럽대륙에 개혁교회와 신학을 발전시켰고, 녹스도 깔뱅의 사상을 이어받아 영국에서 장로교회를 발전시켰다. 1556년 제네바를 방문했던 녹스는 깔뱅이 이룩한 업적을 "여기에 사도시대 이후 가장 완전한 그리스도의 학교가 있다. 나는 여기보다 도덕과 신앙이 향상된 곳을 보지 못했다."라고 감탄했고, 베자는 깔뱅의 임종에 대한 각계각층의 반응을 "해가 지는 그 날 지상에서 하나님의 교회를 인도하던 큰 별이 하늘로 돌아가고 말았다. … 그날 밤과 그 다음 날 제네바 시 전체는 슬픔에 휩싸였다. 백성은 하나님의 선지자를, 불쌍한 양떼들은 그의 신실한 목자의 떠남을, 학교는 그의 참된 교사와 스승의 여읨을, 모든 사람들은 참된 아버지와 하나님의 위로자의 여읨을 애도했다."라고 회고했다.

넷째, 깔뱅은 종교 이외의 분야에서도 지도력을 발휘하였다. 깔뱅이 유럽의 목회자들과 신학생들과 신학자들에게만 영향을 미친 것이 아니다. 그는 제네바 시의 행정관들은 물론 이탈리아 왕후, 폴란드의 군주, 영국의 왕 등, 유럽의 수많은 정치지도자들을 직접 방문하거나 자신의 책의 헌정이나 서신교환을 통해서 신앙적, 정치적 충고도 마다하지 않았다. 또한 그는 "구호자금" 제도를 만들어 제네바의 가난한 시민들이나 난민들의 사회복지에 힘썼다. 16세기 당시 교회는 고리대금업을 원칙적으로 금지했으나, 사회에서는 고리대금업이 관행처럼 실시되고 있었다. 그러나 깔뱅이 처음으로 성경 주석에 근거하여 원금을 갚을 능력이 없는 자에게는 이자를 요구하지 말되, 투자와 사업목적으로 빌러간 원금에 대한 정당한 이자를 받을 수 있는 제도를 합법적으로 제안했던 것이다.

다섯째, 깔뱅은 신앙인들 중에 순종의 마음과 뜨거운 심장을 가진 신앙인이었다. 그의 신앙은 "오직 하나님께만 영광"(Soli Deo gloria)이라는 하나님의 절대주권을 가진 신앙이었다. 처음에 그는 평범한 중세 로마가톨릭교회의 미신적 신앙을 가졌지만, 나중에 회개를 통해 참된 신앙을 가졌다. 그는 하나님의 말씀인 성경의 절대권위를 인정하는 성경의 사람이었고, 성령의 활동에 민감한 "성령의 신학자"였다. 그는 교회를 사랑하고, 지역교회는 물론 보편교회의 중요성을 인정하는 교회의 사람이었다. 그는 순종의 사람이었다.1) 종교개혁자 파렐이 처음에 제네바에 초청했을 때, 그는 거절했으나, 파렐이 하나님의 말씀으로 권면하자마자 즉각 승낙하였다. 마르틴 부처가 스트라스부르로 초청했을 때, 처음에는 거절했으나, 부처가 하나님의 말씀으로 강권하자, 즉각 승복하였다. 자신을 3년 전에 추방했던 제네바시가 그를 초청했을 때 그는 "내게 만일 선택의 여지가 있다면, 이 일에 있어서 당신에게 굴복하느니 다른 무슨 일이든 하겠으나, 내가 내 자신에게 속한 것이 아니었음을 돌이켜 생각하며 제물로 죽임을 당하듯이 내 심장을 주님께 바칩니다."고 고백하면서 제네바의 2차 귀환을 허락했다. 그 후부터 "가슴을 쥐고 있는 한 손"이 깔뱅의 문장(紋章)이 되었다.

한국개신교 초기역사에서 스코틀랜드장로교회의 선교사 존 로스와 미국장로교회의 선교사 언더우드의 공헌은 지대하다. 또한 한국개신교회에서 한국장로교회가 차지하는 양적 비중은 물론 질적 비중도 다른 개신교 교파들에 비하여 무시하지 못할 정도이다. 비록 한국장로교회가 사분오열되어 분열의 아픔을 갖고 있을지라도, 한국장로교회는 교단을 초월하여 깔뱅의 『제네바교리문답』과 『웨스트민스터신앙고백』에 담긴 신앙과 신학을 공유하고 있다.2) 비록

---

1) 정성구, 『교회의 개혁자 요한 칼빈』(서울 : 하늘기획, 2009), pp. 272-276.

한국장로교회를 제외한 대부분의 한국개신교회가 초창기에는 신학적으로 한국장로교회의 예정론과 교회 정치적으로 교회의 4중직(목사, 장로, 교사, 집사)을 수용하지 않았으나, 지금은 이들이 예정론을 제외한 교회정치의 상당부분을 수용하여 실시하고 있는 형편이다. 한국개신교는 한국장로교회의 신학은 물론 교회정치 사상도 상당히 수용하여 공유하고 있는 실정이다. 반대로 한국장로교회는 선교초기부터 복음운동사상이 담긴 『12신조』를 받아들여 한국의 다른 개신교파들과의 연합과 친교를 가능케 하였다.

앞으로 한국장로교회는 하나님의 말씀인 성경에 상당부분 일치하는 깔뱅의 신학과 사상과 신앙을 재발견하여 내적으로 한국장로교회 자체의 일치를 이루고, 한국개신교의 다른 교파들과 함께 연합하여 복음전파와 하나님의 나라의 구현을 위하여 더욱 더 힘써야 할 것이다. 또한 개신교역사 초기에 국민으로부터 사랑받았던 한국장로교회와 한국개신교는 인종과 국경을 초월하여 가까운 이웃이나 먼 이웃을 섬겼던 깔뱅의 이웃사랑과 세계사랑 정신을 재발견하여 이웃과 국민과 가까운 북한과 일본과 중국을 비롯하여 세계를 섬기는데까지 나아감으로써 한국사회로부터 신뢰도를 회복해야 할 것이다.

16세기의 프랑스 사람 깔뱅의 신앙과 정신이 단지 16세기에만, 프랑스 국가에만, 제네바 도시에만 머무르지 않았다. 그의 신앙과 정신은 시대를 넘고, 인종을 넘고, 국경을 넘고, 교파와 교단을 넘어 예수 그리스도의 재림 시까지 울려 퍼질 것이다. 이것을 고대하면서 한국장로교회에 최초로 장로회신학대학교 교정에 2009년 5월에 세워진 깔뱅의 흉상에 새겨진 깔뱅 자신의 말을 적어 본다. "주님께 내 심장을 드리나이다, 즉시 그리고 진심으로."(Cor meum tibi offero Domine, prompte et sincere)[3]

---

2) 최윤배 공저, 『개혁교회의 신앙고백』, pp. 146-186, 325-350.
3) A.-L. Herminjard, *Correspondance Réformateurs dan les pays de langue française*, Vol. VI, p. 339.

II. 깔뱅의 생애

1. 노용(Noyon) 시절[4]

장 깔뱅(Jean Calvin)[5] 또는 꼬뱅(Cauvin)은 1509년 7월 10일 오늘날의 벨기에와 프랑스 파리 사이에 있는 노용(Noyon)에서 아버지 제라르(Gérard Cauvin)와 어머니 르프랑(Jeanne Le Franc)의 다섯 형제들 중 넷 째 아들로 태어났다. 그의 아버지는 1481년 시의 등기 직원이 되었고, 후에 노용 주교청의 비서, 노용 참사회의 대리인이 되었다. 노용시를 통치한 주교는 샤를 드 앙제(Charles de Hangest)였는데, 깔뱅은 어려서부터 이 주교 집안의 자녀들과 친하게 지냈으며, 후에 파리로 유학 갈 때 앙제 집안의 세 자녀와 함께 갔다. 깔뱅은 1521년 12세 때부터 노용 대성당에 있는 라 제시느(La Gésine) 제단으로부터 나오는 수입의 일부를 받았다.[6]

---

4) François Wendel, *Calvin: sources et évolution de sa pensée religieuse*, Paris 1950 (= tr. by P. Mairet, *Calvin: The Origins and Development of His Religious Thought*, New York 1963 = 김재성 역, 『칼빈 : 그의 신학사상의 근원과 발전』(서울 : 크리스챤다이제스트, 1999); Wilhelm Niesel, *Die Theologie Calvins*, München 1957² (1938) (= *The Theology of Calvin*, Grand Rapids 1980 = 이종성 역, 『칼빈의 신학』(서울 : 대한기독교서회, 1973); H. T. Keer (이종성 역), 『기독교 강요선』(서울 : 대한기독교서회, 1960); J. Calvin (이종성 외 3인 공역: 영역 편집– J. T. McNeill), 『기독교강요』 상 · 중 · 하 (1559)(서울 : 생명의 말씀사, 1988) (= OS = Johannis Calvini Opera Selecta III–V, cf. Ioannis Calvini Opera quae supersunt omni = CO; Corpus Reformatorum = CR); J. Calvin (양낙홍 역): 영역– F. L. Battles), 『기독교강요』 (1536) (고양 : 크리스챤다이제스트, 1996) (= OS I, 11–280); S. Y. Lee, *La notion d'experience chez Calvin d'après son Institution de la Religion Chrestienne* (= Calvin의 기독교강요에 나타난 경험개념) (Thèse), Strasbourg 1984; Yoon–Bae Choi, *De verhouding tussen pneumatologie en christologie bij Martin Bucer en Johannes Calvijn* (= 마르틴 부처와 깔뱅의 성령론과 기독론의 관계) (Proefschrift), Leiden 1996; 이종성, 『칼빈』(서울 : 대한기독교서회, 1978), 『기독교 강요』(서울 : 기독교문사, 2006); 『기독교 강요』 상 · 중 · 하(고양 : 크리스챤다이제스트, 2004); 『기독교 강요』(서울 : 세종문화사, 1977); 『기독교 강요』(초판, 문병호 역).

5) John Calvin(존 캘빈, 영어), Jean Calvin(장 깔뱅, 프랑스어), I(J)ohannes Calvinus(요하네스 칼비누스, 라틴어), Johannes Calvin(요하네스 칼빈, 독일어), Johannes Calvijn(요하네스 깔베인, 네덜란드어) 등으로 불리지만, 한국에서는 1916년에 "갈빈"(葛賓)으로 소개되었다. 참고, 정성구, "초기 한국교회와 칼빈연구," 『칼빈신학개요』 (서울 : 두란노아카데미, 2009), p. 228. 국어 표준말로는 '칼뱅'이다.

2. 파리와 오를레앙 시절

깔뱅이 고향을 떠나 언제 파리로 갔는지에 대해서는 정확하지 않으나, 대체로 1523년 경으로 추측된다. 그는 1527년 쌩 마르땡 드 마르테빌르(Saint-Martin-de-Martheville) 교구의 사제보의 성직록(사례비)을 받았다. 그러나 그는 끝가지 로마가톨릭교회의 신부로 서품을 받지 않았다. 깔뱅은 마르쉬대학에서(Collège de la Marche) 꼬르디에(Mathurin Cordier)에게로부터 라틴어를 배웠다. 그리고 그는 몽때규 대학(Collège de Montaigu)으로 전학하였다. 이 대학은 로마가톨릭교회의 정통주의 요새로서 혹독한 신앙훈련을 시키는 곳으로 유명했다. 네덜란드의 유명한 인문주의자 에라스무스(Desiderius Erasmus)는 이 대학의 뚱뻬뜨(Pierre Tempête) 학장을 '전율하는 폭풍'(horrida tempestas)이라고 풍자하였고, 식사로 주어지는 '썩은 달걀'을 견딜 수 없었다고 말했다. 깔뱅은 여기서 특히 유명론(唯名論) 철학을 접했고(Duns Scotus, William Ockham, Gabriel Biel 등), 1527년경에 이 대학에서 문학석사 학위를 받았다.

그는 아버지의 권유로 성직자가 되는 것을 포기하고, 1528년부터 오를레앙(Orléans)에서 법학을 시작했다. 그는 명성이 높던 법률학자 삐에르 드 레뚜왈르(Pierre de l'Etoile)로부터 법학을 배웠다. 깔뱅은 루터의 영향을 받은 볼마르(Melchior Wolmar)를 이 대학에서 만나 그로부터 그리스어를 배웠다. 깔뱅은 1529년 가을에 부르쥬대학(Collège de Bourges)에서 잠시동안 이탈리아의 유명한 법학자 알치아티(Andreas Alciati)의 강의를 들었다. 그는 오를레앙에서 3년의 수학 후 법학사를 받았다.[7] 1531년 5월 26일에 돌아가신 그의 아버지의 장례식을 치르기 위해 그의 고향에 갔다가 다시 돌아왔다.

---

6) 이수영, 『개혁신학과 경건』, pp. 35-58; 이종성, 『칼빈』(서울 : 대한기독교서회, 1978), pp. 7-66; 이양호, "칼빈의 생애," 『칼빈신학개요』(서울 : 두란노아카데미, 2009), pp. 15-29

7) 이종성, 『칼빈』(서울 : 대한기독교출판사, 1978), p. 17.

깔뱅은 인문주의 입장에서 1532년 4월 4일에 그의 처녀작 『세네카의 관용론』(de Clementia)을 출판했다.

1530년대 초기의 깔뱅의 행적은 지금까지 연구 결과에 따르면 정확한 결론에 이르지 못하고 있다. 여기서 특별한 주의가 요구되는 것은 "언제 어떤 형태로 깔뱅이 회심했느냐?"이다. 어떤 깔뱅 연구가는 그의 처녀작 『세네카의 관용론』(1532) 속에 이미 그의 종교개혁 사상이 나타난다고 주장한다. 그러나 이 작품 속에는 온전한 종교개혁자로서의 깔뱅이 아니라, 기독교 인문주의자로서의 깔뱅의 모습이 나타난다는 주장이 설득력이 있다. 깔뱅의 회심의 방법을 둘러싸고 '갑작스런 회심' 또는 '점진적 회심'으로 의견이 나누어진다. 깔뱅의 점진적 회심을 주장하는 사람들은 대체로 로마가톨릭교회 진영의 깔뱅 연구가들인데, 그들은 깔뱅이 '니고데모파들'의 신앙 형태를 취했다고 보거나 깔뱅을 중세의 전통과의 연속성 속에서 보려고 한다.[8] 그러나 깔뱅은 자신이 '갑작스런 회심'(subita conversione; a sudden conversion)을 경험했다고 주장한다. 그는 『시편 주석』(1557) 서문에서 이 사실을 신앙고백 형식으로 고백하지만 정확한 날짜를 밝히고 있지 않다. "처음에 내가 교황(로마가톨릭교회, 필자주)의 미신에 그토록 완고하게 사로잡혀 있었기 때문에, 갑작스런 회심으로 그 같이 깊은 미궁에서 헤어날 수가 있었다."[9] 최근의 연구 결과에 의하면, 파리대학 총장 꼽(Nicolas Cop)의 종교개혁 사상이 담긴 『연설문』(Concio academica, 1533)이 깔뱅의 직접적인 영향으로 또는 깔뱅 자신에 의해서 쓰여진 것으로 드러났다.[10] 깔뱅은 로마가톨릭교회의 최종결별 행동

---

8) '니고데모파'란 깔뱅 당시에 주로 프랑스에서 마음속으로는 종교개혁 사상을 동조하거나 반대하지 않으면서도, 로마가톨릭 사회로부터 오는 불이익 때문에 자신의 종교개혁적 신앙을 외적으로 그리고 공적으로 표시하지 않는 사람들을 말한다. 참고, 강경림, 『칼빈과 니고데모주의』 (서울 : 기독교문서선교회, 1997); 박건택 편역, 『니고데모파·재세례파·자유파 논박 : 깔뱅작품선집[제Ⅴ권]』 (서울 : 총신대학교 출판부, 1998), pp. 63–93.

9) Ioannis Calvini Opera quae supersunt omnia(= CO) 31, 22.

10) Jean Rott, "Documents strasbourgeois concernant Calvin: I. Un manuscrit autographe: la harangue de recteur Nicolas Cop," in: RHPhR 44(1964), pp. 290–311 (= in: Regards contemporains sur

으로서 1534년 5월 4일에 그의 고향 노용에서 성직록을 로마가톨릭교회에 반환함으로써, 로마가톨릭교회와 공식적으로 결별했다. 이 모든 것을 고려해볼 때, 기독교 인문주의를 벗어나지 못한 깔뱅의 처녀작 『세네카의 관용론』(1532년 4월 4일) 이후, 그의 노용 성직록을 반환한 1534년 5월 4일 이전에 깔뱅이 '갑작스런 회심'을 체험했을 것으로 추정된다. 하지만 여기에 반대해서, 깔뱅의 초기 회심설과 점진적인 회심설도 여전히 논의되고 있다.

깔뱅은 꼽 총장의 『연설문』(1533)과 1534년 10월 17일 마르꾸르(Antoine Marcourt)의 미사반대 벽보 사건에 연계되어 종교개혁 사상을 가진 다른 사람들과 함께 프랑스에 은거했다. 그는 파리 등으로 전전하다가 샤를 데스쁘빌르(Charles d'Espeville)라는 가명으로 1534년 4월까지 그의 친구 앙굴레므(Angoulême) 성당의 주임 신부 뒤 띨레(Louis du Tillet)의 집에 피신하여, 초판 『기독교 강요』(1536)를 준비하기 시작했다. 깔뱅은 1542년에 개정 출판된 『영혼의 잠』(De Psychopannychia)을 1534년에 썼는데, 그는 이 책에서 인간은 죽은 즉시 영혼이 수면 상태로 들어간다고 주장한 재세례파들의 중간 상태에 대한 비성경적 주장을 반박했다.11) 깔뱅은 메츠(Metz)를 지나 스트라스부르(Strasbourg)에 있는 마르틴 부처(Martin Bucer = Butzer, 1491-1551)를 방문하고, 1535년에 에라스무스가 머물고 있던 바젤로 가서 머물렀다. 이 때 깔뱅은 조국 프랑스에서 로마가톨릭교회로부터 핍박받고 있는 종교 개혁 운동 지지자들을 변호하기 위해서 1535년 8월에 초판 『기독교 강요』(1536)를 탈고하고, 이 책을 헌정받을 프랑스 왕 프란시스 I세에게 보내는 서문을 8월 23일에 쓰고, 1536년 3월에 바젤에서 출판했다.12)

Jean Calvin, Paris 1965, pp. 28-49); F. Wendel, *Calvin: sources et évolution de sa pensée religieuse*, Paris 1950, pp. 22ff; W. van 't Spijker, *Luther en Calvijn*, p. 65, cf. R. Stauffer, *Was weiß ich über die Reformation?*, Zürich 1971, S. 93.

11) W. Zimmerli (Hrs.), *Psychopannychia*, Leipzig 1932, 깔뱅은 1534년에 쓴 『영혼의 잠』을 1536년에 개정작업을 하였으나, 1542년에 처음으로 출판하였다.

12) J. Calvin (양낙홍 역), 『기독교강요』(1536) (고양 : 크리스챤다이제스트, 1996).

3. 제1차 제네바 시절(1536-1538)

깔뱅은 당시 남부 독일 알자스(Alsace) 로렌 지방의 도시 스트라스부르에 살기 위해 프랑스로 가서 가사 일을 정리하고, 그의 동생과 함께 돌아오던 중이었다. 그런데, 프랑스 왕 프란시스 I 세와 황제 찰스 5세(Karl V)의 전쟁으로 파리로부터 스트라스부르에 이르는 도로가 차단되어, 남쪽 우회 도로 상에 있는 제네바를 경유하여 스트라스부르에 가려고 했다.

제네바에서 이미 종교개혁 운동을 하고 있던 프랑스 출신 종교개혁자 파렐(Guillaume Farel = William Farel, 1489-1565)은 깔뱅의 친구 뒤 띨레로부터 깔뱅이 제네바에 머문다는 소식을 들었다. 파렐은 제네바의 한 숙소에 머물고 있는 깔뱅을 밤중에 찾아가 제네바(Genève)의 종교개혁 운동을 도와 달라고 그에게 부탁했다. 깔뱅은 파렐의 요청을 처음에는 완강히 거부했지만, 하나님의 명령을 거부하고 다른 곳으로 도망갔다가 큰 물고기의 뱃속에 들어갔던 요나의 예를 통한 협박조의 설득으로 그의 요청을 받아들인다. 깔뱅은 이 사건을 그의 『시편 주석』 서문에서 다음과 같이 회고하고 있다. "내가 이제 은거하려고 했던 스트라스부르에 가는 최단 지름길이 전쟁으로 말미암아 폐쇄되었기 때문에, 나는 이 제네바에서 하루 이상을 머물지 않고, 빨리 그곳을 지나가려고 했다. …… 내가 몇 가지 개인적 연구를 위해서 자유를 얻기를 원한다는 사실을 듣고 난 뒤에, 그의 간청으로는 아무 것도 얻지 못한다는 것을 알고 나서, 그는 이렇게 큰 도움이 절실히 필요할 때에 내가 돕기를 거절한다면, 하나님께서 나의 휴가와 평안을 저주할 것이라는 저주의 말까지 했다. 이 말에 너무나도 놀라고 두려움에 사로잡혀 나는 계속하던 여행을 포기하고 말았다. 여기서 나의 수줍음과 소심함을 느꼈지만, 어떤 특정한 직분을 그런 식으로 소홀하게 하는 것은 아니었다."[13]

---

13) CO 31, 26.

깔뱅은 제네바에서 성경을 가르치는 교수(사)(doctor)로서 1536년 9월 5일에 파렐에 의해서 제네바 시의 소위원회에서는 단지 '저 프랑스 사람'(Ille Gallus)정도로만 소개되었다. 1537년에 불어판 『제네바요리 문답』(Catechismus Genevenis Prior, 라틴어판은 1538)과 『제네바 신앙고백』(Confession de la foi de Genève)이 확정되었다. 깔뱅은 그의 동역자들인 파렐과 비레(Pierre Viret, 1511-1571)와 함께 성찬 의식 문제로 제네바 시의회와 갈등 끝에, 시의회에 의해서 1538년 4월 23일에 추방명령을 받았다.

평소에 폭음, 폭식, 방종, 심지어 음행까지 하다가 주일에 집례되는 성찬식에 참여하고자 하는 사람들을에게 깔뱅과 파렐은 수찬을 정지해 줄 것을 원했다. 그러나 이것이 시정이 되지 않자 깔뱅과 파렐은 성찬집례를 거부했다. 제네바는 그들을 향해서 "배신자들을 로느(Rhône) 강에 던지라!"고 소리쳤다. 깔뱅은 제네바를 떠나라는 명령을 받자 "만약 자신이 사람을 섬기라는 명령을 받았다면 그가 한 수고에 대해서 충분한 보수를 받지 못했을 것이나 하나님은 결코 자신의 종에게 충분치 못하게 보답하시는 일이 없으며, 그들이 받아야 할 분량보다 훨씬 더 많은 것을 주시는 하나님의 종"이라고 말했다. 하나님의 말씀대로 교회를 다스리다가 핍박받아 쫓겨나는 가운데서도 깔뱅과 파렐은 하나님의 섭리를 인정하며, 안타까운 마음으로 레망 호수(Lac Léman)를 바라보면서 제네바를 떠나야만 했다. 깔뱅은 바젤로, 파렐은 뉘샤뗄(Neuchâtel)로 향했다.

4. 스트라스부르 시절(1538-1541)

깔뱅은 1538년 9월 5일에 스트라스부르에 도착하여 만 3년 머문 후 1541년 9월 4일에 그 곳을 떠나서 9월 13일에 결국 다시 제네바에 돌아갔다. 성찬의식 문제로 제네바 시의회와 갈등 끝에 추방당한 깔뱅이 바젤에 머물고 있을 때, 스트라스부르의 종교개혁자 마르틴 부처는 깔뱅을 스트라스부르로 초청하려고 몇 번이나 시도했지만 성공을 거두지 못했다. 그러다가 마침내 부처는 파렐이 깔뱅을 제네바에 초청할 때 사용했던 협박조의 동일한 설득방법을 사용하여 깔뱅을 스트라스부르로 초청하는데 성공했다. 깔뱅은 이 사실을 그의 『시편 주석』서문에서 다음과 같이 회고하고 있다. "파렐이 나에게 행했던 그와 같은 방법으로 마르틴 부처는 나를 다시 새로운 임지로 초청했다. 그가 나에게 보여 주었던 요나의 예는 나를 완전히 굴복시켰고, 나는 다시 가르치는 직분을 수락했다."[14] 깔뱅은 스트라스부르에 있는 프랑스 이민 교회의 목사로 취임하여 목회하면서 1538년 11월에 성찬식을 집례했다. 1539년 2월 1일부터 스트라스부르 대학(소위 김나지움, Gymnasium)의 신학 교수로 공식적으로 임명되었다.[15]

그는 이곳에 있는 동안 특별히 『기독교 강요』 재2판(1539)과 『로마서 주석』(1540)을 출판하고, 라틴어 재판 『기독교 강요』(1539)를 1541년에 프랑스어로 번역 출판했다. 이 작품들은 루터는 물론 특별히 부처의 영향을 강하게 받고 있다. 1540년에는 재세례파 교인이었던 스토르되르(Jean Stordeur)의 미망인 네덜란드(현재는 벨기에에 속함)의 뢰이끄(Luik) 출생인 이델레뜨 뷔런(Idelette de Buren)과 결혼했다. 이 기간 동안에 주로 독일에서 열렸던 종교간의 대화 모임들(1540, Hagenau; 1540-1541, Worms; 1541, Regensburg)에 부처의 권유로 참가하여 국제적인 견문을 넓히고, 로마가톨릭교회 신학자들은 물론이고, 다른 종교개혁자들, 특히 루터파 종교개혁자들을 만날 수 있었다.

깔뱅이 스트라스부르에 있는 동안에 로마가톨릭교회의 추기경 사돌레토(Jacopo Sadoleto, 1477-1547)가 제네바 시민들을 로마가톨릭교회로 회유

---

14) CO 31, 28.
15) 그 당시의 김나지움은 오늘날의 개신교 유럽대학의 전신이었다. 오늘날은 대학교에 진학할 수 있는 인문계중고등학교를 김나지움이라고 부른다. 이것은 어떤 의미로나 최고 상아탑의 상징이다.

하기 위하여 글을 썼는데, 여기에 대해 반박할 수 있는 적당한 사람이 그 곳에는 없어서 제네바 시가 깔뱅에게 사돌레토에 대한 반박문을 부탁했다. 깔뱅은 이 요청을 기꺼이 받아들였다. 깔뱅이 추기경 사돌레토를 너무나도 잘 반박했다는 소문이 제네바 시민들에게 퍼졌고, 3년 전과 달리 지금은 깔뱅을 지지하는 지도자들이 많아졌다. 이전에는 항상 베른, 바젤 그리고 취리히 등의 도시들이 제네바에 대한 지배권을 계속적으로 행사했으나, 지금은 제네바가 상당히 독자적인 노선을 택할 수 있게 되었다. 제네바는 깔뱅을 그곳에 오도록 여러 번 요청했으나, 깔뱅은 이를 몇 번 거절했다. 그러나 부처 등의 권유로 깔뱅은 일정 기간만 그곳에 머물겠다고 약속하고 다시 제네바로 발걸음을 돌렸다.16)

5. 제2차 제네바 시절(1541-1564)

1541년 다시 제네바에 도착한 깔뱅은 수없이 많은 믿음의 선한 싸움 끝에 1554년 선거 때부터 하나님의 말씀대로 제네바를 이끌어 갈 수 있었다. 그의 개혁 운동의 방해자들이 여러 가지 형태로 나타났지만, 여기서 몇 가지만 소개하면 다음과 같다. 삼위일체론을 중심으로 반(反)삼위일체론자들인 세르베투스(Michael Servetus = Servet), 까롤리, 젠틸리(V. Gentili)와의 논쟁, 예정·섭리론을 중심으로 볼섹(Jerome Bolsec), 카스텔리오(S. Castellio)와의 논쟁, 자유의지와 노예의지를 중심으로 피기우스(A. Pighius, 1490-1542; 네덜란드 Kampen 출신)와의 논쟁, 성찬론을 중심으로 루터파 신학자들, 특히 베스트팔(Westphal)과의 논쟁, 계(언)약과 유아세례를 중심으로 재세례파와의 논쟁, 교회 치리와 윤리를 중심으로 소위 자유주의자들(Les Libertines: Ami

---

16) 김재성, 『칼빈의 삶과 종교개혁』(서울 : 도서출판 이레서원, 2001), p. 323.

Perrin, Philibert Betheliers, Pierre Vandel)과의 대결 등이다.

깔뱅은 많은 우여곡절 끝에 1541년에 『제네바 교회법』(Les Ordonnances Ecclésiastiques de l'Eglise de Genève)을 통과시켰다. 오늘날까지도 소위 '당회'(Consistorium = Consistoire)의 구성과 기능을 중심으로 의견이 분분하여, 개혁교회가 국가교회의 형태와 자유교회의 형태로 갈라져 있다.

종교개혁 제1세대(루터, 파렐, 부처, 츠빙글리 등)의 영향, 특히 부처의 영향을 많이 받은 종교개혁 제2세대로서 깔뱅은 종교개혁 제3세대로서 그의 위대한 두 제자인 테오도르 베자(Theodore Beza, 1519-1605)와 존 녹스(John Knox, 1505/1515-1572)를 남기고, 임종시에 "내가 잠잠하고 입을 열지 아니하옴은 주께서 이를 행하신 연고니이다."(시39:9)라는 시편 말씀을 묵상하면서 1564년 5월 27일에 임종하였다.

평토장을 해달라는 깔뱅의 유언에 따라 5월 28일에 제네바 공동묘지에 묻혔으나 현재까지 무덤의 정확한 위치가 알려지지 않았다. 1556년 제네바를 방문했던 녹스는 "여기에 사도 시대 이후 가장 완전한 그리스도의 학교가 있다. 나는 여기보다 도덕과 신앙이 향상된 곳을 보지 못했다."라고 말했다.[17] 깔뱅의 후계자인 베자는 깔뱅의 임종 전후를 다음과 같이 기록했다. "그는 한 마디 말도 없이 전혀 신음도 하지 않고 심지어 몸을 전혀 움직이지도 않고 떠났다. 그는 마치 잠든 것 같았다. 해가 지는 그 날, 지상에서 하나님의 교회를 인도하던 가장 큰 별이 하늘로 돌아가고 말았다. 하나님께서 이 한 사람을 통해서 오늘날 우리에게 훌륭하게 살고 죽는 법을 시범을 통해서 가르쳐 주시기를 기뻐하셨다고 우리는 말 할 수 있다. 그 날 밤과 그 다음 날 시 전체는 슬픈 분위기에 휩싸였다. 백성은 하나님의 선지자를 애도했고, 불쌍한 양떼들은 신실한 목자의 떠남을 슬퍼했다. 학교는 그의 참된 교사와 스승의 여읨을 애도했

---

17) John T. McNeill, *The History and Character of Calvinism* (New York : Oxford University Press, 1954), p. 178: "the most perfect school of Christ that ever was in the earth since the days of the apostles."

다. 모든 사람들은 참된 아버지이며 하나님의 위로자를 애도했다."[18] 일생 동안 하나님의 영광만을 생각했던 깔뱅은 그의 『기독교 강요』(1559)를 "하나님을 찬양하라!"(laus Deo)로 마쳤다.[19]

---

18) Théodore de Bèze, *La vie de Jean Calvin* (Chalon-sur-Saône cédex : Europresse, 1993), p. 131, 참고, 데오도르 베자, 김동현 역, 『칼빈의 생애와 신앙』(서울 : 목회자료사, 1999), p. 182.

19) 『기독교 강요』(1559)를 인용할 때, 예를 들면, 제1권, 제1장, 제1절을 간단하게 I i1로 표시하기로 한다. IV xx 32.

제2장 깔뱅신학 연구방법론1)

I. 깔뱅과 그의 신학에 대한 공정한 평가의 절대적 필요성

삼위일체론 또는 기독론 이단자(異端者)로서 화형당한 세르베투스(Michael Servetus, 1511-1553) 문제를 중심으로 깔뱅 자신은 물론 개혁교회 전통에 대한 날카로운 비판이 제기되곤 한다. 여기서 깔뱅은 눈물 한 방울도 없는 냉혹하고 잔인하고 엄격한 사람으로 비쳐지곤 한다. 그러나 이것은 깔뱅 당시에 일어난 역사적 사실을 정확하게 알지 못하는 우리의 무지에서 비롯된 오해에 불과하다. 우리는 깔뱅을 일방적으로 영웅으로 만들려는 위험으로부터도 벗어나야 하지만, 그를 일방적으로 매도하려는 위험으로부터도 벗어나야 한다. 무엇보다도 깔뱅은 공정하게 평가되어야할 필요성이 있다. 세르베투스 처형 문제를 중심으로 깔뱅에 대한 오해를 풀고, 그를 보다 더 공정하게 평가하기 위해서 우리는 다음 몇 가지 사실들을 기억해야 할 것이다.

1) 16세기 당시 유럽에는 자신과 종교적 신념이 다른 자들, 특히 기독교 이단자들을 처형하는 것은 아주 보편적인 관행이었다. 이것은 마치 오늘날 21세기에 교통법규를 위반한 운전자에게 벌칙을 부과하는 것과 같이 조금도 이상할 것이 없는 매우 정상적인 관행이었다.

2) 각 기독교파들(로마가톨릭교회, 루터파, 재세례파, 개혁파 등)은 다른 교

---

1) 참고, 최윤배, "최근의 칼빈신학 연구동향," 한국칼빈학회 (편) 『최근의 칼빈연구』(서울 : 대한기독교서회, 2001), pp. 158-173; 목원대학교 (편), 『루터 · 칼빈 · 웨슬리의 구원론 비교』(대전 : 도서출판 복음, 2002), pp. 33-60.

파들 내지 기독교 이단자들을 처형했는데, 로마가톨릭교회에 의해서 가장 많은 사람들이 처형당했고, 상대적으로 개혁파에 의해서 가장 적게 처형당했다.

3) 세르베투스 처형시 사법권(사형집행권)은 제네바 시당국에 있었지, 깔뱅 자신에게는 없었다.

4) 제네바 시는 세르베투스를 사형집행하기 전에 많은 도시들과 교회들에게 세르베투스 형집행에 관한 설문조사를 했는데, 설문에 응한 모든 도시들과 교회들은 만장일치로 그를 사형에 처할 것에 동의하면서 회신했다.

5) 깔뱅은 세르베투스를 찾아가서 잘못된 교리를 취소하고, 올바른 교리를 받아들이라고 목회상담적 차원에서 여러 번 권고했다.

6) 제네바 시당국이 세르베투스를 화형에 처하기로 결정하자, 깔뱅은 제네바 시당국에게 매우 가혹한 화형 대신에 보다 온건한 참수형을 택하도록 권고했다.

7) 다른 기독교종파들을 이단자로 처형한 어떤 기독교 종파들(로마가톨릭교회, 루터파, 재세례파)의 후손들은 과거 자신들의 역사적인 과오에 대해 역사적으로 사과하지 않았지만, 칼빈주의자들은 20세기 초 제네바에서 세르베투스 처형을 유감스럽게 생각하면서 회개의 비석을 세웠다.

이상을 통해서 볼 때, 제네바 시나 깔뱅은 종교의 자유가 전적으로 보장되는 오늘날의 관점과 기준에서 볼 때 완전히 무죄한 것으로 간주될 수는 없을지라도, 16세기 유럽의 정황으로 미루어 볼 때, 세르베투스 문제를 중심으로 제네바 시나 깔뱅은 당대의 어느 도시보다도 어느 누구보다도 어느 기독교교파보다도 더 합리적인 절차를 밟았고, 더 책임적으로 행동했다고 볼 수 있다. 더구나, 칼빈주의자들은 그 같은 선배들의 오점조차도 자신의 잘못으로 인정하면서 회개의 비석을 역사적으로 세웠다.

II. 깔뱅신학 연구방법론

국내외적으로 최근에 접어들어 깔뱅신학에 대한 관심이 점점 더 증가하고 있다는 사실은 종교개혁 전통과 개혁교회 전통과 프로테스탄트 전통 속에서 교회 생활과 신학을 하는 우리로서는 상당히 환영할 만한 일이다. 모든 학문에서 방법론이 중요하듯이 깔뱅신학 연구에서도 방법론이 매우 중요하다.

1. 순수 역사 연구인가? 순수 교의(리) 연구인가?

우리가 국내외적으로 깔뱅연구가들을 살펴보면, 그들의 신학 전공이 대체로 두 가지로 대별되는데, 즉 역사신학(교회사) 전공과 교의학(조직신학) 전공이다. 이 같은 사실은 긍정적이든 부정적이든 깔뱅신학 연구 방법론과 관련하여 우리에게 시사하는 바가 크다. 대체로 역사신학을 전공하는 깔뱅연구가들은 깔뱅의 사상과 신학 자체보다는 깔뱅의 생애와 그의 시대의 역사적 배경에 더 많은 관심을 기울이는 반면, 교의학을 전공하는 깔뱅연구가들은 깔뱅의 생애와 그의 시대적 배경 자체보다는 깔뱅의 사상과 신학을 중심으로 깔뱅의 '교의'(dogma)에 더 많은 관심을 기울인다. 이 같은 경향이 깔뱅연구에 대한 최근의 경향이 아니라, 깔뱅 연구사 전반에 거쳐서 나타난다. 이 같은 현상은 일차적으로 각 신학 분야가 지니고 있는 신학 방법론의 특성을 반영하면서도 깔뱅 연구에 대한 시대적 특성과 깔뱅 연구가들의 개인적 성향을 나타내기도 한다. 깔뱅연구에 대한 이 같은 두 가지 경향은 상호 공존하면서 상호 협력과 상호 보충과 보완을 통해서 균형을 이루는 것이 중요하다. 이것을 가능케 하는 방법 중에 하나가 '교리사' (Dogmengeschichte)적 방법론일 것이다. 17세기

성서 고등비평학의 등장 이후 신약성서 연구에서 순수 '역사적 예수' 연구와 순수 '케뤼그마적(선포된, 신앙의) 그리스도' 연구가 서로 결별하여 상호 긴장 가운데 있다가 후기 불트만학파에서 서로 만났듯이, 오늘날 깔뱅 연구에서도 '교리사적 방법론'을 통해서 상호 접근해야 할 것이다. 우리가 이것을 대륙별로 구분하면, 북유럽의 깔뱅 연구에서는 교의학적 접근이 강세를 이루는 경향이 있고, 영미와 남부유럽(프랑스 등)에서는 교회사적 접근이 지배적인 경향이 있다. 우리나라의 경우 교의학적 관점에서 깔뱅 연구가 지금까지 지배적이었지만, 교회사적 관점에서 깔뱅 연구가 최근 들어 상대적으로 증가하고 있다. 그러나 지금은 국내외적으로 지역에 관계없이 깔뱅 연구에 대한 두 가지 경향이 상호 협력하는 바람직한 현상이 나타나고 있다.

대체로 우리나라에 많이 소개된 깔뱅신학의 대표적 입문서들 중에 하나인 니젤(W. Niesel)의 책이 대체로 교의학적 관점에서 쓰여졌다면,[2] 부스마(W. J. Bouwsma)의 책은 신학자로서 깔뱅보다는 인간으로서 깔뱅에 더 많은 관심을 담고 있다.[3] 위의 두 경향의 균형을 이루고 있는 깔뱅신학 입문서들 중의 하나가 프랑스와 방델(F. Wendel)의 책인 것 같다.[4] 깔뱅 연구뿐만 아니라, 일반 역사방법론에서도 순수 역사 사실에만 편중되거나, 역사적 사실성이 희박한 사건에 대한 의미와 해석에만 치중할 때 많은 문제가 야기되는 것을 볼 때 균형잡힌 연구가 필요하다고 할 수 있겠다.

지금까지 연구된 결과에 의하면, 종교개혁 운동의 발생 동기와 원인들이 다양하지만 (정치, 경제, 사회, 문화, 종교 등), 최근의 종교개혁 연구가들은 종교개혁 운동의 주된 동기는 글자 그대로 진리문제, 즉 종교 문제라고 확신한다.[5]

---

2) W. Niesel, *Die Theologie Calvins*, München 1938(1957²) (= 이종성 역, 『칼빈의 신학』(서울 : 대한기독교서회, 1973).

3) W. J. Bouwsma (이양호, 박종숙 공역), 『칼빈』(서울 : 나단출판사, 1993).

4) F. Wendel(김재성 역), 『칼빈 : 그의 신학사상의 근원과 발전』, (서울 : 크리스챤 다이제스트 , 1999).

5) K. Aland, Die Reformatoren, Gütersloh 1986⁴; R. Stauffer, La Réforme(= 박건택 역, 『종교개혁』(서울 : 기독교문서선교회, 1994), p. 6.

그러므로, 우리는 깔뱅 연구에 있어서 깔뱅이 일차적으로 '믿음의 사람', '교회의 사람'으로서 '목회자'로서 '신학자'로서, 그의 시대를 살았던 '역사적 한 인물'이었다는 점을 항상 기억해야 할 것이다.

2. 자료의 문제

1) 자료 편집의 문제

주지하는 바와 같이 일반적인 학문에서도 제1차 자료가 대단히 중요하다. 일반 역사나 교회사를 포함한 역사학에서도 마찬가지다. 따라서 깔뱅 연구에서도 제1차 자료의 신빙성의 문제와 여기에 대한 선별의 문제가 제기된다. 일반적으로 깔뱅 연구는 『종교개혁자 전집』(Corpus Reformatorum = CR)에 포함되어 있는 자료와 깔뱅의 『선집』(Opera Selecta I-V)에 의존하고 있는데, 아직도 이 두 자료를 능가할 제1차 자료가 없다. 이 두 자료에 포함되어 있지 않은 깔뱅의 제1차 자료가 『깔뱅의 보충자료집』(Supplementa Calviniana) 속에서 현재도 계속 편집되고 있다. 특히 마지막 자료집에 우리에게 익숙지 않은 깔뱅의 설교 등이 편집되고 있다.[6] 교회의 상황을 잘 알 수 있는 설교와 깔뱅의 사적 공적 관계와 그의 당시의 국내외 상황을 잘 알 수 있는 편지가 우리에게 익숙지 않다는 사실은 우리가 깔뱅 연구에서 깔뱅 신학의 목회적, 교회적, 정치적 측면과 역동적 측면을 간과할 우려의 소지가 있다는 뜻이다. 이 문제는 제1차 자료의 완전한 편집이 이루어질 때까지 계속될 것이다.[7]

---

6) CR/CO : Corpus Reformatorum. loannis Calvini Opera quae supersunt omnia. ed., Guilielmus Baum, Eduardus Cunitz, Eduardus Reuss, 59 vols. Brunsvigae, 1863-1900; OS I-V : Joannis Calvini Opera Selecta. ed., Petrus Barth, Guilelmus Niesel, 5 vols. Monachii 1926-1936; SC : Supplementa Calviniana I-VI. Neukirchen Kreis Moers: Neukirchener Verlag der Buchhandlung des Erziehungsvereins, 1961-1971. 깔뱅 자료를 위하여 미국 Calvin Theological Seminary의 H. Henry Meeter Center의 홈페이지를 참조하십시오(www.calvin.edu/meeter/); 박건택 역, 『칼뱅의 작품선집』 [제 I -VIII](서울 : 총신대학교출판부, 1998-2011); 『기독교 고전총서 18권: 칼뱅』(서울: 두란노아카데미, 2011).

2) 자료의 취사선택의 문제

지금까지 깔뱅 연구에서 깔뱅의 다양한 작품들, 예를 들면, 교의학적 작품, 주석서, 설교, 논쟁서, 편지 등에서 주로 교의학적 작품을 선호함으로써, 깔뱅 신학의 실존적, 목회적, 교회적 측면 등에서 나타나고 있는 역동성과 다양성이 간과될 수 있었다. 그러므로, 깔뱅의 중심신학이 많이 담긴 교리적 작품과 주석서, 깔뱅의 목회적, 교회적 내용을 주로 담고 있는 설교, 교회적, 사회적, 국제적인 일과 관련된 깔뱅의 공적 사적 편지와 논쟁서 등이 깔뱅 연구에서 골고루 활용됨으로써, 제1차 자료의 취사 선택에서 빚어지는 자료사용의 편협성과 일방성이 극복되어야한다. 이 같은 문제는 주로 제1차 자료의 불충분한 확보와 고전어 이해 능력(라틴어, 불어) 부족에서 비롯된다고 볼 수 있다.

3) 전(선)이해 또는 전제를 가진 깔뱅 연구의 문제

깔뱅 연구에서 피해야 할 일들 중에 하나가 이미 어떤 전제를 가지고 깔뱅의 제1차 자료를 읽어 나가는 경우이다.[8] 가령 국내외적으로 개혁파 정통주의 신학의 기조에 서 있는 교회와 신학은 개혁파 정통주의 신학을(예, H. Bavinck, L. Berkhof) 깔뱅 자신의 신학으로 오해하고, 개혁파 신정통주의 기조에 서 있는 교회와 신학은 개혁파 신정통주의 신학을(예, K. Barth) 깔뱅 자신의 신학으로 오해하는 경향이 있다.[9] 우리나라의 경우 깔뱅의 신학을 그들의 뿌리로 공유하고 있다고 주장하는 보수적 장로교회와 신학은 물론 진보적 장로교회와 신학 속에서 다 같이 깔뱅의 제1차 자료가 많이 인용되거나 읽혀지지 않

---

7) Wulfert de Greef, Jonhannes Calvijn: zijn werk en geschriften(Kampen: Uitgeverij Kok, 2006); 황대우 · 김미정 공역, 『칼빈의 생애와 저서들』(서울 : SFC, 2006)
8) 물론 해석학과 인식론의 틀 속에서 불트만(R. Bultmann)이 잘 파악한 대로 엄격한 의미에서 선이해 또는 전통(전승)이 완전히 배제될 수 없다는 사실을 필자도 알고 있다.
9) 최윤배, "개혁신학이란 무엇인가?," 평택대학교 편, 「논문집」 제9집 제2호(1997 후기), pp. 59-69.

고 있다. 전자 속에서는 깔뱅의 작품보다는 개혁파 정통주의 교의학이 더욱 선호되어 읽혀지는 반면, 후자 속에서는 깔뱅의 작품보다는 바르트(K. Barth)의 작품이 더욱 선호되어 읽혀지는 것 같다. 최근 20년 전까지만 해도 우리나라에서 바르트 전문 연구가나 개혁파 정통주의 전문 연구가가 왕왕 배출되었어도, 깔뱅 전문 연구가가 배출되지 못했다는[10] 사실이 위의 깔뱅 자신에 대한 관심과 연구 부족 현상을 잘 설명해주고 있다.

어떤 깔뱅 연구가는 국적이나 취향에 따라 어떤 전제를 가지고 깔뱅을 연구한다. 어떤 독일 깔뱅 연구가들은 루터(M. Luther)나 바르트를 선호하면서 깔뱅을 연구하고, 영국이나 미국의 어떤 깔뱅 연구가들은 청교도 운동이나 부흥운동을 선호하면서 깔뱅을 연구하고, 어떤 로마가톨릭교회의 깔뱅 연구가들은 그들의 교회 전통 속에서 깔뱅을 연구한다. 개혁교회가 뿌리내려 주류를 이루는 곳(예, 네덜란드)에서 깔뱅은 대체로 다른 곳에서 보다 더 긍정적으로 평가된다. 이 모든 점을 감안하여 우리는 보다 객관적인 눈을 가지고 깔뱅을 깔뱅 스스로 말하도록 연구해야할 것이다.

3. 최근의 깔뱅신학 연구 동향

1974년 암스테르담에서 개최된 "제1차 세계칼빈학술대회"는 4년마다 정기적으로 개최되고 있다. 매 학술대회 후 그 때 발표된 논문들이 책으로 출판되는데, 여기서 발표된 논문들이 대체로 최근의 깔뱅 연구 동향을 알아 볼 수 있는 좋은 자료가 된다. 지난 1998년에 제7차 세계칼빈학술대회가 서울에서 개최되었고,[11] 2002년에는 제8차대회가 미국 프린스턴신학교에서, 2006년

---

10) S. Y. Lee, *La notion d'experience chez Calvin d'après son Institution de la Religion Chrestienne* (Thèse), Strasbourg 1984.
11) 1998년 서울 세계칼빈학회에서는 이수영 박사께서 동양권에서 처음으로 상임위원(Präsidium)의 한 사람으로 추대되었고, 2010년에 이수영 박사의 자리가 이정숙 박사에게로 계승되었다.

에는 제9차대회가 네덜란드 아뻴도른(Apeldoorn) 기독교개혁신학대학교와 독일 엠덴(Emden)에 있는 '라스코 도서관'(Johannes A Lasco Bibliothek)에서, 2010년에는 제10차대회가 남아프리카공화국 블룸폰테인(Bloemfontein)에서 개최되었고, 2014년에는 제11차대회가 스위스에서 개최되었다 .

깔뱅 연구의 경향은 교의학의 관점에서는 어떤 각론(locus)을 중심으로 연구되었고, 연구되고 있다. 예를 들면, 개혁파 정통주의는 깔뱅의 신론을 중심으로 대체로 하나님의 영광과 주권 및 예정론을 다루었고, 니젤은 깔뱅을 주로 기독론의 관점에서 다루었다. 최근에는 깔뱅 신학이 구원론, 교회론과 성령론의 틀 속에서 대체로 연구되고 있다. 또한 최근의 깔뱅 연구는 깔뱅 당시의 다른 사상이나 다른 인물과 비교하는 연구와 다양한 주제들 중심 연구가 있다. 깔뱅을 당대의 사상과 인물과 비교하는 경우 다음의 경우들이 있다: 1) 당대의 종교개혁 밖의 종교 그룹들(로마가톨릭교회, 재세례파 등)과의 비교, 2) 종교개혁 내의 다른 종교개혁자들과의 비교(Luther, Bucer, Zwingli, Bullinger 등), 3) 당대의 다른 종교 철학 사상과의 비교(스콜라 철학, 유명론, 신비주의, '현대경건' 운동 등), 4) 당대의 국내적 국제적 사회사상과의 비교(인문주의, 정치, 경제, 사회 등).

이 같은 비교 연구에서 크게 대두되는 문제는 깔뱅과 다른 사람과 다른 사상 사이에 존재하는 공통점과 차이점 및 연속성과 불연속성의 문제이다. 특히 주목할만한 일은 로마가톨릭교회와 신학 진영에서 옛날의 편파적이면서 변증적 연구 태도를 버리고, 깔뱅의 자료를 상당히 객관적으로 분석하려고 노력하고 있다는 사실이다. 그러나 이들은 대체로 깔뱅을 중세 시대 또는 로마가톨릭교회와의 연속선상에서 보려는 경향이 있다[12]. 특히 주제별 중심의 깔뱅 연구에는 깔뱅의 회개 시점, 당회(Consistoire)를 중심한 치리의 성격, 국가교회와

---

12) 헝가리 부다페스트 출신이며, 현재 독일 로마가톨릭교회의 조직신학 교수로서 활동하고 있는 Alexandre Ganoczy의 저서 Le jeune Calvin과 Calvin: Théologien de l'église et du ministère는 유명하다.

자유교회의 문제 등이 있다.

우리나라 깔뱅 연구는 최근에 접어들면서 눈부시게 발전하고 있다. 한국 깔뱅연구는 세계칼빈학술대회[13], 아시아칼빈학술대회,[14] 한국칼빈학회 정기모임[15] 등을 통해서 활발히 진행되고 있고, 최근 10년 들어 깔뱅 연구로 박사 학위를 취득한 학자들이 상당수에 이르고 있다. 이 같은 추세로 나간다면, 국내에서 깔뱅 연구 발전에 대한 전망은 밝다고 할 수 있다.

그러나 아직도 깔뱅 연구 발전을 위해서 우리가 풀어야 할 큰 두 가지 과제가 남아 있다. 곧 깔뱅 연구 자료(제1차 자료, 제2차 자료 등) 구입과 연구를 위한 경제적 지원 및 개혁신앙과 탁월한 고전어 능력(라틴어, 불어)을 가진 후학 양성이다. 이 두 가지 문제가 충족되고, 위에서 언급한 바람직한 연구방법론이 활용되고, 서로 서로가 협력할 때, 우리나라에는 물론 세계적으로 깔뱅연구의 르네상스가 일어날 것으로 기대해도 좋을 것이다.

---

13) 세계칼빈학회에서 발표된 논문이 다음과 같이 출판되고 있다. *Calvinus Theologus*(1974, Amsterdam), *Calvinus Ecclesiae Doctor*(1978, Amsterdam), *Calvinus Genevensis Custos*(1982), *Calvinus Servus Christi* (1986, Debrecen), *Calvinus Sincerioris Religionis Vindex*(1994, Edinburgh), *Calvinus Evangeli Propungnator*(1998, Seoul), 2002(Princeton), 2006(독일 Emden/네덜란드 Apeldoorn), 2010(남아공, Bloemfontein).

14) 제7차 아시아칼빈학회는 1999년 일본에서, 제8차는 2002년 1월 22-24일에 서울에서 열렸고, 제9차는 2005년 대만에서, 제10차는 2007년 일본에서, 제11차는 2011년 서울에서 열렸다.

15) 한국칼빈연구와 한국칼빈학회 역사를 위하여 다음을 참고하시오: 박경수, "한국칼빈학회 약사," pp. 317-320, 정성구, "초기 한국교회와 칼빈연구," pp. 223-244, 한국칼빈학회 편, 『칼빈탄생 500주년 기념: John Calvin: 칼빈신학개요』(서울 : 두란노아카데미, 2009). 그리고 "요한 칼빈탄생 500주년 기념학술대회"에서 발표된 논문이 『칼빈과 한국교회』 시리즈(4권)(SFC)로 출판되고 있고, 필자가 표지도안 아이디어를 내어 만들어진 한국칼빈학회 학회지, 『칼빈연구』 창간호~제9집(2004~2012)와 아시아칼빈학회 학회지, *Calvin in Asian Churches* Vol. 1~3(ed. by Sou-Young Lee)가 발간되고 있다. 그리고, 최근 한국칼빈학회 회장으로서 한철하, 정성구, 이수영, 이양호(2007-2008), 최윤배(2009), 안인섭(2010), 박경수(2011-2012) 박사가 역임했다.

제3장 깔뱅의 신론

I. 서론

"신학"(theologia)은 곧, "신에 관한 로기아"(θεός + λόγια)이고, 기독교 초기역사에서 신학은 좁은 의미에서 신론(神論), 특별히 삼위일체론으로 이해되었을 만큼 신론은 기독교신학에서 매우 중요한 위치를 차지했다. 깔뱅 연구사를 전개한 니젤은 깔뱅의 중심 사상이 그리스도론이라고 주장했지만,[1] 대부분의 개혁파 정통주의신학자들과 두메르그(E. Doumergue)와 이오갑은 깔뱅 사상의 중심이 신론이라고 주장한다.[2] 그러므로 기독교 신학과 깔뱅 신학에서 차지하는 신론의 비중이 매우 크다고 할 수 있을 것이다.

프랑스어로 "장 깔뱅"(Jean Calvin, 1509. 7. 10~1564. 5. 27)은 프랑스 파리 북동쪽 96km 떨어진 피카르디 지방의 노용(Noyon)에서 1509년 7월 10일에 태어나 1564년 5월 27일 제네바에서 임종했는데, 제네바 공동묘지에 5월 28일에 그의 유언대로 묘비명 없이 평토장되어 지금도 그의 무덤의 정확한 위치를 모른다. 개혁파 종교개혁자 깔뱅의 사상은 종교개혁신학과 개혁신학과 기독교 신학에 큰 영향을 미치고 있으며, 한국교회의 대부분이 종교개혁과 개혁신학 전통에 서 있기 때문에 깔뱅의 신론에 대한 연구가 한국교회의 신학과 목회의 발전을 위해 틀림없이 좋은 기초석이 될 것이라 생각된다.

아퀴나스(Thomas Aquinas)는 신론(De Deo)과 관련하여 하나님의 존재

---

1) Wilhelm Niesel, *Die Theologie Calvins* (München: Chr. Kaiser Verlag, 1957), 9-22.
2) 이오갑, 『칼뱅의 신과 세계』(서울: 대한기독교서회, 2010), 377-396.

(existentia Dei), 하나님의 본질과 속성(substantia et attributa), 하나님의 사역(operatio)을 기술한 후, 삼위일체론을 기술하였고,[3] 네덜란드의 바빙크는 신론 기술에서 하나님의 불가해성(不可解性)과 가해성, 하나님의 이름들과 명칭들, 하나님의 비공유적(非共有的), 공유적 속성들에 대하여 논의한 뒤에 삼위일체론과 하나님의 작정(作定; decree; raad)에 대하여 기술했다.[4] 베르코프(Louis Berkhof)는 신론을 하나님의 존재(하나님의 존재, 인식가능성, 이름들, 비공유적, 공유적 속성, 삼위일체론)와 사역(작정, 예정, 창조, 섭리)으로 나누어 기술하였다.[5] 이종성은 신론을 신의 지식, 신의 실존(본질, 속성, 진리), 신의 역사(役事)로 나누어 기술하고,[6] 삼위일체론을 두 권으로 따로 저술하였다.[7]

김균진은 신론을 성서의 하나님, 삼위일체론, 예정론, 하나님의 인식, 하나님의 속성의 순서로 다루었다.[8] 유해무는 하나님의 본질과 사역 사이를 분리시켜 이해한 전통적 기술방법의 약점을 지적하면서 신론이 삼위일체론으로부터 출발해야함을 역설하고, 삼위 하나님(존재, 인식가능성, 이름, 삼위일체론, 속성), 하나님의 뜻(작정), 창조, 섭리, 인간의 순서로 기술하였다.[9] 이상과 같이 조직신학에서 신론에 대한 다양한 기술방법을 통해, 우리는 신론이 조직신학에서 일반적으로 크게 두 가지 즉, 하나님의 본질과 사역의 내용으로 구성되어 있다고 할 수 있다.[10]

---

3) Auctore F. Lebrethon (ed.), *Theologia seminariorum totius Orbis seu Sancti Thomae Aquinatis Summa Minor I* (Paris: Berche & Pralin, 1877), 390ff.

4) Herman Bavinck, *Gereformeerde Dogmatiek 2* (Kampen: J. H. Kok, 1928), 1ff. 참고, 박태현 역, 『개혁교의학』 1-4, 색인(서울: 부흥과 개혁사, 2011).

5) Louis Berkhof, *Systematic Theology* (Grand Rapids: WM. B. Eerdmans Publishing Co., 1938/1949), 19ff.

6) 이종성, 『춘계이종성저작전집: 조직신학대계 3: 신론』(서울: 한국기독교학술원, 2001).

7) 이종성, 『춘계이종성저작전집: 조직신학대계 6: 삼위일체론(1)』(서울: 한국기독교학술원, 2001);『춘계이종성저작전집: 조직신학대계 7: 삼위일체론(2)』(서울: 한국기독교학술원, 2001).

8) 김균진, 『기독교조직신학 I』(서울: 연세대학교출판부, 1984), 214-324.

9) 유해무, 『개혁교의학: 송영으로서의 신학』(서울: 크리스챤다이제스트, 1997), 128-129.

깔뱅의 신론 기술과 관련하여, 멀러는 신지식, 본질, 속성, 세계창조와 섭리
및 인간창조와 예정을 다루고,[11] 니젤은 하나님 인식, 삼위일체론, 창조와 섭
리의 순으로,[12] 방델은 하나님 인식과 계시, 삼위일체, 창조, 섭리의 순으로
기술하였다.[13] 박해경은 깔뱅의 신론을 신지식론, 계시론, 하나님의 속성, 삼
위일체론, 창조론, 섭리론의 순서로 논의하고,[14] 이오갑은 신의 초월과 임재,
신 인식론, 계시론, 성서론, 삼위일체론, 창조론, 섭리론, 신정론, 예정론의 순
서로 논의하였다.[15] 깔뱅의 신론 기술과 관련하여 이오갑의 경우에는 신론 논
의 속에 예정론이 포함되었고, 니젤과[16] 방델은[17] 예정론을 구원론 부분에
할애하고 있다. 셀더르하위스는 깔뱅의 『시편주석』을 분석하여 신론을 재구성
하였다.[18] 깔뱅의 예정론과 섭리론의 관계 문제와, 예정론의 조직신학 각론
(各論; locus)에서의 위치 문제에 대한 복잡한 문제를 본고에서는 논외로 하기
로 한다.[19]

우리가 익히 잘 알고 있다시피, 깔뱅의 작품은 매우 방대하고,[20] 또한 그의
신론에 대한 연구 자료도 분량이 상당하여,[21] 이 모든 작품들과 자료들을 참

---

10) 최윤배 공저, 『신론』 (서울 : 대한기독교서회, 2012), 121-158.

11) Pieter Johannes Muller, *De Godsleer van Calvijn* (Groningen: J. B. Wolters, 1881).

12) Wilhelm Niesel, *Die Theologie Calvins*, 23-77.

13) François Wendel, *Calvin: sources et évolution de sa pensée religieuse* (Paris: Presses Universitaires de France, 1950), 110-136.

14) 박해경, 『칼빈의 신론』(서울: 이컴비즈넷, 2005), 76-326.

15) 이오갑, 『칼뱅의 신과 세계』(서울: 대한기독교서회, 2010), 21-356.

16) Wilhelm Niesel, *Die Theologie Calvins*, 161-182.

17) François Wendel, *Calvin: sources et évolution de sa pensée religieuse* 199-216.

18) Herman J. Selderhuis, *Gott in der Mitte*, 장호광 역, 『중심에 계신 하나님: 칼빈의 시편신학』(서울: 기독교서회, 2009).

19) 여기에 대한 자세한 논의를 위하여 필자의 네덜란드 아뻘도른(Apeldoorn) 기독교개혁신학대학교의 신학박사학위 논문과 이양호의 글을 참고하시오: Yoon-Bae Choi, *De verhouding tussen Pneumatologie en Christologie bij Martin Bucer en Johannes Calvijn* (Leiden: J. J. Groen en Zoon, 1996), 88-88-119; 이양호, 『칼빈: 생애와 사상』(서울: 한국신학연구소, 2005), 133-149.

20) 참고, Wulfert de Greef, *Johannes Calvijn: zijn werk en geschriften* (Kampen: Uitgeverij Kok, 2006²); 불페르트 더 흐레이프, *The Writings of John Calvin: An Introductory Guide*, 황대우 · 김미정 역, 『칼빈의 생애와 저서들』(서울: SFC출판부, 2006).

고하여 그의 신론을 연구하는 것은 교과서로 기획되어 목적과 방향이 정해진 본고에서는 거의 불가능하다. 그러나 깔뱅의 다양한 작품들 속에 하나님에 대한 그의 이해가 나타나지만, 특별히 그의 주저『기독교 강요』초판(1536)에서 그의 초기의 신론이, 『기독교 강요』최종판(1559), 특히 제1권에서 그의 말기의 신론이 집중적으로 발견되기 때문에,22) 우리는 그의『기독교 강요』를 중심으로, 그의 다른 작품들과, 중요한 제2차 문헌들을 참고하면서 깔뱅의 신론을 기술함으로써 본고의 교육적이고도, 교과서적이라는 제한된 소기의 목적을 달성하고자 한다.

한편, 우리는 그의『기독교 강요』최종판(1559)의 제1권 "창조주에 대한 인식"(de cognitione Creatoris)을 중심으로23) 그의 신론을 전개하고자 하기

---

21) 참고, Wilhelm Niesel, *Calvin-Bibliographie 1901-1959* (München: Chr. Kaiser Verlag, 1961); 김재성, "칼빈의 삼위일체론, 그 형성과 독특성과 중요성," 한국칼빈학회 편, 『칼빈연구』창간호 (서울: 한국장로교출판사, 2004), 31-69; 박해경, "칼빈의 신론," 한국칼빈학회 편, 『칼빈신학개요』(서울: 두란노아카데미, 2009), 31-48; 박해경, 『칼빈의 신론』(서울: 이컴비즈넷, 2005); 유해무, "칼빈의 삼위일체론," 한국칼빈학회 편, 『칼빈신학해설』(서울: 대한기독교서회, 1998), 133-153; 유해무, "칼빈의 삼위일체론, 동방신학과 관련하여," 한국칼빈학회 편, 『칼빈신학과 목회』(서울: 대한기독교서회, 1999), 7-31; 이양호, 『칼빈: 생애와 사상』(서울: 한국신학연구소, 2005); 이오갑, 『깔뱅의 신과 세계』(서울: 대한기독교서회, 2010); 차영영, "깔뱅의 창조론,"(장로회신학대학교 대학원 Th.M. 미간행 석사학위논문, 2009); 최윤배 공저, 『개혁신학과 기독교교육』(서울: 한국장로교출판사, 2007); 최윤배 공저, 『16세기 종교개혁과 개혁교회의 유산』(서울: 한국장로교출판사, 2003); Arie Baars, *Om Gods verhevenheid en Zijn nabijheid: De Drie-eenheid bij Calvijn* (Kampen: Uitgeverij Kok, 2004); Ph. W. Butin, *Revelation, Redemption, and Response: Calvin's Trinitarian Understanding of the Divine-Human Relationship* (New York: Oxford University Press, 1995); Yoon-Bae Choi, *De verhouding tussen Pneumatologie en Christologie bij Martin Bucer en Johannes Calvijn* (Leiden: J. J. Groen en Zoon, 1996), 38-77; J. P. Mackey, *The Christian Experience of God as Trinity* (London: SCM Press, 1981); W. Niesel, *Die Theologie Calvins* (München: Chr. Kaiser Verlag, 1957); T. F. Torrance, "The Doctrine of the Trinity in Gregory of Nazianzus and John Calvin," T. F. Torrance, *Trinitarian Perspectives* (Edinburgh: T. & T. Clark, 1994); F. Wendel, *Calvin: sources et évolution de sa pensée religieuse* (Paris: Presses Universitaires de France, 1950); B. B. Warfield, "Calvin's Doctrine of the Trinity," *Calvin and Calvinism* (New York, 1931).

22) 삼위일체론의 경우, 성서주석의 내용과 『기독교 강요』의 내용은 대동소이하다. 이오갑, 『깔뱅의 신과 세계』(서울: 대한기독교서회, 2010), 192-193.

23) "Institutionis Christianae religionis Liber primus. DE COGNITIONE DEI CREATORIS," in: P. Barth, G. Niesel (ed.), *Joannis Calvini Opera Selecta*(= OS) Volumen Ⅲ, 31. 비록 "인식"(*cognitio*)과 "지식"(*notitia*)이라는 국어 상의 차이가 있지만, 우리는 본고에서 이 두 단어를 특별한 구별 없이 사용하고자 한다.

때문에 본고에서는 예정론에 대한 논의는 제외하기로 한다. 『기독교 강요』 (1559)의 제1권은 18장으로 구성되어 있다. 제1장부터 12장까지는 신 인식론과 계시론을, 제13장은 삼위일체론을, 제14장과 15장은 창조론을, 제16장부터 제18장까지는 섭리론을 취급하고 있다.[24] 우리는 깔뱅의 신론을 신인식과 계시, 속성, 삼위일체, 창조와 섭리의 순서로 기술하되, 사변적인 신론이 아니라, 깔뱅의 성서적이며, 실천적인 신론을 전개한다는 의도로 각 장(章)의 제목에 "삼위일체 하나님"이라는 말을 의도적으로 붙여 사용하기로 한다.

---

24) OS Ⅲ, 31-227.

II. 계시하시고 인식되시는 삼위일체 하나님

1. '하나님에 대한 지식'과 '우리에 대한 지식'의 밀접한 상관성

교회사와 신학사(神學史)에서 하나님에 대한 지식(知識; cognitio) 또는 인식(認識)과 우리에 대한 지식 또는 인식이 종종 서로 떨어지거나 일방적으로 한 쪽만이 강조되어 신앙의 불균형이 초래되곤 했다. 하나님에 대한 지식은 주로 십계명의 첫째 돌 판에 나타나고(하나님 사랑), 우리에 대한 지식은 주로 십계명의 둘째 돌 판(이웃 사랑)에 나타나는데, 이 두 돌 판이 서로 떨어지거나 한 쪽으로 편중될 경우 신앙과 신학이 병들게 된다. 깔뱅은 『기독교 강요』 제1권 1장에서 하나님에 대한 지식과 우리에 대한 지식 사이의 밀접한 상관성을 말한다. 이 점에서 그는 아우구스티누스까지 거슬러 올라가는 고대교회의 올바른 신앙 전통 속에 서 있는데, 종교개혁자들, 특히 루터, 츠빙글리, 부처도 역시 이 두 지식 사이의 밀접한 상관성을 강조했다.

깔뱅의 경우 모든 지혜는 하나님에 대한 지식과 우리에 대한 지식으로 구성되어 있다.[25] 이 두 지식은 너무나도 밀접하게 연결되어 있기 때문에, 어느 쪽의 지식이 우선되는지 분별하기가 쉽지 않다.[26] 왜냐하면 깔뱅 자신이 어떤 때는 "우리에 대한 지식으로부터 하나님에 대한 지식이 나온다."고 말하면서도,[27] 또 어떤 때는 "하나님에 대한 지식으로부터 우리에 대한 지식이 나온다."고 말하기 때문이다.[28]

---

25) John Calvin, 『기독교 강요』(1559) 제I권 I장 1절. 앞으로 제I권 I장 1절을 I i 1로 표기하기로 한다.
26) John Calvin, 『기독교 강요』(1559), I i 1.
27) John Calvin, 『기독교 강요』(1559), I i 1.
28) John Calvin, 『기독교 강요』(1559), I i 2.

우리가 갖고 있는 거의 모든 지혜(sapientia), 곧 참되며 건전한 지혜는 두 부분으로 구성되어 있다. 그 하나는 하나님에 대한 지식(cognitio)이요, 다른 하나는 인간에 대한 지식이다. 그러나 이 두 지식은 여러 줄로 연결되어 있기 때문에 어느 쪽이 먼저이며, 어느 쪽의 지식이 다른 쪽의 지식을 산출해내는가를 알아내는 것이 그리 쉬운 일이 아니다.[29]

비록 하나님에 대한 지식과 우리 자신에 대한 지식이 상호 밀접하게 연결되어 있다고 할지라도, 깔뱅은 먼저 전자에 대해서 논의하고, 다음에 후자에 대해서 취급하는 것이 교육상 올바른 순서라고 말한다.[30]

2. 하나님에 대한 이중지식(二重知識, duplex cognitio Dei)과 우리의 신앙

깔뱅이 말하는 하나님에 대한 지식과 우리에 대한 지식에 대한 구체적이며, 핵심적인 내용은 무엇인가? 하나님에 대한 지식의 핵심적 내용은 하나님은 우리를 창조하시고 섭리하시는 창조주 및 섭리주 하나님이신 동시에 우리를 죄로부터 구원하시는 구속주 하나님이시라는 것이다. 하나님은 우리의 창조주 및 섭리주이신 동시에 구속주라는 내용을 깔뱅은 '하나님에 대한 이중지식'(二重知識, duplex cognitio Dei)이라고 불렀다.

하나님에 대한 지식을 우리에 대한 지식과 대비시켜보면, 우리에 대한 지식이 매우 쉽게 도출된다. 하나님이 우리의 창조주시라면 우리는 그의 피조물이며, 하나님이 우리의 구속주시라면 우리는 하나님 앞에서 죄인인 동시에 구속받은 그의 자녀와 백성이 된다. 그러나 깔뱅에 의하면, 일반 자연인(自然人)에

---

29) John Calvin, 『기독교 강요』(1559), I i 1.
30) John Calvin, 『기독교 강요』(1559), I i 3.

게는 이것이 자명한 것이 아니고, 우리가 성령의 은사인 신앙과 참된 경건을 가진 신앙인(信仰人)이 될 때야 비로소 이 사실을 분명히 깨달아 알게 된다.

> "종교 혹은 경건이 없는 곳에 하나님에 대한 지식이 있다고 말할 수 없다. … 창조주이신 하나님께서 권능으로 우리를 붙들어 주시며, 섭리로 다스리시며, 각종의 축복으로 우리를 채워 주신다는 것을 아는 것(창조주 지식, 필자주)과, 그리스도 안에 우리에게 계시된 화목의 은혜를 받아들이는 것(구속주 지식, 필자주)은 별개의 것이다. 하나님은 먼저 우리의 창조와 성경의 일반적인 교훈에서 자신을 창조주로 나타내신다. 다음으로 그리스도의 얼굴을 통해서 자신을 구속주로 보여 주셨다. 여기서부터 하나님에 대한 이중지식(duplex … cognitio)이 생긴다. … 경건은 하나님에 대한 경외와 하나님에 대한 사랑이 결합된 것을 말하는데, 이 사랑은 그의 은혜를 깨달아 앎으로써 오는 것이다."[31]

하나님에 대한 지식과 관련해서 첫째로, 우리는 하나님에 대한 두려움과 경외를 가르쳐야하며, 둘째로 그의 수중에 있는 모든 선을 갈망하도록 가르치며, 우리가 받은 모든 것에 대하여 그에게 찬송을 드리도록 가르쳐야한다. 순수하고 참다운 종교의 본질은 신앙에 있다. 이 신앙과 경건은 하나님을 참으로 두려워하는 마음과 연결되어 있으며, 자발적인 경외심을 내포하고 율법의 명령에 일치되는 정당한 예배를 가지게 한다.[32]

3. 자연계시

우리가 어떻게 하나님에 대한 이중지식과 우리에 대한 지식을 가질 수 있을까? 깔뱅에 의하면, 두 가지 방법이 있다. 이 두 가지 방법 사이에 양적이면서

---

31) John Calvin, 『기독교 강요』(1559), I ii 1.
32) John Calvin, 『기독교 강요』(1559), I ii 2.

도 질적인 차이가 있다. 인간, 역사, 자연, 우주 등이 해당되는 '자연계시(自然啓示)' 또는 '일반계시(一般啓示)'만을 통해서 우리는 구속주 하나님에 대한 지식을 절대로 가질 수가 없고, 다만 창조주 하나님에 대한 불완전한 지식만을 가질 수가 있다. 그러나 특별계시(特別啓示)인 성경을 통해서 우리는 하나님에 대한 완전한 이중지식을 가질 수가 있다.[33]

깔뱅에 의하면, 인간, 역사, 그리고 창조 세계 속에 하나님에 대한 불완전한 지식이 존재한다. 깔뱅은 하나님의 존재에 대한 지식이 모든 인간에게 있다고 말한다. 이런 이유 때문에 아무도 하나님에 대한 자신의 무지(無知)를 핑계할 수 없다는 것이다. 심지어 우상숭배조차도 하나님이 존재한다는 사실을 보여주는 증거라는 것이다. 종교는 인간이 우연히 고안한 발명품이 아니기 때문에, 무신론은 논리적으로 불가능하다는 것이다. 하나님에 대한 자연계시가 세계 창조와 하나님의 섭리 속에서 지금도 계속적으로 비추어지고 있지만, 하나님에 대한 불완전한 자연계시는 인간 속에서 우상숭배와 무지와 악독 등으로 더욱 더 오용되고 왜곡되어 나타난다.

하나님의 자연계시 문제와 관련해서 우리가 특별히 주의를 기울여야할 부분은 모든 피조물과 자연 속에 '객관적으로' 나타난 자연계시는 비록 인간의 타락 이후 완전한 것은 아닐지라도, 그것조차도 우리가 신앙 없이 그리고 성경에서 얻은 창조주와 구속주에 대한 완전한 지식이 없이 바라볼 때, '주관적으로' 더욱 왜곡되게 인식된다는 사실이다. 여기서 우리의 '주관적인' 인식 문제가 매우 심각한 것이다.

"어떤 섬광은 과연 밝다. 그러나 강력한 빛을 발하기 전에 꺼지고 만다. 그러

---

33) '자연계시'와 '특별계시'라는 용어는 깔뱅 자신이 사용한 용어는 아니고, 제한성을 가지고 있을지라도, 깔뱅의 인식론과 계시론 논의를 위해 유용하고 편리하다고 판단되므로 우리는 이 용어를 사용하고자 한다. 참고. 이오갑, 『깔뱅의 신과 세계』 89-90; 최윤배, "깔뱅의 과학에 대한 이해," 한국조직신학회 편, 「한국조직신학논총」 제26집(2010), 16.

므로 사도는 말하기를 '믿음으로 모든 세계가 하나님의 말씀으로 지어진 줄을 우리가 안다.'고 하였다. 이와 같이 볼 수 없는 신성이 볼 수 있는 객체물로서 표현되어 있으나 하나님의 내적 계시에 대한 믿음을 통해서 밝혀지지 않으면 그를 이해할 수 있는 눈을 우리는 가지지 못한다."[34]

모든 인간은 태어날 때부터 "종교의 씨앗"을 가지고 있으며, 모든 인간이 가지고 있는 우상숭배 자체가 바로 여기에 대한 증거이다.

"사실상 인간의 마음속에 타고난 본능에 의하면, 하나님을 알 수 있는 지각이 있다는 것은 논란의 여지가 없다. 아무도 무지를 구실 삼아 핑계하지 못하도록 하기 위해, 하나님께서 자신의 신적 위엄을 어느 정도 나마 깨달을 수 있는 이해력을 각자에게 심어주셨다. … 짐승과 조금도 다를 바가 없는 것처럼 보이는 사람들까지도 항상 무엇인가 종교의 씨앗(religionis semen)을 그 속에 지니고 있다. … 사실 우상숭배(idololatria)도 이 관념에 대한 풍부한 증거라 하겠다."[35]

그러나 문제는 인간이 그 종교의 씨앗을 효용적으로 사용하지 못하고, 오용하여 부정적인 결과를 초래하는데 있다고 깔뱅은 계속적으로 지적한다. "하나님이 각자의 마음속에 종교의 씨앗을 뿌렸다는 것이 경험을 통해서 증명되지만, 받은 그것을 마음에 간직하는 사람은 백 명 중 한 사람도 찾아보기가 힘들다. 어떤 이는 자기들의 미신 속에 … 다른 어떤 자들은 고의적인 사악으로서 … 하여간 전부가 다 하나님에 대한 참된 지식에서 퇴락 되었다."[36] "근절할 수 없는 씨앗으로서 하나님의 존재에 대한 관념은 아직도 남아 있다. 그러나 그것은 너무나 부패하였으므로 가장 악한 열매를 맺을 뿐이다."[37] 인간의 하나님의 계시에 대한 무지와 오용에도 불구하고, 깔뱅에 의하면, 하나님은 내적

---

34) John Calvin, 『기독교 강요』(1559), I iv 14.
35) John Calvin, 『기독교 강요』(1559), I iii 1.
36) John Calvin, 『기독교 강요』(1559), I iv 1.
37) John Calvin, 『기독교 강요』(1559), I iv 4.

으로 인간 속에 종교의 씨앗을 통해 자신을 계시하셨을 뿐만 아니라, 외적으로 세계 구성의 각 부분 속에 자신을 계시하신 것이 분명하다.

> "하나님은 어떤 사람도 행복에 이르는데서 제외되지 않도록 하기 위해서, 인간의 마음속에 이미 말한 바 있는 종교의 씨앗을 심어 주셨을 뿐만 아니라, 세계 구성의 각 부분을 통해서 자신을 나타내셨다. … 하나님의 창조하신 만물 위에 그의 영광을 너무나 명백하고 모호한 점 하나 없이 현저하게 새겨두셨으므로, 일자무식한 자나 우둔한 자라도 무지를 구실로 변명할 수는 없다."[38]

결론적으로, 깔뱅의 경우, 자연계시의 기능은 우리의 무지를 핑계치 못하게 하는 것이며, 자연계시의 한계는 우리가 구속주 지식을 갖지 못하므로 구원에 이르지는 못한다는 것이다. 그러므로 하나님의 자연계시를 뛰어 넘을 뿐만 아니라, 자연계시의 한계와 가치와 위치를 인식할 수 있는 특별계시와 성령 및 우리의 신앙의 눈이 요청된다.

4. 특별계시로서의 성경

우리는 종교개혁 이후 성경비판학이 발달된 이래 성경관을 중심으로 일어났던 성경영감설 논쟁이나 성경고등비평 논쟁과 결부하여 깔뱅의 성경관을 다루지 않고,[39] 다음과 같이 주로 세 가지로 나누어 특별계시로서의 성경에 대하여 다루고자 한다. 즉, 깔뱅의 경우, 성경은 창조주 및 섭리주 하나님과 구속주 하나님 지식에 대한 완전한 계시이며, 기록된 하나님의 말씀이며, 성령과

---

38) John Calvin, 『기독교 강요』(1559), I v 1.
39) 최윤배, "깔뱅은 성경을 어떻게 이해했는가?," 「성서마당」(2009 가을 신창간 제22호 통권 91호), 33. 참고, 안명준, 『칼빈의 성경해석학』(서울 : 기독교문서선교회, 1997), 양신혜, "칼빈의 성경에 대한 이해," 「칼빈연구」 제7집(2010), pp. 177-198.

불가분리의 관계 속에 있다.

성경에 대한 이해를 중심으로 깔뱅은 크게 두 진영과 논쟁하였다. 한 편으로 그는 성경 자체의 권위보다도 정경(正經)을 결정한 교회의 권위를 더 강조하는 중세 로마가톨릭교회를 반대하여 논쟁하였다.

> "이 모든 것이 교회의 결정에 따라서 좌우되지 않았다면 왜 어떤 책은 그 성수 (聖數)에서 제외되었다는 것을 누가 우리에게 납득시킬 것인가? 그러므로, 그들은(중세 로마가톨릭교회, 필자주) 말하기를 성경이 교회의 결정 하에 있다고 한다."40)

다른 편으로 성경 자체를 무시하고, 성경 외에 교회나 그리스도인 각자의 상황에 따라 다시 받을 수 있는 새로운 계시를 주장한 열광주의자들에 반대하여 깔뱅은 논쟁하였다.

> "요사이 어떤 견실치 못한 사람들이 나타나서 거만하게도 성령의 가르침을 받았다고 말하면서, 자기 자신이 성경 읽기를 거절하면서 소위 그들이(종교개혁자들, 필자주) 죽은 문자에 아직도 관심을 가진다고 해서 그들이 순진하다고 비웃는다. … 우리에게 약속된 성령의 직무는 듣지 못한 새로운 계시를 만들어 내는 것이 아니라 … 우리의 마음을 복음이 전해준 동일한 교리에 머물러 있게 하는데 있다."41)

1) 창조주와 섭리주 하나님 및 구속주 하나님 지식에 대한 완전한 계시로서의 성경

깔뱅에게 있어서 성경관은 넓은 의미에서 계시론의 범주 안에서 취급된다.

---

40) John Calvin, 『기독교 강요』(1559), I vii 1.
41) John Calvin, 『기독교 강요』(1559), I ix 1.

하나님의 특별계시는 창조주 및 섭리주 하나님에 대한 지식과 구속주 하나님에 대한 지식으로 이루어져 있다. 인간, 역사, 자연, 그리고 우주 속에 창조주 및 섭리주 하나님에 대한 일반 지식이 반영되어 있지만, 인간의 타락으로 이러한 피조물 속에 계시되어 있는 창조주 및 섭리주 하나님 지식이 불완전하게 되었다. 그래서 하나님을 떠나 있는 타락한 인간은 피조물 안에 여전히 객관적으로 반영되어 있는 창조주 및 섭리주 하나님 지식을 볼 수 있는 인식력의 훼손으로 이 지식을 왜곡되게 파악하게 된다. 그러므로 자연인은 하나님 지식에 대하여 자신의 무지함을 핑계될 수 없게 되었지만, 이것은 인간이 자유의지로 하나님을 떠난 결과이기 때문에 하나님 지식의 무지함의 책임은 전적으로 인간에게 있다.

인간의 타락 이후 자연인이 완전한 창조주 및 섭리주 하나님 지식과 구속주 하나님 지식에 도달할 수 있는 길이 막히게 되자, 하나님은 자비의 행동으로 성경을 통해서 완전한 창조주 및 섭리주 하나님 지식과 구속주 하나님 지식을 얻을 수 있는 방법을 만들어 주셨다. 따라서 깔뱅에게 있어서 성경은 창조주 및 섭리주 하나님 지식과 구속주 하나님 지식을 얻을 수 있는 유일한 외적 수단이 된다.

타락으로 눈이 멀어진 우리가 창조주 및 섭리주 하나님께서 이 땅에 보내신 독생자 예수 그리스도를 통하여 하나님으로부터 떠난 죄인을 구속하고 계시는 구속주 하나님 지식을 성령의 도우심으로 신앙을 갖고 성경을 읽게 되면, 우리는 완전한 창조주 및 섭리주 하나님과 구속주 하나님에 대한 이중지식(二重知識, duplex cognitio Dei)을 성경을 통하여 얻을 수 있게 된다.[42]

계속해서 깔뱅은 "사람이 우주의 창조주이신 하나님께로 올바로 이끌림을 받기 위해서는 그 보다도 더 나은 또 다른 도움이 필요한 것이다."라고 말한다. 여기서 말하는 또 다른 도움이란 깔뱅의 용어로 '안경' 즉, 성경을 의미한다. 성경을 읽는데 있어서 안경의 기능을 깔뱅은 다음과 같이 말하고 있다.

---

42) John Calvin, 『기독교 강요』(1559), I ii 1.

"그러므로 하나님께서 그의 성경말씀이라는 빛을 덧붙여 주셔서 사람에게 그 자신을 알게 하여 구원에 이르도록 하시고, 또한 그로 말미암아 하나님께로 더 가까이 더 친근하게 나아오는 자들에게 특권을 베푸신 것이 전혀 헛된 일이 아닌 것이다. … 안경의 도움을 받으면 아주 또렷하게 그 책을 읽어 내려갈 수가 있을 것이다. 이와 마찬가지로, 하나님에 관한 갖가지 혼란스런 지식을 우리 마음에 제대로 모아주며, 우리의 우둔함을 몰아내고, 참되신 하나님을 분명하게 보여주는 것이 바로 성경이다."[43]

2) 기록된 하나님의 말씀으로서의 성경

앞에서 살펴본 바에 의하면, 성경은 창조주 및 섭리주 하나님과 구속주 하나님 지식에 대한 완전한 계시이다. 깔뱅에 의하면, 이 온전한 계시가 바로 구약성경과 신약성경에 기록된 하나님의 말씀인데, 하나님의 온전한 계시를 구약성경과 신약성경에 기록한 목적은 후대에 전하기 위해서이다. 이를 위해 하나님께서 기록하시기를 기뻐하셨다고 깔뱅은 말한다.

"하나님께서 말씀과 환상을 통해서 족장들에게 자신을 알리셨든지, 아니면, 사람들의 일과 사역을 통해서 알리셨든지 간에, 하나님은 족장들이 그 후손에게 전수해야할 것을 그들의 마음에 새겨주셨다. … 하나님께서는 족장들에게 주셨던 동일한 말씀을 공적인 기록으로 남기시기를 기뻐하셨다. 이를 위하여 율법이 반포되었고, 후에 선지자들이 율법의 해석자들로 추가 되었다. … 모세를 비롯하여 모든 선지자들에게 율법이 주어진 것은 특별히 하나님과 사람 사이의 화목의 길을 가르치기 위함이며, 그리하여 바울도 그리스도께서 '율법의 마침'이라고 말하는 것이다.(롬10:4) 여기서 다시 한 번 반복하여 말하거니와 그리스도를 중보자로 제시하는 구체적인 믿음과 회개 외에도, 성경은 참되고 유일하신 하나님 곧 우주를 창조하시고 다스리시는 그 하나님을 온갖 다른 거짓 신들과 혼동할 수 없도록 그 분에 대한 분명한 표증들과 표지들로 가득 차 있는 것이다."[44]

---

43) John Calvin, 『기독교 강요』(1559), I vi 1.

이처럼 참된 신앙은 하나님의 말씀인 성경으로부터 비롯되며, 하나님의 기록된 말씀인 성경의 제자가 되지 않고서 우리는 참된 하나님 지식과 인간 지식을 맛볼 수가 없다. 하나님의 기록된 말씀인 성경이 기록되고, 지금까지 보존된 것은 하나님의 섭리의 역사이다. 기록된 하나님의 말씀으로서의 성경을 인간에게 주신 목적은 인간으로 하여금 하나님을 경외하는 마음으로 성경을 읽고 경건한 삶에 이르게 하는 하나님의 철저한 보살핌이라고 깔뱅은 강조한다.

> "그러므로 하나님께서 성경에서 친히 자기를 증거 해 놓으신 것을 경건한 자세로 받아들일 때, 비로소 참 깨달음이 시작되는 것이다. 완전하며 모든 면에서 충족한 믿음은 물론, 하나님에 대한 올바른 지식도 순종에서 나오기 때문이다. 그리고 이런 점에서 볼 때, 하나님께서 그의 특별한 섭리를 통하여 시대를 초월하여 모든 인간들을 돌보시는 것이 분명하다."[45]

이런 관점에서 볼 때, 우리가 하나님의 말씀인 성경을 떠나게 되면, 반드시 도덕적으로 그리고 종교적으로 큰 오류에 빠지게 될 뿐만 아니라 하나님 지식과 인간 지식이 왜곡되어 모든 피조세계를 통하여 창조주 및 섭리주 하나님 지식을 잃게 된다.[46] "왜냐하면 인간의 마음은 무력하여 하나님의 거룩한 말씀의 도움이 없이는 하나님께 도달할 수 없고 유대인을 제외한 모든 사람들이 다 말씀을 떠나서 하나님을 찾았으므로 필연적으로 공허와 오류에서 방황할 수밖에 없었기 때문이다."[47]

3) 성령과 불가분리의 관계속에 있는 성경

창조주 및 섭리주 하나님과 구속주 하나님 지식에 대한 완전한 계시로서 기

---

44) John Calvin, 『기독교 강요』(1559), I vi 2.
45) John Calvin, 『기독교 강요』(1559), I vi 2.
46) John Calvin, 『기독교 강요』(1559), I vi 3.
47) John Calvin, 『기독교 강요』(1559), I vi 4.

록된 하나님의 말씀인 성경 자체가 갖고 있는 객관적 권위를 깔뱅은 여러 가지로 설명한다. 우선 기록된 구약성경은 그 내용이 인간의 지혜를 넘어서며, 그 연대가 오래며, 조상들의 수치스런 일까지 기록하였으며, 기적들에 의해서 말씀이 입증되었으며, 예언이 성취되었으며, 수난의 역사 속에서도 잘 보존되었다는 관점에서 객관적 권위가 있다. 그리고 기록된 신약성경은 배움이 없는 사람들도 기록했지만, 하늘의 신비를 전해주며, 모든 세계교회가 존경하고 있으며, 순교자들이 성경적 교리를 위해 피를 흘렸다는 관점에서 객관적 권위를 갖고 있다.[48]

깔뱅에게 있어서 성경 자체가 가지고 있는 위와 같은 객관적, 즉 외적 권위보다도 더 중요한 권위는 하나님의 영이신 성령 하나님 자신으로부터 나오는 내적 권위이다. 성경에 대한 성령의 영감과 성령의 내적 증거 또는 조명(testimonium Spiritus sancti internum)은 한 쌍을 이루고 있는데, 그 이유는 성경은 성령의 영감으로 기록되었기 때문이다. 성경이 객관적으로 신적 위엄을 가지긴 하지만, 성경의 독자가 성령의 내적 증거에 의해서 주관적으로 그 위엄을 믿을 때, 비로소 신적 위엄을 가진다. 그래서 깔뱅은 "하나님의 위엄이 거기에 나타나긴 하지만, 성령에 의해 조명된 자들이 아니고는 … 볼 눈들을 가지지 못한다."고 말한다.[49] "하나님만이 그의 말씀에 있어서 자기 자신에 대한 적합한 증인이듯이 그 말씀은 성령의 내적 증거에 의해 확인되기 전에는 인간들의 마음에서 신임을 얻지 못할 것이다. 그러므로 예언자들의 입을 통해 말씀한 바로 그 성령이 우리 마음에 들어와서 하나님이 명령한 것을 그들이 신실하게 선포했다는 것을 설득하는 것이 필요하다."[50]

깔뱅은 성경 기록자들에게 임한 성령의 영감뿐만 아니라, 오늘날 그리스도

48) John Calvin, 『기독교 강요』(1559), I viii.
49) John Calvin, 『디모데후서 주석』 딤후 3:16.
50) John Calvin, 『기독교 강요』(1559), I vii 4.

인과 교회 속에 역사하시는 성령의 내적 증거를 통해서 성경의 신적 기원과 신적 권위를 말한다. 디모데후서 3장 16절을 주석하면서 깔뱅은 성경이 성령의 영감을 받은 사람들에 의해서 기록된 하나님의 말씀인 것을 강조하고 있다.[51] 계속하여 성경에서의 성령의 내적 증거의 중요성을 깔뱅은 다음과 같이 거듭 강조한다.

"성령으로 말미암아 내적으로 가르침을 받은 사람은 진심으로 성경을 신뢰한다는 것, 그리고 성경은 자증(自證)한다는 것이다. 그러므로 성경을 증거나 이성에 종속시키는 것은 잘못이다. 그리고 성경이 마땅히 지녀야할 확실성은 성령의 증거에 의해서 얻게 된다. 왜냐하면 성경이 그 자체의 위엄 때문에 존경을 받는다 하더라도, 그것이 성령으로 말미암아 우리 마음 속에서 확증되기 전에는, 진정으로 우리를 감동시키지 못하기 때문이다. 그러므로 우리는 성령의 조명을 받았기 때문에, 성경이 하나님으로부터 왔다는 것을 믿는 것이지, 우리 자신이나 다른 사람의 판단에 따라 믿는 것이 아니다."[52]

이와 같이 깔뱅에게 있어서 "말씀과 성령은 서로 분리시킬 수 없는 끈으로 연계되어 있다."[53] 특히 성경을 죽은 문자로 이해하여 성경 자체를 무시하고, 성경 이외의 새로운 계시를 받으려고 하는 열광주의자들의 입장에 반대하여 깔뱅은 성경과 성령의 상호 관계성을 강조한다.

"성령께서는 성경에서 보여주신 자신의 진리와 아주 굳게 결속하여 계시므로 그 말씀이 당연한 존경과 위엄을 받을 때에만 비로소 성령이 자신의 권능을 발휘하신다는 것이다. 그리고 이것은, 말씀 자체가 성령의 증거로 말미암아 확증되지 않는 한 우리에 대하여 큰 확실성을 가지지 못한다고 내가 앞에서 주장한

---

51) John Calvin, 『디모데후서 주석』, 딤후 3:16.
52) John Calvin, 『기독교 강요』(1559), I vii 5.
53) W. van 't Spijker, *Johannes Calvijn: Zijn Leven en Zijn Werk*, 박태현 역, 『칼빈의 생애와 신학』(서울: 부흥과 개혁사, 2009), 231.

것과 조금도 모순되지 않는다. 왜냐하면 주님께서는 일종의 상호 결속 관계를 통하여 말씀의 확실성과 성령의 확실성을 결합시키셨으므로, 우리들로 하여금 하나님의 얼굴을 바라보게 하시는 성령께서 빛을 비추어 주실 때, 우리의 마음에 말씀에 대한 완전한 신앙이 머물 수 있으며, 또한 우리가 그 형상을 따라, 곧, 그 말씀을 따라 그를 인식할 때 우리는 속는다는 두려움 없이 성령을 마음에 모실 수가 있기 때문이다."54)

---

54) John Calvin, 『기독교 강요』(1559), I ix 3.

III. 사랑과 공의의 삼위일체 하나님

하나님의 속성(屬性, attribute)을 비공유적 속성과 공유적 속성으로 나누어 자세하게 논의한 아퀴나스와 개신교 정통주의신학자들과는 달리 깔뱅은 속성론을 집중적으로 심도있게 다루지는 않는다. 그러나 깔뱅의 작품 도처에 하나님의 속성에 대한 언급이 나타난다.[55]

자연계시와 특별계시의 차이를 밝힌 깔뱅은 이 두 계시의 차이에도 불구하고, 자연계시에 나타난 하나님의 속성과 특별계시에 나타난 하나님의 속성은 하나님의 지식에 속하는 것으로서 동일하다는 점을 밝히고, 우리가 이 지식을 그 목적에 합당하게 사용할 것을 주장하는 가운데 하나님의 속성에 대해 간단하게 언급한다. 비록 깔뱅은 세 가지 속성, 즉 자비하심(misericordiam), 공의(iustitiam), 심판(iudicium)에 큰 관심을 두고 있지만, 하나님의 속성을 표현하기 위해 깔뱅이 사용하는 다양한 용어들을 일반적으로 알려진 하나님의 대표적 두 가지 속성인 '사랑'과 '공의'로 단순화해도 큰 무리는 없을 것이다.

> "성경의 각 부분에서 우리는 하나님의 아버지다우신 선하심(bonitas)과 또한 은혜로우신(beneficentiam) 그의 뜻(voluntas)에 대한 묘사들을 계속해서 만나게 된다. 그리고 반대로 하나님이 악인들을 공의(iustum)로 벌하시는 분이심을, 특히 그의 인내 또는 관용(tolerantia)에도 불구하고 그들이 계속해서 악을 행하는 경우, 보여주는 엄격한 실례들도 만나게 된다."[56]

깔뱅은 성경 몇몇 구절들을 인용하면서 성경에 계시된 하나님의 속성은 추

---

55) 박해경, 『칼빈의 신론』 185-191.
56) John Calvin, 『기독교 강요』(1559), I x 1.

상적인 지식에서 나오는 것이 아니라, "우리와의 관계"에서 나오며, 생생하고도, 체험적인 지식에서 나오는 것으로서 자연계시 속에서도 특별계시 속에서처럼 동일하게 체험될 수 있다고 말한다. 이점에서 속성론에 대한 그의 '경륜적' 기술방법은 사변적인 스콜라신학자들이 사용하는 '내재적' 기술방법과 큰 차이를 보인다. 바로 이점에서 이오갑은 깔뱅이 이해한 하나님 속성론의 특징을 올바르게 간파하였다. "그런 점에서 칼뱅에 따른 하나님은 '누구인가'(Qui)나 '무엇인가'(Que)가 아니라 '어떤가'(Comment)의 문제라고 할 수 있다. 즉 신을 그 존재에서가 아니라 드러난 그 성격, 방식에서 본 것이다. 실제로 칼뱅은 하나님을 본질로써가 아니라 사역들과 작품들, 속성들(propriétés)로써 안다는 점을 매우 강조한다."[57] 깔뱅에 의하면, 출애굽기 34장 6-7절의 전반부에는 하나님의 사랑이, 후반부에는 하나님의 공의가 표현되어 있다.

> "여기서 우리는 하나님의 영원성(aeternitatem)과 자존성(καὶ αὐτοσίαν)이 그의 놀라운 이름을 통해서 두 번씩 선언되고 있는 것을 보게 된다. 또한 그 다음에는 그의 능력들(virtutes)이 언급되는데 이로써 우리는 하나님 자신의 본연의 모습이 아니라 우리와 관계하시는 그의 모습이 드러나는 것이다. 그러므로 하나님에 대한 이런 인식은 그저 허망한 과장에서 나온 것이 아니고, 살아있는 체험에서 나온 것이다. 그리고 여기서 열거되고 있는 능력들은 우리가 이미 본 하늘과 땅에서 빛나는 능력들과 동일한 것이니, 곧 인자하심(clementiam), 선하심(bonitatem), 자비하심(misericordiam), 공의(iustitiam), 심판(iudicium), 그리고 진리(veritatem)가 그것이다. 그리고 능력과 권세는 엘로힘이라는 칭호에 포함되어 있다."[58]

깔뱅은 예레미야 9장 24절에서 특별히 하나님의 자비하심(misericordiam),

---

57) 이오갑, 『칼뱅의 신과 세계』, 31.
58) John Calvin, 『기독교 강요』(1559), Ⅰ x 2.

심판(iudicium), 공의(iustitiam)의 속성을 발견하고, 하나님의 진리, 능력, 거룩하심, 선하심을 잊지 말 것을 역설하면서, 성경과 피조물 속에 계시된 하나님의 속성에 대한 올바른 지식을 통하여 "온전히 순결한 마음과 거짓 없는 순종으로 하나님을 예배하는 것을" 배우고, "그의 선하심을 의지하는 법"을 배울 것을 촉구한다.59)

"이 세 가지(자비하심, 심판, 공의, 필자주)는 우리가 확실하게 알아야 할 것들이다. 우리의 구원은 오로지 자비하심(misericordiam)에 달려 있으며, 심판(iudicium)은 행악자들에게 날마다 시행되며 또 심판을 통해서 그보다 훨씬 가혹하게 영원한 멸망이 그들을 기다리고 있으며, 바로 공의(iustitiam)를 통해 신자들이 보존되고, 잘 양육된다."60)

59) John Calvin, 『기독교 강요』(1559), I x 2.
60) John Calvin, 『기독교 강요』(1559), I x 2.

IV. 삼위일체 하나님

깔뱅은 『기독교 강요』(1559) 제I권 제13장의 제목을 "성경은 창조 이래 하나님은 한 본질(Unicam … essentiam)이시며, 이 본질 안에 세 인(위)격들(tres … personas)이 존재한다는 것을 가르친다."로 잡았다.[61] 삼위일체론을 본격적으로 논의하기 전에 깔뱅은 먼저 성경이 가르치는 하나님의 중요한 두 가지 본질(本質, essentia Dei)로서 하나님의 무한성(無限性)과 영성(靈性)(de immensa et spirituali)을 특별히 강조하면서, 하나님의 불가해성(不可解性) 및 초월성과 내재성을 언급하는 가운데,[62] 범신론, 마니교의 이원론, 신인동형동성론(神人同形同性論)을 비판하고, 성경에 나타난 하나님의 계시 방법으로서 높은 곳에 계시는 하나님의 적응(accomodatio Dei) 사상을 소개한다.[63]

> "성경은 하나님의 본질(Dei essentia)이 무한하며, 영적이라고(de immensa et spirituali) 가르치는데 이는 일반 대중의 망상을 일축할 뿐만 아니라, 세속 철학의 교묘한 이론을 논박하기에 충분하다. … 그런 형식의 말씀들(신인동형동성론적인 표현들, 필자주)은 우리의 연약한 역량에 맞추어서 하나님에 관한 지식들

---

61) John Calvin, 『기독교 강요』(1559), I xiii 1 = OS III, 108: "Unicam Dei essentiam ab ipsa creatione tradi in Scripturis, quae tres in se personas continet. CAP. XIII." 우리는 본고에서 'persona'를 "인격"과 "위격"으로 혼용하여 쓰도록 한다.

62) 깔뱅이 이해한 하나님의 초월성과 내재성의 변증법적 관계에 대한 훌륭한 파악은 이오갑과 바르스의 글에 잘 나타난다. 이오갑, 『깔뱅의 신과 세계』, 19ff; A. Baars, *Om Gods verhevenheid en Zijn nabijheid*, 707: "Finally: Calvin's doctrine of the Trinity has two central components: the triune God is the Exalted One, 'the wholly Other'. Simultaneously, He is very near in Christ and through His Spirit."

63) 깔뱅의 계시론에 나타난 "*accomodatio Dei*" 사상에 대해 다음을 참고하시오. 신정우, "깔뱅의 계시론," 한국칼빈학회 편, 『칼빈신학개요』, 49-68; 양금희, 『종교개혁과 교육사상』(서울 : 한국장로교출판사, 1999), pp. 118-120.

을 전달하는 것이므로, 하나님이 과연 어떤 분이신가를 명확하게 표현해주는 것이 아니라, 우리에게 맞추시기 위해서(accomodant) 그렇게 높이계신 하나님께서 무한히 낮게 내려 오셔서(descendere) 말씀하신 것이다."[64]

종교개혁 진영으로 전향했다가 로마가톨릭진영으로 다시 돌아갔던 까롤리 (P. Caroli)는 파렐(G. Farel)의 작품(*Sommaire*, 1534)과, 『신앙고백』(불어판 1537; 라틴어판 1538)에 "삼위일체"와 "인(위)격"이라는 단어가 발견되지 않는다는 이유로 파렐과 깔뱅을 아리우스주의자로 부당하게 정죄했다.[65] 이로 인해 깔뱅이 신학 용어나 고대 교리에 대한 입장은 항상 근본적으로 동일했으나 까롤리 사건을 계기로 후대로 갈수록 신학 용어에 대해 더욱 신중한 입장을 취한 바, 『기독교강요』(1559) 최종판에서 히브리서 1:3절로부터 용어 '히포스타시스'(hypostasis)를 직접 인용하기까지 한다.[66] 깔뱅에게 신학 용어는 성경의 진리를 밝히기 위해 필요성을 갖는 동시에 한계성도 갖고 있다.

> "깔뱅은 고대 교리의 용어의 필요성과 한계성을 인정한다. 깔뱅에게 신학 용어들, 교부들, 공의회들, 고대교회의 신앙고백들은 동일한 관점에서 이해된다. 다시 말하면 이것들이 성경 위에 있지 않고, 성경과 일치할 때, 이것들은 하나님의 말씀에 대한 봉사 안에 서있으며, 교회를 섬기게 된다. 이것들은 성경에 종속되어야 한다."[67]

깔뱅의 삼위일체론은 반(反)삼위일체론자들(Servetus, Gentilis, M. Gribaldi, G. Brandrata), 특히 세르베투스를 통해서 발전되었지만,[68] 그의

---

64) John Calvin, 『기독교 강요』(1559), I xiii 1.
65) Yoon-Bae Choi, *De verhouding tussen Pneumatologie en Christologie bij Martin Bucer en Johannes Calvijn*, 45.
66) John Calvin, 『기독교 강요』(1559), I xiii 2.
67) Yoon-Bae Choi, *De verhouding tussen Pneumatologie en Christologie bij Martin Bucer en Johannes Calvijn*, 41.
68) Yoon-Bae Choi, *De verhouding tussen Pneumatologie en Christologie bij Martin Bucer en Johannes*

삼위일체론은 근본적으로 그의 초기부터 말기까지 일관성을 유지하고 있다. 그는 초기에는 삼위일체론의 신학 용어를 중심으로 까롤리와 논쟁했고, 그의 후기에는 주로 세르베투스와의 논쟁을 통해서 어느 종교개혁자들 보다도 삼위일체론에 더 많은 관심을 갖게 되었다.

삼위일체론 또는 기독론 이단자(異端者)로서 화형당한 세르베투스 문제를 중심으로 깔뱅 자신은 물론 개혁교회 전통에 대한 날카로운 비판이 제기되곤 한다. 그러나 우리가 깔뱅 당시에 일어난 역사적 사실을 정확하게 알 때, 깔뱅과 개혁교회 전통에 대한 상당한 부정적인 오해들이 풀릴 것이다.[69]

깔뱅은 올바른 고대교회의 전통과 성경을 근거로 삼위일체 하나님의 '한 본질, 세 인(위)격들'["una substantia (= essentia = οὐσία) tres personae (= hypostaseis = ὑποστάσεις = πρόσωπα)"]을 주장한다. 깔뱅은 하나님의 한(unicus) '본질'이라는 용어 '수브스탄치아'(substantia) 보다는 용어 '에센티아'(essentia)를 더 선호하고, '인(위)격'이라는 용어를 위해 『기독교 강요』(1559) 최종판에서 히브리서 1:3절로부터 용어 '히포스타시스'(hypostasis)를 직접 인용하고, 다음과 같이 정의(定義)한다.

"내가 인(위)격(persona)이라고 부르는 것은 하나님의 본질(essentia) 안의 실체(subsistentia)를 의미한다. 그것은 다른 실체(subsistentia)와 관계(relata)를 가지고 있는 동시에 전달할 수 없는 고유성(proprietas)을 통해서 구별된다."[70]

깔뱅은 각 인(위)격(perosona), 곧 실체(subsistentia)가 갖고 있는 고유성

Calvijn, 68, 특히, 68-73.

69) 참고. 최윤배 공저, 『16세기 종교개혁과 개혁교회의 유산』, 267-269; 박경수, "삼위일체론에 대한 칼뱅의 공헌," 『장신논단』 제24집(2004), pp. 139-163; 백충현, "깔뱅의 삼위일체론의 특징들,"(장로회신학대학교 신학대학원 미간행 M. Div. 학위논문, 2000).

70) John Calvin, 『기독교 강요』(1559), I xiii 6, 참고 OS III, 116: "Personam igitur voco subsistentiam in Dei essentia, quae ad alios relata, proprietate incommunicabili distinguitur."

(固有性, proprietas)의 내용에 대하여 다음과 같이 표현한다.

> "그럼에도 불구하고 성경에 표현되어 있는 그 구별에 대하여 묵과하는 것은 온당치 못하다. 성경이 말하는 구별은 다음과 같다. 곧, 성부는 일의 시초가 되시고 만물의 기초와 원천이 되시며, 성자는 지혜요 계획이시며 만물을 질서 있게 배열하시는 분이라고 하였으며, 그러나 성령은 그와 같은 모든 행동의 능력과 효력이 돌려지고 있는 것을 보게 된다."[71]

결국 깔뱅의 경우, 성부, 성자, 성령 각각의 인(위)격(persona)은[72] 하나님의 본질(essentia = substantia)과 함께 다른 인(위)격이 갖고 있지 않고, 다른 인(위)격에게 양도할 수 없는 자신의 "유일한 고유성"(unicueque proprietas)을 갖고 있다.[73]

"인(위)격"에 대한 깔뱅의 정의에서 "한 본질"의 문제, "세 인격들의 구별"의 문제, "본질과 인격의 관계" 문제, 그리고 "위격들 사이의 관계" 문제에 대한 질문이 제기될 수 있다. 여기에 대해 깔뱅은 다음 순서로 자세하게 논의한다. 깔뱅은 『기독교 강요』(1559) 제I권 16-20장에 삼위일체 하나님의 구별성과 일체성을 논의하는 가운데, 제16장에서는 일체성에, 제17장에는 삼위성에, 그리고 제18장과 19장에서는 삼위의 상호 구별과 상호 관계를 논의하고, 그리고 제20장에서는 삼위일체론을 신앙고백적으로 종합하고 있다.

깔뱅은 삼위일체의 삼위성을 무시하거나 희생시킨 사벨리우스(Sabellius)를 중심한 양태론(樣態論)을 비판할 뿐만 아니라, 삼위일체의 일체성을 무시

---

71) John Calvin, 『기독교 강요』(1559), I xiii 18, 참고 OS III, 132: "Quam tamen Scripturis notatam distinctionem animadvertimus, subticeri non convenit. Ea autem est, quod Patri principium agendi, rerumque omnium fons et scaturigo attribuitur: Filio sapentia, concilum, ipsaque in rebus agendis dispensatio: at Spiritui virtus et efficacia assignatur actionis."

72) 깔뱅의 삼위일체론에 사용된 신학 용어에 대한 독자의 이해를 돕기 위해 다음과 같이 수식화해 보았다. persona = hypostasis = subsistentia = πρόσωπον.

73) John Calvin, 『기독교 강요』(1559), I xiii 19(= OS III 132). 깔뱅의 삼위일체론에 사용된 신학 용어에 대한 독자의 이해를 돕기 위해 다음과 같이 수식화해 보았다. persona = essentia + proprietas.

하거나 희생시킨 아리우스(Arius)를 비롯한 종속론(從屬論)을 비판했다. 깔뱅은 삼위일체의 일체성을 확보하기 위해 하나님의 한 본질(essentia)을 강하게 주장하고, 성부, 성자, 성령 각 인(위)격에 공통적으로 신성(神性)과 자존성(自存性, aseitas)을 부여하고,[74] "본질수여자"(essentiator) 되심을 인정하고,[75] "한 하나님과 한 신앙과 한 세례의 세 가지"를 신앙경험과 교회예전(敎會禮典) 차원에서 상호 인과적으로 관계시킴으로써,[76] 삼신론(三神論)이나 종속론을 반대할 수 있었다. 동시에 깔뱅은 삼위일체의 삼위성을 확보하기 위해 다른 인(위)격에게 양도할 수 없고, 각 인(위)격만이 갖는 고유성(proprietas)을 통해서 차별화되는 삼위의 구별성을 강조함으로써,[77] 양태론를 반박할 수 있었다.[78]

삼위의 구별성을 지나치게 강조할 경우 초래될 수 있는 삼위 사이의 관계성 문제를 의식한 깔뱅은 아우구스티누스의 말, "삼위 간의 구별을 나타내는 이 이름들은 삼위들이 서로 간에 갖는 관계를 의미하는 것이지, 그들이 하나를 이루고 있는 본질 그 자체를 의미하는 것이 아니다."를 인용하고, 인식의 한계로 인해 여기에 대한 더 이상의 논의를 멈춘다.[79] 또한 삼위들 사이의 관계에서 상호간의 순서(ordo)가 중요하다. 가령, 성자는 자신에 대하여는 하나님이시지만, 성부에 대해서는 성자이시다.[80] 그리고 깔뱅은 믿음의 분량을 가지고 "그것은 곧 우리가 한 분 하나님(unum Deum)을 믿는다고 고백할 때, 이 하

---

74) 깔뱅은 영원한 성자의 신성을 I xiii 7–13에서, 성령의 신성을 I xiii 14–15에서 다양한 측면에서 논증한다. "그러므로 바울은 성령의 신적 권능이 있음을 분명히 가르치며, 또한 그가 실체(in Deo hypostatice)로 하나님 안에 거하신다는 것을 보여주고 있는 것이다."(I xiii 15)

75) Yoon–Bae Choi, De verhouding tussen Pneumatologie en Christologie bij Martin Bucer en Johannes Calvijn, 70.

76) John Calvin, 『기독교 강요』(1559), I xiii 16.

77) 깔뱅은 "분리"(divisionem)가 아니라, "구별"(distictionem)임을 강조한다.(I xiii 17, OS III, 131)

78) John Calvin, 『기독교 강요』(1559), I xiii 5, 참고 OS III, 113–114.

79) John Calvin, 『기독교 강요』(1559), I xiii 19.

80) John Calvin, 『기독교 강요』(1559), I xiii 18(= OS III, 132), I xiii 20(= OS III 134).

나님이라는 이름으로써 단일하고 유일하신 본질(unicem et simplicem essentiam)을 생각하며, 또한 그 안에 세 인(위)격들(tres pesonas vel hypostaseis)이 존재하는 것으로 이해한다는 것이다."라고 우리가 고백하기를 원한다.[81]

깔뱅연구에서 깔뱅이 삼위일체 하나님의 일체성보다도 삼위성을 먼저 언급했기 때문에 동방교회 전통에 서 있다는 주장에 반대하며, 유해무는 "깔뱅의 삼위일체론은 얼마나 성경적으로 작성되었으며" 동·서방교회를 초월하고 아우르는 "공교회적 입장에 서 있다."고 설득력 있게 주장했다.[82]

---

81) John Calvin, 『기독교 강요』(1559), I xiii 20: "nempe quum profitemur nos credere in unum Deum, sub Dei nomine intelligit unicem et simplicem essentiam, in qua comprehendimus tres pesonas vel hypostaseis."

82) 유해무, "삼위일체론: 동방신학과 관련하여," 31.

V. 창조와 섭리의 삼위일체 하나님

깔뱅의 창조론과 섭리론을 논의하기 전에 먼저 깔뱅에게서 창조와 구속의 관계 문제와, 창조와 섭리의 관계 문제를 논의해야 되겠다. 우리가 이미 논의한 깔뱅의 신지식론과 계시론에서 창조주 지식과 구속주 지식은 상호 구별되지만, 예수 그리스도 안에 있는 구속주 지식을 통해서만 참된 창조주 지식에 이를 수 있기 때문에 양자는 상호 분리되지 않고, 상호 관계 속에 있다. "이런 관점에서 볼 때 창조주 하나님에 대한 깔뱅의 진술은 항상 잠정적인 성격(iets voorlopigs)을 갖는다. 그리스도 안에 있는 하나님의 계시를 통해서만 우리는 하나님의 창조와 섭리의 의미에 대한 관점을 받아들인다. 창조주는 구속주와 다른 분이 아니시며, 인간은 죄인으로서 이 하나님에 대항해 서 있다."[83]

깔뱅의 섭리론과 예정론의 관계를 중심으로 많은 논의가 있었다.[84] 최근의 연구 결과에 의하면 대체로 다음과 같이 정리할 수 있다. 깔뱅은 창조와 섭리를 같은 범주로 생각하여 창조주 하나님의 사역과 섭리주 하나님의 사역을 함께 결부시키고, 선택과 예정은 구속주 하나님과 결부시켜서 신자들과 교회에 관련시킨다. 그러나 깔뱅은 구속의 은혜를 누리는 신자들과 교회 속에서도 창조주 하나님과 섭리주 하나님의 동일한 손길을 발견한다. 따라서 깔뱅은 섭리를 우주에 미치는 '일반섭리'(providentia generalis), 인류와 역사에 미치는 '특별섭리'(providentia specialis), 신자들과 교회에 미치는 '아주 특별한 섭리'(providentia specialissima), 즉 섭리를 세 가지로 구분한다.[85]

---

83) W. van 't Spijker (ed.), *Teksten uit de Institutie van Johannes Calvijn* (Delft: Meinema, 1987), 17.
84) 최윤배, "논의 중에 있는 깔뱅의 예정론," 연세대학교 연합신학대학원 편, 「현대와 신학」 제25집(2000), 318-333.
85) Calvini Opera (= CO) 7, 186; CO 8, 349, CO 49, 147; CO 51, 205.

1. 창조주 삼위일체 하나님

1) 우주만물 창조

깔뱅의 창조 이해와 관련하여 중요한 특징은 바로 성부, 성자, 성령, 곧 삼위일체 하나님의 선한 창조와, 무로부터의 창조(creatio ex nihilo)라는 사실에 있다.[86] "이 창조의 역사(歷史)에서 우리는 하나님께서 말씀과 성령의 권능으로 하늘과 땅을 무로부터 창조하셨다는 것"을 배우게 된다.[87] 깔뱅은 『창세기 주석』(1554)에서도 '무로부터의 창조'를 히브리어 동사(動詞)의 뜻을 분석하여 주장한다. "게다가 모세는 '창조했다.'는 단어를 통해 이전에 존재하지 않았던 것이 지금 만들어졌다고 가르친다. 왜냐하면 모세는 구조화하거나 형태화하는 것을 의미하는 '야차르'(יצר)라는 단어를 사용하지 않고, 창조하는 것을 의미하는 '바라'(ברא)를 사용했기 때문이다. 그러므로 모세가 뜻하는 바는 바로 세상이 무로부터 만들어졌다는 사실이다."[88]

깔뱅은 하나님의 우주만물의 창조에 대하여 다음과 같이 조목조목 기술한다.

> "이 창조의 역사(歷史)에서 우리는 하나님께서 말씀과 성령의 권능으로 하늘과 땅을 무로부터 창조하셨다는 것, 이 권능으로 모든 종류의 생물과 무생물을 산출하셨다는 것, 놀라운 계열에 따라 각종의 무수한 사물들을 구별하셨다는 것, 각기 종류에 따라 거기에 적합한 성질을 주시고, 임무를 정하시며, 처소와 위치를 지정해 주셨다는 것 … 개개의 종류가 마지막 날까지 보존되도록 그 길을 마련해 주셨다는 사실 등을 배우게 된다. 마찬가지로 우리는 여기서, 하나님께서 비밀스런 방법으로 어떤 피조물들을 배양하시되 끊임없이 그들에게 새 활력을 넣어 주시고 또 어떤 피조물에게는 번식력을 주시되 그것들이 죽을 때 종(種) 전

---

86) 차원영, "깔뱅의 창조론,"(장로회신학대학교 대학원 Th.M. 미간행 석사학위 논문, 2009), 16-30.
87) John Calvin, 『기독교 강요』(1559), I xiv 20, 참고 OS III, 170: "Ex ea discemus, Deum verbi ac Spiritus sui potentia ex nihilo creasse caelum et terram."
88) John Calvin, 『창세기 주석』(1554), 창1:1, 참고 CO 23, 1-622.

체가 멸절되지 않도록 하시며, 천지를 놀랍도록 장식하시되 극도로 풍부하고 극도로 다양하고 극도로 아름답게 하여 마치 가장 정교하고 동시에 가장 풍부한 장식으로 꾸며지고 채워진 웅대하며 화려한 저택처럼 하셨다는 것을 배우기도 한다. 마지막으로 우리는 여기서 하나님께서는 인간을 창조하시고 그처럼 화려한 미와 많은 위대한 은사들로 그를 장식하심으로써 자신의 모든 창조물 중에서 가장 뛰어난 표본으로 삼으셨다는 것을 배우게 될 것이다."[89]

깔뱅은 자연과학 또는 천문학의 용어를 사용하여[90] 하나님의 천체(天體) 창조와 운행에 대하여 설명한다.

"하나님은 어떤 별들은 움직이지 못하도록 위치에 고정시켜놓으셨으며, 어떤 별들에게는 한층 더 자유로운 운행을 허용하셨다. 그렇지만 그들이 지정된 궤도에서 벗어날 수 없게 하셨으며, 모든 별의 운행을 조정하여 별들로 하여금 낮과 밤, 월(月)과 년(年), 그리고 계절을 구분하였고, 우리가 항상 보는 대로 혼란이 일어나지 않도록 날의 균차(均差)를 조절하셨다. 역시 우리가 하나님의 권능을 보게 되는 것은 그처럼 큰 덩어리를 지탱해 나가시며 천체를 신속히 운행하시는 것과 그와 비슷한 일들을 관찰할 때도 역시 마찬가지다. 이상의 몇 가지 예증만으로도 우주창조에 나타난 하나님의 권능을 아는 것이 어떤 것인가를 충분히 밝혀 준다."[91]

또한 깔뱅에 의하면, 하나님의 창조의 사역은 한 순간에 이루어진 것이 아니라, 6일 동안에 완성되었으며,[92] 하나님께서는 인간의 유익과 "하나님의 영광"을 위해[93] 해와 별의 운행을 조정하시고, 땅과 하늘과 물에는 생물로 채우시고, 식량으로 풍부한 과실을 맺게 하심으로써, 앞을 내다보시면서 열심히 일하시는 한 가족의 아버지의 부성적(父性的)인 선하심과 사랑을 보여 주셨다.[94]

---

89) John Calvin, 『기독교 강요』(1559), I xiv 20.
90) 깔뱅의 과학관을 위하여 다음을 참고하시오. 최윤배, "깔뱅의 과학에 대한 이해," 7-39.
91) John Calvin, 『기독교 강요』(1559), I xiv 21.
92) John Calvin, 『기독교 강요』(1559), I iv 1.
93) 이오갑, 『칼뱅의 신과 세계』, 234; John Calvin, 『기독교 강요』(1559), I iv 22.

2) 천사 창조

깔뱅은 창조주 하나님의 피조물 가운데 하나인 천사에 대해서 성경이 가르치는 이상으로 강조하는 것에도 반대하고, 성경이 가르치는 이하로 무시하는 것에 대해서도 반대한다. 일부 사람들은 천사가 신성(神性)을 소유하고 있는 것으로 잘못 생각하여, 하나님과 예수 그리스도와 동격으로 경배하였다. 마니교도들은 하나님과 사탄을 두 가지 원리로 이해하는 이원론(二元論)을 주장함으로써 큰 잘못을 범했다. 깔뱅에 의하면, 천사는 하나님의 창조물로서 하나님께서 사용하시는 영(靈)이며, 선한 천사와 타락한 악한 천사, 즉 택함을 받은 천사와 버림을 받은 천사가 있다.

"천사는 '부리는 영'(히1:14)이며, 하나님께서 천사들의 봉사를 통하여 자기 백성을 보호하시고 또 천사들을 통하여 하나님은 인간에게 자비를 베푸시며 그의 남은 일들을 수행하신다는 것 등이다."[95] 타락한 천사로서의 마귀도 하나님께서 창조하셨기 때문에, 그의 본성에 속하는 이 사악함은 창조에서 온 것이 아니라, 타락에서 왔다는 사실을 우리가 기억할 것을 깔뱅은 촉구한다.[96]

3) 인간 창조

깔뱅에 의하면, 인간에 대한 지식은 크게 두 가지인데, 그 중에 하나는 피조물로 창조된 인간에 대한 지식이며, 다른 하나는 타락한 인간에 대한 지식이다.[97] 깔뱅에 의하면, 인간은 육체와 영혼으로 구성된 전인(全人)으로 창조되었지만, 영혼은 불멸하며, 인간의 어떤 다른 부분보다도 더 고귀하다. "인간이 영혼과 육체로 되어 있다는 사실에는 논쟁의 여지가 없다. 내가 아는 바로는 '영혼'이라는 말은 불멸적이면서도 창조함을 받은 실재를 의미하며, 이것은

---

94) John Calvin, 『기독교 강요』(1559), I iv 1.
95) John Calvin, 『기독교 강요』(1559), I xiv 9.
96) John Calvin, 『기독교 강요』(1559), I xiv 16.
97) John Calvin, 『기독교 강요』(1559), I xv 1; 이오갑, 『칼뱅의 인간』(서울: 대한기독교서회, 2012).

인간의 보다 고귀한 부분이다.''[98]

비록 깔뱅이 '영혼의 불멸'과 영혼의 우월성을 주장할지라도, 이것은 플라톤의 영혼불멸설과는 본질적으로 다르다. 플라톤의 경우, 영혼은 처음부터 창조되지 않은 신적인 존재이며, 육체는 처음부터 사멸적이며, 죄적인 존재이다. 따라서 플라톤의 경우 참 인간은 영혼으로 이루어졌다. 그러나 깔뱅의 경우, 인간의 영혼이나 육체 모두가 선하신 하나님께서 선하게 창조하신 피조물이다.

히브리어 "형상"(צלם)과 "모양"(דמות)을 구별하여 전자를 영혼의 실체에 적용시키고, 후자를 영혼의 성질에 적용시키는 주석은 잘못되었다고 비판한 깔뱅은 히브리어 두 단어는 제유법(提喩法)으로 사용되어 동일한 뜻을 갖는다고 말한다. 그러면 깔뱅이 말하는 하나님의 형상은 무엇인가? 깔뱅에 의하면, 에베소서 4:24절과 관련하여 바울은 하나님의 형상은 첫째로는 지식을 말하며, 둘째로는 순결한 의와 거룩함을 말한다. 하나님의 형상은 처음에는 지성의 빛과 마음의 바름과 모든 부분의 건전함에서 "완전함"(intégrité)을 유지하면서 뚜렷이 빛나고 있었다.[99]

피조물 중에서도 유일하게 하나님의 형상으로 창조된 인간은 모든 피조물에 대한 신실한 청지기의 사명을 성실하게 수행하고, 하나님께 영광을 돌려야 한다.[100]

2. 섭리주 삼위일체 하나님

깔뱅은 하나님의 창조주(創造主)되심과 하나님의 섭리주(攝理主)되심을 연속선상에서 이해함으로써, 우리가 하나님은 창조주라는 신앙고백에서 하나님

---

98) John Calvin, 『기독교 강요』(1559), I xv 2.
99) John Calvin, 『기독교 강요』(1559), I xv 4.
100) 최윤배 공저, 『개혁신학과 기독교교육』(서울: 한국장로교출판사, 2007), 32-34.

은 섭리주라는 신앙고백에까지 한 걸음 더 나아가야 한다고 말한다. "신앙은 이보다 훨씬 더 안으로 들어서지 않으면 안 된다. 즉, 하나님께서 만물의 창조주(creatorem)시라는 것을 발견한 즉시 그가 만물의 통치자와 보존자(moderatorem et conservatorem)라는 결론을 내리지 않으면 안 된다. 하나님은 우주적 움직임을 통해서 천체와 그 각 부분을 운행하실 뿐만 아니라, 참새 한 마리조차도 그가 만드신 만물을 유지하시고, 양육하시고, 보호하신다."101) 깔뱅에 의하면, 만일 하나님께서 우주의 창조주가 아니라면, 하나님께서 인간사(人間事)를 돌보신다는 것은 믿지 못할 것이며, 또한 하나님께서 피조물을 돌보신다는 확신이 없이는 우주가 하나님에 의하여 창조되었다는 것을 아무도 신중히 믿지 않을 것이다.102)

깔뱅에 의하면 성경이 가르치는 하나님의 섭리사상은 운명이나 우연한 사건과 반대된다.103) 깔뱅은 하나님께서 가끔 일을 중단하시고 쉬신다는 쾌락주의자들의 이신론적(理神論的) 사상에도 반대하고, 고대 점성술(占星術)을 하나님의 섭리와 결부시키는 사상이나, 미래사에 대한 단순한 예지(豫知) 사상에도 반대한다.104) 섭리 문제와 관련하여 깔뱅은 우리에게 다음의 사항을 특별히 환기시킨다.

"우선 독자들은 섭리(providentiam)란 땅에서 벌어지는 일을 하나님께서 하늘에서 한가하게 구경하시는 것이 아니라 하나님께서 친히 열쇠를 쥐고 계시는 분으로서 모든 사건들을 지배하신다(moderatur)는 뜻이라는 것을 알아야 할 것이다. 그러므로 섭리란 하나님의 눈 못지않게 그의 손길에도 관계되는 것이다."105)

---

101) John Calvin, 『기독교 강요』(1559), I xvi 1.
102) John Calvin, 『기독교 강요』(1559), I xvi 1.
103) John Calvin, 『기독교 강요』(1559), I xvi 2; I xvi 8-9.
104) John Calvin, 『기독교 강요』(1559), I xvi 3-4.
105) John Calvin, 『기독교 강요』(1559), I xvi 4, 참고 OS III, 192.

앞에서 말했듯이 깔뱅은 섭리를 세 가지로 구분하는데, 즉 우주에 미치는 '일반섭리'(providentia generalis), 인류와 역사에 미치는 '특별섭리'(providentia specialis), 신자들과 교회에 미치는 '아주 특별한 섭리'(providentia specialissima)이다.[106]

"하나님의 일반섭리는 피조물 가운데서 역사하여 자연의 질서를 유지할 뿐만 아니라, 놀라우신 계획으로 본래의 확실한 목적에 부합하도록 그것들을 사용하신다는 사실이다."[107] "우주가 하나님의 지배를 받고 있는 것은 하나님께서 자신이 제정하신 자연의 질서를 보존하실 뿐만 아니라, 그가 만드신 피조물 하나하나를 특별히 돌보시기 때문이라는 것을 저들이 인정하기만 한다면 나는 저들이 말하는 일반섭리에 대하여 전적으로 부정하지 않겠다. … 그러나 저들은 이것을 구실로 해서, 의심하는 것이 오히려 이상할 정도로 확실하고 명백한 성경의 증거로 확증된 그 특별섭리를 부당하게 가리고 모호하게 만들어 버렸다. 그리고 확실히 내가 말한 바 있는 휘장으로 그 특별섭리를 가리는 자들도 많은 것들이 하나님의 특별간섭을 받고 있다는 것을 인정함으로써 자신의 견해를 수정할 수 없게 되었다."[108]

"우주가 특별히 인류를 위하여 만들어졌음을 알고 있는 우리로서는 하나님의 통치 역시 이 목적을 찾지 않으면 안 된다."[109] "실로 일용할 양식을 위한 진지한 기도(마6:11)는 어떤 의미에서는 하나님께서 자애로운 손길로 우리에게 먹을 것을 공급해주신다는 것으로 이해될 수 있다. 이러한 이유에서 선지자는 하나님께서 신자들을 양육하심으로써 한 가족의 가장(家長)의 훌륭한 아버지로서의 임무를 수행하신다는 것을 확신시키기 위해서 하나님을 '모든 육체에게 식물을 주신 이'(시136:25)라고 하였다."[110] "나는 단순히 인류에 대해

---

106) John Calvin, 『기독교 강요』(1559), I xvii 6.
107) John Calvin, 『기독교 강요』(1559), I xvi 7.
108) John Calvin, 『기독교 강요』(1559), I xvi 4.
109) John Calvin, 『기독교 강요』(1559), I xvi 6.

서만 말하고 있는 것이 아니다. 그러나 하나님께서는 교회를 자신의 거할 곳으로 택하셨기 때문에, 교회를 다스리실 때 아버지로서의 사랑을 특수하게 표현하신다는 것은 의심할 여지가 없는 것이다."111)

깔뱅은 하나님의 섭리의 방법에 우리가 주목해야 할 세 가지 사항과,112) 하나님의 섭리에 대한 신앙의 여러 가지 유익들에 대하여 설명하고,113) 하나님의 섭리와 관련해서 제기되는 제반 문제에 대해서 자세하게 답변한다. 하나님의 섭리는 인간의 책임을 결코 약화시키지 않으며114), 인간의 악함을 무죄로 간주하지 않는다.115) 왜냐하면, 하나님은 인간을 도구로 사용하시기 때문이다.116) 하나님은 악한 자들도 심판과 선을 위한 도구로 사용하실 수 있다.117) "하나님의 의지는 만사의 원인이 되기 때문에 나는 성령의 지배를 받는 선택된 자들에게서 그 힘을 행사할 뿐만 아니라, 유기된 자들을 복종케 하기 위하여 하나님의 섭리를 인간의 모든 계획과 일에 대한 결정적인 원리로 삼는다."118)

깔뱅은 역사 안에서 악의 문제, 즉 신정론(神正論)의 문제와 관련하여 다음의 아우구스티누스의 말로 자신의 입장을 대신한다. "성부는 성자를 내어 주시고 그리스도는 자신의 육체를 내어 주셨으며 유다는 주님을 관헌들에게 내어 주었다. 그런데 이 사건에 있어서, 어째서 하나님은 의로우시고 인간은 죄의 책임을 져야 하는가 하는 질문을 가질 수 있다. 그것은, 저들이 동일한 행동을 하지만, 그러나 동일한 근거에서 행동하는 것이 아니기 때문이라고 그 이유를 말할 수 있다."119)

110) John Calvin, 『기독교 강요』(1559), I xvi 7.
111) John Calvin, 『기독교 강요』(1559), I xvii 6.
112) John Calvin, 『기독교 강요』(1559), I xvii 1.
113) John Calvin, 『기독교 강요』(1559), I xvii 2-11.
114) John Calvin, 『기독교 강요』(1559), I xvii 3.
115) John Calvin, 『기독교 강요』(1559), I xvii 5.
116) John Calvin, 『기독교 강요』(1559), I xvii 4.
117) John Calvin, 『기독교 강요』(1559), I xvii 5.
118) John Calvin, 『기독교 강요』(1559), I xviii 2.
119) John Calvin, 『기독교 강요』(1559), I xviii 4.

VI. 결론

한국교회의 대부분은 종교개혁 전통과 개혁신학 전통에 서 있기 때문에 개혁파 종교개혁자 깔뱅의 신론에 대한 연구는 한국교회의 신앙적, 신학적 뿌리를 재점검하여 신앙과 신학의 뿌리를 튼튼하게 만드는데 기여할 수 있을 것이다. 우리는 본고에서 깔뱅의 신지식, 계시, 하나님의 속성과 본성, 특히 삼위일체성, 그리고 하나님의 창조와 섭리에 대해 논의했다.

깔뱅은 하나님에 대한 지식과 우리에 대한 지식을 상호 밀접한 관계 속에 있는 것으로 이해했다. 자연계시는 지금도 창조주 지식을 제공해주고 있지만, 특별히 인간의 타락으로 인간은 획득한 불완전한 창조주 지식을 선용하지 않고, 오용하여 우상숭배와 악독으로 빠진다. 그 결과 자연계시를 통한 인간의 불완전한 창조주 지식은 무지를 핑계치 못하는 기능을 하게 되고, 구속주 하나님 지식에는 이르지 못한다. 이런 상황을 안타깝게 여기신 하나님께서 특별계시인 성경을 주셔서 '하나님에 대한 이중지식'(duplex cognitio Dei)이 가능한 길을 열어주셨다.

깔뱅에게 성경은 하나님의 이중지식을 알려주는 하나님의 말씀이다. 그러나 성경은 하나님의 영감을 받은 선지자들과 사도들을 통해서 기록되었고, 지금도 '성령의 내적 증언'(testimonium Spiritus sancti internum)을 통하여 신앙의 눈으로 이해할 수 있는 하나님의 말씀이다. 이것은 깔뱅의 성경해석학에서 매우 중요한 원리에 속한다.

하나님의 속성과 관련하여 깔뱅은 하나님의 사랑과 공의를 균형 있게 강조하였고, 하나님의 본질과 관련하여 하나님의 무한성과 영성 및 삼위일체성을 강조하였다. 성경과 고대교회 전통에 충실한 깔뱅은 삼위일체의 삼위성을 무시하거나 희생시킨 사벨리우스(Sabellius)를 중심한 양태론(樣態論)을 비판할 뿐만 아니라, 삼위일체의 일체성을 무시하거나 희생시킨 아리우스(Arius)를 비롯한 종속론(從屬論)을 비판했다. 특별히 그는 서방교부와 동방교부를 성경의 기준에 따라 공히 그 가치를 인정하여 삼위일체론을 전개함으로써 공교회적인 입장에 서 있다.

깔뱅은 창조론과 섭리론을 같은 범주에서 취급하고, 예정론을 구원론과 교회론의 범주에서 취급하였다. 그러나 창조주 및 섭리주 하나님과 구속주 하나님은 분리될 수가 없다. 깔뱅의 경우, 구속주 하나님에 대한 지식을 통하여 창조주 및 섭리주 하나님에 대한 지식에 완전히 이르게 된다. 깔뱅의 경우, 창조는 선한 창조이며, 무로부터의 창조이고, 6일간의 창조로서, 창조의 목적에는 인간의 유익과 하나님의 영광이라는 사상이 강하게 나타난다. 하나님의 형상으로 창조된 인간은 피조물에 대한 청지기의 사명을 가지게 된다. 하나님께서 하나님의 사역을 위하여 천사도 창조하셨으며, 마귀는 타락한 천사로서 여전히 하나님의 통치 속에 있다.

섭리주 하나님께서 창조하신 우주 만물을 섭리하시고, 통치하신다. 깔뱅은 섭리를 세 가지를 구분한 바, 우주에 미치는 '일반섭리'(providentia generalis), 인류와 역사에 미치는 '특별섭리'(providentia specialis), 신자들과 교회에 미치는 '아주 특별한 섭리'(providentia specialissima)이다.

추천도서와 관련하여, 참고문헌에 나와 있듯이 네덜란드의 멀러의 작품(De Godsleer van Calvijn, 1881)이 깔뱅의 신론연구에서 고전(古典)에 속하고, 깔뱅의 신론을 개괄적으로 다룬 훌륭한 저서와 관련하여, 독일의 니젤(Niesel)의 『칼빈신학』과, 프랑스 방델(Wendel)의 『칼빈』과, 두메르그(Doumergue)의 7권의 대작 중에 제IV권과, 이양호의 『칼빈』과, 최윤배의 공저 『개혁신학과 기독교교육』과 박경수의 『교회의 신학자 칼뱅』 등이 있다. 깔뱅의 신론이 전문적으로 탁월하게 다루어진 작품은 스토페르의 창조론, 이오갑의 『칼뱅의 신과 세계』와 박해경의 『칼빈의 신론』이다. 깔뱅의 삼위일체론과 관련하여 현재까지 최고(最高)의 연구는 네덜란드 아뻴도른(Apeldoorn) 기독교개혁신학대학교의 신학박사학위논문인 아리 바르스(Arie Baars)의 『하나님의 높이계심과 가까이계심을 중심으로: 깔뱅에게서 삼위일체성』(Om Gods verhevenheid en Zijn nabijheid: De Drie-eenheid bij Calvijn, 2004)이다.

VII. 참고문헌

김재성. "칼빈의 삼위일체론, 그 형성과 독특성과 중요성." 「칼빈연구」 창간호. 서울 : 한국장로교출판사, 2004, 31-69.

박경수. 『교회의 신학자 칼뱅』. 서울: 대한기독교서회, 2009.

박해경. "칼빈의 신론." 한국칼빈학회 편. 『칼빈신학개요』. 서울: 두란노아카데미, 2009, 31-48.

박해경. 『칼빈의 신론』. 서울: 이컴비즈넷, 2005.

유해무. "칼빈의 삼위일체론." 한국칼빈학회 편. 『칼빈신학해설』. 서울: 대한기독교서회, 1998, 133-153.

유해무. "칼빈의 삼위일체론, 동방신학과 관련하여." 한국칼빈학회 편. 『칼빈신학과 목회』. 서울: 대 한기독교서회, 1999, 7-31.

이양호. 『칼빈: 생애와 사상』. 서울: 한국신학연구소, 2005.

이오갑. 『칼뱅의 신과 세계』. 서울: 대한기독교서회, 2010.

차원영. "깔뱅의 창조론." 장로회신학대학교 대학원 Th.M. 미간행 석사학위 논문, 2009.

최윤배 공저. 『신론』. 서울: 대한기독교서회, 2012.

최윤배 공저. 『개혁신학과 기독교교육』. 서울: 한국장로교출판사, 2007.

최윤배 공저. 『16세기 종교개혁과 개혁교회의 유산』. 서울: 한국장로교출판사, 2003.

Baars, Arie. *Om Gods verhevenheid en Zijn nabijheid: De Drie-eenheid bij Calvijn.* Kampen: Uitgeverij Kok, 2004.

Butin, Ph. W. *Revelation, Redemption, and Response: Calvin's Trinitarian Understanding of the Divine-Human Relationship.* New York: Oxford University Press, 1995.

Choi, Yoon-Bae. *De verhouding tussen Pneumatologie en Christologie bij Martin Bucer en Johannes Calvijn.* Leiden: J. J. Groen en Zoon, 1996, 38-77.

Doumergue, E. *Jean Calvin: les hommes et les choses de son temps I-VII.* Lausanne, 1899-1917; Neuilly, 1926-1927.

Koopmans, J. *Het oudkerkelijk dogma in de Reformatie, bepaaldelijk bij Calvijn.*

Wageningen 1938.

Mackey, J. P. *The Christian Experience of God as Trinity*. London: SCM Press, 1981.

Muller, Pieter Johannes. *De Godsleer van Calvijn*. Groningen: J. B. Wolters, 1881.

Niesel, W. *Die Theologie Calvins*. München: Chr. Kaiser Verlag, 1957.

Selderhuis, H. J. *Gott in der Mitte*. 장호광 역. 『중심에 계신 하나님: 칼빈의 시편신학』. 서울: 기독교서회, 2009.

van 't Spijker, Willem. *Johannes Calvijn: Zijn Leven en Zijn Werk*. 박태현 역. 『칼빈의 생애와 신학』. 서울: 부흥과 개혁사, 2009.

Stauffer, R. *Dieu, la Création et la providence dans la prédication de Calvin*. Berne: Peter Lang, 1978.

Torrance, T. F. "The Doctrine of the Trinity in Gregory of Nazianzus and John Calvin." Torrance, T. F. *Trinitarian Perspectives*. Edinburgh: T. & T. Clark, 1994.

Wendel, W. *Calvin: sources et évolution de sa pensée religieuse*. Paris: Presses Universitaires de France, 1950.

Warfield, B. B. "Calvin's Doctrine of the Trinity." *Calvin and Calvinism*. New York, 1931.

제4장 깔뱅의 그리스도론

Ⅰ. 서론

종교개혁자 깔뱅의 기독론 또는 그리스도론을 살펴보는 것은 기독교신학 발전을 위해서나 한국교회 목회와 선교 실천을 위해서 큰 의의가 있을 것이다. 왜냐하면, 대부분의 한국기독교는 16세기 종교개혁의 유산을 이어 받고 있고, 한국기독교의 상당부분이 종교개혁자 깔뱅의 전통에 서 있기 때문이다. 또한 다원 종교 상황에서 포스트모던 정신이 지배하고 있는 한국사회 속에서의 목회와 선교의 실천을 위해서 기독론에 대한 올바른 이해는 매우 중요하기 때문이다. "기독론은 기독교신학의 중심이다. 우리가 예수 그리스도를 어떤 분으로 믿고 이해하느냐에 따라 우리의 신앙의 입장과 신학적 방향이 결정된다."[1] "기독교신학은 그리스도론에 의해 넘어지기도 하고 일어서기도 한다."[2] 방델에 의하면, 깔뱅신학의 중심은 기독론에 있다.[3]

깔뱅의 기독론 연구에서 국외 연구물들이 상당히 발견된다.[4] 국내에서는

---

1) 윤철호, 『예수 그리스도 상』(서울: 한국장로교출판사, 2008), 21.

2) 최윤배, 『그리스도론 입문』(서울: 장로회신학대학교 출판부, 2009), 17.

3) François Wendel, *Calvin: sources et évolution de sa pensée religieuse* (Paris: Presses Universitaires de France, 1950), 161: "성경의 전체적인 증거는 예수 그리스도에 대한 증거로 간주되는데, 신학의 목적은 모든 성경적인 기록들을 통하여 그리스도를 찾도록 성도들을 인도하는데 있다. 깔뱅의 그리스도 중심주의(Le christocentrisme de Calvin)는 – 너무 자주 말하는 것이 결코 아닌데 – 루터와 마찬가지로 매우 명백하고도 정확하게 표현되어 있다."

4) K. Blaser, *Calvins Lehre von den drei Ämtern Christi* (Zürich: EVZ Verlag, 1970); M. J. Courvoisier, "Les cathechismes de Genève et de Strasbourg: Étude sur le développement de la pensée de Calvin," *SHPF* 84(1935), 105–124; E. Emmen, *De Christologie van Calvijn* (Amsterdam: H. J. Paris, 1935); J. F. Jansen, *Calvin's Doctrine of the Work of Christ* (London: James Clake & Co., 1956);

비록 깔뱅 신학 전반이나 다른 주제들을 다루면서 부분적으로 취급하는 경우가 어느 정도 발견되지만,5) 기독론에 대한 전문적인 연구는 깔뱅의 다른 사상에 대한 연구보다 상대적으로 열악한 편이다.6) 그러나 깔뱅의 기독론에 대한 전문적인 국내 학자의 연구는 깔뱅의 기독론 전반에 관한 연구가 아니라, 깔뱅의 기독론의 특정한 부분을 집중적으로 취급하고 있기 때문에, 깔뱅의 기독론에 대한 전반적인 연구물은 거의 없는 실정이다. 따라서 본고가 교과서적인 성격을 지니기는 하지만, 깔뱅의 기독론에 대한 전반적인 연구로서 그 기능을 가늠할 수 있을 것으로 기대한다.

우리가 알고 있다시피, 깔뱅의 작품은 방대하고,7) 또한 깔뱅에 대한 연구물도 매우 많아,8) 우리가 이 모든 문헌들을 검토하기에는 본고의 분량 상 불가

Marvin P. Hoogland, *Calvin's Perspective in the Exaltation of Christ in Comparison with the Post-Reformation Doctrine of the Two States* (Kampen: J. H. Kok N. V., 1966); H. A. Oberman, "Die 'Extra'-Dimension in der Thologie Calvins," in: *Die Reformation, Von Wittenberg nach Genf*, Göttingen 1986, 253-282; L. Schick, *Das dreifache Amt Christi und der Kirche*, Frankfurt am (Main/Bern: Peter Lang, 1982); Hendrik Schroten, *Christus, de Middelaar bij Calvijn: Bijdrage tot de zekerheid des geloofs* (Utrecht: N. V. Drukkerij P. Den Boer, 1948); E. David Willis, *Calvin's Catholic Christology, The Function of the So-Called Extra Calvinisticum in Calvin's Theology* (Leiden: E. J. Brill, 1966).

5) 최윤배 공저, 『개혁신학과 기독교교육』(서울: 한국장로교출판사, 2007), 37-64; 허호익, 『그리스도의 삼직무론』(서울: 한국장로교출판사, 1999), 56-82.

6) 문병호, "율법의 중보자 그리스도(*Christus Mediator Legis*)," 한국칼빈학회 (편), 『칼빈연구』제4집 (서울: 한국장로교출판사, 2007), 121-150; 문병호, "칼빈의 기독론," 한국칼빈학회 (편), 『칼빈신학개요』(서울: 두란노 아카데미, 2009), 69-84; 박해경, 『칼빈의 기독론』(서울: 도서출판 로고스, 1999); 박해경, "그리스도의 승천론," 한국칼빈학회 (편), 『칼빈신학 해설』(서울: 대한기독교서회, 1998); 박해경, "기독론," 『최근의 칼빈연구』(서울: 대한기독교서회, 2001), 113-157; 최정자, "깔뱅의 그리스도의 삼중직에 관한 연구," 『칼빈연구』제4집(서울: 한국장로교출판사, 2007), 151-173; 최정자, "깔뱅에 의한 그리스도의 삼중직(*munus triplex*)에 관한 연구," 한국칼빈학회 (편), 『칼빈연구』제7집(서울: 한국장로교출판사, 2010), 331-358.

7) 참고, Wulfert de Greef, *Johannes Calvijn: zijn werk en geschriften* (Kampen: Uitgeverij Kok, 2006²); 불페르트 더 흐레이프, *The Writings of John Calvin: An Introductory Guide*, 황대우 · 김미정 역, 『칼빈의 생애와 저서들』(서울: SFC출판부, 2006).

8) 참고, Alfredus Erichson (Hrg.), *Bibliographia Calviniana* (Berlin: Nieuwkoop, 1960²); D. Kemp, *A Bibliography of Calviniana 1959-1974* (Leiden: E. J. Brill, 1975); Wilhelm Niesel, *Calvin-Bibliographie 1901-1959* (München: Chr. Kaiser Verlag, 1961); Jürgen Moltmann(Hrg.), *Calvin-Studien 1959* (Neukirchen Kreis Moers: Neukirchener Verlag, 1960).

능하고, 본고의 목적 상 불필요하기 때문에 우리는 깔뱅의 조직신학적 사상이 잘 담겨 있는 『기독교 강요』 최종판(1559)을 중심으로 살펴보고자 한다. 이렇게 함으로써 그의 기독론에 대한 전반적인 이해를 위해 큰 무리가 없을 것으로 사료된다.

우리는 깔뱅의 기독론을 세 가지 부분, 즉 구속사(Heilsgeschichte) 속에서의 예수 그리스도, 예수 그리스도의 위격 또는 인격(Person), 예수 그리스도의 사역(work)으로 나누어 기술하고자 한다.

II. 구속사 속에서 예수 그리스도

깔뱅의 『기독교 강요』 최종판(1559)의 구조가 깔뱅 연구가들에 의해 심도 있게 연구되고 있다. 이들은 깔뱅의 『기독교 강요』가 삼위일체론의 틀 속에서 구성되었다고 주장한다. 다시 말하면, 그의 『기독교 강요』 제I권은 창조주 및 섭리주 삼위일체 하나님에 관하여, 제II권은 기독론, 즉 구속주 예수 그리스도에 관하여 취급하지만, 사실은 구속주 삼위일체 하나님에 대해 취급하고, 제III권의 구원론과 제IV권의 교회론 부분은 구속주 성령 하나님의 특별 사역에 관하여, 제IV권 마지막 장(章)인 국가론은 창조주 및 섭리주 성령 하나님의 일반사역에 대하여 취급하고 있다는 것이다.

우리가 본고에서 다루고자 하는 기독론의 내용은 그의 『기독교 강요』 제II권에 집중되어 있다. 그러나 삼위일체론적으로 볼 때, 예수 그리스도는 이미 제I권에서 삼위일체 하나님의 제 2위로서의 창조주와 섭리주 하나님이시기 때문에, 성육신하시기 이전에도 예수 그리스도(asarkos logos)는 이미 만물의 창조와 섭리 사역을 하셨다. 그러나 깔뱅은 예수 그리스도의 창조와 섭리 사역을 성육신하신 중보자(sarkos logos)가 하시는 구속 사역과 밀접하게 결부시키면서도 구별하고 있다.

> "창조주이신 하나님께서 권능으로 우리를 붙들어 주시며, 섭리로 다스리시며, 선하심으로 양육하시며, 각종의 축복으로 우리에게 채워주신다는 것을 아는 것과, 그리스도 안에서 우리에게 계시된 화목의 은혜를 받아들이는 것은 별개의 것이다. 하나님은 먼저 우주의 창조와 성경의 일반적인 교훈에서 자신을 창조주로 나타내셨다. 다음으로 그리스도의 얼굴을 통해(고후4:6) 자신을 구속주로 보여 주셨다. 여기서부터 하나님의 이중 지식(duplex cognitio Dei)이 생긴다."[9]

1. 율법 속에 나타난 중보자 예수 그리스도

1) 율법의 기능

깔뱅에 의하면, 율법의 기능은 크게 세 가지다. 첫째 기능은 죄 인식을 갖게 하고[10], 정죄하는 기능, 둘째 기능은 죄를 억제하여 사회적, 도덕적 의를 가능케 하는 기능[11], 셋째 기능은 그리스도인으로 하여금 거룩한 삶을 살게 하는 기능인 율법의 제3 기능이다.[12] 첫째와 둘째 기능의 경우, 율법은 초등교사의 역할을 한다. "다른 곳에 나타나는 바울의 말 … (갈3:24)도 율법의 두 가지 기능을 지칭하는 것이라 할 수 있을 것이다."[13] "율법의 세 번째 기능은 … 이미 하나님의 성령께서 그 마음에 거하시고 다스리시는 신자들과 관련된 것이다."[14]

그러면 율법은 그리스도와 전혀 무관한가? 깔뱅에 의하면, 구약시대에 주어진 율법은 구약의 백성을 율법 아래 가두어 두기 위한 것이 아니라, 그리스도 안에 있는 구원에 대한 소망을 그리스도가 오시기까지 견고하게 하기 위함이다. 율법에 그리스도가 이미 약속되었다.[15]

깔뱅은 제의(祭儀)나 의식법(儀式法) 뿐만 아니라, 도덕법도 그리스도를 지향한다고 말한다.[16] "또한 십계명(도덕법, 필자주)에 관해서도 우리는 다음과 같은 바울의 말씀들을 귀담아 들어야 한다. 그는 '그리스도는 모든 믿는 자에게 의를 이루기 위하여 율법의 마침이 되시니라.'(롬10:4)라고 말씀하셨으며,

---

9) John Calvin, 『기독교 강요』(1559), I ii 1.

10) John Calvin, 『기독교 강요』(1559), II vii 6–9.

11) John Calvin, 『기독교 강요』(1559), II vii 10–11.

12) John Calvin, 『기독교 강요』(1559), II vii 12–13.

13) John Calvin, 『기독교 강요』(1559), II vii 11.

14) John Calvin, 『기독교 강요』(1559), II vii 12.

15) John Calvin, 『기독교 강요』(1559), II vii 1.

16) John Calvin, 『기독교 강요』(1559), II vii 1.

또한 새 언약의 사역자들이 '율법 조문으로 하지 아니하고 오직 영으로 함이니 율법 조문은 죽이는 것이요 영은 살리는 것이니라.'(고후3:6)라고도 말씀하신 것이다."17)

더구나 그리스도는 율법의 최고의 해석자이시다. "우리가 율법의 의미가 이렇다고 말하는 것은 우리 스스로 어떤 새로운 해석을 꾸며낸 것이 아니라, 최고의 율법의 해석자이신 그리스도를 따르는 것이다."18)

2) 율법과 복음의 관계

깔뱅에 의하면, 그리스도는 율법 하의 유대인들에게도 알려지셨으나, 오직 복음 안에서 더 상세하고, 더 분명하게 계시되신 분이다.

> "율법은 경건자들을 그리스도가 오시리라는 기대 가운데 살게 하는 데 도움이 되지만, 그리스도 강림 시에 그들은 더 많은 광명을 볼 수 있으리라는 것이었다. 그렇기 때문에 베드로는 '이 구원에 대하여는 너희에게 임할 은혜를 예언하던 선지자들이 연구하고 부지런히 살펴서'(벧전1:10)라고 말했으며, 그것이 이제 복음에 의해서 밝혀졌다고 한다. … 그들은 조금 맛보았을 뿐이나 우리는 풍성하게 즐길 수 있다. 따라서 그리스도께서 모세가 자기를 증언했다고 선언하시면서도(요5:46), 우리가 유대인들보다 더 많이 받은 그 은총을 찬양하는 의미에서 제자들에게 말씀하셨다."19)

> "그리스도의 강림 이전에 죽은 경건한 자들이 그리스도에게서 빛나는 지식과 광명에 참가하지 못했다는 뜻이 아니라, 그들의 처지와 우리의 처지를 비교함으로써, 그들이 희미한 윤곽을 잠깐 엿본 그 신비들이 우리에게는 밝히 나타났다고 가르치는 것이다."20)

---

17) John Calvin, 『기독교 강요』(1559), II vii 2.
18) John Calvin, 『기독교 강요』(1559), II viii 7.
19) John Calvin, 『기독교 강요』(1559), II ix 1.
20) John Calvin, 『기독교 강요』(1559), II ix 1.

깔뱅은 "그리스도의 신비를 분명히 나타내는 것을 복음"이라고 부른다. "'복음'이라는 말은 넓은 의미로 해석할 때는 하나님이 옛날 족장들에게 베푸신 자비와 아버지 같은 호의에 대한 증언들도 복음에 포함된다. 그러나 더 높은 의미에서는 그리스도에게서 계시된 은총을 선포하는 것이 복음이다."21) 율법이 예표로 미리 암시한 것을 복음은 손가락으로 가리킨다.22)

깔뱅에 의하면, 그의 당시 어떤 사람들은 율법을 행위의 공로와 결부시키고, 복음을 전가된 의에 결부시킴으로써, 율법과 복음의 차이점을 지나치게 강조하는 잘못을 범했다. 깔뱅에 의하면, 율법과 복음 사이에는 내용적으로 상대적 차이만이 존재한다. "율법 전체를 볼 때에 복음은 계시의 명료도가 율법과 다를 뿐이다. 그러나 그리스도 안에서 우리를 위하여 밝히 나타난 은총이 헤아릴 수 없이 풍성하기 때문에 그리스도의 강림을 통해서 하나님의 천국이 지상에 건설되었다고 말하고(마12:28), 이 말에는 훌륭한 근거가 있다."23)

3) 구약과 신약의 관계

깔뱅은 구약과 신약을 상호 완전히 동일시하거나 완전히 분리시키지 않고, 상호 구별하여, 상호간의 유사점(통일성, 공통점)과 차이점을 다같이 주장했다. 따라서 깔뱅은 구약을 지나치게 무시하여 구약을 신약으로부터 분리시키려는 세르베투스와 재세례파를 비판할 뿐만 아니라, 구약을 지나치게 강조하여 유대주의적이고도 율법주의적인 잘못을 범하는 중세 로마가톨릭교회를 비판하면서24) 우선 구약과 신약 상호 간의 유사성에 대해서 언급하고25), 나중에 상호간의 차이점에 대해서도 언급한다.26)

---

21) John Calvin, 『기독교 강요』(1559), Ⅱ ix 2.
22) John Calvin, 『기독교 강요』(1559), Ⅱ ix 2.
23) John Calvin, 『기독교 강요』(1559), Ⅱ ix 4.
24) John Calvin, 『기독교 강요』(1559), Ⅱ x 1.
25) John Calvin, 『기독교 강요』(1559), Ⅱ x 1-23.

결론적으로 말하면, 깔뱅에게 있어서 구약과 신약은 내용상 그리고 본질상 동일하고, 방법상 그리고 정도(定度)면에서 차이가 있다. 그래서 깔뱅은 "한 마디로 두 가지 점을 다 설명할 수 있다. 모든 족장들과 맺어진 언약과 우리와 맺은 언약은 그 실질과 실상이 매우 같기 때문에, 실제로는 이 둘이 하나다. 다만 처리방법이 다르다"[27]고 말하면서, 이 둘 사이의 유사성을 세 가지로, 그리고 차이점을 다섯 가지로 설명한다. "깔뱅이 시도한 구약과 신약 사이의 비교는 사실상 그 내용보다 구원의 경륜(l'économie du salut) 속에 있는 그들의 연대기적 위치에 따른 차이에 의한 것이다."[28] "신구약은 모두 동일한 말씀을 증거한다. 양자가 다같이 한편으로는 이런 방법으로 다른 편으로는 저런 방법으로 예수 그리스도를 선포한다."[29]

깔뱅은 구약과 신약의 유사성을 크게 세 가지 관점으로 요약한다.[30] 첫째, 재세례파와 세르베투스가 주장하듯이 구약의 유대인들에게 육적인 번영과 행복만이 주어진 것이 아니었다. 하나님께서 유대인들을 선택하셨을 때, 그들에게도 영생의 소망을 주셨고, 신탁과 율법과 예언자들을 통해서 그들의 선택을 보증하시고, 확인하셨다. 둘째, 하나님께서 유대인들과 맺으신 언약은 그들 자신의 공로에 의해서가 아니라, 오직 그들을 부르신 하나님의 자비에 의해서 유지되었다. 셋째, 구약의 유대인들도 중보자이신 그리스도를 알고 있었고, 그리스도를 통해서 하나님과 하나가 되며, 하나님의 약속에 참여하리라고 믿었다. 구약의 유대인들도 동일한 믿음을 가졌고, 동일한 성령과 동일한 그리스도를 통해서 동일한 영생이 약속되었다.[31]

26) John Calvin, 『기독교 강요』(1559), Ⅱ xi 1-14.
27) John Calvin, 『기독교 강요』(1559), Ⅱ x 2.
28) F. Wendel, *Calvin: sources et évolution de sa pensée religieuse* (Paris: Presses Universitaires de France, 1950), 156.
29) W. Niesel, *Die Theologie Calvins* (München: Chr. Kaiser Verlag, 1957²), 105.
30) John Calvin, 『기독교 강요』(1559), Ⅱ x 2.
31) John Calvin, 『기독교 강요』(1559), Ⅱ x 23.

반면, 깔뱅은 구약과 신약의 차이점을 다섯 가지로 기술한다. 이 모든 차이점은 처리방법에 관한 것이고, 본질에 속한 것이 아니라고 깔뱅은 주장한다.32) 첫째, 구약은 영적 축복을 현세적 축복으로 표현했다.33) 둘째, 구약시대에는 형상(形象)과 의식(儀式)으로 그리스도를 예표했다.34) 셋째, 구약은 문자적이요, 신약은 영적이다.35) 넷째, 구약을 노예상태의 언약이라 부른다면, 신약은 자유의 언약이라 부른다.36) 다섯째, 구약은 한 민족과 관계되었고, 신약은 모든 민족과 관계되었다.37)

2. 성육신하신 중보자 예수 그리스도

성육신하신 그리스도는 창조주와 섭리주 하나님과 어떤 관계에 있는가? 깔뱅에게 있어서 성육신하신 그리스도는 창조주와 섭리주 하나님의 제2위이시며, 영원한 말씀 자체이신 바로 그 분이 육신을 입으심으로써 구속주 하나님이 되신 것이다. 그러므로 깔뱅에 의하면, 예수 그리스도는 제2위의 영원한 말씀으로서 활동하실 때는 창조주이시며 섭리주가 되시고, 성육신하신 분으로서는 구속주 하나님이 되신다. 이런 관점에서 깔뱅은 예수 그리스도가 창조주와 섭리주 하나님인 동시에 구속주 하나님이신 것을 다음과 같이 말한다.

"첫째로, 그리스도는 하나님의 영원한 말씀이시므로 '모든 창조물보다 먼저 나신 자'다.(골1:15) 이것은 그가 창조되셨거나 창조물 중에 하나로 간주되셔야 하기 때문이 아니라, 처음에 가장 아름답게 장식되었던 그 완전한 상태의 세계는

---

32) John Calvin, 『기독교 강요』(1559), II xii 1.
33) John Calvin, 『기독교 강요』(1559), II xi 1-3.
34) John Calvin, 『기독교 강요』(1559), II xi 4-6.
35) John Calvin, 『기독교 강요』(1559), II xi 7-8.
36) John Calvin, 『기독교 강요』(1559), II xi 9-10.
37) John Calvin, 『기독교 강요』(1559), II xi 11-12.

그리스도 이외의 다른 기원이 없었기 때문이다. 둘째로, 사람이 되신 그는 '죽은 자 가운데서 먼저 나신 자'였다.(골1:18) 바울 사도는 한 짧은 구절에서 두 가지를 생각하게 만든다. (1) 만물이 아들로 말미암아 창조되어 그가 천사들을 지배하시게 되었으며(골1:16), (2) 우리의 구속주가 되시기 위해서 그리스도가 사람이 되셨다고 한다.(골1:14)"[38]

여기서 우리는 영원한 말씀으로서 예수 그리스도는 창조주이신 동시에 섭리주이시며, 성육신하신 자로서 예수 그리스도는 구속주라는 사실을 표현하기 위해서 라틴어 '엑스트라-칼비니스티쿰'(extra-calvinisticum)이라는 신학 용어를 설명하고자 한다.[39] 이 단어 자체는 깔뱅이 사용한 것이 아니라, 후대 칼빈주의자들이 그의 사상을 표현하기 위해 사용한 것이다. 영원한 말씀이신 예수 그리스도가 성육신 하실 때, 그는 전체적으로(totum) 제2위의 창주주와 섭리주 하나님으로서 남아 계시면서 동시에 동정녀의 몸에 전체적으로(tota) 들어 가셔서 성육신하심으로써 구속주가 되셨다. 다시 말하면, 예수 그리스도는 영원한 말씀으로서 모든 만물을 창조하신 창조주시고, 모든 만물을 지금도 다스리시는 섭리주이신 동시에 성육신하신 구속주 하나님으로서 그의 백성들을 다스리신다.

우리가 본고에서 특별한 관심을 둘 것은 창조주와 섭리주로서의 그리스도가 아니라, 구속주 하나님으로서 성육신하신 그리스도이다. 우리가 앞에서 살펴보았다시피, 그리스도께서는 율법 아래에서 유대인들에게 알려지셨으나, 오직 복음 안에서만 더욱 분명하게 알려진다. 율법에 나타난 구속주 하나님이신 예수 그리스도와 성육신하신 하나님 예수그리스도 사이의 차이는 절대적인 차이가 아니라, 상대적이며, 비교급적인 차이이다. 다시 말하면, 구약과 신약

---

38) John Calvin, 『기독교 강요』(1559), II xii 7.
38) John Calvin, 『기독교 강요』(1559), II xii 7.
39) 여기에 대한 논의를 위하여 다음을 참고하시오. E. D. Willis, *Calvin's Catholic Christology, The Function of the So-Called Extra Calvinisticum in Calvin's Theology* (Leiden: E. J. Brill, 1966).

152 • 깔뱅신학 입문

의 차이는 하나님의 구속사(Heilsgeschichte) 속에 나타난 하나님의 경륜의
차이이다. 이를 깔뱅은 다음과 같이 말한다.

> "하나님께서 탁월한 경건을 지녔던 저 거룩한 족장들보다도 우리를 선호하셨
> 다는 사실은 복음 계시를 적지 않게 높여주는 것이다. 다른 구절에서는 아브라
> 함이 그리스도의 때를 보고 기뻐하였다고 말씀하는데(요8:56), 이 역시 이러한
> 사실과 일치하는 것이다. 멀리서 무언가를 바라보면 희미하게 밖에는 볼 수 없
> 는 법이지만, 그럼에도 불구하고 아브라함은 선한 소망의 확신을 갖고 있었다.
> … 또한 세례 요한은 '본래 하나님을 본 사람이 없으되 아버지 품속에 있는 독생
> 하신 하나님이 나타내셨느니라'고 진술하지만, 그렇다고 해서 그리스도 이전(以
> 前)에 죽은 경건한 자들이 그리스도에게서 비치는 그 지식과 빛의 교제에서 제
> 외되는 것은 아니다."[40]

---

40) John Calvin, 『기독교 강요』(1559), Ⅱ ix 1.

III. 중보자 예수 그리스도의 위격

깔뱅은 예수 그리스도의 위격 또는 인격(Person)을 그리스도의 중보자이심을 중심으로 다루고, 그리스도의 사역(work)을 그리스도의 삼중직(munus triplex Christi; 선지자, 왕, 제사장)과 사도신경에 나타난 그리스도의 사역을 중심으로 다룬다. 우리는 중보자 예수 그리스도의 위격을 먼저 다루고, 사역을 나중에 다루고자 한다.

깔뱅은 중보자(Mediator) 예수 그리스도의 위격을 논의하기 위해서 다음의 말로 시작한다.[41] "지금 우리의 중보자가가 되실 분이 참 하나님이시며 참 사람이시라는 것이 우리에게 가장 중요한 문제였다."[42] 깔뱅에 의하면, 그리스도께서 중보자의 직분을 수행하시기 위해서 사람이 되셔야만 했다. 왜냐하면, 영원한 말씀으로 모든 만물을 창조하신 창조주시고, 모든 만물을 지금도 다스리시는 섭리주이신 하나님께서 하나님의 형상으로 창조된 인간인 아담과 하와가 하나님의 명령을 불순종함으로(창 2;17) 말미암아, 하나님의 형상이 심히 훼손케 되었으므로 인간의 구원, 즉 훼손된 하나님의 형상을 회복하기 위하여 중보자를 택하시기로 결의 또는 작성하셨기 때문이다.[43]

성육신하신 중보자 예수 그리스도는 참 하나님(vere Deus)이신 동시에 참 인간(vere homo)이신데, 이 말의 중요성을 깔뱅은 다음과 같이 설명한다. "우리의 죄악이 마치 구름처럼 우리와 하나님 사이에 가득 끼어 있어서 우리

---

41) 예수 그리스도의 중보자의 중요성을 위하여 다음을 참고하시오. H. Schroten, *Christus, de Middelaar bij Calvijn: Bijdrage tot de zekerheid des geloofs* (Utrecht: N. V. Drukkerij P. Den Boer, 1948).
42) John Calvin, 『기독교 강요』(1559), II xii 1: "IAM magnopere nostra interfuit, verum esse et Deum et hominem qui Mediator noster futurus esset."
43) John Calvin, 『기독교 강요』(1559), II xii 1.

를 천국에서 완전히 격리시켜놓았으므로(사59:2), 하나님께 속한 자가 아니고 서는 어느 누구도 평화를 회복시킬 중보자의 역할을 감당할 사람이 없었다 ."[44] 그렇기 때문에 하나님께서 자기의 아들인 예수 그리스도를 우리와 같이 한 사람으로 우리 가운데 친근하게 세우신 것이다.[45] "하나님의 아들이 우리를 위하여 '임마누엘', 즉 우리와 함께 계시는 하나님이 되시고(사7:14; 마 1:23), 그리하여 그의 신성과 우리의 인성이 서로 연합하여 하나가 될 필요가" 있었으므로[46], 하나님께서는 참 하나님이신 동시에 참 인간인 중보자로서의 예수 그리스도를 택하신 것이다. 중보자 예수 그리스도는 대제사장으로서 "우리의 연약함을 동정하지 못하실 이가 아니요 모든 일에 우리와 똑같이 시험을 받으신 자로되 죄는 없으신 분(히4:5)"이시다.[47]

중보자의 사명은 인간을 하나님의 형상에로 회복시켜서 하나님의 자녀로 만드는 것이고, 지옥의 상속자들을 천국의 상속자들로 만드는 것이다. '하나님의 아들'(예수 그리스도의 참 신성, 필자주)이신 중보자 예수 그리스도께서 '사람의 아들'(예수 그리스도의 참 인성, 필자주)이 되심으로, 즉 그가 인간의 불순종의 것들을 취하시며 동시에 하나님의 모든 명령에 순종하심으로 인간이 하나님의 자녀가 될 수 있는 중보자의 역할을 하심으로써 인간에게 본질상 그의 것을 은혜로 우리의 것이 되게 하신 것이다.[48]

이와 같이 깔뱅에 의하면, 그리스도의 성육신의 목적과 이유는 분명하다. 그리스도의 성육신은 인간의 불순종 때문에 그리고 인간의 하나님의 형상회복, 즉 인간의 구원을 위해서 이루어진 것이다. 그러므로 깔뱅은 인간이 불순종하지 않았을 지라도 그리고 인간의 구원의 필요가 없었을 지라도 그리스도가 성

---

44) John Calvin, 『기독교 강요』(1559), Ⅱ xii 1.
45) John Calvin, 『기독교 강요』(1559), Ⅱ xii 1.
46) John Calvin, 『기독교 강요』(1559), Ⅱ xii 1.
47) John Calvin, 『기독교 강요』(1559), Ⅱ xii 1.
48) John Calvin, 『기독교 강요』(1559), Ⅱ xii 2.

육신하셨을 것이라고 주장하는 사람들을 경솔하고도 사변적인 사람들이라고 비판한다.49)

이런 깔뱅의 관점이 중보자로서 예수 그리스도의 참 인성이나 참 신성을 무시하거나 희생시킨 잘못된 사상들(Arius, Nestorius, Eutyches, Marcion, Servetus, 재세례파 등)을 비판하게 한다. 그는 특별히 성경의 내용을 통해서 그리스도의 참 인성과 참 신성을 강조할 뿐만 아니라, 더 나아가 두 본성의 위격적 연합(enhypostasis)의 관점에서 다음과 같이 명료하게 설명한다.

> "그러나 말씀이 육신이 되셨다(요1:14)고 말할 때, 말씀이 육신으로 변했다거나 육신과 뒤섞여 혼합되었다는 의미로 이해해서는 안 된다. 오히려 이 말은, 말씀이 동정녀의 몸을 자신이 거할 성전으로 선택하셨으므로 하나님의 아들이신 그가 사람의 아들이 되신 것이요, 이는 본질의 혼합으로 된 일이 아니고, 위격의 통일로(unitate personae) 된 일이라는 것이다. 우리는 그리스도의 신성이 그의 인성과 하나로 연합되었으되, 그 각각의 본성이 손상되지 않고 그대로 보존되었고, 그러면서도 두 본성이 한 그리스도를 이루었다고 단언하는 것이다."50)

이상과 같이 깔뱅이 이해한 두 본성의 연합에 대한 동일한 개념을 우리는 고대교회의 중요한 교리의 한 형식인 '두 본성 안에 있는 한 위격'(una persona duae naturae)이라는 형식 속에서 발견할 수 있다.

---

49) John Calvin, 『기독교 강요』(1559), II xii 4.
50) John Calvin, 『기독교 강요』(1559), II xiv 1.

Ⅳ. 중보자 예수 그리스도의 사역

창조주와 섭리주 하나님께서 성육신 하신 예수 그리스도를 중보자로서 사역(work)의 주된 내용과 목적을 예수 그리스도의 삼중직[51]과 구속주로서 행하신 그리스도의 죽으심과 부활과 승천을 통하여 깔뱅은 설명한다. 그러므로 우리는 먼저 깔뱅이 이해한 그리스도의 삼중직을 다룬 후에, 그리스도의 생애, 즉 예수님의 탄생부터 죽으심까지의 겸비상태와, 부활·승천부터 재림과 심판까지의 고양상태에 대하여 다루고자 한다.

1. 중보자 예수 그리스도의 삼중직

깔뱅의 경우, 그리스도의 삼중직(triplex munus Christi)은 믿음의 중요한 원리이다.[52] 믿음이 그리스도 안에 있는 구원을 위한 확고한 기반을 찾고 그리스도 안에서 안식을 누리기 위해서 깔뱅은 다음과 같은 원리를 제시한다. "곧, 아버지께서 그리스도께 명하신 직분이 세 부분으로 되어 있다는 것이 그 것이다. 그리스도께서는 선지자와 왕과 제사장으로 주어지셨기 때문이다."[53] 이런 전제 아래 깔뱅은 세 가지 직분의 의미를 설명하기 전에 먼저 성령론과

---

51) John Calvin, 『기독교 강요』(1559), Ⅱ xv.
52) 깔뱅의 그리스도의 삼중직론에 대한 자세한 논의를 위하여 다음을 참고하시오. 최정자, "깔뱅의 그리스도의 삼중직에 관한 연구,"「칼빈연구」제4집(서울: 한국장로교출판사, 2007), 151-173; 최정자, "깔뱅에 의한 그리스도의 삼중직(munus triplex)에 관한 연구," 한국칼빈학회 (편),「칼빈연구」제7집(서울: 한국장로교출판사, 2010), 331-358; 허호익, 『그리스도의 삼직무론』(서울: 한국장로교출판사, 1999), 55-81.
53) John Calvin, 『기독교 강요』(1559), Ⅱ xv 1: "'Ut sciamus quorsum missus fuerit Christus a Patre et quid nobis attulerit, tria potissimum spectanda in eo esse, munus propheticum, regnum et sacerdotium.'"

관계된 '그리스도'라는 칭호 자체에 주의를 기울인다. 여기서 그리스도께서 성령으로 기름부음 받은 선지자, 왕, 그리고 제사장으로 주어졌다는 말을 깔뱅은 구약성경에 나타난 선지자들, 왕들, 그리고 제사장들로부터 그 근거를 제시한다. 그러므로 깔뱅은 이와 관련하여, "'그리스도'라는 칭호가 이 세 가지 직분에 관계된다는 사실에 주목해야 할 것이다. 율법 아래에서 제사장들과 왕들은 물론 선지자들도 거룩한 기름으로 부음을 받았다."고 말한다.[54]

선지자(prophetia Christi)로서 예수 그리스도와 관련하여 깔뱅은 이사야 61:1-2절의 말씀을 인용하면서 다음과 같이 설명한다.

> "그리스도께서 성령으로 기름부음을 받아 아버지의 은혜를 선포하는 전령(傳令)과 증인이 되시는 것을 보게 된다. 그리고 그것은 보통 평범한 방식으로 된 일이 아니었다. 왜냐하면 그는 비슷한 직분을 지닌 다른 교사들과는 완전히 구별되는 분이셨기 때문이다. 동시에 우리는 다음의 점에 주의를 기울여야 한다. 그리스도께서 기름부음을 받으신 것은 그 자신이 교사의 직분을 감당하실 수 있게 하기 위해서뿐만 아니라, 성령의 능력이 복음을 선포하는 일에서 계속 임재해 있도록 그의 몸 전체를 위하여 기름부음을 받으셨다는 것이다. 그러나 그가 전하신 완전한 가르침이 모든 예언을 종결시켰다는 것은 확실하다. 그러므로 복음으로 만족하지 않고 그 이외의 것을 가져다가 복음에다가 엮어 놓는 자들은 모두 그리스도의 권위를 깎아 내리는 것이다."[55]

연이어서 깔뱅은 "선지자로서 그리스도의 위엄을 우리가 생각할 때, 우리는 그가 우리에게 가르치신 모든 말씀 안에 완전한 지혜의 모든 부분들이 담겨 있다는 것을 알게" 된다고 말한다.[56] 즉 이것은 그리스도의 선지자직의 완전성을 강조하는 것이다.

---

54) John Calvin, 『기독교 강요』(1559), II xv 2.
55) John Calvin, 『기독교 강요』(1559), II xv 2.
56) John Calvin, 『기독교 강요』(1559), II xv 2.

158 • 깔뱅신학 입문

왕직(regium munus Christi)을 가지신 그리스도는 성령으로 기름부음 받으신 왕이다. 구약성경에서 왕들도 왕의 직무를 수행할 때, 기름부음을 받은 것처럼, 왕으로서의 그리스도의 직무도 기름부음을 받음으로써 시작되었다. 그러나 "왕에게 기름을 부을 때 쓰는 것은 기름이나 향기로운 연고가 아니다. 왕을 하나님의 기름부음을 받은 자라고 부르는 것은 지혜와 총명의 신이요, 모략과 재능의 신이요 지식과 여호와를 경외하는 신이 그 위에 강림하시는" 것을 의미한다.(사11:2) 그렇기 때문에 왕에게 '부어져서 왕의 동류보다 승하게 하셨다.'고 시편이 예수님을 '즐거움으로 찬양한다.'고 깔뱅은 말한다.(시 45:7)[57]

깔뱅은 그리스도의 왕직의 특성, 즉 영적인 특성, 영원성, 교회론적 특성을 주장한다. 깔뱅에 의하면, 그리스도의 왕직은 영적인 특성을 지닌다. 그리스도의 왕직에 관해서 말할 때, 독자들에게 먼저 그리스도의 왕직의 영적인 성격을 경고하지 않는다면, 그리스도의 왕직에 대한 논의가 무의미하다고 그는 말한다. "왜냐하면, 그리스도의 왕직의 영적인 성격으로부터 그리스도의 왕직이 인간에게 미치는 효력과 유익이 함께 그리스도의 왕직의 모든 능력과 영원성이 비롯되기 때문이다."[58] "그리스도의 왕권이 영적인 것이라는 말을 들을 때, 우리 각 사람은 이 말에서 용기를 얻어 더 좋은 생명에 대한 소망을" 붙잡아야 한다고 깔뱅은 말한다.[59] 그리고 이 생명이 지금 그리스도의 손에 의해서 보호를 받고 있으므로, 우리는 오는 시대에 이 은총이 완전히 결실하는 것을 기다려야 하지만,[60] "그리스도의 나라는 지상적이거나 육적인 것이어서 부패할 수밖에 없는 것이 아니라, 영적인 것이기 때문에 우리를 높이 들어 올려 영생에까지 이르게 한다."[61] 그러므로, 예수를 그리스도라고 고백하고 믿

---

57) John Calvin, 『기독교 강요』(1559), II xv 5.
58) John Calvin, 『기독교 강요』(1559), II xv 3.
59) John Calvin, 『기독교 강요』(1559), II xv 3.
60) John Calvin, 『기독교 강요』(1559), II xv 3.

는 사람들은 "왕의 힘을 받아 불굴의 자세를 견지하며, 왕의 영적 보화가 그들에게 풍성하게 된다. 따라서 그들을 그리스도인이라 부르는 것이 옳다."고 깔뱅은 말한다.[62] 더 나아가 그는 "성령은 그리스도를 거처로 택하시고, 우리에게 심히 필요한 하늘 보화가 그리스도를 통해서 풍부하게 흐르게 하셨다."고 강조한다.[63]

깔뱅에 의하면, 그리스도의 왕직은 영원한 성격을 가진다. 그리스도의 왕직의 이러한 영원성이 다니엘서 2장 44절에 암시되어 있다고 깔뱅은 말한다. "이 열왕의 때에 하늘의 하나님이 한 나라를 세우시리니 이것은 영원히 망하지도 아니할 것이요 그 국권이 다른 백성에게로 돌아가지도 아니할 것이요 도리어 이 모든 나라를 쳐서 멸하고 영원히 설 것이라."는 말씀으로부터 깔뱅은 '하늘의 하나님이 한 나라를 세우시리니'를 그리스도의 영원한 나라로 해석하면서 동시에 이 나라의 통치자인 왕은 성육신 하신 하나님의 아들이신 예수 그리스도로 간주한다.[64]

또한 그리스도의 왕직은 혜택과 유익을 그의 모든 백성에게 부여한다. 그러나 이 영원성은 두 가지 방식으로 고찰되어야 한다. 첫째는 교회 전체에 관한 것이고, 둘째는 각 그리스도인에 관한 것이다. 깔뱅은 그리스도의 왕직의 영원성과 교회 전체와의 관계를 다음과 같이 표현한다.

> "하나님께서는 자기의 아들의 손을 거쳐서 자신의 교회의 영원한 보호자와 수호자가 되시겠다고 시89:35-37절에서 확실히 약속하신다. … 이사야는 53장 8절에서 그리스도는 죽음을 이기고 살아서 자신의 지체들과 결합되리라고 선언한다. 그러므로 우리는 그리스도가 영원한 권능으로 무장하셨다는 말을 들을 때마다 이런 보호 하에서 교회가 확실히 영속하리라는 것을 기억해야 한다."[65]

---

61) John Calvin, 『기독교 강요』(1559), II xv 4.
62) John Calvin, 『기독교 강요』(1559), II xv 5.
63) John Calvin, 『기독교 강요』(1559), II xv 5.
64) John Calvin, 『기독교 강요』(1559), II xv 3.

그리고 그리스도의 왕직은 교회뿐만 아니라, 그리스도인들의 보호를 위해서도 영원하게 수행될 것에 대해 깔뱅은 다음과 같이 설명한다.

> "그리스도는 교회가 영원히 보존되리라고 신자들에게 다짐하며, 교회가 핍박을 받을 때마다 소망을 가지라고 격려한다. … 아무리 많은 강적들이 교회를 음모할지라도, 하나님이 자기 아들을 영원한 왕으로 임명하신 그 확고부동한 결정을 전복시킬 힘은 그들에게는 없음을 다윗은 시편 110:1절에서 주장하는 것이다. 악마는 세계의 총력을 동원하더라도 교회를 전복하지 못할 것이다. 교회는 그리스도의 영원한 보좌를 토대로 건설되었기 때문이다. 이 생각을 우리 각 사람에게 개별적으로 적용하는 문제에 대해서는 그 똑같은 '영원성'에서 우리는 영감을 받아 축복된 영생불사를 바라보아야 한다."[66]

이런 관점에서 깔뱅은 창조주와 섭리주 하나님께서 그의 성육신하신 하나님의 아들이신 예수 그리스도를 통해서 주권을 행사하시려고 그리스도를 우리 위에 임명하셨다. 그러므로 깔뱅에게 있어서, 그리스도가 하나님 우편에 앉아 계신다는 것은 그리스도를 하나님의 대리자로 부르는 것과 같으며, 이 대리는 즉 하나님의 통치권을 전적으로 가지신 분이라는 뜻이다. 이 그리스도의 왕권은 최후심판까지 이어진다.[67]

깔뱅에 의하면, 성육신 하신 예수 그리스도의 제사장직(sacerdotium munus Christi)의 목적과 유익은 인간과 하나님을 화해시키시는 일이다. 제사장으로서 예수 그리스도는 인간에게 하나님의 호의(사랑과 자비)를 얻게 하기 위하여, 불순종으로 하나님의 명령을 지키지 않았던 아담과 하와의 죄가 인류 전체에 미쳐 하나님의 진노 아래 있는 인간의 죄를 속죄하기 위하여, 하나님과 인간 사이의 중보자로 오셔야만 했다. 따라서 예수 그리스도는 이 직책을 다하

---

65) John Calvin, 『기독교 강요』(1559), II xv 3.
66) John Calvin, 『기독교 강요』(1559), II xv 3.
67) John Calvin, 『기독교 강요』(1559), II xv 5.

려고 제물로 이 땅에 오셨다. 예수 그리스도의 이러한 직책을 깔뱅은 히브리서 9장 22절, "그리스도께서 자신의 죽음을 제물로 삼아 우리의 죄과를 말소하시고 우리의 죄 값을 치르셨으므로 제사장직은 그리스도에게만 속한다."는 말씀을 인용하면서,[68] 예수 그리스도 안에서는 새로운 질서가 있다고 말한다.[69] 여기서 새로운 질서란 율법아래 있을 때, 제사장들이 죄를 속죄하기 위하여 따로 동물로 준비하여 제물을 바치는 것과 달리 성육신하신 예수 그리스도는 제사장직과 제물을 함께 겸하신 것을 의미한다.[70]

그러므로 깔뱅은 제사장으로서 유일한 제물이 되신 예수 그리스도 대신 다른 제물을 고안하는 중세 로마가톨릭교회를 다음과 같이 비판한다. "그러므로 그리스도의 제사장직으로 만족하지 않고 감히 그를 새로이 제물로 바치노라한 자들의 조작은 더욱 가증하다. 교황파(중세로마가톨릭교회, 필자주)는 매일 이 같은 일을 시도하며, 미사에서 그리스도를 제물로 바치노라고 생각한다."[71]

성육신하신 예수 그리스도의 제사장직은 인간으로 하여금 하나님의 사랑과 자비를 얻게 함으로써 인간 자신의 몸을 하나님께 산 제물로 드리는 영적인 예배의 길이 열리게 되었으며, 동시에 하나님과 밀접한 교제는 물론이거니와 기도로도 하나님과 대화하게 된 것이다. 성육신하신 중보자 예수 그리스도의 제사장직의 열매로부터 깔뱅은 하나님의 백성에게 미치는 만인제사장직(모든 신자제사장직, the priesthood of all believers)을 도출한다. 깔뱅은 "우리 자신은 오염되었으나 그리스도 안에서는 제사장이므로 우리는 자신과 우리의 모든 소유를 하나님에게 바치며, 자유로 하늘 성소에 들어가서 우리가 드리는 기도와 찬양이 하나님 앞에 받으실 만하며 향기롭게" 할 수 있음을 강조한다.[72]

---

68) John Calvin, 『기독교 강요』(1559), II xv 6.
69) John Calvin, 『기독교 강요』(1559), II xv 6.
70) John Calvin, 『기독교 강요』(1559), II xv 6.
71) John Calvin, 『기독교 강요』(1559), II xv 6.

이제까지 우리는 성육신 하신 중보자 예수 그리스도의 사역을 그의 삼중직 중심으로 다뤘다. 이제부터는 예수 그리스도의 탄생, 고난, 그리고 죽으심, 즉 겸비상태와, 부활, 승천, 재림, 심판, 즉 고양(승귀)상태를 중심으로 예수 그리스도의 사역을 계속 살펴보자.

2. 겸비상태와 고양(승귀)상태에서 중보자 예수 그리스도의 사역

1) 겸비상태에서 중보자 예수 그리스도의 사역

그리스도께서 인간의 구원을 위해서 어떻게 구속주의 기능을 수행하셨는지에 대해서 깔뱅은 사도신경의 제2조항의 순서에 따라서 기술한다. 하나님에 대한 성육신하신 중보자 예수 그리스도의 순종은 그의 전(全) 생애 안에서 나타나지만, 이것을 설명하기 위하여 사도신경의 순서를 따른 이유를 깔뱅은 다음과 같이 말한다.

> "모든 증언을 열거하려면 한정이 없을 것이므로 나는 그 전부를 인용하려 하지 않을 것이며, 그 중에 여러 구절을 적당한 곳에 언급하겠다. 그렇기 때문에 이른바 '사도신경'은 적절하게 그리스도의 탄생으로부터 즉시 그의 죽음과 부활로 간다. 여기에 완전한 구원의 전체가 있기 때문이다."[73]

깔뱅은 여기서 그리스도께서 유대 총독 '본디오 빌라도에게 고난을 받으셨다.'는 사실을 우리 인간과 연결시켜 이 고백은 "우리가 받아야 할 벌이 바로 이 의인에게 전가되었다는 것을 가르친다."고 해석한다.[74] '총독'이라는 용어

---

72) John Calvin, 『기독교 강요』(1559), Ⅱ xv 6.
73) John Calvin, 『기독교 강요』(1559), Ⅱ xvi 5.
74) John Calvin, 『기독교 강요』(1559), Ⅱ xvi 5.

는 예수 그리스도 당시 로마 정치지도자들 중의 한 명칭이므로 이 용어와 총독 빌라도라는 이름 자체는 빌라도의 정죄로 말미암아 성육신 하신 중보자 예수 그리스도의 고난을 역사적(歷史的)인 사실로 밝히고 있다고 깔뱅은 말한다.

더 나아가 깔뱅은 이사야 53장 5절의 말씀을 인용하면서 그리스도의 죽음의 성격을 구약성경 이사야의 말씀에 예언된 대속적 죽음으로 규명한다. 우리를 구속하는 대가를 치르기 위해서 하나님은 죽음의 종류들 가운데, 대속적 죽음을 택하셨다. 이 대속적 죽음은 인간의 정죄를 성육신하신 중보자 그리스도에게 옮기는 동시에 인간의 죄책도 그가 맡으심으로써 인간을 해방시킬 수 있는 죽음이다. 만일 그가 도둑으로 고난 받아 죽었거나 폭도들이 일으킨 반란으로 인하여 죽으셨다면, 그는 자기 자신의 죄로 인하여 죽은 것이므로 인간의 죄를 대속할 수 있다는 증거가 없다.[75]

그러나 이런 종류의 죄가 없으신 그가 빌라도의 재판정에서 죄인으로 유대인들에 의하여 고발을 당하시고, 빌라도에 의해 유죄증거가 제출되고, 재판관 빌라도의 입으로 사형선고를 받으셨으므로, 이런 증거들에 의해서 우리는 그가 인간의 불순종, 즉 죄의 자리에 처해 계신 것을 알 수 있다.[76] 이런 관점에서 깔뱅은 '그는 불법자와 함께 인정을 받았다.'고 한 예언이 실현되었다고 말한다.(막15:28) 그러므로 그는 빌라도에게 고난을 받으셨고 총독의 공식선고에 의해서 범죄자로 인정되었으나 그는 범죄자가 아니었기 때문에 재판관 자신이 자기는 '그에게서 아무 죄도 찾지 못하노라'(요18:38)고 증언함으로써 그가 의인임을 선언했다고 깔뱅은 주장한다. 이렇게 하여 불순종한 인간이 받아야 할 죄로 인한 벌과 죄책이 하나님의 아들에게로 전가됨으로써 인간이 무죄석방하게 된 것이다.(사53:12) 그렇기 때문에 인간은 무엇보다도 그리스도의 대속적인 죽음을 기억해야 한다고 깔뱅은 주장한다.[77]

---

75) John Calvin, 『기독교 강요』(1559), II xvi 5.
76) John Calvin, 『기독교 강요』(1559), II xvi 5.

깔뱅에 의하면, 사도신경의 '십자가에 못박히사' 라는 귀절에서 십자가는 예수 그리스도 당시의 일반 사람들에 의해서나 구약성경의 율법규정(신 21:23)에 의해서도 저주받은 것을 가리킨다. 그러므로 예수 그리스도께서 십자가에 못박히셨다는 것은 바로 저주 받으셨다는 것을 의미한다.[78] 깔뱅은 이 사실을 구약의 이사야 53장 10절의 말씀으로부터 속건제(贖愆祭)라는 말을 인용하면서 모세의 율법에 있는 희생제물에서 상징적으로 나타낸 것이 그 상징들의 원형이신 그리스도에게서 나타나셨다. 그러므로 그리스도는 완전한 속죄를 성취하려고 자신의 목숨을 '속건제'로 설명한다.(사53:10) 다시 말하면, 속건제란 어떤 사람의 죄를 대속하기 위하여 다른 동물에게 전가하여 그 동물을 그 사람의 죄 대신에 죽게하는 속죄예식이다. 이를테면, 그 제물 위에 사람의 오점과 벌을 전가시켜서 그 죄를 대신 갚게 하는 것이다. 그러므로 깔뱅은 이 점을 더욱 분명하게 증언해서 '하나님이 죄를 알지 못하신 자로 우리를 대신하여 죄를 삼으신 것은 우리로 하여금 저의 안에서 하나님의 의가 되게 하려하심이라.'는 사도 바울의 말을 인용한다.(고후5:21)[79]

그리고 깔뱅은 예수 그리스도께서 십자가에 못 박히셨다는 것은 바로 저주를 받으신 것이라는 사실을 베드로전서 2장 24절을 인용하면서 우리는 바로 그 저주의 상징을 보고 우리를 압박하던 짐이 그에게 옮겨졌다는 것을 더욱 분명히 깨달을 수 있다고 말한다.[80] 그러나 그리스도께서 그 저주에 압도되어 쓰러졌다고 이를 해석해서는 안 되며, 도리어 그는 저주를 담당하시면서 그 저주의 힘을 전적으로 꺾고 부수어 버리셨기 때문에 그리스도가 받으신 정죄는 바로 인간을 무죄방면 시킬 수 있으며, 또한 그가 받은 저주는 인간을 죄로부터 벗어나게 하는 축복을 가능케 한다. "만일 그리스도께서 희생제물이 되지

---

77) John Calvin, 「기독교 강요」(1559), II xvi 5.
78) John Calvin, 「기독교 강요」(1559), II xvi 6.
79) John Calvin, 「기독교 강요」(1559), II xvi 6.
80) John Calvin, 「기독교 강요」(1559), II xvi 6.

않았다면 우리는 그가 우리의 구속과 몸값과 대속물이시라는 것을 확신할 수 없을 것이다. 따라서 성경은 구속방법을 논할 때 반드시 피를 말한다. 그러나 그리스도가 흘리신 피는 배상이 되었을 뿐만 아니라, 우리의 부패를 씻어 버리는 목욕대야가 되었다.(엡5:26; 딛3:5)"고 깔뱅은 말한다.[81] 여기서 배상이, 사법적으로, 하나님께서 이루신 객관적인 화해 사건에 해당된다면, 목욕대야는 하나님의 백성으로서의 인간이 자신의 죄 된 삶 속에서 계속적으로 부패된 부분을 씻어야 할 구속의 적용의 필요성을 비유로 강조하는 말이다.

깔뱅에게 있어서, 사도신경의 '죽으시고 장사한 지'라는 말은 예수 그리스도께서 인간을 구속하는 대가를 치르기 위해서 모든 점에서 인간을 대신하신 것을 뜻한다. 인간은 불순종으로 인한 죄의 삯인 죽음의 멍에 아래 사로잡혀 있었으나 성육신하신 예수 그리스도께서 인간 대신에 죽음의 권세에 자기 자신을 넘겨주시고 인간을 그 죽음으로부터 구원하셨다. 그러나 인간의 죄의 삯인 죽음과 중보자 예수 그리스도의 죽음 사이의 질적인 차이점을 깔뱅은 다음과 같이 말하고 있다.

> "그리스도께서 죽음이 그를 삼키도록 허락하신 것은 그리스도께서 죽음의 심연에 빠져버리시는 것이 아니라, 도리어 자신이 그 죽음을 삼켜버리시려는 의도였다.(벧전3:22) 그리스도의 죽음의 목적은 '사망으로 말미암아 사망의 세력을 잡는 자 곧 마귀를 없이 하며 또 죽기를 무서워하므로 일생에 종노릇하는 자들을 놓아 주려는' 것이었다.(히2:14-15) 이것이 그리스도의 죽음이 우리에게 가져다 준 처음 열매이다."[82]

그리스도의 '죽으시고'와 마찬가지로 '장사한 지'라는 사도신경의 말씀도 앞에서 다룬 '죽으시고'에서 처럼, 예수 그리스도의 장사됨도 인간에게 똑같

---

81) John Calvin, 『기독교 강요』(1559), Ⅱ xvi 6.
82) John Calvin, 『기독교 강요』(1559), Ⅱ xvi 7.

은 결과를 가져온다. 인간이 성육신 하신 중보자 예수 그리스도의 죽음을 인간의 불순종으로 인한 죄의 구속으로 믿게 될 때, 그의 죽음에 참여하는 것이 될 뿐만 아니라, 땅에 붙은 인간의 지체들을 죽여 그 기능을 발휘하지 못하게 만들며, 인간 안에 있는 불순종으로 죄 가운데 있는 옛사람을 죽여 번성하거나 결실하지 못하게 만든다. 예수 그리스도의 죽음으로 말미암은 이와 같은 결과는 그리스도의 장사됨도 같은 결과를 초래한다고 깔뱅은 다음과 같이 주장한다. "그리스도의 매장에 우리도 참가함으로써 그와 함께 죄에 대해서 매장되는 것이다."83) "그러므로 그리스도의 죽으심과 장사됨은 우리가 받아 즐길 이중의 축복을 제시한다. 즉, 우리가 결박되어 있던 그 죽음에서 해방되며, 우리의 육을 죽이는 것이다."84)

깔뱅이 이해한 예수 그리스도의 제사장직으로부터 우리는 깔뱅의 속죄론이 상당부분 안셀름의 만족설(滿足說, Satisfaction Theory)을 지지하면서도 그리스도의 대속적 죽음과 형벌을 강조하는 형벌만족설(刑罰滿足說, Penal Satisfaction Theory)임을 확인할 수 있다.85)

2) 고양상태에서 중보자 예수 그리스도의 사역

이제까지 우리는 성육신하신 중보자 예수 그리스도의 겸비상태, 즉 예수 그리스도의 생애를 통한 사역을 다뤘다. 이제부터 우리는 예수 그리스도의 고양상태의 첫 번째 사역을 그리스도의 부활과 관련된 '사흘 만에 죽은 자 가운데서 다시 살아나시며'라는 사도신경의 구절에 대한 깔뱅의 해석으로부터 시작하려고 한다. 이 구절에서 예수 그리스도의 부활을 그의 죽음과 연결시키면서도 그리스도의 부활을 더욱 강조한다. 이 구절에 대한 깔뱅의 해석은 다음과 같다.

---

83) John Calvin, 『기독교 강요』(1559), Ⅱ xvi 7.
84) John Calvin, 『기독교 강요』(1559), Ⅱ xvi 7.
85) 최윤배, 『그리스도론 입문』(서울: 장로회신학대학교출판부, 2003), pp. 195-196.

"우리는 우리의 구원의 내용을 그리스도의 죽음과 부활로 나누어서, 그리스도의 죽음에 의해서 죄가 말소되고, 죽음이 말살되었으며, 그리스도의 부활에 의해서 의가 회복되며, 생명이 소생했다. 그래서 그리스도의 부활의 덕택으로 그리스도의 죽음은 우리 안에서 그 권능과 효력을 나타냈다고 생각한다."[86]

더 나아가 깔뱅은 예수 그리스도의 부활은 그의 겸비상태의 사역, 즉 예수 그리스도의 고난과 죽으심으로 인간의 구원을 완전히 실현케 할 뿐만 아니라, 인간을 거듭나게 하사 산 소망으로 인간의 죽음을 이길 수 있게 하였음을 다음과 같이 말한다.

"그리스도의 부활이 없으면 우리가 지금까지 말한 그리스도의 겸비상태에서 그리스도의 사역이 완전하지 못할 것이다. 그리스도의 십자가와 죽음과 장사됨에서 나타난 것은 무력함뿐이므로, 믿음은 이 모든 것을 초월해서 완전한 힘을 얻어야 한다. 그리스도의 죽음에 의해서 우리가 하나님과 화해하며, 하나님의 의로운 심판대로 배상을 치르며, 저주가 제거되며, 벌을 완전히 받았기 때문에 우리의 구원이 완전히 실현되었다. 그러나 우리는 그리스도의 죽음에 의한 것이 아니라, 그가 '부활하심으로 말미암아 … 거듭나게 하사 산 소망이 있게' 되었다 (벧전1:3)고 한다. 그리스도께서 부활하심으로써 죽음에 대한 승리자가 되신 것 같이 우리의 믿음이 죽음을 이기는 것도 오직 그의 부활이 있었기 때문이다."[87]

깔뱅에 의하면, 예수 그리스도의 부활은 다음 몇 가지 특징을 가진다. 첫째로, 그리스도의 부활은 하나님의 능력과 성령의 능력으로 인한 부활인 동시에, 하나님의 아들의 신성을 보여 준 부활이다.[88] 둘째로, 예수 그리스도의 부활은 그의 죽음과 연결시켜서 이해해야 한다. "죽음과 별도로 부활이 화제에 오

---

86) John Calvin, 『기독교 강요』(1559), Ⅱ xvi 13.
87) John Calvin, 『기독교 강요』(1559), Ⅱ xvi 13.
88) John Calvin, 『기독교 강요』(1559), Ⅱ xvi 13.

를 때마다 우리는 부활을 특히 예수 그리스도의 죽음에 관한 일을 포함하여 이해해야 한다.”[89] 이 말은 예수 그리스도의 고양사역은 그의 겸비사역과 연관되어 이해 해야 된다는 것을 의미한다. 만약 부활없이 예수 그리스도의 죽음, 즉 그의 겸비사역만 강조한다면, 기독교인의 신앙생활은 고난만 강조하게 됨으로 예수 그리스도의 부활로 말미암아 거듭나서 산 소망으로 모든 고난과 죽음을 이길 수 있는 기쁨을 누릴 수 없게 될 것이다. 반대로, 만약 예수 그리스도의 십자가의 고난, 즉 겸비사역 없는 예수 그리스도의 부활, 즉 고양사역만을 강조한다면 기독교인으로 하여금 이 땅에서 예수 그리스도의 남은 고난에 동참하는 것을 약화시키는 것이므로 이 시대를 하나님의 말씀으로 변혁시키는 일을 감당할 수 없게 된다.

역사적으로 이러한 예를 우리는 동방교회와 서방교회에서 볼 수 있다. 그 당시 서방교회는 전자에 속한 예이고, 동방교회는 후자에 속한 예이다. 셋째로, 예수 그리스도의 부활의 혜택은 하나님의 백성에게 똑같이 돌아간다. 깔뱅은 예수 그리스도의 고양사역은 부활하신 그리스도의 권능으로 인간이 중생되어 이 땅에 살면서도 위의 일을 구하게 되었을 뿐만 아니라, 인간 자신의 부활도 확신케 하는 혜택을 주었다고 다음과 같이 강조한다.

　　“우리가 그리스도와 함께 다시 살아난다는 것을 근거로, 우리는 지상의 일이 아니라, 위에 있는 일을 구해야 한다고 추론한다.(골3:1-2) 이 말은 우리가 부활하신 그리스도를 본받아 새 생명을 추구하라고 권고 받을 뿐만 아니라, 우리는 그리스도의 권능에 의해서 중생하여 의를 얻었다고 가르친다. 한 걸음 더 나아가서 우리는 그리스도의 부활의 보증을 통해서 우리의 부활도 확신해야 한다.”[90]

깔뱅은 “그리스도는 다른 사람들이 자연히 죽는 것과 같은 죽음을 겪으셨

89) John Calvin, 『기독교 강요』(1559), Ⅱ xvi 13.
90) John Calvin, 『기독교 강요』(1559), Ⅱ xvi 13.

고, 그가 죽을 인간으로서 입으셨던 그 육신으로 영생불사를 받으셨다는 것이다."라고 말하면서,[91] 그리스도의 승천과 관련하여 '하늘에 오르사'라는 사도신경의 구절을 예수 그리스도의 고양사역으로 다룬다.[92] "그리스도께서는 비천한 지상생활과 십자가의 수치를 벗어 버리시고, 부활하심으로써, 영광과 권능을 더욱 완전히 나타내시기 시작했다. 그러나 참으로 나라를 창건하신 것은 비로소 승천하신 때부터이다."[93] 이 말은, 예수 그리스도의 부활로 그의 생애의 고난과 십자가의 죽음 즉 그의 겸비사역이 완성된 후, 승천 하사 하늘에 오르신 이후부터는 교회와 그의 백성들을 통하여 그의 겸비사역과 고양사역을 계속하여 이 땅에서 수행하게 되었다는 것을 의미한다. 승천하심으로써 그리스도는 육체적으로 우리 앞에 계시지 않게 되었지만(행1:9), 그것은 아직 지상순례를 계속하면서 그의 사역을 수행하는 교회와 그리스도인들과 함께 계시지 않으려는 것이 아니라, 더욱 직접적인 권능으로 교회와 세계를 주관하시려는 뜻이 이 구절에 포함되어 있다고 깔뱅은 말한다.[94]

그러므로 예수 그리스도는 승천하심으로써 약속하신 일을 세상 끝까지 우리와 함께 계시겠다고 하신 것을 실현하셨다. "그의 몸이 모든 하늘 위로 들려가신 것 같이 그의 권능과 힘은 온 천지의 한계를 넘어서까지 확산되며 보급되었다. … 그리스도가 그의 영으로 함께 계시는 것은 그의 승천 이후에 있게 되었다."[95]

그리스도의 승천이 하나님의 백성에게 미치는 혜택과 유익에 대해 깔뱅은 크게 세 가지로 언급한다. 첫째, 그리스도의 승천은 아담 때문에 닫혔던 천국

---

91) John Calvin, 『기독교 강요』(1559), II xvi 13.
92) 깔뱅의 승천교리에 대해 다음을 참고하시오. 박해경, 『칼빈의 기독론』(서울: 도서출판 로고스, 1999); 박해경, "그리스도의 승천론," 한국칼빈학회 (편), 『칼빈신학 해설』(서울: 대한기독교서회, 1998); 박해경, "기독론," 『최근의 칼빈연구』(서울: 대한기독교서회, 2001), 113-157.
93) John Calvin, 『기독교 강요』(1559), II xvi 14.
94) John Calvin, 『기독교 강요』(1559), II xvi 14.
95) John Calvin, 『기독교 강요』(1559), II xvi 14.

의 길을 열었다. "그래서 우리는 소망만으로 하늘을 기다리는 것이 아니라, 우리의 머리이신 그리스도 안에서 이미 하늘을 차지하고 있는 것이다."라고 깔뱅은 말한다.96) 둘째, 손으로 만들지 않은 성소에 들어가신 승천하신 예수 그리스도께서 항상 우리의 선지자와 중보자로서 성부 하나님 앞에 계신다. 이와 같이하여 부활하신 후 승천하신 중보자 예수 그리스도는 성부 하나님께서 우리의 죄를 보시지 않고, 자기의 의로 보시게 하시고, 하나님의 마음을 우리와 화해하게 하셔서 자기의 중재로 우리가 하나님의 보좌에 가까이 가는 길을 준비하신다. 셋째, 우리는 성령의 역사로 인하여 믿음으로 그리스도의 능력을 깨달으며 그리스도의 능력 안에 우리의 능력과 보화가 있음을 자랑한다. 그리스도께서는 그의 백성에게 매일 매일 하늘의 영적 보화를 아낌없이 부어 주신다.97)

'아버지 우편에 앉아 계시다.'라는 사도신경 구절이 임금들이 정사를 맡기는 신하들을 자신들 곁에 앉히는 비유로부터 왔다고 깔뱅은 말한다. 이 구절에서 "그같이 하나님께서 그리스도 안에서 영광을 받으시며 그리스도를 통해서 통치하시기를 원하시기 때문에, 그리스도께서 하나님 우편으로 영접되셨다."고 깔뱅은 말한다.98) 또한, 이것은 다음과 같은 의미를 갖고 있다고 그는 주장한다.

> "그리스도께서 천지에 대한 주권을 받으시며, 위임된 정권을 엄숙히 장악하셨으며, 일단 차지하셨을 뿐만 아니라, 심판 날에 내려오실 때까지 통치를 계속하시리라는 것이다. … 즉, 천지의 모든 피조물들이 그의 숭엄성을 우러러보아 경탄하며, 그의 지배를 받으며, 그의 명령에 복종하며, 그의 권능에 순종하게 하려는 것이다. 이 목적을 가르치려고 사도들은 자주 이 일을 회상하면서 만사는 그리스도의 결정에 위임되었다고 했다.(행2:30-36)"99)

---

96) John Calvin, 『기독교 강요』(1559), Ⅱ xvi 16.
97) John Calvin, 『기독교 강요』(1559), Ⅱ xvi 16.
98) John Calvin, 『기독교 강요』(1559), Ⅱ xvi 14.
99) John Calvin, 『기독교 강요』(1559), Ⅱ xvi 15.

'앉아 계시다.'라는 것은 "하늘 심판대에서 주재하고 계시다는 것과 다름이 없다."고[100] 깔뱅은 설명하면서 아버지 하나님 우편에 앉으신 중보자 예수 그리스도의 고양사역을 다음과 같이 설명한다.

"그러므로 그리스도는 하늘에 앉으시사, 우리에게 자기의 권능을 수여하셔서 우리를 영적 생명으로 살리시며, 성령으로 우리를 성결케 하시며, 각종 은사로 교회를 장식하시며, 교회가 해를 받지 않고 안전하도록 보호하시며, 그의 십자가와 우리의 구원에 반대하여 날뛰는 원수들을 그의 강한 손으로 억제하시며, 끝으로 천지의 모든 권한을 잡고 계신다. 이 모든 일을 계속하시다가 드디어 그의 원수이자 우리의 원수인 자들을 모두 굴복시키시고(고전15:25; 시110:1) 교회 건설을 완성하실 것이다. 이것이 그의 나라의 진상이다. 이것이 아버지께서 그에게 주신 권능이다."[101]

'저리로서 산 자와 죽은 자를 심판하러 오시리라.'라는 사도신경 구절에서 그리스도의 재림과 최후 심판에 대해서 말한다. 깔뱅은 이 구절을 넷으로 나눠서 설명한다.

첫째, 그리스도의 나라는 말로 형언할 수 없을 정도로 영광스러운 나라이다. "그리스도의 나라는 형언할 수 없는 숭엄성과 영생불사와 광채와 신성의 무한한 권능과 함께 일단의 수호천사들을 데리고 모든 사람에게 나타날 것이다."[102] 둘째, 그리스도의 재림은 가시적으로 이루어진다. 셋째, 심판자는 구속주이시다. "우리는 그리스도가 그 날에 저리로부터 우리의 구속자로서 오시는 것을 기다리라는 명령을 받았다."[103] "우리를 구원해 주시리라고 우리가 기대해야하는 바로 그가 우리의 구속주가 우리를 심판하는 심판대에 계시리라

---

100) John Calvin, 『기독교 강요』(1559), II xvi 15.
101) John Calvin, 『기독교 강요』(1559), II xvi 16.
102) John Calvin, 『기독교 강요』(1559), II xvi 17.
103) John Calvin, 『기독교 강요』(1559), II xvi 17.

는 것은 평범한 보장이 아니다."[104] 넷째, 최후의 심판은 두 가지 결과로 나타날 것이다. 그리스도께서 오시면 양과 염소, 선택된 자와 버림받은 자를 분리하실 것이다.(마25:31-33) 생사 간에 아무도 그의 심판을 면하지 못할 것이다.[105]

깔뱅은 사도신경의 제2조항의 모든 부분 하나하나가 그리스도와 연관되어 있음을 강조하면서 지금까지 기술한 그리스도의 겸비상태와 고양(승귀)상태의 사역의 열매가 하나님의 백성에게 어떻게 미치는지를 조목조목 나열하는 바, 중보자 예수 그리스도의 유일성을 시작과 끝 부분에서 반복해서 강조하면서, 기독론을 구원론적으로 모든 부분에 적용하여 시적인 표현으로 조목조목 설명하고 있다.

"우리의 구원은 전체적으로 또 그 모든 부분이 그리스도 안에 포함되었다는 것을 우리는 안다.(행4:12) 그러므로 그 가장 작은 부분이라도 다른 데서 구하지 않도록 주의해야 한다. 우리가 구원을 구한다면, 예수라는 이름 자체가 구원은 '그에게서' 온다는 것을 가르친다.(고전1:30) 우리가 성령의 다른 은사를 구한다면, 그것은 그가 기름부음을 받으신 데서 발견될 것이다. 힘을 구한다면, 그것은 그의 주권에 있으며, 순결을 구한다면, 그것은 그의 잉태에 있으며, 온유함을 구한다면, 그것은 그의 탄생에서 나타난다. 그는 탄생하심으로써 모든 점에서 우리와 같이 되셔서(히2:17), 우리의 고통을 느낄 수 있게 되셨다.(히5:2) 우리가 구하는 것이 구속이라면, 그것은 그의 수난에 있으며, 무죄방면이라면, 그것은 그가 정죄 받으신 데 있으며, 저주를 면하는 것이라면, 그것은 그의 십자가에 있으며(갈3:13), 배상을 치르는 일이 일이라면, 그것은 그의 희생에 있으며, 정결이라면, 그것은 그의 피에 있으며, 화해라면, 그것은 그의 음부에 내려가심에 있으며, 육을 죽이는 일이라면, 그것은 그의 무덤에 있으며, 새 생명이라면, 그것은 그의 부활에 있으며, 영생불사라면, 그것도 그의 부활에 있으며, 천국을 상속

104) John Calvin, 『기독교 강요』(1559), II xvi 18.
105) John Calvin, 『기독교 강요』(1559), II xvi 17.

하는 일이라면, 그것은 그의 승천에 있으며, 보호나 안전이나 모든 풍부한 축복
이라면, 그것은 그의 나라에 있으며, 안심하고 심판을 기다리는 것이라면, 그것
은 그가 받으신 심판권에 있다. 요약하면, 그리스도 안에 각종 선한 것이 풍성하
게 장만되어 있으므로, 우리는 다른 데로 갈 것이 아니라, 이 원천에서 마음껏
마셔야 한다."106)

---

106) John Calvin, 『기독교 강요』(1559), Ⅱ xvi 19.

V. 결론

종교개혁 전통을 공유하고 있는 한국교회와, 특히 종교개혁자 깔뱅의 사상을 존중하는 한국장로교회는 깔뱅의 기독론 이해를 통하여 각 교회의 목회와 선교 현장에 일어나는 기독론적 문제를 진단하고, 그 문제를 해결하는데 온고이지신의 관점에서 큰 도움을 받을 수 있을 것이다.

본고에서 깔뱅의 그리스도론이라는 주제로 우리는 주로 세 가지, 즉 구속사에서 중보자 예수 그리스도, 중보자 예수 그리스도의 인격, 중보자 예수 그리스도의 사역을 다루었다.

율법 하에 있던 구약시대의 하나님의 백성도 이미 중보자 예수 그리스도를 믿었지만, 신약시대의 백성과는 달리 더욱 희미하게 인식하였다. 그러므로 구약과 신약은 본질적으로 그리고 내용상으로 동일하여 차이가 없지만, 방법과 형식과 정도 면에서 차이가 존재한다. 예수 그리스도는 하나님과 인간 사이의 화해의 유일한 중보자이시다. 중보자는 참 하나님이신 동시에 참 인간이시다.(vere Deus et vere homo) 예수 그리스도의 한 분 속에 두 본성이 연합되어 있다.(una persona duae naturae) 두 본성의 연합과 관련하여 깔뱅은 '안히포스타시스'(anhypostasis)의 관점에서가 아니라 '엔히포스타시스'(enhypostasis)의 관점에서 이해하고 있다.

예수 그리스도는 겸비상태(탄생부터 음부에 내려가심까지)에서 사역하셨고, 고양(승귀)상태(부활부터 재림과 심판까지)에서 지금도 사역하신다. 그리스도의 주된 직분은 삼중직(munus triplex Christi)으로서 예언자, 왕, 제사장이시다. 예언자로서 예수 그리스도는 하나님의 말씀 자체이시며, 하나님의 지혜를 말씀하셨고, 지금도 성경 말씀과 성령을 통하여 말씀하신다. 제사장으로서 그리스도는 하나님과 우리 사이의 화목을 위해서 제사장과 희생제물이 되어 십자가에서 보혈을 흘리셨고, 지금도 말씀과 성령을 통하여 구속사역을 계속 하신다. 왕으로서 예수 그리스도는 죽으심과 부활을 통하여 죄와 사망과 사탄의 세력을 이기시고, 지금도 말씀과 성령을 통하여 그리스도의 나라를 완성하시고 계신다. 특히 깔뱅은 그리스도의 십자가와 부활을 구별하되 분리시키지 말 것을 강조한다. 십자가 없는 부활이 문제가 되듯이, 부활이 없는 십자가도 문제가 된다.

추천도서와 관련해서, 참고문헌에 나와 있듯이, 깔뱅의 그리스도론을 개괄적으로 다룬 저서와 관련하여 니젤(Niesel)과 방델(Wendel)의 저서가 최고 고전에 속하고, 국내에서는 필자의 『개혁신학과 기독교교육』이고, 그리스도론 전반을 전문적으로 다룬 책은 네덜란드의 에멘(Emmen)과 스흐로턴(Schroten)의 작품이다. 깔뱅의 그리스도론을 전문적으로 다룬 한국학자는 참고문헌에서 보듯이 문병호, 박해경, 최정자, 허호익 인데, 앞의 두 학자 각각은 율법과 관련하여, 그리스도의 승천론과 관련하여 심도 있게 연구하였고, 뒤의 두 학자는 그리스도의 삼중직에 관하여 집중적으로 연구하였다.

VI. 참고문헌

권문상. "칼빈의 기록론과 그리스도의 케노시스." 『요한칼빈탄생 500주년기념학술 심
　　포지엄』(2009.6.22. 서울교회, 제3분과), 117-126.

문병호. "칼빈의 기독론." 『요한칼빈탄생 500주년기념학술 심포지엄』(2009.6.22. 서울
　　교회, 제3분과)129-137.

문병호. "율법의 중보자 그리스도(Christus Mediator Legis)." 한국칼빈학회 (편). 「칼빈
　　연구」 제4집. 서울: 한국장로교출판사, 2007, 121-150.

박해경. 『칼빈의 기독론』. 서울: 도서출판 로고스, 1999.

윤철호. 『예수 그리스도 상』. 서울: 한국장로교출판사, 2008.

최윤배. 『그리스도론 입문』. 서울: 장로회신학대학교출판부, 2009.

최윤배·임창복. 『개혁신학과 기독교교육』. 서울: 한국장로교출판사, 2007.

최정자. "깔뱅에 의한 그리스도의 삼중직(munus triplex)에 관한 연구." 한국칼빈학회
　　(편). 『칼빈연구』제7집. 서울: 한국장로교출판사, 2010, 331-358.

최정자. "깔뱅의 기독론." (장로회신학대학교 목회신학석사 논문, 2005).

한국칼빈학회 (편). 『칼빈신학해설』. 서울: 대한기독교서회, 1998.

한국칼빈학회 (편). 『칼빈신학과 목회』. 서울: 대한기독교서회, 1999.

한국칼빈학회 (편). 『최근의 칼빈연구』. 서울: 대한기독교서회, 2001.

한국칼빈학회 (편). 「칼빈연구」(창간호~9집). 서울: 한국장로교출판사, 2004~2012.

한국칼빈학회 (편). 『칼빈탄생500주년기념: John Calvin: ① 칼빈신학개요』. 서울: 두란
　　노아카데미, 2009.

한국칼빈학회 (편). 『칼빈탄생500주년기념: John Calvin: ② 칼빈, 그 후 500년』. 서울:
　　두란노아카데미, 2009.

허호익. 『그리스도의 삼직무론』. 서울: 한국장로교출판사, 1999.

Blaser, K. *Calvins Lehre von den drei Ämtern Christi*. Zürich: EVZ Verlag, 1970.

Courvoisier, M. J. "Les cathechismes de Genève et de Strasbourg: Étude sur le
　　développement de la pensée de Calvin." *SHPF* 84(1935), 105-124.

Emmen, E. *De Christologie van Calvijn*. Amsterdam: H. J. Paris, 1935.

De Greef, W. *Johannes Calvijn: zijn werk en geschriften*. Kampen: Uitgeverij Kok,

2006^2.

Jansen, J. F. *Calvin's Doctrine of the Work of Christ*. London: James & Co., 1956.

Hoogland, M. P. *Calvin's Perspective in the Exaltation of Christ in Comparison with the Post-Reformation Doctrine of the Two States*. Kampen: J. H. Kok N. V., 1966.

Moltmann, J.(Hrg.) *Calvin-Studien 1959*. Neukirchen Kreis Moers: Neukirchener Verlag, 1960.

Niesel, Wilhelm. *Calvin-Bibliographie 1901-1959*. München: Chr. Kaiser Verlag, 1961.

Niesel, Wilhelm. *Die Theologie Calvins*. München: Chr. Kaiser Verlag, 1957^2.

Oberman, H. A. "Die 'Extra'-Dimension in der Thologie Calvins," in: *Die Reformation. Von Wittenberg nach Genf*, Göttingen 1986, 253-282.

Schick, L. *Das dreifache Amt Christi und der Kirche*. Frankfurt am Main/Bern: Peter Lang, 1982.

Schroten, H. *Christus, de Middelaar bij Calvijn: Bijdrage tot de zekerheid des geloofs*. Utrecht: N. V. Drukkerij P. Den Boer, 1948.

Van 't Spijker, Willem. *Joahnnes Calvijn: zijn leven en werk*. 박태현 역. 『칼빈의 생애와 사상』. 서울: 부흥과 개혁사, 2009.

van 't Spijker, Willem. *Teksten uit de Institutie van Johannes Calvijn*. Delft: Meinema, 1987.

Wells, Paul. "Christ the Mediator in John Calvin's Thought." 『요한칼빈탄생 500주년기념학술 심포지엄』(2009.6.22. 서울교회, 주제발표), 33-75.

Wendel, François. *Calvin: sources et évolution de sa pensée religieuse*. Paris: Presses Universitaires de France, 1950.

Willis, E. D. *Calvin's Catholic Christology. The Function of the So-Called Extra Calvinisticum in Calvin's Theology*. Leiden: E. J. Brill, 1966.

제5장 깔뱅의 성령론

I. 깔뱅의 성령론 개관[1]

1. 서론

  깔뱅의 성령론에 대해 언급하기 전에 우리는 먼저 깔뱅의 성령론의 역사 신학적 배경과 깔뱅의 성령론의 최근의 동향에 대하여 살펴보고자 한다. 가끔 일부에서 고대교회의 교리와[2] 종교개혁[3]에 대한 부당한 비판이 제기된다. 에벨링(G. Ebeling)에 의하면, 종교개혁은 성령론과 관련해서 스콜라신학에 대해 비판했음에도 불구하고, 성령론을 구원론, 즉 칭의론과 성화론의 범주에서 발전시킴으로써, 스콜라신학의 전통을 잇고 있다.[4] 그러나 꼬쁘만스는 종교개혁 신학에서 성령론의 가치를 매우 높이 평가했다. "교리사적으로 볼 때, 종교개혁의 중요성은 성령론의 재발견과 발전이다."[5] 거의 모든 종교개혁자들, 예

1) 한국칼빈학회 (편), 『칼빈신학개요』(서울: 두란노아카데미, 2009), pp. 84-105와 최윤배 공저, 『성령과 기독교 신학』(서울: 대한기독교서회, 2010), pp. 135-149와 『최근의 칼빈연구』(서울: 대한기독교서회, 2001), pp. 158-173에 게재된 글.

2) P. Schoonenberg, De Geest, het Woord en de Zoon: Theologische overdenkingen over Geest-Christologie, Logos-Christologie en drieëenheidsleer, Kampen 1991; G.C. Kamp, Pneuma-christologie: een oud antwoord op een actuele vraag?(Diss.), Amsterdam 1983.

3) A. J. Jelsma, Waarom de Reformatie mislukte, Kampen 1993, p. 3.

4) G. Ebeling, Dogmatik des christlichen Glaubens III, Tübingen 1979, S. 11.

5) J. Koopmans, Het oudkerkelijk dogma in de Reformatie, bepaaldelijk bij Calvijn, Wageningen 1938(Amsterdam 1983), p. 102, cf. p. 104: "De reformatoren zijn de eersten geweest, die aan het dogma van den Geest volkomen recht hebben doen wedervaren. Zij hebben een leer ontwikkeld, die geestelijk genoeg was om zoowel het scholastieke systeem alsook de hiërarchische pretentie te doorbreken; en kerkelijk genoeg om tegenover het spiritualisme het trinitarisch verband van hun

를 들면 루터(M. Luther),[6] 츠빙글리(H. Zwingli),[7] 부처(M. Bucer),[8] 깔뱅(J. Calvin)[9] 등은 '성령의 신학자'로 불릴 수 있다.

종교개혁자들은 성령론의 관점에서 그의 당시의 로마가톨릭교회를 비판했을 뿐만 아니라, 열광주의자들도 비판했다. 그럼에도 불구하고, 성령론의 관점에서 종교개혁자들 사이에 본질적 측면에서가 아니라, 강조점의 측면에서 차이점이 존재한다. 특히, 부처와 깔뱅의 신학에서 성령론은 매우 중요한 위치를 차지하고 있다. 부처와 깔뱅은 이 같은 그들의 성령론에 대한 입장 때문에 루터와 그의 제자들 및 츠빙글리와 그의 제자들로부터 어려움을 겪기도 했다.

불링거(H. Bullinger)는 루터와 츠빙글리 사이를 서로 화해시키려고 노력하는 사람들을 무시하는 말투로 마르틴 '부처파'(bucerisat)라고 별명을 붙였다.[10] 1529년 10월 마르부르크(Marburg)에 종교개혁자들 간의 만남이 있었

---

gedachten te handhaven." cf. Y. Congar, *Der Heilige Geist*, Freiburg/Basel/Wien 1982, S. 129-134; A. D. R. Polman, "De Heilge Geest en de strijd der Reformatoren," in: J. H. Bavinck e.a. (red.), *De Heilige Geest*, Kampen 1949, pp. 208-227; J. de Senarclens, *Héritiers de la Réformation*, Paris 1956, pp. 130ff.

6) F. P. Hall, *The Lutheran Doctrine of the Holy Spirit in the Sixteenth Century: Developments to the "Formula of Concord"*, Pasadena 1993; E. Herms, *Luthers Auslegung des Dritten Artikels*, Tübingen 1987; R. Otto, *Die Anschauung vom Heiligen Geiste bei Luther*, Vandenhoeck & Ruprecht 1898; M. Plathow, "Der Geist hilft unserer Schwachheit," in: *Kerygma und Dogma* 40 (1994), S. 143-169; R. Prenter, *Spiritus Creator. Studien zu Luthers Theologie*, München 1954, S. 7, 296s; idem, *Le Saint-Esprit et le renouveau de l'Eglise*, Neuchâtel/Paris 1949, idem, *Geist und Wort nach Luther*, Huth 1898; K. Schwarzwäller, "Delectari assertionibus: Zur Struktur von Luthers Pneumatologie," in: *Lutherjahrbuch*, Hamburg 1971, S. 26-58.

7) A. E. Burckhardt, *Das Geistproblem bei Huldrych Zwingli*, Leipzig 1932; C. Gestrich, *Zwingli als Theologe*, Zürich 1967, S. 71s; W. Kähler, *Die Geisteswelt U. Zwinglis*, Gotha 1920; G.W. Locher, *Zwingli's Thought. New Perspectives*, Leiden 1981, pp. 12-14, 286f; F. Schmidt-Causing, *Zwingli*, Berlin 1965, S. 82; W. P. Stephens, *The Theology of Huldrych Zwingli*, Oxford 1986, pp. 59-64, 129-138; idem, *Zwingli: An Introduction to His Thought*, Oxford 1992.

8) A. Lang, *Der Evangelienkommentar Martin Butzers und die Grundzüge seiner Theologie*, Leipzig 1900(Aalen 1972), S. 120ss, 270.

9) B. B. Warfield, *Calvijn als theoloog en de stand van het Calvinisme in onze tijd*, Kampen 1919, p. 14.

10) H. Bullinger가 A. Blaurer에게 1544년 10월 10일에 보낸 편지, in: T. Schieß, *Briefwechsel der Brüder Ambrosius Blaurer und Thomas Blaurer II*, S. 308: "Totus bucerisat et nescio quae profert, quae nunquam ullis docebit scripturis."

다. 그 때 루터는 "나는 당신의 주님도, 재판관도 아닐 뿐만 아니라, 당신의 선생님도 아닙니다. 당신의 영과 우리의 영은 일치하지 않습니다."라고 말했는데,[11] 이 대화 속에서 문제가 된 것은 우리에게 일반적으로 알려진 성찬론의 문제가 아니라, 성령론의 문제라고 해야 할 것이다.

그 당시 루터는 자신과 동일한 방법으로 성령을 말하지 않는 모든 사람들을 열광주의자들로 간주함으로써, 그는 열광주의자가 되지 않고도 루터와 다른 방식으로 성령에 대해서 말할 수 있다는 부처와 깔뱅을 이해할 수가 없었다. 그 결과 루터는 츠빙글리에게는 물론 부처에게조차 따가운 시선을 보냈다. "당신은 아무런 쓸모가 없는 자다."[12]

종교개혁 이후 발전한 루터교회의 신학전통과 개혁교회의 신학전통 속에서 성령론에 대한 그들의 입장의 현격한 차이점은 후대에 이르러 비로소 발전한 것이 아니라, 이미 위의 루터의 말들 속에 그 뿌리를 두고 있다. 루터는 부처를 오해하여, 부처를 츠빙글리와 칼쉬타트(A. Karlstadt)의 편당으로 간주했다. 다시 말하면, 루터는 부처를 존재하지도 않았고, 존재할 수도 없는 교회일치(종교개혁자들의 일치)에만 몰두하는 열광주의자, 현실주의자, 정치인이라고 비판했다. 결국, 루터는 츠빙글리를 비롯한 그의 제자들과 부처를 비롯한 스트라스부르(Strasbourg)의 종교개혁자들을 칼쉬타트나 뮌쳐(T. Müntzer) 등과 같은 열광주의자로 간주했다.

우리가 보기에 루터 진영과 츠빙글리 진영을 화해시키려 노력했던 부처와 깔뱅을 비롯한 스트라스부르와 제네바의 종교개혁자들은 루터가 오해한 대로 열광주의자들의 편당이 아니라, 루터의 제자들보다도, 츠빙글리의 제자들보다 더 충실하게 루터와 츠빙글리의 주요 신학사상을 이어받았다.

---

11) W. Köhler, *Das Marburger Religionsgespräch 1529: Versuch einer Rekonstruktion*, Leipzig 1929, S. 38.
12) W. Köhler, op. cit., S. 39: "Luther lächelnd mit dem Finger drohend zu Bucer: 'tu es nequam'."

그러나 그 당시의 역사적 정황으로 미루어 볼 때, 루터가 스트라스부르와 제네바의 종교개혁자들을 오해할 소지는 있었다.

루터는 독일 내의 농민운동을 직접 목격하면서 칼쉬타트와 뮌쳐 등에 대한 시각이 극도로 부정적이 되었고, 칼쉬타트는 스트라스부르로 피신하여 살고 있었다. 이것을 본 루터는 스트라스부르에 있는 종교개혁자들이 칼쉬타트 등과 같은 사람을 비호하는 것으로 오해했다. 한 걸음 더 나아가 사실상 츠빙글리를 비롯하여 부처나 깔뱅은 재세례파들이 사회나 교회에서 큰 문제를 일으키지 않을 때 그들을 전도와 교화의 대상으로 생각하여 재세례파 문제를 소극적으로 긍정적으로 대처하여, 그들 일부를 종교개혁 진영으로 돌아오게 했다. 그러나 재세례파들로 인해서 교회와 사회에 대한 부정적인 영향이 확산되자, 츠빙글리와 스트라스부르와 제네바의 종교개혁자들은 그들에게 더욱 부정적으로 대했다. 이 같은 상황을 통해서 루터는 츠빙글리를 비롯한 스트라스부르와 제네바의 종교개혁자들을 열광주의자들과 재세례파들의 동류들로 오해했던 것이다.

부처는 그의 초기에는 츠빙글리의 영향 하에서 로마가톨릭교회를 상대하여 성서 말씀의 중요성을 유지하면서도 성령의 사역을 더욱 강조했다. 그의 후기에 부처는 루터와의 접촉을 통해서 성서 말씀과 성령 사이의 뗄 수 없는 밀접한 상호 관계를 배워 자신과 루터가 함께 서명한 『비텐베르크 일치신조』(1536)에서 성령과 성서 말씀 사이의 완전한 균형을 유지하게 된다.[13] 일반적으로 츠빙글리에게는 성령이 성서 말씀보다 우위를 차지하여 자칫 주관주의의 위험성이 있을 수 있고, 루터에게는 성서 말씀 자체가 성령보다 우위에 있어서 자칫 객관주의의 위험성이 있을 수 있다.

부처가 1536년에 취한 성령과 말씀 사이의 균형 잡힌 입장을 깔뱅도 그대

---

13) G. Anrich, *Martin Bucer*, Straß burg 114, S. 63: "Mit den Jahren der Konkordie kann Bucers Theologie als im wesentlichen abgeschlossen gelten."

로 물러 받게 된다.14) 부처의 신학의 출발점은 성령론적으로 이해된 기독론 속에 있다. 그러나 그리스도께서 자신의 왕적 통치권을 수행하는 방법에서 몇 몇 상대들과의 논쟁 속에서 발전하게 된다. 종교개혁 운동 밖에서는 로마가톨 릭교회와 재세례파들과 열광주의자들과의 논쟁, 그리고 종교개혁 내에서는 성찬론 논쟁 등을 통해서 부처의 성령론은 '중간의 길'(via media)을 걷는 방 법으로 기울어지게 된다. 다시 말하면, 수단을 사용하시지 않고도 성령께서 일 하신다는 성령의 비매개적 사역보다는 성령께서 수단을 사용하시기를 원하신 다는 성령의 매개적 사역을 부처는 더욱 강조하게 된다. 결과적으로 부처의 성 령론은 기독론 속에 그 뿌리를 두고, 교회론 속에서 발전되어진다.15)

부처의 생애 마지막 즈음 영국에서 쓴 작품 속에서도 부처는 사랑 속에서 남 의 짐을 지고, 평화의 끈을 통해서 성령 안에서 서로 하나가 되어야함을 열망 했다.16) 우리가 부처를 '성령의 신학자'로 부르는 것은 정당하다.17) 부처의

---

14) Cf. J. van der Graaf(red.), *Gejjkte woorden: over de verhouding van Woord en Geest*, Kampen 1979, pp. 45–49; R. H. Grützmacher, *Wort und Geist: Eine historische und dogmatische Untersuchung zum Gnadenmittel des Wortes*, Leipzig 1902, S. 116–142, 특히 120s: "Butzers Verständnis der Gnadenmittellehre ist das herrschende in der reformierten Dogmatik geworden. Calvins gesamte Ausführungen über Wort und Geist liegen im Grundriß bei Butzer vor ... So bestätigt sich Seebergs Feststellung, daß Butzers Theologie eine Vorstufe der Theologie Calvins ist, die zunächst an anderen Fragen erwesen wurde (D.G. II 382ff.), in vollem Umfange an dem Verhältnis der Lehre Butzers und Calvins über das Gnadenmittel des Wortes"; J. Müller, *Martin Bucers Hermeneutik*, Gütersloh 1965, S. 41–46.

15) W. H. Neuser, "Selbständige Weiterbildung zwinglischer Theologie – Martin Bucer," in: C. Andresen(Hrg.), *Handbuch der Dogmen- und Theologiegeschichte II*, Göttingen 1980, S. 224: "H.E. Weber nennt Bucers Theologie eine 'christozentrische ethische Geistmystik'. Die Christozentrik erweist sich jedoch als problematisch ··· die Ethik stellt keine Besonderheit innerhalb der reformierten Theologie dar. Hingegen rührt die Pneumatologie an das Proprium im Denken Bucers; sie verbindet sich bei ihn direkt mit der Ekklesiologie."; W. van 't Spijker, "Bucer und Calvin," in: C. Krieger e.a. (red.), *Martin Bucer and Sixteenth Century Europe: Acts du Colloque de Strasbourg(28–31 août 1991) I*, Leiden/New York/Köln 1993, S. 466s.

16) Martin Bucer, *Tomus Anglicanus*, 504ff.

17) G. Anrich, *Martin Bucer*, Straßburg 1914, S. 138; A. Lang, *Der Evangelienkommentar Martin Butzers und die Grundzüge seiner Theologie*, Leipzig 1900(Aalen 1972), S. 120ss, 270; W.H. Neuser, "Bucer," in: C. Andresen(red.), *Handbuch der Dogmen- und Theologiegeschichte II*, Göttingen 1980, S. 224; G. W. Locher, *Zwingli in Europa*, P. Blickle e.a. (red.), Zürich 1985, S. 115;

성령론에 대한 최근 훌륭한 연구서들 중에 하나가 스테펀스(W. P. Stephens) 의 『부처의 성령론』이다.[18] 그러나 그의 연구서는 성령의 위격(位格) 또는 인격(Person)보다는 성령의 특별사역에 대한 관심과 내용으로 일관하고 있어서, 성령의 위격과 관련해서 삼위일체론 속에서의 성령의 위격에 대한 연구와 창조와 섭리 속에서의 성령의 일반 사역에 대한 연구가 부족하다. 이 부분을 보충해 줄 수 있는 최근의 연구가 필자의 신학박사학위논문이다.[19]

깔뱅은 부처보다도 더 자주 '성령의 신학자'로 불려진다.[20] 깔뱅의 성령론

O. Ritschl, *Dogmengeschichte III*, S. 130ss; J. Müller, *Martin Bucers Hermeneutik*, Gütersloh 1965, S. 41ss, 194ss; L. G. Zwanenburg, "Martin Bucer over de Heilige Geest," in: *Theologia Reformata* 8(1965), pp. 105–129; W. van 't Spijker, *De ambten bij Martin Bucer*, Amsterdam 1970, p. 46 (= tr. by J. Vriend, etc., *The Ecclesiastical Offices in the Thought of Martin Bucer*, Leiden/New/Köln 1966); idem, "Die Lehre vom heiligen Geist bei Bucer und Calvin," in: W. H. Neuser(red.), *Calvinus servus Christi*, Budapest 1988, S. 75; idem, "Geest, Woord en Kerk in Bucers Commentaar op de brief van Paulus aan Ephese," in: C. Augustijn e.a. (red.), Geest, Woord en Kerk, Kampen 1991, p. 81: "De dauw van de Geest ligt over het gehele landschap van Bucers theologie."(= "성령의 이슬 방울이 Bucer 신학의 모든 풍경 속에 스며들어 젖어 있다.").

18) W. P. Stephens, *The Role of the Holy Spirit in the Theology of Martin Bucer* (= *Le Rôle du Saint-Esprit dans la théologie de Martin Bucer*, Thèse, Strasbourg 1967); idem, *The Holy Spirit in the Theology of Martin Bucer*, Cambridge 1970.

19) Yoon-Bae Choi, *De verhouding tussen pneumatologie en christologie bij Martin Bucer en Johannes Calvijn*(= 마르틴 부처와 요한 깔뱅에게서 성령론과 기독론의 관계 연구), Leiden 1996.

20) C. S. Bartholomew, *Calvin's Doctrine of the Cognitive Illumination of the Holy Spirit as Developed in the Institutes of the Christian Religion*(Diss.), Western Conservative Seminary 1977; W. Balke, "The Word of God and Experientia," in: W. H. Neuser(red.), *Calvinus Ecclesia doctor*, Kampen 1978, p. 30; R.M. Boyle, *The Doctrine of the Witness of the Holy Spirit in John Calvin's Theology Considered against a Historical Background*(Thesis-Abilene Chr.C.), Abilene 1967; S. Brunet, *La spiritualité calvinienne* (Thesis-Université Paul Valéry), Montpellier 1973; M. V. Cubine, *John Calvin's Doctrine of the Work of the Holy Spirit Examined in the Light of Some Contemporary Theories of Interpersonal Psychotheraphy*(Diss.NU.), Northwestern 1955; J. van Genderen, "Het werk van de Heilige Geest volgens Calvijn," in: *Dienst* 10(1960), pp. 77–96; E. Grin, "Quelques aspects de la pensée de Calvin sur le Saint-Esprit et leurs enseignements pour nous," in: *ThZ* 3(1947), pp. 274–289; C. A. M. Hall, *With the Spirit's Sword*, Zürich 1968; I. J. Hesselink, "Governed and Guided by the Spirit: A Key Issue in Calvin's Doctrine of the Holy Sprit," in: *Reformiertes Erbe II*, Zürich 1992, pp. 161–171; P. de Klerk(red.), *Calvin and the Holy Spirit*, Michigan 1989; W. Krusche, *Das Wirken des Heiligen Geistes nach Calvin*, Göttingen 1957, S. 12; C. Lelièvre, *La Maîtrise de l'Esprit*, Paris 1901, p. 19; S. van der Linde, *De leer van den Heiligen Geest bij Calvijn: bijdrage tot de kennis der reformatorische theologie*, Wageningen 1943, pp. 1, 206; idem, "Calvijns leer van de Heilige Geest, volgens Institute III," in: *Theologia Reformata* 14(1971), pp. 15–31; G. W. Locher, *Testimonium*

속에 그의 신학의 특성이 나타난다.[21] 깔뱅의 성령론 연구서로서 중요한 것들 중에 두 개는 판 데어 린드(S. van der Linde)와 크루쉬(W. Krusche)의 연구서이다. 그런데, 판 데어 린드는 바르트(K. Barth)를 비판하면서 네덜란드의 '경건주의'(de Nadere Reformatie) 입장에서 깔뱅의 성령론을 보려는 경향이 있다.[22] 크루쉬는 바르트에 대한 긍정적인 시각을 가지고 깔뱅의 성령론을 보려는 경향이 있다.[23] 깔뱅의 성령론 연구에서 주의해야할 태도 중의 하나는

internum: Calvins Lehre vom Heiligen Geist und das hermeneutische Problem, Zürich 1964; idem, "Der Geist als Paraklet: Eine exegetisch dogmatische Besinnung," in: EvTh 26(1966), S. 565–579; idem, "Zu Calvins Lehre vom Heiligen Geist: Gedanken zum hermeneutisches Problem," in: Sonntagsblatt(Basler Nachrichten, S. 23; Sonntag, 31. Mai, Nr. 223), 1964; G. S. J. Louwerens, L'habitation de l'Esprit Saint dans l'âme du fidèle d'après la doctrine de Jean Calvin(Thesis–Pontificia Universitas Gregoriana), Romae 1952; M. Morii, La notion du Saint–Esprit chez Calvin dans son développement historique(Thèse), Strasbourg 1961; O. Nebe, Deus Spiritus Sanctus: Untersuchungen zur Lehre vom heiligen Geist, Gütersloh 1939; M. E. Osterhaven, "Calvin on the Covenant," in: RefR 32(1980), pp. 136–149; idem, "John Calvin. Order and the Holy Spirit," in: RefR 32(1978), pp. 23–44, cf. pp. 4–44; J. Pannier, Le témoignage du Saint–Esprit, Paris 1893; J. K. Parratt, "The Witness of the Holy Spirit; Calvin, the Puritans and St. Paul," in: EvQ 41(1969), pp. 161–168; J.–P. Pin, La présence de Jésus–Christ aux hommes d'après l'Institution de 1560 de Jean Calvin(Thèse), Strasbourg 1971; H. J. J. Th. Quistorp, "Calvins Lehre vom Heiligen Geist," in: J.de Graaf e.a.(red.), De Spiritu sancto, Utrecht 1964, pp. 109–113; R. Ray, "Witness and Word," in: CJTh 15(1969), pp. 14–23; H. Schützeichel, "Calvins Kritik an der Firmung," in: Zeichen des Glaubens, Zürich/Köln 1972, S. 123–135; idem, "Der Begriff 'Virtus' in der Eucharistielehre," in: TTZ 93(1984), S. 315–317; idem, "Inwiefern war die Reformation Calvins eine Bewegung des Hl. Geistes," in: TTZ 96(1987), S. 236–317; W. van 't Spijker, "'Extra nos' en 'in nobis' bij Calvijn in pneumatologisch licht," in: Theologia Reformata 31(1988), pp. 271–291; idem, "Die Lehre vom Heiligen Geist bei Bucer und Calvin," in: Calvinus servus Christi, Budapest 1988, S. 73–106; idem, Luther en Calvijn, Kampen 1985; G. Walters, The Doctrine of the Holy Spirit in John Calvin(Thesis), Edinburgh 1949; J. L. V. Zwewas, The Holy Spirit in Calvin(Thesis–Unon Th. Seminar), New York 1947; 김재성, 『성령의 신학자 존 칼빈』(서울 : 생명의 말씀사, 2004).

21) W. Balke, "Calvijn en Van Ruler over de Heilige Geest," in: K. Abbink e.a.(red.), 1993–1994 Jaarboekje van G.T.S.V. Voetius, Zwolle 1994, p. 32; Myung–Sun Moon, "Das Wirken des Heiligen Geistes zur Stiftung der Gemeinschaft mit Jesus Christus," (Diss., Heidelberg, 2007).

22) S. van der Linde, De leer van den Heiligen Geest bij Calvijn: bijdrage tot de kennis der reformatorische theologie, Wageningen 1943, p. 7: "Calvijn geeft aan de leer van den Heilige Geest een breede plaats in zijn theologie. Dat is niet alleen van op zichzelf van betekenis, maar het opent onzen blik voor zijn waardeering van het religieuze leven en werpt zijn licht over den grondslag en de methode van heel zijn theologie ··· Een critisch gedeelte sluit daarbij aan, gewijd aan de vergelijking van de dialectische theologie van Karl Barth met die van Calvijn in het stuk der pneumatologie."

23) W. Krusche, Das Wirken des Heiligen Geistes nach Calvin, Göttingen 1957, passim, cf. W. J. Klempa,

연구가들이 깔뱅에 대해 이미 가지고 있는 선입관을 배제하고, 깔뱅의 제1차 문헌을 정직하게 분석하고, 연구하는 것이다. 필자의 경우도 예외는 아니지만, 이런 사실을 기억하면서 깔뱅의 성령론을 연구하려고 시도했다.24) 그러나 필자의 신학박사학위논문의 제한점은 깔뱅의 성령론을 주로 성령의 위격(位格) 또는 인격과 관련해서 삼위일체론과 기독론의 관점에서 연구했다는 점이다. 최근에 깔뱅의 성령론에 대해 많은 관심을 기울이는 신학자는 헤셀링크(I. J. Hesselink)이다.25) 국내에서도 깔뱅의 성령론에 대한 연구가 증가하고 있는 것은 매우 고무적인 일이다.26)

2. 창조주와 섭리주 및 구속주 하나님이신 성령

창조주 및 섭리주 성령 하나님은 창조주 및 섭리주 하나님 성부와 창조주 및 십리주 하나님 성자와 함께 천지창조에 동참하셨다. 깔뱅은 그의 『창세기 주

"Barth as a Scholar and Interpreter of Calvin," in: J. H. Leith(red.), *Calvin Studies VII*, Davidson 1994, pp. 31–49; C. Link, "Der Horizont der Pneumatologie bei Calvin und Karl Barth," in: H. Scholl(red.), *Karl Barth und Johannes Calvin: Karl Barths Göttinger Calvin-Vorlesung von 1922*, Neukirchen-Vluyn 1995, S. 22–45.

24) Yoon-Bae Choi, *De verhouding tussen pneumatologie en christologie bij Martin Bucer en Johannes Calvijn*, Leiden 1996.

25) I.J. Hesselink, "Calvin, the Theologian of the Holy Spirit and the Christian Life," Sou-Young Lee(ed.), *Calvin in Asian Churches*(Seoul: Korea Calvin Society, 2002), pp. 113–127. cf. Shin Nomura, "Efficacua Spiritus and Calvin's Doctrine of the Holy Spirit," pp. 129–157.

26) 김선권, "깔뱅의 통전적 성령론,"(장로회신학대학교 대학원 미간행 Th.M. 학위논문, 2007); 문병호, "칼빈의 성령론," 왕십리교회(편),『칼빈의 개혁신학과 한국교회』(2008.6.30), pp. 36–51; 박계순, "깔뱅의 성령론,"(장로회신학대학교 목회전문대학원 미간행 Th.M.M. 학위논문, 2005); 최윤배, "부처와 깔뱅에게서 성령과 그리스도의 삼중직," 서울장신대학교(편), 「서울장신논단」제7집(1999), pp. 128–145; 최윤배, "성령론: 연구 방법론과 성령론을 중심으로," 한국칼빈학회(편),『최근의 칼빈연구』(서울: 대한기독교서회, 2001), pp. 158–173; 최윤배 공저,『16세기 종교개혁과 개혁교회의 유산』(서울: 한국장로교출판사, 2003), pp. 284–286; 최윤배, "깔뱅의 성령과 그리스도의 관계: 성령의 담지자로서 그리스도," 한국칼빈학회(편),「칼빈연구」창간호(서울: 한국장로교출판사, 2004), pp. 71–91; 최윤배, "깔뱅의 성령과 그리스도의 관계: 성령의 파송자로서 예수 그리스도," 연세대학교연합신학대학원(편), 「신학논단」제45집(2006), pp. 147–180; 최윤배 공저,『개혁신학과 기독교교육』(서울: 한국장로교출판사, 2007), pp. 79–110.

석』에서 창세기 1장 1-2절을 주석하면서, 창조주 및 섭리주 성령 하나님의 창조사역에 대해서 말한다. "창세기의 하나님의 창조사역을 말할 때, 모세는 복수명사인 '엘로힘'이라는 단어를 사용한다. 엘로힘이라는 복수는 하나님께서 세계창조 시에 행사하셨던 힘들을 표현한다. 성경은 신성의 수많은 힘들을 인용하고 있을지라도, 성경은 항상 아버지와 아버지의 말씀과 성령을 우리에게 상기시킨다."27) "모세는 이 덩어리가 비록 혼돈되어 있을지라도, 이 덩어리는 당분간 성령의 신비한 능력에 의해서 안정되어졌다고 주장한다. 이 자리에서 적합한 히브리어 단어는 두 가지 의미를 지니는데, 그 중에 하나는 성령께서 활기를 불어 넣기 위해서 수면 위에 운행하시고 동요하신다는 뜻이고, 다른 하나는 성령께서 수면을 소중히 보호하시기 위해서 수면 위를 덮으신다는 뜻이다."28)

깔뱅에 의하면, 창조주 및 섭리주 성령 하나님은 창조주 및 섭리주 하나님 성부와 창조주 및 섭리주 하나님 성자와 함께 지금도 천지만물을 유지하시고, 보존하시고, 섭리하신다. "성령께서는 온 우주에 편재하시어 하늘과 땅 위에 있는 만물을 유지하시고 그것들을 성장케 하시며 그것들을 소생시키신다. 또한 성령께서는 아무런 제한도 받지 않기 때문에 피조물의 범주에 속하지 않는다. 그러나 만물에게 생기를 불어 넣고 그것들에게 본질과 생명과 운동을 불어 넣어 주심에 있어서 확실히 성령은 하나님이신 것이다."29)

성령이 창조주 및 섭리주 하나님 아버지의 영일 때, 그리고 성령이 창조주 및 섭리주 하나님 아들이신 영원한 말씀의 영일 때, 성령은 창조주 및 섭리주 하나님이시다. 다시 말하면, 성령이 창조주 및 섭리주 아버지 하나님으로부터 나오실 때, 그리고 성령이 창조주 및 섭리주 하나님 아들이신 영원한 말씀으로

---

27) John Calvin, 『창세기 주석』창1:1, p. 72(English판).
28) John Calvin, 『창세기 주석』창1:2, p. 74.
29) John Calvin, 『기독교 강요』(1559), I xiii 14.

부터 나오실 때, 성령은 창조주 및 섭리주 하나님이시다.

그렇다면, 언제 그리고 어떤 방법으로 성령께서 창조주 및 섭리주 하나님 성령이신 동시에 구속주 하나님 성령이 되시는가? 성령께서 구속사 속에서 메시아로서 중보자 예수와 관련 될 때, 그리고 하나님의 백성(그리스도인과 그리스도의 몸인 교회)과 관련 될 때, 성령은 구속주 하나님이시다.

창조주 및 섭리주 하나님이시며, 성육신 하지 않으신 영원한 말씀으로서 예수 그리스도는 창조주 및 섭리주 하나님 성령을 가지고 계시기 때문에, 창조주 및 섭리주 하나님 성령을 보내셔서 천지를 창조하시고, 지금도 섭리하실 수가 있다. 그러나 인간의 타락 이후 인간의 구원을 위해서 성육신하셔서 중보자가 되신 구속주 하나님 예수 그리스도는 인간의 몸을 입으셨기 때문에 구속주 성령을 받지 아니하고는 인간의 모든 죄를 지시고, 창조주 및 섭리주 하나님께 완전히 순종하실 수가 없었다. 따라서 예수 그리스도는 그의 공생애를 성령으로 세례를 받으심으로부터 시작하셨다.

깔뱅은 그의 『요한복음 주석』에서 요한복음 1장 32-33절을 주석하면서 중보자 예수 그리스도께서 '메시아'로서 공적으로 취임하신 것이라고 말한다. "요한복음 1장 32절('요한이 또 증거하여 가로되 내가 보매 성령이 비둘기 같이 하늘로서 내려와서 그의 위에 머물렀더라.')에서 하나님께서는 이사야 42장 3절의 말씀인 '상한 갈대를 꺾지 아니하며 꺼져가는 등불을 끄지 아니하고'라고 찬양했던 그리스도의 온유함을 공적으로 드러내고 싶으셨던 것이다. 이것은 성령이 그리스도 위에 내려진 것을 본 최초의 경험이었다. 그렇다고 예수의 세례 이전에는 그리스도에게 성령이 없었다는 것이 아니라, 그리스도께서 이제 말하자면, 엄숙한 예식으로 거룩해지신 것이다. 우리는 그리스도께서 30년 동안 한 개인으로서 숨겨진 채 생활하셨음을 안다. 그가 공적으로 출현하실 때가 아직 이르지 않았기 때문이다. 그러나 그리스도께서 자신을 세상에 알리기를 원하셨을 때, 그는 세례로 그의 공생애를 시작하셨다."[30]

창조주 및 구속주 하나님이신 영원한 말씀이신 예수 그리스도께서 성육신 하신 말씀으로서 구속주 하나님 중보자가 되셨기 때문에, 예수 그리스도께서 는 항상 성령의 도움이 필요하셨다. 지상 생애 동안 예수 그리스도는 성령으로 잉태하여 동정녀 마리아에게서 나시고, 성령으로 세례를 받으시고, 성령으로 말씀을 선포하시고, 성령으로 기적을 행하시고, 성령으로 십자가를 지시고, 성 령으로 부활하셨다.

그러나 구속주 성령 하나님이 예수 그리스도께 임하신 궁극적인 목적은 구 속주 하나님 중보자 예수 그리스도께서 성취하시고 완성하신 구원을 그의 백 성에게 주시기 위함이었다. 부활·승천 이후의 구속주 하나님 중보자 예수 그리 스도는 구속주 하나님 성령 보혜사를 그의 백성에게 보내주신다. "그러므로 그리스도께서 이 때 성령을 받으신 것은 자신을 위한 것이라기보다는 그의 백 성을 위한 것이었다. 그리고 성령께서는 우리가 가지고 있지 않은 모든 충만한 은사가 모두 그리스도 안에 있다는 것을 우리로 알게 하기 위하여 눈에 보이게 임하셨던 것이다. 세례 요한의 말에서 우리는 이를 쉽게 유추할 수 있다. 요한 이 '성령이 내려서 누구 위에든지 머무는 것을 보거든 그가 곧 성령으로 세례 를 베푸는 이인 줄을 알라'고 말할 때, 이는 그가 성령이 볼 수 있는 형태로 보 였고, 주님께서 그의 충만함으로 그의 백성들에게 복을 내려 주시기 위해 그리 스도 위에 머물게 하였던 것이나 다름이 없다."[31]

그렇다면, 구속주 하나님 중보자 예수 그리스도께서 언제 그의 백성에게 구 속주 하나님 성령 보혜사를 보내 주시는가? 구속주 하나님 중보자 예수 그리 스도께서 부활·승천하신 이후에 비로소 구속주 하나님 성령 보혜사를 그의 백 성에게 보내신다. 이것이 바로 오순절 마가의 다락방에서 성취된 것이다. 깔뱅 은 그의 『요한복음 주석』에서 요한복음 7장 39절 '예수께서 아직 영광을 받지

---

30) John Calvin, 『요한복음 주석』요1:32, pp. 34–35.
31) John Calvin, 『요한복음 주석』요1:32, p. 35.

못하신 고로 성령이 아직 저희에게 계시지 아니하시더라.'라는 말씀을 다음과 같이 주석한다. "우리가 아는 대로 성령은 영원하신 분이시다. 그러나 그리스도께서 비천한 종의 형체를 입으시고 세상에 거하시는 한, 그리스도의 부활 후에 사람 위에 부음 바된 성령의 은혜는 아직 공개적으로 임하지 않았다고 복음서 저자는 말하고 있다. 그리고 요한은 신약과 구약을 서로 비교급으로 비교하고 있다. 하나님께서는 구약의 조상들에게 한 번도 허락하신 적이 없는 것처럼 하나님의 성령을 약속하고 있다. 그리스도 당시 제자들은 의심할 여지없이 이미 성령의 첫 열매를 받았다. 왜냐하면 성령으로 말미암지 않고는 믿음이 올 수 없기 때문이다. 복음서 저자는 그리스도의 죽음 이전에는 성령의 은혜가 믿는 자들에게 분명하게 계시되지 않았다고 말하는 동시에 성령이 나중에 나타난 것처럼 더욱 밝고도 명확하게 나타나지 않았다고 말하고 있다. 그리스도의 나라의 가장 큰 영광은 주님께서 그의 영으로 교회를 다스리시는 것이다. 그러나 주님께서 아버지의 오른편에 앉으신바 되었을 때, 비로소 그는 그의 나라를 정당한 절차를 따라 소유하게 될 것이다. 그러므로 주님께서 그때까지 성령을 충분히 나타내시는 일을 연기하신 것은 놀라운 일이 아니다."[32]

구속주 하나님 중보자 예수 그리스도께서 부활·승천 이후에 비로소 약속하신 구속주 하나님 보혜사 성령을 그의 백성에게 보내주신다는 사실은 창조주 및 섭리주와 구속주 아버지 하나님의 구속사적인 경륜에 속한다. "그리스도께서 그의 성령의 은혜와 능력을 통해서 우리에게 자신을 제공하고 있는 그의 임재는 그가 우리 눈 앞에 계시는 것보다도 더 훨씬 유익하고 바람직한 것이다. 여기서 우리는 '그리스도께서 이 지상에 계시는 동안에 성령을 이끌어 내실 수 없었던가?'라고 질문을 해서는 안 된다. 왜냐하면 그리스도께서 아버지의 경륜을 모두 기정사실로 인정하고 계시기 때문이다."[33]

32) John Calvin, 『요한복음 주석』요7:39, p. 199.
33) John Calvin, 『요한복음 주석』요16:7, p. 115.

깔뱅의 요한복음 14장부터 16장에 있는 '보혜사'와 관련된 구절들에 나타난 주석에서 구속주 하나님 중보자 예수 그리스도의 이름으로 하나님의 백성에게 주어지는 구속주 성령 하나님이신 보혜사의 특징과 사역을 알 수가 있다. "그리스도께서 사도들에게 약속하신 영은 완전한 진리의 교사(Magister veritatis)로 이야기 되고 있다. 그리스도께서 제자들에게 성령을 약속하신 것은 제자들이 그리스도로부터 받은 지혜를 전수하기 위함이 아닌가? 제자들은 그들에게 허락된 영의 지도자가 계셨기에 그들에게 부과된 직무를 수행해냈다."[34] 구속주 하나님 중보자 예수 그리스도께서 그의 이름으로 보내주신 구속주 하나님 성령 보혜사는 진리의 영으로서 지상에서 그리스도께서 하신 말씀을 생각나게 하며, 진리와 의와 심판에 대하여 말씀하시고, 우리를 진리 가운데로 인도하시고, 그리스도의 영광을 나타내신다. 그러므로 깔뱅에 의하면, "하나님에게 주실 영의 선물들은 그리스도께서 맡아가지고 계신다. 그러므로 그는 목마른 사람들은 모두 자기에게 와서 마시라고 초대하신다(요7:37)."[35]

3. 창조주와 섭리주 및 구속주 성령 하나님의 위격

깔뱅에 의하면, 성령의 위격(인격, Person)과 관련하여, 성령은 하나님 자신이시다. 깔뱅 당시에 어떤 사람들은 성부와 성자에게만 하나님의 '신성(神性)'과 하나님의 '자존성(自存性)'(aseity; aseitas)을 돌리고, 성령에게는 돌리지 않았다. 여기에 강력하게 반대하여, 깔뱅은 성부와 성자와 똑같이 성령에게도 하나님의 신성과 하나님의 자존성을 돌려야 됨을 다음과 같이 강조한다. "성경은 여러 곳에서, 성령은 다른 곳으로부터 빌려 온 능력에 의해서가 아니라, 바로 자신의 능력에 의해서 중생의 창시자시며, 중생뿐만 아니라, 영생의

---

34) John Calvin, 『요한복음 주석』요16:12, p. 119.
35) John Calvin, 『기독교 강요』(1559), III i 2.

창시자시라는 사실을 가르치고 있다. 요컨대, 성령에게도 성자에 대해서와 마찬가지로 특별한 신성에 속하는 기능들이 주어졌다."[36] 만일 성령이 하나님 안에 존재하는 '실체'(hypostasis)가 아니라면, 성령은 선택하고 의지(意志)하는 능력을 결코 소유하시지 않을 것이다. 그러므로 바울은 아주 명백하게 '신적 능력'(divina potentia)을 성령에게 돌리고, 성령이 삼위일체 하나님 안에 실재적(實在的)으로 머무신다고 가르쳐 준다.[37]

깔뱅은 이미 구의 『기독교 강요』 초판(1536)에서 사도신경의 '성령을 믿사오며'라는 구절을 해설하는 가운데, 성령은 삼위일체 하나님의 제3위의 하나님이심을 고백한다. 그는 사도신경에서 '성령을 믿사오며'라는 구절을 다음과 같이 해설한다. "여기서 우리는 성령을 믿는다고 고백하는 것이지만, 더욱 더 성령이 아버지와 아들과 함께 계시며, 거룩한 삼위일체 하나님의 제3 위격이시며, 아버지와 아들과 동일한 본질이며, 아버지와 아들과 함께 영원하고, 전능하사 만물의 창조주라는 것을 믿는다."[38] 이 말씀으로부터 우리는 성령은 창조주와 섭리주 하나님과 성육신 하신 구속주 하나님 예수 그리스도와 동일한 본질일 뿐만 아니라, 동시에 창조주와 섭리주 및 구속주 하나님과 함께 영원하다는 것을 알 수 있다.

깔뱅에 의하면, 성령은 하나님의 힘과 능력이다. 능력과 힘으로서 성령에 대한 깔뱅의 주장을 근거로 어떤 깔뱅 연구가들은 깔뱅이 성령을 비인격적 존재로 또는 비신적 존재로 잘못 이해했다고 비판했다. 깔뱅에 대한 이 같은 비판은 옳다고 볼 수 없는데, 그에게 있어서 성령의 힘과 능력은 다음의 두 가지 의미로 사용되고 있기 때문이다.

첫째, 삼위일체 하나님 안에서 성부는 자신의 고유성(固有性, proprietas)으

---

36) John Calvin, 『기독교 강요』(1559), I xiii 14.
37) John Calvin, 『기독교 강요』(1559), I xiii 14.
38) CO(= Calvini Opera) 1, 72; OS(= Opera Selecta) I, 85.

로서 근원을 가지고, 성자는 자신의 고유성으로서 지혜 또는 말씀을 가지고 있다면, 성령은 자신의 고유성으로서 힘과 능력을 가지고 있다. 깔뱅은 성부, 성자, 그리고 성령 하나님의 구별을 다음과 같이 말한다. "성경이 말하는 구별은 다음과 같다. 곧, 성부는 일의 시초가 되고, 만물의 기초와 원천이 되시며, 성자는 지혜요, 계획이시며, 만물을 질서 있게 배열하시는 분이라고 하였으나, 성령은 그와 같은 모든 행동의 능력과 효력이 돌려지고 있는 것을 보게 된다."[39] 그러므로 자신의 고유성으로서 힘과 능력을 가지고 있는 성령은 하나님의 힘과 능력으로 불린다.

둘째, 하나님이신 성령이 자신의 고유성을 가지고 창조 및 섭리사역과 구속사역을 하실 때, 성령의 사역에서 능력 또는 에너지와 은사와 은혜 및 변화가 나타나게 된다. 이 같은 성령의 사역에서 나타나는 변화와 강력한 능력과 관련하여, 성령은 힘과 능력($\delta \acute{\upsilon} \nu \alpha \mu \iota \varsigma$)으로 불린다. 이런 관점에서 깔뱅은 성령을 인격적이면서 동시에 하나님의 힘과 능력으로 본다.

깔뱅에게 있어서 성령은 하나님의 영으로서 성부의 영인 동시에 성자의 영이시다. 깔뱅은 이 명칭들을 구별 없이 사용한다. 『기독교 강요』(1559) 제Ⅲ권에서 깔뱅은 "하나님 아버지께서는 그의 아들로 인하여 우리에게도 성령을 주시지만, 특히 아들에게 성령을 아주 충만하게 주셔서 하나님의 풍부한 은혜를 나눠주는 수종자와 청지기로 삼으셨다. 따라서 성령을 '아버지의 영'이라고 부르거나 '아들의 영'이라고 부른다."고 말한다.[40] 따라서, 깔뱅은 성령이 아버지의 영인 것만 인정하고, 아들의 영인 것을 부인하는 사람들에 대하여 다음과 같이 비판한다. "이제 저들은 필연적으로 자기들의 전제에 따라 성령은 다만 성부만의 영이라고 주장할 수밖에 없게 된다. 왜냐하면, 성령이 오직 성부에게만 고유한 그 근원적인 본질에서 파생되었다고 한다면, 성령은 당연히 성

---

39) John Calvin, 『기독교 강요』(1559), I xiii 18.
40) John Calvin, 『기독교 강요』(1559), Ⅲ i 2.

자의 영으로 간주될 수 없기 때문이다. 그러나 이것은 성령이 다같이 성부와 성자의 영이라(롬8:9)고 한 바울의 증거에 의하여 반박된다. 더욱이 성부의 위가 삼위일체에서 제거된다고 하면, 성부만이 하나님이라고 하는 것 외에 어떤 점에서 성자와 성령과 다르다고 하겠는가?"[41]

결론적으로, 성령의 인격과 관련하여, 깔뱅은 성령은 창조주와 섭리주 및 구속주 하나님의 신성과 자존성을 소유하신 하나님 자신이시며, 삼위일체의 제3위격이시며, 자신의 고유성으로서 힘과 능력을 가지고 힘과 능력을 발휘하시는 분으로 이해한다. 또한 성령은 하나님의 영으로서의 창조주와 섭리주 하나님이시며, 성부의 영이시며, 성육신하신 구속주 하나님 예수 그리스도이신 성자의 영이시다.

4. 창조주와 섭리주 및 구속주 성령 하나님의 사역

깔뱅의 경우, 성령은 창조 및 섭리의 '수행자'(effector)로서 창조주 및 섭리주 하나님이실 뿐만 아니라, 구속의 수행자로서 구속주 하나님이시다. 우리는 창조주 및 섭리주 하나님 성령의 사역을 우주, 역사, 인류를 포함하는 일반사역 또는 자연은사와 연관시킬 수 있고, 구속주 하나님 성령의 사역을 교회와 하나님의 백성을 내포하는 특별사역과 결부시킬 수 있다. 따라서 깔뱅의 경우 성령의 사역(works)은 크게 두 가지, 즉 일반사역과 특별사역인데, 성령의 일반사역은 창주주 및 섭리주 성령 하나님의 창조사역과 섭리사역에 해당되고, 특별사역은 구속주 성령 하나님의 구속(원)사역, 재 창조사역, 새 창조사역에 해당된다.

제2위의 창조주 및 섭리주 하나님으로서 영원한 말씀이신 예수 그리스도는

---

41) John Calvin, 『기독교 강요』(1559), I xiii 23.

제1위의 창조주 및 섭리주 아버지 하나님과 함께 창조주 및 섭리주 하나님 성령과 하나가 되기 때문에 영원한 말씀이신 예수 그리스도의 영은 모든 악인에게도 자연적 생명을 부여하시는 창조주 및 섭리주 하나님 성령이시다.

한 걸음 더 나아가 성육신 하신 예수 그리스도는 중보자로서 구속주 하나님이신데, 그는 그의 영을 통해서 자신의 백성에게 독특한 생명을 부여하시는데, 이 때 중보자의 영은 구속주 하나님 성령이시다. 그러므로 그리스도의 영은 창조주 및 섭리주 하나님인 동시에 구속주 하나님이시다. "여기서 또한 우리가 알아야 할 것은 성령을 '그리스도의 영'이라고 부르는 것은, 비단 하나님의 영원한 말씀이신 그리스도께서 아버지와 함께 동일한 성령으로 하나가 되시기 때문만이 아니라, 또한 그의 중보자의 직분 때문이기도 하다는 사실이다. 만일 그리스도께서 중보자의 기능을 부여받지 않으셨다면, 그가 우리에게 임하신 일 자체가 허사가 되고 말았을 것이다. 그런 의미에서 그를 가리켜 '둘째 아담'으로서 '살려주는 영'으로 하늘로부터 주어지신 분이라고 하는 것이다.(고전15:45) 바울은 여기서 하나님의 아들이 자기 백성들에게 불어 넣어서 그들을 자기와 하나가 되게 하시는 이 독특한 생명을, 악인에게도 공통적으로 있는 자연적인 생명과 대조를 시키고 있는 것이다."42)

1) 창조주와 섭리주 성령 하나님의 일반사역

깔뱅에 의하면, 성령 하나님은 창조주와 섭리주 하나님, 성부와 성육신 하신 구속주 하나님 예수 그리스도이신 성자와 함께 우주만물을 창조하시고, 섭리하는 창조주이신 동시에 섭리주 하나님이시다. 이와 같이하여 깔뱅은 "하나님 자신, 곧 삼위일체 하나님 자신 한 분에 의해서 창조되지 않은 것이 아무 것도 없다. 이 창조의 권능과 명령할 수 있는 권위가 성부, 성자, 성령에게 공통되게

---

42) John Calvin, 『기독교 강요』(1559), III i 2.

속한다는 것을 세르베투스 일당들이 인정하지 않는 한, 하나님은 자기 자신 안에서 삼위가 서로 말씀하시지 않으시고, 외부의 다른 행위자들에게 말씀하셨다는 것이 될 것이다."라고 하나님의 삼위성을 부정한 세르베투스를 비판한다.[43]

창조 기사에서 '하나님의 신은 수면에 운행하시니라.'(창1:2)고 한 모세의 증거는 실로 명백한데, 그 이유를 깔뱅은 다음과 같이 표현한다. "왜냐하면, 우리가 현재 보고 있는 이 세계의 아름다움이 성령의 능력에 의해서 보존될 뿐만 아니라, 또한 이 세계가 이렇게 아름답게 장식되기 전에 벌써 성령께서 저 혼돈된 덩어리를 돌보셨다는 것을 보여 주기 때문이다. 그리고 '이제는 주 여호와께서 나와 그의 신을 보내셨느니라.'(사48:16)고 한 이사야의 말을 아무도 교묘하게 해석할 수 없다. 왜냐하면, 하나님께서는 선지자들을 파송하실 때에 그 최고의 권능을 성령과 함께 공동으로 행사하시기 때문이다. 여기서 성령의 신적 위엄이 찬란하게 빛나게 된다."[44]

여기서 우리는 창조주 하나님의 창조사역과 섭리주 하나님의 섭리사역 가운데, 이미 성령의 사역이 함께 있음을 알 수 있다. 깔뱅에 의하면, 교부들도 창조사역을 그리스도의 사역과 성령의 사역으로 돌렸다. "옛 교부들은 우주의 창조가 성자의 사역인 것과 마찬 가지로 성령의 사역이기도 하다는 것을 입증하기 위해 '여호와의 말씀으로 하늘이 지음이 되었으며, 그 만상이 그 입 기운으로 이루었도다.'(시33:6)라는 다윗의 말을 인용한 것이 타당하다고 생각하였다."[45] 성령이 섭리주 하나님이라는 사실이 깔뱅의 다음의 글 안에 더욱 분명하게 나타난다. "성령께서 온 우주에 편재하시어, 하늘과 땅 위에 있는 만물을 유지하시고, 그것들을 성장케 하시며, 그것들을 소생시키신다. 또한 성령께

43) John Calvin, 『기독교 강요』(1559), I xiii 24.
44) John Calvin, 『기독교 강요』(1559), I xiii 14.
45) John Calvin, 『기독교 강요』(1559), I xiii 15.

서 아무런 제한도 받지 않으시기 때문에 피조물의 범주에 속하시지 않는다. 만물에게 생기를 불어 넣고, 그것들에게 본질과 생명과 움직임을 불어 넣어 주심에 있어서 확실히 성령은 하나님이신 것이다."[46]

깔뱅에 있어서 창조주와 섭리주 및 구속주이신 성령은 은사와도 관련된다. 인간에게 유익한 것이나 진리는 하나님의 영으로부터 주어진 성령의 자연은사(은혜) 또는 일반은사인데, 성령은 모든 은사의 시초시며, 원천이시며, 창시자이시다. "능력, 성화(고전6:11), 진리, 은혜 그리고 우리가 생각할 수 있는 일체의 선이 다 이 성령으로부터 오는 것이다. 왜냐하면 모든 은사의 근원은 오직 한 분 성령이시기 때문이다.(고전12:11)"[47] 이런 의미에서 깔뱅은 '은사는 여러 가지나 성령은 같고'(고전12:4)라는 바울의 말을 인용하면서 "그것은 이 말씀이 성령은 모든 은사의 시초요, 원천일 뿐만 아니라, 은사의 창시자이시기도 하다는 것을 표현해 주기 때문"이라고 말한다.[48] 계속해서 깔뱅은 성령의 사역을 하나님의 모사로서(롬11:34) 성령은 모든 것 곧 하나님의 깊은 것이라도 통달하시며(고전2:10) 또한 지혜와 말의 재능을 주신다(고전12:10)고 주장한다. 이와 같이 인간은 성령을 통해서 하나님과 교통할 수 있으므로 우리를 향하신 그의 생명을 주시는 능력을 어느 정도 감지하게 되는 것이다.[49]

그러므로 깔뱅에게 있어서 인간의 오성과 지성과 감성을 통하여 성취되고, 인간에게 유익한 모든 학술, 기술, 예술 등은 창조주 및 섭리주 하나님 성령의 일반역사에 해당되는 일반은총(은사) 또는 자연은사이다. 성령의 일반역사로 인하여 인간 전반에 걸쳐 나타나는 다음의 유익들을 창조주와 섭리주 하나님의 선물로 받아들일 것을 깔뱅은 다음과 같이 강조하고 있다.

---

46) John Calvin, 『기독교 강요』(1559), I xiii 14.
47) John Calvin, 『기독교 강요』(1559), I xiii 14.
48) John Calvin, 『기독교 강요』(1559), I xiii 14.
49) John Calvin, 『기독교 강요』(1559), I xiii 14.

"인류의 공동 이익을 위하여 하나님께서 각자에게 주신 가장 훌륭한 은사(은혜)들을 우리는 잊지 말아야 한다. 성막을 만들기 위해서 브살렐과 오홀리압의 총명과 지식이 필요했는데, 이것은 하나님의 영께서 그들에게 넣어 주신 것이다.(출31:2-11; 출35:30-35) 그러므로 인간 생활에서 가장 훌륭한 일들에 대한 지식이 모두 하나님의 영에 의해서 우리에게 전달되었다고 말하는 것은 당연하다. … 하나님께서 똑같은 성령의 힘으로 모든 것을 채우시고 움직이시며 살리신다. 그리고 이렇게 하실 때에도 하나님께서는 창조의 법칙에 따라 각 종류에 주신 성격에 맞도록 하신다. 우리가 자연과학과 논리학과 수학과 그 밖의 학술의 도움을 받으며 불신자들의 활동과 봉사의 도움을 받는 것이 주님의 뜻이라면, 우리는 이 도움을 받는 것이 좋다. 이런 학술을 통해서 값없이 주시는 하나님의 선물을 무시한다면, 우리는 이 태만에 대한 당연한 벌을 받아야 한다."[50]

이 외에도 성령의 사역으로 인간에게 주어진 일반은사로 유익을 주는 각종 회화(繪畵)도 성령의 은사에 속한다. 더 나아가 깔뱅은 성령의 일반은사로 말미암아 인간은 창조주와 섭리주 하나님을 아는 지식과 함께 하나님을 예배하게 되는 지식을 갖게 됨을 다음과 같이 주장한다.

"우리 자신의 본성을 조용히 바라볼 때마다, 한 분 하나님이 존재하셔서, 바로 이 분이 자연 전체를 다스리시며, 우리들로 하여금 그를 바라보게 하시며, 우리의 신앙을 자기에게 향하게 하시며, 또한 자기에게 예배를 드리고 자기의 이름을 부르기를 원하신다는 사실을 기억하자. 왜냐하면, 우리 안에 신적인 본성을 증거해 주는 그 놀라운 은사를 향유하면서도 우리가 이 은사를 풍부하게 주신 창조주를 멸시하는 것처럼 더 불합리한 것은 없기 때문이다."[51]

---

50) John Calvin, 『기독교 강요』(1559), II ii 16.
51) John Calvin, 『기독교 강요』(1559), I v 6.

2) 구속주 성령 하나님의 특별사역

깔뱅에게 있어서 모든 사람들에게, 신자와 불신자를 구별하지 않고, 차별 없이 주어지는 오성, 지성 및 감성을 통한 학술, 기술, 예술 등의 창작활동은 창조주 및 섭리주 성령 하나님에 의해서 주어진 것이다. 그러나 창조주 및 섭리주 성령 하나님에 의하여 수행되는 일반사역과 구별된 것으로서 하나님의 백성에게만 주어지는 구속주 성령 하나님에 의하여 수행되는 특별사역과 은사가 있다. 특별사역을 행하시는 구속주 성령 하나님이 바로 중생과 영생과 믿음의 창시자라고 깔뱅은 다음과 같이 말한다.

> "만일 썩지 않는 생명으로 거듭난다는 일이 현재의 성장하는 어떤 생명보다도 더 우수하고 탁월하다고 한다면, 중생케 하시는 능력의 원천이신 성령에 대하여 우리는 어떻게 생각해야 하는가? 그런데, 성경은 여러 곳에서 성령은 빌려 온 능력에 의해서가 아니라, 자신의 능력에 의해서 거듭나게 하시는 창시자이시며, 중생뿐만 아니라, 영생의 창시자이시라는 것을 가르치고 있다. 요컨대, 성령에게도 성자에 대해서와 마찬가지로 특별히 신성에 속하는 기능들이 주어졌다. … 우리의 칭의는 성령의 사역이다."[52]

깔뱅은 그의 저서 『기독교 강요』(1559)에서 믿음의 영이신 구속주 성령은 구속사적으로 구약의 하나님의 백성에게도 주어졌다. "주께서는 영원한 구원을 위해서 자신이 하신 일과 겪으신 고난은 오늘날의 우리와 똑같이 구약시대의 신자들에게도 해당된다는 것을 확실히 보증하셨다."[53] 참으로 베드로의 증언과 같이 우리를 생명으로 거듭나게 하신 믿음의 영을 그들도 받았다.(행15:8) 깔뱅은 에베소서에서도 구속주 성령은 인간 안에서 영생불사의 불티와 같으시며, 따라서 다른 곳에서 '우리의 기업의 보증이 되신다'고 한(엡1:14)

---

52) John Calvin, 『기독교 강요』(1559), I xiii 14.
53) John Calvin, 『기독교 강요』(1559), II x 22.

그 성령께서 구속사적인 관점에서 볼 때, 구약시대의 신자들 안에도 마찬가지로 계셨다고 본다.[54] 그러므로, 하나님의 백성에게만 주어지는 구속주 성령을 깔뱅은 '성결의 영'[55], '양자(養子)의 영' 또는 '우리의 기업에 대한 보증(保證)과 인(印)'이라고 부른다.[56]

구속주 성령 하나님은 아담과 하와 이래 불순종으로 인한 죄로 말미암아 죽을 수밖에 없는 하나님의 형상이 훼손된 인간, 죄인으로서 인간, 그리고 피조세계를 퇴락시킨 인간을 영원히 죽지 않는 생명으로 거듭나게 하는 특별사역을 하실 뿐만 아니라, 하나님의 백성에게 주실 영의 선물들을 그리스도께로부터 맡아 목마른 사람들은 모두 자기에게 와서 마시라고 초대하신다.(요7:37) 영의 선물로 하나님의 백성을 초대함과 더불어 구속주 성령은 그리스도의 선물의 분량대로(엡4:7) 각 사람에게 은사를 선물로 주신다.[57]

깔뱅은 구속주 성령 하나님을 그의 교회론에서 '성도의 교통'의 내용과 밀접하게 결부시킨다. 하나님의 백성들이 구속주 성령 하나님께서 주시는 은사는 무엇이든지 서로 나눈다는 원칙으로 그리스도의 공동체에 초대받았다고 하는 근거를 사도신경의 '성도가 서로 교통하는 것'이라는 구절에 둔다.[58] 그러나 구속주 성령 하나님이 주시는 은사의 다양성을 부정하기보다는 성령의 은사는 여러 가지로 상이하게 배분된다는 것을 깔뱅은 강조한다. 이런 관점에서 "우리가 해야 할 일은 하나님 아버지의 자비와 성령의 역사로 그리스도와의 교제에 들어간 사람들은 모두 하나님 자신의 소유가 되었으며, 우리가 하나님의 교회에 일원이 되었을 때, 그와 같은 위대한 은혜를 나눠받게 된다는 것을 확신한다."고 깔뱅은 말한다.[59]

---

54) John Calvin, 『기독교 강요』(1559), II x 22.
55) John Calvin, 『기독교 강요』(1559), III i 2.
56) John Calvin, 『기독교 강요』(1559), III i 3.
57) John Calvin, 『기독교 강요』(1559), III i 2.
58) John Calvin, 『기독교 강요』(1559), IV i 3.
59) John Calvin, 『기독교 강요』(1559), IV i 3.

결론적으로, 깔뱅이 구별하는 창조주와 섭리주 성령 하나님의 일반사역과 구속주 성령 하나님의 특별사역의 내용이 다음의 깔뱅의 말로부터 다시 한 번 더 분명하게 나타난다. "이는 성령이 인류와 그 밖의 생물에서 볼 수 있는 일반적인 힘으로 우리를 살리며, 영양을 주실 뿐만 아니라, 우리 안에 있는 하늘의 생명의 뿌리와 씨가 되기시 때문이다."[60] 깔뱅의 경우, 창조주 및 섭리주 성령 하나님은 우주와 세계와 역사(歷史)와 인류를 비롯한 모든 피조물들을 창조하셨을 뿐만 아니라, 지금도 모든 피조물들을 보존하시고, 섭리하신다. 구속주 성령 하나님은 인간을 중생케 하시고, 교회를 창조하시며, 세계를 새롭게 변화시키신다. 깔뱅은 전자의 경우를 성령의 일반역사로 이해하고, 후자의 경우를 성령의 특별역사로 이해한다. 그러나, 안타깝게도 교회와 신학에서 성령의 두 가지 사역이 균형을 이루지 못하고 한 가지 사역에 대한 일방적 강조가 종종 일어났다.[61]

5. 결론

깔뱅의 경우, 성령의 위격 또는 인격과 관련해서 ① 성령은 하나님 자신이시며, ② 성령은 삼위일체 속에서 하나님의 제3의 인격이시고, ③ 성령은 하나님의 능력과 힘이시다. 깔뱅은 성령을 하나님의 제3의 인격으로 간주함으로써[62] 그리고 성부와 성자와 마찬가지로 성령에게도 성령의 자존성(自存性)을 부여함으로써,[63] 성령의 신성(神性)을 강조한다. 깔뱅에게 성령은 삼위일체의 제3위의 신적 인격으로서 하나님 자신일 뿐만 아니라, 하나님의 능력과 힘

---

60) John Calvin, 『기독교 강요』(1559), Ⅲ i 2.
61) 최윤배, 『성령론 입문』 pp. 94-95.
62) CO I, 72(= OS I, 85)
63) John Calvin, 『기독교 강요』(1559), I xiii 23-25.

이다. 능력과 힘으로서 성령에 대한 깔뱅의 주장을 근거로 어떤 깔뱅 연구가들은 깔뱅이 성령을 비인격적인 존재로 이해하고 있다고 비판하지만, 이 같은 비판은 정당하지 않다. 왜냐하면, 깔뱅은 제3위의 신적 인격으로서 성령과 이 성령이 가지고 있는 능력과 힘을 구별시키고 있기 때문이다. 제3위의 인격으로서 성령은 인격적인 방법으로 자신의 능력과 힘을 통해서 활동하신다. 이와 관련해서 깔뱅은 두 가지 관점에서 성령을 힘과 능력으로 묘사하고 있다. 첫째로, 삼위일체론 속에서 제3위의 인격으로서 성령에게 돌려지는 고유성(固有性, proprietas)을 능력이나 힘으로 묘사한다.[64] 둘째로, 깔뱅은 성령의 활동과 명칭과 결부시켜서 성령을 힘과 능력으로 묘사한다.[65] 다시 말하면, 성부의 고유성은 근원, 성자의 고유성은 말씀이라면, 성령의 고유성은 힘이라는 것이다. 또한 이 성령이 활동할 때 동반되는 것이 힘과 능력이다.

깔뱅에 의하면, 성령의 사역(work)은 두 가지이다. 성령의 사역과 관련해서 성령은 창조와 섭리 및 구속(재창조, 새 창조)의 수행자(effector), 즉 창조주와 구속주 하나님으로서 창조사역과 구속사역을 하신다. "성령을 '그리스도의 영'이라고 부르는 것은 하나님의 영원한 말씀이신 그리스도께서 같은 영으로 하나님과 결합되셨을 뿐만 아니라, 중보자로서 그의 성격 때문이기도 하다는 것을 우리는 알아야 한다. … 하나님의 아들이 자신의 백성과 하나가 되기 위해서 그들에게 불어넣으시는 이 독특한 생명을 바울은 악인들에게도 공통적으로 갖고 있는 자연적 생명과 대조시킨다."[66] 성령은 창조주 성부의 영과 창조주 '영원한 말씀'(성육신하지 않은 말씀, asarkos logos)의 영일 때는 일반사역인 창조와 섭리와 관계되고, 구속주 성부의 영과 구속주 중보자(성육신하신 말씀, sarkos logos)의 영일 때는 특별사역인 선택(신자와 교회)과 관계된다.

---

64) CO I, 62(= OS I, 75); OS III 132 (= I xiii 18).
65) CO I, 72(= OS I, 85); OS IV 3-5(= III i 3).
66) John Calvin, 『기독교 강요』(1559), III i 2.

II. 깔뱅의 삼위일체론적 성령론[67]

1. 서론

"일반 사전이나 신학사전 속에 아직도 '삼위일체(론)적 성령론'이라는 단어가 발견되지 않는다. 그러나 신학적 배경과 관련해서 삼위일체론은 성령론에 대한 신학적 출발점이다."[68] "우리가 사용하는 '삼위일체(론)적 성령론'이란 용어는 성령론이 일차적으로 삼위일체론의 틀 속에서 파악됨을 의미한다. 성령의 위격과 사역은 삼위일체적으로 규정된다."[69] 이와 같이 삼위일체 교리가 신학에서 대단히 중요한 위치를 차지함에도 불구하고, 이 교리는 신학에서 완전히 무시될 때가 있었다. 그리고 삼위일체론이 교회사와 신학에서 무시되지 않을 때조차도 두 가지 편파적인 경향이 있었다. 그 중에 하나는 삼위일체성의 일체성만을 강조하여 양태론적(樣態論的) 경향을 보이는 경우와, 다른 하나는 삼위일체성의 삼위성만을 강조하여 종속론적(從屬論的) 경향을 보이는 경우이다.

일반적으로 교회는 예배 때마다 사도신경을 통해서 삼위일체 하나님에 대한 신앙을 고백한다. 그러나 구체적으로 평범한 그리스도인들에게 "하나님이 천지를 창조하시니라."는 표현은 익숙하지만, "성령도 천지를 창조하시니라." 또는 "성자도 천지를 창조하시니라."는 표현은 낯설게 다가온다. 이같이

---

67) 최윤배 · 박계순, "깔뱅의 삼위일체(론)적 성령론," 한국칼빈학회 편, 『칼빈연구』 제3집(2005), 79-99, 참고. 박계순, "깔뱅의 성령론,"(장로회신학대학교 대학원 미간행 석사학위논문, 2005.8.), 6-19.

68) J. van Genderen en W. H. Velema, Beknopte gereformeerde dogmatiek, Kampen 1992, 161, 145: 최윤배, "개혁파 종교개혁자 마르틴 부터(1491-1551)의 삼위일체론 성령론," 안양대학교연구소 편, 『신학지평』 제13집(가을 · 겨울호, 2000), 207-236.

69) 최윤배, "개혁파 종교개혁자 마르틴 부터(1491-1551)의 삼위일체론적 · 기독론적 성령론," 한국조직신학회 편, 『생명의 영성: 한국조직신학논총』 제11집(2004), 273-274.

우리는 교회의 생활 속에서 삼위일체의 신앙을 고백하지만 삼위가 일체가 된다는 것, 즉 성령 하나님이나 성자 하나님이라는 표현이 성부 하나님만큼 익숙한 것으로 다가오지는 않고 있다. 오히려 "우리가 일반적으로 이해하는 삼위의 사역은 창조는 성부에게로, 구원은 성자에게로, 성화는 성령에게로 돌린다."[70] 이렇게 삼위의 사역에 대한 설명에 치중한 나머지 경륜적 삼위일체에 대한 지식은 풍부하나 내재적 삼위일체에 대한 지식은 빈약한 것이 사실이다. 그렇기 때문에 삼위가 어떻게 한 하나님이신가에 대한 구체적 설명 없이 삼위일체 교리는 그야말로 교리공부 때에나 언급되는 사변적인 것으로 취급되는 경향이 있어왔다. 이 같은 현실에서 성령론과 삼위일체론이 깔뱅에게서는 어떤 관련 하에서 통합되고 있는가를 살펴봄으로써 기독교 신자들에게 삼위일체에 대한 보다 명료한 이해를 제공하고자 하는 것이 이 연구의 목적이다.

본고는 깔뱅의 성령론이 어떻게 삼위일체론적으로 증명될 수 있는지를 설명하기 위해서 ① 하나님 자신으로서의 성령 ② 삼위일체의 제3의 위격으로서의 성령 ③ 힘과 능력으로서의 성령에 대해서 논할 것이다.

2. 하나님 자신으로서의 성령

깔뱅에게서 성령은 하나님 자신이시다. 깔뱅은 하나님의 본질로서 자존성(自存性; aseity; aseitas), 영원성, 완전성 등을 열거한다.[71] 깔뱅은 성령의 자존성을 특별히 겐틸(Valentine Gentile)과의 논쟁 가운데서 주장한다. 논쟁의 핵심은 성부, 성자, 성령이 각각 하나님이라고 불릴 수 있다면, 삼위가 어떻게 구별될 수 있는가 하는 것이다. 겐틸은 세르베투스(Servetus Michael)가

---

70) 이수영, "깔뱅의 성령론." 합신대출판부 편, 『신학정론』 제5집(1994), 159.
71) John Calvin, 『기독교 강요』(1559), I xii 22.

"하나님의 분배의 양식에 따라 성자와 성령 안에 하나님의 일부분이 있다."[72]고 주장함으로써, 성자와 성령의 신격을 파괴하였다는 비난을 피하기 위해 세르베투스와 달리 삼위가 있다는 것을 고백하였다. 그러나 겐틸은 성부만이 진실로 유일한 하나님이시며, 이 하나님께서 성자와 성령을 지으시고, 성자와 성령에게 신격을 주입하셨다. 그는 이 같은 관점에서 성부는 성자와 성령과 구별된다고 주장했다. 겐틸에겐 성부만이 유일한 '본질의 수여자'(essentiator)이다. 따라서 세르베투스와 마찬가지로 겐틸의 결론은 성부만이 하나님이시다. 겐틸은 그리스도가 하나님의 아들이라고 불린다는 것에서 논의를 출발하였다. 여기에 반대하여 깔뱅은 그리스도가 하나님의 아들이라고 불리는 것은 말씀이 만세전에 벌써 성부에게서 나셨기 때문이다. 성부에게 하나님이라는 명칭을 사용하는 것은 성부가 신격의 원천이시며, 근원이시기 때문에 때때로 탁월한 방법으로 성부에게 하나님이라는 명칭이 적용되었으며, 또한 이것은 본질의 유일한 단일성을 나타내는 것이다. 여기서 하나님이라는 명칭은 성부와 동등한 말로 이해될 수 있도록 하기 위함이기 때문에, 이것이 신격에 대하여 언급될 때에는, 하나님의 명칭이 성부와 성자 모두에게도 속한다고 주장하였다.[73] 겐틸과 세르베투스의 주장대로 성부와 하나님이 동의어(同義語)라고 하면, 이들의 주장대로 성부는 신격의 원작자가 될 것이며, 삼위일체는 한 하나님과 두 피조물을 결합한 것에 불과하게 될 것이다.[74]

깔뱅의 반론의 핵심은 삼위를 본질에서 분리시키지 않는 것이다. 깔뱅이 삼위를 구별한다고 할 때, 그것은 세 위격들의 구별이지 세 위격들의 분리나 한 본질의 구별이나 분리가 아니다. 깔뱅은 삼위의 본질의 일체성을 통해 삼위의 자존성을 주장한다.

---

72) John Calvin, 『기독교 강요』(1559), I. xiii. 22.
73) John Calvin, 『기독교 강요』(1559), I. xiii. 23.
74) John Calvin, 『기독교 강요』(1559), I. xiii. 25.

우리는 성경에 입각해서, 하나님은 본질에 있어서 하나이시며 그렇기 때문에 '성자, 성령의 본질이 비발생적인 것'이라고 가르친다. 그러나 성부는 순서상 처음이시며 자신으로부터 자기의 지혜를 낳으셨기 때문에, 모든 신성의 기초가 되시며 원천이라고 생각되는 것은 당연한 일이다. … 우리는 삼위를 본질에서 분리시키지 아니하고, 삼위를 구별하되 그 각자가 본질 안에 그대로 머물러 있도록 한다. 만일 위격이 본질에서 분리되었다고 하면, 유일신이 그 자신 안에 지니고 있는 위격들의 삼위일체가 아니라 제신(諸神; gods)의 삼위일체가 될 것이다.… 위격들은 본질 없이 혹은 본질을 떠나서는 존재하지 않는다. 그러므로 본질이 삼위일체의 부분 혹은 한 구성원으로서 구별되는 것은 아니다. 성부는 그가 하나님이 아닌 한 성부가 될 수 없으며 성자 또한 그가 하나님이 아닌 한 성자가 될 수 없다. 그러므로 신격은 절대적인 의미에서 자존하신다.[75]

다시 말해 각 위격들이 독립성을 가진다는 것은 한 본질에서 떠난다는 것이 아니라, 한 본질 안에 있으면서 질서(ordo)의 관점에서 구별된다는 것이다. 전(全)본질이 성부에게만 있다고 주장한다면, 이 본질은 분할할 수 있는 것이 되든가 아니면 성자에게서 옮겨질 수 있는 것이 되든가 할 것이다.[76] 이 같이 깔뱅은 삼위를 본질에서 분리시키지 아니하고, 본질 안에 그대로 머물러 있도록 하면서 삼위를 구별함으로써 사위일체(四位一體)론의 오해를 방어할 뿐만 아니라, 삼위일체가 본질, 성자, 성령의 셋으로 되어있다고 주장하는 사람들을 비판한다. 그가 말하는 것은 세 위격들 간의 구별이지 분할이 아니다. 깔뱅은 순서와 지위에 있어서 신성의 근원이 성부에게 있다는 것은 인정하지만, 마치 성부가 성자의 신격의 원작자이기나 한 것처럼 본질이 성부에게만 고유한 것은 아니라고 말한다. 따라서 성경에 나오는 '하나님'이라는 명칭이 성부만 지칭하는 것이 아니다.[77]

---

75) John Calvin, 『기독교 강요』(1559), I, xiii, 25.
76) John Calvin, 『기독교 강요』(1559), I, xiii, 18.
77) John Calvin, 『기독교 강요』(1559), I, xiii, 24.

반(反)삼위일체론에 속하는 여러 가지 주장들이 있지만, 깔뱅은 삼위일체에 대한 오류를 크게 두 가지로 분류한다. 하나는 하나님의 본질을 분할하는 것이고, 다른 하나는 각 위격들의 구별을 혼란하게 만드는 것이다. 전자는 종속론적 반삼위일체론이고, 후자는 양태론적 반삼위일체론이다. 그는 삼위일체에 대한 다음과 같은 결론적인 정의를 통해 모든 이단 사설을 방어한다. "한 하나님의 본질은 단일하시며 분할되지 않는다. 이 본질은 성부, 성자, 성령에게 다 같이 속한다. 한편 성부는 어떤 특성에 의해 성자와 구별되시며 성자도 성령과 구별되신다."[78] 이 같이 한 하나님 안에 있는 성부, 성자, 성령은 하나님과 같은 본질을 가진다. 따라서 삼위는 하나님의 본질인 자존성과 신적인 속성들을 공유한다. 그러므로 성령의 자존성은 삼위일체론적으로 증명된다. 깔뱅에게서 성령은 자존하시는 하나님이시다. 깔뱅에 의하면, 성령의 신성은 그의 사역(works)에서도 입증된다. 깔뱅은 성령을 창조와 재창조(새창조, 구속)의 영으로 이해한다. 그리고 그는 바실리우스(Basilius)와 암브로스(Ambrose)에 의지하여 성령의 신성을 주장한다.

> 이 창조사에서(바실리우스와 암브로스의 창조론, 필자주)[79] 우리는, 하나님께서 말씀과 성령의 권능으로 하늘과 땅을 무에서 창조하셨다는 것, 이 권능으로 모든 종류의 생물과 무생물을 산출하셨다는 것 … 개개의 종류가 마지막 날까지 보존 되도록 그 길을 마련해 주셨다는 것 … 어떤 피조물들을 배양하시되 끊임 없이 그들에게 새 활력을 넣어주시고, 또 어떤 피조물에게는 번식력을 주셔서 그 종이 멸절되지 않도록 하셨다는 것을 배울 수 있다.[80]

---

78) John Calvin, 『기독교 강요』(1559), I. xiii. 22.
79) 바질과 암브로스는 하나님께서 무로부터(ex nihilo) 천지를 창조했다고 주장하였는데 고대 에피큐로스 학파는 이 견해를 부인하였다. 아우구스티누스(Augustine) 또한 무에서의 창조(creatio ex nihilo)를 주장 했다. John Calvin, 『기독교 강요』(1559), I. xiv. 20. 각주 29.
80) John Calvin, 『기독교 강요』(1559), I. xiv. 20.

깔뱅의 경우, 성령은 창조주 하나님으로서 영원 전부터 우주만물을 창조하시고 그것을 지탱하시어 무(無)로 돌아가지 않도록 하신다. "우주의 창조가 성자의 사역인 것과 마찬가지로 성령의 사역이기도 하다."[81] 깔뱅은 성경의 창조기사를 성령의 신성을 증명하는 또 하나의 증거로 삼는다. "성경에서 모세는 혼돈한 덩어리가 성령으로 말미암아 유지되었다고 말한다."[82]

> 창조 기사에서, '하나님의 신(영)은 수면에 운행하시니라.'(창 1:2)고 한 모세의 증거는 실로 명백하다. 왜냐하면 우리가 현재 보고 있는 이 세계의 아름다움이 성령의 능력에 의하여 보존될 뿐만 아니라, 또한 이 세계가 이렇게 아름답게 장식되기 전에 벌써 성령께서 저 혼돈된 덩어리를 돌보셨다는 것을 보여주기 때문이다.[83]

이 같이 "성령은 창조기사에서 그림자로서가 아니라 하나님의 본질적인 능력으로 소개된다. 영원하신 성령이 항상 하나님 안에 거하셔서 아주 조심스럽게 천지의 혼돈한 물질들을 유지하시며 또한 여기에 미와 질서를 가하셨다."[84] 하나님의 영은 혼돈된 세계에 질서를 부여하시고 날마다 섭리의 능력으로 피조세계를 아름답게 가꾸어 가신다.

깔뱅은 『창세기 주석』(1554)에서도 성령을 창조와 재창조의 영으로 이해한다. 하나님께서 세상을 완전하게 만드시기 전에는 모든 것이 혼돈 덩어리였다. 그런데 성령께서 수면 위를 운행하여 활기를 불어넣으셨다는 것이다. 깔뱅은 "다른 어떤 곳으로부터 힘이 작용하지 않았다면 어떻게 이러한 혼돈이 질서정연하게 유지될 수 있었겠는가?" 라고 반문하면서 성령의 은밀하신 권능에 의해 세상이 유지되고 있다고 말한다.[85]

---

81) John Calvin, 『기독교 강요』(1559), I. xiii. 15.
82) John Calvin, 『기독교 강요』(1559), I. xiii. 22.
83) John Calvin, 『기독교 강요』(1559), I. xiii. 14.
84) John Calvin, 『기독교 강요』(1559), I. xiii. 22.

"성령께서는 온 우주에 편재하시어, 하늘과 땅 위에 있는 만물을 유지하시고 그것들을 성장케 하시며 그것들을 소생시키신다. … 만물에게 생기를 불어넣고 그것들에게 본질과 생명과 운동을 불어넣어 주심에 있어서, 확실히 그는 하나님이신 것이다."[86]

이와 같은 성령의 창조의 권능은 성령이 "피조물의 범주에 속하지 않는다."는 것을 말해준다.[87] 창조주 하나님으로서 성령의 사역에 대해서 루이스 베르꼬프(Louis Berkhof)는 다음과 같이 말한다. "성령은 피조물들의 안팎에서 직접적으로 활동하심으로써 사물들을 완성에 이르게 한다. 성령의 사역은 피조물들에 대한 하나님의 접촉의 완성이며, 하나님의 사역의 절정이다. 그리고 생명은 성령에 의하여 매개된다."[88] 하나님은 창조행위 자체 안에서 성령을 통하여 피조세계와 직접적인 관계를 가지며, 피조세계를 존속시키기 위해 끊임없이 접촉을 유지하고 계신다.

깔뱅에 의하면, 성령의 신성은 구약의 예언자들 속에서도 드러난다. 여호와 하나님이 성령과 함께 선지자들을 파송하신 사실 자체에서 성령의 신적 권위는 밝히 드러난다. 이사야는 자신의 예언자직을 수행할 수 있도록 여호와께서 하나님의 영을 함께 보내셨다고 말한다.(사 48:16) 하나님은 이스라엘의 구속을 위해 예언자들을 선택하시고 그들에게 하나님의 영을 부어주셔서 성령이 예언자들 속에서 일하게 하셨다. 하나님께서는 선지자들을 파송하실 때에 그 최고의 권능을 성령과 함께 공동으로 행사하신다.[89] 따라서 "누구든지 말로 인자를 거역하면 사하심을 얻되 누구든지 말로 성령을 거역하면 이 세상과 오

85) John Calvin, 『창세기 주석』 창 1:2
86) John Calvin, 『기독교 강요』(1559), I. xiii. 14.
87) John Calvin, 『기독교 강요』(1559), I. xiii. 14.
88) Louis Berkhof, Systematic Theology, 권수경 · 이상원 역, 『벌코프 조직신학』 상 (고양 : 크리스챤다이제스트, 2000), 296.
89) John Calvin, 『기독교 강요』(1559), I. xiii. 14.

는 세상에도 사하심을 얻지 못한다.”(마 12:32; 막 3:29; 눅 12:10)고 말함으로써 성령의 신적 위엄을 공적으로 선언한다.[90] 성령은 하나님 자신으로서 전 피조세계 속에서 뿐만 아니라 구약의 선지자들 속에서 또한 신약의 사도들 속에서 “그 최고의 권능을 행사하신다.”[91]

깔뱅에게서 성령은 중생뿐만 아니라, 영생의 창시자이다. 깔뱅은 성령에게도 성자에 대해서와 마찬가지로 특별히 신성에 속하는 중생케 하시는 기능이 주어졌다고 말한다.

> 성경은 여러 곳에서, 중생케 하시는 능력의 원천이신 성령은 빌려 온 능력에 의해서가 아니라 바로 자신의 능력에 의해서 거듭나게 하시는 창시자이시며, 중생뿐만 아니라 영생의 창시자이시라는 것을 가르치고 있다. … 우리는 성령을 통해서 하나님과 교통할 수 있으며 그의 생명을 주시는 능력을 감지하게 되는 것이다. 우리의 칭의는 성령의 사역이다.[92]

> 성령의 비밀하시고 놀라운 능력에 의해 예수 그리스도는 우리 안에 거하며 그의 생명이 우리에게 공동의 것이 되게 하고 우리가 그의 능력에 참여하게 하신다.[93]

성령께서는 선택된 사람들에 한하여 그들의 마음속에 죄의 용서를 확인시켜 주시며, 이 사람들이 특별한 믿음으로 그 용서를 선용할 수 있게 하신다.[94] 성령은 믿음을 불러일으킬 뿐 아니라, 점진적으로 성장하게 하여 드디어 우리를 믿음으로 인하여 천국에 가도록 인도하신다.[95] “성령이 하나님 안에 존재하는 실체가 아니라고 하면, 그의 백성들을 선택하고 또 의지(意志)한다는 것은 결코 그에게 있을 수 없을 것이다.”[96] 성령은 구속주 하나님으로서 우리의

---

90) John Calvin, 『기독교 강요』(1559), I, xiii, 15.
91) John Calvin, 『기독교 강요』(1559), I, xiii, 14.
92) John Calvin, 『기독교 강요』(1559), I, xiii, 14.
93) John Calvin, 『고린도전서 주석』 고전 11:23-26
94) John Calvin, 『기독교 강요』(1559), III, ii, 11.
95) John Calvin, 『기독교 강요』(1559), III, ii, 33.

구원의 완성의 그 날까지 영원토록 일하시는 분이다.

깔뱅에 의하면, 성령은 하나님만이 가지시는 전지(全知)성을 가지신다. 성경은 "피조물 중에서는 아무도 하나님의 모사가 되지 못하지만"(롬 11:34)이라고 말하면서, 또 다른 곳에서는 "성령은 모든 것 곧 하나님의 깊은 것이라도 통달하신다."(고전 2:10)고 말한다.[97] 성령은 하나님 자신이시기 때문에 하나님의 모든 것을 모르실 수가 없는 것이며 따라서 성령은 하나님의 영원한 의지(意志)에 따라 일하시는 하나님의 행동력이시다. "성부의 영원성은 또한 성자와 성령의 영원성이기도 하다."[98] 깔뱅이 성령이 하나님이심을 주장하는 또 다른 증거는 성경이다. 깔뱅에 의하면, '우리의 형상을 따라 우리의 모양대로 우리가 사람을 만들고'(창 1:26)라는 구절이 위격들을 구별하는 근거가 될 뿐만 아니라, '우리'로 표현된 삼위는 창조되지 않았다는 것이 분명하다. 그러나 하나님 자신 곧 하나님 한 분 이외에는 창조되지 않은 것이 하나도 없다. 그러므로 창조의 권능과 명령할 수 있는 권위가 성부, 성자, 성령에게 공통되게 속한다.[99] 또한 깔뱅은 성경의 여러 곳에서 하나님과 성령이 구별 없이 같은 의미로 교차적으로 사용되고 있기 때문에 성령이 하나님이시라고 말한다.

사도는 가끔 우리를 하나님의 성전(고전 3:16-17; 고후 6:16)이라 불렀고 또 어떤 때는 이와 똑 같은 의미에서 '성령의 전'(고전 6:19)이라고 불렀다. 성령을 속였다고 하여 아나니아를 책망하면서 베드로는 '사람에게 거짓말한 것이 아니요 하나님께로다.'(행 5:4)라고 말하였다. 그리고 이사야가 만군의 주를 말씀하시는 분으로 소개한 구절 중에서 바울은 말씀하시는 분이 성령이라고 가르치고 있다. (사 6:9; 행 28:25-26) 실로 선지자들은 그들의 말이 만군의 주의 말씀이라고 변함없이 말하였고, 그리스도와 사도들은 이를 성령의 말씀이라고 하였다.(벧후

---

96) John Calvin, 『기독교 강요』(1559), I. xiii. 14.
97) John Calvin, 『기독교 강요』(1559), I. xiii. 14.
98) John Calvin, 『기독교 강요』(1559), I. xiii. 18.
99) John Calvin, 『기독교 강요』(1559), I. xiii. 24.

1:21) 또한 하나님께서 백성들의 완고함을 인하여 노하셨다고 말씀하신 것을 이사야는, '주의 성신을 근심케 하였으므로.'(사 63:10)라고 기록하고 있다.[100]

"성경은 성령에 대하여 말할 때 '하나님'이라고 지칭하기를 회피하지 않는다."[101] 이상과 같이 깔뱅은 삼위일체론적으로, 성령의 사역을 통해 드러난 성령의 신적 본질을 성령에게 돌림으로, 그리고 성경에 근거하여 성령의 신성을 강조한다. 깔뱅에게서 성령은 창조주 하나님이실 뿐만 아니라, 구속주 하나님이시기도 하다.

3. 삼위일체의 제3위격으로서의 성령

'하나님의 영' 혹은 '성령'이라는 용어는 '성자'라는 용어만큼 위격성을 나타내지는 않는다. 초대교회에서 성령의 위격에 대한 관심은 적었다. 이것이 본격적으로 논의되기 시작한 것은 4세기 이후이다. 성령의 위격성은 초대교회에서 단일신론자들과 성령훼방당(Pneumatomachians)에 의하여 부인되었으며, 종교개혁시대에는 소치니우스주의자들에 의해 부인되었다.[102]

성령의 완전한 신격성에 대해 개척적인 공헌을 한 사람은 고대교회 교부인 아타나시우스(Athanasius, 295~373)이다.[103] 그는 아리우스파에 대항하여 당시의 일반적 관계와는 달리 성령을 '하나님'이라고 불렀다.[104] 아타나시우스가 성령의 동일본질을 방어하는데 있어서 선도적 역할을 했다면, 카파도기

---

100) John Calvin, 『기독교 강요』(1559), I. xiii. 15.
101) John Calvin, 『기독교 강요』(1559), I. xiii. 15.
102) 최윤배, 『성령론 입문』, p. 30.
103) J. N. D. Kelly, Early Christian Doctrines, 김광식 역, 『고대기독교 교리사』(서울: 도서출판한글, 2004²), 303. 아타나시우스(295~373)는 세라피온에게 보내는 네 번의 편지 속에서 그의 성령론과 삼위일체 신앙을 발표했다. 그는 성령이 피조물이 아니라 완전히 신적이며 성부와 성자와 더불어 공동실체적이라는 것을 주장하였다.
104) Jaroslav Pelican, 박종숙 역, 『고대교회 교리사』(서울: 크리스챤다이제스트, 1995), 283.

아 교부들(Basil of Ancyra, Gregory of Nazianzus, Gregory of Nissa)은 그 과제를 조심스럽고 용의주도하게 완성하였다.105) 콘스탄티노플(Constan-tinople) 공의회(A.D. 381) 이전까지는 성령의 신성, 즉 성령의 위격은 일반적으로 인정되었다.

현대에 들어 헨드리꾸스 베르꼬프(Hendrikus Berkhof)는 성령의 독립적 위격을 제거하고 이위일체론을 주장하였다. 베르꼬프는 성령이란 낱말이 '하나님'과 '그리스도'라는 명사에 기본적으로 서술어가 된다는 점과 신약성경 속에서 성령은 이 세상에서 활동하고 있는 승귀된 그리스도를 이르는 말이라고 주장하면서 성령론에서 더 이상 '위'의 개념을 사용하는 것을 거부했다.106)

베르꼬프에 의하면, "성령은 창조 중에는 활동하시는 하나님의 위격이고 재창조 중에는 활동하시는 그리스도의 위격으로 곧 활동하시는 하나님의 위격이다. 성령은 하나님과 그리스도의 위격이 없이는 이미 위격이 아니다."107) 베르꼬프에 의하면, 성경을 통해 우리가 알게 되는 것은 하나님은 살아계시고 역사하시는 하나님이시라는 사실과 아들을 향하여 활동하시고 아들로부터 나오시는 영으로서의 하나님의 활동이다.108) 베르꼬프가 성령의 위격을 인정하고는 있지만 그것은 성령 자신의 독립적인 위격이 아니다. 베르꼬프에 의하면, "성령이 위격으로서 활동하시는 하나님이기 때문에 성령은 위격이다. 그러나 우리는 성령이 성부 하나님과 구별되는 위격이라고 말할 수는 없다. 성령은 하나님과의 관계 속에서가 아니라, 우리와의 관계 속에서 위격이다."109)

깔뱅에게서 '위격' 또는 '인격'이라는 말은 "하나님의 본질에 있어서의 한 '실체'(subsistence)를 의미하는 것으로, 이것은 다른 실체와 관계를 가지면

---

105) J. N. D. Kelly, 『고대기독교 교리사』, 307.
106) Hendrikus Berkhof, The doctrine of the Holy Spirit, 황승룡 역, 『성령론』 (서울: 성광문화사, 1985), 186; 최윤배, 『성령론 입문』, p. 23.
107) 위의 책, 23.
108) 위의 책, 23.
109) 위의 책, 23.

서도 교통할 수 없는 특성에 의하여 다른 위격들과 구별된다."110) 그렇다면 깔뱅이 말하는 다른 위격들과 공유하거나 교환할 수 없는 각각의 위격들의 자신만이 가지는 고유성(固有性; proprietas)은 무엇이며, 성령이 제1위인 성부와 제2위인 성자와 다르게 제3위라고 불리는 것은 어떤 이유에서인가? 깔뱅은 삼위의 각각의 고유성을 삼위의 관계성 속에서, 그리고 삼위의 사역(works)을 통해 증명한다.

> "성경이 말하는 구별은 다음과 같다. 곧 성부는 일의 시초가 되시고 만물의 기초와 원천이 되시며, 성자는 지혜요 계획이시며 만물을 질서 있게 배열하시는 분이라고 하였으며, 성령님께는 그와 같은 모든 행동의 능력과 효력이 돌려지고 있는 것을 보게 된다."111)

다시 말해 "성부의 고유성은 근원, 성자의 고유성은 말씀이라면, 성령의 고유성은 힘이라는 것이다. 또한 이 성령이 활동할 때 동반되는 것이 힘과 능력이다."112) 깔뱅은 모든 인간의 마음은 태어날 때부터 먼저는 하나님을, 다음으로는 그로부터 나온 지혜를, 그 다음으로는 그 계획의 작정을 수행하시는 능력에 대하여 생각하고 싶어 하기 때문에 각 위격들이 가지는 고유한 특성을 설명하기 위해 인간의 이해를 위한 논리적 순서가 필요하다고 말한다.113) 여기서 그가 말하는 순서는 종속적인 개념이 아니고 질서이다. 이와 같이 깔뱅은 각각의 위격들만이 가지는 사역을 통하여 삼위를 구별할 뿐만 아니라 이해의 논리적 순서에 의해 성령이 제3위가 된다고 말한다. 일의 작정과 결과 없이 그것을 효과 있게 할 수는 없는 것이다. "성령의 사역 없이는 아무것도 실제로 열매를 거둘 수 없다. 성부로부터 말미암고 성자를 통하여 가능해진 모든 것은

---

110) John Calvin, 『기독교 강요』(1559), I. xiii. 6.
111) John Calvin, 『기독교 강요』(1559), I. xiii. 18.
112) 최윤배 외 3인 공저, 『16세기 종교개혁과 개혁교회의 유산』(서울: 한국장로교출판사, 2003), 285.
113) John Calvin, 『기독교 강요』(1559), I. xiii. 18.

성령에 의해 우리에게 실제로 이루어진다."114) "하나님의 사역에 있어서의 성령의 이러한 결정적 중요성에 대한 깔뱅의 사고는 그가 신지식론이나 신앙론이나 교회론이나 성례론 등을 다룰 때에도 그대로 적용되며 강조됨을 본다."115)

깔뱅은 위에서 말한 논리적 순서에 따라서 "성자는 오직 성부에게서만 출생되며 동시에 성령은 성부와 성자에게서 출원된다."는 중요한 결론을 도출한다.116) 깔뱅 이전에 이러한 순서에 주목한 사람은 카파도기아 교부인 나지안주스의 그레고리이다. 그는 성령이 늦게야 하나님으로 인정된 것을 설명하기 위해 매우 독창적인 발전된 교리를 만들어내었는데 성부의 신성을 인정하는 것이 성자의 신성을 인정하는 것보다 앞서야 하는 것과 마찬가지로 성자의 신성은 성령의 신성이 승인되기 전에 확정되어야 했다.117) 깔뱅도 이 순서를 따른다. 그는 먼저 『기독교 강요』 제1권 13장 7-13항에서 성자의 신성과 신격을 다루고 난 후에야 14-15항에서 성령의 신성과 신격을 다룬다. 깔뱅은 교부들에게서와 같이 이러한 순서의 중요성을 간파했던 것이다.

깔뱅은 『기독교 강요』초판(1536)에서 사도신경을 해설하면서 성령이 삼위일체 내에서 제3위의 위격으로서 하나님이시라는 것을 명백히 밝힌다.

> "우리는 성령을 믿는다고 고백하는 것이지만 더욱 더 그분이 아버지와 아들과 함께 계시고, 또 거룩한 삼위일체 하나님의 제3위이며 아버지와 아들과 동일본질이며 함께 영원하며, 전능하사 만물의 창조자란 것을 믿는다. … 우리가 아버지와 그의 외아들이신 하나님께 우리의 모든 신뢰를 두는 것과 꼭 마찬가지로 동일한 신뢰를 이 성령께도 돌려야겠다. 그는 참으로 우리의 하나님이요 아버지와 아들과 함께 하나이시다."118)

---

114) 이수영, "깔뱅의 성령론," in 「신학정론」 156.
115) 위의 책, 157.
116) John Calvin, 『기독교 강요』(1559), I. xiii. 18.
117) J. N. D. Kelly, 『고대기독교 교리사』, 310.

『기독교 강요』초판(1536)에서 깔뱅은 삼위일체론을 논하면서 하나님과 믿음과 세례를 관련시켜 간략하게 설명한다. 그러나 1539년 까롤리(Caroli)에 의해 제기된 논쟁[119]은 깔뱅으로 하여금 자신의 주장에 대한 보충설명을 하도록 만들었다. 그러나 그 근본적 내용에는 변함이 없었다. 방델(F. Wendel)에 의하면, 깔뱅은 성자와 성령의 신성에 대해서와, 거룩한 삼위의 구별성을 지지하기 위해 더 많은 성경의 구절을 인용하였고, 무엇보다도 믿음을 위하여 그리스도의 신성의 중요성에 대해서, 그리고 창조주이시며 구세주이신 하나님과의 교통을 위하여 성령의 신성의 중요성을 강조하였다.[120] 위격이 있다는 것은 다른 존재와의 관계를 가능하게 한다. 성령은 삼위일체 안에서 다른 위격들과 관계를 가지실 뿐만 아니라 우리와도 인격적인 교제를 가지신다. 깔뱅은 당시의 반삼위일체론자들의 여러 주장들과 고대교회의 대표적인 이단들을 언급하면서 양태론적 반삼위일체론을 주장한 사람들을 의식하여서는 성부, 성자, 성령의 '삼위성'을, 종속론적 반삼위일체론을 주장한 사람들을 의식하여서는 성부, 성자, 성령의 일체성을 주장하였다.[121]

깔뱅에게서 삼위일체론은 다음과 같이 정리될 수 있다. 한 하나님 안에 존재하는 세 위격들은 각각 자기 자신의 자존성을 가지고 있기 때문에 상호 독립적으로 신성을 공유하지만 상호관계 속에서는 질서가 존재한다. 그리고 세 위격들은 각각의 위격들이 가지고 있지 않은 고유성을 가지고 있으며 이것은 다른

---

118) John Calvin, 『기독교 강요』(1536), 138.
119) 까롤리(Caroli)는 깔뱅을 아리우스주의자라고 비난하였다.
120) F. Wendel, Calvin, 김재성 역, 『칼빈: 그의 신학사상의 근원과 발전』(고양 : 크리스챤 다이제스트, 1999), 196.
121) 깔뱅은 『기독교 강요』 초판(1536)에서도 종속론적 반삼위일체론의 대표자인 아리우스(Arius: 256년 경-337)와 양태론적 반삼위일체론의 대표자인 사벨리우스(Sabellius)를 비판하고 있다. 아리우스는 성부와 성자의 유사본질(homoiousios)을 주장하고 성자의 피조성을 주장함으로 성자와 성령이 성부에게 종속되는 결과를 가져왔다. 250년경이 전성기였던 사벨리우스는 하나님은 한 분이시며 성부, 성자, 성령의 명칭은 신격의 구별을 표시하는 것이 아니라 하나님의 여러 속성을 나타내는데 불과하며, 이러한 종류의 속성은 아주 많이 있다고 주장하였다. 삼위의 구별은 그에게 삼신을 주장하는 것으로 이해되었다.

위격들에 양도할 수 없는 것이다. 곧 성부는 일의 시초가 되시고 만물의 기초와 원천이 되시며, 성자는 지혜요 계획이시며 만물을 질서 있게 배열하시는 분이다. 그러나 성령님께는 그와 같은 모든 행동의 능력과 효력이 돌려진다.[122]

4. 힘 또는 능력으로서의 성령

우리가 앞에서 살펴본 바와 같이, 깔뱅은 "삼위일체론 속에서 제3위의 위격으로서 성령에게 돌려지는 고유성을 능력이나 힘으로 묘사할 뿐만 아니라, 성령의 활동과 명칭과 결부시켜서 성령을 힘과 능력으로 묘사한다."[123] 성경에는 성령을 지칭하는 여러 가지 명칭이 있다. 이 명칭들은 성령의 활동과 밀접한 관계 안에 있다. 깔뱅은 성령의 명칭과 활동과 결부시켜서 성령을 힘·능력이라 부른다.

깔뱅에 의하면, "성령은 깨끗이 씻으며 정하게 하시는 힘이 있기 때문에 '물'이라고 불리워진다."[124] 또 "'물'이라는 말은 때때로 그 순수함 때문에 성령에게 적용된다."[125] 우리는 칭의되어 그리스도인이 된 후에도 계속 더러운 죄 가운데로 유혹을 받는다. 우리가 온갖 더러운 것을 물로 씻어내듯 '물'로 상징되는 성령의 씻으시는 능력은 끊임없이 죄로 더럽혀지는 우리를 씻으신다. "성령께서는 우리의 더러움을 깨끗이 씻어내는 일을 하신다."[126] 그리하여 우리는 거룩해져 가는 것이다. 또 다른 의미로서 성령을 '물'이라고 하는 것은 "하나님의 성령께서 우리를 살리시고, 그의 숨은 능력으로 우리에게 물을 주시기 때문에 우리가 삶의 생기를 얻게 되기 때문이다. 이런 점에서 우리는 그

---

122) John Calvin, 『기독교 강요』(1559), I. xiii. 18.
123) 최윤배 외 3인 공저, 『16세기 종교개혁과 개혁교회의 유산』 285.
124) John Calvin, 『기독교 강요』(1559), III. i. 3.
125) John Calvin, 『요한복음 주석』 요 7:39
126) 위의 책.

리스도의 영으로 거듭나지 못한 모든 사람들은 죽은 사람으로 간주한다."[127]

깔뱅에 의하면, '불'이라는 용어는 성령이라는 말과 함께 쓰이고 있는데 이것은 금이 불로 정련되듯이 이 '불'만이 우리의 더러움을 말끔히 씻어 없앨 수 있기 때문이다.[128] "성령께서는 꾸준히 우리의 사악한 육욕을 태워 버리시며, 우리 마음에 하나님께 대한 사랑과 열렬한 헌신의 불길을 일으키시기 때문에 우리에게 이러한 영향을 미치는 것을 볼 때 성령을 '불'이라고(눅 3:16)부르는 것은 정당하다.[129]

성령은 또한 '바람'이라고도 불린다.(요 3:8) 깔뱅에 의하면, 이것은 "거듭난 사람 안에서 역사하는 성령의 능력과 효능"을[130] 비유한 것이다. 깔뱅은 '하나님의 성령은 그의 기쁘신 뜻대로 역사한다.'고 한 아우구스티누스와 이것을 비유로 받아들여 '그 능력은 느낄 수 있으나 바람의 근원과 원인은 숨겨 있다.'고 말한 크리소스톰과 씨릴(Cyril)의 의견을 반대하지는 않는다. 그러나 깔뱅이 말하는 좀 더 명확한 의미는 다음과 같다. 우리의 육신은 공기를 호흡함으로 살아간다. 그리고 우리는 바람이 불 때 공기의 움직임을 파악할 수 있다. 그러나 공기가 어디로 와서 어디로 가는지는 알지 못한다. 그래서 우리는 자연의 일반적인 질서 속에서 힘 있게 역사하시는 하나님의 능력을 기이하게 생각한다. 이와 같이 하나님의 영의 움직임과 작용은 공기의 움직임이 이 지상의 외적인 생활 가운데 나타나는 것만큼 중생한 사람의 생활에 나타나 보이게 마련이지만, 하늘에 속한 초자연적인 생명 안에서 행하시는 하나님의 비밀스런 일 다시 말해 하나님의 성령에 의해 우리가 새로 지음을 받아 새사람이 되게 하는 능력은 숨겨져 있다. 하늘에 속한 하나님의 능력에 대하여 주님께서는 아주 뛰어난 예를 이 세상에 보여주신 것이다.[131]

---

127) 위의 책.
128) John Calvin, 『공관복음 주석』 마 3:11
129) John Calvin, 『기독교 강요』(1559), Ⅲ i 3.
130) John Calvin, 『요한복음 주석』 요 3:8

성령은 하나님께서 그 권능을 행사하시는 '주의 손'(행 11:21)으로 묘사되었다. 깔뱅은『사도행전 주석』(1554)에서 '주의 손'이란 능력을 의미하며 하나님께서 그의 사역자들을 통해 적극적으로 개입하셔서 그의 '손'으로, 곧 성령의 은밀한 감화로 그들의 가르침이 효과를 가져온다고 말한다.[132] 우리의 모든 수고로운 행위들은, 그것이 비록 하나님을 위한 것일지라도 성령의 역사하심으로서만 열매를 맺게 된다. "성령께서는 그 힘으로 우리에게 감동을 주시며 거룩한 생명을 불어넣으시므로 우리는 자신의 힘으로 움직이는 것이 아니라, 성령의 활동과 자극으로 움직이게 된다. 따라서 우리에게 있는 선한 것은 모두 성령의 은혜의 열매이다."[133]

타락한 아담의 후손인 우리는 성령의 도우심이 없이는 우리 속에서 선한 것이 나올 수 없다. 우리의 선한 의지나 결단의 힘은 우리에게서 나오는 것이 아니라 성령의 능력에 의한 것이다. "성령이 계시지 않을 때 우리에게 있는 것은 어두운 마음과 사악한 심정 뿐이다(갈 5:19-21)."[134] 성령께서는 사람들에게 은혜를 시냇물 같이 부으시고 그들의 생기를 회복하며 강하게 키우시기 때문에 '기름'과 '기름부음'이라는 이름을 얻으셨다.[135] 우리가 힘을 얻는 방법은 성령의 '기름부음'(요일 2:20, 27)뿐이다.[136] 이와 같이 성령은 비인격적인 힘·능력으로도 묘사된다.

5. 결론

이제까지 우리는 깔뱅이 성령과 삼위일체와의 관계를 어떻게 이해하고 있

---

131) John Calvin, 『요한복음 주석』요 3:7-8
132) John Calvin, 『사도행전 주석』행 11:21
133) John Calvin, 『기독교 강요』(1559), Ⅲ. i. 3.
134) John Calvin, 『기독교 강요』(1559), Ⅱ. xv. 5.
135) John Calvin, 『기독교 강요』(1559), Ⅲ. i. 3.
136) John Calvin, 『기독교 강요』(1559), Ⅱ. xv. 5.

는가를 살펴보았다. 이것을 요약하면 깔뱅은 성부와 성자와 마찬가지로 성령에게도 자존성(aseitas)을 부여함으로서, 그리고 성령을 제3의 위격으로 간주함으로서, 성령의 신성을 강조한다.[137] 또한 성령의 사역을 통하여, 그리고 성경을 근거로 내 세우면서 성령의 신성을 강조한다.

깔뱅에게서 성령은 첫째, 하나님과 동일한 본질을 가지신 자존하시는 하나님이시며, 둘째, 삼위일체 속에서 신적 인격을 가진 하나님의 제3의 위격으로서 삼위일체 내에서 다른 위격들과 교제하시며 우리와도 교제하시는 성령 하나님이시다. 셋째, 하나님 자신으로서 성령에게 돌려지는 고유한 사역에 대해 성부와 성자와 구별되게 자신의 고유성(proprietas)으로서의 인격적인 능력 또는 힘이라 불릴 뿐만 아니라, 성령에 붙여진 명칭과 성령의 활동과 결부되어 비인격적인 힘과 능력으로도 불린다. 따라서 성령은 피조물 중에 하나이거나 신성의 한 부분이거나 비인격적인 에너지나 힘 자체만은 아니다. 왜냐하면 "깔뱅은 제3위의 신적 인격으로서 성령과 이 성령이 가지고 있는 능력과 힘을 구별시키고 있기 때문이다. 제3위의 인격으로서 성령은 인격적인 방법으로 자신의 힘과 능력을 통해서 활동하신다."[138]

깔뱅의 삼위일체론적 성령론은 그의 신학적, 영적 스승인 마르틴 부처 (Martin Bucer, Butzer, 1491-1551)에게서도 동일하게 나타난다. 부처는 "아버지와 아들과 성령 사이에 본질상의 차이가 전혀 존재하지 않으며, 이것을 '존재와 능력과 행위 속에 존재하는 일치'로 표현 할 수 있다고 주장한다."[139] 그러나 "부처는 1530년판 그의 『복음서 주석』에서 성령의 위격과 사역을 구분"함으로써[140] 성령이 본질에 있어서는 하나님과 동일하심을 말하므로

---

137) 최윤배 외 3인 공저, 『16세기 종교개혁과 개혁교회의 유산』, 284–85.
138) 위의 책, 285.
139) 최윤배, "개혁파 종교개혁자 마르틴 부처(1491–1551)의 삼위일체론적 · 기독론적 성령론," 276.
140) 위의 책, 280.

삼위의 일체성을 주장하고, 삼위의 사역에 있어서는 고유성을 말하므로 삼위를 구별하였다.[141] 이러한 관점은 우리가 위에서 살펴본 바와 같이 깔뱅의 삼위일체론적 성령이해와도 같은 입장임을 알 수 있다. "바르트는 그의 신학전체에서와 마찬가지로 그의 성령론에서도 항상 '기독론적'으로 머물렀다."[142] 반면에, 깔뱅과 그의 스승이며 동료였던 부처에게서 성령론은 삼위일체적으로 이해된다.

성령은 창조주 하나님으로서 창조와 재창조의 수행자(effector)이시다. 깔뱅은 삼위일체론을 중심으로 초기에는 젠틸과의 논쟁을 통해 성령의 자존성을 증명함으로 성령의 신성과 위격을 확보하고 양태론과 종속론을 동시에 비판한다. 깔뱅은 그의 후기에는 삼위일체론의 문제로 세르베투스와 논쟁하였다. 깔뱅의 성령론적 삼위일체론 혹은 삼위일체론적 성령론은 성령의 위격을 인정하지 않는 이위일체론자들이나 성령을 단순한 비인격적인 힘이나 능력으로만 이해하는 오늘날 일부 성령연구가들과 삼위의 사역을 공통적 측면보다 각각의 사역으로 이해하는 상당수의 신자들에게 성령의 사역에 대한 올바른 이해와 명료한 지식을 제공해 줄 수 있을 것이다.

깔뱅에게서 성령은 성부와 성자와 함께 우리의 예배와 경배와 기도의 대상이 되시는 우리의 창조주와 구속주이신 동일한 한 하나님이시다. 성령의 신성과 위격성이 확보되지 않으면, 이위일체론을 비롯한 종속론적 반삼위일체론에 빠질 위험이 있다. 깔뱅에게서 성령은 세계 내에 있는 보이는 것이나 보이지 아니하는 것이나, 그 모든 것들을 수단으로 구원하시는 영원한 하나님의 모든 의지와 뜻을 실행하시는 성령 하나님이시다.

---

141) 참고. 최윤배, 『잊혀진 종교개혁자 마르틴 부처』 (서울: 대한기독교서회, 2012).
142) 최윤배, "헨드리꾸스 베르꼬프의 성령론의 발전개요," 서울장신대학교 편, 『서울장신논단』 제8집 (2000), 99-119.

6. 참고문헌

김선권. "깔빈의 성령 사역론." 「칼빈연구」 제9집(2012), pp. 31-55.

이수영. "깔뱅의 성령론." 「신학정론」. 서울: 합신대출판부, 1994.

최윤배. "개혁파 종교개혁자 마르틴 부처(1491-1551)의 삼위일체론적 성령론."
　　　「신학지평」 제13집, 안양대학교신학연구소, 2000. 가을·겨울호.

_____. "개혁파 종교개혁자 마르틴 부처(1491-1551)의 삼위일체론적·기독론적
　　　성령론." 「생명의 영성」. 조직신학논총11집. 서울: 대한기독교서회, 2004.

_____. 최윤배 외 3인 공저. 「16세기 종교개혁과 개혁교회의 유산」. 서울: 한국장
　　　로교출판사, 2003.

_____. "헨드리꾸스 베르꼬프의 성령론의 발전개요." 「서울長神論壇」. 제8집.
　　　서울: 서울장신대학교교무처, 2000.

Berkhof, Hendrikus. *The Doctrine of the Holy Spirit.* 황승룡 역. 「성령론」 서울: 성
　　　광문화사, 1985.

Berkhof, Louis. *Systematic Theology.* 권수경·이상원 역. 「벌코프 조직신학」 상. 고
　　　양: 크리스챤다이제스트, 2000.

Calvin, John. *Institutes of the Christian Religion.* 이종성외 3인 공역. 「기독교 강요」
　　　(1559). 서울: 생명의말씀사, 1988.

_____. *The Calvin Commentary.* 존 칼빈 성경주석출판위원회 편역. 「존 칼빈 原著
　　　성경주석」. 서울: 성서원, 2003².

_____. *Institution of the Christian Religion,* tr. by Ford Lewis Battles. 양낙홍 역.
　　　「존 칼빈 기독교 강요」 초판(1536). 고양: 크리스챤다이제스트, 2004.

Kelly, J. N. D. *Early Christian Doctrines.* 김광식 역. 「고대기독교 교리사」. 서울:
　　　도서출판한글, 2004².

Pelican, Jaroslav. 박종숙 역. 「고대교회 교리사」. 서울: 크리스챤다이제스트, 1995.

Wendel, F. *Calvin.* 김재성 역. 「칼빈: 그의 신학사상의 근원과 발전」. 고양: 크리스
　　　챤다이제스트, 1999.

III. 깔뱅의 성령과 그리스도와의 관계(1) : 성령의 담지자로서의 그리스도[143]

1. 서론

깔뱅의 성령론은 다양한 관점에서 논의될 수 있을 것이다. 그러나 우리는 깔뱅의 성령론을 크게 두 가지 영역, 즉 성령의 본질과 성령의 사역으로 나눌 수도 있을 것이다. 필자는 이미 깔뱅의 성령론 연구에 대한 입문에 해당되는 글과[144] 특히 성령과 예수 그리스도의 삼중직(triplex munus Christi)에 대한 글을 최근에 쓴 바가 있다.[145] 우리는 본고에서 성령의 사역과 관련하여 그리스도와의 관계 하에 살펴보고자 한다. 성령론에서 성령과 예수 그리스도의 관계는 교회사적으로나 신학적으로 매우 중요한 위치를 차지한다. 여기에 깊은 관심을 기울인 사람은 네덜란드의 대표적 개혁파 현대 교의학자인 헨드리꾸스 베르꼬프(Hendrikus Berkhof, 1914-1995)다.[146] 성령과 예수 그리스도의 관계에 대한 관심은 현대 성경신학이나 교의학의 관심 주제만은 아니다. 깔뱅은 오늘날 우리가 보는 현대적인 관점에서 성령과 예수 그리스도의 관계 연구를 체계적으로 시도하지는 않았으나, 그의 다양한 저서들로부터 볼 때, 현금의 신학자들 못지않게 여기에 대한 분명한 시각을 가지고 있음을 보게 된다.

깔뱅의 경우, 성령과 예수 그리스도는 상호 어떤 관계에 있는가? 에먼(E.

143) 한국칼빈학회(편), 「칼빈연구」창간호(서울 : 한국장로교출판사, 2004), pp. 71-91에 게재된 글.
144) 최윤배, "최근의 깔뱅의 성령론: 연구 방법론과 성령론을 중심으로," 한국칼빈학회(편), 「최근의 칼빈 연구」(서울 : 대한기독교서회, 2001), 158-173.
145) 최윤배, "부처와 깔뱅에게서 성령과 그리스도의 삼중직," 서울장신대학교(편), 「서울장신논단」제7집 (1999), 128-146.
146) 최윤배, "헨드리꾸스 베르꼬프의 성령론과 기독론의 관계성 연구," 연세대학교 신과대학교·연합신학대학원(편), 「신학논단」제31집(2003), 99-138.

Emmen)은 깔뱅은 그리스도와 성령 사이의 관계를 특별하게 취급하지 않는다고 주장한다.[147] 여기에 반대하여, 판 데어 린드(S. van der Linde)가 깔뱅의 경우 성령은 그리스도에게 중요하다고 말한 것은 우리가 보기에 타당성이 있다.[148] 그리스도는 그의 어린 시절에 비로소 성령을 받으신 것이 아니라, 그의 잉태 때 성령을 받으셨다.[149] 이 같은 그리스도의 영적으로 또는 성령론적으로 정향된 지상적인 삶의 시작은 그의 전 생애, 그의 고난과 부활에서도 계속되었다.[150] 크루쉐도 여기에 동의했다.[151] 하나님의 아들로서 예수 그리스도는 성육신하심으로써 성령의 담지자(擔持者)가 되셨을 뿐만 아니라, 부활·승천하신 이후에 그는 성령을 보내시는 자가 되셨다.[152]

우리는 성령을 보내신 자로서 예수 그리스도에 대한 논의는 다음 장에서 논의하기로 하고, 여기서는 성령의 담지자로서 예수 그리스도에 대해서만 논의하기로 한다.

---

147) E. Emmen, *De Christologie van Calvijn*, Amsterdam 1935, 7: "Het zal wellicht opvallen, dat over Christus en den Heiligen Geest niet afzonderlijk wordt gehandeld. Voor Calvijn sprak dit verband vanzelf, zoodat hij er geen speciale omschrijving van gaf, evenmin een verdeling van shreef."

148) S. van der Linde, *De leer van den Heiligen Geest bij Calvijn*, Wageningen 1943, 85: "De beteekenis van den Heiligen Geest voor de Christologie is een zóó centrale, dat ze wel d edragende grond mag heeten.", cf. 각주 3: "In de dissertatie van Dr. E. Emmen, *De Christologie van Calvijn*, Amsterdam 1935, wordt terloops vermeld de betrekking van Christus en de Heiligen Geest, maar de beteekenis van den Heiligen Geest voor het Chritusbeeld komt O.I. zeer tekort."

149) CO 45, 15(= Comm. Ev. Lk. 1:15).

150) S. van der Linde, op. cit., 85.

151) W. Krusche, *Das Wirekn des Heiligen Geistes nach Calvin*, Göttigen 1957, 127: "E. Emmen hat dem auch in seiner Christologie Calvins von vornherein auf den Versuch einer Erörterung des Verhältnisses von Christus und Geist verzichtet mit der Bergündung. Calvin habe keine spezielle Bestimmung dieser Verbindung gegeben, da sie für ihn von selbst gesprochen habe. Aber wir werden uns durch diesen generellen Verzicht nicht davon abhalten lassen dürfen zu versuchen, ob sich nicht vielleicht doch bei Calvin einiges im Hinblick auf unsere spezielle Frage ausmachen läßt, was dann für die genauere Bestimmung des Verhältnisses von Pneumatologie und Christologie überhaupt von Bedeutung sein könnte.", cf. 각주 4: "E. Emmen, De Christologie van Calvijn, Amsterdam 1935, S. 7. VAN DER LINDE hat a.a.O. S. 84ff. das Verertthältnis von Hl. Geist und Fleischwerdung des Wortes dargestellt."

152) W. Krusche, op. cit., 129.

2. 성령과 예수 그리스도의 성육신

깔뱅의 경우, 그리스도의 성육신의 동기와 목적은 매우 중요하다. 그리스도의 성육신의 동기는 우리의 죄 때문이며, 그리스도의 성육신의 목적은 우리의 구원을 위해서다. 여기에 대한 깔뱅의 사상은 이미 『기독교강요』초판(1536)에 나타난다. "우리는 아버지의 신성과 함께 연합되셨던 그리스도께서 우리를 위해서 아버지의 신적인 호의와 자비에 의해서 보내심을 받으시고, 우리와 같은 육신을 입으셨다는 사실을 믿는다. 그리스도께서 우리가 타락한 마귀의 독재로부터, 우리를 사로잡았던 죄의 굴레로부터, 우리를 충동으로 몰고 갔던 몸과 영혼의 죽음의 노예로부터, 우리가 받아야만 했던 영원한 처벌로부터 그리스도께서 우리를 구속하시기를 원하셨다. 이 모든 힘에 억눌려 있지 않고, 우리는 해방되어 구속받았다. 왜냐하면, 이를 위해서 중보자이신 예수 그리스도가 참 하나님이시면서 동시에 참 인간이시라는 사실이 우리에게 중요하기 때문이다."[153]

그리스도의 참 인간성과 무흠(無欠)의 문제를 중심으로, 깔뱅은 마니교도, 마르시온주의, 재세례파, 로마가톨릭교회와 논쟁했다. 깔뱅은 마니교도들에 반대하여 그리스도의 참 인간성을 강력하게 옹호한다.[154] 그리스도의 참 인간성 문제와 관련해서 깔뱅의 마니교도들과 마르시온주의에 대한 비판은 그의 『기독교강요』초판 이후, 다른 개정판들 속에서도 계속 나타난다. 마르시온주의는 그리스도께서 참된 인간의 몸을 입으신 것이 아니라, 가현(假現)의 모습으로 오셨다고 주장했다. 마니교도들은 그리스도가 마리아로부터 땅에 있는 인간의 몸을 입으신 것이 아니라, 하늘로부터 '하늘의 육신'(heavenly flesh)을 입고 오셨다고 주장했다. 이 같은 주장을 하는 마니교도들은 헛된 꿈을 꾸

---

153) CO 1, 64f(= OS I 77f), cf. CO 1, 517; OS III 437(= Inst. 1559, II xii 1).
154) CO 1, 67(= OS I 80f), cf. CO 1, 68(= OS I 81); CO 1, 69(= OS I 82).

는 몽상가에 불과하다고 깔뱅은 그들을 비판했다.155)

"성령으로 잉태하사"(conceptus de spiritu sancto)"라는 사도신경의 한 구절의 중심으로 깔뱅은 예수의 완전한 인간적 육체성을 부정하는 고대시대의 가현설적인 개념과 16세기 재세례파, 특히 멘노 시몬스(Menno Simons)에게서 발견되는 새로운 형태의 가현설을 비판했다.156) 멘노 시몬스는 네덜란드 출신으로서 재세례파에 속했으며, 종교개혁 당시의 인물이었다.157) 그에 대한 깔뱅의 비판은 『기독교강요』(1559) 최종판에 특별히 많이 나타난다.

깔뱅은 멘노 시몬스가 잘못 이해한 그리스도의 동정녀 탄생에 대한 개념을 비판한다.158) "여기서 마태는 동정녀 마리아를 그리스도를 탄생케 한 관(官)으로 묘사하지 않고, 그리스도의 탄생의 놀랄만한 방법과 보통 사람의 정상적인 방법 사이를 구별해 준다. 다시 말하면, 그리스도는 다윗의 자손으로부터 동정녀 마리아에게서 태어났다고 마태는 기록하고 있다. 왜냐하면, 이삭이 아브라함에게서 나며, 솔로몬이 다윗에게서 나며, 요셉이 야곱에게서 났다고 말하는 것과 똑 같은 방식으로 마태는 그리스도는 그의 어머니에게서 나셨다고 기록해 주기 때문이다."159) 깔뱅은 『재세례파에 대한 반대』라는 저서에서 그리스도의 참 인간성과 그리스도의 무흠을 주장했다.160)

고대교회에서 기독론 이단(異端)으로 정죄된 아폴리나리우스(Apollinarius)는 영원한 성령이 그리스도에게 영혼으로 계셨기 때문에 그리스도는 단지

---

155) CO 1, 519f, cf. OS III 447f(= Inst. 1559, II xiii).
156) W. Krusche, op. cit., 131.
157) OS III 448-450, 각주 1; *Contra Mennonem*(1556), in: CO 10a, 167-176; *RE*³ XII, 591f; G. Gloede, *Theologia naturalia bei Calvin*, Tübingen 1935, 6, 173.
158) OS III 451-458(= Inst. 1559, II xiii 2-4), cf. OS III 451: "Quibuscunque cavillis elabi conentur sive Manichaei veteres, sive recentes eorum discipuli, no se expediunt."
159) OS III 456(= IOnst., 1559, II xiii 3).
160) *Brieve instruction pour armer tous bons fideles contre erreurs de la secte commune des Anabaptistes*(1544), in: CO 7, 109: "Car ce que le sainct Esprit est intervenu, a esté pour le sanctifier des le commencement, et en le sanctifiant, le preserver à ce qu'il ne fust entaché d'aucune pollution du genre humain."

반쪽 인간이었을 것이라고 주장했다.161) 깔뱅의 경우, 성령의 작용하시는 기능이 동시에 거룩하게 하시는 기능으로 이해될 때, '성령으로 잉태하사'라는 구절이 비로소 올바로 이해된 것이다.162) 다시 말하면, 성령은 마리아의 태로 잉태케 했을 뿐만 아니라, 또한 성령은 거룩하게 하시고, 준비작업을 하셨다.

로마가톨릭교회는 철학적 사고에 의존하여 남성의 씨만이 종족 번식에 절대적인 기여를 하는데, 예수 그리스도의 경우 남성이 개입되지 않았으므로, 예수 그리스도가 무흠하다고 주장했다. 여기에 대해서 깔뱅은 그리스도의 출생의 전(全)과정에서 거룩하게 하신 성령의 역할을 강조한다.

"바울 사도는 다른 구절에서도 동일한 사실을 가르친다. 곧, 그리스도께서 율법의 요구를 이루기 위하여 '죄 있는 육신의 모양으로' 보내심을 받았다는 것이다.(롬8:3-4) 그리하여 바울은 그리스도와 보통 사람을 분명하게 잘 구별하여, 그리스도께서 참 사람이지만 허물과 부패가 없으심을 말씀하고 있는 것이다. 그러나 그들은(로마가톨릭교회, 필자주) 아주 유치하게 떠들어댄다. 곧, 만일 그리스도께서 오점이 전혀 없으시고, 성령의 신비한 역사를 통하여 마리아의 씨에서 나셨다면, 여자의 씨는 부정하지 않고 오로지 남자의 씨만 부정하게 될 것이라는 것이다. 그러나 그리스도께서 오점이 전혀 없다고 하는 것은 비단 그의 모친이 남자와 동침하지 않고 그를 낳으셨기 때문이 아니라, 그가 성령으로 말미암아 거룩하게 되어 아담의 타락 이전에 있었을 그런 순전하고도 더럽혀지지 않은 상태로 출생되셨기 때문이었던 것이다. 곧, 성경이 그리스도의 순결하심을 말씀하실 때는 언제나 그의 참 인간성을 두고 하는 말로 이해해야 한다는 것이다. 왜냐하면, 하나님이 순결하시다는 말은 구태여 반복할 필요조차 없기 때문이다."163)

---

161) OS II 499(=Inst. 1559, II xvi 12); CO 49, 558(= Comm. 1 Cor. 15:45): "Hoc ideo ntandum ne quis putet Spiritum in Christo fuisse loco animae: quod olim putavit Apollinaris."
162) W. Krusche, op. cit., 132.
163) OS III 457(= Inst. 1559, II xiii 4).

『복음서 주석』(1555)에서 깔뱅은 성령을 기적을 행하시는 분이라고 말한다.[164] 깔뱅은 그리스도의 두 본성(신성과 인성)과 그리스도의 무흠을 부당하게 취급하는 자들을 이단으로 간주했다.[165] 세르베투스에 반대하여, 깔뱅은 그리스도의 몸의 형성시 성령이 그것을 형성시키는 원리였다고 주장했다.[166] 세르베투스는 말씀과 성령을 서로 구별하지 못하고, 혼동했다.[167] 깔뱅에 의하면, 고대교회와 종교개혁시대에서 이단들은 그리스도의 신성없이 그리스도의 인간성의 속성들을 주장하는가 하면, 이와는 정반대로 그리스도의 인성없이 그리스도의 신성의 속성들만을 받아들였다. 이 같은 주장들에 반대하여 깔뱅은 '두 본성 속에 있는 한 인격(una persona in duae naturae)의 교리를 주장하기 위해서 성경과 고대교회의 주장을 전거(典據)로 내세운다.[168]

특별히 루터파에 반대하여, 깔뱅은 '엑스트라-칼비니스티쿰'(Extra-Calvinistiucm)의 개념을 가지고 그의 성찬론에서 그리스도의 참 인간성을 주장한다.[169] "인간으로서 그리스도를 간과하는 사람은 누구든지 하나님으로서 그리스도에게 결코 다가가지 못할 것이다. 그러므로 만약 당신이 그리스도와 무엇인가를 공유하기를 원한다면, 당신은 그리스도의 인간성을 무시하지 않도록 특별한 주의를 기울이시기 바랍니다."[170]

---

164) CO 45, 30f(= Comm. Lk. 1:35), cf. CO 45, 54f.

165) CO 45, 31f(= Comm. Lk.1:35).

166) *Defensio orthodoxae*(1554), in: CO 8, 542: "Fatemur quidem in formanda Chriti carne spiritus virtutem fuisse loco seminis. Sed hoc nihil ad phantasma Serveti, quod verbum fuerit semen generationis."

167) CO 8, 501: "Item Dialogo, non esse inter Verbum et Spiritum realen differentiam."; "Omitto nunc quod spiritum cum sermone confundit, cui distinctam hypostasin alibi coactus assignat."(idem., 564); "Interea de spiritu sancto tacet, quem alibi cum verbo confundit."(idem., 581); OS III 470(= Inst. 1559, II xvi 8): "Spiritum interea miscet cum ipso Sermone, quia Deus invisibile verbum et Spiritum dispensaverit in carnem et animam."

168) OS III 458-471(= Inst. 1559, II xiv 1-8).

169) CO 1, 121(= OS I, 140); CO 5, 452; CO 7, 103, 736; CO 8, 22; 이 용어를 위하여 다음을 참고하시오, 최윤배, 『성령론 입문』, p. 180.

170) CO 47, 156(= Comm. Joh.6:56): "Neque enim ad Christum Deum unquam perveniet qui hominem negligit. Quare si tibi vis aliquid cum Christo esse commune, cavendum imprimis est ne carnem

『제네바 요리문답』(1545)에서 사도신경의 "성령으로 잉태하사 동정녀 마리아에게서 나시고"라는 구절에 대한 해설에서 깔뱅에게 중요한 것은 다름 아닌 바로 구원론적 모티브, 성령의 기적, 중보자의 참 인간성과 그의 무흠이다.171)

3. 성령과 예수 그리스도의 세례

깔뱅이 그의 『공관복음서 주석』과 『복음서에 대한 설교』에서 요단강에서 예수 그리스도의 세례를 성령과 아주 밀접하게 결부시키고 있다는 사실이 일반적으로 발견된다.172)

깔뱅은 『요한복음 주석』(1553)에서 요단강에서 예수 그리스도의 세례에 대해서 취급하고 있다.173) "'내가 보매 성령이 비둘기같이 하늘로서 내려와서 그의 위에 머물렀더라.'는 말씀은 문자적인 표현이 아니라, 비유적인 표현이다. 어떤 눈을 가지고 요한이 성령을 볼 수 있었겠는가? 그러나 비둘기 같다는 말은 성령의 현존(임재)에 대한 분명하고도 오류가 없는 표징이다. 비둘기는 비유적으로 성령으로 불린다. 비둘기 자체가 성령이라는 말이 아니라, 비둘기라는 말은 인간이 이해할 수 있는 방법 속에서 성령을 보여 준다."174)

잇따라 깔뱅은 왜 성령이 비둘기의 모습으로 나타나셨는지를 묻는다. 여기에 대한 깔뱅의 대답은 다음과 같다. "여기에 표징과 본질 사이의 유비가 있다는 사실을 우리는 항상 확고하게 붙들어야만 한다. 성령이 사도들에게 주어졌을 때, 그들은 불의 혀 같은 것을 보았다.(행2:3) 왜냐하면, 복음의 설교는 모

---

eius fastidias."; cf. CO 50, 150(= Comm. 2 Cor. 13:4): "Quodsi facimus humanam Christi naturam ita nostrae dissimilem, eversum est praecipuum fidei nostrae fundamentum."

171) CO 6, 23-26(= OS II 81f).
172) CO 45-CO 47.
173) CO 47, 27f(= Comm. Joh.1:32).
174) CO 47, 27(= Comm. Joh. 1:32).

든 방언을 통해서 전 세계적으로 퍼져나가야 하며, 불의 능력을 가져야만 하기 때문이다. 이 구절에서 하나님은 '상한 갈대를 꺾지 아니하며 꺼져가는 등불을 끄지 아니하고' 라고 이사야서 42:3절이 찬양하는 그리스도의 온유함을 공적으로 드러내기를 원하셨다. 이것은 성령께서 그리스도 위에 내려오시는 것이 보였던 첫 번째였다. 그렇다고 해서, 이 사건 이전에 성령이 그리스도께 없었다는 말은 아니다. 말하자면, 지금 그리스도께서 엄숙한 의식을 통해서 (공적으로 메시아로, 필자주) 취임하신 것이다. 왜냐하면, 우리는 그리스도께서 30년 동안 사적으로 개인처럼 숨어 계셨다는 사실을 알기 때문이다. 왜냐하면, 그의 출현의 때가 아직 오지 않았기 때문이었다. 그러나 그리스도께서 자신을 세상에 알리기를 원하셨을 때, 그는 세례로 시작하셨다. 그러므로 이 경우에 그는 성령을 자기 자신을 위해서라기보다는 차라리 그의 백성들을 위해서 성령을 받으셨다. 우리에게 필요하면서도 우리에게는 없는 모든 풍성한 은사들이 그리스도 안에 있다는 사실을 우리가 알도록 하기 위해서 성령이 가시적으로 내려오셨다."175)

이상으로부터 우리는 그리스도의 세례가 성령론과 관련하여 기독론적·교회론적 관점을 가지고 있음을 알 수가 있다. 다시 말하면, 그의 신성에 따라서 그리스도는 이미 그의 영을 소유하고 계시기 때문에, 그는 세례를 받을 필요도 성령으로 기름부음 받을 필요도 없다. 그러나 그의 인성에 따라서 그는 성령을 통한 준비가 없이는 중보자도 구속주도 되실 수가 없기 때문이다.176)

구약에서 왕들과 제사장들과 예언자들이 직분자들로서 기름부음 받았듯이, 그리스도께서 그의 삼중직(예언자, 왕, 제사장)으로 기름부음 받는다.177) 그리스도는 중보자이시기 때문에 자신을 위해서 성령을 필요로 하지만, 그가 성

175) CO 47, 28(= Comm. Joh. 1:32).
176) CO 45, 125f(= Comm. Ev. Mt. 3:16), cf. CO 45, 103f(=Comm. Ev. Lk. 2:40); CO 45, 141(= Comm. Ev. Lk. 4:17f); CO 47, 28 등.
177) Sermons sur l'Harmonie évangélique, in: CO 46, 371.

취하신 구원과 은혜는 자신을 위해서가 아니라, 그의 백성, 즉 그의 자녀들과 교회를 위한 것이다. 바로 이 점에서 깔뱅은 그리스도의 성령세례를 기독론적으로 그리고 교회론적으로 이해하고 있다고 결론지을 수가 있다. 그러므로 그리스도는 하나님의 구속사역을 이루어야 할 중보자로서 자기 자신을 위해서뿐만 아니라, 그가 성취한 구원을 베풀어주실 그의 백성을 위해서 성령으로 기름부음을 받으셨다.

『이사야 주석』(1550)에서 깔뱅은 그리스도의 세례 시에 성령이 그리스도 위에 내려온 것을 구약의 배경 속에서 중보자로서 메시아직에 대한 준비로 이해했다.[178] "그러므로, 지금 우리는 그리스도의 영적인 나라가 이전에 구약의 백성에게 약속되었다는 사실을 추론할 수 있다. 왜냐하면, 그리스도의 완전한 힘과 능력과 위엄이 여기서 성령의 은사들 안에 존재하도록 만들어져 있기 때문이다. 비록 그리스도께서 이 같은 종류의 은사들을 결핍하시지 않을지라도, 그가 우리의 육신을 취하셨기 때문에, 그는 성령의 은사들로 풍성하게 되실 필요가 있었으며, 이를 통해서 우리는 그와는 달리 우리가 결핍하고 있는 모든 축복들의 참여자들이 될 수가 있을 것이다. 왜냐하면, 요한이 말하듯이 우리는 샘물로부터 그리고 그의 충만함으로부터 생수를 길러 내야 하기 때문이다.(요 1:16; 요7:37-38)"[179]

계속해서 깔뱅은 왜 예수께서 '그리스도'(메시아)로 불려지고, 우리가 '그리스도인'으로 불려지는 지에 대해서 설명한다. 그리스도께서 인간으로 오심으로써 아버지로부터 은사를 충만히 받아 우리에게 베푸시게 되셨다. "이것이 바로 기름부음을 받으심인데, 여기서부터 예수는 그리스도라는 이름을 받으시게 되고, 그는 그것을 우리에게 베풀어 주신다. 그 결과 우리도 그리스도인

---

178) CO 36-37, 특히 CO 36, 235ff(= Comm. Jes. 11:2); CO 37, 57ff(= Jes. 42:1ff); CO 37, 371ff(= Comm.Jes. 61:1), 등.
179) CO 36, 235(= Comm. Jes. 11:2).

이라 불려진다. 그리스도께서 '선물의 분량대로'(엡4:7) 자신의 충만함으로부터 우리에게 베풀어 주심으로써 우리에게 자신과의 교제를 허락하셨기 때문이 아닌가? 그리고 분명히 이 구절은 그리스도의 본질이 무엇인가를 우리에게 가르치는 것이 아니라, 그가 자신의 부요함으로 우리를 부요케 하시기 위해서 아버지로부터 받으셨던 그 무엇을 우리에게 가르친다."[180]

성령의 은사와 관련해서 깔뱅은 로마가톨릭교회의 은사론을 비판한다. "어떤 사람이 생각했다시피, 선지자는 여기서 성령의 모든 은사들을 열거하지 않는다. 어리석고도 무식하게 교황주의자들은 이 구절로부터 일곱 가지 은혜를 이끌어냈다. 고대 교부들 중에서 어떤 사람들도 이와 똑같은 실수를 범했다. 선지자는 여섯 가지만 열거하는데, 그들은 그들의 머리로부터 짜낸 일곱 번째 것을 덧붙였다. … 선지자는 모든 은사들이 우리에게 전달되기 위해서 모든 은사들은 그리스도 안에 있다는 사실을 보여준다. 또한 우리는 그의 친구로 불린다.(시45:7) 왜냐하면, 힘이 각 지체들의 머리되시는 그리스도로부터 흘러나오며, 똑같은 방법으로 그는 자신의 하늘의 기름부음을 받으심을 그의 온 몸이신 교회에 흘러넘치게 하시기 때문이다. 그러므로 (그들은) 메말라 황폐해지고 목마른 사람들은 다 함께 그리스도에게 전혀 관심이 없으며, 그리스도의 이름으로 거짓 영광을 추구하고 있는 사람들이다. 그러므로 우리가 이 모든 은사들 중에 무엇인가 부족하다고 느낄 때는 언제든지 우리의 불신앙을 탓하도록 하자. 왜냐하면, 참 신앙은 우리로 하여금 그리스도의 모든 은사들의 참여자들로 만들기 때문이다."[181]

그리스도의 왕직과 제사장직 및 만인제사장직에 대한 깔뱅의 사상은 이미 『기독교강요』(1536)초판과[182] 『제네바 요리문답』(1537)에[183] 나타난다. 『기

---

180) CO 36, 235f(= Comm. Jes. 11:2).
181) CO 36, 236f(= Comm. Jes. 11:2).
182) CO 1, 69(= OS I 82).
183) CO 22, 53[= OS I 397 = CO 5, 338. 라틴어판(1538)]. cf. 『제네바 요리문답』(1545/1548), in CO 6,

독교강요』(1536) 초판의 제 5장에서 깔뱅은 '기름부음'과 관련해서 로마가톨릭교회의 직분론과 성례론에 나타나고 있는 의식(儀式)주의적이면서도 자동주의적인 개념을 거부한다.184) 여기서는 성령론의 관점에서 그리스도의 이중직(왕과 제사장)만 나타나다가, 재판『기독교강요』(1539)에서는 마르틴 부처(Martin Bucer)의 영향으로 예언자직이 첨가되어 그리스도의 삼중직이 나타난다.185)『기독교강요』(1559) 최종판에서 깔뱅은 교황주의자들은 용어상으로 그리스도의 삼중직을 사용하고 있지만, 무관심으로 일관하여 열매를 맺지못하고 그리스도의 각 직분이 내포하고 있는 뜻을 올바로 알지 못하고 있다고개탄한다.186)

"우리는 우리의 구원의 전체나 각 부분 모두가 그리스도 안에 포함되어 있다는 것을 안다.(행4:12) 그러므로 우리는 그 중에 가장 작은 부분이라도 다른데서 구하지 않도록 주의해야 한다. 우리가 구원을 찾는다면, 예수라는 이름자체가 구원이 '그에게서' 온다는 것을 가르친다.(고전1:30) 우리가 성령의다른 은사들을 찾는다면, 그 은사들은 그리스도의 기름부음 받으신 데서 발견될 것이다."187) 그리스도께서 자신의 인간성에 따라 받으신 성령의 배분은 이중적인 목적, 즉 자기 자신을 위할 뿐만 아니라, 그의 자녀들과 그의 온 몸이신교회를 위해서다.188)

19-21(= OS II, 79f). 한국의 어떤 목회자는 깔뱅에게서 만인제사장직에 대한 사상이 발견되지 않는다고 주장할 정도로 깔뱅사상에 대해 무지했다.

184) CO 1, 141-195(= OS I, 162-223); CO 1, 190(= OS I 217): "Scilicet rem ingeniosam conantur: ex Christianismo et Iudaismo et paganitae, velut consutis centunculis, religionem unam conficere. Foetet igitur eorum unctio, quae sale, id est, vero Dei destituitur."

185) CO 1, 514f.

186) OS III 472(= Inst. 1559, II xv 1), cf. OS III 471-481(= Inst. 1559, II xv 1-6).

187) OS III 508(= Inst. 1559, II xvi 19); OS III 477f(= Inst. 1559, II xv 5).

188) OS III 473(= Inst. 1559, II xv 2), cf. OS III 450(= Inst. 1559, II xiii 1); OS IV 2(= Inst. 1559, III i 2); ; S. van der Linde, op. cit., 92ff.

4. 성령과 예수 그리스도의 삶과 부활

그리스도께서 하신 모든 말씀과 행위가 성령론적으로 규정된다는 크루쉬의 판단은 우리가 보기에 타당하다.[189] 그리스도께서 행하신 모든 것은 성령을 통해서 행하셨다. 그는 성령을 통해서 선포하시고, 가르치시고, 직관하시고, 치료하시고, 투쟁하시고, 고난 받으시고, 죽으시고, 부활하셨다. 바로 이점에서 깔뱅의 기독론은 성령론적으로 규정된다.[190]

성경을 잘 이해하고자 한다면, 그리스도뿐만 아니라, 우리도 성령을 필요로 한다.[191] 『기독교강요』(1536) 초판에서 깔뱅은 '교사'로서 그리스도에 대해 언급하지만, 아직까지 기름부음 받은 그리스도의 삼중직의 성령론적 관점과는 결부시키지 않고 있다.[192] 깔뱅은 로마가톨릭교회는 최고의 교사이신 성령의 학교에서 성찬론을 배우려하지 않는다고 말한다.[193] 앞에서 우리가 이미 말했다시피, 『기독교강요』(1539) 재판 이후 모든 개정판에서 깔뱅은 기름부음을 받으신 그리스도와 그의 예언자직을 연결시킨다.

"그가 성령으로 기름부음을 받아 아버지의 은혜를 선포하는 증인이 되신 것을 알 수 있다. 그리고 그것은 보통 방법으로 된 것이 아니다. 그는 비슷한 직분을 가진 다른 교사들과는 완전히 구별되기 때문이다. 동시에 우리가 유의해야할 점이 있다. 즉, 그가 기름부음을 받으심을 받은 것은 그 자신이 교사의 직책을 다하시기 위해서뿐만 아니라, 그의 온 몸이신 교회를 위해서 복음이 계속

---

189) W. Krusche, op. cit., 135, cf. S. van der Linde, op. cit., 86f: "Zoo geldt het van al Zijn woorden en daden. Zijn woorden waren aangenaam en krachtig."
190) W. Krusche, op. cit., 151; S. van der Linde, op. cit., 92.
191) OS III 60-105(= Inst. 1559, I v-xii); OS III 241-320(= Inst. 1559, II ii-v).
192) CO 1, 99(= OS I 115); CO 1, 207(= OS I 236).
193) CO 1, 125(= OS I 144f): "Nos e converso, ne in eandem incidamus foveam, aure, oculos, corda, mentes, linguas, penitus defigamus in sacra Dei doctrina. Est enim ea spiritus sancti, optimi magistri, schola, in qua sic proficitur, ut nihil sit asciscendum, ignorandum vero libenter quidquid in ea non docetur."

전파되는 일에 성령의 권능이 있게 하려는 것이다. 그러나 그가 전하신 완전한 가르침이 모든 예언을 종결시켰다는 것이 확실하다. 그러므로 복음으로 만족하지 않고 밖에서 무엇을 가져다가 복음에 꿰매는 사람들은 모두 그리스도의 권위를 깎아내린다. ··· 그 다음에 이 기름부음이 머리로부터 지체들에게 확산된다. ··· 그리고 그리스도의 예언자로서의 위엄을 생각할 때, 우리는 그가 우리에게 가르치신 모든 말씀에 완전한 지혜의 모든 부분이 포함되어 있다는 것을 알 수 있다."194)

그리스도는 영원한 성령을 통해서 자신을 희생 제물로 바치셨다.195) 그는 육신의 연약함으로 고난을 받으셨지만, 성령의 능력으로 부활하셨다.196) "바울은 다른 곳에서도(골3:4) 하나님께서 아들을 죽은 자 가운데서 일으키신 것은 자신의 권능을 단 한 번만 나타내 보이시기 위한 것이 아니라, 우리 신자들에게도 성령의 동일한 역사를 보여주시려는 것이라고 가르친다. 바울이 우리 안에 계시는 성령을 '생명'이라고 부르는 이유는 성령을 우리에게 주심으로써 우리 안에 있는 죽을 것을 소생시키려는 것이기 때문이다. ··· 그리스도께서 우리를 장차 도래하는 삶에 참여하는 자들로 삼으시기 위해서 부활하셨다. 아버지께서 그리스도를 부활시키신 것은 그가 교회의 머리시며, 교회와 그가 분리되는 것을 결코 허락하시지 않기 때문이다. 성령의 능력으로 부활하신 그리스도께서 생명을 주시는 직분을 통해서 우리를 성령의 능력에 참여케 하신다."197)

『로마서 주석』(1540)에서 깔뱅은 성령을 부활시키시는 자라고 부른다. 그리스도께서 육신의 약함으로 인하여 굴복하셨던 죽음에 대한 승리를 의심스럽고도 불확실한 성격을 가진 어떤 것의 도움에 의해서가 아니라, 그리스도의 하늘

---

194) OS III 473(= Inst. 1559, II xv 2).
195) OS III 490f(= Inst., II xvii 6), cf. CO 55, 111(= Comm. Heb. 9:14).
196) OS III 500(= Inst. 1559, II xvi 13); CO 1, 59(= OS I 71f).
197) OS IV 435f(= Inst. 1559, III xxv 3).

의 성령의 역사를 통해서 거두셨다.198) 그리스도를 부활시키신 분은 아버지와 아들의 영이시다. 그리스도는 그의 백성과 교회를 위해서 부활하셨다.199)

그리스도의 부활을 중심으로 깔뱅은 고대교회의 아폴리나리우스와 당대의 소위 자유주의자들(les Libertines)과 세르베투스를 비판한다. 아폴리나리우스와 자유주의자에 대한 깔뱅의 비판은 『고린도전서 주석』(1546)에 나타난다. 왜냐하면, 자유주의자는 그리스도의 부활을 알레고리적으로 이해했기 때문이다.200) 이 같은 주장에 반대하여, 깔뱅은 그리스도의 부활을 알레고리적으로 이해하지 않고, 자연적이며, 참된 것으로 이해하고, 부활의 목격증언자들은 영적인 부활에 대한 어떤 증언도 하지 않았다고 선포한 바울의 말씀을 자신의 주장의 전거(典據)로 내세운다.201) "그러나 우리는 그리스도께서 우리처럼 살아있는 영혼이 되셨다는 사실을 주지해야 하지만, 게다가 그의 영혼 이외에 주의 영이 그에게 부음 바가 되셔서, 그는 성령의 능력으로 죽은 자들로부터 부활하시고, 다른 사람들을 부활시키실 것이라는 사실도 우리는 유의해야 한다. 여기에 주의해야 할 이유는 한 때 아폴리나리우스가 상상했던 것처럼 어떤 사람도 성령이 그리스도 안에서 영혼으로 대체되었다고 생각하지 않도록 하기 위해서이다."202) 세르베투스는 성령은 그리스도의 부활을 통해서 인격으로 변했다고 주장했다. 왜냐하면, 그 때 그리스도로부터 다른 하나님이 부활하셨기 때문이다.203)

『요한복음 주석』(1553)에서 깔뱅은 그리스도께서는 성령을 통해서 말씀하시고 성령을 통해서 행동하셨다고 말한다. "참으로 그리스도께서 교사의 직책을 맡으셨다. 그러나 아버지를 알리시기 위해서 그는 단순한 자신의 목소리가

198) CO 49, 10(= Comm. Rom. 1:4).
199) CO 49, 146(= Comm. Rom. 8:11).
200) CO 49, 537(= Comm. 1 Cor. 15:1).
201) CO 49, 539(= Comm. 1 Cor. 15:5ff).
202) CO 49, 558(- Comm. 1 Cor. 15:45).
203) *Defensio orthodoxae*(1554), in: CO 8, 594.

아니라, 성령의 신비한 계시를 사용하셨다. 그러므로 그는 자신이 사도들에게 효과적으로 가르치셨다는 것을 의도하신다. 게다가, 사도들의 신앙이 그때까지만 해도 매우 약했으므로, 그리스도께서 미래에 그들의 더 큰 발전을 약속하심으로써, 그들이 성령의 보다 풍성한 은혜를 소망하도록 준비하신다."[204] 깔뱅은 쉽사리 "그리스도의 모든 고난과 고통이 영에 의해서 인도함 받았다는 사실을 인정한다. 그러나 복음서 기자의 의도는 전혀 다른 곳에 있는데, 그리스도의 고통이 내적인 것이며, 전혀 가짜가 아니었다는 뜻이다."[205] 그러므로, 성령의 능력을 통한 그리스도의 부활은 그의 신성에 대한 강력한 증거이다.[206] 부활시키는 자로서 성령은 아버지와 아들의 영이시다.[207]

위와 동일한 사상을 우리는 그의 『공관복음서 주석』(1554)에서도 발견할 수 있다. 내적 교사로서 그리스도의 영이 그의 직책을 수행하실 때, 말씀을 수행하는 일꾼의 사역이 헛되지 않는다. 왜냐하면, 그리스도께서 그의 백성들을 깨달음의 영으로 능력을 덧입히신 이래로, 그리스도께서 성경으로부터 그의 백성들과 함께 열매를 맺지 않을 수 없게 말씀하시기 때문이다.[208] 그리스도는 그의 신적인 영으로 숨은 구석구석까지 침투해 들어가신다.[209]

마음 속을 아시는 자이신 그의 성령 외에 어떤 다른 것으로 그리스도께서 이 같은 지식을 가질 수 있었겠는가? "우리는 그리스도께 분별의 영에 의해서 우리가 인도되어 그에게 속한 것이 본질적으로 그리고 직접적으로 그의 자유로운 선물에 의해서 우리의 것이 되게 해달라고 기도해야만 한다."[210]

로마가톨릭교회 사람들은 치유의 역사는 성자(聖者)들에 대한 신앙을 통해

---

204) CO 47, 390(= Comm. Joh. 17:26).
205) CO 47, 314(= Comm. Joh.13:21).
206) CO 47, 159(= Comm. Joh. 6:61f).
207) CO 47, 48(= Comm. Joh. 2:19).
208) CO 45, 817(= Comm. Ev. Lk. 24:46), cf. CO 45, 142.
209) CO 45, 246(= Comm. Ev. Mt. 9:4), cf. CO 45, 336(= Comm. Ev. Mt. 12:25).
210) CO 45, 601(= Comm. Ev. Mt. 22:18).

서 일어난다고 믿는다. 깔뱅은 이 같은 신앙을 미신(迷信)으로 규정하고, 여기에 대해서 다음과 같이 반박한다. 그리스도께서 성령의 믿음과 말씀을 통해서 인도함 받은 12년 동안 혈루증으로 고통당하던 여인을 그의 성령으로 고치셨다.211) 그리스도께서 성령의 감동을 받았던 두 시각장애인들을 성령으로 고쳐 주셨다.212) 그리스도께서 성령으로 인도된 삭개오를 성령으로 구원해 주셨다.213) "만약 그리스도께서 모든 신자들의 대표자로서 시험을 받으셨다면, 우리는 우리가 만나는 시험들이 하나님의 허락이 없이 일어나는 우연한 것이거나 사탄의 변덕스런 발작이 아니라, 하나님의 영께서 우리의 신앙을 더욱 더 돈독하게 하시기 위해서 우리가 당하는 모든 싸움 속에 내주(內住)하신다는 사실을 깨달아야 한다."214)

"그리스도께서 우리를 위해서 하나님의 만족을 이루시기 위해서 그는 하나님의 심판대 앞에서 심판을 받아야만 했다. 모든 죽음 보다 더 나쁜 심판자로서 하나님의 진노를 느낀다는 것은 어떤 그 무엇보다 더 무서운 것이었다. 그리스도께서 지금 하나님에 반대하여 서 계시며, 파멸할 운명에 처한 이 같은 형태 속에서 심판이 그리스도에게 다가왔다. 그는 (모든 인류를 수백 번 삼키고도 충분히 남을) 두려움을 극복하셨다. 그러나 그는 성령의 기적적인 능력에 의해서 승리자가 되셨다."215) 깔뱅에 의하면, 그리스도는 신적인 용기에 의해서 훈련받으시고, 성령의 강력한 힘이 그리스도의 두려움을 극복하게 하시고, 그로 하여금 모든 인간의 감정을 초월하게 하셨다.216)

그리스도의 무덤을 찾아왔던 사람들의 눈을 사로잡고 있던 것은 그들의 연약한 육신이었다. 그리스도의 부활 이전에는 성령의 신적인 능력이 분명하게

---

211) CO 45, 256f(= Comm. Ev. Mt. 9:20-22).
212) CO 45, 561(= Comm. Ev. Mt. 20:32).
213) CO 45, 563(= Comm. Ev. Lk. 19:5).
214) CO 45, 230f(= Comm. Ev. Mt. 4:1), cf. CO 46, 596.
215) CO 45, 779(= Comm. Ev. Mt. 27:46).
216) CO 45, 551(= Comm. Ev. Mt. 20:180.

보이지 않았다. 하나님께서 이것을 곧 이루실 것에 대한 일종의 예표로 사용하신 것은 그가 그의 아들을 영광과 승리 가운데서 하늘로 들어 올리시기 위함이었다.[217] "바울이 올바르게 말하고 있듯이(고전15:14), 만약 우리가 그리스도께서 죽은 자로부터 부활하신 것을 확고하게 붙잡지 않는다면, 복음도 없고 구원의 소망도 헛되고 소용이 없는 것이다. 이를 통해서 우리의 의는 성취되었고, 우리가 하늘에 이르는 길이 열렸다. 그 때 우리의 입양이 보증되었다. 그리스도께서 성령의 능력을 행사하시고, 자신을 하나님의 아들로 입증하셨다. 비록 그리스도께서 우리의 육신적인 감각으로는 볼 수 있는 것과는 다른 모습으로 그의 부활을 보여주셨지만, 그를 기쁘시게 하는 그 방법이 또한 우리에게 가장 좋은 방법으로 보인다."[218] 그리스도는 그의 백성을 위해서 부활하셨다.[219]

깔뱅은 『그리스도의 고난과 죽음에 대한 설교들』에서 성령과 관련된 그리스도의 고난과 죽음에 대해서 매우 자주 언급하지는 않는다.[220] "만약 우리가 성령에 의해서 조명되지 않는다면, 우리가 이 지식에 도달하는 것은 불가능하다는 것이 당연하다.… 우리가 성령에 의해서 내적으로 도달하게 되면(여기서부터 믿음이 나온다), 우리는 예수 그리스도의 선하고 올곧은 제자들이 되어 이 교리의 열매를 향유할 수가 있다. 이것이 바로 예언자에 의해서 우리에게 보여주셨던 것이다.… 예수 그리스도에 대해서 말하자면, 그는 육신의 연약함 가운데서 고난을 받으셨을지라도, 그에게 주어졌던 성령에 의해서 항상 강력한 힘으로 지원받으셨다. 거룩한 사도 바울이 골로새서에서 여기에 대해 말하다시피, 그리스도 자신이 십자가에서 그의 승리를 쟁취하신 것을 보라!"[221] "그의 부활과 함께 모든 것이 완성되었다. 그러나 그의 부활은 그의 죽음과 고

217) CO 45, 787(= Comm. Ev. Mt. 27:57-61의 서문).
218) CO 45, 792(= Comm. Ev. Mt. 28:1-7의 서문).
219) CO 45, 813(= Comm. Ev. Lk. 24:39).
220) *Sermons sur le 53. Chap. d'Isaïe*, in: CO 35, 581-688; *Sermons de la passion*, in: CO 46, 955-968.
221) CO 35, 673(= Serm. Jes. 53:11), cf. CO 46, 843, 850f, 879.

난과 결합되어 있다. 그리스도께서 육신의 연약함 가운데서 고통을 당하셨듯이, 그는 그의 성령의 능력을 통해서 부활하셨다는 사실을 우리는 알고 있으며, 우리를 하나님 앞에서 자유롭게 하시기 위해서 그가 우리의 죄를 위해서 고난당하셨듯이, 그는 역시 우리의 의를 위해서 부활하셨다는 사실을 우리는 알고 있다."222)

깔뱅은 『사도행전 주석』(1554)에서 그리스도의 부활에 대한 성령론적·교회론적·종말론적 관점을 강조한다. 그리스도의 부활의 열매가 성령의 은사이다.223) 그리스도는 큰 기적을 일으키시는 자시다. 그리스도는 자기 자신을 위해서 개인적으로 부활하신 것이 아니라, 성령으로 기름부음을 받으신 그는 전(全) 교회로 하여금 그의 생명에 참여시키기 위해서이다.224) "그러므로, 우리는 그가 하나님의 나라에 들어가셔서 영원히 사실뿐만 아니라, 그의 백성들에게도 영원한 복(구원)을 선물로 주시기 위함이다. 그리스도께서 자기 자신을 위해서가 아니라, 우리를 위해서 부활하셨기 때문에, 아버지께서 그에게 수여하신 생명의 영속성(永續性)이 우리 모두에게 연장되어지고, 우리의 것이 된다."225)

깔뱅은 『시편 주석』(1557)에서 우리에게 우리의 부활과 관계하여 다음의 사실을 알려준다. "게다가, 우리는 그리스도를 불멸의 영광의 문이 되도록 하기 위해서 그의 무덤이 그의 성령의 생명을 주는 향기로 방부처리된 것처럼 가득 채워졌다."226)

---

222) CO 46, 914(= Serm. Mt. 27:27-44), cf. 843, 850, 879.
223) CO 48, 47(= Comm. Act. 2:25).
224) CO 48, 47(= Comm. Act. 2:32).
225) CO 48, 302(= Comm. Act. 13:34).
226) CO 31, 157(= Comm. Ps. 16:10).

5. 결론

깔뱅의 경우, 성령과 예수 그리스도는 상호 어떤 관계에 있는가? 한 마디로 말한다면, 양자는 상호 불가분리의 관계 속에 있음이 밝혀졌다. 잉태로부터 부활에 이르는 그의 전(全) 생애와 삶이 성령론적으로 규정되었다. 예수 그리스도의 모든 말씀과 모든 행위는 성령과 관계 속에 있었다. 그는 성령으로 잉태되었고, 성령으로 세례를 받으셨고, 성령으로 시험받으셨고, 성령으로 말씀을 선포하셨고, 성령으로 병자들을 고치셨고, 성령으로 고난 받으셨고, 성령으로 십자가를 지셨고, 성령으로 자신을 아버지께 대속물로 드리셨고, 성령으로 부활하셨다.

본 주제와 관련해서 깔뱅은 몇 그룹의 논쟁자들을 만났다. 그리스도의 참 인간성 문제를 중심으로 깔뱅은 창조 세계를 일반적으로 무시하는 이원론적·가현설적 사상가들을 만났다. 그 중에 고대교회에 악영향을 미쳤던 마니교도들, 마르시온주의, 아폴리나리우스가 있었고, 16세기 종교개혁 당시 재세례파가 있었다. 마르시온주의는 그리스도의 참 인간성을 전적으로 부인했고, 마니교도들과 재세례파는 그리스도께서 하늘로부터 입고 오신 '천상적인 육신'을 주장했다. 아폴리나리우스는 그리스도께서 하늘로부터 입고 오신 '영혼'(누스, νοῦς)을 주장함으로써 그리스도의 완전한 인간성을 확보하지 못했다.

말씀으로서 예수 그리스도와 성령의 관계 문제를 중심으로 세르베투스는 말씀이신 그리스도와 성령 사이를 잘 구별하지 못했다.

깔뱅의 비판이 강하게 집중되는 논쟁자 그룹이 바로 로마가톨릭교회(소위 '교황주의자들')이다. 로마가톨릭교회는 그리스도의 탄생에서 죄 없음에 대한 이유를 다음과 같이 주장한다. 교황주의자들은 아리스토텔레스의 형이상학을 차용하여 남성만이 종족번식에 기여하는데, 그리스도의 탄생의 경우 여성으로서 마리아만이 관계되었기 때문에 그리스도가 무흠(無欠)하다는 것이다. 이 모든 개념들에 반대하여, 깔뱅은 성령께서 준비하시고, 성령께서 잉태케 하시고, 성령께서 거룩하게 하셨다고 주장한다. 말씀의 선포와 가르침 및 성례전의 효과와 관련해서 깔뱅은 로마가톨릭 교회의 자동주의적 개념을 도출한 사효론(事效論, ex opere operato)를 비판하고, 하나님의 약속에 근거한 표징과 실재 사이의 유비 안에서 최고의 교사로서 성령을 강조한다.

직접적으로는 성찬론과 관계되지만, 간접적으로는 그리스도의 두 본성론, 특히 그리스도의 인성에 관계되는 문제를 중심으로 깔뱅은 루터파에 대한 비판의 시각을 가지고 있다. 우리가 잘 알고 있다시피, 루터파는 성찬에서 그리스도의 편재성을 확보하기 위해서 '속성의 교류'(communicatio idiomatum)를 강하게 주장하여 역사적 예수의 경우 신성이 인성화하는 경향이 있고, 부활·승천하여 승귀된 그리스도의 경우 인성이 신성화하는 경향이 있다. 깔뱅은 성령론적 관점에서 루터파에 의한 그리스도의 인성의 신성화를 비판했다.

성령과 역사적 예수 그리스도의 관계에서 깔뱅과 함께 우리는 성령의 담지자로서 예수라는 결론에 이른다. 그리스도는 제 2위의 하나님, 즉 그의 신성에 따라서는 성령으로 기름부음을 받으실 필요가 없지만, 중보자와 구속자의 임무를 수행하기기 위해서 그의 인성에 따라서, 그는 성령을 받으셔야만 했다. 또한 중보자의 성육신의 동기와 목적은 우리의 죄 때문에 우리의 구원을 위해서다. 그러므로 그리스도의 기름부음을 받으심은 이중적인 목적, 즉 기독론적 목적과 교회론적 목적이 있다.

일반적으로 교회사와 신학사에서 부활·승천 이후 고양된 예수 그리스도가 성령의 파송자라는 측면은 강조되었지만, 성령의 담지자로서 역사적 예수에 대한 강조는 전무했다. 그러나 다행히 최근의 성경신학의 연구, 특히 공관복음서 연구를 통해서 성령의 담지자로서 그리스도에 대한 측면이 밝혀졌으나, 부당하게도 어떤 성경신학자들은 그리스도의 선재(先在)를 인정하지 않음으로써, 그리스도의 신성을 인정하지 않는 입양설(양자설, adoptionism)을 지지하는 경향을 보이는가 하면, 어떤 성경신학자들은 말씀-기독론(Logos-Christology)을 거부하고, 영-기독론(Pnuma-Christology)을 주장한다.[227] 중보자이신 그리스도의 인간성 때문에 그리고 그의 백성을 위해서 중보자이신 그리스도는 성령을 필요로 하고, 기름부음을 받을 필요가 있었다는 깔뱅의 주장은 최근의 위와 같은 주장들에 대한 비판적 근거를 제공해 줄 수 있을 것이다.

---

227) 최윤배, 『성령론 입문』 pp. 88–90.

IV. 깔뱅의 성령과 그리스도와의 관계(2): 성령의 파송자로서의 예수 그리스도[228]

1. 서론

깔뱅의 경우, 성령과 예수 그리스도의 관계를 두 가지, 즉 ① 성령과 성령의 담지자로서 예수 그리스도 ② 성령과 성령의 파송자로서 예수 그리스도로 규정할 수가 있는데, 전자에 대해서 필자가 이미 앞 장에서 논의했고, 여기서는 "성령과 성령의 파송자로서 예수 그리스도"에 대해서 논의하기로 한다.

2. 구속사에서 성령과 예수 그리스도

구속사에서 성령의 위치와 관련해서 판 데어 린드(S. van der Linde)는 "우리는 그리스도께서 오신 이후 그리고 특별히 오순절 이후에 성령과 그의 은사가 알려졌으며, 그 이전에는 그것이 결코 없었다고 가끔 주장해야만 하는가?" 라고 질문한다.[229] 이 질문에 대해 바빙크(H. Bavinck)는 다음과 같이 대답한다. "비록 그리스도께서 비로소 그의 사역을 역사 가운데 지상에서 완성하셨을지라도, 그리고 비록 성령이 비로소 오순절에 부음 바 되었을지라도, 그리스도와 성령을 통해서 성취하시고, 적용시키신 은혜들을 이미 구약 시대에도 배분하실 수가 있었다. 구약의 신자들은 우리와 다른 어떤 방법으로 구원된 것이 아니다. 하나의 신앙, 한 분의 중보자, 구원에 이르는 한 가지의 길, 하

228) 연세대학교연합신학대학원 (편), 「신학논단」제45집(2006), pp. 147-180에 게재된 글.
229) S. van der Linde, op. cit., p. 89.

나의 은혜언계약이 있다."230) 신약과 구약 속에 나타난 구속사에 대한 바빙크의 이해가 구약과 신약에 나타난 구속사에 대한 깔뱅의 이해 속에서도 동일하게 나타난다.231)

많은 깔뱅연구가들이 깔뱅이 이해한 구속사 개념을 명백하게 밝히기 위해 많은 노력을 기울였는데,232) 특별히 네덜란드에서는 언약(계약)론에 큰 관심이 집중되었다.233) 언약론을 중심으로 깔뱅에 대한 이해는 다양하게 나타난

230) H. Bavinck, *Gereformeerde Dogmatiek III*, Kampen 1929⁴, pp. 195f.

231) CO 55, 118(= Comm. Hebr. 9:26); OS III 398f(= Inst. 1559, II ix 1); Inst. 1559, II x 20; J.-D. Benoît(Red.), *Institution II*, p. 213 각주 3; J. Pannier(Red.), Institution III, pp. 32, 291; II xi 8; II xi 10(= OS III 432f); Inst. 1559, II x 1.

232) M. Albertz, *Die Botschaft des Neuen Testaments* I/1, Zürich 1947, 12; K. Barth, *KD* I/2, 82s; H. Berger, *Calvins Geschichtsauffassung*, Zürich 1955; E. Brunner, *Dogmatik* II, Zürich 1960, 229; E. H. Emerson, "Calvin and the Covenant Theology," in: *CH* 25(1956), 136–144; A. Ganoczy, etc. *Die Hermeneutik Calvins: Geistesgeschichtliche Voraussetzungen und Grundzüge*, Wiesbaden 1983; I. J. Hesselink, *Calvin's Concept of the Law*, Pennsylvania 1992; W. Krusche, op. cit., 190–202; R. J. Mooi, *Het kerk- en dogmahistorisch element in de werken van Johannes Calvijn*, Wangeningen 1965; W. Niesel, *Calvins Lehre vom Abendmahl*, München 1930; W. H. Neuser, "Calvins Verständnis der Heiligen Schrift," in: W. H. Neuser(Hrg.), *Calvinus sacrae scripturae professor*, Grands Rapids 1994, 41–71; G. Schrenk, *Gottesreich und Bund im älteren Protestantismus: vornehmlich bei Johannes Coccejus: zugleich ein Beitrag zur Geschichte des Pietismus und der heilsgeschtlichen Theologie*, Gütersloh 1923; J. B. Torrance, "The Concept of Fedral Theology – was Calvin a Fedral Theologian?," in: W. H. Neuser(Hrg.), *Calvinus sacrae scripturae prodessor*, 15–40; W. Fischer, "Calvin exégète de l'Ancien Testament," in: *La Revue Reformée* 18(1967), 1–20.

233) G. Graafland, V*an Calvijn tot Comrie: Oorsprong en ontwikkeling van de leer van het verbond in het Gereformeerd Protestantisme* I,II,(III,IV), /Zoetermeer 1992(1994); C. Graafland, "Alter und neuer Bund: eine Analyse von Calvins Auslegung von Jeremia 31, 31–34 und Hebräer 8,8–13," in: H. Oberman, etc. (Hrg.), *Refomiertes Erbe: Festschrift für Gottfried Locher zu seienm 80. Geburtstag* II, Zürich 1993, 127–145; B. Loonstra, *Verkiezing – Verzoening – Verbond: Beschrijving en beoordeling van de leer van het 'pactum salutis' in de gereformeerde theologie*, 's-Gravenhage 1990; C. Trimp, *Heilsgeschiedenis en prediking: Hervatting van een onvoltooid gesprek*, Kampen 1986; W. J. van Asselt, *Amicitia Dei: een onderzoek naar de structuur van de theologie van Johannes Coccejus(1603–1669)*, Ede 1988; J. J. van der Schuit, *Het verbond der verlossing antwoord op de vraag: Twee of drie verbonden?*, Kampen 1982²; J. van Genderen & W. H. Velema, *Beknopte gerformeerde dogmatiek*, Kampen 1992, 493–521; J. van Gederen, *Verbond en verkiezing*, Kampen 1983; W.H. Velema, *Wet en evangelie*, Kampen 1987; W. van den Bergh, *Calvijn over het Genadeverbond*, 's-Gravenhage 1879, cf. E. Doumergue, *Jean Calvin: Les hommes et son choses de son temps* IV, 202ff.

다. 개신교 진영에서 뿐만 아니라,[234] 로마가톨릭교회 진영에서도[235] 깔뱅이 이해한 구속사에서 언약개념에 대한 비판이 이곳저곳에서 일어나고 있다. 예를 들면, 깔뱅은 신약과 구약의 일치성을 일방적으로 강조하여 구약과 신약의 차이점을 희생시켰다든지, 깔뱅은 구약과 신약의 일치성을 보여주기 위해 성경에서 출발하지 않고, 자신의 특정한 관점에서 출발했다는 것이다.

깔뱅에 대한 위와 같은 동일한 비판은 이미 깔뱅 당시에도 있었다. 깔뱅 자신도 이 같은 비판을 의식하고 있었다. 깔뱅은 1539년판 『기독교 강요』에서 구약과 신약의 일치성을 조금도 희생시키지 않으면서 구약과 신약 사이를 구별한 것으로 보인다. "그러면 무엇이라고 말할 것인가? 어떤 사람은 구약과 신약 사이에 어떤 차이도 남아있지 않느냐? 고 물을 것이며, 많은 성경 구절들이 보여주는 구약과 신약 사이에 존재하는 아주 큰 차이와 대립은 어떻게 되는 것이냐? 고 물을 것이다. 구약과 신약 사이에는 차이점이 있으며, 여기에 주의를 기울여야하는 것을 나는 기꺼이 인정할지라도, 구약과 신약 사이에 이미 확정된 일치성을 손상시키지 않는 범위 내에서 차이점을 나는 인정한다. 우리가 그것에 관해서 차례차례 취급하고 나면, 이 사실이 분명해질 것이다."[236]

구약과 신약 사이의 차이점과 관련해서, 깔뱅은 네 가지 내지 다섯 가지를 언급한다.[237] 이것을 요약하면 다음과 같다. ① 구약에서 지상적인 복은 영적

---

234) G. Graafland, Van Calvijn tot Comrie: Oorsprong en ontwikkeling van de leer van het verbond in het Gereformeerd Protestantisme I,II, Zoetermeer 1992, 197: "Maar ook deze onderbouwing ontleent hij niet aan de Schrifttekst maar aan een theologische stelling, die voor Calvijn overigens van centrale betekenis is, namelijk de onveranderlijkheid van God."; A. Lang, Johann Calvin, Leipzig 1909, 75; R. Seeberg, Lehrbuch der Dogmengeschichte IV/2, Basel 1960³, 566; P. Wernle, Der evangelische Glaube nach den Hauptschriften der Reformatoren III: Calvin, Tübingen 1919, 13: "In seinem sittlichen Eifer leugnet er geradezu den Unterschied des Alten und des Neuen Testaments, schiesst seine Augen vor allen neuen Werten, die Jesus in die Welt brachte, und setz ihn auf die Stufe eines richtigen Auslegers des alten Moses herab. Wie viel heller haben an diesem Punkt die Täufer geschen!" cf. 30, 268, 273.

235) L. G. M. Alting von Geusau, Die Lehre von der Kindertaufe bei Calvin, Bilhoven 1963, 171-174.

236) CO 1, 818, cf. OS III 423(= Inst. 1559, II xi 1).

237) OS III 423-436(= Inst. 1559, II xi 1-13).

인 복을 지향하고 있다.238) ② 그리스도의 실재성은 그리스도를 모형화하는 상징, 형상, 의식(儀式)을 통해서 구약 속에 표현되어 있다.239) ③ 구약은 문자적으로 기록되었지만, 신약은 영적으로 그리고 마음속에 기록되었다.240) ④ 세 번째 관점으로부터 네 번째 관점이 나오는 이유는 성경이 구약을 종의 언약이라고 명명하고, 신약을 자유의 언약이라고 부르기 때문이다.241) ⑤ 구약의 계시는 유대 백성에게 제한되었지만, 신약의 계시는 모든 백성을 위한 것이다.242)

두 언약 사이에 반대가 존재하는 것처럼 보이지만, 깔뱅은 신약과 구약을 상호 대립시키지도 않는 동시에 상호 일치시키지도 않는다. 깔뱅은 『기독교 강요』(1539)에서 두 언약 사이에 존재하는 일치성과 차이점을 분명히 밝힌다. "신약과 구약 사이의 유사점과 차이점은 한 마디로 설명될 수 있다. 모든 족장들과 맺으신 언약은 우리와 맺으신 언약과 본질과 실체에 있어서 전적으로 차이가 없고, 오직 경륜(시행)의 방법에서만 차이가 있고, 전적으로 하나이며, 동일하다."243)

신약과 구약 사이의 일치와 관련해서, 신약과 구약 사이에 존재하는 삼위일체론적 일치가 중요하다. 다시 말하면, 동일한 하나님, 동일한 그리스도, 동일한 중보자, 동일한 성령, 동일한 은혜언약, 동일한 신앙, 동일한 소망, 동일한 교리, 동일한 교회, 동일한 예배, 동일한 구원 등과 관계를 맺고 있는 신약과 구약 사이에 존재하는 일치성은 기독론적·성령론적 일치라고 할 수 있다. 신약과 구약 사이에 존재하는 차이점과 관련하여, 깔뱅은 신약과 구약 사이의 차

---

238) OS Ⅲ 423–416(=Inst. 1559, Ⅱ xi 1–3).

239) OS Ⅲ 426–429(= Inst. 1559, Ⅱ xi 4f).

240) OS Ⅲ 429–431(= Inst. 1559, Ⅱ xi 7f).

241) OS Ⅲ 431f(= Inst. 1559, Ⅱ xi 9).

242) OS Ⅲ 433–435(= Inst. 1559, Ⅱ xi 11f).

243) CO 1, 802(= OS Ⅲ 404 = Inst. 1559, Ⅱ x 2): "Ac uno quidem verbo expediri utrumque potest. Patrum omnium foedus adeo substantia et re ipsa nihil a nostro differt, ut unum prorsus atque idem sit; administratio tamen variat."

이점들을 표현하기 위해 모든 비교급 언어들을 사용한다.244)

이런 의미에서 베르늘르(P. Wernle)는 깔뱅의 경우 어떤 경우에도 기독교의 새로움은 비교급적일 수밖에 없다고 정당하게 지적한다.245) 그러나 위의 사실에 근거하여 깔뱅을 구약과 신약 사이의 상치점을 비역사적으로 영성주의화하는 것으로 판단하는 것은 부당한 것이다.246) 깔뱅이 신약과 구약 사이의 일치성을 강조한 것은 신학적인 배경에서 이해할 것이 아니라, 역사적인 배경에서 이해해야만 한다. 깔뱅은 그 당시에 구약을 전적으로 무시하고, 구약과 신약의 유사성을 전적으로 부인하던 재세례파들과 갈등관계에 있었고, 이런 이유 때문에 깔뱅은 마르시온주의와 영성주의자들 등을 비판했다.247) 구약과 신약 사이에 본질에서는 근본적인 일치를 이루고, 정도 면에서 차이가 존재한다. 성령의 은사가 계속적으로 더욱 더 풍성하게 된다. 왜 하나님께서 참으로 구약과 신약을 구별하시고, 정도의 차이를 두시면서 성령을 부으셨는가? 여기에 대해 깔뱅은 그것은 하나님의 일이라고 아주 짧게 대답한다.248) 신약과 구약 사이의 차이점은 결코 본질적인 차이가 아니다. 왜냐하면, 성령과 신앙과 중생이 그리스도께서 오신 이후에서처럼 똑같이 구약에서도 알려졌기 때문이다.249)

깔뱅의 경우가 부처에게도 동일하게 해당된다.250) 신약과 구약 사이의 관계

---

244) W. Balke, *Calvin en de doperse radikalen*, Amsterdam 1973, pp. 99–101, 327 ; W. de Greef, *Calvijn en het oude Testament*, Amsterdam 1984, pp. 209f.

245) P. Wernle, *Der evagelische Glaube : nach den Hauptschriften der Reformatioren III : Calvin*, S. 273, cf. C. Graafland, "Calvins Auslegung von Jeremia 31, 31–34 und Hebräer 8, 8–13," S. 143 : "Diesen Gedanken fanden wir auch bei Calvin. Der Unterschied zwischen den Alten und Neuen Testament ist also gradueller Art."

246) W. Niesel, *Die Theologie Calvins*, München 1957², S. 106, 비교, C. Graafland, *Van Calvijn tot Comrie I,II.*, p. 219 :

247) W. Balke, op. cit., p. 99 ; W. de Greef, op. cit., p. 94 ; D. Schellong, *Calvins Auslegung der synoptischen Evangelium*, München 1969, S., 192.

248) OS III 436(= Inst. 1559, II xi 4).

249) OS III 422(= Inst. 1559, II x 23).

250) Ev.I(1527), 150Vo ; Ev.I(1527), 152Vo(cf. Ev.1536, 120), 참고 Ev.(1536), 121 ; Rom.(1536), 158 ;

문제를 중심으로 우리는 부처와 깔뱅 사이의 큰 일치를 발견하는 동시에, 부처가 깔뱅에게 미친 영향도 발견한다.[251] "구약과 신약의 관계에 대한 부처의 사상을 알고 난 뒤에, 구약과 신약 사이에 존재하는 일치와 차이에 대해 깔뱅이 취급한 내용을 읽는 사람은 누구든지 깔뱅에게 부처와 다른 어떤 새로운 내용이 없다는 사실을 발견할 것이다. 주된 내용에서 부처와 깔뱅 사이에 일치가 분명하게 나타나는데, 이미 아브라함에게 해당되는 언약은 부르시는 하나님의 자비였다. 그 때도 역시 중보자에 대한 지식이 임했다. 깔뱅이 언약을 구별하도록 촉구하는 사상을 우리는 전적으로 부처에게서도 발견할 수가 있다. 구약과 신약 사이의 구별에도 불구하고, 참된 경건이 이전보다도 더욱 강력하고, 더욱 풍성하고, 더욱 활동적이 되도록 만들어 주는 교리가 중요하다."[252]

깔뱅이 반율법주의자들(도덕폐기론자들)과 재세례파들과 열광주의자들(영성주의자들)과 대립했을 때, 그는 구약과 신약 사이의 일치성을 강조했다.[253] 깔뱅이 처음에 취한 입장은 본질적으로 계속 동일하게 유지되었지만, 강조점에서 변화가 있었다.[254] 구약과 신약의 관계 문제를 중심으로 깔뱅의 초기에서도 구약은 약하고 불완전하며, 신약은 영원하고, 결코 낡아지지 않는다고 주장하는 어떤 마르시온주의도 발견되지 않는다.[255] 모든 종파들과 다른 종교

Rom.(1536), 156.

251) L. G. M. Alting von Geusau, op. cit., S. 174: "Was den Inhalt betrifft, gibt es keine wesentlichen Unterschiede, und darum verteidigt Calvin das gleiche wie Butzer, wenn dieser sagt, beide Testamentte seien substantiell ein und dasselbe."; W. Balke, op. cit., p. 328: "Echter is bij Calvijn evenzeer te denken aan invloed van Bucer die immers eveneens ten aanzien van beide Testamenten opmerkt 'nam omnino in substantia utrumque idem est'."; P. Barth e.a.(Ed.), OS Ⅲ 404/423/426/429; J.-D. Benoît(Red.), Jean Calvin: Institution de la religion chrestienne Ⅱ, pp. 198f; W. de Greef, op. cit., p. 104; J. van Genderen, "De doop bij Calvijn," in: W. van 't Spijker e.a.(Red.), Rondom de doopvont, Kampen 1983, p. 263: "Historisch gezien is er in Calvins leer van de doop invloed te nespeuren van Augustinus, Luther en Bucer."; F. Wendel, op. cit., p. 156-160; P. Wernle, op. cit., p. S. 272.
252) W. van 't Spijker , "Die Lehre vom Heiligen Geist bei Bucer und Calvin," S. 85s.
253) E. Doumergue, op. cit., Ⅳ, p. 200; W. de Greef, op. cit., p. 95; I. Hesselink, op. cit., p. 165; F. Wendel, op. cit., p. 156.
254) W. de Greef, op. cit., p. 93; P. Wernle, op. cit., S. 276.

들, 예를 들면, 마르시온주의, 열광주의자들(영성주의자들), 교황주의자들, 터어키인들 등에 대해서 깔뱅은 그의 『에베소서 주석』(1548)에서 다음과 같이 말했다. 차이점을 없애버리지 않는 신약과 구약 사이의 구별은 분리를 의미하는 것이 아니다. 부활절과 오순절 이전과 이후에 그리스도의 생명 안에 어떤 분리도 없다. 그러나 모든 시대에 해당되는 성령의 역사에 대한 일치가 우리의 신앙의 권위를 강화시켜준다.256) 깔뱅은 『기독교 강요』 재판(1539)에서 "신약과 구약 사이의 일치와 차이"라는 새로운 장(章)을 첨가하였고,257) 이것을 다시 『기독교 강요』 최종판(1559)에서는 세 가지 다른 장들로 확대작업을 하였다.258) 그는 자신의 방법을 구사하여 반대자들에게 논증을 하기 위해서 이같은 작업을 계속하였다.

파리에 있을 당시에 이미 깔뱅은 재세례파와의 접촉이 있었다.259) 그는 『기독교 강요』(1539)에서 재세례파들에 대해서 언급하고, 『기독교 강요』(1559)에서는 세르베투스(Servet)의 이름도 첨가한다.260) 깔뱅에 의하면, 어떤 재세례파들과 세르베투스는 양떼로서 이스라엘 백성에 대해서는 침묵하고 있다. 이스라엘 백성은 지상에서 하늘의 불멸에 대한 어떤 소망도 없이 주님에 의해서 이 지상에서 살찌움을 받았다는 것이다.261) "그러나 만약 복음의 교리가 영적이며, 불멸하는 생명을 소유하는 통로를 우리에게 열어 준다면, 우리는 복음이 약속되고, 선포된 사람들이 영혼을 돌보는 것을 떠나고, 무시하여, 어리석은 짐승처럼 육체적 탐욕을 추구했다고 생각하지 말자. 여기서 우리는 율법

255) *Praefationes bibliis gallicis Neocomensibus insertae*(1535), in: CO 9, 803.
256) CO 51, 175(= Comm. Eph. 2:20).
257) CO 1, 801-830.
258) OS III 398-436(= Inst. 1559, II ix-xi)
259) W. Balke, *Calvijn en de doperse radikalen*, Amsterdam 1973; W. de Greef, op. cit., p. 96; OS III 367, footnote 1; Hiltrud Stadtland-Neumann, *Evangelische Radikalismen in der Sicht Calvins*, Neukirchen 1966, S. 131-134; G. H. Williams, *The Radical Reformation*, Philadelphia 1952.
260) CO 1, 801f; OS III 403(= Inst. 1559, II x 1).
261) CO 1, 801f; OS III 403(= Inst. 1559, II x 1).

서와 예언서 안에 인봉(印封)된 복음에 대한 약속들이 (신약의) 새 백성을 위한 것이라고 어느 누구도 사악하게 말하지 않도록 하자."[262] 비록 교만한 재세례파들이 그의 증거를 무시하고, 업신여길지라도, 깔뱅은 구약의 족장들은 영적인 언약에 참여했다고 주장한다.[263] 깔뱅의 반대자들은 모세의 유일한 직책은 옥토(沃土)와 풍부한 물자들을 육적인 백성들에게 약속함으로써 그들이 하나님을 예배하도록 권유하는 것이었다고 주장한다. 여기에 반대하여 깔뱅은 예언자들에게 영적인 언약과 영생(永生)과 그리스도의 나라가 가장 찬란하게 빛나고 있었다고 주장한다.[264] 깔뱅은 욥이 그의 눈을 들어 미래의 영생불사를 우러러 보았다는 것을 인정한다. 깔뱅에 의하면, 이스라엘 속에서는 육적인 언약에 대한 언급이 없으며, 성령은 유대인들의 교회 안에 있는 영적인 생명에 대해 언급했기 때문이다.[265]

『기독교 강요』(1543)에서 깔뱅은 구속사 속에 나타난 하나님의 다양한 활동방법(경륜)에 대해서 자세하게 언급한다. 깔뱅의 대적자들은 하나님의 이같이 다양한 활동방법들을 비웃는다. 여기에 대해 깔뱅은 하나님은 각 시대에 유리한 방법을 아셨기 때문에, 하나님은 다양한 방법들을 다양한 시대들에 적응시켰기 때문에 하나님께서 변하시는 것으로 간주되어서는 안 된다고 대답한다. 하나님께서 외적인 형식과 방법을 바꾸셨다는 사실은 하나님 자신이 변하셨다는 것이 아니다. 오히려 하나님은 여러 가지로 변할 수 있는 인간의 능력에 자기 자신을 적응시키셨다.[266] 이 같은 관점에서 깔뱅은 하나님의 자유를 강조한다.[267] 이상의 논의로부터 구약 또는 율법을 거절하거나 무시하는 재세례파들에 대한 깔뱅의 불평을 우리는 계속 듣게 된다.[268]

---

262) CO 1, 803f(= Inst. 1559, Ⅱ x 3).
263) OS Ⅲ 408(= Inst. 1559, Ⅱ x 7), cf. CO 1, 906.
264) CO 1, 811(= OS Ⅲ 415 = Inst. 1559, Ⅱ x 15).
265) CO 1, 814f(=OS Ⅲ 400f = Inst. 1559, Ⅱ x 19), cf. *Psychopannychia*(1534), in: CO 5, 228.
266)
267) CO 1, 828-830(= OS Ⅲ 436 = Inst. 1559, Ⅱ xi 14).

세르베투스에 반대하여 깔뱅은 약속은 율법과 함께 폐기되지 않았다고 주장했다. 깔뱅은 경건은 금생과 내생의 약속을 포함한다는 바울의 말을 인용한다.269) 세르베투스는 마니교도들이 이해한 것처럼 구약과 신약은 다른 신(神)들을 가지고 있다고 상상한다.270) 세르베투스에 반대하여 깔뱅은 『사도행전 주석』(1554)에서 옛 조상들도 우리들처럼 그리스도 안에 있는 동일한 구원에 참여했는데, 그 이유는 그리스도는 어제나 오늘이나 영원토록 동일하시기 때문이다. 깔뱅은 세르베투스를 광신주의자로 간주한다.271) 깔뱅은 『정통방어』(Defensio orthodoxae, 1554)에서 세르베투스는 옛 언약 아래 있던 옛 조상들이 모든 지식과 성령의 은사를 가지고 있지 않았다고 주장한다고 말한다.272) 세르베투스에 의하면, 성령의 파송은 삼중적이다. 첫 파송은 그리스도께서 오시기 전에 일어난다. 이 파송 동안에 성령은 지상에서 어떤 휴식처도 발견할 수가 없다. 깔뱅에 의하면, 세르베투스는 거룩한 족장들은 그림자 속에서처럼 성령을 소유했던 것으로 주장했다.273) 깔뱅은 『최종권면』(Ultima admonitio, 1557)에서 세르베투스는 정신이 나간 사람이라고 말한다. 왜냐하면, 세르베투스는 거룩한 족장들은 우리가 받았던 영적 은사들 안에서 우리와 어떤 교통도 가지지 않은 것처럼 주장하기 때문이다.274)

깔뱅의 『로마서 주석』(1540)에서는, 비록 깔뱅이 다른 곳에서는 이것을 부인하는 것처럼 보일지라도, 종의 영과 자유의 영, 율법과 복음, 어두움과 빛이라는 구조가 양극적으로 기능하기보다는 상관관계 속에서 기능한다.275) 깔뱅은 두 언약 사이의 관계를 중심으로 로마가톨릭교회의 성례론을 비판한다. 소

---

268) CO 38, 517(= Comm. Jer. 26:4f).
269) OS Ⅲ 400f(= Inst. 1559, Ⅱ ix 3), cf. CO 8, 667f.
270) CO 1, 820, 비교, OS Ⅲ 426(= Inst. 1559, Ⅱ xi 3).
271) CO 48, 352(= Comm. Acts 15:11).
272) CO 8, 640.
273) CO 8, 638.
274) *Ultima admonitio ad Joachimum Westphalum*(1557), in: CO 9, 202.
275) CO 49, 149(= Comm. Rom. 8:15).

르본느 학파들은 거룩한 족장들은 율법 아래서 표징들을 가지고 있었지만, 실재성은 가지고 있지 않았다고 상상한다. 소르본느 학파들에 반대하여, 깔뱅은 표징들의 효력적인 작용이 율법 아래 있던 족장들에게 보다는 그리스도의 성육신 이래로 우리에게는 한 번 이상 더 부유하고, 더 풍성하게 되었다. 그러므로 우리와 옛 족장들 사이의 차이는 단지 정도(程度)에서의 차이, 다시 말하면, 더 적으냐 더 많으냐의 차이다. 그들이 보다 적은 정도에서 가졌던 것을 우리는 충분하게 소유한다. 그러나 우리는 그들은 표징들만을 가졌고, 우리는 실재성을 갖는다고 말할 수는 없다.276)

구약에서도 그리스도가 중요했다. 족장들은 그리스도를 소유했는데, 그리스도의 죽음을 통해서만 하나님과 화해될 수 있고, 성령의 숨은 강력한 운동을 통해서 얻을 수 있게 된다. 그리스도 이전과 이후에 성령은 활동하시고, 알려졌고, 죄의 용서를 통한 위로와 성령의 내적 가르침이 있었다.277) 깔뱅에 의하면, 구약에서는 은혜가 감추어졌지만, 지금은 은혜가 더욱 풍성해지고, 드러나게 되었다. 그는 신약이 구약보다 더 분명해졌고, 더 풍성해졌다는 점에서 신약은 구약보다 더 우위에 있다고 주장하는데 주저하지 않는다.278) 구약과 신약의 관계는 '문자적으로'라는 표현과 대조하여 '영적으로'라는 표현으로 쓸 수도 있다.279) 왜냐하면, 구약은 아직 지상적인 요소를 가지고 있기 때문이다.280) 그러나 바울은 신약과 구약 사이의 이 같은 대조를 절대적인 의미에서의 대립으로 이해하지 않는다. 문자를 통한 직무 수행도 그 자체의 고유한 영광을 가지고 있었다. 문자를 통해서 사람들은 하나님에 대한 순전한 신앙과 참된 사랑에 도달했다.281) 구약의 어떤 사람들은 후기 시대의 사람들보다도 더

---

276) CO 49, 454(= Comm. 1 Cor. 10:3): "Impie igitur Sorbonistae sancros patres sub lege veritas signorum caruisse fingunt."
277) CO 55, 103(= Comm. Hebr. 8:10).
278) CO 42(= Prae. Joel 2:28); CO 47, 17(= Comm. John. 1:16).
279) CO 47, 318f(= Comm. John. 13:34).
280) CO 47, 88f(= Comm. Joh. 4:23).

탁월했다는 사실을 볼 때, 신약과 구약 사이의 구별은 어떤 이원론적인 구분이 아닌 것 같이 보인다.[282) "우리가 알다시피, 성령은 영원하다. 그러나 복음서 기자는 그리스도께서 종의 낮은 모습으로 세상에 머무시는 동안에 그리스도 의 부활 이후에 사람들에서 부음 바 되었던 성령의 은혜가 공개적으로 공표되 지 않았다는 사실을 말씀하고 있다. 신약이 구약에 비교될 때, 복음서 기자는 참으로 비교법적으로 말씀하고 있는 것이다."[283)

신약과 구약에서 성령의 은혜는 본질적으로 동일하고, 형태만이 다를 뿐이 다.[284) 성령은 영원하시며, 이 사실이 옛 족장들과 우리를 함께 결합시키며, 어떤 세기도 성령의 은사가 없었던 적이 없었다.[285) 그리스도의 승천 이후에 성령의 은사는 더욱 풍성해졌으며, 오순절에 성령의 파송은 그리스도의 부활 의 열매이며, 그의 주권의 증거이다.[286) 그리스도는 성령을 소유하고 있는 그 의 자녀들에게 현재하신다. 그러나 그리스도는 그의 부활 이전에는 아직도 비 교적 작은 힘을 가지고 계셨지만, 부활 이후에 비로소 그는 완전한 힘을 완전 히 계시하실 수가 있었다.[287)

3. 성령과 예수 그리스도의 삼중직(triplex munus)

깔뱅에게 성령과 그리스도가 함께 속하듯이, 성령의 사역과 그리스도의 사 역도 함께 속한다. 깔뱅은 성령의 사역과 그리스도의 사역을 상호 분리시키지 않는다. 그는 이 둘을 상호 구별하는 동시에 상호 연결시킨다.[288) 구원의 성취

---

281) CO 47, 160f(Comm. Joh. 6:63).
282) CO 47, 17(= Comm. Joh. 1:16).
283) CO 47, 182(= Comm. Joh. 7:38).
284) CO 48, 346(= Comm. Acts. 15:9).
285) CO 48, 32(= Comm. Acts. 2:17).
286) CO 48, 41ff(= Comm. Acts. 2:25).
287) CO 51, 195(= Comm. Eph. 4:10).

와 구원의 적용 사이의 관계를 중심으로 『기독교 강요』(1559)에서 깔뱅이 주장한 "성령은 그리스도께서 우리를 자신과 효과적으로 하나로 묶으시는 끈이다."라는 구절이 가끔 인용된다.[289] 깔뱅은 그리스도에 의한 구원의 성취와 성령에 의한 구원의 적용을 『요한복음 주석』(1553)에서 다음과 같이 말한다. "그리스도의 고유한 사역은 사람들을 죽음으로부터 구원하고, 의와 생명을 얻기 위하여, 세상의 죄를 속(贖)함으로써 하나님의 진노를 유화(宥和)시키는 것이다. 성령의 사역은 우리를 그리스도 자신뿐만 아니라, 그의 모든 축복의 참여자들로 만드는 것이다."[290] 위와 같은 관점에서 볼 때, 깔뱅의 성령론은 적용된 기독론이다.[291] 성령은 구속의 창시자인 동시에,[292] 중생의 창시자로 불린다.[293] 여기서부터 볼 때, 깔뱅에게서 성령론과 기독론은 예정론적으로 규정된다.[294]

크루쉬(W. Krusche)는 다음과 같이 올바르게 주장한다. 성령의 고유성은 자신의 현재성이 아니라, "그리스도의 현재성이다. '성령이 그리스도와 그를 통해서 성취된 구원을 현재화한다.'는 말은 깔뱅에 의해서 항상 다음과 같이 표현되었다. 그리스도는 성령을 통해서 자기 자신과 그의 구원을 현재화한다. 우리가 깔뱅의 성령론은 성령론적으로 강하게 강조되어 있다고 말할 때, 그의 성령론은 기독론적으로 강한 강조점을 가지고 있다고도 말해야 한다."[295] 깔뱅에게서 그리스도의 인격과 성령의 인격의 고유성이 항상 충분히 잘 유지된

---

288) W. Krusche, op. cit., S. 151 ; S. van der Linde, op. cit., pp. 94f.

289) OS IV 2(= Inst. 1559, III i 1).

290) CO 47, 329(= Comm. Joh. 14:16).

291) W. van 't Spijker, Teksten uit de Institutie van Johannes Calvijn, p. 99.

292) CO 55(= Comm. Hebr. 9:14).

293) S. van der Linde, op. cit., p. 84: "En van deze generatio is Christus de bewerker en schenker, de Heilige Geist de effector, die haar actualiseert."

294) W. Krusche, op. cit., S. 150s ; C. van Sliedregt, Calvijns opvolger Theorus Beza: zijn verkiezingsleer en zijn belijdenis van de dieënige God, p. 303 ; W. van 't Spijker, De Heilige Geest als Trooster, Kampen 1986, pp. 59f.

295) W. Krusche, op. cit., S. 151.

것은 아니라는 크루쉬의 주장은 부당하다.296) 그러나 이러한 평가는 어떤 경우에도 기독론의 영성주의화로 이해되어서는 안 된다. 그 반대로, 기독론적 출발점은 성령의 사역을 배경으로 물러서게 하지 않는다.297) 린드(S. van der Linde)와 함께 우리는 다음과 같이 말할 수가 있다. 깔뱅은 '사도신경 제3조항'을 '사도신경 제2조항' 안에 관련시켜, 거기서 우월하게 만들지 않았다. 비록 그가 특별히 '영성주의적'으로가 아니라, '영적으로' 보는 프로그램에 대한 안목은 가졌을지라도, 깔뱅은 자신이 영성주의적으로 향하는 경향이 있는 자유주의적 기독론을 거부한 증인임을 보여 주었다.298) 깔뱅은 성령과 그리스도를 구별하지 않고, 상호 일치시켰던 열광주의를 거부했던 것이다.299)

그리스도의 사역과 성령의 사역의 관계에 대한 문제가 다양한 주제들, 가령, '구원의 적용', '그리스도와의 연합' 등을 중심으로 제기되었다. 그러나 우리는 성령과 그리스도의 삼중직과 관련하여 그리스도의 사역과 성령의 사역을 살펴볼 것이다. 우리는 깔뱅에게서 그리스도의 삼중직과 성령이 상호 결합되어 있음을 발견할 수가 있다. "예수 그리스도께서 우리를 위하여 단 번에 하셨던 모든 것에 성령은 우리로 하여금 계속적으로 참여하게 하신다. 그리스도의 사역은 총체적으로 예언자, 왕, 제사장의 사역으로 표시된다."300)

초기에 깔뱅은 그리스도의 이중직에 대해서만 언급했지만, 후기에, 특별히 『기독교 강요』 최종판(1559)에서 체계적으로 그리스도의 삼중직에 대해서 언급한다. 그리스도의 구원사역과 관계하여 그리스도의 삼중직에 대한 언급이 있을 때, 『기독교 강요』와 『제네바 교리문답』의 다양한 개정판에서 그 발전이 엿보인다.

---

296) W. Krusche, op. cit., S. 151, cf. O.H. Nebe, *Deus Spiritus Sanctus*, S. 113s.
297) W. van 't Spijker, "Die Lehre vom Heiliegn Geist be Bucer und Calvin," S. 79.
298) S. van der Linde, op. cit., p. 97.
299) CO 7, 176f; CO 50, 46f.
300) W. Krusche, op. cit., S. 152.

『기독교 강요』 초판(1536)에서 신자의 왕직과 제사장직과 관련해서, 그리스도의 이중직, 즉 그리스도의 왕직과 제사장직에 대한 언급만이 나타난다.[301] 여기서 깔뱅은 우리의 교사로서 그리스도에 대해서 언급하지만, 그리스도의 교사직은 아직도 메시아의 세 직분들 중의 하나로는 간주되지는 않는다.[302] 1537년의 『제네바 교리문답』에서 그리스도의 이중직이 어느 정도 동일한 표현으로 나타나 있다.[303] 『기독교 강요』 재판(1539)에서 그리스도의 예언자직이 참가되어 있다.[304] 1542년 『제네바 교리문답』에서 우리는 그리스도의 삼중직을 발견한다.[305] 『기독교 강요』 최종판(1559)에서 그리스도의 삼중직에 대해 취급하는 별도의 장(章)이 발견된다.[306] 여기서 예언자직과 제사장직의 기름부음에 강조를 조금도 희생시키지 않으면서, 메시아의 왕직이 강조되고 있다.[307]

꾸봐지어(J. Courvoisier)는 깔뱅의 그리스도의 삼중직에서 부처의 영향이 발견된다고 정당하게 주장한다.[308] 그리스도의 삼중직에서 깔뱅은 부처와 일치할 뿐만 아니라, 깔뱅은 부처의 영향도 받고 있다고 우리는 꾸봐지어와 함께 주장할 수 있다.[309] 그리스도의 삼중직에 대한 이해에서 깔뱅이 부처와 일치한다는 사실은 중요한 의미를 지닌다. 그러나 부처에게서 그리스도의 삼중직

301) CO 1, 69(= OS I 82).
302) CO 1, 99(= OS I 115); CO 1, 207(= OS I 236).
303) CO 22, 53(= OS I 397); CO 5, 338.
304) CO 1, 513f.
305) CO 6, 19, 21.
306) OS III 471-481(= Inst. 1559, II xv 1-6).
307) OS III 473(= Inst. 1559, II xv 2).
308) M. J. Courvoirsier, "Les catéchismes de Genève et de Strasbourg: Étude sur le développement de la pensée de Calvin," in: SHPF 84(1935), pp. 105-123.
309) J.-D. Benoît(red.), Institutie II, p. 267; footnote 8: "La récapitualtion de l'oeuvre du Christ sous les trois chefs de Prophète, de Roi et de Sacrificateur n'apparaît qu'à partir de 1539. Il est possible que Calvin en puisé la première idée chez Bucer: 'Rex regnum Christus est, summus sacerdos, et prophetarum caput.' Bucer, Enarr. in Evang., 1536, p. 607."; W. Krusche, op. cit., S. 153; W. van 't Spijker, "Die Lehre vom Heiliegn Geist bei Bucer und Calvin," S. 80s.

은 후기 깔뱅에게서 만큼 큰 역할을 하지는 않는다. 부처는 후기 깔뱅과는 다르게 그리스도의 삼중직을 그리스도의 구원이 표현되는 하나의 체계로서 사용하지 않는다. 후기 깔뱅에게서 그리스도의 삼중직은 그리스도의 사역에 대해 보다 체계적인 취급을 위한 조직체계를 형성한다.[310] 부처의 경우, 재세례파 등의 역사적 상황으로 인해 예언자직에 대한 강조가 점점 더 약해지는 반면, 깔뱅의 경우 예언자직에 대한 강조가 점점 더 증가하게 된다. 그러나 두 종교개혁자의 경우 예언자직은 다른 두 직분들보다 덜 강조된다. 부처의 경우, 예언은 부속적인 것이 되었다. 왜냐하면, 부처가 예언자직을 제사장직 안에 수용하기 때문이다. 그리스도의 왕직은 제사장직 안에서 작용하게 된다. 또한 깔뱅의 경우, 그리스도의 예언자직은 일반적으로 그리스도의 겸비와 칭의에 관계된다면, 그리스도의 왕직은 그리스도의 고양과 성화에 관계되고, 그리스도의 제사장직은 그리스도의 겸비와 고양 상태에 해당된다.[311] 부처와 마찬가지로 깔뱅은 아론이 아니라, 멜기세덱에게서 특별히 발견되는 그리스도의 왕직을 강조한다. 왕으로서 그리스도는 성령을 통해서 자신의 제사장직을 유지한다. 부처와 깔뱅은 성령론을 그리스도의 삼중직의 틀 안에서 본다. 여기서 그리스도의 왕직이 우월하게 나타난다.

왕으로서 그리스도는 성령을 통해서 그의 백성들과 그의 교회를 다스리신다. 깔뱅의 경우, 이것은 그리스도께서 말씀과 성령을 통해서 그리고 처분 가능한 수단을 통해서 다스리신다는 것을 뜻한다. 우리는 이와 동일한 사상이 깔

---

310) G. C. Berkouwer, Berkouwer, *Het werk van Christus*, Kampen 1953, pp. 59–93; K. Blaser, *Calvins Lehre von den drei Ämtern Christi*, Zürich/Stuttgart 1960, S. 329–335; J. F. Jansen, *Calvin's Doctrine of the Work of Christ*, London 1956; F. G. Immink, *Jezus Christus: profeet, priester, koning*, Kampen 1990; E. F. K. Müller, "Jesus Christi dreifaches Amt," *RE* VIII, Leipzig 1900[3], S. 733s.; E. Persson, *Repraesentatio Christi: Der Amtsbegriff in der neueren römisch-katholishen Theologie*, Göttingen 1966; R. Prenter, "La Fondation christologique du Ministère," F. Christ(red.), *Oikonomia*, pp. 239–247; L. Schick, *Das dreifache Amt Christi und der Kiche: Zur Enstehung und Entwicklung der Trilogien*, Bern 1982.

311) W. Krusche, op. cit., S. 156s.

뱅의 『기독교 강요』(1536) 초판의 「헌정사」에 사용된 그의 『프랑스의 왕 프랑스와 I세에게 보낸 편지』에서 이미 나타난다.[312] 그리스도의 나라에서 중요한 것은 살아계신 하나님과 그리스도의 말씀과, 참된 교리와 영원한 진리이다. "그러나 우리의 교리는 정복당함이 없이 세상의 모든 영광과 모든 능력보다 우뚝 솟아야한다. 왜냐하면 우리의 교리는 우리의 것이 아니라, 살아계신 하나님과 그의 그리스도의 것이기 때문이다. 아버지께서 바다에서 바다까지, 강에서 심지어 땅 끝에까지 통치하도록 그리스도를 왕으로 임명하셨다.(시72:8; 시71:7, 불가타 성경) 그리고 예언자들이 그리스도의 통치의 장엄함에 대하여 예언했듯이, 그리스도는 그의 입의 막대기로 질그릇처럼 전 세계를 산산이 부수면서, 철과 놋 같은 힘으로 금과 은 같은 광체로 전 세계를 쳐부수기 위하여 통치하실 것이다."[313]

그리스도의 나라의 성령론적 측면을 살펴보기 위해 이제 『기독교 강요』 최종판(1559)을 살펴보자. 그리스도께서 그의 부활을 통해서 그의 영광을 찬란하게 하셨듯이, 그는 그의 승천을 통해서 그의 천국을 여셨다.[314] 지상에서의 그리스도의 육체적 현존은 그의 승천을 통해서 끝이 났다. 깔뱅에 의하면, 그리스도는 그의 승천 이후 세 가지 방법, 즉 ① 그리스도의 위엄, 즉 신적 본질 속에서 ② 그의 섭리, 즉 그의 능력 속에서 ③ 그의 영적 능력 속에서 현재하신다. 승천 이후의 그리스도의 임재 방법 중에서 세 번째 방법은 성령을 통해서 이룩된 그리스도의 몸과 피와의 교통으로 이해되는 바, 깔뱅은 이것을 강조한다.[315] 깔뱅은 고양(승귀)된 그리스도의 임재에 대한 그의 사상을 중심으로 많은 반대자들을 만났다. 이들에 반대하여 깔뱅은 그리스도의 육체를 정당하게 취급하기 위하여 성령의 사역에 대해서 말했다. 루터파들에게 반대하여 깔

---

312) CO 1, 9–26(= OS I 21–36).
313) CO 1, 12(= OS I 23).
314) OS III 501(= Inst. 1559, II xvi 14), cf. CO 1, 532.
315) OS V 379(= Inst. 1559, IV xvii 26), cf. Dilicida explicatio(1561), in: CO 9, 520.

뱅은 다음과 같이 말했다. "그리스도의 몸은 그의 부활 시부터 그의 재림 시까지 유한하며, 천국에 제한되어 있다는 사실을 아리스토텔레스가 아니라, 성령이 가르치신다.(참고, 행3:2) 그들은 이 사실에 대한 증거로서 인용된 이 구절들을 거만하게 피하는 것을 내가 모르는 바가 결코 아니다. 세상을 떠나시면서, 그리스도께서 자신이 떠나실 것이라는 사실을 말씀하실 때(요14:12, 28; 요16:7), 그들은 그리스도의 떠나가심은 죽을 운명의 상태의 변화에 불과하다고 대답한다. 그러나 그런 이유 때문에, 그들이 말하는 것처럼, 그리스도가 그의 부재의 결점을 보충하기 위해 성령을 대신 보내신 것이 아니다. 왜냐하면 성령은 그리스도를 계승하시지 않고, 그리스도는 죽을 운명의 삶을 다시 취하기 위해 하늘 영광으로부터 다시 내려오시지 않기 때문이다. 확실히 성령의 오심과 그리스도의 승천은 반대적이다. 결과적으로, 그리스도는 자신이 성령을 보내시는 동일한 방법으로 육신에 따라 우리와 함께 거하실 수가 없다."316) 여기서부터 그리스도의 승천은 중보자이신 그리스도의 고양(高揚)으로 이해되며, 그리스도는 하늘과 땅의 가장 높은 왕으로 부름 받았으며, 그에게 세계 통치권이 주어졌으며,317) 그리스도는 아버지의 대리자로서 자신의 이름으로 통치권을318) 성령의 능력을 통해서 그의 재림 시까지319) 행사하신다.

성령과 그리스도의 왕직은 상호 뗄 수 없는 관계 속에 있다.320) 그리스도의 삼중직과 관련하여, 깔뱅은 영적이며, 영원하며, 종말론적인 그리스도의 나라에 대해서 말한다. 또한 그리스도의 나라는 내적이면서도 외적이다.321) 『기독교 강요』 최종판(1559) 제3권에서는 그리스도의 나라의 내적인 측면이 강조되고 있는 반면, 『기독교 강요』 최종판(1559) 제4권에서는 그리스도의 나라의

---

316) OS V 378(= Inst. 1559, IV xvii 26).
317) OS III 503(= Inst. 1559, II xvi 15).
318) OS III 503(= Inst. 1559, II xvi 15), cf. *The Geneva Confession*, in: OS II 87.
319) OS III 462(= Inst. 1559, II xiv 3).
320) OS III 474(- Inst. 1559, II xv 3); OS III 475 30(= Inst. 1559, II xv 4).
321) OS III 474-479(= Inst. 1559, II xv 3-5).

외적인 측면이 더 강조되어 있다. 성령의 신학자로서 깔뱅은 이 두 측면을 상호 대립시키지 않고, 왕으로서 그리스도가 말씀과 성령을 통해서 통치하신다는 그의 증언에 근거하여, 이 두 측면을 상호 연결시킨다.

성령의 숨은 사역을 통해서 우리는 그리스도와 그의 모든 은혜를 향유하는 일이 일어난다. 그러므로 성령의 역사는 그리스도께서 우리를 자신과 묶으시는 수단이다. 이 사실을 깔뱅은 성령을 통한 그리스도의 기름 부음 받음과 관계시킨다. 성령을 통해서 그리스도의 나라가 실현된다.322) 성령의 일반은사를 통해서 모든 인간은 살아가는 상태 속에서 보존되어 진다. 그러나 우리 안에 있는 하늘의 생명의 뿌리와 씨앗인 성령의 특별한 능력도 있다. 그러므로 예언자들은 그리스도의 나라를 칭송한다. 왜냐하면 성령이 이 나라 안에서 더욱 풍성하게 넘칠 것이기 때문이다.323) 신앙은 성령의 가장 탁월한 사역이다.324) 신앙은 말씀과 지속적인 관계 속에 있다.325) 주님께서 자신의 말씀과 자신의 성령의 상호적 관계의 끈을 확실하게 하셨다. 하나님의 자녀들이 하나님의 영이 없이는 자신으로부터 진리의 모든 빛을 빼앗겨 버리듯이, 그들은 또한 말씀은 주님께서 그의 영의 조명을 신자들에게 주시는 도구라는 사실을 잘 알고 있다.326) 신앙은 우리를 향한 하나님의 호의에 대한 확고하고도 확실한 지식이다. 그리스도 안에 있는 하나님의 은혜로운 약속의 진리에 기초된 신앙은 성령을 통해서 우리의 이성에게 열려지고, 우리의 마음속에 인(印)쳐진다.327)

교회와 국가의 관계를 중심으로 깔뱅에게 신학적 발전이 있었지만, 그의 『기독교 강요』(1536)에 나타난 그의 초기 출발점은 본질적인 측면에서 후기에

---

322) OS IV 1f(= Inst. 1559, III i 1).
323) OS IV 2(= Inst. 1559, III i 2).
324) OS IV 5(= Inst. 1559, III i 4).
325) OS IV 14(= Inst. 1559, III ii 6).
326) OS III 84(= Inst. 1559, I ix 3).
327) OS IV 16(= Inst. 1559, III ii 7).

도 그대로 남아 있었다. 특이한 점은 독재정부에 대한 저항권이 후기로 갈수록 점점 더 강하게 나타난다는 사실이다.328) "우리들 중에 아무도 그 돌에 걸려 넘어지지 않기 위해 인간 가운데 두 가지 통치가 있다는 것을 알도록 하자. 하나는 영적인 통치인데, 여기서 양심은 경건과 하나님 경외 안에서 교훈 받는 것이고, 다른 하나는 정치적인 통치인데, 여기서 인간은 인간적 의무와 시민적 의무를 위해 교육받는 것이다."329) 깔뱅은 국가에 대한 교회의 우위성을 주장하는 로마가톨릭교회와, 정부의 중요성을 부정하는 재세례파들의 입장에 반대했다. 큰 목자 되시는 한 분 그리스도 아래에 두 가지 종류의 작은 목자들이 존재한다는 마르틴 부처의 사상은 교회와 국가의 지도자들에 대한 깔뱅의 사상과 비슷하다. 그러나 부처는 깔뱅보다는 교회와 하나님의 나라의 외적 양상에 대한 관점을 더 많이 가지고 있다. 깔뱅에게 정부의 소명은 그리스도의 나라를 위한 공간을 창조하는 것이다.330) 땅의 모든 일에 대한 권위는 신적 섭리와 하나님의 거룩한 제정에 근거하여 왕들과 다른 군주들에게 종속된다. 정치지도자들의 직책은 성령 하나님의 일반은사에 속하여, 선택된 자들에게 주어지는 특별은사로부터 구별된다.331)

4. 결론

깔뱅의 경우, 그리스도는 그의 잉태 시에 성령을 받으신 것이지, 청년 때 비로소 받으신 것이 아니다. 이 같은 영적인 시작은 그의 전(全) 생애, 고난, 죽으심과 부활을 통해서 계속 되었다. 하나님의 아들은 성육신하여 성령의 담지자

---

328) OS V 501(= Inst. 1559, IV xx 22), cf. CO 1, 245ff(= OS I 276ff); CO 1, 1122f.
329) OS IV 293f(= Inst. 1559, III xix 15), cf. CO 1, 204(= OS I 232f); CO 1, 838f; OS V 471(= Inst. 1559, IV xx 1), cf. CO 1, 1099f; CO 1, 196f(= OS I 223).
330) W. van 't Spijker, "Het konikrijk van Christus bij Bucer en bij Calvijn," p. 224.
331) OS V 475(= Inst. 1559, IV xx 4), cf. CO 1, 231(= OS I 261).

가 되시지만, 그는 육신 안에 또는 육신 아래에 오시지 않는다. 그의 부활 이후 그리스도는 성령의 파송자가 되신다.

구약과 신약의 일치성과 관계하여 두 언약 사이에 존재하는 삼위일체론적 일치성이 중요하다. 두 언약은 동일한 하나님, 동일한 중보자, 동일한 은혜 등과 관계된다. 신약과 구약 사이의 구별과 차이와 관련하여, 정도면의 차이가 있다. 후기 깔뱅은 두 언약 사이의 일치성을 강조했다. 우리는 이것을 신학적 배경에서 이해할 것이 아니라, 역사적 배경에서 이해해야 한다. 다시 말하면, 깔뱅은 구약과 신약의 일치성을 거의 부정하는 고대교회의 마르시온주의자들과 그의 당시 재세례파와 열광주의자들 등과 논쟁했다.

초기에 깔뱅은 신자들의 왕직과 제사장직과 관련하여, 그리스도의 이중직, 즉 왕직과 제사장직만을 언급했다. 그러나 후기에 그는 체계적으로 그리스도의 삼중직을 언급했다. 그리스도의 삼중직과 관련하여 우리는 부처와 깔뱅은 서로 일치하며, 깔뱅이 부처로부터 영향을 받았다고 주장할 수가 있다. 부처는 후기 깔뱅과는 달리 그리스도의 구원 사역이 표현되는 그리스도의 삼중직을 조직체계를 사용하지 않았다. 부처는 역사적인 정황 때문에, 그리스도의 예언자직을 점점 덜 강조한 반면, 깔뱅은 점점 더 강조했다. 그러나 두 종교개혁자들에게 그리스도의 예언자직은 다른 두 직분들보다 덜 강조되었다. 깔뱅의 경우 그리스도의 예언자직이 일반적으로 그리스도의 겸비와 칭의와 관계된다면, 그리스도의 왕직은 그리스도의 고양과 성화에 관계된다. 그리스도의 제사장직은 그리스도의 겸비와 고양상태와 관계된다. 부처와 마찬가지로 깔뱅은 아론에게서가 아니라, 멜기세덱에서서 특별히 발견하는 그리스도의 왕직을 다른 두 직분보다도 더욱 강조했다. 왕으로서 그리스도는 성령을 통해서 그의 제사장직을 유지한다. 부처와 마찬가지로 깔뱅은 성령론을 그리스도의 삼중직의 관점에서 이해하고, 여기서 그리스도의 왕직이 가장 우세하다.

깔뱅은 교회와 그리스도의 나라를 서로 밀접하게 관련시킨다. 왕으로서 그리스도는 그의 영을 통해서 그의 백성과 교회를 다스리신다. 깔뱅의 경우, 이 것은 다름 아니라, 그리스도께서 말씀과 성령을 통해서 그리고 처분 가능한 수 단들을 가지고 통치하신다는 것을 뜻한다. 깔뱅은 두 가지 통치에 대해서 말한 다. 첫째 통치는 마음속에 그 자리를 가지고, 둘째 통치는 외적 도덕만을 규제 한다.

깔뱅의 논쟁자들은 주로 오른쪽으로는 로마가톨릭교회가 있었고, 왼쪽으로 는 재세례파들과 열광주의자들이 있었다. 깔뱅은 한 왕 아래에 있는 두 종류의 사역자들에 대해서 말했다. 깔뱅의 경우, 정부는 그리스도의 나라를 위한 공간 을 창조하기 위해 부름을 받았다. 지상에서 모든 일에 대한 권위는 신적인 섭 리와 신적인 거룩한 제도에 근거하여 왕들과 군주들에게 달려 있다. 시민 정부 의 지도자들의 직책은 하나님과 성령의 일반은사에 속한다. 하나님의 보좌우 편에 앉아 계시는 성령의 파송자로서 예수 그리스도는 자신이 파송하신 성령 과 성령의 도구들, 특히 말씀을 통해서 다스리신다.

제6장 깔뱅의 구원론

I. 칭의와 성화의 관계[1]

1. 구원론의 신학 용어와 구조[2]

1) 시간적 · 단계적 순서가 아니라, 신학적 · 논리적 순서

우리는 우리의 주제와 관련된 몇 가지 용어와 개념을 먼저 정리하여 신학적 혼동을 피하고자 한다. '구원론'은 구원의 은혜를 죄인에게 전달하는 것과 하나님과의 교제의 삶으로 회복되는 것을 다룬다. '구원의 순서'[선택, 소명, 칭의, 성결(화), 영화(부활)]'(Way of Salvation, ordo salutis, Heilsaneignung, Heilsweg)는 그리스도 안에서 행해진 구원의 객관적 사역(works)이

---

1) 최윤배 공저, 『루터 · 칼빈 · 웨슬리의 구원론 비교』(대전: 도서출판 복음/목원대학교, 2002), pp. 33-60; 최윤배, "죽산 박형룡의 구원론: 칭의와 성화를 중심으로,"『한국개혁신학』제21권(2007), pp. 187-209.

2) François Wendel, *Calvin: sources et évolution de sa pensée religieuse*, Paris 1950 (= tr. by P. Mairet, *Calvin: The Origins and Development of His Religious Thought*, New York 1963 = 김재성 역, 『칼빈 : 그의 신학사상의 근원과 발전』(서울 : 크리스찬다이제스트, 1999); Wilhelm Niesel, *Die Theologie Calvins*, München 1957² (1938) (= *The Theology of Calvin*, Grand Rapids 1980 = 이종성 역, 『칼빈의 신학』(서울 : 대한기독교서회, 1973); H. T. Keer (이종성 역), 『기독교 강요선』(서울 : 대한기독교서회, 1960); J. Calvin (이종성 외 3인 공역: 영역 편집- J. T. McNeill), 『기독교강요』상 · 중 · 하 (1559)(서울 : 생명의 말씀사, 1988) (= OS = Johannis Calvini Opera Selecta III-V, cf. Ioannis Calvini Opera quae supersunt omni = CO; Corpus Reformatorum = CR); J. Calvin (양낙흥 역: 영역- F. L. Battles), 『기독교강요』(1536) (서울 : 크리스찬다이제스트, 1996) (= OS I, 11-280); S. Y. Lee, *La notion d'experience chez Calvin d'après son Institution de la Religion Chrestienne* (= Calvin의 기독교강요에 나타난 경험개념) (Thèse), Strasbourg 1984; Yoon-Bae Choi, *De verhouding tussen pneumatologie en christologie bij Martin Bucer en Johannes Calvijn* (= 마르틴 부처와 깔뱅의 성령론과 기독론의 관계) (Proefschrift), Leiden 1996; 이종성, 『칼빈』(서울 : 대한기독교서회, 1978).

죄인들의 심령과 삶에 성령의 사역을 통해서 주관적으로 실현(적용)되는 과정을 서술하는 용어이다. 그런데, 17세기 개신교 정통주의(루터파 또는 개혁파)에서는 구원의 순서가 시간적·단계적으로 파악되었다. 이와는 대조적으로 깔뱅의 경우, 구원의 순서는 시간적·단계적으로 이해되는 것이 아니라, 성령을 통한 순서로서 신학적·논리적으로 이해되었다.

2) 성화 ≒ 중생 = 회개

개혁파 정통주의에서는 예수를 영접하는 단 일회적 사건을 '중생'(회개)으로, 중생한 뒤에 성도 안에서 일생동안 계속적으로 거룩해지는 과정을 '성화'로 이해되지만, 깔뱅은 일생동안 거룩해지는 과정인 '성화(결)'를 '중생' 또는 넓은 의미의 '회개'로 이해한다. 그의 『기독교 강요』(1559) 제 III권 제3장의 제목은 "믿음에 의한 우리의 중생 : 회개"로 표기되어 있는데3), 이것을 개혁파 정통주의 용어로 바꾼다면, "믿음에 의한 우리의 성화(결)"가 될 것이다.

3) 성화 → 칭의

구원의 순서와 관련해서 깔뱅은 선택이나 칭의를 먼저 언급하지 않고, 개혁파 정통주의와는 달리 성화(결)를 제일 먼저 언급 한 뒤에, 칭의, 선택, 영화의 순으로 언급한다.4) 로마가톨릭교회가 칭의를 약화시키거나 희생시키면서 선행과 성화를 일방적으로 강조하는 것에 반대하여, 종교개혁 초기에, 특히 루터는 칭의를 강조함으로써, 루터 이후 종교개혁 제2세대에서는 성화와 윤리의 약화를 가져오게 되었다. 여기에 대한 로마가톨릭교회의 비판을 의식한 종교개혁 제2세대인 깔뱅은 종교개혁신학에서는 칭의를 강조하면서도 동시에 성

---

3) John Calvin, 『기독교 강요』(1559), III iii.
4) John Calvin, 『기독교 강요』(1559), III i-xxv.

화와 윤리도 강조해야 하며, 강조하고 있다는 사실을 보여주기 위해 선택이나 칭의 보다도 성화를 먼저 언급하고 있다.

4) 구원의 객관적 내용과 구원의 주관적 적용

구원의 내용은 예수 그리스도 자신과 그의 은혜(총)이며, 구원의 적용은 성령과 성령의 은사인 신앙을 통해서 이루어진다. '우리 밖에 계시는 그리스도'(Christus extra nos)가 어떻게 '우리 안에 계시는 그리스도'(Christus in nobis)가 될 수 있는가? 그것은 성령과 신앙을 통해서이다. "우리가 신앙으로 이것을 얻는 것은 사실이다. 그러나 복음을 통해서 제시된 것, 즉 그리스도와의 교제를 모든 사람이 무차별적으로 받아들이는 것이 아님을 볼 때에 우리는 더 높은 견지에서 성령의 신비로운 역사를 검토하는 것이 이치에 맞는 일이다. 왜냐하면, 우리는 성령의 작용을 통해서 그리스도와 그의 모든 유익을 누리게 되기 때문이다. … 요약하면, 그리스도께서 우리를 자신에게 효과적으로 연결시키는 띠는 성령이다."[5] "성령이 하시는 가장 중요한 일은 신앙을 일으키는 것이다."[6] "성령은 신앙의 근원이며, 원인"이다.[7] "하나님의 아들이 자신의 백성과 하나가 되기 위해서 그들에게 불어넣으시는 이 독특한 생명을 바울은 악인들에게도 공통적으로 갖고 있는 자연적인 생명과 대조시킨다."[8] "신앙은 무지에 있는 것이 아니라, 오히려 지식에 있는 것이다."[9] "신앙의 지식은 이해에 있다기보다는 확실성에 있다."[10] 깔뱅에 의하면, 마음의 확신으로서 신앙을 무시한 스콜라신학자들은 과오를 범했다.[11]

---

5) John Calvin, 『기독교 강요』(1559), Ⅲ i 1.
6) John Calvin, 『기독교 강요』(1559), Ⅲ i 4.
7) John Calvin, 『기독교 강요』(1559), Ⅲ ii 33.
8) John Calvin, 『기독교 강요』(1559), Ⅲ i 2.
9) John Calvin, 『기독교 강요』(1559), Ⅲ ii 2.
10) John Calvin, 『기독교 강요』(1559), Ⅲ ii 14.
11) John Calvin, 『기독교 강요』(1559), Ⅲ ii 33.

2. 하나님의 '이중적인 은혜'(duplex gratia)로서의 칭의와 성화

1) 칭의와 성화는 상호 동일하지 않고, 상호 구별되나, 상호 뗄 수 없는 관계 속에 밀접하게 연결되어 있다

'칭의'(justification)는 '전가된 의(imputed righteousness)'이고, '성화(결)'(sanctification)는 '분여된 의'(imparted righteousness) 또는 '효과적인 의'라고 불러진다. 칭의 속에서는 죄책이 제거되고, 성화 속에서는 죄의 얼룩이 지워진다. 칭의는 사람이 하나님께 용납될 수 있게 만들고, 성화는 사람이 하나님을 갈망하게 만든다. 칭의는 새 신분을 수여하는 반면, 성화는 사람 안에 새 성격을 창조한다.

깔뱅의 경우, 칭의와 성화는 상호 구별되면서도, 상호 뗄 수 없는 밀접한 관계 속에서 상호 연결되어 있다. "우리는 무엇 때문에 신앙으로 의롭다 함을 얻는 것인가? 신앙으로 그리스도의 의를 붙잡기 때문이며, 그리스도의 의에 의해서만 우리는 하나님과 화목할 수 있기 때문이다. 그러나 그리스도의 의를 붙잡으면 동시에 거룩함도 붙잡지 않을 수 없다. 그리스도는 우리에게 '의로움과 거룩함과 구속함이 되셨기' 때문이다.(고전1:30) 그러므로, 그리스도께서 사람을 의롭게 하시면서 동시에 거룩하게도 만드신다. 이 은혜들은 영원히 해체되지 않는 유대 관계로 결합되어 있다. 그리스도께서는 그의 지혜로 조명하신 사람들을 구속하시며, 구속하신 사람들을 의롭다 하시며, 의롭다 하신 사람들을 거룩하게 하신다. … 우리는 둘을 구별하지만, 그리스도께서 자신 안에 두 가지를 다 포함하시며, 그 둘은 서로 뗄 수 없게 결합되어 있다. 그리스도 안에서 의를 얻기를 원하는가? 그렇다면 우선 그리스도를 소유해야 한다. 그러나 그리스도를 소유하면서 그의 거룩함에 참여하지 않을 수 없다. 그는 둘로 나누어질 수 없기 때문이다.(고전1:13) 주께서 우리에게 이 은혜를 주시며 우리가 이 은혜들을 누리도록 하시는 방법은 그가 자기를 우리에게 주시는 것 뿐이므로, 그는 동시에 두 가지를 함께 우리에게 주신다. 한 쪽이 있으면 반드시 다른 쪽도 있다. 그러므로, 우리가 의롭다 함을 받는 것은 행위와 떨어진 것이 아니면서도 행위에 의한 것이 아님이 사실인 것은 분명하다. 우리는 그리스도 안에서 참여함으로써 의롭다 함을 받으며, 그리스도 안에 참여한다는 것은 의에 못지 않게 거룩함을 포함한다."[12]

"그리스도를 나눌 수 없는 것과 같이 그의 안에 있는 두 속성, 즉 의와 거룩하심도 서로 분리시킬 수 없다. … 오시안더(Osiander)가 두 가지 은혜를 혼동하는 데는 그와 비슷한 불합리성이 있다. 하나님께서 의를 보존하시기 위해서 값없이 의롭다고 간주하신 사람들을 새롭게 하시기 때문에 오시안더는 이 중생의 선물과 값없이 용납하심을 혼합해서 이 둘은 하나요, 같은 것이라고 주장한다. 그러나 성경은 이 두 가지를 연결시키면서도 따로 따로 기록하여 하나님의 여러 가지 은혜가 우리에게 더 잘 보이게 한다. 바울이 우리의 의와 성화를 위하여 그리스도를 우리에게 주셨다고 말할 때(고전1:30), 그는 불필요한 말을 붙이지 않는다."[13] "신앙을 통해서 우리가 그리스도를 붙잡고 그를 소유하기 위해서 하나님의 자비를 통해서 그리스도께서 우리에게 주어졌다. 그리스도께 참여함으로써 우리는 원칙적으로 이중적인 은혜(duplex gratia)를 받는다. 다시 말하면, 그리스도의 무죄를 통하여 하나님과 화해됨으로써 우리는 하늘에 계시는 심판자 대신에 자비로우신 아버지를 소유하게 된다. 둘째로, 그리스도의 영에 의해서 성화됨으로써, 우리는 흠 없고 순결한 삶을 이루어 나가게 된다."[14]

---

12) John Calvin, 『기독교 강요』(1559), III xvi 1.
13) John Calvin, 『기독교 강요』(1559), III xi 6.
14) John Calvin, 『기독교 강요』(1559), III xi 1.

2) 중생(= 회개 ≒ 성화)

깔뱅은 우리가 일반적으로 사용하는 '성화'를 '회개' 와 '중생'으로 표현한다. "그러므로, 한 마디로 나는(= 깔뱅, 필자주) 회개(repentance)를 중생 (regeneration)으로 해석한다. 중생의 유일한 목적은 아담의 타락을 통해서 손상되고, 말살된 하나님의 형상을 우리 안에서 회복하는 것이다."[15) 깔뱅의 경우, 하나님의 형상의 내용은 "의와 진리의 거룩함(엡4:24)"이다.[16) "회개 는 두 가지 부분, 즉 육의 죽임(mortificatio)과 성령을 통한 살림(vivificatio) 으로 구성된다."[17) "회개의 열매는 하나님께 대한 경건과 사람에 대한 사랑과 생활 전체의 거룩과 순(정)결이다."[18) "따라서 우리는 그리스도의 은혜로 얻 은 중생에 의해서 아담 때문에 잃었던 하나님의 의를 회복하게 된다. … 이 회 복은 한 순간이나 하루나 한 해에 이루어지는 것이 아니다. … 이 싸움은 죽음 을 통해서만 끝이 날 것이다. 신자들이 이 목표에 도달할 수 있도록 하나님께 서 그들이 평생토록 달릴 수 있는 회개의 경주(競走)를 하게 하신다."[19)

3) 칭의(稱義)

깔뱅이 이해한 '칭의'를 바로 이해하기 위해서는 '행위(행동, 선행)를 통한 의'와 '믿음을 통한 의'의 차이를 잘 알아야 한다. "어떤 사람의 생활이 순결하 고 거룩하여 하나님의 보좌 앞에서 의롭다는 증언을 얻을 만한 때에 그는 행위 에 의해서 의롭다함을 얻는다고 한다. 또는 그 행위의 완전성 때문에 하나님의 심판을 받고 그것을 만족시킬 수 있는 사람은 행위에 의해서 의롭다 함을 얻는

---

15) John Calvin, 『기독교 강요』(1559), Ⅲ ⅲ 9.
16) John Calvin, 『기독교 강요』(1559), Ⅲ ⅲ 9.
17) John Calvin, 『기독교 강요』(1559), Ⅲ ⅲ 8.
18) John Calvin, 『기독교 강요』(1559), Ⅲ ⅲ 16.
19) John Calvin, 『기독교 강요』(1559), Ⅲ ⅲ 9.

다고 한다. 그와 반대로 행위에 의해서는 의롭다는 증거를 받을 수 없는 사람이 신앙을 통해서 그리스도의 의를 붙잡아, 그 의를 입고 하나님 앞에 나타날 때에는 - 죄인으로서가 아니라, 의인으로 나타날 때에는 신앙에 의해서 의로움을 받는다."[20) 깔뱅은 '칭의'를 다음과 같이 정의한다. "그러므로, 우리가 칭의를 간단하게 설명하자면, 칭의는 하나님께서 자신의 호의로 우리를 의로운 사람들로서 받아주시는 것에 대한 승인(인정)이다. 그리고 우리는 칭의가 죄의 용서와 그리스도의 의의 전가(imputation)로 구성되어 있다고 말한다."[21)

3. 결론

깔뱅의 구원론에서 기독론과 성령론은 신앙론과 함께 중요한 위치를 차지한다. 깔뱅은 구원의 순서를 시간적·단계적으로 파악하지 않고, 논리적·신학적으로 이해했다. 깔뱅의 경우 칭의와 성화는 하나님의 '이중적인 은혜'(duplex gratia)로서 상호 동일하지 않고, 상호 구별되며, 상호 밀접하게 연결되어 있다. 깔뱅에 의하면, 칭의는 죄의 용서와 그리스도의 전가된 의를 내용으로 이루며, 믿음을 통한 칭의다. 깔뱅의 경우 회개와 중생은 상당히 포괄적 개념으로서 성화(성결)와 연관된다.

---

20) John Calvin, 『기독교 강요』(1559), III xi 2.
21) John Calvin, 『기독교 강요』(1559), III xi 2.

II. 성령론적 구원론

1. 신앙

신앙은 인간 자신이 스스로 얻을 수 있는 것이 아니라, 성령의 역사(役事)를 통해서 주어지는 하나님의 초자연적인 은혜이다. 성령이 하시는 가장 중요한 일은 신앙을 일으키는 것이다. 따라서 일반적으로 성령의 능력과 역사를 표현하는 말들은 신앙과 관련이 있는데, 그 이유는 성령께서 오직 신앙에 의해서 우리를 복음의 광명으로 인도하시기 때문이다. 그리스도를 신앙하는 사람에게는 하나님의 자녀가 되는 특권이 부여되고, 이 사람들은 혈육으로 난 것이 아니라, 하나님께로부터 난다.(요1:12-13) 요한 역시 하나님과 혈육을 대조시키면서 성령의 감동이 없으면 여전히 불신앙으로 살았을 사람들이 신앙으로 그리스도를 받아들인다는 것은 초자연적인 은혜라는 것을 선포하였다.[22] 이 신앙은 원래부터 없었던 것인데, 성령이 우리에게 주셨으므로 이 신앙을 바울은 '신앙의 마음'이라고 부른다.(고후4:13)[23] 그 결과로 우리는 그리스도의 영의 힘으로 신앙을 가지게 되었으며 동시에 우리는 그리스도의 몸에 접붙이게 되어 모든 좋은 것에 참여하게 된 것이다.[24] 이처럼 신앙과 성령은 분리시킬 수가 없다. 왜냐하면, 신앙은 특히 성령의 특별한 사역이기 때문이다.[25]

신앙은 또한 하나님의 말씀과 불가분리의 관계 안에 있다. 바울도 이 둘의 불가분리성을 다음과 같이 말한다. "신앙과 교훈을 불가분리의 동반자로 서로

---

22) John Calvin, 『기독교 강요』(1559), III i 4.
23) John Calvin, 『기독교 강요』(1559), III ii 35.
24) John Calvin, 『기독교 강요』(1559), III ii 35.
25) John Calvin, 『기독교 강요』(1559), III ii 39.

결합시키면서 '너희는 그리스도를 이같이 배우지 아니 하였느니라 … 너희가 과연 그에게서 듣고 또한 그 안에서 가르침을 받았을진대'(엡4:20-21)."

이와 같이 신앙과 말씀 사이에 항구적인 관련이 있어서 이 둘을 서로 분리할 수 없는 것은 태양에서 나오는 광선을 태양에서 분리할 수 없는 것과 같다.[26] 또한 신앙을 지탱하며 유지하는 근거는 말씀이므로 말씀에서 떠난 믿음은 넘어지게 되며, 말씀을 제거하면 신앙은 조금도 남지 않는다.[27] 이런 의미에서 신앙을 통하여 인간에 대한 하나님의 뜻을 아는 지식에 이르며, 이 지식은 하나님의 말씀으로부터 얻는 것이다.[28] 만약 신앙이 하나님의 말씀의 지지를 얻지 않으면 소멸될 것이다.[29]

신앙의 대상은 당연히 한 분 하나님이시지만, 깔뱅은 특별히 신앙의 대상이 그리스도임을 강조한다. 왜냐하면, 하나님은 그리스도와 성령을 통해서 자신을 하나님으로 완전하게 계시하셨기 때문이다. "신앙이 한 분 하나님을 바라보는 것은 사실이지만, 여기에 첨가해야할 것이 있다. 즉, '그의 보내신 자 예수 그리스도를 아는 것'(요17:3)이 있다. 그리스도의 광채가 우리 위에 비치지 않는다면, 하나님께서는 언제까지나 멀리 숨어 계실 것이다. 그러므로 아버지께서는 계시하려는 모든 것을 독생자 그리스도에게 맡기시고, 그리스도께서 아버지의 은혜를 전달하심으로써 하나님의 영광의 참된 형상을 표현하게 하셨다.(히1:3) 우리가 그리스도를 찾으려고 분발하기 위해서는 성령께서 우리를 이끌어 주셔야 한다는 것은 이미 말한 바 있다."[30]

신앙의 최종 목적지는 당연히 하나님이지만, 최종 목적지에 이를 수 있는 신앙의 길은 예수 그리스도이다. 그러므로 하나님이신 동시에 인간이신 중보자

26) John Calvin, 『기독교 강요』(1559), III ii 5.
27) John Calvin, 『기독교 강요』(1559), III ii 5.
28) John Calvin, 『기독교 강요』(1559), III ii 6.
29) John Calvin, 『기독교 강요』(1559), III ii 31.
30) John Calvin, 『기독교 강요』(1559), III ii 1.

예수 그리스도는 우리의 신앙의 대상이 되시는 동시에 우리의 신앙의 길이 되신다. "어떤 잘못도 예방할 수 있는 견고한 길은 하나님이신 동시에 인간이신 예수 그리스도이시다. 즉, 예수 그리스도는 하나님으로서 우리가 가려는 목적지가 되며, 사람으로서 우리가 걸어가는 길이 되신다. 신앙의 목적지와 길은 오직 그리스도에게서만 발견된다. … 베드로는 우리가 그리스도를 통해서 하나님을 믿는다(벧전1:21)고 하면서 신앙의 목적지와 신앙의 길을 가장 효과적으로 결합시킨다."[31]

"신앙은 우리에 대한 하나님의 선하심을 굳게 또는 확실하게 아는 지식이며, 이 지식은 그리스도 안에서 값없이 주신 약속의 신실성을 근거로 삼은 것이며, 성령을 통해서 우리의 지성에 계시되며, 우리의 마음에 인친 바가 된다."[32]

깔뱅은 그의 당시 신앙에 대한 두 가지 잘못된 이해들을 비판했다. 첫째는 신앙에서 지식을 배제시키는 경우인데, 이것이 로마가톨릭교회의 스콜라 신학자들에게서 발견된다. 깔뱅에 의하면, 신앙은 지식을 내포한다. "우리의 감정을 공손하게 교회에 복종시키기만 한다면, 아무것도 이해하지 못하더라도 이것이 소위 믿는다는 것인가? 신앙의 근거는 무지가 아니고, 지식이다. 그리고 이 지식은 하나님뿐만 아니라, 하나님의 뜻까지 아는 지식이다. … 하나님은 우리의 자비로운 아버지시며, 의와 성결과 생명으로서 그리스도를 우리에게 주셨다는 것을 알 때, 우리는 구원을 얻는다. 이 지식에 의해서 우리가 천국에 들어가는 것이지, 우리의 감정을 위임함으로써 천국에 들어가는 것이 아니다."[33] 깔뱅은 신앙에서 올바른 지식을 배제시켰던 그의 당시 로마가톨릭교회의 신앙을 맹신(盲信)이라고 비판했다. "소위 겸손한 태도를 가진 무지를

---

31) John Calvin, 『기독교 강요』(1559), Ⅲ ⅱ 1.
32) John Calvin, 『기독교 강요』(1559), Ⅲ ⅱ 7.
33) John Calvin, 『기독교 강요』(1559), Ⅲ ⅱ 2.

'신앙'이라고 부르는 것은 가장 어리석은 일이다. 신앙이란 하나님과 그리스도를 아는 지식이지(요17:3), 교회에 대한 존경이 아니다."[34] 둘째는, 신앙은 인간의 단순한 의견이나 지적 동의나 인간의 정신적 신념이 아니다. "하나님께서 자녀로 삼기로 정하신 사람들은 이 신앙에 의해서 하늘나라를 차지하게 되는데, 이러한 위대한 일을 성취할 수 있는 것은 단순한 의견이나 신념일 수가 없는 것임이 분명하다."[35] 깔뱅은 신앙의 지식을 단순한 지적인 이해가 아니라, 성령을 통한 마음의 내적인 확신으로 이해한다. "신앙의 지식은 이해가 아니고, 확신이라는 것이 우리의 결론이다."[36] "우리는 확신이 내포하고 있는 더욱 견실한 항구성을 표현하기 위해서 '확실하고 견고한'이라는 말을 첨가한다. 신앙은 의심스럽고 변하기 쉬운 의견으로서 만족하지 않고, 모호하고 혼돈된 관념으로도 만족하지 않는다. 신앙은 완전하고 확정된 확실성을 요구한다."[37] "사도는 신앙에서 확신이 나온다고 하며, 확신에서 담력이 생긴다고 한다. … 이 담력은 하나님의 선하심과 구원을 확신하는데서만 생길 수 있다. 이 점은 의심할 여지가 없기 때문에 '신앙'이란 말은 확신이란 뜻으로 사용하는 경우가 아주 많다."[38]

결국, 깔뱅이 정의한 신앙은 크게 두 가지 요소를 가지고 있다. 하나는 지식(notitia)의 요소이며, 다른 하나는 성령을 통한 마음의 확신(fiducia)의 요소이다.[39] "성령의 조명이 없으면, 하나님의 말씀은 아무 것도 할 수가 없다. 이를 근거로 우리가 분명히 알 수 있는 것은 신앙이 인간의 이해력을 훨씬 초월한다는 것이다. 그리고 우리의 마음이 성령의 능력으로 강화되고 지원을 받지 않는다면, 우리의 지성이 하나님의 영에 의하여 조명을 받는 것으로는 부족하다. 이

---

34) John Calvin, 『기독교 강요』(1559), III ii 3.
35) John Calvin, 『기독교 강요』(1559), III ii 1.
36) John Calvin, 『기독교 강요』(1559), III ii 14.
37) John Calvin, 『기독교 강요』(1559), III ii 15.
38) John Calvin, 『기독교 강요』(1559), III ii 15.
39) 깔뱅의 신앙론에 탁월한 논의가 된 다음을 참고하시오. 이수영, 『개혁신학과 경건』, pp. 139-165.

문제에 대한 로마가톨릭교회의 스콜라 철학자들의 생각은 완전히 잘못되었다. 그들은 지식에서 오는 단순한 동의를 신앙과 동일시하고, 심령의 확신과 확실성을 무시해 버린다. 그러므로 신앙은 두 가지 측면에서 하나님의 특별한 선물이다. 사람의 지성은 정화되어 하나님의 진리를 맛볼 수 있게 되며, 마음은 그 진리를 확신할 수 있게 된다는 것이다. 성령은 신앙을 불러일으킬 뿐만 아니라, 점진적으로 성장하게 하여 드디어 우리를 신앙으로 인하여 천국에 가도록 인도하신다. …왜냐하면 성령은 신앙의 근원이며, 원인이기 때문이다."[40]

　"신앙은 아버지께서 보내주신 그리스도를 받아들이는 것이므로(요6:29), 다시 말하면, 그리스도께서는 의와 죄의 용서와 화평을 위해 우리에게 보내지셨을 뿐만 아니라, 성결을 위해서(고전1:30), 그리고 생명수의 원천(요7:38; 요4:14)으로서 보내지셨으므로, 성령으로 말미암아 성화까지 이해하지 않으면 아무도 그리스도를 충분히 알 수 없다는 것은 의심의 여지가 없다. 좀 더 평이한 표현을 한다면, 신앙은 그리스도를 아는 지식을 기초로 삼는다고 말할 수 있다. 그리고 그리스도의 영으로 말미암아 성화되지 않고는 그리스도를 알 수 없다. 그리므로 신앙을 경건한 성향에서 분리한다는 것은 결코 불가능한 일이다."[41] "하나님께서는 그의 복음을 아는 지식으로 어떤 사람들에게는 지식이 마음에 깊게 스며들게 하시는 것을 무엇으로도 막을 수 없다. 동시에 우리는 이 점을 잘 알아야 한다. 곧 선택된 사람들의 신앙이 아무리 부족하고 약하더라도 하나님의 영이 그들이 양자가 되었다고 하는 확고한 보증과 날인을 해주심으로써(엡1:14; 고후1:22) 그가 새겨두신 표징은 그들의 마음속에서 결코 말소되지" 않는다.[42] "하나님의 영이 우리를 이끌어 주시지 않으면, 우리는 그리스도께로 갈 수 없는 것과 같이 일단 끌려가면 우리의 지성과 마음은 높이

---

40) John Calvin, 『기독교 강요』(1559), Ⅲ ⅱ 33.
41) John Calvin, 『기독교 강요』(1559), Ⅲ ⅱ 8.
42) John Calvin, 『기독교 강요』(1559), Ⅲ ⅱ 12.

들려 우리의 이해력은 초월한 경지에 이른다. 그 때에 우리의 영혼은 성령의 조명을 받아 이를테면 새로 날카로운 시력을 얻어 이전에 눈을 멀게 했던 그 찬란한 하늘의 비밀을 보게 된다."[43] "이제 남은 일은 지성이 흡수한 것을 마음 속에 부어 넣는 것이다. 하나님의 말씀을 신앙으로 받아들이면, 그 말씀이 두뇌의 상층부에서 돌아다녀서는 안 되고, 마음의 깊은 곳에 뿌리를 내려야 한다. … 하나님의 영의 조명이 지성에 진정한 이해력을 준다면, 마음에 확신을 주는 것 또한 성령의 능력임은 더욱 분명하다. … 지성이 사상을 얻는 것보다 마음이 확신을 얻는 것이 더욱 어렵다. 따라서 성령이 날인하는 일을 맡으셔서, 이미 마음에 확실성을 심어 준 그 약속들을 마음에 인치시며, 마음을 견고하게 확립하기 위하여 보증의 직책을 맡으신다. … 바울은 소망의 확신과 담대함에 대해서 말하고, 성령의 보증이 그 확신의 기초라고 한다.(고후5:5)"[44]

우리는 신앙을 통해서 그리스도와 연합하여 하나가 되며, 그리스도의 모든 은혜를 받을 수 있게 된다. "그리스도는 아버지로부터 받으신 것을 우리에게 나눠주시기 위해서 그리스도가 우리의 것이 되며, 우리 안에 계셔야만 했다. … 우리가 그와 한 몸이 되기까지는 그리스도가 가지신 것이 우리와 아무 상관이 없기 때문이다. 우리가 신앙으로 이것을 얻는 것이 사실이다."[45] 하나님을 믿는다는 것은 하나님을 경외한다는 것이며, 하나님을 경외한다는 것은 하나님을 공경하고, 하나님을 두려워한다는 뜻이다. "'여호와를 경외함'은 하나이지만, 그 근본 의미는 이중적이다. … 주께 대한 우리의 경외는 공경과 두려움이 섞인 것이 되어야 한다."[46]

깔뱅의 경우, 신앙은 끝까지 견인(堅忍)한다. "신앙의 확실성을 어느 한 시점에만 국한시키는 것이 얼마나 어리석은 것인가! 신앙의 본성은 이생이 지나

---

43) John Calvin, 『기독교 강요』(1559), Ⅲ ⅱ 34.
44) John Calvin, 『기독교 강요』(1559), Ⅲ ⅱ 36.
45) John Calvin, 『기독교 강요』(1559), Ⅲ ⅰ 1.
46) John Calvin, 『기독교 강요』(1559), Ⅲ ⅱ 26.

간 후에 있을 미래의 영생을 바라보는 것이다. 신자들은 성령의 조명을 받아 신앙을 통하여 하늘의 생명을 바라볼 수 있다는 사실을 하나님의 은혜로 돌린다."[47]

그러므로 신앙은 소망과 사랑에 밀접하게 관련된다. 깔뱅 당시 로마가톨릭 교회의 스콜라신학자들은 '신앙을 통한 칭의' 대신에 사랑을 통한 인간행위의 칭의 및 인간 공로의 칭의를 주장하여, 사랑을 신앙과 소망보다도 앞에 두었다. 여기에 반대하여 깔뱅은 신앙이 사랑을 일으킨다고 주장했다. "스콜라 철학자들이 사랑은 신앙과 소망보다 먼저 있다고 가르치는 것은 미친 말에 불과하다. 우리 안에 처음으로 사랑을 일으키는 것은 오직 신앙이다."[48] "바울이 사랑이 신앙보다 더 크다고 한 것은 사랑에 더 많은 공로가 있다는 뜻이 아니라, 사랑이 더 효과적이며, 영향력이 많으며, 더 많이 봉사하며, 영원히 창성하지만, 신앙은 얼마동안 유용하기 때문이다.(고전13:2이하) … 신앙에 있는 의롭다 함의 힘은 행위의 가치에 있지 않다. 우리의 칭의는 오직 하나님의 자비와 그리스도의 공로에 의존한다. 이러한 칭의를 신앙이 붙잡을 때, 신앙이 의롭다 한다고 한다."[49]

깔뱅에 의하면, 신앙과 소망은 모두 하나님의 자비에 기초해 있다. "소망의 목표는 신앙의 목표와 다를 수가 없다. 신앙의 유일한 목표는 하나님의 자비라는 것을 이미 분명하게 설명하였다."[50] "신앙이 살아 있는 곳에서는 반드시 신앙은 영원한 구원에 대한 소망을 불가분리의 동반자로서 곁에 가지고 있어야 한다. 더 적절하게 말하면, 신앙은 그 자체 내에서 소망을 일으키며, 생산한다. 이 소망을 제거한다면, 아무리 웅변적으로 또는 아름다운 말로 신앙을 논할지라도, 신앙이 없다는 판단을 받아야 한다."[51] "소망은 하나님께서 진실하

---

47) John Calvin, 『기독교 강요』(1559), III ii 40.
48) John Calvin, 『기독교 강요』(1559), III ii 41.
49) John Calvin, 『기독교 강요』(1559), III xviii 8.
50) John Calvin, 『기독교 강요』(1559), III ii 43.

게 약속하셨다고 신앙하는 일들에 대한 기대이다. 이같이 신앙은 하나님을 진실하시다고 믿으며, 소망은 하나님의 진실성이 밝히 나타내는 때를 기다린다. 즉 신앙은 하나님을 우리의 아버지라고 믿으며, 소망은 그가 우리에게 대해서 항상 아버지가 되시리라고 예상한다. 신앙은 우리가 영생을 받았다고 믿으며, 소망은 영생이 언젠가는 나타나리라고 예상한다. 신앙은 소망의 토대요, 소망은 신앙에 영향을 주며, 힘을 준다. 하나님의 약속들을 이미 믿는 사람이 아니면, 하나님에게서 아무것도 기대할 수 없는 것과 같이 우리의 약한 신앙은 오래 참는 소망과 기대에 의해서 조성되어야 한다. … 소망은 묵묵히 주를 기다리는 동시에 신앙은 너무 서두르다가 곤두박질하여 떨어지지 않도록 제어한다. 소망은 신자에게 힘을 주어 하나님의 약속을 의심하거나 그 진실성을 의심하지 않도록 한다. 소망은 신앙에 생기를 회복시켜 지치지 않게 한다. 소망은 종점에 도착할 때가지 신앙을 지탱해 주어 도중에서 심지어 출발점에서도 힘이 빠지지 않도록 한다. 간단히 말하면, 소망은 끊임없이 신앙을 새롭게 하고, 회복함으로써 신앙에 견인(堅忍)하는 힘을 주는 것이다."[52] "소망은 곧 신앙을 위한 자양분과 힘이다."[53]

2. 칭의

17세기 개신교 정통주의 신학에서는 구원론을 전개할 때, 구원순서(ordo salutis) 또는 구원서정, 구원단계라는 말을 사용하였는데, 그 순서는 선택, 소명, 칭의, 성화, 영화 등이 포함된다. 여기서 구원순서는 시간적 또는 단계적 순서로 이해된다. 그러나 깔뱅은 성령론과 결부시켜서 구원순서를 논리적 또

51) John Calvin, 『기독교 강요』(1559), Ⅲ ⅱ 42.
52) John Calvin, 『기독교 강요』(1559), Ⅲ ⅱ 42.
53) John Calvin, 『기독교 강요』(1559), Ⅲ ⅱ 43.

는 신학적으로 이해한다. 그러므로 17세기 개신교 정통주의와는 달리 깔뱅은 성화(≒ 중생 = 회개)를 제일 먼저 언급하고, 다음에 칭의, 선택, 영화 등의 순서로 그의 구원론을 전개한다.

깔뱅이 중생을 칭의보다 먼저 취급한 이유는 종교개혁 제1세대인 루터가 칭의를 강조한 나머지 루터파에서는 상대적으로 성화 또는 중생이 약화되어 윤리적인 약점이 그 당시에 노출되었기 때문이다. 그래서 종교개혁의 2세대인 깔뱅은 이를 보완하기 위하여 칭의보다 중생(성화)을 먼저 다룬다.[54] 이런 관점에서 우리는 신앙으로 말미암는 칭의에 관하여 보다 광범위하게 고찰하여야 한다. 그럼에도 불구하고 깔뱅은 칭의는 기독교 신앙의 가장 근본적인 주제이며[55] "구원에 관한 모든 교리와 모든 신앙의 기초에 근본이 되는 원리"라고 말할 정도로 칭의교리를 강조했다.[56]

깔뱅의 칭의론을 전개하기 전에 먼저 지금까지 논의한 그의 구원론을 요약해 보면, 깔뱅은 율법 하에 저주를 받은 인간이 구원을 받을 수 있는 수단이 유일하게 하나가 남아 있는데, 그것이 곧 신앙이라고 말한다. 이 신앙을 통해서 인간이 주로 이중적인 은혜(duplex gratia), 즉 칭의의 은혜와 중생(≒ 회개 = 성화)의 은혜를 받게 되는데, 이에 관한 깔뱅의 말을 직접 들어보면 다음과 같다.

"관대하신 하나님께서 그리스도를 우리에게 주셨다. 이는 우리가 신앙으로 그리스도를 붙잡고, 소유하도록 하시려는 것이다. 그리스도와 함께 함으로써 우리는 주로 이중적인 은혜(duplex gratia)를 받는다. 첫째는 무죄하신 그리스도를 통하여 하나님과 화해함으로써 우리가 하늘의 심판자 대신 은혜로우신 아버지를 소유할 수 있다. 둘째는 그리스도의 영에 의하여 성화됨으로써 우리는 흠 없고 순결한 생활을 신장할 수 있다. 이 두 가지 선물 중에 둘째인 중생에 대해서 나

54) W. Niesel, 『칼빈의 신학』. pp. 128-129.
55) John Calvin, 『기독교 강요』(1559), III xi 1.
56) John Calvin, Sermon on Luke 1:5-10, CO XLVI, 23.

는 충분하다고 생각될 만큼 말했다. 칭의의 문제에 대해서는 그 보다 가볍게 논했다. 왜냐하면 먼저 신앙은 선행을 결하고 있지 않다는 것을 이해하는 편이 더 중요했기 때문이다. 그러나 우리는 신앙만을 통해서 하나님의 자비로 값없이 의롭다 함을 얻는다."[57]

깔뱅은 '칭의(秤義)' 또는 '의인(義認)', '신앙에 의한 칭의' 그리고 '행위에 의한 칭의' 라는 용어를 또한 다음과 같이 설명한다.

"인간이 하나님 앞에서 의롭다 함을 얻는다는 것과 신앙에 의해서 또는 행위에 의해서 의롭다 함을 얻는다는 표현들이 있다. 하나님의 판단으로 의롭다고 인정되며, 의롭기 때문에 용납을 받은 사람이 하나님 앞에서 의롭다 함을 얻는다고 한다. 하나님께서 불법을 미워하시므로 죄인이 죄인인 동안에 그리고 죄인으로 인정되는 동안에 인간은 하나님 앞에서 은혜를 받지 못한다. 따라서 죄가 있는 곳에는 반드시 하나님의 진노와 벌이 나타난다. 그런데 죄인이 아니고 의로운 사람으로 여겨지는 사람이 의롭다 함을 받는다. 그렇기 때문에 의인은 하나님의 심판대 앞에 굳게 서며, 죄인은 넘어진다."[58]

깔뱅은 일반 사회의 법정의 예를 통해서 칭의를 설명한다. "무죄한 사람이 고소를 당해서 공정한 재판관 앞에 불려갔을 때, 그의 무죄한 사실대로 판결이 나면, 그는 재판관 앞에서 '정당한 것이 인정되었다.'(= '의롭다함을 얻었다.') 고 한다. 이같이 어떤 사람이 죄인들과의 교제에서 풀려나고, 하나님께서 그의 의를 증거하시며, 확인해 주실 때, 그 사람은 하나님 앞에서 '의롭다 함을 받는다.'"[59] 깔뱅은 계속해서 '행위에 의한 칭의'와 '신앙에 의한 칭의'를 다음과 같이 서로 대조시키면서 설명한다.

57) John Calvin, 『기독교 강요』(1559), III xi 1.
58) John Calvin, 『기독교 강요』(1559), III xi 2.
59) John Calvin, 『기독교 강요』(1559), III xi 2.

"어떤 사람의 생활이 순결하고 거룩하여 하나님의 보좌 앞에서 의롭다는 증언을 얻을 만할 때, 그 사람은 행위에 의해서 의롭다 함을 얻는다고 한다. 또는 그 행위의 완전성 때문에 하나님의 심판을 받고 그것을 만족시킬 수 있는 사람은 행위에 의해서 의롭다 함을 얻는다고 한다. 그와 반대로 행위에 의해서는 바르다는 증거를 받을 수 없는 사람이 신앙을 통해서 그리스도의 의를 붙잡아, 그리스도의 의를 입고, 하나님 앞에 나타날 때, 신앙에 의해서 의롭다 함을 받는다고 한다."60)

이와 같이하여 깔뱅은 칭의를 "하나님께서 우리를 의인(義人)으로 받아 주시며, 은혜를 베풀어 주시는 것이라고 한다. 또 칭의는 죄를 용서하는 것과 그리스도의 의를 우리에게 전가(轉嫁)하는 것이라고 말한다."61)

깔뱅이 정의한 칭의 개념을 기초로 하여 우리는 좀 더 구체적으로 깔뱅이 이해한 '신앙에 의한 칭의', 즉 이신칭의 교리에 대해서 살펴보자. 깔뱅에 의하면, 히브리어로 '죄인'은 자신의 죄를 알고 있는 사람뿐만 아니라, 정죄를 받는 사람도 죄인이다. 하나님께서 신앙으로 이방인들을 의롭다고 하실 것을 미리 알았다고 바울이 말할 때(갈3:8), "이것은 하나님께서 의를 전가(轉嫁)하신다는 뜻으로" 해석될 수밖에 없으며, 바울이 "그리스도를 믿는 불경건한 자를 하나님이 의롭다하신다고 말할 때(롬3:26), 그것은 불경건하여 당연히 정죄를 받을 사람들이 신앙의 덕택으로 그 정죄에서 풀려난다."는 뜻이다.62) '의롭게 한다.'는 것은 고소를 당한 사람에 대해서, 마치 그의 무죄가 확정된 것 같이, 그 죄책이 없다고 무죄석방을 선고하는 것과 같다. 그런데, 하나님께서는 그리스도의 중재로 의롭다고 하시므로, 이와 같은 하나님의 사면은 우리 자신의 무죄가 확증되었기 때문이 아니라, 하나님께서 예수 그리스도의 의를 우리에게

---

60) John Calvin, 『기독교 강요』(1559), Ⅲ xi 2.
61) John Calvin, 『기독교 강요』(1559), Ⅲ xi 2.
62) John Calvin, 『기독교 강요』(1559), Ⅲ xi 3.

전가하셨기 때문이며, 그 결과로 우리 자신은 의로운 사람이 아니지만, 그리스도 안에서 의로운 사람으로 인정을 받을 수 있다.[63] 이런 관점에서 우리는 깔뱅의 칭의개념을 대략적으로 일곱 가지로 그 특성을 제시할 수 있겠다.

첫째로, 칭의란 죄인에 대한 하나님의 은혜로우신 용납이며, 죄의 용서이다. "하나님의 은혜로 값없이 의롭다 하심을 얻은 자 되었느니라."(롬3:24)라는 바울서신의 말씀을 근거로 깔뱅은 칭의를 하나님의 은혜로우신 용납으로 이해한다. 또한 깔뱅은 로마서4:6-7절을 근거로 죄의 용서를 칭의 속에 포함시킨다. 하나님의 은혜로우신 용납으로서 칭의는 죄책(罪責)의 반대개념이며, 하나님과 화해(和解)됨과 동일한 개념이다. 우리를 하나님과 화해시키는 것은 하나님께서 그리스도를 통해서 우리를 그의 은혜 가운데 기꺼이 받아들이시며, 우리의 죄를 우리에게 돌리시지 않기 때문이다.(고후5:18-20) 바울은 '하나님이 죄를 알지도 못하신 자로 우리를 대신하여 죄를 삼으신 것(고후5:21)은 화해의 수단이었다고 한다. 여기서 바울이 '화해됨'이라는 말과 '의로 인정됨'이라는 말을 같은 뜻으로 쓰는 것이 분명하다.[64]

깔뱅에게 있어서 "신앙의 의는 하나님과의 화해이며, 이 화해는 곧 죄의 용서"이다.[65] 사람이 죄인인 동안 하나님의 진노가 그 사람 위에 있다. 죄가 사람과 하나님 사이를 분리시키고, 하나님의 얼굴을 죄인에게서 돌이키게 한다. 사람은 그리스도를 통하여 은혜를 다시 받기까지는 하나님과 원수가 된다. 그 이유는 다음과 같다.

"하나님께서 죄인을 의인으로 만드시지 않고는 자신의 은혜 가운데 받아들이거나 자신과 결합시킬 수 없기 때문이다. 우리는 이 일이 죄의 용서를 통해서 이루어진다고 부언한다. 하나님께서 자신과 화해시킨 사람들이 만일 행위에 의해

---

63) John Calvin, 『기독교 강요』(1559), Ⅲ xi 3.
64) John Calvin, 『기독교 강요』(1559), Ⅲ xi 4.
65) John Calvin, 『기독교 강요』(1559), Ⅲ xi 21.

서 판단된다면, 그들은 죄인으로 판명될 것이기 때문이다. 그들은 죄에서 해방되고 죄를 깨끗이 씻어 버려야 한다. 그러므로 하나님이 포용하시는 사람들은 죄의 용서로써 오점이 씻길 때에 정결하게 된다는 사실에 의해서만 의롭게 되는 것이 분명하다. 따라서 이런 의는 한 마디로 '죄의 용서'라고 부를 수 있다."[66]

그러므로 인간은 오직 그리스도의 의의 중재에 의해서 하나님 앞에서 의롭다 함을 얻는 것이 분명하다. "이 말은 사람이 자신만으로는 의롭지 않으나 그리스도의 의가 전가되며, 전달됨으로써 의롭다함을 받는다는 것과 같다. … 우리는 전가에 의해서 의를 받는다. 주 그리스도께서 자신의 의를 우리에게 나눠주시며, 놀라운 방법으로 자신의 힘을 우리 안에 넉넉히 부어주셔서 우리가 하나님의 심판을 견딜 수 있게 하시기 때문이다." 그리스도에 의해서 의롭다는 인정을 받는다고 선언하는 것은 우리의 의를 그리스도의 순종에 맡김으로써 그리스도의 순종이 우리의 순종으로 인정되는 것이다.[67] 그래서 죄인인 우리의 의는 오직 그리스도 안에서만 의롭게 되는 것이다.

둘째로, 깔뱅은 '의의 전가'로서 칭의를 '법정적' 또는 '사법적'(forensic) 차원에서 이해한다. 죄인인 우리가 실제적으로 죄가 없다거나, 본질적으로 의를 획득하여 의인이 되었다는 것이 아니라, 죄인인 우리에게 여전히 죄가 있음에도 불구하고, 하나님께서 예수 그리스도의 전가된 의를 근거로 삼아 죄인인 우리를 사법적으로 의롭다고 간주하시고, 사법적으로 의롭다고 선포하신다는 것이다. 여기에 반대하여 오시안더(Osiander)는 '본질적인 의'를 주장하여, "'의롭다 함을 받는다.'는 말을 사법적인 용어라고 가르치는 사람들을" 비웃는 오시안더를 깔뱅은 비판한다.[68] 오시안더는 칭의를 의의 전가로 이해하지 않고, 의의 본질적인 주입이나 본질적인 부여로 이해하여, '본질적인 의'를 주

---

66) John Calvin, 『기독교 강요』(1559), III xi 21.
67) John Calvin, 『기독교 강요』(1559), III xi 23.
68) John Calvin, 『기독교 강요』(1559), III xi 11.

장했던 것이다.

셋째로, 깔뱅은 칭의에서 신앙의 기능을 '그릇'으로 비유하여, 신앙을 수단으로 간주하면서도, 신앙의 공로적 성격을 배제하기 위해서 '전가된 의' 자체이신 그리스도가 칭의의 근거와 원천과 분배자이심을 주장한다. 이런 주장에 관한 깔뱅의 말은 다음과 같다.

> "올바르게 말한다면, 우리는 하나님만이 의롭다 하실 수 있다고 주장한다. 다음에 하나님께서 그리스도를 우리의 의로서 우리에게 주셨기 때문에, 우리는 의롭다하는 기능을 그리스도에게 옮긴다. 우리는 신앙을 일종의 그릇에 비교한다. 빈 영혼 즉, 입을 벌린 영혼으로 그리스도의 은혜를 구하지 아니하면, 그리스도를 받아들일 수 없다. 그러므로 그리스도의 의를 받기 전에 신앙으로 그를 받아들인다고 우리가 가르치는 것이 의롭다하는 권한을 그리스도께로부터 빼앗는 것이 아니다. 동시에 이 궤변가인 오시안더가 '신앙은 그리스도다.'라고 말하는 그 왜곡된 비유를 나는 인정하지 않는다. 그것은 금이 들어 있다고 해서 질그릇을 보물이라고 하는 것과 같기 때문이다. 여기서도 원리는 마찬가지다. 신앙 자체는 가치나 값이 없는 것이지만, 그리스도로 인하여 우리를 의롭다고 할 수 있다. 돈이 가득한 질그릇이 부자를 만드는 것과 같다. 그러므로 나는 신앙은 의를 받기 위한 그릇에 불과하며, 무지한 자들이 신앙과 그리스도를 혼동하지만, 그리스도는 이 위대한 은혜의 중요한 근거인 동시에 그 원천이자 분배자이시라고 말한다."[69]

넷째로, 깔뱅에 의하면, 칭의는 중보자 예수 그리스도께서 하시는 일이다. "첫째, 그리스도께서 의가 되신 것은 그가 '종의 형체를 가진' 때이며(빌2:7), 둘째, 그리스도께서 우리를 의롭다 하시는 것은 스스로 아버지께 복종하셨기 때문이다.(빌2:8) 그러므로 그가 우리를 위하여 이 일을 하시는 것은 그의 신성에 의해서 하시는 것이 아니고, (하나님 아버지의) 명령을 받은 (중보자) 직

---

69) John Calvin, 『기독교 강요』(1559), Ⅲ xi 7.

무에 따라서 하신 것이다. 하나님만이 의의 원천이시며, 하나님과 함께함으로 써만 우리는 의롭게 되지만, 불행하게도 하나님께 반역하여 그의 의에서 이 탈되었기 때문에 이 비교적 낮은 방법을 사용하여 그리스도께서 그의 죽음과 부활의 권능으로 우리를 의롭다고 하실 수밖에 없다."70) "우리는 그리스도 안에서 의롭다 함을 받는 것은 그리스도께서 우리를 위하여 속죄제물이 되셨 기 때문이라도 믿는다."71) 그리스도께서 가지고 계시는 전가된 의는 그리스 도께서 중보자로서, 제사장으로서 우리를 대신하여 우리의 죄를 지시고, 하 나님께 순종하여 우리를 위한 속죄의 제물이 되심으로써 성취하시고, 획득하 신 의이다.

다섯째로, 깔뱅이 말하는 '신앙에 의한 칭의'는 '행위에 의한 칭의'와 전적 으로 다르다. 많은 사람들은 의는 신앙과 행위로 이루어진다고 상상한다. 우선 신앙에 의한 의와 행위에 의한 의는 서로 다르다는 것을, 즉 한 쪽을 세우면 다 른 쪽은 넘어져야할 정도로 다르다. 사도는 '모든 것을 잃어버리고 배설물로 여김은 그리스도를 얻고 그 안에서 발견되려 함이니 내가 가진 의는 율법에서 난 것이 아니요 오직 그리스도를 믿음으로 말미암은 것이니 곧 믿음으로 하나 님께로서 난 의라.'(빌3:8-9)고 한다. 여기서 바울은 그리스도의 의를 얻고자 하는 사람은 자기의 의를 버려야 한다는 것을 밝힌다.72) 은혜로서 주시는 의 는 신앙에 따라서 주시는 것이므로 그것은 행위의 공로에서 생기는 것이 아니 다. 따라서 신앙과 행위라는 두 근원에서 나와 합쳐지는 그와 같은 의를 생각 해서는 안된다고 깔뱅은 말한다.73)

깔뱅은 신앙에 의한 칭의와 행위에 의한 칭의를 복음에 의한 칭의와 율법에 의한 칭의라는 말로 똑같이 설명한다. "복음에서 제시되는 의를 신앙이 받아

---

70) John Calvin, 『기독교 강요』(1559), Ⅲ xi 8.
71) John Calvin, 『기독교 강요』(1559), Ⅲ xi 9.
72) John Calvin, 『기독교 강요』(1559), Ⅲ xi 13.
73) John Calvin, 『기독교 강요』(1559), Ⅲ xi 13.

들이기 때문에, 신앙이 의롭게 한다고 말할 수가 있다. 그 뿐만 아니라, 복음을 통해서 의가 제시된다고 하므로 행위에 대한 고려는 일체 배제된다. … 우리는 바울이 율법과 복음을 구별해서, 율법은 행위에 의를 돌리고, 복음은 행위의 도움을 받지 않고, 거저 의를 준다고 말하는 것을 알 수 있지 않는가? … 복음의 약속은 값없이 주는 것, 하나님의 자비에만 의존하는 것이지만, 율법의 약속은 행위를 조건으로 삼는 것이다."[74] "우리는 빈손으로 의를 받는 것이다."[75]

여섯째로, 깔뱅에 의하면, 중생한 사람의 행위도 칭의를 얻지 못한다. 깔뱅은 중생한 사람의 행위는 칭의에 기여한다고 주장한 그의 당시의 일부 사람들을 비판한다. "그들은 '행위'의 뜻을 아직 중생하지 않는 사람들이 그리스도의 은혜가 없이 자기의 자유의지의 노력으로 율법적인 문자에 따라서만 하는 행위라고 설명한다. … 그들의 말에 위하면, 행위가 사람 자신의 것이 아니고, 그리스도의 선물이며, 중생의 결실이라면, 사람은 이런 행위와 신앙으로 의롭다 함을 받는다."[76] 깔뱅에 의하면, 비록 중생한 사람의 행위가 은혜에 비롯되었다고 하더라도, 중생한 사람의 행위는 결코 칭의의 근거가 될 수 없다. "그리스도의 은혜인 성화와 의는 서로 다르다. 따라서 의롭다 하는 힘을 신앙에 돌릴 때는 영적인 행위까지 중요시되지 않는다. … 아브라함의 생활은 영적이었고, 거의 천사와 같은 것이었다고 하더라도 하나님 앞에서 의를 얻기에 충분한 행위의 공로가 그에게 있었던 것은 아니다."[77]

깔뱅에 위하면, 칭의는 행위에 대한 공로나 보수가 아니라, 하나님이 거저 주시는 선물이다. 그렇다면, 깔뱅은 중생한 자의 사랑의 행위와 선행을 무시하는 것인가? 결코 그렇지 않다! "사실 우리는 바울과 함께 '사랑으로써 역사하는 믿음'만이(갈5:6) 의롭다함을 얻게 한다고 고백한다. 그러나 그렇다고 해

---

74) John Calvin, 『기독교 강요』(1559), III xi 17.
75) John Calvin, 『기독교 강요』(1559), III xi 18.
76) John Calvin, 『기독교 강요』(1559), III xi 14.
77) John Calvin, 『기독교 강요』(1559), III xi 14.

제2부 깔뱅신학 • 287

서 의를 얻게 하는 믿음의 힘이 사랑을 행하는데서 오는 것이 아니다. 참으로 믿음이 의를 얻게 하는 것은 우리를 그리스도의 의에 참여하도록 인도하기 때문이고, 그 외에 방법에 있는 것이 아니다. 그렇지 않다면 '일하는 자에게는 그 삯을 은혜로 여기지 아니하고 빚으로 여기거니와'(롬4:4)라고 말하는 사도의 역설이 모두 와해될 것이다.[78] 깔뱅의 경우, 선행의 가치는 전적으로 하나님의 은혜로부터 온다. "우리의 모든 행위는 불결한 것이 가득함으로 하나님의 주시하심을 감당할 수 없다는 성경말씀은 우리의 행위에 어떤 가치가 있는가를 밝혀 준다. 율법을 완전히 준수할 수 있다고 가정한다면, 어떤 보상을 받아야 할 것인가? 성경에는 우리가 명령받은 일을 모두 행한 후에도 자기를 무익한 종으로 생각하라는 명령이 있다.(눅17:10) 우리는 주를 위해서 다만 당연히 할 일을 했을 뿐이며, 이에 대하여 감사받을 필요가 없다. 그럼에도 불구하고, 하나님께서는 우리에게 선행을 주시고, 그것을 '우리의 것'이라고 부르시며, 그것을 받아 주실 뿐만 아니라, 그것에 대해서 상까지 주시겠다고 증거 하신다. 우리로서는 이렇게 위대한 약속에 감격해서 선을 행하다가 낙심치 않도록(갈6:9; 살후3:13) 용기를 내며, 하나님의 큰 친절을 충심으로 감사하게 받아들일 의무가 있다. 행위에 참으로 칭찬할 만한 것이 있다면, 그것은 물론 하나님의 은혜이다. 당연히 우리의 것이라고 할 만한 것은 조금도 없다. 이 점을 진심으로 성실하게 인정한다면, 공로를 믿는 생각이 일체 사라질 뿐만 아니라, 공로라는 개념까지도 사라질 것이다."[79]

깔뱅은 칭의교리가 선행을 배제한다는 로마가톨릭교회 신학자들에게 다음과 같이 답변한다. "신앙을 찬양하면 행위의 가치가 낮아진다고 하면서 그들은 이 일을 슬퍼하는 체 한다. 만일 행위를 장려하며 강화한다면 그들은 무엇이라고 할 것인가? 왜냐하면 우리는 선행이 없는 신앙이나 선행이 없이 성립

---

78) John Calvin, 『기독교 강요』(1559), III xi 20.
79) John Calvin, 『기독교 강요』(1559), III xv 3.

하는 칭의를 꿈꾸는 것이 아니기 때문이다. 중요한 것은 한 가지 뿐이다. 곧, 신앙과 선행은 굳게 결합되어야 한다는 것을 인정하면서도, 우리는 여전히 칭의는 행위에 있지 않고, 신앙에 있다고 주장하는 것이다."[80]

일곱째로, 깔뱅은 칭의와 성화를 상호 분리시키지 않고, 상호 구별하나, 상호 밀접하게 결합시킨다. "우리는 무엇 때문에 신앙으로 의롭다 함을 얻는 것인가? 신앙으로 그리스도의 의를 붙잡기 때문이며, 그리스도의 의에 의해서만 우리는 하나님과 화목할 수 있기 때문이다. 그러나 그리스도의 의를 붙잡으면서 동시에 거룩함도 붙잡지 않을 수 없다. 그리스도는 우리에게 '의로움과 거룩함과 구속함이 되셨기' 때문이다.(고전1:30) 그러므로 그리스도께서 사람을 의롭게 하시면, 반드시 동시에 거룩하게도 만드신다. 이 은혜들은 영원히 풀 수 없는 유대관계로 결합되어 있다. 그리스도께서는 그의 지혜로 조명하신 사람들을 구속하시며, 구속하신 사람들을 의롭다 하시며, 의롭다 하신 사람들을 거룩하게 하신다. … 우리는 의와 거룩함을 구별하지만, 그리스도께서는 자신 안에 두 가지를 다 포함하시며, 그 둘은 서로 뗄 수 없게 결합되어 있다. 그리스도 안에서 의를 얻기를 원하는가? 그렇다면, 우선 그리스도를 소유해야 한다. 그러나 그리스도를 소유하면서 그의 거룩함에 참여하지 않을 수 없다. 그는 둘로 나누어질 수 없기 때문이다.(고전1:13) 주께서 우리에게 이 은혜를 주시며, 우리가 이 은혜들을 누리도록 하시는 방법은 그가 자기를 우리에게 주시는 것 뿐이므로, 그는 동시에 두 가지를 함께 우리에게 주신다. 한 쪽이 있으면 반드시 다른 쪽도 있다. 그러므로 우리가 의롭다 함을 받은 것은 행위와 떨어진 것이 아니면서도 행위에 의한 것이 아니라는 사실인 것이 분명하다. 우리는 그리스도 안에 참여함으로써 의롭다 함을 받으며, 그리스도 안에 참여한다는 것은 의에 못지않게 거룩함을 포함한다."[81]

---

80) John Calvin, 『기독교 강요』(1559), Ⅲ xvi 1.
81) John Calvin, 『기독교 강요』(1559), Ⅲ xvi 1.

깔뱅은 중생한 자의 선행은 인정하되, 하나님의 은혜의 관점에서만 인정한다. "우리의 구원을 위한 동력인(動力因)은 아버지 하나님의 사랑이며, 질료인(質料因)은 아들이신 하나님의 순종이며, 형상인(形相因)은 성령의 조명인 신앙이며, 목적인(目的因)은 하나님의 크신 사랑을 영화롭게 하는 것이다. 이 네 가지 원인은 주께서 행위를 종속적인 원인으로 삼으시는 것을 막지 않는다."[82]

3. 성화(≒ 회개 = 중생)

깔뱅은 '성화'(聖化)라는 말을 선호했던 17세기 개신교 정통주의자들과는 달리 '회개'(conversio)나 '중생'(regeneratio)이라는 단어를 자주 사용한다. 이 같은 사실은 이 주제를 집중적으로 다루고 있는 장(章)의 제목을 깔뱅이 "제3장 신앙에 의한 우리의 중생: 회개" 라고 붙이고 있다는 점에서 분명해진다.[83] 17세기 개신교 정통주의자들에게 성화는 예수 그리스도를 영접한 사건인 회심 이후에 신자의 삶에서 보다 발전된 거룩한 단계를 뜻하지만, 깔뱅의 경우 성화나 회개 및 중생은 개신교 정통주의자들이 이해한 성화의 개념보다 더 포괄적인 의미를 갖고 있다.[84] 그러나 우리는 개신교 정통주의자들의 교의학에 익숙한 독자들에게 편리함을 제공하기 위해 깔뱅 자신이 선호하는 회개나 중생이라는 말 대신에 성화라는 말로 제목을 붙이고자 한다. 그러나 깔뱅이 이해한 회개(= 중생 ≒ 성화)는 개신교 정통주의자들이 이해한 성화의 개념보다 좀 더 포괄적이다.

깔뱅은 회개에 대해서 언급하기 전에 먼저 신앙과 회개의 관계에 대해서 말한다. 깔뱅은 회개가 신앙을 선행(先行)한다고 주장하는 사람들은 잘못되었다

---

82) John Calvin, 『기독교 강요』(1559), Ⅲ xvi 21.
83) John Calvin, 『기독교 강요』(1559), Ⅲ ⅲ.
84) Alfred Göhler(유정우 역), 『칼빈의 성화론』(서울 : 한국장로교출판사, 2001).

고 말한다. 깔뱅의 경우, 신앙이 회개를 선행하며, 회개는 신앙의 결과요 열매이다. "어떤 사람들은 신앙보다 회개가 선행한다고 하며, 회개가 신앙을 따르거나 나무의 열매같이 회개가 신앙에서 생긴다는 것을 부정한다."[85] 신앙과 회개는 동일한 것이 아니며, 상호 구별되나, 상호 분리되지는 않으며, 상호 밀접한 관계 속에 있다. "그들이 신앙을 회개에 포함시키는 것은 바울이 사도행전에서 하는 말과 일치하지 않는다. '유대인과 헬라인들에게 하나님께 대한 회개와 우리 주 예수 그리스도께 대한 신앙을 증거한 것이라.'(행20:21) 여기서 바울은 회개와 신앙을 다른 것으로 간주한다. 그렇다면 어떻게 생각할 것인가? 참된 회개는 신앙을 떠나서 성립할 수가 있는가? 그럴 수가 없다. 그러나 상호 분리할 수는 없을지라도 상호 구별은 해야 한다. 신앙 안에 소망이 없는 것이 아니라, 신앙과 소망이 서로 다른 것 같이, 회개와 신앙도 항구적으로 줄로 묶여 있지만, 서로 결합시킬 필요는 있어도, 서로 혼동해서는 안 된다."[86] "값없이 의롭다 함을 받는 은혜와 죄의 용서의 은혜는 신앙을 통해서 받아들이는 것이지만, 신앙의 바른 대상은 하나님의 자비이며, 이 자비에 의해서 죄가 용서되는 것이므로, 신앙과 회개는 조심스럽게 구별하는 것이 유익하다."[87]

회개에 대한 깔뱅의 정의는 무엇인가? "곧, 회개는 우리의 생활을 하나님의 편으로 전향(轉向)하는 일이며, 하나님을 순수하게 그리고 진지하게 두려워하기 때문에 생기는 전향이다. 그리고 회개의 요소는 옛 사람과 육을 죽이는 것(mortificatio)과 성령에 의한 살림(vivificatio)으로 성립된다."[88] 회개에 대한 위의 정의에 기초하여, 깔뱅은 세 가지 관점에서 회개를 더욱 구체적으로 설명한다.[89] "첫째로, 회개는 '하나님께로 생활을 전향하는 것'이라고 할 때,

85) John Calvin, 『기독교 강요』(1559), III iii 1.
86) John Calvin, 『기독교 강요』(1559), III iii 5.
87) John Calvin, 『기독교 강요』(1559), III iii 19.
88) John Calvin, 『기독교 강요』(1559), III iii 5.
89) John Calvin, 『기독교 강요』(1559), III iii 6.

그것은 외면적인 행위뿐만 아니라, 영혼 자체가 변화할 것을 요구한다. 영혼은 그 옛 성질을 벗어버려야만 비로소 새로운 변화와 조화되는 행위를 가져올 수가 있다. 이 변화를 표현하고자 선지자는 회개하라고 권하는 사람들에게 새 신앙을 가지라고 한다.(겔18:31) … 모세는 회개를 '마음의 할례'라고 불러서 가장 깊은 감정까지 검토한다.(신10:16; 신30:6)"[90] 깔뱅이 이해한 회개의 첫 번째 중요한 요소는 인간의 마음, 즉 속 사람의 변화와 이 변화의 열매로 나타나는 외적, 도덕적 행위를 내포한다.

둘째로, 회개는 하나님을 진지하게 두려워하는 데서 생기는데, 이는 죄인의 마음이 회개하려면, 먼저 하나님의 심판을 생각하면서 정신을 차리기 때문에 가능하다. 하나님께서 심판대에 오르셔서 모든 말과 행동에 대한 설명을 요구하시는 날이 오리라는 생각이 마음속 깊이 철저하게 박힐 때, 우리는 어떻게 생활방식을 고쳐야 심판대 앞에 떳떳이 설 수 있을까하는 생각을 하게 되는 것이다.[91] 깔뱅의 경우, 하나님을 두려워하는 것을 회개와 관련시킬 때, 다음 두 가지 내용이 매우 중요하다. 하나는 우리가 하나님을 두려워함으로써 죄를 무서워하고, 죄를 미워해야 하는 것이며, 다른 하나는 우리가 하나님의 권리와 영광을 하나님께 돌려드림으로써 하나님을 경배해야 하는 것이다. 사실 "죄를 무서워하는 것과 죄를 미워하는 생각이 회심의 시초가 되기 때문에 사도는 '하나님의 뜻대로 하는 근심'을 회개의 원인이라고 한다.(고후7:10)"[92] "우리가 벌을 싫어할 뿐만 아니라, 죄 자체를 미워할 때 바울은 그것을 '하나님의 뜻대로 하는 근심'이라고 부른다."[93] 하나님께 대한 두려움이 회개의 시작이 되는 또 다른 이유가 있는데, 이는 하나님의 권리와 영광을 하나님께 돌려드리는 것이 의(義)의 가장 중요한 부분이므로 우리가 하나님의 통치에 복종하지

---

90) John Calvin, 『기독교 강요』(1559), Ⅲ ⅲ 6.
91) John Calvin, 『기독교 강요』(1559), Ⅲ ⅲ 7.
92) John Calvin, 『기독교 강요』(1559), Ⅲ ⅲ 7.
93) John Calvin, 『기독교 강요』(1559), Ⅲ ⅲ 7.

않는 것은 곧 하나님의 권리와 영광을 도적질하는 불경한 행위이기 때문이다.94) 이런 의미에서 깔뱅은 "사람의 생활이 모든 덕으로 가득 찼다고 하더라고, 이런 생활은 세상으로부터 칭찬은 듣겠지만, 하늘에서는 가증한 것에 불과할 것"이라고 말한다.

셋째로, 회개는 육을 죽이고 영을 살린다는 두 부분으로 성립된다. "우리가 자신을 벗어버리며, 타고난 우리의 성질에서 떠난다는 것은 심히 어려운 일이다. 또 우리 자신에게서 나온 것을 무엇이든지 일소(一掃)하지 않으면, 우리의 육을 완전히 말살했다고 할 수 없다. 그러나 모든 육의 감정은 하나님을 대적하는 것이므로(롬8:7), 하나님의 법에 순종하는 첫 걸음은 우리의 본성을 부정하는 것이다. 그 후에 선지자들은 변화된 상태를 회개의 열매, 곧 의와 공의와 자비라고 부른다. 마음이 의와 공의와 자비로 완전히 기울어지지 않으면, 이런 의무들을 그대로 이행하는 것으로는 충분치 않다. 거룩하신 성령이 우리의 영혼을 감화시키시며, 우리의 영혼이 새로운 생각과 새로운 감정으로 그의 거룩함에 깊이 잠길 때 우리의 영혼이 참으로 새로워졌다고 생각할 수 있게 된다."95)

깔뱅은 회개의 세 번째 중요 요소인 죄적인 옛 사람의 죽임과 거룩한 새 사람의 살림을 기독론 및 성령론과 결부시켜서 설명한다. 다시 말하면, 우리가 예수 그리스도와 하나가 될 때, 옛 사람의 죽음과 새 사람의 출생이 우리 안에서 가능해 진다. "이 두 가지 일은 우리가 그리스도와 동참할 때 이루어진다. 이는 우리가 참으로 그리스도의 죽음에 동참한다면, '우리 옛 사람이 예수와 함께 십자가에 못 박힌 것은 죄의 몸이 멸하여'(롬6:6), 썩은 본성이 마음대로 힘을 쓸 수 없기 때문이다. 우리가 그리스도의 부활에 동참한다면, 우리는 그리스도의 부활의 힘으로 부활하여 새 생명을 얻으며, 하나님의 의에 합당하게 된다."96)

---

94) John Calvin, 『기독교 강요』(1559), Ⅲ ⅲ 7.
95) John Calvin, 『기독교 강요』(1559), Ⅲ ⅲ 8.

한 걸음 더 나아가서 깔뱅은 회개를 중생이라고 표현하면서, 회개의 목적은 하나님의 형상의 회복이라고 말한다. "나는 회개를 한 마디로 중생이라고 해석하는데, 회개의 유일한 목적은 아담의 범죄로 말미암아 일그러지고 말살된 하나님의 형상을 우리 안에서 회복시키는 것이다. 사도가 가르친 것도 바로 이 것이다. 곧, '우리가 다 수건을 벗은 얼굴로 보는 것같이 주의 영광을 보매 저와 같은 형상으로 화하여 영광으로 영광에 이르니 곧 주의 영으로 말미암음이라(고후3:18) 했으며, 같은 뜻으로 다른 구절에서는 '오직 심령으로 새롭게 되어 하나님을 따라 의와 진리의 거룩함으로 지으심을 받은 새 사람을 입으라'(엡4:23-24)고 했고, '새 사람을 입었으니 이는 자기를 창조하신 자의 형상을 좇아 지식까지 새롭게 하심을 받는 자니라'(골3:10) 라고 하였다. 따라서 우리는 그리스도의 은혜로 얻은 중생에 의해서 아담 때문에 잃었던 하나님의 의를" 회복하며 동시에 하나님지식과 인간지식에 이르게 된다.[97]

깔뱅은 회개를 일정기간에만 적용시키는 사람들은 잘못되었다고 비판한다. "회개로부터 시작하려는 사람들의 미친 행위를 정당화할 어떤 이유도 없다. 그들은 새로 회심한 사람들에게 며칠 동안 참회하라고 명령하고, 이 기간이 지난 후에야 비로소 그들이 복음의 은혜에 참가하는 것을 허락한다. 이 같은 사람들은 재세례파들 중에서 많고, 특히 자신들이 영적이라는 세상의 평판을 기뻐하는 사람들이 그렇다. 그들의 동료들인 예수회 수도원의 회원들과 그들과 비슷한 다른 사람들도 있다. 분명히 그들은 경박한 생각으로 회개를 겨우 며칠 동안으로 제한하나, 그리스도인은 일평생 회개를 계속해야 한다."[98] "인간이 하나님의 형상에 가까워질수록 하나님의 형상은 인간 안에서 더욱 빛난다. 신자들이 이 목표에 도달할 수 있도록 하나님께서는 그들에게 회개의 경주(競走)를 하게 하시며, 평생을 두고 달리도록 하신다."[99]

---

96) John Calvin, 『기독교 강요』(1559), Ⅲ ⅲ 9.
97) John Calvin, 『기독교 강요』(1559), Ⅲ ⅲ 9.
98) John Calvin, 『기독교 강요』(1559), Ⅲ ⅲ 2.

깔뱅에 의하면, 평생을 두고 신자는 회개해야하며 또한 성화의 삶을 살아야 된다. 깔뱅에 의하면, 신자들은 성령을 통해서 성화를 체험하지만, 이 세상에서 죄 없는 완전성을 결코 체험할 수는 없다. "항간에 어떤 재세례파들은 영적 중생 대신에 어떤 광적인 무절제를 불러일으킨다. 그들은 주장하기를 하나님의 자녀들은 순결한 상태로 회복되었으니, 육의 정욕을 제어하는데 부심할 필요가 없고 지도자인 성령을 따라야 하며, 그의 인도를 받으면 결코 빗나갈 수가 없다고 한다."100) "하나님의 자녀들은 이 같은 중생을 통해서 죄의 결박에서 풀려난다. 그러나 그들은 육의 괴롭힘을 전혀 느끼지 않으리만큼 완전한 자유를 소유하게 된 것은 아니다. 그들 안에는 싸워야 할 요소가 여전히 남아 있어서 훈련이 계속된다."101) "하나님께서는 자신의 백성을 중생시키심으로서 중생의 일을 참으로 실현하시며, 따라서 죄의 지배는 소멸된다. 이는 신자들이 성령의 주시는 힘을 받아 죄에 대하여 우세하게 되며, 드디어 싸움에서 이기기 때문이다. 그러나 죄는 지배력을 잃을 뿐이지, 죄가 신자들 안에 거하지 않는 것은 아니다. 따라서 우리는 옛 사람이 십자가에 못 박히고(롬6:6), 죄의 법이 (롬8:2) 하나님의 자녀들 안에서 폐지되었지만, 다소의 흔적은 남아 있다고 한다. 그 흔적은 신자들을 지배하는 것이 아니라, 그들로 하여금 무기력을 의식하게 하여 겸손하게 만든다."102)

이런 의미에서 볼 때, 신자는 성령을 통한 회개, 중생, 성화를 통해서 계속해서 죄와 싸워야 한다. "성경에서 우리는 성령에 대한 두 가지 사실을 알 수 있다. 첫째로, 성령은 우리를 성화시키기 위해서 우리에게 파견되셨다. 그러므로 성령은 우리의 부정과 불결을 씻어 버리고, 우리를 하나님의 의에 복종시키신다. 이 같은 순종이 성립되려면 저 재세례파와 같은 사람들이 고삐를 늦추려고

---

99) John Calvin, 『기독교 강요』(1559), Ⅲ ⅲ 9.
100) John Calvin, 『기독교 강요』(1559), Ⅲ ⅲ 14.
101) John Calvin, 『기독교 강요』(1559), Ⅲ ⅲ 10.
102) John Calvin, 『기독교 강요』(1559), Ⅲ ⅲ 11.

하는 그 육욕을 먼저 누르고 굴복시켜야 한다. 둘째로, 우리는 성령에 의해서 성화되지만, 육신을 입고 있는 동안은 많은 죄와 무기력에 둘러싸여 있다. 그러므로 완전성과는 거리가 먼 우리는 꾸준히 계속해서 전진해야 하며, 죄 속에 얽혀 있으나 매일 그 죄와 싸워야 한다."103) "우리의 본성은 부패했기 때문에 우리는 평생을 두고 일상적인 회개에 유의하지 않을 수가 없다."104) "우리는 그리스도 안에 있으려면 회개를 목표로 노력하며, 일생을 통해서 회개에 몸을 바치며, 끝까지 회개를 추구해야 한다."105)

깔뱅은 회개의 열매와 관련하여 거룩한 생활, 죄의 고백과 죄의 용서를 강조한다. "이제 우리는 회개로부터 생기는 열매의 성격을 알 수가 있다. 그것은 하나님에 대한 경건과 사람에 대한 사랑과 생활 전체의 성화와 거룩이다. 간단히 말해서, 사람이 하나님의 법을 표준으로 삼아서 자기의 생활을 진지하게 판단하면 할수록, 그가 보여주는 회개의 징조는 더욱 확실하다. 그러므로 성령께서 우리의 회개를 재촉하실 때, 자주 율법 각각의 교훈이나 둘째 돌판에 있는 의무들을 우리에게 상기시킨다. 그러나 다른 구절에서는 성령은 먼저 우리의 속 마음의 원천이 불결한 것을 정죄하시고, 그 다음에 진지한 회개의 표지인 외면적인 증거에 대해서 언급하신다."106) "우리는 매일 짓는 죄를 고백하는 것이 마땅할 뿐만 아니라, 중대한 죄에 대해서는 오래 전에 잊은 것이라도 회상해서 고백해야 한다."107) "복음이 회개와 죄의 용서라는 두 제목으로 완전히 표현될 수 있는 것이 사실이라면, … 주께서 자기 백성을 값없이 의롭다 하시는 것은 동시에 자신의 영에 의한 성화를 통해서 그들을 진정한 의에 회복시키려는 것이 아닌가? … 하나님의 나라라는 것은 죄의 용서와 구원과 생명

---

103) John Calvin, 『기독교 강요』(1559), III iii 14.
104) John Calvin, 『기독교 강요』(1559), III iii 18.
105) John Calvin, 『기독교 강요』(1559), III iii 20.
106) John Calvin, 『기독교 강요』(1559), III iii 16.
107) John Calvin, 『기독교 강요』(1559), III iii 18.

과 그 밖에 우리가 그리스도 안에서 얻는 모든 것을 의미하였다."[108]

　깔뱅의 경우, 회개는 하나님께서 죄인에게 거저주시는 하나님의 선물이기 때문에, 회개는 죄의 용서의 선행 조건일 수가 없다. "성경에는 이런 증언이 가득하다. 하나님께서 죄를 용서해 주시겠다고 하실 때, 우리 편에서는 회개가 요구되는 것이 보통이다. 여기서 하나님의 자비가 사람들의 회개하는 원인이 되어야 한다는 뜻이 포함되어 있다. … '회개하고 돌이켜 너희 죄 없이함을 받으라'고 한다.(행3:19) 그러나 이런 조건은 우리의 회개가 근거가 되어 우리에게 죄의 용서를 받을 자격이 주어진다는 뜻이 아니다. 이와는 반대로, 주께서는 회개시키고자 하시는 사람들에게 자비를 베풀기로 결정하시고, 만일 그들이 은혜를 얻고 싶으면 어느 방향으로 가야 되는지를 알리신다."[109] "회개는 하나님께서 주시는 특별한 선물이다. … 참으로 하나님께서는 모든 사람의 회심을 원하신다고 언명하시며, 모든 사람에게 공통적인 권고를 보내신다. 그러나 권고의 효과는 거듭나게 하시는 성령에게 달렸다. 이는 우리가 사람을 창조할 수 없는 것과 같이 자기 힘으로 더 훌륭한 본성을 입을 수 없기 때문이다. 따라서 중생의 전 과정을 통해서 '우리는 그의 만드신 바라 … 선한 일을 위하여 지으심을 받은 자니 이 일은 하나님이 전에 예비하사 우리로 그 가운데서 행하게 하려 하심이라'고 하는 데는(엡2:10) 충분한 이유가 있다. 하나님께서 죽음에서 구하시고자 하는 사람을 거듭나게 하시는 성령으로 살리신다. 엄밀히 말한다면, 회개가 구원의 원인이 아니지만, 그것을 신앙으로부터 그리고 하나님의 자비로부터 분리시킬 수 없기 때문이다. … 하나님께 대한 두려움이 왕성한 곳에서는 어디서나 사람의 구원을 위해서 성령이 역사하셨다는 것은 확고한 사실이다."[110] "하나님께서 먼저 은혜를 베풀지 아니하면, 사람의 마음

---

108) John Calvin, 『기독교 강요』(1559), III iii 19.
109) John Calvin, 『기독교 강요』(1559), III iii 20.
110) John Calvin, 『기독교 강요』(1559), III iii 21.

은 개선되지 않는 것은 확실하다."111)

깔뱅에 의하면, 회개는 하나님의 자비와 은혜에 기초한 하나님의 선물로서 성령과, 성령의 은사인 신앙에 의해서 하나님의 자녀들에게만 주어진다.

4. 선택 및 소명

깔뱅신학에서 예정론의 비중은 아직도 논의 중에 있다. 어떤 깔뱅 연구가는 예정론이 깔뱅신학의 전(全) 체계(system)를 형성할 정도로 중요하다고 말한다. 그 당시 다른 종교개혁자들과 비교해 볼 때, 마르틴 부처처럼 깔뱅은 어떤 다른 종교개혁자들보다도 예정론을 중요시했던 것은 사실이다. 그래서 깔뱅은 예정론을 중요시하지 않거나 예정론에 대해서 침묵하는 일부 종교개혁자들의 잘못을 지적하기도 했다. 깔뱅을 후대 17세기 개혁파 정통주의자들과 비교해 볼 때, 후대 개혁파 정통주의자들은 깔뱅보다 예정론을 더욱 강조하는 신학 체계를 형성했다. 이들과는 달리 깔뱅은 예정론을 그의 신학에서 다른 교리들처럼 매우 중요한 위치를 차지하게 했으나 그의 신학의 체계를 형성할 정도는 아니었다.

깔뱅의 예정론에서 특이한 사항은 이 교리를 신론이나 기독론에서 다루지 않고, 구원론에서 다룬다는 사실이다. 개혁파 정통주의 신학에서 예정론은 대부분의 경우 신론에서 다루는 것이 상례인데, 깔뱅은 예정론을 취급할 때, 추상적으로 접근하지 않고, 그리스도인의 삶 안에서 구원의 감격 및 경험, 교회에서 선포되어지는 설교말씀의 효력, 그리고 성령의 현재적 활동과 관련시켜 매우 실존적으로 접근한다. 그래서 그의 예정론이 좁게는 구원론에 위치하고, 넓게는 교회론과 성령론에 위치하고 있다.

---

111) John Calvin, 『기독교 강요』(1559), Ⅲ ⅲ 24.

깔뱅은 예정교리에 대해서 언급하기 전에 이 교리가 우리에게 주는 세 가지 유익과 함께 우리가 취해야할 올바른 태도에 대해서 말한다. 예정교리는 첫째, 우리의 구원을 향한 하나님의 은혜와 자비와 함께 하나님의 영광이 얼마나 큰 것인가를 알게 하는 유익이 있다. 둘째로 우리 자신이 얼마나 겸손해야 되는지를 배우는 유익과, 마지막 셋째로, 마음의 불안과 두려움을 떨쳐 버리고 구원의 확신과 감격 그리고 감사한 마음을 갖게 하는 유익이 있다. 우리가 구원을 받고 난 후, 이 구원이 하나님의 값없는 긍휼의 우물에서 흘러나온다는 사실을 알게 될 때, 우리는 하나님의 영원한 선택을 이해 할 수 있게 된다.112) 그래서 깔뱅은 "우리의 구원이 순전히 하나님의 자비하심에서 비롯된다는 것을 분명히 하기 위해서는 선택의 과정을 거슬러 올라가서 생각해 보아야 한다."고 말한다. 이러한 의미의 예정교리는 우리를 겸손하게 만들어 줄뿐만 아니라 또한 우리가 얼마나 하나님께 은혜를 입고 있는가를 진지하게 느끼게 한다. 예수 그리스도께서 가르치시듯이 확고한 구원의 확신을 가질 유일한 근거가 바로 이런 의미의 선택사상에 있다.113)

이런 의미에서 깔뱅은 예정교리를 취급할 때 취해야할 세 가지의 태도를 제시한다. 첫째, 우리는 인간의 호기심을 버려야한다. 둘째, 하나님에 대한 경외심을 가져야 한다. 셋째, 하나님의 말씀인 성경 안에 머물러야 하는데, 우리가 성경 안에 머물러야 한다는 말은 성경이 말씀하는 것에 대해서 침묵해서도 안될 뿐만 아니라, 성경의 내용이상을 말해서도 안 된다는 것을 의미한다. "하나님께서는 우리가 예정에 대한 지혜를 이해하기를 원하시는 것이 아니라, 그 지혜를 기리고 받들기를 바라시며, 그리하여 우리 안에 경이와 놀라움으로 가득 채우시기를 바라시는 것이다."114) 더 나아가 깔뱅은 이 교리와 연관하여 호기심을 버리고 하나님의 말씀에 확고히 있어야 됨을 다음과 같이 말한다.

---

112) John Calvin, 『기독교 강요』(1559), Ⅲ xxi 1.
113) John Calvin, 『기독교 강요』(1559), Ⅲ xxi 1.
114) John Calvin, 『기독교 강요』(1559), Ⅲ xxi 1.

"주의 말씀이 하나님에 관하여 합당하게 소유할 수 있는 모든 사실들을 탐구해 가도록 이끌어 주는 유일한 길이며, 또한 하나님에 대해서 보아야할 모든 것들을 보도록 빛을 비추어 주는 유일한 빛이라는 사고가 우리에게 확실하게 자리를 잡는다면, 그것이 우리를 온갖 경솔한 처신에서 지켜 주고 억제시켜 줄 것이다. 그 말씀의 경계를 넘어서는 순간 우리가 바른 길을 벗어나게 되고, 결국 어둠 속에 잠기게 되고, 그 가운데서 계속해서 방황하고 미끄러지고 넘어지리라는 것을 알기 때문이다. '쓸데없는 호기심이 우리를 괴롭힌다면, 다음과 같은 생각을 통해서 언제나 그것을 제어해야할 것이다. 곧 꿀을 지나치게 먹는 것이 좋지 않듯이 호기심을 갖고서 영광에 대하여 탐구한다 해서 영광을 얻는 것이 아니라는 것이다.(잠25:27)'[115] '어떤 사람들은 호기심으로 인한 피해를 없애려고 예정에 대한 언급 자체를 아예 하지 않는다. … 우리는 그리스도인으로서 자기에게 주시는 하나님의 모든 말씀 하나 하나에 대해서 마음과 귀를 열도록 허용하도록 하자. 다만 여기서 주께서 그의 거룩한 입술을 다무시면, 그 즉시 신자도 탐구의 길을 닫아야한다는 단서를 분명히 해야 할 것이다. 우리로서 침착하고 신중한 자세를 유지하는 가장 좋은 법칙은 바로 언제나 하나님의 인도하심을 따라 하나님께서 가르침에 종지부를 찍으시면 거기서 그치고 그 이상 지혜를 얻기를 중단하는 것이다.'"[116]

계속하여 그는 "하나님께서 은밀한 중에 감추어 놓으신 것은 우리가 탐구하지 말아야 하며, 그가 공개해 놓으신 것은 무시하지 말아야 하고, 그리하여 한편으로는 지나친 호기심을 갖는 죄를 범하지 말아야 하고, 또한 다른 편으로는 배은망덕의 죄를 범하지 말아야 한다는 것 정도는 전반적으로 인정해 주었으면 하는 것이다."라고 말한다.[117] 그러므로 깔뱅에게는 "누구든지 예정교리에 대해서 비난하는 자는 마치 하나님께서 교회에 해(害)가 될 것을 무분별하게 슬쩍 흘려 놓기라도 하신 것처럼 하나님을 노골적으로 비난하는 것과 마찬

---

115) John Calvin, 『기독교 강요』(1559), III xxi 2.
116) John Calvin, 『기독교 강요』(1559), III xxi 3.
117) John Calvin, 『기독교 강요』(1559), III xxi 4.

가지인 것이다."118) 깔뱅에 의하면, 사도들과 교부들의 뒤를 잇는 자로서 우리는 "하나님의 영원한 선택을 경외하는 마음으로 다루며, 동시에 신자들을 경건생활의 훈련 밑에 붙들어 놓기" 위해서 예정교리를 다루어야 한다. "하나님을 바르게 경배하도록 경건을 선포해야 되는 것과 같이 하나님의 은혜에 대해서 들을 귀를 가진 사람이 자신을 자랑하지 않고 하나님을 자랑할 수 있도록 이런 예정을 선포해야 한다."119)

그렇다면, 깔뱅이 이해한 예정은 무엇인가? "예정"(豫定)은 "하나님의 영원한 결의(작정)"(God's eternal decree)다. 하나님의 영원한 결의에는 두 가지 종류 내지 두 가지 결과, 즉 하나님의 선택(選擇)과 하나님의 유기(遺棄)가 있다는 사실을 깔뱅은 성경과 그의 목회경험과 신앙경험은 물론 성경주석을 통해 더욱 분명하게 깨닫게 되었다. 똑같은 설교 말씀을 듣고, 어떤 사람은 신앙으로 응답하고, 어떤 사람은 불신앙과 완악함으로 응답하는 경우가 있다. 이 같은 두 종류의 배후에는 인간이 이해할 수 없는 하나님의 신비스런 비밀이 숨겨져 있음을 깔뱅은 깨닫게 되었다. 이러한 배경에서 깔뱅은 예정에 대하여 다음과 같이 말한다.

"우리는 예정을 하나님의 영원한 결의라고 부르며, 이 결의에 의해서 하나님께서는 각 사람이 어떻게 되기를 원하신다는 것을 스스로 예정하셨다. 이는 모든 사람이 같은 상태로 창조된 것이 아니라, 도리어 어떤 사람들을 위해서는 예정이 예정되었으며, 어떤 사람을 위해서는 영원한 저주가 예정되었기 때문이다. 각 사람은 이 중의 어느 한 쪽 결말에 이르도록 창조되므로, 우리는 그를 생명 또는 사망에 예정되었다고 한다."120)

"우리는 체험을 통해서 확증되지 않는 것은 아무것도 가르치지 않는다. 곧, 하나님께서 원하시는 자들에게 언제나 그의 은혜를 값없이 부어 주셨다는 사실 말이다."121)

---

118) John Calvin, 『기독교 강요』(1559), Ⅲ xxi 4.
119) John Calvin, 『기독교 강요』(1559), Ⅲ xxiii 3.
120) John Calvin, 『기독교 강요』(1559), Ⅲ xxi 5.

계속해서 깔뱅은 하나님 말씀의 전달과 이에 대한 반응이 모든 사람에게 동등하지 않은 것은 하나님의 영원한 선택의 결정이라고 다음과 같이 말하고 있다.

"생명의 언약은 실제로 모든 사람들에게 동등하게 전해지지 않을 뿐더러 그것을 전달받은 사람들 가운데서도 항상 똑같은 반응이 나타나는 것도 아니다. 이러한 다양한 결과 속에 하나님의 판단의 놀라운 깊이가 드러나 있는 것이다. 이러한 다양한 결과가 하나님의 영원한 선택의 결정에 의한 것이라는 사실이 의심의 여지없이 분명하기 때문이다."[122]

이제 우리는 깔뱅의 예정론에 대한 몇 가지 중요한 관점들과 특징들을 여덟 가지로 살펴보려고 한다. 첫째로, 깔뱅에 의하면 하나님의 선택은 하나님의 전적인 은혜와 자비와 사랑에 근거한다. "우리의 구원이 순전히 하나님의 자비하심에서 비롯된다는 것을 분명히 하기 위해서는 선택의 과정을 거슬러 올라가서 생각해 보아야 한다."[123] "모세는 아브라함의 후손들이 구원받은 원인에 대해서 다음과 같이 선언하고 있다. '여호와께서 네 조상들을 사랑하신고로 그 후손인 너를 택하시고.'(신4:37)"[124] 하나님의 선택의 근거를 하나님의 사랑과 자비로 이해한 깔뱅은 하나님의 선택 안에서 인간의 공로 사상을 철저하게 배제시킨다. "하나님의 선택을 사람의 가치나 행위의 공로와 결부시키려는 자들은 이제 앞으로 나와 보라. 하나님께서 한 민족을 다른 모든 민족보다 아끼셨고 또한 하나님께서 몇몇 보잘것 없는, 아니 심지어 악하고 완고하기까지 한 사람들을 아무 이유 없이 더 사랑하신다는 사실이 분명히 드러나고 있으니, 그렇다면 하나님께서 그렇게 긍휼을 베푸시기로 정하셨다는 데 대해서 하

121) John Calvin, 『기독교 강요』(1559), Ⅲ xxii 1.
122) John Calvin, 『기독교 강요』(1559), Ⅲ xxi 1.
123) John Calvin, 『기독교 강요』(1559), Ⅲ xxi 1.
124) John Calvin, 『기독교 강요』(1559), Ⅲ xxi 5.

나님과 논쟁을 벌이기라도 하겠다는 말인가? … 이스라엘 백성들은 하나님께 감사드려야 할 때나 장차올 시대에 대한 소망을 일으켜야 할 때마다 이처럼 값 없이 주신 언약의 원리를 상기하게 되었다. 여호와가 '우리를 지으신 이요 우리는 그의 것이니 그의 백성이요 그의 기르시는 양이시로다.(시100:3)"[125] "시편 105:6절은 하나님의 계속되는 은혜가 선택의 결과임을 말한 후에 결론 적으로 하나님께서 그렇게 너그럽게 행하신 것은 '그의 언약을 기억하셨기' 때문이라고 한다."[126]

하나님의 은혜에 기초한 하나님의 선택을 주장하는 깔뱅이 인간의 공로에 근거된 특히 아르미니우스(Arminius)가 주장한 예지예정론(豫知豫定論)을 거부한다는 것은 당연하다. 예지예정론에 의하면, 하나님은 미래에 일어날 모든 일을 미리 아시기 때문에, 하나님은 어떤 사람이 착한 사람이 되어 선한 일을 하고, 어떤 사람이 악한 사람이 되어 악한 일을 할지 미리 다 아신다. 따라서 하나님께서 착한 일을 할 사람은 미래에 행할 착한 행위에 근거하여 그를 구원받을 자로 미리 예정하여 선택하시고, 악한 일을 할 사람은 미래에 행할 악한 행위에 근거하여 그를 미리 유기된 자로 예정하신다는 것이다. 이 경우에, 결국 착한 사람은 자신의 선한 행위로 구원받게 되고, 악한 사람은 자신의 악한 행위의 결과로 버림을 받게 되어, 구원은 하나님의 주권적인 뜻과 의지와는 무관하게 인간의 행위에 종속되게 된다. 예지예정론자들은 "하나님께서는 각 사람의 공로를 미리 아시고 그것에 따라서 사람들을 구별하신다고 생각한다."[127] 이런 입장에 대한 깔뱅의 입장을 직접 그의 글을 통하여 들어보자.

"우리가 제시한 이 모든 입장들에 대해서, 특히 신자들의 값없는 선택에 대해서 많은 사람들이 논란을 벌이지만, 그러나 이것은 절대로 흔들림이 없다. 대개

---

125) John Calvin, 『기독교 강요』(1559), III xxi 5.
126) John Calvin, 『기독교 강요』(1559), III xxi 5.
127) John Calvin, 『기독교 강요』(1559), III xxii 1.

이 사람들은 하나님께서 각 사람에게 나타나게 될 공로들을 미리 보시고 거기에 따라 사람들을 구별하신다는 식으로 생각한다. 그리하여 하나님께서는 그의 은혜에 대하여 제 가치를 다 할 것이라고 미리 아시는 자들을 자녀를 입양시키시고, 그가 보기에 악한 의도와 불경에 빠지게 될 성향을 지닌 자들은 죽음에 저주에 내어주신다는 것이다. 이렇듯 이들은 선택을 예지라는 휘장으로 덮어 놓음으로써 그것을 흐리게 할 뿐만 아니라, 그 기원이 마치 다른 데에 있는 것처럼 위장하는 것이다."[128]

둘째, 선택된 자들은 예수 그리스도 안에서 선택되었다. 아우구스티누스의 말을 인용하여 깔뱅은 그리스도를 '자유로운 선택의 가장 분명한 거울'(the clearest of mirror of free election)이라고 부른다.

"아우구스티누스는 아주 지혜롭게 이렇게 말하고 있다. 곧, 자유로운 선택을 비추는 가장 분명한 거울이 교회의 머리이신 그리스도에게 있으므로 교회의 지체에 속한 우리로서는 선택의 문제에 대해서 어려워할 필요가 없으며, 그리스도가 그의 의로운 삶을 통해서 하나님의 아들이 되신 것이 아니고, 그러한 존귀를 값없이 받으신 것이므로 그가 그의 선물들을 다른 사람들과 나눌 수 있게 되셨다는 것이다."[129]

이와 같이하여 그는 "우리 하나님 아버지의 긍휼하심과 자비하신 마음을 찾으려면 시선을 그리스도께로 돌려야 한다."고 말한다.[130] 말씀으로서 우리에게 가까이 계시는 그리스도는 우리가 우리의 선택을 인식하려고 할 때 여기에다가 우리의 눈과 시선을 돌려야할 필요가 있는 거울이다.[131] 그리스도는 "하나님의 뜻을 우리에게 똑똑하게 보여주는 거울일 뿐만 아니라, 그가 그것에 의

---

128) John Calvin, 『기독교 강요』(1559), III xxii 1.
129) John Calvin, 『기독교 강요』(1559), III xxii 1.
130) John Calvin, 『기독교 강요』(1559), III xxiv 5.
131) CR 51, 282.

해서 약속을 확증해주는 담보이다."132)

셋째, 하나님의 은혜로운 선택에는 인간의 책임이 따른다. 하나님은 많은 민족들 가운데서 이스라엘 백성을 선택하셨다. 그러나 하나님의 은혜에 대한 각자의 책임과 의무의 응답에 따라 그 결과는 두 가지로 나타난다. 이 두 가지 결과의 근본적인 원인 또한 하나님의 뜻에 있다. 그 결과의 하나는 신앙이고 다른 하나는 불신앙과 불순종이다. 그러나 불신앙으로 유기된(버림받은) 자들도 하나님의 영광을 드러내기 위해서 세움을 받을 수 있다. 뿐만 아니라 '하나님께서는 구원 하시고자 하는 자를 긍휼히 여기시고 유기하고자 하시는 자를 강팍케 하실수 있다. 이를 위해 깔뱅은 로마서 9장 18절을 인용하면서 이 두 가지 모두가 다 하나님의 결정에 있다고 강조한다. 그럼에도 불구하고 깔뱅은 "사람은 하나님의 섭리가 정한대로 넘어지지만, 자신의 허물 때문에 넘어지는 것이다."라고133) 말한다. "사람은 현재 당하고 있는 재난을 당하도록 하나님의 영원한 섭리에 의해서 창조되었지만, 재난이 생긴 근인(根因)은 하나님께 있는 것이 아니라, 사람에게 있다. 왜냐하면 사람이 하나님께서 순결하게 창조하신 상태에서 부패하고 불순하고 패악한 상태로 타락했다는 것이 그가 멸망하는 유일한 이유이기 때문이다."134)

이스라엘 백성은 많은 민족들 중에서 하나님에 의해서 선민으로서 선택함을 받아 언약(계약) 공동체 안에 들어와 할례를 받았지만, 하나님의 선택의 은혜에 대한 반응은 순종과 불순종으로 나뉘게 되었다. 하나님의 선택의 반열에 들어간 아벨, 이삭, 야곱이 있고, 하나님으로부터 버림받은 반열에 들어간 가인, 이스마엘, 에서가 있다. 오늘날도 마찬가지로 모든 백성이 교회에 나와서 교회의 회원이 되어 성인세례를 받거나 신앙의 가정에서 태어나 유아세례를

---

132) CR 5, 233.
133) John Calvin, 『기독교 강요』(1559), III xxiii 9.
134) John Calvin, 『기독교 강요』(1559), III xxiii 9.

받아 계약 공동체에 들어 갈 수는 있으나 하나님의 선택의 은혜에 대한 반응은 순종과 불순종으로 나타난다. 따라서 교회 안에도 알곡에 속하지 못하고, 가라지에 속하는 자들이 있기 마련인 것이다. 깔뱅은 구약과 신약에서 나타나는 이 같은 현상을 선택의 효과와 '남은 자'와 '그리스도의 지체들' 이라는 말과 결부시켜서 설명한다.

> "선택의 효과가 나타나고, 참으로 영속하기 위해서 우리는 머리에까지 올라가야 한다. 하늘 아버지께서는 그 머리 안에서 그의 선민을 모두 모으시고 풀 수 없는 끈으로 그들을 자기와 결합시키셨다. 다른 민족들은 배제하시고 아브라함의 후손을 선택하신 데에는 하나님의 너그러우신 은혜가 나타난다. 그러나 그리스도의 지체들은 머리에 접붙임을 받아 결코 구원에서 제외되는 일이 없으므로, 그들에게 은혜의 더욱 위대한 힘이 나타난다. ··· 바울은 그들을 '남은 자'라고 부른다."(롬9:27)[135]

넷째, 하나님의 선택은 우리의 구원의 확실성을 보장한다. "신자들의 구원은 하나님의 선택의 결정만을 기초로 한 것이며, 이 은혜는 행위에 의해서 얻는 것이 아니라, 값없이 부르심에 의한 것이라는 것이 사도의 말이다."[136]

다섯째, 예수 그리스도 안에서 선택은 '창세 전에' 이루어진 것이다. 깔뱅은 하나님의 선택이 하나님의 전적인 은혜에서 비롯된 것이라는 사실을 확증하고, 인간의 공로를 배제하기 위해서 '창세 전에' 우리의 선택을 주장한다. "바울이 우리는 '창세 전에'(엡1:4) 그리스도 안에서 택하심을 받았다고 가르칠 때, 그는 우리 편에 있는 가치를 전혀 고려하지 않는다. ···바울은 '곧 창세 전에', '우리로 그 앞에 거룩하게 하고 흠이 없게 하시려고 그 기쁘신 뜻대로' 우리를 선택하셨다(엡1:4-5)고 말했다. 여기서 바울은 '하나님의 기쁘심'과 우

---

135) John Calvin, 『기독교 강요』(1559), Ⅲ xxi 7.
136) John Calvin, 『기독교 강요』(1559), Ⅲ xxii 5.

리의 공로를 대조시킨다."137) "바울은 '창세 전에' 선택되었다고(엡1:4) 말함
으로써 우리의 공로의 가치에 대한 고려를 전적으로 배제한다."

여섯째, 하나님의 선택은 하나님의 기뻐하신 뜻에서 비롯된다. "선택의 더
욱 고차원적인 원인을 묻는다면, 바울은 하나님이 그렇게 예정하셨으며, 이 일
은 '그 기쁘신 뜻대로' 되는 것이라고 대답한다.(엡1:5상) 이 말로 바울은 사
람들이 그들 자신 안에 있다고 상상하는 선택의 수단을 일체 배제한다.138) 깔
뱅에 의하면, 하나님의 뜻은 의(義)의 표준이다. "하나님의 뜻은 의의 최고 표
준이기 때문에, 그가 원하시는 일은 그가 원하신다는 사실 때문에 무엇이든지
의라고 생각한다. 그러므로 왜 하나님께서 그렇게 하셨느냐고 묻는다면 우리
는 하나님께서 그것을 원하셨기 때문이라고 대답해야 한다."139)

일곱째, 선택의 목적은 우리의 거룩함을 통해서 하나님께 영광을 돌리기 위
함이다. 하나님은 우리가 거룩하기 때문에 우리를 선택하신 것이 아니라, 우리
를 거룩하게 만드시기 위해서 우리를 선택하셨다. "더욱이 '거룩하고 흠이 없
게 하시려고'(엡1:4하) 그들을 선택하셨다는 사실은 분명히 선택의 원인을 예
지라고 생각하는 과오를 반박한다."140) 왜냐하면 사람들에게 나타나는 모든
덕은 선택의 결과이기 때문이다. 깔뱅의 이런 관점에서 바울의 "우리를 선택
하신 목적은 오로지 우리를 통해서 하나님의 은혜의 영광이 찬양을 받게 하시
려는 것이다.(엡1:6)"라는141) 말씀을 인용한다.

여덟째, 소명은 선택에 의존하기 때문에, 소명은 하나님의 전적인 은혜의 사
역(使役)이다. 선택의 증거와 표징에는 소명(召命), 칭의, 성화와 영화를 포함
하여 구원의 완성에 이르는 모든 내용이 포함된다. "하나님께서는 선택을 자

---

137) John Calvin, 『기독교 강요』(1559), III xxii 1.
138) John Calvin, 『기독교 강요』(1559), III xxii 2.
139) John Calvin, 『기독교 강요』(1559), III xxiii 2.
140) John Calvin, 『기독교 강요』(1559), III xxii 2.
141) John Calvin, 『기독교 강요』(1559), III xxii 3.

신 안에 감추어 두시지만, 소명으로 그 선택을 나타내실 때는 차별적으로 하시므로 소명은 선택의 '증거'라고 볼 수 있다. 주께서는 그들을 선택하실 때에 이미 자녀로 정하셨으나, 만약 그들이 소명을 받지 않으면, 그 위대한 복을 소유하지 못한다. 반대로, 소명을 받았다고 하면, 이것은 이미 하나님의 선택에 어느 정도 참여하였다는 것을 의미한다. 왜냐하면, 그들의 소명은 바울에 의하면, 성령으로 말미암아 가능한 것이기 때문이다. 바울은 이를 '양자의 영'(롬 8:15)이라고도 하고, '인치심'과 '미래의 기업에 보증'이라고도 한다.(엡 1:13-14; 고후1:22; 고후5:5) 그 이유는 하나님께서 증거하심으로써 그들의 마음속에 장차 양자가 되리라는 확신을 확고하게 인치시기 때문이다."142) "하나님께서는 그 택하신 자들을 자녀라고 부르시며, 스스로 그들의 아버지가 되신다. 그리고 그들을 부르심으로써 가족 안에 받아들이시고 자신과 연합하여 모두 하나가 되게 하신다. 부르심과 선택을 상호 관련시킬 때, 깔뱅에 의하면, 이 두 개의 근거는 하나님의 긍휼이기 때문에 하나님은 선택한 사람을 그의 긍휼로 부르신다는 것이다.143)

아홉 번째, 부르심에는 외적인 부르심과 내적인 부르심이 있다. 하나님의 외적인 부르심은 말씀의 선포를 통해서 모든 사람들을 평등하게 자신에게로 부르시는 외적인 부르심이다. 하나님의 내적인 부르심은 개별적인 부르심으로 성령의 내적 조명을 통해서 신자들에게만 주어진다. 이 때 하나님께서 성령으로 신자들의 마음속을 비추시어, 선포하신 말씀이 신자들의 마음속에 머물게 하신다."144) "일반적인 소명은 악인들에게도 공통된 것이지만, 내적인 소명은 중생의 영이 동반된다. 중생의 영은 장차 있을 기업의 보증이며, 확인하는 인(印)인데, 성령께서 주의 날이 이를 때까지 우리의 마음속에 쳐 두신다."145)

---

142) John Calvin, 『기독교 강요』(1559), III xxiv 1.
143) John Calvin, 『기독교 강요』(1559), III xxiv 1.
144) John Calvin, 『기독교 강요』(1559), III xxiv 8.
145) John Calvin, 『기독교 강요』(1559), III xxiv 8.

"하나님의 자비는 복음을 통해서 경건한 사람들과 불경건한 사람들 모두에게 제시되지만, 이 두 종류의 사람들이 구별되는 것은 경건한 사람들에게는 신앙, 곧 성령의 내적 조명이 주어진다는 것이다. 그 결과 경건한 사람들은 복음의 역사를 느끼고, 불경건한 사람들은 아무 유익도 얻지 못한다. 성령의 내적 조명 자체는 하나님의 영원한 선택의 척도가 된다."146)

열 번째, 하나님께서는 선택된 자들에게 견인(堅忍)의 은혜도 주신다. "마지막에 견인을 첨가하지 않으면, 부르심과 믿음도 무용하다는 것을 우리는 경험을 통해서 안다. 그리스도께서 견인을 통해서 우리를 미래의 불안으로부터 해방시키셨다. 왜냐하면, 견인은 미래에 적용될 약속이기 때문이다. … 바울이 로마서 8장 38절을 통해서 자랑하는 것은 그가 견인의 은사를 가졌기 때문이다."147)

깔뱅에 의하면, 하나님의 선택은 우리 인간에게는 신비스럽고도, 불가해한 것이다. 우리는 하나님의 말씀의 범위 안에서 선택에 대해서 생각하고, 하나님의 부르심으로부터 예정론을 시작하고, 끝마칠 때, 하나님의 예정교리는 우리에게 큰 위로의 열매를 맺게 한다는 것이다. "예정에 대한 논의를 험한 바다에 비유하기도 하지만, 고의로 위험한 곳에 뛰어들지 않는다면, 그 바다를 건너는 뱃길은 안전하고 평온하며 심지어 상쾌하다고도 하겠다. 자신들의 선택을 더욱 확신하려고 하나님의 영원한 계획을 하나님의 말씀과 관계없이 탐구하는 사람들은 치명적인 심연에 빠져버리는 반면, 하나님의 말씀에 포함되어 있는 대로 선택을 바르고 합당하게 검토하는 사람들은 말할 수 없는 위로의 열매를 거둔다. 그러므로 우리의 탐구방법은 하나님의 부르심을 출발점과 종착점으로 삼아야 한다. 그러나 신자들이 하나님의 손으로부터 매일 받는 은혜가 저 신비스런 선택으로부터 유래한다는 것을 느끼지 말라는 것은 아니다."148)

---

146) John Calvin, 『기독교 강요』(1559), III xxiv 17.
147) John Calvin, 『기독교 강요』(1559), III xxiv 6.

5. 부활과 영화

토렌스(Thomas Forsyth Torrance, 1906-)가 『하나님의 나라와 교회: 종교개혁신학에 대한 연구』라는 책에서 세 종교개혁자들의 종말론을 기술했다. 여기서 언급된 세 종교개혁자들은 루터(Martin Luther, 1483-1546)와 부처 (Martin Bucer, 1491-1551)와 깔뱅(John Calvin, 1509-1564)인데, 그는 루터의 종말론을 "신앙의 종말론"(the eschatology of faith)으로, 부처의 종말론을 "사랑의 종말론"(the eschatology of love)으로, 그리고 깔뱅의 종말론을 "소망의 종말론"(the eschatology of hope)으로 특징지었다.[149]

깔뱅의 종말론은[150] 후대 깔뱅주의에서 나타난 염세적이고도 비관적인 역사관을 갖는 전천년설적(前千年說的))인 종말론과는 전적으로 다르다. 깔뱅은 항상 종말의식을 갖고 있었다. 깔뱅은 임종이 가까워왔을 때 "주여, 언제까지"(Quousque Domine)라고 기도했다. 깔뱅은 그의 다양한 작품들 안에서 그의 종말론을 피력했다. 그러나 그의 종말론이 집중적으로 다루어진 작품은 『영혼의 잠』(De psychopannychia, 1534, 1536, 1542)[151]과 『기독교 강요』 (1559)의 제III권 그리스도인의 삶의 세 번째 항목으로서 "미래의 삶에 대한

---

148) John Calvin, 『기독교 강요』(1559), III xxiv 4.

149) T. F. Torrance, *Kingdom and Church: A Study in the Theology of the Reformation* (Edinburgh : Oliver and Body, 1956), 89: "If Luther's eschatology can be described as the eschatology of faith, and Calvin's as the eschatology of hope, Butzer's is certainly to be described as the eschatology of love." 참고, 백철현 역, 『종교개혁자들의 종말론』(서울 : 그리스도교신학 연구소, 1991), 152.

150) In-Sub Ahn, *Augustine and Calvin about Church and State: A Comparison*(Kampen : Drukkerij Van Den Berg, 2003); R. H. Bremmer, "Enkele karakteristieke trekken van Calvijns eschatologie," in: *Gereformeerd Theologisch Tijdschrift* 44(1943), 65–96; P. Jacobs, *Theologie reformierter Bekenntnisschriften in Grundzügen* (Neukirchener Verlag 1959, 132–137; W. Koehler, *Dogmengeschichte: Als Geschichte des Christlichen Selbstbewusstseins: Das Zeitalter der Reformation* (Zürich : Max Niehans Verlag A. G., 1951), 474–501; H. Quistorp, *Die letzten Dinge im Zeugnis Calvins*, Gütersloh 1940 (= *Calvin's Doctrine of the Last Things*, London 1955 = 이희숙 역, 『칼빈의 종말론』(서울 : 성광문화사, 1990]; M. Schulze, *Meditatio futurae vitae. Ihr Begriff und ihre herrschende Stellung im System Calvins*, Leipzig 1901; T. F. Torrance, op. cit., 73–163.

151) 참고, W. Zimmerli (Hrg.), *Psychopannychia*, Leipzig 1931. 참고, 1542년에 비로소 출판되었다.

묵상"이라는 장(章)과[152] "최후의 부활"이라는 장에 잘 나타나고,[153] 『히브리서주석』(1549), 『요한복음서주석』(1553)과 『공관복음서주석』(1555), 특히 소묵시록장에 해당되는 마태복음 24장에 대한 그의 주석에서도 잘 나타난다.

깔뱅은 그의 초기 작품인 『영혼의 잠』에서 영혼수면설을 주장한 재세례파들을 반대했다.[154] 재세례파들이 이해한 영혼수면설에 의하면, 인간의 죽음 직후 인간의 영혼은 개구리가 겨울잠을 자듯이 수면상태로 들어갔다가 예수 그리스도의 재림 시에 잠에서 깨어나 몸의 부활에 참여한다는 것이다. 여기에 반대하여 깔뱅은 그리스도인은 죽어가는 과정뿐만 아니라 죽음 직후에도 그리스도와 계속적인 교제를 하며, 죽음 직후부터 그리스도의 재림 시까지는 복된 안식과 즐거운 기다림에 있다고 말한다.(안식, 복락, 몸의 부활을 기다림)

깔뱅은 현재의 일상적인 삶 안에서 윤리를 강조하면서도 장차 도래할 "미래의 삶에 대한 묵상"을 더욱 강조했다. "사후(事後)의 영생에 대한 소망이 우리에게 남아있지 않다면, 우리의 처지는 짐승보다 더 나을 것이 없으며, 그것은 인간으로서 하나의 수치이기 때문이다. … 현세 생활은 그 자체만을 본다면, 불안과 동요와 불행이 무수히 많고 순수한 행복은 아무데도 없다. … 우리가 얻을 면류관을 생각할 때 눈을 들어 하늘을 우러러 보아야 한다."[155] "특히 현세 생활이 신자들의 구원을 촉진시키는 데 전적으로 이바지하도록 되어 있으므로 현세생활이 하나님의 선하심을 증거하는 것으로 생각해야 한다. … 그러므로 우리는 현세 생활도 하나님께서 아낌없이 주시는 은혜 중에 하나로 생각하며, 결코 배척해서는 안 된다는 생각을 가져야 한다. … 이를테면 우리가 현세에서 하늘나라의 영광을 위하여 준비하고 있다는 것이다. … 우리의 지상의 생활이 인자하신 하나님의 선물임을 확신할 때 우리는 그 은혜를 깨닫는 동시

---

152) John Calvin, 『기독교 강요』(1559), Ⅲ ix, 참고 홍원표, "깔뱅의 개인종말론 연구,"(장로회신학대학교 대학원 미간행 Th.D. 학위논문, 2015.2); H. Quistrop (홍원표 역), 『깔뱅의 종말론: 마지막 이들에 대한 교리』(서울: 한국신학연구소, 2020).

153) John Calvin, 『기독교 강요』(1559), Ⅲ xxv.

154) Hwang Jung Uck, Der junge Calvin und seine Psychopannychia (Peter Lang Vehag, 1991).

155) John Calvin, 『기독교 강요』(1559), Ⅲ ix 1.

에 그것을 기억하며 감사해야 한다."156) "신자가 죽을 운명의 인생을 생각할 때, 그 자체가 비참한 것임을 아는 동시에, 더욱 큰 열심을 가지고 미래의 영생에 대한 묵상에 전심전력을 해야 한다."157)

일부 깔뱅연구가에 의하면, 깔뱅은 플라톤 철학의 전통에서 인간을 이분법적으로 이해하고, 하나님의 형상이 자리 잡은 곳을 영혼으로 이해하여 영혼불멸을 주장했다고 깔뱅을 비판한다. 그러나 비록 깔뱅은 "영혼은 불멸한다."든지 "영혼은 하나님의 형상의 좌소(座所)이다."라고 말할지라도, 내용적으로 살펴보면, 깔뱅은 하나님에 의해서 창조된 전인(全人)으로서 인간의 몸의 영적 부활을 주장하기 때문에 플라톤적 인간이해와는 본질적으로 다르다.158) 깔뱅은 타락한 영혼뿐만 아니라, 타락한 육체 속에 있는 죄 자체를 부정적으로 보았지만, 하나님의 창조물로서 영혼과 육체를 포함하는 전인을 전혀 부정적으로 보지 않았다. 한걸음 더 나아가서, 깔뱅은 물과 성령으로 거듭난 그리스도인은 이미 구원받아 영생을 지녔고, 장차 몸의 부활을 통한 종말론적 실존을 소망하고 있다.

깔뱅은 다시 한 번 "미래의 삶에 대한 묵상"을 우리에게 상기시키면서 "최후의 부활"의 중요성을 깨우친다. "끝으로, 우리의 상하, 전후에는 무서운 유혹이 우리를 둘러싸고 있어서, 우리의 마음을 땅 위의 일들에서 해방시켜 멀리 있는 하늘 생활에 붙들어 매놓지 않는다면, 우리의 마음은 올바로 유지될 수 없을 것이다. 따라서 복된 부활을 끊임없이 명상하는 습성이 생긴 사람만이 복음의 유익을 완전히 받는 것이다."159) 깔뱅에 의하면, '하나님과의 연합'을 사모하는 것이 부활 소망에 힘을 준다. "이 행복은 하나님과의 행복을 갈망하도록 매일 더욱 더 우리의 마음에 불을 붙인다. 연합이 완전히 실현되어 우리가

---

156) John Calvin, 『기독교 강요』(1559), III ix 3.
157) John Calvin, 『기독교 강요』(1559), III ix 4.
158) 신복윤, 『칼빈의 하나님 중심의 신학』(서울 : 합동신학대학원출판부, 2005), p. 304.
159) John Calvin, 『기독교 강요』(1559), III xxv 1.

만족할 때까지 이것은 계속될 것이다."160)

깔뱅에 의하면, 성도의 부활은 몸의 부활인데, 그리스도의 부활이 성도의 부활의 첫 열매요, 원형이다. "우리는 부활을 생각할 때마다 그리스도의 형상을 눈앞에 그려야 한다. 그는 우리에게서 취하신 본성으로 죽을 인간의 생애를 마치시고, 지금은 영생을 얻으셔서 우리의 장차 올 부활을 보증하신다. … 그를 우리에게서 분리하는 것은 허락할 수 없는 일이며, 또 그렇게 한다면 반드시 예수를 찢어 떼어내는 것이 될 것이다. … 그리스도께서 죽으신 것이나 다시 사심으로 죽음을 이기신 것은 자기 자신만을 위한 것이 아니라는 것을 바울은 하나의 기존 원리로 인정했다. … 하나님께서 아들을 죽은 자들 가운데서 일으키신 것은 자신의 권능을 단 한 번만 보이시려는 것이 아니라, 우리 신자들에게도 성령의 동일한 역사를 보여 주시려는 것이라고 가르친다."161)

결국, 깔뱅은 성도의 부활을 기독론적 차원과 성령론적 차원과 교회론적 차원과 구원론적 차원을 포함하는 종말론적 관점에서 파악하고 있다. "그리스도께서 우리를 내세의 동참자로 삼으시기 위해서 부활하셨다. 아버지께서 그를 다시 일으키신 것은 그가 교회의 머리시요, 교회와 그가 분리되는 것을 결코 허락하시지 않기 때문이다. 그리스도와 우리를 함께 살리시는 성령의 힘으로 그리스도께서 부활하셨다."162) 몸의 부활의 근거는 하나님의 전능성이다. "경이감에 사로잡혀 하나님의 권능에 그 마땅한 영광을 돌리는 사람이 아니면, 장차 올 부활을 참으로 믿을 수 없다는 것을 우리는 기억해야 한다."163)

깔뱅은 영혼과 육체를 포함하는 전인으로서 몸의 부활을 강력하게 주장한다. "그러므로 바울은 다른 곳에서 하나님께서 영혼과 아울러 그들의 몸을 '그리스도 강림시'까지 완전하게 지켜주시기를 기원한다.(살전5:23) 당연한 일

---

160) John Calvin, 『기독교 강요』(1559), Ⅲ xxv 2.
161) John Calvin, 『기독교 강요』(1559), Ⅲ xxv 3.
162) John Calvin, 『기독교 강요』(1559), Ⅲ xxv 3.
163) John Calvin, 『기독교 강요』(1559), Ⅲ xxv 4.

이다! 하나님께서 자신의 성전으로 성별하신 몸이(고전3:16) 부활의 소망이 없이 썩어져 버린다는 것은 완전히 불합리한 일이다."164) 깔뱅에 의하면, 그리스도처럼 우리의 몸도 처음과 다른 변화된 몸으로 부활한다. "그리스도께서는 제물로 바치신 그 몸으로 부활하셨는데, 다만 전혀 다른 몸으로 부활하신 것처럼 다른 특성에 있어서 탁월하였다. … 우리는 우리의 몸의 본체는 보유하겠지만, 변화가 생겨서(고전15:51-52), 나중 상태는 훨씬 더 훌륭하리라고 한다. 그러므로 우리가 부활하기 위해서 우리의 썩을 몸이 없어지는 것이 아니라, 썩는 성질을 버리고 썩지 않는 성질을 가지게 된다고 한다.(고전15:5-54)"165)

깔뱅은 영생을 위한 신자의 부활과 영벌을 위한 불신자의 부활이라는 이중(二重)부활을 주장한다. "선택받은 자들과 유기(遺棄)된 자들이 심판 후에 기다려야 할 운명에 관하여 깔뱅은 성경의 교훈을 넘어서지 않고자 매우 조심하였다."166) "우리는, 하나님의 나라에는 광채와 기쁨과 행복과 영광이 가득하리라는 말을 들으며, 또 그것은 옳은 말이지만, 그런 말을 하는 동안은 그것은 아직도 우리의 지각에서 아주 멀고, 또 희미한 것으로 둘러 싸여 있다."167) "악인들에 대해서 하나님께서 내리시는 형벌의 중대성은 적당하게 형언할 수 없기 때문에 그들의 고통에 대해서는 물리적인 비유들, 즉 어둠, 울음, 이를 갊(마8:12; 마22:13), 꺼지지 않는 불(마3:12; 막9:43; 사66:24), 심장을 갉아 먹는 죽지 않는 벌레(사66:24) 등으로 표현된다. … 하나님께서는 한 번 보시는 것으로 모든 죽을 인생들을 흩으시며 멸망시키시지만, 자신을 경배하는 자들에 대해서는 격려하시고, 그들이 이 세상에서 겁이 많기 때문에 십자가를 진 그들에게 더욱 용기를 주셔서 계속 전진하게 하신다."168)

---

164) John Calvin, 『기독교 강요』(1559), Ⅲ xxv 7.
165) John Calvin, 『기독교 강요』(1559), Ⅲ xxv 8.
166) François Wendel, *Calvin: sources et évolution de sa pensée religieuse*, Paris 1950, p. 219.
167) John Calvin, 『기독교 강요』(1559), Ⅲ xxv 10.
168) John Calvin, 『기독교 강요』(1559), Ⅲ xxv 11.

지금까지 우리는 깔뱅의 종말론을 주로 '개인종말'의 차원에서 기술했다. 이제 우리는 깔뱅의 종말론을 '일반종말' 또는 '우주적 종말' 차원에서 간략하게 기술해보자. 깔뱅의 경우, 왕으로서 그리스도는 말씀과 성령 그리고 성령께서 사용하시는 수단들을 통해서 다스리신다. 깔뱅은 두 가지 통치에 대해서 말한다. 하나는 마음 안에 그 자리를 가지고 있고, 다른 하나는 외적 도덕을 규제한다. 깔뱅은 왕이신 그리스도 밑에 있는 두 종류의 사역자들에 대해서 말한다. 깔뱅의 경우 정부는 그리스도의 나라를 건설하기 위한 공간을 창조한다. 땅 아래에 있는 모든 권위는 신적인 섭리와 거룩한 질서에 근거하여 왕들과 군주들에게 있다. 시민 정부의 직책은 성령의 일반 은사에 속한다.169) 깔뱅은 구원론을 중심한 '몸의 부활'이라는 개인종말과 함께 교회론을 중심한 하나님의 나라의 회복과 세계적 차원에서 하나님의 나라의 완성이라는 우주적 종말론에 대한 시각을 강하게 보여준다. 이 같은 깔뱅의 종말론을 베르까우어(G. C. Berkouwer)는 다음과 같이 평가했다. "깔뱅은 예수 그리스도의 날 속에서 개인종말과 우주종말 사이에 존재하는 연속성을 강력하게 보여 주었다."170)

우리가 앞에서 살펴보았다시피, 깔뱅의 개인종말론에는 '하나님과의 연합' 또는 '그리스도와의 연합'(union with Christ)이라는 기독론적, 성령론적 중심적 사상이 지배적으로 나타났다.171) 여기서 한 걸음 더 나아가서 깔뱅은 교회를 하나님의 나라와 다음과 같이 결부시킨다.

"인간으로 존재하시는 그리스도 자신이 중재(medium)하신다. 그리고 그리스도께서 그 나라를 아버지의 손에 넘기시기까지는 계속해서 중재자로 존재하시고자 하신다. 여기에서 깔뱅은 모두를 포괄하는 하나님의 나라에로 인도하는 그리스도의 나라를 말하고 있다. 그리고 그 나라를 그리스도의 나라가 선취(先取)하

169) Yoon.-Bae Choi, op. cit., 213.
170) G. C. Berkouwer, De wederkomst van Christus I (Kampen : J. H. Kok, 1961), 57.
171) T. F. Torrance, op. cit., pp. 100-104.

고 있다고 본다. 본질적으로 고찰된 그리스도의 나라는 죽으시고 다시 사신 그리스도 자신의 인격 속에 있는 그리스도이시지만, 그것의 대응으로 이해된 그리스도의 나라는 그리스도의 몸인 교회이다. 깔뱅이 그리스도의 죽음과 부활을 중재자이신 그리스도 자신과 함께 '구원의 시작과 완성'으로 생각하고 있듯이 교회가 중재자이신 성령을 통해서 참여하게 되는 그리스도의 나라와 함께 시작으로서 그리스도와 완성으로서 성취를 통하여 교회의 기초를 형성하게 되는 것으로 생각하고 있다."172)

깔뱅에 의하면, "우리가 그리스도의 나라에 대해서 말할 때, 우리는 두 가지 사실을 고려해야만 한다. 첫째, 복음의 교리를 통해서 그리스도는 교회를 자기 자신에게로 모으시며, 함께 모인 그 교회를 통치하신다. 둘째, 복음에 대한 신실한 신앙에 의해서 함께 연합된 경건한 자들의 공동체(societas piorum)는 참으로 그리스도의 백성(populus Christi)으로 간주된다."173) "깔뱅은 그리스도의 초림과 재림 사이에 있는 교회의 이 종말론적인 관계의 맥락 안에서 말씀과 성례전의 사역을 이해하고 있다. 말씀과 성례전이 한편으로는 그리스도의 성육신과 죽음과 부활을 통해서, 다른 한편으로는 파루시아(parousia)와 몸의 부활에 의해서 조건지어지는 것처럼 말씀과 성례전도 본질적으로 시간과 역사에 속한다."174)

깔뱅에 의하면, 최상의 의미에서 교회의 질서는 승천하신 주님이 "그의 말씀과 성령"을 통해서 다스리시는데 있다. 그래서 교회는 하늘의 왕좌에서 말씀하시는 그리스도와 연합하게 된다.175) "요약하면, 교회는 그리스도의 나라이며 그리스도께서는 그의 말씀만으로 지배하시므로, 그리스도의 홀, 즉 그의 지극히 거룩한 말씀과 관계없이 그리스도의 나라가 존재한다고 생각하는 있

---

172) T. F. Torrance, op. cit., pp. 113-114.
173) T. F. Torrance, op. cit., p. 115.
174) T. F. Torrance, op. cit., pp. 125-126.
175) T. F. Torrance, op. cit., p. 133.

을 수 없다."176) 이런 관점에서 깔뱅은 교회의 질서로서 '교리'(doctrina)와 '치리'(disciplina)강조하는데, 이것들 역시 하나님의 말씀에 근거한다.177)

깔뱅은 인간의 구원과 교회의 완성에서 한 걸음 더 나아가서 세계 또는 전체로서 우주의 완성, 즉 창조된 전체 질서의 완성을 가르치고 있다. 창조주 하나님에 의한 모든 피조세계의 완성에 대하여 깔뱅은 다음과 같이 말한다.

> "신자들이 죽음을 향해 열심히 가고 있는 것은 옷을 벗고 싶어서가 아니라 더 완전한 옷을 입기를 갈망하기 때문이라고(고후5:2-3) 바울은 적절하게 가르친다. 짐승들과 나무나 돌 같은 무생물까지도 자기의 현존 상태의 허무함을 느끼고 부활이 있을 마지막 날을 동경하며, 그 때에 하나님의 자녀들과 함께 허무성에서 해방되기를 갈망한다.(롬8:19이하) … 그리스도의 학교에 들어가 있으면서도 자기의 죽는 날과 종말의 부활을 기쁘게 기다리지 않는다면, 그는 진보가 없는 사람으로 확정될 것이라는 사실을 생각하도록 하자."178)

> "그리고 신자들이 이 경주에서 용기를 잃지 않도록, 바울은 모든 피조물이 그들의 동반자라고 한다. 그는 도처에서 형태도 없는 폐허를 봄으로써, 하늘과 땅에 있는 모든 것이 새롭게 되기를 고대한다고 말한다(롬8:19). 아담의 타락이 자연의 완전한 질서를 혼란에 빠뜨린 후에 사람의 죄로 인해서 피조물들이 받게 된 속박은 그들에게 중대한 슬픔이 되었다. 그들에게 지각이 있는 것이 아니지만, 그들은 자연히 타락 전의 완전한 상태를 동경한다."179)

깔뱅은 전(全) 세계가 그리스도의 나라에 속하며, 그리스도의 복음의 선교를 통해서 교회가 전 세계에 확산될 것을 강조하면서도,180) 믿는 사람의 부활

---

176) John Calvin, 『기독교 강요』(1559), IV ii 4.
177) T. F. Torrance, op. cit., p. 154.
178) John Calvin, 『기독교 강요』(1559), III ix 5.
179) John Calvin, 『기독교 강요』(1559), III xxv 2.
180) T. F. Torrance, op. cit., p. 159.

과 믿지 않은 사람의 부활을 구별한다. 전자는 영생을 위한 부활이고, 후자는 영벌을 위한 부활을 의미한다. 그러므로 경건한 사람은 두려움이 없이 기쁨으로 그리스도의 재림을 맞이하게 되지만, 반면 악인들은 슬픔과 비통함으로 그리스도의 재림을 맞이하게 된다. 그리고 경건한 사람은 천사의 나팔 소리에 깨어 귀를 기울여 두 번째 삶으로 부름을 입게 되지만, 이 나팔 소리가 유기된 자들에게는 파멸의 공포를 울리는 신호가 될 것이다.181)

---

181) John Calvin(trans. by T. H. L. Parker), *Calvin's Commentaries: A Harmony of the Gospels, Matthew, Mark and Luke* Ⅲ, pp. 95-96.

III. 그리스도와의 신비한 연합
(unio mystica cum Christo)

1. 서론[182]

한국교회의 목회현장과 선교현장에서 한국교회의 신앙과 삶의 성숙을 위한 몸부림과 함께 한국교회의 불신앙과 미숙한 삶에 대한 비판과 반성이 그 어느 때보다 더 절실히 요청되고 있다. 한국사회가 산업과 기술문명의 발달을 통해 지구화 또는 세계화(globalization)의 과정을 겪으면서 많은 변화를 겪고 있듯이, 한국교회도 이 변화에 비례하여 변화하고 있다.

이런 상황에서 한국교회는 하나님의 임재에 대한 실존적인 체험 신앙의 부족은 물론 윤리적 부재 현상을 나타내고 있다. 이를 위해 사회 실천적 프락시스(praxis) 훈련 프로그램을 비롯하여, 묵상과 관조 등을 통한 영성훈련 프로그램이 증가하고 있다. 종종 성서와 일치하는 신학적 전제와 내용이 결여된 목회적, 선교적 훈련 프로그램들은 일반사회 공동체에서 실시하는 프로그램과 형식적으로나 내용적으로 큰 차이를 보여주지 않고 있다. 전자에는 인간 공동체를 통한 연합과 연대성이 강조되어 자칫 전체주의 내지 비인격주의로 전락할 우려가 있고, 후자에는 각 개인과 초월자와의 단독적 만남과 일치가 강조되어 개인주의나 신비주의로 전락할 위험이 있다.

이 같은 양극화 현상은 16세기 종교개혁시대에도 있었다. 16세기 로마가톨릭교회는 교황을 중심으로 계급구조적인 교회론을 통하여 신앙과 실천을 영

---

182) 최윤배, "종교개혁신학에 나타난 '그리스도와의 신비적 연합'(unio mystica cum Christo)에 대한 이해: 루터와 깔뱅을 중심으로," 「장신논총」제3집(2010), pp. 177-203에 게재된 글.

위하였고, 다른 편에서 제세례파들을 비롯하여 열광주의적 진영은 하나님의 은혜를 특정한 개인의 신앙경험으로 환원하고자 하였다.

그러나 종교개혁자들은 "그리스도와의 신비적 연합"(unio mystica cum Christo)을 통하여 두 진영에게 자신들의 신앙과 실천을 성서와 신학에 기초한 활동을 통하여 성공적으로 변증할 수 있었다. 성직계급구조적인 로마가톨릭교회 개념이 그리스도와의 신비적 연합 개념에 의하여 타격을 입게 되었고, 마찬가지로 성찬에서 자동적으로 효과를 일으킨다는 성례전신학이 강한 비판에 직면하게 되었고, 마침내 교회의 머리로서의 그리스도에 대한 집중된 사상이 내적임 힘을 얻게 되었다. 구원은 로마가톨릭교회의 교황의 보좌와의 연합에 종속되는 것이 아니라, 그리스도에 대한 믿음을 통해서 받는 바, 그리스도와의 연합 안에서 우리는 의롭다함을 받고, 새롭게 된다.

그리스도와의 신비적 연합의 이러한 개념은 재세례파와의 갈등 속에서도 적지 않은 중요성을 가진다.[183] 권위 있는 그리스도의 말씀으로서의 성서에 대한 분리시킬 수 없는 연결은 이 갈등 속에서 강력한 강조점을 얻었다. 구원의 성격은 이것을 통해서 규정되며, 하나님의 은혜는 영적인 사람이 독립적으로 사용하는 수단 자체로 이해될 수 없다. 각자의 경험들에 의지하는 영성주의를 통해서 쉽사리 발생할 수 있는 개인주의는 종교개혁자들이 이해한 그리스도와의 연합 개념을 통해서 그 뿌리가 뽑혔다. 모든 성도들과 함께하는, 곧, 성도들의 교제(communio sanctorum) 안에서만 종교개혁자들은 그리스도와의 연합을 참으로 경험할 수 있었다.

종교개혁자들이 이해한 그리스도와의 연합 개념을 사용하여 우리는 로마가톨릭교회와 재세례파에 반대하여 인간의 전제(專制) 통치와 인간중심주의로

---

183) W. Musculus는 한편으로는 중세 로마가톨릭교회에 반대하여, 다른 편으로는 재세례파에 반대하여 논쟁의 상황을 겪으면서, 그리스도와의 연합의 중요성을 강조했다. W. Musculus, *Commentariorum in Evangelium Ioannem*, 319. cf. Art. "Musculus, Wolfgang" in: A. Pauck(Hrg.), *Realencyklopädie für protestantische Theologie und Kirche*, Band XIII(Leipzig, 1903), 581-585.

부터 교회와 신학을 해방시킬 수 있을 것이다. 그리스도와의 신비적 연합은 우리 자신의 실존 안에서 오직 그리스도에게만 그리고 전적으로 그리스도에게 영광을 돌릴 수 있는 강력한 도구로서 사용될 수 있을 것이다.

지금까지 국내에서 "그리스도와의 신비적 연합"을 중심으로 깔뱅에 대한 몇 가지 연구들은 발견되지만,[184] 다른 종교개혁자들에 대한 연구는 거의 전무하다. 그러므로 우리는 여기서 대표적인 종교개혁자에 속하는 루터와 깔뱅을 중심으로 다루되, 대체로 개혁파 종교개혁자들과 신학자들에 속하는 사람들(부처, 베르미글리, 자키우스, 베자, 우르시누스, 올레비아누스)에 대해서도 다루되, 이들에 대해서는 지면을 조금씩만 할애하도록 한다.

2. 루터

진정으로 우리는 구원의 원천으로서의 그리스도와의 연합이라는 사상이 종교개혁사상 전체의 본질을 이룬다는 사실을 주장할 수 있을 것이다. 역동성과 생명력은 그리스도의 멍에 아래로 향하게 할 것이다.[185] 신학적으로 볼 때, 이것과 함께 성서의 우월성을 향한 길이 준비되었다. 몇 세기 동안 스콜라신학이 특징적으로 보여 주었던 이성(ratio)은 성서에 버금가는 적극적인 기능을 하였다.

---

184) 노영상, "깔뱅 신학에 있어서의 '그리스도와 연합'과 '성화론' 사이의 관계," 장로회신학대학교출판부(편), 『장신논단』제22집(2004), pp. 194-215; 문명선, "예수 그리스도와의 교재로 이끄는 성령의 사역," 한국칼빈학회(편), 『칼빈연구』제7집(2010), pp. 9-27; 최윤배, "깔뱅의 경건으로서 영성," 장로회신학대학교출판부(편), 『개혁교회의 경건론과 국가론』(서울: 장로회신학대학교출판부, 2007), pp. 58-107, cf. Wihelm Kolfhaus, *Christusgemeischaft bei Johannes Calvin* (Buchhandlung des Erziehungsvereins Neikirchen Kr.: Koers, 1939); Wihelm Kolfhaus, *Vom christlichen Leben nach Johannes Calvin*(Buchhandlung des Erziehungsvereins Neikirchen Kr.: Koers, 1949).

185) 『네덜란드신앙고백』 속에서와 마찬가지로 마르틴 부처와 장 깔뱅의 사상세계에서도 이 같이 전형화된 사상이 발견되다. W. van 't Spijker, " ··· 'den hals buygende onder het Jock Jesus Christi ···' Oorsprong en zin van een uitdrukking in art. 28, 29 van de NGB," in: *Bezield verband, opstellen aangeboden aan Prof. J. Kamphuis*, Kampen 1984, 206-219.

교회와 교회의 영향과 관련하여, 그리스도와의 연합의 사상과 함께 역동성은 로마가톨릭교회의 계층질서를 이룬 구조 아래 질식하게 되었다. 그리스도만이 자신의 교회의 왕이시다. 이 사상과 함께 하나의 이론이 다른 이론에 의하여 대치된 것이 아니다. 부처와 깔뱅과 다른 종교개혁자들에게서처럼 루터에게도 이 문제는 생명력 있는 관심사였다. 그리스도와의 신비적 연합은 그들 모두에게 중심적 위치를 차지했다.

종교개혁의 발견에 따라 마르틴 루터(Martin Luther, 1483-1546)는 자신 이전에 복음으로부터 살았던 신학자들의 길을 자신의 길로 선택하여 걸어갔다. 또한 루터가 신비주의적 신학자들 가운데서도 발견된다는 사실은 잘 알려져 있다.[186] 라인강(Rhein)의 하나님의 친구들의 진영으로부터 온 중세 신비주의의 책인 『독일신학』(Theologia Deutsch)을 루터가 1516년에 읽었는데, 이 책은 그에게 깊은 인상을 남겼다.[187] 루터는 타울러를 깊이 존경했는데, 왜냐하면, 이 책은 독일어로 써졌을 뿐만 아니라, 특별히 참된 신학자로 만들었던 시련들(Anfechtungen)에 대해서 언급하기 때문이었다.

위(僞)디오니시우스(Pseudo-Dionysius)의 작품들에 대한 루터의 반대는 어느 정도 애매모호한 것처럼 보인다. 초기부터 루터는 그의 시편을 주석할 때, 그 작품을 사용하였다. "사람은 이해함으로써, 독서함으로써 또는 사색함으로써 신학자가 되는 것이 아니라, 살아감으로써, 더 나아가 죽음으로써 그리고 저주를 받음으로써 신학자가 된다."라는 디오니시우스의 글을 읽을 때, 우리가 결코 신비주의자가 아니라는 사실을 루터는 나중에 선포했다.[188] 그러나 이 사실은 루터 자신이 그의 영향을 받지 않았다는 사실을 의미하는 것은

---

186) G. A. Benrath, "Luther und die Mystik. Ein Kurzbericht," in: P. Manns, *Zur Lage der Lutherforschung heute*, Wiesbaden 1982, 44-58.

187) Martin Luther 작품의 네덜란드번역서: *Het boekje van het volkomen leven*, 's-Gravenhage 1958. 이 속에 C. C. de Breuin의 서문에서, 8ff.

188) O. Scheel, *Dokumente zu Luthers Entwicklung bis 1519*, Tübingen 1929[2], 314: "Vivendo, immo moriendo et damnando fit theologus, non intelligendo, legendo aut speculando."

아니다. 우리는 계속해서 보나벤투라의 경우와 마찬가지로, 성 위고, 베르나르드 끌래르보의 이름들을 열거할 수 있는데, 루터는 이들의 가치를 매우 긍정적으로 받아들였다.[189] 중세기의 이 같은 신비주의 신학자들은 루터에게 종교적인 경험의 필요성에 대한 안목을 갖게 해 주었다. 이런 관계에서 우리는 또한 스타우피츠(von Staupitz)의 이름도 거론할 수 있다.[190]

그러나 한 가지 관점에서 루터는 신비주의를 거부했다. 그리스도와의 신비적 연합과 관계하여, 이것은 루터에게는 가장 먼저 존재유비(analogia entis)의 문제가 아니었다. 본질의 일치에서는 하나님의 본질이 사람의 본질 안에서 흘러넘치거나 그 반대로 인간의 본질이 하나님의 본질 안에서 흘러넘친다. 또한 그리스도와 그리스도인들 사이의 일치는 합리주의적 일과 관계된 사상으로 희석시켜서도 안 된다. "주님은 네 생각(사상)들이 내 안에 있거나 내 생각들이 네 안에 있다고 말씀하시지 않으시고, 네! 네가 내 안에 있고, 내! 내가 네 안에 있다고 말씀하신다. 주님은 순전한 생각에 관하여 말씀하시는 것이 아니라, 내가 몸과 삶과 영혼과 경건과 의를 가지고 또 죄와 어리석음과 지혜를 가지고 주님 안에 있다고 말씀하시며, 그리스도이신 주님께서 그의 거룩성과 의와 지혜와 구원을 가지고 내 안에 계신다고 말씀하신다. … 그리스도를 마음으

---

189) W. Köhler, *Luther und Kirchengeschichte*, Hildesheim–Zürich–New York, 1984², 236ff.; R. Seeberg, *Die Religiösen Grundgedanken des jungen Luther und ihr Verhältnis zu dem Ockamismus und der deutsche Mystik*, Berlin 1931; W. Link, *Das Ringen Luthers um die Freiheit der Theologie von der Philosophie*, München 1955, 315ff.; E. Iserloh, "Luther und die Mystik," in: E. Iserloh, *Kirche–Ereignis und Institution, Band II, Geschichte und Theologie der Reformation*, Münster 1985²; B. R. Hofman, *Luther and the Mystics. A Re–examiniation of Luther's Spiritual Experience and His Relationship to the Mystics*, Minneapolis 1976; S. Peura, "Die Vergöttlichung des Menschen als Sein in Gott," in: *Lutherjahrbuch* 60(1933), 39ff., 50ff.(그리스도와의 일치); 특별히 타울러에 대하여 다음의 문헌을 참고 하시오. G. Wrede, *Unio mystica. Probleme der Erfahrung bei Johnnes Tauler*, Uppsala 1974; S. E. Ozment, *Homo Spiritualis. A Comparative Study of the Anthropology of Johannes Tauler, Jean Gerson and Martin Luther(1509–16) in the Context of their Theological Thought*, Leiden 1969;
190) D. C. Steinmetz, *Misericordia Dei, The Theology of Johannes von Staupitz in its Late Medieval Setting*, Leiden 1968; D. C. Seinmetz, *Luther and Staupitz, An Essay in the Intellectual Origins of the Protestant Reformation*, Durham 1980.

로 소유하는 것은 생각과 관계되는 것이 아니라, 순전한 현재성과 관계되는 것이다."191)

이 같은 현재성의 특징에 관한 문제를 중심으로 루터와 츠빙글리(Huldrych Zwingli, 1484-1531) 사이에 존재하는 차이점은 성찬논쟁에서 비극적인 방법으로 나타나게 되었다. 실재성과 관련하여 1536년에 루터와 부처사이에 합의된 『비텐베르크 일치신조』(1536) 속에서 계속 커져가는 일치성에 대해 말할수 있었다. 종교개혁자들 사이에 그리스도와의 연합의 성격의 관점에서는 조금도 차이가 존재하지 않았다. 말씀과 성령 사이에서 성령이 말씀에 종속되는 관점에서 성령의 역사(役事)를 이해하는 루터주의자들은 성령께서 다른 수단들에게 반드시 얽매이시지는 않지만, 성령께서 원하실 때 그 수단들을 사용하신다는 중간의 길(via media)을 선택하여 성령을 이해하는 사람들에게 전혀 무지했다. 다시 말하면 성령의 사역에 대하여 자신들과 다른 방법으로 생각하는 사람들의 사고를 이해하지 못한 루터주의자들의 무능이 상대편에게 보복을 가한 셈이 되었다.192)

그러나 루터 자신은 그리스도와의 연합의 중요한 의미를 인정했다. 루터는 그리스도와의 연합을 그의 신학의 중심에 두었다. 다시 말하면 루터는 그의 신학의 중심으로 "오직 신앙만을 통한 칭의"로 간주했다. 『그리스도인의 자유』(Mar. Lutheri tractatus de libertate Christiana, 1520)에 관한 그의 작품에서 루터는 그리스도와의 참된 결합 안에서만 그리스도의 의를 우리에게 선물로 주어지는 '즐거운 교환'(fröhliche Wechsel)에 관하여 말할 수가 있는 반

---

191) E. Vogelsang, "Die Unio mystica bei Luther," in: *Archiv für Reformationsgeschichte* 35(1938), 68f.; J. Lutz, *Unio und Communio, Zum Vehältnis von Rechtfertigungslehre und Kirchenverständnis bei Martin Luther*, Paderborn 1990, 156ff.; O. Ritschl, "Das Theologumenon von der unio mystica in der späteren orthodox-lutherischen Theologie," in: *Harnack-Ehrung, Beiträge zur Kirchenge-schichte* 29, NF(1921), 46-71, 239-171; J. S. Post, "De unio mystica," in: *Gereformeerd Theologisch Tijdschrift* 31(1930), 1-26.

192) 여기서 우리는 1529년 마르부르크(Marburg)에서 루터가 "당신은 우리와 다른 영을 가지고 있다."라고 부처에게 한 말을 상기할 수가 있다.

면, 그 대신 그리스도는 우리의 죄와 허물을 가져가신다.193) 루터는 그리스도와의 연합을 위하여 가장 강력한 표현을 사용하고 있다. 다시 말하면 우리는 그리스도와 한 몸을 형성하고 있으며, 한 뼈를 형성하고 있다. 우리는 그리스도와 함께 한 덩어리이며, 한 덩어리의 빵이다.194) 루터신학의 핵심 속에서 우리는 그리스도와의 신비적 연합(unio mystica cum Christi) 사상을 발견할 수 있다.195)

그리스도와의 신비적 연합 개념은 루터에게서도 성서이해를 위해 확실한 보조수단으로 사용되었음이 분명하다. 루터는 시편강의를 할 때, 그리스도와의 신비적 연합을 해석학적 원리로 제시한 바 있다.196) 이러한 성서 해석에 대

---

193) Maarten Luther, *Door het geloof alleen. Bleomlezing uit zijn werken*, vertaald en ingeleid door prof. dr. W. J. Kooiman, Utrecht 1955, 110f. : "신앙의 은사는 너무나도 커서 영혼은 이것을 통하여 신적인 말씀을 닮게 되며, 모든 은혜로 가득 채워지게 된다. 자유롭고도 복될 찌어다! 마치 신랑이 그의 신부와 하나가 되는 것처럼, 신앙은 역시 영혼을 그리스도와 하나가 되게 한다. (바울이 에베소서 5장 30절에서 말씀하고 있듯이) 이 모든 것으로부터 미루어 볼 때, 참으로 그리스도와 영혼은 하나가 되어, 좋을 때나 나쁠 때나 모든 일들에서 모든 복들의 교제가운데서 살게 된다. 그리스도의 소유는 모든 믿는 영혼의 소유가 되고, 믿는 영혼이 소유하고 있는 모든 것은 그리스도의 소유가 된다. 지금 그리스도께서 모든 선한 것들과 복을 가지고 계신다. 그러므로 이 모든 것이 지금 영혼의 소유가 된다. 그러나 영혼은 모든 죄들과 부덕들을 짊어지고 힘들어 하고 있다. 바로 이것들은 지금 그리스도의 소유가 된다. 그러므로 바로 여기에 즐거운 교환, 즐거운 싸움이 있다."
194) E. Vogelsang가 모아둔 강력한 표현들을 보시오, E. Vogelsang, "Die Unio mystica bei Luther," 72ff.
195) 그리스도와의 일치에 대한 루터의 개념은 그의 신앙개념을 통하여 나타난다. "믿어라! 그러면 가질 것이요! 믿지 말아라! 그러면 갖지 않을 것이요!"(『그리스도인의 자유에 대하여』 part. 9. W. J. Kooiman의 번역, 105) 그리스도와의 교제는 이웃에 대한 태도를 위한 기초가 된다. 바로 여기에 윤리의 출발점이 발견된다. 이를 위하여 루터는 특별히 강력한 형식들을 사용하였다. "그리스도께서 나를 위하여 그렇게 하신 것처럼, 나는 나의 동료들에게 반대하여 그리스도의 사람이 되도록 할 것이다."(133) 루터는 더욱 강력하게 표현한다. "분명한 관점에서 사람은 다른 사람을 위하여 그리스도인이 된다. 그 결과 우리는 계속적으로 그리스도들이 되고, 그리스도가 우리 모든 사람들 안에서 동일하게 계신다."(133) 루터에게서 그리스도인의 삶의 본질은 다음과 같다. "우리는 그리스도인이고, 그리스도인으로 불리기 때문에, 우리가 더 이상 우리의 이름을 인식하지 못하고 알지 못하도록 하기 위하여, 그것이 설교되지도 않고, 실천되지도 않는다. 우리가 그리스도를 믿고, 우리가 우리 편에서 서로 서로에게 이웃을 위해서 행하시는 그리스도가 되어 그리스도께서 우리를 위하여 행하셨던 것을 행할 때, 우리는 우리로부터 멀리 계시지 않고, 우리 안에 거하시는 그리스도를 따라 부른다."(134) 지체들 안에 계시는 그리스도의 내주의 실재성은 이웃에 대한 관계 안에서 나타난다. 여기서 기독교적 삶의 윤리의 출발점이 나타난다. 이것을 통해서 우리는 깔뱅이 『기독교강요』(1559) III i 1의 처음에 언급한 내용을 기억할 것이다. 그리스도께서 우리 밖에 계시는 한, 우리는 그리스도로부터 분리되어 있으며, 그가 우리를 위해서 하신 고통 받으셨던 모든 것이 헛것이 될 것이다. 그리스도께서 우리의 것이 되셨고, 우리 안에 거하신다.

하여 신비적 연합 사상은 신비스런 꽃으로 장식되어 있다. 그리스도와 그리스도인들 사이의 결속성은 수세기에 걸쳐서 그리스도와의 연합 자체로 확장되었다. 루터는 그리스도와의 연합이라는 사상을 그의 주석에서 활용하였고, 이 사상을 통하여 수세기 동안 내려온 전통 안에서 성서에 올바른 가치를 부여하는데 성공할 수가 있었고, 동시에 자신의 실존적 경험을 성서와 결부시키고, 성서 안에서 새롭게 발견한 그리스도를 부각시켰다.197) 루터가 육신 안에서 그리스도와 함께 깊이 밀착되기를 원할 때, 이것 역시 루터가 자기 자신의 개인적 상황 안에서 성서에 대한 인격적 현실화를 위하여 사용하기를 원했던 표현이다.198)

또한 우리는 그리스도와의 신비적 연합은 오직 성서(sola scriptura)에 대한 루터의 이해에 대해 빛을 비쳐 줄 수 있다고 주장할 수 있다. 그러나 이와 함께 역시 오직 은혜(sola gratia)에 대해서도 말 할 수가 있다. 루터가 종교개혁적 발견의 발단에 대하여 말하고 있는 놀랄만한 구절을 다시 한 번 계속적으로 읽는 사람은 누구든지 여기서도 역시 구원은 그리스도와 그리스도와의 연합을 통하여 완전하게 규정된다는 사실을 깨달을 것이다. 이것은 그리스도의 것이 된 사람으로서의 그리스도인에게 전가(轉嫁)되고, 선물로 주어지는 그리스도

---

196) 루터는 시편강의에서 *Praefatio Ihesu Christi*를 통해서 하나님의 아들이신 우리 주님을 제일 먼저 언급했다. "나는 문이니. 나를 통해서 안으로 들어오는 사람은 누구든지 구원을 받을 것이다." 그리스도께서 성경을 이해하는 데로 인도하시고, 그가 열러주시며, 아무도 닫을 수가 없다. 루터는 이런 "핵심(열쇠)본문들"을 해석학적 조건들로서 이해한다. 시편에서 중요한 것은 지체들 안에서 탄식하시고, 찬양하시고, 소망하시고, 기다리시는 그리스도 자신이다. Martin Luther, *Studienausgabe* herausgegeben von H.-U. Delius, Berlin 1979, 33. 메츠거는 다음과 같이 올바르게 기술하고 잇다. " ··· für Luther ist Glauben im Sinne von Teilnehmen an der Wirklichkeit Christi gebunden an das Hören der Heiligen Schrift. Die Existenz des Christen, die nichts anderes ist als gewirkte und gelebte Christusförmigkeit, wird in der Begegnung mit dem Wort des Evangeliums, das iudicium und iustitia."(Metzger, *Gelebter Glaube*, 200) 그리스도와의 연합에 대한 해석학적 의미를 위해 위의 구절이 있는 장(章)을 계속 보시기 바랍니다.

197) E. Vogelsang, *Die Anfänge von Luthers Christologie nach der ersten Psalmenvorlesung insbesondere in ihren exegetischen und systematischen Zusammenhängen mit Augustin und der Scholastik darstellt*, Berlin-Leipzig 1929, 31ff.

198) W. van 't Spijker, *Luther, belofte en ervaring*, 162.

의 의(義)이다. 신앙이 의롭게 한다. 왜냐하면 그리스도께서 현재하시기 때문이다.[199]

루터는 외부로부터 오는 의(externa iustitia)에 대하여 말하는데, 이 의는 우리 밖에 계시는 그리스도로부터 우리 안으로 전가되는 의이다.(quae ex Christo in nobis est) "우리 밖에"(extra nos)라는 명제와 "우리 안에"(in nobis)라는 명제가 상호 상충되는 것이 아니다. "새 생명은 우리 밖에 계시면서 또한 신앙을 통하여 우리 안에 거하시는 그리스도 안에서 자신의 기초를 발견한다."[200]

갈라디아서 2장 20절에 대한 루터의 주석은 매우 중요하다. "다음과 같이 말하는 것은 아주 비범하고도 들어보지 못한 방식으로 말하는 것이다. 내가 살지만, 내가 사는 것이 아니고, 내가 죽었지만, 내가 죽은 것이 아니다. 내가 죄인이지만, 내가 죄인이 아니다. 내가 법을 가지지만, 내가 법을 가지는 것이 아니다. 그러나 이런 방식으로 말하는 것은 그리스도 안에서 그리고 그리스도를 통하여 참되다. 그러므로 만약 당신이 의롭다 함을 통하여 그리스도의 인격과 당신 자신의 인격을 구별하게 되면, 당신은 법 안에 있으면서 그리고 법 안에 머물면서도 당신은 당신 자신 안에 살고 있다." 루터는 사람들이 '역사적 예수'만을 믿고자 하는 것에 전력을 다하여 반대했다.[201] 우리는 신앙을 잘 교육해야만 한다. 이런 일이 다음과 같은 곳에서 일어난다. "당신이 그리스도와 아주 내적으로 밀접하게 결합되었을 때, 말하자면, 당신은 그리스도와 함께 한 인격이 된다. 그 결과 사람들은 그리스도로부터 찢어질 수가 없고, 항상 그에게 속하며, 그에게 다음과 같이 말한다. 내가 그리스도이다. 그리고 그리스도

---

199) Vogelsang, "Die Unio mystica bei Luther," 71.
200) Vogelsang, "Die Unio mystica bei Luther," 71, Anm. 5.
201) 이것을 통하여 루터가 표현하고자 하는 의도는 곧 '역사적 신앙'이다. 본문을 우리는 다음에서 발견할 수 있다. Maartin Luther, *Verklaring van de brief aan de Galaten*, vert. door G. P. Sandberg, H. Schoonderwoerd(dr. Hermann Kleinknecht의 독일어판으로부터), Houten 1992, 118.

는 자신의 편에서 말씀하신다. 내가 죄인이다, 그가 나에게 속하고, 나는 그에게 속한다."202)

우리는 루터의 교회론에서도 현재하시는 그리스도에 대한 그의 사상을 발견할 수가 있다. 왜냐하면 그리스도께서 자신의 사람들에게 현재하시기 때문에, 루터는 교회를 오직 신앙을 통해서만 간주될 수 있는 이 결속으로서의 교회에 대하여 말할 수가 있기 때문이다.203)

그리스도와의 연합은 아주 특별한 방법으로 루터의 영성을 특징적으로 보여준다. 신비적 연합(unio mystica)의 실재성이 루터의 신학과 작품에서 중심적인 위치를 차지하고 있다고 주장할 때, 우리는 루터가 이것을 특별히 십자가에 못 박히신 그리스도와 관련시킨다는 사실을 잊어서는 안 된다. 그러므로 루터에게서 구원의 경험은 항상 시련들(Anfechtungen)의 표징 안에 서 있다. 시련당하고 계시는 그리스도와 시련당하고 있는 신자(信者)가 함께 서로서로에게 속하고 있다.204) 그리스도와 신자는 서로 서로로부터 떨어져 있지 않다. 루터에게서 십자가의 신학은 그리스도와의 연합을 그 특징으로 가진다. 이런 사상은 교회에 대한 그의 관점에도 그 특징을 남기고, 경건에 대한 그의 개념에도 고유한 색깔을 띠게 한다. 루터의 경건에서 경험은 매우 본질적인 위치를 차지하게 된다.205)

---

202) *Verklaring van de brief aan de Galaten*, 118.
203) E. Kohlmeyer, "Die Bedeutung der Kirche für Luther," in: *Zeitschrift für Kirchengeschichte* NF X(1928), 466–511;
204) 이 문제에 대하여 특별히 다음을 참고하시오. E. Vogelsang, *Der angefochtene Christus bei Luther*, Berlin–Leipzig 1932; P. Bühler, *Die Anfechtung bei Martin Luther*, Zürich 1942; H. Beintker, *Die Überwindung der Anfechtung bei Luther. Eine Studie zu seiner Theologie nach den Operationes in Psalmos*, Berlin 1954.
205) G. Metzger, *Gelebter Glaube. Die Formierung reformatorischen Denkens in Luthers erster Psalmenvorlesung*, Göttingen 1964.

3. 부처와 깔뱅

그리스도와의 연합의 문제와 관련하여 우리는 부처(Martin Bucer, Butzer, 1491-1551)와 깔뱅(Jean Calvin, 1509-1564)에게서도 일종의 중심적인 사상을 발견할 수 있다. 사람들은 부처의 신학을 "그리스도 중심적, 윤리적, 영-신비주의"(christozentrische ethische Geistesmystik)의 모범으로 전형화했다.206) 부처의 신학에 대한 이 같은 전형화는 부처의 신학을 올바르게 평가한 것이 못 된다. 우리는 후기 깔뱅에게서와 마찬가지로 부처에게서 그리스도와의 연합은 그들의 신학의 본질을 구성하고 있다고 말할 수가 있다. 그리스도와의 연합 사상이 그들의 신학의 원리는 아닐지라도, 그들의 전(全) 신학으로부터 볼 때, 그들의 신학의 정상에 위치하고 있다고 볼 수가 있다. 이런 의미에서 그리스도와의 연합 사상은 일부 사람들이 이전에 주장하듯이 깔뱅의 전체신학을 지배하는 중심개념으로 간주하여, 교리의 모든 다른 부분들을 지배하는 중심교리로 받아들일 것이 아니라, 모든 것이 그 주위로 움직이는 것의 핵심, 즉 그의 신학에서 나타나는 신학자의 삶의 중심으로 간주해야할 것이다.207)

중요한 결과조차 초래할 수 있는 루터와의 강조점의 차이는 루터의 경우, 신학은 특별히 십자가에 못박힌 그리스도와의 연합 사상을 중심으로 집중되고 있다는 사실에서 발견될 수 있다. 부처와 깔뱅은 십자가에서 못박힌 그리스도와의 연합이 아니라, 십자가에서 고양(高揚)된 그리스도와의 연합에 대해서 말하고 있다. 그렇다고 이런 표현은 그들의 신학을 영광의 신학(theologia gloriae)으로 특징짓지는 않는다.208) 그러나 이것은 전적으로 그들 자신들의

---

206) H. E. Weber, *Reformation, Orthodoxie und Rationalismus*, Erster Teil: *Von der Reformation zur Orthodoxie*, Erster Halbband, Gütersloh 1937, 203.

207) H. E. Weber, op. cit., 204.

208) 루터는 소위 『하이델베르크 신학논쟁』(1518)에서 "영광의 신학자들"을 루뱅과 소르본느에 있는 신학자들, 당연히 그의 신학논제들에 대해여 반대했던 스콜라주의 신학자들을 가리키는 것이다. 십자가의

신학의 독특성을 반영한다. 부처와 깔뱅 역시 우리 안에 계시는 그리스도에 대하여 말한다. 그들도 루터처럼 신비적 연합 개념을 잘 알고 있다. 그러나 신앙을 통한 그리스도와의 연합은 특별히 그리스도께서 그의 왕직을 행사하시기 위해 전면으로 부각된다. 그리스도께서 자신과의 연합의 끈을 형성하시는 자신의 성령을 통해서 통치하신다.[209]

깔뱅은 그리스도와 그리스도인들 사이의 연합의 실재성을 항상 머리로부터 나오는 영적인 연합으로 파악했다. 바로 이런 사상이 깔뱅의 신학의 심장부로 우리를 인도한다. 그리스도는 이런 신비적 연합(unio mystica) 속에서 통치권을 주시고, 통치권으로 일하시고, 통치권을 행사하시는 주체이시다. 그리스도께서 이 연합을 이룩하신다. 그리스도께서 이 연합의 실재성을 놓으셔서, 그는 우리 밖에서 뿐만 아니라, 우리 안에서도 일하시고, 우리 안에 자신의 생명을 능력 있게 가져 오신다.[210] 깔뱅이 성찬에 관하여 말할 때, 그는 가끔 여기에 대한 사상을 가장 잘 표현하고 있다.[211] 그런 경우, 이것은 깔뱅의 전체 신학의 프리즘으로 작용한다.

신학을 위하여, 다음을 참고하시기 바랍니다. E. van der Veer, *Cruciale verborgenehid. Een studie naar de reikwijdte van Luthers theologia crucis*, Kampen 1992.

209) J. Calvin, 『기독교강요』(1559), Ⅲ I 1: "성령은 그리스도께서 우리를 효과적으로 자기 자신과 묶으시는 끈이다."

210) 깔뱅에게 이와 같이 특징적으로 나타나는 사상은 그와 카피토(Capito)가 함께 동의한 『성찬에 관한 신앙고백문』(*Confessio fidei de eucharistia*, 1537)에서도 나타나고 있다. *CO* IX, col. 711; *Opera Selecta* I, 435. "우리가 그리스도와 갖는 연합은 그의 살아계시는 육신 안으로의 우리의 참여 안에 존재한다."

211) Herman Bavinck의 훌륭한 주장을 보시기 바랍니다. H. Bavinck, "Calvijns leer over het Avondmaal," in: *De Vrije Kerk* XIII(1887), 그리고 in: *Kennis en leven: Opstellen en artikelen uit vroegere jaren*, Kampen 1922, 165–183; 특별히 Bavinck는 176ff에서 깔뱅의 말에 대하여 다음과 같이 상기시킨다. "그는 이 연합을 이해하기 보다는 경험을 더 잘하고, 단어들 안에서 표현하기보다는 더 잘 생각했다." 이전에도 바빙크는 그의 생각을 받아들이기 위한 어떤 표현에 대하여 말하지 않았다. 이런 것을 통하여 깔뱅은 그리스도와 신자들 사이에 있는 연합의 성격을 표현하기를 노력하였다. "그리스도의 인격에 대한 연합과 그리스도의 유익들(복들)에 대한 연합 사이를 분명하게 구별하는데 깔뱅은 성공하지 않은 것 같다. 그러나 깔뱅은 성경에서 종종 그렇고, 특별히 요한복음 속에서 그렇고, 깔뱅의 신학과 개혁신학에서 그렇듯이, 둘 사이의 구별을 보여 주었고, 신비적인 연합의 교리, 그리스도와 신자들 사이의 숨어 있는 일치에 대한 교리에 정당한 위치를 제공했다는 점에서 위대하다."

베르미글리(Petrus Martyr Vermigli)에게 보낸 깔뱅의 편지(arcana cum Christo communicatio, 1555년 8월 5일)는 유명하다. 여기서 깔뱅은 그리스도와의 연합을 다음과 같은 연합으로 이해하고 있다. 그리스도와의 연합은 "그의 하늘의 능력으로부터 흘러나오는 연합이며, 우리를 생명으로 접붙이며, 생명을 불러일으키는 연합이다. 그 결과 우리는 한 몸 안에서 함께 성장한다. 나는 다음과 같이 주장한다. 그리스도께서 복음 안에서 자신을 제공하시는 것처럼, 우리는 신앙을 통하여 그리스도를 받아들이는 바로 그 순간에 우리는 참으로 그의 지체들이 된다." 그 때 머리이신 그리스도로부터 오는 생명이 우리 안에 흘러넘치게 된다. 그리스도께서 자신의 죽음과 희생 이외에는 어떤 다른 방법으로 우리를 하나님과 화목케 하실 방법이 없다. 오직 그리스도께서 우리의 것이 되시고, 우리가 그와 하나가 되는 방법 이외에는 아무 방법이 없다. 어떤 방법으로 이런 일치가 이뤄지는 지에 대한 물음은 깔뱅의 개념을 멀리 벗어나는 질문이다. 그러므로 깔뱅은 이 질문을 해결하기 위하여 어렵게 씨름하는 대신에 차라리 이 비밀을 다만 추측할 뿐이다. 그는 다만 다음의 사실만을 알고 있을 뿐이다. 다시 말하면 성령께서 하늘로부터 땅으로 생명을 자신의 능력을 통하여 운반하신다. 그리스도의 육신이 성령을 통하여 생명을 주게 된다. 그리스도께서도 역시 성령을 통해서 우리 안에 거하시게 된다.212)

베르미글리에게 보낸 이 편지에서 깔뱅은 이중적인 연합을 구별한다. 첫 번째 연합은 성령께서 그리스도와 그의 지체들 사이를 연결시키며, 이를 통하여 그리스도께서 우리 안에 거하시게 되는 연합이다. 두 번째 연합은 첫 번째 연합의 열매 이상이다. 우리는 이것을 통하여 그리스도의 은사들을 받는다. 그리스도는 결코 우리 안에서 '무용한 그리스도'(otiosus Christus)가 아니다. 그리스도께서는 일하시며, 그 결과 그는 자신의 성령의 능력을 통하여 그의 은사

---

212) W. Kolfhaus, *Christusgemeinschaft bei Johannes Calvin*, Neukirchen 1939, 24ff. 편지 안에서도 마찬가지로 나타난다. *CO* XV, col. 722f.

들 안에서 나타나게 하신다. 그 결과 우리는 우리 안에 있는 그리스도의 생명의 성장에 관하여 말할 수 있게 된다.

그리스도의 생명을 주시는 육신에 대한 깔뱅의 사상은 중요하다. 성령께서이 연합을 이룩하신다. 이것은 그의 육신의 작용(arcana operatio), 숨어 있는역사(役事), 도저히 이해할 수 없으면서도, 그럼에도 불구하고 아주 실재적인활동이다.213)

깔뱅은 우리 안에 있는 그리스도와의 신비적 연합을 우리를 위한 그리고 우리에 대한 구원의 근본적인 원인을 만드는 가능성을 철저하게 파악하고 있었다. 오시안더(Osiander)의 신비주의를 향하는 잘못된 개념들에 대해 깔뱅은강력하게 반대하였다.214) 우리는 깔뱅의 이 같은 반대를 본질적인 신비주의에 대한 그의 우려(憂慮)의 배경에서 이해할 수 있을 것이다.

---

213) CO XV, col. 723. 깔뱅은 신비를 강력하게 표현하기 위하여 '*consortium*'이나 '*societas*'와 같은 단어들은 충분치 않다고 말한다. 깔뱅이 사용하기를 가장 좋아하는 단어는 '*unitas*'(하나됨)라는 단어이다. "하나됨(*unitas*)을 통하여 하나님의 아들은 우리를 그의 몸 안으로 접붙이신다. 그 결과 그는 그의 모든 것을 가지고 우리와 교제하신다. 그리고 그 결과 우리는 그의 혈육으로부터 생명을 길러 올린다. 그러므로 그것은 우리의 양식을 위하여 부당한 것이 아니다. 어떤 방법으로 이것이 일어나는가? 나는 이것이 나의 이성의 범위를 넘어서는 것이라는 사실을 고백하지 않을 수 없다."

214) 깔뱅은 그리스도의 "우리 안에"(in nobis)라는 개념을 "우리 밖에 있는"라는 개념을 결합시켜, 전자를 희생시키지 않으면서도 후자를 보호하는 생각을 가졌다. 깔뱅은 「기독교강요」에서 오시안더(Andreas Osiander)의 개념을 강력하게 반대했는데, 그는 베르미글리(Petrus Martyr Vermigli)에게 보낸 편지에서 오시안더를 진저리나는 혼합쟁이(crassa mixtura)로 전형화 했다. 참고, W. Kolfhaus, op. cit., 27f.; M. J. Arntzen, *Mystieke rechtvaardigingsleer. Een bijdrage ter beoordeling van de theologie van Andreas Osiander*, Kampen 1956. 오시아더의 개념에 대한 한 예를 Arntzen은 한 설교에서 다음과 같이 소개한다. "하나님의 아들이 우리 안에 오셨고, 여전히 지금도 매일 매일 우리 안에 오신다. 그 결과 그리스도는 그의 신성에 따라 우리의 생명, 의, 거룩성이 되시고, 그 결과 우리의 몸은 성전이 되었다." Arntzen는 여기에 다음의 말을 첨가한다. 우리는 위에 있는 표현들에 주의를 기울일 경우, 깔뱅이 그리스도와 신자들의 완전한 연합에 대하여 말했다는 사실을 완전히 이해할 것이다."(44) E. Hirsch, *Die Theologie des Andreas Osiander und ihre geschcichtlichen Voraussetzungen*, Göttingen 1919, 73: "Trotz der überreichlich gegeben Nachweise, trotz der groß en Abhängigkeit, in der Osiander steht, es ist nicht zu verkennen, daß seine Meinung von der Gerechtigkeit Christi und Gottes sich nicht in allen Einzelheiten mit der Luthers deckt." G. Zimmermann은 루터에 대한 오시안더의 인용이 정당하다고 말한다. "that there is a convergence between Luther's and his theory of justification." G. Zimmermann, "Die Thesen Osianders zur Disputation 'de iustificatione'." in: *Zeitschrift für theologische Forschung und kirchliche Lahre* 33(1987), 224-244.

신비적 연합(unio mystica)의 신비를 합리주의화하거나 도덕주의화하는 잘못에 빠지지 않으면서, 깔뱅은 신비적 연합의 실재성을 올바르게 유지하기를 원했다.215) 그 결과 깔뱅은 그의 신학의 중심적 내용을 도덕주의와 합리주의로부터 보호하기를 원했다. 깔뱅은 잘못된 개념에 반대하면서 그리스도와의 연합의 영광스런 실재성으로 인해 조금도 그리스도와의 신비적 연합 개념을 훼손시키지 않았다.216)

깔뱅에게도 역시 그리스도와의 연합에 대한 이런 개념으로부터 성서에 대한 그의 이해에 나아가는 선(線)들을 그릴 수가 있다. 깔뱅에게도 역시 성서에 대한 가장 깊은 신비는 우리 안에서 그리고 우리에 대하여 그의 성령을 통하여 그리스도의 실제적인 활동의 기적으로 파악되는 것이다.217)

그리스도와의 신비한 연합에 대해 깔뱅이 말하는 것은 구원의 본질과 구원의 적용에 대한 그의 개념을 전적으로 규정한다. 깔뱅의『기독교강요』(1559) 제III권은 깔뱅의 신학의 핵심을 이룬다. 제III권으로부터 우리는 우리로부터 멀리 계시지 않고, 우리 안에 거하시면서 우리 안에서 일하시는 그리스도 안에서 핵심을 발견한다. 구원은 깔뱅에게서 신비적 연합(unio mystica)의 표징 안에 서 있다.218)

---

215) CO XLVII, col. 331 : "Sacra et mystica unio."
216) J. Pannier, *Témoigage du Saint-Esprit. Essai sur l'histoire du dogme dans la théologie réformée*, Paris 1893; C. Lelièvre, *'La Maîtrise de l'Esprit'. Essai critique sur le principe fondamental de la Théologie de Calvin*, Cahors 1901; S. van der Linde, *De leer van den Heiligen Geest bij Calvijn*, Wageningen 1943, 95ff.; W. Krusche, *Das Wirken des Heiligen Geistes nach Calvin*, Göttingen 1957, 140ff.; 266ff.; Morii Makoto, *La notion du Saint-Esprit chez Calvin dans son développement historique*, Diss. Strasbourg 1961, 89ff.; J. Jong-Chun Won, *Communion with Christ: An Exposition and Comparison of the Doctrine of Union and Communion with Christ in Calvin and the English Puritans*, Diss. Westminster 1989; O. Gründerler, "Ingrafting in Christ," in: E. R. Elder, *The Spirituality of Western Christendom*, Kalamazoo 1976, 169-187; D. E. Tamburello, *Christ and mystical Union: A Comparative Study of the Theologies of Bernard of Clarvaux and John Calvin*, Diss. Chicago 1990, 164-203.
217) 깔뱅이 어느 정도 비슷한 용어를 사용하면서 우리로 하여금 성서를 하나님의 말씀으로서 결정적으로 이해하게 하는 성령의 내적 조명에 대하여, 신앙의 성격에 대하여, 성령의 인치심에 대하여, 성령을 통한 그리스도인의 마음 안에서의 성령의 내주에 관하여 너무나도 자주 말하는 것이 분명하다.

깔뱅에게서 교회는 무엇이며, 영성은 무엇인가? 만약 우리가 그리스도와의 교제(koinonia)를 성도들의 교제 없이 결코 파악될 수 없다는 생각을 그리스도와의 연합 사상과 떼어서 생각할 경우, 종교개혁자 깔뱅이 교회에 대하여 기술하고 있는 모든 내용이 생명이 없는 것이 되고 말 것이다. 사람은 그리스도의 교회 안으로 연합되고, 그 결과 그리스도와 접붙여진다. 그리고 사람은 모든 다른 지체들과의 교통(제)이 없이는 그리스도 안에 결코 접붙여질 수가 없다.[219]

이것은 그리스도에게 완전히 전향된 것으로서의 깔뱅의 경건을 각인하는 동시에 교회론적인 관점을 예시해준다. 그리스도로부터 나와서, 성령을 통하여 그리스도로부터 살고, 실재적인 성장 안에서 그리스도에게로 인도된다.

이 마지막 내용은 그리스도의 몸으로서 그리고 성도들의 교제로서의 교회와의 결속성의 사고로부터 결코 분리될 수가 없다.[220] 깔뱅에게 은혜 안에서의 성장은 오직 그리스도만 그리고 전적으로 그리스도에 대한 지식 안에서의 성장과 동일하다. 이런 사상이 바로 "깔뱅적인" 것이며, "개혁교회적인" 것이며, "성서적인" 것이다. 그러므로 이것은 성경주석자 깔뱅의 중심 사상이며, 개혁전통의 특징화된 소유이다. 루터에게는 십자가에 못박힌 그리스도 안에서 참된 신학을 말할 수 있다면,[221] 깔뱅에게도 동일하지만, 그러나 깔뱅과 부처에게서는 십자가에서 그리고 십자가를 통하여 그리스도의 고양(高揚)이 완전한 강조점을 얻게 된다.[222]

---

218) 깔뱅은 연대적인 것이 중요할 때조차도 구원의 순서(ordo salutis)에 대하여 거의 언급하지 않는다는 사실이 놀랍다. 왜냐하면 모든 구원은 그리스도의 인격과 그의 모든 유익들(복들)과의 연합 안에 있기 때문이다.

219) 그리스도 안에로의 접붙임은 깔뱅에게는 교회론적인 범주이다. 그리스도의 신비적인 몸이 교회와 성찬의 관점으로부터 결코 떨어져서 생각될 수가 없다.

220) 이런 요소들이 깔뱅의 영성에 대한 다음의 연구들 속에서 너무나도 많이 누락되었다. L. J. Richard, The Spirituaity of John Calvin, Atlanta 1974; W. J. Bousma, "The Spirituality of John Calvin," in: J. Raitt(ed.), Christian Spirituality, High Middle Ages and Reformation, London 1987, 318-333.

221) 『하이델베르크 논쟁』제XX논제, Studienausgabe, 208: "참된 신학과 하나님에 대한 지식은 오직 십자가에 못박히신 그리스도 안에 있다."

4. 다른 개혁파 종교개혁자들

우리는 부처와 깔뱅으로부터 『도르트신조』에 이르는 계보가 고전(古典) 개혁파 신학을 형성하고 있다고 말할 수 있을 것이다. 다시 말하면, 부처와 깔뱅의 뒤를 잇는 개혁파 종교개혁자들로서는 베르미글리(Petrus Martyr Vermigli, 1500-1562), 자키우스(Hieronymus Zanchius, 1516-1590), 베자(Thodore Beza, 1519-1605), 우르시누스(Zacharias Ursinus, 1534-1583), 올레비아누스(Caspar Olevianus, 1536-1587) 등이 있다.

베르미글리는 바울의 표현인 "그리스도 안에"에 대하여 주해(註解)할 때, 그리스도의 연합에 관하여 언급했다.[223] 그리스도 안에 있는 자는 누구든지 이 연합의 힘에 의하여 그리스도에게 고유한 본성, 특징 그리고 영적인 성향에 참여 한다. 베르미글리는 그리스도와의 교제(communio)를 그리스도에로의 접붙임(institio)의 결과로 간주한다. 베르미글리는 이런 사상을 우리가 그리스도와 함께 가지고 있는 연합뿐만 아니라, 우리가 교회와 교회 안에 있는 성도의 교제와 가지고 있는 연합과 밀접하게 연결시킨다.[224] 베르미글리는 영국 옥스퍼드(Oxford)에서 개최되었던 성찬의 의미에 관한 논쟁 속에서 이 문제를 더욱 심도 있게 논의했다. 그리스도와의 연합은 신앙을 통한 칭의에서 중심 사상으로 작용하고 있다.[225]

---

222) J. Calvin, 『요한복음주석』, 요12:32절: 죽음은 "지상에서 천국으로 들림 받는 새로운 방법이다."
223) P. Martyr Vermigli, *Loci communes*, Heidleberg 1622, 395. 이 부분은 베르미글리의 로마서 8장 1절에 대한 주석으로부터 가져온 내용이다.(*In Epistolam S. Pauli Apostoli ad Romanos*, Bazel 1558, 270. 베르미글리는 모든 사람들에게 고유한 연합(교제)에 관하여 말한다. 왜냐하면 그리스도께서 인간성을 받아들이심으로써 모든 인간들과 결합되어 있기 때문이다.(*quia suscepit humanam naturam, cum omnibus hominibus coniunctus est*) 그러나 이런 연합은 일반적이며 약하다. 성령의 특별한 역사가 우리를 그리스도와 연결시키신다. 그 결과 우리도 역시 그의 성품을 받아들인다. 바울은 '*insitio*'라는 개념을 가지고 이 연합을 표현했다. 결혼 안에서의 연합의 표상(表象)처럼, 포도나무와 가지에 대한 표상이 여기에서도 적용된다. 우리는 그리스도의 생명으로 인도된다. 그러므로 그리스도 안에 있는 사람은 누구든지 어떤 심판과 저주도 두렵지 않다.
224) P. Martyr Vermigli, *Loci communes*, Heidleberg 1622, 395ff.
225) P. Martyr Vermigli, *Loci communes*, 664; "The Oxford Disputation and Treatise,"(1549), in: J. C.

자키우스는 우리가 그리스도와 가지는 교제(koinonia)에 대하여 더욱 강력하게 언급한다. 그는 그리스도와의 연합을 구원의 적용 안에서 중심 사상의 위치를 둔다. 화해, 구원과 생명은 오직 그리스도 안에서만 놓여 있다.226) 구원의 배분은 그리스도와의 필수불가결한 하나됨과 교제를 통해서 이루어진다. 이것이 자키우스에게 매우 중요한 관점이었다는 것은 다음의 사실을 통해서 잘 알 수 있을 것이다. 왜냐하면 그는 신비적 연합(unio mystica)의 개념을 명료화하기 위해 더욱 자세한 해설들을 첨가하고 있기 때문이다.227) 자키우스가 이 같은 신비적 연합에 대한 그의 신앙고백을 하였을 때, 루터주의자들은 여기에 대한 많은 반박을 했기 때문에, 그는 그리스도와의 신비적 연합에 대한 구체적인 설명의 필요성을 더욱 느꼈던 것이다.

베자와228) 우르시누스의 경우,229) 그리스도와의 연합에 대한 그들의 언급

McLelland and G. E. Duffield, *The Life, Early Letters & Eucharistic Writings of Peter Martyr*, Appleford 1989, 111–285; J. C. McLelland, *The Visible Words of God, An Exposition of the Sacramental Theology of Peter Martyr A. D. 1500–1562*, Grand Rapids 1957, 160ff.

226) H. Zanchius, *De religione christiana fides*, Neustadt 1586, 59–72. 자키우스는 "*unitio ac koinonia*"에 대하여 언급하는데, 이것을 통하여 구원의 적용(분여) 또는 분배(*dispensatio*)가 그리스도 안에서만 있는 구원과 생명이 일어난다. 그리스도로부터 우리에게 구원과 생명이 배분되고, 그리스도와 하나가 되는 모든 사람들의 소유가 된다. 그리스도에게 접붙임 받고, 그리스도와 참된 일치로 연결된 모든 사람들에게 구원이 분배(적용)된다. 만약 그리스도께서 자신을 우리와 하나가 되게 하시지 않을 경우, 우리는 그리스도와 결합될 수가 없다. 그리스도는 성령을 통하여 자신을 그의 인간성 안에 있는 우리의 인간성과 하나가 되게 하셨다. 그것은 성령의 사역이다. 이 동일한 성령에 의하여 우리는 그리스도와 연합된다. 그 결과 성령께서 우리 마음 안에서 활동하시고, 우리를 그리스도 안으로 합체시키신다. 우리는 또한 이런 하나됨은 신앙을 통해서 일어난다고 말할 수가 있다. 그러나 여기서 중요한 것은 오직 성령과 우리의 믿음을 통하여 일어나는 근본적인 하나됨이 중요하다. 여기서 자키우스가 모든 신자들의 전체로서 간주했던 새 사람이 생긴다.

227) H. Zanchius, *De religione christiana fides*, 231ff. 여기서 자키우스는 Cyrillus의 『요한복음 주석』이 여기에 대한 최선의 해석임을 말하면서, 이 개념을 위하여 참고하도록 권장하고 있다.

228) Th. Beza, "Explicata Cyrilli sententia de communicatione et vivificatione carnis Christi," in: Th. Beza, *Tractationum Theologicarum*, vol. II, 3–30; Th. Beza, "Diallacticon viri boni et literati, de Veritate, Natura qtque Substantia corporis et sanguinis Christi in Eucharista," in: Th. Beza, *Tractationum Theologicarum*, vol. II, 33–53; Th. Beza, *Quaestionum et responsionum christianarum*, Pars I, Genève 1601, 52–54, 668ff.

229) Z. Ursinus, *Opera Theologica* I, Heidelberg 1612, col. 262; II, col. 1187f., 1285, 1289. 우르시누스의 경우에도 Cyrillus에 대한 강력한 참조가 나타나고 있다.

에서 성찬논쟁으로부터 시작된 강력한 접근 방법이 발견된다. 그러나 올레비아누스의 경우는 논쟁점이 어느 정도 약화되어 있다.[230] 그러나 그리스도와의 연합의 문제는 성찬론의 논쟁에서 더욱 부각된 문제지만, 그럼에도 불구하고, 개혁교회의 영성이 더욱 분명하게 나타나는 주제임에는 틀림없다.

5. 결론

우리는 한국교회의 목회 현장과 선교 현장이 직면하고 있는 기독교 신앙의 정체성 문제와 실천적 윤리문제에서 나타는 양극화의 문제를 제기하면서 본 논문을 시작하였다. 성서적, 신학적 근거가 빈약한 맹목적 집단주의와 전체주의와 제도주의의 문제만큼이나 성서적, 신학적 기초를 상실한 개인주의와 신비주의는 오늘날 한국교회의 목회와 선교 현장은 물론 사회전반에서 독버섯처럼 퍼져나가고 있다.

이런 문제는 오늘날의 문제만이 아니라, 16세기 종교개혁 당시에도 일어난 문제였다. 종교개혁자들은 교황을 중심하여 계층 구조적으로 이루어진 교회 조직이 구원을 관리하고, 통제하는 병폐뿐만 아니라, 영적인 개인 신자가 하나님과 직접 대면하여 구원을 직접 받을 뿐만 아니라, 각 개인의 신앙경험이 구원을 매개시키는 신비주의적인 개인주의의 병폐를 목격하였다.

위의 두 진영의 병폐들에 맞서서 종교개혁자들은 "그리스도와의 신비적 연합"(unio mystica cum Christo)이라는 신학적 테마를 통해 제도주의와 개인주의를 극복할 수 있었다.

비록 루터는 독일 신비신학과 타울러 등의 영향을 받아 실존적 신앙의 시련

---

230) C. Olevianus, *De substantia foederis gratuiti inter Deum et electos itemque de mediis, quibus ea ipsa substantia nobis commucatur*, Genève 1585, 224ff., 401ff.; C. Olevianus, *In Epistolam D. Pauli Apostoli ad Ephesios Notae*, Ed. J. Piscator, Herbron 1588, 220ff.

들(Anfechtungen)의 요소를 받아들였지만, 현명하게도 신비주의와 자신을 구별할 줄 알았다. 루터에게 성서 말씀의 우월성과 신앙을 통한 칭의 사상이 그리스도와의 연합 사상과 밀접한 관계를 이루었다. 한 걸음 더 나아가 루터는 십자가신학을 붙잡고, 십자가에 못박힌 그리스도를 강조하였다. 그러나 루터의 경우 그리스도와의 연합 사상은 구원론뿐만 아니라, 교회론과도 밀접한 관계 속에 있었다.

부처와 깔뱅의 경우 십자가에 못박힌 그리스도보다는 십자가에서 고양된 그리스도가 강조점을 얻고 있지만, 그리스도와의 연합에 대한 이해에서는 본질적으로 루터와 동일했다. 그리스도와의 연합 사상은 강조점과 관심에서 강약의 차이가 날지라도, 그 이후 개혁파 종교개혁자들에게도 그들의 신학에서 큰 비중을 차지하고 깔뱅과 대동소이했다.

그리스도와의 연합 사상은 역사박물관에 보관해야할 고물(古物)이 아니라, 오늘날 21세기 한국교회의 목회와 선교현장에서도 충분히 활용할 수 있는 중요한 신학 유산이다. 오늘날 한국교회가 경건과 영성에 대한 지대한 관심을 보이는 것은 고무적인 일이며, 교회의 윤리 부재에 대한 자기반성 의식의 증가도 긍정적인 현상이다. 그러나 문제는 여기에 대응하는 교회와 신학의 처방 방법이다. 올바른 신학적, 성서적 근거도 없는 프로그램들을 개발하여 다시 중세의 로마가톨릭교회와 열광주의적 재세례파들이 제시한 것과 유사한 방법들을 제시하고 있다. 어떤 목회와 선교 현장에서는 획일주의적, 권위주의적인 가치와 제도가 지배하고 있는가 하면, 다른 목회와 선교 현장에서는 무절제와 방종이 지배하고, 영성과 경건 훈련이라는 미명하에 교회 공동체와 사회 공동체의 중요성을 망각하고, 신비주의적 개인주의를 조장하기도 한다. 우리는 개인과 공동체를 비롯하여 세계 모든 곳에 하나님의 말씀만이 최고의 권위로 인식되고, 그리스도만이 만왕의 왕으로 통치하시고, 성령께서 마음껏 운행하시도록 하며, 그리스도의 나라를 실현하기 위하여, 모든 종교개혁자들의 사상에서 중요한 위치를 차지했던 "그리스도와의 신비적 연합" 개념을 오늘날 21세기에도 충분히 활용할 수 있을 것이다.

종교개혁자들이 이해한 그리스도와의 연합 개념을 사용하여 우리는 로마가 톨릭교회와 재세례파에 반대하여 인간의 전제 통치로부터 교회와 신학을 해방시킬 수 있을 것이다. 그리스도와의 신비한 연합은 우리 자신의 실존 안에서 오직 그리스도에게만 그리고 전적으로 그리스도에게만 영광을 돌릴 수 있는 강력한 도구로 사용될 수 있을 것이다.

6. 참고문헌

김선권. "깔뱅의 교회론과 선교 – 그리스도와의 연합을 중심으로." 한국복음주의 조직신학회 편. 『조직신학 연구』 제21호(2014), 105-134.

노영상. "깔뱅 신학에 있어서의 '그리스도와 연합'과 '성화론' 사이의 관계." 장로회신 학대학교출판부(편). 「장신논단」제22집(2004), pp. 194-215.

문명선. "예수 그리스도와의 교재로 이끄는 성령의 사역." 한국칼빈학회(편). 「칼빈연 구」제7집(2010), pp. 9-27.

최윤배. "깔뱅의 경건으로서 영성." 장로회신학대학교출판부(편). 『개혁교회의 경건론 과 국가론』. 서울: 장로회신학대학교출판부, 2007, pp. 58-107.

Kolfhaus, Wihelm. *Christusgemeischaft bei Johannes Calvin*. Buchhandlung des Erziehungsvereins Neikirchen Kr.: Koers, 1939.

Kolfhaus, Wihelm. *Vom christlichen Leben nach Johennes Calvin*. Buchhandlung des Erziehungsvereins Neikirchen Kr.: Koers, 1949.

Lelièvre, C. *'La Maîtrise de l'Esprit'. Essai critique sur le principe fondamental de la Théologie de Calvin*. Cahors 1901.

Metzger, G. *Gelebter Glaube. Die Formierung reformatorischen Denkens in Luthers erster Psalmenvorlesung*. Göttingen 1964.

Niesel, Wilhelm, *Gemeinschaft mit Jesus Christus: Vorträge und Voten zur Theologie, Kirche und ökumenischen Bewegung*. München: Chr. Kaiser Verlag, 1964.

Pannier, J. *Témoigage du Saint-Esprit. Essai sur l'histoire du dogme dans la théologie réformée*. Paris 1893.

Pauck, A.(Hrg.) *Realencyklopädie für protestantische Theologie und Kirche. Band*
XIII (Leipzig, 1903).

Vermigli, P. Martyr. *Loci communes. Heidleberg* 1622, 395ff.

Zanchius, H. *De religione christiana fides*. Neustadt 1586, 59-72.

IV. 예정론[231]

1. 서론

많은 깔뱅 연구가들은 깔뱅의 예정론[232]과 섭리론[233]의 발전에 대한 정확

231) 최윤배, "논의 중에 있는 깔뱅의 예정론," 「현대와 신학」제25집(200), pp. 318-333에 게재된글, 참고, Yoon-Bae Choi, De verhouding tussen pneumatologie en christologie bij Martin Bucer en Johannes Calvijn (Proefschrift, Univ. Apeldoorn), Leiden 1996, pp. 88-119; 김종희, "칼빈의 관점에서 본 타락전 · 타락후 예정론 논쟁," 한국칼빈학회편, 「칼빈연구」 창간호(2004), pp. 167-188.

232) H. Berger, Calvins Geschichtsauffassung, Zürich 1955; J. Bohatec, "Calvins Vorsehungs lehre," in: J. Bohatec (편집), Calvinstudien: Festschrift zum 400. Geburstag Johann Calvins, Leipzig 1909, S. 339-441; P. É. de Peyer, "Calvin's Doctrine of Divine Providence," in: EvQ 10 (1938), pp. 30-44; W.-A. Hauck, Vorsehung und Freiheit nach Calvin, Gütersloh 1947; P. Lobstein, La conaissance religieuse d'après Calvin: Etude d'histoire et de dogmatique, Paris/Lausanne 1909; idem, Etudes sur la pensée et l'oeuvre de Calvin, Neuilly 1927, pp. 113-153; R. Stauffer, Dieu, la création et la providence dans la prédication de Calvin, Bern/Frankfurt a. M./Las Vegas 1978; H. Strohl, "La Pensée de Calvin sur la Providence divine au temps oú il était réfugié à Strasbourg," in: RHPhR 22 (1942), pp. 154-169; S. van der Linde, "Calvijn over het kennen van God volgens boek I en II van zijn Institutie," in: TR 13 (1970), pp. 3-14; J. van Genderen, Geloofskennis en geloofsverwachting, Kampen 1982; G. Vicent, "Discours et Doctrine: Modalités de l'affirmation calvienne de la providence," in: W. H. Neuser (편집), Calvinus Ecclesiae Custos, Frankfurt a. M./Bern/New York/ Nancy 1984, pp. 197-207; B. B. Warfield, "Calvin's Doctrine of the Knowledge of God," in: idem, Calvin and Calvinism, New York 1931, pp. 27-130.

233) K. Barth, KD II/2, S. 92s; P. Barth, "Die biblische Grundlage der Prädestinationslehre bei Calvin," in: EvTh 5 (1938), S. 159-182; L. Boettner, The Reformed Doctrine of Predestination, Grand Rapids/Michigan 1948; H. Buis, Historic Protestantism and Predestination, Philadelphia/Pennsylvania 1958; C. Graafland, Van Calvijn tot Barth: Oorsprong en ontwikkeling van de leer der verkiezing in het Gereformeerd Protestantisme, 's-Gravenhage 1987; F. H. Klooster, Calvin's Doctrine of Predestination, Grand Rapids/Michigan 1961; E. Kähler, "Prädestination," in: RGG³ V, S. 483-487; J. Köstlin, "Calvin's Institutio nach Form und Inhalt, in ihrer geschichtlichen Entwicklung," in: ThStK (1868) Gotha, S. 468; H. Otten, Calvins theologische Anschauung von der Prädestination, München 1938; A. Lecerf, "La prédestination d'après Calvin," in: Études Calvinistes, Paris: Delachaux et Niestle 1949, pp. 25-31; R. J. Mooi, Het kerk-en dogmahistorisch element in de werken van Johannes Calvijn, Wageningen 1965, pp. 30f, 49f, 148f, 172f, 186f, 265f, etc.; R. A. Muller, Christ and the Decree: Christology and Predestination in Reformed Theology from Calvin to Perkins, Grand Rapids/Michigan 1988; G. Oorthuys, De leer der praedestinatie, Wageningen 1931; J. K. S. Reid, "Office of Christ in Predestination," in: SJTh 1

한 이해에 도달하기 위해서 많은 노력을 하였다. 이 문제가 취급된 깔뱅의 다양한 작품들로부터 미루어 볼 때, 깔뱅은 시기에 따라서 그의 입장을 변화시킨 것처럼 보인다.[234] 특히 이런 현상은 계속 수정 증보된 그의 『기독교 강요』 속에서 두드러지게 나타난다. 우리는 본고에서 이 문제에 대한 전반적인 논의를 피하고, 많은 깔뱅 연구가들에 의해서 지금도 제기되고 있는 두 가지 질문에 우리의 주의를 집중시키기로 한다. 예정론은 깔뱅 신학에서 어떤 위치를 차지하고 있는가?[235] 깔뱅 신학에서 예정론과 섭리론은 어떤 관계에 있는가? 위의 질문들에 대한 대답들은 매우 다양하여,[236] 아직도 논의 중에 있다. 마지막으로, 우리는 예정론에 대한 관심을 중심으로 깔뱅을 대표적인 몇몇 종교개혁자들과 비교한 후 우리의 결론에 도달하고자 한다.

2. 본론

1) 깔뱅 신학에서 예정론의 비중과 교의학적 위치

종교개혁의 예정론에 대한 슈바이처(A. Schweitzer)의 '모든 프로테스탄

(1948), pp. 5–19; H. Visscher, Van de leer der praedestinatie bij Calvijn, Zeist 1931; H. Vogel-Dobbrikow, "Praedestinatio gemina: die Lehre von der ewigen Gnadenwahl," in: A. Lempp (편집), Theologische Aufsätze: Karl Barth zum 50. Geburtstag, München 1936, S. 222–242.

234) J.-D. Benoît (편집), Jean Calvin: Institution de la Religion Chrestienne III, Paris 1960, p. 404, 각주 1. 국내학자로서 이양호의 훌륭한 논의를 참고하시오. 이양호, 『칼빈: 생애와 사상』 (서울: 한국신학연구소, 2005), pp. 133–149.

235) J.-D. Benoît (편집), op. cit. I, p. 221, 각주 2; C. Graafland, Van Calvijn tot Barth, p. 5; J. T. McNeill (번역), Calvin: Institutes of the Christian Religon I, Philadelphia 1950, p. 197, 각주 1; O. Weber, Grundlagen der Dogmatik II, Neukirchen 1962, S. 473, 각주 1.

236) E. Emmen, De Christologie van Calvijn, Amsterdam 1935, p. 69: "Wie nadenkt over het theologisch gezichtspunt van de Christologie, ontmoet vanzelfsprekend het leerstuk der praedestinatie, waarin voor dezen hervormer stellig het hart der kerk klopt"; P. Jacobs, Prädestination und Verantwortlichkeit bei Calvin, Neukirchen 1936, S. 15–40과 69; J. Köstlin, op. cit., S. 427; H. Otten, op. cit., S. 7–15; R. Seeberg, Lehrbuch der Dogmengeschichte IV/2, Basel 1954⁴, S. 580s.

트 교회의 중심교리로서 예정 교리'라는 유명한 말은 자주 인용되고 있다.237) 이 후에 많은 신학자들은 슈바이처의 위와 같은 주장을 따랐다.238) 그러나 리츨(A. Ritschl)은 여기에 반대하여 예정론은 깔뱅의 속죄론의 중요한 부분일지라도, 깔뱅의 사상에 결정적으로 중요한 것은 아니다 라고 주장했다.239) 많은 신학자들은 이런 저런 근거를 통해서 예정론은 깔뱅 신학의 핵심이 아니라는 리츨의 주장에 동의한다.240) 예정론은 종교개혁에서 일반적으로 나타나는 교리라고 주장한 랑(A. Lang)의 주장에 우리는 동의할 수 있다.241) 한 걸음

237) A. Schweitzer, Die protestantischen Centraldogmen in ihrer Entwicklung innerhalb der Reformierten Kirche I, Zürich 1854, S. 55ss, cf. idem, Die Glaubenslehre der evangelischreformierten Kirche I–II, Zürich 1844–1845.

238) F. C. Baur, Lehrbuch der christlichen Dogmengeschichte, Darmstadt 1979³(Leipzig 1867); E. Doumergue, Jean Calvin: Les hommes et les choses de son temps IV, pp. 155, 354, 407; A.M. Hunter, The Teaching of Calvin: A Modern Interpretation, London 1950, pp. 93, 136; O. Ritschl, Dogmengeschichte des Protestantismus III, Göttingen 1926, S. 156–198; F. Schnabel, Deutschlands geschichtliche Quellen und Darstellungen in der Neuzeit I: Das Zeitalter der Reformation, Leipzig 1931, S. 51: "Calvins zentrales Dogma ist bekanntlich die Prädestination".

239) A. Ritschl, "Geschichtliche Studien zur Christlichen Lehre von Gott," in: Jahrbücher für Deutsche Theologie 13 (1868), S. 98ss, 108, 113s, cf. S. 67–133.

240) W. Niesel, Die Theologie Calvins, München 1957², S. 161: "Es schien so, als wäre die Calvinsforschung allmählich zu der Erkenntnis gelangt, daß die Erwahlungslehre nicht das Zentraldogma des Reformators sei, das alle anderen Lehren gründe oder zum mindesten durchdringe"; M. Scheibe, Calvins Prädestinationslehre: Ein Beitrag zur Würdigung der Eigenart seiner Theologie und Religiosität, Halle 1897, S. 103: "Zusammenfassend ist demnach zu sagen, dass innerhalb des theologischen Systems und der religiösen Gesamtanschauung Calvins die Lehre von praedestinatio duplex nicht die Zentralehre ... bildet", cf. S. 99; P. Wernle, Der evangelische Glaube nach den Hauptschriften der Reformation III: Calvin, Tübingen 1919, S. 403: "Man kann es nicht genug betonen: Der Prädestinationsglaube ist nicht entfernt das Zentrum des Calvinismus; er ist vielmehr die letzte Konsequenz des Gnaden- und Christusglaubens angesichts der rätselhaften Tatachen der Erfahrung".

241) A. Lang, Der Evangelienkommentar Martin Butzers und die Grundzuge seiner Theologie, Leipzig 1900 (Aalen 1972), S. 189: "Zunachst ist hervorzuheben, dass wie allbekannt, die Pradestination eine Gemeinlehre der Reformation war"; W. van 't Spijker, "Prädestination bei Bucer und Calvin. Ihre Beeinflussung und Abhängigkeit," in: W. H. Neuser (편집), Calvinus theologus, Neukirchen 1976, S. 100s: "Mit A. Lang kannn man die Prädestination 'eine Gemeinlehre der Reformation' nennen. 'Mit der Erneurung des Augustinismus wurde auch die Zurückführung des Heil auf die Erwählung allgemein übernomen.' Bucer hat denn auch in seinem Kommentar die Werke von anderen: Luther, Melanchthon, Zwingli, Oecolampadius, Bullinger und Bugenhagen benutzen können. Um so bemerkenswerter ist der selbständige Platz, den Bucer mit seinen Auffassungen

더 나아가서 우리는 보하텍크(J. Bohatec)와 함께 "예정론은 깔뱅에게 중요한 교리이지만, 결코 교의학적 출발원리라는 의미에서는 아니다."라고 말 할 수 있다.242)

예정론을 신학적 논의의 대상으로 삼지 않았던 멜란히톤(P. Melanchthon)과는 달리 깔뱅은 논쟁의 상대자들이 생길 때마다 예정론에 대한 관심을 증대시켰다. 깔뱅의 예정론에 대한 높아진 관심은 주로 교회론적, 목회 실천적 관심에서 비롯된 것이므로, 이를 근거로 예정론이 깔뱅의 사상의 중심부를 이루고 있다고 말할 수는 없다.243) 깔뱅의 1539년판 『기독교 강요』 속에서 예정론은 신앙에 관한 중요한 교리들 중에 하나이지만,244) 예정론이 그의 신학에서 중심적인 위치를 차지한 것은 아니었다.245) 이 같은 사상은 그의 『기독교 강요』(1559) 최종판 속에서도 그대로 나타난다.246) 깔뱅은 예정론을 취급할 때 소위 하나님의 주권성과 독자적 활동성이라는 사상으로부터 은혜의 선택을 구축하지 않고, 예정을 구원론의 한 부분으로 정초시켰다.247) 이 점에서 깔뱅

über die Prädestination unter dem Reformatoren einnimmt"; F. Wendel, Calvin: sources et évolution de sa pensée religieuse, Paris 1950, p. 202: "Dès ce moment, Calvin avait donc fait sienne la doctrine commune des réformateurs sur l'élection".

242) J. Bohatec, op. cit., S. 394, 414; 이형기, 『종교개혁신학사상』 (서울 : 장로회신학대학교 출판부, 1984), pp. 436-437.

243) F. Wendel, op. cit., p. 200: "Il est exact, en effet, que Calvin a attribué une grande importance à la predestination, sous sa double forme de l'élection et de la réprobation et qu'il n'a jamais partagé le point de vue d'un Mélanchthon qui estimait qu'il n'en fallait guère parler ... Ses premiers écrits ne contiennent pas encore d'exposé systématique du problème et si, par la suite et sous l'influence de saint Augustin et de Bucer, il lui a accordé une importance croissante, c'était plutôt sous l'empire de préoccupations ecclésiologiques et pastorales, que pour en faire le fondement principal de sa théologie".

244) CO 1, 864.

245) W. van 't Spijker, Teksten uit de Institutie van Johannes Calvijn, Delft 1987, p. 168: "Calvijn zag zich genoodzaakt om uitvoerig argumenten te wegen en te weerleggen. Zo heeft de apologie hier en daar een stempel op de behandeling gezet. Toch overtrekt men de zaak, wanneer gezegd wordt, dat dit leerstuk het hart van Calvijns theologie vormt. Het hart van zijn belijdenis is te vinden in de persoon, in het werk van Christus en in de gemeenschap met Hem. Zo alleen komt de verkiezing op een juiste plaats ten opzichte van de voorzienigheid, die haar centrum hier vindt".

246) OS IV 372(= Inst. 1559, III xxi 4).

은 부처와 완전히 일치한다.[248]

2) 깔뱅에게서 예정론과 섭리론의 관계

깔뱅에게서 예정론과 섭리론은 어떤 관계에 있는가?[249] '섭리'('pronoia'; 'providentia')라는 용어는 구약성서에 나타나지는 않지만, 전통적으로 사람들은 이 용어를 창세기 22장 8절과 관련시킨다. 신약성서에서 '섭리'('πρόνοια'; 'pronoia')라는 용어는 하나님과 관련하여 나타나지는 않지만, 사람들의 도움과 관련하여 사도행전 24장 3절에 나타난다. 하나님과 관련해서 성서 속에서 '섭리'라는 용어는 나타나지는 않지만, 내용적으로는 하나님의 보존하시

---

247) W. Krusche, Das Wirken des Heiligen Geistes nach Calvin, Göttingen 1957, S. 14; H. Otten, Calvins theologische Anschauung von der Prädestination, München 1938, S. 87: "Calvin ist bei seiner Behandlung des Prädestinationsproblems niemals von der Gotteslehre ausgegangen, so daß er etwa aus der Idee der Souveränität und Alleinwirksamkeit Gottes die Gnadenwahl konstruiert hätte, sondern die Prädestination ist für ihn ein Teil der Soteriologie"; C. Partee, Calvin and Classical Philosophy, Leiden 1977, pp. 135, 143; O. Weber, Grundlagen der Dogmatik II, Neukirchen 1962, S. 473s: "Ob diese wirklich Calvins 'Zentraldogma' gewesen ist, kann dahinstehen. Sicher ist, daß sie für ihn die Krönung der Soteriologie ist, und in dieser Hinsicht wie auch in seiner Argumentation ist er der getreue Schüler Augustins. Was ihn von diesem vor allem unterscheidet, ist zunächst der formale Rahmen, in dem nun die Erwählungslehre auftritt und ihren wohlüberlegten Platz findet".

248) W. van 't Spijker, "Prädestination bei Bucer und Calvin: Ihre gegenseitige Beeinflussung und Abhängigkeit," in: W.H. Neuser (편집), Calvinus Theologus, Amsterdam 1974, S. 104: "Aber abgesehen von diesen formellen Unterschieden fällt uns die materielle Übereinstimmung zwischen Bucer und Calvin auf. Zunächst muß man die soteriologische Ortsbestimmung der Prädestination beachten"; J. W. van den Bosch, De ontwikkeling van Bucer's praedestinatiegedachten vóór het optreden van Calvijn(Harderwijk : Boekdrukkerij Gebroeders Mooij, 1922).

249) P. Jacobs, Prädestination und Verantwortlichkeit, Neukirchen 1937, S. 67: "Es geht um die Frage, ob die Prädestinationslehre inhaltlich zur Providenzlehre gehört, ob die Prädestinationslehre ein Teil der Providenzlehre, ob die Providenzlehre ein Teil der Prädestinationslehre ist oder ob die beiden nichts miteinander zu tun haben"; C. Partee, Calvin and Classical Philosophy, p. 134: "God's care for believers is the basis of both the doctrines of providence and predestination. However it is not easy to specify the relation between the doctrine of providence and of predestination in Calvin's theology. The problem is whether predestination is an aspect of the doctrine of providence or whether providence a part of the doctrine of predestination or are they two similar but separate doctrines?"

고 다스리시는 하나님의 손길에 대한 기록이 여러 곳에 나타난다.(창50:20; 시33편; 마6:25-34; 행14:16f 등) 기독교적 의미에서 '섭리'라는 말은 예수 그리스도의 아버지께서 그의 창조를 순간마다 보존하시고('conservatio'), 당신의 계획에 따라서 다스리시는('gubernatio') 것을 뜻한다.[250] 때로는 섭리를 '일반섭리'와 '특별섭리'로 구별하기도 하고, 때로는 모든 것과 관계된 '일반섭리'('providentia generalis'), 하나님의 처분과 인간의 자유 사이의 관계 문제와 관련된 '특별섭리'('providentia specialis'), 선택하는 사랑과 관계된 하나님의 자녀들에 대한 하나님의 특별한 사랑과 관계된 '아주 특별한 섭리'('providentia specialissima')로 나누기도 한다.[251]

깔뱅의 예정론과 섭리론과의 관계 문제에서 야콥스(P. Jacobs)는 다음과 같이 부당하게 말했다. 그에 의하면, 깔뱅의 예정론과 섭리론은 초월적 관점에서 함께 속하기 때문에 서로 서로에게 속한다. 예정은 일종의 특별섭리라는 것이다. 형식적으로 예정은 섭리에 종속되고, 섭리는 예정의 목적 아래에 있다. 그러므로, 섭리는 사실적으로 예정에 종속된다.[252] 바르트(K. Barth)에게 있어서 섭리는 예정의 결정의 수행이다.[253]

우리가 볼 때 깔뱅은 예정과 섭리를 변증적으로 보는 위와 같은 입장에 반대하는 것 같다. 왜냐하면, 깔뱅은 내용적으로 예정론과 섭리론을 상호 구별하기 때문이다. 깔뱅에게서 예정론은 성령론 또는 교회론의 범주에서 구원론의 한 부분에 속한다. 깔뱅은 그의 논쟁서 『자유주의파에 반대하여』(Contre la secte des Libertins, 1545)에서[254] 섭리론과 관련해서 소위 '자유주의자들'(les libertins)과 논쟁하고 있다.[255] 여기서 깔뱅은 하나님께서 세 가지 방법으로

250) B. Wentsel, God en mens verzoend: Godsleer, mensleer en zondeleer: Dogmatiek deel 3a, Kampen 1987, pp. 531f.
251) J. van Genderen en W.H. Velema, Beknopte gereformeerde dogmatiek, p. 271.
252) P. Jacobs, op. cit., S. 69.
253) J. van Genderen en W.H. Velema, op. cit., p. 271.
254) CO 7, 186-248.

활동하신다고 주장하고 있다.256) 여기서 깔뱅은 특별히 특별섭리(providentia specialissima)와 예정(선택)을 구별하지만, 서로 분리시키지는 않는다. 결국 목적론적으로 볼 때, 구별된 세 분야들은 세 중심 원으로서 서로 서로에게 관계되고 있다.257) 이런 의미에서 '기독교 사회'('corpus christianum')가 점점

255) 이를 위해서 다음의 작품들을 보시오: R. C. Gamble(편집), Calvin's Opponents, New York/London 1992, pp. 206-259.

256) CO 7, 186: "Pour exprimer encore plus facilement que cela veut dire: ie dis que nous avons à considerer que Dieu besongne en trois sortes, quant au gouvernement au monde ... Premierement il y a une operation universelle, par laquelle il conduict toutes creatures, selon la condition et proprieté qu'il leur a donnée à chacune en les formant. Ceste donduicte n'est sinon ce que nous appellons l'ordre de nature"; "La seconde espece ou facon par laquelle Dieu opere en ses creatures, est qu'il les faict servir à sa bonté, iustice et iugement, selon qu'il veut maintenant aider ses serviteurs, maintenant punir les meschants, maintenant esprouver la patience de ses fideles ou les chastier parternellement"(idem, 187); "La troisiesme espece de l'operation de Dieu gist et consiste en ce qu'il gouverne ses fideles, vivant et regnant en eux par son sainct esprit"(idem, 190).

257) C. Graafland, Van Calvijn tot Barth: Oorsprong en ontwikkeling van de leer der verkiezing in het Gereformeerd Protestantisme, p. 7: "Wij zouden kunnen spreken van twee concentrische cirkels. De buitenste cirkel is die van de voorzienigheid, de binnenste die van de verkiezing. Zij hebben eenzelfde structuur. Zij bestrijken alleen een verschillend veld, het ene wijder dan het andere"; "Wel merken wij op, dat men hierbij te weinig aandacht heeft gegeven aan het teleologisch karakter van de structuur van Calvijn's theologie. Het algemene is niet alleen verbonden met het bijzondere, maar ook op gericht, vindt er zijn doel in. Zo is Gods scheppingshandelen gericht op Gods verlossingshandelen en zijn voorzienigheid dus op zijn verkiezing. Deze teleolgische tedens komen wij ook binnen de verkiezing zelf weer tegen. Gods algemene verkiezing is gericht op zijn particuliere verkiezing, hetgeen ook zo kan worden vertaald, dat het verbond gericht is op de verkiezing en de kerk gericht is op de verloren enkeling. Wij kunnen in dit verband hierop niet verder ingaan. Wij zien wel, dat Calvijn met name in verband met de theologische plaats van de verkiezing voortdurend en op een bewegelijke manier bezig is geweest en dat hij telkens opnieuw zich heeft afgevraagd, wat hij het zwaarste moest laten wegen"(idem, p. 8); W. Krusche, op. cit., S. 13: "Diese unterschiedenen Beriche verhalten sich zueinander wie drei konzentrische Kreise: der weiteste umgreift die ganze Schöpfung mit ihren Ordnungen und dem unbewußten animalischen Leben; der zweite, engere, das vernünftige Leben der Menschen mit seinen geschichtlichen Gestaltungen; der innerste Kreis ist der Bereich des geistlichen Lebens der Erwählten. Sie sind einander so zugeordnet, daß jeweils der äußere um des von ihm umschlossenen inneren Kreises willen da ist: der Kosmos ist um der Menschheit, die Menschheit um der Kirche willen da. Weil es der eine Heilige Geist ist, der hier wirksam ist, deshalb sind Natur, Geschichte und Heilsgeschichte teleologisch aufeinander bezogen"; W. van 't Spijker, Teksten uit de Institutie van Johannes Calvijn, p. 66: "Zo vormt Gods voorzienigheid naar Calvijns oordeel een dreivoudig werkterrein. Eerst is er zijn allesdragende kracht in de wetten van de natuur. Dan is er

더 붕괴되고 있는 시대에 깔뱅의 개념은 부처의 개념보다 더 많은 공간의 여지를 제공해 준다.258) 우리는 파티(C. Partee)의 다음의 말이 설득력이 있다고 생각한다. "우리는 위의 논의로부터 다음과 같은 분명한 결론을 내릴 수 있다. 세계에 대한 하나님의 통치와 그의 자녀에 대한 하나님의 돌보심에 대한 깔뱅의 이해는 서로 서로 밀접한 관계 속에 있고, 이것은 그의 신학에서 결정적으로 중요하다. 하나님의 사랑하시는 관심에 대한 기본적인 확신은 섭리론과 예정론에서 나타난다. 깔뱅은 보편 섭리와 특별섭리 그리고 일반 선택과 특별 선택을 취급할지라도, 철학자들과는 달리 그의 관점은 하나님의 돌보심의 특수성이다. 다시 말하면, 깔뱅은 하나님의 사역의 보편적 측면을 다루지만, 그의 관점은 하나님의 특별사역으로부터 온다".259) 이것은 깔뱅의 경우 하나님의 이중지식에도 해당된다. 깔뱅에게서 '하나님의 이중지식'(duplex cognitio Dei)은 일반계시와 특별계시를 뜻하는 것이 아니다. 두 가지 종류의 지식이 아니다. 타락 후 인간이 놓여 있는 상태는 오직 하나님에 관한 한 가지 지식만이 가능하다: 예수 그리스도의 면전에서 하나님에 대한 지식; 죄와 은혜의 경험 속에 있는 하나님과 인간에 대한 지식; 법과 복음에 대한 지식. 그러나 인간의 자기 지식과 함께하는 하나님의 이 한 가지 지식은 이중적으로 규정된다. 즉, 하나님의 이 한 지식은 우리의 창조주와 구속주로서의 하나님에 관한 지식을 포함한다. 그런데, 우리는 십자가의 설교를 통해서 비로소 올바르게 창조주

zijn goddelijke wil, die zich laat gelden in het denken en doen van alle mensen. En midden in de cirkel is er Gods bijzondere zorg voor de gelovigen, voor zijn kerk".

258) W. van t' Spijker, "Het koninkrijk van Christus bij Bucer en Calvijn," in: Theologia Reformata 34(1991), p. 225: "Hij had daartoe de mogelijkheid geschapen door zijn opvatting omtrent het werk van de Geest, waarin Calvijn drie cirkels onderscheidt. De meest ruime is die van het werk binnen de schepping. Daarop volgt die welke de ruimte afbakent voor de mensheid als zodanig. De binnenste cirkel betreft het werk van de Geest binnen het rijk van Christus. Zijn rijk komt. De overheidstaak bestaat in het scheppen van ruimte: humanitas en civilitas. Christus' rijk wordt gekend aan vroomheid en ware dienst van God. Calvijns conceptie bood meer ruimte dan die van Bucer, in een tijd waarin het corpus christianum meer en meer zou worden afgebroken".

259) C. Partee, op. cit., p. 135f.

와 창조를 알 수 있다.[260]

야콥스(P. Jacobs)는 깔뱅의 섭리론과 예정론의 발전과정을 네 단계로 나눈다.[261] 파티(C. Partee)는 『기독교 강요』의 여러 가지 판 속에서 섭리론과 예정론의 발전을 세 단계로 나눈다.[262] 깔뱅의 섭리론과 예정론은 실천적이고 변증적인(polemisch) 관점에서,[263] 본질적인 내용면에서가 아니라, 형태와 강조점에서 발전했다.[264] 깔뱅의 섭리론과 예정론은 그의 논쟁자들과의 논쟁 속에서 발전한다.[265] 섭리론과 관련해서 깔뱅은 이방 철학적인 섭리 개념과 소위 자유주의자들의 섭리 개념을 비판하고,[266] 예정론과 관련해서 멜란히톤(P. Melanchthon),[267] 로마가톨릭교회 진영(A. Pighius,[268] J.

260) W. van 't Spijker, Luther en Calvijn, pp. 31f, cf. E. A. Dowey, The Knowledge of God in Calvin's Theology, 1994² (1952); idem, "The Structure of Calvin's Thought as Influenced by the Twofold Knowledge of God," in: W. H. Neuser(편집), Calvinus Ecclesiae Genevensis Custos, Frankfurt am Main 1984, pp. 135–148; C. Graafland, op. cit., p. 8. 각주 8; T. H. L. Parker, The Doctrine of the Knowledge of God: A Study in the Theology of John Calvin, Edinburgh/London 1952; C. P. Venema, The Twofold Nature of the Gospel in Calvin's Theology: The 'Duplex Gratia Dei' and the Interpretation of Calvin's Theology, Princeton 1985; P. Wernle, Der evangelische Glaube: Nach den Hauptschriften der Reformatoren III: Calvin, Tübingen 1919, S. 393s.

261) P. Jacobs, op. cit., S. 61: "In der Entwicklung der Prädestinationslehre sind vier Etappen zu unterscheiden, die sich auf die acht systematische Behandlungen der Prädestinationslehre (die 5 Institutiorezensionen: 1536, 39, 43, 50, 59, die beiden Katechismen 1537, 45 und die Prädestinationsantwort an Pighius im Consensus 1552) vertelen: die Etappen 1536, 1537, 1539 (diese fällt mit der Behandelung im RM-Kommentar zusammen) und 1559".

262) C. Partee, op. cit., p. 136: "There are three discernible stages in Calvin's exposition of the doctrines of providence and predestination in the Institutes", cf. 1536년판, 1539년판과 1559년판.

263) E. Emmen, De Christologie van Calvijn, Amsterdam 1935, p. 69.

264) Cf. F. Wendel, op. cit., pp. 203f; C. Graafland, op. cit., pp. 25f.

265) C. Graafland, op. cit., pp. 25f; H. Otten, op. cit., S. 26: "Immerhin ist ihm die Lehre von der doppelten Prädestination ein wesentliches Stück evangelischer Heilserkenntnis, das er darum mit allem Nachdruck gegen katholische wie auch schwämerische Erweichungen verteidigt, durch die das sola gratia der Reformation aufgehoben wird".

266) Inst.(1536), in CO 1, 63(=OS I 75f); Contre la secte phantastique(1545), in: CO 7, 145–252, 특히 186–190.

267) Préface de la somme de Melanchthon(1546), in: CO 9, 847–850.

268) Defensio doctrinae de servitute humani arbitrii contra A. Pighium(1543), in: CO 6, 225–404, cf. CO 11, 515–517; De aeterna Dei praedestinatione(1552), in: CO 8, 249–366, cf. W. de Greef, Calvijn: zijn werk en geschriften, Kampen 1989, pp. 12, 143, 145–147; G. Melles, Albertus

Bolsec[269] 등)과 카스텔리오(Castellio)를[270] 비판한다.

예정론을 사변적인 관점에서 다루지 않고, 예정론의 교회론적, 목회적 관점에 주의를 기울인 아우구스티누스와 부처의 영향을 받을 뿐만 아니라,[271] 자신의 신앙체험과[272] 성서연구[273] 등을 통해서 깔뱅은 그의 예정론을 발전시켰

Pighius en zijn strijd met Calvijn over het liberum arbitrium, Kampen 1973; P. Pidoux, Albert Pighius de Kampen adversaire de Calvin: 1490-1542: Contribution à l'histoire de leur controverse sur les doctrines du libre arbitre et de la prédestination (Thèse), Lausanne 1932; L. F. Schulze, Calvin's Reply to Pighius, Potschefstroom 1971; idem, "Calvin's Reply to Pighius – a Micro and Macro View," in: W. H. Neuser(편집), Calvinus ecclesiae Genevensis custos, Frankfurt a. M. 1984, pp. 171-185; A. Pighius, De libero hominis arbitrio et divina gratia libri X(1542); W. van 't Spijker, "Albert Pigge over het geloofsbegrip van Calvijn," in: Theologia Reformata 36(1993), pp. 347-369.

269) Congrégation sur l'élection éternelle(1551; pub., 1562), in: CO 8, 85-140; Actes du procès intenté par Calvin et les àutres ministres de Genève a Jérome Bolsec de Paris(1551), in: CO 8, 141-248, cf. Ministri Genevenses (1551), in: CO 14, 202, CO 8, 205-208; Calvinus ministris Neocomensibus(1551), in: CO 14, 213f; W. de Greef, op. cit., pp. 47f, 53, 87, 109f, 146; P.C. Holtrop, The Bolsec Controversy on Predestination, from 1551 to 1555: The Statements of Jerome Bolsec, and the Responses of John Calvin, Theodore Beza, and Other Reformated Theologians I-II, Lewiston/Queenston/Lampeter 1993.

270) W. de Greef, op. cit., p. 165, 특히 각주 26-27를 참고하시오. 1557년초에 Castellio는 그의 익명의 작품에서 Calvin의 예정론을 공격한다. 여기에 대해서 Calvin은 1557년에 아래의 그의 작품에서 Castellio를 비판한다. Responses a certaines calomnies et blasphemes (1557), in: CO 58, 199-206, cf. Traité de la predestination éternelle de Dieu odieuse(1560)은 작품, Treze sermons traitans de l'élection gratuite de Dieu en Jacob et de reiection en Esau(1562), in: CO 58, 17-198 과 비슷하다. 이 두 작품은 소실되었지만, Calvin의 라틴어번역판이 보존되어 있다. Brevis responsio (1557), in: CO 9, 253-266; Calumniae Iho. Calvini de occulta Dei providentia. Ioannis Calvini ad easdem responsio(1558), in: CO 9, 269-318.

271) J.-D. Benoît(편집), op. cit. III, p. 408, 각주 1과 4; E. Doumergue, op. cit. IV, pp. 406f; J. B. Mozley, A Treatise on the Augustian Doctrine of Predestination, New York 1878², pp. 267, 각주 21, pp. 393f; J. Pannier (편집), Jean Calvin: Institution de la Religion Chrestienne, Paris 1938, p. 293; A. Lang, op. cit., S. 156-206; L. Smits, Saint Augustin dans l'oeuvre de Jean Calvin I, Assen 1957, pp. 45f, 61ff, 104f, 109; F. Wendel, op. cit., pp. 200, 202, 204; W. van 't Spijker, "Prädestination bei Bucer und Calvin," S. 98-102.

272) Inst. 1559, III 4,12,15; CO 8, 298f, cf. W. Balke, "The Word of God and Experientia," in: W. H. Neuser (편집), Calvinus Ecclesiae Doctor, Kampen 1978, pp. 19-31, 특별히 pp. 28-30; E. Doumergue, op. cit. IV, p. 437; K. Barth, Gottes Gnadenwahl, München 1936, S. 12s; J.T. McNeill, op. cit. II, p. 932, 각주 4.

273) J. T. McNeill, op. cit. II, p. 920, 각주 1: "Calvin argues from Scripture, with much aid from Augustine"; W. Niesel (op. cit., S. 164, 167)은 깔뱅의 예정론은 성서에 근거를 둘 뿐만 아니라, 기독론적이라고 말한다; C. Partee, op. cit., p. 141: "Calvin believes that his doctrine of predestination

다. 깔뱅은 바람직하지 않는 호기심에서 이루어지는 기독교 교리 연구에도 반대할 뿐만 아니라, 특별히 신자들에게 위로를 주는 기독교 교리의 한 부분에 대해서 침묵하는 것에도 반대한다.[274] 깔뱅은 예정론의 유익성과 예정론의 꿀맛 같은 열매에 대해서 말한다.[275]

3) 다른 종교개혁자들의 예정론에 대한 관심도

예정론과 섭리론과 관련해서 종교개혁자들을 상호 비교하는 것은 흥미로운 일일 것이다.[276] 1543년 2월에 깔뱅은 그의 논쟁서(Defensio doctrinae de servitute humani arbitrii contra A. Pighii, 1543)를 멜란히톤에게 보냈고,[277] 멜란히톤은 깔뱅에게 그 해 5월 11일에 회신했다.[278] 예정론에 대해서 침묵하는 문제에 대해서 깔뱅은 그의 작품, (Préface de somme de Melanchthon, 1546)에서 멜란히톤을 비판했다.[279] 이미 깔뱅의 『기독교 강요』 1539년판 속에서 예정론을 중심으로 다음의 문제들과 관련해서 깔뱅은 멜란히톤을 비판하고 있다: 하나님의 뜻과 하나님의 허락하심의 사이의 관계 문제,[280] 하나님의 동역자로서의 인간에 관한 문제,[281] 예정론에 관계된 본문

---

is Scriptural and Augustinian".

274) CO 1, 861-864, cf. OS IV 368-373(= Inst. 1559, Ⅲ xxi 1-4).

275) OS IV 369 (= Inst. 1559, Ⅲ xxi 1); OS IV 370.

276) E. Doumergue, op. cit. IV, pp. 404-410; A. Lang, op. cit., S. 158, 189; J. Pannier, op. cit. Ⅲ, pp. 293f; F. Wendel, op. cit., p. 202; W. van 't Spijker, "Prädestination bei Bucer und Calvin," S. 98-102.

277) CO 11, 515-517(= A.-L. Herminjard, op. cit. Ⅷ, pp. 286-288), cf. "Inter multas rationes quibus eo adductus fui,haec non postrema fuit quod SadoletumPighius delegerat nomine suas nugas venditaret"(CO11, 515), cf. CO 6, 225-404, 특히, 229 쪽; CO 11, 499(= A.-L. Herminjard, op. cit. Ⅷ, p. 285).

278) CO 11, 539-542 (= A.-L. Herminjard, op. cit. Ⅷ, pp. 341-344), cf. "Quod ad quaestionem de praedestinatione, habebam amicum Tubingae doctum hominem Franciscum Stadianum, qui dicere solebat, se utrmque probare, evenire omnia ut divina providentia decrevit et tamen esse contingentia, sed sese haec conciliare non posse" (CO 11, 541).

279) CO 9, 849.

280) CO 1, 873f(= OS IV 402 = Inst. 1559, Ⅲ xxiii 8).

들에 대한 해석의 문제 등.282) 1552년에 깔뱅은 교리와 가르침의 방법의 문제와 관련해서 자신과 멜란히톤 사이에 차이가 존재하고 있다고 말한다. 멜란히톤은 하나님의 비밀을 밑바닥까지 알아보려는 사람들의 지나친 호기심을 두려워한 나머지 성서가 말하고 있는 예정론에 침묵함으로써 너무나도 인간의 이성에만 호소하여 멜란히톤은 신학자라기보다는 차라리 철학자라고 깔뱅은 그를 비판한다.283) 깔뱅은 1559년판『기독교 강요』에서도 성서와284) 아우구스티누스를285) 인용하면서 멜란히톤를 비판한다. 깔뱅은 약속의 보편성(일반성)과 선택의 특수성의 문제,286) 선택과 유기 사이의 대비 문제,287) 하나님

---

281) CO 1, 879; OS IV 413(= Inst. 1559, III xxiv 3).
282) CO 1, 887f, cf. Inst. 1559, III xxiv 15f, 특히 OS IV 428(= Inst. 1559, III xxiv 16). P. Barth 등도 여기서의 논쟁은 Melanchthon 뿐만 아니라, Pighius와 Bolsec도 포함된다고 말한다. cf. CO 8, 112, 336f; CO 9, 292; CO 1, 888 (= OS IV 429 = Inst. 1559, III xxiv 17), CO 1, 887, cf. OS IV 431(= Inst. 1559, III xxiv 17).
283) W. de Greef, op. cit., pp. 47f; CO 14, 415-418.
284) OS IV 371f(= Inst. 1559, III xxi 3): "Sunt alii, qui, dum huic malo mederi volunt, tantum non sepeliri iubent omnem praedestinationis mentionem; sane a qualibet eius quaestione, non secus atque a scopulo, refugere docent ... Est enim Scriptura schola Spiritus sancti, in qua ut nihil praetermissum est scitu et necessarium et utile, sic nihil docetur nisi quod scire conducat"; J.-D. Benoît(편집), op. cit., p. 408, 각주 1: "Sans doute Calvin pense-t-il ici à Mélanchthon, ainsi qu'aux magistrats de Berne, désiereux d'éviter toute discussion relative à la prédestination. Peut-être aussi fait-il allusion à Zwingli, qui voulait qu'on ne prêchât sur ce sujet que rarement et avec réserve. Bucer, en revanche, était d'accord avec Calvin sur le tort qu'on ferait aux fidèles en se taisant de la prédestination : 'Satis constat illos nescire quid dicant, qui negant ista(la prédestination) palam praedicanda.' Bucer, Enarr. in Evang. 1536, p. 672"; "Calvin a souvent affirmé, et précisément à propos de la prédestination, que l'Ecriture nous révèle tout ce que nous devons savoir. Il écrit à Soci: 'Ego certe, si quis alius, semper a paradoxis abhorruit et argutiis minime delector. Sed nihil me unquam impediet quin profitear ingenue quod ex Dei verbo didici. Nihil in eius magistri schola nisi utile traditur. Illa mihi unica est, perpetuoque futura ratio, sapiendi regula : in simplici eius doctrina acquiescere.' O.C. XIV, 230. Bucer dit de même, toujours à propos de la prédestination : 'Quae praecipit nobis (Deus) atque consulit, ea debemus simpliciter amplecti, nusquam inquirere vel causam eorum quae jubemur, ultra eas quas Deus ipse verbo suo explicat, vel etiam congruentiam eorum cum aliis eius factis et dictis.' Metaphrases epist. Pauli, 1536, p. 399"(idem, 각주 4).
285) OS IV 370-373(= Inst. 1559, III xxi 2, 4).
286) OS IV 390(= Inst. 1559, III xii 10); OS IV 391(= Inst. 1559, III xxii 10, cf. Inst. 1559, III ii, 6, 7, 31); W. van 't Spijker, "Prädestination bei Bucer und Calvin," S. 94s: "Aber wie reimt sich nun die Partikularität der Erwählungsgnade mit der Universalität der Verheißungen? Melanchthon verzichtete mehr oder weniger auf das Erstere wegen des Letzteren. Einige Anabaptisten zogen

의 기뻐하심288) 등의 문제와 관련해서 멜란히톤을 비판한다. 신앙과 선택 사이의 관계 문제를 중심으로 깔뱅은 로마가톨릭교회를 비판할 뿐만 아니라, 멜란히톤을 비판한다.289) 『기독교 강요』 1539년판에서 깔뱅은 츠빙글리와 멜란히톤을 심하게 비판하지는 않았다.290) 1551년 12월에 불링거(H. Bullinger)는 깔뱅에게 예정론에 관계된 편지를 썼다.291) 깔뱅은 위의 편지에 대한 답장을 1552년에 했다.292) 이 편지 속에서 깔뱅은 불링거의 책(De providentia)을 비판하고 있다.293) 표현의 정도면에서 루터의 표현은 깔뱅보다 더 역설적이고, 덜 균형이 잡혔지만, 내용상으로 깔뱅은 에라스무스의 『자유의지론』(De servo arbitrio)를 반대하고 있는 루터와 일치하고 있다.294)

섭리론과 관련해서 깔뱅은 루터와 츠빙글리 중간에 서 있다. 루터는 그의 '노예의지'에서 '하나님의 모든 활동성'(alwerkzaamheid)을 아주 강력하게 말했지만, 츠빙글리는 1529년 마르부르크에서 행한 설교에서 심지어 유명한 이방인들에게조차도 미칠 수 있는 하나님의 지극히 선하심에 대한 전능성을 강조했다. 다시 말하면, 루터는 하나님의 모든 피조물에게 미치는 하나님의 일반적인 은혜인 섭리론을 희생하여, 하나님의 백성에게만 미치는 하나님의 특별한 은혜를 강조하였다면, 츠빙글리는 은혜의 보편성을 지나치게 강조한 나머지, 하나님의 백성에게만 미치는 은혜의 특수성을 희생시킬 위험에 빠졌다. 그러나

---

sich auf Kosten der Allgemeinheit der Verhei ß ungen zurück auf das Besondere der Gnade. Bei Bucer bleiben beide mehr oder weniger unausgeglichen nebeneinander stehen."

287) OS IV 393f(= Inst. 1559, III xxiii 1), cf. OS IV 394, 각주 1, 2.

288) OS IV 403f(= Inst. 1559, III xxiii 10).

289) OS IV 413(= Inst. 1559, III xxiv 3).

290) CO 1, 862(= OS IV 370 = Inst. 1559, III xxi 1); L. Smits, op. cit, I, p. 44.

291) Bullingerus Calvino(Tiguri 1 dec. 1551), in: CO 14, 214f, cf. OS IV 370, 각주 4; J. T. McNeill(편집), op. cit. II, p. 922, 각주 6.

292) Calvinus Bullingero(jan. 1552), in: CO 14, 251-254.

293) CO 14, 253.

294) W. van 't Spijker, Teksten uit de Institutie van Johannes Calvijn, p. 168; idem, Luther en Calvijn: De invloed van Luther op Calvijn blijkens de Institutie, Kampen 1985, pp. 32-34, cf. OS IV 369(= Inst. 1559, III xxi 1).

깔뱅은 섭리론과 예정론을 중심으로 루터와 츠빙글리의 편파성과 일방성을 피하고자 했다.295)

3. 결론

깔뱅신학에서 예정론은 후기 칼빈주의자의 교의학에서처럼 한 신학체계를 형성할 만큼 중요한 것은 아니었다. 그러나 깔뱅은 그의 당시의 몇몇 다른 종교개혁자들처럼 예정론 자체를 다른 교리들과 마찬가지로 가볍게 다루지는 않았다. 깔뱅에게 중요한 것은 성서에 계시된 하나님의 모든 진리에 대해서 하나님의 교회로서 우리는 침묵하거나 성서 이상으로 말해서는 안 된다는 것과 성서의 교리(진리)는 단순한 우리의 호기심에서가 아니라, 우리의 경건의 유익을 위해서 탐구되어져야 한다는 것이다.

깔뱅이 다른 종교개혁자들보다도 예정론에 더 많은 관심을 기울인 또 다른 이유는 그의 당시의 역사적인 정황 즉, 세르베투스(Servetus) 사건에서 비롯된다. 깔뱅의 예정론은 스콜라주의적 사변의 산물도 아니고, 우리가 침묵해야 할 하잘 것 없는 무관심의 사항이 아니라, 구원의 하나님에 대한 감사와 우리에게 주시는 하나님의 위로의 메시지로서 유익하고 꿀 같이 단 맛이 나는 교리이다.

깔뱅은 개혁파 정통주의자들처럼 예정론을 신론의 관점에서 다루지 않을 뿐만 아니라, 칼 바르트처럼 신론 또는 기독론의 관점에서 다루지도 않고, 구원론(교회론, 성령론)에서 다루었다.296) 깔뱅에게 섭리론과 예정론은 서로 다

---

295) W. van 't Spijker, Teksten uit de Institutie van Johannes Calvijn, p. 66, cf. J. Bohatec, "Calvins Vorsehungslehre," in: J. Bohatec (Hrg.), Calvinstudien: Festschrift zum 400. Geburtstag Johann Calvins, Leipzig 1909, S. 391-394; H. E. Weber, Reformation, Orthodoxie und Rationalismus I: von der Reformation zur Orthodoxie, Darmstadt 1966, S. 243s.

296) 최윤배, "개혁신학이란 무엇인가?," 평택대학교 편, 『논문집』 제2집 2호(1997), 66-67, 참고 김명용,

른 범주에 속한다. 그러나 깔뱅은 섭리론과 예정론을 내용적으로 상호 구별하면서도, 상호 밀접하게 결부시킨다. 섭리론은 모든 피조물에게 미치는 하나님의 보편적인 손길이라면, 예정론은 하나님의 백성(그리스도인과 교회)에게 미치는 하나님의 특수한 손길인 구원의 문제와 관련해서 다루어지고 있다. 깔뱅은 섭리론에서 하나님의 섭리의 세 가지 영역 즉, 우주, 인간, 교회에 대해서 말하고 있다.297) 그러나 섭리의 세 번째 영역으로서 교회를 지칭한 깔뱅의 의도는 교회가 섭리의 범주에 속한다는 뜻이 아니라, 예정론의 관점에서 하나님의 구원이라는 특별한 은혜에 참여하는 하나님의 백성에게 모든 피조물이 누리는 하나님의 보편적인 은혜가 제외되지 않을 뿐만 아니라, 오히려 하나님의 백성이 모든 피조물과 함께 누리는 보편적인 은혜는 하나님의 백성만이 누리는 특별한 구원의 은혜의 관점에서 비로소 올바르게 이해되고, 인식되고, 해석될 수 있다는 뜻이다.

우리는 본고의 성격상 지극히 제한적으로 깔뱅의 예정론을 중심으로 논의 중에 있는 몇 가지 문제들을 개략적으로 살펴보았기 때문에 깔뱅 자신의 예정론에 대한 전반적인 연구와 그의 전통을 잇고 있는 후대 개혁 교의학, 특히 개혁파 정통주의와 개혁파 신정통주의 그리고 현대 개혁파 교의학에서(예: H. Bavinck, K. Barth, J. Moltmann 등) 예정론이 어떻게 발전했는지에 대한 세밀한 분석과 여기에 대한 객관적 연구를 과제로 남긴다.298)

『현대의 도전과 오늘의 조직신학』 (서울 : 장로회신학대학교 출판부, 1997), pp. 62–83, 300–317; 현요한, 『성령, 그 다양한 얼굴』(서울 : 장로회신학대학교 출판부, 1998), pp. 212–218; L. Berkhof(권수경, 이상원 역), 『벌코프 조직신학 (상)』 (서울 : 크리스챤다이제스트, 1991), pp. 299–329.
297) CO 7, 186.
298) 참고, 김명용, 『칼 바르트의 신학』(서울: 이레서원, 2007), pp. 147–174; 김명용, 『현대의 도전과 오늘의 조직신학』, pp. 62–83.

V. 거듭난 그리스도인

1. 서론[299]

한국교회는 선교 2세기에 진입하여 4반세기를 눈앞에 두고 있다. 기독교역사와 기독교선교역사에서 유례없는 성장을 이룩한 한국교회가 한국사회로부터 불신과 외면 속에서 위기를 맞고 있다. 한국교회 내외로부터 한국교회에 대한 중요한 비판들 중에 하나는 한국교회의 윤리약화의 문제이다. 한국교회는 정직하지도 투명하지도 않고, 이웃에 대한 사랑이 빈약하다는 것이다.

한국교회에서 차지하고 있는 한국장로교회의 비중을 고려해 볼 때, 한국교회의 공과(功過)는 곧 한국장로교회의 공과라는 도식이 성립될 수 있을 것이다. 그러므로 한국교회의 위기의 극복은 한국장로교회의 위기의 극복으로부터 시작될 수 있을 것이다.

개혁교회의 신앙과 신학의 뿌리를 형성한 깔뱅탄생 500주년을 맞이하여 깔뱅의 윤리학의 중심을 차지하는 깔뱅의 인간 이해 중에서 중생한 인간으로서 그리스도인의 정체성과 사명에 대한 고찰은 한국장로교회와 한국교회의 윤리의 회복을 통해 한국교회의 위기 극복에 기여할 수 있을 것이다.

따라서 우리는 본고에서 주로 『기독교 강요』최종판(1559)을[300] 중심으로 깔뱅의 "중생한 인간"에 대하여 고찰할 것이다. 연구방법과 관련하여 주로 조직신학적 방법이 사용될 것이다.

깔뱅의 경우 모든 지혜는 하나님지식과 우리지식(인간지식)으로 구성되어 있다. 이 두 지식은 너무나도 밀접하게 연결되어 있기 때문에, 어느 쪽의 지식

---

299) 최윤배, "깔뱅의 인간 이해," 『조직신학연구』제13호(2010 봄 · 여름호), pp. 139-153에 게재된 글.
300) 깔뱅의 인간론에 대한 이수영의 간결하면서도 탁월한 논의를 참고하시오. 이수영, 『개혁신학과 경건』, pp. 120-125.

이 우선되는지 분별하기가 쉽지 않다.[301] 왜냐하면 깔뱅 자신이 어떤 때는 "우리에 대한 지식으로부터 하나님에 대한 지식이 나온다."[302]고 말하면서 도, 또 어떤 때는 "하나님에 대한 지식으로부터 우리에 대한 지식이 나온다." 고[303] 말하기 때문이다. 이에 관한 깔뱅의 말을 직접 들어보자.

> "우리가 갖고 있는 거의 모든 지혜, 곧 참되며 건전한 지혜는 두 부분으로 구성되어 있다. 그 하나는 하나님에 대한 지식이요, 다른 하나는 인간에 대한 지식이다. 그러나 이 두 지식은 여러 줄로 연결되어 있기 때문에 어느 쪽이 먼저이며, 어느 쪽의 지식이 다른 쪽의 지식을 산출해내는가를 알아내는 것이 그리 쉬운 일이 아니다."[304]

그러나 인간의 무지, 공허, 빈곤, 허약, 이보다 더한 것인 타락과 부패로 인하여 "인간은 분명히 먼저 하나님의 얼굴을 응시하고 나서, 다음으로 자신을 세밀히 검토하지 않는 한, 결단코 자신에 대한 참된 지식에 도달하지 못한다."고[305] 깔뱅은 말한다. 뿐만 아니라 하나님의 기준에서 보지 않으면, 인간의 불의, 더러움, 어리석음, 불결함이 완전히 드러나지 않으므로 인간은 자신의 의와 지혜와 덕에 만족할 것이라고 말하면서 이에 대한 논증을 욥의 이야기를 통하여 깔뱅은 다음과 같이 말한다. "하나님의 지혜와 권능과 순결을 표현함으로써 인간으로 하여금 자신의 어리석음과 무능력과 부패를 인식케 하는 가장 강력한 논증을 사용한다."[306]

비록 하나님에 대한 지식과 우리 자신에 대한 지식이 상호 밀접하게 연결되어 있다고 할지라도, 깔뱅은 먼저 전자에 대해서 논의하고, 다음에 후자에 대

---

301) John Calvin, 『기독교 강요』(1559), I i 1.
302) John Calvin, 『기독교 강요』(1559), I i 1.
303) John Calvin, 『기독교 강요』(1559), I i 2.
304) John Calvin, 『기독교 강요』(1559), I i 1.
305) John Calvin, 『기독교 강요』(1559), I i 2.
306) John Calvin, 『기독교 강요』(1559), I i 3.

해서 취급하는 것이 교육상 올바른 순서라고 말한다.307)

깔뱅에 의하면, 인간 지식은 두 가지인데, 타락 이전의 창조시의 인간지식과 타락 이후의 인간지식이다. 우선 타락 이전 창조시 인간지식은 인간이 무엇을 받았으며 창조주 하나님께서 인간에게 얼마나 관대한 호의를 계속하시는가를 생각하는데 있다. 그리고 두 번째 인간지식은 창조주 하나님의 명령을 불순종한 아담의 타락 이후에 죄 상태에 있는 인간의 처지를 생각하는데 있다.308) 우리는 창조시의 인간지식에 대해서 피조물로서 인간지식, 피조세계의 청지기로서 인간지식, 그리고 하나님의 형상으로서 인간지식과 죄인으로서 인간지식, 하나님의 형상이 훼손된 인간지식, 그리고 피조세계를 퇴락시킨 인간지식은 본고의 연구 대상에 제외되었다. 그러나 우리는 위에서 언급한 두 가지 인간 지식을 전제하고, 기억해야 할 것이다.

첫째로, 인간이 자신이 창조되었고, 귀한 천품을 받은 것에 대한 목적이 무엇인지 생각해야 한다. 이 지식에 힘입어 하나님께 대한 경배와 내세의 삶에 대하여 명상할 용기를 얻게 될 것이다. 둘째로, 인간 자신의 재능을, 아니 재능의 결핍을 깊이 생각해야 한다. 이 결핍을 알게 될 때 사람들은 극도의 정신적 혼란으로 땅에 엎드릴 것이며, 이른바 무(無)의 상태로 될 것이다. 첫째 점을 고려하면, 자기의 의무의 성격을 인식하게 되며, 둘째 점을 고려하면, 자기의 의무를 실천하려는 자신의 능력의 한계를 알게 된다.309)

우리는 본고에서 창조주 및 섭리주와 구속주 하나님 지식의 대칭인 인간지식을 성령의 역사로 신앙 안에서 중생된 인간, 성령의 역사로 하나님의 형상이 회복된 인간, 성령의 역사로 피조세계에 대한 청지기의 사명을 수행할 수 있는 인간, 그리고 성령의 역사로 하나님께 영광을 돌리는 인간지식으로 나눠서 논할 것이다.

---

307) John Calvin, 『기독교 강요』(1559), I i 3.
308) John Calvin, 『기독교 강요』(1559), II i 1.
309) John Calvin, 『기독교 강요』(1559), II i 3.

2. 거듭난 인간

1) 성령의 역사로 신앙 안에서 거듭난 인간

깔뱅은 요한복음 3장 5절에서 중생의 사역을 성령의 사역으로 주석한다. "예수께서 대답하시되 진실로 진실로 네게 이르노니 사람이 물과 성령으로 나지 아니하면 하나님 나라에 들어갈 수 없느니라." 이 구절로부터 깔뱅은 하나님 나라에 들어갈 수 있는 하나님의 자녀가 되기 위해서 인간은 다시 태어나야만 한다는 사실과 함께 이러한 가능성은 성령께서 두 번째 태어남의 창시자(저자)라는 사실에 근거한다고 생각한다.310) 이런 관점에서 깔뱅은 요한복음 3장에서 니고데모가 "사람이 늙으면 어떻게 날 수 있삽나이까 두 번째 모태에 들어갔다가 날 수 있삽나이까?"라고 예수께 질문했을 때, 5절에서 인간이 두 번째 태어날 때, 새로운 몸을 입는 것이 아니라, 인간이 성령의 은혜에 의해서 정신과 마음 안에서 새로워질 때, 비로소 인간이 거듭난다는 사실을 예수님께서 대답하고 있다고 말한다.311) "성령의 능력을 나타내기 위해서 물과 불이라는 단어를 첨가하는 것은 성령이 언급되어질 때, 성경에서 자주 그리고 일반적으로 사용되는 용법이다."312) 우리는 때때로 그리스도께서 성령과 불로 세례를 주신다는 사실을 듣게 되는데, 불은 성령과 같은 뜻을 의미하며, 성령의 능력이 인간 안에 있다는 사실을 보여준다. 요한복음 3장 5절에서 예수님은 물이라는 말을 사용하신 이유를 다음과 같이 말한다.

"그리스도께서 물이라는 말을 먼저 사용하신 것은 그렇게 중요한 것은 아니다. … 그리스도는 어떤 사람도 물로 거듭나기 전까지는 하나님의 자녀가 아니라는 사실과 이 물은 성령이며, 성령은 우리를 새롭게 씻어주며, 성령의 능력이

---

310) John Calvin, 『요한복음 주석』(영어판), p. 65.
311) John Calvin, 『요한복음 주석』 p. 65.
312) John Calvin, 『요한복음 주석』 p. 65.

우리에게 부음 바 되어, 자연적으로 태어날 때에는 완전히 불모지였던 우리에게 성령이 하늘의 생명의 힘을 우리에게 주신다는 사실을 말씀하셨다. … 그러므로 물이라고 하는 것은 성령을 통한 내적으로 정결케 함과 소성케 함을 뜻한다. … 그리스도께서 우리가 거듭나야만 하는 이유를 첨언하실 때는 물이라는 단어를 사용하지 않으신 것은 그리스도께서 요구하시는 생명의 새로움은 오직 성령으로 부터만 온다는 사실을 보여주신다."[313]

깔뱅은 그의 『요한복음 주석』에서 3장 6절, "육으로 난 것은 육이요 성령으로 난 것은 영이니"를 주석하면서, 인간이 자연적으로 태어날 때는 육적인 본성으로 태어나기 때문에 하나님의 나라에 들어가려면 반드시 성령으로 중생해야만 된다고 말한다. 여기서 '육으로 난 것'이란 말은 창조주 하나님에 의하여 창조된 피조물로서의 인간이 아니라 아담과 하와의 불순종 이후, 전적으로 타락한 인간을 뜻한다. 이 구절에서 인간이 영적이지 않으면, 하나님의 나라에 들어가는 것이 허락되지 않았다는 것을 강조하는데, 깔뱅은 그 이유를 다음과 같이 주석한다.

"우리 모두는 자연적으로는 하나님의 나라로부터 추방된 자들이며, 하늘의 생명을 박탈당한 자들이며, 죽음의 노예상태에 있는 자들이다. 게다가 인간은 오직 육적이기 때문에 거듭나야 한다고 그리스도께서는 주장하시는 것은 모든 인류가 예외 없이 육에 속하기 때문이다. 여기서 말하는 육은 몸만이 아니라, 영혼과 영혼의 모든 부분을 뜻한다. … 이제 인간 안에 남아 있는 유일한 하나님 지식은 우상과 각종 미신의 무서운 원천으로 작용한다. 한편으로, 사물을 취사선택하고 판단하는 힘은 한편으로는 눈멀어졌으며, 어리석게 되었고, 다른 편으로는 불완전하고 혼동되었다. 우리가 가지고 있는 모든 자원은 허무하고 쓸모없는 곳에 낭비되었고, 우리의 의지 자체는 악을 행하는 대로 충동적으로 달려가기에 바쁘다. 따라서 인간 본성 전체 안에 올곧은 것이라고는 한 점도 없다. 그러므로

---

313) John Calvin, 『요한복음 주석』 p. 65.

우리가 중생에 의해서 하나님의 나라에 들어가기 위해서 다시 창조되어야 함이 너무나도 자명하다. 그러므로 그리스도의 말씀이 뜻하는 바는 인간이 그의 모태로부터 육적으로만 태어났기 때문에 인간이 영적으로 시작하기 위해서 인간은 성령에 의해서 다시 태어나야만 한다는 것이다. 그리고 성령이라는 말은 여기서 두 가지 의미로 사용되었는데, 즉, 은혜라는 뜻으로 그리고 은혜의 효력이라는 뜻으로 사용되었다. 첫째로, 그리스도께서 하나님의 영이 인간의 순전하고도 올곧은 본성의 유일한 창조자(저자)시라는 사실을 우리에게 교육하시고, 둘째로, 인간이 성령의 능력에 의해서 거듭나야하기 때문에, 우리가 영적으로 되었다고 그리스도께서 말씀하신다."314)

이와 같이하여 깔뱅은 육적으로 난 인간은 인간의 몸뿐만 아니라 영혼 모두가 죽음의 노예상태에 있기 때문에 원래 창조된 인간의 모든 특성들이 제 기능을 할 수 없으므로 인간의 순전하고도 올곧은 본성의 유일한 창조자이신 하나님의 성령 하나님에 의하여 다시 태어나야 함을 강조한다.

깔뱅에 의하면, 창조주와 섭리주이신 하나님께서 그의 독생자이시며 구속주 하나님 예수 그리스도에게 주신 유익들과 축복들은 그리스도 자신을 위해서가 아니라, 빈곤하고 곤궁한 인간들을 부유하게 하기기 위함이었다. 그러면 인간들은 어떤 방법으로 이 유익들과 축복들을 받아서 누릴 수가 있는가? 깔뱅에 의하면, 인간은 성령과 성령의 은사인 신앙을 통해서 그리스도와 그의 유익에 참여할 수가 있음을 다음과 같이 설명한다.

"우리가 신앙으로 이것을 얻는 것은 사실이다. 그러나 복음을 통해서 제시된 것, 즉 그리스도와의 교제를 모든 사람이 무차별적으로 받아들이는 것이 아님을 볼 때, 우리는 더 높은 견지에서 성령의 신비한 역사를 검토하는 것이 이치에 맞는 일일 것이다. 왜냐하면 우리는 성령의 작용에 의해서 그리스도와 그의 모든 유익을 누리게 되기 때문이다."315)

---

314) John Calvin, 『요한복음 주석』 pp. 65-67.

예수 그리스도와 인간 사이에서 성령의 신비한 역사를 깔뱅은 베드로전서 1 장 2절과 고린도전서 6장 11절을 인용하면서 다음과 같이 말하고 있다.

"베드로가 말하기를 신자들이 '성령의 거룩하게 하심으로 순종함과 예수 그리 스도의 피뿌림을 얻기 위하여 택하심을 입은 자'라고 했다.(벧전1:2) 여기서 베 드로가 설명하려는 것은 그리스도께서 거룩한 피를 흘리신 것이 허사로 돌아가 지 않도록 하기 위해서 성령께서 비밀리에 물을 뿌려 우리의 영혼을 깨끗이 씻 으신다는 것이다. 같은 이유로 바울은 깨끗이 씻는 일과 의롭다 하시는 일에 대 하여 말할 때, 이 두 가지는 모두 '예수 그리스도의 이름과 우리 하나님의 성령 안에서' 우리가 얻게 된다고 한다.(고전6:11) 요약하면, 그리스도께서 우리를 자 신에게 효과적으로 연결시키시는 띠는 성령이다."[316]

이처럼 깔뱅은 "그리스도께서는 성령으로만 자신을 우리와 결합시키신다. 같은 영의 은혜와 능력에 의해서 우리는 그리스도의 지체가 되며, 그리스도께 서도 우리를 그 분 아래 두시고 보호하시며, 우리는 그리스도를 소유하게 된 다."고[317] 주장한다. 더 나아가 성령이 하시는 가장 중요한 일은 신앙을 불러 일으키는 것이다. 그래서 보통 성령의 능력과 역사를 표현하는 말들은 대체로 신앙과 관련이 있다. 성령께서 오직 신앙에 의해서 우리를 복음의 광명으로 인 도하시기 때문이다.

깔뱅은 '완전한 구원'은 그리스도에게서 발견되므로 인간도 그 구원에 참여 할 수 있기 위해서 그리스도께서는 우리들에게 '성령과 불로' 세례를 주시며 (눅3:16), 그의 복음을 믿는 신앙의 빛으로 우리를 인도하시며, 우리를 중생하 게 하셔서 새 피조물이 되게 하신다.(고후3:17) 그리고 인간에게 세상의 더러 운 것을 씻어 버리고, 깨끗하게 된 인간을 하나님의 거룩한 성전으로 성별하시

315) John Calvin, 『기독교 강요』(1559), Ⅲ i 1.
316) John Calvin, 『기독교 강요』(1559), Ⅲ i 1.
317) John Calvin, 『기독교 강요』(1559), Ⅲ i 3.

는(고전3:16-17; 고전6:19; 고후6:16; 엡2:21)"[318] 성령께서 인간을 중생시키는 영이기 때문에, 깔뱅은 성령을 '성결의 영'이라고 부르며,[319] '양자의 영'으로, 인간의 기업에 대한 '보증'과 '인'이라고 말한다.[320]

2) 하나님의 형상이 회복된 인간

성령께서 인간을 중생시키실 때, 인간은 하나님의 형상으로 회복된다. 회복되어져야 할 하나님의 형상의 내용은 무엇인가? 깔뱅은 에베소서 4장 24절을 인용하면서, 회복되어져야 할 하나님의 형상의 내용에 대해서 다음과 같이 말한다.

> "우리는 지금 바울이 중생에 대해서 주로 어떻게 이해하고 있었던가를 알게 된다. 그는 첫째로는 지식을 말하며, 둘째로는 순결한 의와 거룩함을 말한다. 여기서 우리가 추론할 수 있는 것은 하나님의 형상은 처음에는 지성의 빛과 마음의 바름과 모든 부분의 건전함에 뚜렷이 빛나고 있었다는 점이다."[321]

깔뱅에 의하면, 예수 그리스도는 하나님의 형상이므로 하나님의 형상의 회복은 기독론적 성격을 갖는다. "지금 우리는 그리스도야말로 하나님의 가장 완전하신 형상이라는 것을 알게 된다. 우리가 그 형상과 같게 될 때, 우리도 그와 같이 회복되어 참된 경건, 의, 순결, 지성에 이르기까지 하나님의 형상을 지니게 된다."[322]

하나님의 형상이 타락에 의해서 인간 안에서 파손되었기 때문에, 우리는 하

---

318) John Calvin, 『기독교 강요』(1559), Ⅲ i 4.
319) John Calvin, 『기독교 강요』(1559), Ⅲ i 2.
320) John Calvin, 『기독교 강요』(1559), Ⅲ i 3.
321) John Calvin, 『기독교 강요』(1559), Ⅰ xv 4.
322) John Calvin, 『기독교 강요』(1559), Ⅰ xv 4.

나님의 형상이 원래 가지고 있었던 것이 무엇인지는 하나님의 형상의 회복으로부터 판단할 수가 있다는 말은 하나님의 완전한 형상인 구속주 하나님 예수 그리스도를 알 때, 하나님의 형상이 회복된 우리 자신에 대한 지식을 갖게 됨을 시사한다. 이런 관점을 시사하는 깔뱅의 말을 여기서 직접 들어보자.

> "인간의 탁월성과 하나님의 영광의 거울로 간주되어야 할 인간의 기능들을 우리가 보다 명백하게 알지 못한다면, 아직 하나님의 '형상'에 관한 정의는 충분히 내려졌다고 볼 수 없다. 아담이 그의 원래의 상태에서 타락했을 때, 이 변절로 말미암아 그가 하나님께로부터 멀어졌다는 것은 의심의 여지가 없다. 그러므로 하나님의 형상이 전적으로 소멸되거나 파괴되지는 않았다 하더라도 아주 부패했기 때문에 남은 것은 다만 무섭도록 추한 것 뿐이다. 따라서 우리가 그리스도를 통해서 새롭게 되는 것이 구원의 회복의 시초이다. 그리스도는 우리를 참되고 완전한 본래의 모습으로 회복시킨다는 이유에서 둘째 아담으로 불려진다."[323]

깔뱅이 여기에서 첫째 아담의 불순종으로 하나님의 형상이 훼손된 인간을 구속주 하나님 예수 그리스도께서 죽기까지 창조주 하나님과 섭리주 하나님께 순종함으로써 십자가에 죽으셨다가 부활하신 주님을 둘째 아담으로 지칭한다. 예수 그리스도께서 승천하실 때 약속하신 보혜사 성령 하나님을 인간에게 보내사 "성령 그가 너희에게 모든 것을 가르치시고 내가 너희에게 말한 모든 것을 생각나게 하시리라"(요14:26)는 말씀대로 구속주 성령 하나님은 신자가 그리스도에게서 받은 '살려주는 영'인 것이다(고전15:45). 아담이 지음을 받을 때 받은 '산 영'이 정신내지 영혼을 의미하는데 반하여, 구속주 하나님 예수 그리스도께서 하나님의 백성에게 주시는 구속주 성령 하나님이신 '살려주는 영'이란 단순히 인간의 정신 내지 영혼이 아니라 하나님의 영이신 성령이다. 즉 이 말은 구속주 성령 하나님은 죄 가운데 있는 인간을 중생시킬 수

---

323) John Calvin, 『기독교 강요』(1559), I xv 4.

있을 뿐만 아니라 중생의 은혜의 부요함을 찬양케 한다. 그리하여 중생한 인간은 골로새서 3장 10절의 말씀, '새사람을 입었으니 이는 자기를 창조하신 자의 형상을 좇아 지식에까지 새롭게 하심을 받는 자'가 된다.[324] 이런 의미에서 우리는 구속주 성령 하나님의 지식으로 인하여 하나님의 형상이 회복된 인간지식을 알 수 있게 되는 것이다.

하나님의 형상을 '의와 참된 거룩성' 안에 존재하는 제유법(提喩法, synecdoche) 형식으로 바울이 표현하는 이유를 깔뱅은 "의와 거룩성이 하나님의 형상의 주된 부분일지라도, 하나님의 형상의 전체는 아니기 때문"이라고 말한다. 이 말은 인간의 본성 전체의 완전성(intégrité)을 가리키는 것으로서 아담이 올바른 판단력을 부여받고, 이성과 조화를 이루는 감정을 가지고, 건전하고 잘 정돈된 모든 감각들을 가지고, 참으로 선한 모든 일에서 탁월했을 때, 인간의 본성 전체의 완전성이 나타났다는 것을 의미한다. 그러므로 하나님의 형상의 주된 자리는 아담의 정신과 마음 안에 있었으며, 이때의 하나님의 형상은 탁월했다. 이 탁월성을 깔뱅은 다음과 같이 말한다.

"아담의 어떤 부분에도 하나님의 형상의 어떤 섬광들이 빛나지 않는 곳이 없었다. 왜냐하면 각 부분의 다양한 기능(직무)들과 일치를 이루기 위해 영혼의 여러 부분들 안에는 적당한 조절이 이루어졌기 때문이다. 완전한 지성이 마음 안에서 풍성해져, 영향력을 행사했으며, 정직성은 지성을 자신의 동반자로 동행했고, 모든 감각들은 이성에 기꺼이 순종하도록 준비되고, 만들어졌다. 위와 같은 내적 질서는 몸 안에서 적당한 일치를 이루었다."[325]

이러한 탁월성이 아담과 하와의 타락 이래 훼손되었으나 깔뱅에 의하면, 훼손된 하나님 형상은 구속주 성령 하나님에 의해서 회복되며, 마지막 날에 완성

---

324) John Calvin, 『기독교 강요』(1559), I xv 4.
325) John Calvin, 『창세기 주석』(영어판), 창1:26, p. 92.

된다. 그러므로 하나님의 형상의 회복의 성격은 성령론적인 동시에 종말론적이다. 하나님 형상의 탁월성은 "지금 부분적으로 선택된 자들에게서 보게 되는데, 그것도 성령으로 말미암아 중생한 자에게만 그러하다. 그러나 그것은 장차 하늘나라에서 완전한 광채를 발할 것이다."[326]

깔뱅은 중생을 회개라고도 부른다. "나는 회개를 한 마디로 중생이라고 해석하는데, 회개의 유일한 목적은 아담의 범죄로 말미암아 일그러지고 거의 말살된 하나님의 형상을 우리 안에 회복시키는 것이다. 사도가 가르치는 것도 바로 이것이다." 곧 '우리가 다 수건을 벗은 얼굴로 거울을 보는 것 같이 주의 영광을 보매 저와 같은 형상으로 화하여 영광으로 영광에 이르니 곧 주의 영으로 말미암음이니라.'(고후3:18) 했다. 같은 뜻으로 다른 구절에서는 '오직 심령으로 새롭게 되어 하나님을 따라 의와 진리와 거룩함으로 지으심을 받은 새 사람을 입으라'(엡4:23-24)와 '새 사람을 입었으니 이는 자기를 창조하신 자의 형상을 좇아 자신에까지 새롭게 하심을 받는 자니라.'(골3:10)는 말씀들은 모두 구속주 성령 하나님의 특별사역으로 회개를 통하여 하나님의 형상이 회복된 중생한 사람들에 관한 내용이다. 따라서 우리는 구속주 성령 하나님의 역사로 구속주 하나님 예수 그리스도의 은혜를 입어 얻은 중생에 의해서 첫째 아담 때에 잃었던 하나님의 형상을 회복하게 된다. 이와 같이 구속주 하나님 예수께서는 생명의 기업을 받도록 양자를 삼으신 모든 사람을 완전히 회복시키시기를 기뻐하신다. 그리고 이 회복은 한 순간이나 하루나 한 해에 이루어지는 것이 아니라, 한 평생이 필요하다는 사실을 다음과 같이 강조한다.

"선택받은 사람들이 평생을 통하여 회개를 실천하며, 이 싸움은 죽음이 와야만 끝난다는 것을 알게 하신다. … 사람이 하나님의 형상에 가까워질수록 하나님의 형상은 의 안에서 더욱 빛난다. 신자들이 이 목표에 도달할 수 있도록 하나

---

326) John Calvin, 『기독교 강요』(1559), I xv 4.

님께서는 그들에게 회개의 경주를 하게 하시며, 평생을 두고 달리게 하신다."[327]

3) 피조세계에 대한 청지기의 사명을 수행하는 인간

아담과 하와의 타락으로 하나님의 형상이 훼손된 인간의 죄는 인간만을 죽음에 이르게 한 것이 아니라 창조주와 섭리주 하나님에 의하여 창조된 피조세계의 퇴락을 초래하게 되었으므로 구속주 하나님 예수 그리스도 안에서 구속주 성령 하나님의 역사로 '살리는 영'을 소유함으로써 하나님의 형상이 회복된 인간은 피조세계에서 청지기의 사명을 수행할 수 있다. 물론 로마서 8장 19-22절에 나타난 것처럼 모든 피조물들은 하나도 예외 없이 현재는 고통하며, 신음하고 있지만, 장차 이루어질 그들의 부활에 대한 소망으로 인해 생명을 지탱하고 있다.[328] 인간의 타락으로 말미암아 모든 피조물이 타락하였으나, 인간의 회복과 함께 피조물의 회복이 이루어지기 때문에, 모든 피조물들은 인간의 회복을 고대하고 있음을 『로마서 주석』에서 깔뱅은 다음과 같이 강조하고 있다.

> "우리의 장래의 복된 상태를 사도가 여기서 지나치게 강조하고자 한 것으로 생각하는 사람들이 있는데, 이는 이성이 없는 피조물들뿐만 아니라, 하나님의 성령으로 말미암아 중생한 우리까지도 그것을 간절히 고대하고 있기 때문이다. … 장차 우리에게 도래할 찬란한 영광은 의식과 이성이 없는 바로 그 피조물에게 조차도 대단히 중요하기 때문에 피조물들은 간절하게 그 영광을 고대하고 있는 것이다."[329]

그렇기 때문에 우리는 하나님의 영으로 조명을 받았기 때문에, 우리의 소망

327) John Calvin, 『기독교 강요』(1559), III iii 9.
328) John Calvin, 『로마서 주석』(영어판), 롬8:23, pp. 174-175.
329) John Calvin, 『로마서 주석』, 롬8:23, pp. 174-175.

을 튼튼히 붙잡고 열과 성을 다하여 더욱 더 그 같은 복된 상태에 이르는 것을 고대하기 위하여 분발해야 하는 것이다. 바울은 여기서 신자들에게 있어야 할 두 종류의 감정을 요구하고 있다. 신자들은 그들의 현재의 환난으로 인하여 짓눌려 있기 때문에, 그들은 고통의 심정을 가져야 한다. 그러나 그들은 해방될 것을 기다리면서 인내심을 가지고 기다려야만 한다. 바울이 신자들로부터 원하는 것은 장래의 복된 상태에 대한 기대로 그들의 가슴이 부풀어 있을 것과 그들의 현재의 상태를 초월하는 마음을 가짐으로써 현재의 고난들을 극복하여 현재의 자신들을 바라보지 않고, 장차 있을 자신들의 모습을 생각할 수 있게 된다고 그의 주석에서 강조하고 있다.[330]

깔뱅은 창세기 2장 14절과 15절을 주석하면서 창조주와 섭리주 하나님께서 에덴동산을 창설하시고, 인간에게 청지기 사명을 주셨음을 말하면서 "여호와 하나님이 그 사람을 이끌어 에덴 동산에 두사 그것을 경작하며 지키게 하시고"(창2:15) 그 때 하나님께서 각종 다양한 즐거움들과 풍부한 과일들과 모든 다른 가장 탁월한 은사(선물)들로 특별히 장식된 장소에 낙원을 창설하신 것으로 본다.[331] 이런 이유 때문에 그리고 그 환경의 고상함과 그 형태의 아름다움 때문에 낙원은 동산으로 불린다고 깔뱅은 말한다.[332] 그리고 깔뱅은 하나님께서 아담에게 지정해주신 그 지역을 인류가 처음 태어난 곳으로서 전 세계로부터 선택된 한 곳으로 주석한다.[333]

깔뱅은 하나님의 형상이 회복된 인간이 피조세계에 대하여 청지기로서 그 사명을 감당할 수 있는 원칙이 "2장 15절, 여호와 하나님이 그 사람을 이끌어 에덴동산에 두사 그것을 다스리며 지키게"를 주석할 때 나타난다. 인간이 땅의 경작에 종사해야만 한다는 조건으로 땅이 인간에게 주어졌다는 것을 의미

330) John Calvin, 『로마서 주석』 롬8:23, pp. 174–175.
331) John Calvin, 『창세기 주석』 창2:14, p. 113.
332) John Calvin, 『창세기 주석』 창2:14, p. 113.
333) John Calvin, 『창세기 주석』 창2:14, p. 113.

하는 본 구절은 인간이란 어떤 일에 종사하도록 창조되었으므로 이 노동은 참으로 즐겁고, 기쁨으로 충만하고 전적으로 모든 고통과 지루함으로부터 면제된 것을 뜻한다. 이것은 하나님께서 인간이 땅의 경작에 분투노력해야만 한다고 명령하신 것이므로 자연질서에 해당된다. 아담에게 정원관리에 대한 책임을 주신 것은 청지기로서 인간의 자연환경을 아래와 같이 다스리며 지키는 것을 뜻한다.

"우리는 하나님께서 우리들의 손에 위탁하신 것들에 대한 검약하고 절제하면서 사용하는 것에 만족하는 조건으로 그것들을 소유하고 있으며, 우리는 남아 있을 그것을 보살펴야 한다. 들판을 소유하고 있는 사람은 그 들판의 매년 소출에 참여함으로써, 자신의 태만에 의해서 땅이 해를 당하여 고통하지 않도록 해야 한다. 들판을 소유한 사람은 그 들판을 받았을 상태와 똑같이 또는 훨씬 더 잘 경작된 채로 후손에게 물려주도록 노력하자."[334]

계속하여 깔뱅은 청지기로서의 인간의 사명을 다음과 같이 강조한다.

"하나님께서 우리로 하여금 향유하도록 주셨던 이 선한 것들과 관계하여, 이 같은 알뜰함과 근면성이 우리 가운데서 두루두루 장려되면 좋을 것이다. 모든 사람들은 각각 자신이 소유하고 있는 모든 것들 안에서 자신을 하나님의 청지기로 간주하도록 하자. 그 때에 사람들 각자는 하나님께서 보존되어지도록 요구하시는 이 모든 것들을 오용함으로써 자신을 방탕하게 하지 않을 뿐만 아니라, 부패하지도 않을 것이다."[335]

4) 하나님께 영광을 돌리는 인간

피조물들 중에서 가장 탁월하게 창조된 인간은 물론 다른 모든 피조물들도

---

334) John Calvin, 『창세기 주석』 창2:15, p. 125.
335) John Calvin, 『창세기 주석』 창2:15, p. 125.

제2부 깔뱅신학 • 369

하나님께 영광을 돌려 드려야 한다는 사상은 깔뱅에게 있어서 핵심이다. 그러므로 깔뱅은 그의 『기독교 강요』(1559)를 "하나님을 찬양하라!"(Laus Deo)로 마친다.[336]

깔뱅에 의하면, 하늘과 땅은 하나님의 영광을 반영하는 극장(theatrum)이므로 가장 아름다운 이 극장 도처에 표현된 하나님의 사역을 경건하게 즐기는 것을 우리는 부끄럽게 생각하지 않는다.[337] 사실 인간의 타락이전에는 "자연 질서 안에서 우주라는 기구가 일종의 학교가 되어서 그 안에서 우리가 경건을 배우고, 거기서부터 다시 영원한 생명과 완전한 복락으로 전진하기로 되어 있었다".[338] 창세기의 하나님의 창조사역 6일간의 공간은 하나님의 사역들 안에 빛나고 있는 하나님의 무한한 영광을 인간이 경솔히 무시하지 않도록 인간들의 능력에 적응시키실 목적이었음을 깔뱅은 다음과 같이 말한다.

"마치 하나님께서 당신의 손을 우리 위에 얹으신 것처럼 그가 우리에게 주의를 고정시키시고, 우리가 멈춰서 묵상하도록 하기 위해서 하나님은 세계의 창조를 연속적인 부분들로 나누셨다. 6절의 둘째 날의 사역은 하늘과 땅이 함께 섞여지지 않도록 하기 위해서 땅 주위에 둘러싼 텅 빈 공간을 준비하는 것이다. '하늘과 땅이 섞이다'라는 속담은 무질서의 극치를 나타내기 때문에 하늘과 땅의 구별은 매우 중요한 것으로 간주되어진다. 게다가 '라키아'(רקיע)라는 말은 대기권 전체를 나타낼 뿐만 아니라, 우리 위에 열려진 모든 것, 즉 우주 공간을 나타낸다. 이 단어는 라틴어로는 가끔 '하늘'로 번역되기도 한다. 보다 낮은 대기권의 배열과 마찬가지로 하늘의 배열도 양자 사이에 차이가 없이 '라키아'로 불린다. 모세는 이 광활한 공간의 특별한 사용을 '물과 물로 나뉘게 하리라'라고 묘사하고 있는데, 여기서 세계의 가시적인 형태 이외의 어떤 것에 관해서도 언급되고 있지 않다는 사실이다. 여기서 천문학과 다른 어려운 기술들을 배우고자

---

336) John Calvin, 『기독교 강요』(1559), IV xx 32.
337) John Calvin, 『기독교 강요』(1559), IV xiv 20.
338) John Calvin, 『기독교 강요』(1559), II vi 1.

하는 사람은 다른 곳으로 가야한다. 여기서 성령은 예외 없이 모든 사람들을 교육하신다."[339]

그러나 인간의 불순종으로 타락한 후 인간은 어느 쪽으로 향하든 간에 하나님의 저주뿐이므로,[340] 창조주 및 섭리주와 구속주 하나님은 성육신하신 하나님 중보자이시며 동시에 창조주와 섭리주이신 예수 그리스도의 말씀인 성경을 통하여 명백한 특징들과 증거들로서 우주의 창조요 통치자이신 유일하고도 참되신 하나님을 장식하고 있다는 사실을 창조주 및 섭리주와 구속주 성령 하나님이 가르친다. 그러므로 인간은 누구나 이 가장 영광스런 관객으로 자리 잡고 있기 때문에 눈을 돌려 하나님의 사역을 신중히 생각하는 것이 타당하겠지만, 보다 더 월등한 유익을 위해서는 하나님의 말씀에 귀를 기울여야 한다.[341]

모든 하나님지식과 인간지식은, 깔뱅에 의하면, 첫째로, 하나님에 대한 두려움과 경외를 가르치는데 이바지한다. 둘째로, 인간의 안내자요 교사의 역할을 하는 이 하나님지식과 인간지식은 인간으로 하여금 일체의 선을 하나님에게서 찾게 할 뿐만 아니라, 그것을 하나님으로부터 받았으므로 그것을 하나님께 다시 돌려드려야 한다는 것을 배우게 한다. 이 뿐만 아니라 모든 하나님지식과 인간지식은 세 가지 사실 즉 "인간은 하나님의 피조물이기 때문에 창조의 법칙에 따라 하나님께 복종해야한다는 사실, 자신의 생명은 하나님으로부터 받았다는 사실, 자신의 계획과 일을 통해서 자신을 전적으로 하나님께 헌신해야 한다는 사실"을[342] 배울 수 있게 한다. "하나님에 대한 엄숙한 두려움과 결합된 신앙이 있는 곳에 참된 종교가 있다. 여기서 말하는 두려움은 자발적인 경

339) John Calvin, 『창세기 주석』, 창1:6, pp. 78-80.
340) John Calvin, 『기독교 강요』(1559), Ⅱ vi 1.
341) John Calvin, 『기독교 강요』(1559), Ⅰ vi 2.
342) John Calvin, 『기독교 강요』(1559), Ⅰ ⅱ 2.

외를 내포하며, 율법의 규정에 일치된 합당한 예배를 동반하는 것이다."343)
이런 관점에서 볼 때, 모든 하나님지식과 인간지식으로 위의 세 가지 사실을
아는 사람은 자발적 두려움과 경외로 하나님을 예배하는 자이다. 그래서 깔뱅
은 사람의 삶이 모든 덕으로 가득 찼다고 하더라도 만일 하나님을 경배하지 않
는다면, 그 같은 생활은 세상으로부터 칭찬은 받겠지만, 하나님의 통치에 복종
하지 않는 것이 되며, 이것은 곧, 하나님의 권리와 영광을 도적질하는 불경한
행위라고 생각한다.344)

하나님께 영광을 돌리기 위해서 인간은 두 가지의 사실을 기억해야 된다고
깔뱅은 강조한다. 하나는 타락한 인간의 본성에는 의에 대한 사랑이 전혀 없지
만, 그것이 성령에 의해서 인간의 마음속에 주입되고 확립될 수 있다는 사실이
다. 다른 하나는 인간이 의에 대한 열의를 가질 때 인간이 방황하지 않기 위해
서 준칙을 정해야 한다는 사실이다. 깔뱅은 인간이 하나님께 영광을 돌리는 이
러한 준칙을 성경에 두고 있다.

> "성경에 하나님께서 거룩하시므로 우리도 거룩해야 한다는 경고의 말씀이 있
> 다.(렘19:2; 벧전1:15-16) 의의 기초로서 이것보다 더 훌륭한 것이 있는가? …
> 우선 우리는 하나님께 굳게 결합되어야 하며, 그 결과로 그의 거룩하심이 우리
> 에게 주입되어 그가 부르시는 곳으로 우리가 따라 갈 수 있도록 해야 한다. 하나
> 님께서는 사악이나 불결과는 아무 접촉도 하지 않으신다는 것이 그의 영광의 가
> 장 특이한 점이다."345)

깔뱅은 하나님께 이러한 영광을 돌리기 위해서 그리스도인이 실천해야 할
중요한 내용으로서 세 가지, 즉 자기를 부정하는 삶, 십자가를 지는 삶, 내세의

---

343) John Calvin, 『기독교 강요』(1559), I ii 2.
344) John Calvin, 『기독교 강요』(1559), III iii 7.
345) John Calvin, 『기독교 강요』(1559), III vi 2.

삶에 대한 묵상의 삶을 강조한다.346) 인간이 자기 부정의 삶을 살아야 되는 이유는 우리는 더 이상 우리 자신의 것이 아니라 이제는 하나님의 것이 되었기 때문이다. 하나님의 율법은 인간이 자신의 생활정리를 위하여 가장 잘 마련된 방법이다. 그러나 하늘 교사, 즉 성령께서는 자신의 백성이 그 율법에 제시된 준칙과 부합하도록 더욱 명백한 계획에 따라서 인도하는 것을 좋게 보셨다.347) 그 계획을 수행하는 것이 바로 신자의 의무인데, "그 의무는 신자들의 '몸을 하나님이 기뻐하시는 거룩한 산 제물로'로 드리는 것이며, 이것이 바로 하나님께 드릴 합당한 예배라는 것이다(롬12:1)."348) 산 제물로 하나님께 예배드림으로써 하나님께 영광을 돌리는 인간지식에 근거한 삶을 깔뱅은 계속하여 다음과 같이 말한다.

> "이것을 근거로 하여 '이 세대를 본받지 말고 오직 마음을 새롭게 함으로 변화를 받아 하나님의 뜻이 무엇인지 분별하도록 하라'는 권면이 나온다.(롬12:2) 그러므로 신자의 생활에서 가장 중요한 일은 우리가 하나님에게 성별되어 바쳐지며, 이제부터는 그의 영광만을 위해서 생각하고, 말하며, 명상하고, 행동하는 것이다. … 우리는 우리 자신의 것이 아니다. … 우리는 하나님의 것이다."349)

이처럼 하나님께 영광을 돌리는 인간은 자신의 이성을 성령께 양보하며, 항복하며, 복종함으로써 지금부터 인간 자신이 사는 것이 아니라, 그리스도께서 인간 안에 살며, 지배하시는 것을 들을 수 있게 된다.(갈2:20)350) 깔뱅에 의하면, 인간은 하나님과의 관계에서 하나님께 헌신함으로써 자기를 부정하는 삶을 살게 되고351), 인간과의 관계에서 자기의 유익을 구하지 않고, 이웃을 도와

---

346) John Calvin, 『기독교 강요』(1559), Ⅲ vii-ix.
347) John Calvin, 『기독교 강요』(1559), Ⅲ vii 1.
348) John Calvin, 『기독교 강요』(1559), Ⅲ vii 1.
349) John Calvin, 『기독교 강요』(1559), Ⅲ vii 1.
350) John Calvin, 『기독교 강요』(1559), Ⅲ vii 1.
351) John Calvin, 『기독교 강요』(1559), Ⅲ vii 2.

주고, 사랑함으로써 자기를 부정하는 삶을 살 수 있게 된다.352)

십자가를 지는 삶과 관련해 볼 때, 그리스도의 십자가를 통해서 하나님께 영광을 돌리는 사람은 하나님의 구속의 능력을 체험하게 되고,353) 또한 자신의 십자가를 짐으로써, 복음으로 인한 박해와 고난을 받아, 인내와 순종을 배우고, 하나님의 위로를 받게 된다.354) 깔뱅에 의하면, 내세에 대한 묵상을 통해서 하나님께 영광을 돌리는 사람은 현세에 대한 잘못된 집착을 벗어나서 모든 현실생활 안에 나타난 하나님의 선하심을 발견하여 항상 감사한 마음을 가지고 살게 되고, 영생에 대한 올바른 동경을 하게 된다.355)

3. 결론

깔뱅은 하나님지식과 인간지식을 상호 뗄 수 없는 밀접한 관계 속에서 파악하였다. 하나님지식이 없는 인간지식은 일반 인간론이나 인간중심주의적 인간론으로 귀결되고, 인간지식이 없는 하나님지식은 인간과 사회 및 자연을 무시하는 독재적이고도 비윤리적인 신관으로 귀결된다. 오늘날 한국의 기독교 신앙과 신학 속에서도 이 두 가지 잘못된 극단들이 종종 목격된다. 신앙과 종교라는 명목 하에 가정과 사회와 국가를 비롯하여 이웃에 대한 사랑과 의무를 무시하거나 경시하는 경우와, 이웃에 대한 사랑과 책임이라는 미명하에 하나님께 마땅히 돌려야할 올바른 예배와 영광이 훼손되거나 경시되는 경우이다.

그러나 깔뱅이 이해한 중생한 인간으로서 그리스도인의 정체성과 사명은 매우 분명하다. 그리스도인은 성령의 역사와 신앙 안에서 중생한 자이다. 인간

---

352) John Calvin, 『기독교 강요』(1559), Ⅲ vii 5.
353) John Calvin, 『기독교 강요』(1559), Ⅲ viii 3.
354) John Calvin, 『기독교 강요』(1559), Ⅲ viii 4-8.
355) John Calvin, 『기독교 강요』(1559), Ⅲ ix.

이 중생한다는 것은 순전히 하나님의 일방적인 은혜의 사건이고, 성령의 강력한 역사에 속한다. 중생한 인간은 훼손된 하나님의 형상을 회복하여, 하나님의 형상의 중요 내용인 지식과 의와 거룩함을 얻게 된다. 하나님의 형상으로 회복된 그리스도인은 무책임하게 무위도식하는 것이 아니라, 하나님에 대한 신앙과 사랑을 가지고, 모든 피조세계를 다스리고, 지키고, 가꾸고, 보살펴야 하는 청지기의 사명을 가지게 된다. 하나님 경외와 사랑과 믿음 및 사람과 세계에 대한 신뢰와 사랑에 근거한 청지기의 사명을 통해서 그리고 하나님께만 드려야하는 예배와 찬송을 통해 하나님을 영화롭게 하고, 하나님께만 영광을 돌려야 한다. 그러므로 하나님의 은혜로 구원 받은 그리스도인이 실천해야 할 윤리는 일반 인간론에 근거한 윤리를 넘어서서 '구원론적 윤리'에 속한다.

깔뱅의 성서적인 중생한 인간 이해를 통해 우리는 말씀과 성령의 능력이 없이 도덕주의적, 공로주의적 인간 이해와, 하나님과 이웃에 대한 사랑을 외면하는 비윤리적이고도, 반(反) 윤리적인 인간 이해에 쇄기를 박을 수 있을 것이다.

제7장 깔뱅의 교회론

깔뱅은 『기독교 강요』(1559) 제III권에서 구속주 성령 하나님의 관점에서 구원론을 다루고, 제IV권에서도 성령론의 틀 속에서 교회를 구속주 성령 하나님의 도구로 간주하고, 국가를 창조주 및 섭리주 성령 하나님의 도구로 간주한다. 다시 말하면, 교회는 구속주 성령 하나님의 특별 사역의 영역에 속하고, 국가는 창조주 및 섭리주 성령 하나님의 일반 사역의 영역에 속한다. 교회에는 구속주 성령 하나님의 특별 수단으로서 말씀(성경), 두 성례전(세례와 성찬) 및 치리를 비롯하여, 신자 개개인과 직분자들(목사, 교사, 장로, 집사)이 있다. 국가 속에서 창조주 및 섭리주 성령 하나님의 일반 사역의 수단으로서 자연법(양심법) 또는 성경의 십계명(도덕법)에 기초한 실정법을 비롯하여, 시민 개인과 공직자들이 있다. 깔뱅에 의하면, 우리에게 외적 수단이 필요했으므로, 하나님은 우리의 부족한 상태에 동정하셔서 도움을 준비해 주셨다.[1]

깔뱅의 교회론은 아우구스티누스를 비롯하여 교부전통으로부터 영향을 받았고, 루터, 특히 종교개혁자 마르틴 부처의 영향을 많이 받았다. 그러나 깔뱅은 그의 신학과 마찬가지로 그의 교회론도 성경과의 대화 속에서 전개시킨다.[2] 그의 교회론은 초기부터 말기까지 전체적인 틀에서 볼 때는 본질적인 변화가 없었지만, 시기에 따라 강조점에 따라 또는 부분적으로 변화되고, 발전하였다. 깔뱅은 로마가톨릭교회와의 논쟁을 통해서, 교회의 기독론적·성령론

---

1) John Calvin, 『기독교 강요』(1559), IV i 1.
2) 참고, 최윤배, "존 칼빈의 교회론," 한국조직신학회 편, 『교회론』(서울: 대한기독교서회, 2009), pp. 119-146.

적 측면과 종말론적 측면을 강조하고, 재세례파와의 논쟁을 통해서 교회의 질서를 비롯한 제도적 측면을 강조했다. 특히 그는 재세례파로부터 교회의 순수성과 거룩성의 중요성을 깨달았지만, 가라지를 배제한 알곡만으로 구성된 순수한 교회에 대한 재세례파의 교회 개념은 거부하고, 알곡과 가라지가 함께 포함된 교회(ecclesia permixta)로서의 가시적인 교회에 기초하여 교회의 순수성과 거룩성을 이해하고, 여기에 걸맞는 교회의 권징과 치리와 연결시켰다. 깔뱅은 부처의 사직분론(목사, 교사, 장로, 집사)을 도입하였고, 외콜람파디우스로부터 비롯된 교회의 고유한 치리를 부처를 통해서 물려받기도 했다. 깔뱅은 교회의 사람, 교회의 형성자, 교회일치 운동가였다.

Ⅰ. 교회의 목적과 기능

교회론에서 취급되는 교회의 목적과 기능은 조직신학적으로 다양하게 정의될 수가 있다. 일반적으로 교회의 목적은 ① 구원의 방주로서의 교회 ② 세계의 복음화 ③ 인간화와 생태와 자연의 회복 등이 있지만, 가장 포괄적으로 교회의 목적은 하나님의 나라의 실현이다.

깔뱅은 교회의 목적과 기능을 어느 한 곳에서 집중적으로 다루지 않고, 여러 곳에서 다루지만, 그의 교회론이 집중적으로 취급된『기독교 강요』(1559) 제Ⅳ권 1장에 핵심적으로 다루고 있다. 제Ⅳ권 1장의 제목 "우리는 모든 경건한 자들의 어머니인 참된 교회와 연합되어 있어야 한다." 라는 표제의 말 속에서 깔뱅은 이미 교회를 하나님께서 우리의 구원을 위해서 세우신 제도라고 생각한다는 사실을 짐작할 수가 있다.[3]

깔뱅은 제Ⅳ권 1장 1절에서 '교회의 필요성'이라는 내용으로 교회의 목적과 기능을 구체적으로 다룬다. 여기서 깔뱅이 제시한 교회의 목적과 기능은 그리스도인의 신앙을 성장시켜주며, 예수 그리스도의 복음전파를 활성화시켜주는 것이다. "우리가 무지하고, 게을러서 - 심지어 기질이 변덕스럽기까지 하여 - 우리 속에서 신앙을 낳아, 키워가며, 그 목표에 이를 수 있도록 외부의 도움이 필요하기 때문에, 하나님께서는 이러한 도움의 수단들을 더해 주셔서, 우리의 연약함을 보살피시는 것이다. 그리고 복음을 전파하는 역사가 흥왕하도록 하기 위하여, 하나님은 이 보배를 교회 안에 간직하셨다. 하나님은 '목사와 교사'(엡4:11)를 세우셔서 그들의 입술을 통하여 그의 백성들을 가르치시도록 하셨고, 그들에게 권위를 부여하셨으며, 마지막으로 신앙의 거룩한 일치를

---

3) W. Niesel, *Die Theologie Calvins*(München : Chr. Kaiser Verlag, 1957[2]), S. 187.

위하여 그리고 올바른 질서를 위하여 필요한 것은 하나도 빠뜨리지 않으셨다. 무엇보다도 그는 성례를 제정하셨으니, 이를 체험한 우리들이 느끼기에 신앙을 북돋고 강건케 하는데 매우 큰 도움이 되는 것이다."4)

이상의 내용에 근거하여, 방델은 깔뱅에게서 교회의 목적을 다음과 같이 적절하게 요약했다. "교회의 목적은 우리가 하나님의 부르심에 응하기 위한 도구이자, 우리의 성화에 필요한 도움이 되는 것이다. 복음의 전파와 가르치는 사역의 제도는 신앙을 일깨우고, 교회 공동체의 구성원들의 집단적인 성화를 증진시키고자 하는 것이니, 깔뱅은 이것을 '신앙의 일치'(le consentement de la foi)라고 불렀다. 즉, 신앙과 외적 질서 안에서의 완전한 일치다. 성례의 주요 기능은 신자들의 신앙을 계속 유지시켜주고, 그들로 하여금 개별적 성화에 이르도록 도와주는 일이다."5)

깔뱅은 교회를 창조-타락-구속이라는 구속사(救贖史)의 큰 틀 속에서 이해할 뿐만 아니라, 하나님의 나라라는 종말론적 관점에서도 이해한다. 이양호에 의하면, 깔뱅이 이해한 교회의 목적은 삼위일체 하나님께서 인간의 무지와 나태와 약함 때문에 자신의 구속활동(救贖活動)을 위해서 교회를 세우셨다.6) "물론 인간이 타락하지 않았더라면 교회를 세울 필요가 없었을 것이다. 인간의 타락 때문에 창조질서가 파괴되고 그래서 그 파괴된 창조질서를 회복하기 위해 하나님이 교회를 세웠다."7) 깔뱅에 의하면, 인류타락 이후에 벌써 교회가 시작되었다. "아담과 하와 자신들이 그들의 몇 자녀들과 함께 하나님을 참으로 예배하는 자들이었다는 사실은 의심의 여지가 없다. 그러나 모세는 그 당시 불경건의 홍수가 너무나도 크게 범람하여 종교는 빠른 속도로 부패하고 있

4) John Calvin, 『기독교 강요』(1559), IV i 1.
5) F. Wendel, *Calvin : sources et évolution de sa penée religieuse*(Paris : Presses Universitaires de France, 1950), pp. 221~222.
6) 이양호, 『칼빈: 생애와 사상』(서울: 한국신학연구소, 1997), p. 172.
7) 이양호, 『칼빈: 생애와 사상』 p. 173.

었다고 말하고 있다. 왜냐하면 종교는 오직 몇몇 사람들에게만 남아 있었고, 어느 한 종족 안에서도 번창하지 않았기 때문이다. 셋(Seth)은 하나님의 강직하고 신실한 종이었다고 우리는 쉽게 결론지을 수가 있다. 셋은 자신과 같은 아들을 낳았고, 올바르게 세워진 가정을 가진 후에, 교회의 얼굴(모습)이 분명하게 나타나기 시작했다. 그리고 후손에까지 계속될 하나님에 대한 바로 그 예배가 설립되었다."[8]

깔뱅에 의하면, 하나님께서 교회의 보호를 통해서 창조질서를 유지하고 계시며, 지금도 교회를 보호하시며, 종말 때까지 교회를 보호하신다. "'죽은 자가 여호와를 찬양하지 못하나니 적막한데 내려가는 자들은 아무도 찬양하지 못하리로다.'(시115:17)라는 말씀 안에서 예언자는 하나님께서 자비를 그의 교회에 보여주셔서, 인류가 하나님의 자비를 누릴 뿐만 아니라, 하나님의 이름을 부르고 찬양하기 위하여 인류가 완전히 잘려져 나가지 않고, 백성이 보존되는데 있어서 어떤 방해도 없도록 간구하고 있다. … 마지막으로 예언자는, 만약 하나님께서 교회를 구원하시지 않았다면, 자연의 전(全) 과정이 멸망되었다고 결론짓는다. 만약 하나님을 부르는 사람이 없었다면, 세상의 창조는 어떤 선한 목적에도 도움이 되지 않을 것이다. 그러므로 예언자는 땅 위에 살아남을 어떤 자들이 항상 있을 것이라는 사실을 추론한다. 그리고 예언자는 교회는 보전될 것이라는 사실을 약속할 뿐만 아니라, 그러므로 그들의 구원자에게 감사의 찬양을 드리기 위해서 남겨진 모든 자들을 부르고 있다. 게다가 예언자는 그들의 이름으로 하나님을 찬양하고 있다. 예언자는 한 세대에 속한 사람들에 대해서 말할 뿐만 아니라, 하나님께서 한 세대로부터 다른 세대에 이르기까지 보존하시는 교회의 전체의 몸에 대해서 말하고 있는데, 하나님은 자신의 공의와 선과 자비를 어떤 사람에게도 증거하시며, 선포하시지 않고는 결코 떠나지 않으신다."[9]

---

8) John Calvin, 『창세기 주석』(1554), 창4:26.

깔뱅에 의하면, 하나님은 인간의 타락 이후로 종말 때까지, 언제든지 교회를 가지셨고, 가지시고, 가지실 것이다. 그리고 깔뱅은 하나님의 무로부터의 창조에 비교하여 죽음의 상황 속에서 교회의 탄생을 설명한다. "그들의 기도(祈禱)의 목적을 이루려는 소망 가운데서 자신과 다른 사람들을 격려하기 위해서 시편 기자는 여전히 그의 백성의 구원의 열매를 더욱더 크게 선전한다. 이것은 하나님의 기념비적인 사역이며, 대대로 전해져야만할 찬양임을 시편 기자는 공표한다. 찬양할 가치가 있는 많은 것들이 곧 망각된다. 그러나 예언자는 자신이 탄원(歎願)하는 교회의 구원과, 일반 은총 사이를 구별한다. '이 일이 장래 세대를 위하여 기록되리니'(시102:18)라는 말씀에 있는 단어 '기록되리니'의 뜻은 교회의 이 구원의 역사(歷史)가 공적인 기록들 속에서 위치를 차지할 만큼의 가치를 지닌다는 것을 뜻하며, 교회의 이 구원의 역사(= 구속사, 필자주)에 대한 기억은 미래 세대들에게까지 전달될 수가 있다는 뜻이다. 글자 그대로 백성에 대한 새로운 창조와 현재의 파멸 사이에 아름다운 대조가 있다. 이 점에 대해 어떤 주석가들은 알아채지 못하고 지나쳐 버린다. 이스라엘 백성이 그들의 조국으로부터 추방되었을 때, 어떤 면에서 교회는 소멸되었다. 유대인들이 이방 나라들 가운데서 뒤섞여졌을 때, 교회의 이름 자체는 죽은 것처럼 보였고, 구별되고, 연합된 몸을 더 이상 구성하지 못하는 것처럼 보였다. 따라서 이스라엘의 포로로부터의 귀환은 말하자면, 제2의 탄생인 것이다. 따라서 예언자는 정당하게 새 창조를 고대하고 있다. 비록 교회가 사라졌을지라도, 예언자는 하나님께서 자신의 놀랄만한 능력으로 그의 교회를 죽음으로부터 새롭게 된 생명으로 다시 일으키실 것이라는 사실을 확신했다. 이 구절은 교회가 항상 외형적인 모습으로 계속 생존하는 것이 아님을 보여주는 동시에, 교회가 죽은 것처럼 보일 때라도 하나님께서 그것을 그렇게 기뻐하시기만 할 때는 언제든지, 교회는 갑작스럽게 새롭게 창조된다는 사실을 보여주는 놀랄만한 말

---

9) John Calvin, 『시편 주석』(1557), 시115:17.

씀이다. 그러므로 하나님께서 무로부터 세계를 단 번에 창조하신 것처럼 교회를 죽음의 어두움으로부터 탄생시키시는 것이 하나님의 고유한 사역이라는 희망을 교회에 들이닥치는 어떤 황폐화도 우리로부터 빼앗아 가지 못하도록 해야 한다."10)

깔뱅은 어느 누구보다도 구속사적으로 교회의 영속성을 강하게 주장했던 교회의 신학자였다. "사람들 사이에 이런 성화의 증거를 보기 어려운 때가 많을지라도 우리는 천지창조 이후로 주의 교회가 없는 때가 없었다고 생각해야 한다. 이 시대가 최종적으로 완성될 때까지도 주의 교회가 없는 때는 없을 것이다. 아담의 죄로 인하여 인류 전체가 처음부터 부패하고 타락했지만 주께서는 이 오염된 덩어리 속에서 어떤 그릇을 귀히 쓰도록 항상 성별하셔서(롬 9:23f) 주의 자비를 받지 않는 시대가 없도록 하신다."11)

깔뱅이 이해한 교회의 목적과 기능은 전통적으로 이해된 '구원의 방주로서 교회'의 목적과 '복음전파를 통한 세계의 복음화'의 목적, 예배의 목적, 즉 '모이는 교회'의 목적을 그대로 유지하면서도, 한 걸음 더 나아가 교회의 대외적(對外的) 책임, 즉 사회적, 정치적 책임 등을 포함하는 '흩어지는 교회'의 목적에까지 확장되어 있다. 깔뱅의 『기독교 강요』 제IV권의 대부분을 차지하는 앞부분의 교회론과 "하나님께서 우리를 그리스도의 공동체로 인도하시며 우리를 그 안에 있게 하시려는 외적인 은혜의 수단"이라는 제목을 가진 제IV권의 마지막장인 제20장의 국가론을 우리가 서로 분리할 경우, 우리는 깔뱅의 본래의 의도를 오해하는 것이 된다. 왜냐하면 깔뱅은 교회론과 국가 내지 기독교 국가를 밀접하게 결부시켜서 취급하고 있기 때문이다. "따라서 우리의 교수계획에 의하면, 이제부터 우리는 교회에 대해서, 교회의 정치와 교회 직제와 권세를 논하며, 다음에 성례 그리고 마지막으로 시민 정부에 대해서 논할 필요가

---

10) John Calvin, 『시편 주석』(1557), 시102:18.
11) John Calvin, 『기독교 강요』(1559), IV i 17.

있다."12) 깔뱅에 의하면, 국가는 교회를 위한 종교적 책임과 동시에 국민을 위한 사회복지 내지 질서유지의 책임이 있다. 교회 역시 자신의 고유한 책임으로서 종교적 책임 외에도 통치자에 대한 복종과 기도의 책임과 동시에 국민대표를 통한 악한 통치자에 대한 정치적 저항권과 종교적 차원의 개인적 저항권이 있다.

지금까지 논의한대로 깔뱅이 이해한 교회의 목적과 기능은 매우 다양하다. 교회의 가장 기초적인 목적은 구원제도로서 목적이지만, 이를 위해서 교회는 신앙의 성장, 신자 개인과 공동체의 성화, 복음전파, 교회의 다양한 대외적 책임, 사회와 정치의 올바른 질서회복, 창조질서의 회복 등에 봉사한다. 교회의 이 모든 목적은 종말론적으로 하나님의 나라의 구현과 직접적으로 관계된다.

깔뱅은 교회를 하나님의 나라의 전조(前兆)로 이해한다. 교회 자체가 하나님의 나라는 아니지만, 교회는 하나님의 나라를 지향하고, 하나님의 나라와 아주 밀접한 관계 속에 있다. 교회는 하나님의 나라를 실현하기 위한 매우 중요한 도구이다. 깔뱅이 이해한 교회의 최종적인 목적과 기능은 하나님의 나라의 실현이다.13) "교회는 여하튼 하나님의 영원한 선택의 경륜 안에 있는 것이지 개인이나 개인의 집합체의 결정(結晶)에 근거하지 않는다는 것, 그리고 교회의 목적은 하나님의 나라 안에 있다는 것을 칼빈은 느꼈다. 그러므로 칼빈은 교회 안에서, 교회를 위하여 엄격히 순종함으로써 그리고 즐거운 마음으로 폭넓게 봉사했다. 오직 하나님의 나라와 그리스도의 다스리심과 성령의 새로 지으시는 권능이 확장되는 일, 그것을 위하여 교회는 존재한다."14)

---

12) John Calvin, 『기독교 강요』(1559), IV i 1.
13) 최윤배, "츠빙글리, 부처, 깔뱅의 종말론," 한국기독교학회((편), 『한국기독교신학논총』제38집(서울 : 대한기독교서회, 2005), pp. 202-203; 대한예수교장로회총회교육자원부(편), 『개혁교회의 종말론 : 하나님의 나라와 교회』(서울: 한국장로교출판사, 2005), pp.154-158.
14) Otto Weber, 김영재 역, 『칼빈의 교회에 대한 올바른 이해 : 교회관』(서울: 풍만출판사, 1995), pp. 41-42.

II. 교회의 본질

1. 신자(信者)들의 어머니로서의 교회

국어사전에서 '어머니'는 자식을 낳은 여성 내지 자식을 가진 여성을 자식에 대한 관계로 일컫는 말로 정의하고, '어미'는 어머니의 낮은 말 또는 동물의 암컷을 그 새끼와의 관계로 일컫는 말로 정의하고 있다.[15] 어머니가 일반적으로 갖고 있는 상(象)은 생명체인 자녀를 낳아 기르고, 훈계하고, 가르치는 양육(養育)과 교육(敎育)의 상을 지닌다고 말할 수가 있을 것이다. 그러면 깔뱅이 교회의 본질 중의 하나로 그토록 강조했던 '신자들의 어머니로서의 교회'는 무엇을 뜻하는가?

"깔뱅은 이미 고대에 있었던 여러 가지 말로써 교회의 본질을 다음 몇 마디로 요약하고 있다. 즉 '교회는 우리의 어머니다.'라고 말한다."[16] 깔뱅의 경우, 신자들이 하나님의 자녀들이며, 성도들이라고 할 때, 그리고 교회가 그들의 어머니라고 할 때, 어머니로서의 교회는 자신의 자녀들을 낳아서, 양육하고, 교육하는 책임과 기능을 가지게 된다. 어머니로서 교회상(敎會象)은 깔뱅이 독창적으로 창안해 낸 것이 아니라, 이미 고대교부들 중에서 키푸리아누스(Cyprian)나 아우구스티누스에게서도 발견되는 교회상이다.[17]

깔뱅은 교회의 필요성을 중심으로 교회의 목적과 기능에 대해서 언급한 뒤, 처음으로 언급하는 것이 바로 어머니로서 교회상이다. "하나님께서는 이 교회

---

15) 이숭녕(감수), 『표준 국어사전』(서울 : 민중서관, 1981), pp. 824-825.
16) W. Niesel, *Die Theologie Calvins*, S. 186: "Die Kirche ist unsere Mutter."
17) J. T. McNeill(ed.)/F. L. Battles(tr.), *Calvin : Institutes of the Christian Religion II*(Philadelphia : The Westminster Press, 1960), p. 1012, 각주 3번.

의 품속으로 자녀들을 모으시기를 기뻐하셨는데, 이는 그들이 유아와 아동일 동안 교회의 도움과 봉사로 양육 받을 뿐만 아니라, 어머니와 같은 교회의 보호와 지도를 받아 성인이 되고, 드디어 믿음의 목적지에 도달하게 하시려는 것이다."[18] 깔뱅은 계속해서 부부관계의 유비와, 키푸리아누스가 주장한 "만약 당신이 교회를 당신의 어머니로서 가지지 않는다면, 당신은 하나님을 당신의 아버지로서 가질 수가 없다."라는 글을 인용하여[19], 어머니로서의 교회와 자녀로서의 신자들 사이에 존재하는, 떼려야 뗄 수 없는 관계를 다음과 같이 말한다. "'하나님이 짝지어 주신 것을 사람이 나누지 못하므로'(막10:9), 하나님이 아버지가 되는 사람에게는 교회가 어머니가 되어야 한다. 율법 하에서 이러했을 뿐만 아니라, 그리스도께서 오신 후에도 이러했는데, 이는 우리가 하늘에 있는 새 예루살렘의 자녀들이라고 한 바울의 가르침과 같다.(갈4:26)"[20] 이상에서 볼 때, 깔뱅이 이해한 '신자들의 어머니로서의 교회'는 교회와 신자들 사이에 떼려야 뗄 수 없는 관계를 말해준다.

인간이나 동물의 경우, 자녀나 동물의 새끼는 장성한 뒤에 어머니나 어미로부터 독립하여 스스로 살아갈 수가 있지만, 신자들은 장성한 뒤에도 어머니로서의 교회의 품을 떠나서는 결코 생존할 수가 없다. "우리는 지금 가시적인 교회를 논할 생각이므로 교회를 아는 것이 얼마나 유용하고 얼마나 필요한가를 '어머니'라는 단순한 칭호에서 배워야 한다. 이는 어머니가 우리를 잉태하고, 낳으며, 젖을 먹여 기르고, 우리가 이 육신을 벗고 천사같이 될 때까지(마22:30) 보호하고, 지도해 주지 않는다면 우리는 생명으로 들어갈 길이 없기 때문이다. 연약한 우리는 일평생 교회에서 배우는 자로서 지내는 동안 이 학교에서 떠나는 허락을 받을 수가 없다. 그뿐만 아니라, 교회의 품을 떠나서는 죄

---

18) John Calvin, 『기독교 강요』(1559), Ⅳ i 1.

19) Cypurian, "Unity of the Catholic Church," *The Library of Christian Classics* V, pp. 127–128: "You cannot have God for your father unless you have the Church for your mother."

20) John Calvin, 『기독교 강요』(1559), Ⅳ i 1.

의 용서나 구원을 받을 수가 없는데, 이것은 이사야(사37:32)와 요엘(욜2:32)이 말한 것과 같다."21)

깔뱅이 이해한 어머니로서의 교회상에는 '하나님의 적응'(accomodatio Dei)이라는 사상이 깊이 깔려 있다. 어머니가 아이를 낳아 양육하고, 교육하기 위해서 항상 자신을 아이의 눈높이에 맞춘다. 마찬가지로 하나님도 자신의 자녀들을 양육하시고, 교육하시기 위해 사람의 눈높이에 자신을 낮추시고, 적응시키신다. 하나님은 우리의 무지와 태만과 경솔함과 약점 때문에 교회라는 기관을 주시고, 목사와 교사를 통한 설교와 성례를 통해 복음의 말씀을 전해 주신다. "그러므로 하나님께서는 놀라우신 섭리로 우리의 능력에 맞는 적당한 방법을 취하셔서 아직 멀리 떨어져 있는 우리가 하나님께 가까이 접근하는 길을 지시하신 것이다."22)

교회는 그리스도의 복음의 말씀을 맡아서 여러 가지 수단들과 질서들을 통해서 신자들에게 신앙의 양식을 공급한다. 어머니로서의 교회가 특별히 신자들에게 양육과 교육과 훈계와 지도와 보호의 책임이 있다면, 신자들은 하나님의 육아원인 교회, 하나님의 학교인 교회, 하나님의 훈련소인 교회를 떠나지말고, 하나님께서 마련해주신 어머니로서의 교회의 모든 도움의 수단들을 활용해야 한다.

깔뱅은 '신자들의 어머니로서의 교회'를 가시적인 교회와 연결시키고 있다. 또한 깔뱅은 "교회 밖에 구원이 없다."는 논지로 교회로부터 죄사함과 구원을 받는다고 말한다. "칼빈이 교회 밖에 구원이 없다고 말했을 때 그것은 교회가 그 자체로 구원의 능력을 소유하고 있다는 말이 아니다. 하나님께서 교회를 세우고 말씀과 성례를 통해 구원하는데, 이런 하나님의 구원의 방편에 참여하지 않는 자들에게는 구원이 전달되지 않는다는 뜻이다. '구원하는 권능은 하나님

---

21) John Calvin, 『기독교 강요』(1559), Ⅳ i 4.
22) John Calvin, 『기독교 강요』(1559), Ⅳ i 1.

께 있지만, 그는 (바울이 증거한 것처럼) 복음의 선포 안에서 그것을 나타내고 드러낸다.' 칼빈이 아우구스티누스의 말을 인용하여 '그러므로 하나님의 은밀한 예정에 따라 (아우구스티누스가 말한 것처럼) 많은 양들이 밖에 있으며 많은 이리들이 안에 있다.'고 말한 것은, 즉 교회 안에 많은 이리들이 있다고 말한 것은 교회 자체가 그 자체로 구원의 권한을 가지고 있는 것이 아니라 구원은 하나님의 예정에 근거한 것으로 전적으로 하나님의 권한에 속한 것임을 강조한 것이다."[23] 말하자면, '신자들의 어머니로서 교회'와 가시적인 교회는 하나님의 구원의 도구 내지 수단으로 사용되는 것이다. "따라서 교회를 떠나는 것은 항상 비참한 결과를 낳는다."[24]

2. 삼위일체론적 교회

성서신학이나[25] 조직신학에서 취급되는 삼위일체론적 교회 개념은 우리에게 생소한 개념이 아니다. "신학적으로 교회에 대한 완전한 개념에서 우리는 교회를 삼위일체 하나님의 사역의 관점에서 보게 된다."[26] 즉, 삼위일체 하나님의 교회는 '하나님의 백성으로서의 교회', '그리스도의 몸으로서의 교회', '성령의 전 또는 피조물로서의 교회'이다. "그러므로 교회는 이 세 가지 이름들과 함께 삼위일체 하나님의 사역의 관점에서 이해된다. 이 내용을 다른 동사(動詞)들로 표현하면 다음과 같다: 하나님 아버지께서 교회를 선택하시고, 아들은 교회를 모으시고, 성령은 교회를 거룩하게 하신다. 바로 이점에서 성경의

---

23) 이양호, 『칼빈 : 생애와 사상』 p. 175.
24) John Calvin, 『기독교 강요』(1559), IV i 4.
25) H. Ridderbos, *Paulus : ontwerp van zijn theologie*(Kampen : Uitgeversmaatschappij J. H. Kok, 1966), pp. 364-543.
26) J. van Genderen & W. H. Welema, *Beknopte Gereformeerde Dogmatiek*(Kampen : Uitgeversmaatschappij J. H. Kok, 1992), p. 631 ; 박경수, "교회의 본질에서 비추어 본 한국교회의 모습." 『장신논총』 제3집(2010), pp. 147-176.

여러 구절들(엡1:3-14; 엡4:4-6; 벧전1:2)은 교회의 존재의 가장 깊은 신비에 대해서 말씀하시는 것이다. 하나님의 예정으로 선택된 자들은 성령을 통해서 거룩하게 되고, 그리스도의 피뿌린 바 되어 순종에 이른다."[27]

깔뱅은 교회의 본질과 관련해서 『기독교 강요』(1559) 제IV장에서 글의 제목이나 내용상으로 '어머니로서의 교회'와 '선택된 백성으로서의 교회', '그리스도의 몸으로서의 교회' 개념이 두드러지게 나타나고 있지만,[28] 여기서는 물론 깔뱅의 다른 작품들 도처에도 이 개념들과 함께 성령론과 결부된 교회의 본질도 빈번하게 나타난다. 그러므로 우리가 깔뱅의 교회의 본질에 나타나는 선택론적 관점과 기독론적 관점과 성령론적 관점을 통합적으로 이해하여 깔뱅이 이해한 교회를 삼위일체론적 교회로 규정해도 큰 무리는 없을 것이다.

삼위일체론적 교회에 대한 깔뱅의 이해는 다음의 글 속에서 분명하게 나타난다. "온 세계의 조직이 무너지더라도 교회는 흔들리거나 넘어질 수가 없다. 첫째로, 교회는 하나님의 선택에 의해서 굳건히 서 있다. 따라서 하나님의 영원한 섭리와 같이 동요하거나 파멸될 수 없듯이 교회도 마찬가지인 것이다. 둘째로, 교회는 어떤 방법으로 영원불변하시는 그리스도께 연결되어 있어서, 그리스도께서 자신의 지체가 찢기는 것을 허락하시지 않는 것과 같이 신자들이 자신에게서 멀어지는 것도 허락하시지 않을 것이다. … 끝으로, 우리에게도 적용된다고 생각되는 약속들이 있다. … 교회 속에 참여가 너무나도 강하여, 그것이 우리를 하나님의 공동체 안에 지켜주신다. … '교통'이라는 단어 자체 속에 풍성한 위로가 있다. 왜냐하면 주께서 그의 지체들에게 무엇을 베풀어 주시든지, 그것이 우리의 것임을 확신하므로 그들이 받는 모든 은택들이 우리의 소

---

27) J. van Genderen & W. H. Welema, *Beknopte Gereformeerde Dogmatiek*, p. 639.

28) 이양호나 니젤은 깔뱅의 '신자의 어머니로서의 교회'와 '그리스도의 몸으로서의 교회'에 대해서 논의하고 있다. 이양호, 『칼빈: 생애와 사상』, pp. 172-181; 이양호, "칼빈의 『기독교 강요』에 나타난 교회론,"(연세대학교 대학원 신학박사학위 논문, 미간행, 1984), pp. 35-45; W. Niesel(Hrg.), *Das Evangelium und die Kirchen : Ein Lehrbuch der Symbolik*(Neukichen Kreis Moers : Verlag der Buchhandlung des Erziehungsvereins, 1960[2]), S. 206-209.

망을 강하게 해주기 때문이다. … 우리에게 주어진 임무는 선택된 자들과 유기된 자들을 구별하는 것이 아니다. 이것은 오직 하나님께서 하실 일이다. 우리에게 주어진 임무는 성부 하나님의 자비하심으로 말미암고, 성령의 역사하심을 통해서 그리스도와 함께 나누는 교제 속으로 들어 온 자들은 모두가 하나님의 특별한 소유로 구별된다는 것과 또한 우리가 거기에 속할 때 우리도 그 큰 은혜를 함께 나누게 된다는 마음으로 확신하는 것이기 때문이다."29) "하나님께서 모든 신자의 아버지시며, 그리스도께서는 그들 모든 신자들의 머리가 되신다는 사실을 참으로 확신한다면 그들은 형제애로 연합되지 않을 수 없고 또 그들이 받은 은혜를 서로 나누지 않을 수도 없다."30)

1) 하나님의 선택된 백성으로서의 교회

깔뱅은 초기에 이미 교회의 본질을 선택론의 관점에서 규정한다. 깔뱅은 『기독교 강요』(1536) 초판에서 사도신경의 '거룩한 보편적인 교회' 항목을 해설하는 가운데, 교회를 하나님의 선택에 기초시킨다. "먼저 우리는 거룩한 보편적인 교회를 믿는다. 다시 말해서, 선택받은 자의 전체수, 천사들이나 사람들(엡1:9-10; 골1:16), 사람들 중에서 죽은 자든지 산 자든지, 산 자들 중에서는 어느 땅에 살고 있든지, 또 어느 민족 속에 흩어져 있든지 간에 이들이 한 교회요, 한 공동체요, 하나님의 한 백성인 것을 우리는 믿는다. 우리 주 그리스도는 이 모두의 지도자요, 통치자며, 한 몸의 머리며, 결국 하나님의 선하심을 통해 그 모두가 그리스도 안에서 세상의 기초가 있기 전에 택하심을 입어(엡1:4), 모두 함께 하나님의 나라에 모이도록 하자."31) 여기서 특이한 것은 깔뱅이 선택된 자들의 무리에 천사들도 포함시키고 있다는 사실이다. 그러나 깔뱅

---

29) John Calvin, 『기독교 강요』(1559), IV i 3.
30) John Calvin, 『기독교 강요』(1559), IV i 3.
31) J. Calvin, 『기독교 강요』(1536), 양낙흥 역, (서울: 크리스챤다이제스트, 2002), p. 149.

의 경우, 교회는 하나님의 선택된 백성임이 확실하다. "교회는 하나님의 선택된 백성이기 때문에(요10:28), 진정으로 그 일원된 자들은 마침내 소멸되거나 (요10:28) 나쁜 결과를 맞게 되는 일이 일어 날 수 없다. 왜냐하면 그들의 구원은 너무나도 확실하고 견고한 터전 위에 자리 잡고 있어서, 이 세상의 모든 구조가 허물어진다 하더라도, 그 구원은 흔들리거나 쓰러질 수 없기 때문이다."32)

그의 『제네바 교회에서 사용하는 신앙교육 요강 및 신앙고백』(1537)에서도 교회의 본질이 선택론의 관점에서 묘사되고 있다. "여기서는 교회를 믿으라는 것이 명령되고 있는데 이는 모든 선택된 자들은 신앙의 띠를 통해 한 교회, 한 공동체, 한 하나님의 백성으로 연합되어 있음과 우리 주 예수 그리스도께서는 바로 이 교회의 지도자, 군주 그리고 한 몸의 머리와 같으신 분이심을 우리로 확실히 하도록 하기 위함이다. 아울러 우리 성도들은 결국 하나님 나라 안에서 모두 회집되도록 창세 이전에 그리스도 안에서 선택되었다는 사실을 우리로 확실히 하게 하기 위함이다."33) 스트라스부르에서 다시 제네바로 돌아온 뒤에 작성된 『제네바교회의 요리문답』(1541/1542)에서는 '보편적 교회가 무엇인가?'라는 질문에 대한 간단한 대답이 선택론의 관점에서 주어지고 있다. "93. 목사 : 보편적 교회란 무엇인가? 아이 : 보편적 교회란 하나님께서 영생으로 작정하시고 선택하신 신자들의 모임(la compagbie des fideles)입니다."34)

교회의 기초와 본질로서 선택이라는 사상은 불가시적 교회와 관련해서 그의 후기 작품에서도 조금도 감소되지 않고 그대로 나타난다. "우리는 하나님의 은밀한 선택과 하나님의 내적 부르심을 생각해야 한다. 이는 하나님만이

---

32) J. Calvin, 『기독교 강요』(1536), 양낙흥 역,(서울 : 크리스챤다이제스트, 2002), pp. 140-141.

33) J. Calvin, 한인수 역, 『깔뱅의 요리문답』(서울 : 도서출판 경건, 1995), p. 66.

34) J. Calvin, 한인수 역, 『깔뱅의 요리문답』(서울 : 도서출판 경건, 1995), p. 128.

'자기 백성을 아시며'(딤후2:19), 바울의 말과 같이 그들에게 모두 인(印)을 치셨기 때문이다.(엡1:3) 그들은 하나님의 휘장을 달고 있어서 유기(遺棄)된 자들과 구별된다. 그러나 거대한 군중 속에 보잘것없는 작은 무리가 숨어 있고, 몇 개의 밀알이 쭉정이 더미 속에 묻혀 있으므로, 우리는 교회에 대한 지식을 하나님께만 맡겨야 한다. 교회의 기초는 하나님의 비밀스런 선택이다."[35] "교회는 하나님의 선택에 의해서 존립하며, 하나님의 영원한 섭리와 같이 동요되거나 파멸될 수 없다."[36]

하나님의 선택의 관점에서 이해된 깔뱅의 교회 이해는 지나치게 제도화되고, 구조화되어 심한 부패 상태에서 능력을 상실한 로마가톨릭교회를 비판할 수 있는 근거를 제공했다. 가시적인 지상의 현실 교회를 하나님의 나라와 동일시하는 로마가톨릭교회에 대해, 깔뱅은 교회의 영적 측면과 불가시적 측면을 선택론에 기초한 교회론에 근거하여 강조했다. 이를 통해서 숫자적으로 열세이며, 외면적으로 보잘 것 없는 종교개혁 교회의 진영은 하나님의 선택의 은혜로부터 오는 하나님의 확신과 위로를 가질 수가 있었다.

2) 예수 그리스도의 몸으로서의 교회

황대우는 그의 박사학위논문 제목을 "그리스도의 신비한 몸 : 마르틴 부처와 요한 깔뱅의 교회론"이라고 이름붙일 만큼, '그리스도의 몸'으로서의 교회상(敎會象)은 깔뱅의 교회론에서 매우 중요하다고 역설한다.[37] 깔뱅이 사용한 교회론과 관련된 용어들은 깔뱅 자신이 독창적으로 만든 것이 아니라, 이미 중세 신학자들도 사용하던 용어지만, 깔뱅은 성경주석 등에 근거하여 중세 시

---

35) John Calvin, 『기독교 강요』(1559), IV i 2.
36) John Calvin, 『기독교 강요』(1559), IV i 3.
37) Dae-Woo Hwang, "Het Mystieke lichaam van Christus : De ecclesiologie van Martin Bucer en Johannes Calvijn,"(Proefschrift, Apeldoorn 2002).

대의 교회론과는 다른 새로운 내용을 그의 교회론에 부과했다. 깔뱅은 교회를 그리스도의 신비한 몸으로 정의하는데, 이 개념을 단지 비유적인 방법으로만 사용하는 것이 아니라, 교회의 실재성을 지시하기 위해 사용했다.[38]

깔뱅의 경우, 그리스도의 몸으로서 교회라는 사상은 그리스도가 교회의 중심임을 가르쳐 준다. 그리스도께서 자신의 몸된 교회를 자신의 말씀과 성령을 통해서 친히 다스리시며, 자신의 몸을 세우시기 위해 직분자들을 사용하신다. 교회는 그리스도의 한 몸 안에 살고 성장하는 모든 신자들의 모임이다. 또한 교회는 성도들의 교제라 불리는데, 이 교제의 기초는 그리스도의 교제이다. 깔뱅의 경우, 그리스도와 그의 백성 사이의 교제는 헤아릴 수 없는 비밀이다. 왜냐하면 그리스도께서 교회의 머리되심 자체가 신비요, 비밀이기 때문이다.[39] 깔뱅이 이해한 '그리스도의 신비한 몸'으로서의 교회개념에 있어서 다음 세 가지 내용이 중요하다. 첫째, 그리스도가 교회의 중심이다. 둘째, 머리로서 그리스도와 지체로서 성도 사이의 연합과 교제가 중요하다. 셋째, 그리스도와의 각 성도 사이의 연합과 교제를 전제한 성도들 사이의 교제가 중요하다.

깔뱅은 이미 『기독교 강요』(1536) 초판에서 보편적인 교회를 그리스도의 신비한 몸으로 묘사한다. 깔뱅은 사도신경의 "성도가 서로 교통하는 것을 믿는다."라는 조항을 해설하면서, 그리스도의 몸으로서 보편적인 교회 안에서 성도들 상호간의 친밀한 교제에 대해서 다음과 같이 말한다. "한 몸의 지체가 일종의 공동체로서 서로를 나누듯이, 그러면서도 각자의 특별한 은사와 독립된 사역을 수행하듯이, 성도들은 서로 모여 한 몸으로 지어져 간다. 이것이 보편적인 교회요, 그리스도의 신비한 몸이다."[40] 깔뱅은 사도신경의 "거룩한 교회를 믿는다."라는 조항을 해설하면서 교회의 머리인 그리스도와 교회의 지체

---

38) 황대우, "그리스도의 신비한 몸 : 부써와 칼빈의 교회론 비교." 한국칼빈학회(엮음), 『칼빈연구』제2집 (서울 : 한국장로교출판사, 2004), p. 188.
39) 황대우, "그리스도의 신비한 몸 : 부써와 칼빈의 교회론 비교." p. 188.
40) John Calvin, 양낙흥 역, 『기독교 강요』(1536), p. 147 ; OS I, 92(= CO, 77-78).

인 선택된 자들 간의 일치와 연합과 교제에 대해서 말한다. "우리 주 그리스도는 이 모든 선택된 자들의 지도자요, 통치자며, 한 몸의 머리"이며, "이 공동체는 보편적이요, 다시 말해서 우주적인데, 이는 둘이나 혹은 세 교회들이 있을 수 없기 때문이다. 이 하나님의 모든 택한 자들은 그리스도 안에서 일치가 되고 연합되어져서(참고, 엡1:22-23) 그들이 한 머리에 붙어 있는 동안 한 몸으로 함께 자라며, 함께 결합되고 짜여져 가는 것이며(비교, 엡4:16) 한 몸의 지체들과 같다.(롬12:5; 고전10:17; 고전12:12, 27). 이들은 한 믿음, 소망, 사랑 안에서, 또 하나님의 한 영 안에서, 영원한 생명의 기업에로 부름을 받아 함께 살아가는 진정으로 하나가 되어진 것이다."[41]

깔뱅은 그의 『제네바 교회에서 사용하는 신앙교육 요강 및 신앙고백』(1537)에서 사도신경의 "거룩한 교회와 성도가 서로 교통하는 것을 믿는다."라는 항목을 해설하는데, 『기독교 강요』(1536) 초판에 나타난 내용은 물론이고, 거의 비슷한 문장으로 '그리스도의 몸으로서 교회'에 대해 언급하고 있다. "모든 선택된 자들은 신앙의 띠를 통해 한 교회, 한 공동체, 한 하나님의 백성으로 연합되어 있음과 우리 주 예수 그리스도께서는 바로 이 교회의 지도자, 군주 그리고 한 몸의 머리와 같으신 분이심을 우리로 확실히 하도록 하기 위함이다. … 이 공동체는 보편적이다. 왜냐하면 거기에는 결코 둘이나 셋이 존재하는 것이 아니기 때문이다. 하나님의 선택을 받은 모든 사람들은 그리스도 안에서 연합되고 결합되어 있기 때문에 이들은 오직 한 머리에만 의존하고 있으며, 오직 한 몸 안에서만 성장하고 있다. … 성도의 교제란 이런 것이다. 성도들 중 한 사람이 하나님으로부터 어떤 은사를 받았을 때, 비록 이 은사가 하나님의 계획에 의해 다른 사람들에게는 주어지지 않고 오직 그 한 사람에만 특별히 주어졌다 하더라도 모든 성도들이 이에 참여한다는 것이다. 이는 마치 한 몸 안에 있는 지체들이 그들이 가진 모든 것에 서로 참여하면서도 그들 각자는 특수한 은

---

41) John Calvin, 양낙흥 역, 『기독교 강요』(1536), p. 139.

사들과 상이한 직무들을 소유하고 있는 것과 같은 것이다."42)

『제네바교회의 요리문답』(1541/1542)에서는 '보편적 교회'와 '성도가 서로 교통하는 것'에 대한 질문과 대답에서 그리스도의 몸으로서 교회 안에서 그리스도의 주권성과 그리스도와 각 지체 사이의 수직적 관계와 각 지체 사이의 수평적 관계를 균형 있게 강조하고 있다. "성도들의 머리는 단 한 분뿐이시라는(엡4:15) 것과 모든 사람들은 이 한 몸 안에서 연합되어 있어야 한다는(고전12:12, 27) 것을 의미합니다. 그러므로 여러 교회들이 있는 것이 아니라 전세계에 흩어져 있는 단 하나의 교회가 있을 뿐입니다. … '성도가 서로 교통한다.'는 말은 교회의 성원들 사이에 존재하고 있는 통일성을 좀 더 잘 표현하기 위해 첨가된 것입니다. 그리고 이 말은 우리 주님께서 당신의 교회를 위해 베풀어 주시는 모든 은혜로우신 행위들이 성도 개개인의 유익과 구원을 위한 것임을 우리에게 인식시켜 줍니다. 교회 안에서는 모든 사람들이 서로 교제를 나누기 때문입니다."43)

그리스도의 몸으로서의 교회라는 개념은 그의 『기독교 강요』(1559) 마지막 판에도 그대로 계속된다. "모든 선택된 사람들은 그리스도 안에서 연합되었으므로(엡1:22-23) 한 머리를 의존하며 서로가 한 몸이 되고 한 몸에 달린 지체들같이(롬12:5; 고전10:17; 고전12:12, 27) 서로 단단히 결합된다.(엡4:16) 그들이 참으로 하나가 되는 것은 한 믿음과 소망과 사랑으로, 또 같은 하나님의 영 안에서 함께 살기 때문이다. 그들을 부르심은 영생을 다같이 받게 하실 뿐만 아니라, 한 하나님과 한 그리스도께 참여시키기 위함이다.(엡4:30"44) "성도들은 하나님께서 주시는 은혜는 무엇이든지 서로 나눈다는 원칙하에 그리스도의 공동체에 소집되었다고 하는 것이 '성도가 서로 교통하는 것' 라는

---

42) J. Calvin, 한인수 역, 『깔뱅의 요리문답』(서울: 도서출판 경건, 1995), pp. 66-67.
43) J. Calvin, 한인수 역, 『깔뱅의 요리문답』(서울: 도서출판 경건, 1995), pp. 129-130.
44) John Calvin, 『기독교 강요』(1559), Ⅳ i 2.

구절의 뜻이다. 그러나 그렇다고 해서 은혜의 다양성을 부정하는 것은 아니다. 성령의 은사는 여러 가지로 상이하게 분배된다는 것을 우리는 안다."[45]

그리스도의 몸으로서 교회에 대한 깔뱅의 교회상은 기독론(그리스도론) 중심적으로 나타나게 된다. "이 세계 안에 하나님의 질서가 있다. 그것이 교회이다. 교회는 고양(高揚)되신 그리스도께서 자신의 사역을 인간에게 완성하시는 수단이다. … 교회는 하나님의 계시의 장소이며, 그리스도와 우리 사이의 만남의 장소이다."[46] "교회를 떠나는 것은 하나님과 그리스도를 부정하는 것이다."[47]

3) 성령의 전(殿) 또는 피조물로서의 교회

깔뱅의 교회론과 관련하여 선택론적 관점과 기독론적 관점과 함께 결코 빼놓을 수 없는 것이 교회에 대한 성령론적 관점이다. 왜냐하면, 하나님의 선택을 수행하는 분도 성령이시고, 선택된 자들을 그리스도와 그의 몸에 연합시키시는 분도 성령이시며, 교회의 탄생과 성장과 하나님의 나라의 완성을 주도하시는 분도 성령이시기 때문이다.

그러면 깔뱅이 이해한 성령의 전 또는 성령의 피조물로서 교회는 무엇인가? 이 문제에 답하기 위해서 우리는 크게 두 가지를 생각해 볼 수가 있는데, 그리스도와 성도의 연합과 교제 및 성도들 상호간의 교제는 성령에 의해서 이루어진다는 사실과, 성령은 교회를 창조하고 완성시키기 위해 외적인 은혜수단들을 사용하신다는 사실이다.

첫째, 성령은 교회의 머리이신 그리스도를 각 지체인 성도와 연합시킨다. "우리는 하나님께서 어떻게 우리에게 연합하시며, 우리가 어떻게 하나님께 묶

---

45) John Calvin, 『기독교 강요』(1559), IV i 3.
46) W. Niesel, *Die Theologie Calvins*, S.185.
47) John Calvin, 『기독교 강요』(1559), IV i 10.

여 있는지의 방법, 즉 하나님께서 그의 성령을 우리 안에 부어주시는 그 방법을 깨닫게 된다."48) 깔뱅에 의하면, "그리스도께서 우리를 자신에게 효과적으로 연결시키시는 띠가 성령"이시기 때문에, 성도는 "성령의 역사를 통해서 그리스도와 그의 모든 유익을 누리게" 된다.49) '그리스도와의 연합'(unio cum Christo)은 바로 '성령의 교통'(communicatio Spiritus Sancti)이다.50)

둘째, 성령은 외적 은혜수단에 항상 얽매이시지는 않지만, 외적 은혜수단들을 허락하시며, 사용하셔서 일하신다.51) 성령이 사용하시는 외적인 수단들 중에서 중요한 것은 성경에 근거한 말씀의 선포, 성례전과 직분이다. 성령과, 성령이 사용하시는 은혜수단의 관계를 중심으로 깔뱅은 크게 두 진영과 논쟁하면서 중간의 길(via media)을 선택했다. 이 문제를 중심으로 깔뱅은 로마가톨릭교회와 열광주의자들의 오류를 지적한다. 로마가톨릭교회는 성령을 통한 복음 선포를 무시하고, 성례전주의의 사효론(事效論; ex opere operato)에 빠져서, 사역의 주체인 성령 자신을 사역의 수단에다가 흡수시키거나 종속시키는 객관주의의 잘못을 범했다. 반면, 열광주의자들은 성령의 수단을 무시하고, 성령의 능력만을 주장하여 주관주의의 잘못을 범했다.

깔뱅에 의하면, 성령과 성경말씀의 관계에서 열광주의자들은 성령께서 성경말씀과는 별도로 새로운 계시를 주신다고 잘못 주장하는가 하면, 로마가톨릭교회는 교회의 권위가 성경의 권위보다 위에 있다고 잘못 주장한다. "성경을 버리고 무슨 다른 방법으로 하나님께 도달할 수 있다고 생각하는 사람은 과오를 저질렀다기보다는 차라리 정신착란에 빠졌다고 할 수 밖에 없다. 요사이 어떤 견실치 못한 사람들이 나타나서 거만하게도 성령의 가르침을 받았다고

---

48) John Calvin, 『고린도전서 주석』(1546), 고전3:16.
49) John Calvin, 『기독교 강요』(1559), III i 1.
50) Dae-Woo Hwang, "Het Mystieke lichaam van Christus : De ecclesiologie van Martin Bucer en Johannes Calvijn," p. 284.
51) 최윤배, 『성령론 입문』(서울 : 장로회신학대학교 출판부, 2010), pp. 16-17.

하면서, 자신은 성경읽기를 거절하면서, 성경을 읽는 사람들은 죽은 글자 또는 치사적(致死的)인 문자에 아직도 관심을 갖고 있는 자들이라고 비웃는다."[52] "만약 교회가 처음부터 예언자의 문서와 사도들의 설교에 근거를 두었다면, 그 교리가 어디서 발견되든지 그 교리의 확실성은 교회의 형성보다 먼저 있었다는 것이 사실이다. 그 교리가 없이는 교회 자체가 절대로 존재한 일이 없는 까닭이다."[53] 깔뱅은 성경말씀을 성령께서 사용하시는 성령의 외적 도구로 이해한다. "주님은 자신의 말씀과 성령의 확실성 사이에 상호 관계를 확립하셨다. … 성령을 떠나서는 진리의 빛을 가질 수 없다는 것을 예수님의 제자들은 매우 예민하게 느낀다. 그와 동시에 말씀은 주님이 자신의 성령을 신자들에게 주실 때, 사용하시는 도구라는 사실도 그들은 알고 있었다."[54]

성례전을 중심으로 로마가톨릭교회는 성례전의 효과를 성령의 역사에 기초시키지 않고, 성례전의 재료 자체에다가 종속시킴으로써, 사효론의 잘못에 빠지고, 열광주의자들은 성례전 속에서 그리스도와 그의 은혜의 실재성을 무시하고, 상징이나 의미 등으로 이해한다. 결과적으로 로마가톨릭교회는 성령 자신의 역사를 무시하고, 열광주의자들은 성령이 사용하시는 수단을 무시하게 되었다. 그러나 깔뱅에 의하면, 성령께서는 성례전의 재료(물, 포도즙, 빵)를 사용하셔서 은혜의 효과를 일으키신다. "성례전은 내적 스승이신 성령이 같이 계실 때 비로소 그의 임무를 행할 수 있다. … 성령이 같이 하지 않는 성례전은 아무 효력이 없다는 것과 그 스승의 가르침을 받은 마음에 대해서 성례전은 믿음의 강화와 향상을 가져온다는 것이다."[55]

깔뱅은 교회의 직분을 성령과 말씀에 종속시키지 않고, 직분 자체를 절대화시키는 로마가톨릭교회의 잘못과, 하나님에 의해서 제정된 교회의 직분을 무

---

52) John Calvin, 『기독교 강요』(1559), I ix 1.
53) John Calvin, 『기독교 강요』(1559), I vii 2.
54) John Calvin, 『기독교 강요』(1559), I ix 3.
55) John Calvin, 『기독교 강요』(1559), IV xiv 9.

시하는 열광주의자들의 잘못을 동시에 비판했다. "우리 시대에 들어와서 교회의 직분의 효력에 대한 논쟁이 있었다. 어떤 사람들은 교회의 직분의 위엄을 과장한다. 다른 사람들은 성령께서 하시는 일을 죽을 운명의 인간에게 위임해 버리는 잘못을 범하는 것이라고 주장한다. 즉, 목사나 교사가 사람의 생각과 마음을 통찰하여 사람의 어두운 생각과 완고한 마음을 시정한다고 생각하는 것은 잘못된 것이라고 생각한다."56) 성령을 배제하고, 성령의 수단인 직분만을 주장한 로마가톨릭교회의 입장과, 직분을 배제하고, 성령의 역사만을 주장한 열광주의자들의 주장에 반대하여, 깔뱅은 성령은 교회의 직분 자체에 항상 얽매이시는 것은 아니지만, 교회의 직분을 수단으로 사용하셔서 일하신다는 사실을 성경주석에 근거하여 성령과 수단의 올바른 상호관계를 확립했다. "쌍방의 쟁점들은 다음 두 가지 설명을 통해 쉽고도 쉽게 해결될 것이다. ① 어떤 구절에서는 설교의 창조자이신 하나님께서 자신의 성령을 설교와 결합시키셔서 설교로부터 은혜를 약속하신다는 내용이 나타난다. ② 어떤 구절에서 하나님은 자기 자신과 외적 보조수단들을 상호 분리시키시면서 신앙의 시작과 신앙의 전(全) 과정을 자기 자신만이 하시는 일이라는 사실을 요구하신다는 내용이 나타난다."57) 깔뱅에 의하면, 바울 사도는 어떤 구절에서는 자신을 하나님의 동역자, 심지어 구원을 나누어 주는 일을 하는 자라고 말하면서도(고전 3:9이하), 어떤 구절에서는 하나님을 떠나서는 자신의 공적을 티끌만큼도 주장하지 않는다.(고전3:7)58)

이상으로부터 우리는 깔뱅에게서 설교, 성례전, 직분 등은 성령의 수단으로서 이해된다는 결론에 이르게 된다. "하나님의 권능은 외적인 수단에 매이는 것은 아니지만, 하나님께서 우리를 이 평범한 교수 방법에 매이게 하셨다. 광

---

56) John Calvin, 『기독교 강요』(1559), IV i 6.
57) John Calvin, 『기독교 강요』(1559), IV i 6.
58) John Calvin, 『기독교 강요』(1559), IV i 6.

신자들은 이 방법을 지키지 않기 때문에 치명적인 올무에 걸린다."59) "교회는 오직 외적인 복음 선포에 의해서만 성장하며, 성도들은 한 유대에 의해서만 결합된다."60) "왜냐하면 신자들에게 공중 예배보다 더 큰 도움이 없기 때문이다. 하나님께서는 공중 예배에 의해서 자기의 백성을 점진적으로 향상시킨다."61) "하나님께서는 땅에 속한 수단으로 우리를 마치 병거에 실어 운반하듯이 그의 하늘 영광에 올리신다."62)

깔뱅이 이해한 교회는 은사공동체이다. 성령의 은사 공동체는 다양성 가운데 통일성을, 통일성 가운데 다양성을 유지한다. "성도들은 하나님께서 주시는 은혜는 무엇이든지 서로 나눈다는 원칙하에 그리스도의 공동체에 소집되었다고 하는 것이 '성도가 서로 교통하는 것'의 뜻이다. 그러나 그렇다고 해서 은혜의 다양성을 부정하는 것이 아니다. 성령의 은사는 여러 가지로 상이하게 분배된다는 것을 우리는 안다."63) "누가가 기록한 바와 같이 사도행전 4:32절은 모든 무리가 한 마음과 한 뜻이 된 공동체를 주장했으며, 그것은 바울이 '몸이 하나이요 성령이 하나이니 이와 같이 너희가 부르심의 한 소망 안에서 부르심을 입었느니라(엡4:4)고 했을 때, 염두에 두었던 바로 그 공동체이다."64)

교회는 은사 공동체인 동시에 사랑 공동체이다. "우리는 한 걸음 더 나아가 베드로 사도가 신자들 전체로 이루어진 한 집을 언급하고 있다는 사실에 유의해야 한다. 비록 우리 각자가 하나님의 성전이라고 말하고 있으나 우리 모두가 하나로 연합하고, 상호간의 사랑으로 굳게 연합되어 전체가 한 성전을 이루어야만 하는 것이다. 우리 각자는 하나님께서 자신의 성령으로 우리 각자 안에

---

59) John Calvin, 『기독교 강요』(1559), Ⅳ ⅰ 5.
60) John Calvin, 『기독교 강요』(1559), Ⅳ ⅰ 5.
61) John Calvin, 『기독교 강요』(1559), Ⅳ ⅰ 5.
62) John Calvin, 『기독교 강요』(1559), Ⅳ ⅰ 5.
63) John Calvin, 『기독교 강요』(1559), Ⅳ ⅰ 3.
64) John Calvin, 『기독교 강요』(1559), Ⅳ ⅰ 3.

거하시는 성전인 것이 사실이므로, 우리 모두는 서로 연합하여 하나의 보편적인 성전을 이루어야 한다. 이 일은 모두가 다 자신의 처지에 만족하고 자신의 의무의 한계를 벗어나지 않는 동시에 각자 무슨 은사를 받았든지 간에 공동의 목적을 위해 사용할 때 비로소 이루어진다."[65] "하나님의 능력을 부여하는 것은 성령의 역할이며, 사람들에게 이 은사를 수여하고, 분배함으로써 하나님의 능력이 그 위력을 나타내게 하는 것도 성령이 하시는 일이다."[66] "신자들은 각각 하나님의 성전이며, 신앙으로 결속되어 한 성전을 이룬다."[67]

---

65) John Calvin, 『베드로전서 주석』(1551), 벧전2:5.
66) John Calvin, 『고린도전서 주석』(1546), 고전12:4.
67) John Calvin, 『공관복음 주석』, 마16:18.

III. 이중적 측면을 지닌 교회

깔뱅이 이해한 교회의 두 가지 측면(aspect) 또는 양상(樣相)을 중심으로 가시적 교회와 불가시적 교회, 보편교회와 지역교회, 싸우는 교회와 승리하는 교회에 대해서 논의하고자 한다. '가시적인(= 가견적인 = 보이는) 교회'와 '불가시적인(= 불가견적 = 보이지 않는) 교회'(ecclesia visibilis et invisibilis)라는 용어에 대한 오해가 있다. 서로 전혀 다른 두 개의 교회들이 따로 따로 떨어져서 존재하는 것처럼 오해하는 경우이다. 플라톤적 이원론의 영향 하에 이 땅에 있는 교회는 가시적인 교회로서 허상에 불과하고, 장차 완성될 하늘에 있을 이상적이고도 불가시적인 교회가 실체라는 식으로 이해하는 경우이다. 이 같은 관점에서 종교개혁자들의 교회론에 대한 부당한 비판이 있다.[68] "그러나 루터와 깔뱅은 가시적인 교회와 불가시적 교회를 말하면서, 이 두 교회는 두 개의 다른 교회를 말하는 것이 아니라, 예수 그리스도의 하나의 교회가 가지는 다른 두 양상을 지칭하는 것이라는 사실을 강조한다."[69] 우리가 보기에도, 가시적인 교회와 불가시적인 교회의 구별은 서로 다르게 존재하는 두 개의 교회들 사이를 구별하는 것이 아니라, 동일한 하나의 교회가 가지고 있는 두 가지 측면 또는 두 가지 양상을 뜻한다.

그러면 깔뱅은 가시적인 교회와 불가시적인 교회를 어떻게 이해했는가? 깔뱅의 경우, 그리스도의 한 몸인 교회에는 두 가지 측면 또는 두 가지 양상이 있

---

68) 황정욱, "깔뱅과 오늘의 개혁교회 : 교회론을 중심으로," 최윤배(책임편집), 『어거스틴, 루터, 깔뱅, 오늘의 개혁교회』(서울 : 장로회신학대학교출판부, 2004), pp. 123-124, 참고, p. 163.
69) L. Berkhof, *Systematic Theology*(Grand Rapids : WM. B. Eerdmans Publishing Co., 1981), p. 565: "But he and Calvin stress the fact that, when they speak of a visible and an invisible Church, they do not refer to two different Churches, but to two aspects of the one Church of Jesus Christ."

는데, 하나는 불가시적이고, 천상적이요, 영적이고, 승리하는 교회이고, 다른 하나는 비가시적이고, 지상적이고, 육적이고, 전투하는 교회이다. 깔뱅은 이 대조적인 형용사를 한정사(限定詞)로 교회와 연결시키는 것이 아니라, 술어(述語)로 교회와 연결시킨다. 깔뱅은 교회가 무엇인지 좀 더 명확하게 설명하기 위해서 교회의 두 측면, 즉 '하나님 앞에 있는 교회와 사람들 앞에 있는 교회'(ecclesia coram Deo et ecclesia coram huminibus)를 구분하여 사용했을 뿐이다.[70] 깔뱅의 경우, 교회는 불가시적인 동시에 가시적인 '한 몸'(unum corpus)과 다른 그 무엇이 아니다.

사도신경의 '거룩한 보편적인 교회'(Sanctam ecclesiam catholicam)에 나오는 '교회'를 깔뱅은 불가시적인 교회에 적용시킬 뿐만 아니라, 가시적인 교회에도 적용시킨다. "사도신경에서 우리가 '교회를 믿는다.'라는 조항은 (우리가 현재 취급하고 있는) 가시적인 교회에 해당될 뿐만 아니라, 죽은 사람들도 그 숫자에 포함된, 하나님에 의해서 선택된 모든 사람들에게도 해당된다."[71] 사도신경에 나타난 '믿는다.'라는 말은 하나님의 자녀들과 불신자들 사이를 그리고 하나님의 양떼들과 들짐승들 사이를 구별하기 위해서 사용되었다. 깔뱅은 불가시적인 교회를 선택론의 차원과 하나님의 인식의 차원에서 이해한다. "우리는 하나님의 은밀한 선택과 하나님의 내적 부르심을 생각해야 한다. 이는 하나님만이 '자기 백성을 아시며'(딤후2:19), 바울의 말과 같이 그들에게 모두 인(印)을 치셨기 때문이다.(엡1:3) 그들은 하나님의 휘장을 달고 있어서 유기(遺棄)된 자들과 구별된다. 그러나 거대한 군중 속에 보잘 것 없는 작은 무리가 숨어 있고, 몇 개의 밀알이 쭉정이 더미 속에 묻혀 있으므로, 우리는 교회에 대한 지식을 하나님께만 맡겨야 한다. 교회의 기초는 하나님의 비밀스런 선택이다."[72]

---

70) 황대우, "그리스도의 신비한 몸 : 부써와 칼빈의 교회론 비교," p. 189.
71) John Calvin, 『기독교 강요』(1559), IV i 2.

또한 깔뱅은 불가시적인 교회를 선택론의 관점과 교회의 통일성의 관점에서 보편교회와 연결시킨다. "교회를 '보편적' 또는 '우주적'이라고 부르는 것은 그리스도가 나뉘어지는 것은 있을 수 없는 일이지만, 그리스도가 나누어지지 않는 한(고전1:13), 교회도 둘이나 셋이 있을 수 없기 때문이다. 모든 선택된 사람들은 그리스도 안에서 연합되었으므로(엡1:22-23), 한 머리를 의존하며 서로 서로가 한 몸이 되고, 한 몸에 달린 지체들같이(롬12:5; 고전10:17; 고전12:12,27) 서로 단단히 결합된다.(엡4:16) 그들이 참으로 하나가 되는 것은 한 믿음과 소망과 사랑으로, 똑같은 하나님의 영 안에서 함께 살기 때문이다. 그들을 부르심은 영생을 다같이 받게 하실 뿐만 아니라, 한 하나님과 한 그리스도께 참여시키기 위함이다.(엡5:30)"[73] 이상의 논의로부터 우리는 깔뱅이 이해한 불가시적 교회는 시간과 공간을 초월하여 하나님에 의해서 선택된 자들의 총합을 가리킨다고 결론지을 수가 있다.

깔뱅은 사도신경에 기록된 '성도가 서로 교통하는 것'(Sanctorum Communionem)을 가시적인 교회에도 적용시킨다. "이 외면적인 교회 안에서 우리 각자는 하나님의 모든 자녀들과 형제적인 일치를 유지해야하며, 교회가 마땅히 가지는 권위를 교회에다가 부여해야하며, 간단히 말하면, 양떼들의 일원으로 행동해야 한다."[74] 깔뱅은 또한 '신자의 어머니로서의 교회'를 가시적인 교회에 적용시킨다. "그러나 우리는 지금 가시적인 교회를 논할 생각이므로 교회를 아는 것이 얼마나 유용하고 얼마나 필요한가를 '어머니'라는 단순한 칭호에서 배워야 한다. 이는 이 어머니가 우리를 잉태하고 낳으며 젖을 먹여 기르고 우리가 이 육신을 벗고 천사가 될 때까지(마22:30) 보호 지도해 주지 않는다면, 우리는 생명으로 들어 갈 길이 없기 때문이다."[75]

---

72) John Calvin, 『기독교 강요』(1559), IV i 2.
73) John Calvin, 『기독교 강요』(1559), IV i 2.
74) John Calvin, 『기독교 강요』(1559), IV i 3.
75) John Calvin, 『기독교 강요』(1559), IV i 4.

한 교회의 두 가지 양상에 대한 깔뱅의 이해는 다음의 글에서 아주 분명하게 나타난다. "성경은 두 가지 방식으로 교회에 대해서 말하는 것에 대하여 언급했다. '교회'라는 말은 때로는 입양의 은혜로 하나님의 자녀가 되고, 성령의 성화로 그리스도의 참 지체들이 된 사람들이 실제적으로 하나님의 면전(面前)으로 영접된 사람들을 뜻한다. 이런 의미에서 교회는 현재 지상에 살아 있는 성도들뿐만 아니라, 천지 창조이후 지금까지 선택받은 모든 사람들을 포함한다. 그러나 '교회'라는 이름은 한 하나님과 그리스도를 경배한다고 고백하는 세계 각지에 산재한 모든 사람들을 가리키는 때가 많다. 우리는 세례에 의해서 그리스도에 대한 믿음을 얻게 되며, 성찬에 참가함으로써 참된 교리와 사랑에 의한 우리의 연합을 증거하고, 주의 말씀 안에서 일치하며, 말씀을 전파하기 위해서 그리스도께서 제정하신 직분을 보존한다. 이런 교회 안에는 이름과 외형만 있고, 그리스도는 전혀 없는 위선자들이 많이 섞여 있다."[76]

깔뱅에게서 가시적인 교회와 불가시적인 교회는 인식론적인 문제로서 하나님은 선택된 자를 알고 계시지만, 인간은 그것을 알지 못한다. 그러나 가시적인 교회와 불가시적인 교회는 한 교회의 실체에 대한 두 가지 양상인 것이다.[77] "그러므로 우리는 볼 수는 없으나 하나님께서 보시는 불가시적인 교회를 믿어야할 뿐만 아니라, 인간의 눈으로 보는 교회인 현실의 교회를 잘 유지하며, 교회 안에서 성도의 교제를 도모할 의무가 있다."[78] 한 교회의 두 양상, 가시적인 측면과 불가시적인 측면을 통전적(統全的; holistic)으로 그리고 균형 있게 이해한 깔뱅의 교회론은 선택론과 관계된 불가시적인 교회를 전적으로 무시하고, 가시적인 교회를 하나님의 나라로 역사화 시키고, 동일화하려는

---

76) John Calvin, 『기독교 강요』(1559), IV i 7.
77) Otto Weber, 김영재 역, 『칼빈의 교회에 대한 올바른 이해 : 교회관』 p. 52. 베버는 가시적인 교회와 불가시적인 교회의 관계를 인식론적 차이로 이해하면서도, 예수 그리스도의 두 본성론에 비유하는 것이 흥미롭다. 이양호는 양자의 관계를 동심원적 구조로 본다. 이양호, 『칼빈 : 생애와 사상』 p. 177.
78) John Calvin, 『기독교 강요』(1559), IV i 7.

로마가톨릭교회의 교회론과 상치될 뿐만 아니라, 가시적인 지상의 현실적 교회를 무시하고, 불가시적인 교회의 순수성과 도덕성만을 추구하는 재세례파들의 교회론과도 상치되었다. 이 문제는 오늘날 교회와 선교현장에서도 발견된다. 기성교회의 존재 자체를 완전히 부정하는 무교회주의자가 있는가 하면, 생명력을 잃어버리고, 구태의연한 신앙습관과 절대화된 제도에 얽매여 있는 일부 기성교회도 있다.

깔뱅에 의하면, 지역교회는 보편교회에 포함된다. 보편교회는 그리스도의 몸으로서의 교회이며, 하나님께서 영생으로 예정하시고, 선택하신 신자들의 모임으로서 교회이다.[79] 보편교회는 세계창조 때부터 있었고, 마지막까지 존재할 것이다.[80] '가톨릭'(catholica) 또는 '보편적인(우주적인)'(universalis)이라는 말은 "신자들의 머리는 단 한 분뿐이시라는 것(엡4:15)과 모든 사람들은 이 한 몸 안에서 연합되어 있어야 한다는(곤전12:12, 27) 것을 의미합니다. 그러므로 여러 교회들이 있는 것이 아니라, 전 세계에 흩어져 있는 단 하나의 교회가 있을 뿐입니다."[81] 한 몸으로서 보편교회는 "모든 나라에서 모은 큰 무리다. 그 보편교회는 나누어져 여러 곳에 산재하지만, 거룩한 교리의 한 진리에서 서로 일치하며, 같은 종교생활의 유대로 연합되었다. 이와 같이 보편교회 아래 지역교회가 포함되며, 그 지역교회들은 사람들의 필요에 따라 여러 도시와 촌락에 설립되어 각각 교회라는 이름과 권위를 정당하게 가진다. 각 개인이 신앙고백에 의해서 이런 지역교회의 일원으로 인정될 때, 비록 그들이 보편교회를 모를지라도 공적인 재판에 의해서 출교되지 않는 이상 그들은 보편교회에 속한 사람들이다."[82] 하나님께서 교회의 몸을 세상으로부터 성별하셨다.[83]

---

79) John Calvin, 한인수 역, 『깔뱅의 요리문답』, p. 128, cf. CO 6, 39.
80) CO 7, 30.
81) John Calvin, 한인수 역, 『깔뱅의 요리문답』, p. 129, cf. CO 6, 39.
82) John Calvin, 『기독교 강요』(1559), IV i 9.

깔뱅에게 '싸우는 교회와 승리하는 교회'(ecclesia militans et trium-phans) 사상이 나타난다. 교회의 창조와 갱신은 하나님만의 사역이다. 이 말은 교회가 사탄의 공격으로부터 완전히 자유롭다는 말은 아니다.[84] 왜냐하면, 역사는 하나님께서 사탄과 싸우시는 전쟁터이기 때문이다. 교회는 나그네로서 이 땅에 살고 있다. 우리는 교회의 지상적인 삶을 투쟁하는 순례자의 삶과 비교할 수가 있을 것이다. 왜냐하면 교회가 지상에서 나그네로 있을 동안에 교회는 안식할 여유를 갖지 못하며, 수많은 공격들에 노출되어 있기 때문이다.[85] 따라서 지상의 교회는 싸우는 교회이다. 그러나 지상의 교회의 이 싸움은 가시적이지 않고, 불가시적인 동시에 영적이다. 왜냐하면, 하나님의 교회는 격렬한 전쟁을 혈과 육에 대항하여 싸우는 것이 아니라, 우리를 영원한 파멸로 몰고 가려고 힘쓰는 사탄과 싸우고 있기 때문이다.[86] 불경건한 자들은 여러 가지 방법으로 하나님의 영적인 성전(聖殿)으로서 교회의 구축을 방해한다. 그러므로 하나님의 교회의 구축은 영적인 공격을 동반한다.[87]

그러나 모든 그리스도인들은 오직 그리스도 안에서만 영적 전쟁을 경험한다. 그리스도 안에서 하나가 되었으며, 메시아이신 그리스도를 아는 모든 성도들은 그들을 해치는 모든 것으로부터 끝까지 안전하다. 그리스도인들이 그리스도와 하나가 되어 있는 한, 교회의 전체의 몸과 양떼들의 각각은 안전하다는 것이 하나님의 약속이다. 선택된 자들이 있는 교회는 보존된다. 십자가 아래 있는 교회는 소망 속에서뿐만 아니라, 실제적으로 모든 불경건한 자들에 대해 승리할 것이다. 왜냐하면, 하나님께서 교회를 기적적인 방법으로 도우시고, 신

---

83) John Calvin, 『창세기 주석』 창46:31.
84) Dae-Woo Hwang, "Het Mystieke lichaam van Christus : De ecclesiologie van Martin Bucer en Johannes Calvijn", p. 217.
85) John Calvin, 『공관복음 주석』 마16:18.
86) John Calvin, 『공관복음 주석』 눅1:71.
87) Dae-Woo Hwang, "Het Mystieke lichaam van Christus : De ecclesiologie van Martin Bucer en Johannes Calvijn", p. 218.

자들 각각을 견인하시기 때문이다. 비록 교회가 지상에서 완전한 승리는 하지 못할지라도, 최종적인 영광과 승리는 그리스도 안에 그리고 그리스도와 함께 하는 싸우는 교회 안에 확실하게 보장된다.[88] 깔뱅의 경우, 지상의 교회의 영적인 전쟁은 항상 부정적인 것은 아니다. 왜냐하면, 하나님께서 계속되는 싸움을 통해서 지상적인 교회를 훈련시키시기 때문이다.[89]

이상에서 우리는 깔뱅이 이해한 교회의 두 가지 측면들, 가령, 가시적인 교회와 불가시적인 교회, 보편교회와 지역교회, 싸우는 교회와 승리하는 교회 등을 살펴봤다. 깔뱅은 가시적인 교회와 불가시적인 교회를 구별하지만, 이러한 구별을 통해서 그는 로마가톨릭교회에서 나타나는 교회의 사회화와 역사화에 반대할 뿐만 아니라, 재세례파와 자유주의파에서 나타나는 교회의 영성주의화에도 반대한다. 깔뱅은 어디에서도 이상적인 교회와 현실적인 교회라는 식으로 두 가지 교회들에 대해서 말하지 않는다. 어떤 사람도 그리스도의 한 몸을 두개나 세 개로 나누어서는 안 된다. 그리스도의 몸으로서 교회는 하나이며, '하나님 앞에서'(coram Deo) 나누어질 수가 없다. 비록 가시적인 교회가 불가시적인 교회와 동일하지는 않을지라도, 가시적인 교회와 불가시적인 교회는 뗄래야 뗄 수가 없는 끈으로 상호 연결되어 있다. 깔뱅은 어디서도 교회의 두 가지 측면 또는 양상 사이를 날카롭게 분리시키거나 대립시키지 않는다.[90]

깔뱅의 경우, 교회는 사건적 측면을 가지고 있는 동시에 제도적 측면도 가지고 있다. '사건으로서의 교회'에 대한 이해는 비록 후대에 가서 어느 정도 보완이 이루어지지만, 바르트(K. Barth)의 다음의 글 속에서 잘 나타난다. "기독교 교회는 형제들의 모임인데, 여기서 예수 그리스도는 성령을 통해 말씀과 성례전

88) John Calvin, 『공관복음 주석』 마16:18.
89) Dae-Woo Hwang, "Het Mystieke lichaam van Christus : De ecclesiologie van Martin Bucer en Johannes Calvijn", p. 218.
90) Dae-Woo Hwang, "Het Mystieke lichaam van Christus : De ecclesiologie van Martin Bucer en Johannes Calvijn", p. 218.

안에서 주님으로서 현재적으로 활동하신다."[91] 깔뱅의 경우에도 교회는 예수 그리스도께서 말씀과 성령으로 통치하시는 곳이다. 깔뱅은 여기서 한 걸음 더 나아가서 하나님께서 교회에게 하나님의 은혜의 외적 수단들(말씀, 성례전, 사역자)을 허락하셨다고 한다. "성경은 이처럼 하나님에 대한 혼란한 지식을 우리 마음에 바로 잡고 우리의 우둔함을 쫓아 버리시며, 참 하나님을 우리에게 보여 준다. 그러므로 교회를 교훈하시기 위하여 무언의 교사들을 사용하실 뿐만 아니라, 자신의 가장 거룩한 입을 여시는 것은 하나님의 특별한 은사이다. … 하나님은 처음부터 교회를 위하여 이 계획을 세우시고 일반적인 증거 외에 자신의 말씀을 참가하셨다."[92]

깔뱅에 의하면, 하나님께서 목사와 교사를 통한 복음전파와 성례집례 등 신앙의 거룩한 일치와 올바른 질서를 위한 외적인 도움의 수단을 교회에 주셨다.[93] "교회는 외적 설교에 의해서 지어지며, 성도들은 하나의 유대에 의해서 결속된다. 한 마음으로 배움과 발전을 통해 성도들은 하나님에 의해서 제정된 교회질서를 지킨다."[94] 여기서 깔뱅이 이해하는 교회의 두 가지 측면이 동시에 나타난다. 깔뱅은 교회를 모임 또는 사건으로 이해하는 동시에 제도로 이해했다. "즉 선포된 말씀을 중심으로 볼 때 제도적인 면을 인식하게 되고, 하나님의 택함을 받은 자의 믿음을 중심으로 생각하면 모임이라는 개념을 인식할 수 있다. 교회는 선포된 말씀으로 살지만 또한 순종하는 믿음으로 사는 것이다. 그러므로 제도냐 성도의 모임이냐 하는 양자택일은 있을 수 없고, 어느 것이 우선하느냐 하는 것도 없다."[95]

91) K. Barth, 『바르멘 신학선언』(1934), A. C. Cochrane(Ed.), *Reformed Confessions of the Sixteenth Century*(Louisville · London : Westminster John Knox Press, 2003), p. 333, 참고, W. Niesel, 이종성 · 김항안 역, 『비교교회론』(서울 : 대한기독교출판사, 1999), p. 431.
92) John Calvin, 『기독교 강요』(1559), I vi 1.
93) John Calvin, 『기독교 강요』(1559), IV i 1.
94) John Calvin, 『기독교 강요』(1559), IV i 5.
95) Otto Weber, 김영재 역, 『칼빈의 교회관』, p. 39.

Ⅳ. 교회의 두 가지 표지

　교회의 표지 또는 표징(ecclesiae notae)을 중심으로, 깔뱅연구가들 사이에 이견(異見)이 있다. 어떤 깔뱅연구가는 깔뱅이 이해한 교회의 표징은 교회의 치리(권징)를 포함하여 세 가지라고 주장하고,[96] 대부분의 깔뱅연구가들은 깔뱅은 교회의 표징을 두 가지, 즉 순전한 말씀 선포와 합법적 성례전 집행으로 간주한다. 비록 마르틴 부처나 개혁파 정통주의나 대부분의 한국장로교회에서는 치리(권징)를 교회의 표지로 간주했을지라도, 우리가 보기에 깔뱅은 교회의 치리를 어느 누구 못지않게 강조했음에도 불구하고, 치리를 교회의 표징으로는 간주하지 않고, 성도의 표징으로는 간주한 것 같다.

　깔뱅은 참 교회와 거짓 교회 문제를 중심으로 참 교회의 표징으로서 교회의 표징을 주장하게 되었다. 그 이유는 종교개혁 당시 로마가톨릭교회 진영과의 대립은 물론 교회로부터 분리해 나가는 이단분파 문제로 참 교회와 거짓 교회 사이를 분명하게 구별할 필요성이 생겼기 때문이다. 깔뱅은 『기독교 강요』(1559) 제Ⅳ권 1장의 제목을 "우리가 연합해야 할 모든 경건한 자들의 어머니로서 참 교회"라고 제목을 붙이고, 제Ⅳ권 2장의 제목을 "거짓 교회와 참 교회의 비교"라고 붙일 만큼 참 교회에 대한 관심이 지대했다.[97]

　깔뱅은 『기독교 강요』(1536) 초판에서 누가 하나님의 교회에 속했는지에 대해서는 하나님만이 아신다고 말하면서도, 하나님의 교회를 아는 방법을 믿음과 결부시키면서도 하나님의 교회가 존재하는 외적 표징과도 결부시킨다. "우리가 아직 하나님의 심판에 대해 확실히 알지 못하는 상태에서, 비록 우리

---

96) W. G. de Vries, *Kerk en tucht bij Calvijn*(Capelle a/d IJssel : Uitgeverij Repro Syudio Oostgaarde). 참고, J. Plomp, *De Kerkelijke tucht bij Calvijn*(Kampen : J. H. Kok N. V., 1969).
97) W. Niesel, *Die Theologie Calvins*, S. 192.

가 누가 교회에 속하는 자이며, 누가 아닌지 개개인적으로 구별해 내도록 허락 받지는 못했을지라도, 그러나 우리가 볼 때는 하나님의 말씀이 순전히 전파되고 경청되는 곳, 또 그리스도께서 제정하신대로 성례가 시행되는 곳에는 하나님의 교회가 존재한다고 의심치 않고 말할 수 있다.(엡2:20) 이는 '두 세 사람이 내 이름으로 모인 곳에는 나도 그들 중에 있느니라.'(마18:20)하신 약속이 실패할 수 없을 것이기 때문이다. 하나님의 교회에 관하여 이보다 더 확실하거나 또 다른 지식은 없으며 또 누가 교회에 속하지 않는지를 분별할 수 있는 다른 방법도 없다. 이런 일은 믿음으로 말미암지 않고는 알 길이 없다. 이런 것이 바로 '우리가 교회를 믿는다.'고 고백하는 의미이다."98)

이미 『기독교 강요』 초판(1536)에서 깔뱅이 이해한 교회의 두 가지 표징은 멜란히톤에 의해서 작성된 『아우구스부르크 신앙고백』(1530) 제7조에 나타난 교회의 표징에 대한 정의와 거의 동일하다. "우리는 다음의 사실도 가르친다. 한 거룩한, 기독교 교회는 모든 시대에 항상 존재하고, 존재해야 하는데, 이 교회는 모든 신자들의 모임이며, 이 교회에서는 복음이 순전히 설교되고, 그 복음에 일치하는 성례전이 거행된다."99)

깔뱅은 『제네바교회 요리문답』(1541/1542)에서도 참 교회에 대한 인식을 신앙의 문제와 외적 표징과 연관시켜서 언급한다. "목사 : 이 거룩한 보편적인 교회는 이를 믿는 것 외에 다른 방법으로는 이해될 수 없는가? 아이 : 하나님께서 이를 인식하도록 우리에게 주신 표징(enseignes)에 따르면 보이는 교회가 있습니다. 그러나 이 신조에서는 본래 하나님께서 구원하시기 위해 택정하

---

98) John Calvin, 양낙흥 역, 『기독교 강요』(1536), p. 146.
99) Deutschen Evangelischen Kirchenauschu ß (Hrg.), *Die Bekenntnisschriften der evangelisch-lutherischen Kirche* Bd. I(Vandenhoeck & Ruprecht : Göttingen, 1930), S. 59-60: "Es wird auch gelehret, da ß alle Zeit musse ein heilige christliche Kirche sein und bleiben, welche ist die Versammlung aller Glaubigen, bei welchen das Evangelium rein gepredigt und heiligen Sakrament lauts des Evangelii gereicht werden.", 참고, 이장식(편역), 『기독교신조사신조』제1집(서울 : 컨콜디아사, 1979), p. 38.

신 사람들의 공동체에 대해 말해지고 있습니다. 이 교회는 사람의 육안에는 완전하게 나타나 보여 질 수 없습니다."[100]

이미 앞의 논의에서도 나타났다시피, 깔뱅은 참 교회가 가지는 교회의 표징에 대한 논의를, 한 편으로는 선택론과 신앙의 관점에서 불가시적이고도 보편적인 교회에 적용시키는 동시에, 다른 편으로 교회의 외적 표징을 통해 가시적인 교회에도 적용시킨다. 이제 우리는 그의 『기독교 강요』(1559) 최종판을 중심으로 교회의 두 가지 표지를 참 교회와 거짓 교회와 연관시켜서 살펴보도록 한다.

깔뱅에 의하면, "주님께서는 확실한 표지 또는 표징(marks)과 증거(tokens)를 통해서 우리가 교회에 대해서 알아야 할 것을 우리에게 지시하셨다."[101] 그러나 깔뱅은 누가 참 교회에 속했는지에 대한 판단은 하나님의 특권이기 때문에 우리가 판단할 문제가 아니라고 말한다. "누가 하나님의 백성인가를 아는 것은 하나님만이 가지신 특권이다."[102] 그럼에도 불구하고, 하나님은 참 교회의 회원에 대한 사랑의 판단을 우리에게 제공해 주셨다. "주께서는 누가 그의 자녀로 간주될 것인지를 우리가 아는 것이 다소 가치가 있다는 것을 미리 아셨기 때문에, 이 점에 있어서 주께서는 자신을 우리의 능력에 적응시켜 주셨다. 그리고 믿음의 확신이 필요하지 않기 때문에 주님은 그 대신 사랑의 판단으로 대치하셨으며, 그것으로 우리는 믿음의 고백과 삶의 모범과 성례에 참여함으로써 우리와 더불어 같은 하나님과 우리와 함께 하시는 그리스도를 고백하는 자들을 교회의 회원(members)으로 인정하게 되는 것이다."[103]

깔뱅은 교회의 회원에 대한 사랑의 판단에서 한 걸음 더 나아가서 교회의 표

---

100) John Calvin, 한인수 역, 『깔뱅의 요리문답』, pp. 130-131.
101) John Calvin, 『기독교 강요』(1559), IV i 8.
102) John Calvin, 『기독교 강요』(1559), IV i 8.
103) John Calvin, 『기독교 강요』(1559), IV i 8.

징과 그 적용에 대해서 말한다. "교회의 표징으로부터 교회의 얼굴이 나타나고, 우리의 눈에 보이게 된다. 어디에서든지 하나님의 말씀이 순수하게 설교되어지고, 경청되어지며, 성례전이 그리스도의 제정에 따라 시행되는 지를 우리가 보면, 그곳에는 의심할 여지없이 하나님의 교회가 존재한다.(참고, 엡2:20)"104)

하나님의 숨은 선택에 따라 깔뱅은 하나님의 자녀들과 함께 위선자들도 '외적 상징'(externa symbola)을 가지고 있는 '외적 교회'(externa ecclesia)와, 하나님 앞에 있는 참 교회로서 '숨은 교회'(arcana ecclesia)를 구별한다.105) 그러나 깔뱅은 참 교회의 두 가지 표징을 통해서 보편교회와 지역교회의 통일성 또는 불가시적 교회와 가시적 교회의 일치성을 주장한다. "보편교회는 모든 나라에서 모인 큰 무리다. 그 보편교회는 나누어져 여러 곳에 산재하지만, 거룩한 교리의 한 진리에서 서로 일치하며 종교생활의 유대로 연결되어 있다. 이같이 보편교회 아래 지역교회가 포함되며, 그 지역교회들은 사람들의 필요에 따라 여러 도시와 촌락에 설립되어 각각 교회라는 이름과 권위를 정당하게 가진다. … 교회가 한 공동체로서 말씀을 선포하고, 영예를 돌리며, 성례전을 시행하고 있다면, 그 공동체는 의심의 여지없이 교회로 인정되고 간주되어야 한다."106) 깔뱅은 교회의 분열을 정죄하고, 교회의 통일성과 일치성을 강조한다. "이를 통해서 우리는 마귀들이 분열시키려고 애써 온 보편교회의 통일성을 유지하는 동시에, 각 지역의 필요에 따라 세워진 지역교회들로부터 그들의 권위를 빼앗지도 않는다."107)

비록 두 가지 표징을 가진 교회가 어떤 결함을 가지고 있을 때 조차도, 깔뱅

---

104) John Calvin, 『기독교 강요』(1559), IV i 9.
105) Dae-Woo Hwang, "Het Mystieke lichaam van Christus : De ecclesiologie van Martin Bucer en Johannes Calvijn", p. 211.
106) John Calvin, 『기독교 강요』(1559), IV i 9.
107) John Calvin, 『기독교 강요』(1559), IV i 9.

은 그 교회를 참 교회로 간주할 뿐만 아니라, 그 결함 때문에 보편교회로부터 분리해 나가는 것을 정당화시키지 않는다. 깔뱅은 교회의 두 가지 표징 중에 어느 하나라도 경시하거나 폐지하려는 시도에 대해서도 반대할 뿐만 아니라, 이 두 가지 표지를 가지고 있는 교회로부터 분리하려는 시도에 대해서도 강력하게 반대한다. 전자의 경우는 주로 로마가톨릭교회에 해당되고, 후자의 경우는 주로 교회분리주의자들(카타리파, 도나투스트파, 재세례파 등)에게 해당된다. "우리는 이 표징들을 깊이 주의 뜻에 따라 존중해야 한다. 두 표징 전부를 혹은 그 중에 하나를 제거하고 말살하려고 사탄은 최대의 음모를 꾸민다. … '교회'라는 이름에 속지 않게 위해서 우리는 '교회'를 자칭하는 모든 모임에 이 표준을 시금석으로 적용해야 한다. 만일 말씀과 성례에서 주께서 인정하신 규칙을 지니고 있다면, 그 모임은 거짓이 아니다. 따라서 우리는 교회에 바칠 존경을 그 모임에다가 확신 있게 드려야 한다. 그러나 말씀과 성례가 없으면서 교회를 자칭한다면, 이 반대의 경우에 대해 경솔함과 교만을 피할 뿐만 아니라, 그와 같은 속임수를 신중하게 경계해야한다."[108] "말하자면, 말씀에 대한 순전한 사역과 성례전 시행에 대한 순전한 행태가 존재하는 교회와 단체를 우리가 안전하게 포용해도 되는 충분한 담보와 보증은 바로 말씀에 대한 순전한 사역과 성례전 시행에 대한 순전한 형태이다. 이 원칙에 근거하여 우리는 다음과 같이 주장하는데, 그 교회와 단체가 많은 결점으로 가득 차 있더라도, 이 두 가지 표징을 가지고 있는 한, 우리는 그 교회와 단체를 배척해서는 안 된다. 뿐만 아니라, 말씀선포와 성례집행에 어떤 과오가 끼어들 수도 있지만, 이런 문제가 우리를 교회와의 교통으로부터 떨어지게 해서는 안 된다."[109]

깔뱅은 교회의 통일성과 일치성과 연합을 깨뜨릴 정도의 심각한 교리 조항에 대해서 다음과 같이 열거한다. "어떤 것은 심히 중요하므로 모든 사람이 종

---

108) John Calvin, 『기독교 강요』(1559), IV i 11.
109) John Calvin, 『기독교 강요』(1559), IV i 12.

교의 진정한 원칙으로 확신하고 의심을 하지 말아야 한다. 즉, 하나님은 한 분이시다. 그리스도는 하나님이시며, 하나님의 아들이시다. 우리의 구원은 하나님의 자비에 달렸다는 것 등이다. 교회들 사이에는 다른 신조들에 대한 논쟁이 있으나 그것이 신앙에 의한 연합을 깨뜨리지는 않는다. … 그리스도인들은 결코 비본질적인 문제들에 관해서 의견이 다르다고 해서 그것을 이유로 분열을 일으켜서는 안 된다. … 고린도전서 14:30절에 의하면, 각 교인은 그 받은 은혜의 정도에 따라 회중의 덕을 세울 책임이 있다는 것이 분명하다. 다만 책임을 이행할 때에 예절과 질서를 지켜야 한다. 바꿔 말하면, 우리는 교회와의 교통을 버려도 안 되고, 유지해야하며, 교회의 평화와 규정된 치리를 깨뜨려서도 안 된다.”110)

깔뱅은 두 가지 표징이 있는 교회가 참 교회라는 원칙하에 일부 재세례파를 비롯하여 교회분리주의자들은 교회의 거룩성과 순수성과 도덕성을 오해하여 교회의 결점이 보일 경우, 그 교회로부터 분리해 나간다고 그들을 비판하는 동시에, 로마가톨릭교회는 하나님의 말씀 중심과 그리스도 중심에서 벗어났을 뿐만 아니라, 거짓 성례들을 실시하여 참 교회의 자격을 상실했다고 비판한다. “옛날 카타리파가 그러했고, 도나투스트파도 그들과 마찬가지였다. 지금은 일부의 재세례파가 다른 사람들보다 고상한 체한다. 어떤 사람들은 광적인 자만심보다 의(義)에 대한 그릇된 열성 때문에 죄를 짓는다. 복음을 듣는 사람들이 복음이 가르치는 대로 생활하지 않는 것을 볼 때에, 그들은 즉시 거기에는 교회가 없다고 단정한다. … 그들은 철저하게 순결하고 성실한 생활이 없는 곳에는 교회도 없다는 생각으로 악을 미워하기 때문에 합법적인 교회를 떠난다. 그들은 악인의 무리에서 떠난다고 생각하는 것이다.”111)

깔뱅은 교회가 비도덕적이 되어도 된다고는 결코 생각하지 않는다. 다만 지

---

110) John Calvin, 『기독교 강요』(1559), IV i 12.
111) John Calvin, 『기독교 강요』(1559), IV i 13.

상의 교회는 거룩해져 가는 과정에 있기 때문에 그리고 위선자들도 포함되어 있기 때문에(ecclesia permixta), 지상의 교회가 완전한 순수성이나 거룩성에 도달하는 것은 불가능하지만, 지상의 교회는 거룩해져 가고 있는 중이다. "그리스도의 교회는 거룩하다고(엡5:26) 그들은 주장한다. 그러나 교회에는 악한 사람들과 선한 사람들이 섞여 있다는 것을 알기 위해 그들은 그리스도께서 하신 비유를 들어 보아야 한다. … 교회는 곡식을 모아놓은 타작마당과 같아서 키로 알곡을 가려 곡간에 들일 때까지 알곡은 쭉정이에 덮여 있게 된다.(마 3:13) 교회는 이런 재난 밑에서 수고하게 되리라고(심판의 날까지 악인이 섞여 있어서 큰 짐이 되리라고) 주께서 언급하셨다면 그들이 아무 오점도 없는 교회를 찾는 것은 헛된 노력이다."[112] "주께서 주름 잡힌 것을 펴며 티를 씻기 위해 매일 수고하시는 것도 사실이다. 따라서 교회는 아직 완전히 거룩하지는 못하다는 의미에서 거룩하다. … 성도들 사이에서 이런 성화의 증거를 보기 어려운 때가 많을지라도 우리는 천지창조 이후로 주의 교회가 없는 때는 없었다고 생각해야 한다."[113]

"교황제도 하의 상태가 바로 그러한 즉, 거기에 얼마나 많은 교회가 남아있는지를 우리는 알 수가 있다. 말씀 대신에 거짓말을 섞은 패악한 조직이 교회를 지배하며, 이 조직이 순수한 빛을 꺼 버리기도 하고, 희미하게 만들기도 한다. 주의 성찬은 가장 추악한 모독 행위로 대체되었다."[114] "비록 그들이 성전과 사제계급과 그 밖의 외부장식을 내 놓지만, 순진한 사람들의 눈이나 현혹시킬 헛된 외화(外華)에 우리의 마음이 움직여지더라도, 하나님의 말씀이 없는 곳에 교회가 있다고 인정할 수는 결코 없다. … 교회의 기초는 사람의 판단이나 사제계급이 아니라, 사도들과 예언자들의 교훈이라고 바울은 우리의 기억

---

112) John Calvin, 『기독교 강요』(1559), IV i 13.
113) John Calvin, 『기독교 강요』(1559), IV i 17.
114) John Calvin, 『기독교 강요』(1559), IV ii 2.

을 환기시킨다.(엡2:20) ⋯ 교회는 그리스도의 나라이며, 그리스도께서는 그의 말씀만으로 지배하시므로, 그리스도의 홀(笏) 즉, 그의 지극히 거룩한 말씀과는 별도로 그리스도의 나라가 존재하는 것으로 상상하는 것은 거짓말이란 것을(참고, 렘7:4) 어느 누가 분명히 깨닫지 못할 것인가?"115) "키푸리아누스도 바울을 따라 교회전체의 일치는 그리스도를 교회의 감독으로 모시는 경우에만 올 수 있다고 한다. ⋯ 키푸리아누스는 항상 우리로 하여금 머리이신 그리스도에게로 돌아가게 한다. 따라서 이단설과 분파행동이 생기는 것은 진리의 근원으로 돌아가지 않으며, 머리이신 분을 찾지 않고 하늘 교사의 교훈을 지키지 않기 때문이라고 키푸리아누스는 단정한다."116) "그들에게 있어서 성도의 교통의 중심 유대는 미사인데, 이것을 우리는 가장 큰 신성모독으로 가장 혐오한다. ⋯ 그러므로 우리는 경건한 사람들은 교회의 교통을 중요시하되 그런 교회를 경솔하게 따라가서는 안 된다는 결론을 내린다."117)

깔뱅은 교황제도 하에 있는 로마가톨릭교회에 교회의 흔적은 남아 있지만, 건전한 요소가 있을지라도 부패한 로마가톨릭교회는 참 교회가 아니라고 결론짓는다. "옛날에는 교회의 일부 특전이 유대인들 사이에 남아 있었다. 그와 같이 지금도 하나님께서 파멸을 면하게 하신 교회의 흔적이 교황주의에 있는 것을 우리는 부정하지 않는다."118) 그 이유는 하나님께서 언약의 증거인 세례를 유지하셨고, 교회가 완전히 죽지 않도록 자신의 섭리로 교회의 다른 흔적들을 남기셨기 때문이다.119) "내가 그 로마가톨릭교회들을 교회라고 부르는 것은 다만 하나님께서 그 안에 그의 백성의 남은 자들을(비록 비참하게 분산되어 있지만) 기적적으로 보존하셨기 때문이며, 표징, 특히 악마의 간계와 인간

---

115) John Calvin, 『기독교 강요』(1559), Ⅳ ⅱ 3.
116) John Calvin, 『기독교 강요』(1559), Ⅳ ⅱ 6.
117) John Calvin, 『기독교 강요』(1559), Ⅳ ⅱ 9.
118) John Calvin, 『기독교 강요』(1559), Ⅳ ⅱ 11.
119) John Calvin, 『기독교 강요』(1559), Ⅳ ⅱ 11.

의 패악도 파괴할 수 없는 교회의 표징이 다소 남아 있기 때문이다. 그러나 우리가 이 논의에서 특히 유의해야 하는 표징이 없으므로 나는 그 교회들의 회중이나 전체 몸 중에 어디에도 교회의 합법적 형태가 없다고 말한다."120)

깔뱅은 참 교회의 표징 문제를 중심으로 로마가톨릭교회와 교회분리주의자 중간에 서서 양쪽으로부터 비판을 받게 되었다. 깔뱅이 재세례파를 교회분리주의자라고 비판했듯이, 로마가톨릭교회는 깔뱅을 교회의 머리인 로마교황이 독재하는 교회로부터 분리되어 나갔다고 비판했다. 로마가톨릭교회의 깔뱅에 대한 이 같은 비판에 대해 그는 교회와의 교통의 유대의 끈의 두 가지, 즉 건전한 교리의 일치와 형제적 사랑 사이의 우선순위를 지적한다. 사랑의 일치는 신앙의 일치에 종속되며, 신앙은 사랑의 출발점과 종점이 된다. 깔뱅에 의하면, 로마가톨릭교회는 사랑의 근거인 신앙과 교리의 일치를 벗어났기 때문에, 그들과의 교통이 불가능하다는 것이다.121) "주의 말씀을 떠나서는 신자 간에 일치가 없고, 오직 악한 사람들의 파당만이 있을 뿐이라는 것이다."122)

깔뱅에 의하면, 반대로 교회분리주의자인 재세례파 등은 결점이 있는 교회이지만, 교회의 표지가 있는 교회로부터 분리하는 것은 자신들의 도덕성과 거룩성에 근거한 잘못된 의의식(義意識) 때문에, 다시 말하면, 형제에 대한 사랑의 부족으로 참된 교회를 떠나갔다. "의(義)에 대한 그릇된 열성 때문에 착한 사람들도 이런 유혹에 빠지는 일이 있지만, 이런 신경과민은 진정한 거룩과 거룩에 대한 진정한 열성에서 생기기보다는 자만심과 교만 그리고 거룩에 대한 그릇된 생각에서 생긴다는 것을 우리는 깨닫게 될 것이다. 그러므로 다른 사람들보다 더욱 담대하게 교회 탈퇴를 선동하며, 기수처럼 행동하는 사람들은 대개가 모든 사람을 경멸하며 자기가 제일 잘났다는 것을 보이려고 하는 것 외에

---

120) John Calvin, 『기독교 강요』(1559), IV ii 12.
121) John Calvin, 『기독교 강요』(1559), IV ii 6.
122) John Calvin, 『기독교 강요』(1559), IV ii 6.

별 다른 이유가 없다."123) "완전한 순수성이 나타나지 않는다고 해서 여하한 교회도 믿지 않으려고 하는 것은 위험한 유혹이다. 사실상 깔뱅은 흠없는 교회를 말하는 재세례파의 이상(理想)을 맹렬히 논박한다. 왜냐하면 교회에 있어서 중요한 것은 이상적인 공동체를 추구하는 것이 아니라, 그리스도께서 우리에게 베푸시는 교제가 중요한 것이기 때문이다. 중요한 것은 그리스도이시지, 결코 경건한 사람들이나 경건한 공동체가 아니다."124)

비록 깔뱅은 참 교회의 표징으로서 순전한 말씀의 선포와 합법적 성례전의 시행을 규정하지만, 그가 로마가톨릭교회를 거짓 교회로 규정할 때 강조했던 하나님의 말씀과 복음이신 예수 그리스도가 참 교회의 중심을 이루고 있다.125) "그리스도께서 그의 말씀 안에서 구주와 주로서 인정되며, 높임을 받을 경우에만 그리스도의 참 교회가 있다. … 그는 언제든지 우리의 대제사장이시요 왕이 되신다. 왕으로서의 구원의 초대를 받고자 할 때 우리는 왕의 백성인 교회에 부닥치게 된다. 이처럼 깔뱅은 교회의 표징에 대한 『아우구스부르크 신앙고백』의 표현을 그저 단순히 이어받은 것이 아니라, 특별한 방법으로 엄격히 그리스도에 의지해서 논설하고 있다."126) 순전한 말씀 선포와 합법적인 성례전 집행이 시행되고 있는 가시적 교회에 교회의 유일한 머리가 되시는 예수 그리스도께서 그의 말씀과 성령으로 통치하시며, 왕과 제사장으로 현존하신다. "그러나 우리는 예레미야 33장 17~18절을 주의 깊게 살펴보아야 한다. 이는 우리가 원하는 대로 우리에게 모든 것이 다 주어진다 할지라도, 만약 우리가 왕과 제사장의 직무를 수행하시는 그리스도를 머리로 모시지 않는 한, 우리는 결국 비참한 지경에 이르고 만다는 사실을 추측해 낼 수 있기 때문이

123) John Calvin, 『기독교 강요』(1559), IV i 16.
124) W. Niesel, *Die Theologie Calvins*, S. 194.
125) W. Niesel, *Die Theologie Calvins*, S. 194-195; p. 212-214; Dae-Woo Hwang, "Het Mystieke lichaam van Christus : De ecclesiologie van Martin Bucer en Johannes Calvijn," pp. 212-214.
126) W. Niesel, *Die Theologie Calvins*, S. 194-195.

다. 그러므로 교회의 유일한 참 행복은 그리스도께 순종하여 그 분으로 하여금 왕과 제사장의 직무를 우리에게 수행하도록 하는 것이다. 따라서 이것이 참 교회의 두 가지 표징이며, 이 표징을 통해서 교회는 하나님의 이름으로 거짓되게 증거하며, 자신들을 교회라고 자랑하는 모든 모임들로부터 구별될 수가 있다는 사실을 우리는 안다. 왜냐하면 그리스도의 왕직과 제사장직이 발견되는 곳마다 의심 없이 교회가 있지만, 그리스도께서 왕과 제사장으로 섬겨지지 않는 곳에는 교황제도 하에서 처럼 혼돈 외에 아무것도 없기 때문이다. 교황주의자들이 그리스도의 통치와 법에 굴복하지 않으며, 그의 제사장직에 만족하지 않고, 자신들을 위해서 수없이 많은 보호자들과 변호자들을 고안할 때, 그들은 그리스도의 이름으로 핑계를 댈지라도, 교황제도가 지닌 굉장한 화려함에도 불구하고, 그것은 하나님 앞에서 가증스러운 것이라는 사실이 너무나도 명백하다. 그러므로 우리가 교회의 신분과 통치를 언급할 때, 그리스도의 왕직과 제사장직과 함께 시작하는 것을 배우도록 합시다."127)

---

127) John Calvin, 『예레미아 주석』(1563), 렘33:17-18.

V. 교회의 네 가지 특성

　　교회의 네 가지 특성은 A.D. 381년 콘스탄티노플에서 제정된 『니케아-콘스탄티노플 신조』(Symbolum Nicaeno-Constantinopolitanum)에 나타난 구절 "그리고 하나이며, 거룩하고 보편적이며 사도적인 교회"(Credimus … Et unam sanctam catholicam et apostolicam Ecclesiam)에 나타나고,128) 왕 필립 IV세와 정면으로 충돌했던 교황 보니파키우스 VIII세가 1302년 11월 18일에 반포한 『우남 상탐』(Unam Sanctam)이라는 교령에도 나타난다.129)

　　어떤 깔뱅연구가는 깔뱅은 사도성을 교회의 특성으로 이해하지 않았다고 주장하지만, 우리는 여기에 동의하지 않는다.130) 깔뱅은 사도신경의 교회에 관한 조항인 "거룩한 보편적인 교회와 성도가 서로 교통하는 것을 믿는다."(sanctam Ecclesiam catholicam sanctorum communionem)를 해설하는 가운데, 교회의 일치성이나 사도성에 대한 언급보다 교회의 보편성과, 교회의 거룩성에 대한 언급을 직접적으로 더 많이 하고 있는 것은 사실이지만, 깔뱅의 사상에 교회의 일치성과, 교회의 사도성에 대한 사상이 결코 약하지는 않다. 깔뱅은 '교회일치 운동가'로 불릴 정도로 교회의 일치성을 강조하고131), 교회사에 나타난 교회분리주의자들을 강하게 비판했다.

---

128) Carolus Rahner S.I.(Ed.), *Henrich Denzinger : Enchirdion symbolorum : definitionum et declarationum de rebus fidei et morum*(Barcione-Friurgi Brisg.-Romae : Herder, 1957), p. 42, 참고, 이장식(편역), 『기독교신조사』 제1집(서울 : 컨콜디아사, 1982), p. 14.

129) Ex Bulla [Unam sanctam], 1302년 11월 18일.Carolus Rahner S.I.(Ed.), *Henrich Denzinger : Enchirdion symbolorum : definitionum et declarationum de rebus fidei et morum*(Barcione-Friurgi Brisg.-Romae : Herder, 1957), p. 218: "Unam sanctam Ecclesiam catholicam et ipsam apostolicam urgente fide credere cogimur et tenere, nosque hanc firmiter credimus et simpliciter confitemur, extra quam nec salus est, nec remissio peccatorum." 참고, 이장식(편역), 『기독교신조사』 제1집(서울 : 컨콜디아사, 1982), p. 32.

130) P. J. Richel, "Het kerkbegrip van Calvijn," p. 86.

'가톨릭', 즉 '보편적'이란 말은 헬라어 부사(副詞) '카톨루'(καθόλου) 또는 헬라어 형용사(形容詞) '카톨리코스'(καθολικός)에서 유래하며,132) 라틴어로 '카톨리쿠수'(catholicus) 또는 '우니베르살리스'(universalis)로 번역되며, '전체와 관련된', '전체를 지향하는', '모든 것을 포괄하는' 등의 뜻을 지닌 말로서 '보편적'이라는 뜻을 지닌다. 로마가톨릭교회는 자신의 교회 자체의 고유명사로 "로마'가톨릭'교회"라고 부르기 때문에 우리는 이런 혼동을 피하기 위해서 신학 용어로서 '가톨릭'으로 사용하지 말고, '보편적' 또는 '우주적' 또는 '일반적'으로 번역하여 사용하는 것이 더 좋을 것이다.

신약성경에서 이 단어는 부사로 단 한 번만 사도행전 4장 18절에서 사용되었는데, '절대로', '전혀', '철저히' 등으로 번역되며, 한글 개역개정판에는 '도무지'(καθόλου)로 번역되었다.133) 교회사에서 이 용어를 최초로 교회에 사용한 사람은 이그나티우스(Ignatius von Antiochen, A.D. 117년경)이다.134)

깔뱅에 의하면, 교회는 '보편적'이다.(catholicam Ecclesiam) 교회의 보편성에 대한 시각이 깔뱅의 『기독교 강요』(1536) 초판에 다음과 같이 나타난다. "이 교회는 보편적이요, 다시 말하면, 우주적인데, 이는 둘이나 세 교회들이 있을 수가 없기 때문이다. 이 하나님의 모든 택한 자들은 그리스도 안에서 일치가 되고, 연합되어져서(엡1:22-23) 그들이 한 머리에 붙어 있는 동안 한 몸

---

131) 참고, W. Nijenhuis, Calvinus Oecumenicus, 's-Gravenhage, 1959; 박경수, 『교회의 신학자 칼뱅』 (서울 : 대한기독교서회, 2009); Park Gyeung Su, "John Calvin ao an Advocate of Church Unity: A New Portrait of John Calvin," (Diss., Clarement Graduate University, 2004).

132) W. Arndt & F. W. Gingrich(tran. by Walter Bauer), *A Greek-English Lexicon of the New Testament and Other Early Christian Literarure*(Chicago & London : The University pf Chicago Press, 1979), pp. 390-391.

133) 행4:18: "그들을 불러 경고하여 도무지(καθόλου) 예수의 이름으로 말하지도 말고 가르치지도 말라 하니", cf. Nestle-Aland, *Greek-English New Testament*, 26th. revised ed.

134) Ignatius, ad Smyrn. 8, 2(= The Epistle of Ignatius to the Smyn.) in: MPG 5, 713: "주교나 주교의 임명을 받은 자가 집행하는 성찬은 신빙성이 있다. 주교가 나타나는 곳에 공동체가 있다. 이것은 예수 그리스도가 계신 곳에 보편적(= 가톨릭) 교회가 있는 것과 같다."

으로 함께 자라며, 함께 결합되고, 짜여져 가는 것이(엡4:16) 한 몸의 지체들과 같다.(롬12:5; 고전10:17; 고전12:12, 27) 이들은 한 믿음, 소망, 사랑 안에서 그리고 하나님의 한 영 안에서 영원한 생명의 기업에로 부름을 받아 함께 살아가는 진정으로 하나가 되어진 것이다."[135]

교회의 보편성에 대한 사상은 그의 『제네바 요리문답』(1537)에서 다음과 같이 나타난다. 교회는 보편적이다. "왜냐하면, 보편교회 속에 두 교회나 세 교회가 존재하는 것이 아니기 때문이다. 하나님의 선택을 받은 모든 사람들은 그리스도 안에서 연합되고 결합되어 있기 때문에, 이들은 오직 한 머리에만 의존하고 있으며, 오직 한 몸 안에서만 성장하고 있다. 그리고 이들은 한 몸의 지체들처럼 한 체질적 성향을 통하여 서로 결합되어 있다. 이들은 참으로 하나가 되었는데, 이는 이들이 한 믿음, 한 소망, 한 사랑 안에서 한 하나님의 영에 의해서 살고 있을 뿐만 아니라, 동일한 유산인 영원한 생명으로 부름을 받았기 때문이다."[136]

그의 『제네바교회 요리문답』(1541/1542)에는 질문과 대답형식으로 보편교회에 대한 정의가 다음과 같다. "93. 목사 : 보편적 교회란 무엇인가? 아이 : 보편적 교회란 하나님께서 영생에로 작정하시고 선택하신 성도들의 모임입니다. … 97. 목사 : '보편적'이란 말은 무슨 뜻인가? 아이 : 성도들의 머리는 단 한 분 뿐이라는(엡4:15) 것과 모든 사람들은 이 한 몸 안에서 연합되어 있어야 한다는(고전12:12, 27) 것을 의미합니다. 그러므로 여러 교회들이 있는 것이 아니라 전 세계에 흩어져 있는 단 하나의 교회가 있을 뿐입니다."[137]

교회의 보편성에 대한 사상은 그의 『기독교 강요』(1559) 최종판에도 그대로 나타나고 있다. "교회를 보편적이라고 부르는 것은 그리스도가 나누어지지

---

135) John Calvin, 양낙흥 역, 『기독교 강요』(1536), p. 139.
136) John Calvin, 한인수 역, 『깔뱅의 요리문답』(1537), pp. 86-87.
137) John Calvin, 한인수 역, 『깔뱅의 요리문답』(1537), pp. 128-129.

않는 한(참고, 고전1:13) - 이것은 있을 수도 없는 일이지만 - 교회도 둘이나 셋이 있을 수 없기 때문이다. 모든 선택된 사람들은 그리스도 안에서 연합되었으므로(엡1:22-23) 한 머리를 의존하며, 서로가 한 몸이 되고, 한 몸에 달린 지체들같이(롬12:5; 고전10:17; 고전12:12, 27) 서로 단단히 결합된다.(참고, 엡4:16) 그들이 참으로 하나가 되는 한 믿음과 소망과 사랑으로, 그리고 같은 하나님의 영 안에서 함께 살기 때문이다. 그들을 부르심은 영생을 다같이 받게 하실 뿐만 아니라, 한 하나님과 한 그리스도께 참여시키기 위함이다.(엡 5:30)"[138]

조직신학에서 '가톨릭'이란 말을 중심으로 보편성의 뜻은 다양하다. 가령, 본래의 교회론적 의미의 보편성, 논쟁적, 교의학적 의미의 보편성, 공간적 의미의 보편성, 문화·사회적 의미의 보편성, 수적 의미의 보편성, 시간적 의미의 보편성 등이다.[139] 우리가 위에서 언급한 깔뱅의 네 가지 작품으로부터 깔뱅이 이해한 교회의 보편성을 다음과 같이 요약할 수 있을 것이다. 첫째, 하늘과 땅에서 하나의 교회만이 존재한다. 둘째, 이 하나의 교회는 하나님 아버지로부터 선택되었고, 교회의 머리로서 그리스도와 하나가 되어 지체들로 구성되어, 동일한 성령 안에서 한 몸을 이루는 교회이다. 셋째, 보편적 교회는 한 하나님, 한 그리스도, 한 성령, 한 믿음, 한 소망, 한 사랑, 한 생명 안에서 하나가 되어 있다.

깔뱅이 이해한 교회의 보편성은 내용적으로 교회의 통일성과 일치성의 근거를 제공하고 있음을 알 수 있다. 교회의 통일성은 교회의 내적 보편성을 형성하며, 교회의 보편성은 교회의 외적 통일성을 형성한다.[140] 로마가톨릭교회에서 교회의 일치성과 통일성은 교회의 머리로서 한 교황을 정점으로 시작

---

138) John Calvin, 「기독교 강요」(1559), Ⅳ i 2.
139) 김균진, 「기독교조직신학」Ⅳ(서울 : 연세대학교출판부, 1996), p. 270.
140) Otto Weber, *Grundlagen der Dogmatik* Ⅱ(Neukirchen·Moers : Neukichener Verlag der Buchhandlung des Erziehungsvereins, 1962), S. 619

하여 교직제도상으로 통일된 한 기관으로서 교회의 외적, 구조적 통일성이다.

깔뱅에 의하면, 교회는 하나이다.(unam Ecclesiam) 이 말은 교회의 통일성은 외형적인 한 교파나 한 기구를 형성한다는 말이 아니라, 신앙과 신앙의 대상이 동일하다는 뜻이다. "우리는 우리를 묶고 있는 여러 개의 매는 줄로 우리의 거룩한 연합을 이루도록 해야 한다. 믿음, 세례, 하나님 아버지, 그리스도는 우리를 하나 되게 하시므로 우리는 사실상 한 사람으로 연합되어 있다. … 하나의 세례는 모든 사람들에게 공통적인 것이어서 이 세례를 통하여서 한 영혼과 한 몸에 들어 갈 수 있다는 것이다. 여기에 대해 논증할 만한 어떤 근거가 있더라도, 이보다 더 강조되고 있는 것은 아버지와 아들과 성령이 한 하나님이시라는 점이다. 그러므로 한 세례는 삼위의 이름으로 성결케 되는 것이다. … 하나님께서 성결의 영으로 말미암아 자기 자신을 만유를 통해서 교회의 모든 지체들에게 부어주시고, 만유를 자기의 통치 하에 품으시며, 만유 안에 거하신다."141)

교회의 일치성은 전적으로 교회의 유일한 머리로서 그리스도에게 달렸다. 이런 의미에서 깔뱅은 교회를 그리스도의 한 몸으로 정의한다. "만일 우리가 그리스도를 머리로 그 안에서 하나가 되기를 원한다면, 우리는 한 몸이 되어야 한다. 만일 우리가 여러 몸으로 찢기고 만다면, 우리는 역시 그에게서 벗어나고 말 것이다. 서로 불화와 당파 속에서 그의 이름에 영광을 돌린다는 것은 그리스도를 산산이 찢는 것이나 마찬가지다. 실제로 그런 일은 있을 수가 없다. 그리스도는 결코 분리될 수도 부조화를 이룰 수도 없다. 왜냐하면 '그는 자기를 부인하실 수 없기'(딤후2:13) 때문이다."142) 깔뱅에 의하면 교회의 일치성의 문제와 관련해서 가시적인 교회로부터 분리하는 것은 곧 불가시적인 교회로부터 분리하는 것이다. 교회를 찢는 것은 머리로부터 몸을 찢는 것이다. 교

---

141) John Calvin, 『에베소서 주석』(1548), 엡4:4-6
142) John Calvin, 『고린도전서 주석』(1546), 고전1:13.

회의 일치성은 머리로서 그리스도와 그의 지체들로서 교회 사이에 분할할 수 없는 일치성에만 의존한다. 우리가 그리스도의 교회를 교회의 머리로부터 분리해서는 안 된다는 사실은 무엇보다도 자명하다. 그리스도와 교회의 뗄 수 없는 연합 때문에, 그리스도 자신에게 속한 것은 그의 몸에게 전달된다. '교회의 몸'(Corpus ecclesiae)은 곧 '그리스도의 몸'(corpus Christi)이다. 하나의 머리 밑에 한 몸이 있듯이, 한 그리스도 밑에 한 교회가 있다. 그가 한 분이듯이, 그리스도께서는 우리 모두가 그리스도 안에서 하나의 교회가 되기를 원하신다.143)

교회의 일치성과 관련하여 우리는 앞에서 이미 언급했으며, 깔뱅이 강조했던 순전한 말씀선포와 합법적 성례전 집행이라는 두 가지 표지를 가진 참 교회 안에서 신앙의 일치와 사랑의 일치를 상기하고, 신앙의 주요 원칙으로서 하나님은 한 분이시며, 그리스도는 하나님이신 동시에 하나님의 아들이시며, 우리의 구원은 하나님의 자비에 달렸다는 내용을 기억할 뿐만 아니라, 교회가 결점이 있을 때 조차도 교회분리를 정당화해서는 안 된다는 사실도 기억해야 한다.

깔뱅에 의하면, 교회는 거룩하다.(sanctam Ecclesiam) 왜냐하면 "하나님의 영원하신 섭리에 의해 교회의 성원으로 받아들여지도록 선택된 사람들은 모두가 성령에 의한 내적 갱신을 통해 거룩하게 되어졌기 때문이다."144) 교회의 속성으로서 이 거룩성은 이 세상에 있는 교회가 이미 완전히 거룩해졌다는 말은 아니다. "교회가 이 세상에서 전투 중에 있는 한 교회는 완전히 거룩하지 못하다. 왜냐하면 역사 속에 있는 교회 안에는 언제나 불완전한 그루터기들이 남아있기 때문이다. 이것들은 교회가 그 머리되신 예수 그리스도와 완전히 결합되어 그 분에 의해서 거룩하게 되기까지는 결코 제거되지 않을 것이다."145)

143) Dae-Woo Hwang, "Het Mystieke lichaam van Christus : De ecclesiologie van Martin Bucer en Johannes Calvijn", p. 210.
144) John Calvin, 한인수 역, 『깔뱅의 요리문답』(1537) p. 87.
145) John Calvin, 한인수 역, 『깔뱅의 요리문답』(1541/1542), p. 130.

교회가 거룩하다는 말은 하나님의 교회로서의 하나님의 은사인 동시에 교회가 거룩해져야 한다는 교회의 과제를 내포한다. 전자를 객관적 거룩성이라면, 후자는 주관적 거룩성이다.

깔뱅의 경우, 교회는 사도적이다.(apostolicam Ecclesiam) 로마가톨릭교회는 교황을 교회의 머리로 간주하여, 교황이 사도적 계승권을 가지고 있다고 주장한다. 여기에 반대하여 깔뱅은 교회의 사도성을 말씀과 성령을 통하여 가능해지는 진리의 연속을 뜻하는 '교리의 연속'(successio doctrinae)이라는 뜻에서 이해한다.146) "사도들의 명령이 기록에 남지는 않았으나, 관습과 관례에 의해서 전달되었다고 로마가톨릭교회 사람들이 말하는 것은 허용될 수 없는 내용이다. 그리스도의 생존 시에 사도들이 이해하지 못했던 일들을 그리스도의 승천 후에 성령의 계시로 깨닫게 되었다고 그들은 말한다."147) "사도들은 성령의 말씀을 틀림없이 받았기 때문에, 그들의 글은 하나님의 말씀으로 인정되어야 한다. 그러나 그의 후대 사람들은 성경에 봉인되어 있는 것을 가르치는 직분만을 받았다. 그러므로 충성된 사역자들인 우리는 새로운 교리를 만들어서는 안 되고, 하나님께서 모든 사람이 예외 없이 복종하도록 하신 그 교리를 단단히 붙잡아야할 뿐이라고 가르친다. 내가 이렇게 말하는 것은 성도 각자와 교회 전체에 허락된 것이 무엇인가를 설명하려는 것이다."148)

최근에 몰트만은 교회의 표지와 교회의 네 가지 특성을 종합하여 교회의 표지(Kennzeichen der Kirche)에 대해서 논의했다.149)

---

146) Dae-Woo Hwang, "Het Mystieke lichaam van Christus : De ecclesiologie van Martin Bucer en Johannes Calvijn", p. 211, 각주 2241.
147) John Calvin, 『기독교 강요』(1559), IV x 18.
148) John Calvin, 『기독교 강요』(1559), IV viii 9.
149) J. Moltmann, Kirche in der Kraft des Geistes, S. 363-388.

VI. 교회의 직분

깔뱅은 교회의 직분을 하나님께서 제정하신 수단으로 이해한다. "하나님께서는 아무 도움이나 도구가 없이도 사역을 친히 하시거나 천사들을 시켜서 하실 수 있었으나, 여러 가지 이유로 사람을 수단으로 삼아 일하시는 편을 택하셨다."150) 깔뱅은 에베소서 4장 11절에 대한 성경주석을 근거로, 특정한 시대의 필요로 존재했던 교회의 '임시직'(extraordinary office; temporary office)으로서 사도, 선지자, 복음전도자를 언급하고, '일상직' 또는 '영구직'(ordinary office; permanent office)으로서 목사와 교사를 언급한다. "그리스도께서 제정하신 대로 교회정치를 주관하는 사람들은 바울에 의해서 다음과 같이 불러진다. 첫째는 사도들이요, 다음은 선지자들이요, 셋째는 복음전도자들이요, 넷째는 목사들이요, 마지막으로는 교사들이다.(엡4:11) 이들 중에 끝에 있는 두 가지 직분만이 교회 안의 일상직이다. 주님께서 그의 나라의 초창기에 처음의 세 직분을 세우셨고, 필요할 때마다 그 직분들을 지금 다시 부활시키신다."151)

스트라스부르에서 1538년부터 1541년에 함께 동역했던 종교개혁자 마르틴 부처가 창안한 목사, 교사, 장로, 집사를 포함하는 교회의 네 가지 직분을 깔뱅은 그대로 받아들여 제네바에 돌아 오자마자 1541년에 작성한 『제네바 교회법 초안』(Projet d'ordonnances ecclésiastiques)에 다음과 같이 반영했다.152) "주님의 교회의 통치를 위하여 우리의 주님에 의해서 제정된 직분에는

---

150) John Calvin, 『기독교 강요』(1559), IV ⅲ 1.
151) John Calvin, 『기독교 강요』(1559), IV ⅲ 4.
152) 이형기, 『장로교의 장로직과 직제론』(서울 : 한국장로교 출판사, 1998), pp. 136-138; "칼빈의 신학과 그의 직제론에 가장 큰 영향을 끼친 슈트라스부르크의 개혁자, 마틴 부쳐의 직제론을 소개하자.…

네 가지 질서가 있다. 첫째는 목사들이요, 다음은 교사들이요, 그 다음은 장로들이요, 마지막은 집사들이다. 만약 우리가 질서가 잘 잡혀서 유지된 교회를 가지기를 원한다면, 우리는 이 같은 통치형태를 보존해야 한다."153)

깔뱅에 의하면, 사도직의 목적은 온 천하에 복음전파와 성례전 집행을 통해 교회를 세우고, 하나님의 나라를 구현하는 것이다. "사도들이 하는 일의 성격은 '온 천하에 다니며 만민에게 복음을 전파하라.'(막16:15)고 하신 명령에 분명하게 나타난다. 사도들에게는 아무 제한도 하시지 않고 전 세계를 그리스도에게 복종시키라고 하셨는데, 이는 각 민족 사이에 어디서든지 할 수 있는 대로 복음을 전파함으로써 그리스도의 나라를 세우도록 하시기 위한 것이다. … 사도들이 파견된 목적은 반역하는 세상을 돌이켜 하나님께 올바르도록 만들며, 복음을 전해서 세계 각지에 하나님의 나라를 세우는 것이었다. 사도는 교회의 건축자로서 온 세계에 그 기초를 닦아 두는 것이라고 말할 수도 있다."154) 또한 깔뱅은 사도직의 기능으로서 성례집례를 추가한다. "주께서 사도들을 파송하셨을 때, … 복음을 전파하며, 믿는 자에게 세례를 주어 죄 사함을 얻게 하라고 명령하셨다.(마28:19) 그러나 주께서는 이미 사도들에게 자기를 본받아 그의 몸과 피의 거룩한 상징인 떡과 잔을 분배하라고 명령하셨다.(눅22:19-20) 여기서 사도의 자리에 앉는 사람들에게 신성불가침의 영원한 법이 부과되었고, 이 법에 의해 그들은 복음을 선포하며 성례를 집행하라는 명령을 받았다. 이 두 가지를 무시하는 사람들은 사도를 사칭한다고 추론한다."155)

깔뱅에 의하면, 선지자는 특별한 계시에 탁월한 사람이다. "바울은 '선지자'라는 명칭을 하나님의 뜻을 해석하는 자들에게 적용시키지 않고, 특별한 계시

무엇보다도 그의 슈트라스부르크 목회기간 중 마틴 부처의 직제론으로부터 결정적인 영향을 받았다는 사실을 알 수 있다." 그러나, 엘시 A. 맥키(Elsie, A. Mckee)는 부처가 개혁교회의 4중직의 창시자임을 부정할 뿐만 아니라, 깔뱅은 성경적 주석에 근거하여 4중직을 주장했다고 본다.
153) CO X/1, 15-16(= LCC XXII, 58).
154) John Calvin, 『기독교 강요』(1559), IV iii 4.
155) John Calvin, 『기독교 강요』(1559), IV iii 6.

에 뛰어난 자들을 지칭한다.(엡4:11) 여기에 해당하는 자들은 오늘날 존재하지 않거나 흔히 볼 수가 없었다."156)

깔뱅에 의하면, "'복음전도자'는 사도들보다는 지위가 낮으나 직분상으로 사도들 다음에 오는 자들로서 그들을 대리하여 기능을 발휘한 자들이라 여겨진다. 누가, 디모데, 디도 등이 여기에 속하였고, 어쩌면 그리스도께서 사도들 다음으로 지명하여 세우신 제자 칠십인들도 여기에 속할 것이다.(눅10:1)"157) 이상에서 설명한 사도와 선지자와 복음전도자의 직분은 "교회 내의 일상직 (permanent office)으로 세워진 것이 아니라, 다만 과거에 교회가 전혀 존재하지 않던 곳이나 혹은 모세로부터 그리스도께로 사람들을 인도해야 할 곳에 교회가 세워지는 시기 동안만을 위하여 세워진 것이다. … 그 다음으로 목사들과 교사들인데, 이들은 교회에 절대적으로 필요한 직책들이다. 교사들은 제자 훈련이나 성례집례나 경고와 권면을 하는 일을 맡지 않고, 성경을 해석하는 일만을 맡았다. 이는 신자들 사이에 건전하고 순수한 교리를 유지하려는 것이었다. 목사직에는 이 모든 임무가 포함된다."158)

깔뱅은 성경주석에 근거하여 임시직으로서 사도, 선지자, 복음전도자와, 일상직으로서 목사와 교사에 대하여 설명한 뒤에, 기능적인 측면에서 직분 간의 상호 연관관계에 대해서 설명한다. 깔뱅은 사도직과 복음전도자직을 하나로 묶어서 목사직에다가 상응시키고, 선지자직을 교사직에다 상응시킨다. "복음전도자와 사도를 하나로 묶어 보면, 서로 일치하는 두 가지 쌍을 상정할 수가 있다. 오늘날 교사들이 그 옛날의 선지자들과 일치하듯이, 오늘날의 목사들이 사도들과 일치한다는 것이다. 선지자 직분은 그들이 뛰어나게 보여 주었던 그 독특한 계시의 은사 때문에 더 두드러졌다. 그러나 교사의 직분도 그 성격상

---

156) John Calvin, 『기독교 강요』(1559), IV iii 4.
157) John Calvin, 『기독교 강요』(1559), IV iii 4.
158) John Calvin, 『기독교 강요』(1559), IV iii 4.

그와 매우 유사하며, 그 목적 또한 그와 정확히 일치한다. 이와 마찬가지로 주께서 세상에 복음을 새로이 전파하도록 택함을 받은 열두 사람들도 그 지위에 있어서 나머지 사람들을 능가하였다.(눅6:13; 갈1:1) 그런데, '사도'라는 단어의 뜻과 그 파생적인 의미로 볼 때 교회의 모든 직분자들은 '사도들'이라고 불러도 무방할 것이다. 왜냐하면 그 모든 이들이 주님으로부터 보내심을 받은 자들이요 또한 그의 사자들이기 때문이다. 그러나 그럼에도 불구하고, 전혀 듣지 못하던 새로운 사실을 전파할 임무를 받은 자들의 사명을 확실하게 아는 것이 사람들에게 매우 중요한 일이었기 때문에 그 열 두 사람에게(후에 바울이 여기에 추가 되지만) 특별한 호칭을 부여하여 나머지 사람들보다 뛰어나도록 할 필요가 있었던 것이다. … 그러나 목사들은 (각각 자신에게 맡겨진 교회를 다스린다는 점을 제외한다면) 사도들과 똑같은 책임을 맡았다."159)

질서가 잘 잡혀서 유지되는 교회의 네 직분에 대해 깔뱅의 주장을 좀 더 구체적으로 기술하기 전에 깔뱅이 사용하는 직분에 사용된 용어를 살펴보자. 깔뱅은 '감독'(episcopus), '장로'(presbyter), '목사'(pastor), '사역자/교역자'(minister)를 상호 구별하지 않고, 동일하게 사용한다. "교회를 다스리는 사람들을 '감독', '장로', '목사', '사역자/교역자'라고 서로 구별하지 않고 부르는데, 이 용어들을 상호 교환하여 사용하는 성경의 용례에 따라 나도 그렇게 사용했다."160)

깔뱅에 의하면, 목사들은 "그저 하는 일 없이 교회에 세움 받은 것이 아니라, 그리스도의 가르침으로 사람들을 교훈하여 참된 경건으로 향하게 하며, 성례를 집례하고, 올바른 치리를 유지하고, 실시하라는 것이다."161)

깔뱅은 말씀을 전할 뿐만 아니라, 다스리는 사람을 감독 또는 장로(딛1:5,

159) John Calvin, 『기독교 강요』(1559), Ⅳ ⅲ 5.
160) John Calvin, 『기독교 강요』(1559), Ⅳ ⅲ 8.
161) John Calvin, 『기독교 강요』(1559), Ⅳ ⅲ 6.

7; 딛3:1; 빌1:1; 행20:17, 28)라고 부르는데, 이 직분은 오늘날 교회에서 목사에 해당되고, 다스리는 일만하는 사람은 오늘날 장로에 해당되는데, "다스리는 사람들은(고전12:28) 신자들 사이에서 선택된 장로들이었으며, 감독들과 함께 도덕적인 견책과 권징을 시행하는 일을 맡았다. 이 다스리는 직분은 모든 시대에 필요하다."[162] "디모데서에서 바울은 말씀을 가르치는 일에 수고하는 장로들과 말씀을 선포하지 않고 다스리기만 하는 장로들을 구별했다. (딤전5:17) 이 둘째 종류의 장로들은 분명히 도덕적인 문제를 감독하며 열쇠의 권한을 사용하는 일을 위해서 임명된 사람들이었다."[163]

  "다스리는 일과 구제하는 일, 이 두 가지는 영구적인 것이다."[164] 깔뱅은 두 가지 종류의 집사에 대해서 말한다. "구제하는 일은 집사들에게 맡겨졌다. 그러나 로마서에는 '구제하는 자는 성실함으로 … 긍휼을 베푸는 자는 즐거움으로 할 것이니라.'(롬12:8)고 두 가지 종류의 집사에 대해서 언급했다. 여기서 바울은 교회 안에 있는 공적인 직분에 대해서 말하는 것이 분명하다. 따라서 집사직에는 두 가지 다른 등급이 있었을 것이다. 만일 내 생각이 틀리지 않는다면, 바울은 처음 문장에서 구제물자를 나누어 주는 집사들을 가리킨다. 그러나 둘째 문장은 빈민과 병자들을 돌보는 사람들을 말한다. 바울이 디모데에게 말한 과부들도 두 번째에 속하였다.(딤전5:9-10) 여자들이 맡을 수 있는 공적 직분은 구제하는 일에 헌신하는 것 뿐이었다. 이 해석을 인정한다면(또 인정해야 한다), 집사에는 두 종류가 있는데, 교회를 위해서 구제 사업을 관리하는 집사들과 직접 빈민을 돌보는 집사들이다. 디아코니아($\delta\iota\alpha\kappa o\nu\iota\alpha$, 봉사)라는 말에는 더 넓은 뜻이 있지만, 성경에서 집사라고 부르는 사람들은 교회가 구제물자를 분배하며, 빈민을 돌보고, 빈민 구제금을 관리하는 일을 맡긴 사람

---

162) John Calvin, 『기독교 강요』(1559), IV iii 8.
163) John Calvin, 『기독교 강요』(1559), IV xi 1.
164) John Calvin, 『기독교 강요』(1559), IV iii 8.

들이다. 그들의 기원과 임명과 직분에 대해서는 누가가 사도행전에 기록했다.(행6:3)"[165]

깔뱅이 이해한 교회의 네 직분과 기능을 요약하면 다음과 같다. 목사는 말씀 선포와 성례전 집례와 치리 시행을 담당하고, 교사는 성경해석의 일을 맡고, 장로는 다스리는 자로서 목사와 함께 치리를 담당한다. 집사에는 두 종류가 있는데, 구제 사업을 담당하는 집사와 빈민과 병자를 돌보는 집사가 있다.

깔뱅은 교회의 직분자들이 될 사람들은 소명과 일정한 절차를 통해서 임명 되어야 한다고 주장한다. 깔뱅에 의하면, 교회의 공적 직분을 맡을 사람은 반드시 소명을 받아야 하고, "명령받은 일은 책임을 지고 수행해야 한다."[166] 이 문제와 관련해서 깔뱅은 네 가지를 언급한다. "우리는 다음 사실을 알아야 한다. (1) 그들은 어떤 종류의 사역자가 되어야 하는가? (2) 어떻게? (3) 누구에 의해서 그들은 지명되어야 하는가? (4) 어떤 의식에 의해서 그들은 임직되어야 하는가?"[167]

첫째, 교회의 직분자는 내적 부름(소명)과 외적 부름이 있는 그러한 종류의 사역자가 되어야 한다. 내적 부름은 비밀한 소명으로서 각 직분자는 하나님 앞에서 스스로 아는 것이며, 교회가 여기에 대한 증인이 될 수는 없다. 직분을 받는 것은 야심이나 탐욕이나 이기심에서가 아니라, 참으로 하나님을 두려워하고, 교회의 덕을 세우려는 소원에서 비롯되어야 한다. 좋은 목사는 경건을 겸한 학식과 그 밖의 직책을 수행하는데 필요한 은사를 가져야 한다.[168] 목사 (감독)는 "건전한 교리를 믿으며, 생활이 거룩하고, 그들의 권위를 빼앗거나 그들의 사역에 수치가 될 만한 허물이 없는 사람이여야 한다.(딤전3:2-3; 딛 1:7-8). 집사와 장로들에 대해서도 목사와 동일한 것이 요구된다.(딤전

165) John Calvin, 『기독교 강요』(1559), IV iii 9.
166) John Calvin, 『기독교 강요』(1559), IV iii 10.
167) John Calvin, 『기독교 강요』(1559), IV iii 10.
168) John Calvin, 『기독교 강요』(1559), IV iii 11.

3:8-13)"[169]

둘째, 교회의 직분자는 종교적 경외감 속에서 선택되어야 한다. 깔뱅이 직분자 선택의 방법을 "어떻게"라고 말한 것은 선택하는 의식을 말하는 것이 아니라, "선택할 때 품어야 할 종교적 경외감"을 의미하는데, 성경에는(행14:23; 사11:2) 교회가 직분자를 세울 때, 엄숙한 일을 하고 있다고 깨닫기 때문에 최고의 경의와 주의를 기울이며, 금식하며, 기도에 전념했고, 지혜와 분별의 영을 하나님께 구했다.[170]

셋째, 하나님께서 교회의 직분자를 선택하시지만, 교회가 그 직분자를 지명해야 한다. "하나님께서는 바울을 이방인의 사도로 임명하셨다고 언급하신 후에 교회가 그를 지명하게 하심으로써" 교회의 규율과 질서를 확립하셨다.[171] 문제는 사역자를 선택할 때, 교회 전체에 의해서 또는 그의 동료들과 도덕적 견책을 맡은 장로들에 의해서 선택되는가, 아니면, 한 사람의 권위에 의해서 임명되어지는가이다. 깔뱅은 성경주석(레8:4-6; 민20:26-27; 행1:15이하; 행6:2-7; 행14:23))에 근거하면서도, 키푸리아누스의 주장과 로마의 투표방법 등을 참조하여, 교회의 직분자는 교회 전체의 투표방법에 의해서 선출되어야 한다고 주장한다. "합당해 보이는 사람들이 하나님의 백성의 동의와 승인에 의해서 부름받는 것이 하나님의 말씀에 일치하는 합법적인 방법이다. 게다가 회중의 경박함과 악한 의도나 무질서 때문에 탈선하는 것을 방지하기 위해서 다른 목사들이 선거를 관장해야 한다."[172]

넷째, 교회의 직분자들은 목사들의 안수(the laying on of hands)를 통해서 임직된다. 깔뱅은 성경주석(창48:14; 민8:12; 민27:23; 레1:4; 레3:2, 8, 13; 레4:4, 15, 24, 29, 33; 행6:6; 행13:3; 행19:6; 딤전1:6; 딤전4:14)을 통해서

169) John Calvin, 『기독교 강요』(1559), IV iii 12.
170) John Calvin, 『기독교 강요』(1559), IV iii 12.
171) John Calvin, 『기독교 강요』(1559), IV iii 14.
172) John Calvin, 『기독교 강요』(1559), IV iii 15.

안수의 의미와 임직의 방법을 검토한다. 깔뱅에 의하면, 사도들이 사역자들을 임명했을 때, 안수하는 의식만이 있었다. "사람들은 안수함으로써 그들이 사역자로 받아들이는 사람을 하나님께 드린다는 뜻을 표시한 것이다. 그러나 그들은 성령의 눈에 보이는 은사를 신자들에게 베풀 때도 이 방법을 사용했다. (행19:6) 여하간 안수하는 것은 교회의 사역자를 임명할 때마다 사용한 엄숙한 의식이었다. 이런 방법으로 그들은 목사들과 교사들과 집사들을 성별했다."173)

깔뱅에 의하면, 하나님으로부터 유래한 안수는 교회의 직분의 위엄을 교회에게 알리는 표징으로서 유익하지만, 미신적으로 오용되지 않아야 하며, 교회 전체가 안수하는 것이 아니라, 반드시 목사들이 안수하여야 한다.174)

---

173) John Calvin, 『기독교 강요』(1559), IV iii 16.
174) John Calvin, 『기독교 강요』(1559), IV iii 16.

VII. 교회의 권위

　깔뱅의 경우, 교회에는 직분이라는 질서와 제도가 있는가 하면, 질서와 제도를 운영하기 위해서는 교회의 권위(the power of the Church)가 필요하다. 교회의 권위는 누구에게 있으며, 어떤 종류가 있는가? "교회의 권위의 일부는 감독자 각자에게 속하고, 일부는 지방회의나 총회의에 속했다. 여기서 말하는 것은 교회에 고유한 영적 권위인데, 게다가 이 영적 권위는 교리에 관한 권위와 재판에 관한 권위, 그리고 입법에 관한 권위로 나누어진다."175)

　깔뱅의 경우, 교회의 권위의 근거와 목적은 무엇인가? 깔뱅은 교회의 권위의 근거를 하나님의 말씀에 기초시키는데, 이 점에서 그는 로마가톨릭교회와 첨예하게 대립하였다. "우리의 논적들은 교회의 권위를 하나님의 말씀 밖에 둔다. 그러나 우리는 교회의 권위는 말씀에 부속되어야 한다고 주장하며, 교회의 권위가 말씀에서 분리되는 것을 허락하지 않는다. … 그들은 하나님의 말씀에 없는 이상한 교리를 추천하기 위해서 성령의 이름을 사용할 뿐이다. 그러나 성령께서는 끊을 수 없는 유대로 하나님의 말씀에 결합되기를 원하시며, 그리스도께서도 교회에 성령을 약속하실 때 이 점을 확언하셨다."176) "그러므로 교회의 권위는 무한한 것이 아니며, 주의 말씀에 종속되며, 말하자면, 교회의 권위는 주의 말씀으로 에워 쌓여 있다."177) "문제 전체의 근본은, 만일 하나님이 유일한 입법자시라면, 사람이 이 영예를 탈취하는 것을 용서할 수 없다는 것이다. … 첫째, 모든 의와 거룩의 완전한 기준은 하나님의 뜻에 있으며 하나님을 알면 선한 생활을 완전히 알게 된다. 둘째, (우리가 하나님을 바르고 합당

---

175) John Calvin, 『기독교 강요』(1559), IV viii 1.
176) John Calvin, 『기독교 강요』(1559), IV viii 13.
177) John Calvin, 『기독교 강요』(1559), IV viii 4.

하게 예배하는 방법을 구할 때) 하나님만이 우리의 영혼에 대해서 권위를 가지셨고 우리는 하나님에게 순종해야 하며, 하나님의 뜻을 섬겨야 한다."[178]

깔뱅은 바울서신을 근거로 교회의 권위의 목적은 '세우기 위한 것'이라고 주장한다. "권세를 주신 것은 파하려고 하는 것이 아니라, 세우기 위한 것이라고 바울은 말한다.(고후10:8; 13:10) 이 권위를 합당하게 행사하는 사람들은 자기가 그리스도의 종이라고 생각한다.(고전4:1) 그런데, 교회를 세우는 유일한 방법은 사역자들이 그리스도께서 그 권위를 유지하실 수 있도록 노력하는 것이다. 이렇게 하려면 그리스도께서 아버지에게서 받으신 것을 그에게서 빼앗지 않아야 한다. 즉, 그리스도만이 교회의 교사가 되어야 한다. 왜냐하면 다른 사람이 아니고, 그리스도에 대해서만 '저의 말을 들으라.'고 성경이 말씀했기 때문이다.(마17:5)"[179]

1. 교리에 관한 교회의 권위

교회의 첫 번째 권위는 교리에 관한 권위이다. 교리에 관한 교회의 권위에는 신앙조항(신조)을 제정하는 권위와 그것을 해석하는 권위가 있다.[180] 깔뱅은 교회가 신조(信條)를 제정하고, 해석할 때, 하나님의 말씀에 근거해야 한다고 주장한다. 이 사실을 밝히기 위해 깔뱅은 구약의 족장, 제사장, 선지자는 물론 신약의 사도들과 그들의 후계자들도 교리에 관한 권위를 하나님의 말씀에 기초시켰다고 주장하면서, 오늘날 교회의 권위도 교회가 하나님의 말씀과 별도로 새로운 계시를 말할 수 있는 권위가 아니라, 하나님의 말씀에 기초한 교리를 제정하고 해석하는 권위라고 주장한다. "우리는 성경에서 성령이 권위와

---

178) John Calvin, 『기독교 강요』(1559), Ⅳ x 8.
179) John Calvin, 『기독교 강요』(1559), Ⅳ viii 1.
180) John Calvin, 『기독교 강요』(1559), Ⅳ viii 1.

위엄을 제사장이나 선지자나 사도들의 사도나 후계자들에게 주실 때, 개인에게 주시지 않고 그들이 임명되는 그 직분을 주셨다는 것을 여기서 기억해야 한다. 간단히 말하면, 그들이 선포하도록 위탁을 받은 그 말씀에 주신 것이다. 그들 모두를 차례로 검토해 보면, 그들은 주의 이름과 주의 말씀에 따라서만 가르치며 대답하는 권위를 받았음을 알 수 있다. 그들이 직분을 맡도록 부르심을 받을 때에 동시에 자기의 것을 모두 버리고 오직 주의 입에서 나오는 말씀만 말하라는 명령을 받았다. 그리고 주께서는 그들을 백성 앞에 내세워 말을 하게 하기 전에 반드시 그들이 할 말을 가르치신다. 그들은 주의 말씀 외의 어느 것도 말해서는 안 된다."[181]

깔뱅에 의하면, 구약성경은 하나님의 말씀이다. "그러므로 율법과 예언서와 시편과 역사들로 구성된 문서는 그 전체가 옛 백성을 위한 하나님의 말씀이었고, 교사들과 제사장들은 그리스도께서 오시기까지 이 표준에 일치한 교훈을 가르쳐야 했다. 그들의 직책은 하나님의 입에서 받은 말씀으로 백성에게 대답하는 것 뿐이었으므로 그들이 좌로나 우로나 치우치는 것은 불법이었다.(신 5:32)."[182] 깔뱅에 의하면, 마침내 말씀이 육신이 되신 예수 그리스도께서 최종적인 것을 보여주셨다. "드디어 하나님의 지혜가 육신으로 나타나셨을 때, 그는 하늘 아버지에 대해서 사람의 마음이 이해할 수 있는 일과 숙고해야 할 일을 모두 우리에게 밝히 말씀하셨다. 전에는 희미한 빛이 있었을 뿐이나 이제 의의 태양을 비추셨으므로 지금 우리에게는 정오의 밝은 빛과 같은 하나님의 진리의 완전한 빛이 있다."[183] "곧, 그리스도께서는 자기 뒤에 다른 사람들이 할 말을 전혀 남겨두시지 않았다는 말이 된다."[184] 깔뱅에 의하면, 사도들도 구약성경을 하나님의 말씀으로 받아들였다. "우리는 사도들에게 허락된 것은

---

181) John Calvin, 『기독교 강요』(1559), IV viii 2.
182) John Calvin, 『기독교 강요』(1559), IV viii 6.
183) John Calvin, 『기독교 강요』(1559), IV viii 7.
184) John Calvin, 『기독교 강요』(1559), IV viii 7.

옛날 예언서들에 있는 것 뿐이었다고 추론할 수 있다. 사도들은 고대에 기록된 성경을 해설하며 또 거기서 가르친 것이 그리스도 안에서 성취되었다는 것을 보여주는 사명을 받았다. 그러나 이 일을 할 때에도 주의 지도를 받아야 했으니, 곧, 그리스도의 영이 인도자가 되어서 그들이 할 말을 어느 정도 불러 주신 것이다."[185] 한 걸음 더 나아가서 깔뱅은 사도들의 글을 하나님의 말씀으로 인정해야 한다고 주장한다. "사도들은 성령의 말씀을 틀림없이 받아썼기 때문에 그들의 글은 하나님의 말씀으로 인정해야 한다."[186]

깔뱅의 경우, 교회가 신조의 제정과 해석에 대한 권위를 가진다는 것은 교회가 하나님의 말씀인 성경을 근거하여 신조를 제정하고, 해석하는 권위를 뜻한다. 바로 이 점에서 성경을 기록한 사도들과 오늘날 교회 사이에 근본적인 차이가 있다. "사도들과 그 후계자들 사이에는 차이가 있다. 사도들은 성령의 말씀을 틀림없이 받아썼기 때문에, 그들의 글은 하나님의 말씀으로 인정해야 한다. 그러나 그들의 후계자들은 성경에 봉인돼 있는 것을 가르치는 직분만을 받았다. 그러므로 우리는 충실한 사역자들은 새로운 교리를 만들어서는 안 되고, 하나님께서 모든 사람이 예외 없이 복종하도록 하신 그 교리를 단단히 붙잡아야 할 뿐이라고 가르친다."[187]

교회에 의해서 제정되고, 해석된 신조가 성경보다도 더 큰 권위가 있다고 주장하는 로마가톨릭교회에 반대하여, 깔뱅은 교회의 전승(傳承)은 하나님의 말씀인 성경에 종속되어야 한다고 주장한다. "여기서 그들은 다시, 교회는 사도들의 글에 몇 가지를 첨가할 필요가 있다느니, 사도들은 자신이 분명히 가르치지 못한 것을 후에 말로 보충했다느니 하고 중얼거린다."[188] "교회는 새로운 교리를 만들어 내서는 안 된다. 즉, 주의 말씀에 계시되지 않은 것을 하나님의

---

185) John Calvin, 『기독교 강요』(1559), IV viii 8.
186) John Calvin, 『기독교 강요』(1559), IV viii 9.
187) John Calvin, 『기독교 강요』(1559), IV viii 9.
188) John Calvin, 『기독교 강요』(1559), IV viii 14.

말씀이라고 가르치며 주장하는 것은 허락되지 않는다는 것이다."189)

깔뱅은 교회회의의 권위도 하나님의 말씀에 종속되어야 한다고 주장한다. "그러면 어떻게 될 것인가? 회의들에는 아무 결정권도 없다는 말이냐고 물을 것이다. 물론 교회의 회의들은 결정권은 가지고 있다. 나는 여기서 모든 회의를 배척해야 된다든지 모든 회의들의 결정을 취소하라고 주장하는 것이 아니다. … 다만 나는 어느 회의의 결정이 있을 때마다 회의는 언제, 무슨 문제로, 무슨 목적으로 열리고 또 어떤 사람들이 출석했는가를 사람들이 우선 깊이 생각하기 바란다. 그 다음에 회의에서 취급할 문제를 성경을 표준으로 하여 검토하기를 바란다. 그리고 그 회의의 결정이 자체의 중요성을 지니고 또 이전의 판단에 비추어 고려되어져야 하지만, 내가 언급한 검토를 방해하지 않기를 바란다."190) 깔뱅은 니케아회의, 콘스탄티노플회의, 제1차 에베소서회의, 칼케돈회의 등 초기교회의 회의들을 "기꺼이 공경하며" 받아들이면서 이 회의들 속에는 "성경에 대한 순수하고 진지한 해석이 있었을 뿐이며, 거룩한 교부들은 당시에 있던 신앙의 원수들을 쳐부수기 위해서 영적인 지혜로 이 해석을" 적용했다고 주장한다.191)

2. 입법에 관한 교회의 권위

교회의 두 번째 권위는 입법에 관한 권위다. 교회의 입법에 대한 권위를 중심으로, 깔뱅은 크게 두 진영과 논쟁했다. 한 편으로 깔뱅은 교회의 법의 필요성을 주장하면서도, 하나님의 말씀을 벗어나, 인간적 전통에 근거한 비성경적인 교회법을 주장하는 로마가톨릭교회를 비판했을 뿐만 아니라,192) 성경에

---

189) John Calvin, 『기독교 강요』(1559), IV viii 15.
190) John Calvin, 『기독교 강요』(1559), IV ix 8.
191) John Calvin, 『기독교 강요』(1559), IV ix 8.
192) John Calvin, 『기독교 강요』(1559), IV ix 1-26.

근거한 교회법 자체를 완전히 부정하는 사람들도 비판했다.193) 깔뱅은 로마 가톨릭교회가 제정한 교회법은 하나님의 말씀을 벗어나, 인간적 전통에 근거한 법이기 때문에 인정될 수 없다고 말한다. "인간적 전통은 모두 하나님의 말씀을 떠난 법이며, 사람들이 만든 법이다. 그러나 그 목적은 하나님을 경배하는 방법을 정하려는 구실이거나 구원에 필요한 일들에 대한 규정을 만든다는 구실로 양심을 여러 가지 가책으로 속박하려는 것이다."194) 로마가톨릭교회의 교회법은 사도들이나 사도적 전통으로부터 나온 것이 아니다. "사도들의 명령이 기록에 남지는 않았으나 관습과 관례에 의해서 전달되었다고 그들이 말하는 것은 허용될 수 없다."195)

깔뱅은 비성경적인 교회법을 비판했지만, 교회법 자체를 부정하기는 커녕, 성경적인 교회법의 필요성을 주장했다. "인간의 유전은 사람의 양심에 불경건한 속박을 가하는 것이며, 인간의 유전으로 하나님을 경배하는 것은 헛된 일이라는 말을 들을 때, 무지한 사람들은 교회의 질서를 형성하는 모든 법을 말살하려고 하는 예가 많다."196) "우선 우리가 알아야 할 일이 있다. 모든 인간 사회는 공공의 평화촉진과 화합의 유지를 위해서 어떤 형태로든 조직될 필요가 있다. 그 뿐만 아니라, 사람 사이에 거래에는 언제든지 어떤 절차가 있으며, 공공생활의 예절을 위해서도 그 절차는 필요하다. 이 점은 특히 교회에서 준수되어야 한다. 모든 일이 정연한 법 아래 있을 때 교회는 가장 잘 유지되며, 화합이 없으면, 전연 교회가 되지 않는다. 그러므로 교회의 안전을 도모하려면 우리는 '모든 것을 적당하게 하고 질서대로 하라.'고 한(고전14:40) 바울의 명령에 깊은 주의를 기울여야 한다."197)

---

193) John Calvin, 『기독교 강요』(1559), IV x 30.
194) John Calvin, 『기독교 강요』(1559), IV x 16.
195) John Calvin, 『기독교 강요』(1559), IV x 18.
196) John Calvin, 『기독교 강요』(1559), IV x 27.
197) John Calvin, 『기독교 강요』(1559), IV x 27.

깔뱅은 교회법의 필요성을 주장한 뒤에 교회법의 성격을 규정한다. 첫째, 교회법은 하나님의 말씀에 근거해야 한다. "나는 하나님의 권위를 근거로 성경에서 이끌어 낸 법들 곧, 인간이 만들기는 했으나 전적으로 하나님으로부터 온 법들만을 인정한다고 언명할 필요가 있다."198) 둘째, 교회법은 구원에 필요한 규정이 아니라, 질서와 예절에 필요한 규정이다. "주께서는 진정한 의의 골자 전체와 그의 위엄 앞에 드리는 예배의 모든 국면과 구원에 필요한 모든 것을 그의 거룩한 말씀에 충실히 포함시키며 분명히 표현하셨다. 그러므로 이런 문제들에 관해서는 주의 말씀만을 들어야 한다. 그러나 외형적인 규율과 의식에 대해서는 우리가 해야 할 일을 자세히 명령하려고 하지 않으셨다. 이런 일은 시대의 형편에 의존한다는 것을 아시고 한 형식이 모든 시대에 적합하다고 보지 않으셨기 때문이다."199) "이런 규정에서 경계해야 할 일이 하나 있다. 규정이 구원을 위해서 필요한 것으로 생각하여, 그 결과 여러 가지 가책으로 양심을 속박하는 것으로 생각해서는 안 된다. 또 규정을 하나님께 대한 경배와 연결시키며, 따라서 규정을 지키는 것이 경건이라고 생각해서도 안 된다."200)

깔뱅은 참 종교를 모호하게 만들고, 인간의 양심을 괴롭히는 잘못된 교회법과 올바른 교회법 사이를 구별하는 표지를 다음과 같이 주장한다. "교회법의 목적은 다음의 두 가지 또는 그 중에 하나인 것(신자들의 성회에서는 모든 일이 적절하고 위엄 있게 행해지고, 또 인간의 공동체는 인간애와 절도의 유대로 질서를 유지해야 한다는 것)을 기억한다면, 우리는 상기한 구별의 표지를 알 수 있다."201) 셋째, 교회법은 사랑의 원리가 작용해야 한다. 교회법의 규정은 "우리가 함께 노력해서 서로 사랑을 배양하라는 것 외에는" 아무것도 요구하지 않는다.202) "무엇이 해가 되고, 무엇이 덕이 되는지는 사랑이 가장 잘 판단

---

198) John Calvin, 『기독교 강요』(1559), IV x 30.
199) John Calvin, 『기독교 강요』(1559), IV x 30.
200) John Calvin, 『기독교 강요』(1559), IV x 27.
201) John Calvin, 『기독교 강요』(1559), IV x 28.

할 것이다. 사랑을 인도자로 삼으면 모든 일이 안전할 것이다."203)

3. 재판에 관한 교회의 권위

교회의 세 번째 권위는 재판(사법)에 관한 권위다. 깔뱅은 교회의 재판권을 매우 중요시한다. 교회의 세 번째 권위인 재판권은 "교회를 질서정연한 상태로 유지하기 위해 가장 중요한 권위"이며, "도덕적 권징(치리)"(the discipline of morals)을 위한 목적으로 필요하다.204) "이 재판권은 교회의 영적 제도를 유지하기 위해서 형성된 질서에 불과하다. 이 목적을 위하여, 처음부터 교회에 재판소를 설치하고, 도덕적 문제에 대하여 견책을 하고, 죄악을 조사하며, 열쇠의 직책을 다하게 했다."205)

깔뱅은 교회의 재판권은 영적이며, 영구적인 성격을 가진다고 주장한다. 교회의 재판권은 "영적 제도"를 유지하기 위해 형성된 질서이다.206) "참으로 그리스도의 말씀을(마18장) 보다 깊이 숙고하는 사람은 거기에 묘사된 것이 일시적인 교회제도가 아니라, 고정된 영구적인 제도란 것을 쉽게 알 수 있을 것이다."207) 교회의 교리의 권위와 입법의 권위가 하나님의 말씀에 근거하듯이 교회의 재판권도 하나님의 말씀에 근거하기 때문에, 교회와 사역자는 하나님의 말씀의 도구에 불과하다. "우리의 결론은 이 구절(마18:9)에서 말씀하는 열쇠의 권한은 복음 선포를 뜻하며, 사람들에게 그것은 권한(power)이라기보다는 섬김(ministry)이라는 것이다. 그리스도께서 이 권한을 사람들에게 주신 것이 아니라, 그의 말씀에게 주신 것이요, 사람들을 불러서 그 말씀을 섬기는

---

202) John Calvin, 『기독교 강요』(1559), IV x 28.
203) John Calvin, 『기독교 강요』(1559), IV x 30.
204) John Calvin, 『기독교 강요』(1559), IV xi 1.
205) John Calvin, 『기독교 강요』(1559), IV xi 1.
206) John Calvin, 『기독교 강요』(1559), IV xi 1.
207) John Calvin, 『기독교 강요』(1559), IV xi 4.

자들로 삼으신 것이기 때문이다."208) "우선 교회의 재판권의 목적은 죄악을 막으며, 발생한 불상사를 제거하는 것이다. 재판권을 행사할 때마다 고려해야 할 점은 두 가지다. 즉, 이 영적 권위는 첫째, 칼의 권리로부터 완전히 분리되어야 하며, 둘째, 한 사람의 결정이 아닌 합법적인 회의의 결정에 의해서 행사되어야 한다. 교회가 비교적 순수했을 때는 이 두 가지가 모두 준수되었다.(고전5:4-5) 그런데 거룩한 감독들은 권위를 행사하는 수단으로서 벌금이나 투옥이나 그 외의 국가의 벌칙을 쓰지 않고, 오직 주의 말씀만을 사용했다. 이것은 합당한 일이었다. 교회가 줄 수 있는 가장 엄중한 벌, 예를 들면, 그 최후의 벌은 출교선고이며, 이것은 불가피한 때에만 사용한다. 이 처벌을 하는 데에는 신체적 강제력이 필요하지 않고, 오직 하나님의 말씀의 힘만을 믿는다."209) 깔뱅은 성경 주석에 근거하여 교회사에서 재판법에 대한 잘못된 이해들을 구체적으로 지적한다.210)

깔뱅은 교회의 재판에 관한 권위를 교회에 주어진 열쇠에 대한 권위에 근거시킨다. 깔뱅은 마태복음 16:19절과 마태복음 18:17-18절 사이에 존재하는 같은 점과 다른 점을 다음과 같이 설명한다. 두 구절은 "완전히 같은 것이 아니고, 그 뜻이 약간 다르다. 그러나 아주 달라서 서로 연결이 없을 정도라고는 생각하지 않는다. 두 구절에는 같은 점이 있다. 즉, 두 구절은 모두 일반적 진술이며, 매고 푸는 동일한 권세(즉 하나님의 말씀을 통하여)와 같은 명령과 같은 약속을 가지고 있다. 그러나 서로 다른 점도 있다. 즉, 마16:19절은 특히, 말씀을 맡은 자들이 실천하는 전도에 관한 것이고, 마18:17-18절은 교회에 맡겨진 출교 규정에 관한 것이다. 교회는 출교시킨 사람에 대하여 구속력이 있다. 그를 영원한 멸망과 절망에 집어넣는다는 것이 아니라, 그의 생활과 품행

---

208) John Calvin, 『기독교 강요』(1559), IV xi 1.
209) John Calvin, 『기독교 강요』(1559), IV xi 5.
210) John Calvin, 『기독교 강요』(1559), IV xi 5-16.

을 책망하며, 회개하지 않으면 정죄를 받으리라고 항상 경고하기 때문이다. 교회는 공동체에 받아들이는 사람을 푼다. 그리스도 예수 안에서 교회가 가진 연합에 참가하기 때문이다."[211] 깔뱅은 로마가톨릭교회가 마18:17-19절을 잘못 해석하여 로마 주교의 수위권까지 주장했다고 비판한다. "자기도취에 빠진 이 정신이 나간 사람들은 이 두 구절을 근거로 삼아 고해나 출교나 재판권이나 입법권이나 사면(赦免)을 무분별하게 확립하려고 애쓴다. 참으로 마18:19절을 인용해서 로마 주교의 수위권을 확립하려 한다."[212]

깔뱅은 국가에 제도가 필요하듯이 교회에도 제도가 필요하다고 말하고, 국가의 제도와 교회의 제도를 구별하면서도, 양자를 상호 배타적으로 이해하지는 않는다. 그 이유는 다음과 같다. "요컨대 교회정치는 하나님의 구속활동에 속하고 세상정치는 하나님의 창조활동에 속한다. 이 두 정치는 한 하나님의 활동으로부터 분리되지는 않지만, 그러나 구별되어야 한다."[213] "도시에 집권자와 정치제도가 없으면, 그 도시가 기능을 발휘할 수 없는 것과 같이 하나님의 교회에도 … 영적인 제도가 필요하다. 이것은 국가 행정조직과는 다른 것이지만, 국가 행정조직을 방해하거나 위협하는 것이 아니고, 오히려 큰 도움이 된다."[214]

깔뱅은 양자 사이의 차이점을 알지 못하는 사람에 대해서 다음과 같이 말한다. "이 모든 일(교회의 재판권, 필자주)은 임시적인 것이었고, 집권자들이 우리의 종교를 믿지 않았을 때에만 통용된 것이라고 생각하는 사람들도 있다. 이 생각은 잘못된 것인데, 그들은 교회의 권위와 국가의 권위가 서로 다르다는 것을 알지 못하기 때문이다. 교회에는 벌을 주며, 강요하는 칼의 권한, 즉 강제력이 없다. 교회는 집권자처럼 투옥이나 기타 형벌을 가할 수 없다. 문제는 죄인

211) John Calvin, 『기독교 강요』(1559), Ⅳ xi 2.
212) John Calvin, 『기독교 강요』(1559), Ⅳ xi 2.
213) 이양호, 『칼빈 : 생애와 사상』, p. 200.
214) John Calvin, 『기독교 강요』(1559), Ⅳ xi 1.

의 의사를 무시하면서 처벌하는 것이 아니라, 죄인이 자신을 스스로 징계하여 회개를 표명하게 하는 것이다. 이 두 가지 개념은 매우 다르다. 교회는 국가가 당연히 할 일을 떠맡지 않으며, 국가는 교회가 행하는 일을 할 수 없다. 다음의 예가 이를 분명하게 할 것이다. 술에 취한 사람이 있을 때, 질서가 잡힌 도시에 서는 그에게 투옥의 형벌을 가할 것이다. 그렇게 하면 법률과 관리와 외형적인 정의는 만족할 것이다. 그러나 그는 회개하는 기색이 없이 오히려 불평을 말하는 경우도 있을 것이다. 교회는 여기서 멈추어 설 것인가? 이런 사람들을 성찬에 참가시킨다면, 그리스도와 그의 신성한 제도에 손상을 입히게 될 것이다. 또 불미한 행동으로 교회에 누를 끼친 사람은 엄숙하게 회개를 선언함으로써 자기가 지은 죄를 제거해야 된다는 것이 도리상의 당연한 요구다."[215]

깔뱅은 국가를 통한 범죄자에 대한 강제적 처벌과 부도덕한 신자에 대한 교회의 권징을 구별하면서도, 양자 사이의 상호 협력관계의 필요성을 다음과 같이 주장한다. "관리가 형벌과 신체적 제재로 교회를 추문으로부터 순화시켜주는 것처럼, 말씀을 전하는 목사는 사악한 자들의 수를 줄임으로써 관리들을 마땅히 도와야 한다. 관리와 목사의 기능들은 각각 서로 방해하지 않고 서로 도와주어 섬기는 일에 하나가 되어야 한다."[216]

4. 교회의 재판권과 열쇠권과 관계된 교회의 치리

깔뱅은 교회의 권징 또는 치리문제를 교회의 재판권과 열쇠권과 밀접한 관계 속에 이해하기 때문에, 여기서 교회의 권징 문제를 다루는 것이 적당할 것으로 판단된다. 왜냐하면, "권징은 대개 열쇠의 권한과 영적 재판권에 의존"하기 때문이다.[217] 다시 말하면, 우리가 앞에서 이미 취급했다시피, 깔뱅의 교회

---

215) John Calvin, 『기독교 강요』(1559), IV xi 3.
216) John Calvin, 『기독교 강요』(1559), IV xi 3.

의 셋째 권위인 영적 재판권은 권징을 행사하는 재판권이며, 교회의 열쇠의 내용은 교회의 복음 선포와 교회의 출교로 구성되어 있다.

깔뱅은 권징의 필요성을 부정하는 사람들에 대해 권징의 필요성과 중요성을 다음과 같이 역설한다. "권징을 혐오하여, 권징이라는 말조차도 싫어하는 사람들은 다음 사실을 이해해야 할 것이다. 어떤 사회도, 아무리 작은 가족이라도 권징없이는 적절한 상태를 유지할 수가 없으니, 가능한 한, 질서를 잘 유지해야 할 교회로서는 더욱 더 권징이 필요하다는 것이다. 따라서 그리스도에 대한 구원하는 교리가 교회의 영혼이듯이, 권징은 교회의 근육(힘줄)인데, 이 근육에 의해서 몸의 지체들이 각각 자신의 위치에 있도록 함께 묶여져 있다."218) "권징은 그리스도의 교훈에 반대하여 날뛰는 사람들을 억제하고, 길들이는 굴레와 같으며, 나태한 사람을 고무하는 박차와 같고, 더욱 심각한 타락에 빠진 사람들을 그리스도의 영의 유화함으로써 부드럽게 징벌하는 아버지의 매와 같다. … 그리스도께서 명령하시고, 경건한 사람들이 항상 사용한 시정책은 이 권징뿐이다."219)

깔뱅은 권징의 목적에 대해 세 가지를 주장한다. "교회가 이런 시정책과 출교를 사용하는데 세 가지 목적이 있다."220) 권징의 첫째 목적은 부도덕한 사람으로부터 그리스도인이라는 호칭을 빼앗음으로써, 그리스도의 몸이신 거룩한 교회를 보호하고, 주님의 성찬을 합당하게 보존하는데 있다.221) 권징의 두 번째 목적은 "악한 자들과 항상 교제함으로써 선한 자들이 타락하는 일이 없도록 하려는 것이다."222) 권징의 세 번째 목적은 "비루한 자신에 대한 부끄러움을 이기지 못하는 사람들을 회개"케 하기 위함이다.223) 다시 말하면, 권징

217) John Calvin, 『기독교 강요』(1559), IV xii 1. 참고 IV xi 1, IV xi 5-6.
218) John Calvin, 『기독교 강요』(1559), IV xii 1.
219) John Calvin, 『기독교 강요』(1559), IV xii 1.
220) John Calvin, 『기독교 강요』(1559), IV xii 5.
221) John Calvin, 『기독교 강요』(1559), IV xii 5.
222) John Calvin, 『기독교 강요』(1559), IV xii 5.

의 목적은 부도덕한 자로부터 그리스도인의 호칭을 제거하여 거룩한 교회의 이름과 명예보호, 악한 자에 의한 선한 자의 죄 감염 방지, 죄지은 자에게 회개 기회의 제공이다.

깔뱅은 권징의 필요성과 중요성을 주장하면서도, 권징의 방법과 절차에 신중하게 접근하여, 엄격주의를 배격하고, 온건주의를 선택한다.224) "우리는 그러한 엄격성이 '온유한 심령'(갈6:1)과 함께 결합되는 것이 교회에 적합하다는 사실을 간과해서는 안 된다. 바울이 명령한 것처럼 벌을 받는 사람이 너무 심한 슬픔에 빠지지 않도록(고후2:7) 특별히 주의해야 한다. 고치려다가 도리어 죽일 수도 있다. 그러나 고치려는 목적으로 본다면 온화한 규칙을 취하는 것이 더 나을 것이다."225)

깔뱅은 교회사 속에서 아우구스티누스 당시 도나투스파와 그 당시 재세례파를 대표적인 엄격주의자들로 규정한다. "아우구스티누스가 이런 말을 한 것은 도나투스파의 신경과민 때문이었다. 그들은 교회 내에 있는 허물을 감독들이 말로 책망하면서 출교로 처벌하지 않는 것을 보았을 때 … 감독들이 규율을 위반했다고 맹렬히 공격하고 그리스도의 양떼로부터 불경건한 분리를 감행했다. 오늘날의 재세례파가 그와 같은 행동을 한다. 모든 점에서 천사와 같이 완전하지 않는 곳에는 그리스도의 모임이 없다고 하며, 이런 열심을 가장하여 덕을 세우는 모든 것을 뒤엎어 버리는 것이다."226) "이러한 온유한 태도는 교회 전체에 필요하다. 교회는 타락한 사람을 온유하게 대해야 하며, 극도로 엄격한 벌을 주어서는 안 된다. 오히려 바울이 지시한 대로 그들에 대한 사랑을 보여야 한다.(고후2:8) 마찬가지로 평신도들도 각각 이 같은 온건하고 온유한 태도를 가지도록 힘써야 한다."227)

---

223) John Calvin, 『기독교 강요』(1559), IV xii 5.
224) John Calvin, 『기독교 강요』(1559), IV xii 8-13.
225) John Calvin, 『기독교 강요』(1559), IV xii 8.
226) John Calvin, 『기독교 강요』(1559), IV xii 12.

"교회 권징의 방법과 수단이 경건하게 유지되려면, '서로 용납함으로써 지키라.'(엡4:2)고 사도가 우리에게 명령한 것, 곧 '평안의 매는 줄로 성령의 하나되게 하신 것'(엡4:3)에 주의해야 한다."228)

권징의 단계는 다음과 같이 이루어진다. 목사와 장로는 먼저 사적(私的) 충고의 기회를 만들고, 이 충고가 거부되거나, 죄악에 대한 시정이 이루어지기 않을 때, 증인들 앞에서 충고하고, 그 후에 교회재판소, 즉 '장로의 회'에 소환하여 엄중히 충고하고, 여기서도 순종하지 않고 악한 일을 계속한다면, 그리스도의 명령에 따라(마18:15, 17) 신자들의 교제로부터 제거해야 한다.229) 비밀한 죄를 시정할 때는 그리스도께서 정하신 절차를 밟아야 하며(마18:15), 드러난 죄에 대해서는 교회가 공적으로 책망해야 한다.230) 경한 죄와 중한 죄는 구별되어야 하며, 중한 죄를 시정하기 위해서는 충고나 견책뿐만 아니라, 더 엄격한 대책을 실시해야 한다.231)

깔뱅의 경우, 권징의 방법은 다양하지만, 수찬정지와232) 출교는233) 매우 큰 벌에 해당된다. 특별히 출교의 중대성에 비추어서 깔뱅이 이해한 출교에 대해서 살펴보자. "출교를 하는 목적은 죄인을 회개하도록 인도하자는 것이며, 신자들 사이에서 나쁜 예를 제거함으로써 그리스도의 이름이 훼방을 받지 않고, 다른 사람들이 자극을 받아 본받는 일이 없도록 하자는 것이다. … 죄인이 교회에 대해서 회개한 증거를 보이고, 그 증거에 의해서 그의 힘이 닿는 대로 교회에 끼친 누를 씻어 버린다면 더 이상 그를 추궁해서는 안 된다. 추궁한다면 그 때에는 엄격함이 도를 넘게 될 것이다."234)

---

227) John Calvin, 『기독교 강요』(1559), IV xii 9.
228) John Calvin, 『기독교 강요』(1559), IV xii 11.
229) John Calvin, 『기독교 강요』(1559), IV xii 2.
230) John Calvin, 『기독교 강요』(1559), IV xii 3.
231) John Calvin, 『기독교 강요』(1559), IV xii 4.
232) John Calvin, 『기독교 강요』(1559), IV xii 6.
233) John Calvin, 『기독교 강요』(1559), IV xii 8-10.
234) John Calvin, 『기독교 강요』(1559), IV xii 8.

로마가톨릭교회나 재세례파는 출교당한 사람을 선택론과 결부시켜서 하나님으로부터 완전히 하나님의 저주를 받아 버림바 된 사람으로 간주한다. 그러나 깔뱅은 여기에 반대하여 다음과 같이 주장한다. "교회에서 추방된 사람들을 선택된 사람들의 수효에서 삭제하거나 그들이 이미 멸망한 사람인 것 같이 절망하는 것은 우리가 할 일이 아니다. 그들을 교회와 그리스도에게서 멀어진 사람으로 그러나 떨어져 있는 동안에 한해서만 그런 것으로 생각하는 것이 마땅하다. 그들이 온유한 태도보다 완고한 태도를 보일 때라도 우리는 그들을 주의 판단에 맡기고 그들의 일이 앞으로 현재보다 잘 되기를 희망해야 한다. 또 우리는 그들을 위해서 하나님께 기도하는 것을 중단해서는 안 된다. 한 마디로 말해서, 하나님의 판단과 손 안에만 있는 사람에게 사형을 선고할 것이 아니라, 주의 법에 따라 각각 사람의 행위의 성격만을 판단해야 한다."235)

　　깔뱅은 출교를 주님의 말씀에 근거한 교정과 치유 및 구원 수단으로 이해한다. "출교와 저주는 다르다. 저주는 모든 용서를 거부하고 사람을 영원한 멸망에 정죄하는 것이다. 출교는 그의 도덕적 행위를 처벌하며, 징계하는 것이다. 출교도 벌을 주는 것이지만, 장차 정죄를 받으리라는 것을 미리 경고함으로써 사람을 불러 돌이켜 구원을 얻게 하려는 것이다. 그가 돌아온다면 언제든지 화해와 교제의 회복이 그를 기다리고 있다."236) 출교의 과정에는 교회의 직분자를 포함하여 교회 전체가 참여할 뿐만 아니라, 출교의 주체자가 주님이심을 우리는 알아야 한다. "바울이 사람을 출교한 조치는 합당한 것이었으나 거기에는 장로들이 단독으로 한 것이 아니라, 교회가 알고 찬동했다는 조건이 구비돼야 한다. … 참으로 이 조치의 과정 전체에는 하나님의 이름을 부를 뿐만 아니라, 그리스도의 임재를 증거하는 엄숙성이 있어야 하며, 그리스도께서 친히 그의 재판권을 주관하신다는 것을 의심할 여지가 없도록 해야 한다."237)

---

235) John Calvin, 『기독교 강요』(1559), IV xii 9.
236) John Calvin, 『기독교 강요』(1559), IV xii 10.

국가의 재판권과 구별하여 교회의 독립적인 재판권에 근거시켰던 외콜람파디우스의 권징 개념은 마르틴 부처를 통해서 깔뱅에게 수용되었다.[238] 깔뱅이 이해한 교회의 권징은 하나님의 말씀에 근거된 권징, 주님 자신이 시행하시는 권징이라는 사상과 함께 사랑을 동반하는 온건한 방법을 통한 권징이다. 이 권징은 단순한 저주나 처벌수단이 아니라, 교정과 치유와 구원 수단으로 이해된다.

237) John Calvin, 『기독교 강요』(1559), IV xii 7.
238) 최윤배 공저, 『교회를 섬기는 청지기의 길(II)』(파주 : 도서출판 성안당, 2008), p. 126.

VIII. 성례전

1. 서론[239]

1) '성례'의 어의(語義)

깔뱅은 '성례'라는 단어의 역사적(歷史的) 변천에 대해서 다음과 같이 설명한다. '성례'에 해당되는 라틴어 '사크라멘툼'(sacramentum)은 신약성경 여러 곳에서 발견되는 바(엡1:9; 엡3:2-3; 골1:26-27; 딤전3:16), '비밀 또는 신비'의 뜻을 지닌 헬라어 '뮈스테리온'(μυστήριον)으로부터 번역된 단어인데, 고대교부들은 '비밀'이란 말을 쓸 경우, 위대한 일을 격하시키는 듯해서 이 말을 피하려고, 신성한 일에 관계된 '비밀'을 '성례'로 번역했다. 라틴 사람들이 '성례'(sacraments)라고 부르는 것을 헬라 사람들은 신비(mystries)라고 불렀는데, 이 두 말의 뜻은 동일하다. 성례라는 말은 숭고하고 영적인 것들을 존경하는 마음으로 표현했던 표징들(signs)에도 사용되었다.[240]

또한 깔뱅은 라틴 문인들이 '사크라멘트'에 부여한 뜻과 고대교부들이 여기에 부여한 뜻이 다르다고 말한다. "고대교부들이 '사크라멘툼'이란 말을 표징에 적용했을 때, 라틴 문인들이 사용한 의미를 고려하지 않고, 자신들의 편의에 따라 새로운 뜻을 만들어 내어 거룩한 표징의 의미로 사용한 것이 분명하다. 그러나 더 깊이 연구해보면, 고대교부들은 이 말을 현재와 같은 뜻으로 옮

---

239) R. S. Wallace(정장복 역), 『칼빈의 말씀과 성례전 신학』(서울 : 장로회신학대학교출판부, 1996); A. 매티슨(이신열 역), 『성찬의 신비』(부산 : 고신대학교 개혁주의학술원, 2011); Ronald S. Wallace, *Calvin's Doctrine of the Word and Sacrament*(Edinburgh : Oliver and Boyd Ltd, 1953); Joachim Beckmam, *Vom Sakrament bei Calvin*(Tübingen : Verlag von J. C. B. Mohr, 1926).

240) John Calvin, 『기독교 강요』(1559), IV xiv 2.

긴 것은 '믿음'이란 말을 사용할 때 나타난 것과 동일한 유비(喻比)를 따른 것이다. 믿음은 약속을 지키는 성실성을 의미하는 말인데, 그들은 그것을 사람이 진리에 대하여 지니는 확신이라는 뜻으로 사용하였다. 그와 같이 '사크라멘툼'은 군인이 자기의 사령관에게 충성을 맹세하는 행동이었는데, 고대교부들은 사령관이 군인들을 입대시키는 행동으로 만들었다. 즉, 주께서는 '사크라멘타'(sacramenta)에 의해서 우리의 하나님이 되시고, 우리는 그의 백성이 되리라고 약속하신다.(고후16:16; 겔37:27)"[241]

2) 성례의 정의

깔뱅은 성례를 다음과 같이 정의한다. "성례는 우리의 신앙의 약함을 지탱시켜주기 위해 주님께서 우리에 대한 자신의 선의(善意)의 약속을 우리의 양심에 인(印)치시는 외적 표징(sign)이다. 그리고 우리 편에서는 우리가 주님과 그의 천사들의 면전과 사람들 앞에서 주님에 대한 우리의 경건을 인증(認證)하는 것이다. 여기서 또 다르게, 더 간단하게 정의하면, 우리는 성례를 주님에 대한 우리의 경건의 상호 인정과 더불어 외적 표시에 의해 확증된 우리를 향한 신적 은혜의 증거라고 부를 수가 있다."[242]

3) 성례의 특징들

첫째, 깔뱅이 이해한 성례에는 '하나님의 적응'(accomodatio Dei) 사상이 나타난다. "성례의 수단을 통해서 하나님은 먼저 우리의 무지와 우둔함에 대비하시고, 그 다음에 우리의 연약함에 대비하신다. … 우리의 믿음은 작고, 연약하기 때문에, 만약 믿음이 각종 수단들이 사용되어 사방에서 괴어 주고, 지

---

241) John Calvin, 『기독교 강요』(1559), IV xiv 13.
242) John Calvin, 『기독교 강요』(1559), IV xiv 1.

탱되지 않으면, 믿음은 떨리고, 흔들리며, 비틀거리다가 마침내 무너지고 만다. 여기서 자비로우신 주님께서 그의 무한한 자비로 자신을 우리의 능력에 조절하시고(temper), 주님께서 우리를 자신에게로 인도하시고, 영적 축복들의 거울을 육체를 가진 우리에게 제공하시기 위해서 이 지상적인 요소들을 통해서까지 자신을 낮추신다.(condescend) 왜냐하면, 피조물로서 우리는 항상 땅 위에 기어 다니고, 육신에 집착하며, 영적인 것에 대해서 생각하지도 않고, 심지어 이해하지도 않기 때문이다."[243] "우리가 육신에 속한 자들이기 때문에 성례도 육신에 속한 것으로 우리에게 다가 온다. 교사가 어린 학생의 손을 잡아 인도하듯이, 성례도 우리의 우둔한 능력에 알맞도록 가르치려는 것이다. … 하나님께서는 우둔한 우리가 깨달을 수 있는 범위 내에서 성례를 통하여 우리에게 자신을 나타내시며 우리에게 대한 자신의 선하신 뜻과 사랑을 말씀에 의한 것 보다 더 명백하게 확인하신다."[244]

둘째, 성례는 하나님의 약속의 말씀선포에 기초하기 때문에, 말씀은 표징을 설명해야 하며, 성례의 말씀이 성례를 선행해야 한다. 실제적으로 하나님의 약속의 말씀의 선포 없는 성례를 주장한 로마가톨릭교회에 반대하여 깔뱅은 다음과 같이 말한다. "우리의 논적들이 보통 '성례는 말씀과 외적 표징으로 구성된다.'라고 말한다. 왜냐하면 우리는 말씀을 의미도 없이 믿음도 없이 성례의 요소를 성별하는 힘을 가지고 있는 마술적 주문처럼 단순한 소음으로 속삭이는 것으로 이해해서는 안 되기 때문이다. 차라리 말씀이 선포될 때, 말씀은 가시적인 표징이 뜻하는 것을 우리에게 이해시켜야 한다. 그러므로 교황의 독재 하에서 행해진 일은 이 신비들에 대한 무서운 모독행위였다. 그들은 사제가 축성문(祝聖文)을 중얼거리는 동안 신자들은 아무 뜻을 몰라도 멍하니 보고만 있으면 된다고 생각했다."[245] 깔뱅은 아우구스티누스가 강조한 성례의 말씀

243) John Calvin, 『기독교 강요』(1559), Ⅳ xiv 2.
244) John Calvin, 『기독교 강요』(1559), Ⅳ xiv 6.

을 인용한다. "성례에 사용되는 물질에 말씀을 첨가하라. 그러면 성물(聖物)이 되리라."246) 깔뱅은 예수 그리스도 자신도, 사도들도, 비교적 순결했던 교회도 성례의 말씀을 주장하여, 성례의 표징과 성례의 교훈이 분리시키지 않았음을 주장한다. "여러분은 성례가 믿음을 일으키는 설교말씀(말씀선포)을 얼마나 요구하는지를 보시기 바랍니다."247) 깔뱅은 성례전의 서두에서 성례는 "우리의 믿음에 대한 다른 또 하나의 도움"이며, 복음선포와 관련되어 있다고 말함으로써, 성례를 하나님의 은혜의 수단으로 간주하면서도, 성례가 하나님의 말씀에 근거되어 있음을 주장한다.248)

셋째, 깔뱅은 성례를 인(印)치심 또는 인장(印章; σφραγιδα; seals)으로 간주한다. 인치심으로서 성례문제를 중심으로 깔뱅은 재세례파와 논쟁했다. "반대자들은 이 비유를 우리가 만들어 냈다고 말할 수 없다. 왜냐하면, 바울 자신이 분명히 할례를 '인(印)'이라고(롬4:11) 부르기 때문이다. 거기서 바울은, 아브라함이 할례를 받은 것은 칭의를 위해서가 아니라, 믿음으로 이미 의롭다 함을 받은 그 믿음의 언약에 날인(捺印)하는 인으로 삼기 위해서였다고 명백하게 주장한다."249) "정부문서나 그 밖의 공문서에 찍는 인장을 아무것도 쓰지 않는 종이에 찍었을 경우, 그 날인은 아무 가치도 없는 것이므로 인장 그 자체만으로는 아무 의미도 없다. 그러나 문서에 찍으면 반드시 거기에 쓰인 내용을 확인한다."250) "성례는 가장 분명한 약속을 한다. 이 점에서 성례가 말씀보다 더 나은 것은 그것이 약속을 우리 앞에 사생화(寫生畵)를 그리듯 나타내 보이기 때문이다."251)

---

245) John Calvin, 『기독교 강요』(1559), IV xiv 4.
246) John Calvin, 『기독교 강요』(1559), IV xiv 4.
247) John Calvin, 『기독교 강요』(1559), IV xiv 4.
248) John Calvin, 『기독교 강요』(1559), IV xiv 1.
249) John Calvin, 『기독교 강요』(1559), IV xiv 5.
250) John Calvin, 『기독교 강요』(1559), IV xiv 5.
251) John Calvin, 『기독교 강요』(1559), IV xiv 5.

넷째, 깔뱅은 성례를 언약의 표징, '보이는 말씀'(visibile verbum), '믿음의 기둥', '거울' 등으로 비유한다. "주께서 자신의 약속을 '언약'(창6:18; 창9:9; 창17:2) 이라고 부르시며, 성례를 언약의 '증거'(tokens)라고 부르신다."252) 아우구스티누스가 성례를 '보이는 말씀'이라고 부른 것은 하나님의 약속들을 그림에 그리듯이 분명한 형상으로 그려서 우리의 눈앞에 보여 주기 때문이다. 성례는 '우리의 믿음의 기둥'이라고 부를 수 있다. 건물이 기초 위에 서 있지만, 기둥으로 괴어야만 확고하게 서 있을 수 있는 것과 같이 믿음은 하나님의 말씀을 기초로 삼고 그 위에 서 있지만, 성례를 첨가할 때는 기둥으로 받친 것 같이 더욱 튼튼하게 서 있게 된다. 또 성례를 거울이라고 부르는 것은 우리에게 베푸시는 하나님의 풍성한 은혜를 우리가 그 거울 속에서 볼 수가 있기 때문이다.253)

다섯째, 믿음은 성령의 고유한 사역일지라도, "성례는 하나님의 은총을 우리에게 확증함으로써 우리의 믿음을 지탱하고, 자라게 하며, 강화하고 증진시킨다."254) 성례가 믿음을 증진시킨다는 사실과, 믿음이 성령의 고유한 사역이라는 사실을 동시에 인정하지 못하는 자들을 깔뱅은 다음과 같이 비판한다. "그들은 다음과 같이 부언한다. 만약 성례가 믿음을 증진시킨다면, 믿음을 일으키고, 유지하며, 완성하는 힘과 능력을 가진 성령은 무용지물로 주어지는 것이다."255) "우리는 믿음을 강화시키고, 증진시키는 일을 하나님으로부터 빼앗지 않고, 도리어 하나님께서 그의 내적 조명으로 우리의 마음을 성례가 제공하는 강화 작용을 받을 수 있도록 준비시키시며, 바로 이 때문에 믿음이 증진되고, 강화된다고 주장한다."256)

---

252) John Calvin, 『기독교 강요』(1559), IV xiv 6.
253) John Calvin, 『기독교 강요』(1559), IV xiv 6.
254) John Calvin, 『기독교 강요』(1559), IV xiv 7.
255) John Calvin, 『기독교 강요』(1559), IV xiv 8.
256) John Calvin, 『기독교 강요』(1559), IV xiv 10.

여섯째, 성례의 효과는 성령에 의해서 일어난다. 성례가 믿음을 증진시킨다고 해서 성례에 어떤 비밀한 힘이 영구히 내재하여 그 자체만으로 믿음을 증진시키거나 강화시키는 것은 아니다. "성례가 그 임무를 올바르게 수행하려면 반드시 저 내적 교사(interior ille magister)이신 성령께서 오셔야 한다. 성령의 힘이 아니면, 마음속에 침투하고, 감정을 움직이며, 우리의 영혼을 열어서 성례가 들어오게 할 수 없다. 성령이 없으면, 시각장애인의 눈에 비치는 태양의 빛이나 청각장애인의 귀에 울리는 음성과 같이 성례는 아무 성과도 얻을 수 없다. 그러므로 나는 성령과 성례를 구별하여, 역사하는 힘은 전자에 있고, 후자에는 그 임무만을 남긴다. 이 임무는 성령의 역사가 없으면 내용이 없고 빈약한 것이 되지만, 성령이 그 속에서 역사하고, 힘을 나타내실 때에는 위대한 효력을 발휘한다."257) "우리 귀에 들리는 말씀과 눈에 보이는 성례가 헛되지 않도록 성령께서는 그 말씀은 하나님께서 하시는 것이라고 우리에게 알려 주시며, 완고한 우리의 마음을 부드럽게 하시고, 당연히 순종해야할 주의 말씀에 순종하도록 준비시키신다. 끝으로 성령께서 저 외적인 말씀과 성례를 우리의 귀로부터 영혼에 전달하신다. 그러므로 말씀과 성례가 우리에 대한 하늘 아버지의 선하신 뜻을 우리의 눈앞에 제시할 때, 그것들은 우리의 믿음을 강화한다. 즉, 하나님을 아는 지식으로 우리의 믿음을 굳게 서며, 더욱 강하게 된다. 성령께서 우리의 믿음을 확증하시는 것은 우리 마음에 그 확인을 새김으로써 효력이 나타나게 하실 때이다."258) 또한 깔뱅은 말씀과 성례와 성령이 상호 밀접한 관계 속에 있음을 강조한다. "그들이 하나님의 은혜를 한 가지만(성령의 역사) 말하는데 비해 우리는 세 가지를 인정한다. 첫째, 주께서는 우리를 말씀으로 가르치시며, 지시하신다. 둘째, 말씀을 성례로 확인하신다. 끝으로, 우리의 지성을 성령의 빛으로 비추시며, 우리의 마음을 여셔서 말씀과 성례가 들

---

257) John Calvin, 『기독교 강요』(1559), IV xiv 9.
258) John Calvin, 『기독교 강요』(1559), IV xiv 10.

어오게 하신다."259)

일곱째, 성례는 하나님께서 사용하시는 은혜의 수단(도구)이다. 깔뱅은 피조물이 하나님의 능력의 도구로 사용될 수 없다는 주장에 반대할 뿐만 아니라, 피조물 자체 안에 하나님의 능력이 있다는 주장에도 반대하여, 피조물은 하나님의 능력의 도구로 사용될 수 있다고 주장한다. "그들은 하나님의 영광이 피조물에 내려오며, 그 피조물들에 많은 능력을 주기 때문에 그만큼 능력이 감소된다고 항의한다. 우리는 피조물에게 능력이 있다고 생각하지 않는다고 대답한다. 내가 주장하는 것은 이것뿐이다. 즉, 하나님께서는 만물의 주요, 심판자이시며, 따라서 그 분은 적절하다고 생각되는 수단과 도구(means and instruments)를 사용하셔서 만물이 그의 영광을 나타내게 하신다."260) "하나님께서 그의 영적인 은혜를 나타내시기 위해서 친히 제정하신 도구들(instruments)을 사용하시는 것이다. 그러나 우리는 언제든지 사람이 자기 힘으로 할 수 있는 일과 하나님의 수중에 있는 일 사이를 구별하는 일을 잊지 말아야 한다."261)

깔뱅에 의하면, 성례의 효력을 완전히 부정하는 것도 잘못된 것이지만, 성례를 마술처럼 간주하는 것도 잘못된 것이다. "이 사람들은 성례의 힘을 약화시키고, 그 효력을 완전히 부정하고 있는데, 그들과는 성례에 일종의 신비한 힘이 있다고 하는 자들이 있다는 사실을 우리는 생각해야 한다."262) 깔뱅은 성례를 구원의 선행조건으로 간주하지는 않지만, 성례 안에서 하나님의 약속의 말씀과, 약속의 말씀에 대한 믿음을 상호 밀접하게 연결시킨다. "믿음과 관계 없이 받아들인 성례는 교회를 가장 확실하게 멸망시키는 것이 아니고 무엇인가? 약속과의 관련이 없이는 성례로부터 아무것도 기대해서는 안 된다. 그 약속은 믿는 자에게 은혜를 제시하는 동시에 불신자에게는 진노가 있을 것을 경

---

259) John Calvin, 『기독교 강요』(1559), IV xiv 8.
260) John Calvin, 『기독교 강요』(1559), IV xiv 12.
261) John Calvin, 『기독교 강요』(1559), IV xiv 11.
262) John Calvin, 『기독교 강요』(1559), IV xiv 14.

고한다. … 마치 성례로 의롭다함을 받는 것처럼 성례에 참가해야만 구원의 보장을 얻는다는 것이 아니다."263)

여덟째, 성례와 성례의 본체(matter)는 상호 구별되어야 한다. 다시 말하면, 성례에서 본체와 표징(sign)은 상호 밀접하게 연결되어서 상호 분리시켜서는 안 되지만, 상호 구별은 해야 한다. 깔뱅은 특별히 아우구스티누스의 말을 인용하여 이 문제를 설명한다. "이 점을 바르게 이해할 때 아우구스티누스가 자주 말한 것과 같이 성례와 성례의 본체와의 구별이 생긴다. 이 구별의 의미는 진상(truth)과 외형(figure)이 성례전에 포함되어 있을 뿐만 아니라, 두 가지가 긴밀하게 결합되어 서로 분리할 수 없으며, 결합되었다 하더라도 항상 본체와 표징을 구별하여, 한쪽에 속한 것을 다른 쪽으로 옮겨서는 안 된다는 것을 의미한다."264)

깔뱅은 무엇을 성례의 본체로 이해하는가? "모든 성례의 본체(matter) 또는 (만약 당신이 더 좋게 말한다면) 실체(substance)는 그리스도라고 나는 주장한다. 성례는 오직 그리스도 안에서만 견고성을 지니며, 그를 떠나서 성례는 아무것도 약속하지 않는다. … 우리가 성례의 도움을 받아 그리스도에 대한 진정한 지식을 배양, 강화, 증진시키며, 그를 더욱 완전히 소유하고, 그의 풍부한 은혜를 즐기게 되는 것과 정비례하여 성례가 우리들 사이에서 효과를 나타낸다. 그러나 그렇게 되려면 우리는 성례가 제시하는 것을 참된 믿음으로 받아들여야 한다." 265) "실체가 없는 표징이 아니라, 본체와 표징을 함께 가지기 위해서 거기에 포함된 말씀을 믿음을 가지고 이해해야 한다. 성례를 통해서 그리스도를 나눠가짐으로써 우리는 유익을 얻으며 따라서 그만큼 성례에서 유익을 얻는다."266) 깔뱅은 성례에서 표징과 실체 사이를 구별하지 못함으로써 파

---

263) John Calvin, 『기독교 강요』(1559), IV xiv 14.
264) John Calvin, 『기독교 강요』(1559), IV xiv 14.
265) John Calvin, 『기독교 강요』(1559), IV xiv 15.
266) John Calvin, 『기독교 강요』(1559), IV xiv 15.

생되는 두 가지 큰 오류를 아우구스티누스의 말을 인용하여 지적한다. "문자를 따라 그리고 표징을 본체인양 받는 것이 노예적인 연약함의 특색인 것 같이 표징에 무익한 해석을 붙이는 것은 바른 길을 떠난 오류의 특색이다."267) 표징의 의미와 가치를 지나치게 무시하는 것이 오류이듯이, 표징을 지나치게 강조하여 우리를 그리스도 안에 참여케 하는 믿음과 성령의 역사를 무시하는 것도 오류이다.268) 동일한 성례에 참여하면서도 믿음과 성령의 역사가 없는 자에게는 성례의 은혜에 참여하지 못한다. 동일한 성례를 통해서 어떤 사람에게는 생명이 주어지지만, 어떤 사람에는 죽음이 주어진다. "우리는 오늘 눈에 보이는 음식을 받지만 성례와 성례의 힘은 서로 다르다. … 주의 떡 조각이 유다에게 독이 된 것은 그가 악한 것을 받았기 때문이 아니라, 악한 사람이 악한 마음으로 선한 것을 받았기 때문이다."269)

깔뱅은 성례에서 표징과 실체를 구별하여 각각에 정당한 가치와 위치를 부여하기를 촉구한다. "성례가 모든 사람에게 무분별하게 가져오는 것이 아니라, 주께서 자기 백성에게만 특히 주시는 성령은 하나님의 은혜를 가져오며, 성례가 우리 사이에서 자리를 얻게 하고, 열매를 맺게 한다. … 표징은 그 창시자이신 분의 진실성과 성실성을 증명하는 자체의 효력을 가졌다. … 성례에 대한 이 교리가 가르쳐질 때 성례의 위엄이 높이 칭찬을 받고 그 효과가 분명하게 알려지며, 그 가치가 풍성하게 선포된다. 또 이 모든 일에서 최선을 다하여 성례에 돌리지 않을 것을 돌리거나 성례에 속한 것을 빼앗는 일이 없게 된다. 동시에 칭의의 원인과 성령의 능력이 그릇이나 수레 안에 있듯이 물질 속에 들어 있다고 하는 저 그릇된 교리가 제거되고, 어떤 사람들이 간과하는 저 최고의 능력을 분명하게 설명할 수 있다. 우리가 주의해야할 점이 또 하나 있다.

---

267) John Calvin, 『기독교 강요』(1559), IV xiv 16.
268) John Calvin, 『기독교 강요』(1559), IV xiv 16.
269) John Calvin, 『기독교 강요』(1559), IV xiv 15.

즉, 목사가 설명하며, 외적인 행동으로 증명하는 것을 하나님께서는 사람의 마음속에 성취하시며 또 하나님만이 하시는 일을 보잘것없는 인생에게 넘기시지 않는다는 것이다."[270] "성례는 하나님의 말씀과 동일한 직책, 즉 우리에게 그리스도를 제시하며 그의 안에서 하늘 은혜의 보고를 제시하는 직책을 가졌다는 것을 확정된 원칙으로 생각해야 한다. 그러나 성례는 믿음으로 받지 않으면 아무것도 아니다."[271]

아홉째, 깔뱅은 교회의 정규적이며, 영구적인 성례를 세례와 성찬에 국한시키면서도, 넓은 의미에서 성경에 나타난 일시적인 성례에 대해서도 말한다. "성례라는 말은 우리가 이미 그 성격을 논한 바와 같이 하나님께서 그의 약속의 신실성을 사람이 더욱 확실히 믿도록 만드시기 위해서 사람들에게 명하신 모든 표징을 포함한다. 어떤 때에는 자연물로 표징을 삼으시고, 어떤 때에는 기적으로 나타내신다."[272] 첫 번째 경우에 해당되는 성례의 표징으로서 아담과 하와에게 주어진 영생의 보증으로서 생명나무(창2:9; 창3:22), 노와와 그 후손들에게 주어진 무지개(창9:13-16) 등이 있고, 두 번째 경우에 해당되는 성례의 표징으로서 아브라함이 바라본 연기가 나는 화로와 타는 횃불(창15:17), 기드온에게 승리의 약속으로 주어진 양털(삿6:37-40), 히스기야 왕이 목격한 뒤로 10도 물러간 일영표 사건(왕하20:9-11; 사38:8) 등이다.

열 번째, 구약의 성례와 신약의 성례는 하나님의 경륜과 형식상으로 서로 다르지만, 본질과 내용상으로는 동일하다. "하나님의 부성적인 자비와 성령의 은혜가 그리스도 안에서 우리에게 제시된다고 증거하는 점에서는 양쪽이 동일하다. 그러나 우리의 성례는 더 분명하고, 더 빛나는 증거를 한다. 양쪽이 다 그리스도를 나타내지만, 우리의 것은 더욱 풍부하고 완전하게 나타내 준다."[273] 깔

---

270) John Calvin, 『기독교 강요』(1559), IV xiv 15.
271) John Calvin, 『기독교 강요』(1559), IV xiv 17.
272) John Calvin, 『기독교 강요』(1559), IV xiv 17.
273) John Calvin, 『기독교 강요』(1559), IV xiv 26.

뱅에 의하면, 구약의 할례가 유대인들에게 허락된 성례이기에, 신약에서 세례로 대치되어, 폐지되었을지라도, 할례는 구약의 유대인들에게 성례의 기능을 할 수 있었다. 왜냐하면, 구약의 할례도 그리스도를 약속했고, 그리스도를 가르쳤으며, 구약의 할례 속에서도 장차 오실 그리스도가 임재하셨기 때문이다. "주께서 여러 가지 방법으로 사람들에게 자신을 계시하고자 하시는 그 경륜(dispensation)에 따라 각 시대에 맞도록 다양하였다. 아브라함과 그의 후손들에게는 할례를 명하셨다.(창17:10) 후에 모세의 율법에서 결례(레11장~15장)와 희생과 다른 의식들(레1장~10장)이 첨가되었다. 이런 것들은 그리스도께서 오실 때까지 유대인들의 성례였다. 그리스도께서 오심으로써 이것들이 폐지되고, 세례와 성찬이라는 두 가지 성례가 제정되어 현재 기독교회가 사용하고 있다.(마28:19; 마26:26-28)"[274] "세례는 우리가 깨끗하게 씻음을 받았다는 것을 우리에게 확증하며, 성찬은 우리가 구속을 얻었다는 것을 확증한다."[275]

2. 세례

깔뱅은 "세례는 그리스도께 접붙임을 받아 우리가 하나님의 자녀로 인정되기 위하여 그리스도의 공동체에 가입되는 입문의 표징이다."라고 정의한 뒤,[276] 세례의 목적을 두 가지, 즉 "첫째, 하나님 앞에서 우리의 믿음에 도움을 주기 위함이고, 둘째, 사람들 앞에서 우리의 고백에 도움을 주기 위함이다."라고[277] 주장한다. "성경의 명확한 가르침에 의하면, 세례는 우선 우리의 죄가 깨끗이 씻긴다는 것을 가리키며, 이 일은 그리스도의 피로 이루어진다.

---

274) John Calvin, 『기독교 강요』(1559), IV xiv 20.
275) John Calvin, 『기독교 강요』(1559), IV xiv 22.
276) John Calvin, 『기독교 강요』(1559), IV xv 1.
277) John Calvin, 『기독교 강요』(1559), IV xv 1.

다음에, 세례는 우리의 육을 죽인다는 것을 가리키며, 이것은 그리스도의 죽으심에 참가함으로써 이루어지고 이것으로 인하여 신자들은 중생해서 새로운 생명과 그리스도와의 교제로 들어간다고 한다. 세례에 관한 성경의 가르침은 모두 여기에 요약되어 있다. 한 가지 첨가시키면 세례는 또한 사람들 앞에서 우리의 신앙을 증거하는 상징이다."[278]

깔뱅은 하나님 앞에서 세례가 우리의 믿음에 주는 유익을 세 가지로 언급한다. 첫째, "세례는 우리가 깨끗하게 되었음에 대한 증거와 증명이어야 한다."[279] "언제 세례를 받든지 간에 우리는 일생 동안 씻음을 받고 깨끗하게 된다는 것을 알아야 한다. 그러므로 우리는 넘어질 때마다 세례 받은 것을 회고하며 마음을 굳게 해서 항상 사죄에 대한 확신을 가져야 한다. 세례는 한 번 받는 것이며, 지나간 것 같이 생각되지만, 그 후에 지은 죄로 인하여 무효가 되지 않는다. … 그러나 이 사실을 근거로 하여 앞으로는 마음대로 죄를 짓겠다고 생각해서는 안 된다. … 벌을 받지 않을 것이라는 생각으로 죄를 지을 기회와 방종을 추구하는 자들은 하나님의 진노와 심판을 격발시킬 뿐이다."[280] "그러므로 경건한 사람들은 일생 동안 자기의 죄과를 알고, 괴로울 때마다 단호하게 세례 받은 것을 회고하며, 그리스도의 피로 우리가 유일하고 영원한 씻음을 받았다는 확신을 새롭게 해야 한다는 것은 의심할 여지가 없다."[281] 우리에게 두 번째 유익을 주는 "세례는 그리스도 안에서 우리의 죽음과 우리의 새 생명을 보여 준다."[282] 세례를 통해서 우리는 옛 사람과 죄적인 육신에 대해서 죽고, 그리스도의 새 생명과 부활에 참여하게 되고, 중생의 씻음과 갱신에 참여하게 된다. "이같이 먼저 죄의 용서와 의의 전가(轉嫁)가 우리에게 약

278) John Calvin, 『기독교 강요』(1559), IV xvi 2.
279) John Calvin, 『기독교 강요』(1559), IV xv 1.
280) John Calvin, 『기독교 강요』(1559), IV xv 3.
281) John Calvin, 『기독교 강요』(1559), IV xv 4.
282) John Calvin, 『기독교 강요』(1559), IV xv 5.

속되고, 그 다음에 우리를 개조해서 새로운 생명을 가지게 하는 성령의 은혜가 약속된다."283) 셋째, "우리의 믿음이 세례에서 받는 유익은 우리가 그리스도의 죽음과 생명에 접붙임이 될 뿐만 아니라, 그리스도 자신과 밀접하게 연합되어 그의 모든 축복을 나누게 된다는 확실한 증거이다. 그는 자기를 낮추셔서 우리와 연합하시고, 친교를 맺으시고자 하시는 그 연합과 친교의 가장 견고한 유대로서 세례를 공통분모로 삼으시기 위하여 자신의 몸으로 세례를 성별하셨다.(마3:13)"284)

깔뱅은 세례가 사람들 앞에서 우리의 고백에 도움을 준다는 뜻을 다음과 같이 자세하게 설명한다. "세례는 사람들 앞에서의 우리의 고백이 된다. 참으로 세례라는 표지에 의해 우리는 하나님의 백성으로 인정되고 싶다는 소원을 공포하며, 세례에 의해서 우리는 모든 그리스도인과 함께 같은 하나님을 예배하고, 같은 종교를 믿는다는 것을 증거한다. 마지막으로, 우리는 세례라는 표지에 의해서 우리의 신앙을 공개적으로 선언한다. 이같이 우리는 마음으로 하나님을 찬양할 뿐만 아니라, 우리의 혀와 우리의 모든 지체가 모든 방법으로 하나님을 높이 찬양한다."285)

깔뱅의 세례론에 나타난 몇 가지 특징들을 살펴보면 다음과 같다.

첫째, 깔뱅은 구약의 구름 기둥과 홍해바다(고전10:2; 출14:21; 민9:15) 사건을 세례의 원형으로 간주하고, 요한의 세례나 사도들의 세례를 내용적으로 동일하게 간주한다. "우리가 논의했던 육을 죽이는 일과 깨끗이 씻는 일은 이미 이스라엘 백성에게 예시되었고, 그렇기 때문에 사도는 그들이 '구름과 바다에서 세례를 받고'라고 했다.(고전10:2)"286) "같은 교훈이므로 같은 세례임을 알 수 있다. 요한과 사도들은 한 가지 교훈을 가르쳤고, 그 점에서 서로 일치했

---

283) John Calvin, 『기독교 강요』(1559), IV xv 5.
284) John Calvin, 『기독교 강요』(1559), IV xv 6.
285) John Calvin, 『기독교 강요』(1559), IV xv 13.
286) John Calvin, 『기독교 강요』(1559), IV xv 9.

다. 즉 다같이 회개를 위해서 죄의 용서를 위해서 그리스도의 이름으로 세례를 주었으며, 그리스도에게서 회개와 죄사함을 얻는다고 가르쳤다. … 그러나 양자 간의 차이점을 하나님의 말씀에서 찾으려는 사람이 있다면 그런 차이는 한 가지뿐이다. 즉 요한은 장차 오실 분의 이름으로 세례를 주었고, 사도들은 이미 나타나신 분의 이름으로 세례를 주었다(눅3:16; 행19:4)는 것이다."287)

둘째, 깔뱅은 정결과 중생을 위한 세례를 삼위일체론적으로 설명한다. "우리는 우리의 정결과 중생을 위하여, 이를 테면, 아버지에게서는 원인을, 아들에게서는 질료(質料)를 그리고 성령에게서는 효력을 얻으며 또 분명하게 분별한다."288)

셋째, 깔뱅은 세례에서 표징과 실체를 구별한다. 세례의 실체는 그리스도이다. "우리는 물질에서 영적인 것을 마치 눈앞에 있는 듯이 보아야한다는 것이다. 이는 주께서 영적인 것을 이런 형상으로 나타내기를 기뻐하셨기 때문이다. 이런 여러 가지 은혜가 성례 안에 포함되어 있어서 그 자체의 힘으로 우리에게 부여되는 것이 아니다."289)

넷째, 세례는 구원의 필요조건은 아니지만,290) 우리는 세례를 믿음으로 받아야 한다. "모든 다른 성례와 같이 우리는 세례에서도 믿음으로 받는 정도만큼 얻을 뿐이다. 믿음이 없으면 세례는 망은의 증거요, 따라서 우리는 하나님 앞에서 책망을 받아야 한다. 왜냐하면 세례에서 주신 약속을 믿지 않았기 때문이다."291)

다섯째, 세례는 세례를 집례하는 사람의 가치에 좌우되지 않는다. 깔뱅은 아무 오점도 없는 순전한 세례가 되기 위해서 구비해야할 조건을 가르치는 동시

---

287) John Calvin, 『기독교 강요』(1559), IV xv 7.
288) John Calvin, 『기독교 강요』(1559), IV xv 6.
289) John Calvin, 『기독교 강요』(1559), IV xv 14.
290) John Calvin, 『기독교 강요』(1559), IV xv 20.
291) John Calvin, 『기독교 강요』(1559), IV xv 15.

에 문제가 있는 집례자에 의해서 집례된 세례의 효력을 부정하지도 않는다. 이 문제를 중심으로 깔뱅은 아우구스티누스와 논쟁했던 도나티스트들과 그의 당시 재세례를 주장했던 재세례파들을 다음의 주장을 통해서 논박했다. "성례가 하나님으로부터 온 것은 확실한 사실이며, 이 점에서 우리는 성례를 집례하는 사람의 가치는 성례에 아무것도 가감하지 못한다고 추론할 수 있다. 편지가 전해질 때 필적과 서명만 충분히 인정되면 전한 사람이 누구든지 또는 어떤 종류의 인간이든 그것은 문제가 되지 않는다. … 이 논법은 목사의 가치에 의해서 성례의 힘과 가치를 측정한 도나티스트파의 오류를 깨끗하게 반박한다. 지금 재세례파는 우리가 교황제도 하에서 불경건한 우상숭배자들에게서 세례를 받았으므로 올바르게 세례를 받은 것이 아니라고 주장한다. … 아무 오점도 없는 순결한 세례가 되기 위해서 구비해야할 조건을 우리는 가르치지만, 우상 숭배자들이 더럽혔다고 해서 하나님의 규정을 폐기하지는 않는다."[292]

여섯째, 깔뱅은 복잡하고도 미신적인 요소가 있는 잘못된 세례식을 배제하고, 올바른 세례식을 권장한다. 깔뱅은 세례에 물 이외에 촛불이나 성유(聖油)들을 사용하는 것을 반대한다. 세례 받을 사람이 있을 때마다 우선 그를 회중 앞에 소개하고, 온 교회가 증인이 되어, 그를 주시하면, 그를 위해서 기도하고, 그를 하나님께 드린다. 학습교인이 배워야할 신앙고백문을 낭송하며, 학습교인에게 세례를 준다.(마28:19) 그리고 끝으로 기도와 감사로 그를 자기 자리로 돌아가게 한다.[293]

일곱째, 세례는 합법적인 집례자에 의해서 시행되어야 한다. "합법적인 소명을 받지 않고 세례를 베푸는 사람은 타인의 직책을 빼앗는 것이 된다."[294]

---

292) John Calvin, 『기독교 강요』(1559), IV xv 16.
293) John Calvin, 『기독교 강요』(1559), IV xv 19.
294) John Calvin, 『기독교 강요』(1559), IV xv 22.

3. 유아세례

깔뱅은 항상 유아세례를 주장했지만, 유아세례를 강력하게 반대한 재세례파와의 논쟁을 통해서 유아세례를 더욱 강조하게 되었다. 유아세례를 부정한 재세례파에 대한 비판은 그의 『기독교 강요』 1539년 판에서부터 두드러지게 나타난다. "현재 일부의 열광적인 사람들이 유아세례 문제로 교회를 소란하게 하며, 선동을 그치지 않으므로, 나는 그들의 광태를 억제하기 위해서 여기에 부록을 첨가하지 않을 수 없다."295) 여기서 깔뱅은 두 가지 목적, 즉 교리의 순수성과 교회의 평화를 지키기 위해 유아세례 문제를 집중적으로 다루기를 원한다. 재세례파의 주장대로, 만약 유아세례가 하나님의 말씀과 명령에 근거하지 않고, 단순한 인간적 규례라면, 유아세례는 당연히 폐지되어야 하지만, 만약 그 반대의 경우, 하나님의 거룩한 규례로서 하나님의 말씀에 기초를 둔 유아세례는 폐지되어서는 안 된다는 것이다.296) 또한 깔뱅은 유아세례를 반대하고 예수 그리스도처럼 30세에 세례를 받아야한다고 주장한 세르베투스(Servetus)의 주장에 대해 조목조목 반박했다.297)

유아세례의 성경적 근거를 언급하기 전에 깔뱅은 먼저 세례에 대한 균형 잡힌 이해를 촉구하면서 지금까지 논의한 세례의 의미를 요약한다. "세례의 가치와 목적, 즉 그 본질을 완전히 알고자 하는 사람은 그 물질과 물질적인 외형에 구애될 것이 아니라, 세례에서 우리에게 제시되는 하나님의 약속과 세례가 표현하는 내면적 신비를 생각해야한다. 이 일들을 이해하는 사람은 세례의 견고한 진리, 즉 그 완전한 실체를 파악했다고 하겠다. 이렇게 될 때, 사람은 외형적으로 물을 뿌리는 이유와 가치도 깨닫게 될 것이다. 그와 반대로 이 일들을 멸시하고 무시하면서 관심을 보이는 의식에 전적으로 집중하는 사람은 세

---

295) John Calvin, 『기독교 강요』(1559), IV xvi 1.
296) John Calvin, 『기독교 강요』(1559), IV xvi 1.
297) John Calvin, 『기독교 강요』(1559), IV xvi 31-32.

례의 힘이나 성격을 모두 이해하지 못하고 물의 의미나 가치까지도 깨닫지 못할 것이다. … 그러므로 우리가 앞으로 할 일은 세례가 주는 약속을 근거로 하여 세례의 효력과 본질을 연구하는 것이다. 성경의 명확한 가르침에 의하면, 세례는 우선 우리의 죄가 깨끗이 씻긴다는 것을 가리키며, 이 일은 그리스도의 피로 이루어진다. 다음에, 세례는 우리의 육을 죽인다는 것을 가리키며, 이것은 그리스도의 죽으심에 참가함으로써 이루어지고 이것으로 인하여 신자들은 중생해서 새로운 생명과 그리스도와의 교제로 들어간다고 한다. 세례에 관한 성경의 가르침은 모두 여기에 요약되어 있다. 한 가지 첨가시키면 세례는 또한 사람들 앞에서 우리의 신앙을 증거하는 상징이다."298) 깔뱅이 어떤 근거에서 유아세례를 옹호하는지 살펴보자.

첫째, 깔뱅은 구약의 할례와 신약의 세례를 비교함으로써 유아세례의 성경적 근거를 주장한다. 깔뱅에 의하면, 하나님께서 아브라함과 그의 후손에게 명령하신 할례나(창17:7, 10) "산 자의 하나님"이라는 예수 그리스도의 말씀이나(눅20:38; 마22:32) "약속의 언약"에 대한 바울의 말씀이나(엡2:12) 모세의 할례나(신10:15-16; 신10:15) 예언자들의 말씀(겔16:30)에 나타나는 공통점은 영생에 대한 약속의 말씀이다. "하나님에게 접근하며, 영생에 들어가는 첫 단계는 죄사함을 받는 것이다. 따라서 약속의 언약은 우리가 깨끗하게 씻음을 받으라고 하는 세례의 약속에 해당한다. … 그러므로 우리가 세례에서 받는 것과 같은 영적 약속을 조상들은 할례에서 받았다. 할례는 그들에게 죄사함을 받음과 육을 죽이는 것을 나타내 보였기 때문이다. 뿐만 아니라, 이 두 가지를 함께 가지신 그리스도께서 세례의 기초라고 한 우리의 가르침과 같이 그리스도께서 할례의 기초가 되신 것도 명백하다."299) 신약의 세례와 구약의 할례의 표징의 힘은 예수 그리스도 안에 있는 영생에 대한 약속이다.

---

298) John Calvin, 『기독교 강요』(1559), IV xvi 2.
299) John Calvin, 『기독교 강요』(1559), IV xvi 3.

깔뱅은 신약의 세례와 구약의 할례는 내용적으로 그리고 본질적으로 동일하고, 다만 의식적(儀式的)으로 차이가 있을 뿐이라고 주장한다. "그 약속은 두 표징에서 똑같다. 즉, 하나님의 관대하신 은혜와 사죄와 영생이 약속되었다. 다음에 표현된 것, 즉 중생도 같다. 두 표징의 기초, 즉 이런 일들을 실현시키는 기초도 같다. 그러므로 성례의 힘과 성격을 평가하는 표준이 되는 내적 신비에는 조금도 차이가 없다. 차이는 다만 외적인 형식에 있다. 가장 중요한 부분은 약속과 거기에 표현된 의미이므로 이 외형적인 의식은 아주 경미한 구성요소이다. 그러므로 우리는 보이는 의식이 다르다는 점을 제외한다면 할례에 속한 것이 모두 세례에도 있다고 결론을 내린다."[300] 깔뱅은 다시 한 번 구약의 할례와 신약의 세례가 본질적으로 동일함을 다음과 같이 구체적으로 설명한다. "유대인들에게는 할례를 받는 것이 곧 교회에 처음으로 가입하는 것이었다. 할례는 그들이 하나님의 백성과 가족으로 선택되었다는 것을 확신하는 표였으며, 그들로서는 하나님을 섬기는 무리에 참가하겠다고 고백하는 표였기 때문이다. 마찬가지로 우리는 세례에 의해서 하나님에게 성별되어 그의 백성으로 인정되며, 우리 편에서도 그에 대한 충성을 서약한다. 이상으로부터 세례는 할례를 대신하며, 할례가 한 일을 세례가 우리 사이에서 수행한다는 것은 의심할 여지가 없다."[301]

특히 재세례파는 구약의 할례라는 옛 언약과 신약의 세례라는 새 언약 사이를 완전히 분리시켜서 양자 사이의 유사성을 전적으로 인정하지 않음으로써, 유아세례를 부정했다. 여기에 반대하여, 깔뱅은 할례와 세례 사이의 유사성을 통해 유아세례를 강력히 옹호했다. "첫째, 그들은 세례와 할례의 유사성 때문에 구속과 속박을 너무 당한다고 느끼기 때문에 이 두 표징을 될 수 있는 대로 멀리 분리시켜서 공통점이 전혀 없는 것으로 보이게 하려고 애쓴다. 이 두 표

---

300) John Calvin, 『기독교 강요』(1559), IV xvi 4.
301) John Calvin, 『기독교 강요』(1559), IV xvi 4.

징은 서로 의미가 다르고 각각 포함된 언약도 아주 다르며 어린이들에 대한 소명도 같지 않다고 한다."302) 깔뱅은 바울을 인용하여(골2:11-12) "이런 말씀은 세례의 성취와 진상은 곧 할례의 진상과 성취이며, 둘은 똑같은 의무를 가졌다는 뜻이 아니고 무엇인가?"303)

구약의 할례와 신약의 세례 사이의 비교를 통해서 둘 사이의 공통점과 차이점을 밝힌 뒤에 깔뱅은 유아세례의 정당성과 실천의무를 주장한다. "그런데 유아들에게 세례를 주는 것이 옳으냐 하는 문제를 검토하기로 한다면, 물이라는 요소와 외형적인 준수에서 그치고 그 영적인 신비에 마음을 돌리지 못하는 사람은 무의미한 말을 한다고(심지어 정신이 나간 말을 한다고) 할 것인가? 이 영적인 신비를 설명한다면, 세례를 유아들에게 주는 것이 옳은 일이며, 그들에게 대한 하나의 의무라는 것이 분명하게 될 것이다."304) 깔뱅은 구약의 할례가 유아들에게도 베풀어졌듯이 세례도 유아들에게 베풀어져야만 한다고 주장한다. "처음에 여호와께서 유아들에게 할례를 베풀게 하셨을 때에는 반드시 할례가 의미하는 모든 것에 유아들도 참여하게 하셨다.(창17:12) 그렇지 않고 유아들에게 무의미한 상징을 베푸셨다면 그것은 자기 백성에 대한 우롱이었을 것이며, 이것은 듣기만 해도 무서운 일이다. 여호와께서 어린 유아들에게 행하시는 할례가 언약의 약속을 확인하는 인(印)을 대신한다고 분명히 말씀하셨기 때문이다. 만약 이 언약이 지금도 확고부동하게 유효하다면 구약시대 유대인들의 유아들에게 못지않게 현대 그리스도인의 자녀들에게도 적용될 것이다."305) 깔뱅은 세례를 말씀으로 보든지 표징으로 보든지, 유아들에게 세례를 베풀지 못할 이유가 없다고 주장한다. "말씀으로서의 '세례'가 유아들에게 해당되는데, 말씀의 부속물인 표징을 거부할 까닭이 무엇인가?"306)

---

302) John Calvin, 『기독교 강요』(1559), IV xvi 10.
303) John Calvin, 『기독교 강요』(1559), IV xvi 11, 참고, IV xvi 11-16.
304) John Calvin, 『기독교 강요』(1559), IV xvi 5.
305) John Calvin, 『기독교 강요』(1559), IV xvi 5.

구약의 할례가 폐지되었는데, 왜 지금도 유아들에게 세례를 베풀어야하느냐는 질문에 대해서 깔뱅은 구약의 할례와 신약의 세례의 공통점과 차이점을 통해서 답변한다. "주께서 구약시대에는 그의 언약을 확인하는 방법으로서 할례를 제정하셨으나, 할례가 폐지된 후에도(우리와 유대인 사이에 공통된) 주의 언약을 확인해야할 이유는 여전히 변함이 없다. 따라서 우리는 항상 공통점과 차이점을 잘 생각해야 한다. 확인하는 방법만이 다르다. 그들을 위해서 할례가 하던 일을 우리를 위해서는 세례가 대신한다."307) 깔뱅은 여러 성경 구절들을 (창17:12, 14; 슥9:2; 사6:13; 고전7:14) 인용하면서 구약에서 유아들에게 할례를 베풀었는데, 오늘날 유아들에게 세례를 베풀지 않을 이유가 없다고 역설한다. "주께서는 아브라함과 언약을 맺으신 직후에 외적인 성례로 유아들에게 그 언약을 인치고 명령하셨다.(창17:12) 그런데도 현재의 그리스도인들이 자기 자녀들에게 그 언약을 확인하는 인을 치지 않겠다는 구실은 무엇인가? 사도들은 이전에 할례가 유대인들을 위해서 하던 일을 지금 우리 그리스도인들을 위해서는 세례가 한다는 것을 증명하려고 노력하기 때문이다."308)

둘째, 깔뱅은 예수 그리스도께서 어린이들을 축복하신 말씀(마19:13-15)을 근거로 유아세례를 주장한다. 유아세례를 반대한 자들은 예수 그리스도께서 어린이를 축복하신 본문과 유아세례는 상호 관계가 없다고 주장한다. 그들에 의하면, 예수 그리스도께서 그들을 위해서 기도하고, 축복을 빌어 준 것이지, 세례를 준 것은 아니며, 예수 그리스도께는 유아를 축복해주신 것이 아니라, 스스로 걸어 나온 어린이들을 축복해 주었다는 것이다. 유아세례 반대자들의 위의 주장에 대해 깔뱅은 다음과 같이 반박한다. "복음서 기자는 어린 아기들과 어린아이들이라고 부른다.(눅18:15; 마19:14; 막10:13, 참고) 이 두 마디

306) John Calvin, 『기독교 강요』(1559), IV xvi 5.
307) John Calvin, 『기독교 강요』(1559), IV xvi 6.
308) John Calvin, 『기독교 강요』(1559), IV xvi 6.

의 헬라어는 젖먹이들을 의미한다. 그러므로 '온다.'는 말은 '접근한다.'라는 뜻을 사용했을 뿐이다."309) "그리스도께서 유아들을 안으시고 기도와 축복으로 그들을 하나님께 드리심으로써 그의 뜻을 행동으로 확증하셨다. 유아들을 그리스도에게 데려가는 것이 옳은 일이라면 왜 세례도 받게 하지 않는가? 세례는 우리와 그리스도와의 교통과 친교의 상징이 아닌가? 천국이 유아들의 것이라면 왜 표징을 그들에게 주지 않는가? 표징은 이를테면 그들에게 교회에 들어가는 문을 열어 주는 것이며, 교회에 가입된 그들을 천국의 상속자들 가운데 가입되게 하는 것이 아닌가? 그리스도께서 자기에게로 부르시는 유아들을 우리가 쫓아낸다는 것은 얼마나 부당한 일인가? 그것은 그리스도께서 은사로 장식하시는 유아들에게서 그 은사를 빼앗으며 그가 기꺼이 영접하시는 어린 이들을 몰아내는 것이다. 그러나 세례와 그리스도의 이 행동이 아주 다르다고 주장한다면, 우리는 세례(이것으로 유아들도 하나님의 언약에 포함되었다는 것을 증거한다.)를 그리스도께서 그들을 받으시고 안으시며 안수하시고 기도하심으로써 그들 자신의 것이며, 그들을 성별케 하셨음을 선언하신 그 행동보다 얼마나 귀중하게 여겨야 할 것인가?"310)

셋째, 깔뱅은 가족 전체가 세례 받은 사실을 통해서 유아세례를 주장한다. 유아세례 반대자들은 사도들이 유아세례를 주었다는 증거가 없다는 주장에 대해, "비록 복음서 기자들이 분명하게 말하지 않더라도 한 가족이 세례를 받았다고 할 때에는 유아들을 빼놓는 것이 아니므로, 바른 정신이 있는 사람으로서 어찌 이런 기사를 근거로 유아들이 세례를 받지 않았다고 추론할 수 있겠는가? 이런 논리가 옳다면, 사도 시대에 여자들이 주의 성찬에 참여했다는 기사가 없으므로 주의 성찬에서 여자들을 제외해야할 것이다.(행16:15, 32) 그러나 우리는 믿음의 법칙으로 만족하자. … 유아들에게서 세례를 빼앗는 것은 곧

---

309) John Calvin, 『기독교 강요』(1559), IV xvi 7.
310) John Calvin, 『기독교 강요』(1559), IV xvi 7.

제정하신 하나님의 뜻을 어기는 것이다."311)

넷째, 유아세례의 무용론에 반대하여, 깔뱅은 유아에게 세례를 받게 하는 부모들과 세례를 받는 유아 자신들에게 유익과 장점이 있다고 주장한다. "하나님께서 그들의 미련한 생각을 압도하는 다른 무기를 우리에게 주신다. 하나님의 이 거룩한 제도는 우리의 믿음에 특별한 위로를 주며 무익하다고 할 수 없기 때문이다. 날인(捺印)과 같이 어린이에게 전달된 하나님의 표징은 경건한 부모에게 주신 약속을 확인하며, 주께서는 부모들뿐만 아니라, 그의 후손들에게도 하나님이 되실 것이고, 그의 인애와 은총을 부모들뿐만 아니라, 그의 후손에게도 천 대에 이르기까지 주고자 하신다는 것이(출20:6) 확인되었다고 선언한다."312) "따라서 하나님의 자비가 자녀들에게 미치리라는 약속을 믿는 사람들은 자녀를 교회에 바쳐 자비의 상징으로 인침을 받게 하며, 그렇게 함으로써 더욱 확신을 얻도록 분발하는 것을 자기의 의무로 생각해야 한다. 주의 언약의 자녀들의 몸에 새겨지는 것을 자기 눈으로 보기 때문에 더욱 확신이 생긴다. 동시에 어린이들도 세례에서 유익을 얻는다. 교회에 접붙임을 받았으므로 교회의 다른 지체들에게 얼마만큼은 더 인정을 받게 된다. 이는 하나님을 아버지라고 깨달을 나이가 되기 전에 엄숙한 상징으로 하나님의 자녀로 선택되어 영접을 받았기 때문이다."313)

다섯째, 유아들은 어려서 믿음을 가질 수 없다고 주장하는 유아세례 반대자들에 대해서 깔뱅은 하나님께서 원하시면 유아들에게도 중생의 은혜를 주실 수 있으며,314) 성령은 세례를 받은 어린이들 안에서 역사하신다고315) 주장한다. "그들은 선악에 대한 지식이 없는 유아들이 어떻게 중생하느냐고 묻는다.

---

311) John Calvin, 『기독교 강요』(1559), IV xvi 8.
312) John Calvin, 『기독교 강요』(1559), IV xvi 9.
313) John Calvin, 『기독교 강요』(1559), IV xvi 9.
314) John Calvin, 『기독교 강요』(1559), IV xvi 17-20.
315) John Calvin, 『기독교 강요』(1559), IV xvi 21-22.

우리는 하나님의 역사는 우리가 이해할 수 없는 것이지만, 수포로 돌아가지 않는다고 대답한다. 그런데 구원을 받을 유아들을(어떤 유아들은 확실히 구원을 받으므로) 주께서 먼저 중생시키신다는 것은 의심의 여지가 없다."316) "이같이 그리스도께서 성령으로 잉태하신 것은 육을 취하시며 성령의 거룩함으로 충만해서 그 거룩함을 우리들에게 주시기 위함이었다. 하나님께서 자녀들에게 주시는 모든 은혜를 우리가 그리스도 안에서 가장 완전하게 얻는다면 이 점에서는 그리스도는 유아 시기가 성화에 전적으로 반대되는 것이 아니라는 증명이 되실 것이다. … 하나님의 능력이 유아들을 중생시키는 것은 우리가 그것을 이해할 수 없는 일, 이상한 일이라고 생각하는 만큼이나 하나님으로서는 언제든지 하실 수 있는 쉬운 일이다. 그뿐만 아니라, 어떤 방법으로든지 마음대로 유아들에게 자신을 알리시는 권능을 하나님에게서 빼앗으려는 것은 불완전한 논법일 것이다."317)

유아들은 설교를 이해하지 못한다는 주장에 대해 깔뱅은 "나는 그들도 우리가 경험하는 것과 같은 믿음을 받는다든지 또는 믿음에 대해서 우리와 똑같은 지식을 가졌다고 경솔하게 단정하지 않고, 결정하지 않은 채 남겨 두기로 한다."고 말한다.318) 유아들은 회개하거나 믿을 능력이 없다는 주장에 반대하여 깔뱅은 세례를 회개와 믿음의 성례임을 인정하면서도, "유아들은 미래의 회개와 믿음을 위해서 세례를 받으며, 아직은 회개와 믿음이 그들 안에 생기지 않았지만, 성령의 은밀한 역사에 의해 그 씨가 그들 안에 숨어 있다고 할 수 있다."고 주장한다.319) 세례의 실체가 먼저 오고, 세례의 표징이 나중에 온다는 논리를 펴는 유아세례 반대자들에게 유아세례의 경우 깔뱅은 세례의 표징이 먼저 오고 실체가 나중에 온다고 반박한다. "주께서 선택하시기로 의도하신

---

316) John Calvin, 『기독교 강요』(1559), IV xvi 17.
317) John Calvin, 『기독교 강요』(1559), IV xvi 18.
318) John Calvin, 『기독교 강요』(1559), IV xvi 19.
319) John Calvin, 『기독교 강요』(1559), IV xvi 20.

유아들이 중생의 표징을 받았으나 장성하기 전에 이 세상을 떠난다면, 주께서는 우리가 이해할 수 없는 성령의 힘으로, 주만이 유익하리라고 예견하실 수 있는 방법으로 그들을 새롭게 하신다. 만일 그들이 장성해서 세례의 진리를 배울 수 있는 나이가 된다면, 갓 태어났을 때, 그들에게 중생의 표를 주어 일평생 그 뜻을 명상하게 했다는 사실을 알게 될 때, 그들에게 새로워지겠다는 열의가 불일듯 일어나게 될 것이다."[320] "그들은 실체가 표징보다 시간적으로 앞서야 한다는 틀린 생각을 되풀이 한다. 이는 할례의 진상도 선한 양심의 동일한 증거에 있기 때문이다. 진상이 반드시 먼저 있어야했다면 하나님께서는 결코 유아들에게 할례를 주라고 명령하시지 않았을 것이다. 그러나 선한 양심의 증거가 할례의 진상의 기초가 된다고 가르치면서 동시에 유아들에게 할례를 베풀라고 명령하심으로써 하나님께서는 이 경우에 할례는 장래를 위하여 부여되는 것임을 분명하게 알리신다. 따라서 유아세례에 있어서 주께서 그들과 세우신 언약을 확인하는 것 외에 어떤 다른 현재적인 효과를 요구해서는 안 된다."[321]

여섯째, 깔뱅은 유아들에게는 세례의 표징을 회개와 믿음 보다 먼저 적용하고, 성인에게는 회개와 믿음을 먼저 적용할 것을 주장한다. 사도행전 2장 37-38절을 근거로 회개와 믿음이 없는 유아세례 반대자들에게 깔뱅은 이 성경구절은 어른들에게 적용되는 구절이므로, 유아세례에 적용시키지 말 것을 촉구한다. "여기에 인용된 구절이 그 예다. 베드로와 빌립의 말을 들은 사람들은 회개를 생각하며, 믿음을 이해할만한 나이였다. 우리는 그런 사람들이 적어도 사람이 판단할 수 있는 범위 내에서 회개하고 믿는다는 것이 보이지 않으면 세례를 주어서는 안 된다고 강경하게 주장한다. 그러나 유아들에 대해서는 달리 생각해야 한다는 것은 의심할 여지가 없다. 고대에는 이스라엘 백성의 종교에 들어오려는 사람이 있을 때는 할례의 표를 받기 전에 먼저 여호와의 언약과

---

320) John Calvin, 『기독교 강요』(1559), IV xvi 20.
321) John Calvin, 『기독교 강요』(1559), IV xvi 21.

율법을 배워야 했다. 할례에 의해서 언약을 받은 것은 이스라엘 백성이었고, 그는 민족적으로 외인(外人)이었기 때문이다."322)

깔뱅은 아브라함과 이삭을 통해서 성인과 유아의 차이를 설명한다. 아브라함의 경우에는(창15:1; 창17:1) 성례가 믿음 다음에 있었고, 이삭의 경우에는 전혀 이해하지 못할 때에 성례가 먼저 있었다. 왜냐하면, 그때까지 언약에 대해서 외인이었던 장성한 아브라함은 이제 언약의 공동체에 받아들이려 했으므로 먼저 언약의 조건들을 알게 하셨다는 것은 공정한 처사였지만, 그의 갓난 아들은 사정이 달랐기 때문이다. 아들은 약속의 내용에 따라 상속권에 의해서 이미 모태에서부터 언약에 포함되어 있었다.323) "장성해서 그리스도를 믿는 사람들은 지금까지 언약에 대해서 외인이었으므로, 언약 공동체에 들어가게 하는 유일한 길이 되는 믿음과 회개가 있기까지는 그들에게 세례를 휘장(徽章)으로 주어서는 안 된다. 그러나 그리스도인에게서 난 유아들은 직접 언약의 상속자로서 태어났으며 하나님께 받아들여졌으므로 세례를 주어야 한다."324)

일곱째, 깔뱅은 세례를 매우 강조하면서도 세례를 구원의 절대적 필수조건으로 간주하지는 않는다. "세례를 받지 않은 사람은 멸망할 것이라고 주께서 말씀하셨다는 기록은 어디에도 없다. 내가 이렇게 말한다고 해서 세례를 멸시해도 무방하다고 생각하는 것으로 해석해서는 안 된다. (그렇게 멸시한다면 주의 언약을 어기는 것이 될 것이며, 나는 결코 그런 생각을 용인하지 않는다.) 그런 기록이 없다는 사실은 세례를 받을 능력을 빼앗긴 사람은 멸망한 것으로 곧 인정해야할 만큼 세례가 필요한 것은 아니라는 것을 충분하게 증명할 뿐이다."325)

여덟째, 유아들에게 성찬이 허락되지 않을 바에는 유아들에게 세례도 허락될 수 없다는 주장에 반대하여 깔뱅은 세례는 유아에게 허락되어야 하지만, 성

322) John Calvin, 『기독교 강요』(1559), IV xvi 23.
323) John Calvin, 『기독교 강요』(1559), IV xvi 24.
324) John Calvin, 『기독교 강요』(1559), IV xvi 24.
325) John Calvin, 『기독교 강요』(1559), IV xvi 26.

찬은 회개와 믿음이 선행되어야 한다고 주장한다. "세례의 특성을 생각해 본다면 그것은 확실히 교회에 들어가는 문이며, 일종의 입문식이다. 세례에 의해서 우리는 하나님의 백성 가운데 참가하게 된다. 세례는 우리가 영적으로 중생한다는 표징이며, 중생에 의해서 우리는 하나님의 자녀로 거듭난다. 그러나 성찬은 유아기를 지나 단단한 음식을 먹을 수 있는 사람들에게만 주는 것이다. … 이 구별은 성경에 아주 분명하게 나타나 있다. 세례에 대해서는 주께서 일정한 연령을 말씀하시지 않았다. 그러나 성찬은 모든 사람에게 제공하시지 않고, 다만 주의 몸과 피를 분간하며, 자기의 양심을 검토하고, 주의 죽으심을 선포하며, 그 힘을 생각할 수 있는 사람들에게만 제공하신다. … 세례에 해당되는 것으로 알려진 할례는 유아들에게 행하라고 하셨다.(창17:12) 그러나 성찬으로 대체된 유월절에는 아무 손님이나 무분별하게 참가시키지 않고, 그 뜻을 물을 만한 나이가 된 사람들만이 합당하게 먹을 수 있었다.(출12:26)"326)

깔뱅은 유아세례의 유익을 다시 한 번 더 강조한다. "유아세례에서 얻을 수 있는 확신과 기쁨을 우리에게서 빼앗으며, 동시에 하나님의 인애의 영광을 조금이라도 감소시키려는 것이 사탄의 의도이다. … 사탄이 이렇게 큰 군대를 동원해서 유아세례를 공격하는 목적은 다른데 있는 것이 아니라, 바로 하나님의 은혜에 대한 이 증거를 우리에게서 빼앗고, 그것을 통해서 우리의 눈앞에 놓인 약속도 결과적으로 점점 더 사라지게 하려는 것이다."327)

4. 성찬

1) 성찬의 신비에 대한 올바른 태도

깔뱅은 성찬문제를 논의할 때 우리가 가져야할 자세에 대해서 말했다. 깔뱅

---

326) John Calvin, 『기독교 강요』(1559), IV xvi 30.
327) John Calvin, 『기독교 강요』(1559), IV xvi 32.

은 성찬의 신비와 중요성 때문에, 자신의 지적 한계를 솔직하게 인정했다. "나는 이 문제를 논할 때마다 모든 것을 말하려고 애쓴 후에도 이 문제의 중요성에 비해서 말한 것이 아직도 적다는 것을 느낀다. 나의 지성은 나의 혀가 표현할 수 있는 범위를 넘어서 생각할 수 있지만, 그 지성조차 문제의 위대성에 정복당하고 압도된다. 그러므로 이 신비 앞에서는 오직 경탄할 수밖에 없으며, 지성도 생각을 할 수가 없고, 혀도 표현할 수가 없다. 비록 그럴지라도 나는 어떻게든지 나의 견해를 요약하겠다. 그것은 바른 견해라고 믿으며, 경건한 사람들의 찬성을 얻을 것이라고 확신한다."[328]

그러므로, 깔뱅은 성찬의 신비를 합리적으로 설명하기 보다는 경탄할 것을 원했다. "주님의 살과 피에 신자들이 참여하는 것을 바울이 너무 위대한 일이라고 생각하여, 설명하는 것보다 경탄하는 편을 택했는데, 그런 참여를 인정하지 않는다면 그것은 더할 나위없는 미친 짓이라고 하겠다."[329] 깔뱅은 성찬의 신비를 이해하기보다는 경험하기를 원한다. "그런데 만일 누가 이 일이 어떻게 생기느냐고 묻는다면, 이것은 너무도 고상한 비밀이어서 나의 지성으로 이해거나 나의 말로 표현할 수 없다고 조금도 망설임 없이 고백할 것이다. 더 분명하게 말한다면, 나는 이 비밀을 이해하기 보다는 경험한다. 그러므로 나는 여기서 하나님의 진리를 아무 이의 없이 받아들여 그 진리에서 안식을 얻으려 한다. 그는 그의 살은 나의 영혼의 양식이며, 그의 피는 영혼의 음료라고 선언하신다.(요6:58이하) 나는 나의 영혼을 그에게 드려 그런 양식을 받아먹게 한다. 거룩한 만찬에서 그는 떡과 포도주가 상징하는 그의 몸과 피를 받아먹으며 마시라고 나에게 명령하신다. 나는 참으로 그가 친히 주시며 또 내가 받는다는 것을 의심하지 않는다."[330]

---

328) John Calvin, 『기독교 강요』(1559), IV xvii 7.
329) John Calvin, 『기독교 강요』(1559), IV xvii 9.
330) John Calvin, 『기독교 강요』(1559), IV xvii 32.

2) 성찬의 표징(signum), 실체(substantia), 효과(effectum)에 대한 올바른 이해

깔뱅은 성찬의 표징에 대한 두 가지 극단적 이해를 경계한다. 그 중에 하나는 표징 자체를 지나치게 경시하는 경우이고, 다른 하나는 표징 자체를 과도할 정도로 숭배하는 경우이다. 전자에는 주로 쯔빙글리가 해당되고, 후자에는 주로 로마가톨릭교회가 해당된다고 말할 수 있다. "첫째, 우리는 표징을 경시함으로써 신비와 거기에 붙어 있다고 할 수 있는 그 표징을 서로 분리해서는 안 된다. 둘째, 표징을 과도하게 찬양함으로써 신비 자체를 모호하게 만드는 듯한 인상을 주어서는 안 된다."[331] 표징은 실체를 지시하는 도구이며, 효과작용을 하는 성령의 도구의 차원에서 이해해야 한다. "표징들은 떡과 포도주인데, 이것들은 우리가 그리스도의 살과 피로부터 받는 보이지 않는 양식을 우리에게 보여준다. … 즉, 떡과 포도주가 육신의 생명을 유지하는 것과 같이 영혼은 그리스도에게서 양식을 받는다."[332]

깔뱅은 성찬의 표징(상징, 의미, 표시)과 실체와 효과의 관계를 다음과 같이 설명한다. "나는 성찬의 거룩한 신비는 두 가지 요소로 구성된다고 말한다. 하나는 물질적인 표징들인데, 우리의 눈앞에 보이는 물질적인 표징들은 우리의 약한 능력에 따라 우리에게 불가시적인 것으로 나타낸다. 다른 하나는 영적 진리인데, 이 영적 진리는 상징들을 통해서 표현되고, 나타난다. 이 진리의 성격을 잘 아는 말로 설명하고자 할 때, 나는 대개 세 가지를 지적한다. 의미/표시(signfication), 의미에 의존하는 실체(matter), 의미와 실체로부터 나오는 힘(power) 또는 효과(effect)이다. 의미는 소위 표징 안에 함축되어 있는 약속들 안에 포함되어 있다. 나는 죽었다가 부활하신 그리스도를 실체(matter) 또는

---

331) John Calvin, 『기독교 강요』(1559), IV xvii 5.
332) John Calvin, 『기독교 강요』(1559), IV xvii 1.

본체(substance)라고 부른다. 그러나 나는 구속, 칭의, 성화, 영생 등 그리스도
께서 우리에게 주시는 그 밖의 모든 은혜들을 효과로 이해한다."333) "나는 물
론 떡을 떼는 것이 상징이라는 것을 인정한다. 그것은 본체 그 자체가 아니다.
그러나 이것을 인정한 다음에도 우리는 상징을 보여줌으로써 본체도 보인다
고 바른 추론을 한다. … 경건한 사람이 반드시 지켜야할 원칙은, 주께서 정하
신 상징을 볼 때마다 참으로 거기에 상징된 본체가 있다고 생각하며, 확신해야
한다는 것이다. 주께서는 우리 손에 그의 몸의 상징을 쥐어 주시는 것은 우리
가 참으로 그 몸에 참여한다는 것을 확신케 하는 것이 아니고 무엇이겠는가?
보이는 표징은 보이지 않는 것을 주신다는 확인이라는 것이 사실이라면, 우리
는 몸의 상징을 받았을 때, 그 몸 자체도 받았다는 것을 똑같이 확신해야 한
다."334)

3) 성찬의 기능과 목적

깔뱅에 의하면, 성찬은 하나님의 은혜의 수단이다. 성찬을 통해서 그리스도
인은 그리스도와 연합하고, 그리스도와 교제하며, 그리스도 안에 있는 모든 은
혜를 받아, 영생과 복된 삶과 즐거운 삶을 느끼며, 누리게 된다. 여기서 깔뱅은
루터가 사용한 '즐거운 교환'(fröliche Wechsel) 사상을 사용한다. "경건한
영혼들은 이 성례에서 큰 확신과 기쁨을 얻을 수 있다. 거기서 그들은 우리가
그리스도와 한 몸이 되어 그의 것은 모두 우리의 것이라고 부를 수 있다는 증
거를 얻는다. … 이것은 그리스도의 한량없는 인애로 말미암은 놀라운 교환
(mirifica communicatio)이다."335) "성찬의 신비에서는 떡과 포도주라는 상
징들에 의해서 그리스도께서 참으로 우리에게 제시된다고 나는 말한다. 즉 참

---

333) John Calvin, 『기독교 강요』(1559), IV xvii 11.
334) John Calvin, 『기독교 강요』(1559), IV xvii 10.
335) John Calvin, 『기독교 강요』(1559), IV xvii 2.

으로 우리에게 의를 얻어 주시려고 모든 순종을 완수하신 그리스도의 그 몸이 되게 하시려는 것이며, 둘째는 그의 본체에 참여하게 된 우리가 그의 모든 은혜에 참여함으로써 그의 능력도 느끼게 하시려는 것이다."[336]

더욱 구체적으로 말하면, 성찬에서 떡을 통해서 참된 영적 양식인 그리스도의 살이 제공되고, 잔을 통해서 참된 영적 음료인 그리스도의 피가 제공된다. "이 성례에서 더 이상의 생각이 없이 단순히 그리스도의 몸을 우리에게 주는 것이 그 가장 중요한 기능은 아니다. 오히려 그의 살은 참된 양식이요 그의 피는 참된 음료며(요6:55), 그것을 먹는 우리는 영생을 얻을 것이라고(요6:54) 선언하신 그 약속을 확인하는 것이 성찬의 가장 중요한 기능이다. 그리스도께서 자기를 생명의 떡이라고 선언하시면서 그 떡을 먹는 자는 영원히 살리라고 하신다.(요6:48, 50)"[337]

4) 선택된 신자들이 믿음과 성령을 통해 참여하는 성찬

깔뱅에 의하면, 우리는 믿음으로 성찬에 참여해야 한다. "성찬에서 그리스도께서는 그 자신과 그의 모든 복을 우리에게 주시고 우리는 믿음으로 그를 받는다. … 그의 몸을 우리에게 주셔서 먹게 하시어 우리로 하여금 믿음으로 그에게 참가하는 자가 되게 하신다는 뜻이기도 하다."[338] 따라서, 깔뱅은 믿음이 있는 신자들만이 성찬에 참여를 허락한다. 그 이유는 불신자들은 성례전적으로는 성찬에 참여할 수 있을지라도, 실제적으로 그리고 영적으로 참여할 수는 없기 때문이다. 그리스도께서는 요한복음 6:56절에서 그의 몸을 예전적으로 먹을뿐만 아니라, 실제로 먹는 것이 무엇인가를 밝히신다. "그 뜻은 곧 그리스도께서 먹는 사람 안에 거하시게 하기 위해서 먹는 사람도 그리스도 안에

336) John Calvin, 『기독교 강요』(1559), IV xvii 11.
337) John Calvin, 『기독교 강요』(1559), IV xvii 4.
338) John Calvin, 『기독교 강요』(1559), IV xvii 5.

거한다는 것이다. 그리스도의 말씀을 바꾸어 말하면, 내 안에 거하지 않고, 나도 그 안에 거하지 않는 사람은 내 몸을 먹거나 내 피를 마신다고 말하지도 말고 생각지도 말라는 말이 될 것이다."[339] 우리가 믿음으로 성찬에 참여하듯이, 선택된 자들만이 성찬에서 그 은혜에 참여할 수가 있다. "아우구스티누스는 '성례는 선택된 사람들에게서만 그 상징하는 결과를 나타낸다.'고 말한다. 물론 그들은 성찬에서 그리스도의 몸이 떡에 의해서 상징된다는 것을 감히 부인하지는 않는다. 그러므로 악인들에게는 그리스도의 몸에 참여하는 일이 허락되지 않는다는 결론이 된다."[340]

깔뱅은 특별히 믿음으로 먹는다는 뜻이 무엇인가에 대해서 논의한다. "그리스도께서 생명의 떡이시며, 이 떡에서 신자들은 영생을 위한 영양을 얻는다는 것은 신앙이 전혀 없는 사람이 아니면, 아무도 부인하지 않는다. 그러나 그리스도께 참여하는 방법에 대해서는 일치된 의견이 없다. 어떤 사람들은 그리스도의 살을 먹으며 피를 마신다는 것은 한 마디로 그리스도를 믿는다는 뜻에 불과하다고 말한다. 그러나 나는 그리스도께서 저 고귀한 강화(講話)에서 자기의 살을 먹으라고 우리들에게 권고하신 말씀(요6:25이하)은 더 명확하고 더 숭고한 무엇을 가르치는 것으로 생각한다. 즉, 진정한 의미에서 그에게 참여함으로써 우리는 생명을 얻는다는 뜻이다. 그러므로 우리가 그에게서 받는 생명을 단순한 지식으로 얻는 것이라고 생각하는 사람이 없도록 하시기 위해서 그에게 참여하는 것을 '먹는다.' 또 '마신다.'는 말로 표현하셨다. 몸에 영양을 주려면 떡을 보는 것보다 먹어야 하는 것 같이 영혼도 그리스도의 힘으로 영적 생명을 얻으려면 그에게 참으로 그리고 깊이 참여하는 자가 되어야 한다. … 그들에게는 먹는다는 것이 믿는다는 것뿐이지만, 나는 그리스도의 살은 믿음에 의해 우리의 살이 되기 때문에 우리는 믿음으로 그의 살을 먹으며, 이렇게

---

339) John Calvin, 『기독교 강요』(1559), IV xvii 34.
340) John Calvin, 『기독교 강요』(1559), IV xvii 34.

먹는 것은 믿음의 결과라고 말한다. 더 분명하게 말하라고 한다면, 그들에게는 먹음이 곧 믿음이요, 나에게는 먹음이 믿음의 결과라고 생각한다. 이것은 말로는 사소한 차이지만, 본질적으로는 그렇지 않다. … 믿음에 의해서 신자들의 마음속에 그리스도가 계시기 때문이다."341)

깔뱅에 의하면, 믿음의 은사를 주시는 분도 성령이시고, 성령은 선택된 자에게 주어지시는 영이시기 때문에, 성찬에서 성령의 역사는 대단히 중요하다. "우리와 멀리 떨어져 있는 그리스도의 살이 우리 속에 들어와서 우리의 양식이 된다는 것을 믿을 수 없는 일같이 생각되지만, 우리는 성령의 은밀한 능력이 우리의 지각을 멀리 초월한다는 것과 성령의 광대하심을 우리의 척도로 재는 것이 얼마나 미련한 짓인가를 기억해야 한다. 그러므로 우리의 지성이 이해하지 못하는 것, 즉 공간적으로 서로 떨어져 있는 것을 성령께서 참으로 결합하신다는 것을 우리의 믿음이 생각하도록 해야 한다. … 성찬에서 그리스도께서는 무익하고 허무한 표징을 제시하시는 것이 아니라, 그가 약속하신 것을 성령이 효과적으로 실현하신다는 것을 보여 주신다. 또 그 영적 잔치에 참석하는 모든 사람들에게 성찬이 의미하는 실재를 제시하시며 보여 주신다. 비록 신자들만이 그 실재를 받아 유익을 얻지만, 그들이 이 크고 너그러운 은혜를 진정한 믿음과 감사하는 마음으로 받는다."342)

깔뱅은 성령을 통해서 그리스도께서 임재하신다고 주장한다. "우리가 그리스도의 몸에 참여하기 위해서는 이렇게 할 필요가 없다. 주께서는 그의 영으로 우리에게 이 은혜를 주셔서 우리의 몸과 영과 영혼이 그와 하나가 되게 하시기 때문이다. 그러므로 이런 연결의 줄은 그리스도의 영이시며, 이 줄로 우리는 그리스도와 연합되어 그와 하나가 된다. 그리스도의 영은 수로와 같아서 그리스도 자신의 모든 성질과 소유는 그 수로를 통해서 우리에게 전달된다. … 성

---

341) John Calvin, 『기독교 강요』(1559), Ⅳ xvii 5.
342) John Calvin, 『기독교 강요』(1559), Ⅳ xvii 10.

경은 우리가 그리스도에 참여하는 일을 말할 때, 그 힘을 전적으로 성령에 관련시킨다. 한 구절이 여러 구절을 넉넉히 대표할 것이다. 로마서 8장에서 바울은, 그리스도께서는 오직 그의 영을 통해서만 우리 안에 거하신다고 말한다. (롬8:9) 그러나 사도는 우리가 지금 논하고 있는 일, 즉 그리스도의 살과 피에 참가하는 일을 배제하지 않고, 오직 성령만이 우리가 그리스도를 완전히 소유하며 우리 안에 모시게 하신다고 가르친다."[343] "우리를 그리스도와 교제하게 하고 그리스도에 붙어 있게 하는 유일한 방법은 오직 참된 믿음인데도 그들은 거기 대해서는 관심이 없다. 그들은 하나님의 말씀을 떠나 그리스도의 물질적 임재를 조작하고, 그런 임재만 있으면, 충분하다고 생각한다. 요컨대 우리는 이런 교묘한 궤변으로 인하여 떡이 하나님으로 생각되게 되었다는 것을 알 수 있다."[344]

깔뱅에 의하면, 우리는 그리스도의 몸에 '참으로', '실제적으로', '영적으로' 참여한다. "그들은 떡 밑에 계시는 그리스도를 삼키지 않는다면, 성찬에 참여한 것이 아니라고 한다. 그러나 우리가 그리스도의 살과 피에 참여하게 되는 것이 성령의 무한한 능력으로 되는 일이라는 것을 믿지 않는다면, 우리는 성령에 대해서 중대한 해를 가하게 된다."[345] "그들은 우리가 먹은 방법에만 주의한다고 함으로써, 영적으로 먹는데(spiritual eating) 대한 우리의 주장이 모두 참으로 또 실제로 먹는 것(true and real eating)과는 반대된다고 거짓되게 떠든다. 그들은 그리스도를 떡 속에 넣어둠으로써 육적(carnal) 방법으로 먹고, 성령의 비밀한 능력이 우리와 그리스도의 연합의 끈이기 때문에, 우리는 영적인 방법으로 먹는다."[346]

"성찬의 신비에 있는 그리스도의 살 자체는 우리의 영원한 구원과 똑같이

---

343) John Calvin, 『기독교 강요』(1559), IV xvii 13.
344) John Calvin, 『기독교 강요』(1559), IV xvii 13.
345) John Calvin, 『기독교 강요』(1559), IV xvii 33.
346) John Calvin, 『기독교 강요』(1559), IV xvii 33.

영적인 것이다. 우리는 이것을 근거로 해서 그리스도의 영을 가지지 않은 사람은 그리스도의 살을 먹을 수 없으며, 그것은 맛을 모르는 사람이 포도주를 맛볼 수 없는 것과 같다고 추론한다. 만일 생명과 힘이 없는 그리스도의 몸을 불신자에게 준다면, 당연히 그것은 그리스도의 몸을 부당하게 쪼개는 것이다."347) "제공되는 것과 받아들이는 것은 문제가 서로 다르다. 그리스도께서 모든 사람에게 이 영적 양식을 제공하며, 이 영적 음료를 주신다. 어떤 사람들은 열심히 먹고, 어떤 사람들은 거만하게 거절한다. 거절을 당한다고 해서 그 양식과 음료가 본성을 잃어버릴까? 그들은 그리스도의 살이 비록 맛은 없지만, 살이라는 비교에 그들의 견해는 지지를 받는다고 말할 것이다. 그러나 나는 믿음의 미각이 없이 그리스도의 살을 먹을 수 있다는 생각을 부인한다. (아우구스티누스와 함께) 바꿔 말하면, 사람은 믿음의 그릇에 담을 수 있는 것만큼 성찬에 얻어갈 뿐이다. 이같이 성찬은 아무것도 빼앗기지 않는다. 그러나 악인들은 외형적으로 성찬에 참여하더라도 빈손으로 돌아간다."348)

"온 세계가 변할 수 없는 성찬의 완전성은 이것이다. 곧, 그리스도의 살과 피는 하나님께서 택하신 신자들에게서와 같이 무가치한 사람들에게도 참으로 주어진다는 것이다. 그러나 동시에 비가 굳은 바위 위에 떨어지더라도 돌에 빈틈이 없기 때문에 겉으로만 흘러내리는 것과 같이 악인들은 하나님의 은혜를 그 완고한 마음으로 물리쳐 은혜가 그들에게 미치지 못하게 한다. 그뿐만 아니라, 믿음이 없어도 그리스도를 영접할 수 있다고 하는 것은 씨가 불 속에서도 싹이 틀 수 있다고 하는 것과 같은 합당치 못한 말이다."349)

347) John Calvin, 『기독교 강요』(1559), Ⅳ xvii 33.
348) John Calvin, 『기독교 강요』(1559), Ⅳ xvii 33.
349) John Calvin, 『기독교 강요』(1559), Ⅳ xvii 33.

5) 성찬집례

교황 우르반 4세(Urban IV)는 그의 교서에서(Transitus, 1264) 그리스도의 성체(聖體)와 성혈(聖血)의 대축일을 결정했다.[350] 로마가톨릭교회는 성찬에 사용된 물질 자체를 숭배했는데, 깔뱅은 이런 행위는 물질숭배 행위라고 비판한다. "경건한 사람이 성찬에서 그리스도를 올바르게 이해하려면, 하늘로 높이 들려야 하기 때문이다. 사람의 약한 마음을 도와 영적 신비들의 높은 곳을 볼 수 있도록 높이 올라가게 하는 것이 성찬이 하는 일이라면, 외형적인 표징에서 그치는 사람들은 그리스도를 바른 길에서 벗어난 것이다. 그러면 어떻게 할 것인가? 사람들이 떡 앞에 엎드려 거기서 그리스도를 경배하는 것을 미신적인 경배가 아니라고 할 것인가? 우리 앞에 놓인 상징들에 우리의 겸비한 주의를 고정시키는 것을 니케아 회의가 금지한 것은 확실히 이 폐해를 방지하려는 것이었다. 같은 목적으로 옛날에는 성별하기 전에 회중을 향해서 큰 소리로 마음을 높이 들어 올리라(sursum corda)고 권고하는 것이 관례였다."[351]

또한 깔뱅은 성찬식과 관련된 미신적인 의식(儀式)들을 폐지해야 한다고 주장한다. "표징에 대해서 하나님께 영광을 드린다고 하면서도 성찬제정의 정신과는 전연 이질적인 의식들을 만들어 냈다. 이 경배들은 그리스도께 드리는 것이라고 그들은 말한다. 만약 성찬에서 그렇게 한다면, 나는 표징에서 머물지 않고, 하늘에 앉아 계시는 그리스도를 향하는 것이 합당한 경배라고 말한다."[352]

깔뱅은 아우구스티누스가 말한 대로 성찬을 '사랑의 유대'(the bond of love)라고 부른다. "주께서는 우리에게 한 편으로는 순결하고 거룩한 생활을, 다른 편으로는 사랑과 평화와 화목을 권하고, 고취하는 가장 유력한 방법으로 성찬을 제정하셨다."[353]

---

350) Mansi XXIII, 1077.

350) Mansi XXIII, 1077.
351) John Calvin, 『기독교 강요』(1559), IV xvii 36.
352) John Calvin, 『기독교 강요』(1559), IV xvii 37.

깔뱅은 말씀이 없으면 성찬이 있을 수 없다는 것을 강조한다. "우리가 성찬에서 받는 은혜에는 모두 말씀이 필요하기 때문이다. 우리의 믿음을 강화하거나 고백을 연습하거나 의무에 대한 열의를 일으키는 모든 일을 위해서는 설교가 필요하다. 그러므로 교황 독재 하에서 일어나는 것같이 성찬을 말씀 없는 행사로 만드는 것은 가장 불합리한 짓이다. … 침묵에는 남용과 과오가 따른다. 약속의 말씀을 낭독하고, 신비한 뜻을 설명함으로써 받는 사람이 유익되게 받게 된다면, 이것이 진정한 성별이라는 것은 의심할 여지가 없다."[354]

깔뱅은 성찬에 참여하는 사람은 자신에게 믿음과 사랑이 있는지 살펴보기를 촉구하면서도, 교황제도 하에서 처럼 가혹한 기준이나 완전주의를 비판한다. "믿음의 흔적도 없이 사랑하겠다는 열의도 없이 돼지같이 성찬에 뛰어드는 이 같은 사람들은 주의 몸을 분별하지 못하는 것이다. … 그러므로 바울은 각기 자기 자신을 살핀 다음에, 이 떡을 먹으며 이 잔을 마셔야 한다고 명령한다.(고전11:28) … 믿음과 사랑에 관한 의무들을 우리가 지금 완전히 행할 수 있다는 것이 아니라, 우리는 이것을 목표로 정성껏 노력하며 향상시켜 일단 출발한 우리의 믿음이 매일 자라도록 하라는 것이다."[355] "하나님께서 요구하시는 타당성은, 첫째로 만사를 그리스도에게 의지하고, 우리 자신에게는 아무것도 의지하지 않는 믿음에 있으며, 둘째로는 비록 불완전할지라도 하나님께 드리기에는 충분한 사랑이 있다고 우리는 생각해야 한다. 완전한 사랑을 드릴 수 없으므로, 하나님께서는 우리가 드리는 불완전한 것을 키우시며 더 좋은 것으로 만드신다. … 성찬을 헛되고 불필요한 것으로 만들 정도의 완전성을 성찬을 받는 사람에게서 요구한다는 것은 미련한 짓일 뿐만 아니라, 너무나도 우둔한 짓이다. 이는 성찬은 완전한 사람들을 위하여 제정하신 것이 아니라, 약한

---

353) John Calvin, 『기독교 강요』(1559), IV xvii 38.
354) John Calvin, 『기독교 강요』(1559), IV xvii 39.
355) John Calvin, 『기독교 강요』(1559), IV xvii 40.

사람들을 위해서 곧 약한 사람들을 각성시키며, 고무하고, 자극하며 그들의 믿음과 사랑을 훈련시키기 위해, 아니 그들의 믿음과 사랑의 결함을 시정하기 위해 제정하신 것이기 때문이다."356)

성찬의 합당한 집례와 관련하여, 깔뱅은 성찬의 외형적인 집행은 교회의 자유에 맡긴다. 가령, 신자들이 떡을 손에 쥘 것인가 신자들끼리 나눌 것인가? 무교병 또는 유교병으로 할 것인가? 흰 포도주 또는 붉은 포도주로 할 것인가? 깔뱅에 의하면, 중세 로마가톨릭교회가 시행했던 복잡한 의식들을 일소하고, 성찬식을 교회 앞에 자주(적어도 일주일에 한 번씩) 집행한다면 합당한 집행이다. 먼저 공중기도, 다음에 설교가 있고, 떡과 포도주를 식탁에 놓은 후에, 성찬제정에 대한 목사의 말씀이 반복되어야 한다. 다음에 목사는 성찬에서 우리에게 주신 약속의 말씀을 낭독하는 동시에 주께서 금지하신 사람들을 성찬에서 제외해야 한다. 그 후에 목사는 믿음과 감사함으로 받도록 합당치 못한 우리를 주의 자비로 받아 달라고 기도해야 한다. 여기서 시편을 노래하든지 무엇을 읽든지 해야 한다. 목사가 떡을 떼고 잔을 나누는 적당한 순서로 신자들이 가장 거룩한 잔치에 참여하도록 해야 한다. 성찬이 끝난 후에 진지한 믿음과 신앙고백 그리고 사랑과 그리스도인다운 행위에 대한 권고의 말씀이 있어야 한다. 끝으로 하나님께 감사와 찬송을 드려야 한다. 이 순서들이 끝나면 교회는 조용하게 산회해야 한다.357)

깔뱅은 그 당시 1년 1차례 시행되던 성찬 시행관습을 통렬히 비난했다. "일년에 한 번 성찬에 참여하라고 하는 관습은 누가 처음으로 시작했든 간에 분명히 마귀가 만든 것이다. … 주의 식탁은 적어도 일주일에 한 번은 그리스도인들의 집회에서 진설해서 성찬이 선언하는 약속으로 우리를 영적으로 먹이게 하는 것이 옳다."358)

---

356) John Calvin, 『기독교 강요』(1559), IV xvii 42.
357) John Calvin, 『기독교 강요』(1559), IV xvii 43.

로마가톨릭교회는 여러 가지 이유로 성찬에서 불경한 평신도들에게는 떡만 제공하고, 잔은 제공하지 않았다. 그들은 피의 상징은 삭발하고, 기름부음받은 소수의 사람들의 특별소유이기 때문에, 불경한 평신도의 몫이 아니며, 이 거룩한 잔을 모든 사람들에게 준다면, 불상사가 생길 위험성이 있으며, 또한 성찬에서 떡 하나만으로도 떡과 잔을 넉넉히 대신할 수 있다고 주장한다. 깔뱅은 한 가지만 행하는 반쪽 성찬은 성찬제정 말씀에 어긋난다고 주장한다. "성찬의 절반을 하나님의 백성의 대부분에게서 도둑질하는 또는 강탈하는 다른 규정이 같은 곳에서 생겨났다. … 영원하신 하나님의 명령에는 모든 사람이 마시라고 했다.(마26:27) 사람들은 감히 새로운 반대되는 법으로 그 명령을 폐지하고 모든 사람이 마시면 안 된다고 명령한다. … 주께서는 우리의 연약함을 도우시려고 떡과 따로 잔을 제정하셔서 자신은 우리의 양식과 동시에 음료로도 완전무결하시다는 것을 가르치신다. 절반을 빼앗긴다면, 그가 주시는 영양도 절반밖에 되지 않는다는 것을 우리는 깨닫게 될 것이다."[359]

로마가톨릭교회가 사도들이 '희생을 드리는 자'로서 잔을 받았다는 이유로 평신도들에게 잔을 허용하지 않는 주장에 대해, 깔뱅은 다섯 가지 측면에서 반박하는데, 그 중에서 그는 교회사적으로 두 가지가 사용된 성찬이 올바른 성찬이었다고 증명해 나간다. 그는 크리소스톰의 말을 인용하여, 교회에서 성찬 참여에서 성직자들과 평신도 사이에 차별이 없다고 주장한다. "구약 율법에서와 같이 사제가 일부분을 먹고 회중이 다른 일부분을 먹는 것이 아니라, 한 몸과 한 잔이 모든 사람에게 제공된다. 성찬에 속한 것은 모두 사제와 신도에게 공평하게 나눠진다."[360]

---

358) John Calvin, 『기독교 강요』(1559), IV xvii 46.
359) John Calvin, 『기독교 강요』(1559), IV xvii 47.
360) John Calvin, 『기독교 강요』(1559), IV xvii 48.

6) 잘못된 성찬개념

(1) 화체설과 공재설

깔뱅에 의하면, "그리스도의 몸과 피의 영적 실체는 결코 물질적인 요소들과 그 자체가 동일한 것이 아니며, 또한 그것들 안에 포함되어 있는 것도 아니다. 영적 실체는 물질적인 것들과 동시에 우리에게 주어진다. 이러한 주장은 로마교회의 교리의 화체설이나 루터의 공재설도 아니며, 또한 츠빙글리의 상징설과도 다르다. 성찬의 요소들과 그리스도의 몸과 피의 관계에 관한 칼빈주의의 개념의 역사적 선례를 찾아보면 부처의 교리에 가장 근접함을 알 수 있는데, 적어도 1530년부터 1535년경까지 채택된 형식에 그러함을 발견할 수 있다."361)

깔뱅은 로마가톨릭교회의 화체설(transsubstantiation)과362) 종교개혁자 루터의 공재설(consubstantiation)에 나타난 그리스도의 몸의 공간적 또는 육체적 임재, 즉 그리스도의 몸의 편재성(遍在性) 사상을 비판한다. "먼저 우리는 성찬에 그리스도가 임재하시는데 대해서 로마 교황청의 재주꾼들이 조작한 임재를 상상해서는 안 된다. 그들은 그리스도의 몸이 공간에 임재해 있어서 손으로 만지고 이로 씹으며 삼킬 수 있다고 한다."363) 깔뱅은 승천하신 그리스도의 몸은 그의 재림 시까지 시간적으로 그리고 공간적으로 제한성을 가지고 있기 때문에 그리스도의 몸의 편재성(ubiquitas)을 거부한다. "그리스도의 몸은 모든 인간의 몸에 공통된 일반적인 특색들에 의해서 제한을 받으며, 이미 하늘에 받아들인바 되어 그리스도께서 심판자로 돌아오실 때까지(행3:21) 하늘에 머물러 있다는 것을 우리는 의심하지 않는다. 그러므로 그 그리스도의 몸

---

361) F. Wendel, op. cit., p. 259.
362) 제4차 라테란느회의(1215)에서 공식적 교리로 결정된 화체설을 로마가톨릭교회는 지금도 그대로 고수하고 있다.(Mansi XXII, 982)
363) John Calvin, 『기독교 강요』(1559), IV xvii 12.

을 다시 끌어다가 썩을 요소 밑에 둔다거나 그 몸이 어디든지 있다고 생각하는 것은 전연 합당치 못한 행위라고 우리는 생각한다."364)

"여기에서 저 가공적인 화체설(transsubstantiation)이 생겼고, 그들은 지금 다른 신조보다 이 사상을 위해서 더욱 맹렬하게 싸운다. 이 공간적 임재를 처음으로 조작한 사람들은 그리스도의 몸이 떡의 본질과 혼합함으로써 생겨나는 여러 가지 불합리를 설명할 수가 없었다. 그러므로 떡이 몸으로 변한다는 허구로 도망할 수밖에 없었다. 떡이 재료가 되어 몸이 생긴다는 것이 아니라, 그리스도께서 이 형상 밑에 숨기 위해서 떡의 본질을 없애신다는 것이다."365) 깔뱅은 세례나 성찬에서 신비한 영적인 '변화' 자체를 부정하는 것이 아니라, 변화의 성격을 문제 삼는다. 로마가톨릭교회는 성찬에서 떡과 포도주라는 지상적이고도 물질적인 것 자체가 그 본질을 완전히 상실하는 변화를 주장한다. "의미를 표시하는 방법에 있어서 지상의 표징이 하늘의 것과 부합하지 않으면 성례의 본질은 말살된다. 따라서 만일 참된 떡이 그리스도의 진정한 몸을 대표하는 것이 아니라면, 이 신비의 진리는 우리에게서 소멸된다. 성찬은 요한복음 6장에 있는 약속, 즉 그리스도는 하늘에서 내려온 생명의 떡이라고 하신 약속(요6:51)의 볼 수 있는 증거에 불과하므로, 보이는 떡은 저 영적인 떡을 나타내는 매개(intermediary)의 역할을 해야 한다."366)

"그들의 오류는 그리스도의 몸이 떡 속에 싸여 사람의 입으로 위(胃)로 옮겨진다는 것이다. 이런 유치한 공상을 하게 된 데에는 원인이 있었는데, 즉, 그들 사이에는 성별(聖別, consecration)은 요술의 주문과 다름이 없었다는 것이다. 그러나 말씀을 받는 사람들에 대해서만 떡이 성물이 된다는 원칙을 그들은 깨닫지 못했다. 이것은 마치 세례의 물은 그 자체가 변하는 것이 아니라, 약

---

364) John Calvin, 『기독교 강요』(1559), IV xvii 12.
365) John Calvin, 『기독교 강요』(1559), IV xvii 14.
366) John Calvin, 『기독교 강요』(1559), IV xvii 14.

속의 말씀이 첨가될 때에 즉시 우리를 위해 전과 다른 것으로 되기 시작하는 것이다. 비슷한 다른 성물의 예를 보면 이 점이 분명하게 나타날 것이다. 광야의 반석에서 솟아난 물은(출17:6) 성찬의 포도주가 우리에게 표시하는 것과 같은 것을 조상들에게 표시하는 표이며 표징이었다. 이것은 바울이 그들은 같은 신령한 음료를 마셨다고 가르치기 때문이다.(고전10:4) 그리고 그곳은 짐을 나르는 짐승들과 가축도 물을 마시는 곳이었다. 이 예를 통해서 지상적인 요소들을 영적으로 사용할 때, 사람과의 관계에서만 그 요소들에 변화가 생긴다는 것을 쉽게 추론할 수 있다. 사람들에게는 그 요소들이 약속을 확인하는 인이 되기 때문이다. 또한 내가 자주 반복하는 것과 같이 하나님께서는 적당한 방법으로 우리를 자신에게까지 들어 올리려고 계획하신다. 그러므로 우리를 그리스도에게 오라고 부르기는 하면서도 그 그리스도가 떡 밑에 숨어 보이시지 않는다고 하는 사람들은 완고한 생각으로 하나님의 계획을 방해하는 악행을 저지르고 있는 것이다."367)

이제 깔뱅이 비판하는 루터의 공재설을 살펴보자. 만일 루터주의자들의 말이 "진상은 그 표징에서 분리할 수 없다는 근거로 이 신비에서 떡이 제시될 때, 몸도 함께 제시되는 것이라는 뜻이라면, 나는 강하게 반대하지 않겠다. 그러나 그들은 몸을 떡 속에 둠으로써 몸의 본성과 반대되는 편재성(ubiquity)이 몸에 있다고 하며 또 '떡 밑에'라는 말을 첨가함으로써 몸이 떡 밑에 숨어 있다는 뜻으로 말함으로, 우리는 숨겨져 있는 이 궤변을 잠깐 폭로할 필요가 있다. … 그들은 그리스도의 몸을 보이지 않고 무한하며 떡 밑에 숨어 있는 것으로 생각하려 한다. 그리스도의 몸이 떡 속에 내려오셔야만 그 몸과 연결될 수 있다고 생각한다. 그러나 그들은 그리스도께서 내려오셔서 우리를 자신에게로 들어 올리는 방법을 이해하지 못한다. 그들은 모든 가능한 색깔로 숨기지만, 그들이 하고 싶은 말을 다 한 다음에 분명히 나타내는 것은 그들이 그리스

---

367) John Calvin, 『기독교 강요』(1559), IV xvii 15.

도의 공간적 임재(the local presence of Christ)를 고집한다는 것이다. 왜 그렇게 하는가? 그들은 공간적인 결합과 접촉이나 조잡한 형태의 포괄관계가 아니면, 살과 피에 참여하는 것을 생각할 수 없기 때문이다."[368]

　"만일 우리가 눈과 마음을 가진 채 하늘로 들려 올라가서 그리스도의 나라의 영광 속에서 그를 찾는다면, 상징들이 완전하신 그에게로 우리를 초대하는 것과 같이 우리는 떡이라는 상징 하에 그의 몸을 먹게 되며, 포도주라는 상징 하에 그의 피를 따로 마시게 되어 결국에는 그를 완전히 즐길 수 있을 것이다. 그는 비록 그의 살을 우리에게 주시지 않고 몸으로 승천하셨지만, 지금은 아버지의 오른편에 앉아 계신다. 즉 아버지의 권능과 존귀와 영광으로 다스리신다. 이 나라는 공간 가운데 위치가 한정되거나 경계로 제한되지 않는다. 그래서 그리스도께서는 하늘에서나 땅에서나 어디서든지 뜻대로 권능을 행사하시며, 아무런 방해도 받으시지 않는다. … 요약하면, 자신의 몸으로 자신의 백성을 먹이시며, 자신의 영의 힘으로 자신의 몸을 그들에게 나눠주신다. 그리스도의 몸과 피는 이런 모양으로 성찬을 통하여 우리에게 제시되는 것이다."[369]

　화체설과 공재설에 대한 깔뱅의 핵심적인 비판은 화체설과 공재설이 승천 이후에 그리스도의 참 신성과 참 인간성을 훼손하는데 있다. "우리는 성찬에서 그리스도께서 계신다는 것을 확신해야 하지만, 그리스도를 떡에 고착시키거나 떡 속에 포함시키거나 어떤 방법으로든지 국한해서는 안 된다. (이렇게 하게 될 경우 분명히 그리스도의 하늘 영광을 감하게 된다.) 끝으로 그의 키를 낮게 하거나 여러 조각을 만들어 동시에 여러 곳에 분배하거나 그가 하늘과 땅에 가득한 무한한 부피를 가진 것으로 여겨서는 안 된다. 이런 일들은 분명히 진정한 인성에 배치된다. 우리가 결코 빼앗겨서는 안 되는 두 가지 제한이 있다. ① 그리스도의 하늘 영광을 감해서는 안 된다. - 그리스도를 끌어내려 이

---

368) John Calvin, 『기독교 강요』(1559), IV xvii 16.
369) John Calvin, 『기독교 강요』(1559), IV xvii 18.

세상의 썩을 요소들 밑에 두거나 지상의 피조물에 고착시킨다면 그리스도의 하늘 영광을 감하게 된다. ② 인성에 합당하지 않는 것을 그리스도의 몸에 돌려서는 안 된다. 그리스도의 몸은 무한하다고 하든지 동시에 여러 곳에 계신다고 한다면, 이 둘째 제한을 어기게 된다. 이런 불합리한 생각만 제거한다면, 성찬의 거룩한 상징들에 의해서 신자들에게 표시되는 바같이 주의 몸과 피를 참으로 그리고 실체적으로 참여하는 일(the true and substantial partaking)을 표현할 수 있는 것이라면, 나는 무엇이든지 기꺼이 받아들인다. 즉, 신자들은 상상력이나 이해력만으로 받지 않고, 다름 아닌 영생을 위한 영양으로서 본체를 즐긴다는 뜻을 표현해야 한다. 사탄의 무서운 마술이 여러 사람의 정신에 착란을 일으키지 않았다면 세상이 이 견해를 싫어하거나 편견 때문에 변호의 길이 막힐 까닭이 없다. 확실히 우리가 가르치는 것은 모든 점에서 성경과 일치한다. 불합리한 점, 막연한 점, 모호한 점이 전혀 없다. 그것은 진정한 경건과 건전한 교훈을 부인하지 않는다. 한 마디로 거기에는 거슬리게 하는 것이 전혀 없다."370)

깔뱅은 그리스도의 성찬제정의 말씀(마26:26-28; 막14:23-24; 눅22:19-20; 고전11:24-25) 자체를 통해서 화체설과 공재설의 잘못을 지적한다. "화체설을 옹호하는 사람들은 '이것'이라는 대명사는 떡의 형상(form)을 가리키는 것이라고 한다. 성별(聖別)은 말씀의 내용 전체에 의해서 이루어지며, 이는 대명사가 가리킬 수 있는 본체가 없기 때문이라고 한다. 그러나 그들이 그렇게까지 말에 대해서 양심적이라면, 그리스도께서는 제자들에게 주시는 것을 몸이라고 말씀하셨으므로 그들의 이 허구는 떡이었던 것이 지금은 몸이라고 하는 진정한 의미와는 전혀 관계가 없다. 그리스도께서는 손으로 제자들에게 주신 것을 자기의 몸이라고 말씀하신다. 그러나 그는 떡을 집으셨다. 그러므로 그 떡을 아직 보이고 계신다는 것을 누가 깨닫지 못하겠는가? 따라서 떡에 대

370) John Calvin, 『기독교 강요』(1559), IV xvii 19.

해서 말씀하신 것을 그 형상에 옮기는 것처럼 불합리한 것이 없다는 것을 누가 깨닫지 못하겠는가?"371)

깔뱅은 일부 루터주의자들은 문자주의에 입각하여 성찬제정의 말씀을 해석한다고 비판한다. "다른 사람들은 '이다'(est)라는 말을 '본질이 변화된다.'는 뜻이라고 해석하여 더욱 무리하고 난폭하게 곡해된 주해로 도망한다. 그러므로 그들이 말씀에 대한 존경심이 있는 체하는 것은 거짓이다. '이다'를 '다른 것으로 변한다.'는 뜻으로 하는 것은 어떤 민족이나 언어에서도 들은 일이 없는 것이기 때문이다. 성찬에 떡을 남겨 두고 떡은 그리스도의 몸이라고 주장하는 사람들은 서로 생각이 매우 다르다. 그들 중에 온건한 편인 사람들은 '이것이 내 몸이니라.'는 말씀을 문자대로 고수하지만, 후에 그 엄격한 태도를 버리고 이 말씀은 그리스도의 몸이 떡과 함께, 떡 안에, 그리고 떡 밑에(with the bread, in the bread, and under the bread) 있다는 말과 같다고 한다. ⋯ 더 대담한 사람들은, 올바르게 말한다면, 떡은 몸이라고 서슴지 않고 주장함으로써 스스로 문자주의자임을 확실하게 증면한다. 그렇다면 떡이 그리스도이며 따라서 하나님이 아니냐고 항의하는 사람이 있다면 그들은 그렇지 않다고 할 것이다."372)

깔뱅은 "떡은 성례적인 의미에서 몸이라고 부른다는 것"이며, 그리스도의 몸에 참여하는 일을 조금도 감소시키지 않으면서, "떡을 그리스도의 몸"이라고 해석하는데, 그 이유는 떡은 그리스도의 몸으로 세우는 언약이기 때문이다.373) 깔뱅은 성찬제정의 말씀을 굳이 알레고리와 비유를 사용하지 않더라도 전유(傳諭)를 통해 비유적으로 해석할 것을 촉구한다. "상징은 그 의미하는 것과 본질이 다르지만, 후자는 영적이며, 하늘의 것이요, 전자는 물질적이며

---

371) John Calvin, 『기독교 강요』(1559), IV xvii 20.
372) John Calvin, 『기독교 강요』(1559), IV xvii 20.
373) John Calvin, 『기독교 강요』(1559), IV xvii 20.

지상적이므로, 상징은 성별에 의해서 대표하게 된 그 본체를 상징하는 단순한 빈 표일 뿐만 아니라, 그 본체를 나타낸다. 그러면 그 이름을 본체에 붙이지 못할 이유가 무엇인가? … 하나님께서 제정하신 사물들은 그것들이 항상 명확하고 틀림없이 의미하는 사물들의 이름을 차용하며 이것들에 실재성을 부여 한다. 그들이 심히 유사하며 근사하기 때문에 이쪽에서 저쪽으로 옮겨가는 것이 쉽다."374)

"우리는 그리스도께서는 그의 살과 피의 본질로 우리의 영혼을 살리시려고 외형적인 상징과 그의 영으로 우리에게 내려오신다고 말한다. … 살은 살이고 영은 영이어야 한다. 만물은 각각 하나님께서 창조하신 상태와 조건대로 있어야 한다. 그러나 육의 조건은 일정한 장소에 있어서 크기와 형태를 가져야 한다는 것이다. 이 조건으로 그리스도께서 살을 취하셨으며, 아우구스티누스가 말하는 것과 같이 그 살에 부패하지 않는 성질과 영광이 주어졌고, 그 살에서 자연과 진리가 제거되지 않았다."375) "그들은 어떤 말씀을 근거로 하늘에서는 보이지만, 땅에서는 무수한 떡 조각 밑에 보이지 않게 숨어 있다고 추론하는가? 그들은 그리스도의 몸을 성찬에서 주기 위해서 필요하기 때문에 이렇게 생각한다고 말할 것이다. 바꿔 말하면, 그들은 그리스도의 말씀에서 신체적으로 먹는다는(physical eating) 개념을 연역하는 것을 좋다고 생각했기 때문에 자신들의 선입견에 끌려서 성경 전체가 큰 소리로 반대하는 이 궤변을 만들어 낸 것이다."376)

성찬과 관계하여 그리스도의 편재성을 주장하는 루터주의자들에 반대하여, 깔뱅은 승천 이후 그리스도의 몸은 하늘에 계신다고 주장한다. "부활하신 때부터 그리스도의 몸이 유한하며, 마지막 날까지 하늘에 보관되어 머무신다는

---

374) John Calvin, 『기독교 강요』(1559), IV xvii 21.
375) John Calvin, 『기독교 강요』(1559), IV xvii 24.
376) John Calvin, 『기독교 강요』(1559), IV xvii 25.

것은(행3:21, 참조) 아리스토텔레스가 아니라, 성령께서 가르치신다. 나는 그들이 이 점을 증명하는 구절들을 거만하게 회피하는 것도 안다. 그리스도께서 떠나가시겠다(요14:12, 28; 요16:7), 세상을 떠나시겠다(요16:28)고 말씀하실 때마다 그들은 이 떠나신다는 것은 죽을 성질의 상태가 변한다는 것에 불과하다고 대답한다. 그러나 논법대로 한다면, 그리스도께서 (그들의 말과 같이) 자기의 부재중의 결함을 보충하기 위해서 성령을 다시 보내시지 않을 것이다. 부재중이라고 하는 것은 성령께서 그리스도의 뒤를 잇지 않으시며, 그리스도께서도 죽을 생명의 상태를 취하려고 하늘 영광에서 다시 내려오시지 않기 때문이다. 참으로 성령의 강림과 그리스도의 승천은 반대 현상이다. 따라서 그리스도께서는 그의 영을 보내시는 것과 같은 방법으로 육으로 우리와 함께 계실 수 없다."[377]

깔뱅은 아우구스티누스의 말을 인용하여 승천 이후의 그리스도의 몸의 편재성을 거부하고, 승천 이후 그리스도의 임재는 육체적 임재가 아니라, 성령의 권능을 통한 임재라고 주장한다. "그리스도께서 '나는 항상 함께 있지 아니하리라.'고 하신 말씀은 신체의 임재에 대한 것이다. 그의 위엄과 섭리와 형언할 수 없으며, 불가시적인 은혜에 관해서는 '볼지어다 내가 세상 끝 날까지 너희와 항상 함께 있으리라.'고 하신 말씀을 실행하셨기 때문이다.(마28:20) … 그리스도의 위엄의 임재에 관해서 항상 우리는 그를 모시고 있으나, 육의 임재 (the presence of the flesh)에 관해서 '나는 항상 함께 있지 아니하리라.'는 말씀이 옳다. 교회는 육의 임재에 따라서는 그를 수일 동안 모셨을 뿐이며, 지금은 믿음으로 그를 가졌으며, 눈으로는 볼 수 없다. … 여기서 아우구스티누스는 (역시 간단히 말하면) 그리스도께서 위엄과 섭리와 형언할 수 없는 은혜의 세 가지 방법으로 우리 사이에 계신다고 생각한다. 나는 은혜 안에 그의 몸과 살에 참여하는 놀라운 일을 포함시킨다. 다만, 우리는 이 참여는 성령의 권

---

377) John Calvin, 『기독교 강요』(1559), IV xvii 26.

능에 의해서 생기는 것이지 물질적 요소 밑에 포함되어 있는 위조(僞造)된 몸에 의해서 생기는 것이 아니라고 생각한다. 참으로 우리 주께서는 사람이 만지며, 볼 수 있는 살과 뼈를 가지셨다고 증거하셨다.(눅24:39; 요20:27)"[378] 깔뱅은 아우구스티누스의 말을 다음과 같이 인용한다. "하나님과 사람이 한 위격이며, 둘이 한 그리스도이다. 그가 하나님이라는 사실 때문에 어디든지 계시며, 그가 인간이라는 사실 때문에 하늘에 계신다."[379] "그리스도께서는 제자들과 영적으로 함께 계시기 위해서 자기의 신체적 임재를 철회하셨다는 것이다. 이 구절에는 그가 살의 본질과 성령의 권능을 구별하는 것이 분명하다. 우리는 그리스도에게서 공간적으로 멀리 떨어져 있지만, 성령의 능력에 의해서 그리스도와 결합된다. 아우구스티누스는 자주 같은 종류의 표현을 사용한다. 믿음과 건전한 교훈의 표준에 따라 그는 산 자와 죽은 자들에게 다시 오셔서 신체적으로 계실 것이다. 그는 영적으로 그들에게 와서 계실 것이며, 세상에 있는 교회와 세상 끝날까지 함께 계시리라고 하셨다.(마28:20; 요17:12) 그러므로 이 말씀은 그가 신체적으로 임재하심으로써 구원하기 시작하신 제자들에게 하신 것이다. 영적으로 임재하심으로써 그리스도께서는 아버지와 함께 그들을 구원하시기 위해서 신체적으로는 그들을 떠나려고 하셨다. '신체적으로 임재하신다.'는 것을 '눈에 보이게' 임재하신다는 뜻으로 해석하는 것은 궤변이다. 왜냐하면 그는 몸과 신적 권능을 대립시키기 때문이다. '아버지와 함께 구원하시기 위해서'라는 말을 첨가함으로써 아우구스티누스는 그리스도께서 성령을 통해서 그의 은혜를 하늘로부터 우리 위에 부어 주신다는 것을 밝힌다."[380]

"그리스도께서는 동정녀에게서 나실 때, 우리의 참 육신을 취하셨으며, 우

378) John Calvin, 『기독교 강요』(1559), IV xvii 26.
379) John Calvin, 『기독교 강요』(1559), IV xvii 28.
380) John Calvin, 『기독교 강요』(1559), IV xvii 28.

리를 위해서 보속하실 때, 우리의 육신으로 수난을 받으신 것과 같이 부활하실 때도 동일한 참 육신을 받으셨고, 그 육신을 하늘로 가지고 가셨다는 것을 성경 전체가 어느 교리보다도 가장 분명하게 가르치지 않는가? … 몸이 공간 안에 있다는 것, 자체의 부피와 형태를 가졌다는 것이 몸의 진정한 본성이다. 자, 이제 사람의 마음과 그리스도를 떡에 고착시키는 이 미련한 허구는 사라져라!"[381] 깔뱅에 의하면, 루터주의자들은 그리스도의 몸의 편재성을 주장하여 그리스도의 몸을 이중적으로 만든다. "그들이 이렇게 지껄이는 한 그리스도의 몸을 이중으로 만들지 않을 수 없게 된다. 이는, 그들에 따르면, 그리스도의 몸은 하늘에서는 본래 그대로 보이지만, 성찬에서는 특별한 섭리에 의해서 보이지 않는다고 하기 때문이다."[382]

"그리스도의 몸이 공간의 제한을 받지 않고, 동시에 각처에 있을 수 있는 것이 아니라면, 그리스도께서 성찬 때에 떡 밑에 숨어 계신다는 것을 믿을 수 없을 것이다. 이 필요성을 해결하기 위해서 그들은 편재성(ubiquity)이라는 해괴한 생각을 도입했다. 그러나 성경의 확고하고 분명한 증거들에 의해서 우리가 증명한 것 같이 그리스도의 몸은 인간적인 몸의 한도에 따라 국한되어 있었다. 또 하늘로 올라가심으로써 모든 곳에 계시는 것이 아니라, 한 곳으로 옮기실 때에는 전에 계시던 곳을 떠나신다는 것을 밝혔다."[383]

"어떤 사람들은 투쟁열에 취해서 그리스도 안에는 양성이 결합되어 있으므로 그리스도의 신성이 있는 곳에는 반드시 그것과 분리할 수 없는 그의 육신도 있다고까지 말한다. 그들의 생각은 마치 양성의 결합으로 하나님도 아니고, 사람도 아닌 어떤 중간적 존재가 합성되었다고 하는 것과 같다. 참으로 유티케스가 그렇게 가르쳤고, 세르베투스가 그의 뒤를 따랐다. 그러나 우리는 성경을 근

381) John Calvin, 『기독교 강요』(1559), IV xvii 29.
382) John Calvin, 『기독교 강요』(1559), IV xvii 29.
383) John Calvin, 『기독교 강요』(1559), IV xvii 30.

거로 하여, 그리스도의 한 위격에는 양성이 있지만, 그 양성은 각각 그 고유의 특징을 본래대로 유지하며, 아무 손상을 받음이 없다고 분명히 추론한다."[384)]

"신성이 하늘을 떠나서 신체라는 감옥에 숨었다는 뜻이 아니라, 신성은 비록 만물에 충만했지만, 그리스도의 인성을 취해서 육체로 거하셨다는 뜻이다.(골2:9) 즉, 본래대로 그리고 어떤 형언할 수 없는 방법으로 거하셨다는 뜻이다. 스콜라학파의 상투적인 구별을 언급하는 것을 나는 부끄러워하지 않는다. 즉, 그리스도 전체는 어디든지 계시지만, 그리스도 안에 있는 것의 전체는 어디에나 있지 않다고 한 것이다. 이 발언의 힘을 스콜라학자들 자신이 정직하게 고려했더라면 좋았을 것이다. 그랬더라면, 그리스도의 육적인 임재라는 어리석은 공상을 방지할 수 있었을 것이다. 그러므로 그리스도 전체는 어디든지 계시지만, 우리의 중보자는 그의 자신의 백성과 함께 계시고, 성찬에서 특별한 방법으로 자신을 계시하신다. 그러나 그리스도 전체는 그러한 방법으로 계시지만, 그의 전체성 속에서 계시지는 않는다. 왜냐하면, 우리가 말했듯이 그의 육신 안에서 그는 그의 심판시 나타나실 때까지 하늘에 계속해서 계시기 때문이다."[385)] "성찬에서 살이 떡 속에 있지 않으면 살이 임재하지 않는다고 생각하는 사람들은 큰 과오를 범한다. 그들은 이렇게 함으로써 성령께서 비밀히 역사하실 여지를 남겨 놓지 않는다. 그들은 그리스도께서 우리에게 내려오시지 않으면 우리와 함께 계시지 않는 것으로 생각한다. 그가 우리를 자신에게로 들어 올리신다면 우리는 그의 임재를 똑같이 즐길 수 있으리란 것을 부인하는 것과 같은 생각이다. 그러므로 문제는 임재의 방법뿐이다. 그들은 그리스도를 떡 속에 두고, 우리는 그와는 반대로 그리스도를 우리에게로 끌어내리는 것은 옳은 일이 아니라고 생각한다."[386)]

---

384) John Calvin, 『기독교 강요』(1559), IV xvii 30.
385) John Calvin, 『기독교 강요』(1559), IV xvii 30.
386) John Calvin, 『기독교 강요』(1559), IV xvii 31.

"나는 그리스도의 천상적인 위엄에 합당하지 않거나 그의 인성의 실재성과 양립할 수 없는 불합리한 생각들만을 물리친다. 그런 것들은 하나님의 말씀과 필연적으로 충돌되기 때문이다. 하나님의 말씀은 그리스도께서 천국 영광에 들어 가셔서(눅24:26) 모든 지상적인 상태를 초월하셨다고 가르치며, 동시에 진정한 인성에 있어서 고유한 일들이 그의 인성에도 있다고 엄밀하게 밝힌다."387)

(2) 로마가톨릭교회의 미사에 대한 비판

깔뱅은 '미사'(Missa)라는 말의 기원을 확실하게 결론지을 수 없다고 말하면서, '바쳐진 희생제물'로부터 파생된 것으로 추측한다. 고대에는 주로 복수형으로 사용되었지만, 깔뱅은 용어에 대한 논쟁을 피하고, 로마가톨릭교회가 주장하는 미사는 성경도, 원시교회도, 고대 교부들도 지지하지 않는다.388) 깔뱅에 의하면, 로마가톨릭교회의 미사는 성찬을 더럽힐 뿐만 아니라, 성찬을 말살하는 행위에 속한다.389) "미사는 죄의 용서를 얻기 위한 제물과 예물이라는 신념을 마귀가 퍼뜨린 것이다. … 아무리 찬란하게 장식할지라도, 미사는 그리스도에게 큰 모욕을 가하고, 그의 십자가를 매장하고, 은폐하며, 그의 죽으심을 사람들로 하여금 잊어버리게 만들고, 그의 죽으심이 우리에게 주는 은혜를 빼앗으며, 그리스도의 죽으심에 대한 기억을 우리에게 전하는 성찬의 힘을 약화시키며, 소멸시킨다."390) 로마가톨릭교회의 미사에 대한 깔뱅의 비판을 다음과 같이 정리할 수 있을 것이다.

첫째, 미사는 예수 그리스도에 대한 모독 행위이다. 왜냐하면, 제사장으로 자처하는 로마가톨릭교회의 사제들은 영원하고도 유일한 대제사장이신 예수

---

387) John Calvin, 『기독교 강요』(1559), IV xvii 32.
388) John Calvin, 『기독교 강요』(1559), IV xviii 8-10.
389) John Calvin, 『기독교 강요』(1559), IV xviii.
390) John Calvin, 『기독교 강요』(1559), IV xviii 1.

그리스도를 대신한다고 주장하기 때문이다. "구약성경에는 제사장들이 일정 기간 임명을 받는다고 했으나, 그리스도께서 아버지에 의해 제사장으로서 성별을 받으신 것은 일시적인 것이 아니었다. 구약의 제사장들은 죽을 사람들이었으므로 그 제사장직도 영원할 수가 없었다. 따라서 죽을 사람을 이을 후계자들이 때때로 필요했다. 그러나 그리스도께서는 영생하시는 분이므로, 뒤를 이을 대리자가 필요하지 않다. 따라서 아버지께서는 그를 '영원한 멜기세덱의 반차를 좇는 제사장'으로 임명하셔서 영원히 제사장직을 수행하게 하셨다. … 그러나 지금 매일 제사를 드리는 자들은 그 예물을 드릴 제사장, 즉 사제를 지정해야 하며, 그들은 후계자와 대리로서 그리스도를 대신한다. 이런 대용방식으로 그들은 그리스도에게서 영원한 대제사장으로서의 영예와 특권을 빼앗을 뿐만 아니라, 아버지의 우편에서 그를 몰아내려고 한다. 왜냐하면, 그리스도께서 영원한 제사장이 아니라면, 그 자리에 영원히 앉아 계실 수 없기 때문이다. … 그들은 타락하여, 멜기세덱의 선례로 무장하여 그들의 불경건을 옹호하려고 한다. 그가 떡과 포도주를 가져왔다고 했으므로(창14:18) 이것은 그들의 미사를 미리 보인 것이라고 그들은 추론한다. 떡과 포도주를 주는 점에서 멜기세덱과 그리스도 사이에 유사점이 있다고 생각하지만, 이것은 너무나도 천박하고 미련한 생각이어서 논박할 필요조차 없다. … 영원하신 그리스도께서 유일하고 영원한 제사장이 되셨으므로, 죽을 성질의 인간들이 제사장이 될 권리와 영예는 없어졌다고 사도는 주장한다.(히7:17-19)"[391]

둘째, 미사는 그리스도의 십자가와 수난을 은폐하고, 매장한다. "우리는 십자가상에서 행하신 그리스도의 희생에 영원히 깨끗하게 하는 힘이 없다고 고백하든지, 그렇지 않으면 그리스도께서 한 번 행하신 희생은 모든 시대를 위한 것이라고 고백해야할 것이다. 사도가 말하는 것은 바로 이것이다. 이 대제사장 그리스도께서는 '이제 자기를 단번에 제사로 드려 죄를 없게 하시려고 세상 끝에

---

391) John Calvin, 『기독교 강요』(1559), IV xviii 2.

나타나셨느니라'고 한다.(히9:25)"392) "이 희생은 단 한 번에 행한 것이며, 그 힘은 전적으로 영원히 계속된다고 주장하는데, 다른 희생을 요구하는 자들은 그리스도의 희생을 불완전하며, 무력하다고 고발하지 않는가? 매일 수십만 번씩 희생을 드리도록 마련된 미사는 그리스도께서 자신을 유일한 희생으로서 아버지 앞에 드리신 그 수난을 묻어 버리려는 것이 아니고 무엇인가? … 이것은 여러 가지 희생이나 다른 희생이 아니라, 같은 희생을 반복하는 것뿐이라고 마귀는 말한다. 그러나 이런 연막은 쉽게 사라져 버리나, 사도는 이 문제를 논할 때, 항상 다른 제사는 없다고 주장할 뿐만 아니라, 이 한 제사는 단 한 번 드려졌고, 절대로 반복되지 않는다고 한다. 영리한 사람들은 더 비밀의 통로로 빠져나간다. 즉, 미사는 반복이 아니라, 적용이라는 것이다. 그러나 이 궤변도 쉽게 반박된다. 그리스도께서 자신을 한 번 제물로 바치신 것은, 그의 희생을 매일 새로운 예물로 확인하라는 조건에서가 아니라, 그의 희생의 혜택을 복음 선포와 성찬 집행에 의해서 우리에게 분여하라는 조건에서였다. 그래서 바울은 '우리의 유월절 양 곧 그리스도께서 희생이 되셨느니라'고 말하고(고전5:7), 우리에게 명절을 지키라고 명령한다.(고전5:8) 십자가상의 제물이 우리에게 충분히 분여되어 우리가 향유하며 지정한 믿음으로 받아들일 때, 그것이 곧, 이 희생을 우리에게 적절하게 적용하는 방법이라고 나는 주장한다."393)

셋째, 미사는 그리스도의 죽으심을 잊어버리게 만든다. "미사는 그리스도의 새 유언을 전시한다. 그러므로 미사는 그리스도의 죽음을 요구한다. 그뿐만 아니라, 반드시 죽여서 바쳐야 한다. 만일 그리스도께서 미사 때마다 제물이 되신다면, 그는 순간마다 수많은 곳에서 잔인한 죽음을 당하셔야 될 것이다."394)

넷째, 미사는 그리스도의 죽으심에서 오는 유익을 우리에게서 빼앗는다.

---

392) John Calvin, 『기독교 강요』(1559), IV xviii 3.
393) John Calvin, 『기독교 강요』(1559), IV xviii 3.
394) John Calvin, 『기독교 강요』(1559), IV xviii 5.

"미사에서 새로운 구속(救贖)을 본 사람이 어찌 그리스도의 죽음에 의해서 자기가 구속되었다고 생각할 수 있겠는가? … 우리가 미사에서 그리스도를 아버지께 바칠 때, 우리는 예물을 바치는 이 행위에 의해서 죄의 용서를 얻으며, 그리스도의 수난에 참여하게 된다고 그들은 가르친다."395)

다섯째, 미사는 성찬을 폐기한다. "성찬은 우리에게 그리스도의 죽음에 의해서 우리의 구원의 모든 부분이 완전히 성취되었으므로 우리의 생명이 회복되었을 뿐만 아니라, 계속적으로 소생된다는 것을 약속한다. 미사의 희생은 아주 다른 것을 말한다. 즉, 그리스도께서 우리에게 어떤 유익을 주시려면 매일 희생이 되셔야 한다고 한다. 성찬은 교회의 공적 집회에서 분배되어 우리가 그리스도 예수 안에서 모두 하나로 뭉치는 그 교제를 우리에게 가르치기 위해 재정된 것이다. 미사의 희생은 이 공동체를 해체시키며, 분열시킨다. 마치 성찬이 사제들에게 이양되었다는 듯이 신자들을 대신해서 제물을 드려주는 사제가 있어야 한다는 그릇된 생각이 지배하게 된 후로, 성찬은 주의 명령대로 신자들의 교회에 나눠 주지 않게 되었기 때문이다."396)

여섯째, 미사는 성경적 희생의 성격을 오해했다. 구약성경에서 희생 또는 제물은 크게 두 가지 종류가 있다. 하나는 보속의 의미를 지니는데, 죄를 위해 드림으로써 하나님 앞에서 죄책이 면제되었다. 다른 하나는 하나님께 대한 예배의 상징과 경건의 증거였다. 이런 제물은 간구의 형식, 감사의 형식, 경건의 표시로 드려졌는데, 번제, 전제, 예물, 첫 이삭과 화목제가 여기에 해당된다. 전자는 "화목 또는 속죄제물'이라고 부를 수 있다면, 후자는 '찬양과 경외의 제물'이다. 전자는 율법 하에서 속죄하기 위해서 바쳐진 동물을 희생 제물이라고 불렀지만, 진정한 희생은 실제로 그리스도만이 최종적으로 성취하신 것이다.397) 그러나 미사를 통해 그리스도의 희생을 반복함으로써 죄의 용서를 얻

395) John Calvin, 『기독교 강요』(1559), IV xviii 6.
396) John Calvin, 『기독교 강요』(1559), IV xviii 7.

고 하나님의 진노를 풀어 의를 얻는다고 상상하는 사람들은 그리스도와 그리스도의 십자가 희생을 모독하는 것이다.[398] "헌물을 바침으로써 사제들이 사람들을 위해 하나님 앞에서 중재하며, 하나님의 진노를 푼 후에 소제를 받았다는 의미에서 그들이 제사장이라는 것을 우리는 또한 부인한다. 신약의 제사장은 그리스도뿐이기 때문이다.(히9장) 그리스도에게 모든 제사장직이 옮겨졌으며, 그리스도께서 오신 후에 모든 제사장직이 종결되고 폐지되었다."[399] 후자의 종류의 희생에는 기도와 찬양과 감사를 비롯한 모든 예배행위가 포함된 영적 예배이다. "이런 제사는 하나님의 진노를 풀거나 죄의 용서를 얻거나 공로로 의를 얻는 문제와는 아무 상관이 없고, 다만 하나님을 찬양하고 높이는 것과 관련된다."[400] "성찬에서 우리는 주의 죽으심을 선포하며(고전11:26), 감사를 드릴 때, 우리는 곧 찬미의 제사를 드린다. 이렇게 제사를 드리기 때문에 모든 그리스도인을 왕 같은 제사장들이라고 부르는데(벧전2:9), 이는 사도가 '그 이름을 증거하는 입술의 열매'라고 부르는 찬미의 제사를 우리는 그리스도를 통해서 하나님께 드리기 때문이다. 또 우리가 하나님 앞에 예물을 들고 나타날 때, 반드시 중보자가 계신다. 우리를 위한 중보자는 그리스도이시므로 그를 통해서 우리는 우리 자신과 소유를 아버지께 드린다. 그리스도께서는 하늘 성소에 들어가신 우리의 대제사장이며, 우리가 들어갈 길을 열어 주신다.(히10:22) 그리스도는 우리가 예물을 드리는 제단이시며(히13:10), 우리가 하려는 일은 무엇이든지 그의 안에서 행하게 하신다. 나는 아버지를 위하여 우리를 나라와 제사장으로 삼으신 분은 그리스도시라고(계1:6) 말한다."[401]

일곱째, 기독교의 성례는 세례와 성찬뿐이다. "이 두 가지 성례 이외에 하나

---

397) John Calvin, 『기독교 강요』(1559), IV xviii 13.
398) John Calvin, 『기독교 강요』(1559), IV xviii 14.
399) John Calvin, 『기독교 강요』(1559), IV xviii 14.
400) John Calvin, 『기독교 강요』(1559), IV xviii 16.
401) John Calvin, 『기독교 강요』(1559), IV xviii 17.

님께서 정하신 성례는 없으므로, 신자의 교회는 다른 것을 인정해서는 안 된다. 새로운 성례를 제정하는 것은 사람이 선택할 일이 아니기 때문이다."402) "그러므로 그리스도의 교회는 이 두 가지 성례로 만족해야 한다. 교회는 지금 셋째 성례를 허락하지 않을 뿐만 아니라, 세상 끝까지도 원하거나 기대해서도 안 된다. 유대인들에게는 보통 성례 이외에 시대 상황에 따라서 여러 가지 성례를 주셨다. 예컨대, 만나와(출16:13; 고전10:3), 반석에서 흐르는 물(출 17:6; 고전10:4), 놋뱀과(민21:8; 요3:14), 그 밖에도 비슷한 것이 있었다. 이런 변천에 의해서 유대인들은 이런 무상한 형태에서 머물지 말고, 더 좋은 것, 폐하거나 끝나지 않는 영원한 것을 기다리라고 경고를 받았다. 그러나 그리스도께서 우리에게 계시된 후로 사정이 훨씬 달라졌다."403)

(3) 로마가톨릭교회의 거짓 성례에 대한 비판404)

깔뱅은 이미 『기독교 강요』(1536) 초판에서 로마가톨릭교회의 다섯 가지 거짓 성례, 즉 견진성사, 고해성사, 종부성사, 신품성사, 혼인성사 순으로 비판했는데,405) 『기독교 강요』(1559) 최종판에 와서도 크게 달라지지 않았다.406) 깔뱅은 "성례의 제정권은 하나님에게만 있다."고 강경하게 주장하면서 "사람은 성사를 제정할 수 없다."라고 결론지으면서,407) 고대교회도 일곱 가지 성례를 몰랐다고 말한다.408)

첫째, 로마가톨릭교회의 견진성사(堅振聖事, Confirmation)는 성례가 아

---

402) John Calvin, 『기독교 강요』(1559), IV xviii 19.
403) John Calvin, 『기독교 강요』(1559), IV xviii 20.
404) 참고, Loraine Boettner, Roman Catholicism(Philadelphia: The Presbyterian and Reformed Publishing Company, 1962).
405) 장선기, "로마가톨릭교회의 성례론에 대한 깔뱅의 비판."(장로회신학대학교 신학대학원 미간행 M. Div. 학위논문, 2009).
406) John Calvin, 『기독교 강요』(1559), IV xix.
407) John Calvin, 『기독교 강요』(1559), IV xix 2.
408) John Calvin, 『기독교 강요』(1559), IV xix 3.

니다. 국어사전은 견진성사를 로마가톨릭교회가 영세를 받고, 정식으로 입교된 신자가 참되고, 굳센 그리스도의 군사가 되려고 성령과 성령의 일곱 가지 은사를 받는 성사로 정의한다. 깔뱅에 의하면, 고대의 그리스도인의 자녀들이 장성하면, 감독 앞에 서서 성인으로서 세례를 받는 자들에게 요구되는 의무를 행하는 것이 관습이었다. 학습교인이 된 성인은 믿음의 신비를 올바르게 배워 감독과 회중 앞에서 자기의 믿음을 고백할 날을 기다렸다. 유아세례를 받은 청년은 아직 교회 앞에서 신앙고백을 하지 않았으므로, 소년기의 끝이나 청년기의 초기에 부모가 다시 한 번 감독 앞에 데려다가 당시에 사용된 일정한 교리문답 형식에 따라 심사를 받았다. 이 행동 자체가 이미 중요하고 거룩한 일이었지만, 더욱 존중하는 의미에서 안수하는 의식을 첨가했다. 이같이 청년들은 믿음이 인정된 후에 엄숙한 축복을 받고 물러갔다. 깔뱅은 로마가톨릭교회가 주장하는 견지성사를 거부하고, 다만 축복의 형식으로서 행해진 그 같은 안수례로서만 인정하기를 원한다. "그러므로 나는 일종의 축복 형식에 불과하다는 이 안수례에 충심으로 찬성하며, 지금 그 순수한 사용법이 회복되기를 바란다."409)

깔뱅이 주장한 올바른 견진은 무엇인가? "나는 성례의 기형적 유령이라고 할 수 있는 이 견진성사가 나타나기 전에 고대 그리스도인들 사이에 있었다고 말한 그 관습이 보존되기를 충심으로 기원한다. 그들이 공상하는 견진성사로서 남기자는 뜻이 아니다. 견진성사를 말하면 반드시 세례를 멸시하게 되기 때문이다. 오직 어린이들이나 청년기에 가까운 사람들이 교회 앞에서 신앙을 고백하는 교육 방법으로서 보존하자는 것이다. 최선의 교육방법(the best method of catechizing)은 이 일을 위해서 지도서를 준비하는 것이며, 거기에는 모든 기독교회가 찬성하며, 반대하지 않는 신조의 대부분을 단순하게 요약해서 포함시켜야 한다. 열 살짜리 어린이가 교회 앞에 서서 신앙을 고백하며, 신조마다 질문에 대답할 것이다. 어떤 점을 모르거나 이해가 불충분하면 가르쳐줄

---

409) John Calvin, 『기독교 강요』(1559), IV xix 4.

것이다. 이같이 교회가 보는 데서 어린이는 하나의 참되고, 진지한 믿음을(신자들이 한 마음으로 한 하나님을 경배하는 믿음을) 고백할 것이다. 이 규율이 지금 시행된다면, 자녀교육은 자기의 관심사가 아니라고 등한시하는 게으른 부모들은 반드시 각성할 것이다. 자녀교육을 무시하면, 사회적으로 수치를 당할 것이기 때문이다. 기독교인들이 신앙문제에 관해서 견해가 일치하게 될 것이며, 신앙에 대한 무지도 적어질 것이다. 어떤 사람들이 신기한 사상에 경솔하게 끌려가는 일도 없게 될 것이다. 요컨대, 모든 사람이 기독교 교리에 대해서 어느 정도의 조직적인 교육을 받게 될 것이다."410)

로마가톨릭교회는 견진 의식을 견진성사로 다음과 같이 이해하고, 시행한다. "그들은 세례에서 죄의 결백을 위해서 받은 성령을 주어 은혜를 더하게 하고, 세례를 통하여 중생해서 생명을 얻은 사람들이 싸워 나갈 힘을 더해 주는 권능이 견진에 있다고 말한다. 견진성사를 행할 때에는 기름을 바르며, 일정한 선언을 한다. '성부, 성자, 성령의 이름으로 당신에게 이 거룩한 십자가의 표를 치며, 구원의 성유(聖油)로 당신을 견진하노라.'"

깔뱅은 로마가톨릭교회의 견진성사에 대해서 다음과 같이 몇 가지 관점에서 비판한다. ① 무엇보다도 견진성사는 하나님의 말씀에 그 근거가 없다. "그러나 성령의 임재를 약속하는 하나님의 말씀은 어디에 있는가? 그들은 일점일획도 보여 줄 수 없다. 그들의 성유가 성령의 그릇이라는 것을 그들은 어떻게 증명할 것인가? 우리는 진하고 미끈미끈한 액체인 기름을 보지만, 그것뿐이다. 아우구스티누스는 '물질에 말씀을 더하라. 그러면 물질은 성물이 될 것이다.'라고 말한다. 그러므로 만일 그들이 우리에게 그 기름에서 기름 이외의 무엇을 보이기를 원한다면, 나는 이 말씀을 내보이라고 하겠다."411) ② 견진성사의 근거는 사도들의 안수에 있는 것이 아니다. "내가 해석하는 바로는, 사도

410) John Calvin, 『기독교 강요』(1559), IV xix 13.
411) John Calvin, 『기독교 강요』(1559), IV xix 5.

들이 이 의식을 행한 것은 안수를 받는 사람을 하나님께 천거하며, 이를테면, 바친다는 것을 이런 몸짓으로 알리려는 것이었다."[412] ③ 하나님의 말씀으로 성별되어 성물이 된 떡과 포도주(성찬)와 물(세례)은 우리를 육신 안에 붙들어 놓지 않고, 참으로 그리고 영적으로 가르친다. 그러나 견지성사에 사용되는 기름을 '구원의 기름'이라고 부르는 사람들은 그리스도 안에 있는 구원을 버리고, 그리스도를 부인하며, 하나님의 나라와는 아무 관계도 없는 자들이다.[413] ④ 견진성사는 세례의 가치를 떨어뜨린다. "이 기름을 바르는 자들은 말하기를, 성령이 세례에서는 죄의 결백(innocence)을 위해서 주어지고, 견진성사에서는 은혜를 더하기 위해서 주어지며, 또 세례에서 우리는 중생해서 생명을 얻고, 견진성사에서 우리는 전투를 준비한다. 그들은 견진성사가 없으면, 세례가 올바르게 완성될 수 없다고 말할 정도로 파렴치하다. 이 얼마나 악한 생각인가? 우리는 그리스도의 부활에 참여하기 위해 세례에서 그리스도와 함께 장사되고, 그의 죽으심에 참여하지 않는가?(롬6:4-5) 그뿐만 아니라, 이같이 그리스도의 죽음과 생명에 동참하는 것을 바울은 우리의 육을 죽이며, 영을 살리는 것이라고 설명한다. 그 이유로서는 '우리로 또한 새 생명 가운데서 행하게 하려'(롬6:4) 하며, '우리 옛 사람이 … 십자가에 못박혔기' 때문이라도 한다.(롬6:6) 이것이 바로 전투준비가 아니고 무엇인가?"[414] "사탄은 조심성 없는 사람들을 세례로부터 몰래 격리시키기 위해서 세례에서 참으로 받는 것을 그의 견진성사에서 받는다고 거짓말을 한다. 이것이 사탄의 교리임을 모르는 자는 아무도 없을 것이다. 그것은 원래 세례에 속한 약속을 세례에서 분리해서 다른 데로 이전한다. 하나님의 말씀은 '누구든지 그리스도와 합하여 세례를 받은 자는 그리스도로 옷입었느니라'고 한다.(갈3:27) 기름을 바르는 자들은

---

412) John Calvin, 『기독교 강요』(1559), IV xix 6.
413) John Calvin, 『기독교 강요』(1559), IV xix 7.
414) John Calvin, 『기독교 강요』(1559), IV xix 8.

'우리가 전투준비를 하게 하는 약속은 세례에서 받지 않았다'고 말한다."415)

⑤ 견진성사가 구원을 위해서 필요하다는 주장은 어리석은 주장이다. "그들은 신자는 모두 세례를 받은 후에 안수에 의해서 성령을 받아 완전한 그리스도인이 되어야 하며, 주교의 견진성사를 받아 성유를 바르지 않은 그리스도인이 한 사람도 없도록 해야 된다고 첨가한다. 이것은 그들이 직접하는 말이다. 그러나 나는 기독교에 속한 일은 모두 성경에 지시되고, 포함되었다고 생각한다."416)

⑥ 로마가톨릭교회는 견진성사를 세례보다도 더 중요하게 생각한다. "그들은 이 거룩한 기름을 바르는 일을 세례보다 더욱 존중해야 된다고 단정하고, 그 이유로서 세례는 모든 사제들이 행할 수 있지만, 견진성사는 주교들의 손으로만 행하기 때문이라고 말한다. 이렇게까지 자기들의 조작품을 사랑하기 때문에, 하나님께서 제정하신 가장 거룩한 제도를 함부로 멸시하는 사람들은 분명히 미쳤다고 할 수 밖에 없다. 아, 모독적인 입이로다! 당신은 당신의 악취나는 입김과 중얼거리는 주문으로 더럽혀진 기름을 감히 그리스도의 성례에 대립시키며, 하나님의 말씀이 성별한 물과 비교하는가? … 그러나 그들 가운데서도 이런 광증은 너무 심하다고 생각하는 사람들이 그것을 다소 완화시키기 시작한다. 그들은 견진성사를 더 존중해야 된다고 말하면서도, 그것은 견진성사가 더 큰 힘과 유익을 주기 때문은 아닐 것이고, 더 훌륭한 사람들이 신체의 더 훌륭한 부분, 즉 앞이마에 행하기 때문일 것이라고 한다. 또 세례는 죄의 용서를 위해서 더 유리하고, 견진성사는 덕을 더욱 증진시키기 때문일 것이라고 한다."417)

깔뱅은 견진성사를 세례보다도 더 중요하게 생각하는 것은 경박한 행위라고 말한다. "하나님의 세례보다 견진성사를 더 중요하다고 하는 그들의 다른

---

415) John Calvin, 『기독교 강요』(1559), IV xix 8.
416) John Calvin, 『기독교 강요』(1559), IV xix 9.
417) John Calvin, 『기독교 강요』(1559), IV xix 10.

이유들도 얼마나 경박하고 어리석은가? … 그들은 세례에서 물을 무시하고, 전연 무가치하게 생각하면서 기름만을 존중한다. 그러므로 우리는 세례에서 는 이마도 물에 적셔진다고 반박한다. 우리는 물과 비교할 때, 그대들의 기름 에는(세례에서 쓰든지 견진성사에서 쓰든지 간에) 일고의 가치도 인정하지 않 는다."418) ⑦ 고대교회의 관습도 견진성사를 지지하지 않는다. "그들은 하나 님의 말씀과 증명할만한 논거를 빼앗긴 것을 알고서, 그들의 상습대로 견진성 사는 가장 오랜 관습이며, 여러 시대의 찬성으로 확정된 것처럼 말한다. 이것 이 사실이라고 하더라도 그들에게는 별 이익이 안 될 것이다. 성례는 땅에서 나는 것이 아니라, 하늘에서 오는 것이며, 사람이 정하는 것이 아니라, 하나님 만이 정하신다. 견진성사가 성례로 인정되기를 원한다면, 그들은 하나님께서 제정하셨다는 것을 증명해야 한다. 그러나 고대의 저술가들이 성례에 대해서 정확하게 논하고자 할 때, 어디에서도 두 가지 성례밖에 인정하지 않았는데, 어떻게 그들은 견진성사가 고대에 있었다고 주장하는가? … 아우구스티누스 는 안수는 기도에 불과하다고 분명하게 단정한다."419)

둘째, 로마가톨릭교회의 고해성사(告解聖事, Penance)는 성례가 아니다. 깔뱅은 죄의 고백의 문제를 로마가톨릭교회의 고해성사와 결부시키지 않고, 구원론에서 죄의 고백으로서 회개(repentance)와 결부시키기를 원한다.420) 깔뱅에 의하면, 로마가톨릭교회는 고대교회에서 시행되던 회개의 의식을 고 해성사라는 조작품으로 만들었다. 깔뱅에 의하면, 고대교회는 공적 회개에서 준수한 의식은 지정된 보속(補贖)을 이행한 사람들을 엄숙한 안수에 의해서 화해시키는 것이었다. 안수식은 죄를 용서한다는 표징이었고, 이 표징에 의해 서 죄인 자신은 용서를 받았다는 확신을 얻어 하나님 앞에서 일어섰으며, 교회

418) John Calvin, 『기독교 강요』(1559), IV xix 11.
419) John Calvin, 『기독교 강요』(1559), IV xix 12.
420) John Calvin, 『기독교 강요』(1559), IV xix 14. 참고, John Calvin, 『기독교 강요』(1559), III iii-v.

는 그의 죄에 대한 기억을 말소하고, 철저하게 그를 받아들인다는 충고를 받았다. 이 같은 의식이 시대가 경과함에 따라 타락했고, 마침내 공적인 참회와는 별도로 사적인 사유(赦宥)에도 이 의식이 사용되었다.421) 깔뱅에 의하면, 고해성사를 회개의 성사라고 부르는 것보다 차라리 세례를 '믿음과 회개'의 성례라고 부르는 것이 더 나을 것이라고 말한다. '고해'가 성사가 될 수 없는 이유는 "첫째, 고해성사는 그 같은 성례의 유일한 근거인 하나님의 약속이 없기 때문이며, 둘째, 고해성사에서 전개되는 의식은 사람이 조작한 것뿐이기 때문이다. 성례의 의식은 하나님만이 제정할 수 있다는 것을 우리는 이미 증명했다. 그러므로 그들이 소위 고해성사에 관해서 만들어 낸 것은 거짓이며, 협잡이다."422)

셋째, 종부성사(終傳聖事, Extreme Unction)는 성례가 아니다. 로마가톨릭교회에 의하면, 주교가 성별한 기름으로, 사람이 임종 시에 '이 거룩한 도유(塗油)에 의하여 그리고 하나님의 가장 친절하신 자비를 통해, 당신이 봄으로써, 들음으로써, 냄새를 맡음으로써, 접촉함으로써, 또는 맛봄으로써 범한 죄는 무엇이든지 하나님께서 용서하기를 원합니다.'라는 양식을 가지고 사제들만에 의해서 진행되어야 한다. 로마가톨릭교회는 종부성사에는 두 가지 힘, 즉 죄를 용서하는 힘과 필요시 병에서 구원하는 힘이 있다고 상상하며, 그렇지 않을 경우, 영혼을 구원한다고 주장하며, 야고보가 이 성사를 제정했다고 말한다.423)

깔뱅은 종부성사에는 하나님의 인정이나 약속이 없다는 이유로 종부성사를 거부한다. "사도들은 기름을 상징으로 삼아, 그들이 받은 치유의 은사는 그들 자신의 권능이 아니라, 성령의 권능이란 것을 분명하고도 명백하게 증거했다.

---

421) John Calvin, 『기독교 강요』(1559), IV xix 14.
422) John Calvin, 『기독교 강요』(1559), IV xix 17.
423) John Calvin, 『기독교 강요』(1559), IV xix 18.

따라서 아무 효력이 없는 썩은 기름을 성령의 권능이라고 하는 자들은 성령을 중상하는 것이다. 그것은 마치 성경에서 기름을 성령의 권능이라고 부른다고 해서 모든 기름을 그렇게 부르며, 성령이 비둘기 모양으로 나타났다고 해서 (마3:16; 요1:32) 모든 비둘기를 성령이라고 하는 것과 같다. 그러나 이런 문제는 그들 자신이 생각하게 하고, 우리는 다만 그들의 도유는 성례가 아니고, 하나님께서 제정하신 의식도 아니며, 아무 약속도 받지 않았다는 것을 확실하게 인정하면 된다.”[424] 깔뱅에 의하면, 야고보는 모든 병자들에게 기름을 바르기를 원하는데(약5:14), 로마가톨릭교회는 병자가 아니라, 임종시의 시체같이 이미 운명하려는 사람에게만 기름을 바른다. 고통을 완화하는 강한 치유력이 또는 적어도 영혼에 위안을 주는 힘이 그들의 종부성사에 있다면, 기회를 놓치기 전에 치료하지 않는 그들은 잔인한 자들이다. 야보고는 교회의 장로들이 병자들에게 도유하기를 바라는데, 이 사람들은 젊은 사제만을 도유자로 허락한다. 야고보가 병자에게 바르라고 명령한 기름은 보통 기름이었는데, 로마가톨릭교회가 성별한 기름은 주교가 아홉 번씩이나 무릎을 꿇고 성별한 기름이다. 각 세 번 마다 ‘평안할 지어다, 거룩한 기름이여!(holy oil)’, ‘평안할 지어다, 거룩한 기름이여!(holy chrism)’, ‘평안할 지어다, 거룩한 기름이여!(holy balm)’라고 무릎 꿇어 인사한 기름이다.[425]

넷째, 신품성사(神品聖事, the Sacrament of Order)는 성례가 아니다. 깔뱅에 의하면, 로마가톨릭교회는 일곱 가지 신품, 즉 성직계급을 말하며, 이것을 ‘신품성사’라고 부른다. 일곱 신품은 수문품(守門品, doorkeepers), 강경품(講經品, readers), 구마품(驅魔品, exorcists), 시종품(侍從品, acolytes), 차부제품(次副祭品, subdeacons), 부제품(副祭品, decons), 사제품(司祭品, priests)이다. 이 일곱 계급은 성령의 일곱 가지 은혜에 해당되며, 이 계급에

---

424) John Calvin, 『기독교 강요』(1559), IV xix 20.
425) John Calvin, 『기독교 강요』(1559), IV xix 21.

승진되면, 그 은혜를 받는다. 승진됨에 따라 은혜가 증대되며, 더욱 풍부하게 쌓인다. 일곱 신품뿐만 아니라, 아홉 신품이 주장되기도 했다.

깔뱅에 의하면, 성경을 오해하여, 이 수효 자체는 신성시 되었다. "이사야는 여섯 가지만을 말하는데(사11:2), 그들은 성령의 일곱 가지 권능에 대해서 읽었다고 생각하기 때문이다. 또 예언자는 여섯으로 국한하려고 하지 않았다. 다른데서는 성령을 '생물의 신'(겔1:20), '성결의 영'(롬1:4), '양자의 영'(롬8:15)이라고 하고, 이사야서에서는 '지혜와 총명, 모략과 재능, 지식과 여호와를 경외하는 신'이라고 부른다. 보다 더 총명한 자들은 승리하는 교회의 모습을 따른다고 하면서 일곱 신품이 아닌, 아홉 신품을 말한다. 그들 사이에 의견 충돌이 있는데, 어떤 사람들은 성직자의 삭발은 첫 계급으로 그리고 주교직을 마지막 계급으로 생각하며, 다른 사람들은 삭발계급을 없애고, 대주교 계급을 한 계급으로 간주하기 때문이다. 이시도루스의 구분은 다르다. 그는 성가대원과 강경사를 구별해서, 성가대원은 노래를 부르며, 강경사는 신자들의 교육을 위해서 성경을 낭독한다고 한다. 교회법은 이 구분을 따른다."[426]

로마가톨릭교회는 예수 그리스도께서 일곱 신품을 다 가지셨다고 성경 구절을 인용하면서 어리석은 주장을 한다고 깔뱅은 말한다. 예수님은 문지기(요2:15; 마21:12; 요10:7), 강경사(눅4:17), 구마사(막7:32-33), 시종(요8:12), 차부제(요13:4-5), 부제(마26:26), 사제(마27:50; 엡5:2)였다는 것이다.[427] 또한 로마가톨릭교회는 문지기나 강경사나 시종의 경우는 성직자가 아닌 평신도나 소년들에게 시킨다.[428] 문지기는 교회의 열쇠를 받고, 강경사는 성경을 받고, 시종은 양초와 병을 받는 의식을 한다.[429] 깔뱅에 의하면 베드로전서 2:9절의 말씀은 교회 전체에 해당되는 말씀인데, 로마가톨릭교회는 신자들로

---

426) John Calvin, 『기독교 강요』(1559), IV xix 22.
427) John Calvin, 『기독교 강요』(1559), IV xix 23.
428) John Calvin, 『기독교 강요』(1559), IV xix 24.
429) John Calvin, 『기독교 강요』(1559), IV xix 27.

부터 그 칭호를 빼앗아서 삭발한 소수에 대해서만 '거룩한 자가 되리라.'고(벧전1:15-16) 한 것 같이 말한다.430)

다음과 같은 이유로 깔뱅은 '신품성사'를 성례로 간주한지 않는다. "성례는 하나님의 약속을 내포함으로, 하나님만이 제정하시는 것이지 천사나 사람이 제정해서는 안 된다. 약속은 하나님만이 주실 수 있기 때문이다."431) "남은 세 가지 계급을 그들은 '주요'(major) 계급이라고 부른다. 이 중에서 차부제를 여기에 옮겨 온 것은 하급계급이 생겨난 후였다. 그러나 그들은 이 세 계급에 대해서는 하나님의 말씀에 근거가 있다고 생각하기 때문에 특히 '성직'(holy orders)이라고 불러서 존경한다.

로마가톨릭교회는 '장로'나 '사제'라는 말은 같은 뜻이라고 하며, 장로나 사제의 임무는 성단에서 그리스도의 몸과 피를 제물로 드리고 기도를 드리며 하나님의 선물을 감사하는 것이라고 한다. 그러므로 사제들은 서품식에서 하나님께 속죄제물을 드리는(레5:8) 권한이 그들에게 부여되었다는 표로서 성체를 담은 선반을 받으며, 축성하는 권한이 부여되었다는 것을 알리는 표로서 두 손에 기름을 바른다.432)

깔뱅은 로마가톨릭교회의 사제직의 잘못된 기능을 다음과 같이 비판한다. "우선 속죄 제물을 드리는 사제를 자칭하는 사람들은 모두 그리스도를 해하는 자라는 것은 틀림없는 사실임을 인정해야 한다. 아버지께서는 맹세로써 그리스도를 멜기세덱의 반차를 좇는 제사장으로 지명하고, 성별하셨으며(시110:4; 히5:6), 그리스도에게 생명의 끝이나 후계자가 없게 하셨다.(히7:3) 그는 단번에 영원한 속죄와 화목의 제물을 드리셨으며, 하늘 성소에 들어 가셔서 지금 우리를 위해 중보하신다. 그리스도 안에서 우리 모두는 제사장이다.(계

430) John Calvin, 『기독교 강요』(1559), IV xix 25.
431) John Calvin, 『기독교 강요』(1559), IV xix 27.
432) John Calvin, 『기독교 강요』(1559), IV xix 28.

1:6; 베전2:9) 그러나 우리가 할 일은 찬양과 감사를 드리는 것, 즉 우리 자신과 소유를 하나님께 드리는 것이다. 제물을 바쳐 하나님의 진노를 풀며 죄를 대속하는 것은 그리스도만이 받은 직책이다. 이 사람들은 이 직책을 자기들의 것이라고 하는데, 그들의 이 같은 사제직은 불경하며, 신성모독이 아니고 무엇인가?"[433]

깔뱅이 이해하는 장로 또는 사제의 직무는 다음과 같다. "그리스도께서는 자신의 복음과 성례를 맡는 관리인들을 임명하라고 명령하셨지, 희생제물을 드리는 사람들을 임명하라고 하시지 않았기 때문이다. 그리스도께서는 복음을 전파하고(마28:19; 막16:15), 양떼를 먹이라고(요21:15) 명령하셨으나 희생 제물을 드리라고 하시지 않았다. 그가 성령의 은사를 약속하신 것은, 그들이 속죄할 수 있게 하신 것이 아니라, 교회 치리의 임무를 올바르게 맡아서 꾸준히 수행할 수 있게 하시려는 것이었다.(마28:20)"[434] 로마가톨릭교회는 사제를 임명할 때, 마치 그들이 그들의 목에서 성령을 불어 내는 것처럼 '성령을 받으라'(요20:22)고 임명받는 젊은 사제들에게 말한다.[435]

로마가톨릭교회는 아론의 제사자징직을 근거로 그들의 사제직을 주장하지만, 깔뱅은 그리스도의 제사장직은 아론의 제사장직을 폐지한다고 주장한다. "고대의 모든 제사장직은 그리스도의 제사장직만을 예표한 것이다. 그러므로 그리스도 안에서 그 모든 제사장직이 포함되어 있었으며, 우리가 이미 여러 번 말했고, 또 히브리서가 주석 없이도 분명히 증거한 바와 같이 그리스도께서 나타나심으로 인해서 그 모든 제사장직은 폐지되었다. … 그러므로 레위족을 본받으려고 갈망하는 자들은 그리스도를 버리고 목자의 직책을 포기한다."[436]

다섯째, 로마가톨릭교회의 혼인성사(婚姻聖事, Marriage)는 성례가 아니

433) John Calvin, 『기독교 강요』(1559), IV xix 28.
434) John Calvin, 『기독교 강요』(1559), IV xix 28.
435) John Calvin, 『기독교 강요』(1559), IV xix 29
436) John Calvin, 『기독교 강요』(1559), IV xix 30.

다. 깔뱅에 의하면, 결혼을 하나님께서 제정하셨다는 것을 인정하지 않는 사람은 없지만(창2:21-24; 마19:4f), 그레고리우스 시대까지 그것을 성례로 집행하는 것을 본 사람이 없다. 결혼은 하나님께서 정하신 거룩한 규정이며, 농업과 건축업과 구두수선과 이발업도 하나님께서 정하신 합법적인 규정이지만, 성례는 아니다. 성례는 하나님께서 하신 일일뿐만 아니라, 하나님께서 어떤 약속을 확인하시는 외형적인 의식이 지정되어 있어야 한다. 결혼에는 이런 것이 없다는 것은 어린아이들까지도 알 수 있다.[437] 깔뱅은 평신도들에게는 혼인을 성사라고 가르치고, 성직자들에게는 결혼을 금지하는 것은 이해할 수 없는 일이라고 말한다. "그들은 혼인을 성사라는 이름으로 장식하고 나서 그것을 부정(不淨)과 부패와 육적인 추악이라고 부르니 이것은 대체 어떻게 된 경거망동인가? 사제들은 이 성사에서 제외하는 것은 얼마나 불합리한가?"[438]

깔뱅에 의하면, 로마가톨릭교회는 혼인을 영적인 문제로 규정하여, 세속재판관에게 맡기지 않는다. 로마가톨릭교회는 모든 민족의 법과 모세의 규례에도 없는 촌수를 만들어 낸다. 가령, 간음하는 아내를 버린 사람은 재혼할 수 없으며, 대리부모는 서로 혼인할 수 없고, 사순절 전 셋째 일요일부터 부활절 후 8일까지, 요한의 탄생일 전의 3주간 그리고 대림절부터 예수 현현 대축일까지는 결혼할 수 없으며, 이 밖에도 무수한 규정이 있다.[439]

437) John Calvin, 『기독교 강요』(1559), IV xix 34.
438) John Calvin, 『기독교 강요』(1559), IV xix 36.
439) John Calvin, 『기독교 강요』(1559), IV xix 37.

제8장 깔뱅의 예배론[1])

I. 서 론

예배의 정의(定義)와 관련하여,[2]) 한글사전은 "예배"(禮拜; worship;

<hr />

1) 김경진, "칼뱅 장로교 이념의 예배적 적용," 『제4회 한강목회포럼』(2009.6.29), pp. 20-38; 김경진, "종교개혁과 예배," 대한예수교장로회총회교육부(편), 『교육목회』(2000 겨울호)(서울: 한국장로교출판사, 2000), pp. 105-113; 주도홍, "제네바예배모범(1542)," 주승중, "초기교회 예배를 회복하고자 했던 칼뱅의 예배-스트라스부르크 예전(1540)을 중심으로-," 김세광, "칼빈과 한국교회 예배갱신," in: 『요한칼빈탄생500주년기념학술심포지엄: 제5분과』(2009.6.22); 이정숙, "칼빈과 예배," 백석대학교 신학대학원(편), 『백석신학저널』제16권(2009), pp. 31-52 = 『요한칼빈탄생500주년기념학술심포지엄: 제6분과』(2009.6.22), pp. 55-67; 이신열, "칼빈의 창조론을 통해 살펴 본 그의 예배 본질 이해," 『요한칼빈탄생500주년기념학술심포지엄: 제4분과』(2009.6.22), pp. 135-145; 이현웅, "장로교예배 모범의 역사와 전망에 관한 연구,"(2003, 장로회신학대학교 대학원 미간행 Th. D.학위논문); 이현웅, 『21세기에 다시 본 존 칼빈의 설교와 예배』(서울: 도서출판 이레서원, 2009); 정장복, "종교개혁기에 등장한 다양한 예배 전통에 관한 분석," 장로회신학대학교출판부(편), 『長神論壇』제19호(2003), 235-265; 정장복, 『예배학 개론』(서울: 종로서적, 1985), pp. 45-47, pp. 91-111; 최윤배 · 주승중 공저, 『교회를 섬기는 청지기의 길(Ⅰ)』(파주: 도서출판 성안당, 2008), pp. 116-127; T. Brienen, *De Liturgie bij Johannes Calvijn* (Kampen: Uitgeverij De Groot Goudriaan, 1987); John H. Leith, *An Introduction to the Reformed Tradition: A Way of Being the Christian Community* (Louisville · London: Westminster John Knox Press, 1981), pp. 174-197 = 황승룡 · 이용원 역, 『개혁교회와 신학』(서울: 한국장로교출판사, 1989), pp. 208-238; Carlos M. N. Eire, War against the Idols: The Reformation of Worship from Erasmus to Calvin (Cambridge: Cambridge University Press, 1986); Pamela Ann Moeller, "Worship of John Calvin's 1559 'Institutes' with a View to Contemporary Liturgical Renewal,"(U.M.I., Diss. Emory University, 1988); Frank C. Senn, *Christian Liturgy: Catholic and Evangelical* (Minnwapolis: Fortress Press, 1997), pp. 362-370; Bard Thompson (Select. & Intro.), *Liturgies of the Western Church* (Philadelphia: Fortress Press, 1961/1980), pp. 183-224.

2) 이현웅, "장로교예배 모범의 역사와 전망에 관한 연구,"(2003, 장로회신학대학교 대학원 미간행 Th. D.학위논문); 정장복, "종교개혁기에 등장한 다양한 예배 전통에 관한 분석," 장로회신학대학교출판부(편), 『長神論壇』제19호(2003), 235-265; 정장복, 『예배학 개론』(서울: 종로서적출판주식회사, 1985), pp. 45-47, pp. 91-111; 정장복, 『예배학 개론』(서울: 예배와 설교 아카데미, 2005), pp. 136-140; 주승중, "초기교회 예배를 회복하고자 했던 칼빈의 예배-스트라스부르크 예전(1540)을 중심으로-," 『요한칼빈탄생500주년기념학술심포지엄: 제5분과』(2009.6.22), pp. 75-95; 최윤배 · 주승중 공저, 『교회를 섬기는 청지기의 길(Ⅰ)』(파주: 도서출판 성안당, 2008), pp. 116-127; 황대우, "교제로서의 예배와 삶: 마르틴 부써의 예배 이해," 황대우 편저, 『삶, 나아닌 남을 위하여: 마르틴 부써의 기독교윤리』(서울: SFC, 2007), pp. 89-112; 의

weorthscipe = worth + ship)를 "① 공경하는 마음으로 경례하고 절함 ② 신(神)이나 부처(Buddha, 필자주) 앞에 절함 ③ 교회당에서 신자가 기도하는 종교적 의식의 일종 ④ 흠숭(欽崇)하고 기도하는 일."로 정의하고 있다.[3]

"예배"에 대한 성서사전적 의미를 간단하게 살펴보면 다음과 같다. 구약성서에서 예배 전체를 표현할 수 있는 한 가지 단어를 찾는 것은 쉽지 않다. 그러나 그 중에 대표적인 두 가지 단어는 "아바드"(עבד)와 "샤아"(שחה)이다. 전자는 "섬기다."(serve; 출3:12; 출4:23; 출7:16) 등의 의미를 갖고,[4] 후자는 "절하다, 굴복하다."(bow down; 사2:11, 17; 욥9:13) 등의 뜻을 지닌다.[5] "예배"와 관련된 신약성서 헬라어는 다양하지만($προσκουνέω$, $λατρεία$ 등),[6] 그 중에 대표적 단어가 "프로스쿠네오"인데, "엎드려 경배하다."(fall down and worship) 등의 뜻을 갖는다.[7] 신약성서에서 대개의 경우, 이 단어는 신적인 어떤 것을 대상(對象)으로 삼아 사용된다.[8]

김세광은 예배와 관련된 헬라어 여섯 단어들을 분석한 후, "예배는 '경배하

John H. Leith, An Introduction to the Reformed Tradition: A Way of Being the Christian Community (Louisville · London: Westminster John Knox Press, 1981), pp. 174-197 = 황승룡 · 이용원 역, 『개혁교회와 신학』(서울: 한국장로교출판사, 1989), pp. 208-238; Gerrit Jan van de Poll, Martin Bucer's Liturgical Ideas (Assen: Van Gorgum & Comp. N.V., Proefschrift, Rijksuniversiteit te Groningen, 1954); Frank C. Senn, Christian Liturgy: Catholic and Evangelical (Minneapolis: Fortress Press, 1997), pp. 362-370; Bard Thompson (Select. & Intro.), Liturgies of the Western Church (Philadelphia: Fortress Press, 1961/1980), pp. 157-181; Lukas Vischer, Christian Worship in Reformed Churches Past and Present (Grand Rapids: William B. Eerdmans Publishing Company, 2003).

3) 국어국문학회 (감수), 『새로나온 국어대사전』(용인: 민중서관, 2007), pp. 1806-1807.

4) F. Brown, S. R. Driver & C. A. Briggs (ed.), Hebrew and English Lexicon of the Old Testament with an Appendix Containing the Biblical Aramaic (Oxford: Oxford University Press, 1966), pp. 712-713.

5) F. Brown, S. R. Driver & C. A. Briggs (ed.), Hebrew and English Lexicon of the Old Testament with an Appendix Containing the Biblical Aramaic, pp. 1005-1006.

6) 김세광, "현대교회에서 예배정의에 대한 신학적 고찰," 서울장신대학교 (편), 『서울長神論壇』 제9집 (2001), p. 178.

7) W. F. Arndt & F. W. Gingrich (trans. Walter Bauer), A Greek-English Lexicon of the New Testament and Other Early Christian Literature (Chicago/London: The University of Chicago Press, 1979), pp. 716-717.

8) G. Friedrich(Hrg.)/G. W. Bromiley(trans. & ed.), Theological Dictionary of the New Testament Volume VI (Grand Rapids: Wm. B. Eerdmans Publishing Company, 1968), pp. 763-765.

다' '엎드려 절하다' '예배하다' '섬기다', '예배', '제사' '봉사하다' '위하는
(worship)' '숭배함을 받는' '경배하는' '공경하는' '섬기는' '직무' '직분
(ministry)' '일군(minister)' '종교' '숭배함' '경건' '모여서' 등으로 번역되
어 있다."라고 주장했다.9)

예배에 대한 성서사전적인 뜻을 기억하면서, 예배에 대한 신학적 정의를 살
펴보자. 김경진은 "씌어진 예식서들"(written liturgies)이나 "예식서 또는 예
식과 관련한 책들"(liturgical texts)에만 국한시켜 이해된 협의(狹義)의 예배
개념보다는 인간의 다양한 형태의 응답을 포괄할 수 있는 광의(廣義)의 예배
개념이 예배신학 자체를 위해서나 종교개혁자들의 예배 연구를 위해서도 타
당성이 있는 것으로 이해했다.10)

"예배는 하나님 중심적이다. 오락은 인간중심적이며 사람을 즐겁게 하는 것
이다."라고 주장한 위어스비(Warren Wiersbe)의 말과, "진정한 예배란 하나
님을 높이는 단 하나의 목적을 위해 무한한 광휘에 완전히 잠겨 있다. 그렇지
못한 예배는 우상숭배일 뿐이다."라고 주장한 던(Marva Dawn)의 말에 동의
하는 주승중은 "예배는 오직 하나님께만 영광을 돌리는 응답의 행위"라고 설
득력 있게 주장했다.11) 개인에 대한 우상화 등을 통해서 한국교회의 비성서
적, 비신학적 예배 현상을 예리하게 지적한 김운용은 "기독교 예배는 언제나
'나 드림'(self-giving)의 예배"임을 역설했다.12)

하나님께서 직접 부르시고, 명령하신 하나님 중심의 예배를 통해 우리는 하나
님께 영광을 돌리고, 하나님의 은혜를 받으며, 우리에게 위임된 사명을 올바르게

9) 김세광. "현대교회에서 예배정의에 대한 신학적 고찰." pp. 184-185.
10) 김경진. "종교개혁과 예배," 대한예수교장로회총회교육부 (편), 『교육목회』(2000 겨울), pp. 105-106;
    김경진. "칼뱅 장로교 이념의 예배적 적용," 『제4회 한강목회포럼』(2009.6.29), p. 20.
11) 주승중. "21세기 한국교회 예배를 위한 영성," 장로회신학대학교 연구지원처 (편), 『제3회 소망신학포
    럼: 21세기 기독교 영성과 교회: 예배, 교육, 목회』(서울: 장로회신학대학교출판부, 2008), pp. 21-22.
12) 김운용. "돌들로 떡을 만들라!: 현대 소비주의 문화 속에서의 예배의 신학적 이해," 장로회신학대학교
    출판부 (편), 『교회와 신학』 제64호(2006 봄호), p. 63.

깨달아 교회공동체는 물론 가정을 비롯하여 사회와 세상을 섬기기 위해 그곳으로 파송 받을 수 있고, 파송 받아야 한다. 이런 의미에서 "교회는 하나님의 현현 속에 자신을 떨어뜨리는 수직적인 움직임(vertical movement)을 가질 뿐만 아니라, 세상을 향해 자신이 경험한 놀라운 하나님 경험을 드러내는 수평적 움직임(horizontal movement)으로 나타나야 한다."13) "하나님은 단순히 예배를 받으시는 존재만이 아니라 그 앞에 제단을 쌓고 있는 무리들에게 사명을 부여하시는" 분이시다.14) "즉 예배를 통해서 수직적으로는 인간과 하나님의 만남과 교제가 이루어지고, 동시에 수평적으로는 예배에 참여한 인간과 인간의 만남과 교제가 이루어지는 곳이 바로 예배의 자리였던 것이다. … 기독교 예배는 보다 통합적인 면에서 이해됨으로써 하나님과 예배자인 인간의 관계를 온전케하고, 한 몸을 이룬 교회의 구성원간의 공동체성을 회복하면서, 더 나아가 교회로 하여금 세상과 함께 할 수 있는 신학적 기반을 넓혀 갈 수 있어야 할 것이다."15)

한국장로교회 중에서 한 대표적 교단의 헌법은 "예배"와 관련하여, "1. 예수 그리스도를 통하여 구속의 역사를 펴신 분이 하나님이시며 오늘도 예배를 드리도록 성도들을 부르시는 것도 전적으로 하나님의 주권적인 행사에 속한다. 그러므로 예배를 통하여 주시는 용기와 사랑과 새 힘의 근원도 모두 하나님이시다. 2. 그러므로 예배는 하나님을 섬기는 성도들의 응답이며 구체적인 행위이다. 이 예배는 인위적인 행사로 되는 것이 아니며 성경말씀의 증거와 성례전 가운데서 성령의 역사를 통하여 보여주신 예수 그리스도의 구속의 은총을 깨닫는 믿음 가운데서 이룩되어야 한다."고 규정함으로써, 예배는 주권적인 삼위일체 하나님과 그의 사역에 대한 교회와 성도들이 마땅히 드려야할 신앙적 응답과 행위임을 우리에게 가르쳐 주고 있다.16) 또한 이 교단의 예식서

---

13) 김운용, "예배 부흥과 개혁: 우리 시대에도 예배는 영광스러워야 한다." 『전통과 해석: 은성강좌 2004-2006』(김해: 부산장신대학교출판부, 2007).

14) 정장복, 『예배학 개론』(서울: 예배와 설교 아케데미, 2003), p. 28.

15) 이현웅, 『21세기에 다시 본 존 칼빈의 설교와 예배』(서울: 이레서원, 2009), pp. 108-109.

는 "하나님을 예배하는 행위는 교회의 가장 중요한 일이다. 주님이 부활하신 주일에 드리는 예배에서 주의 백성들은 가장 큰 감격을 느낀다. 그 이유는 예배란 하나님의 백성들이 하나님이 주신 창조의 은총과 예수 그리스도를 통하여 주신 구원의 은총을 깨닫고 감격하여 드리는 하나님의 백성들의 응답행위이기 때문이다."라고 서술함으로써, 예배는 교회와 성도들이 마땅히 행해야 하는 가장 중요한 신앙행위이며, 하나님의 창조와 구속 은총에 대한 그들의 응답의 행위임을 명기하고 있다.[17]

예배의 정의와 관련하여, 김세광은 예전적 예배, 말씀 중심의 예배, 은사 중심의 예배를 나누어 정리했는데, 말씀 중심의 예배가 특징으로 나타나는 "개혁교회(장로교회)에서는 예배란 하나님의 주권적 은혜로 인간을 죄에서 구원하셨다는 복음을 이해하고, 선포하며, 실행하는 것이다."라고 정의한 후,[18] "예배란 예수 그리스도의 구속사에 나타난 하나님의 성품과 섭리와 은혜의 계시에 대해서 성령의 감동을 받은 회중들이 한 자리에 함께 모여서, 그들의 몸과 감사의 마음과 정성을 다해 찬양과 기도로 응답하는 것인데, 하나님 나라의 완성과 하나님의 보좌에서 드려지는 천상의 잔치를 대망하는 것이다."라고 예배에 대한 총체적 정의를 내렸다.[19] 주승중은 "예배란 무엇인가?"라고 질문한 후, "예배에 대한 예배학자들의 정의를 요약하여 표현한다면 '예수 그리스도의 구속사건 안에 나타난 하나님의 사랑과 은혜에 대한 인간의 응답'"이라고 간결하면서도 핵심적으로 답했다.[20]

우리는 위에서 논의한 광의적(廣義的)이면서도 통합적(統合的)인 관점에서 이해된 예배와, 개혁교회의 예배에 대한 정의를 염두에 두면서 깔뱅의 예배 이

---

16) 대한예수교장로회총회(편), 『대한예수교장로회 헌법』(서울: 한국장로교출판사, 1998), p. 246.
17) 총회예식서개정위원회(편), 『대한예수교 장로회 예배 · 예식서』(서울: 한국장로교출판사, 2008), p. 24.
18) 김세광, "현대교회에서 예배정의에 대한 신학적 고찰," p. 192.
19) 김세광, "현대교회에서 예배정의에 대한 신학적 고찰," p. 194.
20) 주승중, "바람직한 예배의 갱신을 위한 방향과 과제," 대한예수교장로회총회교육부 (편), 『교육목회』 (2000 겨울), p. 192.

해에 대해 고찰하도록 한다.

맥키(A. E. McKee)에 의하며, 예배의 개념이 종종 기록된 예식서에만 제한하여 협의로 이해되어 모호한 점이 없지는 않지만, "예배의 개혁은 16세기 개신교 종교개혁의 중심이었으며, … 여기서(그녀의 글, 필자주) 의도하는 예배의 의미는 우리가 취할 수 있는 모든 형태들 속에서 하나님에 대한 인간의 근본적인 숭앙(崇仰)과, 하나님을 하나님으로 경외하는 인정과, 하나님을 하나님으로 예배하는 것이다."라고 적절하게 말했다.21)

본고에서는 우리는 깔뱅의 예배신학의 역사적 배경, 예배의 주요 구성요소들, 예배신학의 특징과 깔뱅의 1545년 스트라스부르 예배의식서를 중심으로 예배예전의 의미와 실천에 대하여 다루고자 한다.

깔뱅의 예배신학에 대한 분석과 관련하여 깔뱅의 제1차 문헌을 개괄하면 다음과 같다. 깔뱅의 예배신학이 이미 그의 『기독교 강요』초판(1536)이나22) 깔뱅 자신이 이 초판을 근거로부터 발췌한 요약본인 『제네바교회가 사용하는 신앙훈련과 고백』(Instruction et confession de Foy don't on use en l'Église de Genève, 1537)이나23) 『목회자들에 의해서 시의회에 제안된 제네바에 있는 교회의 조직과 예배에 관한 조항들』(Articles concernnant L'organisation de l'Église et du Culte a Genève, proposés au Conseil par les misnisters Le 16. Janvier 1537.)에서24) 부분적으로 나타났다.

그러나 스트라스부르와 제네바에서 개정판을 거듭한 『고대교회의 관습에 따라 성례전집례와 결혼의식의 방법과 함께 있는 교회기도와 찬송의 형태』

---

21) Elsie Anne Mckee, "Context, Contours, Contents: Toward a Description of the Classical Reformed Teaching on Worship," in: *The Princeton Seminary Bulletin* Vol. XVI, Number 2, New Series 1995), p. 173.

22) OS I, 19-283; John Calvin(양낙흥 역), 『기독교 강요(초판)』(서울: 크리스챤다이제스트, 2002).

23) CR 50, pp. 32-74; John Calvin(한인수 역), 『깔뱅의 요리문답』(서울: 도서출판 경건, 1995), pp. 25-98; John Calvin(이형기 역), 『기독교강요요약』(고양: 크리스챤다이제스트, 2008), pp. 16-74.

24) P. Barth (ed.), OS I, 369-377(= CR Xa, 5-14).

(La Forme des Prieres ey Chantz ecclesiastiques, auec la maniere d'administrer les sacramens, et consacrer le Mariage: selon la constume de l'Eglise abcienne. 1542)에는 그의 예배신학이 더욱 분명하게 발견된다.[25] 그런데 바로 이 『고대교회의 관습에 따라 …』의 "초판(1539년 또는 1540년, 필자주)은 분실되었고, 재판은 깔뱅의 후계자인 뻬에르 브룰리(Pierre Brully)에 의해 1542년에 출판되었고, 깔뱅 자신에 의하여 편집된 제3판(1545, 필자주)은 스트라스부르에서 출판되었다."[26]

위의 작품 외에도 우리는 『교회법안』(1541, Project d'ordonnances ecclésiastical Ordinances)과[27] 『제네바교회의 교리문답』(1541/1542, Le Catéchisme de L'Église de Genéve)과[28] 『제네바교회의 직제』(1561, Les ordonnances ecclésiastiques)와[29] 특별히 『기독교 강요』최종판(1559)이 우리의 연구를 위하여 매우 중요한 자료다.[30]

25) *Calvini Opera* VI, 173-184(= OS II, 11-58; Bard Thompson (Select. & Intro.), *Liturgies of the Western Church* (Philadelphia: Fortress Press, 1961/1980), pp. 197-210.

26) Bard Thompson (Select. & Intro.), *Liturgies of the Western Church* (Philadelphia: Fortress Press, 1961/1980), p. 189. 분실된 초판의 연대는 1539년 또는 1540년으로 추측되며, 프랑스어로된 1542년 스트라스부르크판의 서문(골3:16)과 1542년 제네바판의 서문(시150편)도 다르다. 주도홍, "제네바예배모범"(1542), 『요한칼빈탄생 500주년기념 학술심포지엄: 제5분과』(2009.6.22), pp. 19-23; 주승중 · 최윤배, 『교회를 섬기는 청지기의 길(Ⅰ)』(파주: 도서출판 성안당, 2008), p. 123. 맥스웰은 초판 예식서가 1539년 말이나 1540년 초에 출판되었다고 주장하면서 여러 개정판들의 내용은 거의 유사하며, 그 구조가 비슷한 1537년~1539년의 부처의 스트라스부르크의 예배의식과, 1540년, 1542년, 1545년의 스트라스부르크에서 발간된 깔뱅의 예식과, 1542년, 1547년에 제네바에서 발간된 깔뱅의 예배의식을 비교 소개하고 있다. William Maxwell, *A History of Christian Worship: An Outline of Its Development and Forms*, 정장복 역, 『예배의 발전과 그 형태』(서울: 장로회신학대학교 교회 커뮤니게이션연구원/성지출판사, 1994), pp. 155-157.

27) CR 10a, 15-38; OS II, 328-361; LCC XXII, pp. 36-72.

28) CO VI, 1-134; John Clavin(한인수 역), 『깔뱅의 요리문답』, pp. 99-219; 최윤배 공저, 『개혁교회의 신앙고백』, pp. 146-186; 박위근 · 조용석 (편저), 『요하네스 칼빈의 제네바 교회의 교리문답』(서울: 한들출판사, 2010).

29) CO 10a, 91-124; D. W. Hall & J. H. Hall, ed., *Paradigma in Polity: Classical Readings in Reformed and Presbyterian Church Government* (Grand Rapids: William B. Eerdmans Publishing Company, 1994), pp. 140-155.

30) P. Barth (ed.), OS III-V; LCC XX-XXI; 한글판 『기독교강요』(1559) (크리스챤다이제스트, 생명의 말씀사 등).

II. 깔뱅의 예배신학의 역사적 배경: "중간의 길"(via media)

깔뱅의 예배신학의 역사적 배경과 관련하여, 우리는 여러 가지 관점들을 고찰할 수 있겠지만, 크게 세 가지를 언급할 수 있을 것이다.

첫째, 16세기 종교개혁시대에 깔뱅은 로마가톨릭교회의 반동종교개혁과 "급진적" 종교개혁 중간에, 그리고 루터와 츠빙글리 중간에 서 있었다.[31] 반동종교개혁과 급진적 종교개혁에 대한 깔뱅의 태도는 루터와 츠빙글리에 대한 태도 보다 더욱 비판적이고, 더욱 변증적이었다. 개신교 종교개혁 운동 안팎에서 벌어졌던 16세기의 성찬론 논쟁이 곧 예배신학에 대한 논쟁이라는 도식은 비약된 결론일지라도, 성찬론을 중심으로 16세기 로마가톨릭교회의 반동종교개혁과 개신교 종교개혁자들(루터, 츠빙글리, 부처, 파렐, 멜란히톤, 깔뱅, 불링거 등)이 취했던 입장은 예배에 대한 그들의 입장과 어느 정도 맥을 같이하고 있다고 말해도 큰 무리는 없을 것이다.

먼저 개신교 종교개혁 밖의 반동종교개혁과, 토마스 뮌처와 재세례파를 비롯한 급진적 종교개혁 운동을 개신교 종교개혁자들과 비교해 볼 때, 화체설을 주장한 로마가톨릭교회는 예배 의식(儀式) 자체를 어떤 면에서는 절대화할 정도로 매우 강조하였다면, 급진적 종교개혁 운동은 예배 의식을 지나칠 정도로 무시하고, 폐기하는 쪽으로 진행되었고, 개신교 종교개혁자들은 양자의 중간에 위치했다고 볼 수 있다. 또한 개신교 종교개혁 안에서 종교개혁자들을 상호 비교해 볼 때, 공재설을 주장한 루터는 로마가톨릭교회의 예배 의식의 상당 부분을 그대로 답습했다면, 기념설 내지 상징설을 주장한 츠빙글리는 예배 의식,

---

31) 참고. 박경수, "칼뱅의 통전적 신학방법론, via Media," 「장신논단」 제34집(2009), pp. 39-65, p. 48.

특별히 성찬론 부분을 약화시켰지만, 영적 임재설(성령론적 임재설)을 주장한 부처와 깔뱅은 양자의 중간에 서 있었다고 볼 수 있다.

바로 이점에서 맥키(A. E. McKee)는 정당하게도 "개혁파"(reformed)라는 용어를 츠빙글리와 부처·깔뱅 양 진영에 동시에 적용시키면서도, 양자를 다음과 같이 구별한다. "부처·깔뱅 또는 스트라스부르·제네바의 조류(潮流)는 마르틴 루터와 츠빙글리로부터 흘러나왔지만, 그것은 '칼빈주의' 개혁파(Reformed)라고 불러지게 되었다. 왜냐하면 가르침과 실천에 대한 깔뱅의 체계적 형성은 이후 세기들에 거쳐 가장 강력하게 영향을 미쳤기 때문이다."[32]

"부처는 아직도 복잡한 루터의 예배와 너무나도 간단한 츠빙글리 예배의 중간 지점에서 개혁교회 예배의 기틀을 마련하였다."[33] "1530년 부처(Bucer)가 그 지역의 책임을 맡으면서부터 독자적인 개혁 노선을 걷는 도시로 등장하게 되었다. 그때 부처는 지금껏 루터계의 바탕 위에 있던 예배 속에 츠빙글리의 사상을 도입하기 시작했다. 그 결과 스트라스부르에서 사용된 독일어 미사는 루터와 츠빙글리의 중간적 성격을 띠게 되는 양상을 가져 왔다."[34] "칼빈의 예배에 관한 입장은 루터와 츠빙글리의 중간 정도로 보면 정확할 것이다."[35]

둘째, 깔뱅은 파렐과 부처, 특히 부처로부터 긍정적인 큰 영향을 받았다. 주승중은 깔뱅의 "예배의 두 스승"으로서 파렐과 부처를 손꼽는다. "1531년 츠빙글리의 사망 후에 개혁파 전통의 창조적인 예봉은 취리히에서 스트라스부르로 이동했다. 과격했던 츠빙글리의 사후에 개혁교회는 두 번째 국면을 맞이하게 되었는데, 그 국면을 지배한 사람은 쟝 칼빈과 그의 예배의 두 스승이라고 할 수 있는 윌리엄 파렐(Willam Farel, 1489~1565)과 마틴 부처이다."[36] "쟝 깔뱅이

---

32) Alsie Anne McKee, "Context, Contours, Contents: Towards a Description of the Classical Reformed Teaching on Worship," *The Princeton Seminary Bulletin* (Volume XVI Number2 New Series 1995), p. 172, Footnote 1, 참고 pp. 172~201.

33) 주승중·최윤배, 『교회를 섬기는 청지기의 길(Ⅰ)』(파주: 도서출판 성안당, 2008), p. 117.

34) 정장복, 『예배학 개론』(서울: 예배와 설교 아카데미, 2003), p. 136

35) 이현웅, 『21세기에 본 존 칼빈의 설교와 예배』(서울: 이레서원, 2009), p. 115.

제네바에 처음 도착했을 때, 예배는 윌리암 파렐이 1524년에 츠빙글리의 노선 (路線; lines)에 따라 작업했던 예전에 의해 진행되었다. 예전은 본질적으로 설교를 하는 예배였고, 주님의 성찬은 가끔씩 집례 되었을 뿐이다."37)

깔뱅은 제1차 제네바 시절(1536-1538)에 파렐이 직접 작성한 예배서인 『백성들이 하나님의 말씀을 듣기 위하여 모였을 때, 설교 시(時) 준수되어야 할 방법』(La maniere et Fasson quon tient … es lieux que Dieu de sa grace a visites, 1524; Jenny의 설명과 복사로 1538년 재판)을 직접 경험하고,38) 파렐을 비롯하여 다른 목회자들과 함께 『목회자들에 의해서 시의회에 제안된 제네바에 있는 교회의 조직과 예배에 관한 조항들』(Articles concernnant L'organisation de l'Église et du Culte a Genève, proposés au Conseil par les misnisters Le 16. Janvier 1537.)을 제네바 시의회에 제출했다.39)

디볼트 쉬바르츠(Diebold Schwarz)는 스트라스부르에서 미사를 개정하여 예식서를 만들었는바, 이것은 1524년 2월 16일 스트라스부르 성 로렌스 (St. Laurence) 교회의 성 요한 채플(John's Chapel)에서 독일어로 처음 집례 되었다.40) "독일어로 된 쉬바르츠의 개정본은 1524년 스트라스부르에서 사용되었으며, 마르틴 부처에 의해서 인도된 아주 유능한 신학자들의 지도력으로 1539년까지 보존적이면서도 창조적으로 적어도 일곱 번 개정작업이 계속되었다."41) 1537년에 개정되기 이전의 정보(情報)는 부처의 작품 『근본과 원

---

36) 주승중 · 최윤배, 『교회를 섬기는 청지기의 길(Ⅰ)』(파주: 도서출판 성안당, 2008), p. 120. 참고. 정장복, "종교개혁기에 등장한 다양한 예배 전통에 관한 분석," 장로회신학대학교출판부(편), 『長神論壇』제19호(2003), pp. 255-256.

37) John H. Leith, *An Introduction to the Reformed Tradition: A Way of Being the Christian Community* (Louisville · London: Westminster John Knox Press, 1981), p. 188.

38) "La manier et Fasson"(1524, The Manner Observed in Preaching When the People Are Assembled to Hear the Word of God), in: Bard Thompson (Select. & Intro.), *Liturgies of the Western Church* (Philadelphia: Fortress Press, 1961/1980), pp. 216-218.

39) P. Barth (ed.), OS I, 369-377(= CR Xa, 5-14); LCC XXII, 48-55.

40) William Maxwell, *A History of Christian Worship: An Outline of Its Development and Forms*, 정장복 역, 『예배의 발전과 그 형태』(서울: 장로회신학대학교 교회 커뮤니케이션연구원/성지출판사, 1994), pp. 122-125.

인』(Grund und Ursach, 1524)에서 찾아볼 수 있고,42) 1537년부터 1539년 사이의 변화는 1539년 판에서 찾아 볼 수 있다.43) 부처의 1537년의 『예식서』 (Psalme und geistliche Lieder, Form und gebett, zum eynsegen der EE, den heiligen Tauff Abentmal, besuchung der Krancken und begrebnisz der abgestrobnen, 1537)와,44) 그의 1539년의 『예식서』(Psalter mit aller Kirchenübing, 1539)에서45) 미사의 구조와 형태가 여전히 보존되었다. 그리고 "이 두 예식서들 사이에 존재하는 차이점들은 너무나도 근소하여, 우리는 이 두 예식서들을 함께 논의할 수 있다."46)

또한 깔뱅은 스트라부르 시절(1538-1541)에 부처의 예배의식도 직접 경험했다. 비록 스트라스부르의 예식서가 미사로부터 파생되었을지라도, 깔뱅은 쉬바르츠와 부처의 작품이 초대교회(primitive church)의 실천들을 따르고 있는 것이라고 믿었다. "이 모든 것들에 대한 관점에서 대부분의 학자들은 깔뱅이 십계명과 같은 그러한 것을 추가하고, 많은 다양한 부분들을 축소시키면서, 여기저기에서 부처의 작품을 고쳤을 뿐이라고 말했다."47) "스트라스버그

41) John H. Leith, An Introduction to the Reformed Tradition: A Way of Being the Christian Community (Louisville · London: Westminster John Knox Press, 1981), p. 181.
42) Robert Stupperich (Hrg.), "Grund und Ursach aus gotlicher schrifft der neüwerungn an den nachtmal des herren, so man die Mess nennet, Tauff, Feyrtagen, bildern und gesang in der gemein Christi, wann die zůsammenkompt, durch und auff das wort gottes zů Strasburg fürgenommen 1524," Martin Bucers Deutsche Schriften Band I: Frürschriften 1520-1524 (Gütersloh: Gütersloher Verlagshaus Gerd Mohn, 1960), S. 185-278.
43) William Maxwell, A History of Christian Worship: An Outline of Its Development and Forms, 정장복 역, 『예배의 발전과 그 형태』(서울: 장로회신학대학교 교회 커뮤니게이션연구원/성지출판사, 1994), 140-153.
44) 주승중 · 최윤배, 『교회를 섬기는 청지기의 길(I)』(파주: 도서출판 성안당, 2008), p. 118-119.
45) Bard Thompson (Select. & Intro.), Liturgies of the Western Church (Philadelphia: Fortress Press, 1961/1980), pp. 167-181; Fr. Hubert, Die Strassburger liturgischen Ordnungen im Zeitalter der Reformation, Göttingen 1900, S. 90-114.
46) Gerrit Jan van de Poll, Martin Bucer's Liturgical Ideas (Assen: Van Gorgum & Comp. N.V., Proefschrift, Rijksuniversiteit te Groningen, 1954), p. 32.
47) Bard Thompson (Select. & Intro.), Liturgies of the Western Church (Philadelphia: Fortress Press, 1961/1980), p. 189.

(스트라스부르, 필자주)에서의 예배개혁은 칼빈이 이곳에 망명와 불어권 회중들을 목회하면서 완전한 정착을 가져왔다. 부처의 환영을 받으면서 이곳에서 1541년 제네바로 다시 돌아가기까지 약 3년 동안 지내면서 칼빈은 부처의 예배개혁에 많은 영향을 받게 된다. 그에게 있어서 부처가 작성한 예배 모범(Service book)은 매우 중요했다. 그가 예배 인도자로서 이곳에서 활동하는 동안 부처의 예배 모범을 사용하였고, 나중에도 약간의 수정을 가한 예배 모범을 발전시켰을 뿐이었다."[48]

셋째, 깔뱅의 예배신학은 반동종교개혁과 급진적 종교개혁 운동과의 변증적인 상황, 루터와 츠빙글리와의 긍정적 또는 부정적 영향, 그리고 파렐과 부처로부터 상당한 긍정적인 영향 속에서도 형성되었지만, 이것이 다가 아니다. "물론 칼빈의 예배가 스트라스부르의 개혁자 마틴 부처의 영향을 크게 받은 것은 사실이지만, 칼빈은 그런 배경 속에서 나름대로 자신의 예배를 개발할 수 있었다."[49] "전체적으로 볼 때 칼빈의 예배가 갖는 특징은 자신의 독창적인 것 보다는 마틴 부처의 영향이 컸음을 알 수 있다. … 칼빈 자신도 '주일에 드리는 예배에 있어서 나는 스트라스부르 예배를 따랐으며, 많은 부분들을 거기에서 빌려왔다.'라고 말하였다. … 그럼에도 불구하고 칼빈은 나름대로 자신의 독자적인 예배를 만들어나가게 되었다. 그는 무엇보다도 초대교회에서 이루어졌던 성찬 예전의 단순성을 회복하려고 힘썼다."[50] 깔뱅은 특별히 성서에 근거한 초대교회의 예배회복이라는 신학사상과 방법으로 인해 성서주석으로부터 큰 영향을 받았음에 틀림없다. 위에서 언급한 세 가지 외에도 교부 사상이나 명료성과 경건의 실천을 강조한 기독교 인문주의의 등으로부터 받은 깔뱅의 영향에 대하여 우리는 얼마든지 논의할 수 있을 것이다.

---

48) 정장복, "종교개혁기에 등장한 다양한 예배 전통에 관한 분석," 장로회신학대학교출판부(편), 『長神論壇』제19호(2003), p. 256.

49) 이현웅, 『21세기에 본 존 칼빈의 설교와 예배』(서울: 이레서원, 2009), p. 115.

50) 이현웅, 『21세기에 본 존 칼빈의 설교와 예배』, p. 134.

III. 예배의 주요 구성요소들

어떤 깔뱅 연구가들은 깔뱅의 『예배 모범서』(1542)에 근거하여 그가 주장한 예배 요소를 세 가지, 즉 말씀선포, 공적 기도, 성례전 집례라고 주장한다.[51] 깔뱅은 실제로 그의 『예배 모범서』의 "독자에게 주는 서신"(Epistre au Lecteur)에서 예배의 주요한 세 가지 요소를 언급하고 있는 것은 사실이다. "지금, 우리 주님께서 우리의 영적인 모임들 가운데서 받아들이기를 명령하셨던 것이 총체적으로 세 가지가 있다. 알아두어야 할 세 가지는 곧, 주님의 말씀의 선포와 공적이고도 엄숙한 기도와 주님의 성례전의 시행이다."[52]

그러나 우리가 깔뱅의 예배신학 자체를 세부적으로 들여다 보면, 그의 초기 사상에 해당되는 『기독교 강요』초판(1536)에서 예배의 주된 세 가지 요소에다가 교제(구제)의 요소를 이미 포함시키고 있음이 발견된다. 깔뱅은 『기독교 강요』초판(1536)에서 교회의 표지(ecclesiae notae)를 두 가지로 주장한다. "우리는 아직 하나님의 판단에 대하여 확실하게 알지 못하는 가운데 있다. 비록 어떤 사람들이 교회에 속했는지 아닌지를 개인적으로 구별하는 것이 우리에게 허락되어 있지 않을지라도, 그러나 하나님의 말씀이 순수하게 선포되어지고, 들려지는 것을 우리가 보는 곳과, 그리스도의 제정에 따라 성례전이 시행되는 것을 우리가 보는 곳에 하나님의 교회가 존재한다는 사실은 의심의 여지가 없다."[53] 두 가지 표지를 가진 교회에서 예배 시(時)마다 말씀이 선포되어

---

51) 주도홍, "제네바예배모범(1542)," 『요한칼빈탄생 500주년기념 학술심포지엄(제5분과)』(2009.6.22), p. 22.
52) OS II, 13: "Or, il y a en somme trois choses, que nostre Seigneur nous a commandé d'observer en noz assemblees spirituelles Assavoir, la predication de sa parolle : les oraisond publiques et sonnelles : et l'administration des ses Sacremens."
53) OS I, 91: "Quanquam autem, dum adhuc, incertum est nobis Dei iudicium, censere singulatim non

지고, 성례전이 시행되어야함을 깔뱅은 우리에게 가르쳐 준다.

또한 깔뱅은 주기도문의 각 구절에 대한 구체적인 해설 이전에 먼저 기도에 대한 일반적인 원리를 설명하는 바, 비록 우리는 항상 어디서든지 언제든지 "신령과 진정으로" 예배드릴 수 있고, 예배드려야 하지만, 예배드리기 위해 정해진 공적인 장소가 필요하다. 왜냐하면 신자들의 모임으로서 교회는 공적인 장소에서 기도하고, 말씀을 듣고, 성례전에 참여하기 때문이다. "그러므로 우리가 '성전들'이라 부르는 공적인 장소들이 정해져왔다. 그러나 성전들의 어떤 비밀스런 거룩함으로 인해 기도를 더 거룩하게 만들거나 그들의 기도가 하나님께 더 잘 상달(上達)되는 원인을 만드는 것은 아니다. 기도하고, 말씀을 듣고, 동시에 성례전에 참여하기 위하여 신자들이 모일 때, 신자들의 모임을 보다 더 편리하게 받아들이기 위한 목적으로 성전들이 의도되었다."54)

깔뱅에 의하면, 공중 기도를 할 때, 자국어로 해야 하는 이유는 서로 알아들음으로써, 하나님께 영광을 돌리고, 신앙고백 등을 통한 성도의 교제가 가능하기 때문이다. "왜냐하면 이 혀는 하나님을 칭송하고, 하나님의 칭송을 선포하기 위하여 분명히 창조되었다. 그러나 혀의 주된 용도는 신자들의 모임에서 진행되는 공중 기도에서 사용되는 것이다. 우리가 한 영과 동일한 신앙으로 예배드림으로써, 신자들의 모임에 의해서 공통된 한 목소리를 가지고, 말하자면, 동일한 입으로 우리 모두 다함께 하나님께 영광을 돌린다. 그리고 모든 사람들은 한 형제로부터 다른 형제에서 상호적으로 신앙고백을 받아들일 수가 있고, 그의 공중 기도의 모범을 통하여 초대되는 일을 우리는 공개적으로 한다."55) 또한 깔뱅이 이해하는 기도는 매우 포괄적이어서 "찬양"도 기도에 포함된다.

---

licet, qui ad eccelsiam pertineant nec ne, ubi tamen cunque verbum Dei sincere praedicari atque audiri, ubi sacramenta ex Christi institutio administrari videmus."

54) OS I, 102: "… sed quae fidelium congregationem commodius accipiant, dum ad orandum, ad audiendam verbi praedicationem, ad sacramneta suscipienda simul coveniunt".

55) OS I, 103.

"(우리가 이 기도라는 용어를 잘 이해하고 있는 것처럼) 기도는 두 부분, 곧 간구와 감사의 행위(petitio et gratiarum actio)로 구성되어 있다. 간구를 통해 우리는 먼저 오직 그의 영광을 위해 사용되는 그의 선(善)으로부터 구하면서, 하나님 앞에 우리의 마음의 소원을 드리고, 둘째, 역시 우리의 용도에 필요한 것을 구하는 것이다.(딤전2:1) 감사함으로써 우리에게 주신 그의 유익들을 인정하며, 찬양으로 그것들을 고백하며, 그것들이 무엇이든지 간에 모든 선한 것들을 그의 선과 관련시킨다."[56]

『기독교 강요』초판에서 깔뱅은 예배의 구성 요소인 성도의 교제 속에 구제를 포함시켰다는 사실을, 그가 주장한 집사직을 통하여 충분히 추론할 수 있을 것이다. 어원적으로 볼 때, 로마가톨릭교회가 이해하고 있는 부제품(diaconi)이나 깔뱅이 이해하고 있는 집사(diaconus)나 집사직(diaconatus)은 같으나 그 신학적 의미와 기능은 전적으로 다르다. 로마가톨릭교회가 이해한 "부제"의 직책은 사제들을 돕는 보조직분이거나 사제가 되기 위한 예비 과정에 있는 견습 직분에 불과하다.[57] 그러나 깔뱅은 사도행전 6장과 디모데전서 3장에 대한 주석을 근거로 집사직의 참된 의미와 직무에 대하여 다음과 같이 주장한다. "이것이 가난한 자들을 돌아보고 그들의 구제를 관리하는 집사의 직임이며 이로부터 집사직의 명칭이 생겼다."[58]

깔뱅의 『사도행전 주석』(1554)이나 『기독교 강요』최종판 (1559)에는 예배의 네 가지 요소가 더욱 분명하게 나타난다. 사도행전 2장 42절에 대한 주석에서 깔뱅은 "질서가 잘 잡힌 교회의 상태"를 설명할 수 있는 네 가지 관점 내지 교회의 참되고 진정정이 있는 모습을 구별시켜줄 수 있는 네 가지 표지들을 "사도의 가르침", "서로 교제함", "떡을 뗌", 그리고 "기도"라고 지적한다.

---

56) OS I, 101.
57) OS I, 219.
58) OS I, 219: "En diaconorum officium : pauperum cura gerere illisque ministrare; unde nomen habent; sic enim vocantur, quasi ministri."

"누가는 신앙과 헌신 속에 있는 그들의 항구성(恒久性)을 칭찬할 뿐만 아니라, 신앙을 강화시킬 수 있는 이 같은 훈련들에 자신들을 계속적으로 몰두시켰다는 점도 말하고 있다. 다시 말하면, 사도들의 말씀의 경청을 통하여 자신을 증진시키기 위하여 의식적으로 공부하였고, 자신들을 많은 기도에 몰두시켰고, 교제와 떡을 떼는 실천을 유지하는데 주의를 기울였다."[59]

여기서 주석의 내용과 관련하여, 깔뱅은 사도의 가르침과 기도하는 것의 의미는 분명하지만, "교제"와 "떡을 떼는 것"에 대한 다양한 해석들을 소개한 후, 다음과 같이 주장한다. "그러므로 나는 교제($\kappa o \iota \nu \omega \nu \iota \alpha$)라는 것은 상호 연합, 구제, 그리고 형제애적인(자매애적인, 필자주) 연합을 위한 다른 의무들과 관련시킨다. 차라리 내가 여기서 떡을 떼는 것을 주님의 성찬으로 이해하는 이유는 누가가 공적인 눈에 가시적인 교회의 형태를 구성하는 그와 같은 것들을 기록하고 있기 때문이다. 참으로 사도 누가는 참되고 진정성이 있는 교회의 모습이 구별될 수 있는 네 가지 표지들을 정의하고 있다."[60]

깔뱅은 예배의 네 가지 요소 중에서 다른 세 가지 요소들을 말씀 선포의 열매들과 효과들로 간주함으로써, 예배의 다른 요소들보다도 말씀선포에 더 큰 비중을 두고 있는 것으로 판단된다.

"'서로 교제하며'라는 부분과 '떡을 떼며 오로지 기도에 힘쓰니라'라는 부분은 '사도의 가르침을 받아'의 열매들이나 효과들로서, '사도의 가르침을 받아'로부터 나온다. 왜냐하면 교리는 우리 가운데 있는 형제애적(자매애적, 필자주) 교제의 끈이며, 또한 교리는 우리가 하나님을 부를 수 있는, 하나님께 이르는 문을

---

59) John Calvin, 『사도행전 주석』, 행2:42.
60) John Calvin, 『사도행전 주석』, 행2:42 : "Nam $\kappa o \iota \nu \omega \nu \iota \alpha$ sine adiecto nusquam hoc sensu invenitur. Ego igitur ad mutuam coniunctionem, eleemosynas, aliaque fraternae coniunctionis officia potius refero. Cur Fractionem panis hoc loco de Coena Dominica interpretari malim, haec ratio est, quod Lucas ea commemorat quibus publicus Eccleiae status continetur. Imo hic quatuor notas exprimit, ex quibus vera et genuina Ecclesiam facies diiudicari queat."

우리에게 열어준다. 그리고 성찬은 교리에 대한 확증으로서 첨가되었다. 그러므로 누가는 질서가 잘 잡힌 교회의 상태를 우리에게 보여주기 위하여 네 가지 관점들을 모임 가운데서 정당화시켰다. 만약 우리가 하나님과 천사들 앞에 서 있는 교회로 진정으로 판단 받고, 사람들 앞에서 교회의 텅 빈 이름으로 자랑하지 않으려면, 우리는 이 질서를 지키려고 노력해야만 한다. 누가가 공적인 기도에 관하여 말하고 있는 것이 확실하다."[61]

깔뱅은 『기독교 강요』(1559)에서 예배의 네 가지 요소는 사도적 교회의 실천이었으며, 교회의 어떤 모임에서도 불변의 규칙이 되어야함을 다음과 같이 역설한다.

"누가가 사도행전에서 신자들이 '사도의 가르침을 받아 서로 교제하고 떡을 떼며 오로지 기도하기를 힘쓰니라'라고 말할 때, 그는 이것이 사도적 교회의 실천이었다는 사실을 관계시킨다. 그러므로 교회의 어떤 모임도 말씀(vervo), 기도(orationibus), 성찬 참여(participatione Coenae), 그리고 구제(eleemosynis) 없이 진행되지 않는다는 사실은 불변의 규칙이 되었다."[62]

---

61) John Calvin, 『사도행전 주석』, 행 2:42.
62) John Calvin, 『기독교 강요』(1559), IV xvii 44(= OS V, p. 410).

Ⅳ. 깔뱅의 예배신학의 특징

깔뱅 연구가들은 다양한 관점에서 깔뱅의 예배신학의 특징을 언급하고 있다. 이정숙은 "칼빈의 예배신학은 하나님을 순전하게 예배하기 위하여 이해 가능한 예배, 우상숭배와 미신적 신앙행위의 가능성을 배제하는 단순한 예배, 삶의 변화를 촉발하는 예배"로 요약하고,[63] 리스(J. H. Leith)는 깔뱅의 예전은 규범적(canonical)이지 않다는 점, 말씀과 성례전을 통하여 주어지는 하나님의 말씀을 믿음으로 받아들이는 것을 강조한 점, 시편을 찬양하는 점, 말씀에 성례를 추가시킨 점을 깔뱅의 예전의 특징으로 간주한다.[64]

이현웅은 깔뱅의 예배신학에서 하나님의 영광에 대한 강조, 인간의 죄성과 하나님의 은혜의 밀접한 상응관계, 성서에 근거한 예배 사상이 집중적으로 나타나고, 예배신학에서 중요한 지침은 성서와 초대교회의 예배원리라고 주장한다.[65] 김세광은 깔뱅의 예배의 원리로서 예배 모델로서 고대교회, 예배변형에 대한 신중성, 단순하고도 이해 가능한 명료성, 말씀과 성찬의 균형, 그리스도의 성육신의 신비 보존, 종말론적 긴장감을 주장한다.[66] 주승중은 깔뱅의 예배 의식의 특징으로서 초대교회의 예배와 예전을 회복하려함, 성만찬에 대한 강조, 신앙과 삶의 규범으로서 설교(성경)에 대한 강조, 기타 예배 요소들(성령의 역사, 시편찬송 강조, 유아세례의 회중적 행사화)을 지적했다.[67] 김경

63) 이정숙, "칼빈과 예배," 백석대학교 신학대학원(편), 『백석신학저널』제16권(2009), p. 37.
64) John H. Leith, *An Introduction to the Reformed Tradition: A Way of Being the Christian Community* (Louisville · London: Westminster John Knox Press, 1981), pp. 182-188.
65) 이현웅, 『21세기에 본 존 칼빈의 설교와 예배』(서울: 이레서원, 2009), pp. pp. 114-124.
66) 김세광, "칼빈과 한국교회 예배갱신," in: 『요한칼빈탄생500주년기념학술심포지엄: 제5분과』(2009.6. 22), pp. 105-107; 참고, 『서울長神論壇』제13집(2005).
67) 주승중 · 최윤배, 『교회를 섬기는 청지기의 길(Ⅰ)』(파주: 도서출판 성안당, 2008), pp. 124-127.

진에 의하면, 깔뱅의 예배신학은 희생제사와 인간의 중보를 반대하는 예배신학, 이해를 추구하는 예배신학, 성서에 표준을 두는 예배신학, 삶을 강조하는 예배신학이다.[68] 브리넌(T. Brienen)은 현대 상황에서 본 깔뱅의 예전의 특징을 열세 가지로 언급했다. 곧, 예전에서 로마가톨릭교회적인 경향에 대한 거부, 기독교회의 올바른 예배의 전형화, 깔뱅주의적 예전의 성경적절성, 의식(儀式)들과 관계하여 예전적 자유, 하나님 영광과 예배참여자들의 구원의 예전, 예전의 교회 규범의 구축, 예전의 단순성, 예전의 이해가능성, 예전의 품위(品位), 예전의 성령론적인 동기, 종교개혁의 초대교회 예전과의 연속성, 예전의 코이노니아적 관점, 예전의 그리스도인의 일상적인 삶에 대한 지향성이다.[69]

이상의 다양한 주장들을 참고하면서, 깔뱅의 예배신학의 특징을 고찰해 보자.

첫째, 깔뱅의 예배신학은 성서에 표준을 두어 초대교회와의 연속성을 강조하는 특징을 갖는다. 중세 로마가톨릭교회가 "기도의 법칙을 통하여 신앙의 법칙"(Lex orandi, lex credendi)을 추구하는 원리와는 정반대로, 종교개혁자들, 특히 깔뱅은 "신앙의 법칙을 통하여 기도의 법칙"(Lex credendi, lex orandi)을 추구하는 원리를 따랐다. "즉 올바른 신앙이 우선"이며, 그 신앙에 근거하여 기도를 포함한 예배와 실천을 만들어 가야한다. "그렇다면 올바른 신앙의 표준은 무엇인가? 종교개혁자들은 그 표준을 '성경'(Bible)이라고 말한다."[70] "칼빈의 예배 신학에 있어서 가장 중요한 두 가지 지침은 성서의 원리(biblical principles)와 초대교회의 예배(early church practice)를 들 수 있다."[71]

---

68) 김경진, "종교개혁과 예배." 대한예수교장로회총회교육부(편), 『교육목회』(2000 겨울호)(서울: 한국장로교출판사, 2000), pp. 107-113.
69) T. Brienen, *De Liturgie bij Johannes Calvijn* (Kampen: Uitgeverij De Groot Goudriaan, 1987), pp. 143-176.
70) 김경진, "종교개혁과 예배." 대한예수교장로회총회교육부(편), 『교육목회』(2000 겨울호)(서울: 한국장로교출판사, 2000), p. 111.

깔뱅에 의하면, "신적 예배의 규칙"은 오직 하나님의 말씀에서만 찾아야 하는데, 16세기 로마가톨릭교회의 '교황주의자들'의 예배의 규칙은 인간이 고안한 미신들로 구성되어 있다.

> "하나님의 말씀으로부터만 찾아야 하는 신적 예배의 규칙은 교황주의자들 가운데서 인간들이 만들어내 미신적인 고안물로만 구성되어 있을 뿐이다. 그들은 오직 그리스도에게만 기초를 두어야만 하는 구원의 소망을 선행의 공로들로 바꾸어버렸다. 하나님께 드리는 간구가 수없이 많은 신성모독적인 헛소리들에 의하여 완전히 오염되었다. 교황주의자들 가운데 들려오는 것은 무엇이든지 사도적 가르침에 대한 왜곡이나 여기에 대한 전도(顚倒)이다."[72]

"'하나님은 영이다.'라는 말씀은 하나님의 바로 그 본성으로부터 비롯된 확증이다. 인간들은 육신적이기 때문에 인간들이 그들의 본성과 일치하는 것을 즐거워한다는 사실은 놀랄만한 일이 아니다. ⋯ 우리는 하나님의 높이에까지 올라 갈 수 없기 때문에 우리는 우리를 인도해줄 법칙으로서의 하나님의 말씀으로부터 추구해야만 한다."[73]

깔뱅은 1542년 예식서 서문(La Manye)에서 "이 모든 것은 우리 주님의 말씀에 따른 것"이라고 말하고,[74] 동일한 예식서 서문(La Forme)에서 "고대교회의 관습에 따라" 제정된 것이라고 말함으로써[75] 예식서에 적용되는 원리가 성서 원리와 초대교회 원리임을 밝히고 있다. 깔뱅은 특별히 1545년 예식서 서문에서 "이러한 절차와 방법으로 우리는 예배를 진행하는데, 이것은 사도와 교부들 시대의 고대 교회와 일치되는 것이다."라고 말함으로써, 성서에 근거

---

71) 이현웅, 『21세기에 본 존 칼빈의 설교와 예배』(서울: 이레서원, 2009), p. 122.
72) John Calvin, 『사도행전 주석』 행2:42.
73) John Calvin, 『요한복음 주석』 요4:23.
74) P. Barth, OS II, p. 11: "Le tout selon la parolle de nostre seigneur."
75) P. Barth, OS II, p. 11: "selon la coustume de l'Eglise ancienne."

한 고대교회의 예배의 회복을 간절히 원했던 것으로 판단된다.[76] "마치 과거 시대에는 예전(禮典)에 아무 것도 존재하지 않았던 것처럼, 종교개혁과 깔뱅 역시 새 시대의 텅 빈 공백 속에서 예전의 작업을 시작했던 것이 아니다. 그들 은 과거의 것을 과격하게 또는 혁명적으로 거부하지 않았고, 기록되지 않은 한 쪽 정도 분량만 가지고 전적으로 새롭게 작성하지 않았다. … 종교개혁의 예전 에서 연속성의 원리에 대해서 말하는 것은 타당하다."[77] "깔뱅의 예배모델은 고대교회, 즉 교황제도 이전의 교회이다."[78]

둘째, 깔뱅의 예배신학은 하나님의 영광과 은혜를 강조하는 동시에, 예배참 여자들의 죄성과 구원을 강조하는 특징을 갖는다. "먼저 깔뱅은 예배에 있어 서도 가장 중요한 것은 '하나님의 영광'(the Glory of God)이어야 한다고 보 았다. 예배 이전에 칼빈 신학의 모든 핵심은 '하나님의 영광'에 있었다."[79] "인간 삶의 참된 목적은 하나님께 영광을 돌리는데 있다. 이런 진리에 대한 인 식은 깔뱅의 전(全) 교육과 그의 인생관과 세계관을 형성하는 중심 사상이다. 이런 사상은 역시 깔뱅의 예전(禮典) 신학을 규정한다."[80]

깔뱅은 『제네바교회의 교리문답』(1541/1542)의 첫째 질문인 "인생의 주된 목적이 무엇입니까?"에 대해, "하나님을 아는 것입니다."로 답하고, 여섯 째 질문인 "그러면 하나님께 대한 참된 지식(인식)은 무엇입니까"에 대해, "하나 님께 영광을 돌릴 목적으로 하나님을 아는 것입니다."로 답하고, 일곱 째 질문 인 "하나님께 영광을 잘 돌리기 위해 어떤 방법이 있습니까?"에 대해, "우리

76) William Maxwell, *A History of Christian Worship: An Outline of Its Development and Forms*, 정장복 역, 『예배의 발전과 그 형태』(서울: 장로회신학대학교 교회 커뮤니케이션연구원/성지출판사, 1994), p. 158; 주승중 · 최윤배, 『교회를 섬기는 청지기의 길(Ⅰ)』(파주: 도서출판 성안당, 2008), p. 124.
77) T. Brienen, *De Liturgie bij Johannes Calvijn* (Kampen: Uitgeverij De Groot Goudriaan, 1987), pp. 170-171.
78) 김세광, "칼빈과 한국교회 예배 갱신," 서울장신대학교 교무처(편), 『서울장신논단』제13집 (광주: 유일 인쇄사, 2005), p. 141.
79) 이현웅, 『21세기에 본 존 칼빈의 설교와 예배』(서울: 이레서원, 2009), p. 115.
80) T. Brienen, *De Liturgie bij Johannes Calvijn* (Kampen: Uitgeverij De Groot Goudriaan, 1987), pp. 159-160.

가 하나님을 전적으로 신뢰하며, 그의 뜻에 복종함으로 하나님을 섬기고, 우리의 모든 곤경 중에서도 하나님께 도움을 구하며, 하나님 안에 구원과 모든 선을 구하며, 모든 선이 하나님으로부터 나온다는 것을 마음과 입으로 시인하는 것입니다."라고 답한다.[81] 또한 깔뱅은 그의 『기독교 강요』최종판(1559)을 "하나님을 찬양하라."(LAUS DEO.)로 마치고 있다.[82] 깔뱅은 한 편지에서 "우리가 있는 곳에서는 어디에서든지 우리는 몸과 영혼으로 하나님께 영광을 돌리는 계명을 가지고 있습니다."라고 썼다.[83] "만약 우리의 삶이 원래 목적한 바대로 영위되려면, 우리가 항상 이 주된 목적, 즉 세상에서 하나님께 영광을 돌리는 목적을 가지고 있다는 사실은 참으로 확실하다."[84] "하나님께서 제정하셨던 의식(儀式)들은 그에게 예배를 드리고, 그의 이름을 영예롭게 하는 것이다."[85] 결국, 깔뱅에게서 예전은 인간을 섬기는 것이 목적이 아니라, 하나님을 섬기는 것이 목적이다.

또한 깔뱅의 예배 이해에서 절대적인 비중을 차지하는 하나님의 영광과 은혜에 대한 사상은 인간의 죄성과 구원과 밀접한 상관관계를 가지고 있는 바, 이런 사상은 깔뱅의 로마서 12장 1절에 대한 그의 주석에서 잘 나타난다. 하나님에 대한 참된 예배는 우리를 구원하신 하나님의 자비와 은혜에 대한 올바른 지식과 인식과 묵상에서부터 출발한다.

"바울은 간절한 부탁을 통해 우리에게 다음의 사실을 가르친다. 인간들은 자

---

81) 최윤배 공저, 『개혁교회의 신앙고백』(서울: 한국장로교출판사, 2007), p. 150; 한인수 역, 『깔뱅의 요리문답』(서울: 도서출판 경건, 1995), pp. 101-102; 박위근 · 조용석(편역), 『요하네스 칼빈의 제네바 교회의 교리문답』(서울: 한들출판사, 2010), pp. 45-47.
82) P. Parth(ed.), OS V, p. 502(= Inst., IV xx 32).
83) CR XXXIX, 630 (1543년 10월 14일).
84) CR LXIII 566(사38:18-22): "Il est bien certain que si nostre vie estoit reglee comme elle doit nous aurions tousiours ce but principal, cependant que nous somme au monde d'honorer Dieu."
85) CR XXXIV 581: "les ceremonies que Dieu a institue soyent exercises en son service en honneur de son nom."

신들이 하나님의 자비에 얼마나 큰 빚을 지고 있다는 사실을 올바르게 이해하기 전에는 결코 신실한 마음으로 하나님을 예배하기를 원하지 않거나 충분한 열심을 가지고 하나님을 경외하고, 그에게 복종하고자 분발하지도 않는다. … 경건한 마음이 하나님께 순종하고자하는 것은 하나님의 명령이나 규정에 의해서 형성되는 것이 아니라, 하나님의 은혜 안에서만 존재하는 인간의 구원에 대한 하나님의 선하심을 진지하게 묵상하는 것으로부터 형성된다."[86]

드 크론(M. J. J. de Kroon)은 깔뱅의 『기독교 강요』 최종판(1559)에 나타난 "하나님 영광과 인간의 구원의 밀접한 상관관계성"을 탁월하게 논증한 바 있다. "하나님의 영광과 인간의 구원은 조화 속에 있다. - 신앙을 통한 칭의에서도 동일하다. - 하나가 다른 것을 전제한다."[87] 하나님의 영광을 지향하는 예배는 하나님의 손 안에서 신앙으로 우리 영혼을 보살피고, 양육하며, 하나님과의 교제를 가능하게 하는 수단이 된다. 하나님께서 무능한 우리를 보살피시는 것을 우리는 알기에 우리는 신실한 마음으로 하나님에 대한 예배에 참여한다.

하나님의 영광과 인간의 구원의 상관관계성은 깔뱅의 계시론 또는 인식론이나 경건(pietas)에 대한 이해나 십계명에 대한 이해에서도 분명하게 나타난다. "하나님에 대한 지식(cognitio)과 우리에 대한 지식은 연결되어 있는데, 어떻게 서로 연결되어 있는가? 우리가 갖고 있는 거의 모든 지혜, 곧 참되고도 견고한 지혜는 두 부분, 곧 하나님에 대한 지식과 우리에 대한 지식으로 구성되어 있다. 그러나 이 두 지식은 많은 끈들로 연결되어 있어서, 어느 쪽이 다른 쪽을 선행하고, 어느 쪽이 다른 쪽을 산출(産出)하는지를 구별하는 것은 쉬운

---

86) John Calvin, 『로마서 주석』 롬12:1.
87) Marijn Josephus Johannes Petrus De Kroon, *De eer van God en het heil van de mens: Bijdrage tot het vertaan van de theologie van Johannes Calvijn naar zijn Institutie* (Roermond: J. J. Romen & Zonen Roermond, 1968), p. 182: "L'honneur de Dieu et le salut de l'homme y sont en harmonie – de méme que dnas la justification par la foi – l'un suppose l'autre."

일이 아니다."[88] "우리는 깔뱅이 경건과 긴밀히 연관시키는 것들로서 '하나님에 대한 두려움', '하나님 경외', '하나님께 복종' 등을 볼 수 있다."[89]

하나님에 대한 올바른 경건은 결국 그리스도인의 삶 속에서 의와 사랑의 실천으로 나아간다. "여기서(사도행전 10장 2절에 대한 그의 주석, 필자주) 깔뱅이 힘주어 밝히려고 한 것은, 첫째로 사람을 향한 사랑이나 의나 기타 여러 가지 덕목이 참되고 가치 있는 것이 되기 위해서는 참된 신앙과 경건에 기초하고 그것으로부터 오는 것이어야 하며, 둘째로 참된 경건은 반드시 인간을 향한 의와 사랑의 봉사에로 나가며 그것을 통해 증명되는 것이고, 그렇지 않을 때 경건한 자의 온전함은 있을 수 없다는 것이다."[90] "(도덕법으로 먼저 시작하면) 도덕법에는 두 부분이 있다. 한 부분은 순수한 믿음과 경건으로 하나님을 경배하라고 우리에게 명령하고, 또 한 부분은 진실한 사랑으로 사람을 포용하라고 순전하게 명령한다."[91]

셋째, 깔뱅의 예배신학 속에 균형과 조화의 원리가 작용한다. 로마가톨릭교회는 미사(성찬) 중심과 예전 중심의 예배를 드리고, 츠빙글리는 말씀중심의 예배를 통해 예전을 상당히 무시하는 예배를 주장했다. 우리가 깔뱅의 예배의 요소에서 살펴보았다시피, 비록 깔뱅에게서 말씀선포가 중요하지만, 깔뱅은 말씀선포와 함께 성례전과 기도(찬양)와 교제(구제)도 중요하게 생각하여, 예배의 네 요소들 사이의 균형을 유지하려 애썼다.

일 년에 한 번 베풀어지는 성찬 시행 관습에 대하여 깔뱅은 강하게 비판하면서, 성찬은 자주 베풀어져야 한다고 주장하고, 고대 교회 예배에서 성찬과 함께 말씀선포와 기도와 교제(구제)가 병행되었음을 역설한다. "우리로 하여금 일 년에 한 번 성찬에 참여하라는 이런 관습은, 누가 그것을 도입하여 시행했

---

88) P. Barth(ed.), OS III, 31(= Inst., I i 1).
89) 이수영, 『개혁신학과 경건』(서울: 장로회신학대학교출판부, 2006), p. 271.
90) 이수영, 『개혁신학과 경건』, pp. 283-284.
91) P. Barth (ed.), OS V, 487(= Inst., IV xx 15).

든지 간에, 진정으로 마귀의 고안물임이 분명하다."[92]

"성찬에 대하여 지금까지 우리가 언급한 내용으로 볼 때, 성찬은 일 년에 한 번만 시행하도록 제정된 것이 아니고, 지금 통례가 그런 것처럼 형식적으로 시행할 것도 아니라는 것이 너무나도 분명하다. 오히려 성찬은 모든 그리스도인들이 자주 시행하도록 그렇게 제정된 것이다. … 누가가 사도행전에서 신자들이 '사도의 가르침을 받아 서로 교제하고 떡을 떼며 오로지 기도하기를 힘쓰니라'라고 말할 때, 그는 이것이 사도적 교회의 실천이었다는 사실을 관계시킨다. 그러므로 교회의 어떤 모임도 말씀(vervo), 기도(orationibus), 성찬 참여(participatione Coenae), 그리고 구제(eleemosynis) 없이 진행되지 않는다는 사실은 불변의 규칙이 되었다."[93]

1년에 네 번 성찬을 시행하는 츠빙글리 전통에 찬성하는 제네바 시의회의 반대로 깔뱅이 자신의 예배신학과 성찬신학의 원리를 완전히 시행하지는 못했을지라도, 깔뱅은 말씀과 성례전의 균형, 모든 예배 요소들의 균형과 조화를 추구하려 애썼다.

또한 깔뱅은 기도의 범주에 속하는 찬양을 중요하게 생각했고, 특히 시편을 좋아했다.[94] "깔뱅 자신도 1539년의 시편집을 위하여 시편의 몇몇 시를 번역하였지만, 그는 훨씬 시적 재능이 많았던 마로(Clement Marot)와 베자(Theodore Beza)를 이용하였다. 1539년에 나온 깔뱅의 첫 시편집에는 19편의 시편이 실렸다. 그리고 그것은 1562년에 가서 베자의 손에 의해 완성되었다. 메로와 베자의 손으로 프랑스 가락이 붙여지고, 부르조아(Louis Bourgeois)와 구디멜(Claude Goudimel)에 의해 곡이 붙여진 이 시편들은

---

92) P. Barth (ed.), OS V, p. 412(= Inst., IV xvii 46).
93) P. Barth (ed.), OS V, p. 410(= Inst., IV xvii 44).
94) 최윤배 공편역, 『시편찬송가』(서울: 한국기독교육교역연구원, 2010). 참고, 시편찬송가 편집위원회, 『칼빈의 시편찬송가』(서울 : 진리의 깃발, 2009); 김지혜, "제네바 시편찬송가(Genevan Psalter)의 형성과정과 신학적 특징." (장로회신학대학교 신학대학원 미간행 M. Div. 학위논문, 2012); 박은지, "『제네바 시편』의 루이 부르주아 선율에 대한 연구,"(서울대학교 대학원 음악학과 서양음악학 전공, 미간행 음악박사학위, 2019.5.31.).

종교개혁이 낳은 위대한 책들 가운데 하나가 되었다."[95]

예전의 의식(儀式)과 형식의 자유는 우리가 앞에서 언급한 성서 원리와 초대교회의 원리와 결코 상충되지 않는다. 깔뱅은 예전의 형식의 자유를 그리스도 안에서의 자유 속에서 이해했다. "깔뱅의 예전에 관한 첫 번째 주목할 만한 사실은 그것이 규범적(canonical)이 아니라는 것이다. 깔뱅은 제네바와 스트라스부르에서 실제로 예전을 응용해 보았다. 물론 그가 매우 좋아하던 면들이 있었음은 사실이나 예전의 다양한 변화를 용인한 점으로 미루어 그는 하나님을 예배하는데 어느 한 가지 특별히 권위 있는 형식을 고집하지 않았다."[96]

그러므로 깔뱅은 인간의 특정한 규정이나 의식을 절대화하는 로마가톨릭교회의 형식주의 내지 율법주의를 비판할 수밖에 없었다. "의식(儀式)들 안에서의 자유는 그리스도 안에서의 자유에 뿌리를 두고 있다. 왜냐하면 우리 주님은 그의 신자들의 의식들에 자유를 주셨기 때문이다. 각각의 의식과 제도적 질서는 이런 자유에 봉사하고, 계속적으로 완성과 풍성함으로 인도되어야 한다."[97] 로마가톨릭교회의 형식주의에 반대한 깔뱅은 한 걸음 더 나아가 사회와 교회 공동체 속에서 필요한 법규나 질서 자체를 경시하거나 전적으로 무시하는 열광주의자들도 비판한다.

> "이제 교회의 권세의 두 번째 부분이 이어진다. 로마교회주의자들은 이 권세가 법을 제정하는데 있다고 보는데, 바로 이 근원에서 무수한 인간의 전통들이 생겨나 비참한 영혼들에게 올가미를 씌우게 된 것이다. … 하나님을 예배하는 문제에 관하여 하나님의 말씀과 관계없이 사람들이 만들어 놓은 모든 법령들을 가리켜 '인간의 전통'이라고 부르는 것이 이미 관행이 되어 버렸다. 우리는 교회

---

95) John H. Leith, *An Introduction to the Reformed Tradition: A Way of Being the Christian Community* (Louisville · London: Westminster John Knox Press, 1981), p. 185.
96) John H. Leith, *An Introduction to the Reformed Tradition: A Way of Being the Christian Community*, p. 185.
97) T. Brienen, *De Liturgie bij Johannes Calvijn* (Kampen: Uitgeverij De Groot Goudriaan, 1987), p. 155.

차원에서 서로서로 아울리어 만나게 된다. 깔뱅에게서 하나님의 나라의 전조(前兆)로서의 교회의 목적과 기능은 하나님 나라의 실현에 있다.[121] 그리스도께서 말씀과 성령으로 자신의 몸인 교회 안에 거하시고, 교회를 다스리신다.[122] 특별히 깔뱅의 사도신경의 뒤쪽 부분인 예수 그리스도의 부활과 승천과 하나님 보좌 우편에 앉으심과 최후 심판에 대한 해설에서 종말론이 교회론적, 그리스도론적, 성령론적 관점과 밀접하게 결부되어 나타난다.[123] "칼빈은 성도의 부활을 기독론적 차원과 성령론적 차원과 교회론적 차원과 구원론적 차원을 포함하는 종말론적 관점에서 파악하고 있다."[124]

바르트가 "우리는 교의(敎義)를 '종말론적 개념'으로 부를 수 있다."고 말했듯이,[125] 깔뱅에게서 예배를 궁극적으로 종말론적 개념으로 규정해도 무리가 없을 것이다. "칼빈의 또 다른 강조는 예배의 종말론적 이해인데, 이것은 다른 개혁자들보다 더욱 뚜렷하다."[126] 특별히 "여러분의 마음을 위로 들어 올려"(sursum corda; Litf up your hearts)와 관련된 부분과 깔뱅의 성찬 권면의 마지막 구절에 성찬의 종말론적 차원이 강하게 나타난다.

"그렇게 하기 위하여 우리는 우리의 영과 우리의 마음을 높이 들어 그리스도께서 그의 아버지의 영광 속에 계시는 곳 그리고 우리의 구원이 이루어지는 그곳을 바라봅시다. 여기서 그리스도께서 빵과 포도주에 계시는 것처럼 거기서 찾기 위하여 우리가 눈으로 보고 손으로 만지는 땅에 있는 썩어질 요소들에게 매혹되지 맙시다. 왜냐하면 이것들(빵과 포도주, 필자주)에 세상의 모든 것들 위로 올려 질 때, 우리의 영혼은 그리스도의 본성(substance)에 의하여 양육되고, 생명을 얻어 하늘에까지 이르고, 하나님께서 계시는 그의 왕국(Royaulme)에까지

---

121) 최윤배 공저, 『교회론』(서울: 대한기독교서회, 2009), pp. 122-123.
122) 최윤배 공저, 『교회론』, pp. 125-126.
123) P. Barth (ed.), OS III, 499-506 (= Inst. II xvi 13-18).
124) 최윤배 공저, 『개혁교회의 종말론: 하나님의 나라와 교회』(서울: 한국장로교출판사, 2005), p. 153.
125) KD I/1, S. 284: "Insofern kann man … das Dogma einen 'eschatologische Begriff' nennen."
126) 김세광, "칼빈과 한국교회 예배 갱신," p. 143.

"오늘날 인간적 제도들 안에 있는 이런 독재를 우리가 비난하는 것은 정당하다. 인간적 제도들에 의해 불쌍한 양심들이 수많은 규정들과 가혹한 강요로 놀랄만할 정도로 고통을 당하는 지경에 이르렀다. 나는 어디에선가 치리(권징)에 속하는 법규들에 대하여 언급했다. 그리스도를 절반이나 파묻어버리고, 우리로 하여금 유대주의의 상징들로 돌아가게 만드는 의식들에 관하여 나는 무엇이라고 말할까? 아우구스티누스는 '우리 주 예수 그리스도께서는 새 백성들의 모임을 성례들로써 하나로 묶어 주셨는데, 그 성례들은 숫자도 매우 적을 뿐만 아니라, 그 의미도 탁월하고 지키기도 쉽다.'라고 말한다. 오늘날 교회를 온통 얽어매고 있는 그 수많은 의식들이 이 단순성(simplicitate)으로부터 얼마나 거리가 멀리 있는 지 이루 다 말 할 수가 없다. … 그리스도께서 옛 백성과 새 백성 사이에 유의하셔서 '아버지께 참으로 예배하는 자들은 신령과 진정으로 예배할 때가 오리라.'고 사마리아 여인에게 말씀하셨다. … 당신은 경험이 없는 무지한 사람들을 도울만한 의식을 전혀 주지 않는다는 말이냐고 물을 것이다. 그렇지 않다. 나는 그런 도움이 매우 필요하다고 주장한다. 그러므로 하나님께서 전혀 어렵지 않는 몇 가지 의식들을 우리에게 주셔서 임재하신 그리스도를 나타내게 하셨다."100)

의식(儀式)들로 가득 찬 예배가 부패하고도 타락한 속죄 희생제사로 변질되었다고 깔뱅은 지적한다. "여기서 나는 세상 사람들이 이미 감염되어 있는 치명적인 견해를 말하고 싶지 않다. 그 견해는, 의식은 곧 제사(祭祀)로서 그 제사에 의해 하나님의 진노를 충분히 풀고, 죄를 깨끗이 씻으며, 의와 구원을 얻는다고 하는 것이다."101) 이같이 부패하고도 타락한 예배는 깔뱅이 그토록 강력하게 비판했던 우상숭배로 귀결될 수밖에 없다.102)

우리가 방금 논의한 예배의 단순성은 예배의 이해(intellectio) 가능성과 밀

---

100) P. Barth (ed.), OS V, 175–176(= Inst., IV x 14).
101) P. Barth (ed.), OS V, 177(= Inst., IV x 15).
102) Carlos M. N. Eire, *War against the Idols: The Reformation of Worship from Erasmus to Calvin* (Cambridge · New York · New Rochelle · Melbourne · Sydney: Cambridge University Press, 1986), pp. 195–233.

접하게 연결되어 있다. 예배의 이해 가능성의 특징으로 인해, 칼빈주의적 예배가 지나치게 교리적이고, 변증적이고, 합리적으로 나아갔다는 비판과는 관계없이, 깔뱅의 경우, 교회의 모든 모임들은 최소한 누구든지 알아들을 수 있고 이해 가능한 언어와 내용으로 진행되어야 한다는 사실이 중요하다. 깔뱅은 교회에서 일상적인 언어로 기도할 것을 주장하면서 로마가톨릭교회가 누구나 알아들을 수 없는 장황한 라틴어를 예배에서 사용한다고 비판한다. "그러므로 공중 기도도 종래의 관습같이 라틴 사람들 사이에서는 헬라어로, 프랑스나 영국 사람들 사이에서는 라틴어로 드릴 것이 아니라, 온 회중이 국어를 사용해야 한다는 것은 명백하다. 온 교회의 덕을 세우기 위해서 이렇게 하는 것이 당연하다. 이해하지 못하는(non intellecto) 말은 교회에 아무 유익도 주지 못한다. … 이렇게 사도께서 분명하게 외치고 있는데도 불구하고, 자기들이 한 마디도 알지 못하는 외국어로 장황한 기도를 늘어놓으면서 다른 사람이 그것을 이해하기를 바라지도 않는(nec alios intelligere) 교황주의자들의 그 무분별한 방자한 행동이라니, 도대체 이것을 보고 놀라지 않을 사람이 어디 있겠는가?"[103]

깔뱅은 교회의 정치질서와 예배 질서를 예절과 사랑과 양심의 자유의 관점에서 이해하고, 제정하여 단순성과 이해 가능성의 정신에 맞게 실천할 것을 촉구하고 있다.[104]

다섯째, 깔뱅의 예배신학은 그리스도의 삶과 세상을 올바로 바라보게 하는 지향성을 가지고 있다. 하나님의 영광이 깔뱅의 지식과 경건과 도덕법 이해와 너무나도 밀접하게 연관되어 있음을 살펴보았다. 깔뱅의 예배 이해에서 "제물(祭物)"로서의 "우리의 몸"에 대한 이해가 대단히 중요하다. 깔뱅은 바울 사도가 사용하고 있는 "우리의 몸"을 우리의 영혼과 육체를 포함하는 전인(全

---

103) P. Barth (ed.), OS IV, 343(= Inst., III xx 33).
104) P. Barth (ed.), OS V, 189-194(= Inst., IV x 27-32).

人)으로 이해하고, 전인으로서의 우리가 하나님에 대한 올바른 지식을 가짐은 물론 일상적이고도 전체적인 삶 속에서 하나님의 율법에 따라 그에게 전적으로 순종함으로써, 올바른 윤리적 행위를 하는 우리 자신은 물론 우리의 삶 전체를 가리킨다.

> "'몸'이라는 말을 통하여 바울은 우리의 피부와 뼈들뿐만 아니라, 우리를 구성하고 있는 모든 것의 전체성을 가리킨다. 바울은 이 단어를 통해 제유법적으로 우리의 모든 부분들을 표현하기 위하여 사용했다. 왜냐하면 몸의 지체들은 우리의 행동들을 수행하는 도구들이기 때문이다."[105]

깔뱅은 "우리의 몸"이 "거룩한 산 제물"이 되었다는 의미를 성별(聖別)을 통한 소유됨과 거룩성을 중심으로 설명하면서, 영적인 예배는 우리의 정직하고도 거룩한 전체의 삶과 직접적으로 결부되고 있다는 사실을 역설한다.

> "그러므로 우리가 주님에 의해 성별되었다는 사실을 아는 것은 선행에 도달하기 위한 참된 과정의 시작이다. 우리가 우리 삶의 모든 행위들을 통하여 하나님께 예배(봉사)하는데 헌신하기 위하여 우리 자신을 위해 사는 것을 중단하는 일이 따라와야 한다. 그 때 여기서 두 가지 관점들이 고려되어야 한다. 첫째, 우리는 주님의 것이며, 둘째, 우리는 바로 이 영적인 예배를 위하여 거룩해야 한다. 왜냐하면 먼저 성별되지 않았던 어떤 것을 하나님께 바치는 것은 하나님의 거룩성을 모욕하는 것이기 때문이다. … 첫째, 바울은 우리의 몸이 하나님께 제물로 바쳐졌다는 사실을 진술한다. 이것의 의미는 우리가 더 이상 우리 자신의 힘에 의해서 살지 아니하고, 우리가 완전히 하나님의 능력으로 넘겨졌다는 것이다. 바울이 의도하는 살아 있는 제물이라는 뜻은 다음과 같다. 우리의 이전 생명이 우리 안에서 파괴되고, 우리가 새 생명 안으로 부활하기 위하여 우리가 주님께 희생으로 바쳐졌다. 거룩한 제물이라는 말을 통하여 바울은, 우리가 앞에서 언

---

105) John Calvin, 『로마서 주석』 롬12:1.

급한 것처럼, 희생적인 행동에 대한 참된 본질이다. 희생으로 바쳐진 제물이 산 제물이 될 수 있는 경우는 오직 그것이 먼저 거룩하게 되었을 때 뿐이다. '살아 있는'이라는 세 번째 형용사는 우리로 하여금 다음의 사실을 생각나게 한다. 우리가 우리 자신의 희생 제물을 하나님의 뜻(의지)에 일치되게 맞추었을 때, 우리의 삶이 올바른 질서를 유지하게 된다. 이것은 또한 우리에게 평범한 위로(慰勞) 정도만을 주는 것이 아니다. 왜냐하면 그것은 우리에게 다음의 사실을 교훈하기 때문이다. 우리가 우리 자신을 정직성과 거룩성에 몰두시킬 때, 우리의 수고들을 하나님께서 기뻐하시며, 우리의 수고들은 그에게 받을만한 것이 된다."[106]

이상에서 바울이 설명한 대로 예배를 이해한 깔뱅은, 예배 생활을 하는 영적인 예배자들과 "불경건한 사람들", "위선자들", "교황주의자들" 속에서 발견되는 "거짓 예배자들"을 그 당시 상황에서 변증적으로 상호 대조시킨다.

"'영적 예배'라는 구절의 말씀은, 내 생각에, 앞서고 있는 권면의 말씀에 대한 더 나은 설명과 확증을 주기 위하여 첨가되었다. 이 구절은 마치 바울이 '만약 여러분들이 하나님께 예배드리기를 원한다면, 여러분 자신들을 희생 제물로 드리십시오. 그리고 만약 어떤 부분이라도 그것으로부터 떨어져 나가면, 그들은 거짓 예배자들입니다.'라고 말했던 것처럼 보인다."[107]

그의 『요한복음 주석』의 요한복음 4장 20~26절에 대한 주석에서 깔뱅이 이해한 예배의 본질과 예배자의 바른 자세가 발견된다. 구약시대에서나 예수님 당시 유대인들이나 사마리아인들에게서나 깔뱅 당시 로마가톨릭교회와 터키인들의 모하메드 종교 속에서 하나님의 예배의 본질과 예배자의 태도에 대한 완전히 잘못된 이해가 존재했다. 그러나 깔뱅에 의하면, 율법 하에 있던 구약시대조차도 예배의 형식은 다를 수가 있지만, 예배의 본질은 항상 동일했다

---

106) John Calvin, 『로마서 주석』, 롬12:1.
107) John Clavin, 『요한복음 주석』, 요4:21.

는 것이다. 다시 말하면, 하나님께서 받으시기를 원하는 예배는 "영적"이어야 하며, 하나님의 말씀에 근거한 진리 안에서 드려지는 예배이며, 신앙과 기도와 감사와 마음의 청결은 물론 생활의 순결성에 의해서 드려지는 예배이다.

> "조상들(구약의 족장들, 필자주)은 율법 하에서 영적으로 예배드렸는가? 나는 다음과 같이 대답한다. 하나님은 항상 자기 자신에 대하여 참되시기 때문에, 세계의 시작 때부터 하나님의 본성에 일치하는 영적인 예배 이외의 어떤 다른 예배를 허가(인정)하시지 않으셨다. 이런 사실은 모세 자신에 의해서 충분히 입증된다. 모세는 많은 곳에서 율법의 유일한 목적은 백성들로 하여금 신앙 안에서 그리고 순전한 양심으로 하나님께 충실하게 붙어있게 하는 것이었다. … 우리는 지금 유대인들이 우리와 공통적인 것을 가지고 있으면서도, 어떤 방법에서는 우리와 다른 것을 보고 있다. 모든 시대에 하나님은 신앙과 기도와 감사와 마음의 청결성과 생활의 순결성에 의해 예배 받으시기를 원하셨다. 율법 속에 다양한 첨가물들이 있어서 성령과 진리가 덮개들 안에 숨어 있었을지라도, 하나님은 어떤 다른 희생 제물들을 결코 기뻐하시지 않으셨다."[108]

여섯째, 깔뱅의 예배신학은 교회론적, 그리스도론적, 성령론적, 종말론적 특징을 가지고 있다. 비록 우리가 본고를 시작하면서 깔뱅이 이해한 예배를 광의의 관점에서 이해했지만, 광의의 관점에서의 예배는 협의의 관점에서의 예배를 포함한다. 그러므로 깔뱅의 예배신학은 우리의 전(全) 삶을 포괄하면서도 예배에 대한 깔뱅의 주된 논의는 교회 안에서의 공적 예배와 예전과 밀접하게 관련되어 있다. 그러므로 깔뱅의 예배신학은 교회론적인 특징을 가지고 있다. 그리스도인 각자가 언제나 어디서나 성경을 읽고 묵상할 수 있으나, 그리스도인은 교회의 공적 예배에서 목회자의 말씀선포를 경청해야하고, 목회자에 의해서 집례 되는 성례전에 참여하고, 개인기도 외에 교회의 공적 기도에 참여하

---

108) John Calvin, 『요한복음 주석』, 요4:23.

며, 구제 등을 통하여 성도의 교제에 참여해야 한다. 그러므로 교회의 필요성과 관련하여 깔뱅은 우리의 무지(ruditas)와 태만(segnities)으로 말미암아 하나님께서 "외적 보조수단들"(externis subsidiis) 또는 "유익한 보조수단들"(utila adiumenta)로서의 교회를 제정하셨으며, 특히 하나님께서 목사들(pastores)과 교사들(doctores))을 교회에 허락하심을 강조한다.[109]

이 같은 맥락에서 깔뱅은 이미 『목회자들에 의해서 시의회에 제안된 제네바에 있는 교회의 조직과 예배에 관한 조항들』(Articles concernnant L'organisation de l'Église et du Culte a Genève, proposés au Conseil par les misnisters Le 16. Janvier 1537.)에서 교회는 하나님의 말씀에 대한 순종, 주님의 성찬 집례, 출교의 시행, 어린이 교육 등을 통하여 "잘 정돈되고, 규제된"(bien ordonnee et reiglee) 교회가 되어야 할 것을 주장했다.[110] 그리고 설교, 성례전, 성도의 교제, 구제와 훈련 및 교육 등을 수행하는 통합적 목회를 수행하기 위하여 목회자가 매우 중요하기 때문에, 목회자의 자질과 선발과정을 엄격하게 규정할 것을 깔뱅은 원했다.[111]

예배의 교회론적 차원에 대한 신학적인 입장을 중심으로 깔뱅은 로마가톨릭교회와, 재세례파들을 비롯한 열광주의자들의 입장과 충돌한다. 다시 말하면, 로마가톨릭교회의 예배에서 베풀어지는 성례전, 특히 미사에서 사효론(事效論; ex opere operato)적 이해로 인해 미사의 내용과 효과가 사제(司祭; priest)에게 종속되는 문제가 발생한다. 미사 집례에서 하나님의 말씀과 예수 그리스도와 성령의 도구로서의 사제는 교회론적인 직제의 차원을 넘어서서 하나님의 말씀과 예수 그리스도와 성령을 지배하는 차원에까지 나아간다. 미

---

109) P. Barth (ed.), OS V, 1(= Inst. IV i 1).

110) P. Barth (ed.), OS I, 369: "Nous tres honnores seigneurs, Il est certain que une esglise ne peut estre dicte bien ordonnee et reiglee synon en la quelle la saincte Cene de nostre Seigneur est souuentefoys celebree et frequentee." 참고, OS I, 369-377(= CR Xa, 5-14); LCC XX, 48-55.

111) P. Barth (ed.), OS V, 36-57 (= Inst. IV iii 5-16).

사는 희생제사로 전락하여 유일한 중보자이신 예수 그리스도의 대제사장직과 그의 속죄 희생이 교회의 사제직과 미사에 의해 대체(代替)되어 그리스도론에 큰 타격을 가져오게 된다. 또한 성례전의 효과는 결정적으로 성령께 달렸는데도 불구하고, 로마가톨릭교회의 성례전에서는 성령은 교회의 사제직에 종속되어 있다. 여기에는 교회직제의 절대화의 문제가 발견된다.

또한 열광주의자들은 만인제사장직(모든 신자제사장직, the priesthood of all believers)에 입각하여 교회의 직제를 전적으로 무시함으로써, 예수 그리스도와 성령께서 하나님의 도구로 선택하시고, 세우셔서 사용하시는 교회의 직분자들을 필요 없게 만듦으로써 교회 직제 무용론의 문제에 직면하게 된다.

이 두 진영에 반대하여 깔뱅은 교회의 예배 시에 필요한 설교자와 기도자를 비롯한 모든 예배순서 맡은 자들과 정해진 예전 순서들은 하나님의 말씀에 따라 예수 그리스도와 성령의 도구로 사용되는 것으로 이해한다. 깔뱅의 초기 작품부터 말기 작품에 이르기까지 계속적으로 발견되는 로마가톨릭교회의 미사예전에 대한 강한 비판은 거의 그리스도론적으로 정향되어 있다. 우리가 잘 알다시피, 『기독교 강요』초판(1536)은 십계명, 사도신경, 주기도문 해설을 주로 담고 있으면서도, 올바른 성례전과 거짓 성례전에 대하여 독립적으로 두 장(章)을 할애하는 바, 성례전 논의에서 초점은 그리스도의 속죄 희생의 완전성과 영원성과 그리스도의 중보자직과 대제사장직의 유일성에로 집중되어 있다.[112]

심지어 기도의 방법에 대한 논의에서도 기도는 대언자이시며 유일 중보자이신 그리스도 중심적으로 이해되고, 실천될 것을 깔뱅은 촉구한다. 어느 누구도 하나님 앞에 자신을 내어 놓고 또 그 분 앞에 나올 수 있을 만큼 가치 있는 사람은 없기 때문에, 하늘의 아버지께서 우리의 곤궁을 없애주기 위해 하나님의 아들이신 우리의 주 예수 그리스도를 우리의 "대언자"(advocatus; 요일 2:1)와 "중보자"(mediator; 딤전2:5; 참고 히8:6; 히9:15)로 보내주셨다.[113]

---

112) P. Barth (ed.), OS I, 118-223.

바로 이런 맥락에서 김경진은 종교개혁신학은 "희생제사와 인간의 중보를 반대하는 예배신학"이라는 제하에 로마가톨릭교회의 잘못된 인간 중심적이고도 우상숭배적인 예배에 대하여 날카롭게 비판하면서 다음과 같이 종교개혁의 예배신학의 특징을 올바르게 제시하고 있다. "그러므로 예배형식과 관련하여 종교개혁자들 사이에 약간의 다른 의견이 있었음에도 불구하고, 종교개혁자들은 '올바른 예배가 무엇인가?'라는 근본적인 질문에 대하여는 하나 같이 같은 대답을 하였다. '인간의 공로만으로 하나님께 다가갈 수 없으며, 그리스도를 통하지 않고는 하나님께 나아갈 수 없다는 것'이다."[114]

또한 예배에 대한 깔뱅의 이해와 관련하여 우리는 그리스도의 교회의 모임들 속에서 성령의 사역에 관하여 질문해야 한다. 왜냐하면 교회의 모임들은 성령의 사역을 통해서 가능해지기 때문이다. 우리는 이것을 예배에서 성령론적 모티브라고 부를 수 있을 것이다. 우리가 예배를 드릴 때, 우리를 만나시기를 원하시는 하나님은 누구이시며, 우리에게 하나님에 대한 예배를 가져오시는 하나님의 행위가 무엇인지를 알아야 한다. 깔뱅은 『호세아 주석』에서 "하나님에 대한 참된 지식이 없는 곳에 역시 종교도 없다."라고 말한다.[115] 그러나 우리는 어떻게 하나님을 바로 알 수 있는가? "성령의 신학자"인 깔뱅의 경우,[116] 우리는 성령을 통해서만 하나님을 바로 알 수가 있다. 바로 이점에서 깔뱅이 이해한 영적인 예배는 성령론적으로 이해된 예배이며, 하나님의 본성에 일치하는 예배이다. "성령이 없이는 참된 예전이란 존재하지 않는다! '합법적인 예배'(cultus legitimus)는 성령의 차원을 가질 뿐이다."[117]

113) P. Barth (ed.), OS I, 98, 참고. 최윤배, "깔뱅의 기도 이해," 『칼빈연구 제6집』(서울: 한국장로교출판사, 2009), p. 66.
114) 김경진. "종교개혁과 예배," 대한예수교장로회총회교육부(편), 『교육목회』(2000 겨울호), pp. 107-109.
115) CR LXX 331: "ubi nulla est Dei cognitio certa, nulla est etiam religio."
116) Yoon-Bae Choi, De verhouding tussen Pneumatologie en Christologie bij Martin Bucer en Johannes Calvijn (Leiden: Uitgeverij J. J. Groen en Zoon, 1996), p. 9.
117) T. Brienen, De Liturgie bij Johannes Calvijn (Kampen: Uitgeverij De Groot Goudriaan, 1987), p.

"게다가 하나님께서 예루살렘이나 그리심산에서 예배 받으시기를 원하시지 않
　　으신다는 사실을 보여주기 위하여 예수님은 보다 높은 원리를 원하신다. 즉, 그
　　원리는 하나님에 대한 참된 예배는 성령 안에 존재한다는 사실이다. 그러므로
　　이 사실로부터 하나님은 모든 장소에서 예배 받으실 수 있다는 사실이 연역된
　　다. 그러나 여기서 우리는 먼저 왜 그리고 어떤 의미에서 하나님에 대한 예배가
　　영적이라고 불리어져야 하는가를 질문해야 한다. 이것을 이해하기 위하여 우리
　　는 그림자와 본질 사이의 대조는 성령과 외적인 모양(상징들) 사이의 대조를 의
　　미함을 알아야 한다. 하나님에 대한 예배는 성령 안에 존재한다고 말해져야 한
　　다. 왜냐하면 우리가 하나님에 대한 거룩한 희생제물로서 굴복하는 기도와 양심
　　의 순전성과 자기 부인을 만들어내는 것은 오로지 마음의 내적 신앙뿐이기 때문
　　이다."[118]

　　"칼빈은 말씀과 성례에 있어서 성령의 역사를 강조하였다. 그의 성찬 신학
은 그리스도의 식사에 초대하여 기운을 북돋아주시는 성령의 역사를 강조한
다. 그래서 성찬을 받기 전에 성령 임재를 위한 기도(epiclesis)와 또는 성경봉
독 전에 성령의 조명을 위한 기도(Prayer for illumination)는 아주 중요한 요
소를 차지하고 있었다. 그리고 이 기도들은 개혁교회의 예배에서 중요한 위치
를 차지하게 되었다."[119]

　　성서와 말씀선포에 근거하는 성례전으로서의 세례와 성찬의 내용은 그리스
도 자신이며, 성례전의 효과의 주체자는 성령이라는 깔뱅의 주장을 미루어 볼
때,[120] 깔뱅의 예배와 예전에서 그리스론적 차원과 성령론적 차원은 결코 무
시할 수 없는 중요한 차원이다.

　　깔뱅의 예배 이해에서 교회론적, 그리스도론적, 성령론적 차원은 종말론적

　　　170.
118) John Calvin, 『요한복음 주석』 요4:23.
119) 주승중 · 최윤배, 『교회를 섬기는 청지기의 길(Ⅰ)』(파주: 도서출판 성안당, 2008), p. 127.
120) 최윤배 공저, 『16세기 종교개혁과 개혁교회의 유산』(서울: 한국장로교출판사, 2003), p. 292.

차원에서 서로서로 아울리어 만나게 된다. 깔뱅에게서 하나님의 나라의 전조(前兆)로서의 교회의 목적과 기능은 하나님 나라의 실현에 있다.[121] 그리스도께서 말씀과 성령으로 자신의 몸인 교회 안에 거하시고, 교회를 다스리신다.[122] 특별히 깔뱅의 사도신경의 뒤쪽 부분인 예수 그리스도의 부활과 승천과 하나님 보좌 우편에 앉으심과 최후 심판에 대한 해설에서 종말론이 교회론적, 그리스도론적, 성령론적 관점과 밀접하게 결부되어 나타난다.[123] "칼빈은 성도의 부활을 기독론적 차원과 성령론적 차원과 교회론적 차원과 구원론적 차원을 포함하는 종말론적 관점에서 파악하고 있다."[124]

바르트가 "우리는 교의(敎義)를 '종말론적 개념'으로 부를 수 있다."고 말했듯이,[125] 깔뱅에게서 예배를 궁극적으로 종말론적 개념으로 규정해도 무리가 없을 것이다. "칼빈의 또 다른 강조는 예배의 종말론적 이해인데, 이것은 다른 개혁자들보다 더욱 뚜렷하다."[126] 특별히 "여러분의 마음을 위로 들어 올려"(sursum corda; Litf up your hearts)와 관련된 부분과 깔뱅의 성찬 권면의 마지막 구절에 성찬의 종말론적 차원이 강하게 나타난다.

"그렇게 하기 위하여 우리는 우리의 영과 우리의 마음을 높이 들어 그리스도께서 그의 아버지의 영광 속에 계시는 곳 그리고 우리의 구원이 이루어지는 그곳을 바라봅시다. 여기서 그리스도께서 빵과 포도주에 계시는 것처럼 거기서 찾기 위하여 우리가 눈으로 보고 손으로 만지는 땅에 있는 썩어질 요소들에게 매혹되지 맙시다. 왜냐하면 이것들(빵과 포도주, 필자)이 세상의 모든 것들 위로 올려 질 때, 우리의 영혼은 그리스도의 본성(substance)에 의하여 양육되고, 생명을 얻어 하늘에까지 이르고, 하나님께서 계시는 그의 왕국(Royaulme)에까지

---

121) 최윤배 공저, 『교회론』(서울: 대한기독교서회, 2009), pp. 122-123.
122) 최윤배 공저, 『교회론』, pp. 125-126.
123) P. Barth (ed.), OS Ⅲ, 499-506 (= Inst. Ⅱ xvi 13-18).
124) 최윤배 공저, 『개혁교회의 종말론: 하나님의 나라와 교회』(서울: 한국장로교출판사, 2005), p. 153.
125) KD Ⅰ/1, S. 284: "Insofern kann man … das Dogma einen 'eschatologische Begriff' nennen."
126) 김세광, "칼빈과 한국교회 예배 갱신," p. 143.

들어가기 때문입니다. 그러므로 우리가 찾고 있는 하나님의 약속의 말씀이 있는 진리를 영적으로 추구하면서 표징들(signes)과 증거들(temoignages)을 위하여 빵과 포도주를 가지는 것으로 우리는 만족합시다."[127]

깔뱅은 『로마서 주석』의 로마서 6장 3-6절에서 세례를 성령과 신앙을 통한 그리스도의 몸과의 연합으로 이해하는 바, 그리스도의 죽음과 연합하여 우리의 옛 사람이 죽고, 그리스도의 부활과 연합하여 새로운 피조물이 되어, 마지막 때에 이루지는 생명의 부활에 참여하는 것이다. 깔뱅의 다음의 진술 속에 세례에 대한 종말론적 차원이 발견된다.

"비록 바울이 아직까지 세례에 대해 완전한 설명을 하고 있지 않을지라도, 바울은 지금 그리스도의 죽음으로 들어가는 우리의 세례의 의미가 무엇인지를 보여주기 시작한다. 세례는 새 피조물이 되기 위하여 우리 자신에 대하여 죽는 것을 의미한다. 바울은 올바르게도 그리스도의 죽음의 교제로부터 그리스도의 생명에로의 참여로 나아간다. 왜냐하면, 이 두 가지가 불가분리적으로 연결되어 있기 때문에, 그리스도의 부활이 우리의 의를 회복시키고, 우리를 새로운 피조물로 만들기 위하여, 옛 사람은 그리스도의 죽음에 의하여 멸해진다. 그리고 그리스도께서 우리에게 생명을 주셨기 때문에, 만약 더 나은 삶에로 다시 부활하지 않는다면, 왜 우리는 그리스도와 함께 죽어야만 하는가? 그러므로 그리스도께서 우리에게 생명을 회복시키시기 위하여 우리 안에 있는 죽을 운명의 모든 것을 죽여 버리신다."[128]

로마가톨릭교회는 물론 종교개혁 안에서도 치열한 논쟁이 벌어지고, 서로 결별하는 안타까운 상황으로 귀결시켰던 성찬 시(時) 그리스도의 임재 방법 문제에서 깔뱅은 줄곧 성령론적 관점에서 그리스도의 몸과 유익의 실제적 임

---

127) OS II, 48.
128) John Calvin, 『로마서 주석』, 롬6:4.

재와 영적 임재와 현존을 주장하는 가운데서 성찬의 종말론적 측면이 상당히 발견된다.[129] 깔뱅은 『고린도전서 주석』의 고린도전서 11장 23절 주석에서 성찬을 단순한 기념 차원을 넘어 감사함으로 지키고, 마음에 새기며, 공적으로 하나님을 찬양하고, 하나님의 임재를 깨달으며, 주님의 재림 시까지 주님의 은 혜를 깨달아 사람들에게 증거 하는 것으로써 주님께서 제정하신 것이라고 말한다.

"우리가 이 세상에 살아 있는 동안 우리는 이와 같은 도움의 필요를 항상 직면 하기 때문에, 그리스도께서 심판을 위하여 나타나실 때까지 이 같은 회상 (recordationem)의 행위에 우리가 맡겨졌음을 바울은 지적한다. 왜냐하면 그리 스도께서 가시적인 형태로 우리와 함께 현존하시지 않는다는 사실에 비추어 볼 때, 우리의 정신을 지배하는 그와 같은 그리스도의 영적 현존에 대한 어떤 상징 을 가질 필요가 있기 때문이다."[130]

---

129) P. Barth (ed.), OS V, 342-471(= Inst. IV xvii-xix).
130) John Calvin, 『고린도전서 주석』 고전11:26.

V. 예배 · 예전의 의미와 실천

깔뱅의 1540년(또는 1539년)의 스트라스부르의 프랑스의 예배의식서는 [말씀의 예전: 성구낭송(예배의 부름; 시124:8) → 죄의 고백 → 속죄(용서)의 말씀 → 용서(사죄)의 선언 → 키리에와 함께 운율에 맞춘 십계명 찬송 → 성경봉독 → 설교; 성만찬예전: (헌금) → 중보기도 → 주기도문 해설 기도 → 성물준비(사도신경을 노래함) → 성찬기도 → 주기도문 → 성찬제정사 → 권면 → 성체분할 → (분병분잔) → 성찬참여(시편송을 부름) → 성찬 후 기도 → 시므온의 찬미(Nunc Dimittis) → 아론의 축도] 순서로 되어 있고,[131] 깔뱅의 1542년 제네바 예배의식서,『고대교회의 관습에 따라 성례전집례와 결혼의식의 방법과 함께 있는 교회기도와 찬송의 형태』(La Forme des Prieres ey Chantz ecclesiastiques, auec la maniere d'administrer les sacramens, et consacrer le Mariage: selon la constume de l'Eglise abcienne. 1542)는 [말씀의 예전: 성구낭송(예배의 부름; 시124:8) → 죄의 고백 → 속죄를 위한 기도 → 시편송(운율에 맞춤) → 성령의 임재를 위한 기도 → 성경봉독 → 설교; 성만찬 예전: (구제 헌금) → 중보기도 → 주기도문 해설 기도 → 성물준비(사도신경을 노래함) → 성찬제정사 → 권면 → 성찬기도(성령 임재를 위한) → 성체분할 → (분병분잔) → 성찬참여(시편 혹은 성경말씀 봉독) → 성찬 후 기도 → 아론의 축도] 순서로 되어 있다.[132]

---

131) 주승중 · 최윤배,『교회를 섬기는 청지기의 길(Ⅰ)』, p. 123; William Maxwell, *A History of Christian Worship: An Outline of Its Development and Forms*, 정장복 역,『예배의 발전과 그 형태』, pp. 156-157; 주승중, "초기교회 예배를 회복하고자 했던 칼빈의 예배-스트라스부르크 예전(1540)을 중심으로-,"『요한칼빈탄생500주년기념학술심포지엄: 제5분과』(2009.6.22). pp. 75-95.

132) 1542년 제네바에서 발간된 예식은 1542년 스트라스부르크에서 발간된 예식과 동일하다.(William Maxwell, *A History of Christian Worship: An Outline of Its Development and Forms*, 정장복 역,『예배

그리고 깔뱅의 1545년 스트라스부르의 예배의식서는 [성구낭송(예배의 부름); 시124:8) → 죄의 고백 → 성구낭송(용서의 말씀) → 용서(사죄)의 선언 → 십계명(첫째 돌판) → 기도 → 십계명(둘째 돌판)(스트라스부르 예식에서는 구절 뒤에 '끼리에 엘레이손'을 부름; 제네바 예식서에서는 시편 낭송) → 성령의 조명을 위한 기도 → 성경봉독과 설교 → 중보기도와 주기도 해설 기도 → 사도신경(신앙고백)과 떡과 포도주(성물) 준비 → 주기도로 마치는 성찬(수찬, 受餐) 기도 → 성찬제정사 → 권면(성찬상 정리) → 배찬(분병, 분잔의 말씀)과 성찬참여 → 시편낭송 → 감사의 기도 → 시므온의 찬미(Nunc Dimittis) → 아론의 축도] 순서로 되어 있다.133)

제네바 예배의식을 살펴보면, 그 구조가 더욱 간소화된 것을 볼 수 있는데, 그 이유는 예배의식은 가능하면 간단해야 한다고 주장한 제네바 행정관들의 극단적인 입장에 의한 것이라고 볼 수 있다. 그러므로 우리는 깔뱅의 입장이 잘 반영된 예배의식은 제네바에서 만들어진 예배의식 보다는 스트라스부르에서 만들어진 예배의식으로 볼 수 있을 것이다.134) "깔뱅의 1545년 예배의식서는 용서(사죄)의 선언과 같이 제네바에서 허락되지 않는 몇 가지 행위들을 내포하고 있지만, 이런 이유 때문에, 이 예식서는 예배를 위한 깔뱅의 의도에 대한 가장 완전한 진술로 간주될 수 있다."135) 지면 관계상 우리는 깔뱅의 여

의 발전과 그 형태』, p. 155); *Calvini Opera* VI, 173-184(= OS II, 11-58; Bard Thompson (Select. & Intro.), *Liturgies of the Western Church* (Philadelphia: Fortress Press, 1961/1980), pp. 197-210. 참고. 주승중 · 최윤배, 『교회를 섬기는 청지기의 길(Ⅰ)』, p. 123; William Maxwell, *A History of Christian Worship: An Outline of Its Development and Forms*, 정장복 역, 『예배의 발전과 그 형태』, pp. 156-157; 이현웅, 『21세기에 본 존 칼빈의 설교와 예배』, pp. 189-231; 주도홍, "제네바예배모범"(1542), 『요한칼빈탄생 500주년기념 학술심포지엄: 제5분과』(2009.6.22), pp. 19-23.; 『칼빈의 구원론과 교회론』 (서울: SFC, 2011), pp. 336-370.

133) *Calvini Opera* VI, 173-184(= OS II, 11-58); Bard Thompson (Select. & Intro.), *Liturgies of the Western Church* (Philadelphia: Fortress Press, 1961/1980), pp. 197-210, 참고, John H. Leith, *An Introduction to the Reformed Tradition: A Way of Being the Christian Community*, p. 182; 이현웅, 『21세기에 다시 본 존 칼빈의 설교와 예배』, pp. 134-157, 189-231.

134) William Maxwell, *A History of Christian Worship: An Outline of Its Development and Forms*, 정장복 역, 『예배의 발전과 그 형태』, p. 158.

러 개정 예배의식서에 대한 상호 비교검토 작업은 생략하고, 그의 1545년 스트라스부르의 예배의식서를 선택하여 각 순서에 대한 예배 신학적 의미와 실천을 간단하게 고찰하고자 한다.[136]

"성구낭독"("우리의 도움은 천지를 지으신 여호와의 이름에 있도다.(시124:8)" 아멘.)은 "예배의 부름"으로서 예배를 시작하면서 인사를 나누는 순서였다. 스트라스부르크에서는 목사가 성찬대에서, 제네바에서는 강단에 서서 하였을 것이다.

"죄의 고백"을 하는 동안 성도들은 무릎을 꿇는데, 전통적으로 로마가톨릭교회에서는 개인적으로 사제에게 가서 고해성사를 했지만, 한 몸으로서의 교회 공동체가 죄인으로서 자신들의 죄를 하나님께 고백하고, 용서받음으로써 하나님께 나아갈 수 있다고 깔뱅은 생각했다.

"성구낭송(용서의 말씀)과 용서(사죄)의 선언"에서 깔뱅은 몇 가지 사용 성구들을 안내하고, 부처는 몇 가지 성구들(요3:16; 3:35-36; 딤전2:1-2)을 제시한다. 깔뱅의 경우, 죄의 용서의 능력은 특별한 사람에게 있는 것이 아니라, 복음의 말씀과 약속 자체에 있다고 믿고 시행하였지만, 제네바 행정관들은 이것을 로마가톨릭교회의 사제들에 의한 사죄선언과 연관시켰기 때문에 강한 거부감을 가진 것으로 보인다.[137]

---

135) John H. Leith, *An Introduction to the Reformed Tradition: A Way of Being the Christian Community*, p. 181.

136) 1537년 스트라스부르크의 독일어 예배순서와 1540년 스트라스부르크의 프랑스 예배순서와 1542년 제네바예배순서의 비교도표를 위해 다음을 참고하시오: William Maxwell, *A History of Christian Worship: An Outline of Its Development and Forms*, 정장복 역, 『예배의 발전과 그 형태』, pp. 156-157. 그리고 1540년 스트라스부르크의 프랑스 예배순서와 1542년 제네바예배순서의 비교도표를 위해 다음을 참고하시오: 주승중·최윤배, 『교회를 섬기는 청지기의 길(I)』, p. 123. 그리고 1540년 스트라스부르크의 프랑스 예배순서에 대한 설명을 위하여 다음을 참고 하시오: 주승중, "초기교회 예배를 회복하고자 했던 칼빈의 예배-스트라스부르크 예전(1540)을 중심으로-," in: 『요한칼빈탄생500주년기념학술심포지엄: 제5분과』(2009.6.22), 79-94. 그리고 깔뱅의 1545년 스트라스부르크 예배순서에 대한 해설은 다음을 참고 하시오: 이현웅, 『21세기에 다시 본 존 칼빈의 설교와 예배』, pp. 135-169.

137) Bard Thompson (Select. & Intro.), *Liturgies of the Western Church*, p. 190.

"십계명송"은 전반부(하나님 경배와 사랑)과 후반부(이웃사랑)로 나누어 불려졌는데, 각 구절이 끝날 때마다 "키리에 엘레이손"(kirye eleison; 주여 불쌍히 여기소서)이 함께 불려졌다. 깔뱅의 경우, 십계명은 죄의 고백과 사죄의 선언 뒤에 위치하고 있는데, 그 이유는 죄 사함받은 그리스도인은 감사와 감격으로 율법의 제3사용을 통해 성화의 삶으로 부름받기 때문이다.

"성령의 조명을 구하는 기도"는 회중이 십계명 후반부를 부르는 동안 강단으로 올라간 목사에 의해서 행해졌다. 성경봉독과 설교 전에 이루진 이 기도는 목사의 재량에 따라 진행되었는데, 깔뱅은 몇 가지 예를 지시하여 활용토록 했다.

"성경봉독과 설교"와 관련하여 부처는 몇 가지 지침을 제시하지만,[138] 깔뱅은 그렇지 않다. 종교개혁자들은 로마가톨릭교회가 매 주일 설교에서 사용토록 선택한 성구가 담긴 책인 "성서일과"(lectionary)를 사용하지 않고, 성서 전체를 읽기 위하여 "연속적 읽기"(lectio continua) 방법을 택하여 설교에 적용하였다. 깔뱅은 지난 번 설교 본문 다음 몇 구절을 선택하여 읽고 주로 강해 설교를 한 시간 가량 했다. 주일 아침에는 주로 복음서, 가끔 서신서를, 그리고 주일 오후에는 주로 서신서나 시편을, 주중에는 주로 구약을 설교했다. 종교개혁에 찬성한 도시에서는 주중 설교예배가 종종 있었고, 주중에 며칠 또는 매일 있었다.

"중보기도"에서 목회자는 모든 행정관들, 모든 목회자들, 모든 교회들, 세상의 모든 사람들, 그리고 가난, 투옥, 질병, 추방 중에 있는 자들과 영육으로 고통을 당하며 십자가의 고난과 시련 속에 있는 자들 및 모인 회중을 위해 기도했다. 그리고 연이어 "주기도문 해설"에서 주기도문의 여섯 가지 단락의 내용에 대해 해설하는 식으로 기도가 진행되었다.

성만찬이 없는 주일예배는 시편송을 부르고, 목사의 축도와 함께 폐회했다.

---

138) 최윤배, 『잊혀진 종교개혁자 마르틴 부처』(서울: 대한기독교서회, 2012), pp. 397-419.

성만찬이 있는 경우, 한 주일 전에 회중들에게 몇 가지 주의사항이 주어졌다. 스트라스부르 예전에서는 성만찬 예전은 성만찬의 의미와 특성, 예배 전체와 "구제헌금"에 대한 설명으로 시작된다. 깔뱅은 교제와 사랑(교회 안과 밖)이 예배에서 꼭 필요한 것으로 생각하였고, 구제헌금을 통해 세상의 가난한 자들에 대한 사랑을 실천했다. 깔뱅의 예전에는 구제헌금 순서가 기록되어 있지 않지만, 여러 가지 정황을 통해 볼 때, 구제헌금이 성물 준비 전에 틀림없이 드려졌을 것이다.

"성물(빵과 포도주)준비" 순서에서 목사는 성찬상 위에 성물, 즉 빵과 포도주를 준비한다. 목사가 빵과 포도주를 준비할 때, 회중은 "사도신경"으로 노래를 부르면서 "신앙고백"을 한다.

"성찬 기도"에서 성물준비를 마친 목사는 성찬기도를 하는데, 주기도문으로 마친다. 이 기도에서 목사는 주님의 몸과 피에 대한 실제적 교통과 유익을 강조하며, 깔뱅이 이해한 성만찬은 로마가톨릭교회가 이해하는 희생제사가 아니라, 하나님께서 교회에 주시는 선물이다.

"성찬제정사"가 목사에 의해서, 제네바 예전에서는 고전11:23-29절이, 스트라스부르 예전에는 고전11:23-26절이 읽혀졌다.

"권면"에 대해 1542년 스트라스부르 예전 규정은 그 지침을 제시하고 있다. 깔뱅의 권면의 내용은 부도덕한 자의 성찬 참여에 대한 경고와 함께 하나님에 대한 신앙과 이웃사랑을 독려하고, 하나님의 자비에 근거한 성찬 참여에로의 초대의 내용을 담고 있다.

"배찬과 성찬참여"에서 1542년 제네바 예전에서는 목사들이 회중들에게 빵과 잔을 나눈 것으로 언급하고, 다른 자료들에서는 목사가 다른 집사(deacon)나 장로의 도움을 받은 것으로 나타난다. 1542년 스트라스부르와 제네바 예전에서는 목사나 집사가 배찬을 하면서 하는 말(목사 - "받으라, 먹으라, 이는 너희를 위하여 죽으신 예수님의 몸이라"; 집사 - "이것은 너희를 위해서 흘리신 예수님의 피로 맺은 새 언약의 잔이라”)이 발견되지 않는다. 집사는 가난한 자와 병든 자를 돌보고, 헌금수집을 담당하고, 성찬에서 목사를 돕는 역할을 한다. 지금도 네덜란드 개혁교회에서는 집사는 깔뱅 당시와 동일한 직무를 수행하고 있다.

"시편송"에서 성찬을 받는 동안 회중은 시편으로 찬양한다. "찬양과 감사"는 시편 138편을 노래한 것이다. 제네바에서는 성찬이 진행되는 동안 모두 시편을 부르거나 성서의 적당한 부분을 낭독하였다.

"성찬 후 감사기도"에서 예배의 핵심으로서의 감사는 하나님께 드리는 제사라는 것이 깔뱅과 그의 계승자들의 주요 사상이다. 감사기도 후 "시므온의 찬미"(Nunc Dimittis; Maintenant Seigneur Dieu! = 지금, 주 하나님이시여!; 눅2:29-32)가 불러졌는데, 이 시므온의 찬미는 1549년까지 제네바 예전에서는 나타나지 않았다. "축도"는 주일 예배 시에 아론의 축도(민6:24-26)로 폐회되었다.

VI. 결론

깔뱅의 예배신학의 역사적 배경과 관련하여 우리는 종교개혁 안과 밖에서 로마가톨릭교회, 재세례파들을 비롯한 과격파 종교개혁, 루터, 츠빙글리, 파렐, 부처 등을 언급하였다. 특히 부처로부터 받은 영향이 깔뱅에게 두드러지게 났다. 그러나 깔뱅은 성서주석과 교부 문헌을 통한 자신의 독자적인 길도 개척하였다.

깔뱅이 주장한 예배의 네 가지 주된 요소는 말씀선포, 성례전집례, 기도(찬양), 교제(구제)이다. 이 네 가지 요소의 균형을 유지하려고 깔뱅은 힘썼지만, 뒤의 세 가지 요소들은 말씀선포의 결과와 영향이라는 점에서 말씀선포의 우위성이 발견된다.

깔뱅의 예배신학의 특징에서 다양한 측면들이 발견되었지만, 우리는 그것을 주로 여섯 가지 범주에서 서술해 보았다. 깔뱅의 예배신학은 성서에 표준을 두어 초대교회와의 연속성을 강조하고, 하나님의 은혜와 영광과 예배자들의 죄성과 구원의 상관성을 중요시하였다. 또한 그의 예배신학에서 균형과 조화의 원리가 적용되고, 단순성과 이해 가능성이 중요시되었다. 그의 예배신학은 그리스도인의 삶에로의 지향성이 중요시되고, 교회론적이며, 그리스도론적이고, 성령론적이며, 종말론적인 특징을 강하게 띠고 있다.

깔뱅의 예배신학의 성경주석적인 근거는 오늘날의 주석적 관점에서도 여전히 유효하다는 사실에 우리는 다시 한 번 그의 예배신학의 탁월성에 놀라움을 금치 못한다.

"초대교회의 예배의 특징은 다음 네 가지로 요약될 수 있다. 첫째, 예수 그리스도 중심성, 둘째, 종말 지향성, 셋째, 교회 중심성, 넷째, 세상 지향성이다. …
초대교회는 무에서 유를 창조하시고 죽은 자를 살려내시는 하나님의 거룩한 영
이 충만히 역사하였던 성령의 공동체였다. 이 최초 기독교인들의 공동체는 예수
부활의 기쁨으로 충만해 있었고, 공동체 속에 성령으로 현존하고 계시는 주님에
대한 사랑과 감사로 넘쳐 있었으며, 기도와 찬양과 말씀 선포 그리고 전도와 구
제와 성례전 속에서 성령께서 뜨겁게 살아 역사했던 '성령 주도적 예배 공동체'
였다."139)

특별히 깔뱅의 예배신학에 특징적으로 나타난 하나님에 대한 영광과 우리
의 죄성과 구원에 대한 상관성은 후대 개혁교회의 신앙고백서인 『웨스트민스
터 신앙고백』(1647)이나140) 독일고백교회의 『바르멘 신학선언』(1934) 속에
서 이어지고 있다. "교회의 자유가 근거되어 있는 교회의 임무(Auftrag)는 그
리스도를 대신하여 그리고 또한 그리스도 자신의 말씀과 사역에 봉사하기 위
하여, 설교와 성례전을 통해 하나님의 자유로운 은혜의 메시지를 모든 백성
(민족)에게 전파하는 것에 있다. 교회가 인간적 자기 영광(榮光) 속에서 주님
의 말씀과 사역을 자신이 선택한 어떤 욕망들과 목적들과 계획들을 위해 사용
할 수 있다는 거짓된 교리를 우리는 거부한다."141)

---

139) 성종현, 『신약성서의 중심주제들』(서울: 장로회신학대학교출판부, 1998), pp. 148-149.
140) 『웨스트민스터 소요리문답서』(The Westminster Shorter Catechism), 〈문1과 답〉, in: 대한예수교장로
회총회(편), 『대한예수교장로회 헌법』(서울: 한국장로교출판사, 1998), p. 246; 이형기 (편역), 『세계
개혁교회의 신앙고백서』(서울: 한국장로교출판사, 2003), p. 330; 최윤배 공저, 『개혁교회의 신앙고
백』(서울: 한국장로교출판사, 2007), p. 348.
141) W. Niesel (Hrg.), Bekenntisschriften und Kirchen Ordnungen der nach Gottes Wort reformierten
Kirche (Zollikon-Zürich: Evangelischer Verlag A. G., 1938³), S. 336-337; Theologische Erklärung
zur gegenwärtigen Lage der Deutschen Evangelischen Kirche, 29(31), Mai 1934.

제9장 깔뱅의 직제론

I. 서론[1]

　오늘날 사회의 모든 분야들 중에서 우리 국민이 가장 관심이 높은 분야는 경제 분야였다는 사실이 지난 2007년에 실시되었던 대통령 선거를 통해서 다시 한 번 확인되었다. 우리 국민은 당면한 경제 문제를 주로 정치를 통해서 풀어 보고자 큰 기대를 하였던 것이다. 우리가 정치로부터 기대하는 바람만큼이나 그 정치가 그 기대에 부응하지 못할 때 정치에 대한 실망감도 클 수밖에 없을 것이다. 그 결과 국민은 정치에 등을 돌리고 무관심으로 일관하게 된다. 매 선거 때마다 현저하게 떨어지고 있는 투표율은 이를 뒷받침해 준다. 일반 세상정치에 대한 관심과 기대와 평가에도 항상 부정적인 면과 긍정적인 면이 내포되어 있다. 일반 세상정치에 대한 기독교인의 관점도 역시 대체로 이중적으로 나타난다.[2]

　일반 세상정치와는 별도로, 주로 기독교 및 교회와 관련된 '교회정치'에 대한 우리의 생각은 어떠한가? "그 목사는 지극히 정치적이다."라든지. "그 장로는 지극히 정치적이다."라고 자주 들려지는 말 속에는 "교회정치"가 매우 부정적으로 이해된 나머지 정치에 관심하거나 여기에 관련된 목회자나 평신도는 "지극히 세속주의적이며, 거룩하지 못하다." 라는 인상을 받게 된다. 과

---

1) 최윤배, "깔뱅의 교회정치사상에 대한 연구," 「한국기독교신학논총」 제59집(2008), pp. 101–126에 게재된 글, 참고. 최윤배 공저, 「교회를 섬기는 청지기의 길(II)」(서울: 도서출판 성안당, 2008), pp. 109–189.
2) 최윤배, "한국교회의 정치신학과 2007년 대선참여," 장로회신학대학교출판부(편), 「교회와 신학」(2007년 겨울호, 제71호, 2007.12.3), 59–67.

연 "교회정치"는 이처럼 부정적으로만 이해되어져야하는가? 또한 지금 한국 개신교, 특히 일부 한국장로교회에서 목회자와 평신도 사이에 갈등을 불러일으키는 문제들 중에 하나가 바로 교회정치에서 목사와 장로간의 위치와 역할의 문제이다. 구체적 실례를 들면, 치리 장로의 설교와 목사 임직식에서의 안수의 문제로 목사와 장로간의 갈등을 겪고 있는 장로교단도 있다.

깔뱅의 교회의 본질에 대한 연구는 있어도,[3] 교회정치사상에 대한 연구가 우리나라에는 흔하지 않고,[4] 깔뱅의 『신앙고백』과 『교회법』을 중심으로 고찰한 정치사상에 대한 연구가 드물기 때문에[5] 우리는 교회 정치사상에서 장로교회 안에서 중요한 위치를 차지하고 있는 개혁파 종교개혁자 깔뱅(Jean Calvin, 1509-1564)의 교회 정치사상을 그의 『신앙고백』과 『교회법』을 중심으로 살펴봄으로써, 한국 개신교회, 특히 한국장로교회가 직면하고 있는 교회 정치를 둘러싼 갈등을 해소할 단초를 제공하고자 한다.

주로 조직신학적 방법으로 본 연구를 진행하되, 역사 신학적 방법을 배제하지 않기로 한다. 연구 내용은 먼저 교회정치에 대한 다양한 이론들을 소개하고, 다음으로 깔뱅의 교회 정치사상에 영향을 미쳤던 대표적인 종교개혁자들을 소개하고, 깔뱅의 대표적인 『신앙고백』과 『교회법』을 교회정치 사상을 중심으로 분석하고자 한다.

---

3) 박경수, "칼뱅에게 나타난 참된 교회의 표지," 한국기독교학회(편), 「한국기독교신학논총」제55집(2008), 137-155.

4) 황대우, "칼빈의 교회 직분론," 고신대학교 개혁주의학술원(편), 『칼빈과 교회』(부산: 고신대학교출판부, 2007), 173-193.

5) 본고에서 깔뱅의 대표작인 『기독교강요』초판(1536)과 최종판(1559)을 제외한 이유는 필자가 이미 이 두 작품에 나타난 교회정치사상을 최근에 분석하여 발표하였기 때문에 논문 중복게재를 피하기 위해서이다. "깔뱅의 교회정치사상: 그가 받은 영향들과 『기독교강요』초판(1536)을 중심으로," 왕십리교회(편), 『2008 왕십리교회 창립 100주년 · 2009 칼빈 탄생 500주년 기념학술세미나: 칼빈의 개혁신학과 한국 교회』(2008.6.30, 팜플렛), 65-84; "깔뱅의 권징론," 고신대학교 개혁주의학술원(편), 『칼빈과 교회』(부산: 고신대학교출판부, 2007), 147-171; 최윤배 · 임창복, 『개혁신학과 기독교교육』(서울: 한국장로교출판사, 2007).

II. 깔뱅의 교회정치에 대한 전이해

1. 교회정치에 대한 다양한 이론들

국어사전은 '정치(政治)'를 "국가의 주권자가 그 영토와 국민을 다스리는 일"이라고 정의하고 있다.[6] 국가의 정치에 대해서도 다양한 이론들이 있듯이 교회정치에 대해서도 다양한 이론들이 있다. 교회정치에 대한 몇 가지 이론들을 먼저 살펴보면 다음과 같다.[7]

첫째, 17세기 중엽 영국의 퀘이커파(Quakers)는 모든 교회정치를 원리상 거부했다. 그들에 의하면, 모든 외형적인 교회의 형성은 필연적으로 부패하여 기독교 정신과 정반대의 결과를 초래하며, 교회의 외형적인 정치 제도는 신적인 측면을 희생시키고, 인간적인 요소를 증가시킨다는 것이다. 그들에 의하면, 교회정치는 하나님께서 부여해 주신 은사들을 무시하고, 은사를 인간이 제정한 직분으로 대체시킨다는 것이다.

둘째, 에라투스(Eratus, 1524-1583)를 따르는 에라투스주의자들은 교회를 국가가 제정한 법규에 따라 존재하며, 형성된 일종의 사회로 간주한다. 교회의 직원들은 말씀을 가르치고 선포하는 자들인데, 정부나 국가의 지도자들로부터 위임받은 권한을 제외하고는 그들에게 다스릴 권한이나 능력이 없다는 것이다. 교회를 치리하고, 권징을 시행하고, 심지어 파문(破門)을 선고하는 것도 국가에 위임된 기능이다. 교회의 견책은 그 시행이 교회의 합법적인 직원들에게 위임된 경우라 할지라도 국가나 정부가 주는 형벌이다.

셋째, 감독 제도를 주장하는 자들에 따르면, 교회의 머리가 되시는 그리스도

---

6) 이숭녕, 『표준국어사전』(서울: 민중서관, 1981), 1104.
7) L. Berkhof, *Systematic Theology*(Grand Rapids: W. B. Eerdmans Publishing Co., 1981), 579-581.

께서 교회의 운영을 직접적으로 그리고 전적으로 사도들의 후계자들인 고위 성직자들 또는 감독들에게 위임하셨으며, 이 감독들은 구별되고, 독립적이며, 무제한으로 계속할 수 있는 성직으로 만드셨다고 말한다. 이 교회 정치 제도에서 신자들의 공동체는 교회정치에 절대로 참여하지 못한다. 교회사에서는 초기에 로마가톨릭교회가 이 같은 정치 제도를 채택했다. 영국에서는 이 같은 정치 제도가 에라투스주의 정치제도와 결합되어 나타났다.

넷째, 로마가톨릭교회의 정치 제도는 감독제도의 논리적 귀결이다. 로마가톨릭교회의 제도는 자신들의 교회 안에 사도들의 후계자들이 포함되어 있으며, 특별히 사도들 가운데서도 수위를 차지하는 베드로의 후계자가 자신들 안에 있음을 강조한다. 그들 가운데 있는 베드로의 후계자는 그리스도의 특별한 대리자가 되는 셈이다. 로마가톨릭교회는 절대적인 계층 구조적 성격을 띠게 된다. 교리, 진리, 도덕상 오류가 없는 교황은 교회의 교리와 예배와 정치를 결정할 권리를 갖는다. 이 교황 밑에 성직자들이 계층 질서를 통해서 서열화 되어 있다.[교황 → 추기경 → 주교 → 사제 → 부제(집사) → 신자들] 신자들은 교회정치에 대해 전혀 발언권이 없다.

다섯째, 회중파 또는 회중교회 제도는 소위 독립교회의 제도로 부를 수 있다. 이 제도에 의하면, 교회 또는 회중은 독립된 완전한 교회이다. 이 같은 교회에서 교회의 치리권은 독점적으로 자신들의 일을 규정할 수 있는 교회의 회원들에게 있다. 직원들은 단지 지(개) 교회에서 가르치고, 교회의 제반사를 관리하도록 임명되었을 뿐, 교회의 회원으로서 그들이 소유하고 있는 것 이상으로 다스릴 권한이 전혀 없다. 필요할 경우, 공동의 유익을 위하여 여러 교회들이 서로 연합하여 교회 회의나 지회나 지방회(地方會)를 구성할 수는 있으나, 이 연합체의 결정은 권고적이거나 선언적인 것일 수는 있으나, 어떤 특정한 교회에 구속력이 있는 것은 아니다.

개혁교회의 정치제도는 대체로 두 가지 방향에서 발전했다. 국가교회를 형성한 개혁교회에서는 국가의 통수권자가 교회의 수장의 역할을 했고, 정교분리의 원칙에 따라서 국가로부터 독립한 개혁교회에서는 교회 자체가 독립적인 교회정치법을 가지고 있었다. 그러나 이 두 경우 모두 교회정치는 하나님께서 교회의 유익을 위하여 주신 합법적인 질서에 속했다.

2. 깔뱅의 개혁교회의 정치사상에 영향을 준 종교개혁자들

16세기 종교개혁 당시 모든 종교개혁자들은 대체로 두 가지 진영과 대립하였다. 교회 정치 문제에서도 종교개혁자들은 두 진영, 즉 로마가톨릭교회 진영과 급진적 종교개혁 운동 진영(재세례파 운동이나 농민운동이나 열광주의자들 등)과 다른 입장을 취하였다. 로마가톨릭교회는 '모든 신자들 제사장직'(the priesthood of all believers), 즉 '만인제사장직'을 부정하고, 계층구조적인 성직 제도를 강하게 주장했고, 재세례파들은 교회의 직제나 직분을 완전히 부정하고, 오직 만인제사장직만을 인정하였다. 로마가톨릭교회의 주장과 재세례파의 주장은 서로 상반되지만, 그들은 모두 교회의 직제와 만인제사장직을 상호 배타적으로 이해했다는 점에서 동일한 입장을 가진 셈이다. 즉, 로마가톨릭교회는 만인제사장직을 부정하고, 교회의 직제만을 선택하였다면, 재세례파는 교회의 직제를 부정하고, 만인제사장직만을 선택한 것이다.

그러나 종교개혁자들은 교회의 직제(직분)와 만인제사장직을 상호 배타적으로 이해하지 않고, 상호 보완적으로 이해하여, 교회의 직제와 만인제사장직 모두를 중요시했다. 모든 신자들은 누구든지 만인제사장직을 가지지만, 각 신자는 성령의 은사에 따라 다른 직분을 더 부여받을 수 있다. 한 가지 예를 들면, 루터가 어린 아이도 제사장이 될 수 있다고 주장할 때, 루터의 이 주장은 목사직이 필요 없다는 말이 결코 아니다. 루터의 이 주장은 성직자만이 제사장이 될 수 있다고 주장한 로마가톨릭교회를 비판하면서, 모든 신자들이 가지고 있는 만인제사장직을 주장하기 위한 것이다.

1) 루터

위클리프(John Wiclif, ca. 1330-1384)나 후스(Jan Hus, ca. 1370-1415) 등을 통해서 이미 종교개혁운동에 대한 싹이 움트고 있었지만, 마침내 1517년 10월 31일 종교개혁자 마르틴 루터(Martin Luther, 1483-1546)의 95개조 반박문의 발표를 시점으로 종교개혁의 불길이 치솟았다. 루터는 만인제사장직을 통해서 로마가톨릭교회의 계층 구조적 성직 제도를 강하게 비판했다.

기독교 초기에 이미 발생한 로마가톨릭교회의 교회론의 특징 중에서 가장 중요한 것은 '감독'(ἐπισκοπος, ἐπισκοπή) 제도였다.[8] "교회가 있는 그곳에 하나님의 영도 계신다. 하나님의 영이 계시는 그곳에 교회와 모든 은사가 있다. 그러므로 성령은 진리이다."[9] 고대 교부 키푸리아누스(Cyprianus)는 교회의 통일성의 관계 속에서 감독의 직무에 강조점을 두었다. 키푸리아누스가 주장한 로마의 감독은 우월권(수장권)을 가지고 있지만, 오늘날에도 로마가톨릭교회가 주장하듯이 사법적인 의미에서가 아니라, 기능적인 의미에서 로마의 우월권이었다. 그는 "교회를 어머니로 갖지 않는 자는 하나님을 아버지로 가질 수 없다." 고 말했다.[10] 아우구스티누스(Augustinus, 354-430)는 교회론을 더욱 풍성하게 만들었다. 그에 의하면, 교회는 성령의 교회로서 영적인 교회이다. 이 속에 사랑이 있다. 교회는 그리스도의 몸이다. 이 속에 모든 성도들은 교회의 지체를 이루고 있다. 참된 성도들은 하나님에게만 알려졌다.

---

8) 딤전3:1.

9) Irenaeus, *Adv. haer.*, III, 24, 1.

10) Cypurianus, *De cath. eccl.unitate*, 6.

그러나 교회는 제도적 측면도 갖고 있다. 사람들이 은혜(구원)의 수단에 참여하여, 구원을 받는 장소가 교회이다. 교회의 말씀은 권위를 가진 말씀이다.

교황 그레고리 1세(540-604) 이후 중세 로마가톨릭교회는 성경적 교회의 본질로부터 벗어났다. 로마 교황이 앉아 있는 피라미드의 꼭지 점으로부터 신자들인 평신도에 이르는[교황 → 주교 → 사제 → 부제(집사) → 신자들] 계층 구조적 성직체제가 견고하게 구축되어 있다. 교황은 서품성사에 의하여 역사적으로 사도적 계승권을 그대로 물려받아 예수 그리스도의 대리자가 된다. 성직자들은 7성례(영세 = 세례, 미사 = 성찬, 견진성사, 고해성사, 종부성사, 신품성사, 혼인성사)를 통하여 하나님의 은총을 평신도들에게 매개시키는 역할을 한다. 중세부터 오늘날 21세기에 이르기까지 로마가톨릭교회가 주장하고 있는 교회의 직분, 특히 계층 구조적 성직계급은 교회의 직제의 기능을 훨씬 넘어서 교회의 본질 자체를 형성하고 있다.

종교개혁운동의 창시자요, 개신교회의 창시자인 루터에게 교회의 본질은 직제에 있다기보다는 "믿음으로 의롭다함을 받는다."는 "이신칭의"을 포함하는 "복음선포"에 있다. 루터의 정신을 이어받은 멜란히톤은 「아우크스부르크 신앙고백」(1530)에서 "어디에 참 교회가 있는가?"라는 질문에 대해, 참 교회에서는 "복음이 순전히 설교되고, 그 복음에 일치하는 성례전(= 세례와 성찬)이 거행되는" 곳이라고 말했다.[11] 결국, 로마가톨릭교회는 7성례를 집례하는 성직자가 있는 곳에 교회가 있다고 주장한다면, 루터를 따르는 모든 교회는 복음이 설교되고, 이 복음에 일치하는 성례전이 집례 되는 곳에 참 교회가 있다고 주장하는 셈이 된다.

재세례파들은 만인제사장직 이외의 교회의 직제를 무시했지만, 루터는 만인제사장직과 함께 교회의 직제를 중요시했다. 그러나 루터는 중세 로마가톨릭교회와는 달리 교회의 직제를 교회의 본질과 결부시키지 않고, 교회의 정치,

---

11) *BSLK*, 60-64.

구조, 다시 말하면, 교회의 직제의 차원에서 이해했다. 그러므로 루터에게는 신자로서 어린 아이도 가지고 있는 만인제사장직은 사역자가 가지고 있는 목사직과 모순되거나 상충되지 않고, 상보적으로 이해될 수가 있는 것이다. 다시 말하면, 만인제사장직이라는 보편 교역과 목사라는 특수 교역은 상충되지 않고, 상호 공존할 수 있는 것이다.

루터가 믿음으로 의롭다함을 받고, 세례 받은 모든 신자들이 가지고 있는 만인제사장직과 관련된 일반 교역과 교회의 특수한 직분과 관련된 직제와 연관된 특수 교역을 어떻게 관련시키고 있는지 루터의 말을 직접 들어 보자. "교황, 감독, 사제, 수도승만이 영적 신분(身分, status)을 가지고 있다는 생각은 순전히 조작된 것이다. 모든 그리스도인은 완전히 동일한 영적 신분을 가진다. 이들 상호 간에 어떤 차이도 존재하지 않는다. 이들 사이에 존재하는 차이는 다만 직책상의 차이뿐이다. 그 이유는 우리 모두가 한 세례, 한 복음, 한 신앙을 지녔고, 동일한 그리스도인이기 때문이다. 그도 그럴 것이 세례, 복음 그리고 신앙만이 우리를 영적이게 만들고, 한 기독교 백성으로 만든다. 우리 모두는 세례를 통하여 성별된 사제이다(벧전2:9)."[12] 루터에 의하면, 모든 그리스도인은 한 세례, 한 복음, 한 신앙을 가진 영적인 신분을 가진 동등한 제사장이기 때문에, 직책과 기능상에서 상호 간에 차이가 존재할 따름이다. 조직신학적으로 말한다면, 루터는 만인제사장직을 세례론의 관점에서 이해하고 있다고 말 할 수 있을 것이다.

믿음으로 의롭다함을 받고, 세례 받은 모든 그리스도인은 수직적으로 하나님께 직접 나아갈 수 있을 뿐만 아니라, 수평적으로 다른 사람들을 위해서 직접 하나님께 중재기도를 드릴 수가 있는 것이다. "첨가하여 말하자면, 우리들은 제사장들이다. 그러므로 우리는 왕보다 더 크다. 우리는 제사장들이기 때문에 하나님의 존전에 설 자격이 있고, 다른 사람들을 위하여 기도할 수 있다. 하

---

12) M. Luther, 『독일 귀족에게 고하는 글』(1520).

나님의 면전에 서서 기도한다는 것은 제사장에게만 주어지는 특권이다. 한 제사장이 백성을 위하여 행동하고 기도하듯이, 그리스도께서는 우리를 구속하심으로써, 우리도 다른 사람들을 위하여 행동하고 기도할 수 있게 하셨다."13)

우리가 앞에서 언급했다시피, 재세례파는 만인제사장직이라는 미명 하에 교회의 직제를 무시하고, 교회의 직분을 불필요하게 만들어, 교회를 혼란과 무질서 속으로 몰아넣었다. 그러나 루터는 여기에 반대하여, 모든 평신도들이 갖는 일반 교역으로서의 만인제사장직은 교회에서 특별한 직책을 맡아서 수행하는 특별 교역을 무시하지 않고, 오히려 교회의 질서를 위하여 특별 교역을 필요로 한다고 역설했다. "세례의 물로부터 나온 사람은 누구든지 자신이 이미 성별된 또는 봉헌된 한 사제, 한 감독, 한 교황이라고 자랑할 수 있으나, 누구나 그와 같은 직책을 수행해야한다고 하는 것은 올바르지 않다. 비록 우리 평신도가 동일한 신분을 가졌다고 할지라도, 그 누구도 회중의 동의와 선거 없이 우리 모두가 그것에 대하여 동일한 권위를 가지고 있는 그러한 교역을 스스로 나서서 떠맡아서는 안 된다. 그도 그럴 것이 그 누구도 공동체의 권위와 동의 없이 모든 믿는 자들이 공유하고 있는 바를 감히 스스로 떠맡을 수는 없는 것이기 때문이다."14)

우리가 인용한 루터의 글로부터 다음과 같은 결론이 내려질 수 있을 것이다. 루터는 만인제사장직에 근거한 평신도들의 일반 교역과 특정한 직책과 직분을 맡은 특별 교역 모두를 균형 있게 주장했다. 그러나 중세나 오늘날의 로마 가톨릭교회는 후자만을 주장한다면, 16세기 당시 재세례파나 오늘날 일부 절대평신도주의자들은 전자만을 주장하는 셈이 된다.

---

13) M. Luther, 『그리스도인의 자유』(1520).
14) *Luther's Works*, Vol. 44, 129.

2) 츠빙글리

종교개혁자 츠빙글리(Huldrych Zwingli, 1484-1531)는 교회 교역자의 설교직(Predigamt)과 행정관직(Obrigkeit)이 서로 근본적으로 다르다고 생각하여, 엄격하게 구별시키면서도, 상호 유기적 협력과 상호 비판 관계도 강조하였다. 그는 처음부터 취리히 시(市)에서 기독교적 사회를 지향하는 프로그램을 제시하여, 종교개혁운동을 위해 국가와 정부의 필요성을 의식했다. 츠빙글리에 의하면, 모든 법은 하나님의 뜻에 따라 제정되어야 하며, 만약 행정 관료가 하나님의 판단기준을 어기면서 국가권력을 집행한다면, 그것은 하나님과 반대되는 것이 된다. 따라서 츠빙글리의 활동은 교회와 신학의 차원을 넘어 사회정책, 외교정책, 국방정책 등에 강한 영향을 미치게 되었다.

츠빙글리의 경우, 교회와 국가는 각각 자신의 고유한 역할을 통해서 한 하나님을 섬기는 것이다. 교회의 설교자는 '하나님의 공의'와 관련을 맺고 있는 바, 내적이고, 하나님의 뜻과 완전히 일치하는 하나님의 말씀을 전한다. 행정 관료는 '인간의 정의'와 관련을 맺고 있는 바, 외적이며, 우리의 이웃을 돕거나 최소한 이웃에게 해를 끼치지 않는 말이나 행동을 해야 하는 것이다.[15] 그러므로 인간의 정의는 하나님의 공의와 연결된다. 이 둘은 서로 서로를 돕는다. 설교자는 하나님의 말씀을 올바르게 전함으로써, 행정 관료는 그 설교를 보호하고, 하나님의 율법에 따라 사회의 생활을 규제함으로써 서로 서로 돕는 것이다. 하나님이 주신 임무를 수행하기 위해, 설교자에게는 하나님의 말씀이 주어져 있고, 행정 관료에게는 검(劍)이 주어져 있다. 츠빙글리의 국가관은 공동체의 모든 생활이 하나님의 통치 아래 있고, 하나님의 영광을 위해서 교회의 설교자와 행정 관료는 하나님의 통치와 영광을 확립하기 위해 노력해야 한다는 의미에서 신정 정치적이다. 츠빙글리의 경우, 행정 관료가 없으면, 교회의

---

15) W. P. Stephens, *Zwingli: An Introduction to his Thought*(Oxford: Clarendon Press, 1992), 134, cf. 박경수 역, 『츠빙글리의 생애와 사상』(서울: 대한기독교서회, 2007), 210.

참된 설교자를 세울 수 없지만, 그 반대로 참된 설교자가 없으면 행정 관료는 아무것도 할 수가 없다. 그러므로 교회의 설교자가 행정 관료보다 더 필요하고, 근본적인 존재이다. 왜냐하면, 교회의 목회자의 중요한 역할은 하나님의 말씀을 설교하는데 있기 때문이다. 행정 관료가 해야 할 두 가지 중요한 일들 중에 하나는 교회생활과 관계된 것으로서 복음 설교를 허용하는 것과, 다른 하나는 취리히 시의 생활을 하나님의 율법에 따라 규제하는 것이다. 그러므로 행정 관료가 하나님의 법에 어긋나게 행동하는 경우, 교회는 그 통치자를 하나님의 이름으로 해임해야 한다. 반대로 행정 관료는 복음 말씀을 전하지 않는 거짓 선지자를 취리히 시로부터 추방시켜야 한다.

이상에서 살펴 본 바와 같이 츠빙글리의 경우, 하나님의 말씀을 자유롭게 설교하고 가르치는 것이 교회에 맡겨진 중요한 임무이기 때문에, 교회의 정치와 치리 문제는 시의회(국가, 정부)에 맡기는 경향이 있다. 츠빙글리의 종교개혁은 취리히 시의회와 긴밀한 협조 하에 완성될 수 있었고, 시의회와 교회는 하나님의 법에 따라, 하나님의 영광을 위하여 동일한 하나님을 섬기는 하나의 기독교 공동체의 양면이다. 바로 이런 의미에서 취리히에서 신정론적인 정치가 이루어졌던 것이다. 정부 공직자로서 평신도 원로들이 교회정치와 치리를 맡게 되었다. 그러나 츠빙글리는 1525년에 국가로부터 독립해 있는 순전히 교회의 기구에 해당되는 목사 2명과 시의회 대표 4명으로 구성된 「결혼법령」(a marriage court)을 만들었는데, 1년 뒤에는 여기서 '도덕' 문제까지 취급하게 되었다. 이 「결혼법령」은 애초에 콘스탄스의 주교의 권한 아래 있었으나, 츠빙글리가 이것을 넘겨받아 시행한 것이다. 바로 여기에 장로교회적 치리 기구의 씨앗이 보인다.

3) 외콜람파디우스와 부처

종교개혁자 요하네스 외콜람파디우스(Johannes Ökolampadius, 1482-

1531)는 스위스 쉬바벤 지방에서 태어나 바젤의 종교개혁자로 알려졌다. 츠 빙글리와는 대조적으로 외콜람파디우스는 국가로부터 완전히 독립해 있는 교 회의 고유한 정치와 치리 기구를 만들었다. 외콜람파디우스는 1530년에 마태 복음 18:15-18절을 근거로 치리와 권징의 주체를 국가가 아니라, '교회'로 파 악하고, 여기에 나타난 '교회'를 '교회의 대표'로 이해했다. 그는 목사 4명과 시의회 대표 4명과 평신도 대표 4명으로 구성된 순전히 교회의 치리와 권징 기구를 만들었고, 개 교회에는 3명으로 구성된 위원회를 두어 앞의 기구와 동 일한 임무를 수행하게 했는데, 여기서 평신도 대표는 장로들이었다. 비록 이 제도가 1530년대 말경 바젤의 시 당국에 의해 폐지되었고, 외콜람파디우스가 1531년에 세상을 떠나서 바젤 시에서는 실천되지 못했지만, 그 후 마르틴 부 처(Martin Bucer = Butzer, 1491-1551)가 외콜람파디우스의 치리 개념을 계승하여 명실공이 깔뱅과 기타 개혁교회의 정치와 치리 사상에 결정적으로 영향을 끼쳤다.

깔뱅의 신학과 직제론에 가장 큰 영향을 끼친 사람은 스트라스부르의 종교 개혁자 마르틴 부처이다. 부처는 성경 본문에 근거하여 '장로직'에 대하여 논 의한다. 이전에 로마가톨릭교회의 주교가 가지고 있는 모든 법적, 행정적 관할 권을 스트라스브르가 물려받았기 때문에, 스트라스부르 시의 역할이 종교개 혁을 위해 매우 중요했다. 따라서 부처는 스트라스부르 시를 개혁하는데 시의 회 대표들을 끌어들이지 않을 수 없었다. 부처는 1531년 10월 30일 '키르헨 플레거'(Kirchenpfleger; a board of lay workers), 즉 '교회감독' 제도를 도 입하여, 시의회가 평신도를 임명하여 교회의 삶을 감독케 하는 것이었다. 이 제도의 구성원은 3분의 2가 귀족인 시의회 대표였고, 3분의 1은 평신도였다. 처음에 이들의 직무는 목사의 설교와 생활을 감독하는 것이었으나, 1543년에 와서는 세례 받은 교회 구성원 전체의 삶을 감독하는 것으로 확대되었다. 비록 '교회감독자'가 시 당국에 의해서 임명되었지만, 국가로부터 전혀 간섭을 받지는 않았다.

또한 마르틴 부처는 네 직분, 즉 목사, 장로, 교사, 집사를 주장했는데, 「참된 목회학」(Von der wahren Seelsorge, 1538)에서 신약성경에 근거하여 직제론을 전개하였다.[16] 부처는 말씀을 설교하는 목사(pastors)와 교회의 정치와 치리를 맡은 '장로'(eltisten; elders)를 하나로 묶어 '목자'(shepherds)라고 부르고, 또 '장로'를 말씀을 설교하는 장로와 치리만을 담당하는 장로로 구분하였다. 목사와 평신도 대표인 장로로 구성된 '목자들'은 각 구성원이 평등한 권리를 갖는 '연합체'(collegium)으로서 직무를 수행했고, 이 위원회의 한 사람이 회장직(office of episcopal director)을 수행했다. 그리고 부처는 교사직에 교회의 교사직뿐만 아니라, 스트라스부르 시의 학교들의 교사직도 포함시켰다. 처음에 부처는 집사직을 국가뿐만 아니라, 교회에도 관련된 봉사직(디아코니아)으로 이해했지만, 그의 생애 말기 영국에서 출판한 작품 「그리스도 왕국론」(De Regno Christi, 1550)에서는 집사직을 순전히 교회의 내적인 봉사직으로 축소시켰다.[17]

루터, 츠빙글리, 외콜람파디우스, 부처의 직제론은 어떤 측면에서 깔뱅에게 영향을 미쳤는가? 츠빙글리보다 깔뱅은 교회의 정치와 치리 기구를 국가의 정치와 치리 기구로부터 훨씬 더 독립시키는 방향으로 발전시켰다. 깔뱅은 국가로부터 독립된 순전히 교회의 정치와 치리를 주장한 외콜람파디우스 쪽으로 점점 더 나아갔다. 외콜람파디우스는 국가로부터 독립된 교회의 고유한 정치와 치리 기구 사상을 가지고 있었지만, 바젤 시에서 실현하지 못하고 세상을 떠났던 것이다. 마르틴 부처는 국가로부터 독립된 교회의 고유한 정치와 치리 기구에 대한 외콜람파디우스의 권징과 치리 사상을 물려받았을 뿐만 아니라,

---

16) *Martin Bucers Deutsche Schriften* Bd. VII, 90ff. 참고 최윤배 역, 「참된 목회학」(용인: 킹덤북스, 2014).
17) *De Regno Christi*(Bibl. No. 103), in: *Tomus Anglicanus*, 1–170, cf. *Library of Christian Classics* XIX, 174–394; 최윤배 공역, 「멜란히톤과 부처」(서울: 두란노아카데미, 2011), pp. 219–504; 최윤배, 「잊혀진 종교개혁자 마르틴 부처」(서울: 대한기독교서회, 2012), pp. 420–443.

자신이 교회의 사중직(quadruplex; 목사, 교사, 장로, 집사)도 창안하였다. 깔뱅은 마르틴 부처의 초청을 받아 1538년부터 1541년까지 스트라스부르에서 부처와 동역을 했다. 다시 말하면, 깔뱅은 스트라스부르에 있는 프랑스 이민교회에서 목회하는 동시에 스트라스부르 대학에서도 가르치면서, 부처로부터 사상적으로나 신학적으로 지대한 영향을 받았다. 특히 깔뱅은 부처로부터 교회의 네 직분론과 교회에 고유한 정치와 치리 사상을 이어받아 1541년에 다시 제네바에 돌아가서 제네바 시와의 끊임없는 갈등 관계 속에서 사역을 계속하면서, 명실공히 개혁교회의 정치와 치리 사상을 발전시키고, 확립하였지만, 세상을 떠나기 불과 몇 년 전인 1561년에야 비로소 제네바 시로부터 완전히 독립된 순전히 교회의 고유한 정치와 치리권을 확보할 수 있었던 것이다.

III. 깔뱅의 교회정치사상

1. 프랑스의 왕 프랑스와 I세에게 보낸 깔뱅의 「헌정사」

『기독교 강요』초판을 헌정한 프랑스의 왕 프랑스와 I세(François I)에게 깔뱅은 1535년 8월 23일에 『헌정사』를 썼다. 여기에 이미 깔뱅이 이해하는 교회의 본질은 로마가톨릭교회가 이해하는 교회의 본질과 극명한 차이를 보여 주고 있다. "우리의 논쟁은 다음과 같은 점과 관련되어 있습니다. 첫째, 교회의 형태는 항상 드러나 보이고 관찰될 수 있는 것이라고 그들(로마가톨릭교회, 필자 주)은 주장합니다. 둘째, 그들이 이 형태를 로마교회와 그 계급제도와 동일시하고 있습니다. 그 반대로 우리는 교회는 어떤 가시적인 외형이 없이도 존재할 수 있으며, 그 외형은 그들이 바보스럽게 흠모하는 저 외적 장엄함 속에 담길 수 없다고 확신합니다. 오히려 교회는 다른 표지를 가지고 있는데, 교회의 표지는 하나님의 말씀을 순수하게 전파하는 것과 성례를 올바르게 집행하는 것입니다. 그들은 손가락으로 꼬집어 지적할 수 없으면 격분합니다. … 그들은 사도적 지위를 가진 로마 교황과 나머지 감독들이 교회를 대표하며 교회로 간주되어야 한다고 말합니다. 그런고로 그들은 오류를 범할 수 없다는 것입니다."[18] 여기서 로마가톨릭교회의 본질을 이루며, 교황과 감독들을 중심으로 이루어진 계급구조적이며, 계층질서적인 성직계급제도를 깔뱅은 비판하고 있다. 한 걸음 더 나아가서, 깔뱅은 교회의 직제나 국가의 제도를 거부하고, 교회와 국가의 권위를 무시함으로써, 교회와 사회에 혼란과 무질서를 초래하는 재세례파에 대해서도 비판한다. "사탄은 재세례파들(Catabaptistas)과 괴악한

---

18) P. Barth etc.(ed.), *Opera Selecta* I, 31.

사람들을 통해서 불일치와 교리적 논쟁을 불러일으킴으로써 진리를 희석시키고 마침내 말살하려 했던 것입니다. 그리하여 이제 사탄은 두 가지 방법으로 진리를 줄기차게 포위하고 있습니다. 인간의 폭력적 수단을 통해서는 참된 씨를 뿌리 뽑아 버리고, 자기의 할 수 있는 대로 자기의 가시덤불을 가지고 씨를 질식시켜 버림으로써 씨가 자라 열매를 맺지 못하게 하려는 것입니다."[19]

2. 『1537년 제네바의 교회 조직과 예배에 관한 조항들』 (1537년 1월)

제네바 종교개혁을 위하여 깔뱅을 비롯한 목회자들이 1537년 1월 16일에 『제네바의 교회 조직과 예배에 관한 조항들』(Articles concernant l'organisation de l'Église et du culte à Genève, proposés au conseil par les ministres, Le 16. Janvier 1537)을[20] 제네바 소위원회와 200인 위원회에 제출한 바, 몇몇 중요한 부분은 매 주일 성만찬 예배, 권징시행과 이를 위한 위원회 조직, 제네바 시민과 공직자가 이 문서를 수용할 것, 결혼위원회 설립 등이다.

우리의 주제와 관련하여 이 문서가 중요한 이유는, 이 문서가 비록 평신도에 대한 구체적인 직제에 대해 논의하지는 않을지라도, 교회의 평신도가 원칙적으로 교회의 권징과 치리에 참여해야하며, 그 참여를 위한 절차에 대하여 언급하고 있다는 사실이다. 깔뱅은 교회 안에서 권징의 근거를 주석학적으로 예수 그리스도의 말씀과 바울 서신으로부터 가져온다. "이 같은 교정의 방법은 마태복음 18장에서 주의 교회를 위하여 우리 주님에 의하여 명령되었다. 주님께서 우리에게 주셨던 명령을 무시하지 않기 위하여, 그 때 우리는 그것을 사용

---

19) P. Barth etc.(ed.), *Opera Selecta* I, 33.
20) J. Calvin, *Library of Christian Classics*, XXII, 48–55; P. Barth etc.(ed.), *Opera Selecta* I, 369–377.

해야만 한다. 자신들을 그리스도인들이라고 자칭하면서도 악명 높게 음란하고, 탐욕스럽고, 우상숭배하고, 험담하거나 술에 취하고, 절도하는 사람들과 교제하는 것을 우리가 금해야한다는 사실에 대한 엄숙한 경고와 함께 바울 서신인 디모데전서 1장과 고린도전서 5장에서 치리에 대한 예가 발견된다."[21]

깔뱅은 이 문서에서 평신도(신자들) 중에서 치리에 참여할 자를 선발하고, 평신도도 참여하는 감독단을 조직하여 그들이 관리하고, 문제 해결이 안 될 때는 지정 목사에게 보고하고, 다시 문제해결이 안 될 시에는 시의회에 보고하고, 시의회가 출교 등의 최종 조치를 취하라고 주장하고 있다. "그리고 이것을 수행하기 위하여 우리는 끝까지 인내하고 쉽사리 부패하지 않는 모든 신자들 중에서 선한 삶과 선한 증거가 확실한 사람들을 기꺼이 지명하고 선택하여 주실 것을 당신에게(시 당국) 진심으로 요구하오니, 시 당국은 이들을 (제네바) 시의 모든 행정구역에 분산시켜 각 지역의 신자들의 삶을 감독하고, 다스리도록 해야 하며, 만일 그들이 어떤 신자에게 눈에 띄는 악행이 있다는 사실을 발견하면, 그가 누구든지 간에 그에게 충고하고, 교정할 것을 형제애로 권고해야 합니다. 만약 이러한 충고가 아무 결과를 가져오지 못할 경우, 그에게 그의 옹고집이 교회에 보고될 것이라는 사실을 알려주어야 합니다. 당연히 그가 그의 잘못을 뉘우치면 이 권징의 유익이 얼마나 큰 것이지 보십시오. 그러나 그가 그것에 아랑곳하지 않을 경우, 이 사건을 책임 맡은 사람(평신도)에 의해 지명받은 목회자는 이 사람에게 현재까지 어떤 조치를 취했으며 이 같은 조치에도 불구하고 그에게 개선의 여지가 전혀 보이지 않는다는 사실을 (제네바 시의) 의원 총회에 공식적으로 공포해야할 시간이 오게 될 것입니다. 그리고 그 후에 그가 계속적으로 그의 마음속에 완악함을 유지하고 있는지를 알아보고, 계속 그렇게 할 경우, 출교의 시간이 올 것입니다. 다시 말하면, 그는 그리스도인들의 공동체로부터 출교된 것으로 간주되어야 하고, 그가 회개와 교정의 선한 모

---

21) P. Barth etc.(ed.), *Opera Selecta* I, 372.

양을 보일 때까지, 그의 일시적인 혼란을 위하여 악마의 힘에 맡겨야 합니다. 그래서 그는 이것에 대한 증거로 수찬 정지를 당해야 하고, 다른 신자들에게는 이 사람과 가족처럼 지내지 말 것을 공표해야 합니다. 그러나 구세주께서 기꺼이 그의 마음을 만지시고, 그를 선한 길로 옮겨 놓으실 것인지가 증명되기 위해서, 그는 항상 교리를 얻기 위하여 설교를 들으러 오는 것을 빠뜨려서는 안 됩니다."[22]

3. 『교회법안』(1541년 9월)

성찬의식 등의 문제로 제네바 시의회와의 갈들 끝에 깔뱅은 동역자 파렐(G. Farel)과 비레(P. Viret)와 함께 제네바 시로부터 1538년 4월 23일에 추방되었다. 평소에 폭음, 폭식, 방종, 심지어 음행까지 하다가 주일에 집례 되는 성찬식에 참여하고자하는 사람들에게 깔뱅과 파렐은 수찬정지 명령을 내려줄 것을 시의회에 요구했으나 시정되지 않자, 깔뱅과 파렐은 성찬 집례를 거부했다. 하나님의 말씀대로 교회를 목회하다가 핍박을 받아 쫓겨나는 가운데서도 깔뱅과 파렐은 하나님의 섭리를 인정하면서 안타까운 마음으로 레망호수(Lac Léman)를 바라보면서 제네바를 떠나야만 했다. 제네바 시로부터 추방당한 깔뱅은 마르틴 부처 등의 요청으로 스트라스부르에 1538년 9월 5일에 도착하여 만 3년 사역 후에 제네바 시의 요청으로 다시 1541년 9월 13일에 제네바에 돌아왔다.

스트라스부르에서 제네바로 다시 돌아온 깔뱅은 제네바의 종교개혁 운동에 박차를 가하였다. 깔뱅은 스트라스부르의 목회사역과 교수사역을 통해서 많은 경험과 변화를 겪었는데, 특히 직제론을 중심하여 마르틴 부처와 외콜람파

---

22) P. Barth etc.(ed.), *Opera Selecta* I, 373.

디우스의 영향을 크게 받았다. 깔뱅이 제네바 시로부터 제네바에 다시 돌아와 종교개혁을 해달라는 부탁을 받았을 때, 그는 그의 교회법령을 통과시켜준다는 조건으로 제네바에 다시 오게 된 것이다. 이같이 칼뱅에게는 교회법이 너무나도 중요한 것이었다. 깔뱅과 그의 제네바 동료 목회자 4명 및 6명의 위원들로 이루어진 자문위원회는 『교회법안』(Projet d'ordonnances ecclésiastiques; Draft Ecclesiastical Ordinances)을[23] 1541년 9월 13일에 시의회에 제출하고, 수정과 검토를 마친 후에 1541년 9월 16일에 소위원회, 200인 위원회 및 의원총회에 제출하여 재검토를 받았고, 마지막으로 1541년 10월 9일에 전적으로 통과되었다.

이 법안은 교회의 직제, 성례, 결혼, 장례, 심방, 어린이와 시민이 준수해야 할 사항, 행전관의 맹세 등에 대해 규정하고 있으나, 우리의 주제와 관련하여 이 문서의 앞부분에 기술되어 있는 교회의 4중직(목사, 교사, 장로, 집사)이 매우 중요하다.

이 문서는 다음과 같이 시작한다. "주님의 교회의 통치를 위하여 우리 주님에 의해서 제정된 네 가지 질서들이 있다. 첫째는 목사(pastors)요, 그 다음에는 교사(doctors)요, 그 다음에는 장로(elders)요, 그리고 네 번째로는 집사(deacons)이다."[24] 지금까지 우리는 원리적으로 칼뱅이 만인제사장직에 입각한 일반 교역과 말씀 사역을 주로 하는 사역자들의 특수 교역을 살펴보았고, 원칙적으로 신자들(평신도)이 치리와 권징에 참여 할 수 있는 길을 제네바 시에 제시한 바 있음을 살펴보았다. 그런데 본 문서는 너무나도 극명하게 마르틴 부처가 주장했던 교회의 4중직에 대해서 언급하고 있다.

깔뱅은 목사를 다음과 같이 정의한다. "성경 역시 가끔 장로들(elders)과 사

---

23) J. Calvin, *Library of Christian Classics*, XXII, 36–72; J. Calvin, *Corpus Reformatorum* 10a, 15–38; P. Barth etc.(ed.), *Opera Selecta* II, 328–361.
24) J. Calvin, *Library of Christian Classics*, XXII, 58.

582 · 깔뱅신학 입문

역자들(ministers)로 칭하는 목사들(pastors)의 직무(office)는 하나님의 말씀을 선포하는 것과, 공적으로 그리고 사적으로 교훈하고, 훈계하고, 권면하고, 책망하는 것과, 성례를 시행하고, 장로들(elders)과 동료들(colleagues)과 함께 형제와 같이 교정의 시행으로 부름 받는 것이다."[25] 여기서 목사의 직무는 주로 세 가지, 즉 하나님 말씀 선포, 성례집례, 치리 또는 교정 시행이다. 깔뱅은 목사의 임명과 임직 과정에서 목사와 시의회와 개 교회를 상호 연루시키고 있다. 칼뱅은 고대 교회와 성경의 교훈에 따라 다음과 같은 목사 임직 절차를 밟기를 원한다. "먼저 사역자들은 목사직을 받아야할 사람을 선출하여, 시의회에 보내고, 만약 이 사람이 받을만한 가치가 발견되면, 시의회는 그를 받아들이고, 허락하여, 그가 신자들의 공동체의 동의에 의하여 받아들여지도록 하기 위하여, 시의회는 그에게 설교증을 교부하고, 회중 또는 백성 앞에서 최종적으로 설교하게 한다. 만약 그가 가치가 없는 사람으로 발견되며, 이것이 일정기간의 견습을 통해서 밝혀지면 다른 사람을 선택하기 위하여 새로운 선출 절차를 밟을 필요가 있다."[26] 선출되고 임직된 목사는 "목사들의 모임"에 의해서 감독된다. 목사들의 모임은 협의체적 감독체제이며, 중세의 교황 감독체제와는 너무나도 거리가 멀다. 만약 "목사들의 모임"이 어떤 문제를 해결하지 못할 경우, "장로들"의 협조를 요청할 수 있고, 시의회에 맡길 수도 있다. "모든 사역자들은 자신들 가운데서 교리의 순수성과 일치를 본존하기 위하여, 성경에 관한 토론을 위하여 매주 어느 하루에 함께 만나는 것이 편리하다. 어떤 사람도 합법적 핑계 없이 이로부터 면제될 수가 없다. 만약 어떤 사람이 부주의할 경우, 그에게 경고가 주어진다. 만약 교리의 차이가 있을 경우, 사역자들로 하여금 그 문제에 함께 토론하기 위해 오게 하고, 그 후에 필요할 경우, 논쟁을 구성하는데 도움을 주기 위하여 사역자들로 하여금 장로들(elders)을

---

25) J. Calvin, 앞의 책, 58.
26) J. Calvin, 앞의 책, 59.

부르게 하고, 최종적으로 만약 당파들 중에 한 쪽의 완고성 때문에 우호적으로 일치에 도달 할 수 없을 경우, 결정에 도움이 되도록 행정관(the magistrate)에게 그 문제를 회부하도록 한다."[27]

교사(doctor)직과 관련하여 "교사들의 고유한 직은 복음의 순수성이 무지나 악한 의견들에 의해서 부패되지 않도록 하기 위해 참된 교리 속으로 신자들을 교육하는 것이다."[28] 교사들은 학교 기관에서 신학과 성경을 가르치고, 언어와 인문학 등을 가르친다. 특이한 사항은 교회의 직제가 교육기관과 직접적으로 연결되어 있다는 사실이다.

장로(elders)와 관련하여, "장로들의 직은 각 신자의 삶을 감독하고, 그들이 보기에 잘못을 하고 있거나 무질서한 생활을 하고 있는 사람들에게 사랑으로 훈계하고, 자신들이 그리고 다른 사람들과 함께 형제 사랑의 교정에로 부름 받는다."[29] 여기서 "자신들은" 치리에 참여하는 평신도 장로들을 가리킨다면, "다른 사람들"은 말씀선포와 성례집례와 함께 치리에도 동참하는 "목사들"을 가리킨다고 볼 수 있을 것이다. 장로선출과 관련하여, 장로에 선출될 사람은 하나님을 두려워하고, 영적 분별력이 있고, 품행방정하고, 평판이 좋은 평신도로서, 소의회로부터 2명, 60인회로부터 4명, 200인회로부터 6명이 선출되어 제네바 시의 행정 구역마다 고르게 배치되어야 한다.

우리가 앞에서 살펴보았다시피, 목사 선출에는 목사가 주도권을 갖고 있었는데, 장로의 선출에는 시의회가 주도권을 가지고 있으며, 장로의 후보는 모범 평신도 출신의 시의원이라는 사실이다. 깔뱅은 또한 장로의 임기와 관련하여 장로직을 종신직으로는 생각하지 않고 있다. "연말이 되면 장로들의 명단은 시 당국에 제출되어야 한다. 시의회가 이들의 연임 문제를 결정한다. 하지만

---

27) J. Calvin, 앞의 책, 60.
28) J. Calvin, 앞의 책, 62.
29) J. Calvin, *Library of Christian Classics*, XXII, 63.

이들이 자신의 의무를 신실하게 수행하는 동안 그렇게 자주 교체될 필요는 없다."30)

　집사직과 관련하여 칼뱅은 고대 교회와 성경주석에 근거하여 집사는 크게 두 가지 일, 즉, 환자나 노약자를 간호하고, 돌보는 일과 가난한 자를 재정적으로 돕는 일이다. "제네바의 시립병원이 잘 운영되도록 하며, 몸이 아픈 환자뿐만 아니라, 노동을 할 수 없는 노인, 과부된 여성들, 고아들, 기타 불쌍한 사람들을 위해 일하는 것이 이들의 의무다. 더구나 제네바 시 전체에 흩어져 있는 가난한 사람들에 대한 돌봄이 다시 있어야 하는데, 재무 관리자가 이 일을 맡아 해도 좋을 것이다."31) 칼뱅이 주장한 집사직은 교회가 교회 안과 밖에서 수행해야할 이웃 사랑의 실천, 즉 '디아코니아'와 직접적으로 연관된다고 볼 수 있으며, 집사의 선출은 장로의 선출에 준하며, 규칙은 바울서신의 디모데전서 3장과 디도서 1장이 적용된다.

4. 『제네바 교회에서 사용하는 신앙교육 요강 및 신앙고백』 (1537)과 『제네바 교회의 요리문답』(1541/1542)

　1537년 1월 16일에 제출된 『제네바 교회에서 사용하는 신앙교육 요강 및 신앙고백』(1537)(Instruction et Confession de Foy dont on use en l'Église de Genève)은32) 제네바 소위원회로부터 인준을 받은 후 1537년 2월부터 인쇄되어 시중에 유포되기 시작했다. 본서는 십계명, 사도신경, 주기도문 해설, 성례 및 교회와 국가의 질서에 대한 내용을 담고 있다. 이 작품의 원문은 라틴어로 쓰였을 것이지만, 1537년 초판은 불어로 되어 있고, 1538년에

---

30) J. Calvin, 앞의 책, 64.
31) J. Calvin, 앞의 책, 65.
32) Corpus Reformatorum XXII, 25-74; P. Barth etc.(ed.), 앞의 책, 378-417.

라틴어 판이 나왔다.[33]

우리의 주제와 관련된 교역자와 치리에 관한 내용이 "교회와 국가의 질서" 항목에서 나타난다. 깔뱅은 교회의 두 가지 표지와 관련해서 목사의 주된 세 가지 사역, 즉 말씀선포, 성례집례, 치리시행을 언급한다. "주님께서는 당신의 말씀과 성례들이 인간들의 봉사를 통해 우리에게 시여되기를 원하셨기 때문에, 공적으로나 사적으로 백성에게 순수한 교리를 가르치고 성례들을 거행하며 좋은 모범을 통해 사람들을 거룩하고 순수한 삶에로 훈련시키는 임직된 목사들이 교회 안에 반드시 있어야만 한다. … 목사들의 목회직이 이론의 여지가 없는 확고부동한 직책이 되도록 목사들에게는 매기도 하고 풀기도 할 수 있는 권한이 부여되었다."[34] 여기서 깔뱅은 말씀의 사역자로서의 목사와 말씀의 전달자로서의 목사를 강조한다. "출교란 명백한 방탕자, 간통자, 강도, 살인자, 수전노, 부정한 자, 싸움꾼, 폭음 폭식가, 술주정뱅이, 폭도 그리고 낭비자들이 권고를 받고도 교정되지 않을 경우 하나님의 계명에 따라 성도의 공동체로부터 추방되는 것을 말한다."[35] 깔뱅은 교회가 출교를 시행하며, 성도들은 하나님의 말씀을 소유하고 있기 때문에 하나님의 말씀을 통해서 타락한 자들을 정죄할 수 있다고 말함으로써, 출교권이 교회 전체에 위임되었다는 사실을 강조하고, 하나님의 말씀에 근거한 출교를 강조하는 셈이 된다. 그러나 칼뱅은 출교가 구체적으로 어떤 절차를 거쳐서 시행되어야 하는지는 언급하지 않고 있다.

『제네바교회의 요리문답』(Le Catéchisme de L'Église de Genève, 1541/1542)은[36] 사도신경, 십계명, 주기도문 해설 및 성례에 대한 내용을 담고 있다. 우리의 주제와 관련하여 『제네바교회의 요리문답』은 교회에서 목사

---

33) Calvini Opera V, 313-362; P. Barth etc.(ed.), 앞의 책, 426-432)
34) 한인수 역, 『깔뱅의 요리문답』(서울: 도서출판 경건, 1995), 90.
35) 한인수 역, 앞의 책, 94.
36) Calvini Opera VI, 1-134.

의 절대적 필요성을 언급한다. "예수 그리스도께서 당신의 교회 안에 이 질서를 세워 놓으신 것은(엡4:11) 두 세 사람을 위한 것이 아니라 일반적으로 모든 사람을 위한 것이기 때문입니다. 게다가 그리스도께서는 이것만이 교회를 교화하고 양육하는 유일한 수단이라고 선언하셨습니다. 그러므로 우리 모두는 이 질서를 고수해야 합니다. … 목사: 목사들이 꼭 있어야만 합니까? 그렇습니다. 우리는 그들의 말을 경청해야 하며, 그들의 입을 통해 흘러나오는 주님의 가르침을 겸손히 받아들여야만 합니다."[37] 여기서 교회의 제도 또는 질서로서의 목사직이 강조되어 있고, 목사직의 가장 중요한 기능은 하나님의 말씀 사역임이 확인된다.

5. 『제네바 교회의 직제』(1561)

1561년의 『교회법』(Les Ordonnances ecclésastiques, 1561)은[38] 이미 우리가 앞에서 논의한 1541년의 『교회법안』(Projet d'ordonnances ecclési-astiques, 1541)의 내용을 상당부분 수용하면서, 새로운 내용을 수정하고 보완한 작품이다. 가령 주간 성경공부와 관련된 규정, 목사의 치리, 그리고 형제 사랑의 견책 등에 이어 『제네바에 속한 목사들과 교구 심방을 위한 규칙』이 삽입되었고, 여기서는 제네바 시내에 있는 교회들과 그 주변 부속 교회들에 대한 심방 목적과 방법도 실려 있다.

우리의 주제와 관련하여 1541년 법안과 1561년 법안을 상호 비교한 결과 나타나는 차이점을 중심으로 기술하고자 한다.

깔뱅은 1541년 교회법과 『기독교 강요』최종판(1559)에서 언급한대로 교회

---

37) 한인수 역, 앞의 책, 197.
38) Calvini Opera 10a, 91-124; D. W. Hall & J. H. Hall(ed.), *Paradigma in Polity*(Grand Rapids: W.B. Eerdmans Publishing Co., 1994), 140-155.

의 4중직을 제2항에서 언급한다. "무엇보다도, 주님의 교회의 통치를 위하여 우리 주님께서 제정하신 네 가지 질서들(orders) 또는 네 종류의 직분들 (offices)이 있다: 즉, 목사들(pastors), 교사들(doctors), 그 다음에 장로들 (elders), 네 번째로 집사들(deacons)이다."[39]

비록 깔뱅은 교회의 직제를 교회의 본질(esse ecclesiae)이나 교회의 표지 (notae ecclesiae)로 간주하지 않을지라도, 교회의 직제를 교회를 위해 필수적으로 중요한 것으로 생각한다. 그 이유는 교회의 직제가 교회의 본질을 위해서, 다시 말하면, 좋은 교회를 형성하기 위해 절대적으로 필요하기 때문이다. (bene ecclesiae) 깔뱅은 제3항에서 교회의 직제의 필요성과 중요성에 대해 "만약 우리가 잘 조직된 교회를 갖는 동시에 잘 조직된 교회가 완전하게 유지되기를 원한다면, 우리가 이 같은 형태 또는 조직을 보존해야만 하는 바로 그 이유 때문이다."라고 말한다.[40]

목사에 대한 깔뱅의 정의는 1541년과 동일하다. "성경이 가끔 감독들 (overseers), 장로들(elders)과 사역자들(ministers)로 칭하는 목사들(pastors) 의 직무(office)는 하나님의 말씀을 선포하고, 가르치고, 훈계하고, 권면하고, 사적으로 그리고 공적으로 견책하고, 성례를 집례하며, 장로들(elders) 또는 시의회 의원들(commissioners)과 함께 형제애적인 교정을 시행하는 것이다."[41]

깔뱅은 고대 교회와 성경의 교훈에 따라, 목사를 임명하는 절차에 대해서 1541년과 동일하게 말한다. 사역자들이 목사직을 받을 한 사람을 선택하여, 제네바 시 소위원회에 보고하면, 이 후보자가 출두하여, 만약 자격이 있을 경우, 받아들여지고, 선택되어 그가 설교를 통해서 백성들에게 최종적으로 확증

---

39) D. W. Hall & J. H. Hall(ed.), 앞의 책, 141.
40) D. W. Hall & J. H. Hall(ed.), 앞의 책, 141.
41) D. W. Hall & J. H. Hall(ed.), 앞의 책, 141.

받기 위하여 사람들 앞에서 그에게 설교할 수 있는 기회를 준다. 그 결과 그가 신자들의 모임의 동의에 의해서 받아들여지게 된다. 결국 목사의 임명 절차에 목회자가 주도권을 잡고, 시의회와 교회 전체가 함께 참여하게 되는 것이다.

1541년의 교회법보다 1561년의 교회법에서 목회자에 대한 치리와 감독이 강화되었다는 사실이 발견된다. 한 예로 처리할 수 없는 문제는 반드시 시의회로 넘겨진다는 절차가 확정되었다. 목회자 모임에서 교리상의 차이가 있을 경우, 목사들이 그것을 함께 취급하고, 해결되지 않을 경우 장로들과 노회(the Synod)에 의해서 파송된 사람들을 부르고, 목사들 중에 한 사람의 완고성으로 문제해결이 안 될 경우, 행정관이 최종적으로 해결한다.

깔뱅은 특히 삶에 관계된 어떤 스캔들을 제거하기 위해 "치리 기구"의 필요성을 말한다. "삶의 방식과 관계된 어떤 스캔들을 제거하기 위하여 모든 사람들이 예외 없이 굴복해야할 견책하는 사역자들을 위한 형태(더욱 자세하게 설명되기 위하여)를 가지는 것이 필요하다."[42] 제25항에서 목회자가 범하기 쉬운 죄목들 중에서 사소하지 않은 죄목 16개, 사소한 죄목 16개가 나열되어 있다.

목사가 실정법을 어기는 죄를 범할 경우, 시의회가 그를 규류하고, 목사직을 박탈까지 하고, 다른 사소한 죄의 경우, 목사는 노회(the Synod), 즉 목사와 장로 또는 시의회로부터 파송된 의원들의 치리를 받는다. 이들 노회원은 해당 목사의 잘못을 시의회에 보고하고, 처벌에 대한 최종적인 판단은 시의회에 맡긴다. 그 밖의 사소한 목사의 잘못은 권면에 의해서 처리된다. 목사들은 석 달마다 목사들 가운데 이 같은 비행의 문제가 있는 지를 살핀다.

비록 치리 문제에 처음에는 노회가 개입되어 사실을 조사하지만, 최종 치리권이 시의회에 있다는 점에서 당시에 교회가 국가에 매우 종속되어 있었다는 사실을 반영한다. 시 당국은 시의회로부터 파송된 대표 2명, 교회로부터 파송

---

42) D. W. Hall & J. H. Hall(ed.), 앞의 책, 144.

된 목사 2명으로 구성된 소위 감독단(the delegates)은 매년 1회 제네바 시와 제네바 시의 산하에 있는 지방 교구들을 방문하여 교구목사들이 가르치는 교리와 도덕 생활과 목회활동을 감독하는 책임을 지웠다.

1541년 교회법에서 교사들에 대한 이해는 1561년 교회법과 거의 일치한다. "복음의 순수성이 무지나 잘못된 견해들로부터 오염되지 않도록 교사들의 고유한 의무는 신자들에게 건전한 교리를 가르치는 것이다."[43] 칼뱅은 교육 제도를 더욱 장려할 것을 촉구한다. 신학 교사와 신구약 교사는 교역직에 가장 버금가며, 교회의 통치와 가장 밀접히 관계된 직분이며, 이를 위해 언어와 인문학이 선행되어야 하며, 미래를 위하여 어린이 교육이 더욱 필요하다는 것이다. 어린이 교육에서 소녀들도 포함되었다.

1561년 교회법의 장로직은 1541년 교회법의 장로직과 거의 같다. 그러나 서로 차이가 나는 점은 장로는 해당 신자의 문제를 "형제사랑의 교정을 시행하기 위하여 구성된 모임에 보고하여 목사들과 함께" 그 일을 처리해야하지만, 여기서는 장로의 안수에 대하여 언급되어 있지 않다는 점이다. "각 사람의 생활을 감독하고, 부족하거나 무질서한 생활을 하는 자들을 형제애적인 방법으로 권면하고, 필요할 경우, 형제애적인 교정을 위하여 치리기구에 다른 목사들과 함께 보고하는 것이 장로들의 기능이다."[44]

1561년 교회법의 집사직과 1541년 교회법의 집사직은 거의 동일하다. 그러나 실천과정의 세부 사항 중에서 세 가지가 첨가되었다.[45] 첫째, 병원과 제네바 시의 가난한 사람들을 위해 시의 예산으로 의사와 외과 의사를 두어야 하며, 둘째, 노인과 병자들과 가난한 어린이가 병원에 오기 때문에 이들에게 올바른 기독교적 생활과 가르침을 주고, 때로는 어린이들의 대학진학을 위하여

---

43) D. W. Hall & J. H. Hall(ed.), 앞의 책, 147.
44) D. W. Hall & J. H. Hall(ed.), 앞의 책, 147.
45) D. W. Hall & J. H. Hall(ed.), 앞의 책, 149.

교사를 두어야 하며, 셋째, 교회 문 앞에서의 걸인 구걸의 금지 조치를 시의회가 취해야 한다는 내용이다.

이상에서 살펴보았다시피, 비록 집사직이 교회의 직제 중에 하나였지만, 깔뱅은 집사직을 소극적으로 교회 안에서만 활용한 것이 아니라, 사회와 국가의 틀 속에서 '디아코니아', 즉 적극적인 이웃 사랑의 실천을 구조적으로, 정책적으로, 행정적으로 탁월하게 실천하였다고 볼 수 있다.

IV. 결론

원칙적으로 세상정치뿐만 아니라, 교회정치의 중요성에도 불구하고, 여기에 대한 무지나 오해 등으로 세상정치와 교회정치에 대한 경시와 무관심을 염려하고, 특히 한국장로교회 내에서 교회정치를 둘러싼 갈등의 문제를 의식하면서 이 글을 시작하였다.

우리는 먼저 교회정치에 대한 다양한 입장들을 소개했다. 교회사 속에서 퀘이커 교도들처럼 세속 정치나 교회정치를 전적으로 무시하는 입장이 있는가 하면, 교회정치의 중요성을 인정하면서도, 국가를 통해서 교회 정치를 실현하는 입장이 있는가 하면, 국가로부터 독립하여 교회가 갖는 고유한 교회정치를 실현하는 입장이 있었다.

깔뱅의 교회 정치사상에 직접적으로 또는 간접적으로 영향을 미친 종교개혁자들, 즉 루터, 츠빙글리, 외콜람파디우스, 부처에 대한 언급이 있었다. 종교개혁자들은 주로 두 진영(로마가톨릭교회와 급진적 종교개혁자들)과 논쟁하였고, 교회의 일반 교역과 특수 교역 모두를 인정했다. 루터는 만인제사상직을 재발견하여 일반 교역과 특수 교역 사이의 균형을 유지했고, 츠빙글리는 교회와 국가의 긴밀한 관계성을 강조하였고, 외콜람파디우스는 교회의 고유한 치리권을 주창하였고, 부처는 자신이 주창한 교회의 사중직과, 외콜람파디우스로부터 물려받은 교회의 고유한 치리권을 깔뱅을 통해 계승시켰다.

『기독교 강요』초판을 헌정한 프랑스의 왕 프랑스와 I세(François I)에게 깔뱅이 보낸『헌정사』에는 로마가톨릭교회의 계층구조적인 교회의 직제에 대한 비판과 아울러, 세속 정치 자체를 무시하는 재세례파에 대한 비판이 나타났다.

우리가 집중적으로 분석한 깔뱅의『신앙고백』들과『교회법』들에 나타난 그의 교회 정치사상을 다음과 같이 요약할 수 있을 것이다.

첫째, 깔뱅은 로마가톨릭교회의 교회직분의 절대론도 재세례파의 교회직분의 무용론도 지지하지 않는다. 비록 깔뱅은 교회 정치를 교회의 본질(esse ecclesiae)이나 교회의 표지(ecclesiae notae)로 간주하지는 않았지만, "좋은 교회"(bene ecclesiae)를 만들기 위하여 교회정치는 필수불가결한 것으로 간주했다.

둘째, 교회의 사역은 만인제사장직을 대표하는 일반 교역과, 교역자를 비롯한 특수 교역이 있다. 이 두 교역은 상호 배타적이지 않고, 오히려 상호 보완적이다. 교역자의 말씀선포와 성례전 집례는 기능적으로 사도직으로부터 계승된 것이다. 사역자의 가장 중요한 사역은 말씀사역이다. 로마가톨릭교회는 죄 사함의 문제나 치리(권징)의 문제를 고해성사와 면죄부 판매 등을 통해서 계층 구조적 성직제도와 연관시켜 이해하고 있지만, 여기에 반대하는 깔뱅은 만인제사장직에 입각하여 하나님이 가지고 계시는 열쇠의 권한이 전체 교회에 위임되었다고 말하면서도, 그 열쇠의 권한이 하나님의 말씀을 통해서 그리고 하나님의 말씀의 사역자들을 통해서 집행된다고도 말함으로써, 루터처럼 교회의 일반 교역과 특수 교역을 동시에 주장하고 있다.

셋째, 『기독교 강요』초판(1536)에서 교회의 사중직(quadruplex; 목사, 교사, 장로, 집사)이 직접적으로 나타나지는 않고, 그 원리는 충분히 인식되었지만, 아직도 소위 '치리 장로'에 대한 개념은 발견되지 않았다. 그러나 1541년 교회법이후부터 교회의 4중직에 대한 정의와 기능이 아주 분명하게 나타난다. 어원적으로 볼 때, 로마가톨릭교회가 이해하고 있는 부제품(副祭品)이나 깔뱅이 이해하고 있는 집사나 집사직은 같지만, 그 의미와 기능은 전적으로 다르다. 로마가톨릭교회 말하는 부제의 직책은 '사제들(sacerdotibus)을 도우며, 성례 때에 필요한 모든 일 즉, 세례와 성유와 성반과 성배의 일을 집행하며, 예물을 가져다가 성단에 놓으며, 성찬 상을 준비해서 덮으며, 십자가를 들고 신자들에게 복음서와 서신서들을 읽어 들려주는 일을 하는 것이지만, 신약성경, 특히 사도행전 6장과 디모데전서 3장을 중심으로 이해된 참된 집사직은 가난한 자들을 돌아보고 그들의 구제를 관리하는 집사의 직임이며 이로부터 집사직의 명칭이 생겼다.

V. 참고문헌

이숭녕. 『표준국어사전』. 서울: 민중서관, 1981.

임창복 · 최윤배. 『개혁신학과 기독교교육』. 서울: 한국장로교출판사, 2007.

한인수 역. 「깔뱅의 요리문답」. 서울: 도서출판 경건, 1995.

Berkhof, L. *Systematic Theology*. Grand Rapids: W. B. Eerdmans Publishing Co., 1981.

Martin Bucers Deutsche Schriften Bd. VII

Hall, D. W. & Hall, J. H.(ed.). *Paradigma in Polity*. Grand Rapids: W.B. Eerdmans Publishing Co., 1994.

Ionnis Calvini Opera supersunt omni. Ed. G. Baum, E. Cunitz, E. Reuss, 59 vols. Brunsvigae 1863-1900.

Joannis Calvini Opera Selecta. Ed. P. Barth, 5 vols. Monachii 1926-1936.

Library of Christian Classics(= LCC), XXII.

Bucer, M. Tomus Anglicanus.

제10장 깔뱅의 국가론[1]

I. 서론[2]

　인간이 사회적·정치적 동물인 한, 정치윤리가 중요하다는 사실은 두말할 필요도 없다. 한 걸음 더 나아가, 예수 그리스도의 복음이 성육신하신 복음이기에 사회적, 역사적, 세계적 문제를 떠나서는 그 해석과 적용이 불가능하다고 말할 수도 있을 것이다. 우리나라 현대사에서는 물론 참여민주정부 이후에도 경제문제를 비롯하여 정치문제는 가장 큰 문제에 속한다. 특히 최근에 접어들어 일반정치에서는 물론 기독교 내에서조차도 정치사상에 대한 분명한 기준

---

1) 최윤배, "깔뱅의 국가론,"「장신논단」제25집(2006), pp. 127-167에 게재된 글.
2) In-Sub Ahn, *Augustine and Calvin about Church and State : A Comparison*(Drukkerij Van Den Berg : Kampen, 2003); J. W. Allen, *A History of Political Thought in the Sixteenth Century*, London 1977[2]; H. Baron, *Calvins Staatanschauung und das konfessionelle Zeitalter*, München/Berlin 1924; J. Baur, *Gott und Recht im Werke Calvins*, Bonn 1965; G. Beyerhaus, *Studien zur Staatsanschauung Calvins: Mit besonderer Berücksichtigung seines Souveränitätsbegriffs*, Berlin 1910; J. Bohatec, *Calvins Lehre von Staat und Kirche mit besonderer Berücksichtigung des Organismusgedankens*, Aalen 1962[2]; Marc-Edouard, Cheneviére, *La pensée politique de Calvin*(Genève : Labor et Fides, 1937); K. Fröhlich, *Gottesreich, Welt und Kirche bei Calvin: Ein Beitrag zur Frage nach dem Reich gottesglauben Calvins*, München 1930; Ralph C. Hancock, *Calvin and the Foundarions of Modern Politics*(Itaca and London : Cornell University Press, 1989); H. Haussherr, *Der Staat in Calvin's Gedankenwelt*, Leipzig 1923; Harro Höpfl, *The Christian Polity of John Calvin*(London : Cambridge University Press, 1982); W. G. Naphy, "Church and State in Calvin's Geneva", D. Foxgrover(ed.), *Calvin and the Church*(Grand Rapids : CRC Product Services, 2002), pp. 13-28; D. Nauta, *Calvijn en de Staatkunde*, Potchefstroom 1974; S. Schoch, *Calvijn's beschouwing over Kerk en Staat*, Groningen 1902; A. J. L. Waskey, "John Calvin's Theory of Political Obligation: An Examination of the Doctrine of Civil Obedience and its Limits from the New Testament Commentaries," (Diss.), Mississippi 1978; 이은선, "칼빈의 신학적 정치 윤리에 대한 연구," 미간행 박사학위 논문(총신대학교 대학원, 1996); 이은숙, "깔뱅의 국가론,"(서울장신대학교, 2002); 박성규, "칼빈의 정치윤리,"「장신논단」제41집(2011), pp. 161-187; 안인섭,「칼빈과 어거스틴」(서울 : 도서출판 그리심, 2009).

과 잣대가 없이 표류하고 있는 상황을 맞이하여, 교회와 사회 곳곳에 정치위기 의식이 팽배해 가고 있다. 이상의 모든 점들을 고려해 볼 때, 지금 정치사상에 대해 논의하는 것은 시의적절하다고 하겠다. 특히 기독교와 개혁전통에 뿌리를 두고 있는 대부분의 한국교회를 고려해 볼 때, 개혁전통의 뿌리를 형성했던 16세기 종교개혁자 깔뱅의 정치사상을 논의하는 것은 현재의 혼란된 정치사상을 바로잡는데 온고이지신의 역할을 할 수 있을 것이다. 프랑스와 방델(F. Wendel)은 그의 유명한 책인 『깔뱅: 그의 종교사상의 원천과 발전』에서 "깔뱅의 정치사상 및 그것과 당대의 관련성, 그리고 그 사상의 실제 적용에 관한 적절한 연구는 신학과는 동떨어진 일련의 문제들만을 제기하고 있어서" 자신의 책의 고찰의 범위를 훨씬 넘는다고 생각하여, 국가론을 거의 취급하지 않았는데, 이것은 그에게 국가론이 중요하지 않음을 뜻하는 것이 아니다.3) 깔뱅의 정치사상과 후대 깔뱅주의 정치사상 및 근대민주정치사상 사이에 연속성과 불연속성의 문제가 최근 깔뱅연구에서 뜨겁게 논쟁 중에 있지만, 어느 누구도 단정적으로 깔뱅이 직접적으로 또는 간접적으로 후대 교회정치와 국가정치에 미친 영향을 과소평가할 수는 없을 것이다.4)

본고에서 우리는 깔뱅의 '이중 통치'와 '정치형태'에 대해서 먼저 논하고, 깔뱅이 주장한 대로 세속정치의 세 가지 요소를 중심으로 그의 국가론을 전개하고자 한다. "정부는 세 요소로 구성되어 있는데, 법을 보호하고 수호하는 관원과, 관원이 다스리는 근거인 법과, 그리고 법에 의해 통치 받고, 관원에게 복종하는 백성이 있다."5)

---

3) François Wendel, *Calvin : sources et évolution de sa pensée religieuse*(Paris: Presses Universitaires de France, 1950), p. 221.

4) 이양호, 『칼빈 : 생애와 사상』(서울 : 한국신학연구소, 1997), pp. 253-254; 이은선, "국가관", 한국칼빈학회(편), 『칼빈 신학 해설』(서울 : 대한기독교서회, 1998), pp. 350-351.

5) J. Calvin, 『기독교 강요』(1559), 제4권 20장 3절(= IV xx 3); J. Calvin, 『기독교 강요』(1536), 양낙흥 역(서울 : 크리스챤다이제스트, 2002), p. 377.

II. 이중 통치: 영적 통치와 정치적 통치

기독교 신학에서 국가를 하나님의 거룩한 창조질서로 이해하는 긍정적인 견해와 인간의 죄의 결과로 보는 부정적인 견해가 있다. 또한 깔뱅의 국가개념을 긍정적으로 이해하는 깔뱅연구가와 부정적으로 이해하는 깔뱅연구가가 있다.6) 그러나 우리가 보기에 깔뱅은 국가를 창조주와 섭리주 하나님의 거룩한 창조질서로 이해하면서도, 인간의 범죄와 함께 타락한 창조세계에도 여전히 작용하는 창조주와 섭리주 하나님의 자연은사 차원에서 이해한다.7) "지상의 모든 일에 대한 권위가 왕들과 그 밖의 통치자들의 수중에 있는 것은 인간의 완고함에서 비롯된 것이 아니라, 신적 섭리와 거룩한 법으로부터 비롯된 것이다."8) 깔뱅은 왕정(王政)을 비롯하여 인류에게 유익을 주는 다양한 정치형태를 창조주와 섭리주 하나님의 은사, 즉, 창조주와 섭리주 성령 하나님의 일반은사 차원에서 이해했다. 또한 깔뱅은 그의 경험에 비추어 귀족정과 민주정을 결합시킨 귀족·민주정 또는 귀족정을 선호했다.9)

초기부터 후기에 이르기까지 깔뱅의 국가관은 전체적으로 본질적인 측면에서는 큰 변화가 없었지만, 시기에 따라 강조점에서나 일부 내용에서 변화와 발전이 있었다. 예를 들면, 깔뱅은 초기에는 프랑스 왕, 프란시스 1세(Francis I)에게 종교개혁 운동을 적극적으로 변호하고, 국가의 권위를 전적으로 부정하

---

6) 안인섭, "칼빈의 교회와 국가론," 한국칼빈학회(편), 「칼빈연구」제3집(서울 : 한국장로교출판사, 2005), pp. 257-258.

7) W. Niesel, *Die Theologie Calvins*(Chr. Kaiser Verlag : München, 1957²), S. 238: "Voraussetzung für ein Amt in der Kirche ist, da ß Gott dafür die erforderliche Gabe seines Geistes schenkt. Das gleiche gilt für das weltliche Regiment."

8) J. Calvin, 양낙흥 역, 「기독교 강요」(1536), p. 378.

9) 대한예수교장로회총회교육자원부(편), 「16세기 종교개혁과 개혁교회의 유산」(서울 : 한국장로교출판사, 2003), pp. 294-295.

는 재세례파를 반대하기 위해 소극적으로 악한 정부를 비판했지만, 후대로 갈수록 두 개의 칼을 가진 로마가톨릭교회의 절대정치와 악한 왕들의 절대왕정에 대해 비판하기 위해 악한 정치에 대한 저항권이 강화된다.10) 그러나 깔뱅은 국가의 권위 자체를 부정하는 무정부주의와 백성을 압제하는 폭정을 항상 반대했다.11)

깔뱅에 의하면, 인간은 '이중 통치'(duplex in homine regimen; twofold government) 하에 있다. 그 중에 하나는 영적 통치이고, 다른 하나는 정치적 통치이다. 영적 통치의 대표적 경우는 교회이고, 정치적 통치의 대표적 경우는 국가이다. 깔뱅은 인간에게 주어진 이중 통치를 그리스도인의 자유와 관련시키고, 이 이중 통치는 그리스도인의 자유를 해치는 것이 아니라, 오히려 그 반대로 하나님께서 인간에게 주신 유익한 외적 수단이라는 것이다. 어떤 사람들은 그리스도인의 양심의 자유를 위해, 인간이 만들어낸 잘못된 관습들이나 제도들을 거부할 뿐만 아니라, 이중 통치조차도 거부했다.

깔뱅은 이 같은 사람들의 잘못에 빠지지 않기를 그리스도인에게 다음과 같이 교훈한다. "우리는 이 돌에 넘어지지 않도록 인간에게 이중 통치가 있다는 것을 먼저 생각하도록 하자. 하나는 영적 통치로서 여기서는 양심이 경건과 하나님을 경외하는 일을 배우며, 다른 하나는 정치적 통치로서 여기서는 인간 또는 시민으로서 사람 사이에 유지해야 할 여러 가지 의무를 배운다. 보통 이 두 가지를 '영적' 통치권과 '세속적' 통치권이라고 부르는데, 이것은 부당한 명칭이 아니다. 첫 번째 종류의 통치는 그 뜻이 영혼의 생활에 속한 것이요, 두 번째 종류의 통치는 현세생활에 관한 것, 즉 의식뿐만 아니라, 거룩하고, 고결하며, 절제 있게 사회생활을 하는데 필요한 법률을 제정하는데 관한 통치다. 전

---

10) W. van 't Spijker, *Teksten uit de Institutie van Johannes Calvijn*(W. D. Meinema B.V. : Delft, 1987), p. 210.
11) J. Calvin, 『기독교 강요』(1559), IV xx 1.

자는 마음속에 있고, 후자는 외적인 행동을 규제한다. 하나는 영적 나라이고, 또 다른 하나는 정치적 나라라고 부를 수가 있다."12) 이 이중 통치는 하나님께서 사용하시는 외적 수단에 속한다.13) 안인섭은 깔뱅이 '영혼과 육체의 유비'라는 그의 인간론에 근거하여 교회와 국가의 관계를 규정했다고 설득력 있게 주장했다.14)

깔뱅의 '이중 통치' 사상은 그의 여러 주석과 설교뿐만 아니라, 특히 그의 주저 『기독교 강요』(1559) 최종판에 더욱 분명하게 나타나고 있다. 깔뱅은 같은 내용을 그의 『기독교 강요』(1536) 초판 제6장에서 '그리스도인의 자유'와 연계하여 언급하고 있는데,15) 그는 이 때 벌써 이중 통치에 대한 그의 사상을 성숙시킨 것으로 보이며, 특히 정치적 통치 부분은 『기독교 강요』(1559) 최종판에서 부수적인 자료들이 덧붙여져 그 부피가 몇 배나 불어났고, 그 구조에 있어서는 여러 부분에 걸쳐 다른 주요 항목들이 삽입되는 형식을 취하긴 하였지만, 그 본질적 내용에는 큰 변화가 없다.16) 그는 『제네바 신앙고백』(1536)의 제18조~제20조(교회론)와 제21조(국가론)에서17) 그리고 『요리문답』(1537)의 '교회와 국가의 질서' 항목에서 '정부'에 대해 언급함으로써, 인간이 이중 통치 하에 있음을 간접적으로 암시하고 있다.18)

깔뱅이 말하는 이중 통치는 하나님이 거룩하게 허락하신 것인데, 이 두 통치는 상호 구별되어야 하지만, 상호 모순되는 것이 아니기 때문에, 상호 분리시

---

12) J. Calvin, 『기독교 강요』(1559), III xix 15.
13) J. Calvin, 『기독교 강요』(1559), IV i 1.
14) 안인섭, "칼빈의 교회와 국가론," p. 270.
15) J. Calvin, 양낙흥 역, 『기독교 강요』(1536), p. 338.
16) 존 맥닐, "칼빈과 국가 통치," 도널드 매킴(편), 『칼빈신학의 이해』(서울 : 생명의 말씀사, 2001), pp. 344f.
17) J. Calvin, 『제네바 신앙고백』(1536), A. C. Cochrane(Ed.), *Reformed Confessions of the Sixteenth Century*(Westminster John Knox Press : Louisville · London, 2003), pp. 124-126.
18) J. Calvin, 『제네바 교회에서 사용하는 신앙교육 요강 및 신앙고백』(1537), 한인수 옮김, 『깔뱅의 요리문답』(서울 : 도서출판 경건, 1995), pp. 91-97.

키거나 상호 일치시켜서는 안 된다.19) 그러므로, 그리스도인은 이중 통치에 복종해야 한다.20)

영적 통치와 관련하여 깔뱅은 '그리스도인의 자유'를 필수 불가결한 지식으로 강조하고 있는데, 그가 얘기하는 그리스도인의 자유는 다음과 같다. ① 율법으로부터의 자유 : 그리스도인은 자신의 행위가 아니라, 오직 하나님의 자비에 의해서 의롭게 된다는 것 ② 양심의 자유 : 율법의 멍에로부터 해방된 사람은 강제성 때문이 아니라, 은혜에 감사해서 율법에 자발적으로 순종하는 것 ③ "비본질적인 일들"(adiaphora)로부터 자유이다.21) "비본질적인 일들"로부터 자유란 인간은 도덕적으로 가치중립적인 것들에 대하여 선택의 자유가 있다는 것이다.22)

이처럼 깔뱅은 그리스도인의 자유에 대한 지식을 이중 통치와 연결시켜 그리스도인의 양심의 자유를 강조하면서도, 그리스도인의 정치적 통치에 대한 복종도 아울러 강조한다. "깔뱅은 혁명적인 재세례파들과 현재 정치를 지배하고 있는 로마가톨릭 당파 사이에서 중도의 길을 걷기를 원했다. 그러므로 깔뱅의 1536년의 『기독교 강요』초판에서 우리는 기독교인의 양심의 자유뿐만 아니라 복종이 강조되는 것도 발견할 수 있다."23) "왜냐하면 어떤 부류의 사람들은 복음이 인간들 사이에서는 왕도 통치자도 인정하지 않고 오직 그리스도만을 바라보는 자유를 약속한다함을 듣고, 자기들 위에 어떤 권력이 군림하는 한, 자유의 혜택이 없다고 생각한 나머지, 전 세계가 법정이든 법률이든 통치자이든 무엇이나 자기들의 자유를 제한한다고 판단되는 이런 것들이 없는 새로운 형태로 재형성되지 않는 한, 아무것도 안전하지 않다고 생각한다."24)

19) J. Calvin, 『기독교 강요』(1559), IV xx 1-2.
20) J. Calvin, 『기독교 강요』(1559), IV xix 15.
21) J. Calvin, 『기독교 강요』(1559), III xix 2-7; 도날드 매킴, "존 칼빈-한계 시대를 위한 신학자," 『칼빈신학의 이해』 p. 389.
22) 존 맥닐, 존 맥닐, "칼빈과 국가 통치," p. 345.
23) 안인섭, "칼빈의 교회와 국가론," p. 265.

또한 그가 정치적 통치에 대하여 논할 필요를 느끼게 된 이유를 다음과 같이 말하고 있다. "한편으로 정신이 나간, 야만적인 사람들이 하나님께서 정하신 질서를 전복하려고 광분하고 있는가 하면, 다른 편으로 군주들에게 아첨하는 자들은 군주들의 권력을 과도하게 칭송함으로써 그들을 하나님 자신의 통치에 대립시키기를 주저하지 않는다."[25]

깔뱅이 활동하던 당시 한 편에서는 재세례파들이 복음의 자유를 얻은 그리스도인은 그리스도만을 왕으로 모시기 때문에 정치적 통치를 부정하고 거부해야 한다고 주장하며 무정부주의를 주창하고 있었고, 다른 한 편에서는 절대왕권이 등장하고 있었다.[26] 따라서 이미 설립된 거룩한 질서를 뒤엎으려는 두 가지 악에 비유되는 두 기도(企圖)들에 대항하여 깔뱅은 자유에 대한 올바른 지식을 강조하고, 영적 통치와 정치적 통치를 혼동하지 않도록 구별 지워줌으로써 정치적 통치를 정당화 하고자 하였다. "복음이 가르치는 영적 자유를 정치 질서에 잘못 적용하여, 마치 그리스도인은 그 양심이 하나님 앞에서 자유하다는 이유로 외적인 정부나 인간의 법들에 복종하지 않아도 되거나, 영적으로 자유하다고 해서 육적인 예속에서 벗어나는 것은 아니다."[27]

깔뱅에 의하면, 정치적 통치에 대하여 '거룩한 질서'는 인간에게 유익하도록 주어졌기 때문에, 이 질서를 빼앗는 것은 '인간성'을 빼앗는 것이다.[28] 요약하면, 교회와 국가는 하나님으로부터 주어진 은혜의 외적 수단 또는 도구에 속한다. "우리는 우리의 무지와 게으름, 변덕스러움 때문에, 우리의 믿음을 만들어내고, 증대시켜 그 목표로만 나아가기 위해서는 외적인 도움들이 필요하다. 하나님께서는 복음전도가 활성화 되도록 이 보물을 교회에 두셨다."[29]

---

24) J. Calvin, 『기독교 강요』(1559), IV xx 1.
25) J. Calvin, 『기독교 강요』(1559), IV xx 1.
26) 이은선, "국가관," p. 377.
27) J. Calvin, 『기독교 강요』(1559), IV xix 15.
28) J. Calvin, 『기독교 강요』(1559), IV xx 2.
29) J. Calvin, 『기독교 강요』(1559), IV i 1.

"우리가 이 땅에서 본향을 그리며 순례자의 삶을 사는 것이 하나님의 뜻이라면, 그리고 순례자의 삶을 살아가기 위해서 그러한 도움들이 필요하다면,"30) 이 이중 통치는 모두 하나님께서 이 땅에 사는 우리들을 하나님 나라에 이르기까지, 오직 유익과 도움을 주기 위해 마련해 주신 외적 수단이다. "여기서 우리는 칼빈의 국가론이 종말론적인 성격을 갖는다는 점을 발견하게 된다. 인간이 이 땅에서 존재하고 생활하는 한, 정치적인 권위는 인간에게 필수적인 요소가 된다. 그렇지만 국가의 권력은 한시적인 것이다."31) "우리는 육신의 감옥에 갇혀 있어서 아직 천사들의 수준에 도달하지 못했다. 그러므로 하나님께서 놀라우신 섭리로 우리의 능력에 적당한 방법을 취하셔서 아직 멀리 떨어져 있는 우리가 자신에게 가까이 가는 길을 지시하신 것이다."32)

결론적으로, 깔뱅의 이중 통치에 대한 신념에 근거할 경우, 우리는 정치적 통치가 하나님으로부터 주어지며, 그리고 우리의 유익을 위한 은혜의 수단이므로 우리는 그리스도의 영적 나라뿐만 아니라, 세상 속의 정치적 통치인 국가나 정부를 인정하고, 그 통치에 합당한 복종을 해야 하며, 무정부상태를 만들지 말아야 함은 물론 백성을 압제하는 폭정에 적극적으로 반대해야 한다.

---

30) J. Calvin, 『기독교 강요』(1559), Ⅳ xx 2.
31) 안인섭, "칼빈의 교회와 국가론," p. 264.
32) J. Calvin, 『기독교 강요』(1559), Ⅳ i 1.

III. 정치 형태

　지금까지의 논의를 통해 우리는 깔뱅의 국가에 대한 기본적인 명제는 '국가는 하나님으로부터 나온다.'라는 결론에 도달하였다. 여기에 근거하여, 깔뱅은 어떤 특정한 국가 형태를 선호하는가? 그리고 그의 국가 형태는 성서적인가? 깔뱅은 국가의 다양한 형태에 대한 주제는 신중을 요하는 문제라고 전제하면서, 그의『기독교 강요』(1559) 최종판에서 '귀족 정치 또는 민주 정치가 결합된 귀족 정치'를 다른 국가 형태보다 우월하다고 인정하였다. "철학자들이 논한 세 정부 형태 중에서 고려해 본다면, 나는 귀족 정치 또는 민주 정치가 결합된 귀족 정치가 다른 것들 보다 훨씬 우월하다는 것을 부인하지 않겠다."[33]

　깔뱅은 이 귀족·민주 정치 형태를 그의『기독교 강요』(1543) 제3판부터 밝히고 있는데, 이 정부 형태는 같은 해 그가 수정을 도와준 제네바 헌법에도 잘 나타나 있다. 그는 1543년 이전 그의 신학사상 초기에는 이 세 가지 형태의 정부 중 어느 것도 특별히 좋은 것이라고는 생각하지 않았다.[34]『기독교 강요』(1559) 최종판에서 깔뱅은 다수 참여 집권의 근거를 밝히면서 그것을 더욱 강조하고 있다. 왕정을 비롯하여 대부분의 정치 형태를 하나님의 은사로 보는 신학적 근거로부터 그리고 다수의 참여라는 민주적 원칙이 함께 가미된 귀족·민주정치를 그가 선호한 것은 특별히 그의 경험에서 비롯되었으며, 다수 의견이 수렴되는 대의정치의 장점인 상호 견제와 같은 장점이 있기 때문이었다. 깔뱅은 이에 대해 다음과 같이 말한다. "그러므로 사람들의 잘못과 실수로 인해 다수 참여 집권이 보다 안전하고 견딜만하다. 이로써 그들이 서로 돕고, 가르치

---

33) J. Calvin,『기독교 강요』(1559), IV xx 8.
34) 존 맥닐, "존 칼빈 : 교회의 교사," p. 18.

고, 서로 서로를 훈계할 수 있으며 또한 한 사람이 부당하게 자기를 주장하면, 그의 의도를 감소시킬 다수의 감독자들과 장관들이 있을 수 있다."[35]

그러나 그가 정치형태에 관한 주제는 신중한 문제라는 것을 전제하고 있는 만큼, 그의 이러한 제안들은 조심스럽게 제시되고 있다고 보여 진다. 따라서 각 정치 형태에서 일어날 수 있는 부패 등을 비교, 지적하고, 어느 한 통치 형태를 이와 같은 관점에 기초하여 거부 혹은 부정하고자 노력하였다. 어느 특정한 체제를 강력히 지지하고자 함은 그의 의도가 아니다. 깔뱅에 의하면, 어떤 정부 형태가 좋은가 하는 것은 각각의 처해 있는 환경에 의해서 조건 지워지기 때문에, 그가 제시한 귀족·민주 정치형태는 모든 시대에 획일적으로 적용될 수 있는 것은 아니다.[36] "이러한 현상은 칼빈이 일반은총의 영역에서 정치에 대한 지식이 가능하다고 언급하고 있으므로 일반은총의 영역에서 칼빈이 경험과 성서의 권위 하에서 상대적으로 우수한 정치제도를 논의하는 것으로 설명하는 것이 가능"할 것이다.[37]

다수 집권의 정부 형태와 관계하여, 깔뱅은 그의 『미가서 주석』(1559)에서 하나님의 백성에게 부여된 자유를 '공동의 의견일치를 통하여 자신의 목자들을 선택하는 자유'로 언급하고, 이 성서의 뜻 속에 하나님의 백성이 지닌 가장 좋은 조건이 있다고 말한다. 또한 이에 부언하여 폭군의 독재나 세습 왕권은 자유와 일치하지 않는다고 덧붙여 설명하고 있다.[38] 이로 볼 때, 그가 주장하는 다수가 참여하는 집권제로서 귀족·민주정이란, 국민의 자유 투표에 의한 국가 형태를 의미한다고 추정할 수 있을 것 같다. 깔뱅은 또한 이 귀족·민주정은 경험에 의해 증명되고, 또 주(主)께서 인정해 주신 것이라고 말한다.[39] 경험은

35) J. Calvin,『기독교 강요』(1559), Ⅳ xx 8.
36) J. Calvin, 『기독교 강요』(1559), Ⅳ xx 8.
37) 이은선, "칼빈의 정치사상," 한국칼빈학회(편), 『최근의 칼빈연구』(서울 : 한국장로교출판사, 2001), p. 351.
38) J. Calvin, 『미가서 주석』(1559), 존 칼빈 성경주석출판위원회(역편) (서울 : 성서교재간행사, 1981), pp. 333ff.

앞에서 언급한대로 "성서 이외의 인류의 역사적 경험과 깔뱅이 당시에 제네바에서 했던 현실적 경험을" 생각해 볼 수 있을 것이다.[40] 주께서 인정해 주셨다는 사실은 다음의 구약성서에 나타난다. "이는 주께서 다윗을 통해 그리스도의 형상을 나타내기까지 이스라엘 사람들을 최상의 조건에 두고자, 그들에게 정하여 주셨던 민주정치에 가까운 귀족정치의 정부 형태이다."[41]

여기서 깔뱅이 주장하는, 그리스도의 형상을 나타내기까지의 기간 동안의 귀족·민주 정치란 아브라함 이전 시대, 아브라함과 모세 시대, 그리고 사사시대에서 나타나는 백성의 선출에 의한 덕이 있는 우수한 사람들의 대표 정치, 즉 그가 말하는 다수 참여 집권을 주께서 정하여 주셨다는 것을 말하기 위함이다.[42] 그런데, 여기서 우리가 또 하나 관심을 기울일 것은 깔뱅이 정치 형태를 얘기할 때, 그 형태 자체 보다는 그리스도인의 자유를 중요시 한다는 점이다. "그리고 내가 편한 마음으로 인정하는 것은, 어떤 형태의 정부도 자유가 중용으로 제약받으며, 견고한 기초위에 올바르게 세워진 체제보다 더 행복한 것은 없으며, 이러한 상태를 즐길 수 있도록 허락받은 사람들이 가장 행복하다고 생각한다."[43]

이처럼 깔뱅이 주장하는 선한 정부에는 자유가 중요한 요소로 나오는데, 자유란 국가에 있어 소중하게 보호하고, 보호받아야 할 보배로운 것이라는 그의 신념이 "목숨의 절반보다 더한 것"이라는 그의 말에서 단적으로 나타나고 있다.[44] 이로 볼 때, 깔뱅은 그리스도께서 우리에게 약속하시고, 허락하신 자유가 수호되는 한, 어떠한 정부 형태든 하나님의 섭리 안에서 각각의 환경 속에 주어진 정부가 최선임을 주장하고 있다고 볼 수가 있다. 여기서 깔뱅이 우선적

39) J. Calvin, 『기독교 강요』(1559), IV xx 8.
40) 이은선, "국가관," 385.
41) J. Calvin, 『기독교 강요』(1559), IV xx 8, 참고, 출18:13-26, 신1:9-17.
42) 이은선, "국가관," p. 381f.
43) J. Calvin, 『기독교 강요』(1559), IV xx 8.
44) 존 맥닐, "존 칼빈 : 교회의 교사," p. 18.

으로 관심을 갖는 자유는 중용으로 인도되는 자유로서, 당시의 상황 속에서 전제 군주와 무정부 상태에 반대되는 안전하고 질서 있는 자유를 말한다.[45)]

이제까지의 그의 주장들을 토대로, 우리는 깔뱅이 정치형태로서는 다수가 참여할 수 있는 귀족·민주정치 형태를 제시하고, 본질적으로는 그리스도 안에서의 질서 있는 중용의 자유가 수호되는 정부를 가장 좋은 정부로 생각하고 있다는 결론에 이른다. 신학적으로 깔뱅은 인류에게 유익을 주는 모든 정치형태를 창조주와 섭리주 성령 하나님의 일반은사 차원에서 이해했다.[46)] "한 도시만을 보지 말고, 전 세계를 본다면, 적어도 먼 지역들을 본다면, 여러 나라가 여러 가지 정부에 의해서 통치되도록 하나님의 섭리가 지혜롭게 배정한 것을 알게 될 것이다."[47)]

45) J. Calvin, 『기독교 강요』(1559), IV xx 8.
46) 대한예수교장로회 총회교육자원부(편), 『16세기 종교개혁과 개혁교회의 유산』, p. 294.
47) J. Calvin, 『기독교 강요』(1559), IV xx 8.

IV. 통치자: 하나님의 대리자

우리는 앞에서 깔뱅의 경우, 정치적 통치는 "하나님께서 우리의 유익을 위해 마련해 주신 거룩한 질서"임을 살펴보았다. 이를 통해서 국가를 통치하는 통치자의 권위의 근거의 출처는 자명해진다. 깔뱅은 그의 『요리문답』(1537)에서 통치자의 직위가 하나님으로부터 주어진다는 사실을 다음과 같이 적고 있다. "주님께서는 정부의 직무가 단지 당신 자신에 의해 승인받은 것이요 당신 자신의 뜻에 합당한 것이라고만 말씀하시지 않으셨다. 주님께서는 이 직무를 우리에게 강력히 추천하셨고, 이 직무의 품위를 아주 명예로운 칭호들로써 영예롭게 해 주셨다."[48] 또한 『기독교 강요』(1536) 초판에서도 다음과 같이 언급하고 있다. "하나님께서는 친히 관직을 재가하셨으며, 만족해 하심을 나타내셨을 뿐 아니라, 가장 명예로운 명칭들로써 그 가치를 높이시고 놀랍도록 이것을 우리에게 추천하신다."[49] 그의 이러한 사상은 『기독교 강요』(1559) 최종판에서도 다음과 같이 주장되고 있다. "주께서는 통치자의 직위를 용납하시고 인정하실 뿐만 아니라, 가장 영예로운 호칭들로 그 권위를 나타내 주시고, 놀랍게도 우리에게 통치권을 위임하신다."[50]

또한 통치자들은 하나님의 대리자들이다. 깔뱅은 『기독교 강요』(1536) 초판에서 다음과 같이 주장한다. "왜냐하면, 이 칭호로써 그들은 하나님께로부터 받은 명령을 가지고 있고, 즉 하나님의 권위를 수여 받았고 전적으로 하나님의 대표자이며, 어떤 의미로는 하나님의 대리인으로 행동하고 있음을 나타내기 때문이다."[51] 동일한 내용이 『기독교 강요』최종판에서도 나타난다. "왜

---

48) J. Calvin, 한인수 옮김, 『깔뱅의 요리문답』, p. 95.
49) J. Calvin, 양낙흥 역, 『기독교 강요』(1536), p. 387.
50) J. Calvin, 『기독교 강요』(1559), IV xx 4.

냐하면 그들은 하나님으로부터 위임과 거룩한 권위를 받았으며 전적으로 하나님의 대표자들이며 그의 권위에 있어서 하나님의 대리자로서 행한다."52)

이상의 논의로부터 우리는 깔뱅이 통치자의 직위는 하나님으로부터 주어졌으며, 그들이 하나님의 대리자임을 확신한 것으로 결론지을 수 있다. 깔뱅은 성서를 통해 이를 더욱 입증하고 있다. "통치자로서 봉사하는 자들은 '신들'이라 불리므로" 그리고 "솔로몬의 입을 통해 하나님의 지혜가 선포하는 것도 같은 목적이다. 그가 말하기를 '나로 말미암아 왕들이 치리하며 방백들이 공의를 세우며, 나로 말미암아 재상과 존귀한 자 곧 세상의 모든 재판관들이 다스리느니라.'"53)

통치자들에게 지상의 권세가 주어진 것은 하나님의 섭리와 그의 거룩한 명령에 따라 된 것이며, 인간의 완고성으로 비롯된 것이 아니다. "왜냐하면 하나님은 그들과 함께 하셔서 인간사를 통치하기를 기뻐하시고, 법 제정을 주관하시며 공의의 법정에서 공평을 실행하시기 때문이다."54) 또한 깔뱅은 로마서 13장 1-4절의 내용을 인용하여, 권세는 하나님의 명령이고 하나님으로부터 나오지 않는 권세는 없으며, 통치자는 하나님의 사자로서 악을 행하는 자들에게 노여움으로 갚기 때문에, 통치자의 권세는 하나님 앞에서 거룩하고 합법적일 뿐만 아니라, 인간 삶에서 어느 소명보다도 신성하고 영광스러운 것이다. 결국 깔뱅은 통치자를 이 지상에서 최고의 권위자로 높여주고 있다.55) "우리가 위정자들에게 굴복해야하는 이유는 그들이 하나님의 정하심에 따라 임명되었기 때문이다."56)

---

51) J. Calvin, 양낙흥 역, 『기독교 강요』(1536), 378.
52) J. Calvin, 『기독교 강요』(1559), IV xx 4.
53) J. Calvin, 『기독교 강요』(1559), IV xx 4. 참고, 출22:8; 시82:1, 6; 잠8:14-16.
54) J. Calvin, 『기독교 강요』(1559), IV xx 4.
55) J. Calvin, 『기독교 강요』(1559), IV xx 4.
56) J. Calvin, 『로마서 주석』(1540), 롬13:1.

V. 국가(통치자)의 임무

국가가 책임져야할 종교적 임무에 대한 깔뱅의 입장을 중심으로 어떤 깔뱅 연구가는 깔뱅은 그의 초기에는 국가에게 종교적, 교리적 책임을 부과하지 않다가, 후기에 이르러 국가에게 종교적, 교리적 책임을 부과하고, 그 책임을 강화시켰다는 것이다.[57] 우리가 보기에, 이 주장과는 정반대로 깔뱅은 이미 그의 초기 작품에 속하는 『요리문답』(1537)과 심지어 『기독교 강요』(1536) 초판에서 국가에게 종교적 책임을 분명하게 부과하고 있다.

"그러므로 군주들과 시장들은 자신들의 직무로 누구를 섬기는 것인지에 대해 숙고해야 하며 하나님의 종이요 대리자라는 그들의 직책에 어울리지 않는 그 어떤 것도 행하지 말아야 한다. 그들의 전 관심사는 종교(예배)의 공적 형태를 순수하게 보전하고, 좋은 법률을 통하여 백성의 삶을 지도하며, 공적으로나 사적으로 신복들의 행복과 평화를 마련해 주는데 두어야 한다. 그러나 이것들은 정의와 공정한 재판을 통해서만 얻어질 수 있다."[58] 깔뱅은 『기독교 강요』(1536) 초판에서 "이 세상의 통치는 자체의 일정한 목적을 갖고 있는데, 이는 우리가 사람 가운데 살아 있는 한 우리 생활을 사회에 맞게 조정하고, 다른 사람과 서로 화해하여, 공공의 안녕과 평화를 보호 육성한다는 것이다."라고 국가의 인간성 보호책임을 주장하면서도,[59] 곧바로 이어서 국가의 종교적 책임을 다음과 같이 첨가한다. "내가 반복해서 말하지만, 정치는 그것을(의식주 문제, 필자주) 수행할 뿐 아니라, 또한 정치는 우상숭배와 하나님의 이름에 대한 모독과 하나님의 진리에 대한 모독과, 그 밖에 사람들 사이에서 일어나 퍼

---

57) 안인섭, "칼빈의 교회와 국가론," pp. 266-267.
58) J. Calvin, 한인수 옮김, 『깔뱅의 요리문답』 p. 96.
59) J. Calvin, 양낙흥 역, 『기독교 강요』(1536), p. 376.

지는 종교에 대한 공공연한 침해를 방지하며, 공공의 평화가 교란되지 않게 하며, 각 사람이 자기의 소유를 안전하게 고스란히 보존할 수 있게 하며, 사람들이 서로 악의 없는 교제를 나누도록 한다. 요컨대, 이것은 종교의 공적인 형태가 그리스도인 가운데 존속되게 하고, 인간애가 사람들 가운데 유지되도록 한다."[60] 결국 깔뱅은 국가의 기능에 대하여 인간이 살아가는 데 필요한 물질적인 공급의 충족뿐만 아니라, 그 이상의 적극적인 복지 향상의 임무가 있지만, 이 모든 것에 우선하여 국가의 종교적 임무가 있음을 다음과 같이 강조 한다. "국가의 기능은 빵, 물, 태양 그리고 공기가 하는 일만큼 중요하지만 정말로 그 이상이라 할 수 있다."[61]

깔뱅은 국가의 궁극적인 목적이 예배와 사회정의 실현, 더 나아가 공공의 평화, 안녕 증진에 있다고 말한다.[62] 또한 그의 『로마서 주석』(1540)에서 국가의 책임 영역에 대해 다음과 같이 말하고 있다. "그들은 그들의 통치에 있어서 하나님과 인간들에 대한 책임을 지고 있다 … 하나님의 일을 수행한다는 점에서 하나님에게 책임이 있고, 하나님께서 그들에게 위임한 일이 그들의 신하들과 관련된다는 점에서 그들은 백성들에게 책임이 있는 것이다."[63] 『디모데전서 주석』(1548)에서 깔뱅은 다음과 같이 통치자의 임무에 관해 주장하고 있다. "위정자들은 하나님께서 신앙과 공적 평화, 그리고 예절의 보호를 위해서 정한 자들이라는 이 원칙을 항상 고수하지 않으면 안 된다."[64]

이상으로부터 깔뱅이 말하는 국가의 임무는 하나님과 인간 모두를 위해 수행해야 할 두 가지 임무 즉, 하나님을 향한 종교적 임무와 인간 공동체를 향한 임무이다. 깔뱅은 국가의 임무를 율법의 두 돌판과 연결시켜 율법을 모르는 이

---

60) J. Calvin, 양낙흥 역, 『기독교 강요』(1536), p. 377.
61) J. Calvin, 양낙흥 역, 『기독교 강요』(1536), p. 376-377.
62) J. Calvin, 『기독교 강요』(1559), IV xx 2.
63) J. Calvin, 『로마서 주석』(1540), 롬13:4.
64) J. Calvin, 『디모데전서 주석』(1548), 딤전2:2.

방인들도 국가의 임무를 논할 때에 종교적인 것을 우선하였다고 주장한다.[65) 또 깔뱅은 그의 『디모데전서 주석』에서 통치자들은 "불평을 견제하고 평화를 유지하는 것만으로는 부족하며, 건전한 규율을 통해서 신앙을 증진하고 윤리를 바로잡는 면에 열성을 보여야 한다."라고 말함으로써,[66) 종교적 임무의 중요성을 뒷받침하고 있다. 이와 같은 국가의 종교적 임무야말로 통치자의 신성한 임무가 된다는 그의 주장은 다음의 글에서도 알 수 있다. "그들은 하나님의 대리자로서 하나님의 영광을 주장하며 옹호하는 동시에, 그들에게 은혜를 주셔서 국민을 다스리게 하신 하나님을 위해 힘쓰는 데 있는 것이다."[67)

깔뱅은 그의 『기독교 강요』(1536) 초판의 서문인 프랑스의 왕, 프란시스 I세에게 보낸 편지에서 다음과 같이 통치자의 임무를 명시하고 있다. "정말이지 이러한 생각이 진정한 왕을 만드는 것입니다. 즉 자신의 왕국을 통치하는데 있어 자신을 하나님의 종으로 인식하는 것 말입니다.(롬13:3) 만일 자기의 왕국을 통치하는데 있어 하나님의 영광을 위해 봉사하지 않는 왕이 있다면 그는 왕의 법도를 행하고 있는 것이 아니라 산적 행위를 하고 있는 것입니다."[68) 이러한 일련의 주장들로 볼 때, 깔뱅은 국가의 두 임무를 공히 중요시하나 국가의 임무 중 하나님을 위한 봉사의 임무가 인간 사회를 위한 임무보다 필수적이며 우선되는 것으로 확신하고 있다. 또한 특이한 점은 깔뱅은 이 종교적인 임무 가운데 공적인 예배 보호와 같은 임무를 우선 강조하고 있다는 것이다.[69)

이상의 논의를 근거로 우리는 깔뱅이 주장하는 국가의 임무를 그 우선순위에 따라 다음과 같이 요약할 수 있다. 국가의 첫째의 임무는 공적 예배를 보전하는 일로서, 인간은 자기 자신을 위해서 존재하는 것이 아니라 하나님께 예배

65) J. Calvin, 『기독교 강요』(1559), IV xx 9.
66) J. Calvin, 『디모데전서 주석』(1548), 딤전2:2.
67) J. Calvin, 『기독교 강요』(1559), IV xx 9.
68) J. Calvin, 양낙흥 역, 『기독교 강요』(1536), p. 48.
69) J. Calvin, 『기독교 강요』(1559), IV xx 2-3.

를 드리기 위해서 부름을 받은 것이므로, 통치자는 국민이 하나님을 바로 예배할 수 있도록 모든 준비를 마련해줘야 한다.[70] 둘째의 임무는 교회를 보호하는 일이다. 이는 통치자가 교회가 복음의 순수한 선포를 할 수 있도록 배려할 의무가 있음을 말하며, 더 나아가 통치자 자신이 결단하고 그리스도의 일꾼으로 교회의 일을 수행해 나가는 것을 의미한다. 깔뱅은 이를 위해 이사야의 글을 인용한다. "열왕들은 너희의 양부가 되며" 즉, 위에 있는 통치자는 복음전파의 공동 책임을 지게 되는 것이다. 그러나 복음전파의 공동 책임이 있다고 해서 정부가 복음 자체에 관여한다는 것을 의미하는 것은 아니며, 다만, 그들이 세상적인 권력을 행사하여, 교회에 대하여 훌륭한 봉사를 한다는 것을 의미한다.[71] "그들이 하나님께 대한 예배를 유지하는 면에서 그들의 도움을 베푸는 것"을 의미한다.[72] 위의 두 가지 임무가 십계명의 첫 부분의 시행이라 볼 때, 국가의 셋째 임무는 십계명의 두 번째 부분인 인간과 인간의 관계를 올바르게 하기 위한 즉, 정치적, 사회적 기타 공공에 관련된 임무로서 공평과 정의, 사회적 안전과 평화 등에 관한 것이다. 통치자는 하나님의 대리자로서 공공의 안녕과 질서를 도모할 의무가 있다.[73]

이 의무를 위해서 국가는 무장할 수 있는 권한을 받았다는 것이 깔뱅의 주장이다.[74] 그는 『로마서 주석』에서 "'진노하심을 위하여 보응하는 자'란 하나님의 진노를 집행하는 자를 뜻 한다. 바울은 주님께서 손에 쥐어준 칼의 용도에서 이 점을 입증하고 있다. 이것은 칼의 권리를 입증하는 훌륭한 대목이다."[75] 살인을 하지 말라고 율법은 말하지만, 법을 주신 하나님께서는 살인자들을 처벌하도록 그 대리인의 손에 칼도 주셨다. 공공사회의 안녕을 위해 개인을 벌하

---

70) 신복윤, 『칼빈의 신학사상』(서울 : 성광문화사, 1993), p. 303.

71) W. Niesel, 『칼빈의 신학』 이종성 역, (서울 : 대한기독교서회, 1993), pp. 227ff.

72) J. Calvin, 『디모데전서 주석』(1548), 딤2:2.

73) 신복윤, op. cit., pp. 305f.

74) J. Calvin, 『기독교 강요』(1559), IV xx 9.

75) J. Calvin, 『로마서 주석』(1540), 롬13:4.

는 데에도 무기는 정당하지만, 국가의 공적인 처벌을 위해서도 무기 사용은 정당하다. 통치자들은 영토를 지키기 위해서 전쟁으로 방어할 수 있다는 것이 깔뱅의 사상이다. 그는 오히려 통치자가 악인들을 상대로 칼을 사용하지 않고 칼집에 넣어 놓는 것을 가장 큰 불경죄라고까지 말하였다.[76]

요약하면, 국가의 무장 권한은 하나님으로부터 받은 합법적인 권력이며, 율법에서 살인을 금하지만, 통치자의 칼은 살인자를 처벌하기 위해 주어진 정당한 수단이다. 또한 이러한 무장 권력은 개인의 형벌을 위해 사용되는 것도 합당하지만, 국가 사이 정당전쟁(just war)을 위해 사용하는 것도 합법적이다.

---

76) J. Calvin, 『기독교 강요』(1559), IV xx 1-11.

VI. 국가의 법

깔뱅에 의하면, 법은 국가의 구성 요소들 중에 하나로서 통치수단이며, 국민은 이 법에 의해 다스려져야한다.[77] "시민정부에서 행정관 다음에 법이 온다. 법은 국가의 가장 튼튼한 힘줄(원동력)이며, 플라톤을 따라 키케로가 법은 국가의 영혼이라고 부른 것처럼, 법이 없이 행정관이 설 수 없듯이 법 자체도 행정관 없이는 힘이 없는 것과 같다. 따라서 법은 말없는 행정관이요, 행정관은 살아 있는 법이라고 말하는 것 보다 더 참되게 말 할 수가 없다."[78] 깔뱅의 위와 같은 법에 대한 정의를 통해, 법의 중요성이 충분히 강조되고 있다. 그런데 그가 법을 얘기할 때, 이 세상의 모든 통치자들이 하나님으로부터 부름 받은 하나님의 대리자라 말함으로써, 그의 국가에 대한 사상을 모든 국가들에게 적용시키고는 있지만, 그가 특별히 관심을 갖고 있는 것은 기독교 정부가 어떤 법으로 통치되어져야하는가 즉, 기독교적 통치와 법이다.[79] 따라서 법에 대한 그의 사상도 그가 정치형태를 논할 때와 마찬가지로 어떤 법이 최상인가의 관점이 아니라, 실정법과 효용성의 관점에서 법을 제시하고자 한다. "나는 몇 마디 지나가는 말로 어떤 법들이 하나님 앞에서 경건하게 사용될 수 있는가, 그리고 어떻게 이 법들이 인간들 사이에 옳게 행사될 수 있는가에 대하여 말하고자 한다."[80]

깔뱅은 먼저 법에 대한 그의 사상을 하나님이 모세에게 주신 구약의 율법의 두 돌판과 관련지어 논의하기 시작한다. 깔뱅 당시 어떤 사람들의 주장, 즉 국

---

77) J. Calvin, 『기독교 강요』(1559), IV xx 3.
78) J. Calvin, 『기독교 강요』(1559), IV xx 14.
79) J. Calvin, 『기독교 강요』(1559), IV xx 3.
80) J. Calvin, 『기독교 강요』(1559), IV xx 14.

가를 모세의 율법으로 다스려야한다는 주장에 반대하여, 어떤 국가도 모세의 율법에 매이지 않고 각각에 맞는 그들만의 법을 제정하여, 그 법에 따라 통치할 수 있다는 것이 깔뱅의 주장이다. "모세의 정치체제를 무시하고, 각 국가의 관습법으로 통치하더라도 나라는 바르게 구성될 수 있다는 것을 부인하는 사람이 있다. 이 관념이 얼마나 위험하며 선동적인가를 다른 사람들로 하여금 깨닫게 하고, 나는 이 생각이 잘못되고 어리석은 것이라는 것을 증명하는 것으로 만족하겠다."[81]

깔뱅 당시에 기존의 로마가톨릭교회의 교회법이 부정되면서, 법을 어떻게 제정해야 할 것인가 하는 문제가 대두되었다. 중세의 교회법은 교회와 시민사회 양자를 규제하였으므로, 교회법 폐지에 따라 시민사회를 위한 법의 제정을 놓고, 루터파의 일부와 재세례파들이 모세 율법의 현실정치 적용을 주장한데 대해, 깔뱅은 이를 비판하고, 국가의 올바른 법 제정권을 확보하기 위해서 법의 문제를 언급하였다.[82] 우리는 깔뱅이 말하는 율법과 자연법(양심법)과 실정법의 상관관계 그리고 법 제정의 근거, 그리스도인과 법에 대해 차례대로 취급하기로 한다.

깔뱅은 구약의 율법을 다음과 같이 세 가지로 구분한다. "모세가 하나님의 율법 전체를 공통적으로 도덕법, 의식법(儀式法), 그리고 재판법으로 구분했다는 사실을 우리는 기억해야 한다."[83] "의식법은 유대인들의 후견인(後見人)이였다. 이를테면 여호와께서 유년기에 있는 유대민족을 때가 찰 때까지 의식법으로 훈련하는 것을 좋게 생각하셨다."[84] "시민통치를 위해 유대인들에게 주어진 재판법은 그들이 다함께 허물없이 평화롭게 살기 위해 지켜야할 규정들을 담고 있다."[85] 깔뱅의 경우, 구약의 의식법과 재판법은 예수 그리스

---

81) J. Calvin, 『기독교 강요』(1559), IV xx 14.
82) 이은선, "국가관," p. 384.
83) J. Calvin, 『기독교 강요』(1559), IV xx 14.
84) J. Calvin, 『기독교 강요』(1559), IV xx 15.

도가 오심으로써 그 형식은 폐지되었으나, 내용은 예수 그리스도 안에서 완성되었다.

깔뱅이 제시한 세 가지 율법이 그의 당시는 물론 오늘날 우리에게 어떻게 적용되며, 어떤 의미를 갖는가? "도덕법은 변동 없이 그대로 남아 있는 반면, 다른 두 가지는 변하거나 폐지될 수 있다. … 도덕법이 없으면 도덕의 진정한 거룩함이 지탱될 수 없고, 올바른 생활을 위한 불변의 표준이 있을 수 없기 때문이다."86) 깔뱅에 의하면, 의식법은 유대인들의 교회가 하나님을 섬기고, 경외하는데 사용되었으므로, 경건에 대한 교훈에 포함되지만, 경건 자체와는 구별될 수가 있었다. 마찬가지로 재판법은 하나님의 영원한 법이 명령한 사랑을 보존하려는 의도를 가지고 있었지만, 사랑의 교훈 자체와는 약간의 구별이 있었다. 따라서 "경건이 의식법을 폐지하고도 해를 받지 않고 안전할 수 있었던 것과 같이, 재판법을 폐지했을 때도 사랑해야한다는 영원한 의무와 교훈은 여전히 남을 수 있었다."87)

깔뱅의 경우, 유대인들에게 유효했던 세 가지 율법 중에서 의식법과 재판법은 도덕법 안에 수렴될 수 있고, 최종적으로 도덕법만이 항상 유효하다. "의식법과 재판법도 도덕법에 속한다고 하는 사소한 문제에는 신경을 쓸 필요가 없다."88) 깔뱅에 의하면, 도덕법은 두 부분으로 구성된다. "한 부분은 순수한 신앙과 경건으로 하나님을 경배하라고 우리에게 명령하고, 또 다른 한 부분은 진실한 사랑으로 사람을 대하라는 것이다. 따라서 도덕법은 하나님의 뜻에 따라 생활을 정돈하고자 하는 모든 민족과 모든 시대의 사람들을 위해 정해주신 의의 표준, 곧 참되고 영원한 표준이다. 하나님의 영원불변한 뜻은 우리 모든 사람이 하나님을 경배하며 서로 서로 사랑하는 것이기 때문이다."89)

---

85) J. Calvin, 『기독교 강요』(1559), IV xx 15.
86) J. Calvin, 『기독교 강요』(1559), IV xx 14.
87) J. Calvin, 『기독교 강요』(1559), IV xx 15.
88) J. Calvin, 『기독교 강요』(1559), IV xx 14.

결국 깔뱅이 말하는 율법은 도덕법으로 축약될 수가 있으며, 구약성서에 나타난 십계명이 도덕법을 대표하며, 하나님과 이웃에 대한 사랑의 법이다. 이 도덕법은 시간과 공간을 초월하여 유효하다. 깔뱅은 율법에 대한 그 자신의 해석과 주장을 주로 『기독교 강요』(1559) 최종판 제2권 7~9장 그리고 제3권 6~7장에서 상세히 논하고 있다.[90] 깔뱅에 의하면, 율법의 용도와 기능은 크게 세 가지다.[91] 첫째, 죄인식을 갖게 하는 정죄의 기능,[92] 둘째, 죄를 억제하여 사회적 도덕적 의를 가능케 하는 기능,[93] 셋째, 그리스도인으로 하여금 거룩한 삶을 살게 하는 기능인 율법의 제3의 기능이 있다.[94] 처음 두 기능은 그리스도인이나 비그리스도인 모두에게 적용되는 것이지만, 세 번째의 율법의 제3사용은 그리스도인에게만 적용된다. 첫째와 둘째의 경우 율법은 초등교사의 역할을 한다. "율법의 세 번째 기능은 - 이는 율법의 가장 주된 기능이요 또한 율법의 고유한 목적에도 더 가까운 것이다. - 이미 하나님의 성령께서 그 마음에 거하시고 다스리시는 신자들에게 관련된 것이다."[95]

깔뱅은 제2권 8장의 십계명에 대한 설명에서 도덕법이 십계명에 나타나고 있다고 논증하고 있으며, 그의 이러한 주장은 『신앙고백』(1537)과 『요리문답』(1541/1542)에서도 발견된다.[96] 또한 『로마서 주석』에서 사도 바울의 의도를 다음과 같이 설명하면서, 사랑의 법으로서의 율법을 논한다. "바울의 의도는 율법의 모든 명령을 사랑으로 요약함으로써 우리로 하여금 우리가 사랑을 유지할 때 계명을 제대로 순종하고 있으며 … 하나님의 모든 계명의 목적은 오로지 우리에게 사랑의 의무를 가르쳐 주는데 있는 만큼, 우리는 마땅히 모든 면

---

89) J. Calvin, 『기독교 강요』(1559), IV xx 15.
90) I. J. Hesselink, "그리스도, 율법 및 그리스도인," 『칼빈 신학의 이해』, pp. 243f.
91) 대한예수교장로회총회교육자원부(편), 『16세기 종교개혁과 개혁교회의 유산』, p. 298.
92) J. Calvin, 『기독교 강요』(1559), II vii 6~9.
93) J. Calvin, 『기독교 강요』(1559), II vii 10~11.
94) J. Calvin, 『기독교 강요』(1559), II vii 12~13.
95) J. Calvin, 『기독교 강요』(1559), II vii 11~12.
96) J. Calvin, 한인수 옮김, 『깔뱅의 요리문답』, pp. 33ff, pp. 141ff.

에서 여기에 도달하도록 노력해야 한다는 점을 밝히 말하고 있는 것이다."97)

깔뱅의 경우, 십계명과 율법은 사랑의 도덕법이며, 또한 영원한 법이다. 율법과 도덕법의 범주에 속하여, 경건을 위한 훈련법이었던 의식법이 폐지되었어도, 경건은 여전히 남아 있고, 하나님의 사랑을 보존하기 위해 주어졌던 재판법이 폐지되었어도, 사랑의 의무와 교훈은 여전히 남아 있다.98) 깔뱅은 이제까지 언급한 율법(도덕법)과 자연법(양심법)의 관계를 다음과 같이 주장하고 있다. "우리가 도덕법이라고 부르는 하나님의 법은 자연법과 하나님이 인간들의 마음에 새겨놓으신 양심을 증거 하는 것뿐이라는 것은 사실이다."99) 깔뱅은 『로마서 주석』에서도 다음과 같이 주장한다. "바울은 여기서 하나님께서 모든 사람들의 마음속에 그 자신에 대한 지식을 넣어 주셨다고 분명하게 선언한다."100) 또 이방인들에 대하여, "그들 자신의 행위로 말미암아 그들 역시 어떤 의의 규칙을 가지고 있다는 것을 선언하고 있기 때문이다 … 그들이 어떤 공의와 정의에 대한 개념들을 가지고 있다는 것은 전혀 의심할 여지가 없다 … 본성적으로 그것들은 사람들의 마음속에 심겨져 있다. 그러므로 그들에게도 법이 있으며, 법이 없는 것이 아니다."101)

깔뱅의 위의 주장으로부터 볼 때, 모든 사람의 마음속에 새겨져 있는 내면의 법 즉, 양심을 증거하는 본성적인 자연법은 하나님에 의해 주어졌으며, 율법인 하나님의 법, 즉 도덕법과 동일하다. 다만 십계명은 완전한 하나님의 뜻의 계시인데 반해, 자연법은 그 계시에 있어 불완전한 법이다. 하나님께서 성문화된 율법을 주신 것은 내면의 법인 자연법이 그 내용면에서는 율법과 같지만, 그 뜻이 모호함으로 인해 이를 분명하게 해 주기 위함이다.102) 다시 말하면, 깔뱅

---

97) J. Calvin, 『로마서 주석』(1540), 롬13:8~9.
98) J. Calvin, 『기독교 강요』(1559), IV xx 15.
99) J. Calvin, 『기독교 강요』(1559), IV xx 16.
100) J. Calvin, 『로마서 주석』(1540), 롬1:21.
101) J. Calvin, 『로마서 주석』(1540), 롬2:14.
102) J. Calvin, 『기독교 강요』(1559), II viii 1.

에게서 도덕법은 자연법과 질적으로나 내용적으로 동일하지만, 십계명의 도덕법이 자연법보다 더욱 투명하다. 우리가 보기에 십계명이 도덕법으로서 칼라 TV에 해당된다면, 자연법과 양심법은 도덕법으로서 흑백 TV에 해당된다고 비교해도 무리가 없을 것이다.

깔뱅은 누구나 자연법에 입각해서 자유롭게 법률을 제정할 수 있다고 주장한다. 또한 깔뱅은 모든 국민은 이스라엘 민족에게 주어졌던 율법에 얽매이지 않고, 자기들에게 유익하다고 생각되는 법들을 자유롭게 제정할 수 있다고 선언한다.103) 깔뱅은 하나님이 모세를 통해서 주신 하나님의 법을 폐기하고, 새로운 법을 선호하는 것은 하나님의 법에 대한 모독이라고 말하는 부류에 대하여, 율법은 이스라엘 민족을 위해 주어진 것이며, 더욱이 하나님이 모세를 통해 이 법을 주셨을 때 모든 민족, 모든 곳에서 선포하여 시행하라고 주신 것이 아님을 명백히 하고 있다.104)

그러나 이러한 법 제정의 한 가지 분명한 원칙으로, 그는 모든 나라에서 제정되는 법들이 그 형식에 있어서는 다양할지라도 그 목적은 "영원한 사랑의 법칙"에 일치해야 한다고 주장하였다. 깔뱅은 이와 같은 사랑의 법 제정의 기준으로 "공평"을 제시하면서, 이는 자연스러운 것으로 그 적용 대상에 관계없이 동일하게 적용된다고 보았다. 또한 법 자체는 각각의 환경에 따라 다소 다를 수 있지만, 그 사랑의 목적만 같다면 모두 인정되어야 한다고 주장함으로써, 깔뱅은 법의 일치성과 함께 법의 다양성을 옹호하였다.105) 비록 법들 상호 간에 형식은 서로 다를지라도, 목적에 있어서 사랑의 법칙이 준수되고, 그 제정의 기준으로 공평이 지켜지는 한, 어떤 법도 합법적이라는 것이 깔뱅의 국가법에 대한 사상이다. 여기서 그는 자연법과 실정법과의 관계에서, 자연법이 실

---

103) J. Calvin, 『기독교 강요』(1559), IV xx 15.
104) J. Calvin, 『기독교 강요』(1559), IV xx 16.
105) J. Calvin, 『기독교 강요』(1559), IV xx 16.

정법의 표준적 권위를 차지한다는 것을 말하고 있는 것으로 보인다. 공평은 "자연스러운 것", "모든 인류에게 동일하다.", "공평이 법 제정의 기준이다." 라는 등의 그의 주장들이 이를 뒷받침해 주고 있다.[106]

이렇게 만들어진 국가법인 실정법이 그리스도인들에게는 어떠한 유용성이 있는가? 국가의 질서에 대해서 깔뱅은 두 가지 관점에서 설명하는데, "하나는 국가의 목적 또는 유용성이라는 관점이고, 또 하나는 그것의 필요성이라는 관점이다."[107] 그는 그리스도인들은 법에 호소하는 일이 금지되어 있고, 통치자의 도움을 요청하는 것은 불경건하다고 하는 당시의 일부 사람들에게, 사도 바울의 말을 인용하여 법이용의 유용함과 합당함을 주장한다. "그러나 바울은 반대로 통치자는 하나님의 대리인이라고 명백히 증거 한다. 이것으로써 우리는 통치자는 하나님으로부터 부름 받았고, 그의 도움과 지원으로 악한 자들의 악행과 불의로부터 보호받아 고요하고 평안한 생활을 누릴 수 있다는 것을 안다."[108] 통치자의 도움은 '하나님께서 주시는 거룩한 선물'이다. 따라서 그리스도인이 통치자가 마련한 법과 법정 등을 이용하는 것은 합당하고 유용할뿐더러, 그리스도인의 경건 생활과는 무관함을 강조한다.[109]

깔뱅은 그리스도인이 법이나 법정을 이용하는데 있어서 '증오심과 복수심'을 버리고, 모욕을 참으며, 친절과 공평한 마음을 가지고, '사랑과 선'에 따를 것을 권면함으로써, 사랑의 법을 상기시키고 있다. 그리스도인이라도 자기 재산을 보호하기 위해서, 이 사랑의 법을 갖고 인내심과 선의로 법에 호소하는 것은 정당하다. 깔뱅은 사도 바울의 불의에 대항한 적극적인 예를 들어서, 긍정적인 그리스도인의 법이용을 주장한다.[110] 깔뱅은 『고린도전서 주석』

---

106) 존 맥닐, "칼빈과 국가 통치." p. 351.
107) 이오갑, "칼빈의 국가론," 한국칼빈학회(편), 「칼빈연구」창간호(서울 : 한국장로교출판사, 2004), p. 224.
108) J. Calvin, 『기독교 강요』(1559), Ⅳ xx 17, 참고, 롬13:4; 딤전2:2.
109) J. Calvin, 『기독교 강요』(1559), Ⅳ xx 17-18.
110) J. Calvin, 『기독교 강요』(1559), Ⅳ xx 19-21.

(1546)에서 사랑은 평화와 조화를 가져오도록 끈기 있게 참는데 있고, 온유와 인정이 많으며, 사랑은 무의미한 허식 속에서 기쁨을 갖는 것이 아니다. 또한 사랑은 공연히 크게 소란을 피우는 것도 아니고, 항상 온유하고 예절에 맞게 행동하는 것임을 명백히 하고 있다. 사랑은 자신만을 생각지 않고, 이웃을 돌보게 한다.[111]

---

111) J. Calvin, 『고린도전서 주석』(1546), 고전13:4-5.

VII. 국민의 임무

통치자가 하나님으로부터 받은 임무가 있듯이, 국민도 하나님으로부터 받은 임무가 있다. 깔뱅은 국민의 임무를 주로 두 종류로 나눈다. 그 첫째 임무는 복종이며, 둘째 임무는 기도하기이다. 기도하는 임무는 그 내용상 국민의 첫째 의무인 복종과 연결되어 주장되는 만큼, 우리는 여기서 국민의 첫째 임무인 복종에 초점을 맞추어 복종의 근거와 그 한계를 중심으로 논의하고자 한다. 이 과정에서 또 다른 임무인 '기도하기'가 언급되어 질 것이다.

깔뱅은 국민의 첫째 임무는 통치자를 공경하는 것이라고 선언한다. 공경의 표시가 곧 복종이며, 이 복종을 보여주는 것이 통치자에 대한 국민의 임무다. 복종의 근거는 그들의 "권위 그 자체"이며 이 권위의 출원은 하나님이다.112) 그는 『로마서 주석』에서 국민이 복종해야 하는 이유는 그들이 "다스리고 있다는 사실"만으로 충분하다고 말한다. 그들이 그 자리에 놓인 것은 "주님의 손에 의해서"이다.113) 이를 근거로 깔뱅은 국민은 통치자에게 복종하여야 한다고 주장한다. 그는 다음과 같이 사도 바울의 말을 인용하여 확증한다. "'각 사람은 위에 있는 권세들에게 굴복하라 … 그러므로 권세를 거스리는 자는 하나님의 명을 거스림이니'라고 바울은 말한다.(롬13:1-2) 또 그는 디도에게 '너는 저희로 하여금 정사와 권세 잡은 자들에게 복종하며 순종하며 모든 선한 일 행하기를 예비하게 하며'(딛3:1)라고 쓰고 있다."114)

또한 깔뱅은 국민 모두에게 복종에는 예외가 없음을 『로마서 주석』에서 다음과 같이 주장한다. "'각 사람'이라는 표현을 써서 바울은, 어떤 사람도 자신

---

112) J. Calvin, 『기독교 강요』(1559), IV xx 22.
113) J. Calvin, 『로마서 주석』(1540), 롬13:1.
114) J. Calvin, 『기독교 강요』(1559), IV xx 23.

이 순종에 대한 공통적인 굴복으로부터 면제된 것으로 주장하는 일이 없도록 온갖 예외를 제거하고 있다."115) 이에 대해, 깔뱅은 바울의 의도는 당시의 유대인들을 겨냥하는 것이며, 경건하지 못한 통치자 혹은 종교 박해자들과 같은 통치자들의 권위를 합법적으로 인정하도록 함이다. 이들에게 예외 없는 복종을 지시함으로써, 통치자의 권위를 강화하려는 의도였음을 언급하고 있다.116) 따라서 모든 국민은 어떠한 사사로운 이유로 위의 권세에 불복종할 수는 없으며 원칙적으로 정치적 복종에는 예외가 없다.

이렇게 요구되는 복종은 통치자가 갖고 있는 권위에 복종하는 것이지, 그 개인이 갖고 있는 자질에 대하여 하는 것은 아니다. 그러므로 선한 통치자에게 뿐만 아니라, 악한 통치자에게도 복종하는 것은 국민의 임무인 것이다.117) 깔뱅은 이를 위한 증거를 성서 속에서 찾는다. 예레미야는 하나님께서 가증하고 잔인한 폭군인 느부갓네살을 "나의 종"으로 부르면서 백성에게 그 왕을 섬기고 살도록 명령하셨다고 말하였다. 그것은 오직 그가 왕권을 가졌다는 이유 하나 때문이다. 이는 사악한 통치자도 충실한 통치자와 마찬가지로, 모두가 똑같이 그 권위를 하나님으로부터 합법적으로 받았음을 증명해주고 있다.118) 이와 같은 그의 주장은 『요리 문답』(1537)에서도 나타난다. "우리는 법에 따라 그리고 통치자의 의무에 상응하여 권력을 행사하는 자들에게만 복종해야 하는 것이 아니라, 그들의 권력을 포악하게 남용하는 자들도 인내해야 한다."119)

깔뱅은 국민은 복종을 입증하여야 한다고 주장한다. 입증할 수 있는 방법, 즉 복종의 표현 방법은 무엇인가? 깔뱅은 "국민은 그들의 복종을 포고에 대한 복종, 세금 지불, 공무 수행이나 공공 방위 의무, 기타 명령에 대한 이행으로

---

115) J. Calvin, 『로마서 주석』(1540), 롬13:1.
116) J. Calvin, 『로마서 주석』(1540), 롬13:1.
117) J. Calvin, 『기독교 강요』(1559), Ⅳ xx 25.
118) J. Calvin, 『기독교 강요』(1559), Ⅳ xx 27.
119) J. Calvin, 한인수 옮김, 『깔뱅의 요리문답』 p. 96.

증명하여야 한다."고 주장한다. 또한 공공질서를 위한 자제와 절제도 복종에 포함시키고 있다.120) 깔뱅은 국민의 복종은 두려워서 하는 강제적인 것이 아니라, 자발적인 복종이 되어야하며, 율법과 연결하여 사랑의 법으로 하나님께 받아들여지는 순종이어야 한다고 요구한다.121) 결론적으로, 그가 주장하는 국민의 복종은 모든 국민이 모든 통치자에게 자발적이고 하나님께 드릴만한 순종으로써, 국가의 모든 명령과 규칙 등을 조용히 지키는 것이다.

깔뱅은 『로마서 주석』에서 국민은 '권위로 인한 복종' 이외에도 '국민의 유용성'의 관점에서 복종할 의무도 있음을 주장한다. "사도는 우리에게 자발적으로 위정자들의 권리와 권위를 인류에게 유용한 것으로 대하고 존경할 것을 명령하고 있다", "주께서 이 수단을 통해서 선인들의 평화를 제공하고 악인들의 외고집을 제지하려고 의도하셨다."122) 깔뱅은 『기독교 강요』(1559) 최종판에서도 어떤 사람들은 통치자에게 큰 존경을 표하는데, 이는 이것이 그들의 복지를 위해서 유리하다는 것을 알기 때문이라 말해, 유용성면에서의 복종을 간접적으로 언급하고 있다. 요약하면, 복종의 근거는 첫째는 하나님으로부터 주어진 권위에의 복종이며 둘째는 유용성에 대한 복종이다.

깔뱅은 이제까지 언급한 복종 이외에도 국민이 해야 할 또 하나의 임무로, 국민은 순종하는 중에 국가를 위해 기도할 것을 주장한다. 그는 성서 속에서 선지자 예레미야의 말로 이를 증거한다. "하나님은 그의 백성이 바벨론의 포로로 있을 동안, 그의 백성의 평안과 안녕을 위해서 바벨론의 평화를 기도하라고 명령하셨다."123) 또 『디모데전서 주석』에서 그는 다음과 같이 말하고 있다. "우리가 하나님께서 정해 놓은 이 세상의 권력의 지속과 평화로운 상태를 위해서 기도해야 한다는 것은 성경의 전반적인 가르침이다."124) 이와 같은 그의

---

120) J. Calvin, 『기독교 강요』(1559), IV xx 23.
121) J. Calvin, 『로마서 주석』(1540), 롬13:7-8.
122) J. Calvin, 『로마서 주석』(1540), 롬13:1-3.
123) J. Calvin, 『기독교 강요』(1559), IV xx 28.

주장들로 볼 때, 국민은 통치자들에게 복종하며 그들을 위해 기도해야 할 임무가 있다.

이제까지 얻어진 결론에 의하면, 국민은 선한 통치자 하에서나 사악한 통치자 하에서나 복종하며 기도해야 한다. 깔뱅은 한 걸음 더 나아가서, 악한 통치자 하에서는 남의 잘못을 탓할 것이 아니라 자신의 죄를 생각하라고 주장한다. "남의 의무를 묻지 말고 자기의 유일한 의무를 염두에 두어야 한다."[125] 또한 『로마서 주석』에서 그는 다음과 같이 주장하고 있다. "악한 지도자가 주님께서 백성의 죄악을 처벌하는 채찍이라면 … 축복이 저주로 변한 것은 바로 우리 자신의 책임이라는 점을 반성하도록 하자."[126] 깔뱅에 의하면, 정부의 체제를 바꾸는 일 즉, 왕권을 바꾼다든가 정부를 전복시키는 일 등은 하나님께서 하실 일이요 개인에게 주어진 일이 아니다.[127] 그는 다시 『로마서 주석』에서 다음과 같이 말하고 있다. "개인에게는 주님께서 우리 위에 세워 놓은 자의 권위를 박탈할 권리가 없다."[128] "무질서보다는 가장 악한 폭군정치가 더 견디기 쉽다."[129] "그것은 무정부보다 좋으며, 유익하다."[130]

깔뱅의 주장대로라면 국민은 악한 통치자 밑에서, 그들의 잘못을 살피며 자신들의 잘못을 반성하며 인내할 뿐, 아무런 저항의 표시조차도 할 수 없는 것으로 이해된다. 그렇다면 국민은 어떠한 경우에도 운명으로 받아들이고 굴복 이외에는 아무것도 할 수 없는 것인가? 깔뱅은 국민이 저항할 수 있는 권리를 완전히 제외시키지는 않았다. "나는 고대의 스파르타 왕들에 대한 감독관들, 로마 집정관들에 대한 호민관 또는 아테네 원로원들에 대한 지방 장관들이라

---

124) J. Calvin, 『디모데전서 주석』(1548), 딤전2:2.
125) J. Calvin, 『기독교 강요』(1559), IV xx 289.
126) J. Calvin, 『로마서 주석』 롬13:3.
127) J. Calvin, 『기독교 강요』(1559), IV xx 31.
128) J. Calvin, 『로마서 주석』(1540), 롬13:5.
129) J. Calvin, CR 53, 131 ; CR 54, 559.
130) J. Calvin, CR 55, 245, 벧전2:14.

든가, 아마도 지금의 최고의회의 세 권위들과 같은 사람들은 그 직무에 따라 왕의 광폭한 방종을 막아내는 것을 금하지 않는다. 오히려 그들이 왕의 국민에 대한 폭정을 못 본 채하면, 그들의 위선은 국민의 자유에 대한 부정직한 배신행위라고 선언한다."131)

결론적으로 깔뱅은 사사로운 개인들은 종교적인 경우에는 불복종권이 있지만, 정치적인 경우에는 없기 때문에, 복종과 인내가 요구되는 반면, 왕의 횡포를 견제하도록 임명된 관리들은 정치적으로 저항할 수가 있다. 즉, 무능하거나 사악한 통치자에 대하여 제재할 수 있는 유일한 방법은, 법이 정한 임무가 주어진 관리대표들에게 있다. 깔뱅은 사사로운 개인은 어떤 공적인 규정들이 수정되어야 할 때에도, 소동을 일으키지 말고 통치자의 판단에 맡길 것이며, 자신을 절제하여 의도적으로 공적인 일에 개입하지 말고, 어떤 정치적인 행동도 하지 말 것을 주장한다.132) 이로 볼 때, 깔뱅은 백성이 개인 자격으로 법과 질서를 무시하는 폭행의 방법은 인정하지 않으며, 그 임무가 주어진 관리들에 의한 합법적 방법인, 입헌적 대표 민주적 저항만을 인정한다. 국민 각 개인은 합법적인 질서를 통해 그들의 멍에로부터 해방될 때까지, 복종하고 인내하며 기도로 간구하며 참아 나가는 일이 있을 뿐이다.133)

그러나 이 복종에 한 가지 예외이자 최우선의 법칙이 있음을 깔뱅은 다음과 같이 주장한다. "통치자의 권위에 대한 복종에는 한 가지 정말로 우선적으로 지켜져야 할 예외를 두어야 한다. 그것은 그 복종이 우리로 하나님에 대한 복종을 멀리하게 하지 않는 것이어야 한다. 왕들의 욕망은 하나님의 뜻에 따라야 하며, 그들의 명령은 하나님의 명령에 따라야 하고, 그들의 권력은 하나님의 위엄에 굴복해야 한다. 사람을 만족시키기 위한 복종을 함으로써 하나님의 마

---

131) J. Calvin, 『기독교 강요』(1559), Ⅳ xx 31.
132) J. Calvin, 『기독교 강요』(1559), Ⅳ xx 23.
133) J. Calvin, 『기독교 강요』(1559), Ⅳ xx 31.

음을 상하게 하는 것은 어리석은 일이다."134)

만일 통치자들이 하나님께 반(反)하는 어떤 것을 명령한다면, 그 명령을 존중하지 말아야 한다. 이러한 불복종은 죄를 짓는 것이 아니다. 이와 같은 때에는 통치자들의 권위가 고려되지 않아도 되며, 국민은 오직 한 분이신, 진정한 절대자 하나님 앞에 겸허할 뿐이다. 깔뱅은 국민의 복종이 하나님의 주권 안에서 이루어질 것을 주장한다. "경건으로부터 돌아서기 보다는 고통을 받는 것이 주님이 원하시는 순종이다."135) 이 한 가지 예외, 개인의 종교적인 불복종을 제외하고는, 어떠한 경우에도 개인은 복종과 인내뿐 이라는 것이 깔뱅의 원칙이다.

국민의 저항권에 대한 깔뱅의 사상은, 그의 초기에는 소극적인 면을 나타내었으나, 후대로 갈수록 강화되어 갔다. 이는 그가 처했던 역사적인 상황을 반영한 것으로, 초기에는 프랑스의 왕, 프란시스 I세가 재세례파 운동 등의 과격파 운동과 종교개혁 운동을 혼동하여 종교 개혁 운동을 탄압한데 대해서, 그에게 재세례파와는 달리, 후자는 정당한 정부의 권위를 인정하고 복종한다는 사실을 알려 주기를 원했다.136) 깔뱅은 그에게 보내는 헌사에서 "우리는 한 번도 선동적인 발언을 해 본 적이 없으며 폐하의 치하에 살고 있었던 동안에도 항상 고요하고 단순한 생활을 추구했으며"라고 쓰고 있다.137) 또한 그는 『로마서 주석』에서 무정부 상태를 도입하는 것은 사랑을 침해하는 것이라 하여 정부의 존립을 옹호하였다.138)

그러나 후대에는 로마가톨릭교회의 절대 신정정치와, 절대왕정에 대한 경험과, 제네바 정부와의 갈등 속에서 교회의 고유 기능을 회복하기 위해서 정부

---

134) J. Calvin, 『기독교 강요』(1559), IV xx 32.
135) J. Calvin, 『기독교 강요』(1559), IV xx 32.
136) 대한예수교장로회 총회교육자원부(편), 『16세기 종교개혁과 개혁교회의 유산』 p. 294.
137) J. Calvin, 양낙흥 역, 『기독교 강요』(1536), p. 66.
138) J. Calvin, 『로마서 주석』(1540), 롬13:8.

를 견제하였고,139) 더 나아가 교회 회원들에게 규율을 강요할 수 있는 교회의 권리를 위해 투쟁하였는데, 이로 인해 제네바시 공무원들이 집권자들의 권리를 빼앗기지 않을까 두려워할 정도였다. 깔뱅은 집권자들에게는 하나님께서 그들에게 다스리도록 재량권을 주신 만큼의 다스리는 자유가 있음을 인정하면서도, 페랑파 사람들이 목사들의 투표권을 부정했을 때 깔뱅은 목사들이 개인 자격으로 완전한 정치적 의무와 특권이 있다고 주장했다.140)

또한 깔뱅은 그의 후대에 쓴 『다니엘서 주석』(1561)에서 다음과 같이 말하고 있다. "지상의 군주들이 하나님께 반항할 때, 그들은 그 권력을 포기했으며 사람으로 인정받을 자격이 없다. 우리는 그들에게 복종하기 보다는 그들 머리에 침을 뱉기 위해 전적으로 대항해야 한다."141) 이와 같은 것으로 볼 때, 깔뱅은 국민의 저항권에 대해 초기에는 소극적인 저항만을 주장하였지만, 후대에는 제네바 시와의 관계 속에서, 그리고 강화되어가는 절대 왕권의 변화 속에서, 보다 적극적인 저항의 필요성을 느끼게 되었다고 결론지을 수 있다.

---

139) 대한예수교장로회 총회교육자원부(편), 『16세기 종교개혁과 개혁교회의 유산』 p. 294.
140) 프레드 그레이엄, "교회와 사회 : 칼을 칼집에 꽂는 어려움." 『칼빈 신학의 이해』 pp. 364ff.
141) J. Calvin, 『기독교 강요』(1559), Ⅳ xx 31, 참고, 단6:22.

VIII. 결론

1. 요약

인간은 교회와 국가라는 '이중적 통치'(duplex in homine regimen) 하에 지배받고 있다는 이중통치 사상에 근거한 교회와 국가는 하나님이 거룩하게 하신 것으로 상호 분리되거나, 상호 동일시되지는 않지만, 상호 구별되면서도, 상호 밀접한 관계 속에서 유기적으로 한 분 하나님을 섬기는 도구이다. 깔뱅은 그 당시 재세례파들의 무정부주의와 절대왕권 옹호자들 내지 로마가톨릭교회의 절대 신정정치에 대항하여 국가통치를 '거룩한 질서'라고 정당화하였다. 깔뱅에게서 교회와 국가는 하나님의 은혜의 외적 수단이다. 국가 통치자의 권위는 하나님으로부터 나오며, 통치자는 하나님의 대리자이다.

깔뱅은 성서주석과 그의 경험을 통해 귀족·민주정 또는 귀족정을 선호했다. 그가 어떤 특정한 정치형태를 절대화하지 않는 이유는 모든 정치형태는 하나님의 자연은사에 속하기 때문이다. 질서 있는 중용의 자유가 수호되는 정부가 좋은 정부이다. 국가의 임무는 하나님을 향한 임무(공적 예배와 종교 및 교회 보호와 지원)와 인간 공동체를 향한 임무(복지, 평화유지)가 있다. 여기서 깔뱅은 종교적 임무를 국가의 우선적인 임무로 보았다.

깔뱅은 국가의 법을 매우 중요시한다. 그는 성서 전통에서 뿐만 아니라, 자연법 전통으로부터도 법 이해에 접근했다. 그는 구약의 율법은 크게 도덕법, 의식법 그리고 재판법으로 구분 짓고, 의식법과 재판법은 예수 그리스도의 오심을 통해서 형식은 폐지되었지만, 내용은 예수 그리스도 안에 완성되었다. 그러나 도덕법은 영원히 유효하다. 십계명은 도덕법의 중심을 이루는 하나님 사랑과 이웃 사랑을 내용으로 하는 사랑의 법이다. 또한 자연법이나 양심법은 도덕법과 내용이 동일하지만, 도덕법(십계명)은 완전히 계시되었지만, 자연법이나 양심법은 불완전하다. 그러나 어느 사회나 민족이든지 자연법에 입각하여 공평의 정신에 근거하여 실정법을 제정할 수 있다. 따라서 자연법은 실정법의 표준이 될 수가 있다. 법이나 법정의 도움은 하나님의 선물이기 때문에 그리스도인이 '사랑과 선'의 원칙에 입각하여 그것을 이용하는 것은 정당하다.

국가에도 국민에 대한 임무가 있듯이 국민도 국가에 대한 임무가 있다. 그것은 통치자에 대한 정치적 복종과 통치자를 위한 기도(祈禱)이다. 국민은 통치자 개인의 인격적인 근거에서가 아니라, 하나님께서 통치자에게 부여하신 통치권자의 지위에 근거하여 선한 통치자든지 악한 통치자든지 구별하지 말고, 어떤 통치자에게도 복종해야 한다. 이 복종은 마지못해서 하는 복종이 아니라, 사랑의 법에 근거하여 통치자에 대한 자발적인 복종이어야 한다. 또한 국민은 공세, 공무수행과 방위의무 등 국가의 명령에 복종해야 하며, 이에는 공공질서를 위한 협조 의무도 포함된다.

국민이 정치적으로 통치자에게 저항할 수 있는 권리는 국민 각 개인에게는 주어지지 않지만, 직무상 저항할 권리가 법에 의해 주어진 임명된 관리들은 저항할 수 있다. 따라서 깔뱅은 입헌적 저항권을 허용한다. 그러나 국민은 통치자가 종교에 배치되는 명령을 할 때에는 그 통치자에게 종교적 불복종을 할 수가 있다. 깔뱅은 국민의 복종이 하나님 주권 안에서 이루어질 것을 주장한다.

2. 평가

우리는 깔뱅의 국가론을 다음 몇 가지 관점에서 평가하고자 한다.

첫째, 깔뱅의 '이중 통치' 사상에 나타난 교회와 국가의 바람직한 관계로부터 우리는 교회의 정치화 내지 세속화를 방지하고, 국가의 지나친 종교에 대한 간섭의 문제를 해결할 수가 있다. 한 편으로 깔뱅은 재세례파 속에서 나타나는 무정부주의 사상을 비판하고, 창조주와 섭리주 하나님이 세우신 국가의 신성한 권위를 옹호하는 가하면, 다른 편으로 깔뱅은 국민의 자유를 제한하거나 종교를 탄압하는 절대왕정에 반대하는 국민대표의 저항권을 주장했다. 깔뱅의 경우, 교회와 국가는 한 분 하나님을 섬기기 위해, 상호 분리나 상호 일치를 지양하고, 각각 고유한 위치에서 상호 유기적으로 협력하면서도 상호 비판·견제해야 한다.

둘째, 성서주석과 자신의 경험에 기초하여 깔뱅은 자신이 선호하는 국가의 형태를 귀족·민주정 또는 귀족정을 제시하면서도, 특정한 정부 형태에 절대적 가치를 두지 않을 뿐만 아니라, 각 사회가 자연법에 기초하여 실정법을 제정할 수 있는 길을 열어 놓았다. 깔뱅은 국가 형태와 법의 다양성을 인정하면서도, 국가의 하나님에 대한 임무와 백성에 대한 임무를 부과하고, 공평성과 사랑에 근거한 법제정과 법집행을 주장함으로써 예나 지금이나 다문화 상황 어디에서도 유기적으로 적용될 수 있는 정치제도와 법률의 보편원리를 제공하고 있다.

셋째, 깔뱅의 정치해석학은 결코 성서문자주의에 근거하거나 순수 인문주의에 근거하지 않고, 성서전통과 인간의 지혜 전통을 잘 종합하여 바람직한 정치해석학의 기틀을 마련했다. 이 같은 깔뱅의 통전적인 정치해석학은 그의 정치형태에 대한 이해나 도덕법, 자연법, 실정법에 대한 이해에서 잘 나타난다.

넷째, 일부 깔뱅연구가들은 깔뱅이 국민 개인이 갖는 종교적 저항권은 보장하면서도, 정치적 저항권을 원천적으로 봉쇄한 점에서 깔뱅의 정치적 저항권이 매우 소극적이라고 비판한다. 그러나 우리는 여기에 동의할 수가 없다. 깔뱅은 역사적 경험을 통해서 무정부주의 폐해가 절대왕정보다 더 크다는 인식에 도달했을 것이다. 그렇다고 깔뱅이 절대왕정의 폐해를 몰랐던 것도 아니었다. 따라서 그는 절대왕정보다는 귀족정을 더 선호했던 것이다. 혁명과 폭도로 변한 무정부주의에 대한 방지책으로 깔뱅은 국민 개인의 정치적 저항권을 금지시킬 뿐만 아니라, 성서 주석에 근거하여 금지시켰다. 또한 그는 절대왕정의 폐해를 제어할 수 있는 성서역사와 일반역사 속에서 현존했던 지혜들, 즉 국민의 대표를 통한 정치적 저항권을 도입했던 것이다. 만약 깔뱅이 국민대표의 정치적 저항권을 인정하지 않았을 경우에도 국민 개인의 정치적 저항권을 제한했을까? 한 걸음 더 나아가서 깔뱅은 국민 개인의 종교적 저항권을 매우 강조했다. 이 모든 점들을 고려해 볼 때, 깔뱅의 정치적 저항권이 매우 소극적이었다는 결론은 어느 정도 무리가 있을 것이다. 다만 깔뱅은 사회적 안정을 위해서 정치적 대반란이나 대혼란의 위험성을 크게 의식함으로써 그리고 성서주석에 근거하여 국민 개인의 정치적 저항권을 금지시켰을 것이다.

다섯째, 깔뱅의 정치사상이 주권재천이냐 주권재민이냐에 대한 논쟁이 아직도 뜨겁다. 비록 깔뱅이 주권재천을 주장했을지라도, 그는 왕권신수설이나 왕권절대주의와는 반대방향으로 나아갔다. 비록 깔뱅이 국민대표의 정치적 저항권을 주장했을지라도, 깔뱅의 이 사상은 근대민주주의 재민주권사상과는 거리가 있다.142) 깔뱅에게 중요한 것은 통치자 자신도 하나님과의 관계 속에서 하나님을 위한 임무가 있는가 하면, 국민에 대한 임무가 있는 것이다. 마찬가지로 국민도 하나님과의 관계 안에서 하나님에 대한 임무와 통치자와 정부에 대한 임무가 있는 것이다. 그러므로 통치자 자신과 국민 자신은 하나님과 상대편으로부터 결코 자유롭지 못한 것이다. 그러므로 주권재천에 근거하여 왕권신수권이나 절대왕정을 옹호하여 백성을 무시하는 자나 주권재민에 근거하여 통치자를 무시하는 자는 하나님으로부터 결코 자유롭지 못하다.

---

142) 이양호, 『칼빈 : 생애와 사상』 p. 249.

제11장 깔뱅의 종말론
: '소망의 종말론'

I. 서론[1]

　토렌스(Thomas Forsyth Torrance, 1906-)가 『하나님의 나라와 교회: 종교개혁신학에 대한 연구』라는 책에서 세 종교개혁자들의 종말론을 기술했다. 여기서 언급된 세 종교개혁자들은 루터(Martin Luther, 1483-1546)와 부처(Martin Bucer, 1491-1551)와 깔뱅(John Calvin, 1509-1564)인데, 그는 루터의 종말론을 "신앙의 종말론"(the eschatology of faith)으로, 부처의 종말론을 "사랑의 종말론"(the eschatology of love)으로, 그리고 깔뱅의 종말론을 "소망의 종말론"(the eschatology of hope)으로 특징지었다.[2] 우리는 본 고에서, 일반적으로 개혁파 종교개혁자들로 알려진 츠빙글리(Huldrych Zwingli, 1484-1531), 부처, 그리고 깔뱅의 종말론에 대해서 살펴보고자 한다.

---

1) 최윤배, "츠빙글리, 부처, 깔뱅의 종말론," 「한국기독교신학논총」,제38집(2005),pp.185-209에 게재된 글.
2) T. F. Torrance, *Kingdom and Church: A Study in the Theology of the Reformation* (Edinburgh : Oliver and Body, 1956), 89: "If Luther's eschatology can be described as the eschatology of faith, and Calvin's as the eschatology of hope, Butzer's is certainly to be described as the eschatology of love." 참고, 백철현 역, 『종교개혁자들의 종말론』(서울 : 그리스도교신학 연구소, 1991), 152.

II. 츠빙글리의 종말론[3)]

츠빙글리는 그의 종말론에서 다양한 요소로부터 영향을 받았다. 그는 초기에는 피쿠스 델라 미란돌라(Picus della Mirandola)로부터 신비주의적 영향을 받고, '자연-은총-영화'(natura-gratia-gloria)라는 구조를 지닌 스콜라주의적 신학의 영향을 받을뿐만 아니라, 인문주의자 에라스무스의 묵상적 요소의 영향도 받았다. 그러나 츠빙글리는 후기에 많은 교부연구와 성서연구를 통해서 아우구스티누스와 성서로부터 큰 영향을 받았다. 츠빙글리의 종말론은 계속 발전했지만, 1516년 이래 본질적인 면에서는 큰 변화가 없었다. 츠빙글리의 종말론에 그의 다양한 신학적 요소들이 밀접하게 연결되어 있지만, 특히 인간론, 말씀 안에서 하나님의 현존성, 기독론, 그리고 참 권위와 거짓 권위 사이의 대조와 같은 사상이 그의 종말론에 깊이 뿌리내려 있다.[4)]

1. 구원론과 종말론

츠빙글리는 구원론과 종말론을 밀접하게 상호 연결시켰다. 츠빙글리에 의하면, 종말은 여기서 그리고 지금 성령과 말씀의 능력 안에서 실현된다. 이를

---

3) C. Andresen(Hrg.), *Handbuch der Dogmen-und Theologiegeschichte* Bd. 2, (Göttingen : Vandenhoeck & Ruprecht, 1989), 190–192 ; F. Büsser, *Wurzeln der Reformation in Zürich* (Leiden : E.J. Brill, 1985), 20–105 ; J. L. González, *A History of Christian Thought,* Vol, III, (Nashville : Abingdon Press, 1983), 71–73 ; G. W. Locher, *Zwingli's Thought: New Perspectives* (Leiden : E.J. Brill, 1981), 95–120 ; W. van 't Spijker, etc., *Zwingli in vierderlei perspectief* (Utrecht : B.V. Uitgeverij, 1984), 22–25 ; W. P. Stephens, *Zwingli: An Introduction to His Thought* (Oxford : Clarendon Press, 1992), 111–137.
4) Walter E. Meyer, *Huldrych Zwinglis Eschatologie: Reformatorische Wende, Theologie und Geschitsbild des Zürcher Reformators im Lichte seines eschatologischen Ansatzes,* Zürich 1987, 57–68.

통해서 구원에 이르는 올바른 길은 잘못된 로마가톨릭교회의 공로적인 길로부터 차별화된다. 이미 신앙 안에서 구원을 받았든지 또는 불신앙 안에서 유기(遺棄)되었든지 간에 모든 사람들의 영혼은 사후에 존속한다고 츠빙글리는 주장한다. 이 점에서 츠빙글리는 그의 당시 재세례파들의 영혼수면설(靈魂睡眠說)에 반대할 뿐만 아니라, 로마가톨릭교회의 연옥설에도 반대한다. 왜냐하면, 이들은 종말을 하나님의 말씀의 종말론적 실재로부터 분리시키기 때문이다. 영생을 얻은 자는 누구든지 죽음 이후에도 잠자는 죽음의 상태에 빠지지 않는다. 신앙 안에서 시작된 영생은 죽음 이후에도 살아계신 하나님 안에서 영혼의 가장 높은 생동감으로 나아간다. 종말론과 구원론과 관계하여 츠빙글리는 기독론적으로 접근한다. 만약 우리가 살아계신 그리스도 안에서 죽고 산다면, 우리도 역시 그리스도 안에서 부활하고, 하나님께로 고양(高揚)된다. 츠빙글리는 사후 영혼의 존속과 마지막 날의 몸의 부활을 기독론적으로 상호 연결시켰다. 죽은 지 삼일 만에 그리스도의 몸이 부활했고, 죽음 이후에도 그의 영혼은 살아 있었다.[5]

츠빙글리에 의하면, "신자들은 확실하고 건강한 신앙과 소망을 통해서 이 땅에서 이미 복되고, 마지막 날까지 어떤 심판, 형벌 또는 저주를 받지 않을 뿐만 아니라, 임종시에 자신들이 이 땅에서 소망하고, 소유하고 받아들인 삶 안으로 들어간다."[6] 이 같은 종교적인 동기로부터 츠빙글리는 "중간상태"(status intermedius)[7]를 영혼수면설로 이해하는 재세례파들을 비판했다. "중간상태" 문제를 중심으로 임종(臨終)한 그리스도인의 영혼은 개구리가 겨울에 동면에 들어가듯이 수면상태에 들어갔다가 그리스도의 재림 시에 다시 깨어난다고 이해한 종교개혁 당시의 재세례파들의 견해가 영혼수면설로 불린다. 재세례파들

---

5) W. E. Meyer, op. cit., 275-276.
6) ZW[= *Huldreich Zwinglis Sämtliche Werke*(Berlin, Leipzig, Zürich, 1905-)] II, 430.
7) 종말론에서 "중간상태"란 "그리스도인의 임종 시부터 예수 그리스도의 재림 시까지 육체적으로 죽은 그리스도인이 어떤 상태에 있는가?"라는 문제와 관련된 신학 용어이다.

의 주장과는 반대로, 올바른 신앙은 죽음 이후에 신자들과 그리스도와의 교제가 끊어진다고 생각하지 않고, 오히려 신자들의 영혼은 임종 이후에도 살아 있다는 사실을 견고히 붙잡는다.(ZW II, 431) 예수 그리스도와 함께 처형되었던 십자가상의 한 강도는 신자가 되자마자 그의 죽음 직후 천국에 있는 그리스도 곁에 함께 있게 되었다. "올곧은 신앙과 하나님의 사랑이 있는 곳에서 우리들은 하나님의 뜻에 따라 참된 생명을 얻게 된다는 사실을 알고 있다."(ZW III, 40)

하나님의 자녀들에게는 이미 결정적인 것이 일어났기 때문에, 그들은 심판에 이르지 않는다. 하나님의 자녀들의 전(全) 생애는 그리스도에 대한 신앙 안에서 성장하는 총체적인 삶이기 때문에, 그들은 즐겁게 죽음을 맞이할 수 있고, 이 땅을 떠나서도 그리스도와 교제한다. 여기에 대한 증거로 츠빙글리는 빌립보서 1장 23절을 인용한다.(ZW, III, 857, 867) "생명이라기보다는 차라리 속박과 죽음에 해당되는 이생 후에 성도들과 신자들에게는 기쁨과 행복한 영생이 있고, 사악한 자와 불신자에게는 비참과 불행이 있다는 사실을 우리는 믿는다. 이 점에서 우리는 몸과 함께 영혼도 부활 시까지 잠잔다고 주장하는 재세례파들의 견해를 받아들이지 않는다. 우리는 천사들의 영혼과 인간들의 영혼은 결코 잠잘 수도 없을 뿐만 아니라, 쉴 수도 없다고 주장한다. 재세례파들의 가르침은 모든 합리성과 모순된다."[8]

중간상태와 관련하여, 츠빙글리는 로마가톨릭교회의 연옥설을 거부한다. 츠빙글리에 의하면, 연옥설을 주장하는 사람들은 그리스도의 사역을 전적으로 거부하고 무효화시키는 것이다. 만약 그리스도께서 우리의 죄를 위해 죽으셨다면, 우리는 어떻게 우리의 죄에 대한 속죄의 만족을 위해서 어떤 인간에게 위탁할 수 있는가? 만약 그리스도께서 우리의 죄에 부과된 형벌을 받지 않으셨다면, 왜 그리스도는 사람이 되셨고, 무슨 목적으로 십자가상에서 고통을 당하셨는가? "그리스도 자신이 가르치셨다시피 그를 믿는 자는 영생을 얻었으

---

8) *An Exposition of the Faith*(1531/1536), LCC XXIV, 273-274.

며, 그를 보낸 자를 믿는 자는 저주받지 않고 이미 사망에서 생명으로 옮겼다. 그러므로 교황주의자들에 의해서 이생을 마치는 자들의 영혼에 가해진 연옥의 고통의 기간은 그들 자신이 고안해낸 허구에 불과하다."9)

츠빙글리는 마지막 날의 그리스도의 육체적 재림과 신자의 완성을 밀접하게 결부시킨다. 신자의 완성에서 육체와 영혼의 전체성(leib-seelischer Totalität) 안에서 이해된 전인(全人; totus homo)의 가치가 중요하다. 츠빙글리에 의하면, 만약 인간의 영혼이 그 육체를 잃어버릴 경우 그 영혼은 더 이상의 인간도 아니고, 더 이상의 인격도 아니다. 그러므로 육체를 입으셨던 그리스도께서 마지막 날에 육체 가운데 나타나실 것이다. 왜냐하면 신자의 육체와 영혼의 하나됨은 비로소 그리스도의 육체적 재림을 통해서 일어나며, 이 완성의 순간으로부터 하나님의 종말론적 기쁨에 육체와 영혼을 포함하는 총체적 참여가 일어나기 때문이다.10) 츠빙글리는 그리스도인의 몸의 부활을 주장했다.(ZW IV, 21)

그리스도의 육체적 재림에 모든 강조점이 주어지는 이유는 육체와 영혼에 따른 인간의 완성과 인자(人子)를 통한 최후심판이 이것과 결부되어 있기 때문이다. 종말의 문제에서 츠빙글리는 무엇보다도 우리의 구원을 실현시키는 그리스도에게 관심을 기울인다. 여기서 그리스도는 최후 심판자이시다. 그리스도는 그의 인간성 때문에 심판자이시다. 왜냐하면 그리스도는 인간성의 구원을 받아들이셨기 때문이다. 그리스도를 심판자(Christus iudex)로 이해하는 츠빙글리의 사상에는 그의 심판사상이 작용하고 있다. 신앙 안에서 이미 내려진 심판은 모든 사람 앞에서 공개되며, 상 또는 벌을 받게 된다. 최후심판은 모든 사람 각자의 실존과 밀접하게 연결되어 있다. 각 사람은 지금 그리고 여기서 신앙 안에 또는 불신앙 안에 있느냐에 따라, 최종 목적이 성공하기도 하

---

9) *An Exposition of the Faith*(1531/1536), LCC XXIV, 253-254.
10) W. E. Meyer, op. cit., 278.

고 실패하기도 한다. 각 사람은 죽음 이후에도 각자에 대한 마지막 심판을 동일하게 경험한다. 죽음은 마지막 날에 모든 사람에게 해당된다.[11] 최후의 심판은 공개적으로 일어나는데, 심판석에 앉으신 심판자이신 그리스도께서 모든 백성들을 심판하신다.(ZW IV, 907) 창세로부터 존재한 모든 사람들이 소집되며, 신자들은 상급을 받고, 불신자들은 영원한 슬픔의 형벌을 받게 되는데, 신자들이나 불신자들 모두는 영혼과 몸을 지닌 전인(全人)으로 참여한다.(ZW II, 423) 하나님께서 자신의 고유한 일로 보상하시고, 신앙의 열매에 따라서 보상하시고, 도덕적인 상급도 약속하신다. "우리가 그리스도를 위해서 능욕을 더 많이 받을수록, 더 큰 영광이 우리를 기다리고 있다."(ZW V, 357)

2. 종말론적 실존을 가진 교회와 국가

일반적으로 개혁파 종교개혁자들과 개혁파 정통주의 신학자들은 하나님의 나라를 그리스도의 삼중직(munus triplex. 예언자, 제사장, 왕) 중에서 왕직과 관련해서 언급한다. 하나님의 나라는 그리스도의 나라와 일치하는데, 하나님의 나라는 세 가지로 구별된다. 창조와 섭리의 영역에 속하는 사회나 국가나 세계와 관련을 맺고 있는 '자연(능력)의 나라'(regnum naturae/potentiae)로서 하나님의 나라가 있고, 선택과 신앙의 영역에 속하는 기독교 공동체를 대표하는 교회와 관련된 '은혜의 나라'(regnum gratiae)로서 하나님의 나라가 있고, 마지막 최종적으로 완성될 새 하늘과 새 땅으로서 '영광의 나라'(regnum gloriae)로서 하나님의 나라가 있다.[12]

츠빙글리의 종말론적 실존에 대한 이해는 그의 교회론 안에 반영된다. 교회

---

11) W. E. Meyer, op. cit., 279~280.
12) 최윤배, "바람직한 기독교 가정 - 개혁교회의 전통에서 본 하나님의 나라와 가정," 대한예수교장로회 총회교육부(편), 『생명의 성령님이 역사하시는 하나님의 나라와 가정』(서울 : 한국장로교출판사, 2002), 296.

는 명백한 종말론적 총체이다. 교회가 완성된 자들의 공동체로서는 비로소 종말에 가서 회집(會集)되어진다. 그러나 교회는 여기서 그리고 지금 희망 안에서 실존한다. 오직 신앙만이 교회가 지금 이미 성령 안에서 있는 것을 함께 본다. 종말론적 목적의 과정에서 각 개인이 항상 다시 외적인 방해물과 내적인 방해물에 의해서 저지당하고 유혹받고 있듯이, 교회도 불신자들의 혼합을 통해서 역시 그러하다. 그럼에도 불구하고, 교회는 이 같이 혼합된 교회(ecclesia permixta) 안에서도 이미 종말론적으로 지향되어 있다.13)

츠빙글리는 국가와 국가의 사회적 행위도 종말론적인 실존 안에서 파악한다. 상대적·종말론적 과정 안에서 인간적 의를 신적 의로 동화시키지 않도록 하기 위해서 또는 종말론적 완성을 향하도록 하기 위해서 사회윤리는 인간적 의를 신적 의로 향하게 하는 끊임없는 수고들에 의해서 각인된다. 국가가 하나님의 말씀과 교회를 보호하고 있을 때, 국가는 종말론적 실존과 교회론을 상호 대응시켜주는 것이다. 국가는 외적인 구조들과 역학관계들이 기독교적 생활과 사회공동체 생활을 무효화시킬 것이 아니라, 도리어 이것을 촉진시키는데 세심한 주의를 기울여야 한다. 다시 말하면, 국가는 자신의 정치와 사회적 과제를 하나님의 말씀 아래에 둠으로써, 인간을 구원할 봉사에로 부름 받았다.14)

3. 교회와 하나님의 나라

츠빙글리는 정치, 경제, 사회, 특히 국가 안에서 하나님의 나라의 실현에 대한 강한 실천적인 의지를 보여주면서도, 기독론에 근거한 구원론과 교회론과 관련하여 하나님의 나라를 이해한다. 마지막 날, 예수 그리스도의 재림 시에 지금까지 하나님께만 알려졌던 그리스도의 지체들이 속한 보편교회(ecclesia

---

13) W. E. Meyer, op. cit., 211.
14) W. E. Meyer, op. cit., 212-213.

universalis)가 비로소 가시적이 될 것이며(ZW II, 572), 시간은 중지되고, 영원이 시작될 것이다.(ZW XIII, 343). 그러나 츠빙글리는 모든 것을 공간적 표상으로부터만 생각하는 것은 아니다. 여기서 츠빙글리에게 기독론이 중요한 역할을 한다. 구원받은 자들의 영광스럽게 된 몸은 아버지의 보좌 우편에 앉으신 영광스럽게 된 인간성을 지닌 그리스도와 함께 있을 것이다.(ZW V, 954) 예배공동체는 죽은 성도들이 "모든 짐과 수고를 벗어 버리고," "영원한 즐거움" 안으로 들어 갈 것에 대해서 감사한다.(ZW IV, 687) 새 하늘과 새 땅을 향해서 부지런히 걸어가는 순례자들에 대한 표상과 하나님께서 그들을 그곳으로 영접하신다는 표상이 성경 안에 나타난다. 하나님을 중심으로 모든 경건한 그리스도인들, 즉 "구원받은 자들"은 함께 모여서, "하나님의 면전에서 그를 즐겁게 바라볼 것이며, 하나님의 나라에서 그를 경배할 것이다.(ZW II, 209, 374) 그들은 영원히 하나님께 영접되고, 하나님을 즐거워하고 소유할 것이다.(ZW II, 630)]

신자들뿐만 아니라, 신자들의 총체적인 우주(kosmos)도 완성을 기다리고 있다. 츠빙글리에 의하면, 마지막 날에 태양은 사라지는 것이 아니라, 지금보다도 비교할 수 없을 정도로 더 밝게 빛날 것이다. 츠빙글리는 보편화해라는 말을 사용하지 않으면서도 지금 여기서 그리고 이미 주님께 속한 모든 자들이 변화(Innovation)를 목표로 하고 있듯이, 마지막 날에 세계의 완전한 변화(immutatio)를 목표로 하고 있다. 루터의 경우, 마지막 날 최후심판에 적용되는 말이 '폐기'(annihilatio)라면, 츠빙글리의 경우는 '변화'(immutatio)를 통한 완성에 대한 희망이 더욱 확실하다.15) 그러나 츠빙글리는 오리게네스(Origenes)가 주장한 소위 "총괄갱신론"(만유회복설, ἀποκατάστασις πάντων; Apokatastasis)을 거부했다. "주님께서 곧 오실 것이다."(ZW IV, 433) 그리스도께서 지상에 오심으로써 마지막 때가 도래할 것이다.(ZW VI, 373)

---

15) W. E. Meyer, op. cit., 281-282.

III. 부처의 종말론

1. 부처의 사랑의 종말론[16]

부처와 깔뱅에 의하면, 그리스도는 두 나라, 즉 교회와 국가를 통치하시는 왕이시다.[17] "교회와 정부 사이의 관계와 연관해서 부처는 한 분의 목자장이신 예수 그리스도 아래에 있는 두 가지 종류의 작은 목자들(사역자들)에 대해서 말한다. 부처는 교회와 시민 정부의 사역과 목적을 구별한다. 부처의 경우, 그리스도의 나라에서 중요한 것은 성령을 통한 그리스도의 통치다. 그리스도는 말씀과 성령을 통해서 다스리신다. 다시 말하면, 왕으로서 그리스도는 사람과 수단을 사용하신다. 여기서 사람이라 함은 교회 안에서 모든 신자들과 직분자들을 의미하고, 정부 안에서 모든 시민들과 공직자들을 의미한다. 수단이라 함은 교회 안에서 말씀선포와 성례전과 치리를 의미하고, 정부 안에서 법규들을 의미한다. 부처의 경우 성령과 그리스도의 왕직은 함께 속해 있다."[18] 이 두 나라는 왕이신 한 분 예수 그리스도를 섬긴다. 그들이 그들 자신의 각자의 임무를 다 할 때, 그리스도께서 왕이 되실 수가 있고, 두 나라의 백성들은 '선하고, 행복한 삶과 경건하고, 복된 삶'을 누릴 수가 있다.[19]

부처는 '하나님의 나라', '하늘 나라', '하나님의 사랑하시는 아들의 나라'

---

16) 최윤배, 『잊혀진 종교개혁자 마르틴 부처』 (서울 : 대한기독교서회, 2012), 제3부 제5장.

17) Yoon-Bae Choi, *De verhoudign tussen pneumatologie en christologie bij Martin Bucer en Johannes Calvijn* (Leiden : Uitgeverij J.J. Groen en Zoon, 1966); D. Foxgrover(Edit.), *Calvin and the Church*, Michigan 2002; Dae-Woo Hwang, *Het mystieke Lichaam van Chridtus: de Ecclesiologie van Martin Bucer en Johannes Calvijn* (Proefschrift, TU van Apeldoorn in Nederland, 2002); F. van der Pol (Red.), *Bucer en de kerk* (Kampen : Uitgeverij de Groot Goudriaan, 1991); W. van 't Spijker, *De kerk* (Kampen : Uitgeverij de Groot Goudriaan, 1990), 111-162.

18) Yoon-Bae Choi, op. cit., 169.

19) Yoon-Bae Choi, op. cit., 166: "ad pie beateque vivendum"; "ad bene beateque vivendum."

와 함께 '그리스도의 나라'에 대해서 언급하는데, 이 모든 용어들은 상호교환이 가능하지만, 부처는 '그리스도의 나라'를 선호한다. 부처의 경우, 그리스도의 나라에서 중요한 것은 성령을 통한 '그리스도의 통치'(Christocracy)다.

부처는 1523년에 그의 최초의 작품인 『아무도 자기 자신을 위해서 살지 않고, 다른 사람들을 위해서 살아야 한다. 우리는 어떻게 여기에 도달할 수 있을까?』(Das ym selbs niemand, sonder anderen leben soll, und wie der mensch dahin kummen mög)를 출판했는데, 하나님의 형상으로 창조된 인간은 자기 자신을 위하지 않고, 하나님과 이웃을 위해 살도록 창조되었다고 말한다. 다시 말하면, 인간은 하나님과 이웃을 사랑하고, 선한 일을 하도록 창조되었다는 것이다. 그러나 타락으로 말미암아 인간은 하나님과 이웃을 향하는 대신 자기 자신만을 향하고, 자기 자신만을 사랑하는 이기심에 빠졌다는 것이다. 인간의 타락으로 모든 피조계도 타락하였다. 부처에 의하면, 세계를 창조하시고, 인간의 구속을 위해서 구속주로 오신 예수 그리스도에 대한 신앙을 통해서만 우리와 모든 세계는 새롭게 회복될 수 있다. 이 같이 부처는 구속사적, 우주적 관점에서 사랑의 하나님의 나라의 회복을 역설한다.[20] 이 작품은 하나님의 나라를 주로 기독론의 관점에서 기술하고 있다.

부처는 그의 최초의 작품에서 하나님의 나라를 그리스도의 말씀이 들려지고, 보존되는 참된 교회의 관점에서 기술한다.[21] 부처의 그리스도의 나라에 대한 개념은 세계의 창조에서 시작하여 세계의 완성을 포괄하는 구속사가 없이는 이해될 수가 없다. 부처는 이중예정의 배경에서 첫 창조질서의 회복에 대해서 말한다.[22] 부처는 그리스도의 사역을 모든 시대를 관통하는 구속사의 큰

---

20) Das ym selbs(1523), in: BDS I, 44–67; 황대우 편저, 『삶, 나 아닌 남을 위하여: 마르틴 부처의 기독교윤리』(서울: SFC, 2007)
21) BDS I, 44: "Also ist es gewiß lich auch das reich Christi und die wore kirch, wo das wort Christi mit solchem gehört und fleiß bewart würt."
22) BDS I, 50s.

틀 속에서 이해한다. "특별히 하나님은 그리스도를 통해서 만물을 회복시키시고, 만물이 창조되었던 첫 번째의 질서로 되돌리시는 것을 기뻐하셨다."[23] 부처는 우리가 어떻게 처음 창조상태로 회복될 수 있는지 질문한다. 우리가 자기자신을 위해서 살지 않고 다른 사람들을 위해서, 그리고 하나님의 영광을 위해서 살 수 있는 길은 다음과 같다. "우리에게 그와 같은 삶은 오직 신앙을 통해서만 가능하다."[24] 여기서 그리고 지금 사람들에게 보편적인 회복이 시작되어야 한다. 우리가 그리스도를 믿을 때 그 일이 일어난다. 그리스도께서 그의 보혈을 통해서 우리를 그의 양자됨과 아버지의 은혜 안으로 받아들이셨다는 사실과 그리스도께서 그의 성령을 통해서 우리를 역시 새롭게 창조하셨다는 사실을 우리는 굳게 믿어야 한다.[25] 부처의 경우, 그리스도의 나라는 개인과 전(全) 교회와 전 사회 안에서 한 주님 아래에 있는 이중적 통치를 지향한다. 하나님께서 공동체를 유지하시기 위해서 두 종류의 직분, 즉, 영적인 봉사직과 세상적인 봉사직을 주셨다.[26] 여기에 나타난 부처의 하나님의 나라의 개념은 보편주의적 총괄갱신적 개념이나 유토피아적 이상으로부터 도출되지 않고, 이중예정과 구속사의 배경 하에 보편적, 사회, 윤리적 관점과 함께 종말론적인 관점이 두드러지게 나타난다.[27]

부처의 중간시대에 해당되는 유명한 작품 중에 하나는 『참된 목회학』(Von der wahren Seelsorge, 1538)인데, 여기서 주로 교회론의 관점에서 그리스도의 나라의 회복에 대해 기술되어 있다.[28] 이 작품에서 부처는 로마가톨릭교회에 대항하여 하나님의 나라의 영적인 성격을 강조하고, 재세례파에

---

23) BDS I, 60: "also hat gott gefallen durch yn auch alle ding zu bringen und die ire erste ordnung, in die ire geschaffen seind, stellen."
24) BDS I, 59s.
25) BDS I, 60.
26) BDS I, 58s.
27) Yoon-Bae, Choi, op. cit., p. 156.
28) Von der wahren Seelsorge(1538), in: BDS VII, 90-241. 참고, 최윤배 역, 『참된 목회학』(용인: 킹덤북스, 2014).

대항하여 성령의 수단으로서 말씀을 강조하고, 쾌락주의자들에 대항하여 교회의 치리의 필요성을 강조하고, 성찬논쟁을 통해서 은혜의 수단으로서 성례전을 강조하여 결국 중도(via media)의 균형에 이른다.[29] 그의 『참된 목회학』(1538)에서 "그리스도의 교회가 그리스도의 나라이다."[30] "우리는 그의 나라와 그의 몸이다."[31] "그리스도의 교회는 그리스도의 영과 말씀을 통해서 세상으로부터 그리스도 안으로 모여서, 하나가 된 자들의 모임과 교제이다. 그들은 그리스도의 한 몸이며, 상호간의 지체들이다. 지체들 중 각각은 그리스도의 전체 몸과 모든 지체들을 세우기 위하여 자신의 고유한 직분과 직무를 가진다."[32] 어떤 방법으로 왕이신 그리스도가 통치하시는가? "그리스도만이 교회를 통치하신다." 그는 그의 영을 통해서 그리고 성령의 수단을 통해서 통치하신다.[33] 부처는 한 분의 목자장이신 예수 그리스도 아래에 있는 두 종류의 목자들, 즉 교회의 사역자들과 정부의 통치자들에 대해서 언급한다.[34]

부처는 그의 생애의 말경인 영국의 망명시절에 유명한 『그리스도 왕국론』(De regno Christi, 1550)에서 영국의 종교는 물론 사회, 경제, 정치 등 모든 분야에서 회복되어야 할 그리스도의 나라에 대한 대망으로 가득 찬 청사진을 제시했다.[35] 이 작품은 크게 두 부분으로 구성되어 있다. 앞부분은 교회, 즉 교회의 본질, 조직, 사회에서 교회의 임무에 대해서 그리고 그리스도의 나라의 개념과 그리스도의 나라의 사명과 기능에 대해서 언급하고,[36] 뒷부분은 국가

---

29) Yoon-Bae Choi, op. cit., pp. 156-157.
30) BDS VII, 105: "sind wider Christum, haben weder teil noch gemein am reich Christi, das ist, an der Kirchen Christi."
31) BDS VII, 98.
32) BDS VII, 98s.
33) BDS VII, 103.
34) BDS VII, 190.
35) De regno Christi(= DRC), in: Tomus Anglicanus(= TA), 1-170, 참고 LCC(= *The Library of Christian Classics*) XIX, 153-399; 최윤배 공역, 『멜란히톤과 부처』(서울 : 두란노아카데미, 2011).
36) DRC, 1-97(= TA, 3-56).

와 공동체 안에서 있는 전 사회와 경제와 과학과 도덕적인 삶을 규제하는 14개의 법들에 대해서 기술하고 있다.[37] 성경에서 '나라'는 '하나님의 나라', '그의 사랑하는 아들의 나라', '하늘나라'로 불리는데, 이 용어들 사이에 차이가 없다.[38] 이 작품에서도 그리스도의 나라는 교회와 밀접한 관계 안에 있다.[39] 부처의 경우, 그리스도의 나라에서 중요한 것은 성령을 통한 그리스도의 통치다. 그리스도는 말씀과 성령을 통해서 통치하신다. 그리스도는 교회 안에서 사역자들과 성도들을 통해서 그리고 구원의 수단으로서 말씀과 두 가지 성례전과 치리를 통해서 통치하시고, 국가에서 행정 관료들과 시민들과 국가의 제반 법들을 통해서 통치하신다.[40]

2. 교회와 하나님의 나라

마지막으로 우리는 부처에게 나타난 하나님의 나라와 교회의 관계를 살펴보자. 한 마디로 부처의 경우 교회와 하나님의 나라는 밀접한 관계 안에 있다. 그의 첫 작품 안에서 하나님의 나라는 크게는 세계의 창조, 타락, 세계의 구속의 완성을 포괄하는 구속사적이고도, 우주적인 종말론적 틀 안에서 이해된다. 믿음을 가진 자들이 교회를 중심으로 이웃과 하나님을 향한 사랑의 행위를 통해서 하나님의 나라의 실현, 즉 첫 창조의 회복이 실현된다. 부처의 중간기의 작품에서는 교회론을 중심한 교회와 국가 안에서 하나님의 나라의 실현이 강조점을 얻고 있다. 부처의 후기 작품 안에서는 교회는 물론 사회와 정치 등 전반에 관한 구체적인 프로그램들과 시행법들이 제시되었다.

---

37) DRC, 98-304(= TA, 56-170)
38) DRC, 4(= TA, 3).
39) DRC, 23(= TA, 13): "regno eius, quod est Ecclesia"; DRC, 31(= TA, 18): "Deum in Christi regno plenius revelato hoc est, in Ecclesii novi testamenti."
40) Yoon-Bae Choi, op. cit., p. 164.

부처가 그리스도의 나라를 교회와 동일하게 가끔 표현하는 것은 교회 자체가 그리스도의 나라라는 것이 아니라, 교회가 그리스도의 나라를 종말론적으로 가장 잘 표현하기 때문이며, 무엇보다 그리스도가 지금 여기에 그의 백성 가운데서 다스리시기 때문이다.[41] "그리스도의 나라는 그리스도의 영에 의해서 조절된 사람들의 교제(Communicatio) 또는 정치공동체(Respublica)이며, 그들의 마음 안에서 배태(胚胎)된 신적 사랑이 성장하고, 증가하여 부활의 생명의 완전함에 도달한다. 사랑에 대한 이 같이 놀랄만한 종말론적 개념은 부처의 신학 안에 있는 가장 역동적이고도 특징적인 요소이다."[42] 그리스도의 나라의 전조로서 교회에 대한 표현은 영원한 선택과 그리스도의 몸의 편입을 함께 묶어 준다. 여기서 그리스도의 나라는 영원하고도 초월적인 것으로 간주될 뿐만 아니라, 역사(歷史) 안에서 하나님의 의지의 실현으로 간주된다.[43] "그러나 완전한 재창조(plena regeneratio)는 미래에 '복된 부활'(per beatam resurrectionem)을 통해서만 완성될 것이다."[44]

부처의 경우, 그리스도의 나라는 보다 폭넓게 적용되고 있다. 그리스도의 나라는 하나님의 나라의 복음과 이 복음을 선포하는 교회와 관련될 뿐만 아니라, 지상에서 인간의 삶을 다스리는 외적인 나라(*regnum externum*) 전체와 만물을 포괄하고 있다.[45] 루터가 영적인 나라(*Regnum spirituale*)와 육적인 나라(*Regnum corporale*) 사이를 날카롭게 구별하는 것과는 대조적으로 부처의 신학에서 그리스도의 나라는 세 번째 차원, 즉 기독교 공동체(communio Christiana)를 구성하고 있다. 이 공동체는 말씀과 성령을 통해서 가시적으로 그리고 행동적으로 땅 위에서 실현되며, 교회의 말씀의 선포에 대한 순종으로

41) T. F. Torrance, op. cit., p. 79.
42) T. F. Torrance, op. citt., pp. 81–82.
43) T. F. Torrance, op. cit. p. 82.
44) T. F. Torrance, op. cit., p. 83.
45) T. F. Torrance, op. cit., pp. 83–84.

실현되며, 또한 국가 안에서 매일의 증언을 통해서 실현된다. 여기서 교회와 국가의 관계는 상호적이다.[46] "그러므로 그리스도의 나라는 일차적으로 교회를 통해서 도달할 뿐만 아니라, 하나님의 의지와 그리스도의 마지막 재림과 영광과 능력 안에 있는 하나님의 나라의 시현(示顯)에 순종하는 국가에 의해서도 도달한다."[47] 부처의 첫 작품에 나타나는 하나님의 나라의 구속사적이고도, 우주지평적인 차원은 그의 모든 작품에서 나타난다. "전(全) 창조는 하나님의 나라에 속하며, 하나님의 신적 사랑의 영원한 목적 안에서 새롭게 될 것이다."[48]

개괄적으로 볼 때, 부처의 하나님의 나라의 개념 속에는 기독론과 교회론과 성령론이 중심적인 위치를 차지하면서도, 그리스도인 각자의 신앙과 교회공동체와 사회 및 국가공동체를 통한 사랑의 하나님의 나라의 실현이라는 강한 의지가 엿보인다. 부처의 경우, 교회는 하나님의 나라의 실현을 위한 초석이요, 전초기지로 이해된다. 그리스도의 나라와 교회의 밀접한 관계에 대한 부처의 사상은 그의 생애 말기에 행한 『에베소서 강의』(1562)에 잘 나타난다. "우리가 당신의 몸의 신비를 잘 이해하여 당신과 완전히 일치하고, 연합되고, 결합되도록 주 예수여, 우리와 가까이 계시옵소서! 우리가 당신의 주신 능력으로 당신의 나라를 세우기 위해서 신앙 안에서 당신의 참된 교회를 개혁하고, 당신의 참된 교회 안에서 교제하고, 함께 일하기 위해서, 주 예수여, 우리와 가까이 계시옵소서!"[49]

부처의 하나님의 나라 사상은 교회를 중심하면서도, 사회와 국가공동체는

---

46) T. F. Torrance, op. cit., p. 87.
47) T. F. Torrance, op. cit., p. 87.
48) T. F. Torrance, op. cit., p. 89.
49) Eph.(1562), 94, cf. 최윤배, "마르틴 부처의 교회론-그리스도의 나라로서 교회-." 이형기 교수 기념논문편찬위원회(편), 『하나님의 나라, 역사 그리고 신학』(서울 : 파피루스, 2004), pp. 293-319; 최윤배, "마르틴 부처(Martin Bucer)의 교회일치적 활동에 나타난 교회론," 「장신논단」제20집(2003), pp. 161-181; 이용욱, "16세기 종교개혁 속에 전개된 마틴 부처의 교회일치운동에 관한 연구," (호남신학대학교 대학원 미간행 Th. M. 학위 논문, 2011. 7).

물론 모든 창조세계에까지 폭넓게 확장되어 있다. 여기에 나타난 부처의 하나님의 나라의 개념은 보편주의적 총괄갱신적 개념이나 유토피아적 이상으로부터 도출되지 않고, 이중예정(선택과 유기)과 구속사의 배경 하에 사회·윤리적, 세계지평적 관점과 함께 성령의 은사인 "사랑의 종말론"이 두드러지게 나타난다.50)

50) Yoon-Bae, Choi, op. cit., p. 156.

IV. 깔뱅의 소망의 종말론[51]

1. 종말론의 발전

우리가 앞에서 살펴본 부처의 종말론은 많은 점에서 깔뱅의 종말론과 비슷하여, 본질적인 관점에서 양자 간에 큰 차이가 없다고 말하는 것은 큰 무리가 없을 것이다. 그러나 토렌스가 명명한 대로 '사랑의 종말론'으로 규정된 부처의 종말론에서 하나님의 나라의 미래적 요소에 대한 시각도 강하지만, 지금 그리고 여기 역사 안에서 사랑을 통한 하나님의 나라의 적극적인 실현이 돋보인다면, '소망의 종말론'으로 규정된 깔뱅의 종말론은 하나님의 나라의 실현을 위하여 현실적인 참여가 부처의 종말론에 비해 약한 것은 사실이다. 그러나 깔뱅의 종말론은 후대 깔뱅주의에서 나타난 염세적이고도 비관적인 역사관을 갖는 전천년설적(前千年說的))인 종말론과는 전적으로 다르다. 깔뱅은 항상 종말의식을 갖고 있었다. 깔뱅은 임종이 가까워왔을 때 "주여, 언제까지" (Quousque Domine)라고 기도했다.

깔뱅은 그의 다양한 작품들 안에서 그의 종말론을 피력했다. 그러나 그의 종말론이 집중적으로 다루어진 작품은 『영혼의 잠』(De psychopannychia,

---

51) In-Sub Ahn, *Augustine and Calvin about Church and State: A Comparison*(Kampen : Drukkerij Van Den Berg, 2003); R. H. Bremmer, "Enkele karakteristieke trekken van Calvijns eschatologie," in: *Gereformeerd Theologisch Tijdschrift* 44(1943), 65-96; P. Jacobs, *Theologie reformierter Bekenntnisschriften in Grundzügen* (Neukirchener Verlag 1959, 132-137; W. Koehler, *Dogmengeschichte: Als Geschichte des Christlichen Selbstbewusstseins: Das Zeitalter der Reformation* (Zürich : Max Niehans Verlag A. G., 1951), 474-501; H. Quistorp, *Die letzten Dinge im Zeugnis Calvins*, Gütersloh 1940 (= *Calvin's Doctrine of the Last Things*, London 1955 = 이희숙 역, 『칼빈의 종말론』(서울 : 성광문화사, 1990]; M. Schulze, *Meditatio futurae vitae. Ihr Begriff und ihre herrschende Stellung im System Calvins*, Leipzig 1901; T. F. Torrance, op. cit., 73-163; Hwang Jung Uok, *Der junge Calvin und seine psychopannychia* (Peter Lang Verlag, 1991).

1534, 1536, 1542)[52]과 『기독교강요』(1559)의 제III권 그리스도인의 삶의 세 번째 항목으로서 "미래의 삶에 대한 묵상"이라는 장(章)과[53] "최후의 부활"이라는 장에 잘 나타나고,[54] 『히브리서주석』(1549), 『요한복음서주석』(1553)과 『공관복음서주석』(1555), 특히 소묵시록장에 해당되는 마태복음 24장에 대한 그의 주석에서 잘 나타난다.

우리는 종말론을 중심으로 깔뱅이 논쟁했던 그의 당시의 대표적인 논쟁자들 가운데서 크게 두 진영들, 즉 재세례파 진영과 로마가톨릭교회 진영을 손꼽을 수가 있다. 깔뱅은 『영혼의 잠』에서 소위 중간상태를 영혼의 잠으로 이해하여 영혼수면설을 주장했던 제세례파들을 강력하게 비판했다. 그리고 그는 『사돌레토의 편지에 대한 답장』(Responsio ad Sadoleti Epistolam, 1539)에서 그의 당시 로마가톨릭교회를 대표한 추기경 사돌레토에게 교회론과 관계된 종말론의 문제로 논쟁했다. "우리는 엄청나게 서로 달라 보이는 두 가지 종파들에 의해서 공격을 받았습니다. 교황과 제세례파 사이에 외관상 어떤 유사점이 있습니까? … 성령 없이 말씀 자체를 제시하는 것이 모순되는 것은 말씀 없이 성령을 자랑하는 것이 비합리적인 것과 똑같습니다."[55] 깔뱅에 의하면, 제세례파들은 말씀 없이 성령만을 주장하고, 로마가톨릭교회는 성령 없이 말씀만을 주장한다는 것이다. "말씀과 영의 통일성과 불가분리성이 깔뱅의 특징적 교리들 중에 하나이다. 바로 이 관점에서 깔뱅은 특히 그의 『기독교강요』(1559) 제IV권에서 그리스도의 몸인 역사적 교회와 그리스도의 나라 사이의 관계를 충분하게 관철시켰던 것이다. 말씀과 영을 통해서 지상의 교회는 그리스도의 나라(Regnum Christi)에 지속적으로 참여하게 되며, 그 나라의 기독론적 형태에 일치되게 형성되고, 개혁되어 진다."[56] "제세례파에 대해서, 이

---

52) 참고, W. Zimmerli (Hrg.), *Psychopannychia*, Leipzig 1931. 참고, 1542년에 비로소 출판되었다.
53) John Calvin, 『기독교강요』(1559), III ix.
54) John Calvin, 『기독교강요』(1559), III xxv.
55) OS(= Opera selecta) I, 465.

것은 역사 안에서 교회의 발전과 성장을 의미하며, 말씀과 성령을 통해서 그리스도와의 연합 안에 있는 교회의 성장을 의미하여, 그러므로, 모든 종파적 분열을 교회가 혐오하고 반대하는 것을 의미했다. 그러나 로마가톨릭교회에 반대하여, 이것은 다른 새 교회의 창조가 아니라, 그리스도의 몸인 교회의 머리를 따르는 교회의 개혁을 의미하며, 그러므로, 보편교회의 연속성을 파괴하고 보편교회의 참된 형태를 말살했던 종파분열적인 새로운 발명들을 반대한 '교회의 고대 형태'를 말씀과 성령을 통한 갱신을 의미했다."57)

2. 중간상태

깔뱅은 그의 초기 작품인 『영혼의 잠』에서 영혼수면설을 주장한 재세례파들을 비판했다. 깔뱅에 의하면, 그리스도인은 죽음 바로 뒤에도 그리스도와 계속적인 교제를 하며, 중간상태의 특징은 복된 안식과 즐거운 기다림이다. "그런데, 우리의 영혼의 중간상태에 대해서 지나친 호기심을 가지고 탐구하는 것은 마땅하지도 않고, 유익하지도 않다. … 그러므로 우리는 하나님께서 우리에게 정해 놓으신 한계로 만족하도록 하자. 곧, 싸움의 수고를 마친 경건한 자들의 영혼은 복된 안식에 들어가서, 거기서 즐거운 기다림 속에서 약속된 영광을 누리고, 구속주 그리스도의 재림 시까지 미해결된 모든 일들을 기다린다."58) 깔뱅은 중간상태를 신자의 복락과 안식에 대한 강조와 함께 기다림도 강조했다. "깔뱅은 자주 중간상태에서 기다림이 중요한 위치를 차지하는 상태에 대해서 언급한다. 복락과 마지막에야 얻게 되는 면류관을 받는 것 사이에는 분명한 차이가 있다. 아직도 도래해야만 하는 이 같은 기다림 속에서 말하자면, 모든 것

---

56) T. F. Torrance, op. cit., p. 98.
57) T. F. Torrance, op. cit., p. 98.
58) John Calvin, 『기독교강요』(1559), III xxv 6.

이 그리스도의 나타나심에 대한 기다림으로 요약되고, 포괄된다."59)

깔뱅은 현재의 일상적인 삶 안에서 윤리를 강조하면서도 장차 도래할 "미래의 삶에 대한 묵상"을 더욱 강조했다. "사후(事後)의 영생에 대한 소망이 우리에게 남아있지 않다면, 우리의 처지는 짐승보다 더 나을 것이 없으며, 그것은 인간으로서 하나의 수치이기 때문이다. … 현세 생활은 그 자체만을 본다면, 불안과 동요와 불행이 무수히 많고 순수한 행복은 아무데도 없다. … 우리가 얻을 면류관을 생각할 때 눈을 들어 하늘을 우러러 보아야 한다."60) "특히 현세 생활이 신자들의 구원을 촉진시키는 데 전적으로 이바지하도록 되어 있으므로 현세생활이 하나님의 선하심을 증거하는 것으로 생각해야 한다. … 그러므로 우리는 현세 생활도 하나님께서 아낌없이 주시는 은혜 중에 하나로 생각하며, 결코 배척해서는 안 된다는 생각을 가져야 한다. … 이를테면 우리가 현세에서 하늘나라의 영광을 위하여 준비하고 있다는 것이다. … 우리의 지상의 생활이 인자하신 하나님의 선물임을 확신할 때 우리는 그 은혜를 깨닫는 동시에 그것을 기억하며 감사해야 한다."61) "신자가 죽을 운명의 인생을 생각할 때, 그 자체가 비참한 것임을 아는 동시에, 더욱 큰 열심을 가지고 미래의 영생에 대한 묵상에 전심전력을 해야 한다."62)

3. 몸의 부활

일부 깔뱅연구가에 의하면, 깔뱅은 플라톤 철학의 전통에서 인간을 이분법적으로 이해하고, 하나님의 형상이 자리 잡은 곳을 영혼으로 이해하여 영혼불

---

59) G. C. Berkouwer, *De wederkomst van Christus* I (Kampen : J. H. Kok, 1961), 58.
60) John Calvin, 『기독교강요』(1559), III ix 1.
61) John Calvin, 『기독교강요』(1559), III ix 3.
62) John Calvin, 『기독교강요』(1559) III ix 4.

멸을 주장했다고 깔뱅을 비판한다. 그러나 비록 깔뱅은 "영혼은 불멸한다."든지 "영혼은 하나님의 형상의 좌소(座所)이다."라고 말할지라도, 내용적으로 살펴보면, 깔뱅은 하나님에 의해서 창조된 전인(全人)으로서 인간의 몸의 영적 부활을 주장하기 때문에 플라톤적 인간이해와는 본질적으로 다르다. 깔뱅은 타락한 영혼뿐만 아니라, 타락한 육체 속에 있는 죄 자체를 부정적으로 보았지만, 하나님의 창조물로서 영혼과 육체를 포함하는 전인을 전혀 부정적으로 보지 않았다. 한걸음 더 나아가서, 깔뱅은 물과 성령으로 거듭난 그리스도인은 이미 구원받아 영생을 지녔고, 장차 몸의 부활을 통한 종말론적 실존을 소망하고 있다.

깔뱅은 다시 한 번 "미래의 삶에 대한 묵상"을 우리에게 상기시키면서 "최후의 부활"의 중요성을 깨우친다. "끝으로, 우리의 상하, 전후에는 무서운 유혹이 우리를 둘러싸고 있어서, 우리의 마음을 땅 위의 일들에서 해방시켜 멀리 있는 하늘 생활에 붙들어 매놓지 않는다면, 우리의 마음은 올바로 유지될 수 없을 것이다. 따라서 복된 부활을 끊임없이 명상하는 습성이 생긴 사람만이 복음의 유익을 완전히 받는 것이다."[63] 깔뱅에 의하면, '하나님과의 연합'을 사모하는 것이 부활 소망에 힘을 준다. "이 행복은 하나님과의 행복을 갈망하도록 매일 더욱 더 우리의 마음에 불을 붙인다. 연합이 완전히 실현되어 우리가 만족할 때까지 이것은 계속될 것이다."[64]

깔뱅에 의하면, 성도의 부활은 몸의 부활인데, 그리스도의 부활이 성도의 부활의 첫 열매요, 원형이다. "우리는 부활을 생각할 때마다 그리스도의 형상을 눈앞에 그려야 한다. 그는 우리에게서 취하신 본성으로 죽을 인간의 생애를 마치시고, 지금은 영생을 얻으셔서 우리의 장차 올 부활을 보증하신다. … 그를 우리에게서 분리하는 것은 허락할 수 없는 일이며, 또 그렇게 한다면 반드시

---

63) John Calvin, 『기독교강요』(1559) III xxv 1.
64) John Calvin, 『기독교강요』(1559) III xxv 2.

예수를 찢어 떼어내는 것이 될 것이다. … 그리스도께서 죽으신 것이나 다시 사심으로 죽음을 이기신 것은 자기 자신만을 위한 것이 아니라는 것을 바울은 하나의 기존 원리로 인정했다. … 하나님께서 아들을 죽은 자들 가운데서 일으키신 것은 자신의 권능을 단 한 번만 보이시려는 것이 아니라, 우리 신자들에게도 성령의 동일한 역사를 보여 주시려는 것이라고 가르친다."[65]

결국, 깔뱅은 성도의 부활을 기독론적 차원과 성령론적 차원과 교회론적 차원과 구원론적 차원을 포함하는 종말론적 관점에서 파악하고 있다. "그리스도께서 우리를 내세의 동참자로 삼으시기 위해서 부활하셨다. 아버지께서 그를 다시 일으키신 것은 그가 교회의 머리시요, 교회와 그가 분리되는 것을 결코 허락하시지 않기 때문이다. 그리스도와 우리를 함께 살리시는 성령의 힘으로 그리스도께서 부활하셨다."[66] 몸의 부활의 근거는 하나님의 전능성이다. "경이감에 사로잡혀 하나님의 권능에 그 마땅한 영광을 돌리는 사람이 아니면, 장차 올 부활을 참으로 믿을 수 없다는 것을 우리는 기억해야 한다."[67]

깔뱅은 영혼과 육체를 포함하는 전인으로서 몸의 부활을 강력하게 주장한다. "그러므로 바울은 다른 곳에서 하나님께서 영혼과 아울러 그들의 몸을 '그리스도 강림시'까지 완전하게 지켜주시기를 기원한다.(살전5:23) 당연한 일이다! 하나님께서 자신의 성전으로 성별하신 몸이(고전3:16) 부활의 소망이 없이 썩어져버린다는 것은 완전히 불합리한 일이다."[68] 깔뱅에 의하면, 그리스도처럼 우리의 몸도 처음과 다른 변화된 몸으로 부활한다. "그리스도께서는 제물로 바치신 그 몸으로 부활하셨는데, 다만 전혀 다른 몸으로 부활하신 것처럼 다른 특성에 있어서 탁월하였다. … 우리는 우리의 몸의 본체는 보유하겠지만, 변화가 생겨서(고전15:51-52), 나중 상태는 훨씬 더 훌륭하리라고 한다.

---

65) John Calvin, 『기독교강요』(1559) Ⅲ xxv 3.
66) John Calvin, 『기독교강요』(1559) Ⅲ xxv 3.
67) John Calvin, 『기독교강요』(1559) Ⅲ xxv 4.
68) John Calvin, 『기독교강요』(1559) Ⅲ xxv 7.

그러므로 우리가 부활하기 위해서 우리의 썩을 몸이 없어지는 것이 아니라, 썩는 성질을 버리고 썩지 않는 성질을 가지게 된다고 한다(고전15:5-54)."[69]

깔뱅은 영생을 위한 신자의 부활과 영벌을 위한 불신자의 부활이라는 이중(二重)부활을 주장한다. "선택받은 자들과 유기(遺棄)된 자들이 심판 후에 기다려야할 운명에 관하여 깔뱅은 성경의 교훈을 넘어서지 않고자 매우 조심하였다."[70] "우리는, 하나님의 나라에는 광채와 기쁨과 행복과 영광이 가득하리라는 말을 들으며, 또 그것은 옳은 말이지만, 그런 말을 하는 동안은 그것은 아직도 우리의 지각에서 아주 멀고, 또 희미한 것으로 둘러 싸여 있다."[71] "악인들에 대해서 하나님께서 내리시는 형벌의 중대성은 적당하게 형언할 수 없기 때문에 그들의 고통에 대해서는 물리적인 비유들, 즉 어둠, 울음, 이를 갊(마8:12; 마22:13), 꺼지지 않는 불(마3:12; 막9:43; 사66:24), 심장을 갉아 먹는 죽지 않는 벌레(사66:24) 등으로 표현된다. … 하나님께서는 한 번 보시는 것으로 모든 죽을 인생들을 흩으시며 멸망시키시지만, 자신을 경배하는 자들에 대해서는 격려하시고, 그들이 이 세상에서 겁이 많기 때문에 십자가를 진 그들에게 더욱 용기를 주셔서 계속 전진하게 하신다."[72]

4. 교회와 하나님의 나라

지금까지 우리는 깔뱅의 종말론을 주로 '개인종말'의 차원에서 기술했다. 이제 우리는 깔뱅의 종말론을 '일반종말' 또는 '우주적 종말' 차원에서 간략하게 기술해보자. 깔뱅의 경우, 왕으로서 그리스도는 말씀과 성령과 성령께서 사

---

69) John Calvin, 『기독교강요』(1559) III xxv 8.
70) François Wendel, *Calvin: sources et évolution de sa peée religieuse*, Paris 1950, 219.
71) John Calvin, 『기독교강요』(1559) III xxv 10.
72) John Calvin, 『기독교강요』(1559) III xxv 11.

656 • 깔뱅신학 입문

용하시는 수단들을 통해서 다스리신다. 깔뱅은 두 가지 통치에 대해서 말한다. 하나는 마음 안에 그 자리를 가지고 있고, 다른 하나는 외적 도덕을 규제한다. 깔뱅은 왕이신 그리스도 밑에 있는 두 종류의 사역자들에 대해서 말한다. 깔뱅의 경우 정부는 그리스도의 나라를 건설하기 위한 공간을 창조한다. 땅 아래에 있는 모든 권위는 신적인 섭리와 거룩한 질서에 근거하여 왕들과 군주들에게 있다. 시민 정부의 직책은 성령의 일반은사에 속한다.73) 깔뱅은 구원론을 중심한 '몸의 부활'이라는 개인종말과 함께 교회론을 중심한 하나님의 나라의 회복과 세계적 차원에서 하나님의 나라의 완성이라는 우주적 종말론에 대한 시각을 강하게 보여준다. 이 같은 깔뱅의 종말론을 베르까우어는 다음과 같이 평가했다. "깔뱅은 예수 그리스도의 날 속에서 개인종말과 우주종말 사이에 존재하는 연속성을 강력하게 보여 주었다."74)

우리가 앞에서 살펴보았다시피, 깔뱅의 개인종말론에는 '하나님과의 연합' 또는 '그리스도와의 연합'(union with Christ)이라는 기독론적, 성령론적 중심적 사상이 지배적으로 나타났다.75) 여기서 한 걸음 더 나아가서 깔뱅은 교회를 하나님의 나라와 결부시킨다. "인간으로 존재하시는 그리스도 자신이 중재(medium)하신다. 그리고 그리스도께서 그 나라를 아버지의 손에 넘기시기까지는 계속해서 중재자로 존재하시고자 하신다. 여기에서 깔뱅은 모두를 포괄하는 하나님의 나라에로 인도하는 그리스도의 나라를 말하고 있다. 그리고 그 나라를 그리스도의 나라가 선취(先取)하고 있다고 본다. 본질적으로 고찰된 그리스도의 나라는 죽으시고 다시 사신 그리스도 자신의 인격 속에 있는 그리스도이시만, 그것의 대응으로 이해된 그리스도의 나라는 그리스도의 몸인 교회이다. 깔뱅이 그리스도의 죽음과 부활을 중재이신 그리스도 자신과 함께

---

73) Yoon.-Bae Choi, op. cit., 213.
74) G. C. Berkouwer, *De wederkomst van Christus* I (Kampen : J. H. Kok, 1961), 57.
75) T. F. Torrance, op. cit., pp. 100–104.

'구원의 시작과 완성'으로 생각하고 있듯이 교회가 중재자이신 성령을 통해서 참여하게 되는 그리스도의 나라와 함께 시작으로서 그리스도와 완성으로서 성취를 통하여 교회의 기초를 형성하게 되는 것으로 생각하고 있다.”[76]

깔뱅에 의하면, “우리가 그리스도의 나라에 대해서 말할 때, 우리는 두 가지 사실을 고려해야만 한다. 첫째, 복음의 교리를 통해서 그리스도는 교회를 자기 자신에게로 모으시며, 함께 모인 그 교회를 통치하신다. 둘째, 복음에 대한 신실한 신앙에 의해서 함께 연합된 경건한 자들의 공동체(societas piorum)는 참으로 그리스도의 백성(populus Christi)으로 간주된다.”[77] “깔뱅은 그리스도의 초림과 재림 사이에 있는 교회의 이 종말론적인 관계의 맥락 안에서 말씀과 성례전의 사역을 이해하고 있다. 말씀과 성례전이 한편으로는 그리스도의 성육신과 죽음과 부활을 통해서, 다른 한편으로는 파루시아(parousia)와 몸의 부활에 의해서 조건지워지는 것처럼 말씀과 성례전도 본질적으로 시간과 역사에 속한다.”[78]

깔뱅에 의하면, 최상의 의미에서 교회의 질서는 승천하신 주님이 “그의 말씀과 성령”을 통해서 다스리시는데 있다. 그래서 교회는 하늘의 왕좌에서 말씀하시는 그리스도와 연합하게 된다.[79] “요약하면, 교회는 그리스도의 나라이며 그리스도께서는 그의 말씀만으로 지배하시므로, 그리스도의 홀, 즉 그의 지극히 거룩한 말씀과는 별개로 그리스도의 나라가 존재하듯이 상상하는 것은 거짓말이라는 것을(렘7:4) 어느 누가 분명히 깨닫지 못할 것인가?”[80] 깔뱅은 당시 로마가톨릭교회에 대해서 다음과 같이 비판한다. “온 세계가 한 군주의 지배 하에 포섭되는 것이 유익하다는 전연 어리석은 로마가톨릭교회의 생

---

76) T. F. Torrance, op. cit., pp. 113–114.
77) T. F. Torrance, op. cit., p. 115.
78) T. F. Torrance, op. cit., pp. 125–126.
79) T. F. Torrance, op. cit., p. 133.
80) John Calvin, 『기독교강요』(1559), Ⅳ ⅱ 4.

각을 옳다고 가정하더라도, 교회 조직에서도 같은 일이 있어야 한다는 것을 나는 인정하지 않겠다. 교회에서는 그리스도께서 유일한 머리이시며, 우리는 모두 그의 지배 하에서 그가 제정하신 질서와 조직에 따라 서로 연합된다.”[81] 깔뱅의 교회의 질서 속에는 ‘교리’(doctrina)와 ‘치리’(disciplina)가 포함된다.[82]

깔뱅은 인간의 구원과 교회의 완성에서 한 걸음 더 나아가서 세계 또는 전체로서 우주의 완성, 즉 창조된 전체 질서의 완성을 가르치고 있다. “신자들이 죽음을 향해 열심히 가고 있는 것은 옷을 벗고 싶어서가 아니라 더 완전한 옷을 입기를 갈망하기 때문이라고(고후5:2-3) 바울은 적절하게 가르친다. 짐승들과 나무나 돌 같은 무생물까지도 자기의 현존 상태의 허무함을 느끼고 부활이 있을 마지막 날을 동경하며, 그 때에 하나님의 자녀들과 함께 허무성에서 해방되기를 갈망한다.(롬8:19이하) … 그리스도의 학교에 들어가 있으면서도 자기의 죽는 날과 종말의 부활을 기쁘게 기다리지 않는다면, 그는 진보가 없는 사람으로 확정될 것이라는 사실을 생각하도록 하자.”[83] “그리고 신자들이 이 경주에서 용기를 잃지 않도록, 바울은 모든 피조물이 그들의 동반자라고 한다. 그는 도처에서 형태도 없는 폐허를 봄으로써, 하늘과 땅에 있는 모든 것이 새롭게 되기를 고대한다고 말한다.(롬8:19) 아담의 타락이 자연의 완전한 질서를 혼란에 빠뜨린 후에 사람의 죄로 인해서 피조물들이 받게 된 속박은 그들에게 중대한 슬픔이 되었다. 그들에게 지각이 있는 것이 아니지만, 그들은 자연히 타락 전의 완전한 상태를 동경한다.”[84]

깔뱅은 전 세계가 그리스도의 나라에 속하며, 그리스도의 복음의 선교를 통해서 교회가 전 세계에 확산될 것을 강조하면서도,[85] 이중예정과 이중부활에

---

81) John Calvin, 『기독교강요』(1559), IV vi 9.
82) T. F. Torrance, op. cit., p. 154.
83) John Calvin, 『기독교강요』(1559), III ix 5.
84) John Calvin, 『기독교강요』(1559), III xxv 2.

제2부 깔뱅신학 • **659**

대한 주장으로 타락 전에 존재했던 모든 것의 완전한 회복으로서 총괄갱신론을 거부하게 된다.[86] "경건한 자들이 두려움으로 그리스도의 재림을 맞이하지 않도록 하기 위해, 악인들의 일반적인 슬픔과 비통함을 경건한 자들의 기쁨과 대조시키는 것과 경건한 자들과 유기된 자들을 구별하는 것이 필요했다. … 이사야서 35장 4절의 말씀처럼, 올바르게 말한다면, 여호와의 날이라는 이 동일한 날이 악인들에게는 진노와 보복을 가져다주고, 신자들에게는 선의(善意)와 구속을 가져다준다. … 그러므로 우리는 천사의 나팔 소리에 깨어 귀를 기울이도록 하자. 이 나팔 소리는 유기된 자들에게는 파멸의 공포를 울리는 신호가 될 뿐만 아니라, 선택된 자들에게는 두 번째 삶으로 부른다."[87]

85) T. F. Torrance, op. cit., p. 159.
86) H. Quistorp (이희숙 역), 『칼빈의 종말론』(서울 : 성광문화사, 1990), pp. 267-268, 참고 H. Quistrop (홍원표 역), 『칼뱅의 종말론: 마지막 이들에 대한 교리』(서울: 한국신학연구소, 2020).
87) J. Calvin (trans. by T. H. L. Parker), Calvin's Commentaries: A Harmony of the Gospels, Matthew, Mark and Luke III, pp. 95-96.

V. 결론

세 종교개혁자들(츠빙글리, 부처, 깔뱅)은 모두 종말론을 중심으로 크게 두 종류의 논쟁자들을 만났다. 그 중에 하나는 중세 로마가톨릭교회이고, 다른 하나는 재세례파들이었다. 세 종교개혁자들은 로마가톨릭교회의 연옥설과 재세례파들의 영혼수면설을 거부했다. 일반적으로 로마가톨릭교회는 지상의 보이는 교회 자체를 하나님의 나라와 동일시하는 경향을 보이고, 재세례파들은 지상의 질서들과 수단들을 무시하는 경향을 보였지만, 세 종교개혁자들은 교회와 국가가 종말론적 실존 안에 있는 것으로 이해했지만, 하나님의 나라와 완전히 일치시키지는 않았다. 여기서 중요한 것은 자신의 말씀과 영을 통해서 통치하시는 왕으로서 그리스도 통치(Christocracy)이다.

개인종말을 중심으로 세 종교개혁자들은 영혼과 육체의 포함된 전인으로서 몸의 부활을 그리스도와의 교제에 강조점을 두어 주로 기독론적으로 전개했다. 세 종교개혁자들은 그리스도의 재림을 통한 모든 사람의 부활을 우주적인 종말과 밀접하게 결부시키면서도, 오리게네스가 주장한 총괄갱신론(만유회복설; ἀποκατάστασις πάντων)을 부정하고, 우주의 이중적인 결말(영생과 영벌)을 주장했다.

VI. 참고문헌

최윤배. "바람직한 기독교 가정 - 개혁교회의 전통에서 본 하나님의 나라와 가정." 대한 예수교장로회총회교육부(편). 『생명의 성령님이 역사하시는 하나님의 나라와 가정』. 서울 : 한국장로교출판사, 2002.

Ahn, In-Sub. *Augustine and Calvin about Church and State: A Comparison.* Kampen : Drukkerij Van Den Berg, 2003.

Andresen, C.(Hrg.) *Handbuch der Dogmen- und Theologiegeschichte* Bd. 2. Göttingen : Vandenhoeck & Ruprecht, 1989.

Berkouwer, G. C. *De wederkomst van Christus* I. Kampen : J.H. Kok, 1961.

Bremmer, R.H. "Enkele karakteristieke trekken van Calvijns eschatologie." in: *Gereformeerd Theologisch Tijdschrift* 44(1943)

Büsser, F. *Wurzeln der Reformation in Zürich.* Leiden : E.J. Brill, 1985.

Calvin. J.(trans. by T. H. L. Parker). *Calvin's Commentaries: A Harmony of the Gospels, Matthew, Mark and Luke* III.

Choi, Yoon-Bae, *De verhoudign tussen pneumatologie en christologie bij Martin Bucer en Johannes Calvijn.* Leiden : Uitgeverij J.J. Groen en Zoon, 1966.

Foxgrover, D.(Edit.) *Calvin and the Church.* Michigan 2002.

González, J. L. *A History of Christian Thought*, Vol. III. Nashville : Abingdon Press, 1983.

Hwang, Dae-Hwang. *Het mystieke Lichaam van Chridtus: de Ecclesiologie van Martin Bucer en Johannes Calvijn* (Proefschrift, TU van Apeldoorn in Nederland, 2002).

Jacobs, P. *Theologie reformierter Bekenntnisschriften in Grundzügen.* Neukirchener Verlag 1959.

Koehler, W. *Dogmengeschichte: Als Geschichte des Christlichen Selbstbewusstseins: Das Zeitalter der Reformation.* Zürich : Max Niehans Verlag A.G., 1951.

Locher, G. W. *Zwingli's Thought: New Perspectives.* Leiden : E.J. Brill, 1981.

Meyer, Walter E. *Huldrych Zwinglis Eschatologie: Reformatorische Wende, Theologie und Geschitsbild des Zürcher Reformators im Lichte seines eschatologischen Ansatzes*, Zürich 1987.

van der Pol, F. (red.) *Bucer en de kerk.* Kampen : Uitgeverij de Groot Goudriaan, 1991.

Quistorp, H. *Die letzten Dinge im Zeugnis Calvins*, Gütersloh 1940(= *Calvin's Doctrine of the Last Things*, London 1955 = 이희숙 역. 『깔뱅의 종말론』 서울 : 성광문화사, 1990.

Schulze, M. *Meditatio futurae vitae. Ihr Begriff und ihre herrschende Stellung im System Calvins*, Leipzig 1901.

Stephens, W. P. *Zwingli: An Introduction to His Thought.* Oxford : Clarendon Press, 1992.

van 't Spijker, W. etc. *Zwingli in vierderlei perspectief* (Utrecht : B.V. Uitgeverij, 1984)

van 't Spijker, W. *De kerk.* Kampen : Uitgeverij de Groot Goudriaan, 1990.

Torrance, T. F. *Kingdom and Church: A Study in the Theology of the Reformation.* Edinburgh : Oliver and Body, 1956.

Wendel, François.

Calvin: sources et évolution de sa peée religieuse, Paris 1950

Zimmerli, W. (Hrg.) *Psychopannychia*, Leipzig 1931.

BDS I, VII.

DRC(1550).

Eph.(1562).

LCC XIX, 153-399, XXIV, 273-274.

ZW[= *Huldreich Zwinglis Sämtliche Werke*(Berlin, Leipzig, Zürich, 1905-)].

제12장 깔뱅의 문화론

I. 서론

우리 사회의 주된 담론의 주제가 1960년대와 1970년대에는 '경제', 1980 년대에는 '정치', 1990년대 이후에는 문화라고 말해도 과언은 아닐 것이다.[1] 깔뱅과 문화의 관계를 논의하려면 먼저 문화에 대한 정의가 필요하다. 일반상 식에 근거하여 간단하게 말하면, 문화(文化)는 인간이 자신의 목적에 따라 자 연을 변형시킨 것이다. 강(江)이 자연에 속한다면, 운하(運河)는 문화에 속하 며, 돌이 자연에 속한다면, 화살촉은 문화에 속한다. 국어사전은 '문화'(文化) 를 "자연을 이용하여 인류의 이상을 실현시켜 나아가는 정신활동"이라고 간 단하게 정의하고 있다.[2] 문화는 가치중립적인 성격을 갖지만, 문명(文明)은 가치판단적인 의미를 내포한다고 정의하여 양자를 구별하기도 하지만, 양자 가 종종 구별 없이 사용되기도 한다.

영어로 '문화'에 해당되는 단어 '컬쳐'(culture)는 라틴어 '콜로'(colo)에서 파생되었으며, '콜로'의 동사형은 '콜레레'(colere)로서 '경작하다, 배양하 다.'(cultivate, till)로 번역되고, 여기서 파생된 두 개의 명사, 즉 '쿨투 라'(cultura)는 교육의 의미와 함께 '정신적 문화'라는 의미를 내포하고, '쿨 투스'(cultus)는 '신(神)에게 드리는 경배행위'라는 의미를 내포한다. 라틴어

1) 노영상, "문화란 무엇인가?," 대한예수교장로회총회교육자원부(편), 『하나님의 나라와 문화』(서울 : 한국 장로교출판사, 2004), 24.
2) 이숭녕(감수), 『표준국어대사전』(서울 : 민중서관, 1981), 431.

에서 '문화'는 경작과 양육, 마음의 배양과 교육, 그리고 신에 대한 예배행위라는 뜻을 지니고 있다.[3]

그러나 영어에서 '문화'는 심지어 수백 가지로 다르게 정의될 수도 있는데, 수백 가지의 정의들 중에서 문화에 대한 9가지 핵심적 개념들은 철학적(= 경작과 양육), 예술적(= 예술), 교육적(= 교육), 심리학적(= 학습된 행동양식의 총합), 역사적(= 사회적 유산과 전통), 인류학적(= 인간경험의 포괄적 총체), 사회적(= 공유된 가치, 상징, 신념, 행동의 특질), 생태적(= 인간과 자연의 유기적 관계), 생물학적[= 모든 종(種)들의 문화양식] 정의들이다.[4]

우리는 문화를 큰 나무 한 그루에 비유할 수 있을 것이다. 신화(神話), 종교, 윤리, 철학, 우주론, 미학 등은 나무의 뿌리에 해당되고, 경제, 군사체계, 과학기술, 정치 이데올로기, 사회 구조, 환경정책, 소비자 형태 등은 나무의 줄기와 가지에 해당되고, 교육 체계, 문학, 예술, 종교적 신념 등은 나무의 잎과 꽃과 열매에 해당된다고 할 수 있을 것이다.[5] 문화인류학자 타일러(E. B. Tylor)는 문화를 "사회의 구성원으로서 인간에 의해서 획득된 지식, 신앙, 예술, 도덕, 법률, 관습 및 다른 모든 능력들이나 습관들을 포함하는 복합총체(complex whole)"라고 정의했다.[6]

폴 틸리히(Paul Tillich)는 "종교는 문화의 실체이며 문화는 종교의 형식이다." 라고 정의했는데,[7] 황민효는 틸리히의 경우, 종교와 문화에 대한 협의(狹義)의 정의뿐만 아니라, 광의(廣義)의 정의도 있다고 주장했다.[8] 현대 개혁신학자 존 리스(John H. Leith)는 "문화와 개혁전통"(Culture and the

---

3) P. G. W. Glare(ed.), *Oxford Latin Dictionary*(Oxford: Oxford University Press, 1985), 466-467.
4) A. Kroeber and Clyde Kluchhohn, *Culture : A Critical Review of Concepts and Difinitions*(New York: Vintage Books, 1963).
5) 노영상, "문화란 무엇인가?," 대한예수교장로회총회교육자원부(편), 『하나님의 나라와 문화』, 28.
6) Edward B. Tylor, *Primitive Culture*(London: John Murray, 1871), 1.
7) P. Tillich, *Theology of Culture*(New York: Oxford University Press, 1959), 김경수 역, 『文化의 神學』(서울: 대한기독교서회, 1987), 52.
8) 황민효, 『폴 틸리히의 신학 I』(서울: 한국장로교출판사, 2008), 31쪽의 각주 4와 5번 참조.

Reformed Tradition)이라는 제목으로 문화를 '시각예술'(visual art), '문학'(literature), '건축'(architecture), '음악'(music), '정치 질서'(political order), '경제 질서'(economic order), '학문'(learning)으로 구분하여 기술하였고,[9] 네덜란드의 네오칼비니스트(Neo-Calvinist)인 아브라함 까이뻐(A. Kuyper)는 『칼빈주의에 관한 강연』(Lectures on Calvinism)에서 '삶의 체계'(a Life-system), '종교'(religion), '정치'(politics), '학문' 또는 '과학'(science), '예술'(art)의 관점에서 칼빈주의를 기술하고, 그 미래를 진단했다.[10]

'문화'에 대한 정의의 어려움과 그 의미의 다양성을 전제한 이수영은 깔뱅의 문화이해와 기독교 문화이해에서 문화를 "인류(혹은 어떤 특정한 사회나 공동체)가 그 이성, 감성, 의지 등의 능력을 통해 이룩한 윤리적, 종교적, 사회적, 기술적, 학문적 진전과 그 결과 및 특성을 총체적으로 일컫는 말"로 간단하면서도 핵심적으로 정의하고 있다.[11]

위와 같이 문화에 대한 다양한 정의들을 염두에 두면서, 우리는 문화를 인간이 하나님께서 부여하신 일반은총(common grace) 또는 자연은총(natural grace)을 통해서 이룩한 정신과 물질을 포함한 통합적(holistic)이며, 복합총체(complex whole)의 활동과 업적으로 간주하면서 본고를 전개하고자 한다.

9) John H. Leith, An Introduction to the Reformed Tradition: A Way of Being the Christian Community(Atlanta: John Knox Press, 1978), 191-211.
10) Abraham Kuyper, Lectures on Calvinism(Grands Rapids: Wm. B. Eerdmans Publishing Company, 1931/1983), 9-199.
11) 이수영, 『개혁신학과 경건』(서울: 장로회신학대학교출판부, 2006), 754, 759. 참고, 이근삼, 『칼빈과 칼빈주의』 (서울 : 생명의 양식, 2007), pp. 219-260.

II. 깔뱅의 문화 이해

깔뱅의 "문화" 이해를 네 가지 관점, 즉 구속사적 관점, 성령론적 관점, 신학적 인간론의 관점, 종말론적 관점에서 살펴보자.

1. 구속사적 관점에서 본 문화

깔뱅은 창조→ 타락→ 구속이라는 구속사적 입장에서 문화를 이해하고 있다. 본훼퍼(D. Bonhoeffer)는 『創造·墮落·誘惑)』(Schöpfung und Fall/ Versuchung)이라는 책 속에서 창세기 첫 부분에 나타난 일련의 사건들을 종말론적 관점과 기독론적 관점에서 해석할 것을 제안하고, 주석하였다.[12]

깔뱅에 의하면, 하나님은 모든 피조물을 무로부터 선하게 창조(creatio ex nihilo)하신 창조주 하나님이신 동시에 만물을 자신의 뜻대로 다스리시는 섭리주 하나님이시다. "이 창조의 역사(歷史)에서 우리는 하나님께서 말씀과 성령의 권능으로 하늘과 땅을 무로부터 창조하셨다는 것, 이 권능으로 모든 종류의 생물과 무생물을 산출하셨다는 것, 놀라운 계열에 따라 각종의 무수한 사물들을 구별하셨다는 것, 각기 종류에 따라 거기에 적합한 성질을 주시고, 임무를 정하시며, 처소와 위치를 지정해 주셨다는 것 … 개개의 종류가 마지막 날까지 보존되도록 그 길을 마련해 주셨다는 사실 등을 배우게 된다."[13]

깔뱅은 우리가 하나님은 창조주라는 신앙고백에서 하나님은 섭리주(攝理

---

12) Dietrich Bonhoeffer, *Schöpfung und Fall/Versuchung*, 문희석 역, 『創造·墮落·誘惑)』(서울: 대한기독교서회, 1984).
13) John Calvin, 『기독교 강요』(1559), I xiv 20.

主)라는 신앙고백에까지 한 걸음 더 나아가야 한다고 주장한다.14) "신앙은 이보다 훨씬 더 안으로 들어서지 않으면 안 된다. 즉, 하나님께서 만물의 창조주(Creator)시라는 것을 발견한 즉시 그가 만물의 통치자(Governor)요, 보존자(Preserver)라는 결론을 내리지 않으면 안 된다. 하나님은 우주적 움직임을 통해서 천체와 그 각 부분을 운행하실 뿐만 아니라, 참새 한 마리조차도 그가 만드신 만물을 유지하시고, 양육하시고, 보호하신다."15)

인간은 사단에게 속아 창조주 하나님을 배반하여, 자신만이 타락한 것이 아니라, 이 세상도 인간과 함께 타락하게 되었다고 깔뱅은 말한다. "창세기 3장에서 모세는 인간이 사단에게 속아 그의 창조주를 배반했을 뿐만 아니라, 완전히 변했으며, 처음에 부여받은 하나님의 형상을 마침내 잃어버릴 정도로 타락했다는 사실을 설명한다. 또한 모세는 인간을 위해 창조된 세상 전체도 최초의 원형으로부터 인간과 함께 타락하였고, 이를 통해 타고난 본래의 탁월성의 많은 부분이 파괴되었다고 선포한다."16)

그러나 비록 하나님께서 죄지은 인간에게 형벌을 내리셨지만, 하나님은 여전히 인간에게 자비를 베푸셔서, 땅에서 수고와 노동을 통한 문화적 삶을 허락하셨을 뿐만 아니라, 예수 그리스도의 속죄 희생을 통한 구원의 길도 열어 주셨다는 사실을 깔뱅은 창세기 4장 23절의 주석을 통해서 밝힌다. "'여호와 하나님이 에덴동산에서 그 사람을 내어 보내어'라는 말씀에서 모세는 한편으로 인간에게 내려진 형벌에 관해 말했던 내용을 고발하고, 다른 편으로 인간에게 가해질 하나님의 강력한 심판을 완화시키신 하나님의 자비를 찬양한다. 하나님께서 땅에서 거주할 집을 아담에게 제공하시고, 땅의 문화로(culture of the ground)부터(비록 그것이 노동을 통한 문화일지라도, the laborious culture)

---

14) 참고, 박해경, 『칼빈의 신론(神論)』(서울: 이컴비즈넷, 2005), 292.

15) John Calvin, 『기독교 강요』(1559), I xvi 1.

16) John Calvin, *Commentaries on the First Book of Moses Called Genesis*(Grand Rapids: WM. B. Eerdmas Publishing Company, 1948), 139, 창3:1절 주석. 앞으로 *Comm. Genesis*로 표시할 것이다.

부터 오는 삶의 방식을 그에게 지정하심으로써, 자비스럽게 에덴동산으로부터 아담의 추방을 완화시키신다. 그 결과 아담은 주님께서 파트너적 사랑의 증거로서의 그에 대한 어떤 돌봄을 가지고 계신다고 추론한다. 그러나 모세는 인간이 추방되었으며 그룹들은 인간이 동산에 다시 들어오지 못하도록 두루 도는 화염검을 들고 지켰다는 것을 언급하면서 징벌을 나타내고 있다. … 하나님께서는 아담에게 생명을 허락하시고 먹을 것을 마련해 주셨지만, 이제 그들의 눈앞에 하나님의 진노를 나타내는 어떤 표식을 항상 제시함으로써 은총을 제한하시는 것이다. 이것은 인간이 수많은 불행들과 일시적인 추방과 죽음 자체를 통해서만이 타락했던 생명을 얻을 수 있다는 것을 자주 상기시켜주기 위함이었다. 우리는 앞에서도 말했지만 아담이 용서받을 가망조차 없이 기가 꺾인 것은 아니었다는 사실을 명심해야할 것이다. 그가 주인으로 행세했던 왕궁에서 쫓겨나기는 했지만, 다른 곳에 옮겨가서 살 수 있었다. 그리고 이전의 풍부하고 맛있는 음식은 아니더라도 몇 가지 양식은 여전히 공급받았다. 또한 생명나무와는 완전히 단절되었으나 새로운 치료책(a new remedy)이 희생 제물들(sacrifices) 속에서 그에게 제공되었다."[17]

깔뱅은 희생 제물들 속에서 나타난 아담의 구제책이 바로 예수 그리스도의 속죄의 죽음이라고 말한다. "이제 희생 제물들 안에 있는 속죄가 남아 있는데, 이 희생 제물들은 그가 잃어버렸던 생명을 회복시켜줄 것이다. 이전에는 하나님과의 직접적인 교통이 아담에게 생명의 원천이었지만, 그가 하나님과 결별하게 된 바로 그 순간부터는 그리스도의 죽음을 통하여 생명을 찾아야 했다. 그 후에 인간은 실제로 그리스도의 생명에 의해 살아가게 되었다."[18] 비록 인간이 타락하지 않았을지라도 예수 그리스도께서 성육신하셨을 것이라는 주장을 반박한 깔뱅은 인간의 범죄로 인하여 예수 그리스도께서 인간을 구원하시

---

17) John Calvin, *Comm. Genesis*, 184-185, 창3:23절 주석.
18) John Calvin, *Comm. Genesis*, 182, 창3:22절 주석.

기 위하여 성육신하셨다고 주장했다. "변덕스럽고 신기한 것을 좋아하는 마음은 막연한 공론에 미혹당할 것이다. … 인류에게 속죄가 필요 없을지라도 그리스도가 사람이 되셨으리라 공상한다. 처음부터 약속하신 그리스도의 목적은 잘 알려져 있었다. 즉, 타락한 세계를 회복시키고, 파멸에 빠진 인간을 구원하는 것이었다. 하나님의 아들이 성육신하기를 택하고, 성부로부터 이 명령을 받고, 우리를 위하여 성부를 만족케 하는 제물이 되는 것 이외에는 아무 목적도 가지지 않았다."[19] "하나님의 아들은 우리를 구원하기 위하여 인간이 되셨으며, 우리는 그 분 때문에 비참한 멸망으로부터 벗어났다."[20]

이상에서 살펴본 바와 같이 우리는 깔뱅의 문화를 올바르게 이해하기 위하여, 하나님의 창조, 인간의 타락, 그리고 하나님의 구속이라는 구속사적 틀 속에서 문화를 바라보아야 할 것이다.

2. 성령론적 관점에서 본 문화

깔뱅은 문화를 성령론적 관점에서 이해하고 있다. 깔뱅은 유일한 중보자시며, 성육신 하신 구속주 예수 그리스도 없이는 인간의 구원이 불가능하다는 것을 확실히 하고 있다. 그럼에도 불구하고, 타락한 인간에 의하여 이루어진 지상의 일과 인간 사회의 형태에 대해 오성의 능력의 노력은 아무 결과도 없을 정도로 항상 무가치한 것이 아니다.

그러나 인간의 "오성은 하늘의 일들을 탐구하는 데는 관심이 없다"[21]. 여기서 말하는 '지상의 일'이란 정치와 경제와 모든 기계공작기술과 문예 등에 속하는 지식을 포함한다. 반면, '하늘의 일'이란 하나님과 하나님의 뜻과 우리의

---

19) John Calvin, 『기독교 강요』(1559), II xii 4.
20) John Calvin, *Comm. Genesis*, 146. 창3:1절 주석.
21) John Calvin, 『기독교 강요』(1559), II ii 13.

생활을 하나님의 뜻에 합하게 하는 원칙에 속하는 지식이다.22) 그러므로 "학술과 기예에 관한 지성도 신자들과 불신자들 모두에게 똑같이 부여되므로 선천적인 능력으로 인정하는 것이 옳다."23)고 깔뱅은 주장한다. 동시에 그는 "비기독교 저술가들의 학술 저서에도 진리의 훌륭한 광명이 비친다."고 말한다.24)

깔뱅은 인간이 학술과 예능에서 발휘하는 능력들을 성령께서 주셨으며, 이것들을 하나님의 은사(선물)로 이해한다.

"하나님의 영을 진리의 유일한 원천이라고 인정한다면, 진리가 그 어디에서 나타나던지 우리는 그것을 결코 거부하거나 멸시하지 않을 것이다. 그렇지 않으면 하나님의 영을 모독하게 될 것이다."25) "인류의 공동 이익을 위하여 하나님께서 원하시는 개인들에게 주시는 가장 훌륭한 은혜들을 우리는 잊지 말아야 한다. 성막을 만들기 위해서 브살렐과 오홀리압의 총명과 지식이 필요했는데, 이것은 하나님의 영께서 그들에게 넣어주신 것이었다.(출31:2-11; 출35:30-35) 그러므로 인간 생활에서의 가장 훌륭한 일들에 대한 지식은 모두 하나님의 영에 의해서 우리에게 전달된다고 말하는 것은 당연하다."26)

악한 자에 대한 대표적 상징이었던 가인의 후손들에게 주어졌던 예술들(arts)의 능력은 하나님의 선물(a gift of God)이며, 이 점에서 역사(歷史)를 통해 볼 때 이방인들이 오히려 신자들보다 더 월등하다고 깔뱅은 말한다. "이제 모세는 가인의 가문으로부터 발생한 악들과 함께 어떤 선한 것도 뒤섞여 있다는 사실을 전해준다. 예술들(arts)과, 생활에서 일상적으로 사용되고 편리하게 사용되는 다른 것들을 발명하는 것은 결단코 무시되어서는 안 될 하나님의

---

22) John Calvin, 『기독교 강요』(1559), II ii 13.
23) John Calvin, 『기독교 강요』(1559), II ii 14.
24) John Calvin, 『기독교 강요』(1559), II ii 15.
25) John Calvin, 『기독교 강요』(1559), II ii 15.
26) John Calvin, 『기독교 강요』(1559), II ii 16.

선물(a gift of God)이며, 추천할만한 가치가 있는 재능이다. 완전성 (integrity)으로부터 가장 깊숙이 타락해버린 이 종족(가인의 가문, 필자주)이 희귀한 재능들의 측면에서 아담의 후손의 나머지 종족들보다 월등했다는 사실은 참으로 놀랍다. 그러나 여기서 모세가 이런 예술들(arts)에 관해서는 가인의 가문에 의해 발명된 것으로 분명하게 말하고 있는데, 그것은 가인이 주님에 의하여 그렇게 저주받았다는 것을 말해주는 것이 아니라, 주님께서 가인의 후손들 중에 어떤 탁월한 은사들(gifts)을 흩어놓으실 것이라는 사실을 알려주는 것이라고 나는 이해한다. 왜냐하면 그것은 다음의 사실을 가능하게 하기 때문이다. 즉 다른 사람들의 재능은 그 동안에 작용되고 있지 않으나, 아담의 자손들 가운데는 숙련되고 기술이 있는 사람들이 있었던 것이다. 그리고 그들은 열심히 예술들의 발명과 계발(invention and cultivation of arts)에 몰두하였다. 그러나 모세는 그 인종들에게 하나님의 복이 남아 있는 것을 분명하게 축하하고 있다. 그렇지 않을 경우, 그 남은 복이라고 하는 것은 완전히 텅비어있게 되고, 모든 선한 것이 완전히 없어졌을 것이다. 그러므로 우리는 가인의 자손들이 비록 중생케 하시는 성령은 박탈되었을지라도, 그래도 아직 까지 그다지 비천하지 않는 은사들을 부여받고 있다는 사실을 잊지 말자. 동시에 그것은 모든 시대에 걸쳐서 경험해온 것들을 얼마나 폭넓게 신적 빛의 광선들이 현재의 생활을 영위하는데 유익하도록 불신의 민족들에게도 비쳐주고 계시는 것을 교훈하고 있는 것이다. 그리고 지금 이 시대에도 성령의 탁월한 은사들(the excellent gifts of the Spirit)이 전 인류에게 뿌려진 것을 우리는 목격하고 있다. 더욱이 자유로운 예술들과 과학들(the liberal arts and science)이 바로 이방인들부터 우리들에게 전수되지 않았던가! 정말로 우리는 천문학 (astronomy)과, 철학, 의학, 그리고 시민 정부의 질서의 다른 분야들을 모두 그들로부터 받았다는 사실을 우리는 인정하지 않을 수가 없다. 하나님은 그 같이 그들에게 놀라운 호의를 베풀어 그들을 대체적으로 풍요롭게 하셨으며, 그렇게 하여 그들의 불신앙에 변명의 여지가 없게 만드신 것이 틀림없다. 그러나 우리는 그들에게 부여된 하나님의 풍요함을 감탄하는 반면, 하나님의 택하신 자들을 특이한 방법으로 성화시키는 그 분의 놀라운 중생의 은혜(grace of generation)는 그것들보다 훨씬 더 차원이 높으며, 훨씬 더 가치가 있다는 사실을 잊지 말자!"27)

깔뱅이 문화를 성령론적 관점에서 이해하고 있다는 말은 깔뱅이 문화를 "자연은총"(natural grace) 또는 "일반은총"(common grace) 또는 "보존은총"의 차원에서 이해하고 있다는 말과 직접적으로 연결될 것이다.28) 네덜란드의 개혁교회의 신학자 아브라함 까이뻐(A. Kuyper)는 일반은총을 매우 강조했다. "하나님은 … 죄로 인해 그의 거룩한 사역이 완전히 멸절하는 것을 막기 위하여 죄의 과정을 통제하셨다. 하나님은 일반은총을 통해서 개인의 생활과 전 인류의 생활, 그리고 자연의 생활에 간섭하신다. 이 은총은 죄의 핵(核)을 멸하고, 영생을 주는 것은 아니지만, 마치 인간의 견문과 학식이 야수의 횡포를 억지(抑止)하는 것처럼 죄의 효력을 억지한다."29)

3. 신학적 인간론의 관점에서 본 문화

깔뱅은 문화를 신학적 인간론의 관점에서 이해하고 있다. 문화는 인간과 그 사회의 산물이기 때문에, 결국 문화의 주체는 인간이 되는 셈이다. 그러므로 깔뱅의 문화이해는 그의 인간이해를 전제한다. "여기서 우리는 깔뱅의 인간이해를 살펴보지 않으면 안 된다. 그의 인간 이해는 죄와 하나님의 형상을 중

---

27) John Calvin, *Comm. Genesis*, 217-218, 창4:20절 주석.
28) H. Huiper, *Calvin on Common Grace*(Goes: 1928); C. Partee, *Calvin and Classical Philosophy*(Leiden: E. J. Brill, 1977).
29) Abraham Kuyper, *Lectures on Calvinism*(Grand Rapids : Wm. B. Eerdmans Publishing Company, 1931/1983), 123-124.

심으로 한다."30) 왜냐하면 깔뱅에게서 발견되는 인간론은 일반 인간론이 아니라, 신학적 인간론이기 때문에,31) 문화에 대한 인간론적 관점은 우리가 앞에서 이미 논의한 두 가지 관점들, 즉 구속사적이며 성령론적인 관점과 동일한 맥락 속에서 이해될 수가 있을 것이다. 깔뱅의 신학적 인간론에 의하면, 인간은 하나님의 형상으로 선하게 창조된 인간이었지만, 범죄로 말미암아 타락한 인간이며, 동시에 예수 그리스도 안에서 구속될 수 있는 인간이다. 타락한 인간은 하나님의 형상을 완전히 상실한 것이 아니라, 심히 부패되고 훼손된 상태이지만, 여전히 하나님의 형상을 지니고 있다. 아직도 남아 있는 하나님의 형상을 통해 자연적 인간도 문화 활동이 가능한 것이다.

1) 하나님의 형상으로 창조된 인간

깔뱅은 인간지식을 두 가지, 즉 피조물로 창조된 인간지식과 타락한 인간지식에 대하여 말한다.32) 깔뱅에 의하면, 모든 인간은 연령, 성별, 인종에 관계없이 하나님에 의해서 '하나님의 형상'(imago Dei)으로 창조되었다. 칼뱅이 말하는 하나님의 형상은 무엇인가? "이 하나님의 형상이라는 말은 아담이 처음에 받았던 그 완전함(intégrité)을 의미한다. 아담은 처음에는 바른 이해력을 충분히 소유하였고, 감정을 이성에 종속시켰으며, 일체의 감각을 적절한 질서에 따라 조절하였다. 그 때 그는 자신의 탁월함을 창조주께서 그에게 주신 예외적인 은사에서 기인된 것으로 여겼다. 그리고 하나님의 형상의 주요 좌소가 가슴과 마음 또는 영혼과 육체 자체에도 그 광채의 얼마가 빛나지 않는 곳은 없다."33)

---

30) 이수영, 『개혁신학과 경건』, 755.
31) 참고, 김선권, "깔뱅의 인간론 연구,"(장로회신학대학교 신학대학원, M.Div. 미간행 석사학위논문, 2004); 김선희, "깔뱅의 인간론,"(장로회신학대학교 목회전문대학원 Th.M.M. 미간행 석사학위논문, 2005).
32) John Calvin, 『기독교 강요』(1559), I xv 1.

깔뱅에 의하면, 에베소서 4장 24절과 관련하여 바울은 하나님의 형상은 첫째로는 지식을 말하며, 둘째로는 순결한 의와 거룩함을 말한다. 하나님의 형상은 처음에는 지성의 빛과 마음의 바름과 모든 부분의 건전함이었다. "바울은 하나님의 형상은 '의와 참된 거룩성' 안에 존재한다고 제유법(提喩法, synecdoche) 형식으로 표현한다. 왜냐하면 의와 거룩성이 하나님의 형상의 주된 부분일지라도, 하나님의 형상의 전체는 아니기 때문이다. 그러므로 이 말은 우리의 본성 전체의 완전성을 가리킨다. 아담이 올바른 판단력을 부여받고, 이성과 조화를 이루는 감정을 가지고, 건전하고 잘 정돈된 모든 감각들을 가지고, 참으로 선한 모든 일에서 탁월했을 때, 우리의 본성 전체의 완전성이 나타났다. 그러므로 하나님의 형상의 주된 자리는 아담의 정신과 마음 안에 있었다. 이곳에서 하나님의 형상은 탁월했다. 아담의 어떤 부분에도 하나님의 형상의 어떤 섬광들이 빛나지 않는 곳이 없었다. 왜냐하면 각 부분의 다양한 기능(직무)들과 일치를 이루기 위해 영혼의 여러 부분들 안에는 적당한 조절이 이루어졌기 때문이다. 완전한 지성이 마음 안에서 풍성해져, 영향력을 행사했으며, 정직성은 지성을 자신의 동반자로 동행했고, 모든 감각들은 이성에 기꺼이 순종하도록 준비되고, 만들어졌다. 위와 같은 내적 질서는 몸 안에서 적당한 일치를 이루었다."[34]

2) 타락한 인간

인간이 타락한 후에 하나님의 형상을 완전히 상실하여 더 이상 인간 안에 하나님의 형상이 없는가? 라는 질문이 야기될 수 있는데, 이에 대해 깔뱅은 아니라고 대답한다. 깔뱅에 의하면, 인류는 지상의 일과 인간 사회 제도 속에서 오

---

33) John Calvin, 『기독교 강요』(1559), I xv 3.
34) John Calvin, *Comm. Genesis*, 94-96, 창1:26절 주석.

성의 능력을 발휘하고, 학술과 공예 분야에서 탁월한 지성을 보여 주어, 자연과학, 논리학, 수학 등을 발전시키는가 하면, 심지어 비기독교 저술가들, 예를 들면 호머의 시 안에서도 하나님이 주신 은사가 있다. 인간 사회 속에서 이렇게 다양한 방법으로 하나님의 형상이 남아 있는 형적을 보게 되는데. 이 형적이 바로 인간을 다른 피조물과 구별되게 한다고 깔뱅은 말한다.35)

비록 이와 같은 하나님의 형상의 특징들이 희미하게 인간 안에 남아 있는 것이 발견될지라도, 아담 이래 인간이 타락한 후 하나님의 형상의 특징들이 너무나도 오염되고, 훼손되어 창조주 하나님에 의하여 창조된 하나님의 형상이 기형으로 파손되었다고 깔뱅은 말한다.36) 이처럼 깔뱅은 원래의 하나님의 형상이 인간 속에서 훼손되었다고 말하면서 종교의 씨앗은 남아 있다고 다음과 같이 주장한다. "하나님이 각 사람의 마음속에 종교의 씨앗(semen religionis)을 뿌렸다는 것은 경험을 통해서 증명되는 것이지만, 받은 그것을 마음에 간직하는 사람은 백 명 중 한 사람도 찾아보기가 매우 힘들다. 어떤 사람은 미신 속에서, 어떤 사람은 자신의 고의적인 사악으로, 하여간 모든 사람은 다 하나님의 참된 지식에서 퇴락되었다."37)

그럼에도 불구하고, 이것은 인간 안에 근절할 수 없는 종교의 씨앗으로서 하나님의 존재에 대한 지식을 인간 속에 아직도 남아 있게 한다. 그러나 "그것은 너무나도 부패하였으므로 가장 악한 열매를 맺을 뿐이다."이라고 깔뱅은 말한다.38) 사실 이러한 인간 안에 남아 있는 종교의 씨앗이 모든 인류 문화 속에서 나타나는 민간토속 종교 지식에서부터 소위 세계 고등종교 지식들 안에 때로는 미신의 형태로, 때로는 종교의 형태로 나타난다.

깔뱅에게 있어서 하나님의 형상의 내용은 원래 두 가지, 즉 초자연적인 은사

---

35) John Calvin, 『기독교 강요』(1559), II ii 17.
36) John Calvin, *Comm. Genesis*, 91, 창1:26절 주석.
37) John Calvin, 『기독교 강요』(1559), I iv 1.
38) John Calvin, 『기독교 강요』(1559), I iv 4.

와 자연적인 은사로 구성되어 있다. 그런데, 인간의 타락으로 말미암아 초자연적인 은사는 완전히 상실되었고, 자연적인 은사는 부패되었으나, 여전히 인간 안에 남아 있다.[39] 아우구스티누스의 의견, 즉 '사람의 자연적인 은사는 죄로 인하여 사람 안에서 부패하였으나 초자연적인 은사는 사람에게서 제거되었다는 것이다. 초자연적인 은사는 하늘의 생명과 영원한 복락을 얻는데 충분했을 믿음의 광명과 의를 의미한다.'는 해석에 깔뱅은 동의한다.[40]

이런 관점에서 깔뱅은 초자연적 은사의 완전한 상실로 인하여 중보자로서 성육신하신 구속주 하나님 예수 그리스도가 아니면 초자연적인 은사를 회복할 수 없음을 다음과 같이 표현한다. "사람은 하나님의 나라에서 멀어짐과 동시에 영적 능력, 곧 영원한 구원을 얻을 소망으로 받은 은사를 빼앗겼다. 따라서 사람은 하나님의 나라로부터 쫓겨나 영혼의 복스러운 생활에 속하는 특성들이 온통 소멸되었으며, 중생의 은총에 의하여 비로소 회복된다는 결론이 된다. 이런 특성은 곧, 믿음과 하나님께 대한 사랑 그리고 이웃에 대한 사랑과 성결 및 의에 대한 열성이다. 이 모든 것은 그리스도께서 우리 안에 회복시켜 주시므로 외래적인 것이지 타락한 본성에 있는 것이 아님이 인정된다."[41]

초자연적 은사의 상실은 영적 능력, 즉 영원한 구원을 얻을 수 있는 은사만 빼앗긴 것이 아니라, 인간의 지성의 건전성과 마음의 성실성도 동시에 제거되었다. 이것이 곧 자연적 은사의 부패이다. 이 말은 초자연적 은사의 상실은 곧바로 자연적 은사의 부패로 이어진다는 것을 알 수 있다. 그렇기 때문에 자연적 은사에 속하는 오성 또는 이해력과 판단력이 의지력과 함께 다소 남아 있기는 하지만, 무력할 뿐만 아니라, 지성 또한 깊은 암흑 속에 빠지게 되어 완전히 건전한 지성의 기능을 할 수 없다. 게다가 의지 역시 부패되어 제 기능을 완전

---

39) John Calvin, 『기독교 강요』(1559), Ⅱ ⅱ 12–17.
40) John Calvin, 『기독교 강요』(1559), Ⅱ ⅱ 12.
41) John Calvin, 『기독교 강요』(1559), Ⅱ ⅱ 12.

하게 발휘할 수 없게 된 것이다. 그러므로 사람이 선악을 구별하여 사물을 이해하고 판단하는 능력인 이성, 즉 자연적인 은사는 따라서 완전히 소멸될 수는 없으나 그 잔해는 남아 있으므로 일부분은 약화되고 일부분은 부패되어 기형적으로 그 기능을 발휘하게 된 것이다.[42]

깔뱅에 있어서 인간이 태어나면서 가지고 있는 "자연은사" 조차도 하나님께서 주신 것이며, 하나님의 영으로부터 온 것이다. 창조주와 섭리주 하나님이 주신 자연은사로 동물이 감각을 가진 점에서 무생물과 다른 것과 같이 인간의 본성에 이성을 소유하고 있다는 점에서 동물과 구별된다. 나면서부터 모자라고 어리석은 사람들이 있다고 해서 그들의 결함이 하나님의 일반은사를 부정할 수 없다. 도리어 이런 사람을 볼 때 "우리는 우리에게 남아 있는 것을 하나님의 자비로 돌려야 한다는 요구를 받고" 있다고 깔뱅은 말한다.[43] 이처럼 모든 종류의 인간 속에 창조주와 섭리주 하나님의 자연 은사가 남아 있으므로 인간의 "본성이 부패한데서도 하나님의 은총이 움직일 여지가 있다." 고 그는 말한다.[44] 그러나 이 자연은사에서 그 하나님의 은총은 인간 본성을 중생케 하여 하나님의 형상을 회복케 하지는 않을지라도, 내면적으로 부패된 자연 은사를 억제하는 은총이다.[45] 다시 말하면 이것은 창조주 하나님은 섭리로 패악한 인간성을 제어하셔서 행동으로 나타나는 것을 막으시지만, 그렇다고 인간성을 내면적으로 정결케 만드시는 것은 아니다.[46]

여기서 깔뱅은 중보자로서 성육신 하신 구속주 하나님 예수 그리스도 없이는 인간의 하나님의 형상회복이 불가능하다는 것을 확실히 하고 있다. 그럼에도 불구하고 타락한 인간에 의하여 이루어진 지상의 일과 인간 사회의 형태에

---

42) John Calvin, 『기독교 강요』(1559), II ii 12.
43) John Calvin, 『기독교 강요』(1559), II ii 17.
44) John Calvin, 『기독교 강요』(1559), II iii 3.
45) John Calvin, 『기독교 강요』(1559), II iii 3.
46) John Calvin, 『기독교 강요』(1559), II iii 3.

대해 오성의 능력의 노력은 아무 결과도 없을 정도로 항상 무가치한 것이 아니다. 그러나 인간의 "오성은 하늘의 일들을 탐구하는 데는 관심이 없다."[47] "비록 이 같은 하나님의 형상의 어떤 희미한 특징들이 우리 안에 남아 있는 것이 발견될지라도, 지금은 그 특징들이 너무나도 오염되고, 불구가 되어 참으로 파손되었다고 말해도 좋다. 왜냐하면 이곳저곳에 보이지 않게 나타나는 기형 이외에도 이 같은 악이 첨가되어 어떤 부분도 죄의 오염으로부터 자유롭지 못하기 때문이다."[48]

인간의 타락에도 불구하고, 문화 자체가 소멸된 것은 아니다. 창조주 하나님께서 "일반은총"을 통해서, 타락한 창조세계를 유지하시고 보전하시듯이, 우리 인간에게도 일반은총을 주셔서 문화를 창조하고, 보전하게 하신다. 그러나 인간은 문화 창조 능력을 오용하여 죄를 짓는데 사용하기도 한다.

3) 구속된 인간

성령께서 인간을 중생시키실 때, 인간은 하나님의 형상으로 회복된다. 회복되어져야할 하나님의 형상의 내용은 무엇인가? 칼뱅은 에베소서 4장 24절을 인용하면서, 회복되어져야할 하나님의 형상의 내용에 대해서 다음과 같이 말한다. "우리는 지금 바울이 중생에 대해서 주로 어떻게 이해하고 있었던가를 알게 된다. 그는 첫째로는 지식을 말하며, 둘째로는 순결한 의와 거룩함을 말한다. 여기서 우리가 추론할 수 있는 것은 하나님의 형상은 처음에는 지성의 빛과 마음의 바름과 모든 부분의 건전함에 뚜렷이 빛나고 있었다는 점이다."[49]

깔뱅에 의하면, 예수 그리스도는 하나님의 형상이므로 하나님의 형상의 회복은 기독론적 성격을 갖는다. "지금 우리는 그리스도야말로 하나님의 가장

---

47) John Calvin, 『기독교 강요』(1559), II ii 13.
47) John Calvin, 『기독교 강요』(1559), II ii 13.
48) John Calvin, *Comm. Genesis*, 94-95, 창1:26절 주석.
49) John Calvin, 『기독교 강요』(1559), I xv 4.

완전하신 형상이라는 것을 알게 된다. 우리가 그 형상과 같게 될 때, 우리도 그와 같이 회복되어 참된 경건, 의, 순결, 지성에 이르기까지 하나님의 형상을 지니게 된다."[50] "하나님의 형상이 타락에 의해서 우리 안에서 파손되었기 때문에, 우리는 하나님의 형상이 원래 가지고 있었던 것이 무엇인지는 하나님의 형상의 회복으로부터 판단할 수가 있다. 바울은 우리가 복음을 통해서 하나님의 형상으로 변화된다고 말한다. 그리고 바울에 따르면, 다름 아닌 바로 영적 중생(regeneration)이 동일한 하나님의 형상의 회복이다.(골3:10; 엡4:23)"[51]

하나님의 형상이 타락에 의해서 인간 안에서 파손되었기 때문에, 우리는 하나님의 형상이 원래 가지고 있었던 것이 무엇인지는 하나님의 형상의 회복으로부터 판단할 수가 있다는 말은 하나님의 완전한 형상인 구속주 하나님 예수 그리스도를 알 때, 하나님의 형상이 회복된 우리 자신에 대한 지식을 갖게 됨을 시사한다. 이런 관점을 시사하는 칼뱅의 말을 여기서 직접 들어보자. "인간의 탁월성과 하나님의 영광의 거울로 간주되어야할 인간의 기능들을 보다 우리가 명백하게 알지 못한다면, 아직 하나님의 '형상'에 관한 정의는 충분히 내려졌다고 볼 수 없다. 아담이 그의 원래의 상태에서 타락했을 때, 이 변절로 말미암아 그가 하나님께로부터 멀어졌다는 것은 의심의 여지가 없다. 그러므로 하나님의 형상이 전적으로 소멸되거나 파괴되지는 않았다 하더라도 아주 부패했기 때문에 남은 것은 다만 무섭도록 추한 것뿐이다. 따라서 우리가 그리스도를 통해서 새롭게 되는 것이 구원의 회복의 시초이다. 그리스도는 우리를 참되고 완전한 본래의 모습으로 회복시킨다는 이유에서 둘째 아담으로 불려진다."[52]

깔뱅이 여기에서 첫째 아담의 불순종으로 하나님의 형상이 훼손된 인간을

---

50) John Calvin, 『기독교 강요』(1559), I xv 4.
51) John Calvin, *Comm. Genesis*, 94-95, 창1:26절 주석.
52) John Calvin, 『기독교 강요』(1559), I xv 4.

구속주 하나님 예수 그리스도께서 죽기까지 창조주 하나님과 섭리주 하나님께 순종함으로써 십자가에 죽으셨다가 부활하신 주님을 둘째 아담으로 지칭한다. 예수 그리스도께서 승천하실 때 약속하신 보혜사 성령 하나님을 인간에게 보내사 "성령, 그가 너희에게 모든 것을 가르치고 내가 너희에게 말한 모든 것을 생각나게 하시리라."(요14:26)는 말씀대로 구속주 성령 하나님은 신자가 그리스도에게서 받는 '살려주는 영'인 것이다.(고전15:45) 아담이 지음을 받을 때 받은 '산 영'이란 정신내지 영혼을 의미하는데 반하여, 구속주 하나님 예수 그리스도께서 하나님의 백성에게 주시는 구속주 성령 하나님이신 '살려주는 영'이란 단순히 인간의 정신 내지 영혼이 아니라, 하나님의 영이신 성령이다. 즉 이 말은 구속주 성령 하나님은 죄 가운데 있는 인간을 중생시킬 수 있을 뿐만 아니라, 중생의 은혜의 부요함을 찬양케 한다. 그리하여 중생한 인간은 골로새서 3장 10절의 말씀, '새 사람을 입었으니 이는 자기를 창조하신 자의 형상을 좇아 지식에까지 새롭게 하심을 받는 자'가 된다.[53] 이런 의미에서 우리는 구속주 성령 하나님의 지식으로 인하여 하나님의 형상이 회복된 인간지식을 알 수 있게 되는 것이다.

하나님의 형상을 '의와 참된 거룩성' 안에 존재하는 제유법(提喻法, synecdoche) 형식으로 바울이 표현하는 이유를 깔뱅은 "의와 거룩성이 하나님의 형상의 주된 부분일지라도, 하나님의 형상의 전체는 아니기 때문" 이라고 말한다. 이 말은 인간의 본성 전체의 완전성을 가리키는 것으로서 아담이 올바른 판단력을 부여받고, 이성과 조화를 이루는 감정을 가지고, 건전하고 잘 정돈된 모든 감각들을 가지고, 참으로 선한 모든 일에서 탁월했을 때, 인간의 본성 전체의 완전성이 나타났다는 것을 의미한다. 그러므로 하나님의 형상의 주된 자리는 아담의 정신과 마음 안에 있었으며, 이때의 하나님의 형상은 탁월했다. 이 탁월성을 깔뱅은 다음과 같이 말한다. "아담의 어떤 부분에도 하나님의 형

---

53) John Calvin, 『기독교 강요』(1559), I xv 4.

상의 어떤 섬광들이 빛나지 않는 곳이 없었다. 왜냐하면 각 부분의 다양한 기능(직무)들과 일치를 이루기 위해 영혼의 여러 부분들 안에는 적당한 조절이 이루어졌기 때문이다. 완전한 지성이 마음 안에서 풍성해져, 영향력을 행사했으며, 정직성은 지성을 자신의 동반자로 동행했고, 모든 감각들은 이성에 기꺼이 순종하도록 준비되고, 만들어졌다. 위와 같은 내적 질서는 몸 안에서 적당한 일치를 이루었다."54)

이러한 탁월성이 아담과 하와의 타락 이래 훼손되었으나, 깔뱅에 의하면, 훼손된 하나님의 형상은 구속주 성령 하나님에 의해서 회복되며, 마지막 날에 완성된다. 그러므로 하나님의 형상의 회복의 성격은 성령론적인 동시에 종말론적이다. 하나님의 형상의 탁월성은 "지금 부분적으로 선택된 자들에게서 보게되는데, 그것도 성령으로 말미암아 중생한 자에게만 그러하다. 그러나 그것은 장차 하늘나라에서 완전한 광채를 발할 것이다."55)

이상으로부터 우리는 깔뱅의 문화에 대한 이중적인 국면과 함께 제3의 하나님의 나라의 관점을 볼 수가 있다. 첫째는 문화에 대한 긍정적인 측면인데, 문화는 하나님에 의해서 창조된 인간이 하나님께서 부여하신 은사에 해당되는 문화 창조능력을 통해서 이루어진다. 둘째는 문화에 대한 부정적인 측면인데, 문화는 타락한 인간의 죄로 말미암아 반신적이며, 불신앙적인 성격도 지닌다. 그러나 성령을 통하여 예수 그리스도 안에서 중생한 인간은 신앙을 통하여 문화에 대한 새로운 관계를 갖게 된다. 이수영은 "기독교와 문화의 관계"에서 문화의 긍정적인 동시에 부정적인 관계를 말하고, 제3의 길로서 "변혁적 관계"를 제시하였는데, 하나님의 나라의 관점에서 본 "변혁적 관계" 속에 있는 문화에 대한 이해는 깔뱅에게도 적용시킬 수 있을 것이다.56)

---

54) John Calvin, *Comm. Genesis*, 92, 창1:26절 주석.

55) John Calvin, 『기독교 강요』(1559), I xv 4.

56) 이수영, 『개혁신학과 경건』, 759-765, 참고. 김영동, "한국 기독교인의 영성과 한국 전통종교와 문화의 상관성 연구," 장로회신학대학교 대학원(편), 『21세기 기독교 영성과 교회: 윤리, 문화, 생태』(서울 : 장

4. 종말론적 관점에서 본 문화: 하나님의 나라를 지향하는 문화

예수 그리스도 안에서 성령과 믿음을 통해서 중생한(회복된) 인간이 하나님의 나라에 기여할 수 있는 깔뱅의 문화 이해에 대하여 논의해 보자.

깔뱅에 의하면, 문화를 일으키는 인간의 능력은 하나님의 은혜의 선물이며, 그 능력은 하나님의 영광과 인간의 행복을 위하여 주어졌으며, 그러므로 그 능력은 하나님의 뜻에 일치하게 사용되어야 하며, 그렇지 못할 경우, 문화는 인간을 번영시키기는커녕 도리어 인간을 황폐화시킬 것이다.[57]

시각예술과 관련하여 깔뱅은 그 기능과 한계에 대하여 다음과 같이 말한다. "그러나 나는 절대로 어떤 상(像)도 만들어서는 안 된다고 생각할 정도로, 미신에 사로잡혀 있는 것은 아니다. 그림을 그리거나 조각을 하는 기술은 하나님의 선물이기에 나는 하나님께서 그의 영광과 사람의 행복을 위하여 사람들에게 주신 것이 무질서한 오용에 의해 타락하고 오염되지 않도록, 또 그것뿐만 아니라 우리들의 황폐에로 돌아서지 않도록 그 사용이 순수하고 적법하게 지켜질 것을 요구한다. 우리는 하나님을 어떤 가시적인 모양으로 표현하는 것은 불법이라고 생각한다. … 그러므로 눈에 보이는 대상물 외에는 무엇이라도 회화로 표현하든가 조각해서는 안 된다고 우리는 결론짓는다."[58]

깔뱅은 신학 작업에서 학문적 영역밖에 있는 보통 사람들을 위하여 프랑스어를 사용함으로써, 프랑스어 발전에 문학적으로 큰 기여를 하였다.[59] 그는 또한 6편의 시편 시를 프랑스어로 옮길 수 있었던 것 같고, 적어도 지금도 남아 있는 한 편의 시를 썼다. 그러나 그는 자신이 시를 지을 시간도, 아마도 재

로회신학대학교 출판부, 2008), 271 .

57) 이수영, 『개혁신학과 경건』, 756.

58) John Calvin, 『기독교 강요』(1559), I xi 12, 참고 I xi 1-16.

59) John H. Leith, *An Introduction to the Reformed Tradition*, 195, 참고 Jacques Pannier, *Calvin Écrivain, Sa place et son rôle dans l'Histoire de la Langue et de la Littérature française*(Paris: Librairie Fischbacher, 1930).

능도 없음을 깨닫고, 마로(Marot)와 베자(Beza)에게 그 작업을 넘겨주었다.[60]

음악을 하나님의 은사로 이해한 칼뱅은 음악은 사람의 마음을 감동시키는 "신기하고도 거의 믿을 수 없는 능력"을 가지고 있다고 이해했다. "멜로디가 붙여지면 모든 나쁜 말은 마음속으로 훨씬 더 깊이 파고들어 온다."[61] 따라서 칼뱅은 지침서에 회중의 노래를 주창했다. 그 지침은 노래의 곡과 가사가 예배에 적합하여야 하고, 곡이 가사를 모호하게 해서는 안 된다. 그 결과 칼뱅은 시편을 시로 옮겨 곡을 붙이는 시편집을 출판하는데 후원자가 되었다.[62]

칼뱅은 교회 건축물에 대하여 별로 언급하지 않았다. 그는 보통 단순성(simplicity), 순전성(integrity), 명확성(clarity)을 강조하였고, 이 원리는 교회 건물에도 적용될 수 있다. 하나님께서 그의 말씀을 통하여 공동기도와 예배를 규정해 주셨기 때문에, 공동예배가 편리하게 드려질 수 있도록 교회 건물은 반드시 필요하지만, 교회 건물이 잘못 사용되거나, 교회 건물 자체가 미신적으로 이해되어서는 안 된다.[63]

비록 깔뱅의 정치사상과 경제사상에 대한 해석을 둘러싼 논쟁이 있지만,[64] 깔뱅의 정치사상과 경제사상은 너무나도 유명하다.[65] 깔뱅의 정치사상에서 견제와 균형의 원리가 돋보이는가하면, 경제 사상에서 근면과 절약 정신이 돋보인다. 우리는 깔뱅의 정치사상과 경제사상은 우리에게 익숙하기 때문에 본고에서는 더 이상 다루지 않기로 한다.[66]

---

60) John H. Leith, *An Introduction to the Reformed Tradition*, 195.
61) John H. Leith, *An Introduction to the Reformed Tradition*, 200, 참고 John Calvin, OS II, 17.
62) John H. Leith, *An Introduction to the Reformed Tradition*, 200-201.
63) John H. Leith, *An Introduction to the Reformed Tradition*, 198, 참고 John Calvin, 『기독교 강요』(1559), III xx 30.
64) 이양호, 『칼빈: 생애와 사상』(서울: 한국신학연구소, 2005), 286-325.
65) John H. Leith, *An Introduction to the Reformed Tradition*, 202-211.
66) 참고, 최윤배, "깔뱅의 국가론," 장로회신학대학교출판부(편), 「長神論壇」제25집(2006), 127-167; 최윤배, "깔뱅의 권징론," 고신대학교 개혁주의학술원(편), 『칼빈과 교회』(서울: 아덴아트컴, 2007),

무엇보다도 깔뱅은 학문을 중요시하였다. 오형국은 깔뱅의 신학과 인문주의의 관계를 논하면서, 깔뱅의 교육적 기여를 탁월하게 기술하였다.[67] 깔뱅은 단순히 성경을 연구하기 위해서뿐만 아니라, 하나님의 창조질서를 연구하기 위해서도 학문은 중요하다고 생각하였다. 인문과학 분야의 연구는 그에게는 기독교적 순종의 행위였다. 제네바에서 칼뱅이 성취한 것 가운데 가장 의미 있는 것들 중에 하나는 1559년에 이룩된 아카데미의 설립이었다.[68]

또한 점성술은 미신으로서 거부해야하지만, 천문학은 과학으로서 받아들여야 한다고 주장할 정도로, 깔뱅은 자연과학에 대한 이해를 가지고 있었고, 그 가치를 인정하였다.[69]

깔뱅의 경우, 문화의 목적은 하나님의 영광(사랑)과 이웃 사랑에 있다. 성령으로 예수 그리스도 안에서 중생한 그리스도인은 믿음을 통해서 문화 활동에 참여해야 한다. 미국의 리차드 니버(H. R. Niebuhr)는 『그리스도와 문화』(1951)라는 그의 유명한 책에서 그리스도와 문화의 관계를 중심으로 더욱 세분하여 다섯 가지 유형(모델)을 제시하였다.[70] 다섯 번째 모델은 그리스도와

147-171; 최윤배, "개혁교회 전통에서 경제관: 깔뱅을 중심으로," 장로회신학대학교 기독교교육원(편), 「교육교회」 통권 351호(2006년, 11월호), 9-15; 최윤배 · 임창복, 『개혁신학과 기독교교육』(서울: 한국장로교출판사, 2007), 132-203.

67) 오형국, 『칼뱅의 신학과 인문주의: 르네상스 문화 속에서의 신학함과 교육적 실천』(서울: 한국학술정보[주], 2006), 157-257.

68) John H. Leith, *An Introduction to the Reformed Tradition: A Way of Being the Christian Community*, 210.

69) 참고, 안명준 · 조덕영, "칼빈의 과학관," 한국복음주의신학회(편), 「조직신학연구」제4호(2004년 봄 · 여름)(서울: 살림출판사, 2004), 193-208; 천사무엘, 『성경과 과학의 대화』(대전: 도서출판 글누리, 2008), 69-130.

70) H. Richard Niebuhr, *Christ and Culture*(Harper & Brothers Publishers, 1951): 첫째, 그리스도와 문화의 관계를 상호 대립 내지 상호 배타적인 관계로 이해하여 '문화와 대립하는 그리스도'(Christ against culture)를 주장하는 대립모델이 있다. 이 모델 안에서 그리스도인과 교회는 문화를 거부하거나 저항하여 사회와 세계를 경멸하고 무시하게 된다. 그리스도인과 교회는 죄로부터 면제된 영역에 살고 있다고 생각한다. 둘째, 그리스도와 문화의 관계를 상호 일치 관계로 이해하여 문화 안에 있는 문화의 그리스도(The Christ of culture)를 주장하는 일치모델이 있다. 이 모델 안에서 그리스도인은 교회와 세계 사이의 차이점을 인정하지 않게 되어, 교회가 세속화되는 잘못을 범할 수가 있다. 이 같은 모델은 진보적이고도 자유주의적인 그리스도인과 교회에서 발견된다. 이 모델은 교회와 세계 안에 있는 부패와 죄를 잘 알지

문화의 관계를 변화 내지 변혁으로 이해하여 '문화의 변혁자로서 그리스
도'(The Christ, the transformer of culture)를 주장하는 변혁모델이다.

이수영은 그리스도인이 가져야할 세상 문화에 대한 비판 기준을 제시하였
다. 창조주 하나님의 존귀와 영광을 가리지 않고 드러내는 문화, 예수 그리스
도를 통한 구원의 진리와 그에 대한 신앙고백이 담긴 문화, 하나님의 나라에
대한 갈망과 그 도래에 대한 확신적 기대가 상징적으로 나타나는 문화를 그리
스도인은 추구해야 한다. 이런 문화가 되기 위하여 문화는 자연적 인간의 이성
과 감정으로부터 나온 것이 아니라, 하나님의 말씀과 성령의 감동으로 조명되
고 변화된 이성과 감정, 양심과 의지의 산물로서의 문화, 하나님의 영광과 하
나님의 뜻에 따라 인간의 행복을 추구하는 문화, 즉 하나님의 나라를 지향하는
문화, 예수 그리스도의 마음을 품고 하나님과의, 사람들 사이의, 자연과의 화
해의 삶을 추구하며 실현하는 문화가 되어야 한다.[71]

김명용은 올바른 기독교문화를 통해서 하나님의 나라의 구현을 위한 몇 가
지 신학적이고도 실천·윤리적인 제안을 해주고 있다.[72] 바람직한 기독교문
화로서 ① 하나님 중심의 문화 ② 인간의 존엄성과 자유에 바탕을 둔 문화 ③
생명존중의 문화 ④ 진리와 진실, 정직이 지배하는 문화 ⑤ 삶에 기쁨과 의미

못하는 큰 단점을 가진다. 셋째, 그리스도와 문화의 관계를 상호 종합 내지 병립 관계로 이해하여 문화
위에 있으면서 문화를 종합하는 그리스도(The Christ above culture)를 주장하는 종합 내지 병립모델이
있다. 그리스도가 문화보다도 우위에 있는 것을 인정하면서도 문화 자체를 매우 긍정적으로 간주한다.
토마스 아퀴나스의 신학사상을 받아들이는 로마가톨릭교회에서 이 같은 모델이 지배적으로 나타난다.
넷째, 그리스도와 문화의 관계를 상호 역설적(逆說的)으로 이해하여 문화와 역설적 관계 안에 그리스도
(The Christ and culture in paradox)를 주장하는 역설적 모델이 있다. 이 모델은 문화를 부정적으로 본
다는 점에서 첫 번째의 대립모델과는 같지만, 첫 번째 모델에서 그리스도인은 교회 안에서 원칙적으
로 죄로부터 벗어날 수 있다고 생각되지만, 역설적 모델에서는 교회 안에서도 그리고 세계 속에서도 그
리스도인이 죄로부터 벗어나지 못하고 계시와 이성 사이, 율법과 은혜 사이, 하나님의 진노와 긍휼 사이
에서 계속적으로 갈등과 긴장 안에 있다. 이 역설적 모델은 주로 종교개혁자 루터(M. Luther)와 루터교
회 안에서 만날 수가 있다. 다섯째, 그리스도와 문화의 관계를 변화 내지 변혁으로 이해하여 문화의 변
혁자로서 그리스도(The Christ, the transformer of culture)를 주장하는 변혁모델이 있다.
71) 이수영, 『개혁신학과 경건』, 757.
72) 김명용, 『이 시대의 바른 기독교 사상』(서울 : 장로회신학대학교출판부, 2001), 118-136.

를 주는 문화 ⑥ 사랑과 친교 중심의 문화 ⑦ 하나님의 나라에 궁극적인 목표와 소망을 두는 문화 등이 있다. 그리스도인과 교회는 ① 성(性)의 문화, ② 인터넷 문화 ③ 스크린 문화, ④ 스포츠 문화 ⑤ 다양성과 구별의 문화를 잘 선도하고 이끌어 가야할 것이며, 특히 ① '하나님 앞에'(coram Deo) 라는 신앙을 가지고, ② 생명의 존엄성과 질적 풍요로움을 회복하는 운동 ③ 문화소비자 운동과 문화생산자 운동을 병행하는 문화운동 ④ 건강한 문화를 위한 제도적, 구조적, 법적 개혁을 추구하는 시민운동을 전개해야 할 것이다. 우리는 자기중심주의로 인한 고립감과 외로움을 하나님 앞에서의 고독을 통해서 극복하고, 실용주의로 인한 무력감과 분노를 감사를 통해서 극복하고, 행동주의로 인한 내면성과 장기적 삶의 목표 상실을 기도를 통해서 극복해야할 것이다. 이 모든 방법을 통해서 우리는 '오직 성령 안에서 의와 평강과 희락의 나라'(롬 14:17)와 평화(שלום)의 나라로서 하나님의 나라의 구현에 크게 이바지 할 수 있기를 간절히 기도해야 한다.

III. 결론

최근 몇 십 년 동안 정치와 경제 분야에서 눈부신 발전을 이룩한 한국사회는 문화(文化), 특히 전통문화에 대한 높은 관심을 갖기 시작했다. 문화는 인간이 자신의 목적에 따라 자연을 변형시킨 것이라는 간략한 정의로부터 매우 복잡하고도 다양하게 정의될 수 있었다.

우리는 깔뱅의 문화이해를 네 가지 관점에서 살펴보았다.

첫째, 깔뱅은 문화를 구속사적(救贖史的)으로 이해했다. 창조주 하나님께서 인간을 비롯하여 모든 만물을 무로부터 선하게 창조하셨다. 그러나 인간의 범죄로 말미암아, 인간과 함께 세상 전체도 타락하게 되었다. 그러나 하나님께서는 자비를 베푸셔서 구약에서는 예수 그리스도의 십자가의 죽음을 예표하는 희생 제물들을 통하여 인간에게 생명을 주셨다가, 마침내 예수 그리스도의 성육신을 통하여 인간의 구원과 세상의 회복의 길이 열리게 되었다. 하나님의 창조, 인간의 타락, 하나님의 구속이라는 구속사적 틀 속에서 깔뱅은 문화를 이해했다.

둘째, 깔뱅은 문화를 성령론적으로 이해했다. 신자와 불신자를 막론하고, 모든 인간들에게 하나님께서는 성령을 통하여 일반은총을 허락하셔서, 인류는 정치, 경제, 예술, 문화, 기술 등을 포함하는 문화를 발전시킬 수가 있었다.

셋째, 깔뱅은 문화를 신학적 인간론의 차원에서 이해했다. 이 관점은 앞의 두 관점과 직접적으로 연결되어 있다. 인간은 하나님의 형상으로 선하게 창조되어, 탁월한 문화 창조가 가능했다. 그러나 타락으로 하나님의 형상이 심히 훼손되었다. 그럼에도 불구하고, 인간은 하나님의 일반은총을 통하여 여전히 문화 활동이 가능하다. 그러나 인간이 창조한 문화는 죄의 오염으로부터 완전히 벗어난 것은 아니다. 하나님의 형상이신 예수 그리스도 안에서 성령으로 중생한(회복된) 인간에게 신앙으로 문화 활동을 통해서 하나님의 나라의 구현을 가능케 하는 길이 열렸다.

넷째, 깔뱅은 문화를 종말론적 차원에서 이해했다. 그리스도인은 문화를 통해서 하나님의 영광을 실현하고, 이웃의 행복에 기여할 수 있는 이웃 사랑의 실천을 통해 하나님의 나라의 실현에 기여해야 한다. 깔뱅은 이방인 속에 있는 각종 예술, 기술, 인문학적 지식들의 가치를 인정하면서도, 문화를 하나님의 말씀과 복음과 신앙의 관점에서 이해하고, 활용하기를 원했다.

깔뱅은 예술, 문학, 음악, 과학, 학문 등의 기능과 한계를 분명하게 그으면서, 이것들을 하나님의 나라의 구현을 위한 도구로써 적극적으로 활용하였다. 깔뱅은 그의 당시 재세례파들처럼 과학이나 학문 등을 일방적으로 거부하는 것에도 반대했을 뿐만 아니라, 과학이나 철학 등에 지나친 가치, 심지어 절대적 가치를 부여하는 세속적 인문주의자들도 반대했다. 오늘날 우리 사회는 물론 심지어 교회와 신학 속에서도 16세기처럼 문화에 대한 두 가지 극단의 입장을 만날 수가 있다. 현대 문명의 이기(利器)를 무조건적으로 거부하는 반과학적(反科學的)인 사람이 있는가하면, 과학을 지나치게 맹신(盲信)하거나 현대 문명의 이기(利器)에 노예가 된 사람도 발견된다. 성령으로 중생한 그리스도인과 교회는 세상 문화를 무조건 거부해서도 안 되겠지만, 또한 무조건적으로 수용하여도 안 될 것이다. 항상 복음과 하나님의 나라의 관점에서 모든 문화를 비판하고, 모든 문화를 하나님의 나라를 지향하는 문화로 적극적으로 변혁시켜 나아가야 할 것이다.

제13장 깔뱅의 과학론

I. 서론[1]

국어사전에는 "과학(科學)"(science; Wissenschaft; wetenschap; scientia)이 몇 가지 의미로 정의되어 있다.[2] 또한 기독교회사와 과학사를 통해서 알 수 있듯이,[3] 과학과 기독교 각각에 대한 성격 규정에 따라, 양자 간의 관계 규정도 달라질 수 있다.[4] 기독교와 과학의 관계에서, 우리는 과학을 지식, 학

---

1) 최윤배, "깔뱅의 과학에 대한 이해," 「한국조직신학논총」제26집(2010), pp. 7-39에 게재된 논문.

2) 국어사전은 '과학(科學)'을 다음과 같이 정의하고 있다: "① 철학을 전체적인 학(學)으로 한 경우의 개별적인 분과(分科)의 여러 학(學). ② 구체적인 사상(事象)과 그것을 통일하는 보편적인 법칙에 관하여 객관적인 진리를 인식하고, 또 그것을 응용하는 체계적인 학문. 대상(對象) 영역에 따라 자연과학과 사회과학으로 크게 나눌 수 있음. ③ 좁은 뜻으로는 자연과학과 같은 뜻."[국어국문학회 감수, 「민중판 밀레니엄 새로나온 국어대사전」(서울: 민중서관, 2007), 270]; "자연과학(自然科學)"은 "자연에 속하는 여러 대상을 다루어 그 법칙성을 밝히는 학문. 보통 천문학·물리학·화학·지학·생물학 등으로 분류함."으로 정의되어 있다.(상게서, 2069)

3) D. C. Lindberg/R. L. Numbers(ed.), *God and Nature. Historical Essays on the Encounter between Christianity and Science.* 이정배·박우석 역, 「神과자연: 기독교와 과학, 그 만남의 역사」상권/하권 (서울: 이화여자대학교출판부, 1998/1999).

4) 김흡영, 「현대과학과 그리스도교」(서울: 대한기독교서회, 2006); 이정배, 「종교와 과학의 대화에 근거한 기독교 자연신학」(서울: 대한기독교서회, 2005), 15; 박찬호, "자연과학과 신학의 관계에 대한 맥그라스의 견해-도킨스의 무신론적 진화론에 대한 비판을 중심으로," 한국기독교학회(편), 「한국기독교신학논총 67」(서울: 대한기독교서회, 2010), 233-234; 신재식. "갈등에서 조화로: 기독교와 과학의 상호관련성에 대한 시론적 고찰," 호남신학대학교 (편), 「신학이해」제17집(1999), 373-401; 오창희, "현대 과학철학과 기독교," 현요한 역음, 「기독교와 과학」(서울: 장로회신학대학교출판부, 2002): "전통적 과학관에서는 과학을 합리적이며 엄밀하고 객관적인 학문이라고 생각한다. 그리고 과학자 개인의 선입관이나 일체의 형이상학적 전제로부터 자유로울 뿐만 아니라 모든 가치로부터 중립적이며, 또 누적적으로 발전하고 있다고 생각한다."(175); "1962년 토마스 쿤의 「과학혁명의 구조」가 출간되면서부터 이러한 전통적 과학관은 도전을 받기 시작했다. 쿤은 그의 과학사 연구를 통하여 실제로 진행되어 온 과학이 비합리적이며 상대주의적인 요소를 더 많이 포함하고 있다는 것을 주장했다. … 이러한 입장을 일반적으로 '전통적 과학관'에 대비하여 '새로운 과학관'이라 부르고 있다."(178); "과학과 기독교의 관계는 기본적으

문, 인문과학, 자연과학, 자연철학 등을 지칭하는데 사용할 수도 있고, 기독교를 종교, 신학, 자연신학, 신앙 등을 지칭하는데 사용할 수도 있을 것이다.

깔뱅(Jean Calvin, 1509-1564)은 과학자가 아니라, 종교개혁자와 신학자인 동시에 16세기 지구촌 한 구석에 살았던 역사적 한 인물로서의 기독교적 인문주의자였다.5) 우리는 지금 21세기에 깔뱅의 "과학" 이해를 살펴보려 한다. 이같은 역사(歷史)의 큰 간격을 의식하면서, 16세기와 21세기를 연결시키기 위해 우리는 본고에서 "과학"이라는 용어를 경직되게 사용하지 않고, 유연성을 발휘하여, 때로는 일반적이고도 포괄적인 의미에서 이 용어를 사용하면서도, 때로는 구체적이고도 좁은 의미에서 "자연과학"(natural science)을 지칭하기 위하여 이 용어를 사용하기도 할 것이다. 그러나 우리는 "과학" 용어에 대한 유연적인 사용이 가져 오는 문제점을 결코 모르는 바가 아니다.

과학과 관련된 깔뱅에 대한 연구는 대체로 종교개혁과 개신교 전통 속에서 신학을 하고 있는 우리에게, 긍정적으로든지 부정적으로든지, 온고이지신(溫故而知新)의 지혜를 가져다 줄 것은 물론, "성서를 근거로 세상의 변화를 해석하고 비판하며 재구성하는 작업"에,6) 그리고 간학문적인 대화(interdisciplinary dialogue)를 통해 신학의 학문성과7) 신학의 공공성에8) 기여할 것으로 사료된다.

우리는 본고에서 크게 세 가지 내용을 다루고자 한다. 첫째는 깔뱅이 "반과학적(反科學的)"이라는 오해에 대해 살펴보는 것이고, 둘째는 과학에 대한 깔뱅의 신학적 근거를 살펴보는 것이며, 셋째는 신학의 주요 작업에 속했던 성서

로 과학의 성격을 어떤 것으로 보느냐 하는 것과 또 어떤 기독교적 입장을 취하느냐 하는 것에 따라 각기 달라진다."(189)

5) 오형국, 『칼뱅의 신학과 인문주의』(서울: 한국학술정보 · 주, 2006), 265ff.

6) 김균진 · 이정배 · 현요한 · 김영선, "한국조직신학논총 9집을 내며: 과학과 신학의 대화," 한국조직신학회(엮음), 『과학과 신학의 대화: 한국조직신학논총 9집』(서울: 대한기독교서회, 2003), 3.

7) 최윤배(책임편집), 『21세기 신학의 학문성』(서울: 장로회신학대학교출판부, 2003).

8) 새세대교회윤리연구소(편), 『공공신학이란 무엇인가?』(서울: 북코리아, 2007); 장신근, 『공공실천신학과 세계화시대의 기독교교육』(서울: 장로회신학대학교출판부, 2007).

해석과 관련하여 깔뱅은 과학을 어떻게 취급했는지 '하나님의 적응 이론'(the doctrine of divine accommodation; accommodatio Dei)을 중심으로,9) 몇 가지 실례를 통해 살펴보는 것이다. 우리는 위의 과제를 수행하기 위해 깔뱅의 『기독교 강요』(1559), 주석서를 비롯한 제1차 자료들과, 국내외 관련 제2차 자료들을 사용할 것이다.10)

---

9) 이 사상은 이미 잘 알려진 것으로서 "하나님께서 스스로 자신을 낮추셔서 자신을 계시하신다."는 사상이다.

10) 안명준, 조덕영, 천사무엘 제씨의 논문들과[안명준 · 조덕영, "칼빈의 과학관," 한국복음주의조직신학회(편), 『조직신학연구』,제4호(2004년 봄 · 여름호. 서울: (주) 살림출판사, 2004, 193-208; 천사무엘. 『성경과 과학의 대화』 대전: 한남대학교출판부, 2008; 천사무엘, "칼빈의 성서해석과 자연과학," 한국대학선교학회(편), 『대학과 선교』,제11집(2006), 241-265.] 갬블(R. C. Gamble)이 편집한 11편의 논문들이[Richard C. Gamble (ed.) Calvin and Science. New York & London: Carland Publishing, INC., 1992.] 본 논문작성을 위하여 중요한 제2차 자료가 되었다.

II. 깔뱅이 '반과학적(反科學的)'이라는 오해

16세기 당시 일반적으로 통용되었던 중세 천문학에 기초한 천동설(天動說)을 지지했던 깔뱅은 코페르니쿠스(Nicholas Copernicus, 1473-1543)가 주장한 지동설(地動說)을 수용하지 않고, 천동설에 입각하여 성서도 해석하였다.

> "그런데, 우리가, 여호수아의 기도(祈禱) 시(時) 태양이 이틀 동안 여전히 정지했다는 사실과(수10:13), 히스기아 왕을 위하여 태양의 그림자가 십도 뒤로 물러갔다는 사실을(왕하20:11) 읽을 때, 이 몇 가지 기적들을 통하여 태양은 자연의 맹목적인 본능에 의하여 매일 뜨고, 지는 것이 아니라, 하나님의 우리를 향한 부성적(父性的) 은혜에 대한 우리의 기억을 새롭게 하시기 위하여, 하나님 자신이 태양의 궤도(軌道)를 통치하신다는 사실을 하나님께서 증언하셨다."[11]

일부 학자들은 천동설 지지자인 깔뱅은 지동설을 주장한 코페르니쿠스의 이름을 직접 거론하면서 그와 그의 이론을 강하게 비판함으로써 반과학적인 태도를 보여, 과학의 발전에 역행했다고 주장했다. 미국 코넬대학교의 초대 총장이었던 화이트(Andrew Dickson White)는 『신학과 싸운 과학의 전쟁역사』(A History of the Warfare of Science with Theology)에서 깔뱅은 천동설을 반대하는 사람들을 저주하면서, 그들은 코페르니쿠스의 권위를 성령의 권위 보다 우위에 둔다고 그들을 비판했다는 것이다.

> "그러므로 루터주의자들이 지동설을 정죄하고 있는 동안, 개신교회의 다른 지

---

11) John Calvin, 『기독교 강요』(1559), I xvi 2, 참고, 깔뱅은 『여호수아서 주석』에서 여호수아서 10:13-14 절을 주석하는 가운데, 히스기아 왕 때의 기적을(사38:5-8) 열거하면서, 이 사건들의 역사적 확실성을 거듭 강조하고 있다.

류들은(개혁파, 필자주) 뒤에 남아 있지 않았다. 깔뱅은 그의 『창세기 주석』에서 지구가 우주의 중심에 있지 않다고 주장했던 모든 사람들을 저주함으로써 앞장 섰다. 깔뱅은 시편 93편 1절을 통상적으로 참고하여 문제를 결론짓고, 다음과 같이 질문했다. '누가 감히 코페르니쿠스의 권위를 성령의 권위 위에 두려한단 말인가?'"[12)

화이트의 깔뱅에 대한 부정확한 이해를 반(反) 기독교적이었던 러셀(B. Russel)은 그의 책 『서양철학사』에 받아들여 깔뱅을 공격하는데 사용하였으며, 토마스 쿤(T. S. Kuhn) 조차도 이 구절을 근거로 깔뱅을 공격하는데 사용하였다.[13)

그러나 게리쉬(B. A. Gerrish)는 "(깔뱅의, 필자주) 『창세기 주석』이나 시편 93편에 대한 주해에서도 깔뱅의 질문이 발견될 수 없기 때문에, 그렇다면 화이트 자신은 어디서 깔뱅의 질문을 발견하느냐?"고 역으로 질문한다.[14) 게리쉬가 화이트의 깔뱅에 대한 잘못된 인용을 올바르게 지적한 것처럼, 깔뱅의 『시편주석』의 시편 93편 1절에 대한 주석에서 화이트가 인용한 코페르니쿠스의 이름은 물론 지동설에 대한 깔뱅의 비판은 전혀 발견되지 않고, 다만 천동설에 입각하여 깔뱅이 하나님의 섭리의 역사를 감탄조로 묘사하고 있는 내용이 발견될 뿐이다.

"선지자가 여기서 가르치는 말씀 안에서 모든 사람들은 하나님께서 통치하신 다는 사실을 인정한다. … 하나님께서 세계를 창조하셨다는 사실로부터 시편기 자는 하나님께서 세계를 무시하시거나 포기하시지 않으실 것을 증명한다. 간단하게 세계를 살펴보는 것 자체만으로도 하나님의 섭리를 입증하기에 충분할 것

---

12) Andrew Dickson White, *A History of the Warfare of Science with Theology* (New York: Free Press, 1965), 123.
13) 안명준 · 조덕영. "칼빈의 과학관." 196.
14) B. A. Gerrish. "The Reformation and the Rise of Modern Science: Luther, Calvin and Copernicus," G. C. Gamble(ed.), *Calvin and Science* (New York & London: Carland Publishing, INC., 1992), 7.

이다. 비록 하늘의 구조는 거대하고, 그 회전 속도는 인식될 수 없으나, 하늘은 매일 회전하고 있으며, 우리는 그 움직임의 조화 안에서 어떤 충격도, 다시 말하면 어떤 방해(교란, 혼란)도 경험하지 않는다. 매 자전(自轉)의 궤도(軌道)가 변할지라도, 태양은 동일한 점으로 매년 돌아온다. 행성들은 떠돌아다닐지라도, 각자 자신들의 위치들을 유지하고 있다. 만약 지구가 하나님의 손에 의해 떠받혀지지 않는다면, 어떻게 지구가 공중에 매달려있을 수 있겠는가?"[15]

화이트와는 완전히 상반되는 입장을 취하는 로젠(R. Rogen)은 다음과 같이 수사학적으로 강조한 결론까지 내렸다. "그렇다면, 우리의 연구 끝에 우리가 질문할 수 있다면, 코페르니쿠스에 대한 깔뱅의 태도는 무엇이었는가? 깔뱅은 코페르니쿠스에 대하여 결코 들어 보지 못했고, 그에 대한 어떤 태도도 가지지 않았다."[16]

리샤르 스토페르(Richard Stauffer)는[17] "깔뱅과 코페르니쿠스"라는 연구에서 깔뱅은 코페르니쿠스와 그의 추종자들을 반박했다고 주장했다. 여기에 대한 증거는 고린도전서 10~11장에 대한 깔뱅의 여덟 번째 설교이다. 여기서 깔뱅은 고린도전서 10:19-24절을 주석하면서 우상을 숭배하지 말 것을 회중들에게 강력하게 호소한다.

"모든 것을 반박하기 위해서 획책하고 자연의 질서를 곡해하는, 악의에 찬 모순의 영을 가진, 이러한 미친 사람들처럼 되지 맙시다. 우리는 아주 완전히 미쳐 날뛰는 어떤 사람들을 발견할 수 있는데 그들은 종교문제에서 뿐만 아니라 모든 면에서 그들의 기괴한 본성을 보여 주고 있습니다. 그들은 심지어 태양이 움직이지 않고, 분발하여 빙빙 도는 것이라고 말할 것입니다. … 미친 자들은 바로

---

15) John Calvin, 『시편주석』, 시93:1절.
16) Edward Rosen, "Calvin's Attitude Toward Copernicus," G. C. Gamble(ed.), *Calvin and Science*, 27.
17) 스토페르는 종교개혁과 깔뱅 연구에 탁월한 프랑스 역사신학자로서 그의 책이 한글로 번역된 바 있다. 참고, Richard Stauffer, *La Réforme(1517-1564)*, 박건택 역, 『종교개혁』(서울: 기독교문서선교회, 1989).

자연의 질서를 바꾸려 하고, 사람들의 눈을 현혹시켜서 그들의 감각을 무디게 하려는 자들입니다."[18]

스토페르의 위와 같은 주장에 반대하여, 카이저(C. B. Kaiser)는 깔뱅이 비판하고 있는 대상은 카스텔리오(Castellio)라고 주장하면서, 깔뱅은 코페르니쿠스의 "태양중심적인"(heliocentric) 사상을 비판한 것이 아니라, "반지구역학적인"(antigeodynamic) 사상을 비판한 것이라고 그 이유를 밝힌다. "깔뱅의 반지구역학적인 언급은 반 카스텔레오적(또는 반 벨리안적)이지만, 반 코페르니쿠스적인 것은 아니다."[19]

호이까스(R. Hooykaas)에 의하면, 깔뱅은 코페르니쿠스의 이름을 한 번도 언급한 적이 없으며, 깔뱅이 말했다고 하는 '인용구'는 모두 가공의 인물을 가리킨다는 것이다.[20] 또한 스토페르의 주장에 반대하여, 호이까스는 깔뱅이 코페르니쿠스의 이론을 반대한 것은 분명하지만, 깔뱅이 지동설을 반대한 이유는 그의 이론이 성서의 특별계시에 반대되기 때문이 아니라, 자연 질서의 일반계시에 상충되기 때문이다.

"말하자면, 논쟁이 되는 구절에서 지동설이 깔뱅에 의해 정죄된 이유는 그것이 성서('특별계시')와 반대되기 때문이 아니라, 지구상의 모든 사람들에게 주어졌던 감각들과 이성(理性)의 증언 안에서 주어진 것으로서의 '일반계시'에 반대되는 것으로 간주되기 때문이다."[21]

깔뱅이 "반과학적"이라는 오해 문제는 끊임없이 깔뱅과 코페르니쿠스의

18) 천사무엘, 『성경과 과학의 대화』(서울: 도서출판 글누리, 2008), 114-116.
19) Christopher B. Kaiser, "Calvin, Copernicus, and Castellio," G. C. Gamble(ed.), *Calvin and Science*, 71.
20) R. Hooykaas, "Thomas Digges' Puritanism," *Archives Internationale d'Histoire des Sciences* 8(1955), 151.
21) R. Hooykaas, "Calvin and Copernicus," G. C. Gamble(ed.), *Calvin and Science*, 43.

관계 문제를 중심으로 제기되었다. 현재까지 연구 결과로는 깔뱅의 작품에서 천동설을 수용한 깔뱅이 지동설의 내용을 비판할 때조차도, 코페르니쿠스라는 이름을 직접 사용하지 않는다는 사실이다.

깔뱅이 코페르니쿠스를 알았는지의 여부와, 깔뱅이 익명적으로 코페르니쿠스를 비판했는지의 여부에 대한 역사적 사실 증명은 또 다른 과제로 남기더라도,[22] 여기에 대한 정확한 규정 자체는 과학에 대한 깔뱅의 입장을 규명하는 데는 결정적이지 못할 것이다. 왜냐하면, 오늘의 과학 지식의 관점에서 깔뱅이 지지한 천동설은 틀리지만, 16세기 당시 깔뱅이 지동설을 비판한 것은 그가 천문학을 포함한 과학 자체를 비판한 것이 아니라, 과학 이론들 중에서 자연 질서에 어긋난다고 판단되는 과학 이론을 비판한 셈이 된다.

천동설을 과학적 사실로 믿고 있던 깔뱅이 그의 당시 일반화되지 않았던 지동설을 수용하지 않고, 그것을 반대한 사실은 그가 반과학적이라는 사실을 보여주는 것이 아니라, 그 반대로 그가 당대의 과학 기준에서 볼 때, 과학적이었다는 태도를 보여주는 것이 아닐까? 왜냐하면 코페르니쿠스의 지동설은 매우 점진적으로 받아들여졌고, 1600년까지만 해도 그의 이론을 수용하는 사람들은 거의 없었기 때문이다.[23]

깔뱅은 자연과학의 발전에는 긍정적이었지만, 새로 발견되어 전문 과학자들로서의 천문학자들에게도 일반적으로 검증되어 수용되지 않았던 코페르니쿠스의 지동설을 전문 과학자가 아닌 그가 수용하지 않았던 것은 충분히 납득될 수 있을 것이다.[24] 천동설을 받아들이고, 지동설을 반대한 16세기 당시의

---

22) Christopher B. Kaiser, "Calvin's Understanding of Aristotelian Natural Philosophy: Its Extent and Possible Origins,," G. C. Gamble(ed.), *Calvin and Science*, p. 144의 각주 4: "깔뱅이 코페르니쿠스의 작품에 관심을 갖고 있었는지 심지어 그것을 알고 있었는지에 대한 증거를 우리는 여전히 갖고 있지 않다."

23) R. J. Blackwell, *Galileo, Bellarmine, and the Bible* (Notre Dame: University of Notre Dame Press, 1991), 23.

24) 천사무엘, 『성경과 과학의 대화』, 117-118.

대부분의 사람들 가운데 속했던 깔뱅의 과학지식의 한계와 오류에 대한 비판은 정당하지만, 이것을 근거로 그가 반과학적이라고 단정 짓는 것은 상당한 무리가 있다고 볼 수 있다.

깔뱅은 소위 중세의 천문학과 과학에 근거하여 지동설을 비판했다고 볼 수 있다. 그러므로 깔뱅이 지동설과, 지동설을 주장한 코페르니쿠스를 비판한 사실로부터 깔뱅은 "반과학적"이라고 규정하는 것은 깔뱅에 대한 오해일 것이다. "그는 자연과학의 활동과 업적을 중요시하고 그 필요성을 잘 알고 있었으나 동시대에 출현한 코페르니쿠스의 혁명적 천체과학을 따르지는 않았다."[25]

25) 이오갑, 『칼뱅의 신과 세계』, 239.

III. 깔뱅의 과학 이해에 대한 신학적 근거

1. 과학의 계시론적 근거: 자연의 책

기독교와 과학의 관계 역사(歷史)에 대하여 개괄한 신재식은 다음과 같은 결론을 내렸다.

"이상의 간략한 언급을 통해서, 일반적으로 알려진 '전쟁'의 이미지는 지난 수백 년간의 기독교와 과학 사이의 상호작용의 약사에서 볼 때 상대적으로 극히 최근에 만들어진 것임을 염두에 두어야 한다. 기독교와 과학 사이의 관계를 '갈등'이나 '전쟁'의 이미지로 설명하는 것은 역사적으로 적절한 것이 아니다. 오히려 수백 년간 서구 문화 속에서 기독교와 과학의 관계를 설명하는 가장 지배적인 견해 가운데 하나가 '두 권의 책'(two books)이었다."[26]

그리고 신재식은 두 권의 책의 모델은 기독교와 과학의 상보적인 관계 모델을 의미한다고 주장했다.

"이것은 중세시대에 하나님의 계시가 두 권의 책, '성서라는 책'(the book of Bible)과 '자연이라는 책'(the book of nature)에 의해 드러난다는 생각이다. 즉 신학과 과학은 모두 신적인 것에 대해서 이야기할 수 있는 것으로 서로 배척하거나 전쟁 관계가 아니라 상보적이었음을 의미한다."[27]

깔뱅의 과학 이해를 설명하기 위해 "두 권의 책"이라는 모델을 사용하여

---

26) 신재식, "갈등에서 조화로: 기독교와 과학의 상호관련성에 대한 하나의 시론적 고찰," 호남신학대학교 출판부(편), 「신학이해」제17집(1999)(광주: 호남신학대학교출판국, 1999), 378, 참고, 373-401.
27) 앞의 책, pp. 378-379의 각주5.

깔뱅의 계시론을 논의하는 것이 가능할 것이다.[28] 주지하다시피 중세 시대에 하나님의 계시는 두 권의 책(two books), 즉 자연이라는 책과 성서라는 책에 의해 읽힐 수 있고, 과학과 신학 모두는 신적인 것들에 관하여 이야기할 수 있으며, 자연계시와 특별계시 모두는 우리에게 신에 대한 방향이라는 하나의 방향을 지시한다.[29]

깔뱅은 창세기 1장 6절의 '궁창'에 대하여 주석할 때, 과학(천문학)의 책으로서의 자연과, 이것과 구별되는 책으로서의 성서에 대해서 말하고 있다.

> "왜냐하면 나로서는 이것은 분명한 원리인데, 즉 여기서 취급되는 모든 것은 오직 세계의 가시적 형태에 관한 것뿐이다. 천문학과, 다른 어려운 예술(기술, 학문)을 배우기를 원하는 자는 다른 곳으로 가게 하라. 여기서 성령은 예외 없이 모든 사람들을 가르치시기를 원하시며, 그러므로 그레고리우스가 거짓되게 그리고 쓸데없이 조상(彫像)들과 회화(繪畫)들에게 경의(敬意)를 표하면서 선포하는 모든 것은 참으로 창조의 역사(歷史)에 적용시킬 수가 있다. 다시 말하면 그것은 배우지 못한 사람들의 책이다. 그러므로 그가 관련시키는 모든 것들은 그가 우리 앞에 놓아두는 저 극장의 장식물로서 사용된다."[30]

천체(天體)를 연구하는 과학 또는 자연과학으로서의 천문학과 성서에 대한 구별은 깔뱅의 창세기 1장 16절 주석에서 더욱 분명하게 나타난다. 여기서 깔뱅은 "하나님의 경탄할만한 지혜"를 포함하고 있는 천문학의 유용성과 천문학자의 영예를 말한다.

---

28) 깔뱅의 계시론을 중심으로 일반계시와 특별계시라는 용어의 제한성을 위해 다음을 참고하시오. 이오갑, 『깔뱅의 신과 세계』(서울: 대한기독교서회, 2010), 89-90.
29) 신재식, "갈등에서 조화로: 기독교와 과학의 상호관련성에 대한 하나의 시론적 고찰," 390의 각주 22를 참고. 이와는 대조적으로 두 언어 이론(the two-language theory)이나 두 세계(two worlds) 이론은 두 개의 다른 방향 즉, 신과 세계를 각각 지시한다.
30) John Calvin, 『창세기 주석』 창1:6.

"여기에 (모세의 말과 천문학자들의 말 사이에, 필자주) 차이가 있다. 모세는 교육 받지 아니하고, 보통 지각을 가지고 태어난 모든 보통 사람들이 이해할 수 있는 평범한 문체로 사물들을 기록하였지만, 천문학자들은 인간 정신의 총명(聰明)이 이해할 수 있는 것은 무엇이든지 큰 수고를 가지고 연구한다. 그럼에도 불구하고, 이 연구는 책망 받아서도 안 되고, 이 과학은 저주받아서도 안 된다. 왜냐하면 어떤 미친 사람들은 자신들에게 알려지지 않은 것은 무엇이든지 대담하게 거부하고자 한다. 그러므로 천문학은 즐거울 뿐만 아니라, 천문학이 알려지는 것은 매우 유용하기도 하다. 이런 학문이 하나님의 경탄할만한 지혜를 포함하고 있다는 사실이 부인되어서는 안 된다. 그러므로 이 주제에 관하여 유익한 수고를 하는 사람들은 재능이 있는 사람들로서 존경받아야 한다. 그러므로 여가 시간과 능력이 있는 사람들은 이 같은 종류의 훈련을 무시해서는 안 된다."[31]

깔뱅은 창세기 2장 3절의 안식일 제정에 대한 주석에서, 안식일 제정의 목적은 우리가 하나님의 "장엄한 극장" 즉, 창조세계 안에서 그가 어떤 분이심을 관조(觀照)하고 실천하는 것이라고 말한다. 이것을 우리의 주제와 관련하여 다르게 표현한다면, 자연 세계에 대한 과학적 탐구는 우리들에게 유익을 가져오는 차원을 훨씬 넘어 우리의 하나님 인식과 지식은 물론 경건과 예배 행위를 통해 하나님의 영광에 기여할 수 있게 한다. 깔뱅에 의하면, 하나님께서 우리가 "장엄한 극장" 안에서 이 일을 하도록 명령하셨기에, 우리는 이것을 훈련해야한다.

"하나님께서 자신의 안식을 지정하실 때 동일한 목적을 가지셨다. 왜냐하면 하나님께서 이 특별한 사용을 위하여 나머지 날들로부터 선택된 하루를 분리시켰기 때문이다. 그러므로 그 축복은 엄숙한 성별 외에 다른 것이 아니다. 이 엄숙한 성별을 통하여 하나님은 자신을 위하여 일곱째 날에 사람들의 묵상들과 일들을 요구하신다. 이것은 참으로 전(全) 생애 동안 수행해야할 고유한 일이다.

---

31) 앞의 책, 창1:16.

일생의 고유한 일을 수행할 때, 우리는 하늘과 땅의 이 장엄한 극장 안에서 하나님의 무한(無限)한 선, 정의(공의), 능력, 그리고 지혜를 관조하는데 스스로 훈련해야한다."[32]

깔뱅에 의하면, 비록 자연 속에 지금도 객관적으로 나타나 있는 불충분한 자연계시나 불충분한 자연계시가 나타난 자연에 대한 우리의 주관적인 불충분한 자연인식 때문에, 우리가 이것을 통하여 구속주 하나님 지식을 얻는 것은 전혀 불가능하고, 다만 우리의 죄를 핑계치 못하게 한다. 깔뱅이 이해한 자연계시와 우리의 자연인식은 이 같은 한계를 가지고 있음에도 불구하고, 자연계시는 분명히 하나님의 인식 방법 중의 하나이다. 다시 말하면, 깔뱅은 우리가 하나님을 인식할 수 있는 방법 두 가지, 즉 자연과 성서에 대하여 다음과 같이 말하고 있다.

"중보자이신 그리스도께서 하나님을 우리에게 화목시키시기 위해 오실 때까지, 인류의 이 같은 타락으로 지금 아무도 하나님을 아버지나 구원의 창시자로 또는 어떤 면에서 은혜로우신 분으로 경험하지 않는다. 그럼에도 불구하고, (두 가지 사실이 있다, 필자주) 하나는 우리의 창조주로서 하나님께서 그의 능력으로 우리를 지탱하시며, 그의 섭리로 우리를 통치하시며, 그의 선으로 우리를 양육하시며, 모든 종류의 복들로 우리를 돌보신다는 것을 느끼는 것과, 다른 하나는 그리스도 안에서 우리에게 제공된 화목(해)의 은혜를 포옹하는 것. 먼저 주님께서 세계의 창조 속에서(in mundi opificio) 그리고 성서의 일반적인 교리(교훈) 속에서 자신이 창조주이심을 보여주시며, 그 다음에 주님께서 그리스도의 얼굴 안에서 자신을 주님으로 보여주신다. 여기서부터 하나님에 대한 이중지식이 생기는 바, 우리는 지금 첫 번째 관점에 관하여 논의하고, 두 번째 관점은 그것에 대한 적절한 장소(위치)에서 취급될 것이다."[33]

---

32) 앞의 책, 창2:3.
33) John Calvin, 『기독교 강요』(1559), I ii 1.

깔뱅에 의하면, 하나님께서 창조 사역을 통하여 자신을 계시하셨고, 시현하고 계시기 때문에, 하나님의 능력과 지혜의 영광은 하나님의 모든 피조세계에 지금도 빛나고 있다.

> "그러므로 누구든지 행복에 도달하는 데로부터 제외되지 않도록, 하나님께서 우리가 이미 언급한 인간들의 마음속에 그 종교의 씨앗(religionis semen)을 뿌리셨을 뿐만 아니라, 자신을 계시하셨고, 전(全) 세계의 창조 안에(in toto mundi opificio) 자신을 시현하신다. … 그리고 하나님의 능력과 지혜의 영광이 하늘보다 더욱 밝게 빛나기 때문에, 하늘은 가끔 하나님의 궁전으로 불린다.(시104:2) 그러나 무엇보다도 먼저 당신이 눈을 펼치는 곳에는 어디든지 우주의 어떤 곳에도 적어도 하나님의 영광의 섬광을 발견할 수 없는 곳이 없을 것이다."34)

그러므로, 전문 자연과학자들뿐만 아니라, 전문 과학지식을 가지고 있지 않는 교육받지 못한 무지하고도 평범한 사람도 하늘과 땅 어디서든지 하나님의 지혜를 발견할 수 있다. 깔뱅의 계시론적 입장에서 볼 때, 과학의 전공여부와 기독교 신앙 여부를 떠나 모든 사람들은 전문 과학자 또는 아마추어 과학자인 셈이다. 하물며 기독교 신앙을 가진 평범한 기독교인은 물론 전문 기독교 과학자나 전문 신학자는 하나님의 계시를 더욱 잘 이해하기 위하여 과학을 탐구하고, 과학에 관심을 갖고, 과학을 활용하여 하나님의 "자연의 책"을 올바르게 읽고 이해하는데 게을러서는 안 될 것이다.

> "하늘과 땅에 하나님의 놀라운 지혜를 선포하는 수많은 증거들이 있다. 천문학(astrologia), 의학(medicina) 그리고 모든 자연과학(tota physica scientia)을 통해 면밀하게 탐구해야 알 수 있는 심오한 증거들뿐만 아니라, 전혀 교육을 받지 않은 무식한 사람들도 보기만 하면 바로 알 수 있는 그런 증거들이 무수히 많아 눈을 뜰 때마다 그것들을 증거하지 않을 수 없다."35)

---

34) 앞의 책, I v 1.

2. 과학의 성령론적인 근거

조직신학적으로 엄격하게 말하면, 앞에서 언급한 과학의 계시론적 근거와, 지금 논의하고자하는 과학의 성령론적 근거는 계시론이라는 한 범주에 넣을 수 있고, 또 넣어야할 것이다. 그러나 우리가 이 둘을 따로 논의하는 이유는 이미 우리에게 익숙한 '두 가지 책'이라는 모델을 사용하기 위하여 필자가 임의적으로 구별해 보았다.

깔뱅은 과학을 성령론적으로 이해하였다. 하나님께서 기독교 신앙 여부와 관계없이 사람들에게 하나님의 선물 또는 성령의 은사(恩賜)를 주심으로써 과학이 가능하다.[36] 깔뱅은 성령을 하나님의 선물의 기초와 원천과 저자인 동시에 진리의 원천으로 이해한다. "우리의 칭의는 성령의 사역이다. 능력과 성화와 진리와 은혜와 생각될 수 있는 모든 선한 것이 성령으로부터 온다. 왜냐하면 모든 종류의 선물(omne donorum genus)은 한 성령으로부터만 나오기 때문이다. … 왜냐하면 이것은 성령을 기초 또는 원천과 저자로 만들기 때문이다."[37] "따라서 바울이 여기서는 사람들에게 부인하는 그 무엇을 그가 기도하면서 다른 곳에서는 오직 하나님께만 그 원인을 돌린다. '하나님, 영광의 아버지께서 지혜와 계시의 영을 너희에게 주시기를 구하노라!'((엡1:17) 지금 당신은 모든 지혜와 계시가 하나님의 선물이라고 듣는다."[38] 깔뱅이 이해한 성령의 선물로서의 과학은 소위 '자연은혜'(natural grace) 또는 '일반은혜'(common grace) 차원에서 이해될 수 있을 것이다.

창세기 4장 20절에 대한 주석에서 깔뱅은 특히 비기독교인들에게도 탁월하게 나타나는 제반 예술, 기술, 학문 등은 성령의 선물임을 강조한다.

---

35) 앞의 책, I v 2.
36) W. Standford Reid,, "Natural Science in Sixteenth-Centiry Calvinistic Thought," G. C. Gamble(ed.), *Calvin and Science*, 186-187.
37) John Calvin, 『기독교 강요』(1559), I xiii 14.
38) 앞의 책, II ii 21, 참고, "Iam audis, omnem sapientiam et revelationem esse Dei donum."

"모세는 지금 어떤 선한 것들이 가인의 가계(家系)로부터 발생했던 악들과 뒤섞여졌다는 사실을 설명한다. 왜냐하면 예술과, 생활의 일상적 용도와 편의에 사용되는 다른 것들은 결코 무시되지 않아야할 하나님의 선물이며, 칭찬할만한 능력이기 때문이다. … 현재의 삶의 유익을 위하여 모든 시대에 대한 경험들이 신적 광선들이 얼마나 폭넓게 믿지 않는 나라들(민족들) 위에 비추었는지를 우리에게 가르치고 있듯이, 현재도 우리는 영(성령)의 탁월한 선물들이 전(全) 인류를 통해 확산되었다는 사실을 보고 있다. 그러나 인문학과 과학은 이교도로부터 우리에게 전해졌다. 우리가 천문학과 철학의 다른 분야들과 의학과 시민정부의 질서를 이교도들로부터 받아들였다는 사실을 우리는 참으로 인정하지 않을 수 없다."[39]

---

39) John Calvin, 『창세기 주석』 창4:20: "모세는 지금 어떤 선한 것들이 가인의 가계(家系)로부터 발생했던 악들과 뒤섞여졌다는 사실을 설명한다. 왜냐하면 예술(arts)과, 생활의 일상적 용도와 편의에 사용되는 다른 것들은 결코 무시되지 않아야할 하나님의 선물(a gift)이며, 칭찬할만한 능력이기 때문이다. 순전성(interity, 완전한 상태)으로부터 가장 깊숙하게 타락했던 이 종족이 희귀한 재능들의 차원에서 아담 후손 중에 다른 종족들보다 훨씬 탁월했어야만 했다는 사실은 참으로 놀라운 일이다. 그러나 예술이 가인의 가계 안에서 발명되어 왔던 것처럼, 모세는 예술과 관련하여 다음 사실을 분명하게 말했음을 나는 알고 있다. 왜냐하면 가인이 주님에 의해서 그렇게 저주받지 않았기 때문에, 하나님은 여전히 가인의 후손 가운데 어떤 탁월한 선물들(gifts)을 뿌리기를 원하셨다는 사실을 보여주는 것이 모세의 진술 목적이었다. 그 동안 다른 사람들의 비상한 재주가 활동적이지 않은 것은 아니었지만, 아담의 아들들 가운데 예술(arts)의 발명과 장려를 실천했던 근면하고 기술이 있는 사람들이 있었을 수 있다. 그러나 모세는 그렇지 않을 경우 모든 선한 것이 결핍되고, 불모지가 될 운명에 처했던 그 종족에게 남아 있는 하나님의 복을 분명하게 축하한다. 가인의 아들들은 중생의 영은 빼앗겼을지라도, 그러나 야비하지 않는 일종의 선물들(gifts)을 부여받았다는 사실을 알게 하자. 현재의 삶의 유익을 위하여 모든 시대에 대한 경험들이 신적 광선들이 얼마나 폭넓게 믿지 않는 나라들(nations, 민족들) 위에 비추었는지를 우리에게 가르치고 있듯이, 현재도 우리는 영(성령)의 탁월한 선물들(gifts)이 전(全) 인류를 통해 확산되었다는 사실을 보고 있다. 그러나 인문학(liberal arts)과 과학(science)은 이교도로부터 우리에게 전해졌다. 우리가 천문학과 철학의 다른 분야들과 의학과 시민정부의 질서를 이교도들로부터 받아들였다는 사실을 우리는 참으로 인정하지 않을 수 없다. 그러므로 하나님께서 탁월한 호의(은혜)들로 이교도들에게 관대할 정도로 풍성하게 채우심으로써 그들이 변명을 하지 못하도록 하게 하신 것은 의심의 여지없이 분명한 사실이다. 그러나 하나님께서 이교도들에게 부여하신 하나님의 호의의 풍성함을 우리가 찬탄(讚嘆)하는 한편, 하나님께서 특별히 자신의 선택된 자들을 자신에게로 성화시키는 중생의 은혜에 훨씬 더 높은 가치를 돌리자. 지금 하프와 음악의 유사한 악기들의 발명은 우리의 필요성 보다는 차라리 우리의 즐거움을 위해 사용되지만, 여전히 불필요한 것으로 생각되어서는 안 되고, 하물며 더욱 더 그 자체로서는 정죄 받아서는 안 된다. 만약 그것이 하나님에 대한 경외와 인간사회의 공익과 연결되지 않는 다면, 즐거움은 참으로 정죄 받아야 한다. 그러나 음악의 성격은 종교의 직무들을 위해 채택될 수 있고, 인간들을 유익하게 만들 수 있는 그런 것이다. 만약 그것이 사악한 유혹과 어리석은 쾌락으로부터 벗어날 때만, 그런 것이다. 사악한 유혹과 어리석은 쾌락을 통해 그것은 사람들을 더 좋은 일들로부터 유혹하여 쓸데없는 일에 종사하게 만든다. 그러나 만약 우리가 하프의 발명에 대해 찬사를 보내지 않는 다면, 목수의 기술(art)의

그리고 한걸음 더 나아가 깔뱅은 기독교 관련 여부와 관계없이 각 사람과 나라와 민족에게 주어진 이 같은 성령의 선물들 중에 하나인 하프라는 악기와 음악을 예를 들어, 이것을 하나님 경외와 사회의 공익을 위하여 사용할 것을 강조하고, 사악한 유혹이나 어리석은 쾌락을 통한 탈선의 행위를 정죄한다.

> "지금 하프와 음악의 유사한 악기들의 발명은 우리의 필요성 보다는 차라리 우리의 즐거움을 위해 사용되지만, 여전히 불필요한 것으로 생각되어서는 안 되고, 하물며 더욱 더 그 자체로서는 정죄 받아서는 안 된다. 만약 그것이 하나님에 대한 경외와 인간사회의 공익과 연결되지 않는다면, 즐거움은 참으로 정죄받아야 한다. 그러나 음악의 성격은 종교의 직무들을 위해 채택될 수 있고, 인간들을 유익하게 만들 수 있는 그런 것이다. 만약 그것이 사악한 유혹과 어리석은 쾌락으로부터 벗어날 때만, 그렇게 될 수 있다. 사악한 유혹과 어리석은 쾌락을 통해 그것은 사람들을 더 좋은 일들로부터 유혹하여 쓸데없는 일에 종사하게 만든다. 그러나 만약 우리가 하프의 발명에 대해 찬사를 보내지 않는다면, 목수의 기술의 유용성이 어떻게 그렇게도 멀리 그리고 널리 잘 알려졌겠는가?"[40]

성령의 선물로서의 과학에 대한 우리의 논의와 관련하여, 깔뱅은 『기독교강요』(1559) 제2권 제2장 12절부터 17절(II ii 12-17)까지 제반 문예, 기술, 학문 등을 가능케 하는 인간의 이성(ratio) 또는 지성(intellectum, intelligentia)에 대하여 집중적으로 논의한다.

아우구스티누스는 '자연은사'(naturalia dona)와 '초자연은사'(supernaturalia dona)를 구별하여, 전자는 인간의 부패와 타락 가운데서도 훼손되었지만, 인간에게 여전히 남아있고, 후자는 완전히 상실되었다고 주장했다. 깔

유용성이 어떻게 그렇게도 멀리 그리고 널리 잘 알려졌겠는가? 마지막으로 내 의견에 모세는 그 종족이 다양하고도 탁월한 재능들로 번창했다는 사실을 가르치려 했다. 이 재능들은 변명의 여지가 없게 만들며, 하나님의 선하심에 대한 가장 탁월한 증거들로서 증명하는 것이다. '장막에 거하는 자들의 조상'이라는 이름은 그에게 주어졌는데, 그는 그 후에 다른 사람들이 모방했던 그 이기(利器)의 발명자였다."
40) John Calvin, 『창세기 주석』, 창4:20.

뱅은 아우구스티누스의 위의 견해를 기꺼이 받아들여 타락 이후에도 인간에게 자연은사는 부패된 가운데서도 여전히 남아 있다고 주장한다. "그러므로 선과 악을 구별하고, 이해하고 판단하는 이성(ratio)은 자연은사(naturale donum)이기 때문에 그것은 완전히 지워질 수가 없었고, 부분적으로 약해지고, 부분적으로 부패되어, 기형이 된 잔재(deformes ruinae)가 보인다."41) 그러므로 타락 이후에도 인간은 이성이나 지성을 사용하여 소위 '땅의 일'(res terrenarum)에 관한한, 탁월성을 여전히 보여주지만, 소위 '하늘의 일'(res caelestes)에 대하여는 무능하다. "그러므로 정치(politia), 경제(oeconomia), 모든 기계적인 기술들(artes omnes mechanicae), 그리고 문예들(disciplinaeque liberales)은 땅의 일에 속하고, 하나님과 하나님의 뜻을 아는 것과, 우리가 우리의 삶을 그것에 따르도록 하는 규칙은 하늘의 일에 속한다."42) "그 다음에는 학예와 공예(artes tum liberales, tum manuariae)가 이어진다. 우리모두는 어떤 적성을 가지고 있기 때문에, 이런 것들을 배우는데, 인간적 명민함의 능력도 나타난다. 배우기 위해 모든 사람들에게 이 모든 것들이 적절한 것은 아닐지라도, 어떤 기술에 분명한 재능을 보여주지 않는 사람은 거의 발견되지 않는다는 사실은 모든 사람들에게 공통된 능력이 있다는 사실을 보여주기에 충분하다."43)

깔뱅은 누구에게나 주어진 선물도 하나님의 은사이지만, 하나님께서 신자나 불신자를 불문하고 특정한 사람들에게 주신 성령의 은사를 하나님의 특별한 은혜로 생각하고, 그 가치를 인정하고, 유익하게 활용할 것을 우리에게 촉구한다. "한편 이러한 능력이 모든 사람에게 보편적으로 있으므로 각 사람은 마땅히 거기서 특별하신 하나님의 은혜를 깨달아야할 것이다. 그런 능력이 경

---

41) John Calvin, 『기독교 강요』(1559), Ⅱ ⅱ 12.
42) 앞의 책, Ⅱ ⅱ 13.
43) 앞의 책, Ⅱ ⅱ 14.

건한 자들에게나 불경건한 자들에게나 차별 없이 베풀어져 있으니 이것도 자연은사에 포함되는 것으로 보는 것이 옳을 것이다."[44]

"우리는 세속(비기독교, 필자주) 저술가들에게서 이런 문제들을 만날 때마다 그들 안에서 비치는 진리의 환한 빛을 보면서, 비록 타락하여 그 온전함에서 부패해 있는 상태에 있지만 그래도 사람의 지성이 과연 하나님의 탁월한 은사들로 아름답게 장식되어 있다는 것을 배워야 할 것이다. 만약 우리가 성령을 진리의 유일한 원천으로 간주하고, 또 만약 우리가 하나님의 영을 모욕하기를 원하지 않는다면, 진리가 나타난 곳이 어디든지 간에 우리는 그 진리 자체를 거부하거나 멸시해서는 안 된다. 왜냐하면 영의 선물들을 하찮게 여김으로써 우리는 성령 자신을 경멸하고 비난하게 되기 때문이다."[45]

깔뱅은 고대입법자들의 법학, 철학자들의 자연이론, 의학, 수학, 제반 학문은 미친 사람들의 허튼 소리라고 절대로 말할 수 없다고 주장하면서 제반 학문들의 가치를 경탄조로 인정하고 있다.

"아니다! 이런 주제들에 대한 옛 사람들의 저작을 읽을 때마다 우리는 깊은 감탄을 금할 수가 없다. 그것들이 얼마나 고귀한가를 인정하지 않을 수 없기 때문에 그것들에 대하여 경탄해 마지않는 것이다. 칭찬할 만하고 고귀한 것들을 바라보며 경탄해마지 않는데, 그것들이 과연 하나님께로부터 온다는 것을 인정하지 않을 수 있겠는가?"[46]

깔뱅은 우리가 받은 은사 자체도 귀중하게 생각해야하지만, 이 은사의 목적에 맞게 인류의 공익을 위하여 사용할 것을 우리에게 권면한다.

---

44) 앞의 책, II ii 14.
45) 앞의 책, I ii 15.
46) 앞의 책, I ii 15.

"한편 하나님께서 원하시는 자에게 전(全) 인류의 공익을 위하여 분배하시는 하나님의 영(divini Spiritus)의 탁월한 이 은혜들(bona)을 우리는 잊지 않아야 한다. … 그러나 만일 우리가 물리학(physicis), 변증학(dialecticis), 수학(mathematicis)과 그 밖의 학문에서 불경건한 자들의 업적과 활동의 도움을 받기를 원한다면, 마땅히 그런 도움을 받아들여 사용해야할 것이다."47)

깔뱅의 경우, 하나님의 영광과 인류의 공익을 추구하는 과학은 기독교신앙 여부에 관계없이 성령께서 주시는 자연은사에 속한다. 이것은 '성화(성결)의 영'을 받은 그리스도인의 구원과는 직결되는 것은 아니지만,48) 우리가 이것을 무시할 경우, 이것을 가능케 하신 성령을 모독하는 셈이 된다. 그러므로 평범한 그리스도인이나 전문 기독교 과학자와 신학자는 성령의 은사로서의 과학 지식을 추구하고, 그것을 유익하게 적극적으로 활용해야 할 것이다.

"성막을 짓는데 필요했던 브살렐과 오홀리압의 총명과 지식은 하나님의 성령 께서 그들에게 부어주신 것이었다.(출31:2-11; 출35:30-35) 그렇다면 인간 생활에서 가장 탁월한 모든 것들에 대한 지식이 하나님의 영을 통해서 우리에게 전달된다고 말하는 것도 전혀 무리가 없다. 그렇다면 하나님께로부터 완전히 떨어져 있는 불경건한 자들이 대체 하나님의 영과 무슨 관계가 있느냐는 식으로 질문하는 것이 과연 타당하겠는가? 하나님의 영이 오직 신자들 속에만 거한다는 진술(롬8:9)은, 우리를 하나님의 성전으로 거룩하게 구별하여 세우시는 성화의 영(de Spiritus sanctificationis, 고전3:16)을 지칭하는 것으로 이해해야할 것이다. 그러나 동시에 하나님께서는 그 동일하신 성령의 능력으로 만물을 채우시고, 움직이시고, 또한 생기를 불어넣으시며, 또한 자신의 창조의 법칙을 따라 각 종류에게 부여하신 그 성격에 따라 그렇게 유지하시는 것이다. 그러나 만일 우리가 물리학, 변증학, 수학과 그 밖의 학문에서 불경건한 자들의 업적과 활동의 도

---

47) 앞의 책, l ii 16.
48) 깔뱅이 이해한 성령의 두 가지 사역에 대하여 졸저를 참고하시오: 최윤배, 『성령론 입문』(서울: 장로회 신학대학교출판부, 2010), p. 95.

움을 받기를 원한다면, 마땅히 그런 도움을 받아들여 사용해야할 것이다. 이런 학문들에서 하나님께서 값없이 베푸신 선물을 소홀히 한다면, 우리의 나태함에 대하여 공의의 형벌을 받아 마땅할 것이다."[49]

우리는 본 장의 논의로부터 깔뱅의 과학에 대한 신학적 근거를 계시론적으로 그리고 성령론적으로 규정할 수 있을 것이다.

---

49) John Calvin, 『기독교 강요』(1559), I ii 16.

IV. 성서해석에서 깔뱅은 과학을 어떻게 취급했는가?

깔뱅의 성서해석학을 집중적으로 연구하는 것이 현재 우리의 목적이 아니다.[50] 깔뱅이 사용하고 있는 성서해석방법들 중에 하나인 '하나님의 적용 이론'을 선택하여,[51] 자연과학, 특히 천문학과 관련하여 실례를 제시함으로써 깔뱅이 성서해석에서 과학을 취급하는 태도를 보여 주고자 한다.[52]

맥그라스(Alister E. McGrath)처럼 많은 깔뱅연구가들은 깔뱅은 성서해석에서 하나님의 적용 원리를 사용하고 있다고 주장한다. 과학과 관련하여 맥그라스는 깔뱅은 과학 연구의 장애물을 제거하고, 자연의 과학적 탐구에 긍정적 공헌을 했고, 성서해석을 위하여 하나님의 적용 사상을 이용했다고 깔뱅을 높이 평가했다.[53]

『창세기 주석』에서 깔뱅이 수행하는 창세기 1장 15절과 16절에 대한 주석에서 과학으로서의 천문학에 대한 깔뱅의 지식과, 성서해석에서 천문학에 대

---

50) 깔뱅의 성서해석학에 대한 전문적인 논의를 위하여 다음을 참고하시오: Myung Ju Ahn, "Brevitas et Facilitas: A Study of a Vital Aspect in the Theological Hermeneutics of John Calvin,"(Ph.D. Diss. University van Pretoria, 1998); 김문경, "깔뱅의 고린도전서 15장 주해에 관한 소고: 깔뱅의 성서해석방법과 부활이해," 장로회신학대학교출판부(편), 『개혁교회의 부흥운동과 성서해석』(서울: 장로회신학대학교출판부, 2009), 197-216; 안명준, 『칼빈의 성서해석학』(서울: 기독교문서선교회, 1997); 천사무엘, 『성경과 과학의 대화』, 71-104; 『요한칼빈탄생 500주년기념 학술심포지엄 '칼빈과 한국교회' 제2분과』에 실린 고광필, 이환봉, 한성진, 정기철, 김정훈, 유상섭, 신현우, 조병수 제씨의 논문들.(2009.6.22. 서울교회).

51) 계시론과 관련하여 깔뱅의 '적응' 개념에 대한 연구를 위해 다음을 참고하시오, 이오갑, 『칼뱅의 신과 세계』, 93-96, 225; Jung Woo Shin, "God Hidden and Revealed in Luther and Calvin," (Diss., University of Edinburgh, 2005).

52) 성서해석을 중심한 깔뱅의 과학에 대한 태도는 또 하나의 전문적인 연구를 요하지만, 우리는 다만 몇 가지 실례만을 보여주는 것에 만족하기로 한다.

53) Alister E. McGrath, *Science & Religion*(Oxford: Blackwell Pub., 1999), 10.

한 지식이 어떻게 작용하는지가 발견된다.

깔뱅은 창세기 1장 15절 주석에서 성서의 기술 목적은 천문학을 기술하는 목적이 아님을 분명하게 밝히면서, 이것 때문에 모세를 비난한 사람들을 반박한다. 곧 모세는 철학적 관점이나 천문학적 관점(별들의 관점)에서가 아니라, 우리를 위한 관점에서, 다시 말하면 하나님의 우리에게 대한 적응의 관점에서 성서를 기록했다는 것이다. 어쩌면 달 스스로가 발광체가 될 수 있다는 주장은 현대 과학적 관점에서는 이해될 수 없지만, 그 당시의 천문학 상식, 즉 과학 상식을 이용하여 깔뱅은 태양과 비교하여 '보다 작은 빛'인 달에 대하여 설명하고 있다.

"이것(창세기 1장 15절인 이 문장, 필자주)은 내가 이미 앞에서 언급했던 것을 다시 잘 반복할 수 있게 된다. 즉, 이것은 여기서 태양이 하늘에서 얼마나 크며, 달이 얼마나 큰지 또는 얼마나 작은 지에 관하여 철학적으로 논의되지 않고, 그 것들로부터 얼마나 큰 빛이 우리에게 오는지에 대하여 논의되어 있다. 왜냐하면 모세는 여기서 우리가 향유해야할 하나님의 선물들에 대한 지식이 미끄러지지 않도록 우리의 지각에 호소하고 있기 때문이다. 그러므로 모세의 의미를 이해하기 위하여 우리가 하늘위로 높이 치솟아 올라가는 것이 목적이 아니다. 하나님께서 우리를 위해 지구 위에 불붙여주신 이 빛을 응시하기 위하여 우리의 눈을 열기만 하도록 하자. 이러한 방법을 통하여(내가 앞에서 이미 관찰했듯이) 보다 더 정확성을 가지고 모세가 말하지 않았다고 책망하는 이 사람들의 부정직함은 충분하게 반박되었다. 왜냐하면 모세는 신학자가 되었기 때문에, 그는 별들에게 보다는 차라리 우리에게 관심을 가지고 있다. 만약 달이 태양으로부터 (빛을, 필자주) 빌려오지 않는다면, 참으로 모세는 달이 지구를 비추는 충분한 빛을 가지고 있지 않다는 사실에 무지하지 않았다. 그러나 모세는 달이 우리에게 빛을 비추는 자라는 사실을 우리 모두가 명백하게 인지할 수 있다는 사실을 선포하는 것으로 충분해 보였다. 천문학자들의 주장처럼 나는 달은 불투명한 물체임을 진실로 받아들이는 한편, 나는 달이 어두운 물체라는 사실을 부인한다. 왜냐하면,

첫째, 달은 불의 요소 위에 위치해야하기 때문에, 달은 반드시 불타는 물체가 되어야 한다. 그러므로 달은 발광체라는 결론에 도달한다. 그러나 달은 우리에게 침투하기 위하여 충분한 빛을 가지고 있지 않기 때문에 달은 모자라는 것을 태양으로부터 빌려온다. 그래서 모세는 비교급으로 달을 '보다 작은 빛'이라고 부른다."[54]

그의 창세기 주석 1장 16절에서 깔뱅은 성서 기술 방법과 천문학 기술 방법의 차이점을 하나님의 적응 이론을 통해서 지적하면서도, 오늘날 현대 천문학의 관점에서도 받아들일 수 있는 정확한 천문학 지식을 가지고 태양계에 속한 토성(土星)을 설명한다. 그리고 깔뱅은 과학으로서의 천문학은 "하나님의 경탄할만한 지혜"를 포함하고 있다고 그 가치를 높이 평가하고, 아울러 천문학자들에 대한 존경심도 표현한다.

"이 말들 안에서 보여 질 수 있는 것처럼 모세는 여기서 철학자로서 난해하게 설명하고 있지 않다고 나는 말했다. 첫째, 모세는 행성들과 별들의 위치를 하늘의 광활한 공간에 위치시키지만, 천문학자들은 천구(天球)들을 구별함과 동시에 고정된 별들은 창공 안에서 자신들의 고유한 위치를 가지고 있다고 가르친다. 모세는 두 개의 큰 발광체들을 만들고 있다. 그러나 천문학자들은 결정적인 이유를 가지고 먼 거리 때문에 모든 것들 중에 가장 작게 보이는 토성(土星)이라는 별은 달 보다 더 크다는 사실을 입증한다. 여기에 (모세의 말과 천문학자들의 말 사이에, 필자주) 차이가 있다. 모세는 교육 받지 아니하고, 보통 지각을 가지고 태어난 모든 보통 사람들이 이해할 수 있는 평범한 문체로 사물들을 기록하였지만, 천문학자들은 인간 정신의 총명(聰明)이 이해할 수 있는 것은 무엇이든지 큰 수고를 가지고 연구한다. 그럼에도 불구하고, 이 연구는 책망 받아서도 안 되고, 이 과학은 저주받아서도 안 된다. 왜냐하면 어떤 미친 사람들은 자신들에게 알려지지 않은 것은 무엇이든지 대담하게 거부하고자 한다. 그러므로 천문학은 즐

54) John Calvin, 『창세기 주석』, 창1:15.

거울 뿐만 아니라, 천문학이 알려지는 것은 매우 유용하기도 하다. 이런 학문이 하나님의 경탄할만한 지혜를 포함하고 있다는 사실이 부인되어서는 안 된다. 그러므로 이 주제에 관하여 유익한 수고를 하는 사람들은 재능이 있는 사람들로서 존경받아야 한다. 그러므로 여가 시간과 능력이 있는 사람들은 이 같은 종류의 훈련을 무시해서는 안 된다."[55]

깔뱅은 시편 136편 7절부터 9절까지를 주석하면서 성령께서는 시편기록에서 천문학을 기술하는데 목적을 두시지 않고, 배우지 못한 평범한 사람들도 알아들을 수 있게 아이들처럼 말씀하셨다고 주장한다. 달이 토성보다 크다는 표현은 천문학적으로는 틀린 것이지만, 우리의 시각으로 볼 때는 옳다는 것이다. 여기서도 깔뱅은 하나님의 적응 사상을 활용하여 과학으로서의 천문학과 성서를 구별하면서도 천문학을 성서주석에서 대립 관계에 두지 않고, 활용을 하기도 한다.

"모세는 태양과 달을 두 큰 빛들이라고 부른다. 시편기자가 여기서 동일한 어법을 차용(借用)한다. 말하자면 별들에 관해서 직접적으로 부언된 것은 다른 별들에게는 부속적이다. 다른 행성들이 달보다 더 큰 것은 사실이지만, 그것의 가시적인 효과 때문에 달은 두 번째로 기술되었다. 성령께서 천문학을 가르칠 의도를 갖지 않으신다. 제안하고 있는 교훈 속에서 가장 단순하고 교육받지 못한 사람들에게 공통적이게 할 의도로 성령께서 모세와 다른 예언자들에 의해 평범한 언어를 사용하게 하셨다. 그 목적은 어떤 사람도 불명료하다는 구실 아래 자신을 숨기지 못하게 하시기 위해서이다. 왜냐하면 심오하거나 난해한 어떤 것이 자신들에게 통고(通告)되었을 때, 사람들은 이해를 위한 무능력을 아주 쉽사리 변명하는 것을 우리가 종종 보게 되기 때문이다. 그 결과 달보다도 훨씬 더 큰 토성(土星)일지라도 그것의 더욱 먼 거리 때문에 우리 눈에는 그렇게 보이지 않으므로, 성령께서 비천하고도 배우지 못한 사람들에게 이해할 수 없도록 말씀하

55) 앞의 책, 창1:16.

시기 보다는 차라리 어린아이처럼 말씀하시기를 원하셨다. … 낮 동안 지구를 비추는 태양과 밤에 지구를 비추는 달과 별들은 하나님께 존경에 존경을 표시하고 있다고들 한다."[56]

창세기 1장 15-16절과 시편 136편 7-9절에 대한 깔뱅의 주석으로부터 다음과 같은 결론을 내릴 수 있을 것이다. 첫째, 성서를 기록하는 신학자로서의 모세와 천문을 연구하는 천문학자는 서로 다르지만, 신학자인 모세나 천문학자는 다같이 하나님의 지혜를 연구하는 자이다. 둘째, 신학자인 모세는 하나님의 적응 원리에 의해 천문학자와 동일한 방법을 반드시 구사할 필요가 없다. 셋째, 깔뱅이 수용한 당대의 천문학 지식은 현대 천문학의 관점에서 일치하는 부분도 있고, 불일치하는 부분도 있다. 넷째, 깔뱅의 주석에서 과학으로서의 천문학은 신학(성서주석)과 반드시 갈등을 빚는 관계가 아니라, 때로는 상호 독립적으로 비켜가고, 때로는 상호 도움을 주고받는 상보적 관계로 보여 진다.

---

56) John Calvin, 『시편주석』, 시136:7-9.

V. 결론

　'과학'에 대한 사전적 정의와 함께 본고에서 사용되는 과학에 대한 정의의 유연성을 확보하면서 본고를 시작하였다. 본 연구를 통한 몇 가지 목적 달성을 염두에 두면서 세 가지 문제에 집중할 것을 밝혔다.

　첫째, 깔뱅이 "반과학적"이라는 비판은 오해이다. 천동설을 주장한 깔뱅이 지동설을 주장한 코페르니쿠스와 그의 이론을 비판했다는 근거로부터 깔뱅은 반과학적이며, 과학에 역행했다는 비판이 종종 제기되었다. 깔뱅이 코페르니쿠스의 이름을 직접적으로 거론했는지의 여부와, 코페르니쿠스의 이론을 직접적으로 비판했는지의 여부에 대한 여러 학자들의 의견을 소개하였다. 어떤 학자들은 깔뱅이 코페르니쿠스의 이름을 직접 거론함을 물론 그와 그의 이론을 강하게 비판했다고 주장하고, 어떤 학자들은 깔뱅이 코페르니쿠스를 전혀 알지 못했고, 그와 그의 이론을 전혀 비판하지 않았다고 주장했다. 우리가 보기에 이런 논쟁은 깔뱅이 과학적이었는지 또는 반과학적이었는지에 대한 결정적인 단서가 되지 못한다.

　깔뱅은 코페르니쿠스와 그의 이론을 직접적으로든지 간접적으로든지 비판했는데, 이것은 그가 당대에 보편적으로 받아들였던 천동설의 입장에서 새로운 특정한 과학 이론에 해당되는 지동설을 비판한 것이기에, 오늘의 시각에서 그의 천문학 지식의 한계에 대하여 비판받아야지, 깔뱅 자신이 반과학적이었다는 비판은 정당하지 않고 그에 대한 오해이다.

　둘째, 과학에 대한 깔뱅의 신학적 근거는 계시론적이며, 성령론적이다. 과학에 대한 깔뱅의 신학적인 근거가 계시론적이라는 사실을 우리는 '두 가지 책'이라는 모델의 도움을 받아 과학은 '자연의 책'에 대한 연구로서 하나님의 지혜를 추구하는 것이라고 주장했다. 또한 과학에 대한 깔뱅의 신학적 근거는 성령론적이라는 사실을 우리는 성령의 활동과 은사론의 차원에서 검토해 보았다. 과학은 물론 제반 문예, 기술, 학술은 성령의 선물이며, 성령의 도움을 통해 인간은 이성과 지성 등을 활용하여 밝혀낸 것이다. 깔뱅은 과학 전공 여부와 기독교신앙여부를 떠나서 각 나라와 각 사람에게 주어진 이 자연은사 또는 일반은사로서의 과학을 하나님 경외와 개인과 공동체의 유익을 위해 사용할 것을 권고하고, 그 가치를 높이 평가한다.

셋째, 깔뱅은 하나님의 적응 사상이라는 성서해석학의 방법을 통해 성서와 과학(특히 천문학) 간의 관계를 갈등 관계를 벗어나 때로는 독립 관계, 때로는 상호 도움의 관계로 파악하고 있음을 볼 수 있었다. 16세기에 보편적으로 받아들였던 깔뱅의 과학 지식은 오늘의 과학 지식에서 볼 때, 분명하게 그 한계를 가지고 있다. 그럼에도 불구하고, 깔뱅의 과학에 대한 태도는 반과학적이지 않고, 도리어 과학적이었으며, 깔뱅은 성서와 과학을 대립이나 갈등 관계로나 한 쪽을 완전히 무시하는 상호 종속이나 흡수 관계로 몰아가지 않고, 다 함께 하나님의 지혜를 추구하기 위하여[57] 때로는 독립 관계로, 때로는 상호 도움을 주는 관계로 간주했다고 볼 수 있다.

코페르니쿠스와 그의 이론을 강하게 비판했던 루터와 멜란히톤으로부터 종교개혁자들은 반과학적이라는 인상이 같은 종교개혁자인 깔뱅에게나 후대 개신교신학의 과학에 대한 입장에 대해 비판할 때, 유리하게 작용하지는 않았을 것이다. 그러나 우리가 살펴본 바와 같이, 16세기 깔뱅의 과학에 대한 이해는 오늘날 21세기에도 기독교와 과학의 관계 규정이나 과학과 관련된 성서해석을 위하여 전체적인 틀 속에서 충분히 유익하게 활용될 수 있을 것으로 사료된다.

---

57) Jürgen Moltmann, *Wissenschaft und Weisheit*, 김균진 역, 『과학과 지혜』(서울: 대한기독교서회, 2003), p. 50: "자연과학과 신학을 공동의 삶의 컨텍스트 안에서 파악하려는 최근의 시도는 지혜의 차원에서 이루어지고 있다."

Ⅵ. 참고문헌

1. 깔뱅의 작품(한글, 영어, 불어/라틴어 판)

Calvin, J. 『기독교 강요』(1559).

Calvin, J. 『성서주석』.

2. 과학에 대한 깔뱅의 사상과 관련된 자료

1) 국내자료

안명준 · 조덕영. "칼빈의 과학관." 한국복음주의조직신학회(편). 「조직신학연구」 제4호(2004년 봄 · 여름호). 서울: (주) 살림출판사, 2004, pp. 193-208.

이오갑. 『칼뱅의 신과 세계』. 서울: 대한기독교서회, 2010.

조덕영, "칼빈과 현대 과학." 「요한칼빈탄생 500주년기념 학술심포지엄 '깔뱅과 한국교회' 제1분과(2009년 6월 22일, 서울교회), pp. 49-61.

천사무엘. 『성경과 과학의 대화』. 대전: 한남대학교출판부, 2008.

천사무엘. "칼빈의 성서해석과 자연과학." 한국대학선교학회(편). 「대학과 선교」 제11집(2006), pp. 241-265.

2) 외국자료

Gamble, Richard C.(ed.) Calvin and Science. New York & London: Carland Publishing, INC., 1992.(여기에 수록된 11편의 논문은 아래와 같다.)

Gerrish, B. A. "The Reformation and the Rise of Modern Science: Luther, Calvin and Copernicus." pp. 1-16.

Rosen, Edward. "Calvin's Attitude Toward Copernicus." pp. 17-27.

Hooykaas, R. "Calvin and Copernicus." pp. 35-44.

Kaiser, Christopher B. "Calvin, Copernicus, and Castellio." pp. 45-71.

Marcel, Pierre Ch. "Calvin and Copernicus." pp. 72-94.

Murray, John. "Calvin's Doctrine of Creation." pp. 95-122.

Probes, Christine McCall. "Calvin on Astrology." pp. 120-129.

White, Robert. "Calvin and Copernicus: The Problem Reconsidered." pp.

131-141.

Kaiser, Christopher B. "Calvin's Understanding of Aristotelian Natural Philosophy: Its Extent and Possible Origins." pp. 143-158.

Deason, Gary B. "The Protestant Reformation and the Rise of Modern Science." pp. 159-178.

Reid, W. Standford. "Natural Science in Sixteenth-Century Calvinistic Thought." pp. 179-193.

3. 종교와 과학에 관련된 자료

김흡영. 『현대과학과 그리스도교』. 서울: 대한기독교서회, 2006.

박찬호. "자연과학과 신학의 관계에 대한 맥그라스의 견해 - 도킨스의 무신론적 진화론에 대한 비판을 중심으로." 한국기독교학회(편). 「한국기독교신학논총 67」. 서울: 대한기독교서회, 2010, pp. 233-234.

신재식. "갈등에서 조화로: 기독교와 과학의 상호관련성에 대한 시론적 고찰." 호남신학대학교 (편). 「신학이해」 제17집(1999), pp. 373-401.

양승훈. 『창조론 대강좌』. 대구: 기독교대학설립동역회출판부, 1997.

이양림. 『기독교와 과학』. 서울: 죠이선교회출판부, 2001.

이정배. 『종교와 과학의 대화에 근거한 기독교 자연신학』. 서울: 대한기독교서회, 2005.

한국조직신학회(엮음). 『과학과 신학의 대화』. 서울: 대한기독교서회, 2003.

현요한(엮음). 『기독교와 과학』. 서울: 장로회신학대학교출판부, 2002.

현요한. "기독교와 과학." 장로회신학대학교출판부(편). 「장신논단」 제16집(2000), pp. 328-354.

Dür, Hans-Peter, etc. *Gott, der Mensch und die Widdenschaft.* 여상훈 역. 『신, 인간, 그리고 과학』. 서울: 도서출판 시유시, 2000.

Fritsch, Harald. 이희건 · 김승연 역. 『철학을 위한 물리학』. 서울: 가서원, 1995.

Grant, Edward. *Science and Religion, 400 B.C. to A.D. 1550: From Aristotle to Copernicus.* Baltimore: The Johns Hopkins University Press, 2004.

Haught, John F. *Christianity and Science: Toward a Theology of Nature.* Maryknoll/New York: Orbis Books, 2007.

Hooykaas, R. *Religion and the Rise of Modern Science.* 손봉호/김영식 역. 『근대과학의 출현과 종교』. 서울: 정음사, 1987.

Kuhn, Thomas. 김면자 역. 『과학혁명의 구조』. 서울: 두산동아, 1997.

Lindberg, David C./Numbers, Ronald L.(ed.). *God and Nature*. 이정배 · 박우석 역. 『신과자연: 기독교와 과학, 그 만남의 역사』 상권/하권. 서울: 이화여자대학 교출판부, 1998/1999.

Kropač, Ulrich. *Naturwissenschaft und Theolgie im Dialog*. Münster: Lit Verlag, 1999.

Küng, Hans. *Der Anfang aller Dinge: Naturwissenschaft und Religion*. München, 2005.

McGrath, Alister E. *The Foundations of Dialogue in Science & Religion*. Blackwell Publishing, Malden/Oxford, 1998.

McGrath, Alister E. *Dawkings' God: Genes, memes, and the Meaning of Life*. Blackwell Publishing, Malden/Oxford/Victoria, 2005.

Moltmann, Jürgen. *Wissenschaft und Weisheit*. 김균진 역. 『과학과 지혜』. 서울: 대한기독교서회, 2003.

Nebelsick, Harold P. *The Renaissance, the Reformation and the Rise of Science*. Edinburgh: T & T Clark, 1992.

Peacocke, Arthur. *Theology for a Scientific Age*. Minneapolis: Fortress Press, 1993.

Peters, Ted.(ed.) *Science & Theology: The New Consonance*. Boulder: Westview Press, 1998.

Polkinghorne, John. *Science & Theology: An Introduction*. Minnesota: Fortree Press, 1998.

Polkinghorne. *Belief in God in an Age of Science*. 이정배 역. 『과학시대의 신론』. 서울: 동명사, 1998.

Ratzsch, Del. *Philosophy of Science*. 김해진 역. 『과학철학』. 서울: C.U.P., 1992.

Richardson, W. Mark/Wildman, Wesley J.(ed.) *Religion and Science: History, Method, Dialogue*. New York/London, Routledge, 1996.

제14장 깔뱅의 경건론1)

I. 영성과 영성운동들

본 고(稿)의 제목과 주제는 "깔뱅의 경건" 또는 "깔뱅의 영성"이다. 이 목적을 달성하기 위해 예비 작업으로서 '영성'(靈性)(spirituality)에 대한 정확한 개념정의가 필요하다. 그러나 우리는 곧 바로 두 가지 큰 어려움에 직면하게 되는데, 첫째는 오늘날 자주 인구(人口)에 회자(膾炙)되는 '영성', '영성신학', '영성학', '영성운동', '영성훈련', '영성생활' 등의 용어들이 매우 다양한 의미로 이해되고, 사용되며, 때로는 오해되고, 심지어 오용되기까지 하여 그 뜻을 정확하게 밝히기가 쉽지 않다는 점이고,2) 둘째는 깔뱅 자신은 '영성'(spiritualité)이라는 용어를 자주 사용하지 않을뿐더러, 사용할 때조차도 그 용어를 정확하게 정의하지 않는다는 것이다. 우리는 이 두 가지 난제들을 먼저 해결한 뒤에 깔뱅의 영성에 대해 본격적으로 논의할 것이다.

국어사전은 '영성'(靈性)을 '신령한 품성'으로 풀이한다.3) 독일이나 네덜란드 신학계에서는 주로 '경건' (Frömmigkeit; vroomheid)이나 '종교성' (Religiosität; religiositeit)이라는 용어가 사용되어 오다가 프랑스 로마가톨릭신학과 에큐메니칼 운동 속에서 '영성' (Spiritualität; spiritualiteit)이라는

---

1) 최윤배, "깔뱅의 경건으로서 영성,"(제3회 종교개혁기념학술강좌), 최윤배 책임편집, 『개혁교회의 경건론과 국가론』(서울: 장로회신학대학교출판부, 2007), pp. 58-107에 게재된 글.

2) 김명용, 『이 시대의 바른 기독교 사상』(서울 : 장로회신학대학교출판부, 2001), p. 55; 현요한, "과학의 영성, 영성의 과학," 한국조직신학회(편), 『조직신학 속의 영성: 조직신학논총 7집』(서울 : 대한기독교서회, 2002), pp. 297-298.

3) 이숭녕, 『표준국어대사전』(서울 : 민중서관, 1981), p. 869.

단어가 1960년대 초부터 자주 사용되었다.[4]

'영성'이라는 말이 얼마나 다양하게 사용되는지 다음의 분류를 보면 쉽게 알 수 있다. ① 역사, 연대적 척도 : 초기교회 영성, 중세교회 영성, 현대교회 영성 등 ② 민족, 지리적 척도 : 서양 영성, 동양 영성, 한국 영성, 일본 영성 등 ③ 생활상태의 척도 : 수도자 영성, 사제 영성, 평신도 영성 등 ④ 직업의 척도 : 교사 영성, 공무원 영성, 의사 영성, 농부 영성 등.[5] 위 분류로부터 볼 때, '영성'이라는 말 자체는 일반종교나 기독교에만 국한된 것이 아님이 분명하다.

우리는 단순하게 영성의 범주를 세 가지로 나눌 수 있을 것이다. 첫째, 비종교적인 영역, 가령 일반 사상이나 철학 등에서 사용되는 경우이다. 이 경우 "영성(spirituality)은 어떠한 정신을 가지고 살아간다든지, 또는 누구의 정신을 가지고 살아간다는 것을 의미" 할 수 있다.[6] 여기서 영성은 어떤 정신이나 사상을 가지고 살아가는 삶을 의미할 것이다. 둘째, 종교적인 영역에서 사용되는 종교적 영성을 생각해 볼 수 있다. 이 경우 영성은 해당 종교나 종교단체가 종교적 체험을 통해서 일상적인 삶 가운데서 표현하고, 실현한 종교적 삶의 양식(樣式)이라고 할 수 있다. 이 경우 영성은 '종교성'과 종교적 실천과 깊은 관계가 있을 것이다. 영성이 종교에서 얼마나 중요한지를 카프라(Fritjof Capra)의 질문, "신학의 목표는 무엇이며, 신학은 제도화한 종교 그리고 인간의 내면으로 흐르는 영성과의 어떤 관계를 맺고" 있는 지에 대한 매터스(David Steindl-Rast)의 다음의 대답 "종교 없는 영성은 가능하지만 영성 없는 종교는 불가능하다. 제대로 된 종교라면 영성을 빼놓고는 안 된다는 이야기입니다.

4) W. van 't Spijker, "De betekenis van Luther voor de spiritualiteit vandaag," *Theologia Reformata* Jr. 35(1992), pp. 115ff; P. Lengsfeld(Hrsg.), *Ökumenische Theologie. Ein Arbeitsbuch*(Stuttgart/Berlin/ Köln, Mainz, 1980), S. 342f; C. Schütz(Hrsg.), *Praktische Lexikon der Spiritualität*(Freiburg/Basel/ Wien, 1988), Kol. 1170; Ph. Shelddrake, *Spirituality and History of Interpretation and Method*(London : 1991), p. 32ff.
5) 박재만, "제2차 비티칸 공의회 이후 가톨릭 교회의 평신도의 영성," 한국기독교학회 (편), 『오늘의 영성』 (서울 : 양서각, 1988), p. 9.
6) 오성춘, 『영성과 목회 −기독교 영성훈련의 이론과 실제−』(서울 : 장로회신학대학교출판부, 1989), p. 40.

그 다음에, 신학의 이론이 없이도 종교는 가능합니다. 그러나 종교와 종교적 영성이 없이 제대로 된 신학이 나올 수는 없는 일입니다."에서 잘 나타난다.[7] 셋째, 기독교 내에서 기독교 영성을 생각해 볼 수 있다. 기독교가 여러 종교들 중 하나라는 종교학적 의미에서 기독교 영성은 두 번째 범주에 넣을 수 있겠지만, 우리는 기독교 영성을 신학적인 이유 때문만이 아니라, 본 논문의 주된 목표가 기독교 내에서 깔뱅의 영성을 연구하는 것이기 때문에 타종교의 영성과 기독교 영성을 구별하고자 한다. 맥그라스(A.E. McGrath)는 영성에 대한 기본 정의를 "특정종교의 독특한 개념들과, 특정종교의 기초와 양상에 근거한 삶을 가져오는 것을 포함하면서, 성취된 그리고 참된 종교적 삶에 대한 탐구와 관계된다." 라고 말하고, "기독교 영성은 기독교의 근본적 개념들과, 기독교신앙의 기초에 근거하고 기독교신앙의 국면 안에서 사는 것에 대한 총체적 경험을 함께 가져오는 것을 포함하면서 성취된 그리고 참된 종교적 삶에 대한 요구이다." 라고 정의한다.[8]

기독교 안에서도 기독교 영성에 대한 이해의 다양성은 기독교 영성사(靈性史)나 최근의 기독교 신학자들에게서 쉽사리 발견된다.[9] 기독교 영성사에서 "'영성'의 의미나 사용용도가 미묘하게 여러 모양으로 변화를 겪어 왔다."는 것이다.[10] 마침내 20세기에 "영성은 기독교적이고 내면적인 삶을 일컫거나 혹은 전통적으로는 수덕-신비신학(ascetical-mystical theology)을 일컫는 신학적인 용어라는 것에 일치를 보고 있다."는 것이다.[11] 노만 샤우척

---

7) Fritjof Capra & David Steindl-Rast, *Belong to the Universe : Exploration on the Frontiers of Science and Spirituality*(Pumyang Co., Ltd., 1997), 김재희 역, 『신과학과 영성의 시대』(서울 : 범양사출판부, 1997), pp. 30-31.

8) Alister E. McGrath, *Christian Spirituality*(Bodmin, Cornmall : MPG Books, 2000), p. 2.

9) 참고, Bernard McGinn, John Meyendorff, Jean Leclerq(Ed.), 『기독교 영성(I) : 초대부터 12세기까지』유해룡 외 3인 공역 (서울 : 은성출판사, 1997); Jill Rait, John Meyendorff, Jean Leclerq(Ed.) 『기독교 영성(II) : 중세부터 종교개혁까지』이후정 외 2인 공역, (서울 : 은성출판사, 1998); Louis Dupré & Don E. Sailers(Ed.), 『기독교영성(III) : 종교개혁이후부터 현대까지』엄성옥, 지인성 공역(서울 : 은성출판사, 2001).

10) 유해룡, "깔뱅의 영성학 소고," 장로회신학대학교출판부(편), 『장신논단』제16집(2000), p. 545.

(Norman Schawchuck)은 기독교 영성에서 '하나님과 깊은 관계를 맺고 사는 은혜의 삶'을 강조한 반면, 매쿼리(John Macquarrie)는 영의 특성을 분석하여 하나님의 영과 인간의 영과의 관계성에 중점을 두었다면, 아이리스 컬리(Iris V. Cully)는 예수 그리스도의 구체적인 삶을 따라 사는 성육한 삶의 구체성을 강조했고, 토마스 머튼(Thomas Merton)은 관상기도를 통한 하나님과의 합일 자체가 하나님의 구원과 사회개혁의 사명과 행동에 동참하게 한다는 사실을 보여 주고,[12] 홈즈(Urban T. Holmes)는 영성의 관계성을 강조하고, 존 유스덴(John Eusden)과 존 웨스터호프(John Westerhoff)는 통합의 과정을 중요시하고, 김경재는 하나님과의 인격적 교제, 그리스도인의 성장과정 등을 영성과 연관지으면서도 영성의 사회성에 더 큰 강조점을 둔다.[13]

오성춘은 위의 각 학자의 주장은 기독교 영성의 한 측면만이 강조되어, 기독교 영성의 요소들을 포괄적으로 제시하는 데는 역부족이었다고 지적하면서, 기독교 영성을 세 가지 요소로 축약한 뒤에, 최종적으로 "기독교 영성은 초월자와의 인격적인 관계-변화의 체험-역사현장에의 참여라는 3각 도식으로 설명할 수 있다." 라고 결론짓는다.[14]

유해룡은 영성(신)학에서 '영성'에 대한 분석적·제한적이면서도 유용한 정의라고 부르면서 다음과 같이 기독교 영성에 대한 정의를 시도한다. "첫째, 영성은 하나님과 관계된 인간의 내면적인 삶과 그 경험들을 다루는 영역이라고할 수 있다. 내면적인 삶이란 경험적인 차원과 매우 밀접하게 연결되어" 있고,[15] "둘째, 영성은 수동적인 경험이 능동적인 삶을 통하여 현실적인 삶으로통합되는 동안 겪는 영적인 성장을 포함한다. 영성적인 삶이란 영성적인 존재

---

11) 유해룡, "깔뱅의 영성학 소고," p. 546.
12) 오성춘, 『영성과 목회 -기독교 영성훈련의 이론과 실제-』, p. 69.
13) 오성춘, 『신학 영성 목회』(서울 : 장로회신학대학교 출판부, 1997), pp. 345-346.
14) 오성춘, 『영성과 목회 -기독교 영성훈련의 이론과 실제-』, pp. 70-71.
15) 유해룡, "깔뱅의 영성학 소고," p. 546.

인 인간이 역사적이고도 실존적인 삶 속에서 부적합한 선택으로부터 적합한 선택으로 나아가고자 하는 끊임없는 몸부림 자체"이며, "셋째, 영성은 위의 단계적인 영적 성장발달(정화, 조명, 완성 혹은 일치, 필자주)의 결과로서 혹은 절정의 상태로서 신비적인 연합에 대한 속성과 의미를 다루게 된다."16)

영성에 대한 정의의 다양성만큼이나 한국교회 안에서는 물론 세계교회 안에서 다양한 영성운동들이 있다. 오순절적 영성운동은 성령세례와 성령의 능력을 강조하는 영성운동이며,17) 이 운동은 무엇인가를 얻으려고 하는 특징을 강하게 갖고 있고, 성령의 능력과 믿음의 역사(役事)에 초점을 두는 장점이 있는 반면, 역사책임성이 약하다는 단점을 지닌다.

"가톨릭적 수도원적 영성운동은 인간의 내면을 깊게 성찰하는 특징을 갖고 있다."18) 이 영성운동은 일반적으로 "버림과 가난에서 얻게 되는 지복의 상황에 더욱 깊은 관심을 갖고 있는 영성운동이다."19) 이 영성운동 속에는 인간의 영혼만을 귀하게 여기고, 인간의 육체를 저급하게 여기는 헬라철학의 플라톤적 이원론적 인간론이 자리 잡고 있어서, 인간을 영혼과 육체로 구성된 전인(全人)으로 이해하는 성서적 인간론과 모순된다. 그러나 가톨릭적 수도원적 영성운동은 그리스도의 온전한 모습을 닮고자하는 장점을 가지고 있다.

"오순절적 영성운동과 가톨릭적 수도원적 영성운동이 주로 인간의 내면이나 영혼의 영역이나 혹은 개인적 축복의 영역에서 영성을 언급하는데 비해 해방의 영성운동은 사회적, 정치적, 역사적 맥락을 강하게 갖고 있는 영성운동이다."20) 해방의 영성운동이 역사 속에 실현되어야할 하나님의 나라에 대해 강조하는 것은 성서적이지만, 특정 이데올로기 자체를 기독교 영성운동과 쉽게

---

16) 유해룡, "깔뱅의 영성학 소고," p. 547.
17) 이종성 외 3인 공저, 『통전적 신학』 (서울 : 장로회신학대학교출판부, 2004), p. 145.
18) 이종성 외 3인 공저, 『통전적 신학』 p. 146.
19) 이종성 외 3인 공저, 『통전적 신학』 p. 147.
20) 이종성 외 3인 공저, 『통전적 신학』 p. 148.

일치시키려는 경향이나 하나님과 인간의 개인적 만남과 체험을 소홀하게 여기는 경향은 비성서적이다.

김명용은 "개혁파 신학의 영성의 기초 위에서" 위에서 언급한 세 가지 영성운동들의 장점을 살리는 바른 영성을 위한 신학적 체계를 형성시킬 수 있는[21] 통전적 영성신학을 주창한다.[22] "개혁파 신학의 영성은 하나님 중심의 삶(God centered Life)이다. 개혁파 신학은 세상과 역사에서 이탈하는 가톨릭의 수도원주의를 좋아하지 않았다. 개혁파 신학의 영성은 탈 역사적인 것이 아니었고 세상 속에서 빛나는 영성이었다. 개혁파 신학은 광적인 영성을 바른 영성이라고 생각하지 않았고, 언제나 말씀 중심적인 영성을 생각했다. 개혁파 신학은 그리스도인의 삶 속에서 하나님의 뜻이 구현화되고 하나님의 영광이 드러나는 것을 진정한 영성의 삶으로 이해했다."[23] "개혁교회는 하나님의 영광을 위한 구체적인 삶 속에서의 절제와 청지기직에 참된 그리스도인의 경건이 있고, 영성이 있다고 보았다."[24]

이상에서 살펴보았다시피, 기독교 역사(歷史)와 오늘날의 영성과 영성운동들에 대한 다양한 시각들, 심지어 성서 안에서도 나타나는 영성에 대한 다양한 시각들 때문에,[25] 우리가 '영성'에 대해 확정적으로 정의하기가 쉽지는 않지만, 영성과 기독교 영성에 대한 다음의 몇 가지 정의들 중에서 영성과 기독교 영성에 대한 정의가 분명하게 나타난다.

영성은 "하나님에 대한 경험에 상응하여 우리의 삶을 형성하는 양식"이다.[26] "영성이란 한 사람의 전인격적인, 또는 어떤 집단의 전공동체적인 삶의

---

21) 김명용, 『이 시대의 바른 기독교 사상』 p. 60.
22) 이종성 외 3인 공저, 『통전적 신학』 pp. 145-166.
23) 김명용, 『이 시대의 바른 기독교 사상』 p. 60.
24) 이종성 외 3인 공저, 『통전적 신학』 p. 149.
25) W. van 't Spijker, *Spiritualitei*(Kampen : Uitgeverij de Groot Goudriaan, 1993), pp. 17-68; 윤철호, 『현대 신학과 현대 개혁신학』(서울 : 장로회신학대학교출판사, 2003), p. 274.
26) 최태영, "깔뱅의 신학과 영성," 『조직신학 속의 영성: 조직신학논총 제7집』 p. 31.

태도, 가치관, 세계관, 비전들을 총체적으로 일컫는 개념이다. 따라서 영성이란 넓은 의미에서, 필연적으로 규범적인 기독교 용어라기보다는 가치중립적이며, 기술(記述)적인 용어"이며, 기독교적 의미에서 "영성이란 우리가 기독교인으로서 성령 안에서 그리고 성령을 따라 이 세상의 현실 한가운데에서 살아가는 삶의 정신, 태도, 비전, 가치관, 방식 전체를 가리킨다."27) "기독교 영성은 초월자와의 인격적인 관계-변화의 체험-역사현장에의 참여라는 3각 도식으로 설명할 수 있다."28) "개혁파 경건 또는 영성의 본질은 성령의 감동을 통해서 하나님의 계시에 대한 인간의 응답인데, 하나님의 계시를 통해서 인간은 자신의 가장 깊은 본질 안에서 그리고 자신의 삶의 모든 차원 안에서 하나님 앞에 서게 된다."29)

기독교 영성은 하나님의 은혜로 주어졌고, 그리스도 안에서 보존되고 확증되었으며, 성령의 능력을 통해서 복음 안에서 열매를 맺는 하나님의 나라를 향해 열려진 참 인간적인 삶의 능력인데, 우리의 인생관, 가치관, 행복관의 인식과 관계되며, 그와 같은 실천 가운데서 감격, 감사, 기쁨, 평안을 누릴 수 있는 능력과 관계된다.30) 우리는 기독교역사와 신학에서 나타난 영성에 대한 다양한 시각들을 성서적 관점에서 여과시켜 수용하면서도, 모름지기 "기독교" 영성 또는 "기독교적" 영성의 초석으로서 네 가지를 먼저 제시하고자 한다.

첫째, 기독교 영성은 삼위일체론적인 기초를 가져야 한다. 기독교 영성의 삼위일체론적 관점은 어떤 의미에서 기독교 영성의 여러 관점들 중에 하나가 아니라, 모든 시각들 중에 모든 것이라고 할 만큼 중요하다. 기독교 영성은 아버지 하나님과 아들 하나님과 성령 하나님의 특징을 가진다. "기독교 영성

---

27) 윤철호, 『현대 신학과 현대개혁신학』, pp. 273-274.
28) 오성춘, 『영성과 목회 -기독교 영성훈련의 이론과 실제-』, pp. 70-71.
29) W. van 't Spijker, "De betekenis van Luther voor de spiritualiteit vandaag," p. 119
30) 이수영, "영성의 의미에 대한 조직신학적 고찰," 한국기독교학회(편), 『한국기독교신학논총4』(서울 : 양서각, 1988), p. 107.

제2부 깔뱅신학 • 727

(christelijke spiritualiteit)은 삼위일체 하나님과 우리의 교제에 대한 훈련과 묵상이다."[31]

둘째, 기독교 영성은 피조세계의 모든 영역을 포괄할 수 있는 삼위일체 하나님의 나라를 지향해야 한다. 기독교 영성은 "이제 올 영원한 세계를 바라보는 것 때문에 지금 있는 이 세계를 외면하고 부인하는 것이 아니라 하나님의 나라와의 관계 속에서 이 세상의 참된 존재의미와 가치, 그리고 그 한계를 바로 인식함으로써 이 세상을 바르게 사랑하며 살아갈 수 있는 능력이다."[32]

셋째, 기독교 영성은 모름지기 '기독교적'이 되려면, 기독론적이어야 한다. "우리는 예수 그리스도의 삶과 가르침 속에서 우리의 영성의 실체를 찾을 수 있음을 본다. 예수 그리스도를 통해서 우리에게 열려진 것은 하나님과의 화목이다.(롬5:1, 10-11, 고후5:18) 그것은 우리가 하나님을 아바 아버지라고까지 부를 수 있는 화목의 관계이다.(롬8:14-16, 갈4:6)"[33] 넷째, 기독교 영성은 피조세계의 모든 장(場)들(그리스도인, 교회, 인간, 가정, 국가, 역사, 환경, 생태, 자연, 우주 등)과 하나님의 말씀인 성서와 결부되어 성령론적이어야 한다. 몰트만(J. Moltmann)에 의하면, "'영성'(Spiritualität)이라는 말은 프랑스어 '스뻬리뚜알리떼'(Spiritualité)를 번역한 것이며", 독일어 '종교성'(Religiosität)이라는 말보다도 더 넓은 의미를 지니며, 독일전통이 말하는 '경건성'(Frömmigkeit)의 의미를 내포하지만, 그것과 동일하지는 않다. 그는 성령론적으로 '영성'이라는 용어에 접근한다.[34] 몰트만이 이해한 '영성'은 "하나님의 영 안에 있는 삶과, 하나님의 영과의 살아 있는 교제"이며,[35] "성

---

31) J. Douma, *Christelijke levensstijl*(Kampen : Uitgeverij van den Berg, 1993), p. 44.
32) 이수영, "영성의 의미에 관한 조직신학적 고찰," pp. 98–99.
33) 이수영, "영성의 의미에 관한 조직신학적 고찰," p. 100.
34) J. Moltmann, *Der Geist des Lebens : Eine ganzheitliche Pneumatologie*(München : Chr. Kaiser Verlag, 1991), S. 95.
35) J. Moltmann, *Der Geist des Lebens*, S. 95 : 김균진, "몰트만의 신학과 영성," 「조직신학 속의 영성: 조직신학논총 제7집」 p. 173.

령 안에서 이루어지는 그리스도인들의 '생명력'(Vitalität) 내지 '활동력'"이
며,36) "하나님의 영, 루아흐 야훼(ruah Jahwe)는 피조물의 생명력이요, 그 생
명 공간이다. … 여기서 하나님의 영은 그리스도의 영이요, 죽은 자들을 부활시
키시는 생명력이다."37) "그리스도 안에서의 하나님의 나라의 삶이라는 당위성
이 우리 가운데 현실성으로 옮겨지기 위해서는 성령의 활동이 필요하다."38)

　　창조주와 구속주 성령께서 인간, 가정, 국가, 역사, 생태, 자연과 우주 전체
를 보존하실 뿐만 아니라, 그리스도인과 교회로 하여금 하나님의 말씀인 성서
해석과 선포와 적용과 실천을 가능케 하신다. 기독교 영성은 피조세계에 있는
모든 은사와 생명이 성령의 활동의 결과임을 인정하는 삶이며, 은혜로 비롯된
삶이며, 성서에 기초한 삶이고, 거룩한 교회와 성도의 교통으로서 교회 안에서
살아가는 삶이다.39)

---

36) 김균진, op. cit., p. 174; 김명용, "몰트만의 영성신학," 장로회신학대학교출판부(편), 「장신논단」 제18
　　집(2002), p. 262.
37) J. Moltmann, 「생명의 샘」 이신건 역(서울 : 대한기독교서회, 2000), p. 98.
38) 이수영, "영성의 의미에 관한 조직신학적 고찰," p. 104.
39) W. van 't Spijker, Spiritualiteit, p. 326.

II. 깔뱅의 영성

1. 깔뱅의 영성에 대한 전이해(前理解)

1) 깔뱅에게서 '영성'이라는 용어

깔뱅과 깔뱅신학에 대한 연구주제들 중에 '영성'과 관련된 주제는 상대적으로 매우 적다. 여기에 대한 이유들 중에 하나를 부스마(W. J. Bouwsma)는 "깔뱅의 종교가 일반적으로 '영성'으로 취급되지 않은 것은, 주로 깔뱅에 관해서보다는 후일의 칼빈주의를 다룰 때 사용된 관념, 즉 그를 조직신학자 및 교리신학자로서 이해하려는 관념의 결과이다. 깔뱅은 자신을 철저한 성서신학자로 생각했고, 또 그는 인간의 모든 신학 작업과 관련하여 이것이 어떤 의미를 함축하는 지를 잘 알았다." 라고 말했다.[40] 이양호는 "칼빈의 영성"이라는 논문의 서두에서 "이 글에서는 칼빈의 영성과 칼빈의 영성론을 구별하지 않고 다루려고 한다. 칼빈에게서 신학은 경건 혹은 영성이었다고 할 수 있기 때문이다. 토마스 아퀴나스가 '신학 대전'을 저술했다면, 칼빈은 '경건 대전' 혹은 '영성 대전'을 저술했다고 할 수 있다." 라고 말한다.[41] 최태영은 깔뱅의 영성을 "경건으로서의 영성"으로 결론짓고, "하나님을 아는 것이 신학이라면 그렇게 알게 된 하나님을 경외하고 사랑하는 것이 경건이다." 라고 주장한다.[42] 부스마의 글에서 우리는 칼빈주의에서 신학(교리)과 영성이 상호구별의 차원을

---

40) W. J. Bouwsma, "존 칼빈의 영성," Jill Rait, John Meyendorff, Jean Leclerq(Ed.) 『기독교 영성(II) : 중세부터 종교개혁까지』 이후정 외 2인 공역, (서울 : 은성출판사, 1998), p. 460, 참고, 김재성 역, 『신학사상』(1997/겨울), p. 136.
41) 이양호, "칼빈의 영성(I)," 「기독교사상」(1993년 11월호/제37권), pp. 226-233, "칼빈의 영성(II)," (1993년 12월호), pp. 236-244.
42) 최태영, "깔뱅의 신학과 영성," p. 31.

넘어 완전히 상호 분리되는 듯한 인상을 받고, 이양호의 글에서 우리는 깔뱅의 신학과 깔뱅의 영성과 깔뱅의 경건이 상호간에 너무나도 밀착된 나머지 상호 교환 가능한 것으로 들리고, 최태영의 글로부터 우리는 깔뱅의 영성은 경건과 동의어이지만, 깔뱅의 영성은 신학과 상호 구별되나 상호 밀접한 관계 속에 있다는 느낌을 받는다.

만약 우리가 용어를 정확하게 정의하지 않을 경우, "깔뱅의 신학", "깔뱅의 신학사상", "깔뱅의 영성", "깔뱅의 영성신학", "깔뱅의 영성학", "깔뱅의 경건론" 등의 각 주제에 따라 서술된 내용이 서로 대동소이할 수도 있을 것이다.

이수영은 깔뱅의 경건에 대해 취급하면서, '경건'(piété)과 '영성'(spiritu-tualité)이라는 두 용어가 쉽사리 상호 동일시되거나 무의식중에 서로 잘못 혼동되어 사용되는 경우가 종종 발생하는 경향이 있기 때문에, 두 용어들을 구별할 필요성이 있음을 주장한다. 그에 의하면, 경건은 일차적으로 좁은 의미에서 하나님과 관계된 것이지만, 이차적으로 넓은 의미에서는 인간들 사이에서 수평적으로 관계된다. 깔뱅은 "경건을 믿음의 하나님을 향한 측면이며, 믿음이 참 믿음이 되게 하는 본질적 요소이고, 신자들의 삶의 모든 덕목의 그 진정한 의미와 가치를 보증해주는 생성적인 힘으로 보았다."[43] 이수영에 의하면, 영성은 경건과 다르지는 않지만, 경건보다 그 의미가 더 넓다는 것이다. 바꾸어 말하면, 경건은 영성보다 더 좁고, 더 상세하고, 더 구체적인 개념이다. "우리는 영성이 경건의 의미와 다르지는 않지만, 경건보다 더 넓은 의미를 지닌 용어로 간주한다. 우리는 영성을 영적 삶과 관련된 신앙과 교리와 교육(교훈)의 총체의 특징 또는 개인과 단체나 사상체계 안에서 종교적 실천들을 내포하는 독특한 형식의 특징으로 이해하고자 한다. 그러므로 깔뱅의 영성은 기독교적인 삶과 관계된 그의 모든 교리들에 대한 검토와 그의 모든 실천적 교육들에 대한 검토와 관계될 뿐만 아니라, 깔뱅의 삶과 존재방식에 대한 완전한 연구를

---

43) 이수영, "경건론", 한국칼빈학회 (편), 『칼빈신학해설』(서울 : 대한기독교서회, 1998), p. 289.

포함하는 것으로 이해될 수 있다."44) 요약하면, 깔뱅의 경우, 우리가 경건이 영성의 핵심이라고 말해도 큰 무리는 없겠지만, 보다 정확하게 말자면, 영성이 란 용어가 경건이란 용어보다는 더 광의적이라고 볼 수 있다. 그럼에도 불구하 고, 우리에게 제기되는 한 가지 질문은 "'영성'과 '경건' 중 어느 용어가 깔뱅 의 영성을 규정하기에 더 적절한가?" 이다. 1960년대 이후 종교와 신학 안과 밖에서 일반적으로 사용되어지고 있는 용어가 '영성'이라는 점에서는 '영성' 이라는 용어가 깔뱅에게도 예외 없이 적용시킬 수 있겠지만, '경건'이라는 용 어가 '영성'이란 용어보다 협소하고, 제한적인일지라도, '경건'이라는 용어가 깔뱅과 개혁교회전통에 더 친근하게 들리고, 더 적절해 보인다.

왜냐하면 깔뱅은 '영성'이라는 프랑스어 '스뻬리뚜알리떼'(spiritutuaité)라 는 명사형을 거의 사용하지 않을 뿐만 아니라, 사용할 때조차도 하나님의 영적 본성 또는 속성, 즉 신론과 관련하여 사용하고,45) 오히려 '영적'이라는 프랑스 어 형용사 '스뻬리뚜엘'(spirituel)이라는 단어를 성령론과 관련시켜 자주 사 용하는데,46) 후자의 경우가 깔뱅의 경건 개념과 밀접한 관계 속에 있기 때문 이다.

2) 깔뱅의 영성연구에 대한 개관

깔뱅의 영성에 대한 연구에 앞서 지금까지 최근에 진행되어진 연구 결과와 성격에 대해서 개략적으로 살펴보고자 한다. 이 주제와 관련하여 가장 먼저 손 꼽을 수 있는 연구는 1974년에 출판된 리차드(L.J. Richard)의 『칼빈의 영성』 이다.47) 이 연구는 깔뱅의 종교개혁운동 바로 이전과 종교개혁운동 당시에 존

---

44) Sou-Young Lee, "La notion d'experience chez Calvin d'après Institution de la Religion Chrestienne,"(Thèse, 1984, Strasbourg), p. 174.
45) John Calvin, 『기독교 강요』(1559), I xiii 1.
46) John Calvin, 『기독교 강요』(1559), II xv 4.
47) Lucien Joseph Richard, The Spirituality of John Calvin(Atlanta, Georgia : John Konx Press, 1974) =

재했던 영성운동의 역사적 배경 하에 깔뱅의 영성을 연구하고, 깔뱅의 영성의 특징 6가지를 결론으로 제시한다. 이 연구에서는 깔뱅의 인식론과 교회론에 대한 강조가 돋보인다고 할 수 있다. 루니아(K. Runia)는 "깔뱅에게서 영성"이라는 논문에서 깔뱅의 영성을 주로 깔뱅의 신앙적 회심과 경험(ervaring)과 결부시켜서 연구하였다.48) 부스마는 최근의 글 "존 칼빈의 영성"에서 복합적 시대에 살았던 복합적 인물인 깔뱅의 영성 안에 있는 다른 다양한 요소들을 인정하면서도, 깔뱅의 영성 안에 있는 '인문주의자'의 영성을 밝혔다.49) 또한 1995년 미국 칼빈학회의 주제가 "칼빈과 영성"이었는데,50) 영성과 관련하여, 깔뱅의 신앙의 확실성에 대한 논문, 깔뱅의 영성과 16세기의 재세례파의 영성을 비교한 논문, 깔뱅의 성찬경건에 대한 논문, 깔뱅의 예배에 대한 논문, 깔뱅의 시편영성에 대한 논문, 곧 6개 논문이 출판되었다.51) 배틀즈(F. L. Battles)는 그의 책에서 깔뱅의 참 경건에 대해 한 항목을 할애했다.52)

　유해룡은 "깔뱅의 영성학 소고"에서 그리스도인의 개인적 차원에서 하나님을 만나는 체험과 신앙생활 속에서 하나님과의 교제의 깊이를 더욱 발전시켜 하나님과의 신비적 연합에 도달하는 과정에 초점을 두고 깔뱅의 영성을 논의했다.53) 정승훈은 『종교개혁과 깔뱅의 영성』이라는 저서에서 종교개혁자 루터와 깔뱅을 다루되 깔뱅에다가 더 큰 무게 중심을 두고, 성령론의 관점에서

　한국개혁주의연구원(편역), 『칼빈의 영성』(서울 : 기독교문화협회, 1986).

48) Runia, K. "Spiritualiteit bij Calvijn," Van 't Spijker(Red.), W. Spiritualiteit, (Kampen : Uitgeverij de Groot Goudriaan, 1993), pp. 169-185.

49) W. J. Bouwsma, "존 칼빈의 영성," Jill Rait, John Meyendorff, Jean Leclerq(Ed.) 『기독교 영성(II) : 중세부터 종교개혁까지』이후정 외 2인 공역, (서울 : 은성출판사, 1998), p. 460. 참고, 김재성 역, 『신학사상』(1997/겨울), p. 136.

50) 박경수, "칼뱅 연구의 최근 경향." 이형기 교수 은퇴기념논문 편찬위원회(편), 『하나님의 나라, 역사 그리고 신학』(서울 : 파피루스, 2004), p. 343.

51) David Foxgrover, Calvin Studies Society Papers, 1995, 1997(Grand Rapids : CSS/CRC Product Services, 1998), pp. 13-117.

52) Ford Lewis Battles, Interpreting John Calvin(Grands Rapids : Bakers Books, 1996), pp. 289-318.

53) 유해룡, "깔뱅의 영성학 소고," pp. 544-563.

영성을 다루면서도, 에큐메니칼 영성운동에 기여라는 점을 크게 의식하면서 글을 전개했다.54) 이양호는 "칼빈의 영성(I)"과 "칼빈의 영성(II)"에서 깔뱅의 영성의 원천, 깔뱅의 영성의 삶, 깔뱅의 목회자 영성, 즉 세 가지로 나누어 연구하였다.55) 최태영은 깔뱅의 영성과 경건을 거의 동의어로 전제하고, 경건과 신학의 관계, 경건과 삶의 관계, 경건과 성령의 관계, 곧 세 가지로 나누어 연구했다.56) 이수영은 "경건론"에서 제목 그대로 깔뱅의 경건에 대해 심도 깊게 다루었다.57) 멕네일은 경건을 깔뱅신학의 핵심으로 파악한다. "분별력이 있는 독자는 곧 깔뱅의 작품(『기독교 강요』, 필자주) 안에서 저자의 지성뿐만 아니라, 전적으로 영적이며, 감성적인 그의 존재가 내포되어 있음을 깨닫는다. … 그는 직업적인 신학자가 아니라, 자신의 신앙을 함축적으로 표현하기 위하여 질서정연하게 생각하는 천재성을 소유했고, 충동에 순종했던 종교적으로 깊이 있는 사람이었다. 그는 자신의 책을 '신학대전'(summa theologia)이 아니라, '경건대전'(summa pietatis)이라고 부른다. 그의 마음의 에너지의 비밀은 그의 경건에 있다. 경건의 산물이 마침내 그의 경건으로 기술된 신학이다."58)

2. 영성의 원천으로서 성령과 계시

1) 성령

깔뱅에게 프랑스어 형용사 '영적'(spirituel)이라는 단어가 자주 성령론과

---

54) 정승훈, 『종교개혁과 칼빈의 영성』(서울 : 대한기독교서회, 2000).
55) 이양호, "칼빈의 영성(I)," 「기독교사상」(1993년 11월호/제37권), pp. 226–233, "칼빈의 영성(II)," (1993년 12월호), pp. 236–244.
56) 최태영, "깔뱅의 신학과 영성," pp. 31–52.
57) 이수영, "경건론," p. 268–289.
58) J. T. McNeill(Ed.), "Introduction" of Calvin : Institutes of the Christian Religion (Philadelphia : The Westminster Press, 1960), LCC XX, p. li(= p. 51).

결부되어 우리가 논의하고 있는 주제와 긴밀한 관계에 있음을 앞에서 잠시 언급했다. 깔뱅의 경우 성령과 성령의 역사는 깔뱅의 영성의 시작과 끝이라고 말해도 과언이 아닐 것이다. 그러므로 우리는 깔뱅의 성령론을 먼저 고찰할 필요가 있다.[59]

깔뱅의 경우, 성령은 하나님 자신이시며, 성령은 삼위일체 속에서 하나님의 제3의 인격이시고, 성령은 하나님의 능력과 힘이시다. 깔뱅은 성령을 하나님의 제3의 인격으로 간주함으로써 그리고 성부와 성자와 마찬가지로 성령에게도 성령의 자존성(aseitas; aseity)을 부여함으로써 성령의 신성을 강조한다. 또한 성령은 자신의 고유성(proprietas)으로서 힘과 능력으로 불리기도 한다.[60]

깔뱅의 경우, 성령의 사역은 크게 두 가지다. "성령의 사역과 관련해서 성령은 창조(섭리)와 구속(재창조, 새 창조)의 수행자(effector), 즉 창조주와 구속주 하나님으로서 창조사역과 구속사역을 하신다."[61] "성령은 창조주 성부의 영과 '영원한 말씀'(asarkos logos)의 영일 때는 일반사역인 창조와 섭리와 관계되고, 구속주 성부의 영과 구속주 중보자(sarkos logis)의 영일 때는 특별사역인 선택(신자와 교회)과 관계된다."[62]

또한 깔뱅은 성령의 사역을 세 가지, 즉 우주, 인간, 교회로 구별하기도 한다.[63] 또한 깔뱅은 성령의 사역을 생명과 관계시켜 세 단계로 구별하기도 한다. "우리는 이 세상에서 세 가지 단계의 생명이 있다고 알고 있다. 첫째는 움

59) 박계순, "깔뱅의 성령론", 미간행 석사학위 논문(Th.M.M.), 장로회신학대학교 대학원, 2005.
60) 이형기 외 3인 (편), 『16세기 종교개혁과 개혁교회의 유산』(서울 : 한국장로교출판사, 2003), pp. 284-285.
61) 이형기 외 3인 (편), 『16세기 종교개혁과 개혁교회의 유산』, p. 285.
62) 이형기 외 3인 (편), 『16세기 종교개혁과 개혁교회의 유산』, p. 286; S. van der Linde, De leer van den Heiligen Geest bij Calvijn(H. Veenman & Zonen : Wageningen, 1943), pp. 34-84, 84-205.
63) Yoon-Bae Choi, De vehouding tussen pnumatologie en christologie bij Martin bucer en Johannes Calvijn, pp. 85-86: "In het werk van de Heilige Geest onderscheidt Calvijn drie cirkels: de kosmos, de mens, de kerk."; W. Krusche, Das Wirken des heiligen Geistes nach Calvin(Evangelische Verlagsanstalt GmbH: Berlin, 1957), S. 14, 126; 정승훈, op. cit., pp. 18, 36.

직임과 감각적인 의미에서만 존재하고 있는 보편적인 생명으로 짐승들도 함께 가지고 있는 생명이다. 둘째는 아담의 후손들이 가지고 있는 인간의 생명이다. 셋째는 초자연적인 생명으로 신자들만이 가지고 있는 생명이다. 이 생명들은 어느 것이든지 다 하나님께로부터 오는 것이므로 하나님의 생명이라고 부를 수 있다."64)

깔뱅의 성령론으로부터 우리는 깔뱅의 영성의 범위를 추측할 수가 있다. 깔뱅의 영성의 범위는 그리스도인 각자의 내면세계에만 국한되는 것이 아니고, 정치·사회·문화·경제에만 국한 되는 것이 아니다. 깔뱅의 영성의 범위는 교회 공동체에만 국한되는 것도 아니고, 자연생태계에만 국한되는 것도 아니다. 깔뱅의 영성은 때로는 하나님만이 아시는 그리스도인의 깊은 내면으로부터 신정론(神正論) 문제가 제기되는 참혹한 전쟁과 약육강식의 역사적 현장과 불가항력적 자연재해는 물론 맑은 밤하늘에 빛나는 수많은 별들이 운집한 은하계까지 이를 수가 있다. 왜냐하면, 성령 하나님은 모든 피조세계에 운행하시고 역사하시기 때문이다. "깔빈의 성령론은 도덕적, 종교적 삶의 경험에서 드러나는 경건과 헌신의 태도와 함께 윤리적 책임과 의무를 포괄한다. 하나님과의 성령론적 관계(하나님의 주권성)는 인간의 윤리적 행동과 삶에 대한 궁극적인 가능성으로서 나타나며, 이 차원은 개인적, 사회적, 역사적 차원과 자연을 통전하는 포괄적인 삶의 영성으로 드러난다."65)

2) 성령과 계시

깔뱅의 자연신학 문제를 중심으로 벌어진 바르트와 브룬너의 논쟁은 너무나도 유명하다.66) 두 사람은 똑같이 깔뱅을 인용하면서도, 서로 다른 결론에

---

64) John Calvin, 『에베소서 주석』(Eph. Comm. 4:18).
65) 정승훈, op. cit., p. 22.
66) E. Brunner, *Natur und Gnade : Zum Gespräch mit Karl Barth*(1934), in: *"Dialektische Theologie" in*

이른다. 바르트에 의하면, 깔뱅의 경우 타락한 인간이 성경계시 외에는 하나님에 대한 지식에 이르는 것이 불가능하다는 것이다. 브룬너에 의하면, 깔뱅의 경우 타락한 인간일지라도 자연을 통한 하나님에 대한 불완전한 지식에 도달하는 것이 가능하다는 것이다. 여기에 대한 증거로 타락한 인간 안에는 아직도 하나님의 '형식적 형상'이 남아 있으며, 자연 안에는 하나님의 '일반은총'이 역사한다는 것이다.

우리는 어떻게 하나님에 대한 이중지식(duplex cognitio Dei), 즉 창조주와 구속주 하나님 지식과 우리에 대한 지식에 도달할 수 있는가?[67] 깔뱅에 의하면, 여기에는 두 가지 방법이 있다. 인간, 역사, 자연, 우주 등이 해당되는 '자연계시'(일반계시)만을 통해서 우리는 구속주 하나님에 대한 지식을 가질 수가 없고, 다만 창조주 하나님에 대한 불완전한 지식만을 가질 수가 있다. 그러나 특별계시인 성경을 통해서 우리는 하나님에 대한 완전한 이중지식을 가질 수가 있다.[68] 깔뱅의 경우 타락한 인간이라도 누구든지 가질 수 있는 자연계시는 인간의 무죄를 핑계치 못하는 부정적인 기능과 함께, 비그리스도인도 기술과 과학과 문화 등을 발전시키는가하면, 성경을 통해서 하나님에 대한 완전한 이중지식을 가진 그리스도인은 자연계시를 통해서 하나님을 찬양하는 등 긍정적인 기능도 가진다.[69]

깔뱅의 경우, 모든 인간이 자신 안에 있는 종교성, 지·정·의나 자연과 우주를 포함하는 자연계시를 통해서 창조주 하나님에 대한 불완전한 지식에 도달

Scheidung und Bewährung 1933-1936, München 1965, S. 169-207 ; K. Barth, Nein! Antwort an Emil Brunner(1934), in: Ibid., S. 208-258, 참고, 김동건(역), 『자연신학』(서울 : 한국장로교출판사, 1997).

67) 참고, 임창복, "깔뱅의 **하나님지식/인간지식**에 근거한 기독교교육의 목적." 장로회신학대학교출판부 (편), 『교회와 신학』(2005 가을호 제62호), p. 70: "깔뱅에게 있어서 하나님지식과 인간지식은 상호 밀접한 관계를 갖고 있을 뿐만 아니라 서로 대칭구조를 갖고 있다. 이 대칭구조는 세 쌍으로 되어 있는데, …", 참고, pp. 70-78.

68) 이형기 외 3인 (편), 『16세기 종교개혁과 개혁교회의 유산』 pp. 272-273.

69) 박해경, 『칼빈의 신론』(서울 : 이컴비즈넷, 2005), p. 147.

한다고 할 때, 성령의 사역과 연관시키지 않을 경우, 우리는 이신론(理神論) 등에 빠질 수밖에 없다. 깔뱅의 경우, 인간은 자신 안에 있는 지성 자체를 사용하여 창조주 하나님에 대한 불완전한 지식에 자동적(自動的)으로 이르는 것이 아니다. 여기서도 성령께서 인간의 지성을 수단으로 사용하셔서 인간을 창조주 하나님의 지식에 이르게 하는 것이다. 깔뱅은 자연계시를 일반은총 내지 자연은총과 결부시켜 성령론적으로 이해한다.

성경을 통한 특별계시에 대한 깔뱅의 이해도 위와 똑같은 맥락에서 이해된다. 성령의 감동으로 기록된 성경을 성령께서 수단으로 사용하셔서 우리의 마음을 내적으로 조명하실 때, 우리는 창조주와 구속주 하나님에 대한 지식에 이르게 된다. "사망에서 생명으로 옮겨지기 위해서는 하나님을 창조주로뿐만 아니라, 구속주로도 알아야하기 때문이다. 오냐하면, 그들(신자들, 필자주)은 조금도 의심없이 하나님의 말씀으로부터 이 두 지식에 도달했던 것이다."[70]

"성령이 성경의 저자이시다."[71] "성경의 문자가 성령으로 말미암아 우리의 마음에 효과적으로 새겨지며 그리스도를 제시하기만 한다면, 그것은 '영혼을 소성케 하고 우둔한 자로 지혜롭게 하는'(시19:7) 생명의 말씀이 될 것이다. (빌2:16) … 하나님께서 동일한 성령을 보내셔서 그 권능으로 말씀을 나눠주신 것은, 그 말씀에 대한 효과적인 확증으로 자신의 일을 완성하시기 위함이었다. … 하나님의 자녀들은 한결같이 하나님의 영을 떠나서는 전적으로 진리의 빛을 잃게 된다고 생각하는 자들이며, 따라서 말씀은 주님께서 신자들에게 성령의 조명을 주시기 위해 사용하시는 도구라는 사실을 아는 자들이다."[72]

리차드는 깔뱅은 말씀과 성령의 인식론적 관계를 통해 영성에 대한 새로운 이해에 지대한 공헌을 했다고 올바르게 평가했다. "성령의 사역은 성경에 있는

---

70) John Calvin, 『기독교 강요』(1559), I vi 1.
71) John Calvin, 『기독교 강요』(1559), I ix 2.
72) John Calvin, 『기독교 강요』(1559), I ix 3.

계시를 보충할 수도, 능가할 수도 없으며, 그 진정성을 입증한다(authenticate). 성령과 말씀은 상호적으로 상관되어 있다. 우리는 성령을 말씀으로부터 분리하거나 말씀을 성령으로부터 분리할 수가 없다."[73] "신학은 지성의 만족이 아니다. 신학은 행함이다. 깔뱅은 하나님에 관해서 질문하지 않았다. 깔뱅은 하나님의 말씀에 의해서 자신으로 하여금 질문하게 했다. 신학자는 말씀과 성령 사이에 존재하는 연속적, 변증적 관계성 안에 있는 사람이다. 신학자는 말씀으로부터 성령으로 그리고 성령으로부터 말씀으로 보냄 받은 자이다."[74] "성령은 우리 가운데서 모든 이해의 원천이다. 성령은 어떤 제도에 의해서 결코 속박되지 않는다. 인식자(認識者)에 대해서 확신과 인격적 확신의 원천인 성령은 권위의 내적, 외적 원천이 된다. 깔뱅은 어떤 외적 권위로 진리의 내적이고도 궁극적인 원천으로 삼는 것에 반대했다. 동시에 깔뱅은 하나님의 말씀에 대한 개방성이 항상 필요함을 주장했다. 왜냐하면 신학자는 말씀과 성령 사이에 존재하는 계속적인 변증법적 관계성 안에 있는 사람이기 때문이다. 신학자는 말씀으로부터 성령으로 그리고 성령으로부터 말씀으로 보냄을 받았다."[75]

3. 영성과 실존적 신앙경험

로마가톨릭교회의 추기경 사돌레또(J. Sadoleto)에게 보낸 그의 유명한 편지(1539)에서 깔뱅은 "나는 기꺼이 나 자신에 대해서 말하지 않는다."라고 썼다.[76] 이 점에서 깔뱅은 자기 자신에 대해서 말하는 것을 어려워하지 않았던

73) Lucien Joseph Richard, *The Spirituality of John Calvin* (Atlanta, Georgia : John Konx Press, 1974), p. 154; John Calvin, 『기독교 강요』(1559), I ix 6.
74) Lucien Joseph Richard, *The Spirituality of John Calvin*, p. 166.
75) Lucien Joseph Richard, *The Spirituality of John Calvin*, p. 192.
76) Runia, K. "Spiritualiteit bij Calvijn," Van 't Spijker(Red.), W. *Spiritualiteit,* Kampen : Uitgeverij de Groot Goudriaan, 1993, p. 169.

마르틴 루터와는 전적으로 다르다. 특별히 루터의 『탁상대화』속에서 루터 자신의 생활에 대한 전반적인 언급들, 특별히 그 자신의 영적 생활에 대한 언급들이 발견된다. 깔뱅은 자신에 대해 말할 필요성을 가지지 않았을 수도 있고, 스스로 그렇게 하는 것을 원하지 않았을 수도 있다. 그 결과 우리는 그의 자신의 회심(conversio)에 대한 글을 거의 찾아 볼 수가 없다. 깔뱅 자신의 회심에 대한 글이 단 한 번만이 발견되는데, 그것이 바로 그의 『시편주석』(1557) 서문에서 나타나지만, 여기서조차도 회심에 대한 내용이 너무나도 미미하게 나타나고, 정확한 시간이나 시기가 언급되어 있지 않기 때문에, 우리는 그의 회심의 시점을 정확하게 알지 못하고, 다만 추론할 뿐이다.

"내가 아주 어렸을 때, 나의 아버지는 나에게 신학을 공부시키려고 작정하셨다. 그러나 나중에 법률 직업이 법조인들에게 일반적으로 부(富)를 쌓게 한다고 생각했을 때, 이 기대(期待)로 인해 아버지는 자신의 목적을 변경하셨다. 그 결과 나는 철학공부를 그만두고 법학공부를 하게 되었다. 이것을 추구하기 위해 나는 아버지의 뜻에 순종하여 나 자신을 적응시키려고 충성스럽게 열심히 노력했다. 그러나 하나님은 자신의 섭리의 비밀스런 인도로 마침내 나의 행로를 다른 방향으로 바꾸셨다. 그리고 처음에 나는 교황의 미신에 너무나도 완고하게 헌신되어 심연이 깊은 늪으로부터 빠져나올 수가 없었기 때문에, 하나님께서 갑작스런 회심(subita conversione)을 통해서 나의 마음을 복종시키셨고, 나의 마음을 온순한 틀이 되게 하셨다. 온순한 틀은 그러한 문제들 안에서 나의 초기 생애기간에 어떤 사람으로부터 기대할 수도 있었던 것보다도 더 단단하게 되었다. 이렇게 해서 참된 경건에 대한 어떤 맛과 지식을 얻은 후, 나는 즉시 그 안에서 정진하기 위해 너무나도 강한 소원으로 불붙게 되었다."[77]

깔뱅이 루터처럼 자신의 실존적 생활에 대해서나 회심의 시점에 대해서 쉽사리 얘기하지 않는다고 해서, 과연 후대 개혁파 정통주의에서 빈번하게 나타

---

[77] CO 31, 22.

나듯이 그와 그의 신학은 메마르고도 차가웠던가? 헌터(A. M. Hunter)는 종교는 깔뱅의 삶의 호흡이라고 적절하게 말했다.[78] 깔뱅은 심오한 영적인 사람이었다. 깔뱅의 작품 도처에서 발견되는 "저는 당신께 모든 것을 드립니다. 저는 자신을 위해서 아무것도 사랑하지 않습니다." 또는 "저는 제물로서 저의 심장을 하나님께 바칩니다." 등과 같은 깔뱅의 말로부터 우리는 깔뱅의 영성을 간접적으로 짐작할 수가 있을 것이다. 깔뱅이 설교 속에서 자주 사용하는 '우리'라는 인칭대명사 속에 자기 자신도 실존적으로 포함시키고 있음이 분명하다. 우리는 깔뱅을 "철저하게 경험 신학자"(een door en door bevindelijke godsgeleerde)로,[79] 그의 신학을 "철저하게 경험적, 실존적 신학"(eem door en door existentiële, bevindelijke, theologie)으로 간주하더라도[80] 큰 무리는 없을 것이다.

그러나 깔뱅의 경우, 경험은 자칫 경건주의 운동이나 신비주의 운동에서 나타나기 쉬운 주관주의적 인간론에 근거한 순전한 인간의 경험이 아니라, 성령과 성경말씀을 통한 실존적, 전인격적 신앙 경험(experientia)이다. 왜냐하면 깔뱅에게 경험은 영적, 신학적 현실성(werkelijkheid)이기 때문이다. 깔뱅은 신앙을 다음과 같이 정의한다. "신앙은 우리에 대한 하나님의 선하심을 굳게 또는 확실하게 아는 지식이며, 이 지식은 그리스도 안에서 값없이 주신 약속의 신실성을 근거로 삼은 것이며, 성령을 통해서 우리의 지성에 계시되며, 우리의 마음에 인친 바가 된다."[81]

깔뱅의 신학적 출발점은 성경에 뿌리를 둔 하나님의 계시다. 성경과 경험은 동등하지 않다. 경험은 성경말씀을 앞서기보다는 차라리 성경말씀을 뒤따라가고 성경말씀으로 부름 받는다. "경험은 하나님의 말씀의 신빙성을 공고하게

---

78) A. Mitchell Hunter, *The Teaching of Calvin*, 1950, p. 4.
79) J. van der Haar, *Het geestelijk leven bij Calvijn*, 1959, p. 4.
80) M. van Campen, *Leven uit Gods beloften. Een cantraal thema bij Johannes Calvijn*, 1988, p. 42.
81) John Calvin, 『기독교 강요』(1559), III ii 7.

하고, 하나님의 말씀에 봉사한다."[82] 또한 깔뱅의 경우 경험은 개인적인 범주에 머물러 있는 것이 결코 아니다. 그리스도인 각자가 인격적으로 그리스도와 접붙임 받는 것은 순전히 개인주의적인 사건이 결코 아니다. 왜냐하면 그리스도와 인격적으로 접붙임 받는 것은 개인적 사건인 동시에 하나님의 구원의 지식을 가지고 있는 그리스도의 몸인 교회와 하나님의 백성에게 접붙임 받기 때문이다. 여기서 모든 개인주의적 뿌리는 잘려져 나간다. 그러므로 깔뱅에게 신비주의나 후대 개혁전통에서 나타난 신비주의에 대한 여지는 조금도 남아 있지 않다.[83]

신비주의로부터 자신을 구별하는 깔뱅이지만, 그는 누구보다도 신앙의 경험의 신비스런 차원을 더 잘 알고 있다. 깔뱅은 성찬에서 그리스도의 임재와 관련해서 다음과 같이 말했다. "그런데 만일 누가 이런 일이 어떻게 일어나느냐고 나에게 묻는다면, 이것은 신비스러울 정도로 너무나도 고상하여 나의 지성으로 이해하거나 나의 말로 표현할 수가 없다고 고백하는 것은 조금도 부끄러운 일이 아니다. 그리고 더 분명하게 말한다면, 나는 그것을 이해한다기보다는 차라리 경험한다."[84] "성령은 우리로 하여금 십자가에 달리신 그리스도를 실제로 체험하게 하며, 그리스도와 함께 우리의 삶을 새롭게 시작하게 한다. … 종교개혁의 영성은 '모방의 경건'이나 '인간의 숭고한 영적 노력'이 아니라 우리를 찾아오신 성령과의 인격적이고 영적인 만남으로부터 출발한다고 할 수 있다."[85]

---

82) W. van 't Spijker, "Experientia in reformatorisch Licht," *Theologia Reformata*, Jr. 19(Nr. 4, dec. 1976), p. 251; Sou-Young Lee, "La notion d'experince chez Calvin d'apres Institution de la Religion Chrestienne," (Thèse, 1984, Strasbourg), pp. 201-204.

83) W. Balke, "The Word of God and Experientia according to Calvin," W. H. Neuser(Ed.), *Calvinus Ecclesiae Doctor*, 1979, 28, 참고, 안재진, "깔뱅의 신앙론" 미간행 석사학위논문(Th.M.), 장로회신학대학교 대학원, 2005, p. 43.

84) John Calvin, 『기독교 강요』(1559), IV xvii 32.

85) 정승훈, op. cit., p. 15.

4. 깔뱅의 영성의 본질과 핵심으로서의 '경건'(pietas)

우리가 앞에서 이미 언급했다시피, 깔뱅과 개혁교회 전통에서 '영성'을 표현하기 위해서 '영성'이란 말보다는 '경건'이란 말이 더 익숙하다. 라이스(H. L. Rice)는 오늘날 대부분의 개신교도들에게는 '경건'(piety)이라는 말이 부정적으로 들릴지 모르지만, 이와는 정반대로 개혁교회 전통에서 '경건'이란 말이 긍정적으로 사용된 일반적 용어라는 것이다.[86] 또한 개혁파 종교개혁자들, 특히 츠빙글리[87]와 마르틴 부처(M. Bucer)의 경우도 마찬가지다. 부처의 경우에도 경건은 너무나도 중요한데, 경건은 '교리와 삶에서 기독교인의 정체성의 핵심'을 말해준다. '경건'이라는 한 단어 안에 부처의 신학과 윤리가 요약될 수 있는데, 부처의 경건 개념은 신앙과 사랑의 개념으로 이루어져 있다.[88] 여기서는 신앙이 사랑보다 선행한다. 부처와는 정반대로 16세기 재세례파 한스 뎅크(H. Denck)는 신앙보다도 사랑에다가 우월성을 부여했다.[89] 한스 뎅크의 윤리적 개념은 부처의 『에베소서 주석』(1527)에 의해서 비판되고, 수정된다.[90] 부처는 '경건의 교리'(doctrina pietatis)(A6a), '삶의 교리와 경건의 교리'(62a), '교리와 경건'(104b)에 대해서 말한다. '참된 경건'(37b, 61b, 64b)은 '전적으로 하나님에 대한 신앙과 이웃에 대한 사랑 안에 있다.'(41a, 63b). 경건 안에는 계속적 성장이 있는데(A8b, 52a, 86b), 우리는 매일 '경건에서 더욱 부(富)해져야'하며(77b), 경건에서 발전을 보여주어야 한다.'(68a, 85a) '경건의 현저한 작용이 없이는 그리스도인의 삶은 죽은 것이다.'(46b, 94b) '신자는 자신을 경건에 적응하도록' 해야 한다.(77b,

---

86) H. L. Rice, *Reformed Spirituality*, 황성철 역, 『개혁주의 영성』(서울 : 기독교문서선교회, 1995), pp. 58-59.
87) Fritz Blanke, "Calvins Urteile über Zwingli" Sonderabdruck aus «Zwingliana», Band XI, Heft 2(1959, Nr. 2), S. 92: 깔뱅은 츠빙글리를 "그리스도의 참된 종"이라고 부른다.
88) 최윤배, 『잊혀진 종교개혁자 마르틴 부처』(서울 : 대한기독교서회, 2012), 제6부 제2장, pp. 471-493.
89) Hans Denck, *Vom Gesatz Gottes*(1526), S. 48-66; H. Denck, *Von der waren lieb*(1527), S. 76-86.
90) Martin Bucer, *Eph.*(1527) [= *Epistola D. Pauli ad Ephesios*(Bibl. No. 17].

91b) 이 경건의 표식 안에 신자의 삶의 길은 '매일 신앙과 사랑 안에서 발전하는 것'으로 묘사된다.'(108a) 경건은 부처의 주석 안에서 가끔 그리스도인의 삶과 직접 연관된 몇몇 윤리적 용어들과의 관계 안에서 나타난다. 가령, 의 (31a, 38a), 덕, 겸손, 정조(A6b), 거룩성(81a, 81b) 등이다. '신자들은 경건의 각 형태 안에서 발전을 보여주어야 한다.'(87a)

부처의 경우, 경건은 그리스도인의 개인적 차원을 넘어 공동체적 차원까지 발전해야 한다. 그리스도의 몸인 교회를 성장시키는 것은 '경건의 각 형태 안에서의 성장'이다.(85a; 95b) '계속적으로 그리스도의 몸은 경건 안으로 흠뻑 젖어야 한다.'(69b) 바로 여기에 교회로서 교회됨의 참된 발전이 있는 것이다. 부처의 경우 경건은 비판적 기능을 가지고 있는데, 예를 들면, 그리스도인의 삶과 관계된 관습들, 개념들, 규정들, 금지조항들이 가치가 있는지 없는 지를 판단할 때, 경건은 여기에 대한 기준과 규범으로서 작용한다.91)

최태영은 "깔뱅의 영성을 경건으로서의 영성"으로 올바르게 파악했다.92) 그가 이해한 깔뱅의 경건은 두 가지 축으로 구성되어 있다. 깔뱅의 경건은 주로 하나님과 관계될지라도, 이웃 및 세상과도 떨어질 수 없는 밀접한 관계 속에 있는 경건이다. "깔뱅이 말하는 경건은 하나님을 경외하는 것과, 하나님의 은혜를 깨달음에서 오는 자발적인 사랑, 즉 하나님께 순종하며 봉사하는 것을 가리킨다. 이처럼 깔뱅의 경건 개념은 철저히 하나님과 관계되어 있다. 그렇다고 하여 이웃이나 세상에 대한 고려가 없는 것은 아니다. 깔뱅의 경건은 이웃에 대한 의무 및 세상에 대한 적극적인 태도를 취한다. 그러나 그것이 하나님과의 관계에서부터 나온다는 것을 주목해야 한다."93)

이수영도 깔뱅의 경건을 두 가지 축으로 파악한다. 그는 깔뱅의 경건이 주로

---

91) Marijn de Kroon, *Martin Bucer en Johannes Calvijn*(Meinema : Zoetermeer, 1991), pp. 96-97.
92) 최태영, "깔뱅의 신학과 영성," p. 31.
93) 최태영, "깔뱅의 신학과 영성," pp. 32-33.

하나님과 관계된 수직적인 축을 "경건의 일차적(또는 협의의) 의미"로 이해하고, 이웃과 관계된 수평적인 축을 "경건의 부수적(또는 광의의) 의미"로 이해한다. 이수영은 수직적인 축의 경건의 내용으로서 ① 창조주와 구속주 하나님에 대한 지식 ② 하나님의 이중지식에 기초한 하나님에 대한 두려움, 경외, 예배, 기도, 신앙, 사랑, 순종, 신뢰, 감사 등을 열거한다.[94] 이수영은 "과연 깔뱅에게서 경건은 오직 하나님과의 수직적 관계에만 연관된 개념뿐인가?", "경건은 인간들 사이에서의 수평적 관계하고는 아무 상관이 없는 개념인가?"라고 질문한다. 그에 의하면, 깔뱅이 힘주어 밝히려고 한 것은 "첫째로 사람을 향한 사랑이나 의나 기타 여러 가지 덕목들이 참되고 가치 있는 것이 되기 위해서는 참된 신앙과 경건에 기초하고, 그것으로부터 오는 것이어야 하며, 둘째로 참된 경건은 반드시 인간을 향한 의와 사랑의 봉사로 나아가며 그것을 통해 증명되는 것이고, 그렇지 않을 때 경건한 자의 온전함은 있을 수 없다는 것이다."[95]

깔뱅의 경건은 하나님에 대한 지식과 경외와 사랑과 신앙에 뿌리를 두고 있으면서도, 이웃을 향한 사랑과 공의와 정의와 밀접하게 연결되어 있다. "경건과 의는 율법의 두 서판과 관계된다. 그러므로 삶의 순전성은 이 두 부분으로 구성된다."[96] 또한 깔뱅의 경건은 그리스도인의 삶 전체와 연결되어 있다. "그리스도인들의 전(全) 삶은 일종의 경건의 실천이어야만 한다. 왜냐하면 우리는 성화로 부르심을 받았기 때문이다."[97] 위로부터 우리는 깔뱅이 하나님을 향한 경건과 인간을 향한 의와 사랑 사이를 구별하면서도, 결코 분리시키지 않고, 도리어 양자를 더 긴밀하게 연결시켜 주고 있음을 보게 된다. 드 크론(M. J. J. P. de Kroon)은 『기독교 강요』(1559)를 분석한 뒤에 깔뱅의 사고는 양극으로 향하는데, 하나님으로부터 인간으로 향한 실존과 인간으로부터 하

---

94) 이수영, "경건론," p. 281.
95) 이수영, "경건론," p. 284.
96) John Calvin, 『공관복음 주석』 눅2:25.
97) John Calvin, 『기독교 강요』(1559), Ⅲ xix 2.

나님으로 향한 실존이 그것이며, 하나님 경외와 인간 구원의 관계라고 적절하게 말했다.[98] "깔뱅의 영성의 본질적 표현으로서의 경건은 하나님에 대한 경외와 이웃 사랑을 주요 내용으로 한다. 이웃 사랑은 하나님의 경외로부터 파생되기 때문에, 경건의 핵심은 하나님 경외이다."[99]

5. 깔뱅의 '통전적 영성'[100]

우리는 앞에서 다양한 영성 운동들 중에서 개혁교회의 영성을 포함시킨 네 가지 영성 운동들에 대해서 언급했다. 즉, 성령세례와 성령의 능력과 믿음의 역사(役事)에 초점을 두는 장점이 있는 반면, 역사적 책임성이 약한 단점을 지닌 오순절적 영성운동과, 인간의 내면을 깊게 성찰하고, 버림과 가난에서 얻게 되는 지복(至福)의 상황에 더욱 깊은 관심을 갖고, 인간의 영혼만을 귀하게 여기고, 인간의 육체를 저급하게 여기는 단점과 함께 그리스도의 온전한 모습을 닮고자하는 장점을 가지고 있는 가톨릭적 수도원적 영성운동은 주로 인간의 내면이나 영혼의 영역이나 혹은 개인적 축복의 영역에서 영성을 언급한다. 이와는 대조적으로 특정 이데올로기 자체를 기독교 영성운동과 쉽게 일치시키려하고, 하나님과 인간의 개인적 만남과 체험을 소홀하게 여기는 단점과 함께 역사 속에 실현되어야할 하나님의 나라에 대해 강조하는 장점을 지닌 해방의 영성운동이 있다. 전자의 두 영성운동들은 주로 개인적, 수직적 차원을 강조하고 있다면, 후자의 영성 운동은 주로 공동체적, 수평적 차원을 강조한다고 볼

---

98) M. J. J. P. De Kroon, *De eer van God en het heil van de mens*(J.J. Romen & Zonen : Roermond, 1968), p. 11.

99) 최윤배, "깔뱅(Calvin)신학에 나타난 지식과 경건의 관계성 연구." 장로회신학대학교 신학대학원 미간행 석사학위논문(M.Div., 1987), p. 1.

100) '통전적'이란 용어의 뜻을 위해서 다음을 참고하시오. 이종성 외 3인 공저, 『통전적 신학』 p. 54; 최윤배, "『통전적 신학』: 통전적 신학은 모든 것을 통합해서 온전함에 이르고자하는 신학이다.", 장로회신학대학교출판부(편), 「교회와 신학」 제59호(2004 겨울호), p. 140.

수가 있다.

김명용은 위의 세 가지 영성운동들의 단점을 피하고 장점을 살리면서도 개혁신학과 교회의 영성에 기초를 둔 '통전적 영성'을 주창한다. "개혁파 신학의 영성은 하나님 중심의 삶(God centered Life)이다. 개혁파 신학은 세상과 역사에서 이탈하는 가톨릭의 수도원주의를 좋아하지 않았다. 개혁파 신학의 영성은 탈 역사적인 것이 아니었고 세상 속에서 빛나는 영성이었다. 개혁파 신학은 광적인 영성을 바른 영성이라고 생각하지 않았고, 언제나 말씀 중심적인 영성을 생각했다. 개혁파 신학은 그리스도인의 삶 속에서 하나님의 뜻이 구현화되고 하나님의 영광이 드러나는 것을 진정한 영성의 삶으로 이해했다."[101] "개혁교회는 하나님의 영광을 위한 구체적인 삶 속에서의 절제와 청지기직에 참된 그리스도인의 경건이 있고, 영성이 있다고 보았다."[102]

우리가 보기에 김명용이 언급한 개혁신학과 교회의 영성의 특징을 깔뱅에게도 그대로 적용할 수 있을 것이다. 개혁전통의 뿌리를 형성했던 깔뱅은 어느 누구보다도 모든 영역에서 "하나님 중심의 삶", "하나님의 영광", "하나님의 주권", "하나님의 통치"를 추구하고 실천했다. 깔뱅은 하나님의 말씀을 중심하여 교회, 가정, 학교, 사회, 국가, 경제, 문화, 생태 등 삶의 모든 영역, 그것이 국내적이든지 국제적이든지 간에 청지기직 사명을 수행함으로써 하나님 나라의 실현에 최선을 다했다. 깔뱅은 외적이며, 공동체적 활동에만 최선을 다한 것이 아니라, 자신의 내적, 영적 경건에도 끊임없이 노력하였다.

리차드는 깔뱅의 균형잡힌 영성을 다음과 같이 말하고 있다. "깔뱅의 영성에서 개인주의(individualism)는 어떤 사생활(privacy)도 용인하지 않았다. 깔뱅의 영성은 사적 종교와 공적 종교 사이, 개인의 변화와 공동체의 변화 사이, 내면성과 외면성 사이에 적절한 균형을 놓다."[103] 리차드는 깔뱅의 영

---

101) 김명용, 『이 시대의 바른 기독교 사상』 p. 60.
102) 이종성 외 3인 공저, 『통전적 신학』 p. 149.

성의 특징에 대해서 다음과 같이 지적한다. "깔뱅은 식별가능한 통일성과 독특한 특징들을 지닌 영성을 가졌다. 깔뱅의 영성은 세 가지 본질적인 점에서 현대경건(Devotio Moderna)과는 근본적으로 달랐다. 즉, 깔뱅의 영성은 세계 안에서 봉사의 영성이었으며, 교회론적 모델들에 대한 재해석을 가능하게 만들고, 영성에서 개인주의를 위한 건전한 기초를 놓았던 새로운 종교적 인식론을 수반했으며, 그리고 기독교적 삶과 신학의 내적 통일성을 주장했다."104) 리차드는 깔뱅의 영성의 세 가지 특징은 16세기 깔뱅 당시는 물론 오늘날의 영성 문제에도 적절한 답을 제공하기에 충분하다고 말한다. "나는 깔뱅의 사상은 오늘날의 영성에 대한 세 가지 문제들에 대해 적절성을 보게 된다. 즉, 세계를 변화시키는 것으로서 성화, 영적 삶에서 교회의 역할, 영성과 신학적 방법."105)

우리가 위의 두 현대신학자의 말을 종합해보면, 깔뱅의 영성에서 그리스도인 각자가 하나님과 깊이 교제하고 인격적으로 만나는 수직적이고도, 수평적인 차원이 발견되는가 하면, 삶의 모든 영역, 예를 들면, 가정, 교회, 사회, 국가, 생태와 자연 등과 관계되는 공동체적, 구조적, 수평적 차원도 발견된다. 여기서 우리는 깔뱅의 균형 잡힌 영성을 발견하게 되는데, 이것을 깔뱅의 "통전적 영성"이라고 불러도 무리가 없을 것이다. 그러나 불행하게도, 깔뱅의 영성이 한편으로 인간학적, 심리학적, 신비주의적으로 접근되어 깔뱅의 영성의 수평적 차원이 간과되는가 하면, 다른 편으로, 깔뱅의 영성이 사회적, 윤리적으로만 접근되어 깔뱅의 영성의 수직적 차원이 간과되기도 했다. 우리는 깔뱅의 통전적 영성에 나타나는 이 두 가지 측면을 살펴보고자 한다.

---

103) L. J. Richard, *The Spirituality of John Calvin*, p. 179. 필자는 리차드가 '개인주의'(individualism)라는 단어 대신 '개인'(individual)이란 단어를 사용했다면 좋을 뻔 했다고 생각한다.

104) L. J. Richard, *The Spirituality of John Calvin*, p. 174.

105) L. J. Richard, *The Spirituality of John Calvin*, p. 174.

1) 그리스도와의 '신비한 연합'(unio mystica)을 지향하는 영성

깔뱅은 그리스도와 각 그리스도인 사이의 관계성과 관련하여 '신비스런 연합'(unio mystica)이라는 용어를 사용하는데 어려워하지 않고, 신비스런 연합을 그리스도와 연합과 그의 삶과 유익들에 참여하는 것과 관련된 것으로 이해했다.106) 깔뱅에 의하면, 그리스도인은 성령과 믿음을 통해서 그리스도와 하나가 될 뿐만 아니라, 그리스도의 유익에도 참여하게 된다. "우리 밖에 계시는 그리스도"(Christus extra nos)가 "우리 안에 계시는 그리스도"(Christus in nobis)가 되는 것은 성령과 성령의 은사인 믿음을 통하여 가능하게 된다. "우리가 믿음에 의해서 이것을 얻는 것은 사실이다. 그러나 모든 사람들이 무차별적으로 복음을 통해서 제공된 그리스도와의 교통(교제, 친교)을 받아들이는 것이 아니라는 사실을 볼 때, 우리는 한 단계 더 높이 올라가서 성령의 신비한 역사하심을 검토하는 것이 매우 합당할 것이다. 왜냐하면 우리는 성령의 역사하심을 통해서 그리스도와 그의 모든 유익들을 향유하기 때문이다."107) "요약하면, 그리스도께서 우리를 효과적으로 자신과 연합시키는 끈이 바로 성령이시다."108)

그리스도인은 그리스도와 교제할 뿐만 아니라, 그리스도 안에 있는 구원의 은혜, 가령 칭의, 성화(중생, 회개), 영화, 선택 등의 은혜를 받게 된다. 깔뱅은 그리스도인의 경건훈련을 위한 중요한 실천 방법으로 자기 부인과 십자가 지기와 내세에 대한 묵상을 비롯하여,109) 특히 "믿음의 최상의 실천인 기도"를 강조한다.110) 우리가 유념해야할 것은 깔뱅의 경우, 경건훈련을 위한 이 모든

---

106) A. E. McGrath, op. cit., p. 6. 참고. 종교개혁자들의 '그리스도와의 연합' 개념에 대해서 본서 제2부 제6장 제Ⅲ절을 참고하시오.
107) John Calvin, 『기독교 강요』(1559), Ⅲ i 1.
108) John Calvin, 『기독교 강요』(1559), Ⅲ i 1.
109) 대한예수교장로회 총회교육부(편), 「16세기 종교개혁과 개혁교회의 유산」, pp. 286-288.
110) John Calvin, 『기독교 강요』(1559), Ⅲ xx.

실천방법들조차도 성경의 하나님 말씀과 성령의 역사가 동반되어야 한다는 것이다.111)

스뻬이꺼(W. van 't Spijker)는 "신비한 연합"(unio mystica) 또는 "그리스도와의 연합"(unio Christo)이 깔뱅을 비롯하여 개혁신학의 중심인 동시에, 개혁신학의 영성의 특징이라고 규정했다.112) 신비스런 연합의 방법과 내용과 목적에서 깔뱅의 그리스도와 신비한 연합은 신비주의에서 이해되는 신비한 연합과는 전적으로 다르다. 일반적으로 '존재유비'(analogia entis)에 기초를 둔 신비주의의 신비한 연합은 인간 또는 피조물 스스로가 하나님을 찾아가고, 만나는 방법이며, 자기 홀로 도취되어 황홀경에 빠져 윤리의식이 거의 없는 경향성을 가진다면, 깔뱅의 신비스런 연합은 성령과 신앙을 통한 연합이며, 자신을 벗어나서 하나님과 이웃을 위한 강한 윤리적 책임으로 부름을 받는 연합이다.113) "종교개혁과 신비주의의 관계는 신비적 체험(루터) 내지 성령을 통한 그리스도와의 신비한 연합(깔뱅)으로 요약될 수 있다. 종교개혁자들의 신비주의는 개인의 체험적 요소를 강하게 내포하지만, 그것은 그리스도 중심적이며, 교회론적이며, 성례전적인 구조 안에서 이해되었다."114) 노영상은 깔뱅신학의 핵심인 그리스도와 연합의 관점에서 "개인적 성화와 사회적 성화로서의 기독교윤리상의 논점들"을 성공적으로 논증했다.115) 앙드레 비엘르(A. Biéler)가 올바르게 말한 것처럼, 깔뱅의 신비한 연합은 개인적·교회론적 성례전적 삶에 국한된 것이 아니라, 세상 속에 현존하시는 그리스도를 향한 정치, 사회적 봉사의 차원도 가지고 있다.116)

---

111) John Calvin, 『기독교 강요』(1559), III vi 1.

112) W. van 't Spijker, *Gemeenschap met Christus*, p. 67.

113) Wilhelm Kolhaus, *Christusgemeinschaft bei Johannes Calvin*(Buchhandlung des Erziehungsvereins Neukirchen Kr. : Koers, 1939), S. 125ff; W. Kolfhaus, *Vom christlichesn Leben nach Johennes Calvin*(Buchhandlung des Erziehungsvereins Neukirchen Kr. : Koers, 1949), S. 94ff.

114) 정승훈, op. cit., p. 34.

115) 노영상, "깔뱅 신학에 있어서의 '그리스도와 연합'과 '성화론' 사이의 관계," 장로회신학대학교출판부(편), 「장신논단」 제22집(2004), p. 194, cf. 194-215.

2) '중간의 길'(via media)을 통해 '하나님의 질서'(ordo Dei)와 하 나님의 나라를 지향하는 영성

'하나님의 나라'의 구현을 중심으로 깔뱅은 그의 당시 크게 두 진영과 더불 어 논쟁하지 않을 수 없었다. 한 편으로 재세례파를 비롯한 열광주의자들은 성 령의 이름으로 교회의 직제나 정부의 법과 제도를 무시하고, 영성주의적으로 과격한 방법으로 하나님의 나라를 실현하려고 했다. 여기에 반대하여 깔뱅은 성령은 하나님의 나라를 실현하기 위해서 도구와 수단을 사용하실 수 있다고 변증했다. 다른 편으로, 로마가톨릭교회는 성령을 배제하고, 교회나 직제 자체 를 통해서 하나님의 나라를 실현하려고 하였다. 여기에 반대하여, 깔뱅은 하나 님의 나라의 영적인 측면과 종말론적인 측면을 부각시켰다. 이 두 진영 사이에 서 깔뱅은 '중간의 길'(via media)의 방법을 선택했다. 성령은 하나님의 나라 를 실현하기 위해 도움의 수단들, 즉 『기독교 강요』(1559) 제IV권 제목인 "하 나님께서 우리를 그리스도의 공동체로 초대하시고 우리를 그 안에 거하도록 하는 외적 수단들"을 사용하신다. 여기서 말씀과 성례전은 성령이 사용하시는 구원의 수단(media salutis)이 된다.

깔뱅에 의하면, 복음에 대한 신앙을 통해서 그리스도는 우리의 것이 되었고, 우리는 그리스도께서 가져다주신 구원과 영원한 축복의 참여자들이 되었다. 그러나 우리의 무지와 태만 때문에, 우리의 신앙을 성장시켜 그 목적에 도달하 기 위해서 우리는 "외적 도움들"이 필요하였는데, 하나님께서 우리의 약함에 대비하기 위한 도움들을 첨가하셨다. 깔뱅에 의하면, 은혜의 외적 수단들 중에 서 대표적인 것이 바로 교회와 국가라는 것이다.117)

깔뱅의 경우, 왕으로서 그리스도는 말씀과 성령과 성령의 수단들을 통해서

---

116) 정승훈, op. cit., p. 71; André Biéler, *La Pensée Économique et Sociale de Calvin*(Librairie de L'Uiniversité : Genéve, 1961).

117) John Calvin, 『기독교 강요』(1559), IV i 1.

다스리신다. 깔뱅은 두 가지 종류의 통치에 대해서 말한다. 하나는 마음에 그 자리를 가지고 있고, 다른 하나는 외적 도덕을 규제한다. 깔뱅은 왕이신 그리스도 밑에 있는 두 종류의 하나님의 사역자들, 즉 교회의 목회자들과 국가통치 권자에 대해서 말한다. 정부는 그리스도의 나라의 건설을 위한 공간을 창조한다.118) "우선 사람에게는 이중의 통치가 있다는 것을 고려해야 한다. 하나는 영적인 통치로서 여기서는 양심이 경건과 하나님을 경외하는 일을 배우며, 다른 하나는 사회적 통치로서 여기서는 인간으로서 또 시민으로서 사람 사이에 유지해야할 여러 가지 의무를 배운다."119)

깔뱅의 교회론은 삼위일체론적이다. 교회는 하나님의 선택된 자의 모임이며, 그리스도의 몸이고, 성령의 능력 안에 있는 교회이다.120) 교회에서 구원의 수단으로서 말씀선포인 설교와 두 가지 성례전인 세례와 성찬이 있다. 직제로서 말씀을 선포하고, 성례전을 집례하고, 치리를 수행하는 목사, 교리를 가르치는 교사, 치리를 수행하는 장로, 재정과 병약자를 돌보는 집사가 있다. 비록 깔뱅이 교회와 국가를 분명하게 구별할지라도, 상호 분리시키지는 않는다. 왜냐하면『기독교 강요』(1559) 제IV권의 마지막에 언급되는 국가론은 교회론과의 밀접한 관계 속에서 기술되고 있기 때문이다. "따라서 우리의 가르침의 계획은 지금 우리로 하여금 교회와 교회의 통치, 질서, 권세에 대해서 논하고, 그다음에 성례전, 마지막으로 시민 질서에 대해서 논하는 것을 요구한다."121)

교회는 자신의 독립적이고도, 고유한 기능을 가지고 있지만, 교회 밖의 세상과 무관한 관계가 결코 아니다. "깔뱅의 교회 이해 속에서 기독교인의 영성은 그리스도와의 신비한 연합을 통해 인격적으로 근거될 뿐만 아니라, 교회 안

---

118) 최윤배, "바람직한 기독교 가정," 대한예수교장로회총회교육부(편),『하나님의 나라와 가정』(서울 : 한국장로교출판사, 2002), p. 297.
119) John Calvin,『기독교 강요』(1559), IV xix 15.
120) John Calvin,『기독교 강요』(1559), IV i 3.
121) John Calvin,『기독교 강요』(1559), IV i 1.

에서 선택된 자들의 공동체성을 향해 사회적 성격을 갖는다. 모든 신자들의 어머니로서의 교회 영성은 성례전적 신비를 통해 드러나지만, 성만찬의 나눔의 신비는 본질상 교회밖의 가난한 자들과의 연대와 나눔이라는 사회윤리적 귀결을 포함한다.(디이코니아, 필자주) 깔뱅에게서 정치사회적 문제는 영적인 문제나 교회의 일과는 서로 다른 세속의 독자적인 영역을 갖기보다는 그리스도의 지배에 속하며, 그리스도의 복음의 빛에서 비판되고 고찰된다."122) 하나님께서 성례전 안에서 선택을 주실 때, 하나님은 그의 약속들과 함께 진지하게 하신다. "우리는 우리의 편에서 하나님 앞에서 우리의 경건을 증거하고, 우리의 차례에서 우리는 하나님에 대해서 우리의 경건의 증거를 맹세해야 한다."123)

국가론을 중심으로 깔뱅은 하나님께서 정하신 국가 제도를 부정하는 재세례파를 비롯한 열광주의자들과, 하나님과 상충되는 군주들의 독재 권력에 아첨하는 자들을 비판하면서, "인류의 유익을 위해서 이 일을 마련하신 하나님의 사랑이 얼마나 깊은가를 우리는 알아야 한다. 우리 마음에 있는 경건의 열성이 하나님께 대한 감사를 입증하게 되기 위해서 이 지식은 매우 중요하다"는 것을 역설한다.124) "국가 통치에 지정된 목적은, 우리가 사람들과 함께 사는 동안 하나님께 대한 외적 예배를 존중하고, 보호하고, 건전한 교리와 교회의 지위를 수호하며, 우리를 사회생활에 적응시키며, 우리의 행위를 사회 정의와 일치하도록 인도하며, 우리를 서로 화해하게 하며, 전반적인 평화와 평온을 증진하는 것이다."125) 국가는 그리스도인들이 공개적으로 종교생활을 할 수 있도록 하여 사회에 인간성이 보존되도록 해야 한다.126) 깔뱅의 경우, 국가는

---

122) 정승훈, op. cit., p. 160.
123) OS V, 259, 6v.10
124) John Calvin, 『기독교 강요』(1559) IV i 1.
125) John Calvin, 『기독교 강요』(1559) IV i 2.
126) John Calvin, 『기독교 강요』(1559) IV i 3.

경건을 돌보아야 하며127), 외적인 예배를 육성하고, 보호해야하며, 경건의 건전한 교리를 옹호해야한다.128) 신하(臣下)는 경건이 문제가 되었을 때만이 경건하지 않는 정부에 대해서 저항할 수가 있고, 또 저항해야만 한다.129) "우리는 경건을 버리기 보다는 차라리 고통을 받는 편이 주께서 요구하시는 순종을 실천하는 것이라는 생각으로 위로를 얻도록 하자."130)

깔뱅의 경우, 그리스도인은 종말론적으로 국가 속에서뿐만 아니라, 가정, 문화, 자연, 생태, 세계 등 모든 곳에서 사랑과 봉사의 영성 또는 청지기 영성을 지녀야 한다. 이 같은 깔뱅의 영성의 특징을 사도적 영성으로 부를 수도 있을 것이다. "사도적 영성은 세상에 참여와 적극적 활동이 하나님과의 일치와 거룩에 이르는 길을 구성한다는 확신에 근거한 영성이다."131) 깔뱅은 재세례파였던 스또르되르(Jean Stordeur)의 미망인 이델레뜨 드 뷔런(Idelette de Buren)과 결혼했다.132) 그의 자녀가 병들어 죽게 되자, 어떤 사람이 깔뱅이 하나님의 심판을 받아서 자녀가 죽게 되었다고 비난하자, 깔뱅은 자신에게는 육신적인 자녀는 없지만, 하나님께서 자신의 가르침과 목회를 통해서 수없이 많은 영적인 자녀를 낳게 해주셨다고 대답함으로써 "하나님의 가정"이라는 사상을 견지했다. 그리고 어떤 그리스도인이 배우자의 외도(外道)로 말미암아 이혼할 의사를 밝히면서 상담했을 때, 깔뱅은 그 짐을 이 땅에서 감당할 수만 있다면 이혼하지 말고, 배우자의 간음죄를 용서하고 포용하라고 충고했다. 깔뱅이 이해한 기독교 가정은 신앙과 사랑 및 사랑과 책임 속에서 상호 섬기는 가족관계가 기초를 이룬다.133)

---

127) OS V, 479, 38
128) OS V, 473, 13v
129) OS V, 502, 26v
130) John Calvin, 『기독교 강요』(1559) IV i 32.
131) 임창복, "성경에 근거한 기독교영성의 특성에 관한 연구," 장로회신학대학교출판부(편), 「장신논단」 제23집(2005), p. 439.
132) Jane Dempsey Douglass(심창섭 역), 『칼빈의 여성관』 (서울 : 무림출판사, 1990).
133) 최윤배, "바람직한 기독교 가정," p. 307ff.

깔뱅은 인간의 노동을 신성시함은 물론 자연과 생명과 생태에 대한 지대한 관심을 기울였다. 삶의 모든 영역에서 우리는 제자직과 청지기직을 수행해야 한다. "인간들이 무위와 나태에 빠지지 않도록 하기 위해서 인간들은 어떤 일에 종사하도록 창조되었다. 이 노동은 참으로 즐겁고, 기쁨으로 충만하고 전적으로 모든 고통과 지루함으로부터 면제되었다. 그러나 하나님께서 인간이 땅의 경작에 분투노력해야 한다고 명령하시고, 인간의 인격 안에서 모든 나태한 휴식을 정죄하신다. 우리 스스로 해야 할 일을 조금도 하지 않고 먹고, 마시고, 잠을 자면서 삶을 소모하는 것은 자연 질서에 가장 반대되는 것이다. 모세는 아담에게 정원관리에 대한 책임이 주어졌다는 사실을 첨가함으로써, 우리는 하나님께서 우리들의 손에 위탁하신 것들에 대한 검약하고 절제하면서 사용하는 것에 만족하는 조건으로 그것들을 소유하고 있으며, 우리는 남아 있을 그것을 보살펴야 한다. … 모든 사람들은 각각 자신이 소유하고 있는 모든 것들 안에서 자신을 하나님의 청지기로 간주하도록 하자. 그 때에 사람들 각자는 하나님께서 보존되어지도록 요구하시는 이 모든 것들을 오용함으로써 자신을 방탕하게 하지 않을 뿐만 아니라, 부패하지도 않을 것이다."134)

피조세계는 "아름다운 극장 속에서 하나님의 명백하고도 친숙한 작품들"이다.135) "노래하는 작은 새들은 하나님을 찬양하고 있다. 짐승들은 하나님을 향해 울부짖는다. 폭풍우는 하나님을 경외하고 있다. 산은 하나님의 이름을 메아리쳐 울린다. 파도와 샘은 하나님을 흘긋 보면서 찬양한다. 풀과 꽃들은 하나님을 향해 웃는다."136)

깔뱅은 기술, 과학, 예술 등 인간에게 유익한 모든 것은 성령의 일반은사로서 그 가치를 어느 종교개혁자 못지않게 강조했다. 여기에 대한 좋은 예로 깔

---

134) John Calvin, Com. Genesis 창2:7, p. 125.
135) John Calvin, 『기독교 강요』(1559), I xiv 20.
136) John Calvin, 『신약성서 서문』(1535).

뱅은 점성술을 미신으로 철저하게 거부했지만, 천문학은 옹호했다. 깔뱅은 "결코 과학을 무시하지도 않았으며, 오히려 열린 신학자였으며 과학연구에 긍정적인 영향을 미친 신학자였다."[137] 깔뱅은 "땅의 일에는 정치와 경제와 모든 기계공작 기술과 문예가 포함된다."라고 성령의 일반은사를 강조한다.[138]

깔뱅은 재화를 포함하여 하나님이 주신 모든 축복들과 은사들을 자신과 이웃과 하나님을 위해 선용해야 한다고 가르쳤다. "우리가 따를 원칙은 이것이다. 즉, 하나님께서 여러 가지 선물들을 창조하신 목적은 우리의 유익을 위해서이지, 우리를 멸망시키려는 것이 아니었기 때문에 하나님께서 창조하시고 정하신 그 목적에 따라서 하나님의 선물을 사용한다면, 그러한 사용은 방향이 바르다는 것이다."[139] "하나님은 우리 인간들 사이에 조화로운 균형과 평등을 요구하신다. 각자는 그 수단과 정도에 따라 곤궁한 자들을 부양해야 한다. 그렇게 함으로써 어떠한 사람도 과도하게 소유하거나 지나치게 궁핍해서도 안 된다."[140]

그리스도인 각자는 물론 교회와 국가를 비롯하여 피조세계의 모든 영역을 아우르는 하나님의 나라를 지향하는 깔뱅의 통전적 영성은 다음의 글 안에서도 발견된다. "깔뱅은 거룩함과 도덕을 사회질서에로 통합시키고자 하였다. 그리스도와의 연합을 통한 하나님과의 연합으로서의 영성을 개인뿐만 아니라 세계 내에서의 하나님의 형상과 창조질서의 새로운 회복을 의미한다. 이러한 그의 영성이 사적 종교와 공적 종교, 개인의 변화와 공동체의 변화, 그리고 내면성과 외면성이 서로 적절한 균형을 이루도록 한 것이다. 깔뱅의 신비적 연합(unio mystica)은 종말론과 결합된다. … 성령 안에서의 그리스도와 연합은

---

137) 안명준 외 1인, "칼빈의 과학관," 한국복음주의조직신학회(편), 「조직신학연구」 제4호(2004, 봄 · 여름), p. 207.
138) John Calvin, 「기독교 강요」(1559), II ii 13.
139) John Calvin, 「기독교 강요」(1559), III x 2.
140) John Calvin, "고린도 후서 8:13-14에 대한 설교".

개인의 윤리적인 삶에 영향을 줄뿐만 아니라, 그와의 연합을 통해 하나님과 온 세상과 하나됨으로써, 우리에게 사회적 책임을 유발한다는 것이 깔뱅의 주요한 논점이다."141)

깔뱅은 인간의 구원과 교회의 완성에서 한 걸음 더 나아가서 세계 또는 전체로서 우주의 완성, 즉 창조된 전체 질서의 완성을 가르친다. "자연은 하나님의 종말적 비전의 대상이다."142) "신자들은 죽음을 향해 열심히 가는 것은 옷을 벗고 싶어서가 아니라 더 완전한 옷을 입기를 갈망하기 때문이라고(고후 5:2-3) 적절하게 가르친다. 짐승들과 나무나 돌 같은 무생물까지도 자기의 현존 상태의 허무함을 느끼고 부활이 있을 마지막 날을 동경하며, 그 때에 하나님의 자녀들과 함께 허무성에서 해방되기를 갈망한다.(롬8:19이하) … 그리스도의 학교에 들어가 있으면서도 자기의 죽는 날과 종말의 부활을 기쁘게 기다리지 않는다면, 그는 진보가 없는 사람으로 확정될 것이라는 사실을 생각하도록 하자."143)

---

141) 노영상, "깔뱅 신학에 있어서의 '그리스도와 연합'과 '성화론' 사이의 관계," p. 215.
142) 김도훈, "생태학적 성서해석의 시도," 장로회신학대학교출판부(편), 「장신논단」제19집(2003), p. 231.
143) 최윤배, "츠빙글리, 부처, 깔뱅의 종말론," 「한국기독교신학논총」제38집(2005), pp. 203-205; 총회교육자원부(편), 「개혁교회의 종말론: 하나님의 나라와 교회」(서울 : 한국장로교출판사, 2005), pp. 148-159.

III. 결론

우리는 영성에 대한 일반적이면서도 다양한 정의와 다양한 영성 운동에 대해서 살펴보면서 이 글을 시작했다. 모름지기 기독교적 영성은 최소한 삼위일체론적이며, 종말론적이며, 기독론적인 기초를 가지고, 인간의 내면으로부터 피조세계 전체를 아우르기 위해 성령론과 관계하면서도, 성경의 하나님의 말씀과 교회 공동체의 중요성을 확보해야 한다고 주장했다. 다양한 영성 운동들은 크게 두 분류로 나누었는데, 수직적 차원을 강조하는 영성운동과 수평적 차원을 강조하는 영성 운동이었다. 그러나 개혁신학과 개혁교회의 영성은 이 양자의 요소가 내포된 통합적 영성의 가능성이 있음을 살펴보았다.

깔뱅의 영성을 본격적으로 고찰하기 전에 우리는 깔뱅의 영성의 전이해를 위해 깔뱅과 두 용어 '영성'과 '경건' 사이의 관계를 규정하고, 깔뱅의 영성연구개관작업을 시도했다. '영성'이란 용어는 '경건' 보다는 광의적인 개념을 가지고 있어서, 깔뱅을 비롯하여 모든 영성연구대상 또는 연구대상자에게 적용가능할지라도, 깔뱅 자신이 영성신학에서 의도하는 관점에서 '영성'이라는 단어를 사용하지 않았고, 또한 깔뱅의 영성의 내용을 주로 '경건'으로 표현할 수 있고, '경건'이란 용어가 깔뱅에게 매우 익숙하기 때문에, 깔뱅을 비롯한 개혁전통에서는 '경건'이라는 단어가 '영성'보다는 협소한 개념을 가지지만, '영성'이란는 용어보다도 더 장점을 가지고 있는 것으로 판단된다. 깔뱅의 영성 연구개관에서 모든 작품들이 나름대로의 큰 공헌을 했지만, 깔뱅의 영성에 대한 방대하고도 포괄적인 연구로서 리차드의 연구와 정승훈의 연구를 들 수가 있다.

우리는 깔뱅의 영성을 구체적으로 기술하기 위해 네 가지, 즉 영성의 원천,

영성의 신앙경험차원, 경건으로서 영성, 통전적 영성에 대해서 논의했다. 깔뱅의 영성의 원천과 관련해서 우리는 성령과 계시의 밀접한 상관관계와 말씀과 성령의 인식론적 틀을 밝혔다. 깔뱅의 경우 최소한 신학자는 말씀과 성령을 상호 가역적(可逆的)으로 왕래해야 한다. 깔뱅의 영성의 신앙경험차원과 관련해서 깔뱅은 경험신학자이고, 깔뱅의 신학은 경험신학이지만, 성령과 말씀에 의존한 경험신학자이고, 경험신학이었다.

깔뱅의 영성의 핵심으로서 '경건'과 관련해서, 깔뱅의 경건 개념은 두 가지 축을 가지고 있다. 하나는 하나님을 향한 축으로서 하나님에 대한 경외와 사랑이고, 다른 하나는 이웃과 피조세계를 향한 사랑과 정의와 봉사였다. 전자가 후자의 원천이기 때문에, 전자로부터 후자가 나와야 하지만, 후자 안에는 전자가 반드시 발견되어야 한다.

깔뱅의 통전적 영성과 관련하여, 우리는 두 가지를 언급했다. 즉, 그리스도와의 신비한 연합(unio mystica)은 성령과 신앙을 통한 연합으로서 그리스도인 각자가 그리스도와 갖는 개인적이고도 인격적인 깊은 연합과 교통일 뿐만 아니라, 교회공동체는 물론 사회공동체적 차원까지 확장되었다. 깔뱅은 하나님의 나라를 지향하는 영성을 변증적인 상황 즉, 로마가톨릭교회와 열광주의자들 사이에서 '중간의 길'(via media)의 방법을 택하고, 하나님의 나라의 본질에 부합하는 '하나님의 질서'(ordo Dei) 개념을 성령론과 결부시켜 종말론적으로 전개했다. 깔뱅은 교회와 세계에 대한 사랑과 함께 하나님께만 영광을 돌리는 경건의 실천에 최선을 기울였다.

끝으로 우리는 본고에서 깔뱅의 영성의 구조적 차원에 집중했기 때문에 깔뱅의 영성에 대한 심도 깊고도 구체적인 내용을 다루기에는 역부족이었음을 솔직하게 인정한다.

Ⅳ. 참고문헌

김규식. "영성운동의 교회사적 이해를 통해 본 깔뱅의 영성 이해." 장로회신학대학교 1998.

김남준. "왜 칼빈의 영성은 리바이벌되지 않는가?." 「그 말씀」 통권 63호(1997.10), pp. 122.

김명용. 『이 시대의 바른 기독교 사상』. 서울 : 장로회신학대학교출판부, 2002, pp. 55-71.

김명용. "몰트만의 영성신학." 「장신논단」 제18집(2002), pp. 249-275.

김이태. "경건과 학문의 상관성." 「교회와 신학」 제12집(1980), pp. 30-45.

소기범. "개혁주의 영성의 특징." (장로회신학대학교 신학대학원, 1988).

오성춘. 『영성과 목회 - 기독교 영성훈련의 이론과 실제-』. 서울 : 장로회신학대학교출판부, 1989.

오성춘. 『신학 영성 목회』. 서울 : 장로회신학대학교출판부, 2004.

유해룡. "깔뱅의 영성학 소고." 「장신논단」 제16집(2000), pp. 544-563.

윤철호. 『현대 신학과 현대 개혁신학』(서울 : 장로회신학대학교출판사, 2003), p. 274.

이수영. "경건론." 한국칼빈학회 (편). 『칼빈신학해설』. 서울 : 대한기독교서회, pp. 268-289.

이수영. "영성의 의미에 관한 조직신학적 고찰." 한국기독교학회(편). 「한국기독교신학논총4」 서울 : 양서각, 1988, pp. 93-107.

이양식. "존 칼빈의 경건에 대한 소고." 「칼빈연구」 제9집(2012), pp. 261-294.

이은상. "칼빈의 영성식별에 관한 연구." 장로회신학대학교, 2001.

이은선. "칼빈의 삶과 사상 속에 복음주의 영성의 모든 것이 들어 있다." 『영생의 샘』 통권 71호(2004.10), pp. 73-79.

이양호. "칼빈의 영성." 「기독교사상」 통권419호(1993.11), pp. 226/통권 420호(1993.12), p. 236.

이종성 외 3인 공저. 『통전적 신학』. 서울 : 장로회신학대학교출판부, 2004, pp. 145-166.

정승훈. 『종교개혁과 칼빈의 영성』. 서울 : 대한기교서회, 2000.

임성례. "현대목회실천을 위한 깔뱅의 영성고찰." 영남신학대학교, 2005.

최덕성(편). 『개혁주의 신학의 활력』. 서울 : 본문과 현장사이, 1999, pp. 237-287.

최성림. "칼빈의 영성연구 : 기독교강요를 중심으로." 장로회신학대학교 1998.

최윤배. "깔뱅(Calvin)신학에 나타난 지식과 경건의 관계성 연구."(장로회신학대학원 M.Div.미간행 석사학위 논문, 1988).

최태영. "깔뱅의 신학과 영성." 「조직신학 속의 영성: 한국조직신학논총 제7집」. pp. 31-52.

한국조직신학회(편). 「조직신학 속의 영성: 한국조직신학논총 제7집」. 서울 : 대한기독교서회, 2002.

한국조직신학회(편). 「생명의 영성: 조직신학논총 제11집」. 서울 : 대한기독교서회, 2004.

Bouwsma, W. J. "존 칼빈의 영성." 「신학사상」 제99집(1997.12).

Bouwsma, W. J. "제14장 존 칼빈의 영성." Jill Rait, John Meyendorff, Jean Leclerq(Ed.) 『기독교 영성(II) : 중세부터 종교개혁까지』 이후정 외 2인 공역. 서울 : 은성출판사, 1998, pp. 460-483.

Richard, L. Joseph. *The Spirituality of John Calvin.* 한국개혁주의연구원(편역). 『칼빈의 영성』, 서울 : 기독교문화협회, 1986.

Rice, Howard L. *Reformed Spirituality.* 황성철 역. 『개혁주의 영성』. 서울 : 기독교문서선교회, 1995.

Douma, J. *Christelijke levensstijl.* Kampen : Uitgerij van den Berg, 1993.

Lee, Sou-Young. "La notion d'experince chez Calvin d'apres Institution de la Religion Chrestienne."(Thèse, 1984, Strasbourg).

McGrath, Alister E. *Christian Spirituality.* Oxford : Blackwell Publishing, 2002.

McGinn, Bernard, John Meyendorff, and Jean Leclercq, ed. *Christian Spirituality: Origions to Twelfth Century.* 유해룡 외3인 역. 『기독교 영성』.

Richard, Lucien Joseph. *The Spirituality of John Calvin.* Atlanta, Georgia : John Konx Press, 1974.

Runia, K. "Spiritualiteit bij Calvijn." Van 't Spijker(Red.), W. *Spiritualiteit.* Kampen : Uitgeverij de Groot Goudriaan, 1993, pp. 169-185.

Van 't Spijker, W. *Gemeenschap met Christus: Centraal gegeven van de gereformeerde theologie*(Apeldoornse Studie no. 32). Kampen : Uitgeverij Kok, 1995.

Van 't Spijker, W.(ed.) *Spiritualiteit.* (Kampen : Uitgeverij de Groot Goudriaan, 1993.

제15장 깔뱅의 기도론

I. 서론[1]

구약성경에 나타난 하나님의 백성인 이스라엘의 역사(歷史)와, 신약성경에 나타난 초대교회의 역사로부터 21세기에 이른 2000년 세계교회사에 나타난 영적 각성운동 또는 영적 부흥운동은 주로 그 시대의 총체적 위기의식과 죄 인식에 직면하여, 하나님의 말씀인 성경에 근거한 말씀운동과 기도운동에서 시작하여, 성령의 역사(役事)를 통한 총체적 구원의 회복의 결과로 진행되었다. 이와 비슷한 현상과 내용이 1907년 평양대부흥운동에서도 일어났다. 특히 우리의 관심을 기울이게 하는 1907년 전후에 국내와 국외에서 동시 다발적으로 일어난 일련의 영적 각성운동 또는 부흥운동 속에서도 1907년 평양대부흥운동과 비슷한 현상과 상호 연계성이 발견되었다. 이 같이 기독교 역사에서 "말씀운동"과 함께 "기도운동"이 성령의 은혜를 가져오게 하는 중요한 중추적인 도구가 되었다는 사실을 실감할 수가 있다.[2]

장훈태는 "역사적으로 유명한 기도론 중에서 칼빈의 기도론이 두드러진다."라고 정당하게 말했다.[3] 김재성은 "우리가 칼빈의 기도론에서 배울 수 있는 성령의 역사와 도우심은 중세 교회가 잃어 버린 신앙의 복귀이자, 교회의

---

1) 최윤배, "깔뱅의 기도이해: 『기독교 강요』초판(1536)과 최종판(1559)을 중심으로," 「칼빈연구」제6집 (2009), pp. 61-90에 게재된 글.
2) 최윤배, "평양대부흥운동의 신학적 고찰(1)-세계 신앙각성운동과 연계하여," 장로회신학대학교출판부 (편), 「교회와 신학」(봄호, 2007), 42.
3) 장훈태, "칼빈의 기도론," 한국칼빈학회(엮음), 『칼빈 신학 해설』(서울: 대한기독교서회, 1998), 291.

회복이었고, 오늘의 교회가 다시 살려내야 할 감격스럽고도 영광스런 모습"이라고 말한 뒤, "칼빈의 기도론은 전체적인 개혁주의 신학의 구조와 긴밀히 연결되어 있으니, 항상 그에게 신앙의 전제이자 설교와 생활 속의 생명력으로 남아 있는 것은 하나님과 인간의 관계성, 즉 경건"이라고 말함으로써 깔뱅의 기도가 그의 신학과 경건의 핵심을 이루고 있음을 올바르게 역설한다.4)

16세기의 개혁파 종교개혁자로서 개혁교회의 아버지로 알려진 깔뱅(Jean Calvin, 1509-1564)은 '하나님의 사람', '말씀의 사람', '믿음의 사람', '성령의 사람', '교회의 사람'이면서도 동시에 참으로 '기도의 사람'이었다. 그는 하나님의 부름을 받는 마지막 순간까지도 "내가 잠잠하고 입을 열지 아니하옴은 주께서 이를 행하신 연고니이다."(시39:9)라는 시편 말씀을 가지고 기도하다가 하나님의 부름을 받은 것으로 추측된다. 우리는 본고에서 깔뱅의 기도를 이해하기 위하여 그의 유명한 작품인 『기독교 강요』초판(1536)과 최종판(1559)을 집중적으로 분석하고자 한다.

---

4) 김재성, "기도론과 교회의 회복," 한국칼빈학회(엮음), 『칼빈 신학과 목회』(서울: 대한기독교서회, 1999), 191-192.

II. 『기독교강요』 초판(1536)에 나타난 기도론

깔뱅은 『기독교강요』 초판(1536)에서 제1장에서 "율법"(십계명), 제2장에서 "믿음"(사도신경)에 관하여 기술한 후, 제3장에서 주기도를 중심으로 "기도"에 관하여 기술하고 있다.[5]

1. 기도의 법칙(orationis lex)과 정의

기도의 첫 번째 법칙은 "우리가 자신의 영광에 대한 모든 생각을 버려야 한다는 것"과 "우리 자신의 가치에 대한 모든 지각을 던져 버리는 것, 우리의 자기 확신을 모두 내어 버리는 것"이며, 동시에 "두렵고도 겸비한 자세로 영광을 주님께" 돌리는 것이다.[6] 여기에 기도자의 자기 자신에 대한 태도와 하나님에 대한 태도가 극명한 대조를 이루고 있다. 기도자는 자기 자신을 부인하며, 겸허한 자세로 하나님께 나아가 하나님의 자비와 긍휼을 전적으로 의지하여, 하나님께 영광을 돌려야 한다. 기도자의 "의(義)"를 의지할 것이 아니라, 하나님의 "큰 긍휼"을 의지하면서 드리는 기도자의 자세가 잘 표현된 다니엘서 9장 18절에서 19절을 깔뱅은 주석적으로 인용하고 있다.[7]

기도의 두 번째 법칙은 다음과 같다. 우리 자신의 불충분함을 진정으로 자각하고, 우리가 하나님께 구하는 것이 우리 자신의 유익을 위해 꼭 필요하다는 것을 순수하게 생각하고, 구하는 것마다 하나님께서 반드시 주실 것이라는 목

---

5) P. Barth(ed.), Opera Selecta(= OS) I, 96–117 ; 양낙흥 옮김, 『존 칼빈 : 기독교 강요(1536년 초판 완역)』(고양 : 크리스챤다이제스트, 1988), 154–185.
6) OS I, 97.
7) OS I, 97.

적의식을 가지고 우리는 기도해야 한다. 반신반의(半信半疑)하는 태도로 기도하는 잘못된 태도를 깔뱅은 비판하면서 확신과 열정에 찬 기도를 하나님께 드릴 것을 우리에게 다음과 같이 촉구한다. "우리가 하나님의 영광만을 위하여 구하는 모든 것들을 크고도 타오르는 의욕과 열정으로 구하도록 하자. 예를 들어 우리가 '이름이 거룩히 여김을 받으시오며'(마6:9, 눅11:2)라고 기도할 때, 우리는 그 거룩하게 됨을 열정적으로 배고파하고 목말라 할 수 있어야만 한다."8)

깔뱅은 곤경 중에 있는 어린이가 부모에게 솔직하게 자기의 사정을 아뢴다는 비유를 통해 기도를 다음과 같이 정의한다. "기도는 하나님 앞에서 우리의 마음을 거만하게 부풀어 오르게 하려고 있는 것도 아니요, 우리의 어떤 것을 위대하게 평가받도록 있는 것도 아니다. 다만 기도를 통해서 우리는 마치 어린이들이 자기들의 문제를 그들의 부모에게 친근히 가져가 털어 놓듯이 우리도 하나님 앞에 우리의 곤경을 고백하고 그로 인해 울게 하는 것이다."9)

2. 기도의 필요성과 전제조건

"하나님은 전능하시며, 모든 것을 다 알고 계시는데, 우리는 왜 기도해야 하는가?" 라는 질문이 제기될 수 있다. 여기에 대하여 깔뱅은 두 가지로 명료하게 대답해준다. "이렇게 우리의 필요가 무엇인지 자각하게 하는 것에 첨가하여, 우리의 지극히 선하신 아버지께서는 우리가 더 강력하게 기도하도록 하시려고 두 가지를 더 보태어 주신다. 하나는 기도하라는 의무 또는 명령이요(mandatum), 다른 하나는 우리가 구하는 것마다 무엇이든지 받을 줄을 확신케 하는 그 분의 약속(promissionem)이다."10) 하나님께서 우리들에게 기도

---

8) OS I, 97.
9) OS I, 97.

하라는 명령(눅11:9-13; 요16:23-29; 마7:7; 요11:28; 슥1:3; 시50:15; 출 20:7)과 기도에 대한 하나님의 응답의 약속(마7:7; 참고 렘29:13f; 막11:24; 사65:24; 시50:15; 시91:2f; 마11:28; 겔34:14f; 사45:17)이 담긴 성경 구절들이 수없이 인용되어 있다.11)

깔뱅은 기도하라는 하나님의 명령과 기도에 대한 하나님의 약속이 결정적으로 좌우되는 것은 믿음임을 강조한다. 다시 말하면, 하나님의 명령과 약속을 받아들이는 믿음이 기도의 가치를 좌우한다. "이 모든 일들이 하나님에 의하여 약속된 것이기 때문에 우리가 확실한 믿음으로 기다리면, 의심 없이 이루어질 것이다. 기도 자체가 그 구하는 것에 대한 공로나 가치를 소유하고 있지 못하기 때문에, 기도의 전적인 소망은 이 같은 약속에 들어 있는 그런 약속에 근거하는 것이다. … 우리가 기도하라 하시는 동일한 명령으로 무장되고, 또 응답받을 것이라는 동일한 약속으로 갖추어져 있을 때, 하나님께서는 사람의 가치를 따라서가 아니라, 오직 믿음에 따라서만, 즉 사람들이 그의 명령을 순종하고 그의 약속을 신뢰하는지에 따라 우리의 기도의 가치를 평가하시는 것이다."12)

비록 우리가 베드로, 바울, 기타 여러 성도들만큼 성화되지 못했을지라도, 우리가 담대한 믿음을 가지고 기도하면, 이들처럼 우리도 응답받을 수 있다는 확고한 마음을 가질 것을 깔뱅은 촉구하고, 야고보서에 나타난 의심의 기도의 결과를 믿음의 기도의 결과에 대조시킨다.13) 깔뱅은 믿음을 하나님의 말씀과 긴밀하게 연결시켜서 이해한다. 디모데전서 4장 5절의 말씀은 "말씀과 기도가 없으면 그것들이 거룩해질 수 없다는 것을 암시한다.(여기서 '말씀'을 바울 사도는 '믿음'의 대용어로 이해하고 있음이 틀림없다.)."14)

---

10) OS I, 97.
11) OS I, 97-98.
12) OS I, 98.
13) OS I, 98.

3. 믿음의 주와 기도 중보자로서의 예수 그리스도

깔뱅에 의하면, 주님께서는 각 사람의 믿음대로 이루어질 것이라고 밝히셨기 때문에 우리에게 일어나는 어떤 일도 믿음을 떠나서는 이루어질 수가 없다.(마8:13; 마9:29; 막11:24) 어느 누구도 하나님 앞에 자신을 내어 놓고 또 그 분 앞에 나올 수 있을 만큼 가치 있는 사람은 없기 때문에, 하늘의 아버지께서 우리의 곤궁을 없애 주시기 위해 하나님의 아들이신 우리의 주 예수 그리스도를 우리의 "대언자(advocatus)"(요일2:1)와 "중보자"(mediator)(딤전2:5; 참고 히8:6; 히9:15)로 보내주셨다.15)

"이 분의 지도를 따라 우리는 담대히 하나님께 갈 수 있게 되고, 또 아버지께서 그를 거절하지 않으심과 같이 우리가 이런 중보자와 함께 나아갈 때 그의 이름을 구하는 그 무엇이라도 거절하지 않을 것을 믿게 되었다. 하나님의 보좌는 위엄의 보좌일 뿐만 아니라, 은혜의 보좌이기도 하므로 우리가 그 앞에서 그리스도의 이름으로 담대하게 나타나고, 자비를 얻고, 때를 따라 돕는 은혜를 얻게 되는 것이다.(히4:16)"16)

깔뱅은 믿음의 주가 예수 그리스도이시며, 기도의 대언자와 중보자가 예수 그리스도이심을 성경주석을 통해서 긍정적으로 주장한 뒤에, 특히 기도의 그리스도론적 근거와 기초를 훼손하고 있는 로마가톨릭교회를 변증적으로 상당한 부분을 할애하여 비판한다.

우리는 하나님을 부르되 그리스도의 이름으로 부르라는 명령과 그의 이름으로 구하는 것을 얻을 것이라는 약속을 받았다. "그리스도의 이름 외에 다른 이름으로 하나님께 기도하는 자들은 그의 명령을 거만스럽게 어기고 그의 뜻을 아무 것도 아닌 것으로 만들어 버리는 것이며, 실상 무엇인가를 얻으리라는

---

14) OS I, 102.
15) OS I, 98.
16) OS I, 98-99.

약속을 갖지 못한 자라는 사실이 논란의 여지없이 분명해졌다. 참으로 바울이 말한 것처럼 '하나님의 약속은 그리스도 안에 예와 아멘을 찾는다.'(고후 1:20)"[17] 예수 그리스도가 유일의 길이요, 유일한 문이기 때문에, 이 길과 이 문외에 다른 길과 다른 문으로 들어가는 자들은 하나님의 보좌 앞에서 진노와 심판과 공포만을 자초하게 된다. 하나님 아버지께서 예수 그리스도를 우리의 머리와 인도자로 세우셨기 때문에, 그를 저버리는 자는 자신의 지위를 지워버리고, 하나님께서 새겨주신 표지를 뭉개려고 몸부림치는 자이다.

깔뱅은 로마가톨릭교회에서 관행처럼 되어버린 살아 있는 성자(聖者)들이나 죽은 성자들의 이름으로 기도하는 것을 비판한다. "지금은 죽어서 그리스도 안에 살아 있는 성인들에 관해서는, 그들이(로마가톨릭교회, 필자주)이 하나님께 탄원할 때 유일한 길이신(요14:6) 그리스도를 통하지 않고 어떤 다른 길로 한다든가, 또는 어떤 다른 이름으로 하나님께 용납을 받고 있다는 생각을 갖지 말도록 하자. 따라서 성경이 우리를 오직 그리스도께로만 부르고 있는데, 또 천부께서 만물이 그리스도 안에 모이도록 뜻하고 계시는데(골1:20; 엡 1:10) 우리가 그들 자신으로서는 아무 것도 줄 수 없는 성인들을 통해 하나님 앞에 나아감을 얻으려고 의도해서는 안 된다."[18]

또한 깔뱅은 지상에 살아 있는 성도들 간의 상호 중보기도는 올바른 기도이므로, 허용되고, 장려되어야 하겠지만(딤전2:1-7; 약5:15-18), 예수 그리스도 안에서 이미 죽은 성도들에 대한 기도, 즉 "사자(死者)들에 대한 기도"는 금지시킨다. "기도로 서로를 부탁하는 이 기능은 서로 간에 필요한 것들을 나누는 가운데 사람을 증진시키는 역할을 한다. 그런데 이런 행사는 하나님께서 우리와의 교제로부터 데려가 버린 죽은 자들과의 사이에는 적용되지 않는 것이다."[19]

깔뱅은 예수 그리스도께서 기도의 유일한 중보자 되심을 성경을 통해서뿐만 아니라, 암브로시우스(Ambrosius)의 말을 인용하여 증명하고자 한다. "성경은 그리스도만을 우리에게 제시하며, 우리를 그에게 보내고, 그 안에서 우리를 세워간다. 암브로시우스는 이렇게 말한다. '그는 우리의 입이다. 그를 통하여 우리는 아버지께 말하며, 또 그는 우리의 눈이다. 그를 통해 우리는 아버지를 본다. 그는 우리의 오른손이다. 그를 통하여 우리는 자신들을 아버지께 드린다. 그가 개입하지 않고서는 우리나 다른 성인들이 하나님과 서로 관계하지 못하게 된다.'"20)

깔뱅은 오로지 예수 그리스도만이 우리의 기도의 유일한 중보자임을 강조하고, 이를 약화시키거나 무시하는 로마가톨릭교회가 주장하는 기도의 제2의 중보자들로서의 성자들에 대한 사상을 강력하게 비판한다. "그들은(로마가톨릭교회, 필자주) 성인들을 자기들의 중보자로 삼는다. 마치 그리스도께서 실패를 하셨거나 아니면 그들에게 너무 심하게 대하기나 하는 것처럼 말이다. 이렇게 그들은 그리스도를 존귀하게 여기지 않으며, 또 아버지께서 그에게 주신 특유의 특권, 다른 이에게 결코 양도할 수 없는 '유일한 중보자'라는 칭호(solius mediatoris titulo)를 그에게서 떼어 내어 버리고 있다. 또한 이런 일을 통해서 그들은 그의 탄생의 영광을 흐리게 하고 십자가를 공허하게 만들고 있다. 다시 말해서 그가 우리의 구원을 위해서 행하시고 또 고난 받으신 이 모든 일에 대한 합당한 찬양을 그들은 탈취해 버리는 것이다."21)

19) OS I, 99-100.
20) OS I, 100.
21) OS I, 100.

4. 기도의 내용구성

깔뱅은 기도의 내용을 두 부분, 즉 간구와 감사로 구성된다고 말한다. "기도
… 에는 두 부분이 있다. 즉 간구와 감사이다.(petitio et gratiarum actio) 간
구로써 우리는 우리의 마음의 소원을 하나님 앞에 내어 놓고, 그의 선하심으로
부터 먼저는 그에게 영광 돌릴 것만을 구하고, 다음으로 우리의 필요에 해당되
는 것을 구한다.(딤전2:1) 감사로써 우리는 우리를 향하신 하나님의 은혜를 인
정하고, 찬양으로 그것을 고백하며, 모든 좋은 것들을 그의 선하심에 돌리는
것이다. 이 두 요소는 다윗이 성령 안에서 기록한 한 구절 안에 압축되어 표현
되었다. '환난 날에 나를 부르라. 내가 너를 건지리니 네가 나를 영화롭게 하리
로다.'(시50:15) 우리는 이 두 가지를 계속적으로 사용해야 하겠다.(참고, 눅
18:1; 눅21:36; 엡5:20)"[22]

5. 기도의 실천

깔뱅은 기도의 중요한 대표 형식으로서의 "주기도"에 대한 해설 바로 이전
과 이후에 기도의 구체적인 실천 방법에 대하여 기술하고 있다.[23]

1) 기도의 시간, 장소, 제목 등

깔뱅은 원칙적으로 하나님의 자유를 최대한 존중하여 특정한 시간이나 특정
한 장소를 절대화시키지 않으면서도, 우리의 약점과 나태함 및 우리의 신앙의
훈련 차원에서 기도에서 일정한 시간과 특정한 장소 등이 필요함을 주장한다.

---

22) OS I, 101.
23) 우리는 본고에서 "기도의 형식"으로서 "주기도"에 대한 해설은(OS I, 105~115) 논문 분량상의 이유로
    제외하기로 한다.

"마지막으로, 우리의 모든 기도에서 우리가 주의 깊게 살펴야할 것은, 기도를 통해 우리가 하나님을 특정한 환경 속에 묶어 두고, 그에게 어느 때, 어느 장소, 일을 하시는 방법 등을 지정해 주려는 의도가 혹시 없는지 살펴보아야 한다. 우리가 기도에서 하나님께서 어떤 법을 만들어 드리려는 것도 아니며, 또 어떤 조건을 제시하려는 것도 아니다. 다만 모든 것을 그 분이 하시고자 하는 대로 그의 방법과 그의 시간과 그의 장소에서 그가 선히 여기시는 대로 결정하시도록 맡겨드려야 한다. 그러므로 우리는 스스로를 위해 어떤 기도를 짜내기 전에 먼저 그의 뜻이 이루지기를 기도해야 한다.(마6:10) 이 말로써 우리는 자신의 의지를 주님께 순복시켜서, 마치 고삐로 제재를 가하듯이 우리가 하나님을 통제하려는 생각을 버리고, 그 분이 우리 모든 요청의 수행자와 지시자가 되도록 해드리는 것이다."24)

"우리의 마음을 하나님을 향해 들어서 그를 앙망하며 또 쉬지 말고 기도해야 한다고 말했지만(살전5:17), 우리의 연약함 때문에 우리의 기도가 여러 가지 방편으로 보조를 받아야겠고 또 우리의 나태함 때문에 자극을 받아야 할 필요가 있으므로, 우리 각자는 기도의 실천을 위해 일정한 시간을 할당해 두어야만 한다."25) 정해진 시간이 되면, 우리는 기도하지 않으면 안 되고, 그 시간에 우리는 전적으로 기도에 힘써야 한다. 정해진 시간들로서는 아침에 일어났을 때, 일과를 시작하기 전, 식사하기 위해 식탁에 앉을 때, 하나님의 축복으로 먹고 난 후, 그리고 하루의 휴식을 취하려 할 때 등이다. 그러나 이렇게 정해진 시간들이 그저 미신적으로 지켜져서 하나님께 빚을 갚듯이 해서는 안 된다. 오히려 우리가 규칙적으로 기도 시간을 지키는 것은 우리의 연약함에 대한 일종의 훈련이며, 이런 방법을 통해 연단을 받고 또 반복적으로 우리는 신앙의 자극을 받아야 할 것이다.26)

---

24) OS I, 116.
25) OS I, 116.

2) 개인기도와 공중기도

바울이 쉬지 말고 기도하라고 말하는 것(살전5:17-18, 참고 딤전2:1, 8)은 "모든 사람이 언제, 어느 때, 어떤 일에서든지 만사를 하나님으로부터 기대하고, 모든 일로 그를 찬양하면서 자기들의 소원을 하나님께 올리기를 그가 바란다는 의미이다."[27] 이런 기도는 개인기도의 경우에 해당될 수가 있다. "공중기도는 쉬지 않고 할 수 있는 것이 아니요, 또 공중 전체의 합의에 따른 정책대로 할 수밖에 없는 것이다. 이런 이유 때문에, 하나님께는 무관하지만 사람의 편리에 따라 필요한 대로 어떤 시간을 정하여 모든 사람의 유익을 제공하고 또 바울의 표현처럼(고전14:40) '적당하고 질서대로' 모든 일을 이 교회 안에서 이뤄지도록 하는 것이다."[28]

깔뱅에 의하면, 공중기도나 개인기도(in publica oratione, in privata)에서 우리가 확실히 붙들어야 할 것은, 마음이 없는 말은 하나님께서 받지 않으신다는 사실이다. 그리고 마음이 생각하는 것은 그 힘과 열기가 있어서 혀가 말로 표현할 수 있는 것을 훨씬 능가한다는 사실이다. 심지어 개인기도에서는 말이 필요 없기조차 하다는 것이다. 내면의 느낌이 스스로 발생하여 모세나 한나처럼 때로는 가장 좋은 기도가 말없는 기도인 경우가 있다.[29]

비록 깔뱅이 진실한 "마음"(corda) 또는 "영혼"(animus)의 개인기도를 중요하게 생각할지라도, 공중기도에서 혀를 통한 노래와 말을 무시하거나 경시하는 것이 결코 아니다. "하지만 말이나 노래가 마음의 감동과 결합되어 그것을 잘 섬긴다면 그것들을 정죄하지 않는다."[30] 하나님의 영광은 어느 정도 우

---

26) OS I, 116, 참고, 우리나라에서는 가정이나 신앙모임에서 식사 전에만 기도하지만, 네덜란드 개혁교회에서는 식사 전에도 기도하고, 식사 후 성경봉독과 말씀을 묵상하고, 다시 기도 후 식사모임이 마쳐진다.
27) OS I, 102.
28) OS I, 102.
29) OS I, 104.
30) OS I, 103.

리 몸의 여러 지체들 속에 비추이는 것이므로, 특별히 우리의 혀가 노래를 통해서 그리고 말을 통해서 이 기능을 수행하는 것이 적합한 것이다. 혀는 하나님의 존영을 선포하고 말하기 위해 창조된 것이지만, 혀의 주된 용도는 공중기도에 있다. 신자들의 모임에서 기도할 때, 다 같이 한 목소리로, 한 입으로 하나님을 한 성령과 한 신앙으로 예배하며, 함께 하나님께 영광을 돌린다. 우리는 이것을 공개적으로 함으로써 서로 서로 신앙고백을 듣고 모범을 따라 살게 된다.[31)]

깔뱅은 특별히 공중기도의 언어는 모든 사람이 알아들을 수 있는 대중언어로 해야 한다고 강력하게 주장했다. "이런 과정에서 분명히 나타나는 것은 공중기도가 라틴 사람들 속에 헬라어로나 프랑스나 영국 사람들 속에 라틴어로 (이런 관습이 지금까지 지켜져 왔다.) 이루어져서는 안 되겠다는 사실이다. 오히려 참석한 전체 회중이 보편적으로 이해할 수 있는 그런 대중의 언어로 이루어져야한다. 전 교회의 덕을 위해 해야 할 이 순서가 이해도 하지 못할 소리로 이루어진다면 무슨 유익이 있겠는가? 사랑을 고려하지 않고 있는 자들이라 하더라도 적어도 바울의 권위로라도 감동을 받아야만 하겠다."[32)]

---

31) OS I, 103.
32) OS I, 103.

Ⅲ.『기독교강요』 최종판(1559)에 나타난 기도론

1. 기도란 무엇인가?

깔뱅의 경우, 기도는 "믿음의 최상의 실천이며, 우리는 기도를 통해서 매일 하나님의 은혜를 받는다."[33] 기도는 성령을 통한 믿음의 행위로서[34] 하나님의 이름을 불러서 하나님께 영광을 돌리며, 하나님과 예수 그리스도 안에 감추어진 모든 보화(물) 중에 우리에게 필요한 대로 무상으로 얻는 것이다. 그러므로 깔뱅은 기도를 하나님과 우리 사이의 친밀한 '대화' 또는 '교통(제)'으로 표현한다.[35]

"진정한 믿음은 하나님께 대한 기도를 등한시 할 수 없다는 것을 알리기 위해서, 사도는 다음과 같은 순서를 정하였다. 믿음이 복음에서 나는 것과 같이, 믿음을 통해서 우리의 심령은 하나님의 이름을 부르는 훈련을 받는다. … 우리

---

33) John Calvin, 『기독교 강요』(1559), Ⅲ xx 1. 참고, 에드워드, 『칼빈의 경건생활과 기도』, 문석호 역(서울 : 생명의 말씀사, 1978) 믿음의 실천으로서의 깔뱅의 기도에 대한 도식 참고: Ford Lewis Battles, Interpreting John Calvin(Grand Rapids: Baker Books 1996), 196-197. 우리는 논문 분량상의 이유로 "주기도"에 대한 깔뱅의 해설은 제외시켰다.

34) John Calvin, 『기독교 강요』(1559), Ⅲ xx 11: "기도는 우연히 나오는 것이 아니라, 믿음의 인도를 따른다는 것이 기도를 위한 한 법칙이며, 이 법칙을 확립하는 것이 기도의 본질과 가장 잘 조화가 되는 일이다. …… 요약하면, 기도에 대한 응답으로서 얻는 것은 모두 믿음으로 인한 것이다. …… 바울은 믿음에서 기도가 시작하는 것을 점진적으로 설명하면서, 하나님을 진심으로 부르는 것은 오직 복음선포를 통해서 하나님의 선하심과 자비를 알게된, 아니, 그것이 깊이 계시된 사람들에 한한다고 분명히 주장한다."

35) John Calvin, 『기독교 강요』(1559), Ⅲ xx 1: "사람과 하나님 사이에는 교통이 있으며,"; John Calvin, 『기독교 강요』(1559), Ⅲ xx 2: "합당한 기도를 드리기 위한 첫째 법칙은 하나님과 대화하려는 사람에게 합당한 정신과 마음을 가지라는 것이다."; John Calvin, 『기독교 강요』(1559), Ⅲ xx 5: "하나님께서 자신과의 친밀한 대화를 우리에게 허락하셨는데,"; John Calvin, 『기독교 강요』(1559), Ⅲ xx 11: "기도는 우연히 나오는 것이 아니라 믿음의 인도를 따른다는 것이 기도를 위한 한 법칙이며, 이 법칙을 확립하는 것이 기도의 본질과 가장 잘 조화가 되는 일이다."; John Calvin, 『기독교 강요』(1559), Ⅲ xx 16: "기도는 경건한 자와 하나님 사이의 친밀한 대화".

의 마음속에 복음의 증거를 인치는 영 즉, 양자의 영이(롬8:16), 우리의 정신을 고무시켜 감히 하나님 앞에 우리의 소원을 아뢰게 하며, 말로 다할 수 없는 탄식으로(롬8:26), 아무 의심 없이 '아바 아버지'라 부르게 한다(롬8:15)."[36]

"우리는 믿음에 의해서 교훈 받은 후에, 우리에게 필요한 것과 우리에게 없는 것이 모두 하나님과 우리 주 예수 그리스도 안에 있다는 것과 하나님께서는 자신의 풍성하심이 그리스도 안에 충만히 있게 하셔서(골1:19; 요1:16), 마치 우리가 넘쳐흐르는 샘물에서 물을 퍼내듯 은혜를 그리스도께로부터 얼마든지 얻도록 하셨다는 것을 알았다. 우리는 이렇게 그리스도 안에 있는 줄 아는 그것을 찾으며, 기도로 그에게 구해야 한다. …… 그의 앞에 가서 달라고 구하지 않는다면, 이것은 땅 속에 감추인 보화가 어디 묻혀 있다는 것을 알려주었어도 그 보화를 무시하는 경우와 마찬가지로, 아무 유익이 없을 것이다."[37]

2. 기도는 왜 그리고 얼마나 필요한가?

깔뱅의 경우, 기도의 필요성은 기도에 대한 하나님의 명령과 약속이 담긴 하나님의 말씀인 성경에 근거하고 있으며, 그 필요성과 중요성은 이루 다 말할 수 없다.

지금도 이단 종파나 심지어 일반 교회에서도 기도의 필요성을 아예 부정하거나, 기도의 필요성을 인정할지라도 기도의 필요성을 강조하지 않는 경우가 가끔 있다. 이 같은 현상은 16세기 깔뱅 당시에도 있었다. 깔뱅은 이 같은 주장들에 대해서 아주 강하게 비판했다. "어떤 사람은, 상기시켜주지 않더라도 하나님께서는 우리가 어떤 점에서 곤란을 당하고, 무엇이 우리에게 유익한지를 아시지 않느냐고 말할 것이다. 따라서 우리가 기도로 하나님을 움직이게 한

---

36) John Calvin, 『기독교 강요』(1559), Ⅲ xx 1.
37) John Calvin, 『기독교 강요』(1559), Ⅲ xx 1.

다는 것은 공연한 짓이며, 마치 우리가 불러일으키기까지 하는 것은 하나님께서 졸거나 심지어 주무시고 계시는 것 같이 생각하는 것이 아니냐고 할 것이다."38)

깔뱅은 이 같은 주장이 잘못된 것임을 다음과 같이 반박한다. "이렇게 말하는 사람들은 하나님께서 무슨 목적으로 사람들에게 기도하라고 가르치시는지를 모른다. 하나님께서 기도를 명하시는 것은 그 분 자신 때문이 아니고, 우리 때문이다. 사람들이 자기들이 원하는 것, 자기들에게 이익이 된다고 생각하는 것은 모두 하나님께로부터 온다는 것을 인정하며, 이 인정을 기도로 증명하는 것을 하나님께서는 자신이 당연히 받을 것으로 여기시는데 이 입장은 정당하다. 그러나 우리가 이 (기도의) 제물을 드려 하나님을 경배할 때에, 그 유익도 우리에게 돌아온다. 따라서 저 거룩한 (믿음의) 조상들은 자신들과 다른 사람들 앞에서 하나님의 은혜를 자신 있게 찬양하면 할수록 그 은혜를 받기 위하여 기도하겠다는 생각이 더욱 간절하였다."39)

깔뱅은 기도의 필요성에 대해서 "기도가 얼마나 필요한가, 그리고 기도를 드리면 그것이 얼마나 많은 방면에서 유익한가?"라고 질문한 뒤에,40) "이는 이루 말로 설명할 수 없는 것이다. 참으로, 유일한 안전한 요새는 그의 이름을 부르는데 있다고(욜2:32) 하늘 아버지께서 하신 말씀에는 충분한 근거가 있다. 우리는 그의 이름을 부름으로써 우리의 일들을 지켜보시며 보호하시는 그의 섭리와 약하고 거의 쓰러지려고 하는 우리를 지탱하는 그의 힘과 비참하게 죄에 눌려 있는 우리를 받아들여 은혜를 입혀주시는 그의 인자하심이 우리와 함께 하시기를 기원한다."라고 답변한다.41) "그러므로 하늘 아버지 곁에 우리를 위해 저장되어 있는 보물에 우리의 손이 닿으려면 기도의 힘을 빌어야 한

---

38) John Calvin, 『기독교 강요』(1559), III xx 2.
39) John Calvin, 『기독교 강요』(1559), III xx 3.
40) John Calvin, 『기독교 강요』(1559), III xx 2.
41) John Calvin, 『기독교 강요』(1559), III xx 2.

다. 왜냐하면 사람과 하나님 사이에는 교통이 있으며 또 하나님께서는 말씀만으로 약속하셨지만 우리는 그것을 믿었고, 필요한 때는 그 약속이 헛되지 않는다는 것을 체험하기 위하여 우리는 하늘 지성소에 들어가서 직접 하나님께 호소할 수 있기 때문이다. 그러므로 하나님께 기대해도 좋다고 약속하신 것은 또한 기도를 통해서 무엇이든지 하나님께 구하라고 하셨다. 주의 복음이 우리에게 가르쳐 주었고 우리가 믿음의 눈으로 본 보화를 기도로 파낸다고 하는 것은 틀림없는 사실이다."[42]

결국, 깔뱅의 경우, 기도의 필요성은 하나님의 말씀인 성경에 근거하고 있으며, 기도의 필요성은 수 없이 많지만, 그 중에 대체로 다음 여섯 가지로 요약될 수 있다. "우리가 자신의 불행에 대해서 감각이 무디고 마비되어도 하나님께서는 우리의 일을 지켜보시며, 우리가 원하지 않아도 도와주시는 때도 있지만, 우리가 하나님께 기도하는 것은 대단히 중요하다. 기도하는 이유는 첫째로, 하나님을 항상 찾으며 사랑하며 섬기겠다는 소원과 열의가 우리 마음속에 불일듯하기 위해서이다. 이렇게 되려면 곤란한 일이 있을 때마다 하나님을 거룩한 구원의 닻으로 믿고 그에게 달려가서 피난하는 습관이 붙어야 한다. 둘째로, 하나님께 알려드리지 못할 부끄러운 욕망이나 소원이 우리 마음에 침입하지 못하도록 하기 위해서이다. 이렇게 되려면 하나님의 눈앞에 우리의 모든 소원을 내놓으며, 우리의 속마음을 토로해야 한다. 셋째로, 하나님께서 여러 가지 은혜를 주실 때에 진심으로 감사하면서 받을 수 있도록 하기 위해서이다. 기도는 우리로 하여금 모든 은혜가 하나님의 손으로부터 온다는 것을 기억하게 한다(시145:15-16). 넷째로, 우리가 구하던 것을 얻고, 하나님께 기도에 응답해 주셨다는 확신으로 그의 인자하심을 더욱 열심히 명상하도록 하려는 것이다. 동시에 다섯째로, 기도로 얻었다고 인정하는 것들을 더욱 큰 기쁨으로 받아들이도록 하기 위해서이다. 끝으로, 우리의 연약한 정도에 따라서 습관과 경험으

---

42) John Calvin, 『기독교 강요』(1559), III xx 2.

로 그의 섭리를 확인하도록 하려는 것이다. 이렇게 되려면 하나님께서 우리를 결코 버리지 않겠다고 약속하시며, 우리가 곤란한 때에 그에게 빌 길을 친히 열어 주신다는 것을 깨달을 뿐만 아니라, 하나님께서는 자기 백성을 언제나 도와주시며, 말씀으로 달래시는 것이 아니고 즉각적인 도움으로 지켜주신다는 것을 깨달아야 한다."[43]

3. 기도는 어떻게 할 것인가?

깔뱅의 경우, 우리는 1) 하나님에 대한 경외감과 정신의 집중력을 가지고,[44] 2) 우리의 부족함을 느끼며, 회개하는 마음으로,[45] 3) 겸손하게,[46] 4) 확신과 소망을 가지고,[47] 5) 그리스도 중심으로 기도해야 한다.[48]

1) 우리는 하나님에 대한 경외감과 정신의 집중력을 가지고 기도해야 한다

"합당한 기도를 드리기 위한 첫째 법칙은 하나님과 대화하려는 사람에게 합당한 정신과 마음을 가지는 것이다. 우리의 정신 자세를 바르게 하려면, 우리를 곁길로 이끌어, 하나님을 바르고 순수하게 주시하지 못하게 하는 육적인 근심과 생각을 버리고 전심전력해서 기도할 뿐만 아니라, 될 수 있는 대로 정신 자체를 초월해야 한다. …… 우리의 정신은 그 허무한 본성의 한계 안에 붙들려 있을 것이 아니라, 하나님 앞에 합당한 순결한 상태를 목표로 비약해야 한

---

43) John Calvin, 『기독교 강요』(1559), III xx 3.
44) John Calvin, 『기독교 강요』(1559), III xx 4-5.
45) John Calvin, 『기독교 강요』(1559), III xx 6-7.
46) John Calvin, 『기독교 강요』(1559), III xx 8-10.
47) John Calvin, 『기독교 강요』(1559), III xx 11-14.
48) John Calvin, 『기독교 강요』(1559), III xx 17-20.

다."49) "두 가지 일에 우리는 각별히 주의해야 한다. 첫째로, 기도를 드리는 사람은 자기의 능력과 노력을 기도에 바쳐야 하고, 흔히 그러하듯이 산만한 생각으로 주의가 흩어지지 않아야 한다. 경외하는 생각이 전혀 없는 경박한 태도는 하나님께 대한 공경과 가장 반대되는 것이다. 사람은 아무리 기도에 정신을 집중하고 있어도 쓸데없는 생각들이 어느새 스며들어 기도의 진행을 막거나, 굴곡이 많은 곁길에 들게 하여 진행을 더디게 만든다. 그러나 우리는 하나님께서 자신과의 친밀한 대화를 우리에게 허락하셨는데, 신성한 것과 세속적인 것을 섞음으로써 그 분의 크신 인자하심을 모독하는 것이 얼마나 합당치 못한가를 여기서 생각해야 한다. 우리는 마치 보통 사람을 상대 하는 것 같이, 기도 중에 하나님을 소홀히 하고 이리저리 뛰어 다닌다. 그러므로 하나님의 존엄함을 깊이 생각하여, 세상적인 걱정과 애착을 일체 버리고 나서 기도를 시작하는 사람들만이 충분하고 합당한 기도 준비를 한 사람들이라는 것을 우리는 깨달아야 한다. …… 우리는 무엇보다도 이 은혜를 더 중시하여 하나님 앞에 나가며, 정신과 노력을 정성스럽게 기도에 바쳐야 한다. 이렇게 되려면, 우리의 정신은 이 여러 가지 방해물과 굳세게 싸워서 이기고 초월해야 한다."50)

깔뱅은 그의 당시에 이방신들에게 기도하듯이 하나님께 기도하는 사람들을 강하게 책망한다. "경솔하고, 몰염치하고, 무례한 태도로 합당치 못한 일을 하나님께 감히 조르며, 어떤 망상이든지 닥치는 대로 뻔뻔스럽게 하나님 앞에 내놓는 자들이 많다. 그들은 우둔하고 우매해서 사람 앞에서도 말하기를 심히 부끄러워 해야 할 지극히 추악한 욕망을 감히 하나님 앞에 모조리 털어놓는다. …… 야심가들은 주피터를 수호신으로 택했고, 인색한 자들은 머큐리를, 지식을 탐하는 자들은 아폴로와 미네르바를, 군인들은 마르스를, 음탕한 자들은 비너스를 택하였다."51)

---

49) John Calvin, 『기독교 강요』(1559), Ⅲ xx 4.
50) John Calvin, 『기독교 강요』(1559), Ⅲ xx 5.

깔뱅은 우리가 기도의 완전한 상태에 도달하기 위해서 성령의 도움을 받아야 한다고 강하게 역설한다. "그러므로, 하나님께서는 약한 우리를 도우시려고 우리 기도의 교사로서 성령을 우리에게 주셔서 기도에 있어서 바른 것이 무엇임을 알려 주시며 감정을 조절해 주신다. '이와 같이 성령도 우리 연약함을 도우시나니 우리가 마땅히 빌 바를 알지 못하나 오직 성령이 말할 수 없는 탄식으로 우리를 위하여 친히 간구하시느니라.'(롬8:26) …… 우리의 의도는 무기력하고 침체된 자기를 혐오하며 성령의 도움을 구하는 것이다. 사실 바울은 영으로 기도하라고 권하면서도(고전14:15), 동시에 깨어 있으라고 우리에게 권고한다. 바울이 말하려는 뜻은 성령께서는 우리를 고무하여 기도를 이루도록 힘을 주시지만, 우리 자신의 노력을 방해하거나 정지시키지 않는다는 것이다. 그것은 이 일에서 우리의 믿음이 얼마나 효과적으로 우리의 마음을 움직이는가를 시험하시려는 것이 하나님의 뜻이기 때문이다."[52]

2) 우리는 우리 자신의 부족을 느끼며, 회개하는 마음으로 기도해야 한다

"기도의 둘째 법칙은 우리는 기도할 때 항상 자신의 무력을 느끼며 우리가 구하는 모든 것이 얼마나 필요한가를 진심으로 생각해서, 그것을 얻고자하는 진실한, 아니 강렬한 소원을 기도에 첨가해야 한다는 것이다. 기도를 드릴 때에 마치 하나님께 대한 의무를 이행하듯이, 일정한 형식에 따라 기계적으로 읊어 버리는 사람이 많기 때문이다. …… 인류는 너무나 부패하고 타락해서, 기도라는 행동만을 하기 위해서 여러 가지 것을 기원하는 때가 많다. …… 진정으로 갈망하며 동시에 하나님께로부터 얻기를 원하지 않는다면, 하나님 앞에 나가서 기원하는 것은 경건한 사람들이 특히 삼가야할 일이다. 참으로 우리가

---

51) John Calvin, 『기독교 강요』(1559), III xx 5.
52) John Calvin, 『기독교 강요』(1559), III xx 5.

하나님의 영광만을 위해서 구하는 일들은, 얼른 보기에는 우리 자신의 필요를 위한 것이 아닌 듯하지만, 그에 못지 않는 열의와 성의를 가지고 구하는 것이 마땅하다. 예컨대 하나님의 '이름이 거룩히 여김을 받으시오며'라고 기도할 때(마6:9; 눅11:2), 우리는 그 거룩히 여김을 받게 되는 일을 위해서 주리고 목마른 사람 같이 정성껏 기도해야 한다."[53] "바울이 우리는 '무시로 기도'해야 한다고 한 것도 (엡6:18; 살전5:17), 아무리 일이 원하는 대로 순조롭게 진행되고, 어디를 보나 기뻐할 일들이 주위에 가득하더라도, 기도해야할 필요성이 없는 순간은 없다."[54] 깔뱅에 의하면, 우리는 어려움을 당할 때 더욱더 기도하게 된다. "너무나 게으른 우리가 간절히 기도하도록 필요한 때에는 하나님께서 더 아픈 자극을 주셔야 한다. 다윗은 이것을 '주를 만날 기회'라고 부른다(시32:6)."[55]

"바른 기도에는 회개가 필요하다. 그러므로 성경에 하나님께서 죄인의 기도를 들으시지 않는다고 하며(요9:31), 그들의 기도는(잠28:9; 사1:15) 그들의 제물과 같이(잠15:8, 21; 잠21:27) 하나님 앞에 가증한 것이라는 말씀이 많다."[56] "하나님을 성실하게 경배하는 사람들만이 올바르게 기도하며, 그 기도의 응답을 받게 된다. 그러므로 기도하려고 준비할 때에는 자기의 악한 행실을 혐오하고, 거지와 같은 처지와 마음 자세를 가져야 한다(이것은 회개 없이는 있을 수 없는 일이다)."[57]

53) John Calvin, 『기독교 강요』(1559), III xx 6.
54) John Calvin, 『기독교 강요』(1559), III xx 7.
55) John Calvin, 『기독교 강요』(1559), III xx 7.
56) John Calvin, 『기독교 강요』(1559), III xx 7.
57) John Calvin, 『기독교 강요』(1559), III xx 7.

3) 우리는 자기 신뢰를 버리고 겸손하게 하나님의 용서를 구해야 한다

"우리는 기도의 셋째 법칙을 첨가한다. 즉, 기도하기 위하여 하나님 앞에서는 사람은 겸손하게 영광을 전적으로 하나님께 돌리며, 자기의 영광을 전혀 생각하지 않으며, 자기의 가치를 일체 생각하지 않아야 한다. 곧 자기 신뢰를 전적으로 버려야한다. 그렇지 않고 자기의 가치를 티끌만큼이라도 주장해서 허영과 교만에 부푼다면, 하나님 앞에서 멸망할 염려가 있기 때문이다. 우리는 하나님의 종들이 순종하여 모든 교만을 없애버린 예를 여러 번 말한 바 있는데 그들 모두는 거룩할수록 주 앞에 나갈 때에 더욱 겸손했다."[58]

깔뱅의 경우, 무엇보다도 죄의 용서를 비는 것이 기도의 가장 중요한 부분이다. "요약하면, 올바른 기도의 시작과 그 준비는 겸손하고 성실하게 죄를 고백하며 용서를 간구하는 것이다. 아무리 거룩한 사람이라도 하나님의 너그러운 화해를 얻기까지는 하나님께로부터 무엇을 얻으리라고 기대해서는 안 된다. 하나님께서는 그가 용서하시지 않은 사람들에게 호의를 보이실 수 없다. 그러므로 시편의 여러 곳에서 알 수 있는 바와 같이, 신자들이 이 열쇠로 기도의 문을 연다는 것은 이상한 일이 아니다. 다윗은 죄의 용서를 빌지 아니하는 때에도 '여호와여 내 소시의 죄와 허물을 기억지 마시고 주의 인자하심을 따라 나를 기억하시되 주의 선하심을 인하여 하소서'(시25:7)라고 기도했다. 또 '나의 곤고와 환난을 보시고 내 모든 죄를 사하소서'(시25:18)라고 기도했다. 이것을 보면 우리는 매일 최근의 죄를 고백하는 것으로 만족할 것이 아니라, 오랫동안 잊고 있은 듯한 죄까지도 고백해야 된다는 것을 알 수 있다. 바로 그 예언자는 다른 곳에서 자기의 중대한 죄 하나를 고백하고 나서, 자기가 그 죄에 감염된 곳, 곧 모태를 말한다.(시51:5) 이것은 타고난 부패성을 근거로 자기의 죄책을 경감하려는 것이 아니고, 자기의 전생애의 죄들을 종합해서 더욱더 엄

---

58) John Calvin, 『기독교 강요』(1559), Ⅲ xx 8.

격하게 자기를 정죄함으로써 하나님의 자비를 더욱 쉽게 받고자 한 것이다. 우리는 성자들이 항상 많은 말로써 죄의 용서를 빈 것은 아니나, 성경이 전하는 그들의 기도를 자세히 검토한다면, 그들은 오직 하나님의 자비로부터 기도할 생각을 얻게 되었고, 그렇게 함으로써 언제든지 우선 하나님의 노여움을 풀고자 했다는 것을 발견할 것이다. 누구든지 자기의 양심을 조사한다면, 하나님 앞에서 자기의 근심 걱정을 솔직하게 토로할 용기가 생길 수 없다. 하나님의 용서와 자비를 믿지 않는다면, 사람은 하나님 앞에 나갈 때마다 무서워 떨 것이다. 사람들이 벌을 면하기를 기원할 때에 특별한 고백이 하나 더 있다. 즉, 그들은 동시에 죄의 용서를 위해 기도할 수 있어야 한다. …… 특히 현재의 죄를 고백하여 모든 죄와 벌이 용서되기를 간구하는 동시에, 기도가 용납되도록 하는 일반적인 전제도 무시해서는 안 된다. 왜냐하면, 기도는 값없이 주시는 자비를 근거로 삼지 않으면 하나님께 결코 도달하지 못하기 때문이다. 요한의 한 말은 여기에 적용될 수 있다. '만일 우리가 우리 죄를 자백하면 저는 미쁘시고 의로우사 우리 죄를 사하시며 모든 불의에서 우리를 깨끗케 하실 것이요.' (요일1:9) 그러므로 율법 하에서도 우리의 드리는 기도가 용납되게 하기 위해서 피의 대속으로 기도를 성별했다(창12:8; 창26:25; 창33:20; 삼상7:9)."[59]

4) 우리는 기도의 응답에 대한 확신과 소망을 가지고 기도해야 한다

"기도의 넷째 법칙은, 이와 같이 우리는 참으로 겸손한 마음에 정복되고 압도되더라도, 동시에 우리의 기도에 대한 응답이 있으리라는 확고한 소망을 품고 기도하도록 용기를 내야한다는 것이다."[60]

기도에서 믿음과 소망은 우리의 공포와 불안을 제거하고 확신과 용기를 갖

---

59) John Calvin, 『기독교 강요』(1559), III xx 9.
60) John Calvin, 『기독교 강요』(1559), III xx 11.

게 한다. "성도들을 가장 잘 자극해서 하나님께 기도하게 만드는 기회는 그들이 자기의 부족을 느껴 마음이 괴로울 때이다. 이런 때에 그들은 극도의 불안을 느껴 거의 미칠듯하다가 이런 고난 중에서도 하나님의 선하심이 그들 위에 비쳐 마침내는 믿음으로 인해서 불안에서 벗어나게 된다. 그래서 그들은 현재의 곤란에 눌려 신음하며 장래의 더 큰 곤란들을 두려워하여 고민하면서도, 하나님의 선하심을 믿고 곤란을 참을 수 있게 되며 위로를 얻으며 앞으로 곤란을 벗어나리라고 기대하게 된다. 그러므로 경건한 사람의 기도가 두 가지 감정에서 시작하며, 그 두 가지를 내포한다는 것은 합당한 일이다. 즉 그는 현재의 곤경에서 신음하며 앞으로 올 곤란을 두려워하여 불안해하지만, 동시에 하나님께로부터 피난처를 얻으며, 언제든지 그가 도와주실 것을 조금도 의심하지 않는다는 것이다. 우리가 어떤 은혜를 기원하면서도, 그것을 받으리라고 기대하지 않을 때에, 하나님께서는 우리의 믿음이 부족함에 극도로 노여워하실 것이다. 그러므로 기도는 우연히 나오는 것이 아니라, 믿음의 인도를 따른다는 것이 기도를 위한 한 법칙이며, 이 법칙을 확립하는 것이 기도의 본질과 가장 잘 조화가 되는 일이다. …… 요약하면, 기도에 대한 응답으로서 얻는 것은 모두 믿음으로 인한 것이다. …… 바울은 믿음에서 기도가 시작하는 것을 점진적으로 설명하면서, 하나님을 진심으로 부르는 것은 오직 복음 선포를 통해서 하나님의 선하심과 자비를 알게 된, 아니, 그것이 깊이 계시된 사람들에 한한다고 분명히 주장한다."[61]

깔뱅은 기도의 응답에 대한 확신이 없이 불신앙으로 기도하는 자들을 비판하다. "만일 그들이 진정한 기도를 드려본 일이 있다면, 하나님의 은혜를 굳게 믿지 않고서는 하나님을 올바르게 부를 수 없다는 것을 깨달을 것이다. 믿음의 힘을 마음 깊이 체험하지 못한 사람은 그것을 이해할 수 없으며 이런 사람들은 공상밖에 해본 일이 없는 것이 분명하므로, 그들을 상대로 논의할 가치가 어디

---

61) John Calvin, 『기독교 강요』(1559), Ⅲ xx 11.

있는가?"62) "그러므로, 우리의 기도에 효과가 있기를 바란다면, 우리는 구하는 것을 얻으리라는 신념을 두 손으로 굳게 붙잡아야 한다."63)

"'내가 아뢰는 날에 내 원수가 물러가리니 하나님이 나를 도우심인 줄 아나이다.'(시56:9) '아침에 내가 주께 기도하고 바라리이다.'(시5:3하) 이런 말씀들을 보면, 소망을 첨가하지 않는 기도는 허공에 던져진 것과 같다는 것을 알 수 있다. 소망은 망대와 같아서, 우리는 거기서 고요히 하나님을 바라본다." 64)

'기도하라'는 하나님의 명령과 기도에 대한 하나님의 약속이 우리의 기도의 원동력이 된다. "우선 우리에게 기도하라고 우리에게 명령하심으로써 우리가 순종하지 않는 경우에, 주께서는 우리의 불경한 완고함을 책망하신다. 시편에 있는 말씀보다 더 정확한 명령은 생각할 수 없다. '환난 날에 나를 부르라.'(시 50:15) 그러나 경건 생활의 의무 중에서 기도처럼 성경에서 자주 명령하는 것이 없으므로, 나는 이점을 자세히 논할 필요가 없다. 주께서는 '찾으라 그러면 찾을 것이요. 문을 두드리라. 그러면 너희에게 열릴 것이니"(마7:7)라고 하신다. 그러나 이 명령에는 약속이 첨가되었다. 이것은 필요한 일이다. 이 명령에 순종해야할 것을 모든 사람이 인정하더라도, 하나님께서 우리의 기도를 쉽게 받아 주시며 우리가 가까이 가는 것을 환영하시겠다고 약속하시지 않는다면, 대부분의 사람들은 하나님을 피해서 도망갈 것이다."65) "우리의 기도가 의지할 것은 우리 자신의 공로가 아니며, 기도의 가치와 기도가 실현되리라는 소망은 전적으로 하나님의 약속에 근거를 두고 또 그 약속을 의지하기 때문이다. …… 지극히 은혜로우신 우리 아버지께서는 온갖 방법을 다해서라도 우리를 자신에게로 오도록 권하실 뿐만 아니라, 그에게 오는 자들을 결코 버리지 않을 것이다."66)

---

62) John Calvin, 『기독교 강요』(1559), Ⅲ xx 12.
63) John Calvin, 『기독교 강요』(1559), Ⅲ xx 12.
64) John Calvin, 『기독교 강요』(1559), Ⅲ xx 12.
65) John Calvin, 『기독교 강요』(1559), Ⅲ xx 12.

"만일 하나님의 도움이 없다면, 신앙의 연약함과 불완전은 신자들의 기도를 부패하게 만든다. 그러나 놀랍게도 하나님은 이 결점을 용서해 주신다. …… 성경에는 이런 예가 무수해서, 성도들의 신앙은 의심이 뒤섞여 있고 또 의심으로 혼란 상태에 빠지므로 믿고 바라는 중에도 무심코 신앙의 결핍을 드러낸다는 것이 분명해진다. 그러나 원하는 목표에 도달하지 못할수록, 성도들은 더욱더 노력해서 자기의 결점을 시정하며, 기도의 완전한 표준에 매일 더욱 접근해야 한다. …… 사탄이 그들을 기도하지 못하도록 모든 길을 막으려고 애쓰더라도, 그들은 장애를 돌파해야 한다."67)

5) 우리는 중보자이신 예수 그리스도 중심으로 기도해야 한다

깔뱅의 경우, 예수 그리스도는 하나님과 우리 사이에 계시는 유일한 중보자이시다. 그러므로 우리는 그의 이름으로만 하나님께 기도드린다. "우리가 하나님께로 나아갈 수 있도록 허락을 받는 유일한 통로는 그리스도이시므로(요 14:6), 이 길에서 벗어나며, 이 통로를 버리는 사람들에게는 하나님께로 가까이 가는 다른 길이 없다. 하나님의 보좌에 그들을 위해서 남아 있는 것은 진노와 심판과 공포뿐이다. 그 뿐 아니라, 아버지께서 그리스도에게 인을 치셔서(요6:27) 우리의 지도자와(마2:6) 머리로(고전11:3; 엡1:22; 엡4:15; 엡5:23; 골1:18) 삼으셨으므로, 어떤 모양으로든지 그에게서 떠나는 사람들은 하나님께서 찍어 놓으신 표지를 파괴하거나 훼손하려고 꾸준히 전력을 다하고 있는 것이다. 이와 같이 그리스도께서는 유일한 중보자로 제정되었고, 그의 중보에 의해서 아버지께서는 우리에게 은혜로우신 분, 기도를 쉽게 들어주시는 분이 되신다."68)

---

66) John Calvin, 『기독교 강요』(1559), Ⅲ xx 14.
67) John Calvin, 『기독교 강요』(1559), Ⅲ xx 16.
68) John Calvin, 『기독교 강요』(1559), Ⅲ xx 19.

"하나님께 기도하라는 명령이 있고, 하나님께 드리는 기도는 다 들어주신다는 약속이 있는 것과 같이, 특히 그리스도의 이름으로 기도하라는 명령이 있으며 우리는 그리스도의 이름으로 구하는 것은 얻으리라는 약속을 받았다. ……그러므로, 그리스도의 이름이 아닌 다른 이름으로 하나님께 청하는 사람들은 완고하게 그의 명령을 멸시하며 그의 뜻을 무시하는 사람들이다."[69]

"아무도 하나님 앞으로 나갈 가치가 없다. 우리는 수치감에 못이겨 절망할 수밖에 없다. 그러므로 하늘 아버지께서는 우리를 이 수치감과 공포심에서 해방시키시려고 친히 그의 아들이신 우리 주 예수 그리스도를 우리에게 주셔서 우리의 대언자와(요일2:1) 그의 앞에 있는 중보자로(딤전2:5; 히8:6; 히9:15) 삼으셨다. 그리스도의 인도로 우리가 담대하게 하나님 앞으로 나갈 수 있도록 하시려는 것이다. 그리고 우리는 아버지께서 아들에게 아무 것도 거절하실 리가 없는 것 같이, 아들이 우리의 중보자이시기 때문에, 그의 이름으로 우리가 구하는 것도 거절을 당하지 않으리라고 믿을 수 있다."[70]

그리스도께서는 부활·승천하심으로 교회를 위하여 이전보다 더 확실한 변호자가 되셨지만, 하나님께서는 이미 구약의 율법 의식 속에서 우리에게는 중보자가 필요하며, 우리의 기도는 언제나 불결하지만, 그리스도께서 그것에 피를 뿌려 정하게 하셨음을 우리에게 보여 주셨다. "그래서 사도는, 이 새로운 길을 그리스도의 피로 성별되었다고 말하는 것이다.(히10:20)"[71] "신자들의 상호 중보기도는 온전히 그리스도의 중보기도에 의존하는 것이므로, 그리스도의 하시는 일을 조금도 손상시키지 않는다.…… 그리스도의 중보기도는 우리가 교회에서 서로를 위해서 기도하는 것을 막지 않는다."[72]

그러나 깔뱅은 중세 로마가톨릭교회가 중보자 예수 그리스도 대신에 성자

69) John Calvin, 『기독교 강요』(1559), Ⅲ xx 17.
70) John Calvin, 『기독교 강요』(1559), Ⅲ xx 17.
71) John Calvin, 『기독교 강요』(1559), Ⅲ xx 18.
72) John Calvin, 『기독교 강요』(1559), Ⅲ xx 19.

들이나 구약의 족장들이나 죽은 사람들에게 기도하는 것을 절대로 금하고 강하게 비판했다. 그렇게 될 경우 그리스도의 유일한 중보자직을 무시하거나 훼손하게 된다. "그리스도는 구속의 중보자요, 신자들은 중보 기도의 중보자라고 지껄이는 궤변가들의 무의미한 말을 들어 보라. 마치 그리스도께서는 일정 기간 동안에 한 번 중보 직책을 다하시고, 영원 불변하는 중보 직책은 종들에게 맡기셨다는 것과 같은 말이다. 이렇게 영광의 일부라도 그리스도로부터 베어내는 사람들은 물론 그를 친절히 대하고 있다! 그러나 성경의 말씀은 다르다."73) "지금도 이른바 교황제도가 번창하는 곳에서는 이런 일을 하고 있지 않는가? 하나님의 은혜를 얻기 위해서 그들은 대개는 그리스도를 무시하면서 빈번히 성자들의 공로를 내세우며 그들의 이름으로 하나님께 간구한다. 묻노니, 이것은 그리스도께만 속한다고 우리가 이미 주장한 그 유일한 중보자로서의 지위를 성자들에게 이전하는 것이 아닌가?"74)

"성자들의 중보기도를 생각하게 된 이후로 사람들은 각 성자에게 특별한 기능을 돌리고, 일이 다양하기 때문에 어떤 때는 이 성자에게 또 어떤 때는 저 성자에게 중보를 기원한다. 그 다음에 각 사람이 어떤 한 성자를 자기의 수호신으로 정하고 그의 보호를 신뢰하게 되었다.…… 가련한 인간들은 정당한 입장에서, 곧 하나님의 말씀에서 멀어질 때에 이렇게까지 타락하게 된다."75) "지상에 있는 성도들이 서로 남을 위해서 기도할 수 있다고해서(딤전2:1-2; 약5:15-16) 성자들에게도 기도할 수 있다는 결론이 나오지 않는다."76)

"하나님께서는 믿음으로 드리는 기도만을 기뻐하시며, 기도하는 자가 하나님 말씀에 따라야할 것을 명하신다. 끝으로, 말씀을 기초로 한 믿음은 올바른 기도의 어머니이다."77)

---

73) John Calvin, 『기독교 강요』(1559), III xx 20.
74) John Calvin, 『기독교 강요』(1559), III xx 21.
75) John Calvin, 『기독교 강요』(1559), III xx 22.
76) John Calvin, 『기독교 강요』(1559), III xx 24.

4. 기도의 종류와 기타

기도는 항상 하나님에 대한 감사와 찬양과 우리의 탄원과 간구가 병행된다. "'환난 날에 나를 부르라. 내가 너를 건지리니 네가 나를 영화롭게 하리로다'(시50:15)라고 하였다."[78]

기도에는 개인기도와 공중기도가 있다. "바울이 쉬지 말고 기도하며 범사에 감사하라고 우리에게 명령하는 이유는(살전5:17-18; 딤전2:1, 8), 하나님께서는 모든 사람이 모든 때와 모든 장소에서 모든 일에서 끊임없이 소원을 하나님께 알려 드리며, 모든 것을 그에게서 바라며, 모든 일을 위하여 그를 찬양하기를 원하시기 때문인데, 이는 그 분께서는 우리에게 찬양하며 기도할 확실한 이유를 주시기 때문이다."[79] "끊임없는 기도는 특히 개인의 사적 기도에 관한 것이지만, 교회의 공중기도에도 어느 정도 연관된다."[80] 개인기도와 마찬가지로 공중기도 시에도 가식적 기도를 피해야 한다. "왜냐하면, 교회 안에서 들리는 기도는 진실해야 하며, 마음 속 깊이에서 우러나오는 것이라야 하기 때문이다."[81]

깔뱅에 의하면, 우리는 기도 시 특별한 경우를(방언 등) 제외하면, 일상용어를 사용하여 기도하고,[82] 찬송도 함께 부른다.[83] 주기도문은 가장 모범적인 기도이다.[84] 시간을 꼭 기계적으로 지켜야 하는 것은 아닐지라도 일정한 시간을 정해서 기도하는 것이 좋다. "규칙적으로 시간을 지키는 것은 우리의 연약함에 대한 일종의 훈련이며, 따라서 이 연약함은 훈련을 받아야 하고 계속 자

---

77) John Calvin, 『기독교 강요』(1559), III xx 27.
78) John Calvin, 『기독교 강요』(1559), III xx 28.
79) John Calvin, 『기독교 강요』(1559), III xx 28.
80) John Calvin, 『기독교 강요』(1559), III xx 29.
81) John Calvin, 『기독교 강요』(1559), III xx 29.
82) John Calvin, 『기독교 강요』(1559), III xx 33
83) John Calvin, 『기독교 강요』(1559), III xx 31-32.
84) John Calvin, 『기독교 강요』(1559), III xx 34-49.

극을 받아야 한다."[85] "모든 일이 우리 뜻대로 되지 않더라도 하나님께서는 결코 우리를 버리시지 않을 것이다. 그는 그의 백성의 기대와 인내에 실망을 안겨주시지 않는다. 우리에게는 하나님만이 모든 것을 대신하실 것이다. …… 하나님께서는 우리의 기도를 허락하실 때에도 반드시 우리가 원한 그대로 응답하시는 것이 아니다. 우리의 마음을 졸이게 하시는 듯하면서도, 놀라운 방법으로 우리의 기도가 헛되지 않았다는 것을 알려 주신다."[86] "이렇게 우리의 마음을 복종하게 함으로써 우리 자신을 하나님의 섭리의 법칙에 지배되도록 한다면, 우리는 기도를 참고 계속할 수 있게 된다."[87]

85) John Calvin, 『기독교 강요』(1559), III xx 50.
86) John Calvin, 『기독교 강요』(1559), III xx 52.
87) John Calvin, 『기독교 강요』(1559), III xx 51.

Ⅳ. 결론

세계교회사에서 영적 부흥운동은 성령의 주도적인 역사인 동시에 말씀운동과 기도운동이 성령의 도구로 사용되어 일어난 운동이었다. 바로 이점에서 기도와 기도 운동은 매우 중요한 것이다. 깔뱅은 "기도의 사람"이었다. 그의 신학과 경건학의 핵심에는 그의 기도학이 굳게 자리 잡고 있다.

깔뱅의 『기독교 강요』 초판은 분량으로는 최종판에 비할 바가 못 되지만, 기도에 대한 이해의 내용의 중요한 핵심을 최종판과 함께 이미 공유하고 있다는 점이 너무나도 놀랍다. 깔뱅의 기도의 특징을 요약하면 다음과 같다.

첫째, 기도는 성령의 선물 또는 은사인 신앙을 전제로 하여 이루어지며, 신앙은 하나님의 말씀을 들음으로써 오는 것이다. 기도는 성령과 신앙과 말씀과 뗄 수 없는 관계 속에 있다.

둘째, 기도에서 기도자와 하나님의 관계가 중요하다. 기도자는 두렵고도 겸손한 자세로 하나님의 자비와 긍휼과 사랑과 용서를 의지하여 하나님께 영광을 돌려야 한다. 기도 속에서 하나님에 대한 지식과 인간에 대한 지식의 밀접한 상관성이 있다.

셋째, 기도의 필요성은 하나님의 명령과 약속으로 구성된다.

넷째, 기도내용은 우리의 탄원(歎願)과 간구(懇求) 및 찬양(讚揚)과 감사(感謝)(petitio et gratiarum actio)로 구성된다.

다섯째, 기도의 중보자는 오로지 예수 그리스도뿐이다. 깔뱅은 로마가톨릭교회와의 변증적인 상황에서 이 점을 매우 강조했다. 깔뱅은 성도들 간의 중보기도는 성경적인 것으로 인정하였으나, "사자(死者)들을 위한 기도"나 살았거나 죽은 성자들을 예수 그리스도에게 버금가는 제2의 중보자로 받아들이는 것을 전적으로 거부했다.

여섯째, 기도에서 가장 전형적인 형식은 "주기도"이며, 성경에서나 다른 곳에서 기도의 예들이 발견될 수 있으나, 항상 "주기도"를 기준으로 삼고 그것들을 이해해야 한다.

일곱째, 기도의 다양한 실천에서 하나님과 성령의 절대적인 자유가 중요하다. 그러나 깔뱅은 인간의 약점과 훈련을 목적으로 특정한 시간, 장소 등을 개인이나 공동체가 정하여 실시하는 것이 반드시 필요하다고 주장한다.

여덟째, 개인기도에는 성령과 믿음과 말씀을 통한 진실한 마음과 영혼의 기도가 중요하지만, 공중기도에는 개인기도와 동일한 정신을 전제하는 동시에 교회 공동체가 이해할 수 있는 대중언어가 사용되어야 한다.

이상에서 살펴 본바와 같이, 깔뱅의 기도론은 성서적, 신학적 원리에서나 목회적, 실천적 차원에서 오늘날 21세기의 그리스도인과 교회에도 훌륭하게 적용할 수 있는 역동성과 현실성이 있는 기도론으로 간주된다.

제16장 깔뱅의 경제론

I. 서론[1]

종교개혁자 마르틴 루터의 종교개혁과 본질적인 측면에서 연속성을 가지면서도 차별성을 갖는 개혁교회 전통은 사실상 종교개혁 당시에 유럽은 물론 오늘날 전 세계적으로 영향을 미치면서 계속 발전·계승되고 있다.[2] 우리는 본고에서 원고분량 등의 이유로 개혁전통의 뿌리를 형성한 깔뱅(Jean Calvin, 1509-1564)의 경제관을 살펴봄으로써, 다시 말하면, 개혁교회 전통에서 본 경제 이해에 대한 한 예를 소개함으로써 오늘날 우리가 사회적으로, 국가적으로, 세계적으로 당면한 경제 문제해결을 위한 한 가지 역사적, 신학적 지혜를 제공하고자 한다.

깔뱅의 경제 윤리에 대한 논의를 시작할 때 우리가 직면하는 가장 큰 문제들 중에 하나는 깔뱅 연구가들 사이에서 깔뱅의 경제관에 대한 시각차가 너무나도 크다는 사실이다. 가령, 막스 베버(Max Weber, 1864-1920)는 그의 유명한 책 『프로테스탄티즘의 윤리와 자본주의 정신』에서 자본주의 정신이 깔뱅을 비롯한 종교개혁자들과 기독교(= 개신교)와 깊은 연관이 있다고 주장했다.[3]

---

1) 최윤배, "개혁교회 전통에서 경제관: 깔뱅을 중심으로,"「교육교회」(2006년 11월호, 제351호), pp. 9-15에 게재된 글.

2) 최윤배, "개혁전통에서 교회와 국가의 관계," 장로회신학대학교출판부(편),「長神論壇」제24집(2005), pp. 223-225.

3) Max Weber, "Die protestantische Ethik und der Geist des Kapitalismus," Johannes Winckelmann (Hrg.), *Die Protestantische Ethik* I(Hamburg: Siebenstern Taschenbuch Verlag, 1975), pp. 27-277 = trans. by Talcott Parsons, *The Protestant Ethic and the Spirit of Capitalism*(New York: Charles

다른 한편 막스 베버의 주장에 반대하여, 프랑스의 깔뱅 연구가 앙드레 비엘르 (André Biéler)는 깔뱅은 막스 웨버의 주장처럼 자본주의의 창시자가 아니라, 정의로운 사회 공동체의 건설과 보전이 깔뱅의 중요한 관심이었다고 주장한다.4) 이같이 깔뱅의 경제 이해를 중심으로 한쪽에서는 깔뱅을 자본주의의 창시자로, 다른 쪽에서는 깔뱅을 사회경제주의의 창시자로 보는 것이다. 우리는 본고에서 어떤 특정한 철학이나 이데올로기 관점에서 깔뱅을 이해할 것이 아니라, 성경적, 신학적 관점에서 경제를 이해한 신학자로서 깔뱅의 경제관에 대해서 살펴보는 것이 우리에게 실제적으로 도움이 되리라 생각한다.

Scribner's Sons, 1976) = 박성수 역, 『프로테스탄티즘의 윤리와 자본주의 정신』(서울 : 문예출판사, 2006¹¹); 송재식, "요한 깔뱅의 경제관," 「교회와 신앙」(Vol. 1999, no. 64), p. 102; 원종천, 『청교도: 삶 · 운동 · 사상』(서울: 아가페문화사, 1999), pp. 127-135; 이은선, "칼빈의 사회 경제사상,"(총신대학교 대학원 미간행 Th.M. 논문, 1989); 정승훈, 『종교개혁과 칼빈의 영성』(서울: 대한기독교서회, 2000), pp. 160-168.

4) André Biéler, *La pensée économique et sociale de Calvin*(Genève: Librarie de L'université Georg & Cⁱᵉ S.A., 1959); André Biéler, *L'humanisme social de Calvin*(Genève: Labor et Fides, 1961) = tran. by Paul T. Fuhrmann, *The Social Humanism of Calvin*(Richmond: John Knox Press, 1964) = 박성원 역, 『칼빈의 사회적 휴머니즘』(서울: 대한기독교서회, 2003), 홍치모 역, 『칼빈의 경제윤리』(서울: 성광문화사, 1992), cf. 이종성, 『칼빈』(서울: 대한기독교서회, 1983), pp. 156-212.

II. 본론

이형기는 종교개혁 운동의 역사적 고찰과 사상적 배경에 대해서 언급하면서, 여섯 가지 중요한 역사적·사상적 흐름들을 지적한 바대로, 16세기 유럽에서 "사회체제에 있어서는 봉건주의에서 벗어나 국가주의적 자유민주주의(스위스, 이탈리아 등의 도시국가 단위들)가 싹을 트기 시작하였고, 경제 체제에 있어서도 봉건주의적 농본주의가 상업주의적 자본주의로 바뀌었다."[5] 사상적, 종교적으로는 물론, 사회적, 정치적, 경제적으로 엄청난 변화가 있던 16세기 시대 상황 속에서 종교개혁자로서 깔뱅 역시 "복음은 이 세상의 삶에서 인간에게 많은 요구를 하며, 정치적·세속적 일에서도 많은 희생을 요구한다는 사실을" 분명하게 인식했다.[6] 이제 우리는 깔뱅의 경제관을 주로 조직신학적 차원에서 접근해보고자 한다.

첫째, 깔뱅은 경제(經濟)를 하나님의 창조질서와 섭리질서 속에서 이해했다. 다시 말하면, 깔뱅은 경제를 창조주 하나님께서 주신 은혜와 복과 은사와 선물로 이해했다. "우리는 창조의 목적이 무엇이었는지를 추론한다. 말하자면, 만물이 창조된 목적은 생활의 편의와 필요한 것들 중에 어느 것도 인간들에게 부족한 것이 없도록 하기 위함이다. 창조의 목적은 모든 질서 안에서 인간을 위한 하나님의 부성적(父性的) 배려가 분명하게 나타난다. 왜냐하면 하나님께서 인간을 창조하시기 전에 인간에게 필요한 모든 것과 심지어 엄청날 정도로 풍부한 부(富)를 갖춘 세계를 준비시켰기 때문이다. 그러므로 인간은 태어나기 전부터 부자(富者)였다. 만약 우리가 존재하기 전에도 하나님께서

---

5) 이형기, 『종교개혁신학사상 - 루터와 칼빈을 중심하여』(서울: 장로회신학대학교출판부, 1997), pp. 3-12.
6) Trans. by Paul T. Fuhrmann, *The Social Humanism of Calvin*, p. 30.

제2부 깔뱅신학 • 795

우리를 위한 그와 같은 보살핌이 있었다면, 지금은 우리가 세계 안에 거주하고 있기 때문에, 하나님은 음식과 생활에 필요한 것들이 우리에게 결코 모자라지 않게 하실 것이다."[7]

인간을 자신의 형상으로 창조하신 창조주 하나님은 인간을 다른 모든 피조물들을 관리하고, 돌보는 청(廳)지기(steward), 즉 정원관리사로 임명하셔서 창조와 섭리질서가 그대로 유지되도록 계획하셨다. "모든 사람들은 각각 자신이 소유하고 있는 모든 것들 안에서 자신을 하나님의 청지기로 간주하자. 이 때 사람들 각자는 하나님께서 보존되어지도록 요구하시는 이 모든 것들을 오용함으로써, 자신을 방탕하게 하지 않을 뿐만 아니라, 부패시키지도 않을 것이다."[8] "하나님께서 우리에게 허락하시지 않을 경우, 우리는 하나님의 풍성한 하사품들 중에 어떤 것도 가질 수가 없다는 사실을 우리가 아는 것이 매우 중요하다. 우리는 하나님의 손으로부터 받아들이는 것 외에 어떤 것도 우리는 선한 양심을 가지고 향유할 수가 없다."[9]

둘째, 깔뱅은 경제 문제를 인간의 타락과 죄의 관점에서 이해한다. 창조주 하나님께서 모든 인간이 풍부한 의식주 생활을 할 수 있을 만큼 충분히 준비하시고, 인간에게 청지기직을 책임적으로 수행하라고 명령하셨지만, 인간의 타락과 범죄로 말미암아, 하나님이 주신 부 자체가 훼손되었을 뿐만 아니라, 인간의 불의와 탐욕과 사치와 나태 등으로 인해 경제적인 상황이 더욱 악화되었다. "하나님께서 가끔 당신의 손을 닫아버리는 것처럼 계시는 것은 우리의 죄 때문이다."[10]

깔뱅의 경우, 우리가 신앙 안에서 하나님과 올바른 관계를 유지하지 않을 때, 청지기직을 비롯하여 우리의 경제에는 치명적인 문제가 발생한다. "그러

---

7) John Calvin, 『창세기 주석』, 창1:26.
8) John Calvin, 『창세기 주석』, 창2:15.
9) John Calvin, 『창세기 주석』, 창1:28.
10) John Calvin, 『창세기 주석』, 창1:26.

므로 만약 우리가 신앙이 없이(롬14:23), 우리가 먹고 마실 때 우리는 항상 죄를 짓는다고 바울은 우리에게 교육한다. 따라서 우리는 우리에게 필요한 무엇이든지 그리고 하나님의 은사들(gifts)의 모든 사용에서 하나님으로부터만 추구하도록 교육받는다."[11]

깔뱅에 의하면, 인간의 타락과 범죄에도 불구하고, 하나님께서 인류를 향한 경제적 배려는 계속되었다. "그러므로 우리는 하나님의 선과 부성적인 돌보심에 대해 우리 스스로 묵상하는 연습을 해야 한다. '보라! 나는 너희가 창조되기 전에 너희를 위하여 음식을 준비했다. 그러므로 너희가 아직도 창조되기 전에 너희를 위하여 너무나도 부지런히 준비했던 너희 아버지로 나를 인정하라! 게다가 너희에 대한 나의 보살핌은 지금까지 계속되어 왔다."[12] "인간 타락 직후조차도 변질되고, 독이 있는 과일들이 생산되기 시작했다. 그러나 대홍수 때 변화는 더욱 심해졌다. 그러나 비록 그렇게 되었다하더라도 하나님은 분명히 인간이 구차하고 빈궁하게 살아가는 것을 원치 않으셨다. … 하나님은 행복하고도 즐거운 생활에 부족함이 조금도 없는 풍요함을 약속하신다."[13]

인간의 타락과 범죄 이후에도 인류를 향한 하나님의 경제적 배려가 지극하셨다고 할지라도, 그것은 인간의 적극적인 경제활동을 위축시키거나 청지기직에 대한 책임이 없어지는 것이 결코 아니라, 오히려 그 반대다. "인간들이 무위(無爲)와 나태와 게으름에 빠지지 않도록 하시기 위해 인간들은 어떤 일에 종사하도록 창조되었다. 이 노동은 참으로 즐겁고, 기쁨으로 충만하고, 전적으로 모든 고통과 지루함으로부터 벗어났다. 그러나 하나님께서 인간의 땅의 경작에 분투노력해야만 한다고 명령하시고, 인간의 인격 안에 모든 나태한 빈둥거림을 정죄하신다. 우리 스스로 해야 할 일을 조금도 하지 않고, 먹고, 마

---

11) John Calvin, 『창세기 주석』 창1:28.
12) John Calvin, 『창세기 주석』 창1:28.
13) John Calvin, 『창세기 주석』 창1:28.

시고, 잠을 자면서 생을 보내는 것은 자연 질서에 가장 반대되는 것이다. 모세는 아담에게 정원관리에 대한 책임이 주어졌다는 사실을 첨가함으로써 우리는 하나님께서 우리들의 손에 위탁하신 것들에 대한 검약하고 절제하면서 사용하는 것에 만족하는 조건으로 그것들을 소유하고 있으며, 우리는 남아 있는 그것을 돌보아야 한다. 들판을 소유하고 있는 사람은 그 들판의 매년 소출에 참여함으로써 자신의 태만에 의해 땅이 해를 당하여 고통하지 않도록 해야 한다. 들판을 소유한 자는 그 들판을 받았을 때와 똑같이 또는 더 잘 경작된 채로 후손들에게 물려주도록 하자. 사치로 들판을 흩어버리거나 경솔함으로 들판을 훼손하거나 파괴될 만큼 방치되지 않도록 과일들을 잘 가꾸자. 하나님께서 우리로 하여금 향유하도록 주셨던 이 선한 것들과 관계하여, 이 같은 알뜰함과 근면성이 우리 가운데 두루두루 장려되면 좋을 것이다."14)

셋째, 깔뱅은 경제를 하나님의 나라의 차원에서 공동체적으로, 구조적으로 접근했다. 다시 말하면, 깔뱅은 교회론 속에서 뿐만 아니라, 국가와 사회 구조 속에서 경제문제를 접근했다. 우리가 익히 잘 알다시피 종교개혁자 마르틴 부처가 창시한 교회의 4중직(목사, 교사, 장로, 집사)을 물려받은 깔뱅은 교회론에 근거한 집사직을 중심으로 가난과 빈곤과 질병의 문제를 해결하려고 자신이 목회자로서 개인적으로 근면, 절약하고, 가난한 사람이나 병든 사람에 대한 배려가 각별했을 뿐만 아니라, 교회 공동체적으로 그리고 사회와 국가 속에서 구조적으로 접근하였다. 깔뱅이 주장한 집사직은 구제 사업을 담당하는 집사직과 빈민과 병자를 돌보는 집사직이 있었다. 빈민과 병자를 돌보는 집사직은 여성이 담당하였다.15) 깔뱅은 교회에서 교육이나 설교 속에서 노동자는 물론 고용주 모두가 급료를 하나님의 은혜의 차원에서 이해하도록 역설했다. 그러므로 노동자는 급료를 자신의 노동의 대가가 아니라, 하나님의 은혜로 이해해

---

14) John Calvin, 『창세기 주석』, 창2:15.
15) John Calvin, 『기독교 강요』(1559), Ⅳ ⅲ 8. 참고, 본서의 2부 제21장을 참고하시오.

야하며, 고용주가 하나님께서 그 노동자에게 은혜로 주시는 급료를 정당하게 지급하지 않거나 연기하는 것은 신성모독 행위인 것이다.16) 깔뱅은 자신의 거처는 물론 숙박시설을 확장하여 난민들이나 나그네들의 처소로 제공하였다. 또한 깔뱅은 국가의 중요한 기능을 건전한 종교의 장려뿐만 아니라, 국가와 사회의 안녕질서와 복지의 삶을 이룩하는 것으로 이해했다.17)

16세기 당시 대부분의 교회와 신학자들은 성경에 근거하여 이자를 받는 것을 금지하는 이자금지법을 옹호했다. 그러나 깔뱅에 의하면, 성경에서 금지하는 이자는 이자를 갚을 수 없을 만큼 절대적으로 가난한 사람에게는 하나님의 은혜와 이웃에 대한 사랑에 근거하여 이자 없이 돈을 빌려 주라는 의미에 해당된다. 그러나 어떤 사람이 사업이나 투자관점에서 돈을 빌려서 재산을 증식하여 갚을 능력이 있는 사람으로부터는 돈도 생산성을 갖고 있기 때문에, 적절한 이자를 받을 수 있다는 것이다. 그런데, 악덕 고리대금업자는 원금은 고사하고 이자조차도 갚을 능력이 없는 지극히 가난한 사람을 상대로 비싼 이자를 받음으로써 가난한 사람을 더욱 곤경에 처하게 만든다는 것이다.

여기서 깔뱅은 이익을 추구하는 인간의 현실을 발견했다. 그에 따르면 이런 이유로 성경은 고리대금과 그것의 모든 폐해를 비난한다. 다른 한편으로 성경은 우리의 이웃을 도와준다는 관점에서 무이자 대부의 가치를 훨씬 더 강조한다. 그러나 무상의 대부는 참된 신앙의 표시다. 그래서 성경은 가난한 자를 구제하기 위해 대부를 할 때 이자를 받는 것을 잘못이라고 선언한다. 성경의 이자금지법은 생산자금 대출이라고 하는 16세기 당시 비교적 새롭고 널리 퍼지고 있던 현상을 두고 하는 말은 결코 아니라, 가난한 사람으로 하여금 돈을 빌

---

16) John Calvin, 『예레미아 주석』 렘22:13.
17) 최윤배, "깔뱅의 국가론," 「長神論壇」제25집(2006), pp. 141-146; Yoon-Bae Choi, *De verhouding tussen pneumatologie en christologie bij Martin Bucer en Johannes Calvijn*(Leiden: Uitgeverij J.J. Groen en Zoon, 1966), p. 166: 'ad pie beateque vivendum'(경건하게 그리고 복되게 살아가는), 'ad bene beatque vivendum.'(행복하게 그리고 복되게 살아가는)

려가라고 요구하고는 돈을 빌려 주고 이자를 받아먹는 식의 남의 가난을 이용하여 돈을 버는 그런 행위를 말한다. 깔뱅은 가난한 자에게 빌려주는 돈과 운전 자본을 형성하기 위해 빌려 주는 돈을 구별했다.[18] 이 같은 맥락에서 깔뱅은 제네바시가 적절한 생산성 이자를 받도록 허락하는 대신에, 고리대금업을 금지하고, 가난한 자들에 대한 배려를 사회적으로, 정치적으로, 경제적으로 추진해 나갈 수 있는 경제 원리와 금융원리를 제공했다.

깔뱅은 경제를 하나님의 창조질서와 섭리질서 속에서 그 출발점을 찾으면서도, 타락과 죄에 연관되는 특별히 기독교적 경제관을 놓치지 않고, 한 걸음 더 나아가서 교회와 사회와 국가 속에서 하나님의 나라의 관점에서 구조적으로 구체적으로 경제문제에 접근하고, 해결책을 모색했다.

---

18) Trans. by Paul T. Fuhrmann, *The Social Humanism of Calvin*, p. 56.

III. 결론

우리는 개혁교회 전통 안에서도 깔뱅의 경제관에 초점을 맞추기로 하고, 이 주제에 대한 중요한 연구사례를 간략히 소개함으로써 본고를 시작했다. 깔뱅의 경제관은 창조주와 섭리주 하나님과 깊은 관계가 있었다. 창조주 하나님께서 인간에게 경제행위를 하도록 선물차원에서 주시고, 자신의 형상으로 창조된 피조물에게 모든 피조물에 대한 청지기직에 임명하셨다.

그러나 인간의 타락과 범죄로 말미암아 경제와 청지기직이 치명타를 입었을지라도, 섭리주 하나님은 지금도 경제에 개입하시고, 인류로 하여금 청지기직의 수행을 독려하고 계신다. 특별히 선택되고, 구원받은 그리스도인과 교회는 교회와 사회와 국가의 모든 조직과 영역에서 성경에 근거한 하나님의 경제 원리에 입각하여 경제정의 실천을 통해서 하나님의 나라를 구현해야할 막중한 책임과 사명이 있다.

국내·외적으로 경제 문제에 직면한 우리는 깔뱅의 경제관으로부터 다음의 사실을 배울 수 있을 것이다. 경제는 하나님의 은혜와 하나님의 소유에 기초하며, 그리스도인과 교회는 경제에서 청지기직의 책임, 구체적으로 말하면, 사치와 낭비와 게으름을 피하고, 근면, 절약, 절제를 실천해야하며, 모든 영역에서 경제를 하나님의 나라의 차원에서 적극적으로 이해하고, 실천해야할 것이다.

현재 최고의 복지사회를 자랑하는 곳에서도 일부 실업자(失業者)들은 게으름과 나태함 가운데서 자립심을 잃어버리고 거지근성을 가지고 전적으로 국가에 의존하는 폐해가 나타나는가하면, 지나치게 신자유주의 경제와 자본주의에 의존하는 나라에서는 빈부의 격차의 심화로 가난한 자의 생존이 위협받는 폐해가 나타고 있다. '하나님의 경제' 원리에 기초한 깔뱅의 경제 원리는 이 두 가지 사회적 폐해에 균형 잡힌 해답을 제시해 줄 수 있을 것이다.

제17장 깔뱅의 가정론

I. 서론[1]

　일반 윤리에서 인간은 세 가지 차원에서 존재한다. 다시 말하면, 자아 존재와 공동 존재와 세계 존재로서의 인간이 존재한다.[2] 자아 존재는 자기 자신의 윤리적 존재 양식과 상태를 말한다. 공동 존재는 인간에게 필요한 가족 윤리, 사회 윤리, 국가 윤리 등 세 가지 측면이 있다. 인간 공동 존재의 원초적인 형태는 한 쌍의 남녀가 한 가정을 형성하여 공동체적 생활을 하는 것인데, 이것은 하나님의 창조 질서이다. 사회란 가정이 확대되어 구성되는데, 사회의 구성원들은 그들의 이해 관계를 공동적으로 처리하여 그들에게 필요한 질서와 안녕을 누리는 창조 질서의 제2단계의 형태라고 할 수 있다. 국가는 인간이 형성하는 가장 큰 공동체로서 가족과 사회와 민족의 경제적, 군사적 안보를 소유하기 위하여 형성된 제도이다. 국가는 개인과 가정과 사회를 통치하는 힘을 가지고 있다.[3] 세계 존재로서의 인간은 국가 간의 관계, 일반 자연환경 및 하나님이 창조하신 모든 피조세계 안에서의 존재양식과 상태를 뜻한다. 이런 관점에서 인간 공동 존재의 원초적인 형태인 가정 역시 이 세 가지 차원과 깊은 관계 속에 있다.

---

1) 최윤배, "캘빈의 가정론," 『목회와 신학』(2008년 5월호), pp. 164-169에 게재된 글, 참고, 두란노아카데미 (편), 『종교개혁과 칼뱅』(서울: 두란노아카데미, 2010), pp. 191-199.
2) 이종성, 『조직신학개론』(서울 : 종로서적, 1994), pp. 188f.
3) 한국기독교문화진흥원(편), 『기독교와 문화 제1집: 교회와 국가』(서울 : 한국기독교문화진흥원, 1988), pp. 25f.

이러한 관계를 인정하면서, 우리는 가정에 대한 개념을 주로 성경에 기초하여 발전시켰던 깔뱅의 가정관을 간략하게 다루고자 한다.4)

---

4) L. Doekes, *Credo: Handboek voor de Gereformeerde Symboliek* (Amsterdam : Ton Bolland, 1975), pp. 391–396.

II. 깔뱅의 가정관

깔뱅에 의하면, 하나님께서 인간이 복되고, 행복하게 그리고 평화스럽게 살도록 많은 기관들을 주셨는데, 이 기관들 중의 하나가 가정이다.5) 사회는 여러 가지 그룹들로 구성되어 있는데, 이 그룹들은 멍에들과 같아서, 이 멍에들 속에는 상대편에 대한 상호 의무가 있다. 첫 번째 멍에는 남편과 아내 사이의 결혼을 통하여 성립된 가정 그룹으로써, 남편과 아내 사이의 상호 의무이다. 두 번째 멍에는 부모와 자녀들을 상호 묶는 가정 그룹으로써 부모와 자녀들 사이의 상호 의무이다. 세 번째 멍에는 주인들과 종들을 연결시키는데, 다시 말하면 사회 및 국가 속에서 상·하 사이의 상호 의무이다. 깔뱅은 이러한 상호 의무가 상호 사랑과 상호 섬김(봉사)에 기초하여 운영되어야 함을 다음과 같이 역설한다.

> 하나님께서 우리를 상호 간에 묶어 놓으셨기 때문에, 어떤 사람도 복종을 피해서는 안 된다. 그리고 사랑이 지배하는 곳에 상호 섬김이 있다. 나는 왕들과 통치자들에게조차도 예외를 두지 않는다. 왜냐하면, 그들도 섬김을 통해서 다스리기 때문이다. … 우리는 그리스도를 경외하기 때문에 우리의 이웃에게 복종한다.6)

우리는 위에서 논의한 기초를 전제로 하여, 깔뱅의 가정관을 좀 더 구체적으로 세 가지 관점에서 논의하기로 한다.

---

5) 최윤배, "바람직한 기독교 가정," 대한예수교장로회총회교육부(편), 『생명의 성령님이 역사하시는 하나님의 나라와 가정』(서울 : 한국장로교출판사, 2002), pp. 303-314.
6) J. Calvin, *Calvin's Commentaries* (Michigan : W. B. Eerdmans Pub. Co., 1974), Eph. 5:21, p. 204.

1. 창조질서와 구속질서로서의 기독교 가정

깔뱅에 의하면, 가정은 원칙적으로 창조질서에 속하기 때문에 정부나 국가가 가정을 관장해야하지만, 기독교 가정의 경우, 창조질서뿐만 아니라, 구속질서에 속한 교회와도 밀접한 관계가 있다. "결혼에서 나타나는 제반 갈등문제와 관련하여 결혼은 영적인 문제가 아니고, 시민적 일들이기 때문에 우리는 이것을 시민의 통치자들에게 위임한다."[7] 그럼에도 불구하고, 기독교 가정의 경우 결혼문제에서 상담자로서 교회의 교역자들이 참가할 수 있다.

깔뱅은 결혼제도의 창시자가 하나님이시며, 결혼제도의 신성함을 주장하고, 결혼의 가치를 평가절하 시키는 것을 강력하게 반대하기 위해, 창세기 2장 22절을 다음과 같이 주석한다.

"모세는 이제 결혼이 하나님에 의해서 제정되었으며, 이것을 아는 것이 특별히 유용하다고 말한다. 왜냐하면 아담은 그의 아내를 자기의 뜻대로 취한 것이 아니라, 아담은 자기 아내를 하나님에 의해서 제공되고, 승인된 것으로 받아들이기 때문에, 결혼의 신성함이 더욱더 분명하게 나타난다. 왜냐하면 우리는 하나님을 결혼의 창시자로 인식해야 하기 때문이다. 사탄이 결혼을 불명예스럽게 만들면 만들수록, 우리는 더욱더 모든 비난과 악용에 반대하여 결혼을 변호하며, 결혼제도에 마땅히 돌려야할 존경이 주어져야 한다고 말해야 한다."[8]

"만약 우리가 하나님의 사역을 불필요하게 만들지 않으려면, 우리는 결혼의 창시자께서 결혼자체의 사실과 결혼성취의 방법과 계획 모두를 계시하셨다는 결론을 내려야 한다."[9]고 말하면서, 깔뱅은 아담의 창조에 이어 하와의 창조

---

7) John Calvin, "Draft Ecclesiastical Ordinances September & October 1541," *The Library of Christian Classics*(= *LCC*), Vol., XXII, p. 67, 참고, J. Calvin, "Les Ordonnances Ecclésiastiques de l'Eglise de Genève(1561)," in: W. Niesel(Hrg.), *Bekenntnisschriften und Kirchenordnungen der nach Gottes Wort reformierten Kirche* (Zollikon-Zürich : Evangelischer Verslag, 1938), pp. 52-59.
8) John Calvin, 『창세기 주석』, 창2:22.

를 다음과 같이 이해한다.

> "하나님은 인간 사회의 첫발을 내딛기 시작하신다. 그러나 하나님은 아담과 하와 이외에 다른 사람들도 각각의 위치에 포함시키신다. 이 시작은 인간이 사회적 동물이 되도록 형성되었다는 일반적인 원리를 내포한다. 지금 인간 종족은 여자 없이는 존재할 수가 없을 것이다. 그러므로 인류의 연합은 특별히 신성한 부부의 결합 안에서 두드러지게 나타나는데, 플라톤과, 비교적 건전한 계층에 속하는 다른 철학자들이 자연 자체로서 결혼을 교육한 것처럼 신성한 결합에 의해서 남편과 아내가 한 몸과 한 영혼으로 결합한다."10)

이처럼 깔뱅은 결혼제도를 창조주 하나님께서 제정하신 창조 질서에 속한다고 주장하면서도, 『에베소서 주석』에서 부부간의 밀접한 사랑의 연합을 구속 질서에 속하는 교회와 그리스도 사이에 있는 사랑의 연합에 비유시켜 결혼제도를 구속과 구원을 지향하는 관계로 설명한다. "결혼은 하나님께서 둘을 하나 되게 하시기 위한 목적으로 세우신 것이다. 그래서 바울은 이 연합이 보다 거룩하게 되도록 그리스도와 그의 교회의 관계를 들어 설명하고 있다. 이것은 바울이 말하고 있는 사랑의 개요로서 그 논증은 모든 인간 사회에 효력을 미치고 있다."11) 깔뱅은 사실 『창세기 주석』에서 결혼의 목적은 인간을 구원할 목적으로 하나님께서 제정하셨다 라고까지 말한다. "신자는 인간을 위한 부부생활은 인간을 파괴할 목적이 아니라, 인간을 구원할 목적으로 하나님께서 제정하신다는 하나님의 선언으로부터 교육받도록 합시다."12)

그러나 깔뱅은 이혼(離婚)이란 백성의 완악함으로 말미암아 생긴 것으로 이해할 뿐만 아니라, 억울한 이혼자의 권리를 보호하기 위한 구제책으로도 이해

---

9) John Calvin, 『창세기 주석』, 창2:23.
10) John Calvin, 『창세기 주석』, 창2:18.
11) John Calvin, 『에베소서 주석』, 엡5:28.
12) John Calvin, 『창세기 주석』, 창2:18.

한다. 이런 관점에서 법적으로 이혼을 인정하지만, 교회의 머리이신 그리스도와 교회 사이의 연합이 분리될 수 없듯이, 결혼을 통한 남녀 사이의 거룩한 연합도 분리될 수 없다는 사실도 동시에 강조한다. 그러므로 깔뱅은 '하나님이 짝지어주신 것을 사람이 나누지 못한다.'는 예수님의 말씀을 이혼과 연결하여 인용한다.13) 결론적으로 볼 때, 깔뱅에 의하면, 결혼으로 인하여 세워진 가정은 창조주와 섭리주 하나님께서 인류의 유익과 복지와 종족 보전을 위해서 제정하신 창조 질서에 속하는 기관인 동시에, 인간을 구원할 목적으로 세우신 구속 기관인 교회와도 밀접한 관계 속에 있다.

2. 가정에서 부부(夫婦) 사이의 상호 의무

깔뱅은 십계명 중에서 특히 제5계명과 7계명을 중심으로 하여 결혼형태의 일부다처제를 반대하고, 일부일처제를 그의 주석에서 다음과 같이 주장한다.

> "그리스도께서 마태복음 19장 5절에서 '그 둘이 한 몸이 될 찌라.'라는 구절을 인용하신다. 여기서 '둘'이라는 단어가 없어도 의미는 전혀 모호하지 않다. 왜냐하면 모세는 하나님께서 많은 아내들이 아니라, 오직 한 명 아내를 한 명 남편에게 정하셨다고 하기 때문이다. 일반적으로 모세는 아내를 단수로 표현했다. 그러므로 부부의 결합은 두 사람들 사이에만 존재한다. 그러므로 일부다처제만큼이나 하나님의 제도에 일치하지 않는 것이 없다는 사실이 쉽사리 밝혀진다."14)

일부일처제도의 결혼형태에서의 남편과 아내 사이의 상호의무를 살펴보면, 깔뱅에 의하면, 아내는 그리스도께 하듯이 남편에게 순종해야 한다. 만약 아내들이 남편에게 순종하지 않는 한, 그리스도에게도 순종할 수 없다는 것이

---

13) John Calvin, 『공관복음 주석』 마19:6.
14) John Calvin, 『창세기 주석』 창2:24.

깔뱅의 생각이다.15) 이것은 아내의 권위가 남편의 권위와 같지 않다는 것이 아니라, 남편과의 상호 의무로서 아내에게 주어진 멍에라는 것이다. 반면, 아내에 대한 남편의 의무와 관련해서, 남편은 그리스도께서 교회를 사랑하듯이 자기 아내를 사랑해야 하는 의무가 있다.16) 남편이 자기 몸을 사랑하듯이 자기 아내를 사랑함으로써 남편과 아내 사이에는 더욱 더 밀접한 관계가 유지된다. 사실 그들은 본성상 하나님의 형상으로서 서로 닮게 창조되었을 뿐만 아니라, 결혼의 끈을 통해서 한 몸, 한 사람이 되었다.17) 그러므로 깔뱅에 의하면, 부부관계의 상호 의무는 "남편들은 자기 아내들을 사랑하며, 아내들은 자기 남편들을 두려워할 것"으로 나타나는데, 여기서 말하는 두려움이란 아내로 하여금 강제적인 것이 아니라, 자발적으로 그리고 존경하는 마음으로 남편에게 복종하는 것을 뜻한다.18)

3. 가정에서 부모와 자녀 사이의 상호 의무

깔뱅은 십계명의 제5계명과 관련해서, 부모에 대한 자녀의 의무를 설명한다. 이 계명을 통하여 하나님께서 부모 내지 모든 어른들에 대한 공경(piété)이 명령되고 있다. 자녀들이 부모를 비롯한 어른들에 대한 모든 존경과 복종 그리고 감사와 봉사는 주님의 뜻이다. 그러나 이러한 것은 오로지 하나님 안에서만 복종하도록 명령되었다.19) 부모를 공경한다는 뜻은 "자녀들이 그들의 부모에 대해 겸손하고, 그분들에게 순종하며, 그분들에게 영예와 존경을 돌려

---

15) J. Calvin, *Calvin's Commentaries* (Grand Rapids : W. B. Eerdmans Pub. Co., 1974), Eph. 5:22, p. 205.
16) Ibid., p. 205.
17) Ibid., p. 208.
18) Ibid., p. 211.
19) J. Calvin, 한인수 역 『깔뱅의 요리문답』(서울 : 도서출판 경건, 1995), pp. 39f.

드리고, 그분들을 도우며, 그분들의 명령에" 따르는 것을 뜻한다.[20]

깔뱅은 자녀에 대한 부모의 태도 및 의무와 관련해서, 온유함과 친절함에다가 주님의 교양과 훈계를 첨가한다. 부모가 자녀들을 친절하고 자연스럽고도 자유스럽고도 인격적으로 대할 때, 자녀들은 자신들의 부모를 존경하게 되고, 자녀들은 쉽고도 즐거운 마음으로 자신들의 부모를 경외하게 된다. 이와 반대로, 부모가 자기 자녀들을 거칠고도 불친절하게 그리고 엄격하게 대할 때, 자녀들은 완고해지고, 자녀들의 공순(恭順)함이 파괴된다. 주님의 교양과 훈계로 자녀를 양육하라는 것은 부모가 자녀들을 너무 귀여워하다가 방종하지 않도록 하는 것이며, 동시에 주님의 교양과 훈계를 통해서 자녀들을 바른 길로 가게 해야 하는 의무가 있다는 것을 의미한다.[21]

20) Ibid., pp. 155f.
21) J. Calvin, *Calvin's Commentaries* (Grand Rapids : W. B. Eerdmans Pub. Co., 1974), Eph. 6:4, p. 213.

III. 깔뱅의 가정관의 오늘날의 의의와 실천적 적용

우리가 지금까지 논의한 깔뱅의 가정관의 중요한 특징을 필자 나름대로 오늘날 우리의 형편에 적용해 보고자 한다.

첫째, 기독교 가정은 교회나 국가보다도 작은 공동체이지만, 구속 질서 안에서 구속 기관인 교회의 기초석이 될 뿐만 아니라, 창조 질서 안에서 대표적인 창조 기관인 국가의 기초석을 형성하기 때문에 매우 중요하다. 만약 기독교 가정이 건강할 경우, 가정의 구성원은 교회의 건강한 구성원이 되어, 교회를 건강하게 만들 것이며, 국가의 구성원이 되어 사회와 국가를 건강하게 만들 것이다. 이와는 정 반대로, 만약 기독교 가정이 병들 경우, 교회는 물론 국가도 병들게 될 것이다. 교회와 사회와 국가를 살리기 위하여 먼저 건강한 기독교 가정을 만드는데 최선의 노력을 기울여야할 것이다.

둘째, 기독교 가정에서 부부관계나 부모와 자녀의 관계에서 똑같이 삼위일체 하나님에 대한 신앙과 사랑이라는 원리와 타인에 대한 신뢰와 사랑의 원리가 작용한다. 기독교 가정의 모든 구성원은 예외 없이 먼저 하나님의 말씀에 근거하여 하나님에 대한 돈독한 신앙과 헌신적인 사랑을 가져야 한다. 여기에 기초하여 남편과 아내는 마음과 몸과 뜻과 정성을 다하여 서로를 신뢰하고, 희생적인 사랑을 실천해야 한다.

부모는 자녀들을 주님의 말씀으로 교육하고, 훈계할 뿐만 아니라, 자녀들을 신체적으로, 경제적으로 양육하고, 돌보아야 하는 것이다. 오늘날 어떤 부모들은 자녀들을 버리기도 하고, 자녀들을 학대하기도하고, 자녀들을 굶기기도 한다. 반면, 자녀들은 부모들의 교육과 훈계와 양육을 받아들이고, 부모들에게 순종함은 물론 자신들이 해야 할 책임을 다해야 한다. 특히 연로한 부모들을 모시고 있는 자녀들은 부모들에게 정신적 효도는 물론 공양과 봉양의 경제적 책임도 적극적으로 수행해야할 것이다.

셋째, 우리는 혈연이나 입양으로 맺어진 전형적인 가정의 범주를 넘어, 고아원이나 양로원 등 사회복지 차원에서 이해된 사회와 국가와 세계 속에 있는 "한 가족과 한 가정"이라는 전제하에 붕괴된 가정과 병든 가정을 지원하고 보살펴야할 것이다. 깔뱅의 자녀가 병들어 죽었을 때, 어떤 사람이 깔뱅에게 마음의 상처를 주기 위하여 하나님의 저주를 받아서 그의 자녀가 죽었다고 말했을 때, 깔뱅은 자신에게 육체적인 자녀는 없지만, 신앙으로 낳은 많은 자녀들이 있다고 말했다. 깔뱅은 조국 프랑스를 떠나 타향인 스위스 제네바에서 나그네 생활을 하는 동안 수많은 피난민들을 도왔고, 사회복지 기금을 마련하고, 사회 복지시설을 장려하기도 했다. 깔뱅은 구속기관인 교회에서 영적인 아버지로서 자녀들을 낳고, 기르는 역할을 했을 뿐만 아니라, 사회와 국가 안에서 가난한 자들과 고아와 과부들을 보살피는 보호자의 역할을 적극적으로 수행했다.

IV. 결론

일반 가정은 창조질서에 속해 있지만, 기독교 가정은 창조 질서뿐만 아니라, 구속 질서에 속한 교회와 깊은 관계가 있으므로, 기독교 가정은 사랑의 공동체인 동시에 신앙의 공동체이다. 가정그룹에 속한 남편과 아내 사이의 상호 의무와 부모와 자녀 사이의 상호 의무에서 항상 전제되어야 할 것은 하나님의 말씀과 함께 하나님을 믿는 신앙 안에서 그리스도의 사랑과 섬김(봉사)으로 서로를 보살피는 것이다. 그리하여 부부는 순결로서 육체뿐만 아니라, 마음과 정신까지 하나가 되며 부모는 그리스도의 온유와 친절로 자녀를 대할 뿐만 아니라, 그리스도의 교양과 훈계로 양육하고, 훈련시키고, 교육함으로써 자녀들이 부모, 특히 노부모와 모든 어른들을 주안에서 공경하고, 순종하고, 봉양(奉養)하는 의무를 수행할 수 있도록 해야 한다.

깔뱅이 이해한 이러한 가정관은 오늘날 모든 가정으로 하여금 하나님을 신뢰하는 신앙 안에서 가족구성원들을 서로 사랑하고, 신뢰하고, 희생하고, 섬기는 사랑의 공동체와, 신앙의 공동체로서 가정을 세우는데 있다. 이러한 기독교 가정이 바로 그리스도께서 말씀과 성령으로 다스리시는 사랑과 기쁨과 행복과 안식과 용서와 구원과 평화가 깃들인 예수 그리스도께서 선포하신 하나님 나라의 표본이다. 가정은 다른 큰 공동체의 기초석이요, 개인의 모범이므로. 예수 그리스도께서 말씀과 성령을 통해서 우리의 가정의 왕이 되실 때, 우리는 "선하고, 행복한 삶과 경건하고, 복된 삶"을 누리며, 가정의 가장(家長)이신 삼위일체 하나님께 큰 영광을 돌리게 된다.

제18장 깔뱅의 자유론

I. 서론[1]

한국교회는 선교 2세기에 진입하여 4반세기를 눈앞에 두고 있다. 기독교역사와 기독교선교역사에서 유례없는 성장을 이룩한 한국교회가 한국사회로부터 불신과 외면 속에서 위기를 맞고 있다. 한국교회 내외로부터 한국교회에 대한 중요한 비판들 중에 하나는 한국교회의 윤리약화의 문제이다. 한국교회는 정직하지도 투명하지도 않고, 이웃에 대한 사랑이 빈약하다는 것이다.

한국교회에서 차지하고 있는 한국장로교회의 비중을 고려해 볼 때, 한국교회의 공과(功過)는 곧, 한국장로교회의 공과라는 도식이 성립될 수 있을 것이다. 그러므로 한국교회의 위기의 극복은 한국장로교회의 위기의 극복으로부터 시작될 수 있을 것이다.

개혁교회의 신앙과 신학의 뿌리를 형성한 깔뱅의 탄생 500주년을 맞이하여 "칼빈탄생 500주년기념사업" 학술대회에서 깔뱅의 윤리학의 중심을 차지하는 "그리스도인의 자유"에 대한 연구는 한국장로교회와 한국교회의 윤리의 회복에 기여할 수 있을 것이다.

따라서 우리는 본고에서 『기독교 강요』 초판(1536)을[2] 중심으로 깔뱅의 그리스도인의 자유 개념을 분석할 것이다. 연구방법과 관련하여 주로 조직신학적 방법이 사용되면서도 역사 신학적 분석도 배제되지 않을 것이다.

---

1) 최윤배, "깔뱅의 『기독교 강요』 초판 (1536)에 따른 '그리스도인의 자유' 이해," 『칼빈연구』 제7집(2010), pp. 305-329에 게재된 글.
2) John Calvin, 양낙홍 역, 『기독교 강요』(초판, 1536) (서울: 크리스챤다이제스트, 2008). 이 책을 인용할 때, John Calvin, 『기독교 강요』(1536)로, P. Barth etc. (ed.), *Opera Selecta*를 인용할 때는 OS로 하기로 한다.

II. 그리스도인의 자유에 대한 역사적 배경

1. 그리스도인의 자유의 필요성

깔뱅은 『기독교 강요』(1536)의 제6장에서 교회의 권세와 정치조직보다 먼저 그리스도인의 자유를 논의하는데, 논의를 시작하자마자 곧바로 그리스도인의 자유에 대한 논의는 선택의 문제가 아니라, 복음뿐만 아니라, 윤리와도 밀접한 관계 속에서 "꼭 필요한 문제"라고 힘주어 말한다. 왜냐하면 여기에 대한 올바른 지식이 없을 경우에 파생되는 그리스도인의 양심의 피해는 치명적이기 때문이다. 그리스도인의 자유에 대한 논의의 절대적인 필요성에도 불구하고, 어떤 사람들은 그리스도인의 자유에 대한 논의 자체를 타부로 간주하여, 그리스도인의 자유에 대한 논의 자체를 거절했다.

> "복음을 요약하여 가르칠 때도, 이 문제에 대한 설명을 생략해서는 안 된다. 이것은 꼭 필요한 문제이며, 이에 대한 지식이 없으면 양심은 거의 매사에 망설이게 된다. 자주 주춤거리고 지체하거나, 항상 동요하고 걱정하게 된다. 그러나 여기서는 (앞에서 가볍게 언급했지만) 이에 대해 충분히 논의할 수 없다. 왜냐하면, 그리스도인의 자유에 관하여 운을 떼기 시작하면 곧 격분이 들끓거나 북새통이 벌어지거나, 그렇지 않으면 이 변덕스런(혹은 최상의 것들을 최악의 것으로 변질시키는) 이들이 즉시로 대항하기 때문이다."[3]

깔뱅은 그리스도인의 자유에 대한 지식은 복음과 그리스도인의 삶의 관점에서 필수불가결한 것임을 거듭 강조하고, 논의 자체를 가로막는 방해자들에

---

3) John Calvin, 『기독교 강요』(1536), 340.

게 한 번 더 이의를 제기한다.

> "그러나 이미 말했듯이 이 자유에 대하여 알지 못하면, 그리스도의 복음 진리
> 도 올바르게 알 수 없다. 오히려 우리는 필수불가결한 교리의 일부분들이 삭제
> 당하지 않도록 주의해야함과 동시에 보통 이로부터 발생하는 저 황당한 이의들
> 을 경계해야 한다."4)

2. 그리스도인의 자유에 대한 오해

어떤 사람들은 그리스도인의 자유를 율법이나 도덕이 필요 없는 것으로 오
해하여 율법 또는 도덕폐기론(antinomianism)으로 빠지는 자유방종주의자
들이 된다. 깔뱅 당시에 여기에 속하는 자들은 소위 "자유파"(les Libertines)
와 국가나 정부의 권위를 인정하지 않던 재세례파가 있었다. 또 어떤 사람들은
그리스도인의 자유를 주장할 경우, 마치 정당하고 유익한 법이나 도덕 자체를
부정하고, 교회나 국가의 질서를 전복하는 것으로 오해하여, 그리스도인을 얽
어매는 비성서적인 법규나 사회적 악습조차도 무조건적으로 고수하고, 강요
하며, 그리스도인의 내면적 양심을 고려하지 않는 율법주의자들 내지 형식주
의자들이 된다. 깔뱅 당시에 로마가톨릭교회의 신학과 생활 속에 이 같은 경향
이 일반적으로 발견되었다.

『기독교 강요』초판을 헌정 받은 프랑스의 왕 프랑스와 I세(François I)에게
깔뱅은 1535년 8월 23일에 『헌정사』를 썼다. 여기에 이미 깔뱅은 교회론을 중
심으로 로마가톨릭교회가 교회를 본질적인 관점에서 정의하지 않고, 외적인
관점에서 정의한다고 비판한다.

---

4) John Calvin, 『기독교 강요』(1536), 340-341.

"우리의 논쟁은 다음과 같은 점과 관련되어 있습니다. 첫째, 교회의 형태는 항상 드러나 보이고 관찰될 수 있는 것이라고 그들은 주장합니다. 둘째, 그들이 이 형태를 로마 교회와 그 계급제도와 동일시하고 있습니다. 그 반대로 우리는 교회는 어떤 가시적인 외형이 없이도 존재할 수 있으며, 그 외형은 그들이 바보스럽게 흠모하는 저 외적 장엄함 속에 담길 수 없다고 확신합니다. 오히려 교회는 다른 표지를 가지고 있는데, 교회의 표지는 하나님의 말씀을 순수하게 전파하는 것과 성례를 올바르게 집행하는 것입니다. 그들은 손가락으로 꼬집어 지적할 수 없으면 격분합니다. … 그들은 사도적 지위를 가진 로마 교황과 나머지 감독들이 교회를 대표하며 교회로 간주되어야 한다고 말합니다. 그런고로 그들은 오류를 범할 수 없다는 것입니다."[5]

여기서 한 걸음 더 나아가 깔뱅은 교회의 직제나 국가의 제도를 전적으로 무시하고, 혁명이나 폭력을 통하여 교회와 사회에 혼란과 무질서를 초래하는 재세례파에 대해서도 비판한다.

"사탄은 재세례파들(Catabaptistas)과 괴악한 사람들을 통해서 불일치와 교리적 논쟁을 불러 일으킴으로써 진리를 희석시키고 마침내 말살하려 했던 것입니다. 그리하여 이제 사탄은 두 가지 방법으로 진리를 줄기차게 포위하고 있습니다. 인간의 폭력적 수단을 통해서는 참된 씨를 뿌리째 뽑아 버리고, 자기의 할 수 있는 대로 자기의 가시덤불을 가지고 씨를 질식시켜 버림으로써 씨가 자라 열매를 맺지 못하게 하려는 것입니다."[6]

깔뱅은 그리스도인의 자유에 대하여 본격적으로 논의하기 전에, 그리스도인의 자유를 오해한 자유방종적인 사람들과 율법주의적인 사람들을 동시에 다음과 같이 비판한다.

---

5) OS I, 31.
6) OS I, 33.

"어떤 사람들은 이 자유를 핑계 삼아 하나님께 대한 순종을 모조리 팽개쳐 버리고 걷잡을 수 없는 방종으로 뛰어든다. 또 어떤 사람들은 이런 자유가 절제와 질서와 사물의 분별 모두를 말살시킨다고 생각하면서 이를 무시한다. 이와 같은 난관에 가로막혀 있는 우리가 여기서 무엇을 할 수 있겠는가? 그리스도인의 자유와는 작별함으로써 이런 위험에 빠질 소지를 없앨 것인가?"[7]

---

7) John Calvin, 『기독교 강요』(1536), 340.

III. 그리스도인의 자유

깔뱅은 그리스도인의 자유의 내용을 세 가지로 구별한다. "내 생각으로 그리스도인의 자유는 세 부분으로 구성되어 있다고 본다."[8] 첫째는 칭의를 통하여 얻어지는 율법의 저주로부터의 자유이며, 둘째로 성화를 통해 성취되는 율법의 자발적 실천을 통한 자유이며, 마지막으로 종교적, 윤리적 의무들로서의 "비본질적인 것들"(adiaphora; ἀδιαφοραι)로부터의 자유이다. 이 세 가지를 올바로 이해하기 위하여 깔뱅이 이해한 율법 이해, 인간 이해 및 칭의와 성화 이해가 선행되어야 할 것이다.

1. 율법 이해

깔뱅은 십계명을 해설한 뒤에 하나님 경외와 사랑과, 이웃 사랑의 내용을 담고 있는 십계명을 다음과 같이 요약한다.

> "우리는 십계명에 드러난 전 율법을 가지고 있다. 그것에 의해 우리는 하나님을 향해서나 이웃을 향해 주께서 우리에게 요구하시고 금지하시는 것들을 충분히 배우게 된다. 이 모든 것들이 사랑을 가르치고 있다는 것을 파악하는 것은 쉬운 일이다. 첫 번째 돌판에 의해 우리는 특별히 경건을 배우게 되는데 그것을 요약하면, 하나님을 경외하고 사랑하며 영화롭게하는 것과 그를 고백하며 그를 부르며 그 분에게 모든 것을 구하고 그 분으로부터 모든 것을 기다리며 그 분 안에서 우리의 보호를 찾으며 그 분 안에 쉬는 것이다.(마7:12) 둘째 돌판을 요약하

---

8) John Calvin, 『기독교 강요』(1536), 341.

면, 하나님을 위해서 이웃에 대한 사랑을 계발하는 것인데, 그렇게 함으로써 모든 사람에게 우리가 대접을 받고자하는대로 행하며 우리 자신을 사랑하지 않게 되는 것이다."9)

깔뱅에 의하면, 대표적인 율법은 십계명이지만, 양심과 자연을 포함하는 자연법도 도덕법인 십계명과 사랑의 차원에서 본질적으로 같다.

"율법은 우리에게 하나님의 뜻을 가르쳐준다. 우리는 그것을 준행해야하며 그것은 우리가 지고 있는 빚이다. 그것은 우리가 왜 하나님께서 명령하신 것을 전혀 준행할 수 없는지를 보여준다.(롬 3:19; 7:7-25) 결과적으로 그것은 분명히 우리를 위한 거울이 된다. 그 곳에서 우리는 마치 거울 속에서 우리 얼굴의 상처와 흠들을 늘상 보는 것처럼 우리의 죄와 저주를 분별하고 명상할 수 있는 것이다. 정확히 말하자면, 이 기록된 율법은 자연법에 대한 증인이다. 자연법이 우리를 교훈할 때, 수시로 우리의 기억을 되살려서 우리가 미쳐 깨닫지 못했던 사실들을 일깨워 주는 증인인 것이다."10)

깔뱅은 하나님의 뜻이 내포된 하나님의 말씀으로서의 율법의 기능을 세 가지로 구별한다. "이러한 사실로부터 우리는 율법의 용도가 무엇인가를 파악할 수 있다. 그것은 세 부분으로 구성된다."11)

칼뱅이 이해한 율법의 첫 기능은 죄 인식의 기능 내지 정죄의 기능이다.

"첫째, 하나님의 의, 즉 하나님께서 우리에게 요구하는 것이 무엇인지를 보여줌으로써 율법은 각 사람의 불의를 책망하며, 그의 죄를 깨닫게 해준다. 모든 사람은 예외없이, 주께서 그들의 허영을 증명해 보이지 않는 한, 자기 자신의 능력에 대한 터무니없는 자신감으로 가득 차 있다."12)

9) John Calvin, 『기독교 강요』(1536), 92.
10) John Calvin, 『기독교 강요』(1536), 73.
11) John Calvin, 『기독교 강요』(1536), 104.

율법을 통해 죄를 깨닫고, 정죄받은 인간은 한 걸음 더 나아가 자신의 행위의 의를 포기하고, 하나님의 은혜와 자비 속에서 계시된 그리스도의 의와 공로를 의지해야 한다.

> "그들 자신의 능력에 대한 이 모든 어리석은 견해가 제거된 뒤 그들은 오직 하나님의 손에 의해 지탱된다는 것을 알 필요가 있다. 또한, 그들의 행위의 의에 의해 그들은 하나님의 은혜를 대항하는 고로 이러한 교만이 팽개쳐져서 빈손으로 하나님의 자비만 의지하고 그 안에 쉬며 그 곳에 숨는 것이 합당하다. 또한 의와 공로를 위해 오직 하나님의 자비만을 붙잡는 것이 필요하다. 왜냐하면 하나님의 자비는 진실한 마음으로 그것을 찾고 기다리는 모든 사람에게 그리스도 안에서 계시되기 때문이다."[13]

깔뱅이 이해한 율법의 둘째 기능은 사회적 기능이다. 다시 말하면, 사회생활에서 법을 지키지 않았을 때 받게 되는 처벌이나 형벌이 두려워서 인간은 억지로 강요된 의를 행하게 된다.

> "둘째, 율법은 하나님께서 보복하실 것을 선언하고 범법자들을 위한 형벌을 설정하며 사망과 심판을 선언하기 때문에, 최소한 무엇이 옳으며 바른 것인가에 관한 고려에 의해 영향을 받지 않는 어떤 사람들을 형벌의 공포에 의해 제어하는 역할을 한다. 그러나 그들이 제어되는 것은 마음이 움직이거나 흔들려서가 아니라 고삐가 매였기 때문에, 즉 그들의 손을 외적 행동에까지 뻗치지 않기 때문이다. 그러면서 속으로는 만일 그렇지 않았더라면 마음대로 탐닉했을 부패를 간직하고 있는 것이다. 결과적으로 그들은 하나님 앞에서 조금도 더 나아지거나 의로워지는 것이 없다. 비록 두려움이나 수치심에 의해 제동이 걸린다 할지라도 자기 마음에 생각한 대로 행하며 또한 그들은 하나님에 대해 두려워하는 마음을 갖지도 않으며 하나님께 순종하지도 않는다."[14]

---

12) John Calvin, 『기독교 강요』(1536), 104.
13) John Calvin, 『기독교 강요』(1536), 104.

깔뱅에 의하면, 인간이 형벌에 대한 두려움 때문에 강요된 상태로, 비자발적으로 행하는 의가 인간 공동체를 위하여 필요하기 때문에, 하나님께서는 이것을 섭리의 차원에서 배려하셨다.

> "그러나 이 억지로 강요된 의는 인간의 공공사회를 위해 필요하다. 주께서는 공공의 안녕을 위해 그러한 대비를 하심으로써 완전하고 폭력적인 혼란으로부터 보호하고자 하셨던 것이다. 만일 모든 사람이 저마다 원하는대로 하게 내버려 둔다면 그러한 일이 일어날 것이다."[15]

깔뱅이 이해한 율법의 셋째 기능은 율법의 제3사용으로서의 그리스도인의 성화의 기능이다. 앞에서 논의한 율법의 첫째 기능과 둘째 기능은 그리스도인이나 비그리스도인 모두에게 해당되는 율법의 소극적이고도, 부정적인 기능이라면, 깔뱅이 주장한 율법의 제3기능은 그리스도인에게 해당되는 율법의 적극적이고도, 긍정적인 기능이다.

> "셋째, 그 마음 속에 하나님의 영이 거하셔서 다스리시는 신자들에게도 율법은 못지않은 중요한 역할을 한다. 즉 하나님 보시기에 무엇이 옳으며, 무엇이 하나님을 기쁘시게 해 드리는 것인 가에 대해 더욱더 엄숙한 경고를 주고 있는 것이다. … 게다가 그들이 아무리 성령의 감화를 받아 열심히 하나님께 순종한다 할지라도 그들은 여전히 육신 가운데 연약하며 하나님보다는 죄를 섬기려하는 경향이 있다. 게으르고 고집 센 나귀를 채찍으로 쳐서 일어나 일터로 향하게 하는 것과 같은 역할을 율법이 우리 육신에 대해 한다. 요약하면, 율법은 신자들에 대한 권면이다. 그것은 저주로 신자들의 마음을 구속하는 어떤 것이 아니라 반복적인 권고에 의해 그들이 나태를 떨쳐버리게 하며, 그들의 불완전에 대해 항상 깨어 있도록 자극하는 역할을 하는 것이다."[16]

---

14) John Calvin, 『기독교 강요』(1536), 104.
15) John Calvin, 『기독교 강요』(1536), 105.
16) John Calvin, 『기독교 강요』(1536), 105.

예수 그리스도 안에서 하나님의 자녀가 되어 하나님과 새로운 관계에 있는 그리스도인에게 율법이 폐기되었다는 말은 율법이 그리스도인에게 더 이상 필요 없다는 뜻으로 이해되어서는 안 된다. 이전에 정죄의 기능을 가진 율법이 이제는 율법의 정죄와 저주로부터 벗어난 그리스도인을 자발적인 순종으로 이르게 하는 성화의 기능으로 바뀌었다는 것이다. 다시 말하면, 그리스도인의 신분의 변화에 상응하는 율법의 적용과 기능이 변화되었다.

> "그러므로 율법의 저주로부터의 이러한 해방을 표현하고 싶어하는 많은 사람들은 신자들에게 있어 율법이 폐기되었다고 말했다. 율법이 신자들로 하여금 옳은 일을 하도록 더 이상 명하지 않는다는 것이 아니라 단지 신자들에 대해 이전과 같은 관계를 갖고 있지는 않다는 것이다. 사망의 메시지를 가지고서 그들을 놀라게 하고 겁나게 함으로써 그들의 양심을 정죄하고 파괴하는 일은 더 이상 하지는 않는다는 것이다. 선행이 칭의의 가치를 떨어뜨린다는 것과는 다르다. 선행이란 것이 전혀 없다는 말도 아니고 또 선행이 선행임을 부인하는 것도 아니다. 단지 우리가 선행을 신뢰하거나 자랑하거나 우리의 구원을 선행의 공로로 돌리지 말아야 한다는 것이다. 왜냐하면 다음의 사실이 확실하기 때문이다. 즉 하나님의 아들 그리스도는 우리의 것이며, 우리에게 주신 바 되어서 우리도 그 안에서 하나님의 아들들, 그리고 하늘의 왕국의 상속자들이 될 수 있다는 것이다.(사9:6; 살전4:14-18)"[17]

2. 인간 이해

그리스도인의 자유 문제를 논의하기 위하여 깔뱅의 인간 이해가 선행되어야 한다. 깔뱅의 인간 이해는 일반적 인간 이해가 아니라, 하나님과의 관계에서 이해되는 신학적 인간 이해이다. 다시 말하면, 하나님 지식에 의해 인간 지

---

17) John Calvin, 『기독교 강요』(1536), 105-106.

식이 규정되고, 반대로 올바른 인간 지식은 하나님 지식과도 밀접한 관계 속에 있다. "거룩한 교리의 대부분은 다음의 두 부분으로 구성된다. 즉 하나님에 대한 지식과 우리 자신에 대한 지식이다."[18]

창조주이신 하나님은 하나님의 형상에 따라 우리를 창조하셨고, 우리는 하나님으로부터 지혜와 의와 거룩함을 부여받았다.

> "우리 자신에 대한 확실한 지식에 도달하려면 우리는 먼저 우리 모두의 조상인 아담이 하나님의 형상으로 창조되었다는 사실을 포착해야 한다.(창1:26-27) 말하자면 아담은 지혜와 의와 거룩함을 부여받았으며 이 은혜의 선물에 의하여 하나님께 너무나 밀착되어 있었기 때문에 만일 그가 하나님께서 그에게 주신 의로움 속에 굳게 서 있었더라면 영원히 그 분 안에서 살 수도 있었으리라는 것이다."[19]

그러나 자유 의지를 부여받은 인간은 하나님께서 주신 의로움 속에 굳게 서지 못했다. "아담이 실족하여 죄를 범했을 때, 이러한 하나님의 형상은 취소되고 지워졌다. 말하자면 그는 하나님의 은혜가 주는 모든 혜택을 상실해버렸다는 것이다."[20]

또한 아담의 범죄로 말미암아 모든 인류가 죄를 짓지 않을 수 없게 되었다. "이것들이야말로 '죄의 열매들'인 것이다.(갈5:19-21) 이러한 재앙은 아담에게만 떨어지는 것이 아니라 그의 씨요 자손인 우리에게도 흘러내리게 된 것이다. 따라서 아담에게서 난 우리 모두는 무지하며 하나님에게서 떨어졌으며 사악함에 이끌리며 부패한 욕망으로 가득 차 있으며, 그것들에 중독되어서 하나님을 향해서는 완고한 마음이 여기에 있는 것이다.(렘17:9)"[21]

---

18) John Calvin, 『기독교 강요』(1536), 69.
19) John Calvin, 『기독교 강요』(1536), 70.
20) John Calvin, 『기독교 강요』(1536), 70.
21) John Calvin, 『기독교 강요』(1536), 70.

깔뱅에 의하면, 하나님은 율법의 모든 의를 충분하고도 예외 없이 지키지 않는 모든 사람에게는 저주를 선언하시며, 영원한 사망의 심판을 선고하신다. "율법을 범하지 않았다고 말할 수 있는 사람은 아무도 없다."[22] 하나님의 형상으로 아름답게 창조된 인간이 율법의 저주 가운데 살게 되자, 하나님께서 자신의 사람을 예수 그리스도 안에 나타 내사 인간에게 구원의 길을 여셨다.

> "그는 이 모든 축복들을 예수 그리스도 우리 주 때문에 우리에게 주신다. 그분은 아버지와 함께 하나님이셨으나(요1:1-4) 우리의 육신을 입으심으로 우리와 계약을 맺으셨고(죄로 말미암아 하나님에게서 떨어진) 우리를 자기에게 연합시키고자 하셨던 것이다.(사53:4-11) 그는 또한 자신의 죽음의 공로에 의해 하나님의 공의의 대한 빚을 지불하셨으며 하나님의 진노를 무마시키셨던 것이다. (엡2:3-5) 그는 우리를 묶는 저주와 심판으로부터 우리를 구속하셨으며 자기 몸으로 죄의 형벌을 담당하셔서 그것으로부터 우리를 해방하셨던 것이다.(골 1:21- 22)"[23]

우리는 성령의 역사(役事)와 믿음을 통하여 예수 그리스도와 하나가 되어 구원받게 되었다.

> "하나님은 우리에게 그리스도 주 안에서 이 모든 축복들을 주시는데 그 속에는 죄에 대한 값없는 용서와, 하나님과의 평화와 화목, 성령의 은혜와 선물들이 있다. 만일 우리가 확실한 믿음으로 그것들을 붙잡고 받아들이면 그것들은 우리의 것이 되는 것이다. … 한 마디로, 만일 우리가 그리스도에 참여한다면 그분 안에서 우리는 모든 하늘의 보화와 성령의 선물들을 소유하게 될 것인데 그것은 우리를 생명과 구원으로 인도할 것이다. 참되고 산 믿음이 없이는 결코 이런 것을 얻을 수 없다."[24]

---

22) John Calvin, 『기독교 강요』(1536), 72.
23) John Calvin, 『기독교 강요』(1536), 73-74.
24) John Calvin, 『기독교 강요』(1536), 74.

깔뱅의 인간 이해는 하나님의 형상으로 창조된 인간, 자유의지의 오용으로 타락하여 부패된 죄인으로서의 인간, 성령과 믿음으로 예수 그리스도의 형상에 따라 구원받을 수 있는 인간이라는 내용이 그 핵심을 이룬다.

3. 칭의와 성화 이해

우리가 앞에서 이미 살펴 본 깔뱅의 율법 이해와 인간 이해와 밀접한 관계 속에서 지금 논의하고자하는 깔뱅의 칭의와 성화 이해가 용이해질 것이다.

칭의와 관련하여 깔뱅은 타락한 인간이 과연 율법을 행할 수 있느냐의 문제를 제기하고, 한 걸음 더 나아가 인간의 행위를 통한 의가 하나님 앞에서 어떤 가치를 갖는가에 대한 문제를 제기한다. 특히 깔뱅 당시 로마가톨릭교회에서 인간의 공로를 통한 구원을 이룩하고자하는 율법주의적이거나 반(半) 펠라기우스주의적(Semi-Pelagianism) 경향이 많았다. 이들에 의하면, 타락한 인간은 여전히 자유의지를 사용하여 행위를 통한 의의 성취가 가능하며, 이것이 공로가 되어 구원 성취에 기여할 수 있다.

> "그러나 우리는 오늘날 많은 사람들이 흔히들 자랑하는 것에 대해 이러쿵저러쿵 하지 않는다. 그들이 행위의 공로를 통해 완전하고도 궁극적인 의를 획득한다는 것이 불가능한 일임을 고백하지 않을 수 없게 된 후 그들은 결코 율법을 완성할 수 없는 고로 실제 그런 고백을 하고 있다. 그러나 그들이 모든 영광을 빼앗긴 것처럼 보이지 않기 위하여 말하자면 완전히 하나님께 굴복한 것처럼 보이지 않기 위해 그들은 부분적으로 율법을 지켰으며 그 점에 관한한 자신들이 의롭다고 주장한다. 부족한 것은 보속과 공덕의 행위에 의해 보충된다고 그들은 주장하는 것이다. 그들은 그것을 자신들의 부족에 대한 보속이라 생각하는 것이다. 자기들 자신의 진정한 본성에 대한 망각과 하나님의 공의에 대한 멸시와 자신들의 죄에 대한 무지가 그들을 이러한 오류에 빠지게 했던 것이다. 성경이 아

담의 자손의 죄에 대한 모든 자손들에 대해 묘사하고 있는 것 외에 다른 모습으로 자신을 생각하고 있는 자들은 확실히 자신에 대한 지식에서 멀리 떠난 자들이다."[25]

비록 타락한 인간이 자연은사를 통해 사회적 의를 행할지라도, 깔뱅은 하나님의 의가 너무나도 완전하기 때문에 인간의 행위의 의는 전적으로 무가치하다고 주장한다.

"만일 사람이 자연은사에 따라 판단받는다면 머리꼭대기에서 발끝까지 그에게 선한 의지라고는 하나도 찾아볼 수 없을 것이다. … 또한 하나님의 의가 너무나도 완전하기 때문에 어떤 더러움에 의해서도 오염되지 않은 완전한 것 외에는 하나님에 의해 용납되지 않는다는 사실이 인식되지 않는 곳에서는 하나님의 의가 멸시를 당한다. 그러나 만일 그렇다면, 우리의 모든 행위가 그 자체의 가치에 의해 판단된다면 부패와 오염 외에 아무것도 아니다. 그리하여 우리의 의는 연약함이며, 우리의 강직함은 오염이며, 우리의 영광은 불명예일 뿐이다. 우리에게서 나올 수 있는 최선의 것도 여전히 우리의 육체의 어떤 부정에 의해 얼룩지고 더러워져 있으며 그렇기 때문에 불순물이 섞여 있다고 말할 수 있다."[26]

타락한 인간이 율법의 행위를 통해서 의롭다함을 받는 것이 불가능함을 주장한 깔뱅은 전적으로 다른 길, 즉 하나님의 자비와 은혜를 통해서 예수 그리스도에 대한 믿음을 통해서 얻게 되는 칭의를 주장한다. "하나님은 자기의 원수들에게 죄를 전가하신다. 그러므로 주께서 우리의 어떤 행위를 인정하시기 전에 우리의 죄가 용서받고 덮여져야 한다.(시31:1; 롬4:1, 비교) 이 사실로부터, 죄의 용서는 거저 주어지며, 자기의 공로를 의지하는 자들은 그것을 무효화하고 모독하는 자들이라는 결론이 나온다."[27]

---

25) John Calvin, 『기독교 강요』(1536), 96.
26) John Calvin, 『기독교 강요』(1536), 97-98.

"오직 믿는 자들만을 위해 성취될 수 있는 견고한 약속이 그 확실한 신앙을 뒤따른다. 그러므로 우리는 이제 우리의 구원이 우리의 어떤 가치나 우리에게서 나오는 어떤 것에 있지 않고 오직 하나님의 자비에만 있다는 것을 인식해야 한다. … 그러나 그리스도를 통하지 않고서는 아무도 이런 확신을 가질 수가 없다. 오직 그 분의 축복에 의해서 우리는 율법의 저주에서 자유로워진다. 저주는 우리 모두에게 선언되고 선포된 것이다. 왜냐하면 우리 조상 아담으로부터 상속된 연약함 때문에 우리를 자기 자신을 위해 구원을 얻고자하는 사람들에게 요청되는 율법의 행위를 성취할 수 없기 때문이다. 그렇다면 그리스도의 의로 말미암아 우리가 의로워지며 율법을 성취하게 되는 것이다. 우리는 이의를 우리 자신의 것으로 입으며 하나님께서도 그것을 우리의 것으로 받아 주셔서 우리를 거룩하고 순결하고 무죄하다고 인정하시는 것이다."[28]

깔뱅에 의하면, 타락한 인간이 율법의 행위를 통해 자신의 의를 이룩할 수 없음은 물론 행위의 가치를 전적으로 부정하고, 하나님의 자비와 은혜 안에 나타난 예수 그리스도의 전가된 의를 믿음으로 받아들일 때, 인간은 죄 용서와 함께 의롭다함을 받는다. 신앙을 통한 칭의는 율법의 저주와 정죄로부터 벗어남, 예수 그리스도의 의를 전가 받음, 죄 용서의 은혜를 받는 것과 관련된다.

그리스도인의 칭의 문제에서 구원에 기여하는 공로서의 율법의 행위에 대한 깔뱅의 전적인 거부에 대해 율법주의적이고, 반 펠라기우주의적인 사람들은 깔뱅이 율법의 실천과 선행 자체를 경시하거나 폐기하는 것으로 오해했다.

"한 마디로 말해, 이것은 어떤 불경건한 자들의 뻔뻔스러움을 반박하기에 충분하다. 그들은 우리가 인간들에 의한 모든 선행의 추구를 정죄할 때 우리가 선행을 폐기한다고 비난하며, 우리가 사죄는 값없는 것이라고 말할 때 너무 쉬운 사죄를 설교한다고 비난하며, 이러한 유혹에 의해 이미 자기 스스로 죄로 기울

27) John Calvin, 『기독교 강요』(1536), 98–99.
28) John Calvin, 『기독교 강요』(1536), 102–103.

어져 있는 자들을 범죄케한다고 비난하며, 우리가 사람은 행위나 공로에 의해 의롭다함을 얻지 못한다고 가르침으로써 사람들로 하여금 선행을 위한 열심에서 돌아서게 한다고 중상한다."29)

그러나 깔뱅은 칭의받은 그리스도인에게 저주와 정죄의 기능을 가졌던 율법에다 율법의 제3의 사용, 즉 성화의 기능으로 적용하여, 그리스도인의 성화의 삶을 강조한다. 칭의받은 그리스도인의 삶은 성화의 삶에로 부름 받는다. 깔뱅은 그리스도인은 자기부인과 십자가지심을 몸소 실천하셨던 예수 그리스도의 제자로서 자기 부인, 십자가 지기를 통해 고난에 즐거이 참여할 것을 촉구했다.30)

"그런 다음 성령의 은사들을 통해 그가 우리 안에 거하시고 다스리시며 그를 통해 우리 육신의 정욕들은 날마다 더욱 사멸되어 가는 것이다. 우리는 정말 성화되고 완전히 순결한 삶 속에서 주께 헌신되며 우리의 마음은 변화되어 율법을 순종하게 되는 것이다. 그 분의 뜻을 이루어 드리고 매사에 그 분의 영광만을 진작시키고자하는 것을 우리의 유일한 의지로 삼기 위해 우리는 우리 안에 거하는 모든 육신의 더러움을 증오하는 것이다. 마지막으로, 우리가 성령의 인도를 따라 주의 길을 걸어가고 우리가 교만해지는 것을 계속적으로 피하는 중에도 불완전한 어떤 것이 우리 안에 남아서 우리가 겸손할 수 있게 해주며 하나님 앞에 모든 것을 막고 모든 신뢰를 우리 자신으로부터 하나님께로 옮길 것을 가르치는 것이다.(롬7:23) 따라서 우리는 항상 사죄를 필요로 한다."31)

율법과 관련하여, 신앙에 의한 칭의는 자신의 율법행위를 통한 의를 전적으로 부정함으로써 율법의 저주와 정죄로부터 벗어나 율법의 완성자이신 예수

---

29) John Calvin, 『기독교 강요』(1536), 108–109.
30) John Calvin, 『기독교 강요』(1536), 107–108.
31) John Calvin, 『기독교 강요』(1536), 102–103.

그리스도의 의를 믿음으로 받아들임으로써 성취된다. 칭의를 통해 율법의 정죄와 저주로부터 벗어난 그리스도인은 성령과 믿음을 통해 율법의 순종, 즉 성화에로 부름 받는다. 칭의가 주로 율법의 첫 기능과 밀접한 관계에 있다면, 성화는 율법의 제3사용과 밀접한 관계에 있다고 이해될 수 있다.

4. 그리스도인의 자유의 내용

앞에서 이미 논의했다시피, 깔뱅은 그리스도인의 자유의 내용을 세 가지,[32] 즉, 첫째는 칭의를 통하여 얻어지는 율법의 저주로부터의 자유이며, 둘째로 성화를 통해 성취되는 율법의 자발적 실천을 통한 자유이며, 마지막으로 종교적 의무들로서의 "비본질적인 것들"(adiaphora; ἀδιαφοραι)로부터의 자유이다.

1) 율법의 저주로부터의 자유

깔뱅이 이해한 그리스도인의 자유의 첫째 차원은 율법의 정죄와 율법의 의와 저주로부터의 자유이다. 예수 그리스도 안에서 주어지는 칭의를 통해서만 그리스도인은 이 자유를 획득할 수 있다.

> "첫째, 신자의 양심은 하나님 앞에서 자신의 칭의에 대한 확신을 찾는데 있어서 일체의 율법적 의를 잊어버리고, 율법을 넘어서야하며 그 범위를 능가해야 한다. 왜냐하면 우리가 다른 데서 설명 했듯이, 율법은 어느 누구도 의롭게 하지 못하므로, 우리가 모든 칭의에 대한 희망으로부터 끊어 지든가 아니면 그로부터 자유로워져야 하기 때문이다."[33]

---

32) John Calvin, 『기독교 강요』(1536), 341.
33) John Calvin, 『기독교 강요』(1536), 341.

깔뱅은 신자들이 양심의 자유를 얻기 위하여 율법의 저주와 정죄로부터 벗어날 것을 촉구한다. 신자들은 율법의 행위를 완전히 접어두고, 하나님의 자비를 의존하여 예수 그리스도만을 바라보아야 한다.

> "우리가 칭의를 논의할 때는 율법에 대한 언급은 배제하고 행위에 대한 고려도 모두 버려두고 하나님의 자비만을 붙잡고, 자기 자신들로부터 눈을 돌려 그리스도만 바라보아야 한다. 문제는 우리가 어떻게 의롭게 될 수 있는가에 있지 않고, 불의하고 무가치한 우리가 어떻게 의롭다고 여겨질 수 있는가에 있기 때문이다."[34]

칭의와 관련하여 율법과 율법의 행위에 대한 전적인 거부가 마치 율법 자체와 선행에 대한 거부로 오해받아 비판받았던 깔뱅은 칭의와 관련하여 율법의 정죄와 저주로부터의 자유를 말하는 동시에 성화와 관련하여 율법의 제3사용의 기능도 언급한다. 깔뱅은 율법의 저주의 기능과 율법의 성화의 기능을 의식적으로 구별하여 율법주의자들과 도덕폐기론자의 비판을 원천봉쇄하고 있다.

> "만약 양심이 이 문제에서 어떤 확신을 얻기를 원한다면, 율법에 대해서는 아무런 여지를 주어서는 안 된다. 이로부터 어떤 사람도 정당하게 율법을 신자들에게 불필요한 것이라고 결론지을 수 없다. 왜냐하면, 하나님의 심판대 앞에서는 율법이 신자들의 양심에서 아무 몫을 차지하지 않는다 해도, 그것은 부단히 그들을 가르치고 권면하여 선을 행하도록 촉구하기 때문이다. 이 두 가지는 완전히 다른 것이므로, 우리는 올바르고 양심적으로 이 둘을 구별지어야 한다."[35]

깔뱅은 다시 한 번 더 갈라디아서 3장 13절과 5장 1절에서 4절을 인용하여, 칭의 받은 그리스도인이 율법의 멍에와 정죄와 저주로부터 벗어날 것을 강조

---

34) John Calvin, 『기독교 강요』(1536), 341.
35) John Calvin, 『기독교 강요』(1536), 341.

한다.

> "양심이 하나님의 심판대 앞에 호출 받았을 때, 어떻게 하나님을 기쁘시게 할까, 무엇이라고 응답 할까, 그리고 어떤 확신으로 설 것인가를 고민할 때, 거기에서 우리는 율법이 요구하는 바를 고려 하지 말고 율법의 완성을 초월하신 그리스도만을 의로써 내보여야 한다."[36]

2) 율법에 대한 자발적 순종을 통한 자유

율법에 대한 자발적 순종을 통한 자유는 앞에서 언급한 율법의 정죄 또는 저주로부터의 자유를 전제한다.

> "첫 번째 부분에 의존하고 있는 둘째 부분은 양심이 율법을 준수한다는 것이다. 이는 마치 율법의 필요 때문에 부득이 하게 하는 그런 것이 아니라, 율법의 멍에로부터 해방되어 하나님의 뜻에 자발적으로 순종하는 것이다. 양심이 율법의 지배를 받는 동안에는 끊임없이 공포를 느끼므로, 이미 이런 자유를 받지 않는다면, 양심은 결코 하나님께 선뜻 그리고 쉽게 순종할 수 없기 때문이다."[37]

깔뱅은 율법의 저주와 심판으로 강요된 율법 준수와, 율법의 자발적인 준행 사이의 차이를 엄한 주인과 종의 관계와, 자애로운 아버지와 아들의 관계의 비유를 통하여 설명한다.

> "요컨대, 율법의 멍에에 얽매인 자들은 주인에게서 매일매일의 일거리를 할당받는 종과 같다. 이 종들은 자기들이 아무것도 이루지 못했다고 생각하며, 주어진 만큼의 일을 정확하게 완수하지 않으면 주인 앞에 나타나지 않으려고 한다. 그러나 자기 아버지에게서 더욱 관대하고 스스럼없이 대우받는 아들들은 불

---

36) John Calvin, 『기독교 강요』(1536), 341-342.
37) John Calvin, 『기독교 강요』(1536), 342.

완전하고 모자라고 심지어 결함이 있는 일이라도, 내보이기를 주저하지 않 는다. 이는 비록 아버지가 바란만큼 이루지 못했더라도, 그들의 순종과 자원하는 심정을 받아 주실 것이라고 믿기 때문이다. 우리는 우리의 봉사가 아무리 사소하고 조잡하고 불완전해도 지극히 자비로운 성부께서 받으실 것임을 굳게 믿고 있는 그런 자녀들이 되어야 한다."[38]

하나님의 은혜로 율법으로부터 해방된 그리스도인은 율법의 기준에 따라 판단하여 좌절할 것이 아니라, 믿음과 결부된 선행을 하도록 깔뱅은 촉구하면서, 율법으로부터의 해방을 오해하여 선행을 무시한다는 비판자들의 비난을 일축한다. "우리가 율법 아래 있지 않으므로, 죄를 범해도 된다고 추론하는 자들은 이 자유가 그들과는 아무 상관이 없다는 것을 알아야 한다. 율법의 목적은 우리를 선에 이르도록 격려하는 것이기 때문이다."[39]

3) '아디아포라'(adiaphora; ἀδιαφοραι)로부터의 자유

깔뱅은 일상적인 삶 가운데서 음식이나 축제일이나 종교적인 의식(儀式) 문제 등과 같이 비본질적인 문제들로부터의 자유를 주장했다.

"그리스도인의 자유의 세 번째 부분은, 우리가 그 자체로는 '비본질적인 것들'(ἀδιαφοραι)을 하나님 앞에서 종교적 의무로서 해야하는 것이 아니라, 때로는 그것들을 사용해도 좋고 때로는 무관심하게 내버려두어도 좋다는 것이다. 그리고 이 자유에 대한 지식은 우리에게 필수불가결한 것이다. 만약 이것이 결여되면, 우리의 양심은 결코 평안을 얻지 못할 것이고, 미신은 끝이 없을 것이기 때문이다."[40]

---

38) John Calvin, 『기독교 강요』(1536), 343-344.
39) John Calvin, 『기독교 강요』(1536), 344.
40) John Calvin, 『기독교 강요』(1536), 345.

깔뱅은 특히 이 자유를 절제와 사랑의 법칙에 일치하게 사용할 것을 권면한다.

> "그러나 이 절제가 결여된다면, 속되고 천한 쾌락까지도 난무하게 된다. … 그러므로 사람들로 하여금 제각기 분수에 맞게 소박하게 혹은 적당하게 혹은 풍성하게 생활하게 하여서, 하나님께서 우리에게 살 수 있도록 공급해 주셨지 사치하라고 준 것은 아니라는 것을 모두가 명심하도록 하라. 그들로 하여금 바울이 가르친 것, 즉 '어떤 형편에든지' 자족하며, 비천에 처할 줄도 알며, 모든 일에 '배부름과 배고픔과 풍부와 궁핍에도' 일체의 비결을 배웠노라는(빌4:11-12) 내용을 그리스도인의 자유의 법칙으로 여기게 하라."[41]

깔뱅은 고린도전서 10장 23절에서 24절을 인용하여 "우리는 항상 사랑을 쫓아서 노력해야하며, 우리의 이웃을 바로 세우고자 힘써야한다."고 주장하면서, 이보다 더 유명한 법칙은 없다고 말했다.[42]

4) 율법의 두 질서로서의 교회와 국가

양심을 얽어매는 비인간적이거나 비성서적인 규범들로부터의 자유가 오해되어 인간에게 어떤 규제나 법도 필요없다는 주장을 비판한 깔뱅은 인간에게 필요한 두 가지 통치를 제시한다. 그리스도인은 영적 나라로서 교회의 영적 통치를 통하여 영적 자유를 누리고, 국가의 통치를 통하여 도덕적, 정치적 자유를 누릴 수가 있게 된다. 깔뱅은 이 두 질서가 하나님의 말씀과 성령을 통해서 다스려짐으로써, 무질서뿐만 아니라 독재적 횡포로부터도 벗어나 하나님의 뜻을 이루어 하나님 나라를 실현할 것을 촉구했다.

---

41) John Calvin, 『기독교 강요』(1536), 348.
42) John Calvin, 『기독교 강요』(1536), 352.

"그러나 이것이야말로 알아야 할 가치가 있는 것인 만큼 더 깊고 분명한 설명을 요하는 것이다. 왜냐하면, 인간이 제정한 것을 폐기한다고 말하면 인간의 복종이 한꺼번에 다 사라지고 소멸되기라도 하는 것처럼, 유혹자들 편에서 또 중상가들 편에서 굉장한 분쟁을 일으키기 때문이다. 그러므로 우리들 중 아무도 이 돌에 걸려 넘어지지 않도록 하기 위하여, 인간에게는 두 가지 통치가 있다고 생각하자. 하나는 영적인 통치로서, 이를 통하여 양심은 경건과 하나님에 대한 경외를 배우는 것이고, 다른 하나는 정치적 통치로서 이를 통하여 사람은 사람들 사이에서 준수되어야 하는 도덕과 사회생활의 의무들을 교육받는 것이다."[43]

---

43) John Calvin, 『기독교 강요』(1536), 353-354.

Ⅳ. 결론

2009년 깔뱅탄생 500주년을 맞이하여 한국교회와 한국장로교회의 위기는 윤리위기인 것을 진단하면서 문제해결의 기초 방안으로서 깔뱅의 윤리학의 중심을 이루는 그리스도인의 자유 개념에 대한 고찰을 목적으로 본고를 시작했다.

깔뱅의 그리스도인의 자유 개념에 대한 역사적 배경에는 16세기 당시 그리스도인의 자유에 대한 두 가지 잘못된 개념이 율법 이해를 중심으로 존재했다. 한 편으로 자유는 율법이나 도덕의 폐기로 이해되는가 하면, 다른 편으로 외적이고도 형식적인 틀에 갇혀서 비인간적 폐습이나 관습을 강요하고 지키는 것으로 이해되었다. 16세기 당시 자유파(les Libertines)나 재세례파는 전자에 속했고, 로마가톨릭교회의 일반적 신앙과 신학이 후자에 속했다.

깔뱅의 그리스도인의 자유 개념을 이해하기 위하여 깔뱅의 율법 이해, 인간 이해 및 칭의와 성화 이해가 선행되었다. 깔뱅에게 율법은 인간의 양심이나 자연 질서 안에 나타난 자연법과 십계명에 계시된 도덕법이 있으나 양자는 공히 사랑을 지향한다. 깔뱅에 의하면, 하나님 사랑과 이웃 사랑의 내용이 담긴 율법으로서 십계명의 기능은 세 가지, 즉 죄인식의 기능, 사회적 의의 기능, 성화의 기능이 있다. 앞의 두 기능은 모든 인간에게 적용된다면, 마지막 세 번째 기능은 그리스도인에게 적용된다.

깔뱅이 이해한 인간론은 신학적 인간론으로서, 인간 이해는 하나님과의 관계에서 출발하며, 인간은 하나님의 형상으로 창조된 인간, 아담의 범죄로 타락한 결과 죄인으로서의 인간, 성령과 예수 그리스도 안에 있는 신앙을 통하여 구원된 인간으로 이해된다.

칭의는 인간이 자신의 행위의 의를 전적으로 거부하고, 예수 그리스도에 대한 믿음을 통하여 그리스도의 전가된 의를 통해서 하나님에 의해 의롭다고 선언 받고, 사죄 받는 것으로서 법정적(forensic)으로 이해된다. 칭의 속에서 율법의 저주 또는 정죄 기능이 배제된다. 율법의 제3사용을 통해 율법에 대한 자발적 순종을 이룩함으로써 그리스도인은 적극적인 자유를 획득할 수 있다.

깔뱅은 그리스도인의 자유를 세 가지로 구별한다. 첫째, 율법의 저주와 정죄로부터의 자유는 칭의를 통해서 이룩되고, 둘째, 율법에 대한 자발적인 순종을 위한 자유는 성화를 통해서 이룩되고, 셋째, '아디아포라'(adiaphora), 즉 비본질적인 것으로부터의 자유는 그리스도인의 삶 가운데 외적이고도 형식적인 측면에서 절제와 사랑의 법칙 안에서 가지는 자유이다. 그리스도인의 자유는 개인윤리 차원을 넘어, 교회 공동체와 사회(국가) 공동체 속에서 질서와 법규를 지킬 의무를 가진다. 영적인 통치 속에서 양심과 경건이 유지되고, 정치적 통치 속에서 도덕과 사회생활의 의무가 수행된다.

오늘날 한국교회와 사회 속에 깔뱅 당시에 발견되었던 두 가지 잘못된 그리스도인의 자유에 대한 이해가 발견된다. 일부 그리스도인은 개인 신앙과 개인 이익에만 지나치게 관심함으로써, 교회나 사회 공동체에서 지켜야할 질서나 의무를 무시하는 경향이 발견된다. 그 결과 영성훈련이나 피정훈련이나 기도훈련이라는 명목으로 교회공동체나 사회공동체의 문제를 도외시하고 홀로 자신의 내면훈련에만 몰두하거나 개인의 성공과 축복에만 몰두하게 된다.

일부 그리스도인은 교회 공동체와 사회 공동체에서 관행으로 자리 잡은 악습이나 악법에 깊이 연계되어, 교회와 사회가 요구하는 올바른 개혁의 바람에 무뎌 있다. 교회나 사회에서 선거 때마다 떠오르는 금권선거와 금권정치의 관행은 굳어진지 오래되었다.

한국교회와 사회를 변화시킬 수 있는 개혁의 원리를 우리는 깔뱅의 자유의 개념에서 발견할 수 있다. 인간의 공로주의의 가면을 쓰고 다양한 형태로 나타나는 펠라기우스적, 반펠라기우스적 문제는 깔뱅이 이해한 율법의 정죄로부터의 자유 개념과 율법의 행위를 전적으로 배제한 칭의 개념을 통해서 해결할 수 있을 것이다.

교회의 안팎으로부터 지탄받는 그리스도인과 교회의 윤리부재의 문제는 깔뱅이 이해한 율법의 제3사용을 통한 성화를 통해서 해결할 수 있을 것이다. 한국교회와 사회 속에 깊이 뿌리 내린 허례허식과 사치와 낭비를 낳은 형식주의는 깔뱅이 이해한 '비본질적인 것'으로부터의 자유 개념을 통해서 극복할 수 있을 것이다.

무엇보다도 깔뱅이 이해한 자유 개념은 그리스도인 개인의 차원에만 적용되는 것이 아니라, 그리스도인이 몸담고 있는 지금의 역사 안에 있는 교회와 사회와 국가 속에서 영적 통치와 정치적 통치를 이룩하기 위해 제반 법규와 조직과 제도를 개선하여 하나님 나라의 구현의 차원에까지 나아가는 것이다. 특별히 그리스도인은 자신에게 주어진 자유를 절제와 사랑의 법칙에 따라 적극적으로 활용해야할 것이다.

V. 참고문헌

Calvin, John. 양낙흥 역. 『기독교 강요』(초판, 1536). 서울: 크리스챤다이제스트, 2008.

박건택. "칼뱅의 기독교강요에 따른 그리스도인의 자유." 「신학지남」(1995, 가을호), 58-100.

이진일. "마틴 루터와 요한 칼빈의 그리스도인의 자유 개념 비교." (아세안연합신학대학교 대학원 미간행 석사학위 논문, 2000).

홍원표. "깔뱅의 〈그리스도인의 자유〉에 관한 연구 : 『기독교 강요』(1559)를 중심으로." (장로회신학대학교 대학원 미간행 Th.M. 학위논문, 2004).

제19장 깔뱅의 선교론

I. 서론

개혁교회와 개혁신학과 관련된 주제를 다룰 때마다 반복적으로 제기되는 질문은 개혁교회와 개혁신학의 뿌리를 형성한 깔뱅 자신과 그의 신학에 대한 질문으로 귀결된다. 또한 깔뱅의 이름이 언급될 때마다 '똘레랑스'(tolérance)가 없어 보이는 그에게 쏟아지는 비난의 화살은 1553년에 제네바에서 일어난 반삼위일체론 이단자로 처형된 세르베투스(Servetus) 화형사건과 직접적으로 연관된다.1) 또한 깔뱅과 개혁교회에게 가해지는 비판은 깔뱅과 개혁신학 전통에는 선교가 부재한 바, 그 이유는 깔뱅과 개혁교회가 강조하는 예정론 때문이라는 것이다.

본 논문을 쓰게 된 동기는 바로 개혁교회의 뿌리를 형성한 깔뱅을 비롯한 종교개혁자들에게 과연 선교 사상과 선교 활동의 부재한가에 대한 분명한 답변을 제공하는 것이다. 여기에 대한 답변에 근거하여 우리는 한 걸음 더 나아가 깔뱅의 선교신학과 선교활동에 대하여 논의할 것이다. 깔뱅의 선교신학은 그의 다양한 작품의 분석을 통해서 진행되고, 그의 선교활동은 주로 제네바 선교, 유럽 선교, 해외 선교로 구분하여 논의될 것이며, 마지막으로 그의 선교신학과 활동이 후대에 미친 영향사(影響史)에 대하여 간략하게 언급할 것이다.

---

1) 여기에 대한 역사적 정황을 위하여 다음을 참고하시오. 최윤배 공저, 『16세기 종교개혁과 개혁교회의 유산』(서울: 한국장로교출판사, 2003), 267-269.

II. 종교개혁자들에게 선교사상과 선교활동이 전혀 없었는가?

1. 종교개혁자들의 선교부재에 대한 견해들

로마가톨릭교회 추기경이었고, 교회의 박사로 불렸던 로베르트 벨라르민 (Robert Franz Romulus Bellarmino, 1542-1621)이 뢰벤대학에서 행한 강의를 3권으로 묶어 출간한 저서가 『오늘날의 이단에 대한 기독교 신앙논쟁서』 (Disputationes de controversiis Christianae Fidei adversus huis temporis haereticos)인데,[2] 그는 이 책에서 "선교"를 교회의 표지(ecclesiae notae)에 포함시키고, 16세기 종교개혁자들에게는 선교가 전혀 없기 때문에 그들은 이단에 속한다고 단정지을 뿐만 아니라, 그들을 강력하게 비판했다. 이 책은 『논쟁』(de Controversiis, 1586-1593)이라는 이름으로 더욱 널리 알려지게 되었다.[3]

"이단들(종교개혁자들, 필자주)이 이교도들이나 유대인들을 기독교 신앙으로 개종시켰다는 말을 들어 보지 못했다. 오직 그들은 그리스도인들(로마가톨릭교회 신자들, 필자주)을 잘못된 길로 빠지게 했을 뿐이다. 그러나 로마가톨릭교회는 이번 세기에만도 신대륙에서 수만 명의 이교도들을 개종시켰다. 매년 상당한 숫자의 유대인들이 로마 감독에게 충성스런 로마가톨릭신자들에 의해 로마에서

---

2) 로베르트 벨라르민에 대한 자세한 정보는 다음을 참고 하시오. Art. "Bellarmin, Robert," *Realencyklopädie für protestantische Theologie und Kirche* Band Ⅱ (Leipzig: J. C. Buchhandlung, 1897), 549-555. 『논쟁』의 제1권은 하나님의 말씀과 그리스도에 대해, 제2권은 공의회와 교회에 대해, 제3권은 성례전에 대해 취급하고 있다.

3) 헤를네/바그너, *Theologenlexikon von den Kirchenvätern bis zur Gegenwart*, 남정우 역, 『신학자 사전』 (서울: 한들출판사, 2001), 141-143.

개종하고, 세례를 받고 있다. 그리고 로마와 다른 지역에서 개종하는 사람들 중에 모슬렘 터키인들도 있다. 루터교 신자들은 자신들을 사도들과 복음전도자들과 비교한다. 그들은 수많은 유대인들과 함께 살고 있으면서, 폴란드와 헝가리에서 터키인들을 자기들의 이웃으로 두고 있으면서도 이들 중에 소수의 사람도 개종시키지 못했다."4)

보쉬에 의하면, 위와 같은 주장을 편 벨라르민은 선교를 비기독교 지역에서 비기독교인을 기독교인으로 개종시키는 것으로 정의한 지리적 선교 개념의 잣대로 종교개혁자들의 선교를 부당하게 평가했다.5) 구스타프 플리트 (Gustav Leopold Plitt, 1836-1880) 역시 루터파교회의 선교 부재에 대한 비판은 역사적 인식 부족이라고 주장했다.6)

로마가톨릭교회 역사신학자 요셉 슈미들린(Joseph Schmidlin)은 "종교개혁자들, 곧 루터, 츠빙글리, 멜란히톤, 칼빈에게는 선교 사상에 대한 의식도 없었고, 선교 활동도 보여주지 않았다."고 종교개혁의 선교 부재를 혹평하고, 종교개혁 당시에 이룩한 선교활동이 유일하게 두 가지인데, 그것마저도 완전히 실패했다는 것이다. 첫째 시도는 유럽최고 북부인 라플란트 지역 랍스(Lapps) 사람들에 대한 구스타프 바사(Gustav Wasa)의 선교인데, 이것마저도 이교도에 대한 선교가 아니었고, 둘째 시도는 브라질의 프랑스 이민자들에 대한 제네바의 선교인데, 이것조차도 제국주의적 시도였고, 학살이라는 실패로 막을 내렸다는 것이다.

벨라르민이 가진 종교개혁의 선교 부재에 대한 부정적인 평가는 루터교 신

---

4) Stephen Neil, *A History of Christian Missions* (Grand Rapids: Wm. Eerdmans Publishing Co., 1965), 221.

5) David J. Bosch, *Witness to the World: The Christian Mission in Theological Perspective*, 전재옥 역, 『세계를 향한 증거: 선교의 신학적 이해』(서울: 도서출판 두란노, 1993), 150.

6) Gustav Leopold Plitt, *Kurze Geschichte der lutherischen Mission* (Erlangen, 1871); Otto Hardeland (Hrg.), *Geschichte der lutherischen Mission nach den Verträgen des Prof. G. Plitt* (Leipzig, 1894), 1-2.

학자 구스타프 바르넥(Gustav Warneck, 1834-1910)에게 그대로 계승되었고,[7] 그 후 상당한 신학자들이 종교개혁의 선교에 대한 바르넥의 부정적인 평가를 무비판적으로 그대로 답습했다.[8] 루터파 신학자 칼 브라텐(Carl Braaten)도 루터와 깔뱅에게 "선교의식이 전적으로 결여되어 있다."고 주장했다.[9] 그러나 엘레르트(Werner Elert)는 바르넥이 루터에게서 발견되는 '선교활동'(Missionstat)뿐만 아니라, '선교사상'(Missionsgedanke)을 간과하고 있다고 올바르게 지적했다.[10]

2. 종교개혁자들의 선교부재 이유들

로마가톨릭신학자들은 물론 루터교 신학자들과 심지어 깔뱅연구가들도 주장한 종교개혁자들의 선교 부재에 대한 이유는 매우 다양하지만, 우리는 크게 두 가지, 즉 선교 활동을 불가능하게 했던 역사적 상황의 이유와, 선교 자체를 불가능하게 하는 선교 신학적 이유로 분류할 수 있을 것이다.

위에서 살펴보았다시피, 로마가톨릭교회 신학자 벨라르민이나 슈미들린은 종교개혁자들의 선교신학과 선교활동의 부재를 주장했다. 바르넥은 종교개혁 교회가 로마가톨릭교회처럼 해외 선교를 할 수 없었던 이유로 두 가지를 언급한다. 첫째, 독일의 종교개혁 교회는 비기독교 국가들과 직접적으로 차단되어

---

7) David J. Bosch, *Transforming Mission: Paradigm Shifts in Theology of Mission* (New York: Orbis, 1991), 243.
8) Kenneth Scott Latourette, *A History of the Expansion of Christianity: Three Centuries of Advance 1500 A. D. to 1800 A. D.* Vol. III (Grand Rapids: Zondervan, 1974), 25-28; Stephen Neil, William Hogg, Herbert Kane, Erich Schik, Graham, Hunter, Mcleold, Campbell 등.
9) Carl Braaten, *The Flaming Center: A Theology of Christian Mission* (Philadelphia: Fortress Press, 1977), 15.
10) Werner Elert, *The Structure of Lutheranism, Vol. 1: The Theology and Philosophy of Life of Lutheranism Especially in the Sixteenth and Seventeenth Centuries*, tr. Walter A. Hansen (St. Louis: Concordia Publishing House, 1962), 385: "In him Warneck misses not only 'missionary activity'(Missionstat) but also 'the idea of missions'(Missionsgedanke)."

있었고, 로마가톨릭교회는 2대 해양세력인 스페인과 포르투갈을 통해 해상권을 장악했기 때문에, 종교개혁 교회가 2대 해상세력의 도움 없이 선교사 파송이 불가능했다. 둘째, 종교개혁 교회는 국내교회 개혁을 당면과제로 생각하여 로마가톨릭교회와 투쟁하면서 힘을 소진했기 때문에 해외 선교에 대한 관심이나 선교사 파송 여력이 없었다.[11] 바르넥은 종교개혁자들의 선교 부재의 결정적인 이유는 선교신학적 이유라고 주장했다. 그는 루터와 멜란히톤의 임박한 종말론의 주장, 선교 명령이 사도들에게만 주어졌다는 멜란히톤의 주장, 사도들을 통해서 복음전파가 세계 주요 지역에 이미 전파되었다는 부처의 주장이 선교 부재를 낳았다고 주장한다.[12]

심지어 라뚜레뜨(Kenneth Scott Latourette)는 종교개혁의 선교 부재 이유를 여섯 가지로 제시하는 바, 그 중에 상당부분은 바르넥의 견해와 중복된다. 라뚜레뜨에 의하면, 종교개혁 교회 정치지도자들은 로마가톨릭교회 정치지도자들 보다 해외 선교에 대한 관심이 부족했고, 종교개혁 교회는 로마가톨릭교회와 같은 수도원이나 수도사 등을 활용한 선교지원센터가 부족했다.[13]

역사적 상황의 이유와 선교 신학적 이유에 근거하여 종교개혁자들의 선교 사상과 선교 활동의 부재에 대한 비판 중에서 해외 선교 활동의 부족에 대한 역사적 상황의 몇 가지 이유에 대하여 우리는 상당 부분 공감할 수 있지만, 선교 신학적 이유에 대해서는 전혀 공감할 수가 없다.

에드워즈(Charles E. Edwards)는 종교개혁 자체가 국제적 규모를 가진 거대한 "선교운동"이었다고 주장하고,[14] 스핀들러(Marc Spindler)는 종교개

11) Gustav Warneck, *Outline of a History of Protestant Missions*, ed. George Roberson, tr. J. Mitchell and C. Macleroy (Edinburgh: Morrison & Gibbs, 1901), 8-9.
12) Gustav Warneck, *Outline of a History of Protestant Missions*, ed. George Roberson, tr. J. Mitchell and C. Macleroy (Edinburgh: Morrison & Gibbs, 1901), 16-18.
13) Kenneth Scott Latourette, *A History of the Expansion of Christianity: Three Centuries of Advance 1500 A. D. to 1800 A. D.* Vol. III (Grand Rapids: Zondervan, 1974), 25-28.
14) Charels E. Edwards, "Calvin and Missions," *The Evangelical Quarterly* 8 (1936), 47.

혁은 교회에 생명력을 부여한 "부흥운동"인 동시에 "거대한 선교운동"이라고 주장했다.[15] 헨드릭스(Scott H. Hendrix)에 의하면, 종교개혁은 미신적 중세 후기 교회에 유일한 구세주로서의 예수 그리스도에 대한 신앙을 선포함으로써 유럽을 재기독교화(再基督敎化)하고, 신앙을 다시 뿌리내리게 하는 "선교운동"이었다.[16] 이제는 국내학자들에 의해서도 종교개혁자 루터,[17] 깔뱅,[18] 부처에게서[19] 선교 사상은 물론 선교 활동이 충분히 발견됨이 설득력 있게 논증되었다. "종교개혁과 교회의 선교 사명 사이에는 어떤 분명한 구별이 없다."[20]

15) Marc Spindler, "Reformation et Mission," *Dictionnaire æcuménique de missiologie* (Paris: Cerf, 2001), 292-294.

16) Scott H. Hendrix, "Rerooting the Faith: The Reformation as Re-Christianization," *Church History* 69 (Sept. 2000), 558-557.

17) 변창욱, "루터와 깔뱅의 선교 사상과 사역," 이광순 편, 『종교개혁과 선교』(서울: 미션아카데미, 2007), 169-183.

18) 박경수, "깔뱅의 종교개혁과 선교," 세계선교연구원 편, 『선교와 신학』제21집 (서울: 장로회신학대학교 출판부, 2008), 97-129; 변창욱, "루터와 깔뱅의 선교 사상과 사역," 이광순 편, 『종교개혁과 선교』(서울: 미션아카데미, 2007), 169-183; 이원규. "깔뱅의 선교사상 이해,"(장로회신학대학교 세계선교대학원 선교학석사학위논문, 2008); 장훈태, "칼빈과 선교," 한국칼빈학회 편, 『칼빈연구』제2집 (서울: 한국장로교출판사, 2005), 215-244; 장훈태, "칼빈과 선교," 한국칼빈학회 편, 『칼빈, 그 후 500년』(서울: 두란노아카데미, 2009), 59-80; 최정만, 『칼빈의 선교사상』(서울: 기독교문서선교회, 1999).

19) 최윤배, "마르틴 부처의 종교개혁과 선교: 하나님의 나라를 중심으로," 세계선교연구원 편, 『선교와 신학』제21집, 69-96; 최윤배, "마르틴 부처의 선교 사상: 예수 그리스도와 사도들에 의한 하나님의 나라를 중심으로," 『장신논단』제31집(서울: 장로회신학대학교출판부, 2008), 9-36; 최윤배, 『잊혀진 종교개혁자 마르틴 부처』(서울 : 대한기독교서회, 2012), 제6부 제3장.

20) Johannes vanden Berg, "Calvin's Missionary Message," *The Evangelical Quarterly* 22 (1959), 174-187.

Ⅲ. 깔뱅의 선교신학과 선교활동

깔뱅이 인류와 교회 역사와 신학 사상에 미친 큰 영향력에 대해서는 많은 관심과 주의가 집중되었지만, 그의 선교 사상에 대한 관심은 약했던 것은 사실이다.[21] 쉴라터(Schlatter)와 피스테러(Ernst Pfisterer)는 "깔뱅은 이론과 실천에서 교회의 선교적 의무를 인정했다."는 사실에 동의하고 있는 바, 종교개혁의 선교 부재를 주장한 슈미들린의 견해에 반대하여, 즈웨머(S. M. Zwemer)는 쉴라터와 피스테로의 주장에 설득력이 있다고 지적한다.[22]

1. 깔뱅의 선교신학

해외 선교만을 "선교"로 간주하고, 선교를 교회 표지(ecclesiae notae)로 정의하여 종교개혁자들을 이단으로 비판한 벨라르민의 주장은 오늘날 복음주의적 선교신학자들이나 에큐메니칼적 선교신학자들에게 조차 설득력을 완전히 잃었다고 볼 수 있다.

현대에서 "선교(mission)란 무엇인가?" 선교에 대한 정의가 (선교) 신학자에 따라 매우 다양하여, 우리가 정확하게 정의하는 것은 쉬운 일이 아니다. 존 스토트(John R. W. Stott)는 선교에 대한 정의를 중심으로 두 가지 극단의 견해를 소개하고, 비판한 후, 성서주석을 토대로 두 극단을 종합하는 관점에서

---

21) Johannes van den Berg, "Calvin and Missions," *John Calvin Contemporary Prophet* (Grand Rapids : Baker Book House, 1959), 167.

22) Joseph Schmidlin, Catholic Mission History, ed. Matthias Braun (Techny : Mission Press, 1933); Samuel M. Zwemer, "Calvinism and the Missionary Enterprise," *Theology Today* 8 (1950), 206-216, cf. "Both of these writers agree that Calvin recognized the missionary obligation of the church both in theory and practice."

다음과 같이 질문한다. "배타적인 복음주의자로서의 전통적인 견해와 샬롬의 건설로서의 현재의 에큐메니칼 견해로부터 보다 좋은 방법, 즉 교회의 선교를 정의하며, 하나님의 백성의 복음적·사회적 의무를 서로 연관지우는 보다 공정하고 성서적인 방법이 있는지 묻게 된다."[23] 스토트는 마태복음 28장 20절의 예수 그리스도의 "지상명령"(the Great Commission, 至上命令) 또는 "위임명령"을 복음전도의 책임뿐만 아니라, 사회적 책임도 포함하는 것으로 다음과 같이 이해하고자 한다. "나는 오늘날에는 다르게 표현하고자 한다. 그 명령이 예수께서 이미 명령한(마28:20) 모든 것을 회심자들에게 가르치는 의무를 포함하며, 예수께서 명령한 것 가운데 사회적 책임을 포함하는 것은 아니다. 내가 이제 보다 분명히 아는 것은 명령의 결과뿐만 아니라 실제 명령 그 자체가 예수의 말씀을 곡해하는 죄를 범치 않기 원한다면, 복음전도의 책임뿐만 아니라 사회적 책임도 포함하는 것으로 이해해야만 한다는 것이다."[24]

스토트는 예수 그리스도의 "지상명령"과 "위대한 계명(誡命)"(the Great Command)을 상호 밀접하게 연결시켜 이해하고자 한다.

> "그러면 여기에 예수의 두 가지 교훈이 있음을 알게 된다 - 즉 '네 이웃을 사랑하라'는 위대한 계명과 '가서 제자를 삼으라'는 위대한 위임이 그것이다. 둘 사이의 관계는 어떠한가? 우리 중 어떤 사람들은 그것이 동일한 것이라고 생각하고 행동하는데, 그래서 우리가 다른 사람에게 복음을 전하면 그를 사랑하는 우리의 의무를 다했다고 간주한다. 그러나 그렇지 않다. 위대한 위임은 위대한 계명을 설명하지도, 고갈시키지도, 대신하지도 않는다. 그것이 하는 일은 이웃 사랑과 이웃 봉사의 요구에 대하여 새롭고 긴급한 기독교의 차원을 부가하는 것이다. 우리가 우리의 이웃을 진실로 사랑한다면, 우리는 틀림없이 그에게 예수의 복음을 전할 것이다. 예수의 복음을 알면서도 그것을 그에게서 멀리 한다면

23) John R. W. Stott, *Christian Mission in the Modern World*, 서정운 역, 『현대의 기독교 선교』(서울: 대한기독교서회, 1982), 25.
24) J. R. W. Stott, op. cit., 29.

그를 사랑한다고 주장하는 것이 가능할 것인가? 그러나 마찬가지로 우리가 이웃을 참으로 사랑한다면 복음 전도를 쉬지 않을 것이다. 우리의 이웃은 그의 영혼만을 사랑해야 하는 육체 없는 영혼이 아니며, 육체의 보살핌만을 요구하는 영혼 없는 육체도 아니며, 사회로부터 고립된 영혼의 존재도 아니다."25)

스토트에 의하면, 선교에는 복음전도의 책임과 사회적 책임이라는 두 가지 요소가 반드시 필요한데, 양자의 관계에서 사회적 책임은 "복음 전도의 수단"이나 "복음 전도의 현시"에 불과한 것이 아니라, "복음 전도의 동반자"이다.26) 스토트는 '선교'를 다음과 같이 정의함으로써, 다양한 선교 개념들 속에서 극단적인 선교개념을 종합하여 통합적으로 균형 잡힌 성서적 선교 이해에 도달하고 있다고 볼 수 있다.

"우리가 이보다 넓은 의미의 선교의 개념을 세상에서 복음 전도와 사회 행동을 포함하는 그리스도인의 봉사로 인정할 수 있다면 – 그 개념은 우리 구주의 이 세상에서 선교 모델을 따라 우리에게 부과된 것이다 – 그리스도인들은 하나님의 뜻을 따라 사회에 보다 큰 영향을 미칠 수 있고, 일의 막대한 힘과 그리스도의 명령의 철저한 요구에 맞는 영향력을 행사할 수 있을 것이다. … '선교'라는 단어는 이제까지 말한 대로 철저하게 함축적인 말로서, 하나님이 그의 백성을 세상에 보내시어 하게하신 모든 것을 포함한다. 그러므로 그것은 복음 전도와 사회적 책임을 포함하는데, 왜냐하면 둘은 더 궁핍한 인간을 섬기고자 하는 사랑의 분명한 표현이기 때문이다."27)

---

25) J. R. W. Stott, op. cit., 39-40, cf. David J. Bosch, *Witness to the World: The Christian Mission in Theological Perspective*, 전재옥 옮김, 『세계를 향한 증거: 선교의 신학적 이해』(서울: 도서출판 두란노, 1993), 270: "오히려 이 두 요소들은 동시에 함께 움직이는 가위의 두 날과 같고, 이 두 날은 코이노니아에 의하여 서로 붙어있는 것이다."
26) J. R. W., Stott, op. cit., 33-36.
27) J. R. W., Stott, op. cit., 47-48.

현대 '선교'에 대한 이해는 매우 포괄적이며, 통합적이라는 사실을 『예루살렘에서 땅끝까지』와 『하나님 나라와 선교』[28] 및 『천국복음이 모든 민족에게』와 『복음과 선교』라는 책명을 통해서도 짐작할 수가 있다.[29] 한국일은 사도행전 1장 8절이 제시하는 "선교의 의미는 경계선을 넘어가는 것이다."라고 전제한 뒤, "선교는 전 세계가 하나님에게 속해 있다는 사실을 선포하며 전 인류를 향한 하나님의 사랑을 모든 경계선을 넘어서 증거하고 실현하는 행위"라고 정의하고 있다.[30] 그는 "선교의 근본적인 주체는 하나님이며 교회는 참여적 주체로서 하나님의 선교 파트너"라고 주장함으로써, '하나님의 선교'(missio Dei) 개념을 전제하면서도, 선교를 위한 교회의 존재론적 근거를 분명하게 제시하여, 선교활동에서 교회의 역할도 매우 강조하고 있다.[31] 김영동은 "복음전도와 사회적 책임이 선교의 중요한 두 부분임을 확인"하면서, 전도와 사회책임, 영혼과 육체라는 이원론적 사고를 극복하고 있는 '포괄적인'(comprehensive) 그리고 '통전적인'(integral) 선교 이해와 "통전적 선교 방법"(holistic approach)을 오늘의 선교 현장에서 적절한 해결책의 하나로 설득력 있게 제시하고 있다.[32]

"종교개혁과 선교의 관계를 연구함에 있어서 현대선교 입장에서 종교개혁을 논할 것이 아니라, 종교개혁의 입장에서 현대선교를 논해야 한다."는 홀스턴(Von Walter Holsten)의 주장은 역사 방법론적으로 타당한 주장이다.[33]

---

28) 서정운 명예총장 은퇴기념 출판위원회(편), 『예루살렘에서 땅끝까지』(서울: 대한기독교서회, 2001); 서정운 명예총장 은퇴기념 출판위원회(편), 『하나님 나라와 선교』(서울: 대한기독교서회, 2001).

29) 세계선교연구회(엮음), 『천국복음이 모든 민족에게: 이광순 박사 회갑기념문집』(서울: 미션아카데미, 2006); 세계선교연구회(엮음), 『복음과 선교: 이광순 박사 회갑기념문집』(서울: 미션아카데미, 2006).

30) 한국일, 『세계를 품는 선교』(서울: 장로회신학대학교출판부, 2004), 116-117.

31) 한국일, op. cit., 84.

32) 김영동, 『교회를 살리는 선교학』(서울: 장로회신학대학교출판부, 2003), 128-129, cf. Lalsangkima Pachuau(Ed.), *Ecumenical Missiology: Contemporary Trends, Issues and Themes*(Bangalore: The United Theological College, National Printing Press, 2002), 273-274: "'Mission' carries a holistic understanding."

33) Von Walter Holsten, "Reformation und Mission," *Archiv für Reformationsgeschichte*, Jahrgang

그럼에도 불구하고, 현대선교 입장에서 종교개혁과 선교의 관계를 논할지라도, 종교개혁자로부터 현대 선교 사상과 실천에 버금가는 충분한 내용이 발견된다는 주장들이 오늘날 설득력을 얻고 있다.34)

김성현은 16세기 로마가톨릭교회의 세속화된 선교론과 재세례파의 탈세속적인 선교론을 비판하면서, 이 두 진영과 차별화되는 깔뱅의 선교론을 전개했다.35) 깔뱅의 선교론에서 선교의 주체는 하나님 자신이며(Missio Dei), 선교 성격은 성육신적이며, 선교 방법과 형태는 복음전파와 통전적 방법이며, 선교의 목표는 하나님의 나라이며, 선교의 목적은 하나님의 영광이다.36) 깔뱅은 "오직 복음전파를 통하여 교회뿐만 아니라 개인과 사회 전체를 변혁시키는 통전적인 하나님의 선교의 모델을 제시하였고, 이 모델은 온 유럽으로 전파되어 하나님 나라 확장에 기여하게 된 것이다."37)

깔뱅은 『공관복음주석』에서 올바른 선교의 열심과 근면성과 업적을 높이 평가하면서도, 로마가톨릭교회의 잘못된 열심의 선교 방법을 예수 그리스도 당시 서기관들의 잘못된 열심의 선교 방법과 비교하여 다음과 같이 강력하게 비판한다.

"동일한 예들이 오늘날 수도사들에게서 발견될 수 있다. 그들은 열심을 다해 사방으로부터 개종자들을 끌어 모으지만, 이런 무질서하고도 불결한 생활에 미치는 수도사들의 영향력으로 개종자들을 마귀들로 만들어 버린다. 수도사들의 악명 높은 강도의 소굴 속에서는 하늘로부터 온 천사들까지도 타락시키기에 충

44(1953), 32.

34) Adolf Schlatter, Ernst Pfisterer, Karl Holl, Walter Hosten, Werner Elert, H. W. Genischen, John Montgomery, James Scherer, Marc Spindler, Pierce Beaver, Charles Chaney, W. Standford Reid, Samuel M. Zwemer, Paul D. Avis, Johannes vanden Berg 등.

35) 김성현, "종교개혁운동에 나타난 선교와 부흥 – 깔뱅을 중심으로," 이광순 편, 『종교개혁과 선교』 103-109.

36) 김성현, "종교개혁운동에 나타난 선교와 부흥 – 깔뱅을 중심으로," 이광순 편, 『종교개혁과 선교』 109-123.

37) 김성현, "종교개혁운동에 나타난 선교와 부흥 – 깔뱅을 중심으로," 이광순 편, 『종교개혁과 선교』 119.

분하다. 동시에 수도사들의 복장이 모든 종류의 무례한 행동을 감추기에 가장 편리한 베일로 가려져 있다."[38]

깔뱅의 교회론을 살펴보면, 깔뱅의 선교관은 해외선교에만 국한된 것이 아니라, 그것을 훨씬 뛰어 넘어 얼마나 포괄적인지 드러날 것이다. 깔뱅의 『기독교 강요』 제Ⅳ권의 교회론은 "교회의 선교적 사명을 고취하고 있는 강력한 선교적 사상"으로부터 출발하고 있다.[39]

> "깔뱅의 교회의 목적과 기능은 전통적으로 이해된 '예배', '구원의 방주', '복음전파를 통한 세계의 복음화' 등을 포함하는 '모이는 교회'의 목적을 그대로 유지하면서도, 교회의 대외적(對外的) 책임, 즉 사회적, 정치적 책임 등을 포함하는 '흩어지는 교회'의 목적에까지 확장되어 있다. … 교회의 이 모든 목적은 종말론적으로 하나님 나라의 구현과 직접적으로 관계된다."[40]

"깔뱅은 해외 선교를 더욱 강력하게 촉진시키지는 않았다. …그러나 그의 신학은 선교적이다."라고 말한 칼호운(David B. Calhoun)은 깔뱅의 선교 사상을 하나님 나라의 확장과 성장이라는 개념과 결부시켰다.[41] 쉴라터도 깔뱅의 선교 사상을 하나님 나라 사상과 관련하여 이해했다.[42] 피스테러는 깔뱅에게서 하나님의 나라의 확장은 우주적이라고 주장한다.[43]

호그(William R. Hogg)는 깔뱅의 『기독교 강요』나 주석에서 선교신학에

---

38) John Calvin, *Calvin's Commentaries: The Harmony of the Gospels, Matthew, Mark, and Luke,* Voulme Ⅱ, tr. T. H. L. Parker (Grand Rapids: WM. B. Eerdmans Publishing Company, 1972), 54, 마 23:15절 주석.

39) 최정만, 『칼빈의 선교사상』, 212.

40) 최윤배, "존 칼빈의 교회론," 한국조직신학회 편, 『교회론』(서울: 대한기독교서회, 2009), 122.

41) David B. Calhoun, "John Calvin: Missionary Hero, or Missionary Failure," *Presbyterian Bulletin* 5 (1979), 16-33.

42) W. Schlatter, "Kalvin und Mission,," *Evangelisches Missionsmagazin* 53 (1909), 334-343.

43) Ernst Pfisterer, "Der Missionsgedanke bei Kalvin," *Neu Allgemeine Missionszeitschrift* 11 (1934), 93-108.

대한 어떤 적극적인 인식이 없다고 주장했지만,[44] 박경수는 깔뱅의 주석에서 강력한 선교 사상이 나타남을 밝혔고,[45] 최정만은 깔뱅의 설교와[46] 주석과[47] 『기독교 강요』에서[48] 선교 사상이 분명하게 나타남을 설득력 있게 주장했다. 클로스터는 깔뱅의 저작물의 선교적 성격을 강조하면서 "종교개혁은 모든 역사 가운데 가장 위대한 국내 선교 사업들(home missionary project) 중에 하나로 간주할만하다."라고 깔뱅의 선교신학과 활동의 적극성을 밝혔다.[49]

깔뱅의 선교신학의 부재에 대한 대표적인 몇 가지 비판들을 살펴봄으로써, 깔뱅의 선교신학의 부재라는 비판의 부당성을 다시 한번 확인하고자 한다. 미국 댈러스의 세대주의신학자 조지 피터스(George W. Peters)는 칼빈주의의 예정론이 선교 긴급성과 동기를 약화시켰다고 주장한다.[50] 깔뱅은 예정론을 논박하는 자들에게 아우구스티누스의 말을 인용하여 예정론은 선교를 불필요하게 만드는 것이 아니라, 오히려 그 반대로 선교를 절실히 요청한다고 다음과 같이 주장한다.

"우리는 누가 예정된 자에 속하며 또 누가 거기에 속하지 않는지를 모르기 때문에 모든 사람들이 구원받기를 원하는 그런 마음의 소원을 가져야 마땅할 것이다. 그렇기 때문에 우리는 우리가 만나는 모든 자들을 우리의 평안에 함께 참여하는 자들로 만들기를 힘써야 하는 것이다."[51]

44) William Richey Hogg, "The Rise of Protestant Missionary Concern," in: *The Theology of Christian Mission, ed. Gerald A. Anderson* (New York: McGraw-Hill Book Company, 1961), 98.
45) 박경수, "깔뱅의 종교개혁과 선교," 세계선교연구원 편, 『선교와 신학』제21집, 105-106.
46) 최정만, 『칼빈의 선교사상』(서울: 기독교문서선교회, 1999), 121-140.
47) 최정만, 『칼빈의 선교사상』, 141-176.
48) 최정만, 『칼빈의 선교사상』, 177-195.
49) Fred H. Klooster, Missions-the Heidelberg Catechism and Calvin, *Calvin Theological Journal* 7 (1972), 187-188.
50) George W. Peters, "Current Theological Issues in World Missions," *Bibliotheca Sacra* 135(1978), 161.
51) John Calvin, 『기독교 강요』(1559), III권 xxiii장 14절, 참고, Augustine, *On Rebuke and Grace*, V. 8; xiv. 43; xv. 46; xvi 49.

"복음의 초대는 모든 사람을 위한 것이다. 그리고 하나님께서 모든 사람들이 구원을 받고 구원에 이르기를 갈망하신다. 그러므로 전 세계에 복음을 전파할 의무는 예정론과 모순되지 않는다."[52] 깔뱅은 예정론을 구원론과 교회론과 성령론과 연결하여 이해함으로써 운명론적인 예정론을 피할 수 있었다. 하나님의 뜻은 교회의 복음 선포라는 선교를 통한 외적 부름과 성령의 역사인 내적 부름을 통해서 그 효과를 나타낸다. 예정론은 꿀같이 단맛이 나는 위로의 교리이다.

> "깔뱅의 예정론에서 특이한 사항은 이 교리를 신론이나 기독론에서 다루지 않고, 구원론에서 다룬다는 사실이다. 개혁파 정통주의 신학에서 예정론은 대부분의 경우 신론에서 다루는 것이 상례인데, 깔뱅은 예정론을 취급할 때 추상적으로 접근하지 않고, 그리스도인의 삶 안에서 구원의 감격 및 경험, 교회에서 선포되는 설교말씀의 효력, 그리고 성령의 현재적 활동과 관련시켜 매우 실존적으로 접근한다. 그래서 그의 예정론은 좁게는 구원론에 위치하고, 넓게는 교회론과 성령론에 위치하고 있다."[53]

김종희에 의하면, "깔뱅의 예정론에는 예정작정 시행과정에서의 부르심, 복음전파로 나타나는 예정의 표징, 전파되어야할 복음으로서의 예정론이 선교사상으로 자리하고 있음을 알 수 있다. 이러한 선교사상이 들어 있는 깔뱅의 예정론은 선교를 방해하기보다는 오히려 선교를 요청한다."[54]

라뚜레뜨나 케인(Herbert Kane) 등은 깔뱅의 직분론이 선교 부재현상을 초래했다고 비판한다.[55] 그러나 깔뱅에 의하면, 한 장소에 국한되지 않고 세

---

52) Samuel M. Zwemer, "Calvin and the Missionary Enterprise," *Theology Today* 8(1950), 210–211.(20–21?)
53) 최윤배 공저, 『개혁신학과 기독교교육』(서울: 한국장로교출판사, 2007), 252.
54) 김종희, "칼빈의 예정론에 나타난 선교사상," 한국칼빈학회 편, 『칼빈연구』제6집(서울: 한국장로교출판사, 2009), 59.
55) 이원규, "깔뱅의 선교사상 이해," (장로회신학대학교 세계선교대학원 선교학석사학위논문, 2008), 31.

계 어디든지 다니면서 선교 사역을 맡은 사도직은 중단되었지만, 사도직의 직무는 교회에, 특히 목사직과 교사직에 계승되었기 때문에 깔뱅의 직분론은 결코 선교를 약화시키지 않는다.56) "깔뱅은 사도직은 계승되지 않았지만 사도들의 직무는 목사와 교사에게 그대로 계승된 것으로 보고 있다."57)

　종교개혁자들의 임박한 종말론이 선교 약화를 가져왔다는 견해에 반대한 박경수는 종교개혁자들이 특별히 종말론을 강조했다는 근거가 없을 뿐만 아니라, 일반적으로 임박한 종말론은 선교 열정을 불러일으키며, 심지어 어떤 학자는 깔뱅주의 종말론이 선교 동기를 꺾어버리는 것이 아니라, 그 반대로 선교 동기를 부여한다고 주장했다.58)

2. 깔뱅의 선교활동

　헌터(A. M. Hunter)는 깔뱅이 선교 열정을 가지고 있었다는 흔적을 도무지 발견할 수 없다고 말했지만,59) 현대 로마가톨릭교회 조직신학자이며, 깔뱅 연구전문가인 가녹지(Alexandre Ganoczy)는 깔뱅은 학생 시절에 이미 '선교사'(missionnaire)였다고 주장했다.60) 김성현은 16세기의 선교 기준에서나 오늘날 현대 선교신학 기준에서나 깔뱅은 이미 학창시절부터 선교사였음을 다음과 같이 결론지었다.

　"지금까지의 연구를 통해서 깔뱅은 당시 로마가톨릭이나 재세례파의 기준으로

---

56) John Calvin, 『기독교 강요』(1559), 제IV권 iii장 5절, 참고, 최윤배 공저, 『개혁신학과 기독교교육』, 192.
57) 김성현, "선교사 깔뱅." 이광순 편, 『종교개혁과 선교』, 143.
58) 박경수, "깔뱅의 종교개혁과 선교," 세계선교연구원 편, 『선교와 신학』제21집, 106.
59) A. Mitchell Hunter, *The Teaching of Calvin: A Modern Interpretation* (London: James Clake and Co., 1943), 154.
60) Alexandre Ganoczy, *Calvin: Théologien de l'église et du ministère* (Paris: Les Éditions Du Lerf, 1964), p. 44: "A la fois élève et maître, il est missionnaire en méme temps qu'étudiant."

볼 때 선교사였으며, 자신의 직분론에 근거해서도 선교사였으며, 오늘의 현대 선교학자들의 견해에 비추어 보아도 분명한 선교사였음을 알 수 있다. 이렇게 볼 때 깔뱅은 프랑스뿐만 아니라 이방나라, 즉 스위스(제네바), 독일(스트라스부르)의 복음화를 위해 하나님과 교회의 부름을 받고, 위임을 받아, 파송된 선교사였음을 부인할 수 없는 사실이다. 물론 그 자신은 스스로 사도나 선교사로 인식한 적이 없다. 그러나 그는 분명한 선교사였다."[61]

깔뱅은 "선교 디렉터"(director of missions)였다.[62] 당크바르(Wilhelm F. Dankbaar)는 하나의 완전한 선교 프로그램을 깔뱅에게서 발견할 수 있다고 말했다.[63] 깔뱅의 전(全) 작품과 전(全) 생애 속에 선교 사상과 선교 활동이 발견되지만, 우리는 그가 주로 활동한 제네바를 기점으로 제네바 밖 유럽과 유럽 밖 지역 브라질, 곧 크게 세 지역으로 나누어 그의 선교 활동을 기술하고, 깔뱅의 선교가 후대에 끼친 영향에 대하여 간략하게 언급하고자 한다.

1) 제네바 선교활동

종교개혁은 "참으로 선교사역"(really mission work)이었으며, 제네바교회는 "선교학교"(a school of missions)였고,[64] 제네바는 "선교센터"(missionary centre)였다.[65] 깔뱅의 종교개혁의 결과로 변화된 제네바를 1556년에 방문한 그의 제자 존 녹스(John Knox)는 제네바 시를 "사도시대 이래 지

---

61) 김성현, "선교사 깔뱅," 이광순 편, 『종교개혁과 선교』(서울: 미션아카데미, 2007), 155.
62) Philip E. Hughes, "John Calvin: Director of Missions," in: The Heritage of John Calvin, ed. John H. Bratt (Grand Rapids: W. B. Eerdmans Company, 1993), 40-54.
63) Wilhelm F. Dankbaar, "Het apostolaat bij Calvijn," Nederlands Theologisch Tijdschrift 4 (1950), 177-192.
64) Philip E. Hughes, The Register of the Company of Pastors of Geneva in the Time of Calvin (Grand Rapids: Wm B. Eerdmans Company, 1966), 25.
65) W. Stanford Reid, "Calvin's Geneva: A Missionary Centre," Reformed Theological Review 43/3(42?) (Sept.-Dec. 1983), 65-74.

구상에 있었던 가장 완전한 그리스도의 학교"라고 격찬했고,66) 디킨스는 깔뱅을 통하여 제네바는 "깨끗하고, 질서 있는 도시가 되었고, 그 곳에서 빈자들과 노약자들과 병자들은 돌봄을 받았고, 좋은 교육의 기회가 제공되었다."고 말했다.67)

필립 샤프(Philip Schaff)가 제국(帝國) 하나를 기독교화시키는 것보다 더 어렵고, 부흥시키는 것보다 더 어려운 일은 타락한 교회를 개혁하는 일이라고 한 말에 우리가 공감할 때,68) 우리는 깔뱅이 이룩한 종교개혁의 혁혁한 성공에 못지않게 깔뱅이 제네바에서 직면했던 종교개혁의 어려운 과제를 먼저 생각하고, 이해해야할 것이다. 우리가 알다시피, 1536년에 시작된 제1차 제네바 활동과 1541년에 다시 시작된 제2차 제네바 활동부터 수많은 반대자들과의 논쟁과 대결로 깔뱅은 1554년 선거를 통해 제네바 토착 반대자들이 제네바를 떠난 후 1555년부터 제네바를 순탄하게 이끌어 갈 수 있었다.69) 제네바 사역의 어려움을 감지한 깔뱅은 다음과 같은 결심과 고백을 했을 것이다. "만일 내게 선택할 수 있는 권한이 있다면 제네바로 돌아가는 것 외에는 무엇이든지 할 수 있을 텐데 그러나 나는 나의 주인이 내가 아니라 주님인 것을 알기에 내 심장을 주님께 드려 주님께 제물로 바칩니다."70)

깔뱅의 선교활동은 한 장의 편지를 통해서도 제네바로부터 먼 곳에 사는 사람에게까지 미쳤지만, 그의 선교 활동의 중심에는 제네바교회와 시정부가 다 함께 협력한 '콘시스토리움', 즉 소위 '당회'(Consistorium; Consistoire; Consistory)와 '제네바 아카데미'와 제네바 '종합구빈원'(General Hospital)

---

66) John T. McNeill, *The History and Character of Calvinism* (New York: Oxford University Press, 1954), 178.
67) Arthur G. Dickens, *Reformation and Society in Sixteenth-Century Europe* (London: Thames and Hudson, 1966), 164.
68) 장훈태, "칼빈과 선교," 한국칼빈학회 편, 『칼빈, 그 후 500년』(서울: 두란노 아카데미, 2009), 77.
69) 최윤배 공저, 『16세기 종교개혁과 개혁교회의 유산』(서울: 한국장로교출판사, 2003), 266.
70) A.-L. Herminjard, *Correspondance des Réformateurs dan les pays de langue française*, Vol. VI (Paris: Michel Levy Frères, 1866-1897), p. 339.

이 중요한 역할을 하였다.

깔뱅이 스트라스부르로부터 제네바로 돌아온 1541년에 설립된 '제네바 콘시스토리움'(The Geneva Consistory)은 제네바의 치리법원인 바, 목회자 12명, 평신도 12명으로 구성되었으며, 평신도 12명은 25명으로 구성된 소의회에서 2명, 60인 의회에서 4명, 200인 의회에서 6명이 선출되었으며, 12명의 목회자들은 제네바 시의 목사들이었다. 24명의 구성원 외에 행정장관 중한 사람이 콘시스토리움의 의장을 맡았고, 서기와 소환 책임자를 두었다. 콘시스토리움은 제네바 시민들이 복음에 합당하게 살고, 도덕 질서를 지키도록 감독, 교육, 치리를 수행했다. 콘시스토리움은 매주 목요일에 정기적으로 모였으며, 재판소 역할 뿐만 아니라, 교육과 목회상담 역할도 했다.[71] 제네바교회는 물론 제네바시는 콘시스토리움을 통해 하나님의 말씀에 일치하는 사상을 갖는 동시에 실천함으로써 제네바 전체가 선교의 실천 현장이 되었다.

1559년 6월 5일에 개원식을 가진 '제네바 아카데미'(the Geneva Academy)는 제네바 시 자체는 물론이요, 전(全) 유럽에 교육 선교센터 기능을 하였다. 깔뱅과 제네바교회는 프랑스 각 지역에 쇄도하는 목회자 요청에 응답하여 "만일 여러분이 장작을 보내주시면 우리는 그것을 화살로 만들어 보내드리겠습니다."라고 약속하며, 목회자들을 파송할 뿐만 아니라, 권서(勸書; colporteurs)를 통하여 복음신앙서적도 보급했다. "루터교회가 독일과 북유럽 일부에만 국한된 반면, 개혁교회는 스위스, 프랑스, 잉글랜드, 스코틀랜드, 네덜란드, 독일, 폴란드 등 유럽 각국으로 확산될 수 있었던 가장 중요한 원인은 바로 제네바 아카데미가 유럽 세계 안에서 개혁전통의 요람 역할을 했기 때문이다. 유럽 각 나라의 지도자들이 제네바 아카데미에서 교육을 받은 후 자신

---

71) 박경수, "깔뱅의 종교개혁과 선교," 세계선교연구원 편, 「선교와 신학」제21집, 111-112. 더욱 전문적인 내용을 위하여 "콘시스토리움"에 대한 국내최고전문가인 이정숙의 글을 참고하시오. 이정숙, "출교에 관한 칼빈의 신학과 제네바 컨시스토리의 활동," 한국칼빈학회 편, 「최근의 칼빈연구」(서울: 대한기독교서회, 2001), 306-329.

들의 고국에 돌아가 자기들이 배운 개혁교회의 이상을 실현함으로써 개혁신학 전통은 명실 공히 국제적인 위치를 차지하게 되었다."72)

깔뱅의 제네바 선교의 중요한 기구로서 제네바 콘시스토리움, 제네바 아카데미에 이어 제네바 '종합구빈원'(General Hospital)이 있었다.73) 1535년에 설립된 제네바 종합구빈원은 깔뱅 자신이 세운 것은 아니지만, 종교개혁의 산물이다. 깔뱅은 디아코니아에 대한 신학적 근거를 마련해 줌으로써 제네바 종합구빈원에 중요한 역할을 했음에 틀림없다. 구빈원은 병자들을 돌보는 병원기능뿐만 아니라, 고아와 가난한 자들과 노인들을 돌보는 종합사회복지기관 역할을 했다.74) 종합구빈원은 실무를 맡았던 구빈원장과 구빈원의 재정을 책임지고 감독하는 행정관으로 구성되었다. 구빈원장의 직책은 사업가 출신의 평신도 한 명이 맡았고, 행정관은 네 명이었는데, 그 중 한명은 장(長)이 되었다. 종합구빈원을 맡은 행정관들과 구빈원장은 매 주일 예배가 시작되기 전 오전 6시에 정기적으로 모였고, 구빈원장은 지난 일주일간의 활동 내용을 보고하고, 빵의 분배와 재정 지출 등을 결정하였다.

깔뱅의 제네바 선교의 중요한 기관과 도구로 사용된 제네바 콘시스토리움은 제네바 전체 시민들에게 하나님의 말씀에 일치하는 신앙과 도덕을 고취시키는 선교기관이었다면, 제네바 아카데미는 제네바는 물론 유럽 전역을 위한 교육 선교기관이었고, 종합구빈원은 종합사회복지 선교기관이었다. 깔뱅과 제네바는 특별히 이 세 기관을 통하여 제네바와 전 세계에 하나님의 나라를 구현하기 위한 종합(종교와 신앙, 도덕, 정치, 교육, 보건, 위생과 복지 등) 선교센터로 만들어 활용하였다.

---

72) 박경수. "개혁교회의 요람 제네바 아카데미에 관한 연구," 한국칼빈학회 편, 「칼빈연구」제6집(서울: 한국장로교출판사, 2009), 158, 더욱 자세한 정보를 위하여 이 논문의 157-185쪽을 참고하시오.
73) 박경수. "깔뱅의 종교개혁과 선교," 세계선교연구원 편, 「선교와 신학」제21집, 113-114; 박경수. "16세기 종교개혁자들의 사회 복지 사상," 장로회신학대학교 연구지원처 편, 「제6회 소망신학포럼: 21세기 교회와 사회봉사 2」(서울: 장로회신학대학교출판부, 2008), 85-141.
74) 박경수. "깔뱅의 종교개혁과 선교," 세계선교연구원 편, 「선교와 신학」제21집, 113-114.

2) 제네바 밖 유럽 선교활동

우리가 앞에서 살펴보았다시피, 제네바 아카데미를 통하여 유럽전역에 깔뱅의 교육 선교가 이루어졌다. 변창욱에 의하면, "깔뱅에 의해 훈련받은 사역자들은 제네바에 안주하지 않고, 프랑스와 전 유럽과 멀리 잉글랜드와 스코틀랜드까지 그리고 더 멀리 남미 브라질 연안까지 파송되어 많은 교회를 개혁(개척)한 선교사이다. 깔뱅의 고국 프랑스와 독일, 네덜란드, 이탈리아 등 전 유럽은 잠재적인 선교지(mission field)였고, 제네바는 프랑스와 전 유럽을 변화시키기 위한 '선교기지'(missionary center)"였다.[75]

비록 제네바 선교가 유럽의 안팎의 많은 국가들을 향했지만, 특별히 프랑스에 더 많이 집중되었다. 제네바의 프랑스 선교는 크게 두 가지 방향, 즉 선교사 파송을 통한 복음전파와 교회설립과 '프랑스 기금'(Bourge Française)을 통한 복지와 문서선교였다.

깔뱅이 파송한 선교사가 제네바교회의 모범을 따라 1555년에 뿌아띠에(Poitiers; Poitier)에 프랑스 개혁교회를 세운 후, 프랑스 개혁교회는 부흥하고, 성장하여 1559년 파리에서 프랑스 개혁교회 창립총회 당시 100개 교회가 설립되었고, 1562년에는 2,150 교회가 설립되었는바, 프랑스 인구 2천만 명 가운데 3백만 명이 개신교 신앙을 갖게 되었다.[76] 1571년 프랑스 개혁교회 제7차 총회가 로셀(Rochelle)에서 공식적으로 승인한 『프랑스 신앙고백』(Confessio Gallican, 1559)은 깔뱅이 초안한 것이다.[77]

깔뱅과 제네바교회가 프랑스 선교에 기여한 또 다른 중요한 선교 활동은 '프랑스 기금'(Bourge Française; Fund for Poor French Foreigners)을 통

---

75) 변창욱. "루터와 깔뱅의 선교 사상과 사역." 이광순 편, 『종교개혁과 선교』, 185-186.

76) Robert M. Kingdom, *Geneva and the Coming of the Wars of Religion in France, 1555-1563* (Geneva: Droz, 1956), 79ff; Rober M. Kingdon, *Registres de la compagnie des pasteurs de Genève*, tome Ⅱ 1553-1564 (Genève: Droz, 1962).

77) 최윤배 공저, 『개혁교회의 신앙고백』(서울: 한국장로교출판사, 2007), 250-251.

한 선교이다.78) 프랑스 기금은 기본적으로 프랑스에서 제네바로 온 가난한 피난민들을 돕기 위한 사회복지 기금으로써, 하룻밤 머무는 여행자를 위한 여비로부터 남성 실직자, 노환으로 자활 불가능한 사람들을 평생 돕는 경비에 이르기까지 매우 다양하였다. 프랑스 기금은 종합구빈원과 달리 사적 기관으로써 기부자들이 선출한 평신도 집사에 의해 운영되었다.79) 집사들은 프랑스 기금을 자선을 위해서도 사용했지만, 깔뱅의 성서 강의와 설교의 속기사 고용비나 성경, 시편찬송가, 요리문답 등의 출판을 위해 프랑스 문서선교비로도 사용하였다. 깔뱅은 프랑스 기금 형성에 직접적으로 관여하였고, 스스로 기부도 하였다.80) 심지어 프랑스 기금은 깔뱅이 프랑스에 파송한 선교사를 돕거나 홀로된 목회자 부인이나 고아가 된 목회자 자녀뿐만 아니라, 유대인과 모슬렘 터키인들을 위해서도 사용되었다.81)

3) 유럽 밖 브라질의 해외 선교활동

브라질 선교는 빌가뇽(Nicolas Durand de Villegangon)이 이끄는 원정단의 선교단 파송의 요청을 받아 깔뱅과 제네바교회가 여기에 응답함으로써 바야흐로 시작되었다.82) 빌가뇽은 유럽에서 박해받던 꼴리니(Coligny, 1519-1572) 제독의 지원을 받아 1555년 7월 16일 브라질 탐험에 나섰다. 4개월 항

---

78) '프랑스 기금'에 대한 훌륭한 연구들은 다음을 참고 하시오. 박경수, "16세기 종교개혁자들의 사회 복지 사상," 장로회신학대학교 연구지원처 편, 『제6회 소망신학포럼: 21세기 교회와 사회봉사 2』(서울: 장로회신학대학교출판부, 2008), 85-141; Jeannine E. Olson, *Calvin and Social Welfare: Deacons and the Bourge Française* (Cranbury: Assiciated University Presses, 1989).

79) 박경수, "깔뱅의 종교개혁과 선교," 세계선교연구원 편, 「선교와 신학」제21집, 117-118.

80) 박경수, "깔뱅의 종교개혁과 선교," 세계선교연구원 편, 「선교와 신학」제21집, 118.

81) Robert M. Kingdon, "Calvinism and Social Welfare," *Calvin Theological Seminary* 17 (Nov. 1982), 227-228, 223-228.

82) Jean de Léry, *History of a Voyage to the Land of Brazil, Otherwise Called America*, translation and introduction by Janet Whatley (Berkeley: University of Calfornia Press, 1992), 3-4, 참고, *Historie d'un voyage fait en la terre du Brésil 1557* (1578, 1580, 1585, 1600, 1611).

해 후에 11월 10일 리오데자네이로에 도착한 일행은 꼴리니 요새(Fort Coligny)를 세우고, 정착했다. 그러나 대부분이 죄수였던 원정 대원들은 현지 여성들과의 관계를 금하는데 반발하여 폭동을 일으켰고, 1556년에 빌가뇽은 정착촌 원정 대원들을 신앙으로 교육하는 일과 브라질의 현지인들에게 구원의 지식을 전해주는 일을 감당할 목회자와 신앙으로 잘 훈련된 평신도들을 보내달라는 내용의 편지를 깔뱅과 꼴리니에게 각각 보냈다.[83]

선교단 파송의 요청을 받은 제네바교회는 "참 하나님을 아는 지식이 없는 원방의 나라에 그리스도의 통치 영역이" 확장될 것이라는 기대감으로 먼저 하나님께 감사기도를 드리고, 깔뱅은 1556년 9월 10일 뒤뽕(Du Pont)의 인솔로 제네바에서 훈련받은 두 명의 목사(Pierre Richier, Guillaume Chartier)를 포함한 14명의 위그노 선교단을 파송했다. 제네바를 출발한 이들은 파리에서 12명의 청년 남녀 위그노들을 포함하여 300여 명을 태운 후, 노르망디의 항구 옹플뢰르(Honfleur)에 집결했다가 11월 19일 프랑스를 출발하여 1557년 3월 10일 브라질에 도착했다.[84]

도착 성명에서 선교단장 뒤뽕은 빌가뇽이 깔뱅에게 보낸 편지에 응답하여 브라질에 개혁교회를 설립하기 위해 왔다고 소개하고, 빌가뇽은 환영사에서 자신도 개혁교회의 교인이며, 선교단과같이 위그노 피난민을 위한 정착촌을 건설하기 위해 왔다고 응답했다. 1557년 6월 6일 두 번째 성찬식 때 빌가뇽은 로마가톨릭교회의 화체설을 주장하면서 위그노 선교단들과의 갈등을 불러 일으켰다. 열띤 논쟁 끝에 빌가뇽은 샤르띠에 목사를 제네바로 보내 성찬에 대한 깔뱅의 견해를 묻도록 했다. 그러나 샤르띠에 목사가 떠나자마자 빌가뇽은 깔뱅을 사악한 이단자, 배교자로 비난하기 시작했다. 마침내 위그노 선교단은 빌

---

83) Jean de Léry, *History of a Voyage to the Land of Brazil, Otherwise Called America*, translation and introduction by Janet Whatley (Berkeley: University of California Press, 1992), 3-4.
84) 변창욱. "루터와 깔뱅의 선교 사상과 사역." 이광순 편. 『종교개혁과 선교』. 188.

가농이 복음을 저버렸기 때문에 그와의 결별을 통보하고 1557년 10월말 꼴리니 요새를 떠나 귀국 배편을 알아보고 있었다. 1558년 1월 4일 15명의 제네바교회의 선교단은 귀국길에 오르지만, 배가 작고 배의 짐이 많아 5명은 다시 구명보트를 옮겨 타고 빌가농의 꼴리니 요새로 돌아가야만 했다. 이들은 이후 첩자(諜者) 혐의로 빌가농에게 체포되어 로마가톨릭교회에로의 개종의 위협 속에서 3명은 처형됨으로써 그 대단원의 막을 내린다.85)

깔뱅의 승인 하에 시작된 브라질 선교는 빌가농의 배반으로 약 8개월 만에 중단되었다. 브라질의 프랑스 이민자들에 대한 제네바의 선교는 제국주의적 시도였고, 학살이라는 실패로 막을 내렸다고 주장한 로마가톨릭교회 역사신학자 요셉 슈미들린(Joseph Schmidlin)의 평가는 과연 정당한가?

깔뱅과 제네바교회의 브라질 선교는 최초 개신교 해외선교 사업이었고, 유럽에서 교회의 개혁과 회복이 아닌, 남미에서의 교회의 확장이었으며, 하나님의 섭리 가운데 추진된 선교 사업으로서 선교사적 중요성을 갖는다. 위그노 선교단이 출발한 1556년 9월은 제네바교회가 프랑스 선교를 본격적으로 시작한 시기였고, 대서양을 횡단하는 4개월이란 항해의 어려움을 알면서도, 깔뱅과 제네바교회는 이방 선교의 요청을 받았을 때, 즉각적으로 목사와 평신도로 구성된 위그노 선교단을 파송할 만큼, 교회의 선교적 책임감을 강하게 가지고 있었다. 제네바의 프랑스 위그노들에 의해 추진된 브라질 선교는 프랑스, 스페인 등 유럽에서 로마가톨릭교회의 박해를 받아 제네바로 피난 온 디아스포라 위그노를 위한 피난처를 제공하였고, 하나님의 말씀에 기초하여 세워진 제네바교회와 같은 개혁교회를 설립하고, 현지 원주민들에게 선교하는 세 가지 목적으로 추진되었다.86)

피어스 비버(R. Pierce Beaver)는 "만약 브라질 선교가 성공했더라면, 이

---

85) 변창욱. "루터와 깔뱅의 선교 사상과 사역." 이광순 편. 『종교개혁과 선교』. 189-190.
86) 변창욱. "루터와 깔뱅의 선교 사상과 사역." 이광순 편. 『종교개혁과 선교』. 190-191.

위대한 신학자는 선교에 대한 분명하고도 체계적인 글을 남길 수밖에 없었을 텐데 …"라며, 깔뱅의 브라질 선교가 큰 성공을 거두지 못했음을 애석하게 생각하고,[87] 개혁교회의 브라질 선교의 역사적 중요성을 다음과 같이 강조했다.

> "개혁교회들은 브라질의 순교자들에게 경의를 표한다. 그 짧은 시간의 선교는 어떤 수적인 열매는 없었다. 그럼에도 불구하고 그것은 역사적인 중요성을 갖는다. 선교에 대한 책임에 직면했을 때, 제네바교회는 즉각적으로 반응하였고, 그때 상황적 증거들이 깔뱅의 브라질 선교에 대한 적극적 동의가 있었음을 가리켜 준다. 선교의 개념이나 실천에 어떤 적의(敵意)도 없었다."[88]

3. 깔뱅의 선교신학과 선교활동의 후대에 미친 영향

깔뱅으로부터 교육받은 사람들이 네덜란드에 돌아가 네덜란드에 개혁교회와 개혁신학의 꽃을 피우게 되었다.[89] 『네덜란드 신앙고백』(Belgic Confession, 1561)의 저자인 구이도 드 브레스(Guido de Brès) 등이[90] 제네바에서 훈련받아 조국에 돌아가 네덜란드의 개혁교회 설립과 발전에 기여하였다.

스코틀랜드의 경우 존 녹스가 제네바에서 영어권 피난민들의 교회를 맡아 목회하면서 제네바 개혁교회의 교리와 실제를 배워 고국으로 돌아갔으며, 깔뱅의 사상에 근거하여 『스코틀랜드 신앙고백』(1560)이 작성되었으며, 제네바 시편찬송가를 모범으로 하여 1564년 스코틀랜드 시편찬송가가 출판되었고, 잉글랜드의 경우 제네바에서 훈련받은 카트라이트(Thomas Cartwright)가 잉글랜드 장로교회의 아버지가 되었고, 제네바 성경은 잉글랜드 청교도들의

---

87) R. Pierce Beaver, "The Genevan Mission to Bbrazil," in: *The Heritage of John Calvin* (Grand Rapids: Wm. B. Eerdmans, 1973), 57, 참고, 56-57, 70-72.
88) R. Pierce Beaver, "The Genevan Mission to Bbrazil," 70-72.
89) R. Pierce Beaver, "The Genevan Mission to Brazil," 70-72.
90) 최윤배 공저, 『개혁교회의 신앙고백』, 266-267.

표준 성경이 되었다.91) 깔뱅의 사상의 열매로서 『웨스트민스터 신앙고백』(1647)과 『웨스트민스터 요리문답』(1647)이 작성되었다. 잉글랜드 청교도 신앙은 신대륙인 뉴잉글랜드로 건너가 『웨스트민스터 신앙고백』(1647)을 일부 수정하여 지금도 고백하고 있다.

깔뱅의 사상은 루터교의 본 고장인 독일에도 영향을 미친 바, 개혁신앙이 담긴 『하이델베르크 신앙고백』(1563)이 우르시누스와 올레비아누스에 의해 탄생되었는데, 올레비아누스는 제네바에서 깔뱅에게 사사받은 적이 있으며, 위그노파에 속했다.92)

스티븐스(C. D. Stevens)는 근대 선교운동의 뿌리가 깔뱅의 신학이라고 주장하여 깔뱅의 선교사상이 후대에까지 영향을 미쳤음을 주장했다.93) 채니(Charles L. Chaney)는 "칼빈주의가 전 세계적인 개신교 선교운동을 위한 종말론적 틀과 모델들과 동기들을 제공했다."고 주장했다.94) 지금도 세계도처에서 발견되는 칼빈주의 사상의 뿌리는 깔뱅임에 틀림없으며, 칼빈주의는 독특하게 자신만의 종교형식에 뿌리를 두고 있다.95)

---

91) 박경수. "깔뱅의 종교개혁과 선교." 120.
92) 최윤배 공저. 『개혁교회의 신앙고백』. 200.
93) Carl D. Stevens. "Calvin's Corporate Idea of Mission." (Philadelphia: Westminster Theological Seminary, Unpublished Ph. D. Dissertation, 1992), 17. 스티븐스의 주장에 R. Pierce Beaver, Charles L. Chaney, James A. de Jong 등이 동의한다.
94) Charles L. Chaney, The Birth of Missions in America (Pasadena:쯔. Carey Library, 1976), 32.
95) Abraham Kuyper, Lectures on Calvinism (Amsterdam, 1890), 17.

IV. 결론

깔뱅과 개혁교회에 가해진 선교 부재에 대한 비판이 과연 정당한가에 대한 물음이 본 논문의 주된 연구 동기이다. 연구결과 우리는 깔뱅의 선교 신학과 선교 활동이 매우 적극적이었음을 발견했다.

로마가톨릭교회신학자 벨라르민과 슈미들린의 종교개혁의 선교 부재에 대한 비판이나 특히 벨라르민의 주장에 동의하여 종교개혁의 선교 부재를 정당화하고, 홍보하는데 큰 영향력을 미친 루터교 신학자 바르넥의 주장이나 바르넥의 견해를 무비판적으로 받아들인 일부 선교신학자들의 견해가 정당하지 않았다. 종교개혁자들의 선교 부재나 소극성에 대한 선교 상황적 이유와 선교 신학적 이유들과 관련하여, 일부 선교 상황적 이유들은 설득력을 갖고 있었다.

깔뱅의 선교 사상과 관련하여 깔뱅은 서신서, 설교, 주석, 『기독교 강요』등에서, 『기독교 강요』에서 그리스도론이나 구원론이나 교회론이나 국가론을 쓰듯이 선교론이나 선교학을 체계적으로 전개하지는 않았다. 그러나 다양한 글들 속에서 그 당시 로마가톨릭교회의 선교의 잘못된 방법이나 상황 및 올바른 선교의 필요성에 대한 깔뱅의 인식이 충분히 발견된다. 비록 벨라르민은 해외선교만을 선교로 정의하고, 해외선교로서의 선교를 교회 표지에 포함시켜 종교개혁자들을 이단으로 간주했을지라도, 깔뱅이나 오늘날의 선교 이해는 매우 포괄적이다. 다시 말하면 성경에 일치하는 복음진리에 근거하여 지구상의 모든 곳과 모든 사람에게 하나님의 나라를 구현시키는 총체적인 구원 활동이 바로 깔뱅에게는 선교였다. 특히 깔뱅의 직제론이나 예정론이나 종말론 등이 그의 선교신학의 부재를 낳았다는 주장은 깔뱅의 글을 통해서 그 설득력을 잃었다.

그러므로 깔뱅은 제네바에서 제네바 콘시스토리움과 제네바 아카데미와 제네바 종합구빈원을 중요한 선교 기관과 도구로 사용하였다. 콘시스토리움을 통하여 종교와 신앙과 도덕을 향상시키고, 제네바 아카데미를 통하여 교육선교를 지향하고, 종합구빈원을 통하여 위생과 복지선교를 가능케 하였다.

깔뱅과 제네바는 선교 영향력을 유럽 전역과 해외 브라질까지 향하게 했다. 특히 프랑스 선교를 위해 목회자를 통한 복음전파와 교회설립, 프랑스 기금을 통한 문서선교와 복지선교를 전개했다. 특별히 유럽 각지에서 온 지도자들은 제네바교회와 제네바 아카데미에서 교육과 훈련을 받아 조국이나 다른 곳에 나아가 선교사역을 성공적으로 감당했다.

개신교 최초이며, 개혁교회 최초의 브라질 해외 선교는 특히 빌가뇽의 배반으로 약 8개월이라는 기간의 선교로 막을 내렸지만, 깔뱅과 제네바교회의 브라질 선교는 선교사적(宣敎史的)으로 매우 중요하다. 제네바는 그 당시 프랑스 선교로 인해 교회적 부담이 컸고, 지리해상 조건도 만만치 않는 환경 가운데서도 빌가뇽이 제네바의 브라질 선교단을 요청했을 때, 브라질 해외 선교를 하나님의 뜻으로 알고, 감사 기도드리면서 즉각적으로 행동으로 옮겼다. 깔뱅과 제네바교회의 선교 사상과 활동은 그 당시는 물론 오늘날도 세계에 흩어져 있는 개혁교회와 장로교회는 물론 심지어 다른 교회들에게까지도 영향력을 미쳤고, 미치고 있다.

V. 참고문헌

김성현. "선교사 깔뱅." 이광순 편.『종교개혁과 선교』. 서울: 미션아카데미, 2007,
    pp. 137-158.

김성현. "종교개혁운동에 나타난 선교와 부흥." 이광순 편.『종교개혁과 선교』. 서
    울: 미션아카데미, 2007, pp. 101-135.

김영동.『교회를 살리는 선교학』. 서울: 장로회신학대학교출판부, 2003.

박경수 책임편집.『개혁교회의 부흥운동과 성서해석』. 서울: 장로회신학대학교출판
    부, 2009.

박경수. "깔뱅의 종교개혁과 선교." 세계선교연구원 편.『선교와 신학』제21집. 서
    울: 장로회신학대학교출판부, 2008, pp. 97-129.

변창욱. "루터와 깔뱅의 선교 사상과 사역." 이광순 편.『종교개혁과 선교』. 서울:
    미션아카데미, 2007, pp. 159-196.

변창욱. "종교개혁과 부흥: 루터와 깔뱅의 선교사상과 사역." 장로회신학대학교 연
    구지원처 편.『개혁교회의 부흥운동과 성서해석』. 서울: 장로회신학대학교출
    판부, 2009, pp. 61-115.

이원규. "깔뱅의 선교사상 이해." 장로회신학대학교 세계선교대학원 선교학석사학
    위논문, 2008.

장훈태. "선교신학." 한국칼빈학회 편.『최근의 칼빈연구』. 서울: 대한기독교서회,
    2001, pp. 260-284.

장훈태. "칼빈과 선교." 한국칼빈학회 편.『칼빈연구』제2집. 서울: 한국장로교출판
    사, 2005, pp. 215-244.

장훈태. "칼빈과 선교." 한국칼빈학회 편.『칼빈, 그 후 500년』. 서울: 두란노아카데
    미, 2009.

최윤배 공저.『16세기 종교개혁과 개혁교회의 유산』. 서울: 한국장로교출판사, 2003.

최정만.『칼빈의 선교사상』. 서울: 기독교문서선교회, 1999.

한국일.『세계를 품는 선교』. 서울: 장로회신학대학교출판부, 2004.

Bosch, David J. *Transforming Mission: Paradigm Shifts in Theology of Mission*.
    New York: Orbis Books, 1991.

Bosch, David J. *Witness to the World.* 전재옥 옮김. 『세계를 향한 증거: 선교의 신학적 이해』. 서울: 도서출판 두란노, 1993.

Elert, Werner. *The Structure of Lutheranism, vol. 1: The Theology and Philosophy of Life of Lutheranism Especially in the Sixteenth and Seventeenth Centuries,* trans., Walter A. Hansen. St. Louis: Concordia Publishing House, 1962.

Holsten, W. "Reformation und Mission." *Archiv für Refomationsgeschichte* Vol 44(1953), NR 1/2, S. 1-31.

Gensichen, D. H. W. "Really Were Reformers Not Interested in Mission" *History's Lessons for Tomorrows Missions.* Geneva: WSCF, 1960.

Pachuau, Lalsangkima.(Ed.) *Ecumenicla Missiology: Contemporary Trends, Issues and Themes.* Bangalore: The United Theological College, National Printing Press, 2002.

Stott, John R. W. *Christian Mission in the Modern World.* 서정운 역. 『현대의 기독교 선교』. 서울: 대한기독교서회, 1982.

Warneck, Gustav. *Outline of a History of Protestant Mission from the Reformation to the Present Time: A Contribution to Modern Church History,* trans. from the 7th German ed. by George Robson. New York: Fleming H. Revell Co., 1901.

제20장 한국교회에서
깔뱅의 교리교육 적용

I. 서론[1]

2009년 깔뱅탄생 500주년을 맞이하여 다양한 행사와 학술대회가 국내외적으로 진행되고 있다. 우리나라에서는 각 장로교단, 대학교, 교회, 학회, 그리고 단체가 많은 행사를 진행하고 있으나, 그 중에 대표적인 예로 "요한칼빈탄생 500주년 기념사업회"가 주관하고 있는 각종 행사들인데,[2] 기념사업회의 재정지원으로 장로회신학대학교에 5월 12일에 깔뱅의 흉상이 세워졌고, "한국칼빈학회"는 기념비적인 두 권의 책을 발간하였다.[3]

칼빈탄생500주년의 각종 기념행사를 준비하고, 참석하면서도 한국교회(개신교회)와 한국장로교회의 일원으로서 필자는 감격과 감사와 함께 편치 않는 마음을 갖게 된다. 왜냐하면 국내외적으로 여러 가지 측면에서 어려움에 봉착해 있는 한국사회가 한국교회에게 주는 점수와 신뢰도가 매우 낮다는 사실 때문이다. 한국교회를 차지하고 있는 한국장로교회의 비중을 고려해 볼 때, 한국교회의 공과(功課)는 곧 한국장로교회의 공과로 귀결될 수 있기 때문에 장로

---

1) 최윤배, "소그룹 학습을 통한 교회학교 교리교육의 이론과 실제: 깔뱅의『제네바교회 교리문답』을 중심으로, 『학습자 주도권 협력학습연구』제5호(2009), pp. 37-83에 게재된 글.
2) 2009년 6월 21일~22일에 서울교회에서 칼빈탄생 500주년 기념예배, 기념음악회, 학술대회가 열렸다. 참고, 『한국기독공보』(2009.5.23. 21면; 6.27. 18면); 『조선일보』(2009.6.19. A31면 광고) 등.
3) 한국칼빈학회 (편),『칼빈탄생500주년 기념: John Calvin: ① 칼빈신학개요』, 『칼빈탄생500주년 기념: John Calvin: ② 칼빈신학개요』(서울: 두란노 아카데미, 2009). 이 때 발표된 논문 70여개도 출판중에 있다. 『칼빈과 한국교회』(서울: SFC, 2010) 총4권.

교회의 일원으로서 그 책임을 더욱 통감하게 된다. 더구나 한국장로교회는 국내외의 어떤 기독교교단보다도 더욱 사분오열되어 있는 상태이다.

한국교회와 한국장로교회가 직면하고 있는 총체적 위기를 극복할 수 있는 구체적인 방안은 없는 것일까? 중세 로마가톨릭교회가 총체적인 위기 가운데 있을 때, 총체적 위기 극복 방안을 제시한 사람들이 바로 루터, 부처, 츠빙글리, 깔뱅 등을 위시한 종교개혁자들이었다. 주로 악습의 폐지와 도덕의 인위적 훈련에 치중한 중세 로마가톨릭교회와는 달리 종교개혁자들은 성경에 기초한 진리교육과 신앙교육을 위하여 교리문답을 통한 교리교육에 심혈을 기울였다.

> "이브 콩가르(Y. Congar)가 그의 주저에서 지적한 바대로, 중세의 개혁들은 '교리, 성례, 계급조직 등의 교회의 구조적 질서가 아니라, 교회의 생활질서에서 이루어졌다. 이러한 사실은 일반적으로 악습들을 개혁하는 데로 개혁을 제한시켰다. … 그들이 개혁한 것은 미풍양속이지 교리가 아니었다.' 그런데 신도들의 정신적 요구들에 부응하기 위하여 갱신이 필요했다. 루터, 츠빙글리, 그리고 깔뱅같은 인물들이 결연히 전념했던 분야가 비로 이것이었다. 그들의 행동의 동기는 교회의 훈련적 오류가(비록 그것이 심각하긴 했어도) 아니었다. 이들 각자에게 우리는 뤼시앙 페브르(Lucien Febvre)가 파렐(Farel)에 대해 한 말을 적용시킬 수 있다: '그(= 종교개혁자 파렐, 필자주)가 (로마가톨릭교회의, 필자주) 사제를 비난한 것은 잘못 살아가는 것에 대해서가 아니라 잘못 믿고 있는 것에 대해서였다."[4]

한국교회의 상당부분을 차지하고 있는 한국장로교회가 직면하고 있는 위기들에 대한 많은 원인들이 있겠지만, 그 중에 하나가 바로 한국장로교회 초기에는 열악한 경제나 교육 환경에도 불구하고, 모든 교회학교에서 강조하면서 실천했던 교리공부의 부재일 것이다. 한국장로교단 중에 일부 교단이나 교회에

---

[4] Richard Stauffer, *La Réforme(1517-1564)*, 박건택 역, 『종교개혁』(서울: 기독교문서선교회, 1989), 6.

서는 개혁교회가 고백하는 중요한 교리문답서들을[5] 학습세례나 세례교육 시 더 이상 가르치지 않는다. 그리고 어떤 장로교단은 학습세례 과정을 폐지하여, 4주라는 속성과정의 세례공부를 거쳐 세례를 베풀고, 목사 또는 강도사 고시에 "교리"과목을 폐지해 버린 지 오래다. 교회에서 교육을 편리상 크게 교역자 교육과 평신도 교육으로 나눌 경우, 평신도 신앙의 기초를 공적으로 점검하는 세례교육과정과 입교교육과정이 약화된 현실과,[6] 교역자의 신앙과 인격과 신학을 최종적으로 점검하는 목사나 강도사 고시에 교리가 빠진 현실을 감안할 때, 한국교회의 평신도 기초 교리교육은 물론 교역자 기본 교리교육은 위기에 봉착했다고 말해도 과언은 아닐 것이다.

역설적이게도 기독교 종교교육을 그토록 강조하였던 종교개혁의 전통을[7] 잇고 있다고 자처하는 오늘날 한국교회와, 교리교육을 누구보다도 강조하는 개혁파 종교개혁자 부처와 깔뱅의 유산을 잇고 있다고 자부하는 오늘날 한국 장로교회에서 일어나고 있는 교리교육의 경시나 부재현상과는 정반대로, 교리교육을 중요시하지 않는 전통을 가진 한국천주교회도 오늘날은 교리교육을 강조하고 있는 현실이고, 신천지를 비롯한 각종 이단들도 자신들이 신봉하는 교리교육을 철저하게 교육받고 훈련받은 핵심 요원들을 기존교회에 침투시키

---

5) 최윤배 공저, 『개혁교회의 신앙고백』(서울: 한국장로교출판사, 2007), 91-529; 대한예수교장로회총회 (편), 『대한예수교장로회 헌법: 부록 헌법조례』 (서울: 한국장로교출판사, 2006⁴), 27-185.

6) 김홍연, 『세례·입교교육의 이론과 실제』(서울: 쿰란출판사, 2007), 4: "또한 부처(M. Butzer) 이래로 개신교 교회의 입교이해에 따르면 입교예식은 성만찬에의 참여를 허락하는 예식이며, 신앙공동체의 진정한 일원으로 받아들여지는 - 즉 교인으로서의 의무와 책임, 권리가 수반되어지는 - 예식이기도 하다. 따라서 성만찬의 참된 의미를 이해하게 되고 그것에 바르게 참여하기 위해서는, 그리고 그리스도의 몸의 지체됨을 깊이 경험하게 되고 그것에 의식적으로 참여하기 위해서도 입교 전 준비 교육은 필수적이라 할 수 있다."; 6: "본서는 한국 교회가 이제까지 그 교육적이며 예전적인 가치를 주목하지 않던 세례(Taufe)와 입교(Konfirmation), 입교교육(Konfirmandenunterricht)을 통해 다음 세대로의 신앙계승이라는 과제를 보다 효과적으로 수행할 수 있다는 것에 주목한다. 즉 세례와 입교, 입교교육의 교육적 가치와 가능성에 주목한다."

7) 참고, 양금희, 『종교개혁과 교육사상』(서울: 한국장로교출판사, 1999); W. de Greef, The Writings of John Calvin: An Introductory Guide, 황대우·김미정 공역, 『깔뱅의 생애와 저서들』(서울: SFC출판부, 2006), 201-204; 임창복·최윤배, 『개혁신학과 기독교교육』(서울: 한국장로교출판사, 2007).

고 있는 현실이다.

　위와 같은 문제의식을 가지고 필자는 2009년 1학기에 담당한 장로회신학대학교 신학대학원 필수과목 "개혁신학"을 수강한 학생들에게 개혁교회에서 중요한 교리문답에 해당되는 탄생500주년을 맞이하는 깔뱅의 『제네바교회 교리문답』(Le Catéchisme de l'Église de Genève, 1541/1542) 중에서 필수적인 문항 14개와 선택적인 문항 4개를 과제로 주어,8) 수강생 자신이 속한 사역의 현장에서 교육하여 시험이나 설문을 통하여 교육결과를 정리하고, 분석함으로써, 오늘날 교회현장에서 교리교육의 부재현상의 심각성을 일깨움은 물론 교리교육의 필요성과 긍정적인 효과 등을 기대하면서 본 과제를 수행하고자 한다.

---

8) Jean Calvin, *Les Catéchismes de L'Église de Genève*, 한인수 역, 『깔뱅의 요리문답』(서울 : 도서출판 경건, 1995), 99–219.

II. 『제네바교회 교리문답』의 역사적 배경, 구조와 내용 분석

깔뱅은 특히 성찬의식(聖餐儀式) 문제로 제네바시와 충돌하게 되어, 1538
년 4월 23일에 종교개혁자 파렐과 함께 제네바를 떠났다. 그 후 그는 9월 5일
에 스트라스부르(Strasbourg)에 도착하여 약 3년 머문 후에 1541년 9월 4일
에 스트라스부르를 떠나 9월 13일에 다시 제네바에 도착했다.[9] 그는 제네바
에 돌아오자마자 빠른 속도로 새 요리문답서인 『제네바교회 교리문답』(Le
Catéchisme de L'Église de Genève, 1541/1542)의 작성에 착수하여,
1542년에 출판했다.[10]

처음에 문답식으로 작성된 요리문답은 프랑스어로 출판되었고, 1545년에
는 라틴어로 번역수정 출판되었다. 왜냐하면, 그는 이전에 썼던 『제네바교회
가 사용하는 신앙 훈련과 고백』(Instruction et Confession de Foy dont on
use en l'Église de Genève, 1537)에 만족하지 못했기 때문이다.[11] 그가 스
트라스부르에 체류하는 동안 특별히 마르틴 부처(Martin Bucer, 1491-

---

9) 최윤배, 공저, 『16세기 종교개혁과 개혁교회의 유산』(서울: 한국장로교출판사, 2003), 264-265.

10) CR(= Corpus Reformatorum) 6, 1-160; OS(= Opera Selecta) II, 59ff; Le Catéchisme de L'Église de
Genève, c'est à dire, le Formulaire d'instruire les enfans en la Chrestienté: faict en maniere de
dialogue, où le Ministre interrogue, et l'enfant respond. cf. W. Niesel(Hrg.), Bekenntnisschriften und
Kirchenordnungen der nach Gottes Wort reformierten Kirche(Zürich : Evangelischer Verlag A.G.,
1938³), 1-41; Société Commerciale d'Edition et de Librairie(Ed.), Le catéchisme de Jean
Calvin(Éditions 《JE SERS》: Paris, 1934), 19-128; L. Doekes, Credo: Handboek voor de
Gereformeerde Symboliek(Ton Bolland: Amsterdam, 1975), 45-46; 한인수 역, 『깔뱅의 요리문답』
(서울 : 도서출판 경건, 1995), 99-219; 이장식 (편역), 『기독교 신조사』(서울: 컨콜디아사, 1979),
143-203.

11) Jean Calvin, Les Catéchismes de L'Église de Genève, 한인수 역, 『깔뱅의 요리문답』(서울 : 도서출판
경건, 1995), 23-98; 존 칼빈, 이형기 옮김 · 요약, 『기독교강요 요약: 세계기독교고전 11』(서울: 크리
스챤다이제스트, 2008), 19-74.

1551)의 영향으로 그의 사상은 더욱 심화되었다. 여기서 깔뱅은 부처의 요리 문답서들인 『짧은 성경적 해설』Der Kurtze Schriftliche Erklärung, 1534) 과[12] 『짧은 요리문답』(Der Kürtzer Catechismus, 1537)[13]에 대해 더 많이 알게 되었고, 형식상으로 깔뱅의 새 요리문답은 부처의 요리문답과 일치를 이루었다. 깔뱅의 첫 요리문답과는 대조적으로 지금의 요리문답은 목사의 질문과 어린이의 대답의 새로운 형식을 취하게 되었고, 1548년에는 55과로 나뉘어져 1년 동안 주일 저녁예배마다 설명하고 가르쳐서 기독교교육이 가능케 되었다. 이 새 요리문답은 내용상으로도 중요한 의미를 가지게 되었다. 왜냐하면, 이 새 요리문답은 그의 『기독교강요』 재판(1539)과 3판(1543)의 중간시기에 속하는 작품이기 때문에 깔뱅의 사상의 변화를 추적할 수 있는 중요한 자료이기 때문이다.

깔뱅이 『제네바교회 교리문답』의 "독자에게 보내는 서신"은 다음과 같다.

"교회는 언제나 어린이들을 기독교 신앙교리 안에서 양육하라는 특별한 권면을 받아 왔다. 이를 수행하기 위해 교회는 옛날에 학교들을 운영했을 뿐만 아니라, 각 신자(信者)에게 자신의 가족을 잘 가르치도록 권고하기도 했다. 또한 교회는 모든 신자에게 공통된 주요 교리에 대해 어린이들이 잘 알고 있는 지의 여부를 심사할 수 있는 공적 규정도 소유하고 있었다. 이를 규모 있게 수행하기 위해 교회는 교리문답이라고 불리는 특정한 어떤 서식(書式)을 사용하였다. 악마(惡魔) 자신은 교회를 흩어서 가공할 만한 폐허로 만들어 버렸음에도 불구하고, 세상에 있는 교회 안에 아직 어떤 징표들이 남아 있는 것을 보자마자, 이 거룩한 규정을 파괴해 버리고 말았다. 따라서 악마가 남겨놓은 것은 교화(敎化)의 능력이 전혀 없고, 단지 미신만을 산출해낼 수 있는 몇 가지 유물들이다. 이것이 바로 (현재 로마가톨릭교회 안에는) 내적인 바탕은 없고, 허식만이 존재하고 있는

12) R. Stupperich (Hrg.) *Martin Bucers Deutsche Schriften* VI/3 (Gütersloh: Gütersloher Verlagshaus Gerd Mohn, 1987), 51-173.
13) *Martin Bucers Deutsche Schriften* VI/3, 175-223.

지에 대한 이유를 설명해주는 확실한 증거이다. 우리가 여기서 제시하는 이 요리문답은 옛날부터 신자들 가운데서 준수되어 왔고, 교회가 완전히 부패했을 경우이외에는 결코 포기된 적이 없는 통례적인 것이다."

이 교리문답은 사실상 신앙고백의 순서를 받아들였다. 이로 인해 이 교리문답은 다른 신앙고백서들의 형성에 큰 기여를 하였는데, 그 중에 좋은 예가 바로『하이델베르크 신앙고백』(1563)이다. 깔뱅의 사상의 특징은 이미 교리문답의 첫째 질문과 대답에서 나타난다. "문1. 목사: 인생의 주된 목적이 무엇입니까? 어린이: 하나님을 아는 것입니다." 이 교리문답의 주요 내용은 하나님에 대한 지식과 하나님의 영광과 하나님에 대한 예배에 있다. 이 요리문답은 사도신경의 각 조항, 십계명, 기도와 성례전에 대해 차례대로 취급하고 있다. 이 신앙고백의 특징들은 신앙과 율법의 관계에 대한 언급, 선행에 대한 강조, 성례론에 대한 특별한 취급, 기독론을 취급할 때 '음부에 내려 가사' 라는 조항에 대한 해설, 그리스도의 삼중직에 대한 언급 등이다. 순서에 따라 내용을 요약하면 다음과 같다.

① 신앙에 관하여(문1~130/제1성일~제21성일)는 사도신경해설로 구성되어 있다. 깔뱅은 신앙에서 가장 중요한 것은 하나님에 대한 지식을 통해서 하나님께 영광을 돌리는 것이다. 사도신경은 기독교회가 항상 받아들인 순수한 사도적 가르침의 요약이다. 사도신경은 크게 네 부분으로 구성되어 있는데, 창조주 아버지 하나님, 구속주 예수 그리스도, 성령 하나님, 교회와 교회에 주어진 은혜들이다. 하나님 아버지는 사랑과 자비의 하나님으로서 만물을 창조하신 창조주 하나님이신 동시에 만물을 섭리하시고, 보존하시는 섭리주 하나님이시다. 예수 그리스도는 중보자로서 참 하나님이시며, 참 인간이시다. 성령으로 기름 부음받으신 메시아이신 예수님은 제사장,

왕, 예언자의 직분을 가지신다. 성령은 예수 그리스도께서 성취하신 구속을 하나님의 백성에게 적용시키신다. 보편적인 교회는 하나님께서 영생에로 작정하시고 선택하신 신자들의 모임이다.

② 율법에 관하여(문131~232/제22성일~제33성일)는 십계명해설로 구성되어 있다. 율법은 소극적으로 정죄의 기능과 죄인식의 기능을 가지지만, 신자들에게는 하나님의 뜻을 행하는 푯대와 기준이 된다. 십계명의 앞의 네 계명은 하나님을 예배하고 섬기고, 사랑하는 것과 관련이 되어 있고, 후반부의 여섯 계명은 이웃을 섬기고 사랑하는 방법과 관련되어 있다.

③ 기도에 관하여(문233~295/제34성일~제43성일)는 주기도문해설로 구성되어 있다. 6개 간구 중에 세 가지는 하나님의 영광에 대한 간구로 구성되어 있고, 세 가지는 우리에게 필요한 것에 대한 간구로 구성되어 있다. 기도의 응답의 근거는 중보자가 예수 그리스도라는 사실과 하나님의 약속이라는 사실에 있다.

④ 성례전에 관하여(문296~373/제44성일~제55성일) 깔뱅은 한편으로는 유아세례를 부정하는 재세례파를 비판하고, 다른 편으로 성찬을 미사로 이해하는 중세 로마가톨릭교회에 대한 비판적이고도, 변증적인 시각을 보여준다. 깔뱅은 하나님의 은혜의 수단으로서 하나님의 말씀과 성례를 언급한다. 예수님이 제정하신 성경적이고도 합법적인 성례는 두 가지, 즉 세례와 성찬이다. 성례는 성령을 통해서 효과적이 된다. 세례의 의미는 죄사함과 영적 중생이다. 성인세례에서는 신앙과 회개가 전제되지만, 유아세례의 경우 세례받은 후에 성장하여 신앙과 회개를 보여 주어야 한다. 성찬은 영적인 식량과 음료를 공급받는 것이다. 그러므로, 세례는 한 번 받는 것이지만, 성찬은 자주 베풀어지고, 자주 참여해야한다.

III. 『제네바교회 교리문답』의 교육내용, 대상 및 방법

『제네바교회 교리문답』(1541/1542)의 텍스트는 번역의 정확성 등의 이유로 한인수 역으로 선택했다.[14] 교육의 내용은 사도신경 해설 부분(제1문항~110문항)[15] 중에서 필수문항은 제1~14문항으로 정하고, 각자의 선택문항은 제15~110항 중에서 4문항을 선택하여, 총 20개 문항으로 교육의 내용으로 정했다. 교육 내용 문장과 시험과 설문 형태는 교육 대상의 눈높이에 맞게 문제와 답을 새롭게 작성하기로 했다.

교육 대상은 자신이 사역하고 있는 부서(유아부, 아동부, 중등부, 고등부, 대학부, 청년부, 장년부)에서 교육을 실시하고, 교육대상 인원은 가급적 소그룹으로 하되, 사역현장의 상황의 다양화로 인해 절대적인 제한을 두지 않기로 했다. 교육의 횟수는 2회로 정하고, 평가는 설문조사 또는 필답시험(유치·유아는 구술시험)을 통해 실시하기로 하였다. 교육실시와 평가 기간은 2009년 4월 1일부터 5월 31일까지 실시하고 6월 8일까지 웹문서로 보고하기로 했다. "개혁신학" 수강인원은 54명이었지만, 외국인 수강자, 장애인 수강자, 사역지가 없는 수강자 등 부득불 참여하지 못한 수강생을 제외하고, 교육에 참여한 42명의 수강생, 즉 유아부·유년부 12명, 중등부·고등부 9명, 청년부·장년부 21명이 교리교육을 실시하고 평가하여 웹문서로 결과 보고서를 작성하여, 제출하였다.

---

14) Jean Calvin, *Les Catéchismes de L'Église de Genève*, 한인수 역, 『깔뱅의 요리문답』, 99–219.
15) Jean Calvin, *Les Catéchismes de L'Église de Genève*, 한인수 역, 『깔뱅의 요리문답』, 101–134.

IV. 『제네바교회 교리문답』에서 발췌한 교육내용과 교육실시 및 평가

    교육실시 대상을 처음에 6개(유년부, 아동부, 중등부, 고등부, 청년부, 장년부)로 나누었지만, 보고서를 받아본 결과 어떤 교육부서는 숫자가 절대적으로 적거나 교회마다 부서 구별의 통일성이 없어서 3가지 범주(유아부·아동부 12교회, 중등부·고등부 9교회, 청년부·장년부 20 교회)로 나누어서 자료를 분석하기로 한다.

1. 유아부 · 아동부

    교리교육실시 보고현황에서 유치부를 교육한 수강생이 1명,[16] 유년부를 교육한 수강생이 1명이기 때문에,[17] 유치부와 유년부를 교육한 수강생을 아동부를 교육한 수강생 10명에게 통합해서 유아부·아동부 12명 자료를 한 범주에 넣어서 분석하기로 한다.[18]

    6~7세 어린이 10명을 대상으로 교리교육을 실시하고 구술평가를 실시한 한 보고자는 교육과정 중에 어린이들이 지겨워할 수 있기 때문에 어린이들의 언어와 이해도 수준에 맞추고, 어린이들을 격려하고, 선물도 준비하여 아이들의 집중도와 관심도를 높일 수가 있었다. 십계명은 평소 설교와 특별활동을 통하여 교육한 결과 교육효과가 좋았고, 사도신경의 신앙해설은 어려운 점이 있

---

16) 민경미 전도사.
17) 고현호 전도사.
18) 남순랑, 박애진, 박태열, 양건호, 오종화, 이희성, 장용주, 정영호, 황영희, 황지동 전도사.

었지만, 생전 처음 실시해보는 어린이들에게는 좋은 시간이 되었다.[19]

교리교육을 실시하는 수강생 자신과 관련하여, 대부분의 수강생들이 교리교육에 첫 경험을 했다는 반응이다. 절대 다수가 교리교육의 필요성에 공감했다. 그러나 교육의 효과를 위해서 자신이 먼저 철저히 연구하고, 준비하는 과정이 필요하다고 생각했다. 아동부 교육 대상자 대부분이 교리교육의 어려움을 가졌다. 교수하는 사람들과 똑같이 교리를 배운 아동들도 교리교육을 처음으로 경험한데서 오는 생소함이었다.

그러나 교리교육을 진행할수록 교리를 가르치는 교사들과 마찬가지로 아동들도 점점 더 익숙해지고 흥미를 갖게 되었고, 교육 효과가 점점 더 증가되었다. 비록 대부분의 아동부 학생들이 『사도신경』, 『십계명』, 『주기도문』을 잘 암송하고 있지만, 그 뜻을 정확하게 모르고 있다는 사실에 교사와 학생 모두가 스스로 놀랐다.

유아부·아동부 교리교육실시 보고서에 대한 분석 근거에 따라 다음과 같은 결론을 내릴 수가 있을 것이다.

첫째, 본 교단은 장로교회에 속함에도 불구하고, 세계 개혁·장로교회와 본교단이 고백하고 있는 깔뱅의 『제네바교회 교리문답』을 교육하지 않음으로써, 장년 성도들의 대표로 간주할 수 있는 신학대학원에 재학하고 있는 전도사들도 교리교육을 거의 경험하지 못했을 뿐만 아니라, 그 결과 교리교육에 생소한 학습자들에게도 교육할 수 있는 교육방법이나 능력을 소유하고 있지 않다는 사실이다. 그 결과 교회학교 유아부·아동부의 교리교육이 방치되어 있다고 사료될 수가 있다.

둘째, 교리교육을 실시한 결과 교리를 가르치는 교사는 물론 배우는 학생들도 점점 더 교리공부에 흥미를 가지고 익숙해지고 있다는 사실이다. 그리고 교육 내용을 철저하게 숙지하고, 준비한 교사들은 시험실시를 통해 교육성과에

---

19) 민경미 전도사 보고서.

놀라기도 하고, 어떤 교사는 성령께서 6살된 유아들에게도 일하셔서 어려운 교리를 이해시키셨다는 고백도 하였다.[20] 교육의 효과를 부정적으로 경험한 교사는 사전의 철저한 준비와 시청각 교육이나, 반복교육을 통해서 실시해볼 만한 교육이 바로 교리교육임을 주장했다. 유아부·아동부 교리교육 보고서 12가지 중에 한 가지를 "별첨1"에 실었다.

2. 중등부 · 고등부

교리교육실시 보고현황에서 중등부를 교육한 수강생 1명,[21] 청소년부를 교육한 수강생 2명,[22] 중고등부를 교육한 수강생 2명,[23] 고등부를 교육한 수강생 4명을[24] 모두 중등부·고등부라는 한 범주에 넣어서 전체 9명을 분석 자료로 활용하기로 한다.

교리문답을 교육하는 수강생과 관련하여, 이들 대부분은 자신들의 신앙생활에서 교리교육을 받은 경험이 거의 없기 때문에 생소함을 느꼈다. 그럼에도 불구하고, 교리교육을 준비하는 과정에서 교리의 중요성을 깨닫게 되고, 중등부와 고등부 학생들에게 직접 가르치면서 교리교육의 중요성과 필요성을 점점 더 느끼게 되었다.

교리문답을 배우고 시험을 친 중등부와 고등부 학생들도 교회에서 교리교육은 생소한 것이었을 뿐만 아니라, 교회학교에서 시험을 친다는 거부 반응을 가지고 있었다. 그럼에도 불구하고, 교리교육을 받으면서 점점 흥미를 갖게 되고, 시험 결과 대부분의 높은 점수를 갖게 되었다. 대부분의 학생들은 물론 가

---

20) 박애진 전도사 보고서.
21) 김은순 전도사.
22) 송광수 전도사, 주금일 목사.
23) 백인종, 양성호 전도사.
24) 김선찬, 김종숙, 진광용 전도사, 김영득 목사.

르치는 교사들조차도『사도신경』,『십계명』,『주기도문』을 외우면서도 그것의 정확한 뜻을 알지 못하는 자신들에 대하여 놀라움을 금치 못했다.

만약 교리공부를 구체적인 계획을 세워서 정기적으로, 장기적으로 그리고 다양한 교육방법들, 가령 시청각 자료들을 활용할 경우, 교육효과의 극대화를 기할 수가 있고, 교리교육을 실시하여 보고서를 제출한 대부분의 수강생들은 교리교육에 대한 보람을 느꼈다고 진술했다. 특이한 사실은 이미 목사로서 일선에 목회를 하고 있는 한 수강생은 "지금의 교회교육을 바라볼 때 안타까운 점은 이러한 커리큘럼의 부재라는 것입니다. 성경의 이야기를 통해 교육을 하는 것도 중요하지만 이러한 요리문답 같은 교육이 꼭 필요하다."라고 피력했다.[25)]

중등부과 고등부의 교리교육에 대한 9명의 보고 자료를 토대로 다음과 같이 결론지을 수 있을 것이다.

첫째, 교리교육을 실시한 수강생들이나 교리교육을 받은 중등부와 고등부 학생들의 대부분은 거의 처음으로 깔뱅의 교리문답을 접하게 되어, 생소함을 가졌다.

둘째, 교회에서 교리공부는 물론 시험까지 본다는 것은 중고등부 학생들에게 처음에는 거부감을 주었지만, 교육과 평가에 참여한 학생들은 의외로 관심을 보였지만, 주관식 시험 결과는 보통 점수가 나왔다.

셋째, 교리교육을 실시한 대부분의 수강생들은 교리교육의 실시의 필요성과 유용성에 전적으로 공감하면서, 보다 구체적인 교리교육 준비와 단계와 수준별 커리큘럼 개발의 시급함을 지적하였다. 중등부·고등부 교리교육 보고서 9개 중에서 한 가지를 "별첨2"에 실었다.

---

25) 주금일 목사 보고서.

3. 청년부 · 장년부

　청년부·장년부를 구성하는 보고 자료는 아동부 교사 교육은 2명,26) 유년부 교사 교육은 1명,27) 교사 교육은 1명,28) 현역 군인 교육은 2명,29) 가족 교육은 2명,30) 청년부 교육은 2명,31) 청년·대학부 교육은 1명,32) 신학대학원생 교육은 1명,33) 장년부 교육은 9명으로서34) 모두 21명이었다.

　앞에서 분석한 유아부·유년부와 중등부·고등부보다도 청년부·장년부에서의 교육반응은 더욱 긍정적이었다. 청년부·장년부에는 교육의 대상이 다양했음에도 불구하고(가정, 신학대학원생, 교회학교 교사, 군인, 직분자들 등), 교리교육에 대하여 매우 긍정적이었다.

　청년부·장년부에서 특이한 사실은 교리교육을 실시하는 교육자와 교육을 받은 자들 중에 일부는 과거에 교회에서 교리교육을 받은 긍정적인 경험을 가진 자들이 발견되었다는 사실이다.

　교리교육을 가르치는 자들과 관련하여, 대부분의 참가자들은 교리교육을 준비하는 과정이나 실시하는 과정이나 결과 면에서 아주 긍정적인 경험을 하였다. 그리고 왜 이런 교리교육의 전통이 끊어졌는지에 대하여 의아해하면서 교회에 정기적인 교리교육 프로그램이 개발되어 적용, 실천될 것을 간절히 바라는 모습이었다.

　또한 교리교육을 받은 성도들도 교육과정이나 결과에서 매우 긍정적인 반

---

26) 김귀복, 최종래 전도사.
27) 정현숙 전도사.
28) 나은숙 전도사.
29) 권순, 이명자 전도사.
30) 신희철, 유정수 전도사.
31) 김성미, 이재석 전도사.
32) 장재준 전도사.
33) 권정자 전도사.
34) 김정화, 석종숙, 이상범, 이수복 최희범, 호승숙 전도사, 장세열 장로, 이준규, 손별식 목사.

응을 보였다. 한 보고자는 교리교육의 필요성을 신앙의 기초가 되기 때문에, 기독교 신앙이 요약되어 있기 때문이며, 새 신자교육에 유리하기 때문이라고 말한 뒤, 교리문답이 사라진 이유를 교회 지도자들의 문제와 교리가 딱딱하다는 선입관의 문제와 성도들의 교육에 대한 무관심을 꼽았다.[35] 목사로서 교리교육에 참가한 한 보고자는 자신이 목회하는 교회의 직분자들을 중심으로 교육했는데, 직분자들의 신앙을 재점검하는 은혜로운 시간이었으며, 교리공부의 중요성을 강조했다.[36] 또 목사로서 교리교육에 참가한 한 보고자는 교회교육의 열악한 환경을 지적하면서도, 교회의 교리교육의 중요성을 망각한 자신과 교회를 자책했다. 특히 오늘날 기존교회를 빈번히 침투하는 이단들이 난무하는데도, 오랫동안 신앙생활을 한 성도의 기독교의 기본적인 진리나 교리에 대한 무지를 보고 충격을 받았다고 보고했다.[37]

청년부·장년부의 보고서를 근거로 다음과 같은 결론을 내릴 수 있을 것이다.

첫째, 교리를 가르치는 보고자나 교리교육을 배운 참가자 일부는 과거에 교회에서 실시한 교리교육의 긍정적인 경험을 가지고 있었다.

둘째, 교리교육의 필요성에 대한 교역자들의 의식이나 교리는 딱딱하다는 평신도들의 의식이 문제였다.

셋째, 그러나 교리교육에 참가한 보고자들과 교리교육을 받은 다양한 교회의 다양한 연령층 모두에게 교리교육의 필요성과 유용성을 다른 어느 부서보다도 더욱 높게 나타났다. 청년부·장년부의 보고서 분량을 참고하여 두 가지 보고서를 "별첨 3"과 "별첨4"에 실었다.

---

35) 이상범 전도사 보고서.
36) 이준규 목사 보고서.
37) 손별식 목사 보고서.

V. 결 론

한국교회와 한국교회의 상당부분을 차지하는 한국장로교교회의 위기상황에 대한 진단과 해답을 종교개혁자들과 개혁교회 전통이 강조했던 교리교육의 부재와 교리교육의 회복임을 주장하면서 본고를 시작하였다. 개혁교회의 많은 신앙고백들 중에서 탄생 500주년을 맞아 많은 관심을 받고 있는 개혁파 종교개혁자 깔뱅의 『제네바교회 교리문답』(1541/1542)의 『사도신경』해설부분을 교육의 내용으로 채택하였다.

필자가 이미 "개혁신학" 강의 중에 3월 한 달 동안 충분히 교육한 선택된 요리문답의 배경과 구조와 중요 내용에 대하여 본고에서 기술했다. 수강생들이 사역하는 다양한 사역 현장에서 가능한 소그룹으로 실시하되, 불가피한 경우는 예외로 간주하기로 했다.

유아부·아동부 보고자 12명, 중등부·고등부 보고자 9명, 청년부·장년부 보고자 21명의 자료를 토대로 분석하였다.

교육내용은 일반적으로 교육대상의 수준에 맞게 개편하고, 문제도 4지선다형 또는 OX형의 객관식이나 주관식이 출제되었다. 세 개 부서의 보고서를 종합평가하면 다음과 같다.

첫째, 깔뱅의 『제네바교회 교리문답』에 대한 지식은 교수자나 학습자가 전무(全無)할 뿐만 아니라, 교리교육에 대한 일반적 지식이나 경험도 거의 전무했다. 다만 청년부·장년부를 교육한 보고자와 교육대상자 일부만이 과거에 교리교육을 받았다는 긍정적인 경험을 말하였다.

둘째, 유아부·아동부와 중등부·고등부가 교리교육에는 어려움이 따랐지만, 청년부·장년부의 교리교육에는 어려움이 거의 없었다. 그러나 시험을 보는데 대한 거부감은 모든 부서에서 골고루 나타났다.

셋째, 모든 부서의 교수자와 학습자 모두가 교리교육을 할수록 더욱 이해도와 흥미와 관심도가 높아졌다. 교리가 딱딱하고 무미건조하다는 주장은 선입관념에 비롯된 것임이 대부분 해명되었다.

넷째, 교리교육을 위한 커리큘럼이나 방법론 개발이 절대적으로 필요했다.

다섯째, 교리교육의 가장 큰 문제는 교회의 교역자 스스로가 그 필요성을 느끼지 못하여 교회로부터 교리교육이 거의 사라졌다는 사실이다.

여섯째, 그러나 교회학교의 교리교육의 가능성에 기대를 거는 것은 6살 아이도 성령의 도움으로 교리를 이해한다는 보고자의 신앙체험과 함께 교리 교육을 실시하기만 하면, 긍정적인 결과들이 나온다는 대부분의 보고이다. 만약 한국장로교회의 모든 교역자들이 그리고 교역자들을 배출하는 신학대학교가 교리신학의 필요성과 유용성을 깨닫고 실천할 경우, 교회는 내적으로 더욱 더 견고해져서 외부를 향한 세계 선교는 물론 기독교와 교회 내부를 향해 집요하게 공격하는 이단들에게 강력하고도 성공적인 변증을 할 수 있을 것이다.

필자는 본고를 통해서 교리교육의 필요성과 중요성을 더욱 경험하는 시간이었다. 교회와 신학에서 교리교육을 회복하기 위하여 특별히 학습세례와 입교 그리고 세례 이전에 교리 공부를 강화시키고, 목사고시나 강도사 고시에 "교리" 과목을 부활시켜야할 것이다.

별첨1 유아 · 아동부: 『깔뱅의 교리문답』 교육보고서[38]

신앙 – 참된인식

1. 교역자 : 사람이 사는 가장 큰 관심은 무엇입니까?

 어린이 : 하나님을 아는 것입니다.

2. 교역자 : 왜 그렇게 생각해요?

 어린이 : 하나님께서 우리를 만드시고 우리를 세상에 보내신 것은 우리가 하나님으로부터 영광을 받기 위해서입니다. 또한 우리가 세상에서 하나님께 영광을 돌리는 것은 당연한 일입니다.

3. 교역자 : 사람이 행할 가장 선한 일은 무엇입니까?

 어린이 : 하나님께 영광을 돌리는 일입니다.

4. 교역자 : 그것을 왜 가장 선하다고 생각하나요?

 어린이 : 하나님께 영광 돌리는 일이 없으면 우리의 삶은 동물들과 다를 바 없으며 오히려 더 불행한 삶을 살 수밖에 없기 때문입니다.

5. 교역자 : 그럼 우리가 하나님의 뜻에 따라 살지 않는다면 더 불행한 삶을 산다는 말인가요?

 어린이 : 네! 그렇습니다.

---

38) 정영호 전도사 보고서.

6. 교역자 : 그런데 하나님에 대해 진실되고, 바르게 아는 것은 어떤 것일까요?

    어린이 : 우리가 하나님께 영광을 돌리는 목적을 가지고 그 분을 생각할 때 알 수 있습니다.

7. 교역자 : 하나님께 영광을 잘 돌리기 위한 방법이 무엇이 있을까요?

    어린이 : 우리가 하나님을 진심으로 믿고, 그 분의 뜻에 순종하고, 섬기며, 때론 우리에게 어려운 일이 생기면 하나님께 도움을 구합니다. 또한 하나님께만 구원과 모든 선행을 구하고, 하나님으로부터 착한 행실이 나온다는 것을 입술로 고백하는 것입니다.

8. 교역자 : 이제부터 이것을 순서대로 길게 풀어보려고 합니다. 그 첫 번째 요점 은 무엇입니까?

    어린이 : 하나님을 진심으로 믿는 마음을 갖는 것입니다.

9. 교역자 : 그것은 어떻게 가능합니까?

    어린이 : 먼저 하나님은 모든 것을 할 수 있으며, 모든 것 중에 가장 선한 분은 하나님이라는 것을 아는 것입니다.

10. 교역자 : 그것으로 충분해요?

    어린이 : 아니요!

11. 교역자 : 그 이유는 무엇이라 얘기할 수 있나요?

    어린이 : 우리는 너무 연약한 존재라서 하나님께서 우리를 도우시고, 능력을 나타내기에 부족한 존재입니다. 우리는 하나님께서 베푸시는

선을 충분히 받아들일 수 없는 존재입니다.

12. 교역자 : 그렇다면 더 필요한 것은 무엇일까요?

어린이 : 하나님께서 우리를 사랑하신다는 것을 아는 것과 우리의 아버지가
되시기를 간절히 바라고 계신다는 것을 믿어야 합니다.

13. 교역자 : 우리가 어떻게 이 사실을 알 수 있을까요?

어린이 : 하나님의 말씀을 통해 알 수 있습니다. 하나님께서는 예수 그리스
도 안에서 우리를 향한 긍휼과 사랑을 보여주시며, 우리는 그것을
통해 하나님의 사랑을 확인할 수 있습니다.

14. 교역자 : 하나님을 진실로 믿는 믿음의 근거는 예수 그리스도를 통
해 하나님을 알 수 있는 것이군요?

어린이 : 네! 그렇습니다.

– 그 밖의 문제들.

15. 교역자 : '사도신경'은 하나님을 아는 지식을 설명한 내용입니다.
다 같이 외워볼까요?

어린이 : 전능하사 천지를 만드신 하나님 아버지를 내가 믿사오며, 그 외아
들 우리 주 예수 그리스도를 믿사오며... 영원히 사는 것을 믿사옵
니다.

19. 교역자 : 하나님은 한 분이신데 어떻게 아버지와 아들 그리고 성령
의 대해 말할 수 있을까요?

어린이 : 하나님은 한 분이시지만 세 분께서 하시는 일은 다릅니다. 모든 만물을 창조하신 아버지 하나님과 영원한 지혜이신 예수 그리스도와 모든 힘과 능력을 나타내시는 성령님이 계십니다.

20. 교역자 : 우리 친구들은 유일하신 한 분 하나님 안에 세 가지 일을 담당하시는 하나님을 잘 이해하고 있군요?

어린이 : 네! 그렇습니다.

21. 교역자 : 우리 다시 '사도신경'의 첫 부분을 읽어볼까요?

어린이 : 전능하사 천지를 만드신 하나님 아버지를 내가 믿사오며...

22. 교역자 : 우리는 어떻게 하나님을 아버지라고 부를 수 있을까요?

어린이 : 예수님께서 세상에 오셔서 그렇게 부를 수 있습니다. 예수님은 영원하신 말씀이시고, 영원 전에 하나님으로부터 나셨습니다. 예수님께서 세상에 오셨을 때 하나님은 세상의 많은 사람들에게 하나님의 아들됨을 알리셨습니다. 하나님께서 예수 그리스도의 아버지라는 사실로부터 하나님은 우리의 아버지가 되십니다.

32. 교역자 : 우리가 부르는 '예수'란 무슨 뜻을 가졌을까요?

어린이 : 예수님은 우리를 구원하실 구주의 뜻을 가졌습니다. 그 이름은 하나님의 말씀에 따라 천사들이 우리에게 전해준 것입니다.

34. 교역자 : 그렇다면 '그리스도'란 말은 무엇을 뜻하는 것일까요?

어린이 : 예수님은 왕의 직무와 제사장 그리고 예언자로 임명되기 위해 하나님께서 '기름을 부으셨다.'라는 뜻을 가지고 있습니다.

『깔뱅의 교리문답』시험지

학년   반   이름 :

1. 사람이 살아가는 가장 큰 목적이나 관심은 무엇일까요?

   답 : 하나님을 아는 것

2. 사람의 행동 중 가장 선한 행위는 무엇일까요?

   답 : 하나님께 영광을 돌리는 일

3. 우리가 하나님의 뜻대로 살지 못하면 어떻게 될까요?

   답 : 더욱 불행해지며 동물과 다를 바 없이 살게됨.

4. 다음 중 하나님께 영광을 돌리는 방법을 2가지 이상 고르시오.

   1) 하나님을 신뢰   2) 하나님께 순종

   3) 하나님을 섬김   4) 하나님께 구함

   5)하나님께 구원, 선행   6)하나님께로부터만 착한 행실을 고백

5. 하나님을 아는 지식을 소개한 글은 무엇입니까?

   답 : 사도신경

6. 우리가 하나님을 아버지라 부를 수 있는 이유는 누구 때문입니까?

   답 : 예수 그리스도

7. 예수님의 이름을 뜻을 쓰시오.

  답 : 우리를 구원하실 구세주이시다.

8. 예수님께서 이 땅에 오셔서 맡은 세 가지 일은 무엇일까요?

  답 : 왕, 제사장, 선지자

9. 그리스도란 무슨 뜻일까요?

  답 : 하나님께 기름부음을 받았다.

10. 여러분들은 이 모든 사실을 믿으십니까?

  답 : 네! 이 모든 사실을 믿습니다.

- 문제를 푸시느라 수고하셨습니다. -

교육을 위한 설문조사

『깔뱅의 요리문답』에 대한 여러분의 기대와 의견을 듣기를 원합니다. 교육의 프로그램을 구성하는데 최대한 반영하고자 하오니 아래 질문에 대하여 성의있는 답변을 부탁드립니다.

성명 :

1. 귀하가 섬기고 있는 부서의 어느 부서입니까?
   ① 유치부   ② 유년부   ③ 초등부   ④ 소년부

2. 교사로 지원하게 된 동기는 무엇입니까?
   ① 자원하여   ② 권유로(목사님, 다른 교사)   ③ 기타 ( )

3. 교사의 사명이란 무엇이라고 생각하십니까?

4. 교사로서 신학교육의 필요를 느끼십니까?
   ① 예   ② 아니요

5. 신학교육이 필요하다면 어떠한 방법을 통해 배우길 원하십니까?
   ① 성경 안에 있는 말씀을 통해...
   ② 만화로 소개되고 있는 신학관련 영상
   ③ 담당교역자로부터
   ④ 체계화된 교리관련 서적

6. 학생들에게 신학 교육의 필요성을 느끼십니까?

① 예　　　　　　　　　　　　　② 아니요

7. 학생들에게 신학 교육이 필요하다면 어떠한 프로그램이 필요하십니까?

① 신학개론을 통해　　　　　　　② 신학특강을 통해

③ 신학교리서적을 통해　　　　　④ 기타...

8. 『깔뱅의 요리문답』을 통한 신학 교육에 대해 어떻게 생각하십니까?

수고하셨습니다.

『깔뱅의 교리문답』 보고서

	교육방법	비 고
어린이	■전반적인 신학이해 　: 설교를 통해 신학의 필요성을 설명 ■신학의 중요성 　: 우리의 신체를 통해 신학의 중요성을 이해 　 (신앙– 몸의 살, 신학–몸의 뼈) ■인물소개(설교를 통한) 　: 깔뱅에 대한 이해 　 (종교개혁자, 종교개혁이후 활동등)	· 설교시간을 활용하여 신학의 중요성을 교육함 · 종교개혁자 깔뱅을 자세히 소개함
교 사	■깔뱅의 요리문답의 도입 　: 학교 보고서임을 설명함 　 (4주동안 실시하여 교육할 것을 설명)	· 적극적인 교육에 참여할 수 있도록 유도함
	진행방법	비 고
어린이	■주 4회 교육을 진행 　: 1주 – 신학의 중요성을 설명 　 2주 – 교사를 중심으로 설명 　 3주 – 교역자 중심으로 설명 　 4주 – 시험을 통해 요리문답 이해 ■시험의 결과에 대해 　: 문화 상품권을 증정하여 열심을 유도	· 1주당 50분의 시간을 활용 · 시험은 20분의 시간을 활용
교 사	■요리문답의 설명 　: 학생들에게 교육을 실시하기 전 미리 교사 교육을 1회 실시함 ■용어사용 정리 　: 교재의 요리문답 안에 사용된 어려운 용어에 대한 설명과 배경을 설명	토요일 오후에 함께 모여 요리문답을 교육함
평 가	전체적으로 짜임새 있는 구도로 학생들에게 접근을 하였지만 처음 실시하는 신학 교육이어서 그런지 어려워하는 반응을 보였습니다. 그러나 우리의 신앙이 우리의 삶 속에서 자리를 잡기 위해서는 몸의 뼈의 역할을 하는 신학이 중심이 되어야 하기 때문에 전반적인 이해에 대한 중요성을 강조하였습니다. 또한 1회로 끝나는 것이 아니라 분기마다 신학 교육을 실시하고자 하는 학생들의 요청을 받아들여 위와 같은 방법을 도입하여 다른 방법을 실시함으로 신학교육의 방법을 달리해야 할 것을 인식하였습니다.	

중고등부: 깔뱅의『제네바교회 교리문답』교육보고서[39)

– 참된 신인식 –

※ 중고등부 4명의 학생들에게 아래와 같은 문제를 선택하여 교육을 2회 실시하였습니다. 교육 방법은 질문을 읽고 답변을 돌아가면서 읽으면서 궁금한 점이나 좀 어려운 단어들을 설명해 주면서 학생들이 알아들을 수 있을 정도로 자세하게 설명하였습니다.

1. 질문: 삶의 주된 목적이 무엇인가요?

   답변 : 하나님을 인식하는 것입니다.

   * 인식(사물을 분별하고 판단하여 앎. 일반적으로 사람이 사물에 대하여 가지는, 그것이 진(眞)이라고 하는 것을 요구할 수 있는 개념. 또는 그것을 얻는 과정.)

2. 질문: 삶에 주된 목적이 왜 하나님을 인식하는 건가요?

   답변: 하나님께서 우리를 만드셔서 태어나게 하신 이유는 우리 안에서 영광을 받으시기 위함입니다. 그렇기에 하나님은 우리의 삶의 근원이시기에 하나님을 위해 삶을 살아가는 것은 당연한 것입니다.

3. 질문: 사람들이 살아가는 최고의 목적과 행동의 근본이 되는 기준이 무엇입니까?

   답변 : 위와 같습니다.

4. 질문: 왜 그런가요?

   답변 : 그 이유는 우리의 삶의 근원이신 하나님을 아는 삶이 아니라면 동물들이 살아가는 삶보다 더 불행하게 될 것이기 때문입니다.

---

39) 양성호 전도사 보고서.

5. 질문: 그렇다면 우리는 하나님의 뜻에 따라 살지 않는 것보다 더 큰 불행이 없
　　다는 것을 알게 된다는 말이구나
　　답변 : 그렇습니다.

6. 질문: 그러면 하나님을 참되고 올바르게 믿으려면 어떻게 해야 할까?
　　답변 : 우리가 하나님께 영광을 돌리기 위한 목적으로 하나님을 믿는것입니다.

7. 질문: 하나님께 영광을 잘 돌리기 위한 방법은 무엇일까?
　　답변: 우리가 그분을 전적으로 신뢰하고, 그분의 뜻에 순종함으로 그분을 섬기고,
　　우리에 모든 어려움 중에서 그분에게 도움을 청하고, 예수님 안에서 구원과
　　모든 선을 구하고, 모든 선이 예수님으로부터만 나온다는 것을 마음과 입술로
　　고백하는 것입니다.

8. 질문: 다시 반복하면서 중요한 내용을 생각해 볼께요. 첫째로 누구를 신뢰하는
　　건가요?
　　답변: 하나님을 신뢰하는 것입니다.

9. 질문: 어떻게 하면 하나님을 신뢰할 수 있나요?
　　답변: 먼저 하나님을 전능하시고 온전히 착하신 분으로 인식(사물을 분별하고 판단
　　하여 앎, 일반적으로 사람이 사물에 대하여 가지는, 그것이 진(眞)이라고 하는
　　것을 요구할 수 있는 개념. 또는 그것을 얻는 과정.)

10. 질문: 그것으로 충분할까요?
　　답변: 아니요.

11. 질문: 왜 하나님을 신뢰하는 것만으로 부족할까요?
　　답변: 그건 우리는 하나님께서 우리를 도우시려고 당신의 능력을 나타내시기에 합
　　당한 사람들이 아니기 때문입니다. 그리고 우리를 향해 당신의 선을 베푸시기

에도 합당한 사람들이 아니기 때문입니다.

12. 질문: 그렇다면 부족한 부분을 채우기 위해서 우리가 해야할 일들이 있나요?

　답변 : 네~! 그건 하나님께서 우리들을 사랑하고 계신다는 것과 하나님이 우리들의 아버지와 구주가 되시기를 원하고 계신다는 사실을 확신해야 합니다.

13. 질문: 그래요 그렇다면 우리들이 이 사실을 어떻게 인식할 수 있을까요?

　답변: 그건 하나님의 말씀을 통해서 알 수 있습니다. 하나님께서는 예수그리스도 안에서 그분의 긍휼을 우리에게 나타내시고, 우리에 대한 당신의 사랑을 확신시켜 주시기 때문에 알 수 있습니다.

14. 질문: 그렇다면 하나님께 대한 참된 신뢰의 근거가 예수 그리스도 안에서 하나님을 인식하는 데 있다(요 17:3〈영생은 곧 유일하신 참 하나님과 그가 보내신 자 예수 그리스도를 아는 것이니이다〉)는 말이구나.

　답변 : 그렇습니다.

· 사도신경

15. 질문: 그러면 위에 하나님을 인식할 수 있는 방법이 요약되어 있는 내용은 무엇일까요?

　답변: 그것은 모든 그리스도인들이 행하는 신앙고백 안에 포함되어 있습니다. 우리는 이를 보통 사도신경이라 부릅니다. 왜냐하면 이것은 그리스도인들이 교회 안에서 한결같이 고백했던 참 신앙의 요약이기 때문입니다. 그리고 이것은 순수한 사도적 가르침부터 추론(어떠한 판단을 근거로 삼아 다른 판단을 이끌어 냄)된 것이기 때문입니다.

16. 질문: 사도신경을 암송해 보세요.

　답변: 전능하사 천지를 만드신 하나님 아버지를 내가 민사오며, 그 외아들 우리 주

예수 그리스도를 믿사오니, 이는 성령으로 잉태하사 동정녀 마리아에게서 나시고, 본디오 빌라도에게 고난을 받으사 십자가에 못박혀 죽으시고, 장사되어 음부에 내려가셨다가 사흘 만에 죽은자들 가운데서 다시 살아나시고, 하늘에 오르사 전능하신 하나님 아버지 우편에 앉아 계시다가, 저리로서 산 자와 죽은자를 심판하러 오시리라. 성령을 믿사오며 거룩한 공회와 성도가 서로 교통하는 것과, 죄를 사하여 주시는 것과 몸이 다시 사는 것과, 영원히 사는 것을 믿사옵니다.

17. 질문: 이 신앙고백을 몇 부분으로 구분할 수 있을까요?
   답변: 4부분 입니다.

18. 질문: 나눠 보세요!
   답변: 첫째 - 하나님 아버지께 대한 것입니다.
   둘째 - 하나님의 아들 예수그리스도에 관한 것으로 여기서는 우리의 전구원사가 낭송됩니다.
   셋째 - 성령님께 관한 것입니다.
   넷째 - 교회에 관한 것과 동시에 교회를 향하신 하나님의 은혜로 운신 행위들에 관한 것입니다.

19. 질문: 하나님은 오직 한 분 뿐이신데 당신은 어째서 하나님 아버지, 하나님의 예수그리스도, 성령, 이렇게 세분에 대해서 말하고 있나요?
   답변: 그것은 우리는 단 하나의 신적 본질 안에서 만물의 시작(어떤 일이나 행동의 처음 단계를 이룸. 또는 그 단계)과 기원(사물이 처음으로 생김. 또는 그런 근원)이시며 제 일 원인(어떤 사물이나 상태를 변화시키거나 일으키게 하는 근본이 된 일이나 사건)이신 하나님 아버지와 영원한 지혜이신 하나님의 아들 예수 그리스도와 모든 피조물 위에 부어지시기는 하나 언제나 당신 자신 안에 거하시는 하나님의 힘과 능력이신 성령님을 고찰(어떤 것을 깊이 생각하고 연구함)해야 하기때문입니다.

20. 질문: 그래 그러면 너는 우리가 유일하신 한 분 하나님 안에서 세 위격을 명확히 구분할 때 그것이 전혀 부적절하지(틀리지) 않으며, 그렇게 함에도 불구하고 하나님께서는 분리되지 않으시는 분이라고 이해하고 있구나!

　　답변: 그렇습니다.

※ 중고등부 4명의 학생들에게 교육을 2회 실시 한 후 아래와 같이 20문항을 제출하여 시험을 실시하였습니다. 시험은 위에 있는 문제와 해답을 학생들에게 숙지하게 한 후 주관식위주로 실시하였고, 각 문항당 5점씩 100점 만점으로 하였습니다.

Ⅰ. 참된 신인식 문제지

1. 질문: 삶의 주된 목적이 무엇인가요?

　　답 :

2. 질문: 삶에 주된 목적이 하나님께서 우리를 만드셔서 태어나게 하신 이유는 우리 안에서 영광을 받으시기 위함입니다. 그렇기에 하나님은 우리의 삶의 근원이시기에 하나님을 위해 삶을 살아가는 것은 당연한 것인가요??

　　답 :

3. 질문: 사람들이 살아가는 최고의 목적과 행동의 근본이 되는 기준이 무엇입니까?

　　답 :

4. 질문: 왜 사람들이 살아가는 최고의 목적과 행동의 근본이 되는 기준이 하나님을 인식하며 살아가는 것인데 그 이유가 우리의 삶의 근원이신 하나님을 아는 삶이 아니라면 동물들이 살아가는 삶보다 더 불행하게 될 것이기 때문이라고 생각하나요?

   답 :

5. 질문: 그렇다면 우리는 하나님의 뜻에 따라 살지 않는 것보다 더 큰 불행이 없다는 것을 알게 된다는 말인가요?

   답 :

6. 질문: 그러면 하나님을 참되고 올바르게 믿으려면 어떻게 해야 할까요?

   답 :

7. 질문: 하나님께 영광을 잘 돌리기 위한 방법은 무엇일까요?

   답 :

8. 질문: 다시 반복하면서 중요한 내용을 생각해볼게요. 첫째로 누구를 신뢰하는 건가요?

   답 :

9. 질문: 어떻게 하면 하나님을 신뢰할 수 있나요?

   1) 전능하신 분으로 인식하는 것

   2) 온전하시고 착하신 분으로 인식하는 것   맞는 것을 고르세요!

   답 :

10. 질문: 하나님을 인식하는 것으로만 충분할까요?

   답:

11. 질문: 왜 하나님을 신뢰하는 것만으로 부족할까요?

   답:

12. 질문: 그렇다면 부족한 부분을 채우기 위해서 우리가 해야 할 일들이 있나요?

   답:

13. 질문: 그래요 그렇다면 우리들이 이 사실을 어떻게 인식할 수 있을까요?

   답:

14. 질문: 그렇다면 하나님께 대한 참된 신뢰의 근거가 예수 그리스도 안에서 하나님을 인식하는 데 있다(요 17:3〈영생은 곧 유일하신 참 하나님과 그가 보내신 자 예수 그리스도를 아는 것이니 이다〉)는 말인가요?

   답:

· 사도신경

15. 질문: 그러면 위에 하나님을 인식할 수 있는 방법이 요약되어 있는 내용은 무엇일까요?

   답:

16. 질문: 사도신경을 적어 보세요.

　답 :

17. 질문: 이 신앙고백을 몇 부분으로 구분할 수 있을까요?

　답 :

18. 질 문 : 나눠 보세요!

　답 : 첫째 -

　　　둘째 -

　　　셋째 -

　　　넷째 -

19. 질문: 하나님은 오직 한 분뿐이신데 당신은 어째서 하나님 아버지, 하나님의
　　　예수그리스도, 성령, 이렇게 세분에 대해서 말하고 있나요?

　답 : 하나님 아버지 :

　　　하나님의 아들 예수그리스도 :

　　　성령님 :

20. 질문: 그래 그러면 너는 우리가 유일하신 한 분 하나님 안에서 세 위격을 명확
　　　히 구분할 때 그것이 전혀 부적절하지(틀리지) 않으며, 그렇게 함에도 불
　　　구하고 하나님께서는 분리되지 않으시는 분이라고 이해하고 있습니까?

　　답 :

· 정답지

1. 하나님을 인식하는 것.   2. 그렇습니다.

3. 하나님을 인식하는 것입니다.   4. 그렇습니다.   5. 그렇습니다.

6. 하나님께 영광을 돌리기 위한 목적으로 하나님을 믿는 것입니다.

7. 하나님을 전적으로 신뢰하고, 뜻에 순종하고, 섬기고, 도움을 청하고, 예수님안에서 모든
   선과 모든 구원을 구하고, 예수님을 마음과 입술로 고백하는 것.

8. 하나님   9. 1,2번   10. 아니요

11. 우리가 합당한 사람이 아니기 때문입니다.

12. 하나님께 우리들을 사랑하고계신다는 것과 하나님이 우리들의 아버지와 구주가 되시기
    를 원하고 계신다는 사실을 확신해야 한다.

13. 하나님의 말씀을 통해서.   14. 그렇습니다.

15. 사도신경(신앙고백): 그리스도인들이 한결같이 고백했던 참 신앙의 요약이기 때문입니다.

16. 전능하사 천지를 만드신 하나님 아버지를 내가 믿사오며, 그 외아들 우리 주 예수 그리
    스도를 믿사오니, 이는 성령으로 잉태하사 동정녀 마리아에게서 나시고, 본디오 빌라도
    에게 고난을 받으사 십자가에 못박혀 죽으시고, 장사되어 음부에 내려가셨다가 사흘 만
    에 죽은자들 가운데서 다시 살아나시고, 하늘에 오르사 전능하신 하나님 아버지 우편에
    앉아 계시다가, 저리로서 산 자와 죽은자를 심판 하러 오시리라. 성령을 믿사오며 거룩
    한 공회와 성도가 서로 교통하는 것과, 죄를 사하여 주시는 것과 몸이 다시 사는 것과,
    영원히 사는 것을 믿사옵니다.

17. 4부분입니다.

18. ① 하나님 아버지에 관한 것, ② 하나님의 아들 예수그리스도에 관한 것으로 여기서는
    우리의 전구원사가 낭송됩니다. ③ 성령님께 관한 것 ④ 교회에 관한것과 교회를 향하
    신 하나님의 은혜로우신 행위들에 관한 것

19. 하나님 아버지 : 단 하나의 신적 본질 안에서 만물의 시작과 기원과 원인이심
    하나님의 아들 예수그리스도 : 영원한 지혜이심.
    성령님 : 모든 피조물 위에 부어지시기는 하나 언제나 당신 자신 안에 거하시는 하나님
    의 능력이심

20. 그렇습니다.

※ 4명의 학생이 시험을 보았는데 한 학생은 85점(17문제 맞춤.), 다른 학생은 80점(16문제 맞춤), 또 다른 두 명의 학생은60점(12문제 맞춤.) 으로 대체적으로 학생들이 시험을 잘 보았습니다. 시험 후 아이들에게 물어보니 교육을 받고 문제를 풀면서 하나님을 더 가까이 알 수 있었다고 합니다. 그리고 지금껏 무심코 외웠던 사도신경을 자세하게 설명해 주니까 이제 앞으로는 더 열심히 사도신경을 외움으로 하나님 앞에서 자신들의 신앙을 고백하겠다고 하였습니다. 그리고 이 요리문답을 지금 주일학교 어린이들에게도 교육을 시작 하였는데 아이들이 하나님을 인식(안다는)한다는 것을 이해하고 그들의 삶을 통해서 느낄수 있다고 하면서 재미있어 합니다. 아이들뿐만 아니라 저 역시 요리문답을 통해서 신학적으로 체계적으로 아이들에게 교육할 수 있는 시간이 되어서 보람을 느꼈습니다. 앞으로도 이 문답을 가지고 교육을 실시하도록 할 것입니다.

교 과 명	개혁신학
교 수 명	최 윤 배
학 번	
이 름	김 성 미
제 출 일	2009. 6. 6.

(교리문답문제지)

나이: 신앙생활년수 :   성별 :   이름 :

1. 인생의 주된 목적이 무엇입니까 ?

　① 하나님을 아는 것　　　　　② 하나님을 예배드리는 것

　③ 하나님을 찬양하는 것　　　④ 하나님께 기도드는 것

2. 어떤 이유로 그렇게 생각하십니까 ?

　① 우리를 창조하셨기 때문에　② 우리안에서 영광을 받으시려고

　③ 우리를 세상에 보내셨기 때문에　④ 우리를 믿으시려고

3. 사람이 이루어야 할 가장 선한 것은 무엇입니까 ?

　① 우리를 창조하셨기 때문에　② 우리안에서 영광을 받으시려고

　③ 우리를 세상에 보내셨기 때문에　④ 우리를 믿으시려고

4. 왜 그것을 가장 선하다고 생각합니까 ?

　① 하나님이 원하시니까　　　　　② 하나님의 바람이라서

　③ 하나님의 뜻에 따라 살지 않으면 동물보다 더 불행하기 때문에

　④ 하나님의 뜻에 따라 사는 것이 동물보다 더 못하기 때문에

---

40) 김성미 전도사 보고서

5. 그것으로서 우리에게 제일 큰 불행은 무엇입니까 ?

   ① 부모님 뜻에 따라 살지 않는 것   ② 타인의 뜻에 따라 살지 않는 것

   ③ 목사님 뜻에 따라 살지 않는 것   ④ 하나님의 뜻에 따라 살지 않는 것

6. 그러면 하나님께 대한 참되고 올바른 인식이란 무엇입니까 ?

   ① 하나님께 영광을 돌릴 목적으로 하나님을 아는 것

   ② 부모님께 효도를 돌릴 목적으로 하나님을 아는 것

   ③ 세상사람들을 구원한 목적으로 하나님을 아는 것

   ④ 교회에 봉사할 목적으로 하나님을 아는 것

7. 하나님께 영광을 잘 돌리기 위한 방법이 아닌 것은 무엇입니까 ?

   ① 하나님을 전적으로 신뢰하는 것

   ② 그의 뜻에 복종함으로 하나님을 섬기는 것

   ③ 모든 어려움을 나혼자 해결하기 위해 기도드리는 것

   ④ 하나님 안에서 구원과 선을 구하는 것

8. 지금까지의 하나님의 참 인식에 대해서 서술하려고 합니다. 첫 번째 요점이 무엇입니까?

   ① 하나님을 전능하신 분으로 아는 것

   ② 하나님이 우리를 사랑하신다는 것을 아는 것

   ③ 하나님께 대한 신뢰를 갖는 것

   ④ 하나님이 아버지임을 아는 것

9. 하나님에 대한 신뢰는 어떻게 일어날 수 있습니까 ?

   ① 하나님이 전능하시고 완전 선하신 분으로 인식하는 것으로

   ② 하나님께 기도하므로

   ③ 하나님이 우리의 아버지가 되심을 앎으로

   ④ 우리가 하나님께 대하여 신앙고백하므로

10. 그것으로 충분합니까 ?

11. 그 이유는 우리는 하나님께서 우리를 도우시려 하나님의 능력을 나타내기에는 우리의 (   )이 많고, 우리를 향해 당신의 (   )을 베푸시기에 (   )하지 않기 때문입니다.

12. 그러면 더 요구되는 것은 무엇입니까 ?
    ① 하나님께 더 기도하여 내가 자녀라는 것을 확신해야 합니다.
    ② 하나님께서 우리들을 사랑하고 계신다는 것과 우리의 구주가 되시는 것을 원한다는 것을 확신해야 합니다.
    ③ 하나님께서 우리들을 끊임없이 부르셔서 교회에 봉사하고 헌신하기를 원하신다는 것을 확신해야 합니다.
    ④ 하나님께 나를 위로해주시고 오직 우리를 위해 중보하심을 확신해야 합니다.

13. 우리가 어떻게 이 사실을 알 수가 있습니까 ?
    ① 하나님이 기도할 때 계시해 주셔서   ② 목사님이 말씀해 주셔서
    ③ 하나님의 말씀을 통해서   ④ 내 맘에 확신이 있어서

14. 하나님께 대한 참된 신뢰의 근거는 (   )안에서 하나님을 아는데 있습니다.

15. 사도신경은 몇 부분으로 나누어야 합니까 ?
    ① 2부분   ② 3부분   ③ 4부분   ④ 5부분

16. 각 부분과 관련되어지는 내용이 맞는 것은 ?
    ① 첫째부분 - 예수 그리스도에 관한 것   ② 둘째부분 - 성령에 관한 것
    ③ 셋째부분 - 하나님 아버지에 관한 것
    ④ 넷째부분 - 교회에 관한 것과 교회에 대한 하나님의 은혜

17. '예수'라는 말의 뜻은 무엇입니까?

　　① 하나님의 아들이라는 뜻　　　　② 천사중의 대장이라는 뜻

　　③ 구주라는 뜻　　　　　　　　　　④ 심판자라는 뜻

18. 예수님께서 하나님 우편에 앉아 계시다는 것을 어떻게 이해하고 있습니까?

　　① 예수님께서 우리들의 행동을 하나님 우편에서 보고 계신다는 것

　　② 예수님께서 하늘과 땅의 지배권을 가지고 만물을 다스리기 위한 것

　　③ 예수님께서 하늘의 지배권을 가지고 만물을 다스리기 위한 것

　　④ 예수님께서 땅의 지배권을 가지고 만물을 다스리기 위한 것

19. 예수그리스도께서 세상을 심판하시기 위하여 언젠가는 다시 오시리라는 사실
　　에 대해 우리에게는 어떤 위로가 있습니까 ?

　　① 예수님 오실때까지 내가 꼭 살아야겠다는 위로

　　② 예수님 오시기전까지 내 맘대로 살아야겠다는 위로

　　③ 예수님께서 오직 우리의 구원을 위해 오시리라는 확신

　　④ 예수님께서 오직 당신의 영광을 위해 오시리라는 확신

20. 부활사건은 선인들이나 악인들 모두에게 일어납니까 ?

　　① 선인에게만 일어납니다　　　　② 악인에게만 일어납니다.

　　③ 선인과 악인 모두에게 일어납니다.　　④ 하나님 뜻입니다.

21. 교리문답을 공부하시고 본인에게 어떤 도움이 되었습니까 ?

- 수고하셨습니다. 감사합니다. -

교리문답 대상자 신원파악 (청년리더)

번호	이 름	성별	나 이	신앙생활년수	비 고
1	정O주	여	33	5	
2	심O윤	여	28	모태신앙	
3	윤O정	여	29	모태신앙	
4	임O한	남	28년3개월	모태신앙	
5	정O섭	남	23	모태신앙	
6	신O현	여	25	모태신앙	
7	이O진	남	27	모태신앙	
8	김O호	남	26	4	
9	윤O준	남	24년10개월	모태신앙	
10	이O주	여	24	21	
11	박O욱	남	29	4	
12	최O식	남	26	9	
13	이O석	남	27	모태신앙	
14	정O삼	여	26	20	

(교리문답 문제지)

1. 인생의 주된 목적이 무엇입니까? (1)

   ① 하나님을 아는 것   ② 하나님을 예배드리는 것
   ③ 하나님을 찬양하는 것   ④ 하나님께 기도드는 것

번호	1	2	3	4	5	6	7	8	9	10	11	12	13	14
학생	1	1	1	1	2	2	1	2	3	1	1	2	2	1
정오	O	O	O	O	X	X	O	X	X	O	O	X	X	O

2. 어떤 이유로 그렇게 생각하십니까? (2)

   ① 우리를 창조하셨기 때문에   ② 우리안에서 영광을 받으시려고
   ③ 우리를 세상에 보내셨기 때문에   ④ 우리를 믿으시려고

번호	1	2	3	4	5	6	7	8	9	10	11	12	13	14
학생	2	1	2	2	2	2	2	2	2	2	1	2	2	2
정오	O	X	O	O	O	O	O	O	O	O	X	O	O	O

3. 사람이 이루어야 할 가장 선한 것은 무엇입니까? (2)

   ① 우리를 창조하셨기 때문에   ② 우리안에서 영광을 받으시려고
   ③ 우리를 세상에 보내셨기 때문에   ④ 우리를 믿으시려고

번호	1	2	3	4	5	6	7	8	9	10	11	12	13	14
학생	2	2	2	2	2	2	2	2	2	2	2	2	2	2
정오	O	O	O	O	O	O	O	O	O	O	O	O	O	O

4. 왜 그것을 가장 선하다고 생각합니까? (3)

   ① 하나님이 원하시니까   ② 하나님의 바람이라서
   ③ 하나님의 뜻에 따라 살지 않으면 동물보다 더 불행하기 때문에
   ④ 하나님의 뜻에 따라 사는 것이 동물보다 더 못하기 때문에

번호	1	2	3	4	5	6	7	8	9	10	11	12	13	14
학생	4	3	3	1	3	1	3	1	1	1	1	2	1	1
정오	X	O	O	X	O	X	O	X	X	X	X	X	X	X

5. 그것으로서 우리에게 제일 큰 불행은 무엇입니까? (4)

    ① 부모님 뜻에 따라 살지 않는 것   ② 타인의 뜻에 따라 살지 않는 것

    ③ 목사님 뜻에 따라 살지 않는 것   ④ 하나님의 뜻에 따라 살지 않는 것

번호	1	2	3	4	5	6	7	8	9	10	11	12	13	14
학생	4	4	4	4	4	4	4	4	4	4	4	4	4	4
정오	O	O	O	O	O	O	O	O	O	O	O	O	O	O

6. 그러면 하나님께 대한 참되고 올바른 인식이란 무엇입니까? (1)

    ① 하나님께 영광을 돌릴 목적으로 하나님을 아는 것

    ② 부모님께 효도를 돌릴 목적으로 하나님을 아는 것

    ③ 세상사람들을 구원한 목적으로 하나님을 아는 것

    ④ 교회에 봉사할 목적으로 하나님을 아는 것

번호	1	2	3	4	5	6	7	8	9	10	11	12	13	14
학생	1	1	1	1	1	1	1	1	1	1	1	1	1	1
정오	O	O	O	O	O	O	O	O	O	O	O	O	O	O

7. 하나님께 영광을 잘 돌리기 위한 방법이 아닌 것은 무엇입니까? (3)

    ① 하나님을 전적으로 신뢰하는 것

    ② 그의 뜻에 복종함으로 하나님을 섬기는 것

    ③ 모든 어려움을 나혼자 해결하기 위해 기도드리는 것

    ④ 하나님 안에서 구원과 선을 구하는 것

번호	1	2	3	4	5	6	7	8	9	10	11	12	13	14
학생	3	3	3	3	3	3	3	3	3	3	3	3	3	2
정오	O	O	O	O	O	O	O	O	O	O	O	O	O	X

8. 지금까지의 하나님의 참 인식에 대해서 서술하려고 합니다. 첫 번째 요점이 무엇입니까? (3)

    ① 하나님을 전능하신 분으로 아는 것

    ② 하나님이 우리를 사랑하신다는 것을 아는 것

    ③ 하나님께 대한 신뢰를 갖는 것   ④ 하나님이 아버지임을 아는 것

번호	1	2	3	4	5	6	7	8	9	10	11	12	13	14
학생	3	3	3	3	1	4	4	1	4	3	1	4	2	2
정오	O	O	O	O	X	X	X	X	X	O	X	X	X	X

9. 하나님에 대한 신뢰는 어떻게 일어날 수 있습니까? (1)

① 하나님이 전능하시고 완전 선하신 분으로 인식하는 것으로

② 하나님께 기도하므로

③ 하나님이 우리의 아버지가 되심을 앎으로

④ 우리가 하나님께 대하여 신앙고백하므로

번호	1	2	3	4	5	6	7	8	9	10	11	12	13	14
학생	1	1	1	4	1	3	1	4	1	4	1	3	1,2	4
정오	O	O	O	X	O	X	O	X	O	X	O	X	X	X

10. 그것으로 충분합니까 ?

번호	1	2	3	4	5	6	7	8	9	10	11	12	13	14
학생	NO	NO	NO	NO	NO	NO	NO	NO	NO	네	NO	네	NO	.
정오	O	O	O	O	O	O	O	O	O	X	O	X	O	X

11. 그 이유는 우리는 하나님께서 우리를 도우시려 하나님의 능력을 나타내기에는 우리의 (부족함)이 많고, 우리를 향해 당신의 (선)을 베푸시기에 (합당)하지 않기 때문입니다.

번호	1	2	3	4	5	6	7
학생	부족함,선,합당	부족함,선,합당	부족함,선,합당	부족함,선,합당	부족함,선,합당	부족함,선,합당	부족함,선,합당
정오	O	O	O	O	O	O	O

번호	8	9	10	11	12	13	14
학생	부족함,선,합당	죄악,능력,충분	부족함,선,합당	죄성,사랑,따르려	부족함,선,합당	연약함,사랑,주저	.
정오	O	X	O	X	O	X	X

12. 그러면 더 요구되는 것은 무엇입니까? (2)

① 하나님께 더 기도하여 내가 자녀라는 것을 확신해야 합니다.

② 하나님께서 우리들을 사랑하고 계신다는 것과 우리의 구주가 되시는 것을 원한다는 것을 확신해야 합니다.

③ 하나님께서 우리들을 끊임없이 부르셔서 교회에 봉사하고 헌신하기를 원하신다는 것을 확신해야 합니다.

④ 하나님께 나를 위로해주시고 오직 우리를 위해 중보하심을 확신해야 합니다.

번호	1	2	3	4	5	6	7	8	9	10	11	12	13	14
학생	2	2	2	2	1	2	2	2	2	1	2	1	2	.
정오	O	O	O	O	X	O	O	O	O	X	O	X	O	X

13. 우리가 어떻게 이 사실을 알 수가 있습니까? (3)

① 하나님이 기도할 때 계시해 주셔서　　② 목사님이 말씀해 주셔서

③ 하나님의 말씀을 통해서　　④ 내 맘에 확신이 있어서

번호	1	2	3	4	5	6	7	8	9	10	11	12	13	14
학생	3	3	3	3	3	3	3	3	3		4	3	3	.
정오	O	O	O	O	O	O	O	O	O	X	X	O	O	X

14. 하나님께 대한 참된 신뢰의 근거는 (예수그리스도)안에서 하나님을 아는데 있습니다.

번호	1	2	3	4	5	6	7
학생	예수그리스도	예수그리스도	예수그리스도	예수그리스도	예수그리스도	예수그리스도	예수그리스도
정오	O	O	O	O	O	O	O

번호	8	9	10	11	12	13	14
학생	예수그리스도	성령	예수그리스도	예수그리스도	예수그리스도	하나님의말씀	.
정오	O	X	O	O	O	X	X

15. 사도신경은 몇 부분으로 나누어야 합니까? (3)

① 2부분　　　② 3부분　　　③ 4부분　　　④ 5부분

번호	1	2	3	4	5	6	7	8	9	10	11	12	13	14
학생	3	3	3	3	3	3	2	3	3	3	3	3	3	3
정오	O	O	O	O	O	O	X	O	O	O	O	O	O	O

16. 각 부분과 관련되어지는 내용이 맞는 것은? (4)

① 첫째부분 - 예수 그리스도에 관한 것　　② 둘째부분 - 성령에 관한 것

③ 셋째부분 - 하나님 아버지에 관한 것

④ 넷째부분 - 교회에 관한 것과 교회에 대한 하나님의 은혜

번호	1	2	3	4	5	6	7	8	9	10	11	12	13	14
학생	4	1	4	4	4	4	2	4	4	2	4	4	4	.
정오	O	X	O	O	O	O	X	O	O	X	O	O	O	X

17. '예수'라는 말의 뜻은 무엇입니까? (3)

　① 하나님의 아들이라는 뜻　　　　　② 천사중의 대장이라는 뜻

　③ 구주라는 뜻　　　　　　　　　　④ 심판자라는 뜻

번호	1	2	3	4	5	6	7	8	9	10	11	12	13	14
학생	3	3	3	3	3	3	3	3	1	3	3	3	1,3,4	1
정오	O	O	O	O	O	O	O	O	X	O	O	O	X	X

18. 예수님께서 하나님 우편에 앉아 계시다는 것을 어떻게 이해하고 있습니까? (2)

　① 예수님께서 우리들의 행동을 하나님 우편에서 보고 계신다는 것

　② 예수님께서 하늘과 땅의 지배권을 가지고 만물을 다스리기 위한 것

　③ 예수님께서 하늘의 지배권을 가지고 만물을 다스리기 위한 것

　④ 예수님께서 땅의 지배권을 가지고 만물을 다스리기 위한 것

번호	1	2	3	4	5	6	7	8	9	10	11	12	13	14
학생	2	2	1	3	3	2	1	2	2	2	2	1	2	2
정오	O	O	X	X	X	O	X	O	O	O	O	X	O	O

19. 예수그리스도께서 세상을 심판하시기 위하여 언젠가는 다시 오시리라는 사실에

　대해 우리에게는 어떤 위로가 있습니까? (3)

　① 예수님 오실때까지 내가 꼭 살아야겠다는 위로

　② 예수님 오시기전까지 내 맘대로 살아야겠다는 위로

　③ 예수님께서 오직 우리의 구원을 위해 오시리라는 확신

　④ 예수님께서 오직 당신의 영광을 위해 오시리라는 확신

번호	1	2	3	4	5	6	7	8	9	10	11	12	13	14
학생	3	3	3	3	3	3	3	3	3	3	4	3	4	.
정오	O	O	O	O	O	O	O	O	O	O	X	O	X	X

20. 부활사건은 선인들이나 악인들 모두에게 일어납니까? (3)

　① 선인에게만 일어납니다　　　　② 악인에게만 일어납니다.

　③ 선인과 악인 모두에게 일어납니다.　④ 하나님 뜻입니다.

번호	1	2	3	4	5	6	7	8	9	10	11	12	13	14
학생	3	3	4	3	3	3	3	3	3	3	3	3	3	.
정오	O	O	X	O	O	O	O	O	O	O	O	O	O	X

21. 요리문답을 공부하시고 본인에게 어떤 도움이 되었습니까?

번호	도움이 된 내용
1	쉽고, 간단한 거라고 생각해서 다안다고 생각했는데, 많이 헷갈렸고 기본적인것은 확실히 알고 있어야겠다고 생각함.
2	모태신앙이지만 예수님을 확실히 알게 된 것은 청년부에 오고 나서라 역시 부족함이 많음을 알게 되었습니다.
3	하나님의 선한 뜻에 대해 더욱 확실히 알게되고 예수님께서 구주이심을 확신하게 되었습니다.
4	기독교 교리를 확실히 아는 계기가 되었습니다.
5	기독교 교리를 아는 것이 더 넓어졌습니다.
6	하나님을 더 깊이 잘 알아야겠고, 성령의 소욕대로 하나님의 영광만을 위해 사는 삶이 되어야겠으며, 내 삶속에서 사람과의 관계에 적지않은 비중을 두고 있는 내모습이 초라해보여 변해야겠습니다.
7	내 삶의 구체적인 목적을 깨닫게 되었습니다.
8	하나님을 아는 지식에 있어, 기독교 교리에 대해서 한번 더 생각해 보고 예수님과 하나님을 믿는 다는 것이 어떤 의미인지, 보다 구체화시켜 알게 되므로 보다 깊은 묵상을 할 수 있겠습니다.
9	내가 창조된 목적을 알게되었고, 하나님의 영광을 위해 살아감으로써 구원에 이르리라는 소망을 갖게 되었다.
10	성부,성자,성령에 대해 더욱 체계적으로 알았습니다. 나의 인생은 언제나 궁극적으로 하나님께 영광을 돌려야 한다는 것은 확실히 알았습니다.
11	하나님에 대해 정확히 알고 있지 못하다는 것을 깨달았고 좀더 명확히 깨달을 수 있었습니다. 앞으로 더욱 공부하고 기도하고 겸손히 살아야겠습니다.
12	하나님과 친밀하는데 도움이 되었습니다.
13	두루뭉실하게 알고 있던것에 대해 구체적으로 생각해 볼 기회가 되었습니다. 그리고 하나님이 나에 대해 아시는 것과는 비교할 수 없지만 저도 조금이라도 주님에 대해 알려고 많은 노력이 필요하다고 느꼈습니다.
14	무응답

REPORT

과목 : 개혁신학

(깔뱅의 교리문답 교육 & 평가)

장로회신학대학교 신학대학원

교 수 : 최 윤 배 교수님

이 름 : 이 재 석

---

41) 이재석 전도사 보고서.

깔뱅의 교리문답 문제 & 답안

1. 목사: 우리 삶의 주된 목적은 무엇인가요?
   - 하나님을 잘 아는 것입니다.

2. 목사: 왜 그런가요?
   - 하나님은 우리를 창조하신 것은 우리로 인해서 영광을 받으시길 원하십니다. 그래서 우리는 하나님의 영광을 위해서 삶을 사는 것입니다.

3. 목사: 인간의 지고선(至高善: 가장 훌륭한 일)은 무엇입니까?
   - 하나님의 뜻을 알고 하나님의 말씀과 규례대로 살고 우리들의 삶으로 고백하는 삶입니다.

4. 목사: 왜 그것을 지고선이라고 부릅니까?
   - 하나님을 위한 삶이 없다면 우리의 삶은 짐승보다도 못한 삶이기 때문입니다.

5. 목사: 이 말은 우리가 하나님의 뜻에 따라 살지 않는 것보다 더 큰 불행은 없다는 말입니까?
   - 네 그렇습니다.

6. 목사: 그런데 하나님에 대한 참되고 올바른 인식이란 무엇입니까?
   - 우리들이 하나님께 영광을 돌리기 위하여 지으셨다는 것을 알고 살아가는 것입니다.

7. 목사: 하나님께 영광을 잘 돌리기 위해서 우리가 해야 하는 것은 무엇입니까?
   - 하나님만을 전적으로 의지하고, 하나님의 뜻에 순종하고, 하나님을 섬기며, 우리가 어려움을 당할 때 하나님께 도움을 구하며, 하나님으로부터 구원과 선이 온다는 것을 마음과 입술로 언제나 인정하는 것입니다.

8. 목사: 이제 이것들을 순서대로 자세하고 길게 풀이 하려고 합니다. 첫 번째 요점이 무엇 입니까?

 - 하나님을 전적으로 믿고 의지하는 것입니다.

9. 목사: 그것은 어떻게 일어날 수 있습니까?

 - 하나님을 전지전능하신 분으로 고백하고 최고로 알아야 합니다.

10. 목사: 그것으로 충분한가요?

 - 충분하지는 못합니다.

11. 목사: 이유는 무엇입니까?

 - 하나님께서는 우리를 도우시려 하시지만 우리 안에 죄성이 있기 때문에 합당하지 못한 존재들입니다. 그래서 우리는 하나님의 선하심을 받아들이기에 합당하지 못합니다.

12. 목사: 우리에게 더 요구되는 것은 무엇입니까?

 - 하나님께서 우리들을 사랑하시고 있는 것과 우리의 영원한 아버지와 우리들의 주인되시길 원하신다는 사실을 확신해야 합니다.

13. 목사: 우리가 어떻게 하나님이 우리를 사랑하고 계시다는 사실을 알 수 있습니까?

 - 하나님의 말씀으로 알게 하시고 하나님께서는 독생자 아들이신 예수 그리스도를 통하여 하나님의 긍휼과 사랑을 우리들에게 친히 확인시켜 주시고 계십니다.

14. 목사: 하나님에 대한 참된 믿음의 근거는 예수 그리스도 안에서 하나님을 알아가는 데 있다는 말인가요?

 - 그렇습니다.

15. 목사: 그리스도인들의 참 신앙의 요약이며, 순수한 사도적 가르침으로부터 추론된 것인 사도신경을 암송해서 써 보세요.

　- 나는 전능하신 아버지 하나님, 천지의 창조주를 믿습니다.

　나는 그의 유일하신 아들, 우리 주 예수 그리스도를 믿습니다.

　그는 성령으로 잉태되어 동정녀 마리아에게서 나시고,

　본디오 빌라도에게 고난을 받아 십자가에 못 박혀 죽으시고,

　장사된 지 사흘 만에 죽은 자 가운데서 다시 살아나셨으며,

　하늘에 오르시어 전능하신 아버지 하나님 우편에 앉아 계시다가,

　거기로부터 살아 있는 자와 죽은 자를 심판하러 오십니다.

　나는 성령을 믿으며, 거룩한 공교회와 성도의 교제와 죄를 용서받는 것과

　몸의 부활과 영생을 믿습니다. 아멘

(하나님 아버지)

16. 목사: 사도신경에는 하나님을 아버지라 부르는데 우리는 왜 하나님을 아버지라 부르는가?

　- 예수님이 오셔서 하신 말씀 때문에 그렇습니다. 하나님은 예수님을 아들이라고 부르셨고, 예수님도 하나님을 아버지라고 부르셨습니다. 우리를 형제라고 불러주신 예수님이 하나님을 아버지라고 부르셨기 때문에 우리 역시 하나님을 아버지라고 부를 수 있는 것입니다.

(주 예수 그리스도)

17. 목사: 우리가 부르는 '예수'란 뜻은 무엇인가?

　- 구원자라는 뜻입니다. 이 이름은 하나님이 정하시고 천사에게 명령해서 붙여진 이름입니다.

18. 목사: 예수님은 어떤 종류의 기름 부음을 받으셨는가?

   - 구약에 왕, 제사장들, 예언자들이 받는 가시적인 기름 부음이 아니라 예수님은 성령님의 은혜에 의하여 기름 부음을 받으셨습니다. 성령님의 은혜야 말로 구약에 행해 겼던 가시적인 기름 부음의 실체입니다.

19. 목사: '성령으로 잉태하사 동정녀 마리아에게 나시고'라는 구절을 어떻게 알고 있는가?

   - 예수님은 마리아의 몸에서 우리와 같은 육체를 갖게 되셨으나 그것은 인간에 의한 것이 아니라 성령님의 기적적인 활동에 의해 되어진 일입니다.

(행위)

20. 목사: 신앙은 우리가 선행에 대해 무관심하지 않게 하고 선행의 원인이 되는 것인가요?

   - 그렇습니다. 복음의 가르침은 신앙과 회개 안에 다 포함되어 있습니다.

깔뱅의 교리문답 평가서

교육대상	청년부 예배에 참석하는 청년들을 대상으로 교육(평균출석인원: 15~20명)				
	1차 교육	2차 교육	3차 교육	4차 교육	교리문답 시험
	2009년 5월 3일 주일(청년예배)	2009년 5월 10일 주일(청년예배)	2009년 5월 17일 주일(청년예배)	2009년 5월 24일 주일(청년예배)	2009년 5월 31일 주일(청년예배)
	1차 교육평가	2차 교육평가	3차 교육평가	4차 교육평가	시험 평가
교육 일정 및 교육 내용	O·T 시간을 통해서 깔뱅에 대한 간단한 소개와 깔뱅의 요리문답 소개 그리고 다음 교육 시간에 필요한 문제와 해답지 배포. 총4차에 걸친 교육을 소개하는 시간과 첫 번째 시간으로 문제1~10번을 함께 나눔	1차 모임에서 함께 나누었던 문제를 모임의 시작과 함께 풀어봄. 모임에서 푼 문제에 대한 질문과 궁금한 내용을 함께 나눔. 3차 교육 시간에 풀어볼 문제11~20번을 배포.	2차 모임에서 배포된 문제를 풀어봄. 함께 풀어본 문제에서 궁금한 것이나 의문 또는 해설이 필요한 부분을 함께 나눔. 요리문답 문제중 10문제를 선별해서 배포	3차 모임에서 배포된 문제를 함께 풀어보고 의문 사항이나 설명이 필요한 부분을 나눔. 1차 모임에서 잠시 나누었던 깔뱅과 요리문답에 대해 다시 한번 소개하는 시간과 청년들에게 요리문답 교육에 대한 느낀점을 나눔.	깔뱅의 요리문답 교육 시간중 마지막 시간임을 청년들에게 알리고 마지막으로 요리문답에서 발췌한 20문제를 다시 풀어보게 하고 총정리하는 시간을 가짐.
	참석인원: 청년18명, 교사2명	참석인원: 청년16명, 교사2명	참석인원: 청년17명, 교사2명	참석인원: 청년17명, 교사2명	참석인원: 청년20명, 교사2명
종합 평가	깔뱅의 요리문답에 대해서는 사실은 나 자신조차도 자세히 알지 못함으로 인해서 청년들에게 교육하기 위해서 따로 시간을 내서 공부를 하거나 참고서적을 찾아보는 시간을 가짐으로 인해서 배움의 시간을 가지게 된 것에 감사한다. 또한 청년들이 요리문답을 통해서 작은 믿음의 변화와 행동의 변화가 일어나는 것 같아서 한편으론 좋은 시간이었음을 알게 되었다. 이 후에 시간이 허락한다면 다시한번 깔뱅의 요리문답을 가지고 청년들과 함께 나누는 시간을 가져보려 한다. 청년들 또한 함께 나누는 시간에 그들이 설교나 성경공부를 통해서 대충 알고 넘어갔던 부분들, 하나님에 대해, 예수님에 대해, 성령님 그리고 구원받은 우리의 모습에 대해 확실하게 보여주고 알게 되는 시간이었다는 것에 기뻐하고 즐거워하는 모습을 보았으며, 믿음에 대해 깊이 생각하고 스스로가 변화된 모습을 갖도록 노력하겠다고 이야기하는 청년들이 생겨났다. 마지막으로 이번 교육은 청년들 뿐 만아니라 교육하는 나에게도 좋은 시간이었다.				

제21장 깔뱅의
디아코니아(복지)론

Ⅰ. 서론

새 천년의 희망찬 첫 걸음을 내디뎠던 한국교회(=기독교 =개신교)가 채 10년도 지나지 않아 무거운 발걸음을 옮기며, 숨을 가쁘게 몰아쉬고 있다. 한국교회의 상당부분을 차지하고 있는 개혁교회 전통 속에 있는 우리로서는 여기에 대해 더욱 무거운 책임감을 느끼지 않을 수 없다. 구체적으로 여기에 대한 다양한 원인들이 있겠지만, 일반적으로 말하면, 교회는 자신이 간직해야만 하는 정체성 문제와, 대외적 관계성 문제가 있을 것이다. 밖에서 교회를 바라보는 시각이 그다지 곱지만은 않다는 것이다. 교회 밖의 사람들에게는 오늘날 한국교회가 선교 초창기에 보여주었던 사회와 국가를 향한 사랑의 희생과 헌신과 봉사의 이미지를 벗어나, 이기집단의 이미지를 노출시키고 있는 것이 분명하다.[1]

이 같은 시점을 맞이하여 교회의 정체성과 관계성을 동시에 진단할 수 있는 '디아코니아'(diakonia; διακονία)라는 주제는 매우 시의적절하다고 판단된다. 왜냐하면 '디아코니아'는 기본적으로 교회의 본질을 형성하는 동시에 교회 안과 교회 밖 사이를 연결시켜주는 징검다리의 기능을 하기 때문이다.

---

1) 이만식. "2006학년도 2학기 제5회 소망신학포럼: '사회적 약자들의 《교회에 대한 태도》와 《자아 존중감》을 바탕으로 한 새로운 선교전략 방안–탈북자(새터민), 생활보호대상자, 장애인 등을 중심으로,'"(2006년 11월 1일, 장로회신학대학교 대학원 팜플렛 개인과제4), p. 4.

II. 개혁교회 전통에서 디아코니아의 특징

개혁교회 전통에서 일반적으로 이해된 디아코니아 신학을 다음과 같이 다섯 가지 관점에서 제시할 수 있을 것이다.[2]

1. 교회의 디아코니아의 신학적 근거

개혁교회 전통에서 교회의 '디아코니아'는 다양한 신학적 근거, 즉, 창조신학적 근거, 그리스도론적 근거, 성령론적 근거, 교회론적 근거, 구원론적-화해론적 근거, 하나님의 나라의 신학적 근거 등을 가진다. 개혁교회 신앙은 창조주 하나님께 물질을 비롯하여 세계를 창조하셨고, 지금도 그것을 보전하신다고 믿는 신앙이기 때문에, 교회가 선용하는 사랑의 물질은 창조신학적 근거를 가진다. 개혁교회 신앙은 교회를 성령의 은사공동체로 이해하기 때문에, 교회는 각양 은사를 따라, 특별히 디아코니아의 은사를 올바르게 사용할 책임을 갖는 신앙이기 때문에, 디아코니아는 성령론적 근거를 갖는다. 비기독교인이나 일반사회 단체도 이웃을 위해 디아코니아적 봉사행위를 하고 있고, 할 수 있지만, 디아코니아는 개혁교회의 중요한 목적과 기능에 속하기 때문에, 디아코니아는 교회론적 근거를 가진다. 예수 그리스도께서 섬기는 종과 화해자와 구속자로 오셔서, 그 결과 하나님의 나라를 성취하기 위해 오셨기 때문에, 디아코니아는 기독론적, 화해론적 관점에서 이해되고, 하나님의 나라를 이룩하기 위한 초석이 된다.

---

2) 최윤배·낙운해. "개혁전통에서 본 21세기 한국교회의 '디아코니아'의 본질과 실천," 장로회신학대학교 연구지원처 편. 『21세기 교회와 사회봉사2』(서울: 장로회신학대학교출판부, 2008), pp. 308-310.

2. 교회의 디아코니아의 정의

'디아코니아'는 좁은 의미에서는 주로 물질과 경제적 측면에서 나타난 하나님과 교회의 자비와 사랑으로 이해되지만, 넓은 의미에서 '디아코니아' (Diakonia; service)는 하나님과 교회의 모든 섬김의 사역(Dienst; ministry)을 포괄하는 것으로 통전적으로(holistic; ganzheitlich) 이해된다.

3. 교회의 디아코니아의 기능 또는 목적

개혁교회 전통에서 '디아코니아'는 소극적인 측면에서 이웃사랑의 실천이나 복음전파의 수단정도이지만, 적극적인 측면에서는 본질적으로 구원과 해방과 화해를 지향하는 하나님의 나라의 실현과 직결되어 있다.

4. 교회의 디아코니아의 실천방법

개혁교회 전통에서 교회가 실천해야할 디아코니아의 방법은 디아코니아의 정의만큼이나 다양하다. 말씀과 기도의 봉사로부터 시작하여 구체적인 한국교회의 다일공동체와 같은 '밥퍼 공동체'의 사역에 이르기까지 매우 다양하다. 다시 말하면, 디아코니아의 실천은 개인적, 구조적 차원을 총망라하여, 심리적, 정신적, 사회적, 경제적, 정치적, 환경적, 종교적 차원 등에서 다양한 방법들을 가진다.

5. 교회의 디아코니아의 다른 공동체와의 관계

개혁교회 전통에서 특별히 츠빙글리는 '디아코니아'의 문제를 국가에 일임했다. 이것은, 우리가 츠빙글리의 교회와 국가의 긴밀한 관계를 잘 이해한다면, 교회가 디아코니아 문제에 전적으로 무관심하거나 무관했던 것으로 이해되어서는 안 된다. 왜냐하면, 국가의 디아코니아 문제에 교회와 그리스도인들이 이미 직접 또는 간접적으로 연관되어 있기 때문이다. 그러나 개혁교회 전통에서 디아코니아는 교회의 본질에 속하여 교회가 반드시 디아코니아 사역을 수행하되, 교회 밖의 국가나 단체 등과 협력하여 수행할 수도 있다.

III. 디아코니아 신학자로서의 깔뱅과 부처

마르틴 부처(Martin Bucer = Butzer, 1491-1551)는 인간에 대한 교회 봉사(디아코니아)라는 주제와 관련하여 부처는 명쾌하고, 설득력이 있고, 일관성이 있다.3) 그는 그의 당대의 어떤 사람들보다도 봉사에 대해 더욱 강조해야만 했고, 그의 시대이래로 대부분의 신학자들 이상으로 절박하게 교회 봉사에 대해서 썼다. 부처는 참으로 '디아코니아 신학자'(the theologian of diakonia)라는 이름을 얻을 만하다.4) 바르트도 교회공동체 봉사(der Dienst der Gemeinde)의 신학자로서의 부처의 봉사신학을 경탄할만한 기념비로 간주했고, 자신도 봉사신학에 깊은 이해를 가졌다.5)

그럼에도 불구하고, 공동체의 봉사에 대한 이 주제는 교회의 오랜 역사(歷史) 속에서 비중을 가지고 강조되지 않았다. 교회의 목적이 근본적으로 재검토되어지던 종교개혁 동안에도 마찬가지였다. 종교개혁 동안 제기된 그렇게도 많은 다른 중요한 질문들, 가령, 그리스도의 교회는 무엇인가? 그리스도는 교회가 하는 일을 위해서 무엇을 하시며, 교회는 이것을 하는 동안에 어떻게 관련되어 있는가? 등의 질문들은 16세기 속에서 해답을 받아들였다. 이 해답들은 불가피하게 시대의 사회적 그리고 정치적 필요성에 의해 제한받기도 하고, 로마 가톨릭주의와의 신학적 논쟁의 교의학적 필요성에 의해서 제한받기도 했다. 이 같은 어려운 상황 속에서 깔뱅을 비롯하여 종교개혁자들은 인간에

---

3) 최윤배·낙운해, "개혁전통에서 본 21세기 한국교회의 '디아코니아'의 본질과 실천," 장로회신학대학교 연구지원처 편, 『21세기 교회와 사회봉사2』, pp. 174-198.

4) Basil Hall, "Diakonia in Martin Butzer," James I. McCord and T. H. L. Parker(Ed.), *Service in Christ: Eaasys Presented to Karl Barth on His 80th Birthday*(Grand Rapids: William B. Eerdmans Company, 1966), p. 89; 최윤배, 『잊혀진 종교개혁자 마르틴 부처』, pp. 447-470

5) Karl Barth, *Die Kirchliche Dogmatik* IV/3(Zollikon-Zürich: Evangelischer Verlag AG., 1959), S. 1020(= *Church Dogmatics* IV/3, pp. 889-890).

대한 교회의 봉사 실천의 주제를 빠뜨리지는 않았지만, 그들 중에 특별히 부처는 이 주제에 근본적인 위치를 부여했다.

깔뱅은 제네바의 구빈원 경험(R. M. Kingdon)과, 특히 부처의 디아코니아 사상의 영향(W. Innes)과, 자신의 성서주석 작업(E. A. McKee)을 통하여 디아코니아를 교회 사역의 본질로 이해하면서도 제네바시(市)는 물론 일반시민과 연대하여 모범적으로 실천하였다.

로마가톨릭교회에서 개혁교회로 전향한 베르게리오(Pietro Paolo Vergerio)는 사회복지제도가 잘 확립된 제네바의 16세기 상황을 다음과 같이 기술했다. "나는 교회에서 가난한 자들을 위해 공개적으로 모금을 하는 것을 결코 보지 못했다. 그리고 연보 주머니를 시끄러울 정도로 흔드는 것도 이곳에서는 본 적이 없다. 그러나 나는 여기 거리에서 단 한 명의 거지도 만나지 못했다. 나는 여기에서는 가난한 사람들이 온갖 종류의 기관에 기독교적 사랑을 호소할 필요가 없음을 알았다. 이 도시에서는 진정한 형제애(자매애) 가운데 풍성한 도움이 제공되고 있다."[6]

우리는 여기서 깔뱅의 디아코니아에 대하여 다루지 않고 깔뱅의 디아코니아 대한 국내외 학자들에 의해 이루어진 연구물을 소개함으로써 깔뱅의 디아코니아에 대한 관심을 불러일으키고, 여기에 대해 계속적으로 심도 깊게 연구하기를 원하는 사람들에게 안내를 함으로써 본고의 목적을 달성하고자 한다.

깔뱅의 디아코니아에 대한 국내 초창기 연구는 디아코니아 전문가인 김옥순에 의하여 이루어졌다. 그녀는 깔뱅의 디아코니아 이해를 주로 조직신학적 차원에서 견고한 기초를 놓았다.[7] 또한 박경수는 깔뱅의 디아코니아를 역사 신학적 관점에서 제네바 구빈원과 프랑스기금을 중심으로 논의했다.[8] 최근에

---

6) Hans Scholl, "The Church and the Poor in the Reformed Tradition," *Ecumenical Review* Vol 32,(1990), p. 236.

7) 김옥순, "칼빈의 디아코니," 한국칼빈학회 역음, 「칼빈연구 창간호」(서울: 한국장로교출판사, 2004), pp. 189-217; 김옥순, 『디아코니아 신학』(서울: 한들출판사, 2011), pp. 109-177.

김병환은 일반 사회복지와의 관련은 물론 깔뱅신학과 사상 전반을 사회복지 사상과 관련하여 포괄적으로 논의했다.[9]

  그리고 깔뱅의 디아코니아, 특히 개혁교회 전통에서 디아코니아 연구의 대표적인 저서는 맥키(E. A. Mckee)의 『개혁교회 전통과 다이코니아』이다.[10] 그녀는 여기서 2000년 기독교회 전통, 특히 개혁교회 전통에서 디아코니아 이해와 실천은 물론 오늘날 21세기 상황 속에서의 적용 문제까지 다루었다. 또한 리이드(J. K. S. Reid)가 "깔뱅의 사상에서 디아코니아"라는 짧은 논문 속에서 디아코니아 개념과 집사직을 간략하게 다루었다.[11]

  무엇보다도 깔뱅의 디아코니아 이해와 사회복지 문제를 가장 전문적으로 다룬 학자는 킹던(Robert M. Kingdon)과[12] 올슨(Jeanne E. Olson)이다.[13] 이 두 학자들에 의해 서고(書庫)에서 잠자던 고문서(古文書)들이 21세기라는 옥외에서 빛을 발하게 되었다.

---

8) 박경수, "16세기 종교개혁자들의 사회복지 사상: 루터와 칼뱅을 중심으로." 장로회신학대학교 연구지원 처 편, 『21세기 교회와 사회봉사2』, pp. 85–141.

9) 김병환, 『사회복지사업 측면에서 본 칼빈연구』(서울: 도서출판 목양, 2010).

10) Elsie Anne Mckee, Diaknoa in the Classical Reformed Tradition and Today(Grand Rapids: W. B. Eerdmans Publishing Company, 1989), 참고 류태선 · 정병준 역, 『개혁교회 전통과 디아코니아』 (서울: 한국장로교출판사, 2000).

11) J. K. S. Reid, "Diakonia in the Thought of Calvin," James I. McCorld and T. H. L Parker (ed.), Service in Christ (Grand Rapids: W. B. Eerdmans Publishing Company, 1966), pp. 101–109.

12) R. M. Kingdon, "Calvin's Ideas about the doakonate: Social or Theological in Origin?" Piety, Politics, and Power: Reformation Studies in Honor of George Wolfgang Forell, ed. Carter Lindberg (Kirksville: Sixteenth Century Journal Publishers, 1984), pp. 167–180; ibid., "Calvinism and Social Welfare," Calvin Theological Journal Vol. 17, No. 2(Nov 1982), pp. 212–230; ibid., "Social Welfare in Calvin's Geneva," American Historical Review Vol. 76, No. 1(Feb. 1971), pp. 50–69; ibid., "The Deacons of the Reformed Church in Calvin's Geneva," Church and Society in Reformation Europe, ed. Robert Kingdon (London: Variorum Reprints, 1985), pp. 88–90; ibid., "A New View of Calvin in the Light of the Registers of the Geneva Consistory," Calvinus Sincerioris Religionis Vindex, vol. XXXVI, ed. W. H. Neuser and B. G. Amstrong (Kirksville, Mo.: Sixteenth Century Journal Publishers, 1997), pp. 21–33.

13) Jeannine E. Olson, Calvin and Social Welfare: Deacons and the Bourse française (Grandbury: Associated University Presses, 1989); ibid., Deacons and Deaconesses Through the Centuries (St. Louis: Concordia Publishing House, 2005); ibid., "The Bourse Française: Deacon and Social Welfare in Calvin's Geneva," Pacific Theological Review (1982), pp. 18–24; ibid., "Calvin and Diaconate," Liturgy 2(1982), pp. 78–83; ibid., "Calvin and Social-Ethical Issues," John Calvin, ed. Donald K. McKim (Cambridge: Cambridge University Press, 2004), pp. 153–172.

Ⅳ. 결론

마르틴 부처와 깔뱅을 비롯하여, 일반적으로 개혁전통에서 교회의 '디아코니아'는 교회 밖의 다른 단체들이나 국가들과 긴밀한 협력관계를 유지할 때조차도, 교회는 자신의 '디아코니아'의 본질과 실천에 대한 분명한 기독교적, 신학적 근거와 교회론적인 근거를 가지고 있었다. 한국교회의 디아코니아와 관련하여 가장 심각하게 제기되는 문제는 디아코니아에 대한 분명한 신학적인 이해의 부족인 것 같다.

디아코니아는 교회가 실천하면 좋고, 안 하면 그만이라는 식으로 선택적이거나 지엽적인 문제가 아니라, 교회의 목적과 하나님의 나라의 구현에 본질적인 요소에 속한다는 사실이다. 또한 교회의 '디아코니아'는 국가 등을 통한 일반 사회복지나 인류애를 통한 사랑의 실천과 관련을 갖고 있으면서도, 이 분야에서 이해되거나 실천될 수 없는 다른 차원도 갖고 있음을 분명하게 인정해야 할 것이다.

V. 참고문헌

1. 한글문헌

김명용. 『열린 신학 바른 교회론』. 서울: 장로회신학대학교출판부, 1997, pp. 31-38, 85-108.

김명용. "2006년도 제5회 소망신학포럼: '교회의 사회봉사 신학'."(2006년 10월 11일, 장로회신학대학교 대학원 팜플렛).

김병환. "사회복지사업 측면에서 본 칼빈 연구."(예일신학대학원대학교 미간행 Th.D.논문, 2004).

김선태. 『선교복지학개론 - 하나님의 형상으로의 회복』. 서울: 도서출판 카이로스, 2005.

김선태. 『선교학개론』. 서울: 도서출판 카이로스, 2006, pp. 239-272.

김옥순. "칼빈의 디아코니." 한국칼빈학회(엮음). 「칼빈연구」창간호. 서울: 한국장로교출판사, 2004, pp. 189-217.

김옥순. 『디아코니아 신학』. 서울: 한들출판사, 2011.

김현주. "Calvin의 pietas 관점에서 본 Diakonia."(평택대학교 신학전문대학원 미간행신학박사학위 논문 2010, 8).

박은자. "깔뱅의 디아코니아 사상."(장로회신학대학교 목회전문대학원 미간행석사학위 논문, 2008).

성종현. "2006락년도 2학기 제5회 소망신학포럼: '신앙성서와 섬김(디아코니아)',"(2006년 9월 20일, 장로회신학대학교 대학원 팜플렛).

숭실대학교 기독교학대학원(편). 「제11회 전국 목회자 신학세미나: 21세시 목회와 다이커니아」. 서울: 숭실대학교 기독교교학대학원/숭실대학교 한국기독교문화연구소, 2003.2.10~14일.

이만식. "2006학년도 2학기 제5회 소망신학포럼: '사회적 약자들의 ≪교회에 대한 태도≫와 ≪자아 존중감≫을 바탕으로 한 새로운 선교전략 방안-탈북자(새터민), 생활보호대상자, 장애인 등을 중심으로',"(2006년 11월 1일, 장로회신학대학교 대학원 팜플렛).

이삼열(엮음). 『사회봉사의 신학과 실천』. 서울: 도서출판 한울, 1992.

이승렬. "개혁교회 전통과 디아코니아." 「교회와 신학」여름호(2006). 서울: 장로
회신학대학교출판부, 2006, pp. 157-161.

이승렬. "하나님의 나라와 교회의 관점에서 본 디아코니아." 「바른교회」제1권
(2005년 겨울), pp. 133-175.

주도홍. "독일교회의 디아코니아." 백석대학교(편), 「기독교대학의 글로벌 리더,
학교법인 백석대학교 설립 제30주년 설립자 장종현 박사 육영 30년 기념
논문집(신학편)」(서울, 2006), pp. 313-335.

한국일. "2006학년도 2학기 제5회 소망신학포럼: '통전적 선교 관점에서 본 교
회의 사회봉사와 책임에 관한 연구'."(2006년 10월 18일, 장로회신학대학
교 대학원 팜플렛).

2. 외국어 문헌 또는 번역문헌

Abbing, Pieter Johan Roscam. *Diakonia: Een studie over het begrip Dienst in
dogmatiek en practische Theologie*. 's-Gravenhage: Boekencentrum N.V.,
1950.

Barnett, James Monroe. *The Diconate: A Full and Qual Order*. Harrisburg: Trinity
Press International, 1995[2].

Barth, Karl. *Die Kirchliche Dogmatik* IV/3. Zollikon-Zürich: Evangelischer Verlag
AG., 1959.

Biesterveld, P. etc. *Het diaconaat: Handboek ten dienste der Diaconieën*. Hiversum:
J.H. Witzel, 1907.

Daiber, K.-F. 황금붕 역. 『교회의 정체성과 교회봉사』. 서울: 한국장로교출판사,
2001.

Galling, Kurt(Hrg.). *Die Religion in Geschichte und Gegenwart*. II. Tübingen:
J. C. B. Mohr(Paul Siebeck), 1963[3], S. 162-167.

Hammann, Gottfried. *Die Geschichte der christlichen Diakonie: Praktizierte
Nächstenliebe von der Antike bis zur Refomationszeit: In
Zusammenarbeit mit Gerhard Philipp Wolf*. Göttingen: Vandenhoeck &
Ruprecht, 2003.

Hammann, Gottfried. *L'amour retrouvé. Le ministère de diacre, du christianisme primitif aux Réformateurs protestants du XVIe siècle*. Paris, 1994.

Hopf, Constantine. *Martin Bucer and the Englisch Reformers*. Oxford: Basil Blackwell, 1946.

van Klinken, Jaap. *Diakonia: Mutual Helping with Justice and Compassion*. Grand Rapids: William B. Eerdmans Publishing Company, 1989.

Lee, Seung-Youl. *Die Geschichte der Diakonie in den protestantischen Kirchen Koreas und Perspektiven für die Erneuerung ihrer diakonischen Arbeit*. Frankfurt a.M. · Berlin · Bern · Bruxelles · New York · Wien: Peter Lang GmnH, 1999.

McCord, James I. and Parker, T. H. L. (Ed.) *Service in Christ: Eaasys Presented to Karl Barth on His 80th Birthday*. Grand Rapids: William B. Eerdmans Company, 1966.

McKee, Elsie Anne. *Diakonia in the Classical Reformed Tradition and Today*. Grand Rapids: William B. Eerdmans Publishing Company, 1989.

McKee, Elsie Anne. *Diakonia in the Classical Reformed Tradition and Today*. 류태선 · 정병준 역. 『개혁교회 전통과 디아코니아』. 서울: 한국장로교출판사, 2000.

Philippi, Paul. *Christozentrische Diakonie*. Stuttgart: Evangelisches Verlagswerk, 1963/1975.

Philippi, Paul. "Diakonie." in: G. Krause/G. Müller(Hrg.). *Theologische Realenzyklopädie*(= TRE) Band 8. Berlin: Water de Gruyter. 1981, S. 726-732.

Philippi, Paul/Strohm, Theodor(Hrg.). *Theologie der Diakonie*. Heidelberg: Heidelberger Verlagsanstalt, 1989.

Schober, Theodor(Hrsg.). *Handbücher für Zeugnis und Dienst der Kiche Band IV: Gesellschaft als Wirkungsfeld der Diakonie*. Verlagswerk der Diakonie GmbH, 1981.

Watkins, Derrel R. *Christian Social Ministries: An Introduction*. 노영상 역. 『기독교 사회봉사 입문』. 서울: 쿰란출판사, 2003.

van 't Spijker, W. *De ambten bij Martin Bucer*. Kampen: Uitgeversmaatsc happij J.H. Kok, 1970.

van Well, H. H. "Dienst vaardig: een praktisch-theologisch onderzoek naar de visie op diaconaat en de plaat van de diaken in de Christelijke

Gereformeerde Kerken en de mogelijkheid om diakenen daarin via gemeenteopbouw verandering te laten bregen." (Doctoraal Scriptie, Apeldoorn, 1998).

Wendel, François(ed.). *Martini Buceri Opera Latina Volumen XV De Regno Christi Libri Duo 1550.* Paris: Presses Universitaires de France; Gütersloh: C. Bertelsmann Verlag, 1955.

제22장 전체 참고문헌

1. 깔뱅의 제1차문헌

- CO 1-59: *Ioannis Calvini Opera quae supersunt omnia.* Ed. G. Baum, E. Cunitz, E. Reuss, 59 vols. Brunsvigae 1863-1900.
- OS Ⅰ-Ⅴ: *Joannis Calvini Opera Selecta.* Ed. P. Barth und G. Niesel. 5 Vols. Monaccii 1926-1936.
- SC: Supplementa Calviniana I-VI. Neukirchen Kreis Moers: Neukirchener Verlag der Buchhandlung des Erziehungsvereins, 1961-1971.
- *Johannes Calvijn: Institutie of onderwijzing in de christelijke godsdienst* (uit het Latijn vert. door Dr. A. Sizoo), Delft 1956.
- *Johannes Calvijn: Institutie 1536: Onderwijs in de christelijke religie* (vert. door W. van 't Spijker), Delft 1992.
- *De commentaren,* Goudriaan 1970ff.
- Calvin's Commentanes(Grand Rapids : Wm. B. Eerdmans Publishing Co.).
- 존 칼빈 원저. 『성경주석』. 서울 : 성서원, 2001.

2. 깔뱅의 제2차문헌

Aalders, W. J. *De incarnatie,* Groningen/Den Haag/ Batavia 1933.

Adam, A. *Lehrbuch der Dogmengeschichte* Ⅱ, Gütersloh 1968.

Adam, J. *Evangelische Kirchengeschichte der Stadt Straßburg bis zur französischen Revolution,* Straßburg 1922.

_____. *Evangelische Kirchengeschichte des elsassischen Territorien,* Straßburg 1928.

_____ (red.). *Inventaire des Archives du Chapitre de S'-Thomas de Strabourg,* Strasbourg 1937.

Ainslie, J. L. *The doctrines of Ministerial Order in the Reformed Churches of the*

16th and 17th Centuries, Edinburgh 1940.

Albertz, M. *Die Botschaft des Neuen Testaments I/1*, Zürich 1947.

Allen, J. W. *A History of Political Thought in the Sixteenth Century*, London 1977.

Althaus, P. *Paulus und Luther: Über den Menschen*, Gütersloh 1958.

Anrich, G. "Ein Bedacht Bucers über die Einrichtung von 'Christlichen Geneinschaften'," in: *ARG*, Ergänzungsband V, Festschrift für Hans von Schubert zu seinem 70. Geburtstag, Leipzig 1929, S. 46-70.

_____. *Martin Bucer*, Straßburg 1914.

_____. "Straßburg und die calvinistische Kirchenverfassung," in: *Reden bei der Rektoratsübergabe am 3. Mai 1928*, Tübingen 1928, S. 12-31.

van Asselt, W. J. *Amicitia Dei: een onderzoek naar de structuur van de theologie van Johannes Coccejus (1603-1669)*, Ede 1988.

Augustijn, C. *De godsdienstgesprekken tussen rooms-katholieken en protestanten van 1538 tot 1541*, Haarlem 1967.

_____. *Kerk in Nederland 1945-1984*, Delft 1984.

_____. "Calvin in Strasbourg," in: W. H. Neuser (red.), *Calvinus Sacrae Scripturae Professor: Calvin as Confessor of Holy Scipture*, Grand Rapids 1994, pp. 166-177.

Augustine, ST. *Opera omnia* (MIGNE, Patrologia latina, vols. XXXII-XLVI).

Autin, A. *L'Echec de la Réforme en France*, Paris 1918.

_____. *L'Institution chrétienne de Calvin*, Paris, 1929.

Backus, I. "Influence of some Patristic Notions of *substantia* and *essentia* on the Trinitarian Theology of Brenz and Bucer (1528)," in: *ThZ* 37 (1981), pp. 65-70.

_____. "'Aristotelianism' is some of Calvin's and Beza's Expository and exegetical writings on the doctrine of the Trinity, with particular reference to the terms οὐσία and ὑπόστασις," in: O. Fatio e.a. (red..), *Histoire de l'exégèse au XVIe siècle: Textes du colloque international Tenu à Genéve en 1976*, Genève 1978, pp. 351-360.

_____. Backus, I. (vert.), *Lectures Humanistes de Basile de Césarée*, Paris 1990.

Bähler, E. "Petrus Caroli und Johann Calvin: Ein Beitrag zur Geschichte und Kultur der Reformationszeit," in: *Jahrbuch für Schweizerische Geschichte*

29(1904), S. 41-169.

Bainton, R. H. "Servet et les Livertins de Genève," (*Bull. de la Soc. de l'Hist. du Protest. franç.*, vol. LXXXVII, Paris, 1938).

_____. Hunted Heretic; *the Life and Death of Servetus*, Boston 1953.

Van den Bakhuizen, B. J. N. e.a. *Handboek der kerkgeschiedenis ||||: Reformatie en Contra-reformatie*, Leeuwarden 1980.

Balke, W. "The Word God and Experientia," in: W. H. Neuser (red.), *Calvinus Ecclesiae doctor*, Kampen 1978, pp. 19-31.

_____. "Calvijn en Van Ruler over de Heilige Geest," in: K. Abbink e.a. (red.), *1993-1994 Jaarboekje van G.T.S.V. Voetius*, Zwolle 1994, pp. 31-45.

_____. "Wort Gottes und Erfahrung bei Calvin," in: *RKZ* 120 (1979), S. 94-98.

_____. *Calvijn en de doperse radikalen*, Amsterdam 1970.

Barnaud, J. *Pierre Viret*, Saint-Amans, 1911.

_____. "Jacques Lefèvre d'Etaples" (*Etudes théologiques et religieuses*, Montpellier, 1936).

Barnikol, H. M. *Bucers Lehre von der Rechtfertigung* (Diss.), Göttingen 1961.

_____. *Die Lehre Calvins vom unfreien Willen und ihr Verhältnis zur Lehre der übrigen Reformatoren und Augustins*, Neuwied, 1927.

Baron, H. *Calvins Staatsanschauung und das konfessionelle Zeitalter*, München/Berlin 1924.

Barth, K. *Der Römerbrief* (1922), München 1933.

_____. *Der Römerbrief* (1919) (red. door H. Schmidt), Zürich 1985.

_____. *Gottes Gnadenwahl*, München 1936.

_____. *Die Kirchliche Dogmatik I, II*, Zürich 1946.

_____. *Die christliche Lehre nach dem Heidelberger Katechismus*, Zollikon-Zürich 1948.

Barth, P. "Calvins Verständnis der Kirche," (*Zwischen den Zeiten*, 1930).

_____. "Calvins Lehre vom Staat als providentieller Lebens ordnung," (*Festschrift für P. Wernle*, Basle, 1932).

_____. "Fünfundzwanzig Jahre Calvinforschung 1909-1934," (*Theologische Rundschau*, Tubingen, 1934).

_____. "Das Problem der natürlichen Theologie bei Calvin," (*Theologische*

Existenz heute, fasc. 18, Munich, 1935).

_____. "Die Erwählungslehre in Calvins Institutio von 1536," in: A. Lempp (red.), *Theologische Aufsätze: Karl Barth zum 50. Geburtstag*, München 1936, S. 432-442.

_____. "Die biblische Grundlage der Prädestinationslehre bei Calvin," in: *EvTh* 5 (1938), S. 159-182.

Bartholomew, C. S. *Calvin's Doctrine of the Cognitive Illumination of the Holy Spirit as Developed in the Institutes of the Christian Religion* (Diss.), Western Conservative Sem. 1977.

Battles, F. L. (vert.). *John Calvin: Institutes of the Christian Religion 1536 Edition*, Grands Rapids 1989 (1980).

_____. *Analysis of the Institutes of the Christian Religion of John Calvin*, Grand Rapids, Michigan 1980.

_____. "True Piety According to Calvin," in: D. K. McKim (red.), *Readings in Calvin's Theology*, Grand Rapid 1984, pp. 192-211.

Bauke, H. *Die Probleme der Theologie Calvins*, Leipzig 1922.

Baum, J. W. *Capito und Butzer: Straßburgs Reformatoren*, Nieuwkoop 1967 (Elberfeld 1860).

Baumgratner, A. *Calvin ébraisant et interprète de l'Ancien Testament*, Paris 1889.

Baur, F. C. *Lehrbuch der Christlichen Dogmengeschichte*, Darmstadt 1979.

Baur, J. *Gott und Recht im Werke Calvins*, Bonn 1965.

Bavinck, H. *Gereformeerde Dogmatiek* *II* (Kampen 1928). *III* (Kampen 1929).

Beck, A. J. *Martin Bucer und die "Christlichen Gemeinschaften" in Straßburg* (D.S.). Nunspeet 1991.

Beckmann, J. *Vom Sakrament bei Calvin*, Tubingen, 1926.

Beker, E. J. e.a., *Wegen en kruispunten in de dogmatiek III*, Kampen 1981.

Bellardi, W. *Die Geschichte der "Christlichen Gemeinschaft" in Straßburg (1546/1550). Der Versuch einer "zweiten Reformation"*, Leipzig 1934.

Benoît, J.-D. *Calvin à Strasbourg* (Calvin 1538-1938).

_____. "Calvin et le baptême des enfants," (*Revue d'Histoire et de Philosophie religieuses*, Strasbourg 1937).

_____. *Calvin directeur d'âmes*, Strasbourg 1947.

_____. *Jean Calvin, la vie, l'homme, la pensée*, 2nd edn, s. I., 1948.

_____. (red.), *Jean Calvin: Institution de la Religion Chrestienne I − V*, Paris 1957-1963.

Berger, H. *Calvins Geschichtsauffassung*, Zürich 1955.

van den Bergh, W. *Calvijn over het Genadeverbond*, 's-Gravenhage 1879.

Berkhof, H. *Christelijk Geloof: een inleiding tot de geloofsleer*, Nijkerk 1990.

_____. "De Heilige Geest in de theologie van de 20e eeuw," in: *Rondom het Woord* 20(1978), pp. 10-15.

_____. "De Geest als voorschot," in: E. Flesseman-van Leer e.a. (red.), *Bruggen en bruggehoofden: een keuze uit de artikelen van prof. dr. H. Berkhof uit de jaren 1960-1981*, Nijkerk 1981, pp. 141-153.

_____. "Die Pneumatologie in der niederländischen Theologie," in: O. Dilschneider (red.), *Theologie des Geistes*, Gütersloh 1980, S. 25-44.

_____. *De leer van de Heilige Geest*, Nijkerk 1964.

Berkouwer, G. C. *Het werk van Christus*, Kampen 1953.

Beth, K. "Calvin als reformatorischer Systematiker," (*Zeitschrift für Theologie und Kirche*, Tübingen, 1909).

Beyerhaus, G. *Studien zur Staatanschauung Calvins. Mit besonderer Berücksichgung seines Souveränitätsbegriffs*, Berlin 1910.

de Bêze, T. *Vie de Calvin*, 1564.

Biéler, A. *La pensée économique et sociale de Calvin*, Genéve 1961.

Bizer, E. *Studien zur Geschichte des Abendmahlsstreits im 16. Jahrhundert*, Gütersloh, 1940.

Blanke, F. *Aus der Welt der Reformation*, Zürich-Stuttgart, 1960.

Blaser, K. *Calvins Lehre von den drei Ämtern Christi*, Zürich 1970.

Boettner, L. *The Reformed Doctrine of Predestination*, Grand Rapids 1948.

Bohatec, J. "Calvins Vorsehungslehre," (*Calvinstudien*, Leipzig, 1909).

_____. "Die Souveränität Gottes und der Staat nach der auffassung Calvins," (*International Congres van gereformeerden*, 1934).

_____. *Calvin und das Recht*, Feudingen, 1934.

_____. *Die Entbundenheit des Herrschers vom Gesetz in der Staatslehre Calvins* (*Zwingliana*, vol. VII, Zürich, 1935).

_____. "Calvins Lehre von Staat und Kirche," (*Untersuchungen zur deutschen Rechtsgeschichte*, fasc. 147, Breslau, 1937).

_____. "Calvin et l'humanisme," (*Revue Historique*, Paris, 1938-9).

_____. *Budé und Calvin. Studien zur Gedankenwelt des französichen Frühhumanismus*, Graz, 1950.

_____. Die legitimen Ämter der Kirche bei Butzer und Calvin, in: *RKZ* 92 (1951), 230-234.

_____. "Zur Eigenart des 'thekratischen' Gedankens bei Calvin," in: *Aus Theologie und Geschichte der reformierten Kirche: Festgabe für E. F.Karl Müller-Erlangen zu dessen 70. Geburtstag*, Neukirchen 1933, S. 122-157.

_____. "Calvins Vorsehungslehre," in: J. Bohatec (red.), *Calvinstudien: Festschrift zum 400. Geburtstag Johann Calvins*, Leipzig 1909, S. 339-441.

_____. *Calvins Lehre von Staat und Kirche mit besonderer Berücksichgung des Organismusgedankens*, Aalen 1961.

Boie, H. *La Philosophie de Calvin*, Paris 1919.

Boisset, J. *Sagesse et sainteté dans la pensée de Jean Calvin*, Paris 1959.

Borgeaud, CH. *L'académie de Calvin*, Geneva 1900.

_____. *L'Adoption de la Réforme par le peuple de Genève*, Geneva 1923.

_____. "La conquête religieuse de Genève," (published in the collection: *Guillaume Farel*, Neutchâtel 1930).

_____. *Histoire de l'Université de Genève I L'Académie de Calvin*, Genéve 1900.

Bornkamm, H. "Martin Bucer: Der dritte deutsche Reformator," in: idem., *Das Jahrhundert der Reformation: Gestalten und Kräfte*, Göttingen 1961, S. 88-112.

_____. *Martin Bucers Bedeutung für die europäische Reformationsgeschichte*, Gütersloh 1952.

_____. "Bucers letter Brief," in: *ARG* 38 (1941), S. 239-249.

_____. "Das Problem der Toleranz im 16. Jahrhundert," in: idem., *Das Jahrhundert der Reformation: Gestalten und Kräfte*, Göttingen 1961, S. 262-291.

Bos, C. G. *Nederlandse Kerkgeschiedenis na 1945*, Rotterdam 1980.

van den Bosch, J. W. *De Ontwikkeling van Bucer's Praedestinatiegedachten vóór het optreden van Calvijn*, Harderwijk 1922.

Bossert, A. *Calvin*, Paris 1906.

Boulgakof, S. *Le Paraclet*, Paris 1946.

Bourrillz, V. L. and Weiss, N. "Jean du Bellay, les protestants et la Sorbonne," (*Bull. de la Soc. de l'Hist. du Protest. franç.*, vol. LIII, Paris 1904).

Boussard, J. "L'Université d'Orléans et l'humanisme au début du XVIe siècle," (*Humanisme et Renaissance*, Paris 1938).

Bouvier, A. *Henri Bullinger*, Neuchâtel 1940.

Bozle, R. M. *The Doctrine of the Witness of the Holy Spirit in John Calvin's Theology Considered against a Historical Backgound* (Thesis-Abilene Chr.C), Abilene 1967.

Brecht, M. *Die frühe Theologie des Joh. Brenz*, Tübingen 1966.

Breen, Q. *John Calvin: A Study in French Humanism*, Grand Rapids., 1931.

Brienen, T. *De liturgie bij Johannes Calvijn*, Kampen 1987.

Brenz, J. *Fühschriften I. II*, Tübingen 1970-1974.

Bruining, A. *Verzamelde Studiën 3 dln*, Groningen 1923.

Brunet, S. *La spiritualité calvienne* (Thèse), Montpellier 1973.

Brunner, E. *Dogmatik II: Die Christliche Lehre von Schöpfung und Erlösung*, Zürich/Stuttgart 1960.

Brunner, P. *Vom Glauben bei Calvin*, Tübingen, 1925.

Bucer, M. *Enarrationes perpetuae in sacra quatuor Evangelia*, 2nd edn, Marburg, 1530; 3rd edn, Basle 1536.

_____. *Bekandnusz der vier Frey und Reichstätt... Schriftliche Beschirmung und verthedigung der selbigen Bekantnusz*, Strasbourg 1531.

_____. *Quid de baptismate infantium iusta scripturas Dei sentiendum*, Strasbourg, 1533.

_____. *Metaphrases et enarrationes perpetuae epistolarum D. Pauli Apostoli*, Strasbourg, 1536.

_____. *Scripta Anglicana*, Basle, 1577.

Buchsenschutz, L. *Histoire des liturgies en langue allemande dans l'Eglise de Strasbourg au XVIe siècle*, Cahors, 1900.

Buis, H. *Historic Protestantism and Predestination*, Philadelphia 1958.

Buisson, F. *Sébastien Castellion*, 2vols., Paris 1892.

Bungener, F. C. *Sa vie, son oeure et ses écrits*, Paris 1862.

Burckhardt, A. E. *Das Geistproblem bei Huldrych Zwingli*, Leipzig 1932.

Busser, F. *Calvins Urteile über sich selbst*, Zürich, 1950.

Byun, J. *The Holy Spirit was not yet: A Study on the Relationship between the Coming of the Holy Spirit and the Glorification of Jesus according to John 7:39* (Diss.), Kampen 1992.

Cadier, J. *Calvin*, Geneva, 1958.

Chambon, J. *Der französische Protestantismus*, München 1937.

Cantimori, D. *Eretici italiani del Cinquecento*, Florence, 1939 (German translation by w. KAEGI entitled *Italienische Haeretiker der Spätrenaissance*, Basel, 1949).

van Capelleveen, J. J. *Minjung-kerk in de sloppenwijken*, Kampen 1987.

Carew, H. R. N. *Calvin*, London 1933.

Cavard, P. *Le Procès de Michel Servet à Vienne*, Vienne 1953.

Chenpviere, M-E. *La Pense politique de Calvin*, Geneva 1938.

Choi, Y. B. *De ontwikkeling van de verhouding tussen Pneumatologie en Christologie bij H. Berkhof* (D.S.), Kampen 1993.

_____. De verhouding tussen pneumatologie en Christologie bij Martin Bucer en Johannes Calvijn. Leiden : J. J. Groen en Zoon, 1996.

Choisy, E. *Calvin et Servet: Le monument expiatoire de Champel*, Neuilly-sur-Seine 1903.

_____. "Farel à Gebève avec Calvin," (published in the symposium *Guillaume F- arel*, Neuchâtel, 1930).

_____. *La Théocratie à Genève au temps de Calvin*, Geneva 1897.

_____. *Calvin, éducateur des consciences*, Neuilly 1926.

_____. "Calvin et la science," (*Recueil de la Faculté de Théologie Protestante*, University of Geneva, 1931).

_____. "Calvin et l'union des Eglises," (*Bull. de la Soc. de l'Hist. du Protest. franç.*, vol. LXXXIV, Paris 1935).

Chrisman, M. U. *Strasbourg and the Reform: A Study in the Process of Change*,

New Haven/Londen 1967.

Chung, H. K. *De strijd om weer de zon te zijn-proeve van een Aziatische theologie*, Baarn 1991.

Clavier, H. *Etudes sur le calvinisme*, Paris, 1936.

Clouzot, H. "Les eamitiés de Rabelais en Orléans," *(Revue des Etudes Rabelaisiennes*, vol. III, Paris 1905).

Colle, R. D. *Christ and the Spirit: Spirit-Christology in Trinitarian Perspective*, New York/Oxford 1994.

van Campen, M. *Martin Bucer: een vergeten reformator 1491-1551*, 's-Gravenhage 1991.

Congar, Y. *Je crois en l'esprit Saint I – III*, Paris 1979-1980 (=*Der Heilige Geist*, Freiburg/Basel/Wien 1982).

Cornelius, C. A. *Die Verbannung Calvins aus Genf im Jahr* 1538, Munich, 1886.

_____. *Historische Arbeiten, vornehmlich zur Reformationszeit*, Leipzig, 1889.

Courvoisier, J. "Bucer et l'oeuvre de Calvin," in: *RThPh* 21 (1933), pp. 66-77.

_____. "Bucer et Calvin," in: *Calvin à Strasbourg 1538-1541*, Strabourg 1938, pp. 37-66.

_____. "Le sens de la discipline ecclésiastique dans le développement historique," in: *Hommage à Karl Barth*, Neuchatel/Paris 1946, pp. 19-30.

_____. "Les catéchismes de Genève et de Strasbourg : Etude sur le développement de la pensée de Calvin," in: *BSHPF* 84 (1935), pp. 105-123.

_____. *La notion d'église chez Bucer dans son développement historique*, Paris 1933.

_____. 'Le Sens de la discipline ecclésiastique dans la Genève de Calvin' in the Symposium *Hommage et reconnaissance à Karl Barth*, Neuchâtel, 1946.

Cramer, J. A. *De Heilige Schrift bij Calvijn*, Utrecht 1926.

_____. *Calvijn en de Heilige Schrift*, Wageningen, 1932.

Cubine, M. V. *John Calvin's Doctrine of the Work of the Holy Spirit Examined in the Light of Some Contemporary Theories of Interpersonal Psychotheraphy* (Diss.), Northwestern 1955.

Dankbaar, W. F. *Hoogtepunten uit het Nederlandsche calvinisme in de zestiende eeuw*, Haarlem 1946.

_____. *Het apostolaat bij Calvijn, in: Ned. Theol. Tijdschrift*, Ⅳ, 1949-1950, blz. 177-192.

_____. *Calvijns oordeel over het Concilie van Trente (...)*, in: Ned. Arch. v. Kerkgesch., XLV, 1962.

_____. *Het doctorenambt bij Calvijn; Over de voorgeschiedenis van het ouderlingenambt (...)*, in: Hervormers en Humanisten, Amst. 1978.

_____. *Calvijn: zijn weg en werk*, Nijkerk 1982.

_____. *De sacramentsleer van Calvijn*, Amsterdam 1941.

Dee, S. P. *Het geloofsbegrip van Calvijn*, Kampen 1918.

Deluz, G. *Prédestination et liberté*, Neuchâtel, 1942.

Demeure, J. "*L'Institution chrétienne* de Calvin: examen de l'authenticité de la traduction fancaise," (*Revue d'Histoire littéraire de la France*, vol. 22, Paris, 1915).

Diehl, W. "Calvins Auslegung des Dekalogs in der ersten Ausgabe seiner Institutio und Luthers Katechismen," (*Theologische Studien und Kritiken*, Gotha, 1898).

Dilschneider, O. *Ich glaube an den Heiligen Geist*, Wuppertal 1964.

_____. "Die Geistvergessenheit der Theologie," in: *ThLZ* 86 (1961), S. 255-65.

Doerries, H., "Calvin und Lefevre," (*Zeitschrift für Kirchengeschichte*, vol. XLIV, Gotha 1925).

Doinel, J. "Jean Calvin à Orleans," (Bull. *de la Soc. de l'Hist. du Protest. franç.*, vol. XXVI, Paris 1877).

Dominice, M. *L'Humanité de Jésus d'après Calvin*, Paris 1933.

Dorner, J. A. *Entwicklungsgeschichte der Lehre von der Person Christi* 2 Bde., Berlin 1851-1853.

Doumergue, E. *Jean Calvin: Les hommes et les chses de son temps* Ⅰ-Ⅶ, Lausanne 1899-1917.

_____. *Le Caractére de Calvin*, Neuilly 1931.

Dowey, E.A. *The Knowledge of God in Calvin's Theology*, New York 1994(1952).

_____. "The Structure of Calvin's Thought as Influenced by the Twofold Knowledge of God," in: W. H. Neuser (red.), *Calvinus Ecclesiae Genevensis Custos*, Frankfurt am Main 1984, pp. 135-148.

Drayer. M. e.a. (red.) *En toch niet verteerd. Uit de geschiedenis van de Christelijke Gereformeerde Kerken sinds 1892*, Kampen 1982.

van Dusen, H. P. *Spirit, Son and Father: Christian Faith in the Light of the Holy Spirit*, New York 1958.

Dunn, J. D. G. *Jesus and the Spirit: A Study of the Religious and Charismatic Experience of Jesus and the First Christians as Reflected in the New Testament*, London 1975.

van Duijn, C. *Martin Bucer als Bemiddelaar in de avondmaalsstrijd: Een onderzoek naar de positie van Martin Bucer in de avondmaalsstrijd in de 16e eeuw; poging tot plaatsbepaling van zijn theologie* (D.S.), A.d. Ijssel 1991.

Ebeling, G. *Dogmatik des christlichen Glaubens* Ⅲ, Tübingen 1979.

Ebrard, J. H. A. *Das Dogma vom Abendmahl und seine Geschichte*, vol. II, Frank -fort 1846.

Eells, H. *Martin Bucer*, New York 1931.

_____. "Martin Bucer and the Conversion of John Calvin," in: *PTR* 22 (1924), pp. 402-419.

Ellwein, E. *Vom neuen Leben*, München 1932.

Elster, L. "Calvin als Staatsmann, Gesetzgeber und Nationalökonom," (*Jahrbücher für Nationalökonomie und Statitsik*, 1878).

Emerson, E. H. "Calvin and the Covenant Theology," in: *CH* 25 (1956), pp. 136-144.

Emmen, E. *De Christologie van Calvijn*, Amsterdam 1935.

Engelbrecht, B. J. "The problem of the concept of the 'Personality' of the Holy Spirit according to Calvin," in: Potchefstroom University for Christian Higher Education(red.), *Calvinus Reformator: His contribution to Theology, Church and Society*, Potchefstroom 1982, pp. 201-216.

Engelland, H. *Gott und Mensch bei Calvin*, Munich, 1934.

Erasme, D. *Opera omnia emendatiora et auctiora*, Leyden, 1703-6.

Erichson, A. *Die calvinische und die altstrassburgische Gottesdienstordnung*, Stra-sbourg 1894.

_____. *Martin Bucer. Zum 400 jährigen Todestag des elsässischen Reformators,*

Straßburg 1951.

_____. *L'Origine de la confession des péchés dite de Calvin*, Dôle 1896.

Ernst, W. *Gott und Mensch am Vorabend der Reformation: Eine Untersuchung zur Moralphilosophie und Theologie bei Gabriel Biel*, Leipzig 1972.

Esser, H. H. "Hat Calvin eine 'leise modalisierende Trinitätslehre'?," in: W. H. Neuser (red.), *Calvinus Theologus: Die Referate des Europäischen Kongresses für Calvinforschung vom 16. bis 19. September 1974 in Amsterdam*, Neukirchen-Vluyn 1976, S. 113-129.

_____. "Überblick über die Entstehung der Christlichen Trinitäslegre," in: *RKZ* 122 (1981), S. 215-217.

Evdokimov, P. *L'Esprit Saint dans la tradition orthodoxe*, Paris 1969.

Exalto, K. *Een pastorale gemeente*, Apeldoorn 1986.

Fahlbusch, E. "Heilsordnung," in: *EKL* II, Göttingen 1989, S. 472-476.

Fazy, H. "Procès de Jérôme Bolsec," (*Mémoires de l'Institut national genevois*, Geneva 1866).

_____. "Procès de Gruet," (*Mémoires de l'Institut national genevois*, Geneva 1886).

Febvre, L. "Le Problème de l'incroyance au XVIème siècle. La Religion de Rabelais," (*L'Evolution de l'Humanité*, vol. 53, Paris, 1942).

Febvre, L. (*cont'd.*) "L'Origine des Placards de 1534," (*Bibliothèque d'Humanisme et Renaissance*, vol. VII, Paris, 1945).

Fenn, W. "The Marrow of Calvinism," (*Harvard Theological Review*, 1909).

Ficker, J. e.a. *Handschriftenproben des 16. Jahrhunderts nach Straßburger Originalen* (Tafel 26), Straßburg 1904.

_____. *Die Anfänge der akademischen Studien in Strassburg*, Strasbourg 1912.

Floor, L. *De doop met de Heilige Geest*, Kampen 1982.

Francken, C. J. W. *Michael Servet en yijn Marteldood: Calvin-Servet-Castellio*, Haarlem 1937.

Franz, G. *Territorium und Reformation in der hessischen Geschichte 1526-1555*, Marburg 1957.

Frcelich, K. *Die Reichgottesidee Calvins*, Munich 1922.

_____. *Gottesreich, Welt und Kirche bie Calvin*, Munich 1930.

Frey, C. e.a. *Repetitorium der Dogmatik mit einem Anhang zur Ethik*, Bochum 1993.

Friedman, J. *Michael Servetus: A Case Study in Total Heresy*, Genève 1978.

Friethoff, C. *Die Prädestinationslehre bei Thomas von Aquin und Calvin*, Freiburg 1926.

Fröhlich, K. *Gottesreich: Welt und Kirche bei Calvin: Ein Beitrag zur Frage nach dem Reichgottesglauben Calvins*, München 1930.

Fulton, J. F. *Michael Servetus Humanist and Martyr*, New York 1953.

Gagebin, B. *A la rencontre de Jean Calvin* (Teksten en documenten, met mooie illustraties), Genéve 1964.

Gamble, R. C. (red.) *Calvin's Opponents*, New York/London 1992.

Ganoczy, A. "Der Heilige Geist als Kraft und Person," in: H. Bürkel e.a. (red.), *Communicatio Fidei: Festschrift für Eugen Biser zum 65. Geburtstag*, Regensburg 1983, S. 111-123.

_____. *Le jeune Calvin: genese et évolution de sa vocation reformatrice*, Wiesbaden 1966.

_____. Calvin: *théologien de l'eglise et du ministére*, Paris 1964.

_____. *Ecclesia ministrans. Dienende Kirche u. kirchl. Dienst bei Calvin*, Freiburg 1968.

_____. *Calvinus Theologus* (Referaten Calvijn-congres, Amst. 1974), uitg. door W. H. Neuser, Neukirchen 1976.

_____. *Calvinus Ecclesiae Doctor* (Referaten Calvijn-congres, Amst. 1978), uitg. door W. H. Neuser, Kampen z.j.

_____. e.a., *Die Hermeneutik Calvins: Geistesgeschichtliche Voraussetzungen und Grundzüge*, Wiesbaden 1983.

Gass, W. *Geschichte der protestantischen Dogmatik* *I*, Berlin 1854.

Geerts, G. e.a. (red.) *Van Dale. Groot Woordenboek der Nederlandse Taal*, Utrecht/Antwerpen 1992.

van Genderen, J. "Het werk van de Heilige Geest volgens Calvijn," in: *Dienst* 10 (1960), pp. 77-96.

_____. *Zicht op Calvijn*, Amsterdam 1975.

_____. "De doop bij Calvijn," in: W. van 't Spijker e.a. (red.), *Rondom de doopvont*, Kampen 1983, pp. 263-295.

_____. en Velema, W.H., *Beknopte gereformeerde dogmatiek*, Kampen 1992.

_____. *Verbond en verkiezing*, Kampen 1983.

_____. *Naar de norm van het Woord*, Kampen 1993.

Georg, H. (red.) *Le Catéchisme francais de Calvin publié en 1537, Réimprimé pour la premiére fois d'aprés un exemplaire nouvellement retrouvé et wuivi de la plus ancienne confession de foi de l'Eglise de Genéve avec deux notices par Albert Rilliet et Théophile Dufour*, Genéve 1878.

George, T. *Theology of the Reformers*, Nashville/Tennessee 1988.

Gerbert, C. *Geschichte der Strassburger Sectenbewegung*, Strasbourg, 1889.

Gerbert, Co. *Geschichte der Straßburger sektenbewegung zur Zeit der Reformation 1524-1534*, Straßburg 1889.

Gerold, T. *Les plus anciennes mélodies de l'Eglise protestante de Strasbourg et leurs auteurs*, Paris 1928.

Gestrich, C. *Zwingli als Theologe*, Zürich 1967.

Alting von Geusau, L. G. M. *Die Lehre von der Kindertaufe bei Calvin*, Bilthoven 1963.

Gloede, G. "Theologia naturalis bei Calvin," (*Tübinger Studien zur systematischen Theologie*, vol. 5, Stuttgart 1935).

Godet, M. "Le Collège de Montaigu," (*Revue des Etudes Rabelaisiennes*, vol. Ⅶ, Paris 1909).

_____. "La Congrégation de Montaigu," (*Bibliothèque de l'Ecole des Hautes Etudes: Sciences historiques et philologiques*, fasc. 198, Paris 1912).

Göehler, A. *Calvins Lehre von der Heiligung*, Munich 1934.

Gollwitzer, H. *Coena Domini*, Munich 1937.

Goumaz, L. *La doctrine du salut d'aprés les commentaires de Jean Calvin sur le Nouveau Testament*, Lausanne 1917.

Gounelle, J.-F. (vert.) *Jean Calvin: Défense de Guillaume Farel et de ses collègues contre les calomnies du théologastre Pierre Caroli par Nicolas Des Gallars*, Paris 1994.

van der Graaf, J. (red.) *Geijkte woorden: Over de verhouding van Woord en Geest*, Kampen 1979.

Graafland, C. *Van Calvijn tot Comrie: Oorsprong en ontwikkeling van de leer van het verbond in het Gereformeerd Protestantisme* Ⅰ, Ⅱ (Ⅲ.Ⅳ), Zoetermeer 1992 (1994).

_____. "Alter und neuer Bund: eine Analyse von Calvins Auslegung von Jeremia 31, 31-34 und Hebräer 8, 8-13," in: H. Oberman e.a. (red.), *Reformiertes Erbe: Festschrift für Gottfried W. Locher zu seinem 80. Geburtstag Ⅱ*, Zürich 1993, S. 127-145.

_____. *Het vaste Verbond: Israêl en get oude Testment bij Calvijn en het gereformeerd protestantisme*, Amsterdam 1978.

_____. *Van Calvijn tot Barth: Oorsprong en ontwikkeling van de leer der verkiezing in het Gereformeerd Protestantisme*, 's-Gravenhage 1987.

Graf, C. H. "Faber Stapulensis," (*Zeitschrift für historische Theologie*, 1852).

Graham, M. F. *The Use of Reform: 'Godly Disciple' and Popular Behavior in Scotland and Beyond, 1560-1610*, Leiden/New York/Köln 1966.

Grass, H. *Die Abnedmahlslehre bei Luther und Calvin*, Gütersloh 1940.

de Greef, W. *Calvijn: zijn werk en geschriften*, Kampen 1989.

_____. *Calvijn en het oude Testament*, Amsterdam 1984.

Greschat, M. *Martin Bucer: Ein Reformator und seine Zeit 1491-1551*, München 1990.

_____ (red.). *Die Reformationszeit I*, Stuttgart 1981.

Grin, E. "Quelques aspects de la pensée de Calvin sur le Saint-Esprit et leurs enseignements pour nous," in: *ThZ* 3 (1947), pp. 274-289.

Grobmann, A. *Das Naturrecht bei Luther und Calvin*, Hamburg 1935.

de Groot, D. J. *Calvijns opvatting over de inspiratie der Heilige Schrift*, Zutphen 1931.

_____. 'Melchior Wolmar' (*Bullet. de la Soc. de l'Hist. du Protest. franç.*, vol. LXXXIII, Paris 1934).

Grützmacher, R. H. *Wort und Geist: Eine historische und dogmatische Untersuchung zum Gnademittel des Wortes*, Leipzig 1902.

Gunkel, H. *Die Wirkungen des Geistes und der Geister*, Göttingen 1909.

Haitjema, Th. L. *Calvijn en de oorsprongen van ons vaderlandsche gereformeerde kerkrecht*, in: *Lustrumbundel Christendom en Historie*, Amsterdam 1925.

Hall, C. A. M. *With the Spirit's Sword*, Zürich 1968.

Hall, F. P. *The Lutheran Doctrine of the Holy Spirit in the Sixteenth Century: Developments to the "Formula of Concord"*, Pasadena 1993.

Hammann, G. *Entre la secte et la cité: Le Project d'Eglise du Réformateur Martin Bucer (1491-1551)*, Genève 1984.

Hammond, W. E. *A Comparative Study of the Kindom and the Church from the Institutes of the Christian Religion*, Columbia Th. Seminar 1967.

Harnack, T. *Luthers Theologie*, 2nd edn, 2vols., Munich 1927.

van der Haar, J. *Het geestelijke leven bij Calvijn*, Utrecht 1960.

Hartvelt, G. P. *Verum Corpus: Een studie over een centraalhofdstuk uit de avond maalsleer van Calvijn*, Delft, 1960.

_____. *Symboliek: een beschrijving van kernen van christelijk belijden*, Kampen 1991.

Hauck, W. *Calvin und die Rechtfertigung*, Gütersloh 1938.

_____. *Sünde und Erbsünde nach Calvin*, Heidelberg 1939.

_____. *Vorsehung und Freiheit nach Calvin*, Gütersloh 1947.

Hauser, H. "A propos des idées, écononomiques de Calvin," (*Melanges d'Histoire offerts à Henri Pirenne*, vol. I, 1926).

_____. "L'Economie Calvinienne," (*Bullet. de la Soc. de l'Hist. du Protest. franç.*, vol LXXXIV, Paris, 1935).

Haussherr, H. *Der Staat in Calvins Gedankenwelt*, Leipzig 1923.

Hazlett, I. *The Development of Martin Bucer's Thinking on the Sacrament of the Lord's Supper in its Historical and Theological Context 1523-1524* (Diss.), Münster 1975.

Heine, K. *Die Taufe bei Martin Bucer* (Diss.), Vienna 1970.

Heitz, J.-J. *Etude sur la formation de la pensée ecclésiologique de Bucer d'aprés les traités polémiques et doctrinaux des années 1523-1538* (Thèse), Strasbourg 1947.

Hendry, G. S. *The Holy Spirit in Christian Theology*, London 1957.

Heppe, H. *Die Dogmatik der evangelisch-reformierten Kirche* (re-edited by E. Bizer, Neukirchen, 1935).

Herminjard, A.-L. *Correspondance des Réformateurs dans les pays de langue francaise. Recueillie et publiée avec d'autres letters relatives a la Réforme et des notes historiques et biographiques I −IX*, Paris 1866-1897.

Herms, E. *Luthers Auslegung des Dritten Artikels*, Tübingen 1987.

Hesselink, I. J. *Calvin's Concept of the Law*, Pennsylvania 1992.

_____. "Calvin and Heilsgeschichte," in: F. Christ (red.), *Oikonomia: Heilsgeschichte als Thema der Theologie*, Hamburg-Bergstedt 1967, pp. 163-170.

Heyer, H. *L'Eglise de Genève*, Geneva 1909.

Hirsch, E. *Die Theologie des Andreas Osiander*, Göttingen 1919.

Hoenderdaal, G. J. "Christelijk geloof in de Heilige Geest," in: E. Flesseman-van Leer e.a. (red.) *Weerwoord: Reacties op Dr. H. Berkhof's 'Christelijk geloof': aangeboden aan prof. dr. H. Berkhof ter gelegenheid van zijn 60ste verjaardag*, Nijkerk 1974, pp. 136-147.

Holl, K. *Joh. Calvin*, in: *Gesammelte Aufsätze*, Ⅲ, Tübingen 1928.

_____. *Johannes Calvin*, Tubingen 1909.

_____. *Gesammelte Aufsätze zur Kirchengeschichte*, vol. I, *Luther*, 6th edn, Tubingen, 1932; vol. III, *Der Westen*, Tübingen 1928.

_____. *Gesammelte Aufsätze zur Kirchengeschichte I*: Luther, Tübingen 1932.

Hollard, A. "Michel Servet et Jean Calvin," (*Bibliothèque d'Humanisme et Renaissance*, vol. VI, Paris 1945).

Holsten, W. "Christentum und nichtchristliche Religion nach der Auffassung Bucers," (*Theol. Studien und Kritiken*, Gotha 1936).

Holtrop, P. C. *The Bolsec Controversy on Predestination, from 1551 to 1555: The Statements of Jerome Bolsec, and the Responses of John Calvin, Theodore Beza, and Other Reformated Theologians*, 2 vol., Lewiston/Queenston/ Lampeter 1993.

Hommes, N. J. *Miséres en grootheid van Calvijn*, Delft 1959.

Hoogland, M. P. *Calvin's Perspective on the Exaltation of Christ in Comparison with the Post-Reformation Doctrine of the Two States*, Kampen 1966.

Hoogsteen, T. "*Vere Deus/Vere homo : A Comparative Study between Calvin and Barth on the Basis of the extra-Calvinisticum and the communicatio idiomatum,*"(D.S.) Kampen 1983.

Hopf, C. *Martin Bucer and the English Reformation*, Oxford 1946.

Höpfl, H. *The Christian Polity of John Calvin*, Cambridge 1982.

Hugo, A. M. *Calvijn en Seneca*, Groningen 1957.

Hünermann, P. (red.) *Kompendium der Glaubensbekenntisse und kirchlichen Lehrentscheidungen (=Enchiridion symbolorum definitionum et declaratio- num de rebus fidei et morum)*, Freiburg im Breisgau/Basel/Rom/Wien 1991.

Hulshof, H. *Geschiedenis van de Doopsgezinden te Straatsburg van 1525 tot 1557*, Amsterdam 1905.

Hunt, R. N. C. *Calvin*, London 1933.

Hunter, A. M. *The Teaching of Calvin: A Modern Interpretation*, London 1950.

Hyma, A. *The Christian Renaissance: A History of the "Devotio Moderna"*, Grand Rapids 1924.

Imbart D. L. T. P. *Les Origines de la Réforme*, vol. III; L'Evangélisme, Paris, 1914.

Calvin et l'Institution chrétienne, Paris 1935.

_____. *Internationaal Congres van Gereformeerden*, La Haze 1935.

Immink, F. G. *Jezus Christus: profeet, priester, koning*, Kampen 1990.

van Itterzon, G.P. "Het filioque in de latere kerkgeschiedenis," in: J. de Graaf e.a.(rea.). *De Spiritu Sancto: bijdragen tot de leer van de Heilige Geest bij gelegenheid van het 2e eeuwfeest van het Stipendium Bernardinum*, pp. 89-108.

Itti, G. *Dans quelle Mesure Bucer est-il piétiste?* (Thèse), Strasbourg 1936.

Jacobs, D. *Incarnatie en Genade*, 's-Gravenhage 1958.

Jacobs, P. *Prädestination und Verantwortlichkeit bei Calvin*, Neukirchen 1927.

_____. "Pneumatische Realpräsenz bei Calvin," in: F. Wendel (red.), *Regards contemporains sur Jean Calvin: Actes du colloque Calvin Strasbourg 1964*, Paris 1965, pp. 127-139.

Janse, W. *Albert Hardenberg als Theologe: Profil eines Bucer-Schülers* (Diss.), Leiden/ New York/ Köln 1994.

Jansen, J. F. *Calvin's Doctrine of the Work of Christ*, London 1956.

Jedin, H. *Studien über die Schriftstellertätigkeit Albert Pigges*, Münster 1931.

Jelsma, A. J. *Waarom de Reformatie mislukte*, Kampen 1993.

Joisten, H. *Der Grenzgänger: Martin Bucer. Ein europäischer Reformator,* Stuttgart 1991.

Jones, R. M. *Spiritual Reformers in the 16th & 17th Centuries,* London 1914.

de Jong, O. J. *Nederlandse kerkgeschiedenis,* Nijkerk 1985.

Johnson, TH. C. "J. Calvin and the Bible," (*The Evangelical Quarterly,* London 1932).

Kähler, E. "Prädestination," in: *RGG³,* V, S. 483-487.

van de Kamp, G. C. *Pneuma-christologie: een oud antwoord op een actuele vraag?,* Amsterdam 1983.

Kampschulte, F. W. *Johann Calvin, seine Kirche und sein Staat in Genf,* 2 vols., Leipzig 1869-99.

Kantzenbach, F. W. *Das Ringen um die Einheit der Kirche im Jahrhundert der Reformation,* Stuttgart 1957.

_____. *Evangelium und Dogma: Die Bewältigung des theologischen Problems der Dogmengeschichte im Protestantismus,* Stuttgart 1959.

Kattenbusch, F. "Arbitrium und voluntas dasselbe?," (*Theologische Studien und Kritiken,* Gotha, 1931).

Kawerau, G. Art,. "Westphal," in the *Realencyclopädie für protestantische Theologie und Kirche,* 3rd edn, vol. XXI, Leipzig, 1908.

Kim, K. J. *Christianity and the encounter of Asian Religions: Method of Correlation, Fusion of Horizons, and Paradigm Shifts in the Korean Grafting Process* (Diss.), Zoetermeer 1994.

Kingdom, R. M. *Geneva and the Coming of the Wars of Religion in France, 1555-1563,* Genéve 1956.

Kittelson, J. M. *Wolfgang Capito from Humanist to Reformer,* Leiden 1975.

Klempa, W. J. "Barth as a Scholar and Interpreter of Calvin," in: J. H. Leith (red.), *Calvin Studies VII,* Davidson 1994, pp. 31-49.

de Klerk, P. (red.) *Calvin and the Holy Spirit,* Grand Rapids 1989.

Klingenburg, G. *Kas Verhältnis Calvins zu Butzer untersucht auf Grund der wirtschaftsethischen Bedeutung beider Reformatoren,* Bonn 1912.

Klooster, F. H. *Calvin's Doctrine of Predestination,* Grand Rapids 1961.

Koch, K. *Studium Pietatis: Martin Bucer als Ethiker,* Neukirchen-Bluyn 1962.

Koeberle, A. *Rechtfertigung und Heiligung*, 2nd edn, Leipzig 1929.

Koehler, W. *Zwingli und Luther*, vol. I, Leipzig 1924.

_____. *Zürcher Ehegericht und Genfer Konsistorium*, vol. II, Leipzig 1942.

Koestlin, J. "Calvins Institutio nach Form und Inhalt in ihrer geschichtlichen Entwicklung," (*Theologische Studien und Kritiken*, Gotha 1868).

_____. *Luthers Theologie in ihrer geschichtlichen Entwicklung, und ihrem inneren zusammenhang*, 2nd edn, 2 vols., Stuttgart 1901.

Köhler, W. *Die Heisteswelt U. Zwinglis*, Gotha 1920.

_____. *Das Marburger Religionsgespräch 1529: Versuch einer Rekonstruktion*, Leipzig 1929.

_____. e.a. (red.), *Urkundliche Quellen zur hessischen Reformationsgeschichte IV: Wiedertäuferakten 1527-1696*, Marburg 1951.

_____. *Zwingli und Luther II*, Gütersloh 1953.

_____. *Dogmengeschichte II*, Zürich 1951.

Kohls, E.-W. *Die Schule bei Martin Bucer in ihrem Verhältnis zu Kirche und Obrigkeit*, Heidelberg 1963.

Köhn, M. *Martin Bucers Entwurf einer Reformation des Erzstiftes Köln*, Witten 1938.

Kolfhaus, W. "Der Verkehr Calvins mit Bullinger," (*Calvinstudien*, Leipzig 1909).

_____. *Christusgemeinschaft bei Johannes Calvin*, Neukirchen 1939.

_____. *Die Seelsorge Johannes Calvins*, Neukirchen 1941.

_____. *Vom christlichen Leben nach Johannes Calvin*, Neukirchen 1949.

Koopmans, J. *Het oudkerkelijk dogma in de Reformatie, bepaaldelijk bij Calvijn*, Wageningen 1938 (1983).

_____. e.a. *Het ambt van Christus*, 's-Gravenhage 1942.

Köstlin, J. "Calvins Institutio nach Form und Inhalt, in ihrer geschichtlichen Entwicklung," in: *ThStK*, Gotha 1868, S. 1-62, 410-486.

Krahn, H. G. *An Analysis of the Conflict between the Clergy of the Reformed Church and the Leaders of the Anabaptist Movement in Strasbourg 1524-1534* (Diss.), Washington 1969.

Krebs, M. e.a. (red.) *Quellen zur Geschichte der Täufer VII* (=Elasß I. Teil): Stadt Straßburg 1522-1532, Gütersloh 1959.

Krebs, M. e.a. *Quellen zur Geschichte der Täufer* VII–VIII (Elsaß Ⅰ. Ⅱ), Gütersloh 1959-1960.

Kreck, W. "Extra Calvinisticum," in: Brunotte e.a. (red.), *Evangelisches Kirchenlexikon I*, Göttingen 1956/61, S. 1245-1246.

Krieger, C. "Réflexions sur la place de la doctrine de la prédestination au sein de la théologie de Martin Bucer," in: Krieger, C. e.a. (red.), *Martin Bucer and Sixteenth Century Europe: Actes du colloque de Strabourg, 28-31 août 1991*, Leiden/ New York/ Köln 1993, pp. 83-99.

de Kroon, M. "Bucer und Calvin: Das Obrigkeitsverst;ndnis beider Reformatoren nach ihrer Auslegung von Röm 13," in: W. H. Neuser (red.), *Calvinus Servus Christi*, Budapest 1988, S. 209-224.

_____. *Studien zu Martin Bucers Obrigkeitsverstöndnis. Evangelisches Ethos und politisches Engagement*, Gütersloh 1984.

_____. *Martin Bucer en Johannes Calvijn: Reformatorische perspectieven: Teksten en inleiding*, Zoetermeer 1991.

_____. "Bucer en Calvijn over de predestinatie," in: W. de Greef e.a. (red.), *Reformatie-studies*: Congresbundel 1989, Kampen 1990, pp. 48-65.

_____. e.a., *Bucer und seine Zeit*, Wiesbaden 1976.

Krüger, F. *Bucer und Erasmus: Eine Untersuchung zum Einfluss des Erasmus auf die Thologie Martin Bucers*, Wiesbaden 1970.

Krusche, W. *Das Wirken des Heiligen Geistes nach Calvin*, Göttingen 1957.

Kuzper, A. 'Calvin and Confessional Revision' (*Presbyterian and Reformed Review*, 1891).

Lampe, G. *God as Spirit: The Bampton Lectures 1976*, Oxford 1977.

Lang, A. "Die ältesten theologischen Arbeiten Calvins," (*Neue Jahrbücher für deutsche Theologie*, Bonn 1893).

_____. (*cont'd*) *Das häusliche Leben J. Calvins*, Munich 1893.

_____. *Die Bekehrung Calvins*, Leipzig 1897.

_____. "Melanchthon und Calvin" (*Reformierte Kirchenzeitung*, Elberfeld 1897).

_____. *Der Evangelienkommentar Martin Butzers und die Grundzüge seiner Theologie*, Leipzig 1900.

_____. *Der Heidelberger Katechismus*, Leipzig 1907.

_____. *Johannes Calvin*, Leipzig 1909.

_____. *Zwei Calvinvorträge*, Gütersloh 1911.

_____. "Zwingli und Calvin" (*Monographien zur Weltgeschichte*, fasc. 31, Bielefeld and Leipzig 1913).

_____. *Reformation und Gegenwart*, Detmold 1918.

_____. "The Sources of Calvin's Institutes," (*Evangelical Quarterly*, London 1936).

_____. "Butzer in England," in: *ARG* 38 (1941), S. 233ss.

Le C. J. P. "Was Calvin a Philosopher?," (*The Personalist*, vol. XXIX, Los Angeles, 1948).

Lecerf, A. *Le Déterminisme et la responsabilité dans le système de Calvin*, Paris 1895.

_____. "La Doctrine de l'Eglise dans Calvin," (*Revue de Théologie et de Philosophie*, Lausanne, 1929).

_____. "Le Souveraineté de Dieu d'après le Calvinisme," (*Internationaal Congres van Gereformeerden*, La Haye 1935).

_____. "L'Election et le sacrement," (*De l'élection éternelle de Dieu*, Geneva 1936).

_____. *Introduction à la Dogmatique réformée, Section 2: Du fondement et de la spécification de la connaissance religieuse*, Paris 1938.

_____. "La prédestination d'après Calvin," (1941) in: *Etudes Calvinistes*, Paris: Delachaux et Niestle 1949, pp. 25-31.

Lecoultre, H. "La Conversion de Calvin," (*Revue de Théol. et de Philos.*, Lausanne, 1890).

_____. "Calvin d'après son commentaire sur le De Clementia de Sénèque," (*Revue de Théolog. et de Philos.*, Lausanne 1891).

_____. *Mélanges*, Lausanne, undated.

Lee, K. S. *The Christian Confrontation with Shinto Nationalism* (Diss.), Amsterdam 1962.

Lee, S. Y. *La notion d'experience chez Calvin d'après son Institution de la Religion Chrestienne* (Thèse), Strasbourg 1984.

Lee, S.-H. "Christentum und Frauenmission in Korea," in: *Zeitschrift für Mission*

21 (1995), S. 237-241.

Lefrang, A. *La Jeunesse de Calvin*, Paris 1888.

_____. *Histoire du Collège de France*, Paris 1893.

_____. Introduction to : Jean Calvin, l'Institution chrétienne, original text of, 1541, Paris 1911.

_____. *Grands écrivains francais de la Renaissance*, Paris 1914.

Leijssen, L. *Martin Bucer en Thomas van Aquino: De invloed van Thomas op het denkpatroon van Bucer in de Commentaar op de Romeinenbrief (1536)*, Leuven 1978.

_____. "Martin Bucer und Thomas von Aquin," in: *Ephemerides Theologicae Lovanienses 55*, Leuven 1979, S. 266-296.

Lelièvre, C. *La Maîtrise de l'Esprit*, Paris 1901.

Lenson, G. 'L'Institution chrétienne de Calvin' (*Revue historique*, Paris 1894).

Lenz, M. *Briefwechsel Landgraf Philipp's des Grossmüthigen von Hessen mit Bucer Ⅰ-Ⅲ*, Osnabrück 1965.

Lienhard, A. *Martin Butzer*, Straßburg 1914.

Lienhard, M. *Croyants et sceptiques au ⅩⅥe siècle: Le dossier des 'Epicuriens'*, Strasbourg 1978.

van der Linde, A. *Michael Servet, een brandoffer der Gereformeerde Inquisitie*, Groningen 1891.

van der Linde, S. *De leer van den heiligen Geest bij Calvijn*, Wageningen 1943.

_____. "Calvijns leer van de Heilige Geest, volgens Institutie Ⅲ," in: *TR* 14 (1971), pp. 15-31.

_____. "Calvijn over het kennen van God volgens boek I en II van zijn Institutie," in: *TR* 13 (1970), pp. 3-14.

Link, C. "Der Horizont der Pneumatologie bei Calvin und Karl Barth," in: H. Scholl (red.), *Karl Barth und Johannes Calvin: Karl Barths Göttinger Calvin-Vorlesung von 1922*, Neukirchen-Vluyn 1995, S. 22-45.

Link, H.-G. (red.) *Gott - ein Herr - ein Geist: Zur Auslegung des apostolischen Glausbens heute*, Frankfurt am Main 1987.

Livet G. e.a. (red.) *Strasbourg au coeur religieux du ⅩⅤe siècle*, Strasbourg 1977.

Lobstein, P. *Die Ethik Calvins in ihren Grundzügen entworfen*, Strasbourg 1877.

_____. *La Connaissance religieuse d'après Calvin*, Paris 1909.

_____. *Etudes sur la pensée et l'oeuvre de Calvin*, Neuilly 1927.

Locher, G. W. *Calvin: Anwalt der Ökumene*, Zollikon 1960.

_____. *Zwingli's Thought. New Perspectives*, Leiden 1981.

_____. *Zwingli in Europa*, P. Blickle e.a. (red.), Zürich 1985.

_____. *Testimonium internum: Calvins Lehre vom Heiligen Geist und das hermeneutische Problem*, Zürich 1964.

_____. "Der Geist als Paraklet: Eine exegetischdogmatische Besinnung," in: *EvTh* 26 (1966), S. 565-579.

_____. "Zu Calvins Lehre vom Heiligen Geist: Gedanken zum hermeneutischen Problem," in: *Sonntagsblatt* (Basler Nachrichten, S. 23; Sonntag, 31. Mai, Nr. 223) 1964.

Loofs, F. *Leitfaden zum Studium der Dogmengeschichte*, 4th edn, Halle 1906.

Loonstra, B. *Verkieying - Verzoening - Verbond: Beschrijving en beoordeling van de leer van het 'pactum salutis'in de gereformeerde theologie*, 's-Gravenhage 1990.

Lotter, G. A. "Is Paulus 'n ervaringsteoloog?," in: *In die Skriflig* 29 (1995), pp. 549-560.

Louwerens, G. S. J. *L'habitation de l'Esprit Saint dans l'âme du fidèle d'après la doctrine de Jean Calvin* (Diss.), Romae 1952.

Luetgert, W. 'Calvins Lehre vom Schöpfer' (*Zeitschr. für system. Theologie*, Güt -ersloh 1932).

Luther, M. *Werke, Kritische Gesammtausgabe*, Weimar 1883.

_____. *Oeuvres*, vol. II : *Les Livres symboliques*, transl. A. Jundt, Paris 1947.

Lüttge, W. *Die Rechtfertigungslehre Calvins und ihre Bedentung für seine Frömmigkeit*, Berlin 1909.

Lyonnet, S. e.a. *La Vie selon l'Esprit*, Paris 1965.

Mann, M. *Erasme et les débuts de la Réforme francais*, Paris 1934.

Maris, J. W. *Geloof en ervaring: van Wesley tot de pinksterbeweging* (Diss.), Leiden 1992.

Marmelstein, J. W. *Etude comparatives des textes latins et francais de l'Institution de la religion chrétienne*, Groningen 1923.

Mathie, R. G. *The Doctrine of the Holy Spirit in the Theology of Hendrikus Berkhof- with Special Reference to the Relationship of the Spirit to the Father and to Jesus Christ* (D.S.), Pretoria 1981.

Maury, P. "La Théologie naturelle däaprès Calvin," (*Bull. de la Soc. de l'Hist. du Protest. franç.*, vol. LXXXIV, Paris 1935).

Maxwell, W. D. *John Knox's Genevan Service Book*, 1556. Edinburgh/London, 1931.

Mayer, C. A. "Le Départ de Marot de Ferrare," (*Bibliothèque d'Humanisme et Ren-aissance*, vol. XVIII, Geneva 1956).

McDonnel, K. *John Calvin, the Church, and the Eucharist*, Princeton/New Jersey 1967.

McGrath, A. E. *A Life of John Calvin: A Study of Western Culture*, Oxford 1990.

McNeill, J. T. (vert.) *Calvin: Institutes of the Christian Religion I.II*, Philadelphia 1950.

_____. *The History and Character of Calvinism*, New York 1954.

Melanchthon, P. *Opera quae supersunt omnia (Corpus Reformatorum)* Brunswick, 1834-60.

_____. *Die Loci Communes Philipp Melanchthons in ihrer Urgestalt*, edited by G. L. Plitt and Th. Kolde, 4th edn, Leipzig 1925.

Melles, G. *Albertus Pighius en zijn strijd net Calvijn over het liberum arbitrium*, Kampen 1973.

Mesnard, P. *L'Essor de la philosophie politique au XVIème siècle*, Paris 1936.

Meylan, H. and Deluz, R., *La Dispute de Lausanne*, Lausanne 1936.

Milner, B. C. *Calvin's Doctrine of the Church*, Leiden 1970.

Mitchell, C. *Martin Bucer and Sectarian Dissent: A Confrontation of the Magisterial Reformation with Anabaptists and Spiritualists*, Yale 1961.

Mitges, P. "Der Gottesbegriff des Duns Scotus auf seinen angeblichen Indeterminismus geprüft," (*Theologische Studien der Leogesellschaft*, vol. 26, Vienne 1906).

_____. *Joannis Duns Scoti doctrina philosophica et theologica*, 2 vols., Quaracchi 1908.

Moltmann, J. *Prädestination und Perseveranz: Geschichte und Bedeutung der reformierten Lehre "de perseverantia sanctorum"*, Neukirchen 1961.

_____ (red.). *Minjung: Theologie des Volkes Gottes in Südkorea*, Neukirchen 1984.

_____. *Trinität und Reich Gottes*, München 1980.

_____. *Der Geist des Lebens: Eine ganzheitliche Pneumatologie*, München 1991.

Monfasani, J. *George of Trebizond. A Biography and a Study of His Rhetoric and Logic*, Leiden 1976.

_____ (red.). *Collectanea Trapezuntiana: Tests, Documents, and Bibliographies of George of Trebizond*, Binghamton/New York 1984.

Mooi, R. J. *Het kerk- en dogmahistorisch element in de werken van Johannes Calvijn*, Wageningen 1965.

Moore, W. G. *La Réforme allemande et la littérature française*, Strasbourg 1930.

Morii, M. *La notion du Saint-Esprit chez Calvin dans son développement historique* (Thèse), Strasbourg 1961.

Mozley, J. B. *A Treatise on the Augustian Doctrine of Predestination*, New York 1878.

Muelhaupt, E. *Die Predigt Calvins*, Berlin 1931.

Mühlen, H. *Der Heilige Geist als Person: Beitrag zur Frage nach der dem Heiligen Geiste eigentümlichen Funktion in der Trinität, bei der Inkarnation und im Gnadenbund*, Aschendorff 1963.

_____. *Una Mystica Persona: Die Kirche als das Mysterium der Identität des Heiligen Geistes in Christus und den Christen: Eine Person in vielen Personen*, München/Paderborn/Wien 1964.

Müller, E. F. K. "Jesu Christi dreifaches Amt," in: *RE* VIII, S.733ff.

_____ (red.), *Die Bekenntnisschriften Der reformierten Kirche*, Leipzig 1903.

Müller, J. *Martin Bucers Hermeneutik*, Gütersloh 1965.

Muller, J. *De Godsleer van Zwingli en Calvijn. Eene vergelijkende studie*, Sneek 1883.

Muller, K. "Calvins Bekehrung," (*Nachrichten der Gesellsch. der Wissensch. zu Göttingen*, Göttingen 1905).

_____. "Calvin und die Libertiner," (*Zeitschrift für Kirchengeschichte*, vol. XL,

Gotha 1922).

Muller, P. J. *De Godsleer van Calvijn*, Groningen, 1881.

Muller, R. A. *Christ and the Decree: Christology and Predestination in Reformed Theology from Calvin to Perkins*, Grand Rapids 1988.

von Muralt, L. "Über den Ursprung der Reformation in Frankreich," *Festschrift Hans Nabholz*, Zurich 1934).

Naef, H. *Les Origines de la Réforme à Genéve*, Geneva 1936.

Nauta, D. "Calvijn en zijn gemeente," in: J. van Genderen e.a. (red.), *Zicht op Calvijn*, Amsterdam 1965, pp. 103-141.

_____. *Calvijn* (Serie: *Getuigen van Christus*), Amsterdam 1941.

_____. *Calvijn, Leidsman en voorbeeld*, Kampen 1955.

_____. *Vier redevoeringen over Calvijn*, Kampen 1959.

_____. *Guillaume Farel*, Amsterdam 1978.

Neuenhaus, J. "Calvin als Humanist," (*Calvinstudien*, Leipzig, 1909).

Neuser, W. H. *Calvin*, Berlin 1971 (1964).

_____. "Calvins Verständnis der Heiligen Schrift," in: W. H. Neuser (red.), *Calvinus sacrae scripturae professor*, Grand Rapids 1994, S. 41-71.

_____. "Calvins Kritik an den Basler, Berner und Zürcher Predigern in der Schrift 'De praedestinatione' 1552," in: H. A. Oberman e.a. (red.), *Das Reformiertes Erbe: Festschrift für Gottfried W. Locher zu seinem 80. Geburtstag II*, Zürich 1993, S. 237-243.

_____. "Selbständige Weiterbildung zwinglischer Theologie-Martin Bucer," in: C Andresen (red.), *Handbuch der Dogmen- une Theologiegeschichte II*, Göttingen 1980, S. 209-224.

Niesel, W. "Calvin wider Osianders Rechtfertigungslehre," (*Zeitschrift für Kirchengeschichte*, vol. XLVI, Gotha 1928).

_____. "Calvin und die Libertiner," (*Zeitschrift für Kirchengeschichte*, vol. XLVIII, Gotha 1929).

_____. "Zum Genfer Prozeß gegen Valetin Gentilis," in: *ARG* 26 (1929), S. 270-273.

_____. *Calvins Lehre vom Abendmahl*, 2nd edn, Munich, 1930.

_____. "Verstand Calvin Deutsch?," (*Zeitschr. für Kirchengeschichte*, vol. XLIX,

Gotha 1930).

_____. "Wesen und Gestalt der Kirche nach Calvin," (*Evangelische Theologie*, Munich 1936).

_____. *Die Theologie Calvins*, Munich, 1938; 2nd edn, Munich 1957.

Neisel, W. and Barth, P. "Eine französische Ausgebe der ersten Institutio Calvins," (*Theologische Blätter*, Leipzig 1928).

van Niftrik, G. C. Calvijn, Institutio, in: *Kerkelijke Klassieken*, o. re. v. J. Haantjes en A. van der Hoeven, Wageningen 1949.

Nijenhuis, W. "Calvijns houding ten aanyien van de oudkerkelijke symbolen tijdens zijn conflict met Caroli," in: *NTT* 15 (1960/61), pp. 24-47.

_____. "Calvin's life and work in the light of the idea of tolerance," in: *Ecclesia Reformata: Studies on the Reformation*, Leiden 1972, pp. 115-129.

_____. Calvinus oecumenicus: *Calvijn en de eengeid der kerk in het licht van zijn briefwisseling*, 's-Gravenhage 1959.

_____. "*Calvijns bekering*," in: Ned. Theol. Tijdschr. ⅩⅩⅥ (1972).

_____. "*Calvin, Joh.*," Art. in: Theol. Realenzyklopädie, Ⅶ, Berlin 1980 (Uitstekend overzicht, met bibliografie).

Nösgen, K. F. *Geschichte der Lehre vom Heiligen Geiste*, Gütersloh 1899.

_____. "Die bei der Entstehung der Theologie Calvins mitwirkenden Monente," (*Neue kirkliche Zeitschrift*, vol. XXII, Erlangen 1911).

_____. "Calvins Lehre von Gott und ihr Verhältnis zur Gotteslehre anderer Reformatoren," in: *Neue Kirchliche Zeitschrift* 23 (1912), S. 690-747.

Nuernberger, R. *Die Politisierung des fanzösischen Protestantismus*, Tubingen 1948.

Obendiek, H. 'Die *Institutio* Calvins als "Confessio" und "Apologie'" (*Theologische Aufsätze Karl Barth zum 50 Geburtstag*, Munich 1936).

Oberman, H. A. *The Harvest of Medieval Theology*, Cambridge/Massachusetts 1963.

_____. "Infinitum capax finiti : Kanttekeningen bij de theologie van Calvijn," in: *Vox Theologia* 35 (1964/5), pp. 165-174.

_____. "Die 'Extra'-Dimension in der Theologie Calvins," in: H. Liebing e.a. (red.), *Geist und Geschichte der Reformation*, Berlin 1966, S. 323-356.

Opitz, P. *Calvins Theologische Hermeneutik*, Neukirchen 1994.

Osterhaven, M. E. "Calvin on the Covenant," in: *RefR* 33 (1980), pp. 136-49.

_____. "John Calvin. Order and the Holy Spirit," in: *RefR* 32 (1978), pp. 23-44.

Ott, H. *Die Antwort des Glaubens. Systematische Theologie in 50 Artikeln*, Stuttgart 1973.[2]

Otten, H. *Calvins theologische Anschauung von der Prädestination*, München 1938.

Otto, R. *Die Anschauung vom Heiligen Geiste bei Luther*, Vandenhoeck & Ruprecht 1898.

_____. *Geist und Wort nach Luther*, Huth 1898.

Ozment, S. E. *Mysticism and Dissent: Religious Ideology and Social Protest in the Sixteenth Century*, New Haven/London 1973.

Pache, E. "La Sainte Cène selon Calvin,"(*Revue de Thélogie et de Philosophie*, Lausanne, 1936).

Pannenberg, W. *Die Prädestinationslehre des Duns Scotus im Zusammenhang der scholastischen Lehrentwicklung* (Diss.), Göttingen 1954.

Pannier, J. *Le témoignage du Saint-Esprit*, Paris 1893.

_____. *Recherches sur l'évolution religieuse de Calvin jusqu' à sa conversion*, Strasbourg 1924.

_____. *Jean Calvin: Epître au Roi*, Paris 1927.

_____. "Une Première Institution Fracaise dès 1537,"(*Revue d'Hist. et de Philos. religieuses*, strasbourg 1928).

_____. "Renée de France,"(*Edudes Théologiques et Religieuses*, Montpellier 1929).

_____. Calvin écrivain, Paris 1930.

_____. *Recherches sur la formation intellectuelle de Calvin*, Paris 1931.

_____. "Notes historiques et critiques sur un chpitre de l'Institution écrit à (1539): De la vie chrétienne,"(*Revue de l'Hist. et de Philos. relig.*, Strasbourg 1934).

_____. "Une Année de la vie de Calvin,"(*Bull. de la Societé Calviniste de France*, No. 45, p. 2).

_____. *Oeuvers complètes de Calvin: Institution de la Religion Chrestienne I-IV*,

Paris 1936-1939.

Parker, T. H. L. *Iohannis Calvini Commentarius in Epistolam Pauli ad Romanos*, Leiden 1981.

_____. *The Doctrine of the Knowledge of God: A Study in the Theology of John Calvin*, Edinburgh/London 1952.

_____. *Calvin's New Testament Commentaries*, London 1971.

_____. *Commentaries on the Epistle to the Romans, 1532-1542*, Edinburgh 1986.

_____. "Calvin the exegete: change and development," in: W. H. Neuser (red.), *Calvinus Ecclesiae Doctor*, Kampen 1978, pp. 33-46.

Parratt, J. K. "The witness of the Holy Spirit; Calvin, the Puritans and St. Paul," in: *EvQ* 41 (1969), pp. 161f.

Partee, C. *Calvin and Classical Philosophy*, Leiden 1977.

Pauck, W. 'Calvin and Butzer'(*Jounal of Religion*, Chicago 1929).

_____. *The Heritage of the Reformation*, Glencoe/Boston 1950.

_____. *Das Reich Gottes auf Erden. Utopie und Wirklichkeit. Eine Untersuchung zu Butzers "De Regno Christi" und zur englischen Staatskirche des 16. Jahrhunderts*, Berlin/Leipzig 1928.

Peels, H. G. L. *De wraak van God: De betekenis van de wortel NQM en de functie van de NQM-teksten in het kader van de oudtestamentische Godsopenbaring* (Diss.), Zoetermeer 1992 (=idem., *The Vengeance of God: The Meaning of the Root NQM and the Function of the NQM-Texts in the Context of Divine Revelation in the Old Testament*, Leiden/New York/Köln 1995).

Peremans, N. *Erasme et Bucer d'après leur correspondance*, Paris 1970.

Persson, E. *Repraesentatio Christi: Der Ambtsbegriff in der neueren römischkatholischen Theologie*, Göttingen 1966.

Peter, R. "Le Maraîcher Clément Ziegler," in: *RHPhR* 34 (1954), pp. 255-282.

Petremand, J. 'Les Débuts du ministère (de Farel) à Neuchâtel' (in the symposium: *Guillaume Farel*, Neuchâtel 1930).

de Peyer, P. E. "Calvin's Doctrine of Divine Providence," in: *EvQ* 10 (1938), pp. 30-44.

Pfister, O. *Calvins Eingreifen in die Hexer- und Hexemprozesse von Peney 1545 nach seiner Bedeutung für Geschichte und Gegenwart*, Zurich 1947.

Pfisterer, E. *Calvins Wirken in Genf*, Neukirchen 1957.

Pidoux, P. *Albert Pighius de Kampen adversaire de Calvin: 1490 - 1542: Contribution à l'histoire de leur controverse sur les doctrines du libre arbitre et de la prédestination* (Thèse), Lausanne 1932.

Pin, J.-P. *La présence de Jésus-Christ aux hommes d'après l'Institution de 1560 de Jean Calvin* (Thèse), Strasbourg 1971.

Plath, U. *Calvin und Basel in den Jahren 1552-1556*, Zürich 1974, S. 191-195.

_____. "Calvin und Castellio und die Frage der Religionsfreiheit," in: W.H. Neuser (red.), *Calvinus Ecclesiae Genevensis custos*, Frankfurt am Main 1984.

Plathow, M. "Der Heist hilft unserer Schwachheit," in: *Kerygma und Dogma* 40 (1994), S. 143-169.

Plomp, J. *Een kerk in beweging: de Gereformeerde Kerken in Nederland na de Tweede Wereldoorlog*, Kampen 1987.

_____. *De kerkelijke tucht bij Calvijn*, Kampen 1969.

Pöhlmann, H. G. *Abriß der Dogmatik*, Gütersloh 1975².

van de Poll, G. J. *Martin Bucer's liturgical Ideas*, Assen 1954.

Polman, A. D. R. *De Praedestinatieleer van Augustinus, Thomas van Aquino en Calvijn*, Franeker 1936.

Polman, P. *L'Elément historique dans la controverse religieuse du XVIène siècle*, Gembloux 1932.

Potgieter, F. J. M. *De verhouding tussen die teologie en die filosofie bij Calvijn*, Amsterdam 1939.

Praamsma, L. *Calvijn*, Wageningen 1954.

Prantl, C. *Geschichte der Logik im Abendland*, vol. IV, Leipzig 1870.

Preiss, T. B. *le puritanisme et le piétisme*, 1944.

Preuter, K. *Das Grundverständnis der Theologie Calvins*, Neukirchen 1963.

Prenter, R. *Spiritus Creator. Studien zu Luthers Theologie*, München 1954.

_____. *Le Saint-Esprit et le renouveau de l'Eglise*, Neuchâtel/Paris 1949.

_____. "La Fondation Christologique du Ministère", in: F. Christ (red.), *Oikonomia*, pp. 239-247.

de Quervain, A. *Calvin: sein Lehren und Kämpfen*, Berlin 1926.

Quistorp, H. J. J. Th. "Calvins Lehre vom Heiligen Geist," in: J. de Graaf e.a. (red.), *De Spiritu Sancto*, Utrecht 1964, pp. 109-113.

Quistorp, H. *Die letzten Dinge im Zeugnis Calvins*, Gütersloh 1941.

de Raemond, F. *L'Histoire de la naissance, progrès et décadence de l'hérésie de ce siècle*, Rouen 1623.

Raitt, J. "Calvin's Use of persona," in: W. H. Neuser (red.), *Calvinus ecclesiae Genevensis custos*, Darmstadt 1984, pp. 273-287.

Rasker, A. J. *De Nederlandse Hervormde Kerk vanaf 1795*, Kampen 1986.

Renaudet, A. *Préréforme et humanisme à Paris pendant les premières guerres d'Italie*, Paris 1916.

_____. *Etudes Erasmiennes* (1521-1529), Paris 1939.

Reu, J. M. *Quellen zur Geschichte des kirchlichen Unterrichts in der evangelischen Kirche Deuschlands zwischen 1530 und 1600 I/1*, Gütersloh 1904.

Ray, R. "Witness and Word," in: *CJTh* 15 (1969), pp. 14/23.

Reid, J. K. S. "Office of Christ in Predestination," in: *SJTh* 1 (1948), pp. 5-19.

Richel, P. J. *Het kerkbegrip van Calvijn*, Franeker 1942.

Richter, A. L. *Die evangelischen Kirchenordnungen*, 2 vols., Weimar 1846.

Ridderbos, H. N. *Het evangelie naar Johannes: Proeve van een theologische exegese I* (Hoofdstuk 1-10), Kampen 1987.

Rieker, K. *Grundsätze reformierter Kirchenverfassung*, Tübingen 1907.

Rilliet, A. *Notice sur le premier séjour de Calvin à Genève*, Geneva 1878.

Ritschl, A. "Geschichtliche Studien zur Christlichen Lehre von Gott," in: *Jahrbücher für Deutsche Theologie* 13 (1868), S. 67-133.

_____. *Die christliche Lehre von der rechtfertigung und Versöhnung*, 4th edn, 3 vols., Bonn 1895-1902.

Ritschl, O. *Dogmengeschichte des Protestantismus I* (Leipzig 1908). III (Göttingen 1926).

Rodocanachi, *Renée de France, Duchesse de Ferrara*, Paris 1895.

_____. *La Réforme en Italie*, 2 vols., Paris 1920-1).

Röst, L. C. M. (red.), *Grote Winkler Prins: enczclopie in 26 delen 18/21*, Amsterdam/Antwerpen 1992/1993.

Rott, J. *Investigations Historae: Eglise et société au X V/e siècle*, 2 vols., Strasbourg 1986.

_____. *Correspondance de Martin Bucer: Liste alphabétique des correspondants*, Strasbourg 1977.

_____. "Documents strasbourgeois concernant Calvin: I. Un manuscrit autographe: la harangue de recteur Nicolas Cop," in: *RHPhR* 44 (1964), pp. 290-311(=in: *Regards contemporains sur Jean Calvin*, Paris 1965, pp. 28-49).

Roussel, B. *Martin Bucer: Lecteur de l'Epitre zux Romains I-II* (Thèse), Strasbourg 1970.

Röhrich, T. W. *Geschichte der Reformation im Elsaß und besonders in Strasbourg I-III*, Straßburg 1830-1832.

Rupp. E. G. "Word and Spirit in the First Years of the Reformation," in: *ARG* 49 (1958), pp. 13-26.

Rutgers, F. L. *Calvijns invloed po de reformatie in de Nederlande*, Leiden 1899.

Sabatier, D. "La conversion de Calvin,"(*Annales de Philosophie chrétienne*, vol, XXI, Paris, 1911).

de Saussure, J. "La notion réformé des sacrements" (*Bull. de la Soc. de l'Hist. du Protest. franç.*, vol., LXXXIV, Paris 1935).

_____. *A l'école de Calvin*, Paris 1939. (Ned. vert. van A. L. Boeser, *In de leerschool van Calvijn*, Amsterdam 1931).

Schaap, G. *De unio mystica cum Christo: een centraal thema in de theologie van Johannes Calvijn* (D.S.), Utrecht 1993.

Scheibe, M. *Calvins Prädestinationslehre: Ein Beitrag zur Würdigung der eigenart seiner Theologie und Religiosität*, Halle 1897.

Schellong, D. *Calvins Auslegung der sznoptischen Evangelien*, München 1969.

van Schelven, A. A. *Het Calvinisme gedurende zijn bloeitijd*, Genéve/Amsterdam 1943.

Scherding, P. "Calvin, Der Mann, der Kirche und die Bedeutung seines Strasburger Aufenthalts,"(published in the collection *Calvin, 1538-1938*), Strasbourg 1938.

Schick, L. *Das Dreifache Amt Christi und der Kirche: Zur Entstehung und*

Entwicklung der Trilogien, Bern 1982.

Schieß, T. *Briefwechsel der Brüder Ambrosius Blaurer und Thomas Blaurer I - III*, Freiburg 1908-1912.

Schilder, K. *Heidelbergse Catechismus II*, Goes 1949.

Schillebeeckx, E. *Jezus: het verhaal van een levende*, Bloemendaal 1979.

Schindling, A. *Humanistische Hochschule und freie Reichsstadt. Humanismus und Akademie in Straßburg 1538-1621*, Wiesbaden 1977.

Schippers, R. *Joh. Calvijn. Zijn leven en zijn werk*, Kampen 1959.

Schmidt, A-M. *Jean Calvin et la tradition calvinienne*, Paris.

Schmidt, C. F. *Zwingli*, Berlin 1965.

Schnabel, F. *Deutschlands geschichtliche Quellen und Darstellungen in der Neuzeit I : Das Zeitalter der Reformation*, Leipzig 1931.

Schoch, S. *Calvijn's beschouwing over Kerk en Staat*, Groningen 1902.

Schoonenberg, P. "Spirit Christology and Logos Christology," in: *Bijdragen* 38 (1977), pp. 350-375.

_____. *De Geest, het Woord en de Zoon: Theologische overdenkingen over Geest-Christologie, Logos-Christologie en drieêengeisleer*, Kampen 1991.

_____. "De voorkomst van de Heilige Geest: Gedachten naar aanleiding van het dispuut over het 'Filoque'," in: *Tijdschrift voor Theologie* 23 (1983), pp. 105-124.

Schrenk, G. *Gottesreich und Bund im älteren Protestantismus: vornehmlich bei Johannes Coccejus: zugleich ein Beitrag zur Geschichte des Pietismus und der heilsgeschichtlichen Theologie*, Gütersloh 1923.

Schroten, H. *Christus, de Middelaar bij Calvijn. bijdrage tot de leer van de zekerheid des geloofs*, Utrecht 1948.

von Schubert, H. *Johannes Calvin*, Tübingen 1909.

_____. *Grosse christliche Persönlichkeiten*, 3rd edn, Leipzig 1933.

von Schultehss, R. *Luther, Zwingli und Calvin in ihren Ansichten über die Verhältnis von Staat und Kirche*, Zürich 1909.

Schulze, L. F. *Calvin's Reply to Pighius*, Potchefstroom 1971.

_____. "Calvin's Reply to Pighius - a MIcro and Macro View," in: W. H. Neuser (red.). *Calvinus ecclesiae Genevensis custos*. Frankfurt a. M. 1984, pp.

171-185.

Schulze, M. *Meditatio futurae vitad: Ihre Begriff und ihre herrschende Stellung im System Calvins: Ein Beitrag zum Verständnis von dessen Institutio,* Leipzig 1901.

_____. *Calvins Jenseitschristentum in seinem Verhältnis zu den religiösen Schriften des Erasmus,* Görlitz, 1902.

Schützeichel, H. "Calvins Kritik an der Firmung," in: *Zeichen des Glaubens,* Zürich/Köln 1972, S. 123-135.

_____. "Der Beriff 'Virtus' in der Eucharistielegre," in: *TTZ* 93 (1984), S. 315-317.

_____. "Inwiefern war die Reformation Calvins eine Bewegung des Il. Geistes," in: *TTZ* 96 (1987), S. 236-240.

van der Schuit, J. J. *Het Verbond Verlossing antwoord op de vraag twee of drie verbonden,* 1952.

Schwarzwäller, K. "Delectari assertionibus: Zur Struktur von Luthers Pneumato logie," in: *Lutherjahrbuch 1971,* Hamburg 1971, S. 26-58.

Schweizer, A. *Die protestantischen Centraldogmen in ihrer Entwicklung innerhalb der Reformierten Kirche I,* Zürich 1854.

_____. *Die Glaubenslehre der evanelisch-reformierten Kirche* 2 Bde., Zürich 1844-1845.

Seeberg, R. *Die Theologie des Johannes Duns Scotus,* Leipzig 1900.

_____. *Lehrbuch der Dogmengeschichte,* vol. II, 3rd end, 1923 ; vol. III, 4th end, 1930; vol IV, 2, 2nd and 3rd edn, 1920, Tübingen.

_____. *Lehrbuch der Dogmengeschichte III. IV/2,* Basel 1954.

Selderhuis, H. J. "Bucer en Zwingli," in: F. van der Pol (red.), *Bucer en de kerk,* Kampen 1991, pp. 55-66.

_____. *Huwelijk en echtscheiding bij Martin Bucer* (Diss.), Leiden 1994.

de Senarclens, J. *Héritiers de la Réformation,* Paris 1956.

van Sliedregt, C. *Calvijs opvolger Theodorus Beza: zijn verkiezingsleer en zijn belijdenis van de drieênige God,* Leiden 1996.

de Slotemaker, B. M. C. *Calvijn,* Zutphen 1934.

Smits, L. *Saint Augustin dans l'oeuvre de Jean Calvin I.II,* Assen 1957-8.

Smitskamp, D. Nauta en H. *Calvijn en zijn academie te Genéve*, Kampen 1959.

Sohm, W. *Die Schule Johann Sturms und die Kirche Straßburgs*, München/Berlin 1912.

von Soos, H. "Zwingli und Calvin,"(*Zwingliana*, vol. VI, Zurich, 1844-5).

Speelman, H. A. *Calvijn en de zelfstandigheid van de kerk* (Diss.), Kampen 1994.

Spieß, B. *Michael Servets Wiederstellung des Christentums* I, Wiesbaden 1892.

van 't Spijker, W. *De ambten bij Martin Bucer* (Diss.), Amsterdam 1970 (= J. Vriend e.a. vert., *The Ecclesiastical Offices in the Thought of Martin Bucer*, Leiden/New York/Köln 1996).

_____. "Bucer und Calvin," in: C. Krieger e.a. (red.), *Martin Bucer and Sixteenth Centurz Europe: Actes du colloque de Strasbourg (28-31 août 1991)* I, Leiden/New York/Köln 1993, S. 461-470).

_____. "The influence of Bucer on Calvin as becomes evident from the Institutes, in: *John Calvin's Institutes. His Opus Magnum*. Proceedings of the Second South African Congress for Calvin Research, July 31-August 3, 1984, Potchefstroom 1986, pp. 106-132 (= "De invloed van Bucer op Calvijn blijkens de Institutie," in: C. Augustijn e.a. red., *Geest, Woord en Kerk*, Kampen 1991, pp. 94-113).

_____. *Teksten uit de Institutie van Johannes Calvijn*, Delft 1987.

_____. *De toeêigening van het heil*, Amsterdam 1993.

_____. 'Die Fransman...': *Calvijn in 1536*, Kampen 1986.

_____. *Zijn verbond en woorden*, Kampen 1980.

_____. *Doop in plaats van besnijdenis*, Kampen 1982.

_____. "De leer van de doop bij Zwingli, Bullinger en Bucer," in: W. van 't Spijker e.a. (red.), *Rondom de doopvont*, Kampen 1983, pp. 221-262.

_____. "'Capito totus noster nunc est. Utinam fuissent semper.' Capito's Return to the Reformed Camp" in: E.A. Mckee e.a. (red.), *Probing the Reformed Tradition: Historical Studies in Honor of Edward A. Dowey, Jr.*, Louisville/Kentucky 1989, pp. 220-236.

_____. "Straatsburg," in: W. Balke e.a. (red.), *Luther en het hereformeerd protestantisme*, 's-Gravenhage 1982, pp. 63-98.

_____. "... Den hals buygende onder hey jock Jesu Christi ...," in: J. Douma e.a.

(red.), *Bezield verband: opstellen aangeboden aan prof. J. Kamphuis*, Kampen 1984, pp. 206-219.

_____. "Zwingli en Bucer in hun relatie tot de Gereformeerde scholastiek," in: C. Augustijn e.a. (red.), *Geest, Woord en Kerk*, Kampen 1991, pp. 9-33.

_____. "De relatie tussen filosofie en theologie bij Bucer," in: *TR* 22(1979), pp. 6-23.

_____. "Reformatoren over de deugd," in: *TR* 36(1995), pp. 75-95.

_____. "Prädestination bei Bucer und Calvin. Ihre gegenseitige Beeinflussung und Abhängigkeit," in: W. H. Neuser (red.), *Calvinus Theologus*, Neukirchen 1976, S. 85-111.

_____. "Die Lehre vom Heiligen Geist bei Bucer und Calvin," in: W. H. Neuser (red.) *Calvinus Servus Christi*, Budapest 1988, S. 73-106.

_____. *Reformatie en geschiedenis*, Goes 1977.

_____. "Geest, Woord en Kerk in Bucers commentaar op de brief van Paulus aan Ephese," in: C. Augustijn e.a. (red.), *Geest, Woord en Kerk*, Kampen 1991, pp. 79-93.

_____. "Het koninkrijk van Christus bij Bucer en bij Calvijn," in: *TR* 34 (1991), pp. 206-225 (=P. de Klerk, red., *Calvin and the State*, Grand Rapids 1993, pp. 109-132).

_____. *Luther en Calvijn*, Kampen 1985.

_____. *Triptiek van de geschiedenis: de vergouding tussen wereld-, heils- en kerkgeschiedenis*, Goes 1981.

_____. "Bucer's influence on Calvin: church and community," in: D. F. Wright (red.) *Maritn Bucer: Reforming Church and Community*, Cambridge 1994, pp. 32-44.

_____. "De kerk bij Bucer: het rijk van Christus," idem. e.a. (red.), *De kerk: Wezen, weg en werk van de kerk naar reformatorische opvatting*, Kampen 1990, pp. 126-142.

_____. "De kerk in Bucers oecumenisch streven," in: F. van der Pol (red.), *Bucer en de kerk*, Kampen 1991, pp. 10-14.

_____. "Experientia in reformatorisch licht," in: *TR* 19 (1976), pp. 236-255.

_____. *De Heilige Geest als Trooster*, Kampen 1986.

_____. "'Extra nos'en 'in nobis' bij Calvijn in pneumatologisch licht," in: *TR* 31 (1985), pp. 271-291.

_____. "Hij in ons en wij in Hem: Het centrum van Calvijns theologie: de Gemeenschap met Christus," in: *De Wekker* 97 (1988), p. 123.

_____. "Albert Pigge over het geloofsbegrip van Calvijn," in: *TR* 36 (1993), pp. 347-369.

_____. *Gemeenschap met Christus: Centraal gegeven van de gereformeerde theologie*, Kampen 1995.

Sprenger, P. *Das Rötsel um die Bekehrung Calvins*, Neukirchen 1960.

Stadtland, N. H. *Evangelische Radikalismen in der Sicht Calvins*, Neukirchen 1966.

Staehelin, E. *Das Buch der Basler Reformation*, Basel 1929.

_____. *Das theologische Lebenswerk Johannes Oekolampads*, Leipzig 1939.

Staehelin, R. Art. "Calvin, Johannes,"(*Realencyclopädie für protestantische Theologie und Kirche*, vol. III, 3rd end, Leipzig 1897).

Stähelin, R. "Le Catéchisme français de Calvin," in: *ThLZ* 3 (1878), S. 585-588.

Stauffer, R. "Quelques aspects insolites de la théologie du premier article dans la prédication de Calvin," in: W. H. Neuser (red.), *Calvinus Ecclesiae doctor*, Kampen 1978, pp. 47-68.

_____. *Dieu, la création et la Providence dans la prédication de Calvin*, Bern/Frankfurt a.M./Las Vegas 1978.

_____. *Was weiß ich über die Reformation?*, Zürich 1971.

Stephens, W. P. *The Role of the Holz Spirit in the Theology of Martin Bucer (=Le Rôle du Saint-Esprit dans la théologie de Martin Bucer)* (Thèse), Strasbourg 1967.

_____. *The Holy Spirit in the Theology of Martin Bucer*, Cambridge 1970.

_____. *The Theology of Huldrych Zwingli*, Oxford 1986.

_____. *Zingli: an Introduction to His Thought*, Oxford 1992.

_____. "The Place of Predestination in Zwingli and Bucer," in: H. A. Oberman e.a. (red.) *Reformiertes Erbe: Restschrift für Gottfried W. Locher zu seinem 80. Geburtstag I*, Zürich 1992, pp. 393-410.

Stichelberger, E. *Calvin*, Stuttgart 1950.

Strathmann, H. "Die Entstehung der Lehre Calvins von der Busse," (*Calvin-studien*, Leipzig 1909).

_____. "Calvins Lehre von der Busse in ihrer späteren Gestalt," (*Theologische Studien und Kritiken*, Gotha 1909).

Stricker. E. *Johann Calvin als erste Pfarrer der reformierten Gemeinde zu Strassburg*, Strasbourg 1890.

Strohl, H. *l'Epanouissement de la pensée religieuse de Luther*, Strasbourg, 1924.

_____. "La notion d'Eglise chez Bucer dans son développement historique. Etude critique," in: *RHPhR* 13 (1933), pp. 242-249.

_____. "La Théorie et la pratique des quatres ministères à Strasbourg avant l'arrivée de Calvin,"(*Bull. de la Soc. de l'Hist. du Protest. franç.*, vol. LXXXIV, Paris 1935).

_____. "La notion d'Eglise chez les réformateurs,"(*Revue d'Hist. et de Philos. religieuses*, Strasbourg 1936).

_____. "Bucer et Calvin," (*Bull. de la Soc. de l'Hist. du Protest. franç.*, vol. LXXXVII, Paris 1938).

_____. Bucer, *humaniste chrétien*, Paris 1939.

_____. "La Pensèe de Calvin sur la Providence divine au temps oú il était réfugié à Strasbourg," in: *RHPhR* 22 (1942), pp. 154-169.

_____. Bucer, *humaniste chrétien*, Paris 1939.

_____. "Le rôle de Bucer dans l'organisation de l'enseignement à Strasbourg," in: *Quatrième centenaire du Gymnase Protestant de Strasbourg 1538-1938*, pp. 277-286.

_____. e.a., *Martin Bucer 1491-1551*, Lichtweg 1951.

Stuckelberger, H. M., 'Calvin und Servet' (Zwingliana, vol. VI, Zürick 1934). 'Calvin und Castellio' (*Zwingliana*, vol. VII, Zürich 1939).

Stuermann, W. E. *A critical Study of Calvin's Concept of Faith*, Tulsa 1952.

Stupperich, R. *Der Humanismus und die Wiedervereinigung der Konfessionen*, Leipzig 1936.

_____. "Die Kirche in M. Bucers theologischer Entwicklung," in: *ARG* 35 (1938), S. 81-101.

_____. "M. Bucers Anschauungen von der Kirche," (*Zeitschrift für systematische*

Theologie, Berlin 1940).

_____. "Bucer, Martin (1491-1551)," in: *TRE* VII, S. 258-270.

_____ (red.). *Die Schriften der Münsterischen Täufer und ihrer Gegner III: Schriften von cvangelischer Seite gegen die Täufer*, Münster/Wiesbaden 1983, S. 8-35.

Suh, C. W. *The Creation-mediatorship of the Christ* (Diss.), Amsterdam 1982.

Tawney, R. H, *Religion and the Rise of Capitalism*, 1922 (Pellican Books 1948).

Temmel, L. Glaube und Gewissheit in der Theologie Martin Bucers, vcrnehmlich nach seinem Römerbrieflcommentar(Diss.)., Wenen 1950.

Tollin, H. *Das Lehrsystem Michel Servets genetisch dargestellt* 3 Bde., Gütersloh 1876-1878.

_____. "Butzers Confutatio der Libri VII de Trinitatis erroribus," in: *ThStK* 48 (1875), S. 711-736.

Torrance, J. B. "The Concept of Federal Theology - was Calvin a Federal Theologian?," in: W. H. Neuser (red.), *Calvinus sacrae scripturae professor*, Grand Rapids 1994, pp. 15-40.

Torrance, T. F. *Calvin's Doctrine of Man*, London 1949.

_____. *Kingdom and Church: A Studyin the Theology of the Reformation*, Edinburgh/London 1956.

_____. *Trinitarian Perspectives: Toward Doctrinal Agreement*, Edinburgh 1994.

Trechsel, F. *Die protestantischen Antitrinitarier vor Faustus Socin II*, Heidelberg 1844.

Trimp, C. *Heilsgeschiedenis en prediking: Hervatting van een onvoltooid gesprek*, Kampen 1986.

_____. *Om de oecomomie van het welbehagen: een analyse van de idee der 'Heilsgeschichte' in de 'Kirchliche Dogmatiek' van K. Barth*, Goes 1961.

Troeltsch, E. *Die Soziallehren der christilchen Kirchen und Gruppen*, Tubingen 1912.

Tschackert, P. *Die Entstehung der lutherischen und reformierten Kirchenlehre*, Göttingen, 1910.

Tylenda, J. N. "The warning that went unheeded John Calvin on Giorgio Biandrata," in: *CTJ* 12 (1977), pp. 24-62.

_____. "Christ the Mediator: Calvin versus Stancaro," in: *CTJ* 8 (1973), pp. 5-16.

_____. "The Controversy on Christthe Mediator: Calvin's Second Reply to Stancaro," in: *CTJ* 8 (1973), pp. 131-157.

Ueberweg, F. *Grundriss der Geschichte der Philosophie*, vol. III, 12th end, by M. Frischeisen-Koehler and W. Woog, Berlin 1924.

van Unnik, W. C. "De Heilige Geest in het Nieuwe Testament," in: J. de Graaf (red.) *De Spiritu Sancto*, Utrecht 1964, pp. 63-75.

Usteri, J. M. "Die Stellung der Straßburger Reformatoren Bucer und Capito zur Tauffrage," in: *ThStK* 57 (1884), S. 456-528.

_____. "Calvins Sakraments-und Tauflehre," (*Theologische Studien und Kritiken*, Gotha 1884).

van der Valk, C. *Bucer en de dopersen tot het jaar 1532* (D.S.), Gouda 1976.

Velema, W. H. *Wet en evangelie*, Kampen 1987.

_____. *Door het Woord bewogen*, Leiden 1996.

_____. *De leer van de Heilige Geest bij Abraham Kuyper* (Diss.), 's-Gravenhage 1957.

Venema, C. P. *The Twofold Nature of the Gospel in Calvin's Theology: The 'Duplex Gratia Dei' and the Interpretation of Calvin's Theology*, Princeton 1985.

Versteeg, J. P. *Christus en de Geest: een exegetisch onderzoek naar de verhouding van de opgestane Christus en de Geest van God volgens de brieven van Paulus* (Diss.), Kampen 1971.

Vicent, G. "Discours et Doctrine: Modalités de l'affirmation calvienne de la providence," in: W. H. Neuser (red.), *Calvinus Ecclesiae Custos*, Frankfurt a.M./Bern/New York/Nancy 1984, pp. 197-207.

Vienot, J. *Histoire de la Réforme fraçaise*, vol. I, Paris 1926.

Vischer, L. (red.) *Spirit of God, Spirit of Christ: Ecumenical Reflections on the Filioque Controversy*, London/Geneva 1981.

Vischer, W. "Calvin exégète de l'Ancien Testament," in: *La Revue Reformée* 18 (1967), pp. 1-20.

Visser, A. J. *Calvijn en de Joden*, 's-Gravenhage 1963.

Vogel, D. H. "Praedestinatio gemina: die Lehre von der ewigen Gnadenwahl," in:

Vogt, H. *Martin Bucer und die Kirche von England* (Diss), Münster 1966.

de Vries, W. G. *Kerk en tucht bij Calvijn*, Capelle a/d IJssel 1990.

Vuilleumier, H. *Histoire de l'Eglise réformée du pays de Vaud*, vol. I, Lausaane 1927.

de Vuyst, J. *"Oud en nieuw verbond" in de brief aan de Hebreeên* (Diss.), Kampen 1964.

Wackkernagel, R. *Humanismus und Reformation in Basel*, Basle 1924.

Walker, W. *John Calvin, the Organizer of Reformed Protestantism*, London 1906.

Wallace, R. S. *Calvin's Doctrine of Word and Sacrament*, Edinburgh 1953.

Walters, G. *The Doctrine of the Holy Spirit in John Calvin* (Diss.), Edinburgh 1949.

_____. *Calvin's Doctrine of the Christian Life*, Edinburgh 1959.

von Walter, J. *Die Theologie Luthers*, Gütersloh 1940.

Warfield, B. B. "Calvin's Doctrine of the Knowledge God," in: *Calvin and Calvinism*, New York 1931, pp. 27-130.

_____. 'Calvin's Doctrine of God' (*Princeton Theological Review*, Princeton, 1909).

_____. *Calvijn als theoloog en de stand van het Calvinisme in onzen tijd*, C.M.E. Kuyper (vert.), Kampen 1919.

_____. "Calvin's Doctrine of the Trinity," in: *Calvin and Calvinism*, New York 1931.

Waskey, A. J. L. *Lohn Calvin's Theory of Political Obligation: An Examination of the Doctrine of Civil Obedience and its Limits from the New Testament Commentaries* (Diss.), Mississippi, 1978.

Weber, H. *Die Theologie Calvins*, Berlin 1930.

Weber, H. E. *Reformation, Orthdoxie und Rationalismus I: von der Reformation zur Orthodoxie*, Darmstadt 1966.

Weber, O. *Grundlagen der Dogmatik II*, Neukirchen 1962.

Weiss, N. 'Arrêt inédit du Parlement de Paris contre *l'Institution chrétienne*' (*Bulln, de la Soc. de l'Hist. du Protest. franç.*, vol. XXXIII, Paris, 1884).

_____. 'Calvin, Servet, G. de Trie et le tribunal de Vienne' (*Bulln de la Soc. de l'Hist. du Protest. franç.*, vol. LVII, Paris, 1908).

_____. 'Une Portrait de la femme de Calvin' (*Bull. de la Societé de l'Hist. du Prot. français*, 1907, vol. LVI pp. 222 ff).

Well, R. *Calvins Bedeutung für unsere Zeit*, Strasbourg, 1909.

_____. 'La premiére liturgie de Calvin' (*Revue d'Hist. et de Philos. religieuses*, Strasbourg, 1938).

Wendel, F. *Calvin: sources et évolution de sa pensée religieuse*, Paris 1950.

_____. "Justification and Predestination in Calvin," in: D.K. McKim e.a. (red.), *Readings in Calvin's Theology*, Grand Rapids/Michigan 1984, pp. 153-178.

_____. *L'Eglise de Strasbourg: sa constitution et son organisation 1532-1535*, Paris 1942.

Wenelius, L. *L'esthétique de Calvin*, Paris 1936.

Wentsel, B. *God en mens verzoend: Godsleer, mensleer en zondeleer: Dogmatiek deel 3a*, Kampen 1987.

_____. *De Heilige Geest, de kerk en de laatste dingen: De Persoon en het werk van de Heilige Geest*: Dogmatiek deel 4a, Kampen 1995.

Wenz, G. "Sine vi, sed Verbo?: Toleranz und Intoleranz im Umkreis der Wittenberger Reformation," in: *Kerygma und Dogma* 41 (1995), S. 136-157.

Werdermann, TH. "Calvins Lehre von der Kirche in ihrer geschichtlichen Entwicklung," (*Calvin*, Leipzig 1909).

Wernle, P. *Calvin und Basel bis zum Tode des Myconius*, Tubingen 1909.

_____. "Zur Bekehrung Calvins," (*Zeitschr für Kirchengeschichte*, vol. XXXI, Gotha 1910).

_____. *Der evangelische Glaube: nach den Haupschriften der Reformatoren III Calvin*, Tübingen 1919.

Wiedeburg, A. "Die Freundschaft zwischen Butzer und Calvin nach ihren Briefen," in: *Historisches Jahrbuch* 83 (1964), S. 69-83.

_____. *Calvins Verhalten zu Luther, Melanchthon und dem Luthertum* (Diss.), Tübingen 1961.

Wilbur, E. M. *A History of Unitarianism: In Transylvania, England, and America*, Cambridge/Massachusetts 1952.

_____ (vert.). *Socinianism in Poland: The social and Political Ideas of the Polish*

Antitrinitarians in the Sixteenth and Seventeenth Centuries (door S. Kot), Boston 1957.

Williams, G. H. *The Radical Reformation*, Philadelphia 1952.

_____ (red.), *Spiritual and Anabaptist Writers* (LCC XXV), London 1958.

Willis, E. D. *Calvin's Catholic Christology: The Function of the So-Called Extra Calvinisticum in Calvin's Theology*, Leiden 1966.

_____. "Calvin's Use of Substantia," in: W. H. Neuser (red.), *Calvinus ecclesiae Genevensis custos*, Darmstadt 1984, pp. 289-301.

Willis, R. *Servetus and Calvin: A Study of an Important Epoch in the Early History of the Reformation*, London 1877.

Wolf, E. "Deus omniformis, Bemerkungen zur Christologie des Michael Servet," in: *Theologische Aufsätze. Karl Barth zum 50. Geburtstag*, München 1936, S. 443-466.

Wolf, H. H. *Die Einheit des Bundes: Das Verhältris vom Altem und Neuen Testament bei Calvin*, Neukirchen 1958.

Wotschke, T. "Zur Geschichte des Antitrinitarismus," in: *ARG* 23 (1926), S. 82-100.

van der Woude, S. *Verguisd Geloof: De lotgevellen van Michaêl Servet, martelaar van protestantse onverdraagzaamheid en Sebastiaan Castellio apostel der godsdienstvrijheid*, Delft 1953.

Wright, D. F. (red.) *Martin Bucer: Reforming Church and Community*, Cambridge 1994.

Yoder, J. H. *Täufertum und Reformation im Gespräch: Dogmengeschichtliche Untersuchung der frühen Gespräche zwischen Schweizerischen Täufern und Reformatoren*, Zürich 1968.

Yoo, H. M. *Raad en Daad: Infra-en supralasarisme in de nederlandse gereformeerde theologie van de 19e en 20e eeuw*, Kampen 1990.

Zanta, L. *La Renaissance du stoîcisme au XVIème siéle*, Paris 1914.

Zillenbiller, A. *Die Einheit der Katholischen Kirche: Calvins Cyprianrezeption in seinen ekklesiologischen Schriften*, Mainz 1993.

Zimmeli, W.(Hrg.) *J. Calvin: Psychopannychia*, Leipzig 1932.

Zippert, C. *Der Gottesdienst in der Theologie des jungen Bucer*, Marburg 1969.

Zwanenburg, L. G. "Martin Bucer over de Heilige Geest," in: *TR* 8 (1965), pp. 105-129.

Zwewas, J. L.-V. *The Holy Spirit in Calvin* (Thesis-Union Th. S.), New York 1947.

제23장 저자의 저작목록

1. 학위논문

"디지탈회로 및 신호흐름도의 어드죠인트 회로와 센시티비티에 관한 연구."(미간행
　　석사학위논문, 연세대학교대학원, 1980, M.E.).
"깔뱅(Calvin)신학에 나타난 지식과 경건의 관계성 연구."(미간행 석사학위논문, 장
　　로회신학대학교 신학대학원, 1987, M.Div.).
"Gerrit Cornelis Berkouwer의 하나님의 형상이해."(미간행 석사학위논문, 장로회신
　　학대학교대학원, 1989, Th.M.).
"De verhouding tussen pneumatologie en christologie bij H. Berkhof."(미간행 Drs.
　　학위논문, 네덜란드 Kampen개혁신학대학교, 1993, Drs.).
De verhouding tussen pneumatologie en christologie bij Martin Bucer en Johannes
　　Calvijn (Leiden: J. J. Groen en Zoon, 1996; De Universiteit van de
　　Christelijke Gereformeerde Kerken in Nederland, Apeldoorn, 1996,
　　Proefschrift, Diss., 신학박사학위논문).

2. 저서

1) 저서

『그리스도론 입문』. 서울: 장로회신학대학교출판부, 2009.
『성령론 입문』. 서울: 장로회신학대학교출판부, 2010.
『영혼을 울리는 설교』. 용인: 킹덤북스, 2012.
『깔뱅신학 입문』. 서울: 장로회신학대학교출판부, 2012.
『잊혀진 종교개혁자 마르틴 부처』. 서울: 대한기독교서회, 2012(한국기독교학회 제6
　　회 소망학술상 수상 저서).

2) 공역

『멜란히톤과 부처』. 서울: 두란노아카데미, 2011.

3) 공저

『내가 새 일을 행하리라』 통권/제1호. 평택: 평택대학교출판부, 1997.
『칼빈신학과 목회』. 서울: 대한기독교서회, 1999.
『최근의 칼빈연구』. 서울: 대한기독교서회, 2001.
『16세기 종교개혁과 개혁교회의 유산(1)』. 서울: 한국장로교출판사, 2003.
『개혁교회의 역사와 신학(2)』. 서울: 한국장로교출판사, 2004.
『개혁교회의 종말론(3)』. 서울: 한국장로교출판사, 2005.
『신학적 해석학 上』. 서울: 주이컴비즈넷, 2005.
『설교로 이해하는 종교개혁』. 서울: 도서출판 이화, 2006.
『개혁교회의 신앙고백(4)』. 서울: 한국장로교출판사, 2007.
『칼빈과 교회론』. 부산: 고신대학교출판부, 2007.
『개혁신학과 기독교교육(6)』. 서울: 한국장로교출판사, 2007.
『위로하라 내 백성을』. 서울: 한국학술정보·주, 2007.
『성경통신대학 제2권』. 서울: 한국장로교출판사, 2007.
『임택진 목사님을 생각하며』. 서울: 크리스천 디자인 어린양, 2008.
『21세기 교회와 사회봉사 제2권』. 서울: 장로회신학대학교출판부, 2008.
『교회를 섬기는 청지기의 길(Ⅰ)』. 서울: 도서출판 성안당, 2008.
『교회를 섬기는 청지기의 길(Ⅱ)』. 서울: 도서출판 성안당, 2008.
『교회를 섬기는 청지기의 길(Ⅲ)』. 서울: 도서출판 성안당, 2008.
『제2회 長神筆苑書展』. 서울: 이화문화사, 2008.
『第 2回大韓民國中央書藝大殿』. 서울: 이화문화사, 2008.
『교회론』. 서울: 대한기독교서회, 2009.
『칼빈탄생 500주년 기념: 칼빈신학개요』. 서울: 두란노아케데미, 2009.
『칼빈신학 2009』. 서울: 성광문화사, 2009.
『제3회 長神筆苑書典』. 서울: 이화문화사, 2010.
『제15회 대한민국 중부서예대전』. 수원: 중부일보사, 2010.
『하나님 나라와 교회의 현실참여2』. 서울: 장로회신학대학교출판부, 2010.
『성령과 기독교신학』. 서울: 대한기독교서회, 2010.

『종교개혁과 칼뱅』. 서울: 두란노아카데미, 2010.

『시편찬송가』. 서울: 한국기독교교육교역연구원, 2010.

『그리스도론』. 서울: 대한기독교서회, 2011.

『칼빈과 예배』. 부산: 고신대학교출판부, 2011.

『개혁교회의 예배·예전 및 직제(5-1)』. 서울: 한국장로교출판사, 2012.

『개혁교회의 예배·예전 및 직제(5-2)』. 서울: 한국장로교출판사, 2012.

『신론』. 서울: 대한기독교서회, 2012.

Kyung-Chik Han Collection 9 Theses 1 (Seoil: Kyung-Chik Foundation, 2010.3.1).

『세상 속에 존재하는 교회』. 서울: 총신대학교출판부, 2011.11.21.

『에큐메니즘 A에서 Z까지』. 서울: 대한기독교서회, 2012.2.20.

『나와 함께 하신 하나님의 은혜: 김영한 박사 은퇴기념논문집』. 서울: 미션앤컬처, 2012.2.27.

"마르틴 부처의 예배에 관한 연구." 『깔뱅의 종교개혁과 개혁교회의 갱신』. 서울 : 장로회신학대학교출판부, 2012, pp. 381-407.

4) 책임편집

『21세기 신학의 학문성』. 서울: 장로회신학대학교출판부, 2003.

『칼빈연구(창간호)』.서울: 한국장로교출판사, 2004.

『칼빈연구(제2집)』. 서울: 한국장로교출판사, 2005.

『칼빈연구(제3집)』. 서울: 한국장로교출판사, 2006.

『칼빈연구(제4집)』. 서울: 한국장로교출판사, 2007.

『어거스틴, 루터, 깔뱅, 오늘의 개혁교회』. 서울: 장로회신학대학교출판부, 2004.

『개혁신학과 경건』. 서울: 장로회신학대학교출판부, 2006.

『개혁교회의 경건론과 국가론』. 서울: 장로회신학대학교출판부, 2007.

『기독교사상과 문화』 제3호. 서울: 장로회신학대학교출판부, 2007.

『기독교사상과 문화』 제4호. 서울: 장로회신학대학교출판부, 2008.

『조직신학연구 제14집』 (2011 봄·여름). 서울: 이비즈넷컴, 2011.

『조직신학연구 제15집』 (2011 가을·겨울). 서울: 이비즈넷컴, 2011.

『조직신학연구 제16집』 (2011 봄·여름). 서울: 이비즈넷컴, 2012.

5) 감수

『2009구역예배교재: 인도자용』. 서울: 한국장로교출판사, 2008.

『2009구역예배교재: 구역원용』. 서울: 한국장로교출판사, 2008.

『2010구역예배교재: 인도자용』. 서울: 한국장로교출판사, 2009.

『2010구역예배교재: 구역원용』. 서울: 한국장로교출판사, 2009.

『2012구역예배교재: 인도자용』. 서울: 한국장로교출판사, 2011.

『2012구역예배교재: 구역원용』. 서울: 한국장로교출판사, 2011.

『2012구역워크숍교재: 리더용』. 서울: 한국장로교출판사, 2011.

『2012구역워크숍교재: 멤버용』. 서울: 한국장로교출판사, 2011.

3. 소논문

· 1985년

"위르겐 몰트만의 희망의 정치신학." 장로회신학대학원 편. 「ΛΟΓΟΣ」제XXI집
(1985.6.6), pp. 107-112.

· 1988년

"평화의 본질." 「교육교회」(1988.2).

· 1997년

"개혁신학이란 무엇인가?." 평택대학교 편. 「논문집」제9집/제2호(1997.후기), pp.
59-69.
"두 가지 종류의 생년월일." 평택대학교 편. 『내가 새 일을 행하리라』통권/제1호
(1997.12.31), pp. 83-90.

· 1998년

"종교개혁의 세 가지 모델." 「서울장신학보」(1998).

· 1999년

"Der Heilige Geist und dreifache Amt Christi bei Martin Bucer (1491-1551) und
Johannes Calvin(1509-1564)." *Yonsei Review of Theology & Culture* Ⅴ
(1999), pp. 81-89.
"복음주의신학이란 무엇인가?." 안양대학교. 「신학지평」제10집(1999), pp. 145-
162.
"성령론과 그리스도의 삼중직: Bucer와 관련하여." 한국칼빈학회 편. 『칼빈신학과
목회』(1999), pp. 33-45.
"부처와 깔뱅에게서 성령과 그리스도의 삼중직." 서울장신대학교 편. 「서울장신논
단」7집(1999), pp. 128-146.

• 2000년

"헨드리꾸스 베르꼬프의 성령론의 발전." 서울장신대학교 편. 「서울장신논단」 제8집 (2000), pp. 99-119.

"'개혁교의학'(Reformed Dogmatics)에서 '프로레고메나'(prolegomena) 개요." 평택대학교 편. 「복음과 신학」 제3호(2000), pp. 124-143.

"논의 중에 있는 깔뱅의 예정론." 연세대학교 편. 「현대와 신학」 제25집(2000), pp. 318-333.

"Martin Bucer(1491-1551) und Johannes Calvin(1509-1564) im Umgang miteinander." *Yonsei Journal of Theology* V(Dec. 2000), pp. 349-362.

"H. Berkhof의 K. Barth에 대한 관계 발전: 신학방법론을 중심으로." 한국조직신학회 편. 「조직신학논총」 제5집(2000), pp. 245-262.

"개혁파 종교개혁자 Martin Bucer(1491-1551)에게서 구약과 신약의 관계." 한국기독교학회 편. 「한국기독교신학논총」 제18집(2000), pp. 223-246.

"Martin Bucer의 삼위일체론적 성령론." 안양대학교 편. 「신학지평」 제13집(2000), pp. 207-236.

"자원봉사의 의의와 가치." 「새가정」 10월(2000), pp. 30-33.

"종교개혁적 관점에서 본 한국교회의 문제." 「서울장신학보」(2000.11).

"추천도서 소개." 「서울장신학보」(2000.11).

"종교개혁운동은 윤리적 사건인가 종교적 사건인가." 「영남신학대학보사」(2000.11).

• 2001년

"사랑과 하나님의 나라에 뿌리를 둔 목회." 「기독교사상」(2001.1), pp. 135-141.

"최근의 깔뱅의 성령론: 연구방법론과 성령론을 중심으로." 한국칼빈학회 편. 『최근의 칼빈연구』(2001), pp. 158-173.

"마르틴 부처와 쟝 깔뱅의 상호관계." 「서울장신논단」 제9집(2001), pp. 98-116.

"G. C. Berkouwer의 하나님의 형상의 회복." 평택대학교 편. 「복음과 신학」 제4호 (2001), pp. 218-241.

"Die Entwicklung des Verhältnisses von Berkhof zu Barth: hinsichtlich der theologische Methode." *Yonsei Journal of Theology* VI(2001), pp. 105-119.

"G. C. Berkouwer의 하나님의 형상 이해." 한국기독교학회 편. 「한국기독교신학논총」21집(2001).

"십자가를 전하는 선교." 서울서남노회 편. 「남선교회보」(2001), pp. 6-9.

"십자가의 의미 (I)." 「서울장신학보」 제119호(2001)

"깔뱅의 기도론." 영락교회 편. 「제7기 기도학교」(2001)

"2001년 크리스마스에는…." 영락교회 편. 「만남」(2001.12), pp. 4-5.

  · 2002년

"부활의 영광 속에서 십자가를." 영락교회. 「만남」(2002.3), pp. 8-10.

"개혁신학 전통 속에서 여·남 평등: 조직신학적 소고." 전국여신학생연합회. 「새날」
    (2002.재창간호), pp. 31-33.

"십자가의 의미(II)." 「서울장신학보」 제120호(2002).

"예수 그리스도의 부활." 서울장신대학교(편). 「서울장신논단」 제10집(2002), pp.
    106-125.

"루터의 종교개혁과 우리시대의 교회개혁." 대한예수교장로회총회교육부(편). 「교
    육목회」 제14호(2002.가을호), pp. 33-39.

"바람직한 기독교 가정." 대한예수교장로회총회교육부(편). 『생명의 성령이 역사하
    시는 하나님의 나라와 가정』(2002), pp. 293-314.

"요한 칼빈의 구원론: 칭의와 성화의 관계를 중심으로." 목원대학교대학원신학과학
    생회(엮음). 「루터 · 칼빈 · 웨슬리의 구원론 비교」(2002), pp. 33-60.

  · 2003년

"Calvins Prädestinationslehre unter Diskussion." *Korea Presbyterian Journal of
    Theology* 3(2003.5), pp. 85-101.

"기독교는 인간에 대해서 어떻게 가르쳐야 하는가?." 「새문안」(2003.5), pp. 10-12

"헨드리꾸스 베르꼬프의 성령론과 기독론의 관계 연구." 연세대학교연합신학대학
    원. 「신학논단」 제31집(2003.5.15), pp. 99-138.

"개혁교회 전통 속에서 하나님의 나라와 가정." 『남제 유정우 박사 회갑기념논문집:
    역사와 신학』(2003.5.16), pp. 358-378.

"하나님의 나라와 가정의 성서적 접근." 「교육교회」 통권/315호(2003.7.1), pp. 6-14.

"세 가지 종류의 십자가." 「교회와 신학」 제54호(2003.9.1), pp. 48-56,

"기도 일천 시간! 책 일천 권!." 「로고스」 제35집(2003.9.22), pp. 35-42.

"선물로 받은 평화를 전해주는 2003년 성탄절." 영락교회 편. 「만남」통권 (2003.11.23), pp. 4-6.

"지식으로서 신학: 마르틴 부처의 '이중적 신지식'(duplex cognitio Dei)을 중심으로." 장로회신학대학교 편. 『21세기 신학의 학문성』(2003.12.30), pp. 199-220.

"마르틴 부처(Martin Bucer)의 교회일치적 활동에 나타난 교회론."「장신논단」제20집(2003.12.30), pp. 161-181.

·2004년

"깔뱅의 성령과 그리스도와의 관계: 성령의 담지자로서 그리스도를 중심으로."「칼빈연구」창간호(2004.1.10), pp. 71-91.

"마르틴 부처의 교회론-그리스도의 나라로서 교회." 이형기교수 은퇴기념논문위원회 편. 『하나님의 나라, 역사 그리고 신학』(2004.2.26), pp. 293-319.

"현대 개혁신학의 종말론: G. C. Berkouwer와 O. Weber를 중심으로."「조직신학연구」제4호(2004.3.27), pp. 233-254.

"로마가톨릭교회와 바르트를 비판하는 깔뱅주의자 베르까우어의 개혁신학." 연세대학교연합신학대학원. 「신학논단」37집(2004.9.20), pp. 307-351.

"깔뱅과 바르트의 중재자로서 오토 베버(Otto Weber)."「한국개혁신학」제16권(2004.10.1), pp. 222-261.

"마르틴 부처의 삼위일체론적·기독론적 성령론."「한국조직신학논총」제11집(2004.10.15), pp. 269-303.

"황정욱 교수의 '깔뱅과 오늘의 개혁교회-교회론'을 중심으로." 『어거스틴, 루터, 깔뱅, 오늘의 개혁교회』. 서울: 장로회신학대학교출판부, 2004, pp. 158-164.

"통전적 신학."「교회와신학」제59호(2004), pp. 139-142.

"마르틴 부처의 해석학."「장신논단」제22집(2004.12.31), pp. 173-190.

·2005년

"마르틴 부처의 신학적 해석학." 『신학적해석학』상(2005.1.5), pp. 187-210.

"부처와 깔뱅의 종말론."「칼빈연구」제2집(2005.1.20), pp. 235-257.

"두 질서 안에서 살아가는 그리스도인."「목회자신문」제438호(2005.1.29).

"잊혀져 가지만 그러나 반드시 간직해야할 말씀, '그리스도의 보혈'."「목회자신문」

제444호(2005.3.19).

"쯔빙글리, 부처, 깔뱅의 종말론." 「한국기독교신학논총」 제38호(2005.4.15), pp. 185-209.

"윤철호, 신옥수 교수의 21세기 한국교회의 패러다임을 위한 교회론적 고찰-하나님 나라의 비전을 품고 세상과의 상호적이고 역동적인 상관관계 속에서 세상을 변혁시키는 삼위일체적 교회." 『한국교회의 영적 부흥과 리더십1·2』. 서울: 장로회신학대학교출판부, 2006, pp. 645-652.(2005.4.20).

"아그누스 데이." 「목회자신문」 제449호(2005.4.30).

"나라사랑과 교회." 영락교회. 「만남」 통권/377호(2005.6.1), pp. 4-6.

"그리스도인과 애국자의 관계." 「목회자신문」 제456호(2005.6.25).

"깔뱅의 경건으로서 영성." 장로회신학대학교. 「제3차 종교개혁기념학술강좌」 (2005.10.27).

"시62:7; 행11:21." 장로회신학대학교(편). 『2006 말씀과 기도』(2005.12.25), pp. 149-150.

"깔뱅의 삼위일체(론)적 성령론." 한국칼빈학회(편). 「칼빈연구」 제3집(2005.12.30), pp. 79-99.

"깔뱅의 '기독교 강요'(1559)에 나타난 교회의 본질." 한국칼빈학회(편), 「칼빈연구」 제3집(2005.12.30), pp. 123-145.

· 2006년

"백수신앙과 일하는 신앙." 「목회자신문」 제481호(2006.1.28).

"상급은 공로주의인가?." 「목회자신문」 제485호(2006.3.4).

"교회직분의 절대론이냐? 무용론이냐?." 「목회자신문」 제490호(2006.4.16).

"깔뱅의 국가론(Calvin's Thoughts on State)." 「장신논단」 제25집(2006.4.30), pp. 127-167.

"The Relationship between the Holy Spirit and Jesus Christ by John Calvin."(제8 차 세계칼빈학회, 네덜란드 Apeldoorn 기독교개혁신학대학교/독일 Emden J. à Lasco 도서관, 2006.8.22-26).

"칼빈과 한국신학" 「로고스」 제38집(2006.8.29), pp. 12-32.

"깔뱅의 성령과 예수 그리스도의 관계: 성령의 파송자로서 예수 그리스도." 연세대 학교연합신학대학원(편). 「신학논단」 제45집(2006.9.15), pp. 147-180.

"오직 하나님의 은혜로!." 『설교로 이해하는 종교개혁』. 서울 : 출판이화, 2006. pp.

151-162.

"깔뱅의 성례전으로 세례: '기독교 강요'(1559)를 중심으로." 한국개혁신학회. 「한국개혁신학」제20권(2006.10.1), pp. 313-340.

"개혁교회 전통에서 경제관: 깔뱅을 중심으로." 장로회신학대학교기독교교육연구원(편). 「교육교회」제351회(2006.11.1), pp. 9-15.

"장신대 교수님이 추천하는 신학생 필독서 50권." 「신학춘추」통합/51호(2006.11.21)

"깔뱅의 그리스도의 나라(Regnum Christi)에 관한 연구." 김영한교수 회갑기념논문집 간행위원회(편). 『은혜 김영한 교수 회갑기념 논문집: 21세기 한국 신학의 방향』(2006.11.23), pp. 504-526.

"깔뱅의 교회론: 교회의 본질을 중심으로." 한국복음주의신학회. 「조직신학연구」제8집(2006.12.12), pp. 8-43.

"시|62:7; 막14:62." 장로회신학대학교(편). 『2007 말씀과 기도』(2006.12.20), pp. 184-185.

"개혁교회의 역사와 신학. 「교회와 신학」제67호(2006.겨울호), pp. 156-158.

"깔뱅의 중세 로마가톨릭교회의 7성례에 대한 비판." 「한국조직신학논총」제17집(2006.12.30), pp. 203-235.

· 2007년

"깔뱅의 교회직분과 교회권위에 대한 연구: '기독교강요'(1559)를 중심으로." 한국칼빈학회(편), 「칼빈연구」제4집(2007.1.10), pp. 199-226.

"깔뱅의 교회론: 교회의 본질을 중심으로." 한국기독교학회(편). 「한국기독교신학논총」제49호(2007.1.15), pp. 92-122.

"The Relationship between the Holy Spirit and Christ as the Sender of the Holy Spirit in John Calvin." *Korea Presbyterian Journal of Theology, Vol. 7*(2007.2.20), pp. 181-208.

"위르겐 몰트만의 '디아코니아'." 『유정우교수 정년퇴임 기념논문집』(2007.2.20).

"평양대부흥운동의 신학적 고찰 (1): 세계 신앙각성운동과 연계하여." 「교회와 신학」제68호(2007.3.15), pp. 36-43.

"깔뱅의 권징론." 고신대학교개혁주의학술원(편), 『칼빈과 교회론』(2007.3.23), pp. 147-171.

"The Relationship between the Holy Spirit and Christ as the Bearer of the Holy

Spirit in John Calvin." 「한국개혁신학회 제21집」(2007.4.1), pp. 261-286.

"박형룡의 개혁신앙: 칭의와 성화를 중심으로." 「한국개혁신학」제21집(2007.4.1), pp. 187-209.

"무극(無極) 한숭홍(韓崇弘), 그에게는 무엇이 있는가?." 「신학춘추」 통권53호 (2007.5.1).

"21세기 글로벌 신학의 동향과 과제(Trends and Tasks of Global Theology in 21st Century)." 백석대학교 「춘계신학전공학술제」제1회(2007.5.17)

"개혁전통에서 디아코니아: 개혁파 정통주의와 H. Berkhof 중심으로." 「조직신학논총」제19집(2007.5.22)

"21세기 교단신학의 정체성." 「장신논단」제28집(2007.5.30), pp. 95-139.

"평양대부흥운동의 신학적 고찰 (1): 세계신앙각성운동과 연계하여." 「교회와 신학」제68호(2007.봄호), pp. 36-43.

"깔뱅의 성례전으로 성찬: '기독교강요'(1559)를 중심으로." 평택대학교(편). 「복음과신학」통권/제9호, 2007.8.29), pp. 191-223.

"개혁파 종교개혁자 마르틴 부처의 '경건'(pietas) 개념." 「로고스」제39호(2007.9.1), pp. 67-90.

"한국교회의 정치신학과 2007 대선 참여." 「교회와 신학」제71호(2007.12.3), pp. 59-67.

"Bucer와 Strasbourg."(제11차 한중학술대회, 2007.12.10-12).

· 2008년

"마르틴 부처(Martin Bucer, 1491-1551)의 종교개혁과 선교: 하나님의 나라를 중심으로." 「선교와 신학」 제21집(2008.1.14), pp. 69-96.

"시편주석서를 통해 본 성경번역자로서의 깔뱅." 한국칼빈학회(편). 「칼빈연구」 제5집(2008.1.20), pp. 169-187.

"개혁파 전통에서 본 국가론." 「장로교회와 신학」제5집(2008.2.12), pp. 138-160.

"오직 메시아이신 주를 의지해 그 존재 이유와 영예를 발견하는 민족." 「새문안」통권/235호(2008.3.2), pp. 10-12.

"한경직의 성령신학." 「한국개혁신학논문집」제23권(2008.4.1), pp. 117-152.

"캘빈의 가정론." 두란노(편). 「목회와 신학」(2008.5.1), pp. 164-169.

"Bucer와 Strasbourg." *Korea Presbyterian of Theology, vol. 8*(2008.5), pp. 143-156.

"마르틴 부처의 선교 사상: 예수 그리스도와 사도들에 의한 하나님의 나라를 중심으로." 「장신논단」 제31집(2008.5.30), pp. 9-36.

"성경에 근거한 교리." 「한국기독공보」(2008.8.9).

"마르틴 부처의 '경건'(pietas)에 관한 연구." 「한국조직신학논총」 제21집(2008.9. 30), pp. 11-33.

"칼뱅의 교회정치사상에 대한 연구." 「한국기독교신학논총」 제59집(2008.10.15), pp. 101-126.

"중보자 예수 그리스도의 직무(munus)에 대한 고찰: 고대교회로부터 깔뱅까지." 「교회를 위한 신학 제7권」통권/제 2호(2008.12.20), pp. 272-291

"말씀과 기도." 장로회신학대학교출판부(편). 『2009 말씀과 기도』(2008.12.31), pp. 230.

· 2009년

"깔뱅의 기도 이해: '기독교 강요' 초판과 최종판(1536/1559)을 중심으로." 「칼빈연구」 제6집(2009.1.20), pp. 61-90.

"칼빈탄생 500주년 특집: 학술기고⑤ '깔뱅의 동역자'." 「한국기독공보」(2009.2.14)

"<7> 박형룡 목사: 1. 초기신앙과 교육적 배경." 「한국기독공보」(2009.3.7)

"<7> 박형룡 목사: 2. 신학교분열의 중심에 서다." 「한국기독공보」(2009.3.14)

"<7> 박형룡 목사: 3. 박형룡 사상에 대한 연구들." 「한국기독공보」(2009.3.21)

"<7> 박형룡 목사: 4. 죽산 박형룡이 논쟁한 주요 사건들." 「한국기독공보」 (2009.3.28)

"정암 박윤선의 성령신학." 한국개혁신학회(편). 「한국개혁신학」 제25권(2009.4.1), pp. 34-83.

"하나님의 나라와 개혁교회의 현실참여: 역사신학적·조직신학적 고찰과 한국교회를 위한 실천방향." 「제10회 소망포럼」(2009.5.6).

"왜 21세기에도 16세기의 깔뱅인가?." (계명대, 2009.5.18).

"개혁교회의 미래." (평신도대학원교육대회, 2009.5.21).

"깔뱅의 문화관: 하나님 나라 위한 문화 만들라." 「한국기독공보」(2009.5.23).

"깔뱅 탄생 500주년에 부쳐." 「한국장로신문」(2009.5.23).

"깔뱅의 신학과 한국장교회신학의 특성."(서울교회, 2009.6.1).

"깔뱅의 장로교이념의 신학적 재해석."(제4회 한강목회포럼, 2009.6.29).

"칼뱅과 문화." 한국기독교회사학회(편). 「교회사학」 제8권/1호(2009.7.1), pp. 81-

108.

"세상을 품는 교회의 나라사랑과 평화."「새문안」통권/8호(2009.8.2), pp. 10-12.

"21세기에도 깔뱅이 주목받는 이유."「신앙세계」통권/489호(2009.4), pp. 34-39.

"학술기고 30 '깔뱅의 기도'."「한국기독공보」(2009.9.5)

"깔뱅의 생애와 사상 및 신학 (1)."「통독 큐티」(2009.5), pp. 152-155.

"깔뱅의 생애와 사상 및 신학 (2)."「통독 큐티」(2009.6), pp. 150-155.

"깔뱅의 생애와 사상 및 신학 (3)."「통독 큐티」(2009.6), pp. 150-155.

"소그룹 학습을 통한 교회학교교리교육의 이론과 실제: 깔뱅의 '즈네브교회 교리문 답'을 중심으로." 장로회신학대학교교수학습개발원(편).「학습자 주도적 협력학습연구」제5호(2009.9.23), pp. 37-83.

"깔뱅은 성경을 어떻게 이해했는가?."「성서마당」통권/제22호(2009.9.30), pp. 31-43.

"마르틴 부처(Martin Bucer)의 성서주석들에 나타난 해석학적 관점들에 대한 연구." 한국조직신학회(편).「한국조직신학논총」제24집(2009.9.30), pp. 7-33.

"깔뱅의 통전적(holistic) 영성."(NCCK 선교훈련원 주최, 장신대 신대원 주관, 감신, 구세군사관학교, 성공회대, 연신원, 한신대, 장신대, 2009.10.19).

"마르틴 부처(Martin Bucer)의 '시편주석'에 나타난 역사적 해석."「장신논단」제35 집(2009), pp. 109-137.

· 2010년

"깔뱅의 종교적 인식에 대한 연구: '기독교강요' 프랑스어판(1560) I권 1장에서 9장 을 중심으로." 한국칼빈학회(편).「칼빈연구」제7집, (2010.1.20), pp. 275-304.

"종교개혁신학에 나타난 '그리스도와의 신비적 연합'(unio mystica cum Christo)에 대한 이해."「장신논단」제37집(2010.2.15).

"마르틴 부처의 '에베소서주석'(1527)에 나타난 중심사상: 성령과 말씀을 중심으로." 연세대학교연합신학대학원 (편),「신학논단」제59집(2010.3.31), pp. 149-171.

"깔뱅의 '과학'(science) 이해." 한국조직신학회(편).「한국조직신학논총」제26집 (2010.6.30), pp. 7-39.

"부처의 예배."(장로회신학대학교 제8회 종교개혁기념학술강좌, 2010.10.20).

"깔뱅의 인간 이해: 중생된 인간을 중심으로." 한국복음주의신학회(편).「조직신학

연구」제13호(2010.10.29), pp. 139-153.

"깔뱅의 성령론." 『교회력에 따른 2011 예배와 강단』(2010.10.30), pp. 63-80.

"앤드류 머레이의 '예수님의 보혈의 능력'." 장로회신학대학교도서관(편). 「교수님에게 듣는 나를 변화시킨 한 권의 책」(2010.11.3), pp. 48-49.

"이상원 교수의 '아브라함 카이퍼의 하나님의 주권사상 실천과정, 오늘날의 의미'." 개혁주의이론실천학회 제1회 학술대회(2010.12.18).

"개혁신학과 교회일치: 교회의 '하나됨'의 속성을 중심으로." 필그림출판사, 『바른 신학과 교회갱신』(2010.12.26), pp. 814-833.

"하나님 나라와 개혁교회의 현실참여", 장로회신학대학교연구지원처(편). 『하나님 나라와 교회의 현실 참여 2』(2010.12.30), pp. 77-150.

·2011년

"마르틴 부처의 생애와 사상 (I)." 도서출판통독원. 「큐티성경통독」(2011.1.1), pp. 144-147.

"마르틴 부처의 생애와 사상 (II)." 도서출판통독원. 「큐티성경통독」(2011.2.1), pp. 144-147.

"종교개혁신학에 나타난 '그리스도와의 신비적 연합'(*unio mystica cum Christo*)에 대한 이해." 장로회신학대학교(편), 「장신논총」제3집, (2011.2.28).

"깔뱅의 예배신학의 특징." 한국칼빈학회(편), 「칼빈연구」제8집(2011.2.28), pp. 123-154.

"깔뱅과 16세기 예배 이해." 고신대학교 개혁주의학술원(편), 『칼빈과 예배』(2011.2.28), pp. 37-58.

"마르틴 부처의 예배신학에 대한 연구."(한국장로교신학회, 2011.3.5).

"마르틴 부처(Martin Bucer)의 초기 사상에 나타난 그리스도론 연구." 「장신논단」제40집(2011.4.30), pp. 289-309.

"WCC 문서에 나타난성령론." 한국개혁신학회(2011.5.14).

"헬무트 틸리케의 성령론 연구." 「한국개혁신학」제30권(2011.5.31), pp. 38-78.

"헬무트 틸리케의 교회론적 성령론 연구: '개신교 신앙' 제3권의 3부에 나타난 '교회론'을 중심으로." 「신학논단」제64집(2011), pp. 259-283.

"Kyung-Chik Han's Theology of the Holy Spirit." Kyung-Chik Han Collection 9, *Kyung-Chik Foundation*(2010), pp. 315-364.

"깔뱅의 신론에 관한 연구." 「조직신학연구」제14집(2011 봄·여름호), pp. 154-169.

"프랑스 개혁교회의 예배와 직제에 관한 연구." 「조직신학연구」제15집(2011. 가을·
　　겨울호), pp. 79-108.

"맑은 물과 흐린 물." 「신학춘추」통합 79호(2011.9.27).

"부처, 깔뱅, 한경직의 삼위일체론적 성령론."(한국칼빈학회, 2011.10.17).

"故 이종성 명예학장의 신학." 「신학춘추」제80호(2011.10.25).

"붙잡지 못한 사랑하는 제자와 존경하는 스승님." 「신학춘추」제80호(2011.10.25).

"깔뱅의 선교론." 한국복음주의신학회(2011.10.28-29).

"성령론과 목회." 장로회신학대학교 기독교사상연구부·새세대성장연구소(2011.
　　11.5).

"개혁신학과 교회일치" 「성경과 신학」제59권(2011.10.25), pp. 265-290.

"16세기 종교개혁운동의 오늘날의 의미." 『금성월보』(2011.11.1, 통권 72호, 금성교
　　회홍보출판부), pp. 13-17.

"마르틴 부처의 예배신학 연구."(한국장로교신학회 발표, 2011.3.5, 신반포중앙교
　　회).

"개혁신학과 교회일치."(제57차 한국복음주의신학회 발표, 2011.4.23, 서울신대).

"WCC의 성령론."(한국개혁신학회 발표, 2011.5.14, 열린교회).

"부처, 칼빈, 한경직의 삼위일체론적 성령론."(한국칼빈학회 발표, 2011.10.17).

"잊혀진 종교개혁자 마르틴 부처."(한국기독교학회 참석 및 제6회 소망학술상 수상,
　　2011.10.21-22, 온양호텔).

"깔뱅의 선교사상과 활동."(백석대학교, 제58차 한국복음주의신학회 발표, 2011.12.
　　28-29).

"종교개혁자 깔뱅의 리더십." 「기독교인재연구」제1집(2011.1.31), pp. 3-28.

"마르틴 부처(Martin Bucer)의 구원론에 관한 연구: 예정과 소명과 칭의를 중심으
　　로." 「신학논단」제67집(2012.4.30), pp. 141-169.

"깔뱅의 선교신학과 선교활동." 「성경과 신학」제62권(2012.4.30), pp. 133-162.